LEXIKON DER ABENDLÄNDISCHEN MYTHOLOGIE

LEXIKON DER ABENDLÄNDISCHEN MYTHOLOGIE

Otto Holzapfel

Mit 35 Farbtafeln und
nahezu 480 einfarbigen Abbildungen

HERDER

FREIBURG · BASEL · WIEN

Sonderausgabe

Gedruckt auf umweltfreundlichem,
chlorfrei gebleichtem Papier

Alle Rechte vorbehalten – Printed in Germany
© Verlag Herder Freiburg im Breisgau 1993
www.herder.de
Herstellung: J.P. Himmer, Augsburg 2002
Umschlagmotiv: Sonnenwagen, gefunden im Moor von Trundholm;
14.-12. Jh. v. Chr., Kopenhagen, Nationalmuseet
ISBN 3-451-27983-5

Inhalt

Abkürzungsverzeichnis

↗	= siehe (bei Verweisungen)	Kgr.	= Königreich
*	= geboren	Ks.	= Kaiser
†	= gestorben	lat.	= lateinisch
(?)	= umstritten, unsicher	Lit.	= Literatur
ahd.	= althochdeutsch	lit.	= literarisch
allg.	= allgemein	MA	= Mittelalter
Alt.	= Altertum (Antike)	ma.	= mittelalterlich
Bd., Bde.	= Band, Bände	mhd.	= mittelhochdeutsch
ben.	= benannt	Mz.	= Mehrzahl
bes.	= besonders(e, ren)	N	= Nord(en)
Bz.	= Bezeichnung	n. Chr.	= nach Christi Geburt
bzw.	= beziehungsweise	O	= Ost(en)
ca.	= circa	o. ä.	= oder ähnliche(s)
d. h.	= das heißt	rel.	= religiös
dt.	= deutsch	röm.	= römisch
Dtl.	= Deutschland	russ.	= russisch
eig.	= eigentlich	S	= Süd(en)
entspr.	= entsprechend, entspricht	sog.	= sogenannt
erb.	= erbaut	u.	= und
err.	= errichtet	u. a.	= unter anderem, und anderes
Erz.	= Erzählung(en)	u. ä.	= und ähnliche(s)
frz.	= französisch	Überl.	= Überlieferung
gegr.	= gegründet	Übers.	= Übersetzung
gen.	= genannt	urspr.	= ursprünglich
german.	= germanisch	usw.	= und so weiter
gg.	= gegen	u. U.	= unter Umständen
Ggs.	= Gegensatz	v.	= von(m)
griech.	= griechisch (bedeutet hier immer: altgriechisch)	v. Chr.	= vor Christi Geburt
		vgl.	= vergleiche
Griechenl.	= Griechenland	Verf.	= Verfasser
hrsg.	= herausgegeben (von)	versch.	= verschieden(e, en, er)
hist.	= historisch	viell.	= vielleicht
i. e. S.	= im engeren Sinne	W	= West(en)
in situ	= Fundstück am urspr. Ort (z. B. Felszeichnung)	zahlr.	= zahlreich
		z. B.	= zum Beispiel
inzw.	= inzwischen	Zshg.	= Zusammenhang, Zusammenhänge
ir.	= irisch	z. T.	= zum Teil
It.	= Italien	zus.	= zusammen (auch in Zusammensetzungen)
ital.	= italisch (vorrömisch)		
Jh.	= Jahrhundert(s)	zw.	= zwischen
Jt.	= Jahrtausend(s)		
kelt.	= keltisch		
Kg.	= König(e, s)		

Die Wortendungen -isch und -lich sind häufig abgekürzt (z. B. german. = germanisch)

Vorwort

Wenn wir unter „Mythologie" Götter- *und* Heldensagen verstehen, so liegt die Berechtigung dazu u. a. in der Sicht von Göttern und Helden: Die Götter wurden oft recht ‚menschlich', die Helden von den Zeitgenossen zumeist als götterentstammt gesehen. Zudem waren die Götter Gegenstand der Verehrung durch die Heroen und Helden, und an den (antiken) Heroen sollte in besonderem Maße das Walten der Götter deutlich werden. „Abendländisch" umfaßt den weiten Bereich der antiken und der frühmittelalterlichen Überlieferungen, die für uns Europäer neben dem ‚orientalischen' Christentum nicht nur als Bildungsgut wichtig geworden sind, sondern auch als der kulturelle Hintergrund gelten können, vor dem wir heute leben (und der oft im alltäglichen kleinen Aberglauben, in einer Redensart, in einer Gedankenassoziation überraschend aktuell wird). Keltische und slawische Bereiche mögen uns etwas ferner liegen, und vor allem bei der überlieferten, nichtchristlichen Mythologie der Slawen vermissen wir schmerzlich ausführlichere Quellen und verläßliche Angaben.

Grundlage des vorliegenden Lexikons waren die bewährten kleinen Herder Lexika der „Griechischen und römischen Mythologie" und der „Germanischen und keltischen Mythologie", verfaßt von Dorothea Coenen und Otto Holzapfel. Natürlich hat eine solche Bearbeitung ihre Tücken, aber die Erweiterung ist nicht nur sachlicher Art, indem versucht wurde, z. B. die slawischen Bereiche zu integrieren; auch der ‚ideologische' Umfang der Stichwortbearbeitung wurde wesentlich erweitert und mit Wissenschaftskonzepten und Forschungsmeinungen zu einer theoretischen Auseinandersetzung mit diesen spannenden Themen ergänzt. Ebenso wurde der gesamte vorliegende Bestand an Stichwörtern eingehend überarbeitet und in sich ergänzt.

Neu sind auch die ausführlichen, essayartigen und zusammenfassenden Texte, die die vorgelegten Argumente nochmals bündeln und im Rahmen des alphabetischen Teils größere Zusammenhänge veranschaulichen. Wesentlich erweitert und überarbeitet wurde auch der Abbildungsteil, und zwar nicht nur aus der Freude am Bild, sondern in dem Verständnis, daß ikonographische Zeugnisse, bildliche Darstellungen, auch vor allem archäologische Funde, einen eigenen, wichtigen Quellenbereich zur Mythologie darstellen. Besonders aber im Bereich der archäologischen Objekte konnte natürlich nur eine charakteristische Auswahl der Dinge aufgenommen werden, die für die Erläuterung mythologischer Themen typisch erscheinen. Gewisse Vorbehalte gelten schließlich für jene Abbildungen, die eher einer Ästhetik des 19. Jahrhunderts entsprechen als der Antike; auch im Bereich der bildlichen Darstellungen ist Mythologie oft *vermittelte* Überlieferung und Zeugnis der Rezeption, des Weiterlebens in einem anderen Milieu und unter veränderten Bedingungen, nicht eine ‚ursprüngliche Quelle'.

Vollständigkeit konnte nicht erreicht werden; allein z. B. die Ausweitung auf viele Erstdrucke griechischer und lateinischer Werke während der Renaissance in Oberitalien und in Deutschland eröffnet Perspektiven, die ebenfalls eigentlich schon den gesetzten Rahmen sprengen. Aber gerade die Renaissance ist die entscheidende literarische Brücke zu unserer Gegenwart und zu unserem Wissen um Mythologien, und gleichzeitig muß man dieser Bewegung – vielleicht zum ersten Mal seit der Antike – wieder eine deutlich übergreifende, *abendländische* Dimension zuerkennen.

Die Personennamen der Antike werden in der Regel nach ihrer griechischen Form aufgeführt (Herakles statt Herkules); auf Hinweise auf die weiterhin nicht einheitliche Betonung griechischer Namen wurde bewußt verzichtet (Homeros statt Homer, Echo statt Echo, Eileithyia statt Eileithyia). Diphthonge sind in der Regel wie im Deutschen zu sprechen. Wenn zwei aufeinander folgende Vokale getrennt auszusprechen sind, ist dies durch Trennungspunkte (Trema) auf dem zweiten Vokal gekennzeichnet. – Ein besonderes Problem war die Schreibweise, die in der deutschen Wissenschaftstradition erheblich variiert, vor allem auch bei keltischen und altnordischen Namensformen. Auch die slawischen Namen erscheinen in einer stark vereinfachten Transkription. Bei den nordischen Begriffen, außer bei Wörtern, die entsprechend eingedeutscht sind (z.B. Walhall), wurde hier mit Rücksicht auf die altnordischen Quellen oft eine Schreibung mit „v" statt „w" vorgezogen (Yngvar). Das skandinavische „v" ist dabei als „w" auszusprechen (auch im Anlaut: Völuspá).

Die mit einem Akzent versehenen Vokale (á, í) zeigen an, daß diese Laute im Altnordischen lang zu sprechen sind. Das altnordische ð (thorn, vgl. englisch th) wurde mit „d" wiedergegeben, im Anlaut Þ mit „th" (Thidreks saga). In einigen Namensformen ist das dänische und altenglische æ (ae-Ligatur, ä) beibehalten worden.

Die schwierige Umschrift keltischer bzw. irischer Wörter folgt dem vorherrschenden System, wobei besonders hier Doppel- und Mehrfachformen anzumerken sind. Der Aussprache entsprechen diese jedoch nicht: Cú Chulainn gesprochen etwa ku: xu:lin (mit jeweils langem u). Táin Bó Cuailnge gesprochen etwa to:jn (mit langem, offenen o) bo: ku:lnji (mit langem o bzw. u und verschmolzenem ng).

Otto Holzapfel

Einleitung

Unter Mythologie verstehen wir im folgenden den Gesamtumfang von vorchristlichen und frühchristlichen Götter- und Heldensagen. Beide Bereiche überschneiden sich, und gerade die Betrachtung der daraus entstehenden Mischformen und das Ergebnis solcher synkretistischer Sichtweisen (Zusammenschau gegensätzlicher Dinge) sind spannend und aufschlußreich. Dagegen ist die Abgrenzung dieser Bereiche durchweg schwierig und nicht ohne Inkonsequenzen. So mußte im folgenden an einzelnen Stellen bewußt pragmatisch verfahren werden. Beispielsweise wurden aus dem Sagenkreis um Karl den Großen die französische und die deutsche Karlssage als Stichwörter aufgenommen, nicht aber das ebenfalls dazugehörige spanische Nationalepos „Cantar de mío Cid", das wohl um 1140 entstanden ist. In ihm wurde der Held vor allem auch als milder Herrscher, als fürsorglicher und liebevoller Vater und Ehegatte geschildert, und obgleich diese Erzählungen die Welt der Glaubenskämpfe spiegeln, gehört die Darstellung bereits einem bewußt entmythisierenden Denken an. Die „Sage" wurde damals als etwas „heidnisch Unklares" empfunden, das mitmenschliche Gedanken angeblich unterdrückt, während das Christentum dagegen zur tätigen Nächstenliebe aufrufe und uns heute damit fast als aufklärerische Befreiung erscheint.

In vergleichbarer Weise wird für die irisch-keltische Sagenüberlieferung eine Trennungslinie zwischen den mythisch-sagenhaften Erzählungen um „Cú Chulainn" auf der einen Seite und dem eher als historische Wahrheit propagierten irischen Königszyklus (im engeren Sinne sind das die Chronik-Erzählungen des 8. bis 14. Jahrhunderts) auf der anderen Seite gezogen; letztere gehören in unserem Sinne nicht zur Mythologie. Besonders auch im slawischen Bereich ist diese notwendige Aufteilung unbefriedigend, weil z. B. die reiche Tradition der Heldenlieder, „Bylinen" genannt, durchgehend christlich überformt ist, und diese nur an wenigen Stellen Älteres durchschimmern lassen. Und gerade über slawische Götter sind die uns überlieferten Nachrichten sehr mager. Wir müssen mit dem wenigen vorliebnehmen, das uns überliefert ist, und zwar nach den verschiedensten, mehr oder weniger zuverlässigen Quellen. In diesem Sinne ist jede Mythologie heutzutage ‚angelesen' und ‚abgeschrieben', eben weil wir dazu im Abendland in keinem Fall mehr unmittelbare Zugänge des Glaubens haben. Generell spiegelt sich die vor- und nichtchristliche Mythologie heute nur noch vereinzelt und stark verändert im alltäglichen Aberglauben, doch ist dieser nicht Gegenstand eines mythologischen Lexikons. Man vergleiche dazu das umfangreiche und in mehrfacher Hinsicht nicht unproblematische „Handwörterbuch des deutschen Aberglaubens", erschienen 1927 bis 1942, ein Nachdruck 1987. Ähnliches gilt z. B. für James G. Frazers monumentales englisches Werk „The golden bough" (1890, ⁵1953).

Mit dem Einbruch des Christentums in die heidnischen Mythologien gelangte verstärkt auch morgenländische, d. h. altorientalische, jüdische und arabische Überlieferung in den abendländischen Blick. Die Welt veränderte sich, und nach verschieden langen Übergangsphasen und vielfältigen Mischformen erschien als Symbol der neuen Zeit nicht der angstmachende oder kollektive Ängste verarbeitende Mythos, sondern beispielsweise der – möglicherweise aus arabischer Tradition übernommene und über Südfrankreich vermittelte – Minnesang, der im deutschen Hochmittelalter als individuelle Liebesdichtung im Mittelpunkt nicht nur des literarischen Interesses stand. Das klassische Liebespaar der griechischen Sage, Hero und Leandros, lebte zwar auch in deutscher Überlieferung einer Volksballade weiter (»Es waren zwei Königskinder …«), aber die eigentliche Renaissance, die ‚Wiedergeburt' der antiken Überlieferung, begann erst an der Schwelle zu unserer Neuzeit. Die griechische und die lateinische Sprache blieben der Kirche und den Gelehrten vorbehalten. Die Literatur lebte jetzt von der literarischen Verwendung, vom intellektuellen Zitat der antiken Gedanken und Gestalten (z. B. bei William Shakespeare, der hier gleichfalls unberücksichtigt bleiben mußte), nicht vom Glauben an die Mythen.

Am Beispiel einer säkularisierten, verweltlichten, d. h. aus dem religiösen Bereich losgelösten Mythologie, wie z. B. im nachklassischen „Trojaroman", erkennt man den Wandel vom (angeblichen) Aberglauben an eine mythische Erzählung zum gelehrt-distanzierten, literarischen Roman. Aus dem naiven Glauben an die Götter wurde ein intellektuelles Spiel mit Erzählungen über die Götter und Helden. Nur in dieser letzten Form kennen wir – und anerkennen wir – heute Mythologie: als Götter- und Heldensagen. Gerade die Einbeziehung der Literatur und z. B. der Vorlagen für das Wiederaufleben der Antike in der Renaissance kann hier an exemplarischen Beispielen dargestellt und diskutiert werden. Obgleich natürlich gleichzeitig zu betonen ist, daß solche Verweise ein literarisches Lexikon nicht ersetzen können und wollen. Trotzdem überschreiten wir mit solchen Hinweisen gelegentlich bereits den hier intendierten Rahmen. – Wir streben ebenfalls keinen Ersatz für ein kunsthistorisches Lexikon an, trotz unserer offensichtlichen Vorliebe für ikonographische Stichwörter.

Gleichfalls ist unser Buch, trotz der vielen entsprechenden Informationen dazu, kein ausführliches archäologisches Nachschlagewerk, und in der „Entfaltung der Menschheit" (Herbert Kühn, 1958) übergehen wir generell Mesopotamien und die Sumerer, Indien und die frühe Hochkultur dort genauso wie Ägypten, die Hethiter und den Nahen Osten. Zwar haben alle diese älteren Kulturschichten den Mutterboden gebildet, aus dem abendländisches Denken und Mythen bzw. Mythologie erwachsen sind, aber wir müssen uns hier mit Verweisen und vereinzelten Stichwörtern dazu begnügen. Auch bei der genannten Darstellung von Herbert Kühn springen wir mitten hinein in die Welt von Troja (Troia), Kreta und Mykene. Dort entfaltete sich für uns sichtbar zum ersten Mal im 2. Jahrtausend vor Chr. und unter mittelmeerischer Sonne

das Abendland. Dem folgen im 1. Jahrtausend vor Chr. die Etrusker und die Kelten. Manches andere wie die Iberer (ältere Kultur in Spanien) bleibt noch fremd und für uns unerforscht aus einer Zeit, bevor das Römische Reich schließlich alles vereinnahmte. Hier brach sich dann das Christentum Bahn, und der germanische Bereich ist in mythologischer Hinsicht in seiner Auseinandersetzung zwischen heidnischer Überlieferung und christlicher Neuentwicklung besonders spannend.

Eine Schwierigkeit für die Benutzung mancher Berichte aus der Antike als Quelle für die Mythologie der ‚barbarischen' Völker besteht darin, daß die Griechen und besonders die Römer in der Regel ihre eigenen Interpretationsmaßstäbe an die Figuren des fremden Götterhimmels anlegten; man nennt das „Interpretatio Romana" (bzw. „Graeca" für die Griechen). Sie setzten dabei offenbar nicht nur recht freizügig Namen angeblich paralleler Götter gleich, sondern sie betrachteten auch inhaltliche Dinge durch ihre eigene ‚Brille'. So etwa beschreibt Caesar den gallo-keltischen Glauben in seinen Berichten an den römischen Senat zum „Gallischen Krieg" aus den Jahren 58 bis 51 vor Chr. betont aus dem Blickwinkel eigener, d. h. römischer Vorstellungen. Seine Beschreibungen sind davon bestimmt, daß einerseits die ‚barbarischen' Sitten dieser fremden Völker einem schaudernden Leser in Rom vorgeführt werden sollen, andererseits davon, daß manche streng religiöse Haltung dem ‚verweichlichten' Rom als vorbildlicher Spiegel vorgehalten wird. Wie weit das den Tatsachen entsprochen hat, können wir heute schwer nachprüfen. Allerdings haben sich die folgenden Generationen diesem Vorbild zumindest insofern angeschlossen, als auf gallo-römischen Weihesteinen aus späterer Zeit oft beide Namen der keltischen und der römischen Gottheit nebeneinander erscheinen.

„Alle gallischen Stämme sind sehr religiös, und aus diesem Grund opfern sie … Andere Stämme besitzen Opferbilder von ungeheurer Größe, deren Glieder durch Ruten untereinander verbunden sind. Diese füllen sie mit lebenden Menschen aus. Dann werden die Götterbilder von unten angezündet, so daß die Menschen in den Flammen umkommen … Unter den Göttern verehren sie Merkur [Teutates] am meisten. Von ihm besitzen sie besonders viele Götterbilder, ihn halten sie für den Erfinder aller Künste, für den Führer auf allen Straßen und Wegen, und von ihm glauben sie, er habe den größten Einfluß auf den Erwerb von Geld und auf den Handel. Auf Merkur folgen Apollo [Belon bzw. Belonos, Belus], Mars [Esus], Jupiter [Taranis] und Minerva [Mondgöttin Belisana]. Der Glaube an diese Götter hat etwa denselben Inhalt wie bei den übrigen Völkern: Apollo vertreibt Krankheiten, Minerva lehrt die Anfangsgründe des Handwerks und der Künste, Jupiter hat die Herrschaft über die Himmelsbewohner, und Mars lenkt die Kriege. In der Regel weihen sie ihm das, was sie im Krieg erbeuten werden, wenn sie sich zur Schlacht entschlossen haben. Haben sie gesiegt, so opfern sie ihm alle erbeuteten Lebewesen …"

Caesar, Der Gallische Krieg; dt. von M. Deissmann [1980], 6. Buch; eingefügt sind die keltischen Götter, die Caesar wahrscheinlich meinte.

Hier nicht berücksichtigt wird der gesamte Bereich des Aberglaubens im Mittelalter, obwohl dazu vielfach antike Vorbilder und Vorlagen nachzuweisen sind, sei es in der Sage von der schönen Melusine, sei es im Werwolfglauben, sei es in Einzelaspekten des Hexenwahns. Hier sind jedoch nicht nur bewußt Lücken offengelassen worden, es bieten sich auch interessante Ansätze für die weitere Diskussion. Bereits die Antike beschäftigte sich mit dem dauernden Zwiespalt zwischen dem, wie Plutarch es ausdrückte, durchaus Energien freisetzenden Glauben an die Götter einerseits und der lähmenden, anti-emanzipatorischen Haltung andererseits, wenn man diese Götter als ständige Bedrohung fürchten mußte. Für uns sind jene Götter reine Literatur, auch nicht mehr ‚heidnische Zauberei', und in diesem Sinne können wir ihnen heute relativ unbefangen gegenübertreten.

Das war nicht immer so. Die altgermanische Dichtung z. B. des Nibelungenliedes um das Jahr 1200 spiegelt noch den Gegensatz, daß der von den alten Mächten verlassene Held, der Recke, sein Schicksal selbst in die Hand nehmen muß, offenbar ohne sich auf die durch das Christentum zugesagte Gnade verlassen zu können. Als Hagen von Tronje auf seinem Weg zu Kriemhild und Etzel von den Meerweibern an

der Donau seinen und aller anderen Burgunder Untergang prophezeit bekommt – davon sei nur der Priester ausgenommen –, wirft er diesen über Bord (jener Gottesmann schwimmt ans verlassene Ufer und überlebt folglich als einziger). An Land gekommen resigniert Hagen nicht, sondern zerstört die Boote, um jede Hoffnung auf Rückkehr und jeden Zweifel zu ersticken. Für das Mittelalter bedeutete „Sünde" Gottesferne, und in diesem Sinne ist Hagen ein Sünder: Er ist ‚von allen Göttern' (und auch vom christlichen Gott) verlassen.

„… er hôrte wazzer giezen: losen [schauen] er began
in einem schœnen brunnen. daz tâten wîsiu wîp [weise Frauen].
di wolden sih dâ küelen unde badeten ir lîp [ihren Körper] …

Dô sprach daz ander merewîp, diu hiez Sigelint:
»ich wil dich warnen, Hagene …
kúmestu [kommst du] hin zen Hiunen [in das Land der Hunnen], sô bistu sêre betrogen.

…daz ir sterben müezet in Etzelen [Attilas] lant.
swelhe dar gerîtent [alle die dort ritten], die hábent den tôt an der hant.«

» …niwan [niemand als] des küneges kappelân, daz ist uns wol bekant.
der kumet gesunder widere in daz Guntheres lant.«

Dô sprach in grimmem muote der küene Hagene …"

Aus dem Nibelungenlied, 25. âventiure.

„Kühn" ist Hagen, weil er in seinem „grimmen Mut" alle menschliche Vorsicht hinter sich läßt und die Burgunder wissentlich in ihren Untergang führt. „Grimm" bedeutet hier „wütend", „zornig", aber auch „furchtbar", „schrecklich" – eben, so würden wir heute sagen: ohne christliche Demut; im damaligen Sprachgebrauch: ‚heidnisch'.

Der Strom des antiken Erbes aus Griechenland und aus dem Römischen Reich fließt bis in die Gegenwart; in ihn münden altgermanische und keltische Sagenstoffe. Auch Parodien und naive Nachdichtungen färben ihn, aber er fließt und bestimmt unser heutiges Denken oft stärker, als wir das in der Regel wahrhaben wollen. Das Christentum kämpfte nicht nur gegen die heidnischen Götter. Es ließ sie, äußerlich besiegt und unterworfen, überall dort wieder durch die Hintertür herein, wo es geboten und nützlich schien. Getragen wurde der Fluß nämlich von einem Unterstrom, den wir Tradition nennen möchten und von dem man sich kaum ganz befreien kann. Nicht zuletzt waren die Götter, Helden und Dämonen auch viel zu menschliche Erfindungen bzw. Teile unserer menschlichen Gedankenwelt, als daß man ganz auf sie verzichten konnte und wollte.

Die typologische Entwicklung der Mythologie im Abendland

1. Die Götter als Spiegelbild menschlicher Sehnsucht nach Harmonie und als Kompensation existentieller Ängste

Das lateinische Wort für „Gott", deus, kann man etymologisch, also nach der Wortgeschichte, in viele indogermanische Sprachen hinein verfolgen. Man erkennt es wieder z. B. in dem griechischen „Zeus" und im althochdeutschen „Ziu". Eine daraus vorsichtig erschließbare indogermanische männliche Gottheit bildet mit der als weiblich vorgestellten Mutter Erde offenbar ein Paar. Wenn man der Wortetymologie, der Lehre von der Entwicklung unseres Wortschatzes aus einer gemeinsamen sprachlichen Wurzel und damit aus einer ebenfalls mehr oder weniger gleichen kulturhistorischen Entwicklungsgrundlage, glauben will, wäre also ein solches Götterpaar gemeinsame Voraussetzung für die abendländische Religionsgeschichte. ‚Männliche' Götter hat man ziemlich gleichförmig Kriegern, Jägern und entsprechenden nomadisierenden Eroberern zugeordnet; wir nennen sie patriarchalische Gesellschaften. Diese kulturhistorische Entwicklungsstufe der Glaubensgeschichte meint man z. B. in der altnordischen Mythologie in der Auseinandersetzung zwischen den Asen und den Vanen gespiegelt zu sehen.
Weibliche Fruchtbarkeitsgottheiten dagegen meint man eher einer seßhaften, ackerbautreibenden und matriarchalisch, also mutterrechtlich orientierten Gesellschaft zuordnen zu müssen. Entwicklungsgeschichtlich wäre das gegenüber den ‚Jägern und Sammlern' an sich die höhere und differenziertere Sozialordnung; doch in unseren, bis heute vorwiegend ‚männlich' bestimmten Gesellschaftsformen erscheint einem der Mutterkult – wenn auch nur vordergründig – vielleicht archaischer. Dazu kommt, daß die frühesten Zeugnisse von götterähnlichen Bildern oder Idolen, wie z. B. die „Venus von Willendorf", praktisch durchweg weiblich und mit ausgeprägten Fruchtbarkeitsmerkmalen (breites Gesäß, stark betonte Brüste) versehen sind. In den vorgeschichtlichen Felszeichnungen der nordischen Bronzezeit dagegen scheinen weibliche und männliche Elemente sich in etwa die Waage zu halten. Heute jedoch empfinden wir die Erwähnung z. B. von den „Müttern", zu denen Goethes „Faust" ging, als besonders urtümlich. Goethe stützte sich dabei auf den antiken Schriftsteller Plutarch, der es offenbar bereits ebenso empfand: „Auf Sizilien ist eine unbedeutende, aber uralte und durch ein offenbares Walten der sogenannten ‚Mütter' bekannte Stadt. Ihr Tempel soll eine Stiftung von Kretern sein; auch wies man auf Lanzen und eherne Helme hin […] mit des Odysseus Aufschrift, welche den Göttinnen geheiligt waren …" Mythologie birgt zudem zumindest für den einzelnen auch starke Elemente, die ihn an seine eigene kindliche Geborgenheit, an die einstige Harmonie mit der Mutter erinnern kann. Im menschlichen Leben gestaltet sich die eigene Kindheit manchmal zum Mythos, und zwar um so mehr, je mehr diese Phase der Entwicklung der Vergessenheit anheimfällt oder einzelne Erlebnisse verdrängt bzw. eben ‚mythisiert' werden (s. Farbtafel S. 159).
Innerhalb der mythologischen Forschung hat sich besonders der Schweizer J. J. Bachofen (* 1815, † 1887) mit dem „Mutterrecht" (1861) beschäftigt, indem er immer wieder diesen Realitätshintergrund für die Mythen und Erzählungen betonte. Zudem liegt es offenbar auch

innerhalb der Rahmens kindlicher Religiösität, die Erfahrung mit dem Numinosen (das ‚Unbekannte und Göttliche') mythisch zu überhöhen. So wird es literarisch als fiktiv beschrieben in dem englischen Roman von William Golding, „Herr der Fliegen" („Lord of the Flies", 1954). Dort fällt eine Gruppe Jugendlicher auf einer einsamen Insel im Pazifik in einen ‚barbarischen' Götzendienst zurück. So wurde es auch als (literarische) Realität erlebt, wenn man z. B. an die großartige Schilderung aus der Jugendzeit von Luise Rinser denkt („Die gläsernen Ringe", 1941; besonders das Kapitel „Franziska aus dem Walde"): „Eines Tages, in meinem zehnten Lebensjahre, geriet ich an einem Sommerferientage auf einer einsamen verbotenen Streiferei in einen unbekannten Wald, der tiefer und tiefer mich lockte ... An einer Wegbiegung traf ich auf eine kleine Kapelle ... Farben trafen sich in der Mitte des Raumes zu einer unheimlichen dämonischen Beleuchtung ... so verfiel ich doch der fremden bannenden Stimmung ... Christus am Marterpfahl. Die Gestalt war bedeckt mit Laubkränzen und Blumengewinden ... ein seltsam sirrender Ton ließ sich hören. Ich entdeckte, daß er von einem buntgeflügelten Käfer herrührte, der auf einen der spitzen Gitterstäbe gespießt war und der in Todesnot seine dünnen Flügeldecken rieb. Da sah ich erst, daß auf allen Spitzen Käfer, Fliegen und Falter steckten, manche mumienhaft, manche noch frisch, dem Gemarterten als Opfer zugedacht. Ich schauderte ..." [mehrere Auslassungen im Text]. Luise Rinser beschreibt hier Stimmung und Wirkung, wie sie für einen „Mysterienkult" typisch sind. Man kann hinzufügen, daß die moderne Industrie mit „esoterischer" Literatur und ‚Wunderdingen' solche Mittel sehr wohl als verkaufsfördernd einzusetzen weiß.

Neben der als weiblich betonten und erdnahen Gottheit hat man in verschiedenen indogermanischen Sprachen für die entsprechende männliche Figur von Vater Sonne (z. B. im Lateinischen ist „sol" männlich) eine Grundbedeutung mit „dem Leuchtenden" erschlossen, und Sonne und Erde mögen auch für eine agrarisch orientierte Bevölkerung die wichtigsten Elemente gewesen sein, denen man sich unterworfen fühlte. Es ist naheliegend, dabei aus der eigenen Perspektive heraus an einen weiblichen und einen männlichen Teil zu denken, die ein harmonisches Ganzes bilden und damit umfassend Schutz gewähren. Wir wissen, daß jener Teil unseres christlichen Glaubensbekenntnisses, der

vom Schöpfer des Himmels *und* der Erde spricht, so prägnant formuliert worden ist, um diesen Monotheismus (das ist die Vorstellung von einem einzigen, umfassenden Schöpfergott) gegen alle anderen und verbreiteten Mythologien hervorzuheben, in denen es jeweils – zumeist männliche – Himmelsgottheiten neben – zumeist weiblichen – Erdgottheiten gab.

Noch an der in den baltischen Sprachen überlieferten Bezeichnung „Dievs" für den Himmelsgott der Letten glaubt man erkennen zu können, daß aus einem ursprünglichen Gattungsnamen für die Sonne ein Eigenname für den Sonnengott geworden ist. Und mit der kretischen Doppelaxt, dem Symbol der minoischen Kultur, glaubt man Gottheiten verbinden zu können, die auf Kreta sowohl einem weiblichen als auch einem männlichen Fruchtbarkeitskult zugeordnet waren. Auch hierin mag man wiederum ein Element der versuchten Harmonisierung von Gegensätzen sehen. Wir vermuten zudem einen Zusammenhang damit, daß im Griechischen eine mythologische Vorstellung wie das „Chaos" androgyn, d. h. zweigeschlechtlich, war bzw. als Bild ursprünglicher Vollkommenheit und wie die Finsternis „Erebos" eigentlich ungeschlechtlich (so auch, nach verschiedenen Quellen, „Astarte", „Ba'al" und andere elementar erscheinende Göttergestalten). Das Anfüllen der Natur und der Elemente mit Ideen und götterähnlichen Gestalten, so daß kein Raum vergessen, kein Bereich unbedacht, übersehen und deswegen ‚unkontrollierbar' bleibt, zeugt gewissermaßen auch von einem Willen und einem Wunsch nach Harmonie. Kein Platz blieb ausgespart, aus dem einem das „Numinose" (das ‚Heilige') unvermutet hätte entgegentreten können. Das Ziel ‚Harmonie' bedeutete offenbar Wunsch nach möglichst allseitiger Absicherung in einer dem Menschen grundsätzlich fremden und feindlichen Welt, die als Gegenpol zum Paradies verstanden wurde.

„Der Jäger braucht das Wild, das Tier, um leben zu können, das Tier entflieht ihm – so schafft er die Bannung, den Zauber, die Magie. Es ist das magische Weltbild, das er entfaltet.

Der Ackerbauer braucht die Fruchtbarkeit der Felder, sie ist nicht real wie das Tier, sie ist abstrakt – so schafft er das Symbol, das Zeichen, die Beschwörung, die weibliche

Gottheit, die Große Mutter, die Geister, die Ahnen, die Dämonen. Es ist das mythische Weltbild, das er entfaltet. Der Viehzüchter, in der verwandten Gedankenwelt, schafft das Symbol für die Kraft des männlichen Tieres zur Erhaltung der Tiere – es sind die männlichen Götter in ihrer Wirkung, in ihrer Macht und Stärke. In diesen beiden Strukturen, Ackerbau und Viehzucht, ist es das mythische Weltbild, das den Blick beherrscht.

[…] Die Ackerbauern am Euphrat, Tigris und am Nil haben den Übergang geschaffen: sie verwenden schon das Metall, sie sammeln Kupfer, verarbeiten es zu Geräten und Werkzeugen, zu Schmuck und Kultgegenstand, sie entdecken den Wagen, die tierische Zugkraft, die Töpferscheibe, den Ziegel für den Bau und das Siegel zur Bestimmung des Eigentums. Alles das geschieht schon vor 3000 vor Chr. […]"

»Held Gilgamesch erbaute Uruks Mauer,
Die mächtige, die da steht wie erzgegossen,
So lotrecht sind die Ziegel aufgetürmt.
Ersteiget Uruks Mauer, geht auf ihr,
Bewundernd ihren allgewaltigen Bau!«

H. Kühn, Die Entfaltung der Menschheit, 1958.

Primär kommt uns auch die Verehrung des wärmenden und schützenden Feuers vor, und z.B. im altslawischen Gott „Svarog" scheint ein derartiger, doch von den spärlichen Quellen her kaum faßbarer Schöpfergott bestanden zu haben, den man im Feuer verehrte. – Ein Ansatzpunkt für religiöse Vorstellungen überhaupt und schließlich für das Konstruieren des Denkgebäudes einer differenzierten Mythologie war sicherlich die Angst. Das war zum einen die Existenzangst im täglichen Kampf mit den Naturgewalten. Sie gehört zu den elementaren Dingen der abendländischen Mythologien. Wie wir uns nach dem Zeugnis der samischen (lappländischen) Zaubertrommel, „Gobdas" genannt, vorstellen können, waren die Naturgewalten die urtümlichsten Anreger für Göttergestalten neben der „Schöpfermutter": der Donnergott, der Sturmgott, der „Bär" des Himmels, der Gott des Waldes usw. Ins Positive gewendet, ist die Abhängigkeit von der Natur weiterhin an verschiedenen Göttervorstellungen abzulesen, z.B. an den baltischen Fruchtbarkeitsgottheiten

bei „Jumis", dessen Gestalt in der zusammengewachsenen Doppelähre und im außergewöhnlich geformten Flachs gesehen wurde. Die Flachsraufer waren glücklich, solch ein Zeichen, einen „Flachs-Jumis" zu finden.

Wir meinen von einer typologischen Entwicklung der Mythologien her, daß die kosmischen Gottheiten wie Erde, Sonne und Mond zu den mythischen Vorstellungen von Ackerbauern gehört haben, während sich davor eine einfacher strukturierte Gruppen-Gesellschaft vielleicht an einem kultortgebundenen Totemismus orientierte. Primär war demnach die Beseelung der unmittelbaren Umgebung des Menschen wie Felsen, Quelle, Baum und Höhle, auch von bedrohlichen Tieren und ihren Behausungen. Vielleicht kamen erst dann die größeren Naturgewalten an die Reihe, die man durch Namengebung und Verehrung zu bannen und zu beschwichtigen suchte.

Die nächste Stufe war offenbar eine Vermenschlichung der Götter (Anthropomorphisierung), wie sie z.B. die Griechen in homerischer Zeit entwickelten. Wir nehmen an, daß das nicht nur typologisch die nächste Stufe ist, sondern in vielen Fällen auch der tatsächlichen, historischen Entwicklung entsprochen hat. So meinen wir, daß z.B. in der irischen Mythologie, die am Anfang vor allem Naturgötter kannte, die ‚Vermenschlichung‘ einer Gestalt wie der Göttin „Dana", indem man ihr besondere Taten und Verhaltensweisen zuschrieb, erst in später Zeit erfolgt ist.

„Denn keine Nation ist unter der Sonnen so wild, kein Volck so rohe und grausahm, daß es nicht einige Erkänntniß von GOtt haben solte. Vielmehr ist dem Menschen von Natur recht eingepflanzt, daß er jemand über sich erkenne, welchem er alle Dinge, so auf Erden sind, ja auch sein eigen Leben und alle Wohlthaten zuschreibe; für dem er in seinem Gewissen eine angebohrne Furcht und Scheu habe; von welchem er Hülffe erwarte, und wohin sein Hertz in Aengsten sich sehne und seufze …"

„Von dem Heydenthum", in: Johann Hellmanns

Die mythologische Forschung rechnet mit verschiedenen Stufen einer Vermenschlichung der Götter, und zwar von einer Verdinglichung über die Tiergestalt bis hin zur Mischung von tier-

und menschenähnlichen Wesen wie in der altägyptischen Mythologie. In der homerischen Überlieferung, wie wir sie mit einem durchaus menschenähnlichen, manchmal allzumenschlichen Götterhimmel kennen, setzt dann auch bereits eine rein literarische Überlieferung ein, die mit unmittelbar ‚geglaubten' Dingen wohl nur noch wenig zu tun hatte.

Als ebenfalls sehr elementaren Ansatz können wir uns die Angst vor den Toten vorstellen, die man mit einem besonderen Ahnenkult zu besänftigen suchte. „[Der Mensch, der] … mit einem komplexen Ritus den ersten Toten bestattete und zweifellos beweinte, also der erste wirklich menschliche Mensch, der im Bewußtsein des Todes in diesem Land lebte, so wie er, so wie Sie habe ich ein Problem mit der Zeit [wir sagen: mit der Vergangenheit, der Tradition, aber auch mit der Vergänglichkeit an sich. Zusatz O. H.]. In Wahrheit haben wir wohl, seit wir zu jagen verstehen, nie ein anderes Problem gehabt. Und dieses Problem ist das Problem des Todes." Wir wollen die Allgemeingültigkeit dieser Aussage des französischen Historikers Pierre Chaunu aus unserer Zeit (1989) ruhig akzeptieren. Die Geltung bezieht sich aber nicht nur auf den eigenen Tod und die damit unbekannten, offenen Dimensionen. Der Mensch mußte auch weiterleben können, wenn andere neben ihm starben, wenn Vorfahren ihre Macht auf Erden aufgaben – hoffentlich aufgaben! Der Stein, der auf das Grab gewälzt wurde, galt mindestens im gleichen Maße wie dem Wunsch, ein Andenken zu setzen oder der Abwehr von aasfressenden Tieren, auch der elementaren Angst, dieser Tote könne womöglich zurückkehren und mir Schaden zufügen. Also mußte ich mich vielseitig schützen und absichern. So heißt es in der altnordischen Egils saga aus dem Anfang des 13. Jahrhunderts: „…dann gruben sie ein Grab. Sie machten einen großen Hügel und setzten Thorolf dort hinein mit all seinen Waffen und Kleidern; Egil steckte ihm auf jedem Arm einen Goldring, bevor er sich von ihm trennte. Schließlich häuften sie Steine über ihn und bedeckten diese mit Erde …"

Entsprechend groß ist der Wunsch, und zwar über das Streben nach Harmonie hinaus, geradezu in einer Aufteilung der Gewalten ‚kleinere' und übersichtliche Einheiten des rituellen Handelns zu finden oder zu erfinden. Nur so kann ich sicher sein, daß ich jeden ‚Geist' oder ‚Ungeist' gebührend ehren und abwehren kann. Mythen entsprechen also auch dem Wunsch nach einer übersichtlichen und berechenbaren Ordnung des Universums. Der Angst vor dem Tod und den Toten entspricht auf der anderen Seite die mythologische Erfindung eines Tranks für die Unsterblichkeit. Davon gab es Spuren bei vielen indogermanischen Völkern, wobei die jeweiligen Wortbedeutungen zwischen Honig (Met), Soma (Rauschmittel) und Wein schwankten und auf entsprechende Kultübungen zu verweisen scheinen. Der Raub eines solchen Unsterblichkeitstranks gehörte zum festen Inventar verschiedener Mythen bis hin zum römischen Ritual der „Anna Perenna".

Wenn jedem sein eigener Platz eingeräumt wird, so ist die jeweilige Macht auch leichter zu beobachten und in Schach zu halten. Das reicht hinein in die Niederungen der Mythologie, in der man sich mit Dämonen und ähnlichen Geistern beschäftigte und versuchte, sich auch mit ihnen gutzustellen. Daß das bereits zur Charakterisierung elementarer religiöser Gefühle gehörte, nehmen wir an, wenn wir die etymologischen Zusammenhänge zwischen der altindischen Bezeichnung „druh" und altiranisch „drug" für finstere „Truggebilde" mit uns geläufigen Bezeichnungen wie althochdeutsch „triogan" und altnordisch „draugr" für Gespenst vergleichen. Hier spiegelt der gemeinsame Wortschatz wohl auch gemeinsame Denkmodelle. Solche Vorstellungen, die im Gegensatz zu den lichten Gottheiten stehen, haben also die Völker des indogermanischen Sprachraums offenbar bereits auf einer sehr frühen Kulturstufe beschäftigt. ‚Angst' und der Wunsch nach ‚Harmonie' wirkten hier zusammen. Noch in der Gestalt der „Hexe" meinen wir, eigentlich einen Walddämon zu erkennen. Manches daran ist erst spätere und vielleicht nur literarische Zutat wie z. B. das Reiten auf dem Besen. Unabhängig davon entwickelte sich unter den furchterlichen Hexenverfolgungen im 15. und 16. Jahrhundert eine besondere ‚Hexenlehre', die z. B. 1484 Gegenstand einer päpstlichen Bulle war und im „Hexenhammer" von 1487 in allen Einzelheiten kodifiziert wurde.

Nach C. G. Jung sind Mythenmotive auch allgemeine menschliche Archetypen, die einem im Traum begegnen und die zum kollektiven Unbewußten bzw. Unterbewußtsein gehören. Aus dieser psychologischen Erklärung ergibt sich also auch ein Verständnis dafür, warum sich Mythen der verschiedenen Völker und Zeiten manchmal so auffallend ähneln.

Für den Mythos selbst als religiöse Denkform und als literarische Gattung kann man eine vergleichbare typologische Entwicklungsreihe bzw. ein ähnliches Spektrum von Facettenreichtum der Ausdrucksformen entwerfen, und zwar vom reinen Schöpfungsmythos an und einer Erklärung der Welt durch die Taten archaischer Heroen. Man rechnet indische Quellen weitgehend zu diesem Typus. Auf einer nächsten Stufe legte man stärker Wert auf einen kohärenten epischen Zusammenhang. Es wurden Heldenbiographien entwickelt und Einzelschicksale in größere, miteinander verbundene Zyklen eingepaßt. Dazu zählt man heute große Teile der uns überlieferten Sagenwelt in der keltischen Tradition. Schließlich wurden die ‚wunderbaren Taten' der Helden umgeformt zu einer entweder (re)konstruierten Abfolge historischer oder als historisch geglaubter Taten, die etwa staatliches Selbstbewußtsein und nationale Identität schaffen und unterstützen sollten, wie wir es von den Römern kennen, aber z. B. auch in der Verwendung antiker bzw. mythologischer Elemente im erstarkenden Nationalismus des 19. Jahrhunderts. Der Begriff der ‚Nation' wurde und wird immer wieder selbst als Mythos gehandelt, um Geschichte oder Politik zu überhöhen und der kritischen Einsicht zu entziehen. Das war bereits in der Antike so. Die historische Auseinandersetzung etwa mit den Etruskern wurde von den Römern ganz bewußt mythisiert.

Wenn wir das außerordentlich breite und farbige Spektrum der griechischen Mythologie vom 9. und 8. Jahrhundert vor Christus („homerische Zeit") bis zum 3. oder 4. Jahrhundert nach Christus (römische Übernahmen) überblicken, so erkennen wir vielfache Belege für alle geschilderten Sichtweisen einer religiös fundierten Erklärung der Welt. Die Tendenz, Zusammenhänge zu schaffen, spiegelt sich in den manchmal komplizierten und oftmals widersprüchlichen Genealogien von heroischen Familien, denen Einzelschicksale untergeordnet wurden (Atriden, Herakliden, Tantaliden u. a.). Ein vielfaches „vielleicht" muß hier ständig darauf hinweisen, daß diese Angaben zu häufig ein unsicheres Spiegelbild lebendiger Phantasie waren und daß andererseits mündliche Überlieferung zwischen Geschichte (Logos) und Geschichten (Mythos), zwischen historischer Wahrheit und tradierter Sage, einen Reichtum an Varianten schuf, den wir in der notwendigerweise vereinfachten Darstellung nicht in Einzel-

heiten nachzeichnen können. Wir drohen aus unserer lexikalischen Sicht auch der Gefahr zu erliegen, Heldentaten und Namen nur trocken mit den Angaben, wer wessen Sohn war und wer wen getötet hat, versehen zu können. Auch Geschichte ist eigentlich mehr als nur die Anreihung von Daten für Herrscher und Kriege. Aber der Mythos ist darüber hinaus und vor allem Dichtung, und sie ist jenseits der Fragen von Glauben oder Nichtglauben eigenen Gattungsgesetzen und ästhetischen Normen unterworfen. Wir ziehen es daher vor, statt von einer Entwicklung des Mythos von einer Entwicklung des Gottesbildes bzw. der Götterbilder zu sprechen, auch um hier einer Glaubens- und damit vielleicht erschließbaren Alltagsrealität näherzukommen. – Realitätsnah war die Mythologie trotz ihres Phantasiereichtums bereits auf einer frühen Stufe, in der es um die soziale Organisation der Gesellschaft ging.

2. Religion und Mythologie als soziale Ordnungsmächte

Auf einer frühen Stufe der kulturellen Entwicklung erkennen wir, wie z. B. im sumerischen Epos „Gilgamesch", verfaßt nach etwa 2000 vor Chr. in Babylonien, die historische Erfahrung sozialer Etablierung der Gesellschaft in einer Umwelt, die als Flußlandschaft viele Herausforderungen bot, in einen Mythos von dem Kämpfer gegen den Himmelsstier umgesetzt wurde. Da der Held aber als weltlicher Herrscher zu mächtig wurde, gaben ihm die Götter zur Kontrolle und zum Ausgleich – auch das ist eben menschliche Wunschvorstellung – in dem Hirten Enkidu, einem „Herrn der Tiere", ein Spiegelbild und ein Gegenüber, zuerst als Gegner, später als Freund. Auch hier wurde in einer unsicheren und z. T. chaotisch scheinenden Welt nach Ordnung und abgrenzbarer Sicherheit gesucht.

> „Die Ordnung des täglichen Lebens ist in Mesopotamien nicht in der Sicherheit gegeben wie in Ägypten. In Ägypten ist es die beruhigende Wiederkehr der Fruchtbarkeit, die dem Lande seinen Stempel aufgedrückt hat und die auch das Denken des Ägypters formte, den Glauben an die ewige Wiederkehr.

Viel stärker offenbart die Natur den Gedanken des Gewaltigen, Erschütternden, auch des Vernichtenden in Mesopotamien. Die großen Überschwemmungen müssen den Menschen Sorge und Angst eingeflößt haben, sie haben nicht die Gleichmäßigkeit wie in Ägypten, sie bringen immer wieder Verwüstung und Elend. Der Gedanke der Sintflut ist schon im sumerischen Denken vorhanden, hier trägt der biblische Noah den Namen Ziusudra, im babylonischen Text heißt er später Utnapischtim; bei Berossus, dem Geschichtsschreiber Mesopotamiens aus der ersten Hälfte des 3. Jahrhunderts vor Chr., hat Noah den Namen Xisuthros. Berossus hat das alte Tempelarchiv der sumerischen Zeit als seine Quelle benutzt ...:

»Die fressende Flut, die keiner zu hemmen vermag,
Die den Himmel erschüttert und läßt die Erde erbeben,
Mit grausiger Decke umhüllt sie Mutter und Kind,
Schlägt die üppige Fülle des grünen Schilfrohres nieder,
Ertränket die Ernten zur Zeit ihrer Reife.
Steigende Wasser, den Augen der Menschen zum Grame,
Allgewaltige Flut, die die Böschungen zwingt
Und die mächtigen Bäume dahinmäht,
Sturm reißet alles in wilder Verwirrung ...«.

Die große Fruchtbarkeit der Felder verlangt die Verteidigung des Raumes. Es bildet sich Überbesiedlung, Städte müssen gegründet werden, die verteidigt werden können. Diese Städte brauchen eine einheitliche Ordnung, eine Gliederung, und so muß der Einzelne sich einfügen in die Gemeinschaft, die zuerst naturgemäß von dem Priester getragen wird. Aus ihm entsteht das Königtum, entweder mit dem Priester verbunden in einer Person oder doch so geordnet, daß das eine das andere trägt und stützt.«

H. Kühn, Die Entfaltung der Menschheit, 1958.

Aus der altnordischen Quelle der „Edda" (Handschrift „Codex regius" des 13. Jahrhunderts) kennen wir das berühmte Merkgedicht von „Rig" (altnordisch Rigr), mit dem die Entstehung der verschiedenen menschlichen Stände begründet wird und die mit einer solchen, quasi ‚göttlichen Willenserklärung' natürlich auch als unveränderlich hingestellt werden. Damit versuchen Menschen stabile politische Verhältnisse und unanfechtbare Herrschaftsstrukturen zu schaffen und zu erhalten. Der angeblich urzeitliche Hergang, wie Knechte, Bauern und Jarle (Fürsten) entstanden sind, wurde von einem Isländer des Mittelalters in Stabreime gebracht. Im Schlußteil des Merkgedichts wird aus dem Stand der Jarle der König herausgehoben, der über alle drei Stände regieren soll, die also eben ‚göttergewollt' sind. Der Gott Rig kehrt zuerst bei „Ahn" und „Edda" ein, ein bäuerliches Paar, das den Gast mit grobem Brot bewirtet. In der Nacht zeugt Rig mit der Bäuerin ein Kind, das braun und schmutzig zur Welt kommt und „Knecht" genannt wird. Dessen Nachkommen heißen u. a. Kuhbursch, Faulpelz, Dickwanst, Trampel, Küchennase (für eine Tochter) usw. – ein realistisches Bild voller ständischer Vorurteile. Rig kehrt zum zweiten Mal bei einem Paar ein, wo die Frau am Webstuhl arbeitet, Schmuck am Hals trägt und dem Gast Käse, Butter und Bier serviert. Ihnen werden Kinder geboren, die Scheunen bauen und Ochsen zähmen. „Von diesen stammt der Stand der Freien." Ein drittes Mal kehrt Rig bei einem Hausherrn ein, der Bogen und spitze Pfeile hat, die Frau mit einer Schleppe geht und einen Hals „weißer als heller Schnee" hat. Ihren Sohn hüllt man in Seide und nennt ihn „Jarl". Er, wie es weiter im Text heißt, „schwang das Schwert, schwamm durch den Sund". Jarls Söhne „zähmten Rosse, rundeten Schilde, warfen Speere, spitzten Pfeile". Der neugeborene Sohn „Kon" aber, der „junge Kon" (das ist das altnordische Wort Konungr als Bezeichnung für „König"), „kannte Runen, Hegerunen und Heilrunen; auch konnte er Krieger schützen, den Sturm stillen, stumpfen das Schwert. Er stillte Feuer, verstand die Vogel ..." (Übersetzung von Felix Genzmer). Ihm werden also Fähigkeiten zum Schadenzauber gegenüber dem Feind nachgesagt und z.B. die Kenntnis der Vogelsprache, die auch der junge Sigurd (Sigfrid) verstand, als er beim Braten des Drachenherzens einen Finger in den Mund steckte. „Jung-König" vermählt sich mit Dana, und von ihnen stammen die ‚Dänen' ab. Ganze ethnische Gemeinschaften und deren angestammte Herrschaft sollen hier also mythologisch bestätigt werden.

Der dänische Religionswissenschaftler Vilhelm Grønbech betonte nicht nur für die nordeuropäische Mythologie die soziale Funktion

Religion als Stifterin und Erhalterin der angestammten, überindividuellen Ordnung und damit eines kollektiven ‚Friedens', wie ihn der mittelalterliche Mensch offenbar als notwendig und richtig verstand. Die Grundlage dazu wäre die Betonung des Verwandtschaftsgefühls gewesen, und daraus wäre der Begriff der Ehre entsprungen. Mit Bezeichnungen wie „Sippe" und „Ehre" sind wir nach dem Mißbrauch durch den Nationalsozialismus vorsichtiger geworden, aber wir erkennen durchaus auch, daß die Mythologie dazu verhalf, in einem individuellen ‚Dasein ohne Schutz' doch so etwas wie Geborgenheit und in dem Chaos alltäglicher Eindrücke verläßlich scheinenden ‚Richtlinien des Denkens' zu finden. Zu den letzteren würden wir heute durchaus zutreffend ‚Vorurteile' sagen. Die Welt wurde (und wird) mit von anderen übernommenen Vorurteilen und mit auf Erfahrung basierenden Vorausurteilen einfältig geordnet und übersichtlich gegliedert. Friedvoll war die germanische Menschen- und Götterwelt, soweit sie sich an den herrschenden Asen orientierte, schrecklich und heillos war das „Utgard", die Außenwelt, die fremde Welt der Dämonen. Mit Opfer und Geschenken an die Götter bat man um Sympathie. Kulthandlungen waren ein sozialer Vorgang und mußten deshalb im Rahmen der Gemeinschaft der Sippe erfolgen. Tatsächlich spielt die Großfamilie in der altisländischen Saga eine wichtige Rolle. Die Mentalität mancher altnordischen Eddalieder strahlt aus, wie wichtig es war, Freund entweder der einen oder anderen Seite zu sein. Wer allein blieb, war auch in diesem sozialen System schutzlos und verlassen.

> Der Ausgänge halber bevor du eingehst
> stelle dich sicher,
> denn ungewiß ist, wo Widersacher
> im Hause halten ...
>
> Eigen Haus, ob eng, geht vor,
> daheim bist du Herr,
> zwei Ziegen nur und dazu ein Strohdach
> ist besser als Betteln ...
>
> Der Dornbusch dort, der im Dorfe steht,
> ihm bleibt nicht Blatt noch Borke.
> So geht es dem Mann, den niemand mag:
> Was soll er länger leben?
>
> Aus den eddischen Havamál, übersetzt von Karl Simrock, 1851.

Sogar die Verehrung der Götter wurde hier als zweitrangig angesehen, und aus dem folgenden, ebenfalls den altnordischen „Havamál", den „Sprüchen des Hohen", entnommenen Vers spricht ausgeprägter Realitätssinn:

> Was wirst du finden, befragst du die Runen, die hochheiligen,
> welche Götter schufen, Hohepriester schrieben?
> Daß nichts besser ist als Schweigen.

Die Idee der ‚sozialen Ordnung' als mythologiestiftendes Element in der Entwicklungsgeschichte der religiösen Vorstellungen kann man auch auf andere, eher ‚technisch' bedingte Zusammenhänge übertragen. So war es nicht nur selbstverständlich, daß eine agrarische Kultur bestimmte mythologische Mustervorstellungen entwickelte, sondern der Religionswissenschaftler Mircea Eliade (* 1907, † 1986) sprach z. B. auch davon, daß der „religiöse Kontext der Metallverarbeitung" die dazu passenden „Mythologien der Eisenzeit" entwickelt habe. Diese hätten sich dann etwa in den verschiedenen Erzählungen von göttlichen oder übermenschlichen Schmieden niedergeschlagen. Relativ frei von solchen Sachzwängen schuf sich dann erst auf einer neuen Entwicklungsstufe die Phantasie den nötigen Freiraum für veränderte mythologische Vorstellungen.

3. Die Geburt des Mythos aus der Phantasie

Wir meinen, daß der Mythos, griechisch gleichbedeutend mit „Wort" oder „Erzählung", aus einer Sichtweise der Welt entstand, die bewußt nicht allein und ausschließlich rationale Zusammenhänge untersuchte, sondern die sich phantasievoll nach zeitlosen Wahrheiten sehnte. Mythologie setzte also eine gewisse kulturelle Entwicklung voraus, die nicht nur in elementarer Angst vor den Naturgewalten verharrte, sondern jene zu durchschauen suchte, Phänomene zu erklären und eigentlich auch kritisch zu ‚hinterfragen' versuchte. Was steckte ‚hinter' dem Donnergrollen? Es gehörte Phantasie dazu, aber auch ein gewisses Abgesichertsein gegen äußere, wirklich existenzbedrohende Gefahren, sich auszumalen, wie Thor auf seinem Wagen, von Böcken gezogen, über den Himmel fuhr und seinen Hammer schwang. Aber es war sozusagen ein ‚Rückfall' aus der reinen Literatur in den gelebten Aberglauben, wenn man sich einen solchen Thorshammer als Amulett um den Hals hängte. – War das wirklich nur Aberglaube? Eine Anekdote von dem großen Physiker Niels Bohr überliefert, daß er, gefragt, warum auch er ein Hufeisen über der Tür hängen habe, antwortete, er habe gehört, es helfe auch jenen, die nicht daran glauben würden.

Die Phantasie bildete nicht nur den Rahmen für Götterfiguren, sondern auch deren Begrenzung. Und wir dürfen nicht vergessen, daß es neben der literarisch angereicherten Mythologie und einem mit verschiedenen Symbolen hochstilisierten Glauben an die homerisch-olympische Götterwelt gleichzeitig eine hochentwickelte, gelehrte Philosophie gab, die jene naive Verdinglichung und Vermenschlichung von Glaubensgrundsätzen nicht brauchte. Bereits Anaximandros aus Milet (* um 610, † 546 vor Chr.) hatte die Welt als Kugel in einem Kosmos erkannt und glaubte – höchst erstaunlich auch aus heutiger Sicht – den Ursprung des Lebens im Meer zu finden, aus dem sich die Lebenswelt entwickelt hätte. Das ist ein frühes Zeugnis vielleicht doch ernst zu nehmender Evolutionslehre. In der antiken Schrift „Peri Physeos" (griechisch „Über die Natur") waren mehrere solcher Ansätze kritisch zusammengefaßt. Heraklit aus Ephesos (um 500 vor Chr.) wetterte gegen die „Lügen und Irrtümer", die es zu entlarven gelte. Er erkannte als Antrieb für das Weltgeschehen eine immanente Gesetzmäßigkeit, die er „logos" nannte. Das ist der griechische Begriff, mit dem auch die Bibelstelle „am Anfang war das Wort" operiert.

Das Verhältnis eines Menschen zur Gottheit sah Heraklit wie das eines Knaben zu einem Erwachsenen. Das Kind braucht seiner Ansicht nach andere, verdinglichte Begriffe, um die ‚Wahrheit' zu erkennen, während der Erwachsene auch mit einem abstrakten ‚Gott' leben kann (bzw. können sollte). Anaxagoras (* um 500, † 428 vor Chr.), der Berater des Politikers und Staatsgründers Perikles in Athen, schuf ein dualistisches Weltsystem von einem schöpferischen Geist und einem System von materiellen Urelementen. Xenophanes (* um 565, † 470 vor Chr.) schließlich erklärte verbittert, wenn Pferde, Löwen und Rinder ihre Götter schaffen könnten und sie dazu Hände hätten, dann würden sie ihre Götterbilder eben wie Pferde, Löwen und Rinder formen.

Hätten die Rinder und Rosse und Löwen Hände wie Menschen,
könnten sie malen wie diese und Werke der Kunst sich erschaffen,
alsdann malten die Rosse gleich Rossen,
gleich Rindern die Rinder,
auch die Bilder der Götter, und je nach dem eigenen Aussehen
würden sie auch die leibliche Form ihrer Götter gestalten.

Obwohl der Mensch in damaliger Zeit sicherlich auch versuchte, mit dem Götterbild ‚das ganz Andere' und das eigentlich Unerklärliche und Nicht-Darstellbare als Bild und menschliche Vorstellung zu erfassen, so war es doch ganz natürlich, den Göttern menschliche Eigenschaften zuzulegen.

4. Die vermenschlichten Götter

Schon dem in der Antike exemplarisch ‚Glücklichen', Polykrates, wurde von seinem Freund Amasis Zurückhaltung empfohlen, »denn ich weiß, die Gottheit ist neidisch«. Der eigentliche Ursprung für die vermenschlichten Götter war aber sicherlich ihre Entstehung eben doch aus Menschenhand und Menschensinn. Die Antike sah diese Tatsache gerne von der anderen Seite und betonte die göttliche Herkunft des Menschen.

Höchster der Unsterblichen,
viele Namen nennen dich,
ewig allmächtiger Zeus,
dich, Urquell alles Werdens,
der nach ewigen Gesetzen
herrscht im All, ich grüße dich, Zeus.
Ja, ich darf's. Allein von allem,
was da lebt und kriecht auf Erden,
ist ein Abbild er des Alls:
wir sind deines Geschlechtes.
Und so will ich immerdar
preisen dich und deine Macht.
Dir gehorcht das Weltgebäude,
kreisend um den Erdenball.
Willig wandelt's in den Bahnen,
die du weisest mit der Waffe
deiner Herrscherhand, dem spitzen,

leuchtenden, lodernden, nimmer erlöschenden
ewig lebendigen Blitz.
Und das All gehorcht erschauernd,
wo des Blitzes Kraft es trifft.
Also regelst und verteilest
du Vernunft, Gesetz und Leben,
die, von feurigen Wellen getragen,
alles durchströmen. In großen und kleinen
Leuchten des Himmels, in sausenden Winden,
wallenden Wogen, starrenden Steinen,
Pflanzen und Tieren, in allem, was atmet,
wirket belebend dein Blitz,
Himmelskönig, Herr des Alls.
Nichts geschieht, o Gott, auf Erden,
nichts im reinen Himmelsäther,
nichts im Meer, was du nicht wirkest,
außer den Taten der Bösen,
die sie in eigender Torheit begehen …
Einem Ganzen fügt sich alles,
Gut und Bös, es herrscht im Weltall
einzig und ewig Gesetz und Vernunft.
Dem versuchen sich die Schlechten
zu entziehn …   … löse
von des Irrtums Fluch die Menschen,
daß wir die Wahrheit erkennen,
deine Weisheit,
Vater, der du das All
lenkest mit Gerechtigkeit …

Zeus-Hymnus des Kleanthes, um 330 vor Chr.

Es war diese Idee der Verwandtschaft des Menschen und des allmächtigen Gottes, die Paulus aufgriff, als er die Athener in seiner Predigt auf dem Areopag davon zu überzeugen versuchte, daß sie bereits diesem, für sie bisher unbekannten Gott dienten, der sich in Christus menschlich offenbart hätte.

„Götter und Menschen sind desselben Ursprungs", erklärte der griechische Dichter Hesiod schon um 700 vor Chr. Daß die Götter auf ihrer nächsten typologischen Entwicklungsstufe menschliche Züge bekamen, mag man auch damit erklären, daß sie hier den gleichen Weg gingen wie die Gesellschaft, die sie geschaffen hatte. Aus ‚Glaube' (und ‚Aberglaube', wenn es der ‚falsche' Glaube war) wurde ‚Literatur', die man genießen und zitieren konnte, die aber keinen Einfluß auf die Alltäglichkeit des Lebens mehr hatte. Ängste, wenn sie noch dasein soll-

ten, wurden verdrängt, Kulthandlungen zum ‚kleinen Aberglauben' herunterstilisiert. Man vergleiche unseren Umgang mit angeblichen Glückszahlen und mit der Unglückszahl „13", die als Zimmernummer im Hotel übersprungen wird. Man denke an unser witzig gebrauchtes »toi, toi, toi« und an das Auf-Holz-Klopfen, in dem niemand mehr Dämonenabwehr vermuten würde. Ja man hat behauptet, daß sogar der unschuldige Wunsch »Gesundheit« beim Nießen noch ein Reflex jener urzeitlich unmittelbaren und mythischen Abhängigkeit von der Natur sei und aus einer Zeit stammen würde, in der man ‚allen' Zeichen irgendwelche tiefere Bedeutung geben mußte, weil ihre Mißachtung vielleicht gefährlich werden konnte.

… jetzt nun streckte der Vater [Zeus] empor die goldene Waage,
legt in die Schalen hinein zwei finstere Todeslose,
dieses dem Peleionen [Achill] und das dem reisigen Hektor,
faßte die Mitt' und wog: da lastete Hektors Schicksal
schwer zum Hades hin; es verließ ihn Phoibos Apollon.
Doch zu Achilleus kam die Herrscherin Pallas Athene;
nahe trat sie hinan und sprach die geflügelten Worte:

Jetzt doch, hoff ich gewiß, Zeus' Liebling, edler Achilleus,
bringen wir großen Ruhm hinab zu den Schiffen Achaias,
Hektor dort austilgend, den unersättlichen Krieger.
Nun nicht mehr vermag er aus unserer Hand zu entrinnen …

Aus der Ilias, in der Übersetzung durch J. H. Voss, 1793.

Die Angst vor dem Tod vermag, wie wir wissen, selbst angeblich überzeugungsfeste Atheisten in eine Religiosität der ‚letzten Stunde' hineinzutreiben. Auch bei den Göttern war das offenbar nicht anders; sie fürchteten den vom Schicksal zugeteilten „Tod" (zumindest für ihre menschlichen Schützlinge) und widersprachen ihm nicht. Sobald Hektors Tod im Kampf um Troia von den Schicksalsgöttinnen beschlossen worden war, wollten auch Zeus und Apoll ihn nicht mehr beschützen, denn die Moiren hatten entschieden, und ihnen waren die Götter in dieser Hinsicht auch unterlegen.

Aus anderen antiken literarischen Quellen erfahren wir von dem Gefühl des Menschen, der Macht der Götter völlig ausgeliefert zu sein:

> „Stell anheim den Göttern alles! Denn schon oftmals in der Not richten auf sie manchen Menschen, der auf schwarzer Erde lag, oft auch stürzen sie zu Boden den, der fest zu stehen schien, daß er rücklings hinfällt: viele Plagen suchen ihn dann heim, brotlos wird er, ruhlos irrt er, vom Begreifen weit entfernt."
>
> Nach Archilochos von Paros, 7. Jahrhundert vor Chr.

In der Vermenschlichung der Götter spiegelte sich das Wissen um die gleiche Herkunft von Göttern und Menschen, d.h. die Vorstellung, daß auch die Götter und die Heroen schließlich Geschöpfe der gleichen Welt sind. Ihre Wege sind aber sehr verschiedener Art, und während der Mensch sich in der Welt mehr oder weniger ausgeliefert fühlt, scheinen jene unangreifbar auf ihrem Olymp zu herrschen:

> „Ein Stamm: Menschen und Götter; von einer Art ja atmen wir, von einer Mutter wir beiden; doch Macht von ganz verschiedener Art trennt uns, so daß hier ein Nichts ist, dort der eherne Himmel, ein sicherer Sitz bleibt für ewig …"
>
> Nach Pindaros aus Theben, um 500 vor Chr.

Eine andere Seite der Vermenschlichung der Götter ist, daß man ihnen Verhaltensweisen beilegte, die eigentlich nur Menschen haben sollten. So erzählte man (nicht: glaubte man), d.h. dachte sich literarisch aus, daß die Lilie dadurch entstanden sei, daß Venus ein besonders schönes Mädchen in eine solche Blume verwandelte, weil sie auf das Mädchen eifersüchtig war. Hier wird nicht Naturerklärung betrieben, sondern diese wird poetisch zusätzlich umsponnen und verklärt.

5. ‚Mehrzweckgötter' und Synkretismus

In der typologischen Entwicklung der Gottesvorstellungen und Anschauungen über die Macht und das Wesen der Götter war es ein weiter Weg von der offenbar zuerst namenlosen, obersten ‚Göttin', die in Athen verehrt wurde und die erst unter dem wachsenden regionalen Ansehen der Siedlung den Namen „Athena" bekam, bis zu den spätrömischen ‚Mehrzweckgöttern', die die Eigenschaften und Merkmale vieler Götter in sich vereinigten. Damit standen die Römer allerdings in der Tradition mittelmeerisch-orientalischer Gottesvorstellungen – mit einer aufregenden Ausnahme: der jüdische Gott „Jahwe" blieb namenlos, persönlich bezogen und individuell (»ich bin, der ich da bin« bzw. »ich bin, der ich für euch da sein werde«). Götter waren sonst wie Herrscher; wenn sie mächtig schienen, unterwarf man sich ihnen besser ohne Widerstand und versuchte sie milde zu stimmen. Ihre allzumenschlichen Eigenschaften waren Neid und Haß, und es war nicht gut, sie zum Feind zu haben. Athen blieb bei seiner vorsichtig-liberalen Haltung und stellte rücksichtsvoll dem „unbekannten Gott" einen Altar auf, um niemanden unter den hohen Herrschaften zu kränken. Die erste größere und intensivere Ausweitung und Wandlung des griechischen Götterhimmels erlebte der Olymp unter der Herrschaft von Alexander dem Großen. Der mit und nach ihm blühende Hellenismus importierte viele Gottheiten und viele Merkmale orientalischer Götter in den Westen, und die Römer übernahmen in ihrer Begeisterung diese hellenistische Vielfalt. Griechische und orientalische Gottesvorstellungen wurden kombiniert, und in der Zusammenschau (Synkretismus) entstand eigentlich jeweils ein neuer Gott.

Als die Römer ein mächtiges Heiligtum des alten mesopotamischen Wettergottes „Hadad" in Doliche (heute Dülük in der Südosttürkei) in ihren Herrschaftsbereich bekamen, erkannten sie in dem dort verehrten Gott wie selbstverständlich ihren Jupiter wieder, und ein „Jupiter Dolichenus" war im 2. und zu Anfang des 3. Jahrhunderts nach Chr. ein wichtiger Modegott unter den Legionären im ganzen Römischen Reich. Nun aber wurde Doliche um 250 nach Chr. von den Persern erobert und gründlich zerstört. Die Legionäre waren offenbar enttäuscht über die sichtliche Machtlosigkeit ‚ihres' Gottes, und die Verehrung für Jupiter Dolichenus hörte schlagartig auf. Seine bisher ausgegrabenen Heiligtümer tragen aber alle keine Spuren gewaltsamer Zerstörung, im Gegensatz etwa zu den Heiligtümern für Mithras, in denen die Archäologen z. B. Brandspuren als Folge einer gewaltsamen Unterdrückung des Kultes gefunden haben. Jupiter Dolichenus wurde einfach als nutzlos aufgegeben!

Aber das Modell des Synkretismus wirkte weiter. Die Römer hatten etwas andere Gottesvorstellungen als die Griechen und bevorzugten abstrakte Begriffe, die als Gottheiten personifiziert wurden: Frömmigkeit, Treue, Freiheit, Eintracht usw. Bei den Griechen gab es Spuren davon in der frühgriechischen Personifizierung z. B. der Anmut, „Charis", und der Gerechtigkeit, „Dike" genannt. Mit dieser Art der mehr oder weniger nur oberflächlichen Konkretisierung einer abstrakten Idee hatten es die Römer offenbar leicht, in jedem obersten Gott der von ihnen unterworfenen Völker einen regional und lokal zuständigen „Jupiter" zu sehen. Bei Bedarf wurden die für die Römer nützlichen Eigenschaften dieses fremden Gottes dann auch auf die eigenen Götter übertragen. Das geschah in der Frühzeit bei den etruskischen Gottheiten, die die Römer gerne als die für Rom örtlich zuständigen übernahmen, das geschah später z. B. für die keltischen Götter, die sie mit ihrer römischen ‚Brille' („Interpretatio Romana") als ihre eigenen wiedererkannten, und das geschah mit dem in spätrömischer Zeit beliebten Import aus dem Orient, besonders auch mit dem Lieblingsgott der römischen Legionäre, Mithras. Mithras mußte schließlich dem offenbar noch mächtigeren Christus weichen, der dem Kaiser Konstantin dem Großen so offensichtlich zum Sieg verholfen hatte. – Mit ‚jenem Jesus' wurde allerdings ein ganz anderer Typus religiöser Verehrung modern, der grundsätzlich von dem System der mythologischen Deutung abwich. Christus bewirkte Wunder und war lebendiger Religions- und Kirchenstifter – ob er wollte oder nicht: die Menschen machten ihn dazu. In dieser Weise versuchte Apollonios von Tyana, im 1. Jahrhundert nach Chr. ein Philosoph aus Kappadokien (Türkei) in der Nachkommenschaft des Pythagoras, selbst Wundertaten zu vollbringen und dem Christentum bei der wohlhabenden Bevölkerung der herrschenden Oberklasse Konkurrenz zu machen.

Die Denkweise des Synkretismus wirkte wiederum nach z. B. auf den nordischen Götterhimmel. Auch die Germanen merkten bald die Macht des fremden Gottes der Christen, in dem offenbar all die verschiedenen Fähigkeiten und Aspekte eines Vielgötterstaates konzentriert vereinigt waren. Man nimmt an, daß manche hierarchische Gliederung des germanischen Götterhimmels erst unter dem Einfluß des Christentums durchgeführt wurde. Odin bekam mit seiner Selbstopferung, um die Geheimnisse der Welt zu erfahren, wie in der altnordischen „Edda" beschrieben wurde, plötzlich möglicherweise christliche Züge eines Todes am Kreuz angehängt. Auch unter dem Einfluß und dem wachsenden Druck der christlichen Welt, mit der man Handel treiben wollte (und sich deshalb ‚vortaufen' ließ, altnordisch als „Primsigning" bezeichnet) und deren Glauben man auf Island im Jahre 1000 mit demokratischer Abstimmung wohl doch opportunistisch übernahm, erlebte das germanische Spätheidentum in Norwegen z. B. unter Erich Blutaxt eine neue Blüte. In einer großen Schlacht des Jahres 954 fiel dieser Wikingerhäuptling, und sein Einzug in Walhall wurde als besonders spektakulär geschildert. Man hätte dort geglaubt, der Gott Balder würde zurückkehren. Noch in der Phase des quasi-politischen Todes des Heidentums übernahm man also christliche Vorstellungen von einer Wiederkehr paradiesischer Zustände auf Erden. Zudem war Balder ein ‚schöner, angenehmer Gott' und mit diesen Eigenschaften vielleicht bereits selbst ein Produkt des Synkretismus.

Noch eine Bemerkung zu ‚Handel treiben': Wir dürfen hier nicht nur an die Objekte, mit denen gehandelt wurde, denken, wie z. B. „Bernstein", auch nicht nur an die mittelbaren Zeugen des Handels wie „Depotfunde" und „Fürstengräber", sondern wir müssen die vielfältigen Einzelbeobachtungen zu Handelszentren, wie z. B. dem schwedischen „Birka", dem dänischen „Haithabu" und „Friesland" gebündelt zu verstehen suchen als die Punkte kultureller Kontaktzonen, über die auch mythologisches Wissen vermittelt wurde. Der „Rhein", die „Donau" und z. B. auch das englische „Danelag" waren Mischzonen wie überhaupt die ganze Region der provinzialrömischen Kultur in der Spätantike, in denen sozusagen auch mit Gottesvorstellungen ‚gehandelt' wurde. Die Römer übernahmen mit ihrem synkretistischen Blick der „Interpretatio Romana" nicht fremde Götter und deren Glaubenselemente zum Spaß, sondern sie erkannten richtig, daß man mächtige Götter gnädig stimmen müsse, auch wenn sie fremden Völkern zugehörten. Entsprechendes lernten auch die nordischen Heiden im Umgang mit dem Christentum. Mythologie zu betrachten heißt also für uns heute, auch auf solche Kontext-Informationen und mittelbaren Zeugnisse religiöser Anschauungen und rituellen Handelns zu achten.

6. Philosophen und Skeptiker

Bereits in der Antike war Mythologie nicht nur ein beliebtes Objekt der Literatur, es gab auch Skeptiker, die bewußt auf solche Garnierung mit Phantasiegestalten verzichteten und damit den philosophischen Richtungen entsprachen, die diesen ganzen ‚Götterrummel' heftig ablehnten. Der Römer Lukan versuchte in dieser Weise um 62 nach Chr. in seinem Epos „Pharsalia" über den römischen Bürgerkrieg zwischen Pompeius und Caesar eine nüchterne, nur an Fakten orientierte Geschichtsschreibung zu präsentieren. Er brach damit mit der älteren und herrschenden Tradition, die die mythologische Götterwelt der Griechen zur Überhöhung ihrer dichterischen Darstellung einsetzte, z. B. der Römer Vergil und der Grieche Homer. In der neuen Philosophie, der Stoa, wurde ein blindes Schicksal angenommen, das allein die menschlichen Geschicke bestimme. »Wir belügen uns, wenn wir an Jupiters Herrschaft glauben … kein Gott kümmert sich um die Sterblichen.«
Die Vermenschlichung der Götterbilder hat bereits die antiken Philosophen erbittert. Sie sahen darin Hilfskonstruktionen kleingläubiger Menschen, die zum abstrakten Denken unfähig wären. Bereits um 500 vor Chr. hielten griechische Philosophen die homerisch-olympische Götterwelt für nichts als hochstilisierten ‚Aberglauben'. Heraklit sah in der Mythologie nur einen entwicklungspsychologisch verständlichen Kinderglauben. Zu einer Zeit also, als wir die antike Götterwelt noch in der Entwicklung sehen, gab es bereits Kritiker, die sie deutlich als pure und überflüssige Ausgeburt der Phantasie betrachteten.
Die Antike scheint in dieser Hinsicht bei der Vielfalt der Gottheiten eher großzügig und tolerant gewesen zu sein. Erst dem Christentum wurde diese ‚Liebe zur Wahrheit', das ist das griechische Wort „Philosophie", offenbar lästig. Die berühmte, von Platon begründete philosophische Akademie in Athen wurde im Jahre 529 nach Chr. von dem christlichen Kaiser Justinian

geschlossen. Daß aber mit der Staatsreligion auch vorher ‚nicht zu spaßen' war, zeigt der Fall des Sokrates, der im Jahre 399 vor Chr. wegen „Verführung der Jugend und Leugnung der alten Gottheiten" zum Tode verurteilt wurde.

7. Mythologisches als Objekt der Literatur

Mythen sind spannende Erzählungen: Weltschöpfung, Sintflut, Jupiter, Hercules, Krieg um Troia, Aeneas usw., das alles ließ der römische Dichter Ovid in seinen lateinischen „Metamorphoses" um die Jahre 1 vor Chr. bis 10 nach Chr. lebendig werden. In der historischen Gegenwart des Ovid wurde der Kaiser Augustus von der Masse des römischen Volkes als Gott verherrlicht. Das ist in diese äußerliche Pracht des Staates hinein sozusagen ‚staatserhaltend' – Rom ist praktisch auf dem Höhepunkt seiner Macht, man spricht von einem „goldenen Zeitalter". Dazu gehört auch die Verherrlichung des mythologischen Wissens, das die bildungsbeflissenen Römer von den Griechen übernahmen. Mit der großen „hellenistischen" Begeisterung der Römer wurde von Ovid alles ausgebreitet, was seit Homer, besonders auch von Homer über die vermenschlichten Götter erzählt worden war. Aber es wurde für den Kenner als Literatur gehandelt, es war nicht Spiegelbild dessen, was tatsächlich geglaubt wurde – weder von den Massen noch von Ovid selbst. Gerade dieser Abstand machte es möglich, daß Ovids „Metamorphoses" später nicht als heidnisches Teufelszeug verbrannt wurden, sondern das ganze europäische Mittelalter liebte ‚seinen' Ovid, und die „Metamorphoses" wurden eine wichtige Quelle für zahlreiche andere Dichtungen.
Die rein literarische Verwendung der Mythologie kannte die Antike übrigens bis hin zum Kitsch und zur ‚seichten Gebrauchsliteratur', wie man z. B. den griechischen, späthellenistischen Liebesroman „Leukippe und Kleitophon" aus dem 2. Jahrhundert nach Chr. genannt hat.
Einen Höhepunkt in der neueren deutschen Literatur stellte die folgenreiche Entdeckung der Antike durch Johann Wolfgang von Goethe (* 1749, † 1832) dar. Dabei kann man die Spuren griechischer und römischer Themen in der ganzen biographischen Breite dieses reichen Dichterlebens verfolgen seit der Frühzeit, die nach Form, Stil und Inhalt noch ganz dem „Sturm und Drang" verpflichtet war. Gleich dem Prometheus, der einst das Feuer vom Him-

mel raubte und es auf die Erde brachte, verachtet der selbstbewußt schöpferische Mensch die Götter, die sozusagen nur personifiziertes Unwetter bzw. Phantasiegebilde für Kinder und Bettler wären:

> Bedecke deinen Himmel, Zeus,
> mit Wolkendunst
> und übe, dem Knaben gleich,
> der Disteln köpft,
> an Eichen dich und Bergeshöhn;
> mußt mir meine Erde
> doch lassen stehn
> und meine Hütte, die du nicht gebaut,
> und meinen Herd,
> um dessen Glut
> du mich beneidest.
>
> Ich kenne nichts Ärmeres
> unter der Sonn' als euch, Götter!
> Ihr nähret kümmerlich
> von Opfersteuern
> und Gebetshauch
> Eure Majestät
> und darbet, wären
> nicht Kinder und Bettler
> hoffnungsvolle Toren.
>
> Goethe, aus: Prometheus.

Ganz anders klingt es später, wenn sich Goethe an dem Schicksal der Iphigenie orientiert, die er in seinem Schauspiel „Iphigenie auf Tauris" ihre tragische Herkunft offenbaren läßt:

> »Ich bin aus Tantalus' Geschlecht.«
> Thoas:
> »Du sprichst ein großes Wort gelassen aus.
> Nennst du den deinen Ahnherrn, den die Welt
> als einen ehmals Hochbegnadigten
> der Götter kennt? Ist's jener Tantalus,
> den Jupiter zu Rat und Tafel zog …«
> Iphigenie:
> »Er ist es; aber Götter sollten nicht
> mit Menschen wie mit ihresgleichen wandeln;
> das sterbliche Geschlecht ist viel zu schwach,
> in ungewohnter Höhe nicht zu schwindeln …«

Hier kündigt sich auch an, was in „edler Einfalt und stiller Größe" ein Erdulden des Schicksals mit angeblich klassisch-antikem Gleichmut nahelegen will:

> Wenn der uralte
> heilige Vater
> mit gelassener Hand
> aus rollenden Wolken
> segnende Blitze
> über die Erde sät,
> küss' ich den letzten
> Saum seines Kleides,
> kindliche Schauer
> treu in der Brust.
>
> Denn mit Göttern
> soll sich nicht messen
> irgendein Mensch …
>
> Goethe, aus: „Grenzen der Menschheit".

Die deutsche Literatur der Klassik und die Zeitgenossen von Goethe und Schiller schätzten und verehrten die griechische und die römische Antike als literarischen Stoff und als besondere Ästhetik, die sie vielleicht gerade auch in der schwierigen politischen Zeit der Französischen Revolution und danach der napoleonischen Herrschaft über die manchmal triste Alltäglichkeit erheben sollte. Karl Philipp Moritz (* 1756, † 1793) zielte mit seiner „Götterlehre" (1791) auf ein solches neues Verständnis der Götter Griechenlands, die er der „Sprache der Phantasie" entsprungen glaubte – daher die „menschenähnliche Bildung der Götter". Die Goethezeit fühlte sich dieser rein ästhetischen Betrachtungsweise der Mythologie verpflichtet. Mit der Goethezeit ist das Wissen um die antike Mythologie zum bürgerlichen Bildungsgut geworden.

„Die edelste Wirklichkeit wurde so von den Deutschen hervorgebracht in einem Augenblick, da das Wetterleuchten der Revolution über den Rheingebirgen eine andere Zeit vorausverkündete", schrieb Walther Killy 1960. Die Klassik, die sich um vor allem Goethe und Schiller in der deutschen Literatur und in der Geistesgeschichte entfaltete, war allerdings – bezogen auf die Realität der klassischen Antike – ein Konstrukt, ein künstlich Geschaffenes, das nicht Bestand haben konnte. Humanitätsideal auf der einen Seite und tragische Alltagsrealität auf der anderen Seite: die erhoffte Harmonie dieser Gegensätze erwies sich als Illusion. „Denn wie Kunst und Wirklichkeit, so liegen das Altertum und die neuere Zeit in zwei verschiedenen Sphären ..." (Wilhelm von Humboldt, * 1767, † 1835).

> Ihr Städte des Euphrats!
> Ihr Gassen von Palmyra! [...]
> Jetzt aber sitz' ich unter Wolken
> [...] unter [deutschen]
> Wohleingerichteten Eichen, auf
> Der Heide des Rehs, und fremd
> Erscheinen und gestorben mir
> Der Seligen Geister.
>
> Aus Friedrich Hölderlin, „Lebensalter".

Bereits Friedrich Hölderlin (* 1770, † 1843) empfand also im stark ironischen Ton, daß die Götter aus der Welt entwichen seien; mit der erneuerten Mythologie der deutschen Klassik ließ sich keine tragfähige neue Religion schaffen. Hier spielte Schiller zu Unrecht das Christentum gegen die Antike aus und erhoffte sich vom letzteren zumindest einen Gegenpol zum ersteren: „... ihre Götterlehre selbst [der alten Griechen] war die Eingebung eines naiven Gefühls, die Geburt einer fröhlichen Einbildungskraft, nicht der grübelnden Vernunft, wie der Kirchenglaube der neueren Nationen ..." (Friedrich Schiller, * 1759, † 1805). Das Bild, das man sich von den Griechen machte – und später durch u. a. die Romantiker und die Brüder Grimm ebenfalls vom neuentdeckten Mittelalter –, war selbst ein „Mythologieentwurf" (W. Killy), also keine Realität, sondern phantasievolle Erzählung. Und doch setzte man große Hoffnungen auf die deutsche Klassik, deren Träger wie Goethe selbst fast zu ‚Göttern' gemacht wurden. Als Goethe 1832 starb, kommentierte Heinrich Heine mit mehrfachem Wahrheitsanspruch: „Les dieux s'en vont" (die Götter sind gegangen, sie haben sich aus unserer Welt wieder zurückgezogen).

Man kann Argumente dafür sammeln, daß neben den ‚allgemein weltlichen' Stoffen der Weltliteratur (z. B. Goethes „Faust"), christlichen Versatzstücken und Themen aus der Bibel, historischen und zeitgeschichtlichen Themen schließlich der Fundus der Mythologie einer der vier großen Zulieferer für literarische Darstellungen überhaupt war und ist. Wir schwören nicht nur literarisch „beim Zeus", sondern wir sind Themen der klassischen Antike inzwischen so selbstverständlich gewöhnt, daß wir sie kaum bemerken. Jede Irrfahrt, die sich vielleicht nur auf einen unglücklich verlaufenen Urlaub bezieht oder etwa nur auf einen verspätet eingetroffenen Brief, wird zur „Odyssee", auch wenn uns dieses homerische Werk selbst gar nicht mehr geläufig ist. Die Antike wurde zum alltäglichen und als Redensart jederzeit verfügbaren Zitat. Das garantiert freilich nicht, daß das Wissen um die Antike selbst und ihre Mythologie erhalten bleibt.

8. Provokation und Ärgernis: ‚Wilde Mythen'

Wir sind in der Regel gewöhnt, ‚Mythologie' als spannende und unterhaltsame Göttergeschichte zu verstehen. Bereits der Schritt, diesen doch eher ‚literarischen Abglanz' der möglichen Realität in Verbindung mit einem tatsächlich praktizierten Glauben in der Antike zu bringen, fällt uns schwer. Dabei spielt die Tatsache eine Rolle, daß wir über die Religionspraxis in der antiken Welt erst durch manche archäologischen Ausgrabungen der letzten Jahre ein etwas deutlicheres Bild bekommen haben. Wir sind vor allem aber auch – unbewußt und in sekundärer Weise – ein ‚Opfer' geworden der seit den ersten Jahrhunderten christlicher Zeitrechnung von der Kirche zum angeblichen Schutz des ‚rechten' Glaubens verteufelten Vorstellungen aus der griechischen und der römischen Mythologie. Vieles davon wurde als ‚Aberglaube', das heißt ‚Mißglaube' und ‚verkehrter Glaube' auf das schärfste bekämpft. Auch verschiedene, für das Christentum dann anstößige Sitten wie z. B. die Tempelprostitution (man vergleiche die „Tempelsklaven"), durch deren Ausübung man der göttlichen Macht am geweihten Ort teilhaftig zu werden glaubte, wurden später wohl lieber verschwiegen. In mehrfacher Hinsicht bekam die Antike im 19. Jahrhundert ein schützendes und bedeckendes Feigenblatt vorgesetzt. Durch diese ‚missionarische' Tätigkeit wurden wir zugleich, analog zu den jeweils gewandelten Anschauungen von ‚guten Sitten' an ein sozusagen ‚jugendfreies' Bild von Mythologie gewöhnt, das ebenfalls nicht mit der Realität übereinstimmt. ‚Entmythisierung der Mythologie', von der noch die Rede sein wird, beinhaltet auch ein wacheres Auge und offeneres Ohr für die ‚wilden' Elemente der Mythen, die wir auch als gegeben akzeptieren müssen.

Die Realität war nicht sehr menschenfreundlich; was sich davon in den ‚wilden Mythen' wiederfindet, war es auch nicht. So nehmen wir an, daß manche Erzählmotive durchaus Reflexe der gehandhabten Praxis darstellen, z.B. hinsichtlich der Aussetzung kurz nach der Geburt eines Kindes, mit der manches Heldenleben traditionell eingeleitet wurde. Auch hinter der Vorstellung von den „Russalky" genannten Wasserdämonen in der slawischen Mythologie, den angeblichen Geistern ertränkter oder erwürgter Kinder, mag ursprünglich eine grausame kultische Praxis gestanden haben.

Die Verteufelung bzw. Dämonisierung hat ihre lange Geschichte. Bereits im Alten Testament wurde Ba'al, der Hauptgott in Babylon, synonym für den heidnischen Götzen an sich genannt, der in verschiedenen Lokalgöttern verehrt wurde. Damit wurde aus etwa Baal-Sebub, der „Herr der Fliegen" in Ekron (in der Bibel 2. Könige 1,2) ein „Beelzebub", gleichbedeutend mit dem obersten ‚bösen Gott'. Mit einer u.a. von den Kirchenvätern ersonnenen, eigenen Dämonologie (siehe das Stichwort „Daimones") wurden die antiken Götter seit dem 4. Jahrhundert systematisch ‚entmachtet'. Aber auch die Götterbilder selbst hatten ‚wilde' Züge. Der altägyptische Gott Bes erscheint oft in sehr derben Darstellungen, z.B. als Zwerg mit einem riesigen Phallos. Aus einem ganz anderen Kulturkreis erinnern wir uns an die eindeutig sexuell betonten Darstellungen auf den bronzezeitlichen Felszeichnungen im schwedischen Bohuslän. Bei dem Motiv der „Heiligen Hochzeit" ist ganz naturalistisch die Verbindung von Mann (Penis) und Frau (mit einem Haarzopf gekennzeichnet) dargestellt. Auch die Bilder der griechischen Antike zeigen nicht nur den edlen nackten Jüngling, wie ihn ebenfalls die Renaissance feierte, sondern auch den trunkenen Dionysos und die orgiastischen Silene mit erigiertem Penis. Der Phallos ist Attribut des Hermes, er erscheint unübersehbar auf den rätselhaften englischen „Rasenbildern", aber auch die Nordgermanen zeigten ihren Gott Freyr im Tempel von Uppsala „cum ingenti priapo" (mit einem riesigen Phallos). Man sollte solche Elemente nicht überbewerten, aber auch nicht verschweigen.

Die schillernde Gestalt des Dionysos entdeckte Nietzsche („Die Geburt der Tragödie", 1872) als bewußten Gegensatz zur Ansicht der griechischen Antike, wie sie die deutsche Klassik verbreitete. Dem Kampf des Menschen gegen sein Schicksal entspreche hier ein düsterer und berauschender Kult. Dionysos ist nach W. F. Otto ein rein ‚griechischer' Gott, aber zugleich der „gewaltigste Einbruch der älteren, vorolympischen Götter" in die homerische Welt. Dionysos steht also im Gegensatz zur olympischen Götterwelt, wie sie Homer beschrieb und wie sie unser Bild von der Antike bestimmt hat.

In der hier versuchten« typologischen Darstellung, die nicht unbedingt ein Bild der chronologischen Entwicklung sein muß, tauchen die ‚wilden Mythen' offenbar verstärkt in ‚Spätzeiten' auf. Sie sind Zeiten der sozial gärenden Unruhe vor dem ‚großen Umbruch' in einer nur scheinbar gesicherten Welt, wie wir in dieser Hinsicht die Spätantike bezeichnen müssen. Gleichzeitig vermischen sich nach dem ‚glänzenden Höhepunkt' der klassischen Antike und durch das bis zum Bersten ausgedehnte Römische Weltreich viele fremde Elemente mit den herkömmlichen Glaubensvorstellungen. Vor allen von den geographischen Rändern römischer Zivilisation her dringen quasi auch als Wellen wechselnder Mode Dinge bis nach Rom vor, die selbst den abgebrühten Bewohnern der Hauptstadt unheimlich wurden. Besonders aus Ägypten und aus dem Orient gelangten Glaubenspraktiken nach Rom, die man typologisch sowohl ‚archaisch' (das heißt hier primitiv und unheimlich) als auch ‚barock' (das heißt überladen, eine aus dem ‚Überdruß' an die strenge Klassik entstandene Spätform) nennen könnte. Aber nicht nur in solchen ‚Spätzeiten' – vielleicht ist diese Bezeichnung sogar in diesem Zusammenhang chronologisch ein Fehler – tauchen derartige Dinge auf. Sie waren unter der Oberfläche allgemein akzeptierter Glaubensnormen offenbar immer vorhanden und virulent.

Im Kybele-Attis-Kult hören wir von Attis, der sich aus Liebe zur phrygischen Göttermutter Kybele selbst entmannte. Wie Attis starb, wurde auf z.T. sehr drastische Weise erzählt und kultisch nachgespielt bzw. vollzogen. Als der Tempel der Kybele in Rom als Heiligtum für die „Magna Mater" (große Muttergottheit) im Jahre 204 vor Chr. offiziell eingeweiht wurde, entsetzten sich die Römer über die Attis nacheifernden Praktiken der „Galli", der kultischen Diener, die sich »solcher Raserei« der Selbstentmannung hingaben. Verbunden damit war u.a. ein Stieropfer, Taurobolium, bei dem man sich mit dem Blut des geopferten Stiers besudelte und sich darin ‚reinigte'.

Solche Mysterien wurden dann besonders in der ,Spätzeit' der Antike des 3. und 4. Jahrhunderts nach Chr. in Frankreich, in Nordafrika und in Rom selbst ,populär'. Auch im Kult um Mithras, jener ursprünglich indo-iranischen Gottheit, deren Verehrung seit dem 1. Jahrhundert nach Chr. bei den römischen Soldaten bis nach Germanien und Britannien sehr verbreitet war und die im 3. Jahrhundert nach Chr. als „Sol invictus" (unbesiegbare Sonne) sogar Gott der römischen Staatsreligion wurde, gab es jenen maskulin orientierten Kult in einer Höhle, in der im Rauschzustand ein Stier getötet wurde. Auch Sabazios wurde in rauschhafter Besessenheit und mit dem Berühren einer Schlange verehrt.

All das entspricht durchaus nicht dem Bild, das uns z. B. die Renaissance und vor allem die deutsche literarische Klassik mit der Diskussion über Laokoon und der Vorstellung eines Johann Joachim Winckelmann über „stille Größe und edle Anmut" als Schulbildung bisher vermittelte. Auch was wir über das in archaischer Zeit (das ist wiederum typologisch gesehen!) praktizierte Menschenopfer wissen, entspricht nicht diesem allzu ,schönen' Idealbild.

9. Götter und Heroen heute

Ihrem Ansatz nach ist Verehrung von Helden (Heroenkult) und von Göttern gleichzusetzen. Beide sind ihrem Wesen nach ,übermenschlich', man projiziert eigene Sehnsüchte und Hoffnungen in Übermenschen hinein. Wer auf dieser Welt außergewöhnlichen Erfolg hatte, mußte mit den Göttern unmittelbar in Verbindung stehen. Die Heroen schienen zumindest einem Elternteil nach göttergeboren zu sein. Aber auch von ihren Taten her sprach man noch in der spätantiken nichtchristlichen Frömmigkeit von dem „Wirken der Helden als fortlebende göttliche Geister" (Philostratos, um 215 nach Chr.).

Das Hochmittelalter kannte im engen Rahmen z. B. des literarischen und geistesgeschichtlich herausragenden Versromans „Parzival" des Wolfram von Eschenbach (um 1200/1210) durchaus den Helden, der ein „Opfer der Zweifel zwischen Pflicht und Neigung" wurde und auch Fehler machte. Die Darstellung des Parzival konnte als Entwicklungsroman gelesen werden. Gleichzeitig war es eine Gesellschaftskritik am hochstilisierten Rittertum, dem der eigentliche Glaube an Gott fehlte. Und zugleich war

dieses Ethos aus mittelhochdeutscher Zeit ebenfalls ein endgültiges Abschiednehmen vom unerbittlichen heroischen Denken etwa im althochdeutschen „Hildebrandslied" und im mittelhochdeutschen „Nibelungenlied". Der noch aus der Vorzeit hereinragende Held, ein heidnischer Recke, der mit seinem tragischen Schicksal auf sich selbst gestellt war, lebte z. B. in dem Bild des alten Hildebrand, der gegen den eigenen Sohn kämpfen mußte und ihn schließlich tötete, weil der überlieferte germanische Ehrenkodex es so haben wollte. Hier half weder ein antiker, überraschend auftauchender Gott, ein ,Deus ex machina', noch die christliche Tugend der Nächstenliebe.

Gustav Schwab hatte „Die schönsten Sagen des klassischen Altertums" in drei Bänden 1838 bis 1840 herausgegeben, und seine Überarbeitungen und Nacherzählungen – manchmal mit erheblichen Eingriffen des Pädagogen in den Text – wurden ein klassisches Jugendbuch im ausgehenden 19. und im beginnenden 20. Jahrhundert. Die ausweglose Verstricktheit eines Helden in sein Schicksal konnte der Schulmann als Vorbild für die Jugend nicht gebrauchen und schönte deshalb seine Darstellung manchmal entscheidend. Aber auch unsere Moderne scheint nach anderen Helden Ausschau zu halten, welche nicht immer nur meine Sympathien finden können: „Batman" und „Superman" kämpfen in einer von allen Zweifeln gereinigten Welt gegen das Böse und haben zuweilen ganz massiv einen amerikanischen Patriotismus verherrlicht; „Asterix" der Gallier tut zum Teil desgleichen für die Franzosen. Und der Pervertierung der altnordischen Mythologie in den bewußt propagandistischen Fehlübersetzungen der Nazis wird hoffentlich niemand mehr nachtrauern. Man denke nur an den unseligen, hart stabreimenden Spruch über „ ... der Toten Tatenruhm", der sich noch in einer Kaserne der Bundeswehr befand und der bewußt falsch wiedergibt, was sich in der altnordischen Edda (Havamál) an vorsichtiger, sympathischer, aber doch kleinbürgerlicher und an dieser Stelle völlig unheroischer Moral spiegelt, daß man sich nämlich im Leben so verhalten müsse, daß das Andenken an den Toten weiterbestehen könne.

> Das Vieh stirbt, die Freunde sterben,
> endlich stirbt man selbst;
> doch eines weiß ich, das immer bleibt:
> das Urteil über den Toten.

Ich möchte mich eines Urteils über die modische Welle in der populären Literatur unserer Zeit gerne enthalten, in der mythologische Versatzstücke in einer merkwürdigen Mischung mit surrealistischer Phantasie und Science-fiction auftauchen, wo Atlantis auf fremden Sternen wiederersteht, wo unbezwingbare Helden im Tigerfell und mit dem Zauberschwert mit Hilfe utopischer Raumschiffe durch Raum und Zeit eilen. Dagegen meine ich, daß mit Romanfiguren wie dem Hobbit im „Herrn der Ringe" von J. R. R. Tolkien der Versuch durchaus gelungen ist, Heldensagen im Geschmack unserer Zeit neu lebendig werden zu lassen.

Schließlich müssen wir uns eingestehen, daß wir auch heute in einer durchaus mythengläubigen Welt leben, voller mündlicher Überlieferung, die Geschichten entstehen läßt, welche ihre Wurzeln in Ängsten, Hoffnungen und traditionellen mythischen Versatzstücken haben. Ich glaubte z.B. bis in die unmittelbare Gegenwart an die schöne und realitätsnahe Geschichte vom ‚guten König', dem dänischen Christian X., der während der deutschen Besatzungszeit im Zweiten Weltkrieg jeden Tag in aller Öffentlichkeit auf seinem Pferd durch Kopenhagen ritt und damit den bösen Feinden trotzte. Vielleicht habe ich ihn selbst so gesehen, und wir verbanden mit dem alten König vielleicht Vorstellungen vom unbesiegbaren Helden und dem ‚König im Berge', der seinem Volk in Not zu Hilfe kommt. Und dann hat dieser König, als unter deutschem Druck das Tragen des Judensterns verordnet werden sollte – darüber habe ich viel später gelesen, und ich wußte damals sicherlich nicht, was ‚Juden' waren, ich wußte nicht einmal, daß ich (mit dem Mädchennamen meiner Mutter in der dänischen Schule) selbst zu den von uns dämonisierten Deutschen gehörte –, da hat dieser mutige König selbst den Davidstern in aller Öffentlichkeit getragen, und er hat dadurch Schlimmeres verhindert. Die moderne Folkloristik (J. Lund, 1975; B. af Klintberg, 1990) lehrt uns, daß auch diese Erzählung (leider) ein Mythos ist.

10. Mythologie als Disziplin der Wissenschaft

Die Märchen- und Sagenforschung, aber auch allgemein die germanistische Philologie und die Sprachwissenschaft verdanken den Brüdern Grimm einiges. Jacob Grimm untersuchte in seiner „Deutschen Mythologie" (1835) die religiö-

sen Vorstellungen der Germanen, indem er die wenigen Zeugnisse, die uns die Römer davon vermittelt haben, mit den überlieferten deutschen Volkssagen zu kombinieren versuchte. Immerhin war Jacob Grimm darin weit weniger spekulativ als seine Vorgänger und viele seiner Zeitgenossen. Für ihn schien erkennbar, daß ältere mythologische Vorstellungen im Untergrund des Volksaberglaubens auch im Christentum weiterlebten. Man sprach viel von Kontinuität, der angeblich ungebrochenen Kulturtradierung seit ‚urgermanischen' Zeiten – eine Vorstellung, die Nachfolger begeisterte und die übertrieben aufgegriffen, ja dann im mythologischen Wahn unter der Herrschaft des Nationalsozialismus pervertiert worden ist. Da war Jacob Grimm kritischer und setzte z.B. nicht von vornherein literarische Zeugnisse der altnordischen Edda gleich mit (südgermanischer) ‚deutscher' Mythologie.

Sein Bruder Wilhelm Grimm begründete mit der Untersuchung über „Die deutsche Heldensage" (1829) eine kritische Auseinandersetzung mit der Sagenüberlieferung, für die er weiter ausgriff als Jacob Grimm. Die Sage sei ihrem Ursprung nach mythisch; erst nachträglich seien diese Erzählungen historisiert und geographisch ‚verortet' worden (so die Siegfried-Sage am Rhein, der Burgunderuntergang in Worms).

Daß man auch aus fast noch in unserer Gegenwart aufgezeichneten Sagenstoffen gewisse Schlüsse ziehen darf, hat die Untersuchung der Erzählungen über „Polyphem" gezeigt. Seine Einäugigkeit ist durch Homer belegt. Aber Vasenmalereien bereits aus dem 5. Jahrhundert vor Chr. legen nahe, daß es eine ältere Zweiäugigkeit des Polyphem gegeben haben muß, und damit werden außerhomerische Versionen der Sage nachweisbar. Ältere Deutungen, die das Stirnauge noch als ‚Weltauge' der Sonne deuten und gar im Zusammenhang mit der Einäugigkeit des germanischen Gottes Odin sahen, werden damit hinfällig.

Eine besondere, ältere Episode der Mythenforschung illustriert der Begriff der „Pseudogötter". Entweder mißverstand man Figuren in den überlieferten religiösen Zeugnissen, oder es wurden im 18. Jahrhundert direkt Götter erfunden, weil man aus Mangel an anderen Quellen und in falsch verstandener Gelehrsamkeit den Götterhimmel eines bestimmten Volkes auffüllen wollte.

Selbstverständlich ist die typologische Betrachtungsweise über die Genese von Mythologie und Gottesvorstellungen nur ein Aspekt, der uns die Erklärung der vielfältigen Phänomene erleichtern kann. Ich greife, wenn ich oben u. a. von der Geburt der Götter aus der Angst spreche (lateinisch »timor fecit deos«), von etwa zehn völlig verschiedenen Deutungsmöglichkeiten des Mythos, deren wissenschaftliche Vertreter sich zum Teil heftig widersprechen, besonders einen Aspekt heraus, der mich hier vorrangig interessiert: „Die Deutung des Mythos als Erfahrung des Numinosen" (Kurt Hübner, 1985). Man hat in der mythologischen Forschung jedoch bereits früh erkannt, daß der Anlaß, einen Gott zu ‚erfinden' oder ein Ereignis auf göttlichen Ursprung zurückzuführen, relativ nebensächlich sein kann. Zuweilen scheint es einem sogar der leichteste Weg etwa einer ‚politischen Notlüge' zu sein, wenn wir z. B. bedenken, wie der angebliche römische Gott „Aius Locutius" das Licht der Welt erblickte. Darüber schrieb Heinrich Kern 1851 in seiner Bearbeitung von Vollmers „Vollständigem Wörterbuch der Mythologie aller Völker":

> „Ajus Locutius. (Römische Mythologie.). Der ansagende Sprecher. Im Jahre 390 vor Chr. wurde in Rom auf der neuen Straße eine Stimme gehört, welche vor der Ankunft der Gallier warnte. Man achtete nicht auf sie, und die Gallier zerstörten die Stadt. Um die Gottheit zu versöhnen, die in jener Stimme gesprochen hatte, errichtete man nachher auf jener Straße dem Ajus Locutius einen Tempel."

Eine interessante, neuere Komponente der mythologischen Forschung kam mit den psychoanalytischen Deutungsversuchen im Anschluß an C. G. Jung durch den Religionswissenschaftler und den klassischen Philologen Karl Kerényi in den Blick, der verschiedene Hauptgestalten der griechischen Mythologie („Apollon" 1937, „Prometheus" 1946) und die griechisch antiken Glaubenszusammenhänge („Die Mysterien von Eleusis" 1962) untersucht hat.
Heute ist Mythologie jeweils ein Bereich, der in

den unterschiedlichen Wissenschaftsdisziplinen mehr oder weniger fest integriert ist: in die Religionswissenschaft (man vergleiche die entsprechenden Stichwörter in: „Die Religion in Geschichte und Gegenwart", 1957 ff., und „Lexikon für Theologie und Kirche", 1957 ff.), natürlich in die klassische Philologie mit einer ganzen Reihe von Quellenwerken und Darstellungen, in die Volkskunde und die Erzählforschung („Enzyklopädie des Märchens", 1977 ff.) und in die Altnordische Philologie. Besonders aber die Klassische Archäologie hat mit ihren verfeinerten Ausgrabungs- und Analysemethoden in den letzten Jahren beachtliche Fortschritte gemacht und unser bisheriges Bild von der Antike in realistischer Weise und an entscheidenden Stellen, z. B. der Alltagsgeschichte einer Kultausübung und eines religiösen Ritus, korrigiert. Für alle Bereiche ist Mythologie ein für unser Verständnis vom Werden unserer heutigen abendländischen Welt unverzichtbares Stück Kulturgeschichte. Jedoch bleibt vieles noch zu erforschen. Karl Kerényi schrieb 1967 im Vorwort zu seinem Werk „Dionysos" (erschienen 1976): „Die Zeit zu einer Darstellung der Religionsgeschichte Europas … ist noch nicht reif. Von den einzelnen Religionen unseres Kulturkreises … haben wir [nur] ein vorläufiges Bild."
Wenn der Tübinger Professor für ökumenische Theologie Hans Küng von der „Doppelgesichtigkeit der Religionen" spricht und damit Ethos und Kirchen begrifflich bewußt trennt, so könnte man im übertragenen Sinne auch von einer Janusköpfigkeit der Mythologien sprechen. Was wir sehen und schätzen an klassisch-antiker Bildung in dieser Hinsicht, ist in der Regel die eine, gereinigte und geläuterte Seite der homerischen und literarisch überlieferten Welt aus der Geschichte der abendländischen Mythologie. Wo uns vereinzelt und für uns zumeist versteckt tatsächlich, heidnisch-archaische Glaubenspraktiken wie z. B. im Kybele-Attis-Kult entgegentreten, sind wir oft schockiert und desillusioniert. Ich meine, daß es eine wesentliche Aufgabe künftiger mythologischer Forschung sein wird, hier das einseitig ‚schöne' Bild, das uns nicht zuletzt durch die deutsche Klassik der Goethezeit vermittelt worden ist, zu relativieren. Es geht sozusagen um eine Entmythisierung der Mythologie.

A

A.D. ↗Anno Domini.

Äacus, röm. Namensform (bei Ovid), nach einer Überl. Sohn des Zeus u. der Europa, nach anderer Version der *Ägina,* die Namengeberin für die griech. Insel (vgl. griech. ↗*Aiakos*). Ä. herrschte über die Insel nach seiner Mutter, und als anläßl. einer finsteren Mordtat über ganz Attika eine Dürre ausbrach, sollte Ä. für die Griechen bei den Göttern um Entsühnung bitten. Ähnliches berichtet Ovid v. der Insel selbst, nach der Juno dem Jupiter (die röm. Namensformen!) den Seitensprung nicht verzieh: „gräßliche Pest verhängte dem Volk die grausame Juno, hassend das Land, das den Namen der Nebenbuhlerin führte". Als Zeus dann als Zeichen, daß die Plage weichen sollte, einen Blitz schickte, kamen aus der geborstenen Eiche Ameisen (griech. = Myrmex) hervor, die, zu Menschen verwandelt, als ↗Myrmidonen ein mächtiges griech. Volk wurden.

Abanten ↗Elephenor, ↗Euboia.

Abantis ↗Euboia.

Abaris, der griech. Überl. nach ein Apollon-Priester, der mit einem goldenen Pfeil die ganze Erde umfliegen konnte. Er soll aus dem N nach Griechenl. gekommen sein, das Land v. einer schlimmen Pest befreit u. versch. andere Wunder bewirkt haben. Herodot (5. Jh. v. Chr.) blieb skeptisch: „Und soviel v. den Hyperboreern; denn die Erz. v. dem A., der auch einer aus dem N gewesen sein soll u. der mit einem Pfeil um die ganze Erde flog, ohne etwas zu essen, erzähle ich erst gar nicht."

Abas, Sohn des ↗Lynkeus 1) u. der ↗Hypermestra 1), Mann der ↗Okaleia.

Abbadon ↗Apollyon.

Abdera, griech. Hafenstadt an der thrak. Küste; um 650 v.Chr. gegr.; v. den Thrakern zerstört, dann wieder besiedelt; Heimat u.a. der Philosophen Leukipp, Demokrit u. Protagoras. Die Sage berichtet, A. sei v. ↗Abderos bzw. Herakles gegr. worden. – Die Bewohner v. A. galten im Alt. als „Schildbürger"; die Gründe dafür sind nicht geklärt.

Abderos, der Waffenträger des Herakles, ein Sohn des Hermes. Eponym (myth. Namengeber) v. ↗Abdera. A. wurde v. den Pferden des ↗Diomedes in Stücke gerissen.

Aberglauben, dt. seit dem 15. Jh. gebräuchl. neben „Unglaube" u. „Mißglaube" für lat. superstitio („verkehrter Glaube"). Mit der Bz. A. kritisiert man eine bestimmte Vorstellung vom Standpunkt einer rel. oder aufgeklärt-naturwissenschaftl. Haltung aus („Die Religion in Geschichte und Gegenwart", 1957). Aus späterem, oft populär und mündl. überliefertem A. auf irgendwelche mytholog. Vorstellungen aus der Zeit *vor* den dokumentierbaren Quellen zu schließen, ist ein gewagtes Unterfangen u. lenkt oft in falsche Richtungen: „Alle die beschriebenen neueren [german.] Volksanschauungen über … die Sonne sind kaum in einen inneren Zshg. zu bringen. Man darf weder v. ihnen insgesamt noch v. einzelnen Regeln auf den Inhalt eines german. oder vorgerman. Sonnenkultes schließen … Jeder A. ist außerdem nur verwertbar für die Zeit seiner Anerkennung. Auch v. hier aus verbietet sich jeder Rückschluß" („Handwörterbuch des deutschen Aberglaubens", Bd. 8, 1937).

ab urbe condita, „nach der Gründung der Stadt [Rom]", röm. Zeitrechung ab 753 v.Chr., der (sagenhaften) Gründung Roms. Im öffentl. Leben zählten die Römer jedoch die Jahre nach der Amtszeit ihrer Konsuln.

Abwehrzauber, spielt in vielen Kulturen eine große Rolle. Man kennt apotropäische („abwehrende") Zeichen u. Amulette, die eine „offensive Magie" ausüben sollen. Das Haupt der ↗Medusa hatte diese Kraft. Von den Germanen kennen wir die ↗Schandstange der Wikingerzeit, auf der ein Pferdekopf steckte.

Abydos, altgriech. Stadt am Hellespont auf der kleinasiat. Seite; 480 v.Chr. setzte Xerxes I. hier auf zwei Schiffbrücken das Perserheer nach Griechenl. über. Die Stadt galt als Heimat des ↗Leandros. Im Troian. Krieg verbündeten sich die Bewohner mit Troia.

Acca Larentia, röm. Hetäre aus der Zeit des ↗Ancus Marcius, Geliebte des Herakles u. Gattin des Faustulus, die vielfach als Ziehmutter des ↗Romulus u. Remus galt. Nach anderer Version machte sie sich um den röm. Staat verdient, indem sie ihm den v. Herakles oder v. ihrem Mann geschenkten Reichtum vererbte. Wahrscheinl. handelte es sich bei A. L. um eine alte ital. Göttin, ↗Larentia gen., deren urspr. Bedeutung vergessen war u. die man dann mit neuen Sagen umgab (vgl. ↗Fratres Arvales).

Acerbas ↗Sychaeus.

Acestes, Sohn des Krimisos v. Sizilien u. der troianischen Aigeste (oder Segesta), nach der die Stadt Aigesta (Segesta) ben. sein soll. A. war ein Gefährte des Priamos im Troian. Krieg. Später nahm er Aeneas, als dieser auf seiner Reise v. Troja nach It. Sizilien besuchte, gastfreundl. bei sich auf, half ↗Anchises bestatten u. war der Gewinner des Bogenschießens bei den anschließenden Leichenspielen (Begräbnisfeierlichkeiten mit Wettkämpfen).

Achaia, griech. Küstenlandschaft des nördl. Peloponnes, ben. nach den Achaiern; zunächst ein lockerer Bund v. 12 Städten mit dem gemeinsamen Zeusheiligtum bei Aigion. Ausgangsland der archaischen Kolonisation in Unteritalien. Später war A. Bz. der Römer für ganz Griechenl. als röm. Provinz.

Achaier, *Achäer,* Stamm aus der Frühzeit Griechenl., auf dem Peloponnes ansässig, in ↗Mykenai u. Argos.

Acheloos, Fluß in Westgriechenl.; in der Sage personifiziert als oberster der Flußgötter. Er war der Sohn des Okeanos u. der Tethys, Bruder der anderen Flußgötter u. Vater der ↗Sirenen. Von ihm ist überliefert, daß er mit Herakles in einen Kampf um ↗Deïaneira geriet. Da der Gott die Gabe, seine Gestalt zu ändern, besaß, verwandelte er sich zunächst in eine Schlange, dann in einen Stier, dem Herakles eines seiner Hörner abbrach. Er gab es seinem besiegten Gegner zurück u. erhielt dafür v. diesem das mit Früchten u. Blumen gefüllte Horn der ↗Amaltheia.

Acheron, in der griech. Sage einer der Flüsse der Unterwelt.

Achillesferse, verwundbare Körperstelle des ↗Achilleus; vgl. die Stelle auf Sigfrids Rücken, die durch ein herabfallendes Blatt beim Bad im Drachenblut dem sonst unverwundbaren Helden zum tödl. Verhängnis wurde (↗Nibelungenlied, 15. âventiure); als Redensart allg. für einen „Schwachpunkt", den man nicht übersehen sollte.

Achilles Tatios ↗Leukippe und Kleitophon.

Achilleus, *Achilles, Achill,* Held der griech. Sage; Hauptgestalt der Ilias; größter der vor Troia kämpfenden Hellenen. Er war der Sohn des ↗Peleus (daher sein Beiname *Pelide*) u. der Meeresgöttin ↗Thetis. Um ihrem Sohn Unsterblich-

```
                Aiakos – Endeïs
              ┌────────┘
           Telamon
           Peleus – Thetis
              ┌────────┘
         Achilleus – Deïdameia
              ┌────────┘
         Neoptolemos
```

keit zu verleihen, suchte seine Mutter den sterbl. Teil in ihm zu vernichten, indem sie ihn mit Ambrosia einsalbte u. nachts über das Feuer hielt. Nach anderer Version badete sie den Knaben im Styx, um ihn unverwundbar zu machen; nur seine Ferse, an der sie ihn festhielt, blieb verletzlich (*Achillesferse*). Als ihr Gatte sie bei ihrem Tun überraschte, entriß er ihr das Kind u. brachte es zu dem berühmten Kentauren ↗Cheiron, der A. erzog. Aus Sorge um ihren Sohn, v. dem sie wußte, daß er vor Troia fallen würde, suchte Thetis ihn dem Krieg zu entziehen, indem sie ihn als Mädchen verkleidet an den Hof des ↗Lykomedes v. Skyros brachte, wo er die Liebe der Königstochter ↗Deïdameia errang, die v. ihm Mutter des ↗Neoptolemos wurde. Die Griechen suchten derweil nach A., weil ein Orakelspruch besagte, ohne ihn könne

Achilleus auf einer griech. Amphora

Achilleus u. Aias: *Amphora mit der Szene „Achill und Ajax beim Brettspiel". Arbeit des att. Töpfers u. Vasenmalers Exekias (6. Jh. v.Chr.), der den schwarzfigurigen Stil künstler. vollendete.*

Troia nicht gewonnen werden. Odysseus u. seine Gefährten machten ihn in Skyros aus u. entlarvten ihn als Mann, indem sie den Mädchen, unter denen der Gesuchte lebte, Schmuck u. Waffen zeigten, worauf A. sich nur brennend für die Waffen interessierte. A. begleitete seinen Freund Patroklos, seinen Lehrer Phoinix u. die Myrmidonen auf 50 Schiffen nach Troia. Schon unterwegs bzw. vor Beginn der Belagerung der Stadt vollbrachte er manche Heldentaten; u. a. eroberte er eine Reihe v. Städten.

Die ↗Ilias (↗Homeros) schildert den Streit zwischen A. u. Agamemnon im letzten Kriegsjahr. Dieser Streit wurde ausgelöst, weil Agamemnon ↗Briseïs, die Lieblingssklavin des A., für sich beanspruchte. Daraufhin grollte A. so sehr, daß er sich weigerte, weiter an den Kämpfen teilzunehmen, obwohl die Lage der Griechen immer bedrohlicher wurde. Schließl. ließ er sich wenigstens dazu überreden, dem Freund ↗Patroklos seine eigene Rüstung zu leihen u. ihn in den Kampf zu schicken, doch fiel Patroklos v. der Hand des Hektor, nachdem er die Feinde zurückgeschlagen hatte. Erst jetzt war A. bereit, selbst wieder in den Krieg einzugreifen, wobei seine Mutter ihm eine v. ↗Hephaistos geschmiedete Rüstung u. Waffen besorgte. Er trieb die Feinde in die Stadt zurück, mit Ausnahme Hektors, den er im Zweikampf tötete u. an seinen Wagen gebunden ins griech. Lager schleifte. Als der greise Priamos dort erschien, um den Sohn auszulösen u. den Riten gemäß beizusetzen, zeigte A. sich großmütig.

A. selbst fand den Tod durch einen v. Apollon gelenkten Pfeil des Paris in seine verletztl. Ferse; nach anderer Version tötete Apollon ihn; auch v. einem Meuchelmord im Apollontempel weiß die jüngere Überl. zu berichten. Bei der Bergung der Leiche taten sich Odysseus u. Aias der Große (↗Aias 2) hervor, die sich anschließend um die Rüstung des Gefallenen stritten, die schließl. Odysseus zugesprochen wurde. Nach der Ilias lebte der Schatten des A. im Hades weiter, nach anderer Version brachte seine Mutter ihn auf die Insel Leuke oder ins Elysion, wo er ein glückl. Dasein führte. Als Heros besaß A. in Griechenl. eine Reihe v. Kultorten. Seine Gestalt wurde schon früh zum Gegenstand literar. Darstellungen, so in „Psychostasia" v. Aischylos, in die „Skyrier" v. Euripides u. in dem Epos „Achilleis" des röm. Dichters Statius. Auch in der bildenden Kunst boten sich Motive aus seinem abenteuerl. Leben zu künstler. Gestaltung an.

Achor, nach dem Römer Plinius ein fliegen-

tötender griech. Gott, den die Menschen anriefen, um v. dieser Plage u. offenbar den damit verbreiteten Krankheiten befreit zu werden. Viell. beruhen diese Angaben nur auf einer Fehlinterpretation der griech. Überl. durch die Römer.

acht, 1) Zahlwort, in altnord. Überl. der Edda vielfach magische Zahl. Acht Füße hat Odins Pferd ↗Sleipnir (Gylfaginning in der Snorra Edda), acht Nächte lag Brynhild in Atlis (Attilas) Armen, acht Nächte dürstete ↗Grimnir in den Flammen, acht Nächte gab der als Frau u. Braut verkleidete Thor vor, in der Sehnsucht nach ↗Thrym gewartet zu haben, acht Rasten tief in der Erde hatte Thrym den geraubten Hammer Thors versteckt. – **2)** Ächtung eines Beschuldigten wegen Totschlags im altnord. Recht auf dem ↗Ding.

Adalbert, Erzbischof von Hamburg-Bremen (1043–1072), * um 1000; mit missionar. Eifer in Dänemark u. an der Ostsee bei den Slawen tätig. Seine Missionare sollen Island u. Grönland bereist haben; sein bedeutender Chronist war ↗Adam von Bremen.

Adamnán, *Adamnáin*, ir. Erzähler, dem eine Heiligenvision des 10. Jh. zugeschrieben wird, die neben ihrer christl. Grundlage v. heidn. Jenseitsvorstellungen geprägt ist.

Adam von Bremen, † um 1081, Geschichtsschreiber unter dem mächtigen Erzbischof ↗Adalbert; er verfaßte um 1075 (zw. 1072 u. 1076, Zusätze bis 1080) die „Geschichte der Hamburgischen Kirche", die „Gesta Hammaburgensis ecclesie pontificum", und notierte dort auch nach eigenen Erkundigungen die Chronik der ersten dän. Könige. So nahm er z. B. mündl. Erz. des dän. Königs Svend Estridsøn († 1074) auf u. berichtete v. dem goldverzierten heidnischen Tempel im schwed. ↗Uppsala. Im Abschlußkapitel gibt er einen geograph. Überblick über den Norden, das „älteste Faktenwissen" über skandinav. Verhältnisse, einschließl. Islands u. Grönlands.

Adils, sagenhafter schwed. Kg. in Uppsala (um 500 n. Chr.); heiratete Yrsa, die Tochter Helgis, u. wurde damit Stiefvater v. ↗Hrolf Kraki. Er wird zus. mit Beowulf erwähnt; der Schilderung nach war er böse u. hinterlistig.

Adler, ein sehr weit verbreitetes Symboltier, das auch in der griech. u. röm. Mythologie eine Rolle spielte. Symbolprägend waren vor allem seine Kraft u. Ausdauer u. sein anscheinend dem Himmel zustrebender Flug. Der A. galt bes. als heiliger Vogel des Zeus, als dessen Bote er vielfach diente, um den Sterblichen den Wil-

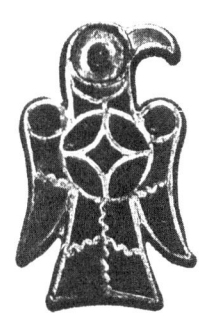

Adler:
Gewandspange
(Fibel)

len des Gottes zu verkünden. – A. schmückten den röm. Militärschild u. waren Feldzeichen der Legionen. Der A. ist das königl. Tier der Heraldik u. war vor allem in fränk. Zeit eine beliebte Schmuckform für Fibeln (Gewandspangen, verwendet wie eine Sicherheitsnadel). Diese stehen formal unter Einfluß der Kunst der Goten als Erbe aus der Völkerwanderungszeit u. der Vorstellungswelt der Hunnen. Solche *Adlerfibeln* waren bevorzugte Schmuckstücke der ostgot. Kunst. In der italien. Romagna wurden v. den Goten die sog. „Cesena-Fibeln" hergestellt. Es gibt hervorragende Stücke aus dem Ende des 10. Jh., z. B. den sog. „Gisela-Schmuck" (gefunden 1880 in Mainz, 20 Einzelstücke mit Anklängen an byzantin. Kunst; Staatl. Museen, Berlin). – Die Adlerfibeln wurden zum Symbol einer nationalen Altertumskunde in den 1930er u. 1940er Jahren, in denen viele Fälschungen hergestellt wurden u. teilweise auch ihren Weg in die Museen fanden (angebl. „westgot. Adlerfibeln"; die „Königsberger Adlerfibel" war die Fälschung eines Frankfurter Goldschmieds v. 1936). – Vgl. ↗Falke. – Der A. war gemeinsames Attribut des kelt. Götterpaares Sucellos u. ↗Nantosuelta.

Admetos, Kg. v. Pherai, der älteste Sohn des Pheres u. der Periklymene (Klymene); Gemahl der ↗Alkestis, Vater des ↗Eumelos u. der Perimele. A. nahm an der Kalydon. Jagd. u. am Zug der Argonauten teil. Apollon diente ihm, weil er die Kyklopen ermordet hatte, zur Strafe für seine Missetat ein Jahr lang als Hirte u. freundete sich mit ihm an. Deshalb war er dem Kg. auch behilflich, als dieser vor seiner Hochzeit vergessen hatte, der Artemis das übl. Opfer zu bringen, u. diese sich rächte, indem sie Schlangen ins Brautgemach schickte. Er nahm den ↗Moiren das Versprechen ab, den A., wenn dessen Todesstunde gekommen sei, am Leben zu lassen, falls ein anderer für ihn in den Tod ginge. Dazu war im entscheidenden Augenblick nur Alkestis bereit, die jedoch v. Herakles, der

gerade des Weges kam, gerettet wurde, indem er sie der Unterwelt entriß.

Adonia, die zu Ehren des ↗Adonis veranstalteten privaten Trauerfeste, die im Orient u. in Griechenl. zu verschiedenen Zeiten gefeiert wurden u. in der Regel zwei bis acht Tage dauerten. Wichtige Teile des Kultes waren das Scheinbegräbnis des Gottes u. die ↗Adonisgärtchen.

Adonis, in der griech. Mythologie Sohn des ↗Kinyras u. der ↗Myrrha (oder Smyrna), ein schöner, v. Aphrodite bzw. Venus (↗Venus und Adonis) geliebter Jüngling, der auf der Jagd ums Leben kam. Aphrodite bat Persephone, daß A. sechs Monate des Jahres auf der Erde leben dürfe. – A. ist wohl ein aus dem Orient, viell. aus Phönikien (Adon = phönik. „Herr") stammender Fruchtbarkeitsgott, der die ständig neuerstehende u. wieder verdorrende Vegetation repräsentierte. In den offiziellen griech. Kult wurde er nicht aufgenommen, aber die ihm zu Ehren veranstalteten ↗Adonia erfreuten sich großer Beliebtheit. – A. (L'Adone) nannte G. Marina sein italien. mytholog. Gedicht, in dem er 1623 den frz. Kg. Ludwig XIII. verherrlichte. – A. nannte der Däne Fr. Paludan–Müller ein resignierend melanchol. Altersgedicht (1874).

Adonisgärtchen, die mit schnell wachsenden u. schnell verdorrenden Pflanzen u. Blumen besetzten Töpfe, Krüge u. Körbe zum Adonisfest. – ↗Adonia.

Adorant, menschl. Figur in anbetender Stellung, zumeist mit erhobenen Armen bzw. mit nach vorn gebeugtem Körper, so z. B. vielfaches Motiv auf bronzezeitl. Felszeichnungen in Bohuslän/Schweden (Lökeberg, Tanum u. Backa).

Adorant: Felszeichnungen aus Bohuslän/Schweden.

Neben Einzelfiguren in oft stark stilisierter Strichzeichnung, kniend u. von der Seite, kommen auch Gruppen auf einem Schiff zur Darstellung. Die frontale Figur mit den erhobenen Armen überschneidet sich mit der Darstellung v. Sonnenscheibenträgern. Vielfach besticht die hoch entwickelte u. ästhet. anspruchsvolle Darstellung (stilisierte weibl. Figur mit Zopf aus Tanum).

Adranus, ein ital. Gott mit einem Haupttempel auf Sizilien; die ihn bewachenden Hunde sollen böse Menschen zerrissen, betrunkene aber sicher geleitet haben.

Adrasteia (griech. = die Unentfliehbare), urspr. phryg. Berggöttin; seit etwa 400 v. Chr. mit der griech. ↗Nemesis verbunden u. dann damit identifiziert, weil auch sie als Hüterin der Gerechtigkeit u. Rächerin allen Unrechts galt.

Adrastos, 1) Kg. v. Argos, Sohn des ↗Talaos u. der ↗Lysimache (nach anderer Überl. war entweder Eurynome oder Lysianassa seine Mutter). Nachdem ↗Amphiaraos den Vater des A. ermordet hatte, floh dieser zu Polybos, seinem Großvater oder Oheim, u. erbte dessen Herrschaft Sikyon. Schließl. versöhnte er sich wieder mit Amphiaraos u. gab ihm seine Schwester

```
Talaos – Lysimache
        |
Eriphyle
Adrastos – Amphithea
        |
Argeia – Polyneikes
Deiphyle – Tydeus
Aigialeus
```

↗Eriphyle zur Frau, während er selbst wieder Kg. v. Argos wurde. – A. führte den Zug der ↗Sieben gegen Theben an, den er als einziger überlebte, weil sein Zauberpferd Areion ihn rettete; später war er Anführer der ↗Epigonen. Er starb aus Gram, als er die Nachricht vom Tode seines Sohnes ↗Aigialeus erhielt. – **2)** Sohn des Merops; wurde im Troian. Krieg v. Diomedes getötet.

Adyton ↗Tempel.

Aëdon (griech. = Nachtigall), Tochter des Pandareos, Gattin des Zethos v. Theben (↗Amphion und Zethos), Mutter des Itylos, den A. versehentl. umbrachte, weil sie ihn für einen Sohn der ↗Niobe hielt, die sie um ihre vielen Kinder beneidete. Als sie versuchte, Selbstmord zu begehen, wurde sie v. Zeus in eine Nachtigall verwandelt. – ↗Prokne.

Aëllo, in der griech. Mythologie eine der ↗Harpyien.

Aeneaden, griech. *Ainaiaden,* die Nachkommen des ↗Aeneas.

Aeneas (griech. *Aineias*), troianischer Held, Sohn des ↗Anchises u. der Göttin Aphrodite. Sein Schicksal wird in der ↗„Aeneis" ausführl. beschrieben, doch konnte sich ↗Vergil, der Verfasser des Werkes, schon auf ältere Autoren stützen. Es ist anzunehmen, daß sich in der Geschichte des A. hist. Wirklichkeit u. sagenhafte Züge mischten. – Nach Vergil flüchtete A. mit seinem alten Vater auf den Schultern aus dem brennenden Troia; er rettete auch seinen Sohn ↗Ascanius (später Julus gen.) u. die Götterbilder seiner Heimat, verlor aber seine Gattin Kreüsa. Nach abenteuerl. Irrfahrten, die ihn auch nach Sizilien u. Afrika führten, gelangte er nach It., wo er bei der Sibylle v. Cumae sein weiteres Schicksal erkundete u. die Unterwelt besuchte. Sodann gelangte er nach Latium, dessen Kg. Latinus ihm seine Tochter ↗Lavinia zur Gattin gab. Nach schweren Kämpfen mit den Rutulern übernahm A. die Herrschaft des inzw. verstorbenen Latinus u. gründete die Stadt Lavinium. Sein Sohn Ascanius wurde zum Gründer v. ↗Alba Longa, das als Mutterstadt Roms galt. – A. spielte in der Geschichte Roms u. des Röm. Reiches stets eine bedeutende Rolle, insofern er die Verbindung Roms mit anderen mittelmeer. Gemeinwesen versinnbildlichte. Als Person symbolisierte er weniger den krieger. Helden als den Mann der v. den Römern hochgeschätzten Tugend der Pietas, der seinen Vater u. die heim. Götter gerettet hatte.

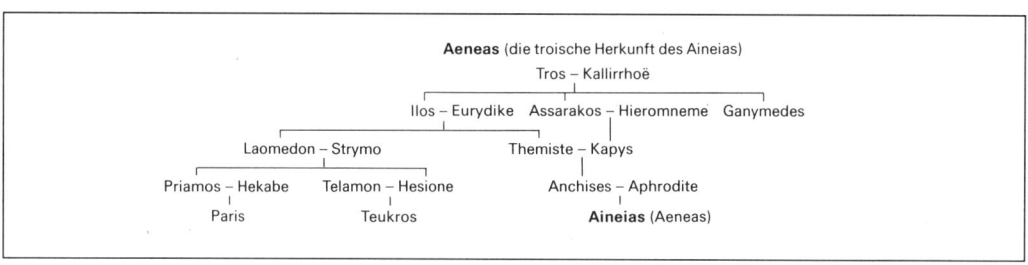

```
              Aeneas (die troische Herkunft des Aineias)
                      Tros – Kallirrhoë
                              |
         Ilos – Eurydike   Assarakos – Hieromneme   Ganymedes
                |                      |
      Laomedon – Strymo        Themiste – Kapys
                                        |
  Priamos – Hekabe   Telamon – Hesione   Anchises – Aphrodite
         |                  |                      |
       Paris            Teukros            Aineias (Aeneas)
```

Aeneis, das zwölfbändige Epos des ↗Vergil, das die Geschichte des Aeneas nach dem Fall Troias, seine wechselvolle Flucht nach It., die Kämpfe mit den Italikern u. die Vereinigung v. Troianern u. Latinern als Voraussetzung für die Entstehung des Römervolkes schildert. Das Werk stellt zugleich eine Rechtfertigung des Augusteischen Reiches dar: göttl. Rat hat die Römer zur Weltherrschaft berufen, um der Welt das Friedensreich zu bringen.

Über eine frz. Zwischenstufe wurde die lat. A. wieder bearbeitet im dt. frühhöf. Epos „Eneit" des Heinrich von Veldeke (um 1187). Dieser mhd. Ritterroman (vgl. ↗Eneide) ist ein gutes Beispiel dafür, wie ein Dichter der Zeit versuchte, das Ideal der höf. Humanität zu verwirklichen u. „Gott *und* der Welt zu gefallen", d.h. in beiden Bereichen Erfüllung u. Anerkennung zu finden, ohne sich gedankenlos dem Diktat der Kirche u. der damals einfachen, volkstüml. Frömmigkeit (u. damit Ablehnung v.

allem „Heidn.") zu beugen. Auch später, in hochhöf. Zeit um 1200, bekannte sich der Dichter Wolfram von Eschenbach in seinem „Parzival" zu diesem Ideal, indem er den heidn. Halbbruder des Helden, Feirefiz, in die Tafelrunde um Kg. Artus Aufnahme finden ließ u. damit die weltl., überreligiöse Geltung des Rittertums bestätigen wollte.

Aengus, ir. ↗Oengus.

Aërope, Tochter des kret. Kg. ↗Katreus; heiratete zunächst den Pleisthenes, später ↗Atreus; Mutter des Agamemnon u. des Menelaos. Sie beging Ehebruch mit ihrem Schwager Thyestes u. gebar ihm Zwillinge, die Atreus tötete u. dem Thyestes zum Mahl vorsetzte.

Aesculapius, *Äskulap,* röm. Name des griech. Heilgottes ↗Asklepios. Seine Verehrung begann in Rom 293 v.Chr., als dort die Pest ausbrach. Eine röm. Gesandtschaft holte ihn in Gestalt einer hl. Schlange nach Rom, u. 291 v.Chr. wurde auf der Tiberinsel ein Tempel für den neuen Gott geweiht. Die Behandlung der Kranken im Namen des A. vollzog sich in ähnl. Formen wie in Griechenl.

Aesculapius: Äskulapstab; Stab mit heiliger Schlange als Wahrzeichen des A.

Aethelwold, engl. Kg., der seine Tochter dem Godrich, Earl von Cornwall, anvertraut. Jener reißt aber nach dem Tod des Kg. selbst den Thron an sich u. wird erst wieder v. ↗Havelok the Dane vertrieben.

Aëthlios, Gemahl der ↗Kalyke, Vater des ↗Endymion.

Afagddu, („der absolut Dunkle"), kelt. Mythologie, Sohn der kymr. Hexe ↗Ceridwen.

Agamede, eine Tochter des griech. Kg. ↗Augeias. Sie gehörte zu den ersten, die Kräuter zur Heilung v. Krankheiten verwendeten.

Agamedes, in der griech. Sage ein Architekt aus Orchomenos, Sohn des ↗Erginos; er wurde v. ↗Trophonios enthauptet.

Agamemnon, sagenhafter Kg. v. ↗Mykenai, Sohn des Atreus u. der Aërope, Bruder des

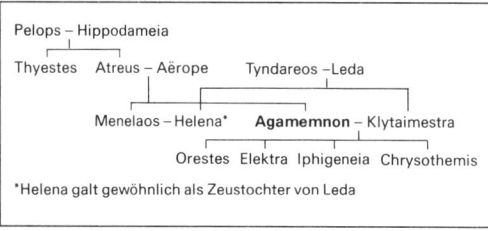

Pelops – Hippodameia

Thyestes Atreus – Aërope Tyndareos –Leda

Menelaos – Helena* **Agamemnon** – Klytaimestra

Orestes Elektra Iphigeneia Chrysothemis

*Helena galt gewöhnlich als Zeustochter von Leda

↗Menelaos, des Gatten der ↗Helena. Er heiratete ↗Klytaimestra, nachdem er ihren ersten Gemahl u. ein Kind aus dieser Ehe beseitigt hatte. Klytaimestra gebar ihm ↗Chrysothemis, ↗Elektra, ↗Iphigeneia u. ↗Orestes. Im Troian. Krieg übernahm A., der eine Art Vorrangstellung unter den Hellenen einnahm, den Oberbefehl über die Griechen, doch bevor die Flotte auslaufen konnte, mußte er seine Tochter Iphigeneia opfern, um Artemis, die er gekränkt hatte, zu versöhnen u. sie um günstige Winde (nach anderer Version um Einhalt schwerer Stürme) zu bitten. Vor Troia kam es nach Schilderung der ↗Ilias (↗Homeros) zu harten Auseinandersetzungen mit Achilleus, dessen Lieblingssklavin Briseïs A. für sich beanspruchte. Nach Kriegsende kehrte der Kg. mit der ihm als Beute zugefallenen Seherin ↗Kassandra in die Heimat zurück. Hier hatte inzw. Klytaimestra, die ihrem Gatten die Opferung der Iphigeneia nie verzieh, mit ↗Aigisthos ein ehebrecherisches Verhältnis begonnen. Sie u. ihr Geliebter ermordeten A. heimtückisch u. töteten auch Kassandra. Aigisthos übernahm die Herrschaft, aber da es Elektra gelang, ihren Bruder Orestes nach Phokis in Sicherheit zu bringen, ereilte die Mörder später ein ähnl. Geschick: Orestes u. sein Freund u. Vetter Pylades töteten Aigisthos u. Klytaimestra. – A.s Heimkehr u. Tod hat in dem dramat. Werk „Agamemnon" des Aischylos die bedeutendste Schilderung gefunden.

Agapenor, Kg. v. Tegea in Arkadien. Er gründete die Stadt Paphos auf Cypern u. erbaute dort der Venus einen Tempel. Als Freier der Helena nahm er am Troian. Krieg teil u. befehligte Agamemnons Flotte. Er kaufte Arsinoë, die Gattin des Alkmaion, als Sklavin.

Agasthenes, Kg. v. Elis, Sohn (nach anderer Version Bruder) des ↗Augeias, dessen Thron er erbte. Er war einer der Freier der Helena u. nahm deshalb am Troian. Krieg teil.

Agaue, 1) Tochter des ↗Kadmos u. der ↗Harmonia; sie heiratete ↗Echion, dem sie den Pentheus, den späteren Kg. v. Theben, gebar. A., die sich dem orgiast. Dionysoskult verschrieb,

tötete ihren Sohn in einem Anfall v. Wahnsinn, indem sie ihn in Stücke zerriß. Nach einer anderen Version zerfleischten die ↗Mainades den Pentheus, u. seine Mutter trug sein Haupt im Triumph nach Hause. In zweiter Ehe vermählte sich A. mit ↗Lykotherses, Kg. v. Illyrien, den sie jedoch später umbrachte, damit die Herrschaft auf Kadmos überginge. – **2)** eine der ↗Nereïden.

Agdistis, ein v. Zeus abstammendes Zwitterwesen aus der phryg. Mythologie; auch Beiname der Muttergöttin ↗Kybele.

Agenor, ein in der griech. Sagenwelt häufig vorkommender Name; am bedeutendsten war wohl der als Stammvater der Phoiniker geltende Sohn des Poseidon u. der Libye, Kg. v. Sidon u. Tyros, u.a. Vater v. ↗Kadmos u. der ↗Europe. ↗Libye steht dabei für Ägypten, vgl. ↗Phoinix 1). – ↗Phineus 1), ↗Thasos.

Ägina, griech. Insel *Aigina*, vgl. ↗Asopos; röm. Überl. vgl. ↗Äacus.

Ägir, in der nord. Mythologie ein göttl. Meeresriese: Gemahl der Ran, mit der er zahlr. Töchter (die Wellen) zeugte. Einst bewirtete er die Asen, bei welcher Gelegenheit „Lokis Streitgespräch" (↗Lokasenna) stattfand. Ä. war auch berühmt für seinen Helm, den sog. *Ägirshelm*, der jeden Menschen, der ihn erblickte, in Stein verwandelte.

Aglaia, eine der griech. ↗Chariten.

Aglaos, der ärmste Mann v. Psophis in Arkadien, der jedoch einem Orakel nach glücklicher war als Kg. Gyges v. Lydien.

Aglauros, die schönste der drei Töchter des ↗Kekrops, Schwester v. Herse u. Pandrosos. Die Geschwister erhielten v. Athena den ↗Erichthonios in einem verschlossenen Behälter, den sie trotz des strengen Verbots der Göttin aus Neugier öffneten, wobei wenigstens zwei v. ihnen beim Anblick des schlangenartigen oder schlangenumzüngelten Kindes in Wahnsinn verfielen. – Nach einer anderen Überl. wird berichtet, daß A. v. Hermes in Stein verwandelt wurde, als sie sich weigerte, dem Gott zu helfen, die Aufmerksamkeit ihrer Schwester Herse zu erlangen.

Agnar, 1) Sohn des norweg. ↗Ragnar Lodbrok. – **2)** ein Kg., dem die Walküre Brynhild gg. den Willen Odins den Sieg gab, als dieser mit einem Helden kämpfen mußte, den der höchste Gott seinerseits als Sieger auserkoren hatte. Zur Strafe für ihren Ungehorsam wurde Brynhild in eine v. einer ↗Waberlohe umgebene Burg verbannt u. mit dem ↗Schlafdorn in tiefen Schlaf versetzt, aus dem erst Sigurd sie zu erwecken vermochte.

Agonium, Fest des ↗Janus.

Agrik, sagenhafter Held der altruss. Legenden, der ein Zauberschwert besaß.

Agriope, viell. die Gattin des griech. Kg. ↗Agenor.

Ägypten, griech. Land des ↗Aigyptos, ben. viell. nach einem verballhornten ägypt. Wort für „Heiligtum"; seit ca. 3000 v.Chr. hist. bes. bedeutsam mit der vereinigten ober- u. unterägypt. Herrschaft, die mit 30 Dynastien bis in die hellenist. u. röm. Zeit reichte. Wichtige Städte waren u.a. ↗Theben 2) u. ↗Alexandria. – ↗Ammon.

Ahasverus, *Achaschwerosch,* in der bibl. Tradition des Buches Esther ein Name für den Perserkönig Xerxes. In der dt. Volksüberl. seit etwa 1600 *der ewige Jude,* der Legende nach der jüd. Zeuge v. Christi Kreuzigung, welcher – enttäuscht, daß Jesus keine weltl. Macht anstrebte – diesen auf dem Weg nach Golgatha verhöhnte. Deshalb wurde er dazu verurteilt, ruhelos umherzuirren. A. war eine Gestalt des Volksglaubens, die immer wieder auch v. der Lit. aufgegriffen wurde: u.a. von J. W. von Goethe (1774), frz. „Le juif errant" v. E. Sue (1844/45), dän. v. H.C. Andersen (1847), niederländ. v. H. Heijermans (1893), schwed. v. P. Lagerkvist (1960). Die Erz. gehen inhaltl. auf das populäre Volksbuch vom *Ewigen Juden* zurück, das wir seit 1602 kennen u. das seinerseits viell. ältere Sagenformen aufgegriffen hat.

Ahnengrab, bes. bei den Nordgermanen oft Mittelpunkt rel. (Tempelplatz) u. alltägl. Lebens (Gerichtsstätte z.B. in Norwegen). In Schweden sieht man in Altuppsala (nördl. v. Uppsala) neben den drei mächtigen Grabhügeln der Ynglinge (6. und 7. Jh. n.Chr.) einen abgeflachten Gerichtshügel; unter dem Dom zu Uppsala wurden Reste eines heidn. Tempels ausgegraben. Ähnl. Zshg. wurden auch für die Südgermanen vermutet, und eine gewisse Kontinuität v. Großsteingrab der Megalithkultur zum A. ist nicht auszuschließen.

Ahnenkult, bei Natur- wie bei Kulturvölkern verbreitete Sitte eines ↗Totenkultes. Dahinter stand der Glaube an ein Fortleben nach dem Tode, aber auch die Vorstellung, die Ahnen blieben auf immer Teil des Familien- u. Sippenverbandes u. gewährleisteten, wie u.a. die Germanen glaubten, das Heil der Sippe. Im alten Island im ↗Hochsitzpfeiler verehrt.

Aia, sagenhaftes Land in Kolchis unter der Herrschaft des ↗Aietes, wo das ↗Goldene Vlies aufbewahrt wurde.

Aiakos, röm. ↗Äacus, Sohn des Zeus u. der Aigina, einer Tochter des Flußgottes ↗Asopos; v. seiner Gemahlin Endeïs Vater des Peleus u. des Telamon, v. ↗Psamathe Vater des Phokos. Er war wegen seiner Frömmigkeit u. seines Gerechtigkeitssinnes ein Freund der Götter u. wurde nach seinem Tode einer der Richter in der Unterwelt.

Aias, lat. *Ajax,* zwei Helden der griech. Sage, die im Kampfe um Troia eine bedeutende Rolle spielten. **1) Aias der Lokrer,** auch **Aias der Kleine** gen.; er war Sohn des Kg. ↗Oïleus v. Lokris u. seiner Gemahlin Eriopis u. führte die 40 Schiffe, die das Kontingent der Lokrer gg. Troia bildeten, an. A. war ein hervorragender Läufer u. bedeutender Speerwerfer u. kämpfte oft an der Seite Aias' des Großen. Doch sosehr auch seine krieger. Fähigkeiten zu rühmen waren, so galt er doch schon bei Homer als ungebärdig u. gottlos. Die Sage berichtet, beim Fall Troias hätte er ↗Kassandra, die sich zu einer Statue der Göttin Athena geflüchtet hatte, um dort Schutz zu suchen, an sich gerissen u. vergewaltigt. Athena rächte sich, indem sie auf der Heimfahrt das Schiff des A. zerstörte. Zwar gelang es diesem, einen Felsen zu erreichen, aber als er dort die Götter schmähte, spaltete Poseidon den Felsen mit seinem Dreizack, u. A. kam in den Fluten um. – **2) Aias der Telamonier,** auch **Aias der Große** gen.; Sohn des Kg. ↗Telamon v. Salamis u. seiner Gattin Eriboia, der nächst Achilleus als der bedeutendste griech. Held des Troian. Krieges galt. Ein Zweikampf mit Hektor, der herausragenden Gestalt auf troianischer Seite, blieb unentschieden. Zu seinen bes. Verdiensten gehörte sein Beitrag zur Bergung der Leiche des Patroklos gg. eine gewaltige Übermacht des Feindes. Das unrühml. Ende des A. nahte, als die Griechen sich versammelt hatten, um darüber zu entscheiden, ob ihm oder Odysseus die Waffen des Achilleus, die beide als die Tapfersten für sich beanspruchten, zugesprochen werden sollten. Zunächst hielt A. eine v. Eitelkeit geprägte Rede, in der er seine Überlegenheit rühmte, dann sprach Odysseus, u. das Schiedsgericht sprach ihm die Waffen zu. A., der diese Schmach nicht ertrug, wollte in seiner rasenden Wut alle griech. Heerführer töten, wurde jedoch von Pallas Athena mit Wahnsinn geschlagen u. richtete unter den Viehherden, die er für seine griech. Widersacher hielt, ein furchtbares Gemetzel an. Als er seinen Irrtum erkannte, stürzte er sich in sein Schwert, sosehr ihn auch seine geliebte Sklavin bzw. Konkubine Tekmessa davon abzuhalten suchte. Agamemnon untersagte die Feuerbestattung des Selbstmörders. Der Tod des A. ist Thema der v. Sophokles geschaffenen Tragödie „Aias". – Ob Aias der Lokrer u. Aias der Telamonier urspr. ein u. dieselbe Gestalt waren, ist v. der Forschung häufig als Möglichkeit in Erwägung gezogen worden, doch läßt der Quellenvergleich keine eindeutigen Schlüsse zu.

Aided Con Culainn, ir. Sage von ↗Cú Chulainns Tod; wohl bereits aus dem 9. Jh., doch bruchstückhaft u. spät überliefert. – Cú Chulainn gilt als absolut unbesiegbar, aber durch Zauber u. durch die Verletzung versch. Tabus kommt er schließl. zu Tode: Drei Speere werden geschmiedet, der Held wird durch einen bes. „Ansaugzauber" außer Landes gelockt u. sieht zauber. Heerhaufen. Trotz weiterer böser Vorzeichen (eine Fibel fällt ihm aus dem Mantel, sein Pferd weint Bluttränen) wagt er den für ihn trag. Kampf.

Aided Oenfir Aife, ir. Sage vom Tod des einzigen Sohns von Aife, der schönen Schwester des Waffenmeisters Scathach. Cú Chulainn, der mit Aife einen Sohn zeugte, war gezwungen, diesen im Zweikampf zu töten, um die Ehre seines Landes zu retten. Der Sohn wurde mit dem Tabu belegt, keinem Einzelgänger seinen ↗Namen nennen zu dürfen u. sich nicht vom Weg abbringen zu lassen. Als er unerkannt seinem Vater gegenübertritt, kommt es zum trag. Zweikampf nach dem üblichen Schema (↗Kampf gegen Freund und Verwandten).

Aietes, Kg. des sagenhaften Landes Aia in Kolchis; Vater der griech. ↗Medeia u. des Apsyrtos. Er besaß das ↗Goldene Vlies, das einst ↗Phrixos ihm nach seiner glückl. Errettung u. der freundl. Aufnahme in Kolchis geschenkt hatte u. das v. den ↗Argonauten geraubt wurde. – ↗Perses 3).

Aife, die schöne Schwester des ir. Waffenmeisters ↗Scathach, die mit Cú Chulainn einen Sohn zeugt, den der Vater im trag. Zweikampf selbst tötet (↗Aided Oenfir Aife).

Aigaion, einer der griech. ↗Hekatoncheires.

Aigeus, Vater des griech. ↗Theseus.

Aigialeia, Gattin des ↗Diomedes 2); sie beging mit ↗Kometes Ehebruch, während ihr Gemahl im Troian. Krieg war.

Aigialeus, der älteste Sohn des ↗Adrastos, der als einziger der ↗Epigonen im Kampf gg. Theben fiel.

Aigina, vgl. ↗Asopos. – A., Mutter des ↗Menoitios 1).

Aigipan ↗Capricornus.

Aigis, Schutzwaffe des Zeus, ein v. dem berühmten Schmied Hephaistos angefertigter Schild, der in der Mitte das Haupt der Gorgo (*Gorgoneion;* ↗Medusa) trägt. Aufgrund etymolog. Fehldeutungen galt die A. in nachhomer. Berichten als mit der Haut der Ziege Amaltheia überzogen. A. war ein Sinnbild des Schutzes der Götter (die die A. auch entliehen), u. v. daher rührt noch heute die sprachl. Wendung „unter jemandes Ägide stehen".

Aigisthos, Kg. v. Mykenai, Sohn des ↗Thyestes u. der Pelopeia. Er wurde v. seinem Onkel ↗Atreus erzogen, der ihn anstiftete, seinen Vater

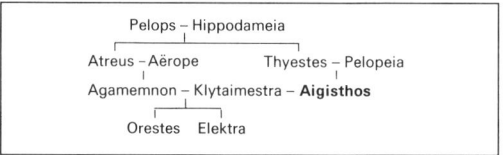

Thyestes zu töten, der A. jedoch als seinen Sohn erkannte; daraufhin erschlug A. den Atreus. Während des Troian. Krieges verführte A. ↗Klytaimestra, die Gattin des ↗Agamemnon, der mit in den Krieg gezogen war. Nach dessen Rückkehr ertränkten A. u. seine Geliebte den Heimgekehrten im Bade (nach anderer Version wurde er erschlagen), u. A. herrschte in Mykenai, bis ↗Orestes den Vater rächte, indem er nach seiner Rückkehr dessen Mörder u. seine Mutter umbrachte.

Aigyptos, Sohn des ↗Belos, Bruder des ↗Danaos, dessen 50 Töchter, die ↗Danaïden, er zwang, seine eigenen 50 Söhne zu heiraten. Mit Rat u. Hilfe ihres Vaters brachten die Danaïden ihre Männer in der Hochzeitsnacht um; nur ↗Lynkeus 1) überlebte. A. besiegte die „Schwarzfüße" (Melampoden) u. gab seinem neuen Herrschaftsbereich seinen eigenen Namen (↗Ägypten).

Ailbe, Tochter des ir. Kg. ↗Cormac.

Ailill, ein ir. Kg.; er residierte in der Herrschaft ↗Connacht.

Ailinn, trag. Geliebte des ir. Kg. ↗Baile.

Aimonides, ital. Apollon-Priester, der v. Aeneas erschlagen wurde.

Aineias, griech. Form v. ↗Aeneas.

Aino, schöne Frauengestalt in der finn. ↗Kalevala.

Aiolos, 1) Sohn des ↗Hellen u. der Nymphe Orseis, Gatte der Enarete, die ihm 7 Söhne u. 7 (nach anderer Version 5) Töchter (vgl. ↗Melanippe) gebar. Er regierte in Magnesia in Thessalien u. war der Stammvater der Aioler. – **2)** Sohn des Poseidon u. der Melanippe, Gott u. oberster Herr aller Winde. Er lebte auf der Aiolosinsel, die ⁊Odysseus auf seinen Irrfahrten nach dem Troian. Krieg anlief, obwohl sie nur schwer zugängl. war. Um ihm die Heimkehr zu erleichtern, gab ihm A., der ihm freundl. gesonnen war, einen Schlauch mit Winden mit, den die neugierigen Gefährten des Odysseus jedoch unterwegs öffneten, worauf die Winde entwichen u. das Schiff zur Aiolosinsel zurückverschlagen wurde. – ⁊Perimele.

Aiora, griech. Schaukelfest, ⁊Erigone.

Aipytos, Kg. v. Messenien; er war der jüngste Sohn des ⁊Kresphontes u. der ⁊Merope 3). Sein Vater u. seine beiden älteren Brüder wurden v. ⁊Polyphontes 2) getötet, der die Herrschaft in Messenien an sich riß. Seiner Mutter gelang es, den A. vor dem Tode zu bewahren u. außer Landes zu bringen. Als er später in seine Heimat zurückkehrte, brachte er Polyphontes bei einem Dankfest für die Götter um u. trat das Erbe seines Vaters an.

Airard Maic Coise, ir. ⁊Urard Maic Coise.

Airec Menman Uraird Maic Coise, ir. Elegie des ⁊Urard Maic Coise, u. in sie eingebettet versch. Sagenlisten, die die „350 Haupterzählungen" der ⁊Filid, der gelehrten ir. Dichter, nennen.

Airne Fíngin, ir., die Nachtwache ⁊Fíngens.

Aischylos, *Äschylus,* griech. Dichter, * 525 oder 524 in Eleusis, † 456 oder 455 in Gela (Sizilien); der älteste der drei großen attischen Tragiker vor ⁊Sophokles u. ⁊Euripides. Stoffl. Grundlage seiner Werke waren die griech. Mythen;

Aischylos: die v. seinen ca. 90 Tragödien erhaltenen 7 Werke:	Die Perser Die Sieben gegen Theben Die Schutzflehenden Die Orestie (Trilogie) Der gefesselte Prometheus

gestaltet sind die Macht der Götter, menschl. Hybris u. ihre Bestrafung. Von den angeblich etwa 90 Dramen des A. sind nur noch sieben überliefert.

Aison, Kg. v. Thessalien, der älteste Sohn des ⁊Kretheus 1) u. der Tyro; er heiratete Alkimede u. wurde Vater v. ⁊Iason u. Promachos. Der Überl. nach zwang ihn sein Halbbruder ⁊Pelias, auf den Thron zu verzichten u. Selbstmord zu begehen. Nach anderer Version wurde A. nach der Rückkehr seines Sohnes Iason aus Kolchis auf Anstiften seiner Schwiegertochter ⁊Medeia zur angebl. Verjüngung gekocht, wobei Medeia

den ihr zur Verfügung stehenden Verjüngungszauber aber nicht verwendete.

Aisopos, *Äsop,* sagenhafter griech. Geschichtenerzähler des 6. Jh. v. Chr., der damit die Gattung „Fabel" populär machte (lat. übernommen v. Phaedrus, um 15 v. Chr. – 55 n. Chr.); belehrende Histörchen, zum Nachdenken anregend, oft mit Tieren als handelnde Personen. Sie wurden v. A. auch Zeus, Apoll, Athene u. den anderen Göttern zugeschrieben, um deren menschl. Schwächen (Neid, Eitelkeit, Dummheit) bloßzustellen. Nicht nur die lit. Wirkung war bedeutsam, die Fabel wurde zu der typ. moral. Erz. des Abendlandes. – Lat. Übers. gedruckt in Venedig um 1470, dt. von H. Steinhöwel, um 1476.

Aither, der aus ⁊Erebos u. ⁊Nyx hervorgegangene griech. Himmel (vgl. dt. Äther).

Aithon, eines der vier Pferde des griech. ⁊Ares.

Aithra, Mutter des griech. ⁊Theseus. Sie bewachte ⁊Helena, als diese (das erste Mal) entführt wurde, und sie kam mit ihr als Sklavin nach Sparta, später nach Troia, wo ihre Enkel sie befreiten.

Aitia ⁊Kallimachos.

Aitolien, *Ätolien,* Landschaft im westl. Mittelgriechenl., nördl. des Golfs v. Patras; der Sage nach ben. nach Aitolos, dem Sohn des Endymion; zu den Königen des Landes, dessen Bewohner v. den Griechen lange als halbe Barbaren angesehen wurden, gehörten Hippodamas u. Oineus. In A. spielt die Sage um ⁊Meleagros u. die ⁊Kalydonische Jagd.

Aius Locutius, röm. Gottheit, deren Stimme um 390 v. Chr. den Marcus Caedicius auf der Via Nova vor einem baldigen Einfall der Gallier unter Brennus in Rom gewarnt haben soll. Die Warnung blieb ungehört, die Römer bauten der Gottheit jedoch nach der Vertreibung der Gallier einen Sühnealtar.

Ajax, lat. Form v. griech. ⁊Aias.

Akamas, einer der zahlr. Söhne des ⁊Antenor u. der Theano; er teilte sich den Oberbefehl der dardan. Streitkräfte im Troian. Krieg mit Aeneas u. Archeloos. A. wurde v. Meriones getötet.

Akantha, eine griech. Nymphe, die Apollon liebte u. von ihm in eine Akanthusblume verwandelt wurde.

Akastos, Kg. v. Iolkos, einziger Sohn des Pelias u. der Anaxabia (nach anderer Version der Phylomache). Er heiratete Hippolyte, wohl eine Enkelin des Kretheus, oder Astydameia u. war der Vater mehrerer Kinder. A. gehörte zu den Argonauten u. nahm an der Kalydon. Jagd teil. Er veranstaltete die berühmten Leichenspiele (Begräbnisfeierlichkeiten) für den ermordeten ↗Pelias. Sein eigener Tod steht im Zshg. mit ↗Peleus u. dem ↗Potipharmotiv: Seine Gattin, die in Leidenschaft zu Peleus entbrannt, aber von diesem zurückgewiesen worden war, behauptete aus Rache, Peleus habe sie verführen wollen. Daraufhin versuchte A., den Peleus zu töten. Er wurde jedoch gerettet, eroberte später Iolkos u. erschlug das Königspaar.

Åker, *Aker,* bei Hamar in Norwegen, Fundort einer berühmten Schwertriemenschließe aus dem 6. Jh. n.Chr. (heute im Museum Oslo). Die nur ca. 10 cm hohe Schnalle hat eine vielen

Åker:
Schwertriemenschließe
(Detail)

Fibeln ähnl. ornamentale u. figurale Ausschmückung, die typ. für die Völkerwanderungszeit war (gegossener Silbergrund, blaue u. rote Zellverglasung). Der untere Teil (siehe Abbildung) zeigt die narrative Bildformel v. Typus des „Kämpfers zw. wilden Tieren"; die starr blickende, schnauzbärtige Maske wird v. zwei sich gegenüberstehenden Eber- oder Wolfsköpfen flankiert (s. Farbtafel S.145).

Akis, *Acis,* Sohn einer griech. Nymphe, Geliebter der schönen ↗Galateia. A. wurde jedoch von seinem Rivalen ↗Polyphemos getötet; sein Blut verwandelte sich in eine Quelle, A. selbst wurde zum Flußgott.

Akontios und Kydippe, in der griech. Mythologie ein Liebespaar, das sich beim Artemisfest auf Delos kennenlernte. A., ein armer junger Mann aus Keos, ersann eine List, um K., eine Tochter aus reichem athen. Hause, für sich zu gewinnen; er warf ihr während des Festes einen Apfel mit der Aufschrift zu: „Bei Artemis, ich gelobe, daß ich keinen anderen heirate als Akontios." K. las die Aufschrift, die den Charakter eines Schwures hatte, arglos laut vor, und immer, wenn sie mit einem anderen, standesgemäßen Mann verheiratet werden sollte, wurde sie krank. Schließl. befragten ihre Eltern das Orakel v. Delphoi, das sich für eine Verbindung der K. mit A. aussprach.

Akrisios, Kg. v. Argos, Sohn des Abas u. der ↗Okaleia, Zwillingsbruder des ↗Proitos; er heiratete Eurydike, nach anderer Version Aganippe u. wurde Vater der Danaë. Die Zwillingsbrüder stritten sich v. Kindheit an, u. A. vertrieb später den Proitos aus Argos. Schließl. wurde das Land in zwei Königreiche geteilt, wobei Proitos die Herrschaft in Tiryns übernahm. – Ein Orakel warnte A., er werde v. einem Sohn der Danaë getötet werden. Deshalb hielt der Kg. seine Tochter in einem Elfenbeinturm gefangen, wo sie jedoch v. Zeus in Form eines Goldregens besucht u. Mutter des ↗Perseus wurde. Als Perseus herangewachsen war, tötete er seinen Großvater aus Versehen mit einem Diskus, so daß das Orakel erfüllt war.

Akron, 1) ein ital. Kg., den Romulus nach dem Raub der Sabinerinnen (↗Sabine) tötete. – **2)** ein Freund des Aeneas, der v. Mezentius getötet wurde.

Akropolis, Burg v. ↗Athen, der Sage nach v. ↗Kekrops 1) gegr.; vgl. ↗Parthenon. Griech. allg. erhöht liegende Stadt, Burgberg.

Aktaion, ein bedeutender griech. Jäger, Sohn des ↗Aristaios u. der Autonoë, einer Tochter des Kadmos; er wurde v. dem Kentauren Cheiron erzogen u. in der Jagd unterrichtet. Als A. Artemis nackt im Bade sah, verwandelte ihn die Göttin in einen Hirsch, der v. seinen eigenen Hunden, die ihn nicht erkannten, zerrissen wurde. – Nach einer anderen Version rühmte er

```
            Apollon – Kyrene
                   |
          Aristaios – Autonoë
                   |
              Aktaion
```

sich hochmütig, ein besserer Jäger zu sein als Artemis, die ihn daraufhin wegen seiner Hybris bestrafte. Nach einer weiteren Überlieferung kam er zu Tode, als er Semele begehrte, für die Zeus selbst in Liebe entbrannt war.

Aktis, in der griech. Mythologie einer der ↗Heliaden; er war zus. mit seinen Brüdern der erste, der der Athena opferte. Nachdem er an dem Mord an seinem Bruder ↗Tenages beteiligt gewesen war, verließ er Rhodos u. begab sich nach Ägypten, wo er Heliopolis gründete. Der Koloß v. Rhodos soll zu seinen Ehren errichtet worden sein.

Aktium, lat. *Actium,* griech. *Aktion,* Landzunge der griech. Landschaft Akarnanien; 31 v.Chr. fand hier der Seesieg Oktavians über Antonius u. Kleopatra statt. A. war der

Schauplatz für die sog. „Aktischen Spiele", die alle vier Jahre zu Ehren des aktischen Apollon abgehalten wurden.

Aktor, 1) Vater des ↗Menoitios 1). – **2)** thessal. Kg., Vater der ↗Polymela.

Akureyri, Island, Fundort einer kleinen Bronzefigur, datiert um das Jahr 1000 n.Chr. (Nationalmuseum Reykjavik). Die auf einem Stuhl sitzende Figur faßt sich mit den Händen an den Bart u. ergreift den auf den Knien ruhenden Hammer (in Kleeblattform); sie wird mit dem Donnergott Thor identifiziert. – Es gibt formale Ähnlichkeiten mit der kleinen Gestalt des Freyr aus Schweden (Fund v. Rallinge; Bartgreifen, hohe, spitze Mütze), auch wenn die Unterschiede (Nase) unverkennbar sind.

Alamannen, ein Volksstamm der ↗Germanen, der in der Zeit der Völkerwanderung bis gg. Ende des Weström. Reiches seinen Funden nach schwer v. der benachbarten fränk. u. burgund. Bevölkerung zu unterscheiden ist. Von manchen werden die A. auch als Teilstamm der *Sueben* (Schwaben) bezeichnet. Wichtige Gräberfunde stammen aus Gammertingen in Württemberg (Reihengräber mit reichen Grabbeigaben), Täbingen (Reihengräberfeld des 6. Jh.; Württemberg Landesmuseum, Stuttgart), Wittislingen (Fürstengrab des 7. Jh.; Bayer. Nationalmuseum, München) u. Oberflacht, vorwiegend aus dem 6. und 7. Jh. n.Chr.

Alastor, 1) der Name v. jenem Pferd des griech. Hades, mit dem er Persephone in die Unterwelt entführte. – **2)** ↗Sarpedons Waffenträger im Troian. Krieg; er wurde. v. Odysseus getötet. – **3)** Vater des ↗Tros 2).

Alba Longa, ehemalige latin. Stadt am Albanersee; der Sage nach v. ↗Ascanius gegr.; galt als Mutterstadt Roms. – ↗Silvius.

Alben ↗Elben.

Alberich, in der german. Sage ein berühmter ↗Zwerg, der in versch. Erzählzusammenhängen auftritt. Er diente den Königen ↗Schilbung u. ↗Nibelung als Hüter des Nibelungenhortes; als Sigfrid die beiden getötet hatte, suchte er seine Herren zu rächen, doch raubte ihm Sigfrid seine ↗Tarnkappe, zwang ihn, den Nibelungenschatz auszuliefern u. diesen fortan für seinen neuen Besitzer zu bewachen. – In der Dietrichsage wurde er v. Dietrich besiegt u. spielte seither die Rolle eines Beschützers seines ehemaligen Feindes. – Im Heldenepos von ↗Ortnit und Wolfdietrich erscheint A. als Vater des Titelhelden, der seinen Sohn bei einem Kampf zw. Christen u. Heiden unterstützte (Sidrat, um die

Ortnit freite, war geraubt worden). – Die altfrz. Epen nennen A. Auberon (↗Oberon). Die Gestalten sind nicht völlig identisch, ähneln sich aber stark.

Albion, in der griech. Sage Sohn des Poseidon u. der Amphitrite. Er soll die Astrologie u. die Kunst des Schiffbaus in Engl. eingeführt haben. – A. gilt auch als kelt., später dichter. Name für England.

Alboin, Kg. der Langobarden; er vernichtete zus. mit den Awaren 567 das Gepidenreich u. zog v. Pannonien aus nach Italien, das er 568 eroberte (Abschluß der ↗Völkerwanderungszeit im engeren Sinne).

Alboin-und-Turisind-Sage, bei Paulus Diaconus, dem Geschichtsschreiber des 8. Jh. am Hofe des Langobardenkönigs, überliefert. Erzählung v. ↗Alboin u. dem Gepidenkönig Turisind u. den krieger. Auseinandersetzungen beider Völker.

Albrecht v. Scharfenberg ↗Merlin.

Albula ↗Tiber.

Alcmene ↗Alkmene.

Alcon von Kreta befreit seinen Sohn; eine Graphik v. Hans Wechtlin, um 1512. A. war ein berühmter griech. Bogenschütze aus der Heldenschar des Herakles; sein Sohn Phaleros, einer der späteren Argonauten, wurde im Schlaf v. einer Schlange angefallen. Dem Vater gelang ein Meisterschuß, ohne den Knaben zu verletzen. Die lat. Inschrift lautet: Alcon quält die Liebe zu seinem Sohn u. zugleich die schreckliche Schlange: er befreit durch seine wunderbare Kunst [den Knaben] u. tötet trotz seiner Verwirrung [die Schlange]. – Käufer eines solchen relativ teuren Blatts des Straßburger Künstlers war sicherl. der gebildete Humanist, der auch die zieml. verborgene lit. Quelle dazu (Valerius Flaccus, ↗Argonautica) zu schätzen wußte (s. Tafel S.146).

Aldenburg, *Oldenburg* in Holstein, ↗Prove.

Aldrian, 1) Vater Hagens im ↗Nibelungenlied. – **2)** Högnis (↗Hagen) Sohn in der ↗Hagensohnrache.

Alekto, eine der griech. ↗Erinyen; Schwester v. Megaira u. Teisiphone.

Alektor, Kg. v. Elis, vgl. ↗Phorbas 1).

Ales stenar ↗Kåseberga.

Alexander der Große, 356–323 v.Chr., mazedon. Kg. Die Griechen verehrten A. als Heros (↗Apotheose); sein plötzl. Tod förderte die Legendenbildung. Er selbst behauptete, ein Sohn des ägypt. Gottes ↗Ammon zu sein, der mit Zeus gleichgesetzt wurde; er verglich sich mit

Herakles. Die bildende Kunst zeigt ihn in einem myth. Gefährt, das v. Greifen gezogen wird; in den Erz. des MA erscheint er als der Lieblingsheld: der griech. Alexanderroman (Ende des 3. Jh. n.Chr.), die lat. „Res gestae Alexandri magni" (um 320 n.Chr.), dazu mittellat. Versionen (um 960 u. um 1184), altfrz. Erzählung (um 1150/1180), das mhd. Alexanderlied (um 1120/1130), das Epos A. des Rudolf v. Ems (um 1230/1240) u. die Alexandreis des Ulrich v. Eschenbach (um 1280) neben vielen anderen Dichtungen. A. wurde *der* myth. „große Kg." Münzen mit seinem Bild galten im Alt. als glückbringendes Amulett; versch. röm. Kaiser erklärten sich zu wiedergeborene A. – ↗Gordischer Knoten.

Alexandra ↗Kassandra.

Alexandria, Stadt in der Nilmündung am Mittelmeer, blieb auch nach dem Vordringen des Christentums in Ägypten ein heidn. Kultzentrum. Im dortigen „Serapeum", einem Haupttempel, vereinigte sich das Kultbild sichtbar mit dem Sonnengott, indem man durch geschickt angebrachte Fenster die Strahlen der aufgehenden Sonne darauf lenkte (Helios-Sarapis). – Berühmt war im Alt. die Bibliothek v. A. (vgl. ↗Aristophanes); sie wurde zum größten Teil in einem Krieg 47 v.Chr. zerstört.

Alexandros, anderer Name für ↗Paris.

Alfr, manche nordgerman. Quellen sprechen v. den Alben (vgl. ↗Elben) als den toten Vorfahren, die zwar nicht Götter, aber doch zu Dämonen wurden. Als Hügelbewohner (in Grabhügeln, vgl. ↗Huldre) führten sie ein seelenloses Leben zw. Wachen u. Traum; sie griffen manchmal in das Leben der Nachkommen ein, indem sie etwa im Totenhügel ein bes. Schwert an den „Rächer" übergaben.

Alfrek von Hordaland, norweg. Kg., Vater des ↗Vikar.

Alfur, jener nord. Recke, durch dessen Hand ↗Helgi Hiörvardsson den Tod fand.

Alh, gemeingerman. „heiliger Ort" (?), vgl. ↗Templum.

Alkaios, vgl. ↗Herakles.

Alkestis, in der griech. Sage die Gemahlin des Kg. ↗Admetos, Tochter des Pelias, Mutter des Eumelos u. der Perimele. Sie starb freiwillig anstelle ihres Gatten, wurde aber durch Herakles dem Thanatos entrissen u. aus dem Hades befreit. Die Geschichte der A. ist seit Euripides ein häufig bearbeiteter Stoff, u.a. von Rilke, Werfel u. in Opern v. Händel u. Gluck.

Alkidike, Mutter der ↗Tyro.

Alkimede, Mutter des ↗Iason u. des ↗Promachos 1), Frau des ↗Aison v. Thessalien.

Alkinoos, in der griech. Sage Kg. der ↗Phaiaken; heiratete seine Nichte Arete; Vater v. Nausikaa u. fünf Söhnen. Er verhalf dem schiffbrüchigen Odysseus zur Heimkehr u. gewährte Iason u. Medeia Hilfe, als sie vor der kolch. Flotte flohen. – ↗Korkyra.

Alkis, ein göttl. Zwillingspaar, den ↗Dioskuren der Griechen vergleichbar. Nach angeblicher german. Vorstellung waren diese Brüder eng mit ihren Pferden verbunden u. tauchten überall dort auf, wo Hilfe not tat. Nach ↗Tacitus (Interpretatio Romana?) stellte man sie sich „als Männer in ihrer Jugendkraft" vor u. verehrte sie als solche.

Alkithoë ↗Leukippe.

Alkmaion, att. *Alkmeon*, Sohn des Sehers ↗Amphiaraos u. der ↗Eriphyle; führte die ↗Epigonen an, die (im Ggs. zu den ↗Sieben gegen Theben) die Stadt Theben einnahmen. Wie sein Vater, so weigerte auch sein Sohn A. sich zunächst, an dem Zug teilzunehmen, u. verbarg sich, doch ließ sich seine Mutter Eriphyle, die einst ihren Gatten gg. das kostbare Halsband der ↗Harmonia verraten hatte, diesmal gg. den Peplos (Mantel) der Harmonia durch ↗Thersandros bestechen, ihre Söhne A. u. ↗Amphilochos 1) zur Teilnahme an der Expedition zu überreden.

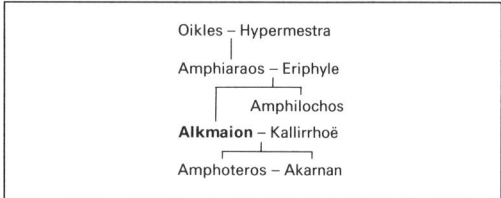

Nach der Rückkehr (nach anderer Version auch schon vorher) brachte A. seine Mutter um, getreu der ihm v. seinem Vater aufgetragenen Rache. Wegen dieses Mordes hetzten ihn die Erinyen durch ganz Griechenland. Unterwegs heiratete er Arsinoë, eine Tochter des Königs ↗Phegeus, der ihn vergebl. zu entsühnen versuchte. Später vermählte er sich mit ↗Kallirrhoë 1), einer Tochter des Acheloos, dem endl. die Entsühnung gelang. Als er versuchte, das Halsband der Harmonia samt dem Peplos, die v. seiner Mutter auf seine erste Frau übergegangen waren, der Arsinoë zu rauben, um sie Kallirrhoë zu schenken, brachten die Söhne des Phegeus ihn um. Sobald ihre beiden Söhne herangewachsen waren, schickte Kallirrhoë sie aus, den

Tod des Vaters zu rächen. Sie ermordeten Phegeus u. dessen beide Söhne u. weihten das unheilbringende Halsband u. den Mantel dem Apollon v. Delphoi. – Die Sage kennt im einzelnen gewisse Varianten. Sie fand auch Eingang in die griech. Lit., so in berühmten Tragödien v. Sophokles u. Euripides, v. denen aber nur Fragmente erhalten geblieben sind.

Alkmene, Tochter des ↗Elektryon u. der Andromeda, Gemahlin des ↗Amphitryon. Sie wurde durch Zeus Mutter des Herakles u. gebar gleichzeitig den v. ihrem Gatten empfangenen ↗Iphikles.

Alltagsleben der Asen. Zu dem Bild, das die Germanen sich v. ihren Göttern machten, gehören auch Vorstellungen v. deren alltägl. Leben u. v. den Beschäftigungen, denen sie sich hingaben. Diese Beschäftigungen beeinträchtigten das Ansehen der Götter in keiner Weise, auch wenn sie auf uns wie eine Art „Vermenschlichung" wirken mögen. – Die german. Götter waren nicht nur mit der Herrschaft über Welt u. Menschen u. mit heroischen Taten beschäftigt, sondern saßen auch gern in der Tafelrunde zus., wo sie über Krieg u. Frieden oder über Asgard sprachen, sie ließen sich vielmehr ebenso v. Sängern wie ↗Bragi unterhalten u. v. dessen Gattin Iduna jene Äpfel reichen, deren Genuß ihre ewige Jugend garantierte. Eine beliebte Beschäftigung waren auch Reiten u. Jagen, u. es ist nicht v. ungefähr, daß es eine ganze Reihe berühmter Götterpferde gab, die sich durch ungewöhnl. Schnelligkeit auszeichneten, allen voran ↗Sleipnir, das achtbeinige Roß Odins. Nur Thor dachte man sich als Fußgänger, u. als solcher tritt er in zahlr. Zshg. auf. Hunger u. Durst waren den Göttlichen nicht fremd, sei es, daß sie gewaltige Gastmähler u. Trinkgelage veranstalteten, sei es, daß sie schlichtweg das Bedürfnis nach Nahrung verspürten, z.B. wenn sie auf Erden wandelten. Dem Bier oder anderen berauschenden Getränken über Gebühr zuzusprechen war weder eine Seltenheit, noch galt es bei den Germanen als ehrenrührig. Großer Beliebtheit erfreute sich das Brettspiel, viell. als Sinnbild jener Schachzüge, mit denen die Götter die Weltgeschicke lenkten. Gelegentl. nahmen die Vorstellungen der Menschen sogar ans Komisch-Burleske grenzende Züge an, so wenn v. einem Fenster im Himmel die Rede ist, v. dem aus Odin oder seine Gemahlin Freyja auf die Menschheit herabschauten u. das, was auf der Welt passierte, inspizierten, oder wenn Thor, der Intimfeind der ↗Midgard-schlange, dieser Herr zu werden suchte, indem er die Angel nach ihr auswarf. – Insgesamt scheint die Vorstellung von dem, wie der „Alltag" der Götter aussah, geprägt zu sein v. dem Alltagsleben, das die german. Adligen zu führen pflegte. – Im Zshg. mit dem geschilderten Aspekt der Vorstellung v. den Göttern sei auch noch einmal daran erinnert, daß man sich die Götter nicht als ewig dachte u. sie überdies für dem ↗Schicksal unterworfen hielt.

Allvater, *Walvater,* Beiname ↗Odins (Wodans), des höchsten der german. Götter. Das Epitheton besaß der Edda nach die Bedeutung, daß man in ihm den Herrn der Walstatt, den „Wähler" der im Kampf Gefallenen u. den Führer der ↗Walküren sehen konnte. – Am kelt. Götterhimmel hatte der ir. Gott ↗Dagda den Beinamen A.

Almandin, roter Schmuckstein, vgl. zu ↗Gagat.

Almon, röm. Flußgott, Vater der ↗Lara.

Aloaden, griech *Aloadai,* Bz. für die beiden riesenhaften Brüder ↗Ephialtes u. ↗Otos, Söhne des Aloeus oder des Poseidon, häufig zu den ↗Giganten gezählt. Im Kampf mit den Göttern türmten sie Berge aufeinander, um den Olymp zu stürmen. Sie fesselten Ares u. hielten ihn monatelang gefangen. Eine Sage berichtet, die beiden seien v. Apollon getötet worden; nach anderer Version brachten sie sich gegenseitig um, als sie in ihrem Jagdeifer Artemis in Gestalt einer Hirschkuh zu erlegen suchten.

Aloeus, Vater der ↗Pankratis u. der ↗Aloaden, Mann der ↗Iphimedeia.

Alope, Tochter des griech. Kg. Kerkyon v. Eleusis; v. Poseidon verführt, gebar sie den ↗Hippothoos 1). Als ihr Vater davon Kunde bekam, tötete er sie, u. sie wurde an einer Straße zw. Eleusis u. Megara begraben. An dem Platz ihrer Bestattung entsprang eine Quelle. Nach einer anderen Version verwandelte Poseidon A. in eine Quelle.

Alpharts Tod, mhd. Heldenepos spielmänn. Art u. in der Form der Nibelungenstrophe, wahrscheinl. um 1250 entstanden, im 15. Jh. überliefert. Das Werk schildert eine Episode aus dem Kreis der Sagen um ↗Dietrich von Bern u. dessen Kämpfen mit Ermenrich (↗Ermanerich). Alphart ist der jugendl. Held, der Mut zeigen will u. trotz seiner Unerfahrenheit die tapfersten Kämpfer besiegt, u.a. Witege, der auf Ermenrichs Seite steht. Heime muß im letzten Augenblick Witege retten. Ganz unhöf. u. gg. alle Ritterehre töten sie nun zu zweit Alphart, der sich geweigert hatte, den Gegnern seinen ↗Namen zu nennen.

Alpheios, *Alphios,* der längste Fluß der Peloponnes, entspringt in Arkadien u. mündet in das Ionische Meer. Um den A. ranken sich eine Reihe v. Sagen. Mit seiner Hilfe soll Herakles die Ställe des ↗Augeias ausgemistet haben. Über den Flußgott gleichen Namens heißt es, er habe der Nymphe ↗Arethusa nachgestellt (nach anderer Version auch der Artemis), bis diese v. Artemis in eine Quelle verwandelt wurde. Die Artemis-Überl. berichtet, die Göttin habe ihr Gesicht entstellt u. sei vor dem lüsternen Flußgott bis nach Sizilien geflohen. – ↗Elis.

Alphenor, eines der Kinder v. Amphion u. ↗Niobe.

Alpher, *Alpherr,* in der german. Heldensage wohl ein Gotenkönig, Vater ↗Walthers von Aquitanien. Er schickte seinen Sohn u. Erben als Geisel an den Hof Etzels, um sein Volk auf diese Weise vor einem Einfall der Hunnen in sein Land zu schützen.

Alsvidr, eines der Rosse, das zus. mit ↗Arvakr den nordgerman. Sonnenwagen zog. Sein Name bedeutete „der Allgeschwinde".

Altar, Opfertisch u. zentraler Ort des ↗Templum.

Ältere Not, erschließbare bzw. vermutete Vorstufe zum mhd. ↗Nibelungenlied (nach A. Heusler).

Altes Atlilied, altnord. ↗Atlakvida.

Althaia, Mutter des ↗Meleagros.

Althaimenes, Sohn des ↗Katreus.

althochdeutsch, abgekürzt ahd., hochdt. Sprache in der Mitte u. im S der Germania, von ca. 600 n.Chr. bis zum Ende des 11. Jh. Als ältestes sprachl. Zeugnis gilt das „Idorīh" des Wurmlinger (Wurmlingen/Württemberg) Speerblatts in Runen (↗Rune), datiert um 600. Die Inschrift ist nicht sicher gedeutet, viell. ist es ein alamann. Name, möglicherweise ein Gott (?). Sprachl. zeigte das Langobard. ahd. Merkmale (es gab auch Lehnwörter in italien. Mundarten); entspr. Rechtswörter sind in der Lex Alamannorum u. in der Lex Baiuwariorum (vor 744) erhalten geblieben. Von den literar. Denkmälern gehört das ↗Hildebrandslied zu den ältesten ahd. Quellen. – Im N schloß der niederdt. Sprachbereich an, zu dem z.B. das Altsächs. gehörte (↗Angelsachsen). Die gegenwärtige Dialektgrenze ist für die Frühzeit nicht belegt, sie verlief aber um das Jahr 1000 bereits im Raum v. Köln durch die Rheinlande. Die Sprachgemeinschaft setzt allerdings keine Stammeseinheit voraus (vgl. ↗Germanen). – Mit dem 12. Jh. spricht man für die überlieferte Literatur hauptsächl. v. einer *mittelhochdeutschen* Sprache (abgekürzt mhd.), aber hier spielen bereits Differenzierungen eine große Rolle, die auch heute noch unsere Dialekte bestimmen.

Alu, ᛅᛚᚢ, Abwehr, Schutz, Tabu (?), altnord. Formelwort der Runenmagie (↗Rune).

Alvís, *Alvíss,* „der Allwissende", in der nord. Überl. ein Nachtzwerg, verlobt mit Thrud, einer Tochter Thors. Thor wollte einer Heirat jedoch nur zustimmen, wenn A., dessen Wissen als unerschöpfl. galt, ihm alle an ihn gerichteten Fragen beantworten könne. Davon berichtet das eddische Lied, die Alvíssmál.

Alvíssmál, altnord. Gedicht der ↗Edda über den Zwerg Alvís, den „Allwissenden", der in der Nacht Thors Tochter Thrud aufsucht u. sie heiraten will. Thor hält ihn so lange mit einer Reihe v. schwierigen Fragen auf, bis die Sonne aufgeht u. den Zwerg zu Stein verwandelt.

Amaltheia, in der griech. Sage eine Nymphe, die den kleinen Zeus mit der Milch einer Ziege aufzog (nach anderer Überl. mit ihrer Schwester, vgl. ↗Melissa). Nach anderer Version war A. selbst eine Ziege, die Zeus mit Hilfe eines ihrer abgebrochenen Hörner ernährte. Dieses Horn der A. machte Zeus später zum Füllhorn, das Acheloos erhielt u. v. diesem Herakles. Das Füllhorn wurde aber auch zum Attribut versch. Götter u. Göttinnen. Zeus dankte der A. für ihre Hilfe, indem er sie als Stern (Capella) an den Himmel versetzte. – ↗Aigis.

Amasis, Kg. v. Ägypten, Freund des ↗Polykrates, der diesen vor dem Neid der Götter warnt.

Amata, in der röm. Sage Gattin des Latinus, Mutter der ↗Lavinia, die deren Heirat mit Aeneas mißbilligte.

Amazonen, krieger., v. einer Königin (vgl. ↗Hippolyte u. ↗Penthesileia) geleitetes Frauenvolk der griech. Sage, angebl. aus dem NO Kleinasiens, mit dem verschiedene Helden gekämpft haben sollen (u.a. Herakles, Theseus u. Achilleus). Die A. verkehrten nur einmal im Jahr mit Männern, denen sie grundsätzl. feindl.

Amazone

gegenüberstanden, zogen aber ledigl. die Mädchen auf. Die rechte Brust wurde ihnen herausgebrannt oder abgeschnitten, damit sie beim Bogenspannen nicht hinderl. war. Von daher erklärten sich die Griechen auch den Namen A. als „Brustlose". Wie die Sage v. den A. entstanden ist, läßt sich nicht mit Sicherheit ausmachen, es ist jedoch anzunehmen, daß hier Überl. einer vorgriech. mutterrechtl. Kultur wirksam wurden, die die Griechen ausschmückten. – Die A. waren ein häufig verwendeter Stoff der Dichtung (z. B. Kleists „Penthesilea") u. der bildenden Künste (Polyklet, Rubens, Feuerbach).

Ambonen, german. Stamm, der zus. mit den ↗Kimbern u. Teutonen bei deren Wanderzügen bis zum Angriff auf It. erwähnt wurde. Ihr Stammesname wird im Zshg. mit der fries. Insel Amrum gesehen, deren teilweise Verlust durch eine Sturmflut viell. Anlaß zur Auswanderung war.

Ambraser Heldenbuch ↗Heldenbuch 4).

Ambrosia, in der griech. Mythologie die Speise der olymp. Götter, die ihnen zus. mit ↗Nektar Unsterblichkeit verlieh.

Amelungen, in der german. Sage um Dietrich v. Bern Bz. für das ostgot. Geschlecht der Amaler, aus dem u. a. Theoderich der Große stammte, der als Urbild Dietrichs (↗Dietrich von Bern) gilt.

Amilias, ein berühmter Schmied im Dienste des nord. Nidung, der eine Wette mit Wieland abschloß: Er wollte eine Rüstung, Wieland sollte ein Schwert schmieden. Wenn das Schwert die Rüstung durchschnitte, wollte A. sterben; hielt die Rüstung stand, war Wieland dem Tode verfallen. Wieland schuf das berühmte Schwert Mimung, mit dem er die Rüstung des A. und dessen Leib zerteilte.

Amled, dän. Sagenheld; er stellte sich geistesgestört (Amlodi = „der Trottel"), um seinen Onkel zu täuschen, der ihm den Vater ermordet u. dessen Reich geraubt hatte. In Jütland lokalisiert mit Übernahmen v. Zügen der röm. Sage (Brutus) u. mittelmeerischer Märchen, in ↗Saxos lat. Geschichtsschreibung überliefert u. dadurch weit bekannt. In sehr freier Bearbeitung v. Shakespeare in der Tragödie des ↗Hamlet übernommen. – In Runenschrift auf einem Eibenholzstäbchen aus Westeremden (Friesland) erscheint A. noch als Sturmdämon; Datierung u. Echtheit sind jedoch umstritten.

Ammon, ägypt. *Amun,* in der röm. Interpretation „Jupiter der Ägypter", mit Widderhörnern am Kopf. Urspr. ein Gott, der das weidende Vieh beschützte, später als oberster Gott in Theben in Ober-Ägypten verehrt; in Unter-Ägypten entspr. der Stierkult um ↗Apis. Alexander d. Gr. wurde u. a. als *Jupiter Ammon* verehrt. Der altägypt. Gott Amun wurde vor allem in Theben (IX. Dynastie; später gleichgesetzt mit einem griech. *Zeus Thebaieus*) verehrt. Erst später, bes. in der XXII. u. XXIII. Dynastie, wurde Ammon zum mit der Sonne verbundenem Reichsgott u. schließl. zum Orakelgott der Oase Siwa. – *Zeus Ammon,* ↗Zeus.

Amor, lat. Name für den v. den Römern übernommenen griech. Liebesgott ↗Eros.

Amor

Amoretten, im Gefolge v. ↗Amor u. Bacchus, (geflügelte) nackte Knaben u. Vorläufer der Putten v. Renaissance u. Barock. Vgl. Eroten ↗Eros.

Amor und Psyche, ↗Psyche.

Ampelos, Sohn einer griech. Nymphe u. eines Satyrs, zu dem Dionysos eine große Zuneigung faßte; er starb, als er in trunkenem Zustand v. einem Weinstock fiel.

Amphiaraos, in der griech. Überl. ein argivischer Seher, Sohn des ↗Oikles u. der Hypermestra, Gatte der ↗Eriphyle, der Schwester des ↗Adrastos, Vater des Alkmaion u. des Amphilochos. Er besaß die Gabe der Weissagung entweder von Zeus oder v. seinem Großvater ↗Melampus. A. nahm gg. schwerste Bedenken schließl. doch am Zug der ↗Sieben gegen Theben teil, obwohl er voraussah, daß alle Teilnehmer mit Ausnahme des ↗Adrastos 1) zu Tode kommen würden. Er selbst wurde, als er sich aus der Katastrophe in Theben zu retten suchte, mit seinem Wagen samt Pferden u. Wagenlenker v. einem Erdspalt verschlungen, den Zeus mit einem seiner Blitze aufgerissen hatte.

Amphilochos, 1) ein griech. Wahrsager, der jüngere Sohn des ↗Amphiaraos u. der ↗Eriphyle, Bruder des Alkmaion. Als Freier der Helena nahm er am Troian. Krieg teil u. gehörte zu jenen Helden, die sich in das Hölzerne Pferd einschließen ließen. Er soll auch zu den ↗Epigonen gezählt haben. Ob A. auf Befehl des Vaters seine Mutter ermorden half, ist ungewiß; möglicherweise vollzog sein Bruder ↗Alkmaion diese

Tat allein. – **2)** Sohn des Alkmaion u. der Manto; Neffe des ↗Amphilochos 1) u. wie dieser mit der Gabe der Weissagung begabt. Er wurde v. Kreon, dem Kg. v. Korinth, aufgezogen u. kämpfte im Troian. Krieg. A. gilt als der Begründer des Orakels in Mallos. Als er sich mit seinem Halbbruder ↗Mopsos 2) stritt, töteten die Geschwister sich gegenseitig. – Die Überl. der beiden Sagengestalten mit den Namen A. ist nicht eindeutig; manches, was v. dem Oheim erzählt wird, wird auch v. dem Neffen berichtet u. umgekehrt.

Amphion, Vater des Ismenos (vgl. ↗Niobe).

Amphion und Zethos, in der griech. Mythologie ein Zwillingspaar, Söhne des Zeus u. der ↗Antiope. Infolge des Schicksals ihrer Mutter wurden sie gleich nach ihrer Geburt auf dem Kithairon ausgesetzt, aber v. Hirten gefunden u. aufgezogen. Von völlig unterschiedl. Wesensart, widmete A. sich den Musen u. spielte kunstvoll auf der Lyra, die Hermes ihm geschenkt hatte (nach anderer Version war sie eine Erfindung des A.), während Z. zu einem tüchtigen Jäger u. Athleten heranwuchs. Nachdem sie Lykos, einen Onkel ihrer Mutter, vom Thron vertrieben u. ihn und seine Frau getötet hatten, übernahmen sie gemeinsam die ihnen zustehende Herrschaft v. Theben. Sie umgaben die Stadt mit einer Mauer, eine Tätigkeit, bei der sich die Steine zum Klang der Lyra des A. von selbst zusammenfügten, während Z. seine großen körperl. Kräfte für den Bau verwenden mußte. Auf diese Weise wurden sie zum Symbol des beschaul. u. des prakt. Lebens. – A. heiratete ↗Niobe u. wurde v. Apollon getötet, als er dessen Tempel überfiel, um Rache für den Tod an seinen zahlreichen Kindern zu nehmen. Z. heiratete wahrscheinl. Aëdon (= Prokne) u. wurde Vater v. Itylos, den Aëdon versehentl. umbrachte. A. u. Z.

Amphion und Zethos:
Amphion, der Gemahl der Niobe

wurden in Theben in einem Doppelgrab beigesetzt.

Amphisbaina, griech. „der vor u. rückwärts gehen kann", Fabelwesen, mit dem ↗Klytaimestra in Aischylos' „Orestie" v. Kassandra verglichen wird, weil ihr Gift nach beiden Seiten tötete. Das MA hat A. in ihr phantast. Bestiarium aufgenommen.

Amphisbaina:
nach einem
Bestiarum aus dem MA.

Amphithea, Gattin des ↗Adrastos 1), des griech. Kg. v. Argos, der als einziger den Zug der ↗Sieben gegen Theben überlebte.

Amphitrite, griech. Meeresgöttin, Tochter des Nereus u. der Doris oder des Okeanos u. der Tethys; sie war also eine ↗Nereïde oder eine ↗Okeanide. A. heiratete ↗Poseidon, der ihr nachgestellt u. sie geraubt hatte, u. gebar ihm eine Reihe v. Kindern, darunter den ↗Triton. Ein Teil der Überl. weiß zu berichten, A. habe sich dem Poseidon zunächst durch Flucht zu entziehen versucht, sei aber v. einem Delphin aufgefunden u. zur Rückkehr überredet worden. Der Delphin soll daraufhin zu einem Sternbild geworden sein. – ↗Salacia.

Amphitruo, lat. Komödie des röm. Dichters Plautus (um 250 – 184 v. Chr.) über Alkmene u. Zeus, der sich ihr in der Gestalt des ↗Amphitryon näherte u. dadurch ihre Hingabe erschlich. Sogar die Sonne mußte später aufgehen, um das Beilager zu verlängern, aus dem dann Herakles entsprang. Mehrere Dichter der Antike beschäftigte dieser Stoff; das Stück des ↗Plautus ist eine der wenigen erhalten gebliebenen Quellen. Die Komödie hatte mit typ. Verwechslungsszenen – z. B. der arme Diener Sosia war so verwirrt, daß er schließl. an der eigenen Identität zweifelte – großen Erfolg u. wurde auch v. MA u. Renaissance nicht vergessen (Erstdruck Venedig 1472).

Amphitryon, Sohn des griech. Alkaios, des Kg. v. Tiryns, Gatte der ↗Alkmene, der Tochter des ↗Elektryon. Als er seinen Schwiegervater versehentl. getötet hatte, floh er nach Theben, wo er viele Abenteuer bestehen mußte, um seine Entsühnung zu erreichen. Während seiner Abwesenheit näherte sich Zeus der Alkmene, die ihrem Gatten die Treue hielt, in Gestalt des A. u. zeugte den Herakles, während die Königin v. ihrem unmittelbar darauf heimkehrenden Gatten den Iphikles empfing. – Das Amphitryon-Alkmene-Motiv ist seit Plautus ↗„Amphitruo", dem vermutl. schon griech. Vorlagen zur Verfügung standen, einer der beliebtesten Stoffe der Weltliteratur: frz. Molière (1668), engl. J. Dryden (1690), dt. H. v. Kleist (1807), frz. J. Giraudoux (1929).

Amrum ↗Ambonen.

Amulett, Gegenstand, dem dämon. abwehrende Kraft (apotropäisch) zugesprochen wird. Vgl. ↗Gorgoneion (s. Farbtafel S. 145).

Amulius, ital. Kg. v. Alba Longa, Sohn des Procas; er entthronte seinen Bruder ↗Numitor u. tötete Numitors Söhne; später wurde er selbst v. Numitors Enkeln ↗Romulus u. Remus umgebracht, die ihren Großvater wieder in sein Amt einsetzten. – ↗Rhea Silvia.

Amun ↗Ammon.

Amyklai, Ort in der Nähe v. Sparta, der schon früh zu einem Heiligtum des griech. Apollon wurde. Der Sage nach v. Amyklas gegr.

Amyklas, einer der Söhne des Amphion u. der ↗Niobe; v. ihm berichtet ein Teil der Überl., er sei dem Mord v. Apollon u. Artemis an den Kindern der Niobe zus. mit einer seiner Schwestern entgangen. – ↗Kynortas.

Amykos, in der griech. Überl. Kg. der Bebryken, Sohn des Poseidon u. der Eschennymphe Melia. Als berühmter u. leidenschaftl. Faustkämpfer forderte er jeden Fremden heraus, mit ihm auf Leben oder Tod zu boxen. A. blieb stets Sieger, bis Polydeukes (↗Dioskuroi) ihn überwand u. tötete.

Amymone, eine der griech. ↗Danaïden, Tochter des Danaos u. der Europe; v. ihrem Vater auf die Suche nach Wasser geschickt (nach anderer Version ging sie auf die Jagd), begegnete sie einem Satyr, der sich ihr begehrlich näherte. In diesem Moment trat Poseidon als Retter auf, dem A. ihre Liebe schenkte. Beider Sohn war ↗Nauplios 1), der Eponymos (myth. Namengeber) v. Nauplia. An der Stelle ihrer Begegnung ließ Poseidon eine Quelle entspringen, die nach A. ben. wurde.

Amyntor, Vater des ↗Phoinix 2). – Vgl. ↗Meriones.

Ana, anderer Name für die ir. Muttergöttin ↗Dana, mit der A. weitgehend ident. gewesen zu sein scheint.

Anadyomene (griech. = die aus dem Meer Auftauchende), Epitheton (Beiname) der ↗Aphrodite.

Anakreon, griech. Dichter des. 6. Jh. v. Chr.; er verfaßte anmutige Wein- u. Liebeslieder, die schon in der Antike nachgeahmt wurden („Anakreonteia").

Anathema, griech. Bz. für ein Opfer, das den Göttern geweiht war.

Anatolien (griech. = Land des Sonnenaufgangs, Morgenland), auch *Kleinasien,* Halbinsel des westl. Asien zw. dem Schwarzen Meer im N u. dem Mittelmeer im S u. W; bildet den Hauptteil der Türkei.

Anaxabia, 1) Mutter der ↗Pelopeia 1). – **2)** Schwester des Agamemnon, Frau des ↗Strophios 1).

Anaxagoras ↗Peri Physeos, vgl. ↗Phoibos.

Anaxarete, eine griech. Prinzessin; sie wurde v. ↗Iphis geliebt, da sie diese Liebe aber nicht erwiderte, erhängte sich Iphis voller Verzweiflung. A. zeigte sich bei seinem Begräbnis so vollkommen unberührt, daß Aphrodite sie in einen Stein verwandelte.

Anaximandros ↗Peri Physeos.

Anaxo ↗Elektryon.

Anch, *Ank, Ankh,* „Henkelkreuz", für die Ägypter Zeichen des Lebens; viell. Zeichen des Lebensbaumes oder der aufgehenden Sonne über dem Horizont. Die ägypt. Göttin der Wahrheit, Ma'at, trug ein Henkelkreuz.

Anch:
ägypt. Priester mit
Figur der Ma'at

Anchiale, Mutter (?) des ↗Idas 2).

Anchises, kleinasiat. Kg. v. Dardanos unweit Troias, Sohn des Kapys, Geliebter der Aphrodite, die ihm den ↗Aeneas gebar. Aphrodite gab sich zunächst nicht als Göttin zu erkennen, u. als sie ihrem sterbl. Gemahl schließl. doch ihren Namen nannte, verbot sie ihm, diesen Namen je auszusprechen. A. hielt sich nicht daran u. wurde v. Zeus gelähmt oder geblendet. Sein Sohn Aeneas trug ihn auf seinen Schultern aus dem brennenden Troia u. nahm ihn mit auf seiner Reise nach It., wo A. in Sizilien starb; er wurde mit einem aufwendigen Begräbnis mit

Wettkämpfen, Leichenspiele gen., geehrt. – Die Verbindung des A. mit einer Göttin sollte wohl die Herkunft des Aeneas aufwerten.

Ancilia, röm. bzw. etrusk. Schilde der ↗Salii.

Ancus Marcius, nach der Sage der vierte Kg. Roms; Sohn des ↗Tullus Hostilius u. Enkel des ↗Numa Pompilius; er soll die Latiner unterworfen u. Ostia gegr. haben. A. M. galt als Ahnherr des späteren plebeischen Geschlechtes der Marcier.

Ancyra, antike Stadt in Kleinasien, heute Ankara; der Sage nach v. Midas gegr.

Andraste, in der kelt. Mythologie eine Göttin, die in Britannien verehrt wurde. Die Überl. berichtet, die britann. Königin Boudicca habe sie so über alle Maßen hochgeschätzt, daß sie eine Reihe von Frauen der röm. Eroberer töten ließ, um A. Menschenopfer darbringen zu können.

Andreas, Insel Man, Großbritannien, Fundort des „Thorwald-Kreuzes", das Fragment eines christl. Grabkreuzes (Hochkreuz) aus dem 10. Jh. (Manx Museum, Douglas). Als Bildteil unter einem Kreuzarm erscheint eine Figur, die mit dem Speer (?) einen Wolf abwehrt, der bereits den Fuß des Mannes zu verschlingen droht. Mit dem Vogel auf der Schulter, viell. ein Rabe, wird die Figur als der german. Gott Odin gedeutet, der im Endkampf des Weltuntergangs v. Fenriswolf angegriffen wurde. Wie bei der Stuhlwange v. ↗Torpo in Norwegen wurde damit die heidn. Überl. in die christl. Welt integriert (↗Synkretismus). Ein ähnl. Motiv findet sich auch in der langobard. Kunst u. wird dort mit ↗Vidar identifiziert.

Androgeos, Sohn des kret. ↗Minos u. der Pasiphaë, ein hervorragender Athlet, der sämtl. Wettrennen der ↗Panathenäen gewann. Er wurde entweder v. seinen Rivalen oder vom Marathon. Stier getötet. Sein Vater Minos unternahm daraufhin einen erfolgreichen Rachefeldzug gg. Athen u. forderte einen jährl. Tribut v. 7 Jünglingen u. 7 Jungfrauen attischer Herkunft, die dem Minotaurus geopfert wurden.

androgyn, griech. ↙zweigeschlechtl., Bild urspr. Vollkommenheit u. eig. ungeschlechtl. wie (nach versch. Quellen) ↗Chaos u. ↗Erebos. Auch Baal u. ↗Astarte scheinen manchmal a. Die ↗Biene galt als a. Gewisse Aspekte der Jagdgöttin Artemis können als a. verstanden werden. – Vgl. ↗Hermaphroditos.

Androklus und der Löwe, antike Fabel, belegt seit dem 2. Jh. v. Chr., vom Löwen, dem einst ein entflohener Sklave einen Splitter aus der Tatze zog. Als der Sklave, wieder eingefangen, zur Strafe in Rom den wilden Tieren zum Fraß vorgeworfen werden sollte, wurde er v. dem inzw. auch gefangenen Löwen freundschaftl. begrüßt. Der gerührte röm. Ks. ließ den Sklaven frei.

Andromache, in der griech. Mythologie Tochter des Eetion, des Kg. v. Thebe in der Troas, Gemahlin ↗Hektors u. Mutter des Astyanax. Als Hektor im Troian. Krieg fiel, betrauerte sie ihn zutiefst. Sie wurde die Sklavin des ↗Neoptolemos, während man Astyanax tötete, um die männl. Nachkommenschaft des troianischen Herrscherhauses auszurotten. Nach der Ermordung des Neoptolemos, dessen Gattin Hermione A. stets mit großer Eifersucht gequält hatte, heiratete sie den ↗Helenos. Das Schicksal der A. ist v. Euripides in einem gleichnamigen Drama beschrieben.

Andromeda, in der griech. Mythologie Tochter des Kepheus u. der Kassiopeia; sie sollte an der äthiop. Küste einem Seeungeheuer geopfert werden, doch gelang es ↗Perseus, sie zu befreien. Nach ihrem Tode wurde A. zu einem Sternbild. – „Andromeda" ist ein neulat. Schuldrama v. Caspar Brülow, 1611, uraufgeführt in Straßburg 1613, mit dem die Schüler Latein lernen sollten. Moralist. heißt es, daß „Frevel, Gottlosigkeit u. Hoffart" bestraft würden, und dafür dient der antike Mythos als Lehrbeispiel. – „Andromède", frz. Schauspiel v. Pierre Corneille, Paris 1650, in dem die Götter als Mittel zur höfischen Prachtentfaltung vorgeführt werden: der Sonnengott auf einem feurigen Wagen lobt den jungen frz. Kg. Louis XIV. A. selbst wird dabei zu einer „affektierten Heldin der Moderomane jener Zeit" (I. Peter).

Andvaranaut, Ring des nord. ↗Andvari. Schicksalhafter, unglückbringender Ring, der zuletzt als Teil des Nibelungenhortes an Sigurd kam und der ↗Brynhild geschenkt wurde.

Andvari, ein fischgestaltiger Zwerg, der im Wasserfall als Hecht lebt. ↗Loki, der listenreiche nord. Gott, fing ihn mit dem v. ihm erfundenen Fischnetz, u. der Zwerg kaufte sich mit dem Goldring Andvaranaut frei. Dieser Ring wurde später Ursache für fürchterl. Verwicklungen als Teil der ↗Völsunga saga. A. hatte einen Fluch über den Ring ausgesprochen, sein Besitzer würde eines gewaltsamen Todes sterben. Über Fafnir u. Sigurd wurde der Ring später Teil des Nibelungenhortes.

Aneirin, wie ↗Taliesin ein mit legendären Zügen umkleideter Dichter der altkymr. Lit. (↗Kymrisch).

Anemone ↗Venus und Adonis.

Anfortas, Gralskönig im ↗Parzival.

Angantyr, 1) einer von Arngrims zwölf Söhnen; er hielt um die Hand der Tochter des schwed. Königs in Uppsala, ↗Ingeborg, an, unterlag jedoch im Kampf gegen Hjalmar u. dessen Freund ↗Örvarodd auf der dän. Insel Samsø. Angantyrs Schwert ↗Tyrfing wurde dort mit ihm begraben, später aber v. der Tochter Hervör zurückgeholt. – **2)** Bruder Hlöds im ↗Hunnenschlachtlied.

Angeln, Landschaft im nordöstl. Schleswig-Holstein u. wahrscheinliche Heimat der nach England ausgewanderten Angeln (↗Offasage). Als german. Volksstamm erstmals um 100 n.Chr. bei ↗Tacitus belegt, mit den Jüten u. Sachsen zus. gründeten sie wohl im 5. Jh. das angelsächs. Reich in Britannien.

Angelsachsen, zus.fassende Bz. für die german. Stämme der Angeln, Sachsen u. Jüten, die seit etwa 450 nach Britannien übersetzten (in diesen Zshg. gehört die Sage v. ↗Hengist u. Horsa) u. im Kampf mit den kelt. Briten die Insel mit Ausnahme v. Wales, Cornwall u. Schottland in Besitz nahmen; sie gründeten sieben Königreiche, die Kg. Egbert v. Wessex (802/839) zu einem Reich vereinigte; dieses erreichte unter Alfred dem Großen (871/899) seine Blütezeit. Im 9. u.

Angelsachsen: angelsächsische Kunst, die Steinkreuze von Brompton und Middleton, Northumberland, 10. und 11. Jh. – „heidnische" Bandgeschlinge auf einem christlichen Kreuz.

Angelsachsen: Die angelsächs. Königreiche im 7. u. 8. Jh..

10. Jh. immer wieder durch Einfälle der dän. Normannen bedroht, stand es 1016/42 ganz unter dän. Herrschaft u. erlag 1066 Wilhelm dem Eroberer. – Die Christianisierung der A. erfolgte seit 596 v. Rom aus, zugleich auch durch die kelt. Kirche v. Irland u. Schottland her. – Als künstler. Höhepunkt gelten die reichen Grabbeigaben des Schiffgrabs v. ↗Sutton Hoo, das um 624 n.Chr. datiert wird. Der angelsächs. Stileinfluß (späte Beispiele die engl. Steinkreuze v. Brompton u. Middleton, 10. und 11. Jh.) taucht dann in der nord. Kunst der Wikingerzeit wieder auf, z.B. in der typ. Tierornamentik des norweg. ↗Oseberg-Fundes, um 800 (oder etwas später), und im Stil des jüngeren dän. Runensteins v. ↗Jelling (um 950/1000) – u. wiederum auf dem Kontinent z.B. in der karoling. Kunst unter Karl d. Gr. (ein Beispiel ist der Folchartpsalter aus St. Gallen; die Vermittlung durch iro-schott. Mönche spielt eine Rolle; s. Farbtafel S. 147). – ↗Danelag.

Angelsächsische Chronik, teilweise phantasievolles Geschichtsbuch der Angelsachsen, von Caesars Feldzug nach Britannien 55 v.Chr. bis zum Tod des Normannenkg. Stephan im Jahre 1154 reichend. Überliefert im 11. Jh. u. später ergänzt. In den ältesten Teil sind vielfach sagenhafte Stoffe eingeflossen, aber auch zuverlässige hist. Überl., z.B. in der genauen Schilderung des Mordes an Kg. Cynewulf von Wessex 755 bzw. 784. Als reine Dichtung erscheint die Schilderung der Schlacht von ↗Brunnanburh gg. die Dänen.

Angurboda, *Angrboda* (altnord. = Wehbotin, Angstbringerin), in der nord. Mythologie eine Riesin, Geliebte Lokis, der mit ihr die Ungeheuer Fenriswolf, Hel u. Midgardschlange zeugte. – *Angurvadel,* ein berühmtes nord. Schwert.

Animismus, Anschauung v. der durch versch. Wesen „beseelten Natur". Die Lehre vom A. versuchte die Entwicklung der Religiosität des Menschen psycholog. zu erklären. Göttl. Offenbarung wurde abgelehnt. Hauptvertreter dieser Richtung war der engl. Ethnologe Edward Tylor (1832–1917); nach ihm war der A. die vom Traumerlebnis ausgehende u. urtümlichste Form v. Religion überhaupt, bevor „Götter" erfunden wurden.

Anios, griech. Kg. von Delos; Sohn des Apollon u. der Rhoio; er wurde v. Apollon als dessen Priester aufgezogen, nachdem seine Mutter ihn in Delos auf Apollons Altar gelegt hatte. Später zeugte er außer einem Sohn die drei Töchter Elais, Oino u. Spermo, die auf Wunsch Wein, Getreide u. Öl hervorbringen konnten u. der Überl. nach die Griechen vor Troia damit versorgt haben sollen.

Annalen von Inisfallen, ir. Geschichtschronik mit einem vorhistor., pseudogeschichtl. Teil (ähnl. wie die mytholog. Geschichtsschreibung des ↗Lebor Gabála), der von dem Jahrtausend v. Chr. bis zur Ankunft des hl. Patrick (↗Patricius) auf Irland (traditionell 432 n. Chr.) reicht; im hist. Teil bis in das 14. Jh. weitergeführt. – Auch versch. andere ir. Annalen setzen mit ihrer Geschichtsschreibung weit in vorgeschichtl., myth. Zeit ein.

Anna Perenna, altröm. Göttin, viell. etrusk. Herkunft. Einem Teil der Überl. nach war sie eine Schwester Didos, nach deren Tod sie zu Aeneas flüchtete, der damals in Latium lebte. Da Lavinia, die Gattin des Aeneas, sie mit ihrer Eifersucht verfolgte, mußte sie erneut fliehen u. wurde schließl. in eine Nymphe verwandelt. – Nach einer anderen Version soll A. P. den Plebeiern während der Ständekämpfe in Rom selbstgebackene Kuchen verkauft haben, um sie vor einer Hungersnot zu bewahren. – Ihr Fest fand jährl. am 15. März in einem heiligen Hain bei Rom statt; es hatte den Charakter eines fröhl. Volksfestes, mit dem das neue Jahr begrüßt wurde. „Man trank ungemischten [d. h. nicht mit Wasser verdünnten] Wein u. glaubte, daß die Göttin dem Trinker noch so viele Jahre

schenken würde, als er Becher auf ihr Wohlsein leerte. Auch tranken Liebende auf das Wohl ihrer Geliebten so viele Becher, als ihr Name Buchstaben hatte."

Annikki, Tochter des finn. Waldgottes ↗Tapio; entstanden wahrscheinl. aus der hl. Anna der kathol. Kirche, die seit dem Einfluß der schwed. Christianisierung in Finnland in synkretist. Sichtweise zu einer einheim. Gottheit umgeformt wurde.

Anno Domini, lat., *A. D.,* christl. Zeitzählung seit der Geburt des Herrn, vgl. „n. Chr.". Der mittellat. Kirchenhistoriker Beda (um 672–735) war der erste, der in sein Werk über die Christianisierung der Angelsachsen eine Jahreszählung „seit dem Inkarnationsjahr [Christi]" einbrachte, während sonst gelehrt-fiktiv „seit Erschaffung der Welt" bzw. röm. ↗„ab urbe condita" gerechnet wurde.

„Ansaugzauber" ↗Aided Con Culainn.

Ansgar, hl., „Apostel des Nordens"; er missionierte Skandinavien (↗Schweden).

Antaios, Kg. v. Libyen, ein Riese, Sohn des Poseidon u. der Gaia. Er forderte alle Fremden zum Ringkampf heraus u. blieb stets Sieger, weil er immer neue Kraft gewann, sobald er den

Antaios:
Herakles als Sieger
über A.
(von H. Baldung
Grien, 16. Jh.)

Boden berührte; die Besiegten wurden v. ihm getötet. Nur Herakles gelang es, A. zu überwinden, indem er ihn in die Luft hob u. erwürgte.

Anteia, Gattin des griech. ↗Proitos, die in Liebe zu ↗Bellerophon entbrannte; bei Homer Stheneboia gen.

Antenor, ein Troianer vornehmer Herkunft, der der Überl. nach 14 Söhne u. eine Tochter besaß. Er befürwortete die Herausgabe der ↗Helena ohne krieger. Auseinandersetzungen u. nahm die Abgesandten der Griechen, die zu Verhandlungen erschienen waren, gastl. in seinem Hause auf, konnte den Krieg allerdings nicht verhindern. Die meisten seiner Söhne fielen, mit Ausnahme seines Sohnes Glaukos; sein Haus blieb bei der Plünderung Troias durch die Griechen verschont. Man stempelte A. deshalb als Verräter ab. Er verließ Troia u. begab sich nach Kyrene, nach anderer Version gründete er Patavium (heute Padua). – ↗Laokoon.

Anthropomorphisierung der Götter, ↗Vermenschlichung der Götterwelt.

Antibia, Frau des ↗Sthenelos 3).

Antigone, 1) Tochter des ↗Oidipus u. der Iokaste (nach anderer Version der Euryganeia), Schwester v. Eteokles, Polyneikes u. Ismene. Sie begleitete ihren blinden Vater in die Verban-

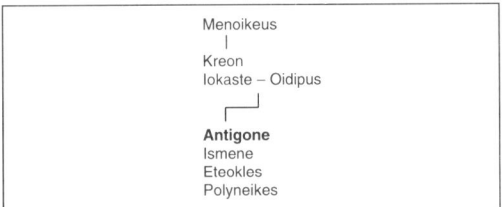

```
              Menoikeus
                 |
              Kreon
              Iokaste – Oidipus
         ┌──────┘
         Antigone
         Ismene
         Eteokles
         Polyneikes
```

nung u. kehrte nach dessen Tod nach Theben zurück, wo ihr Onkel ↗Kreon 2) die Herrschaft übernommen hatte. Nach dem Kampf der ↗Sieben gegen Theben erließ der Kg. ein strenges Verbot, die gefallenen Gegner, darunter auch ↗Polyneikes, zu bestatten. A. folgte jedoch dem Gesetz der Menschlichkeit u. begrub ihren Bruder gg. die Anweisung des Onkels. Sie wurde daraufhin lebendig in ein Felsengrab gesperrt, wo sie sich selbst den Tod gab. Als ihr Verlobter, Kreons Sohn ↗Haimon, in das Grab eindrang, um seine Braut zu befreien, tötete er sich über ihrer Leiche. Auch seine Mutter Eurydike, Kreons Gattin, beging Selbstmord. – Der Antigonestoff hat außer bei Sophokles bis hin zu Jean Anouilhs frz. Drama A. v. 1944 u. Bertolt Brechts A. nach Sophokles (in der Übers. Fr. Hölderlins) v. 1948 für zahlr. Dramen als Vorlage gedient. – **2)** Tochter des Akastos, Frau des ↗Peleus.

Antikleia, Tochter des ↗Autolykos; durch ↗Laërtes, griech. Kg. v. Ithaka, Mutter des Odysseus. Sie starb der Sage nach aus Gram über die lange u. gefahrvolle Abwesenheit ihres Sohnes im Troian. Krieg.

Antilochos, ältester Sohn des Nestor. Er wurde gleich nach seiner Geburt am Berg Ida ausgesetzt. Später nahm er als Freier der Helena am Troian. Krieg teil u. war ein enger Freund des Achilleus. Er fiel, als er seinen Vater Nestor vor ↗Memnon rettete, u. wurde der Sage nach zus.

mit Achilleus u. Patroklos in einem Grabe beigesetzt.

Antimachos, 1) in der griech. Sage ein troianischer Adliger, der als großer Krieger bekannt war. Er widersetzte sich der Rückkehr der Helena aus Troia aufgrund friedl. Vereinbarung u. empfahl, die Unterhändler der Griechen zu töten. Später wurden seine Söhne in einem Vergeltungsakt umgebracht. – **2)** ein Herakleide; Sohn des Herakles u. einer Tochter des Thespios; Vater des Deïphontes. – **3)** Antimachos v. Kolophon (um 400 v. Chr.), griech. Dichter, von dem wir neben seinem Epos über die ↗„Sieben gegen Theben" eine Elegiensammlung „Lyde" kennen, in die endlos mytholog. Beispiele eingebracht wurden. Man hat diese Übertreibung bereits als Abwendung v. dem „alten Glauben" zugunsten des rein lit. Zitats über mytholog. Wissen sehen wollen (vgl. „der lieblose Katalog markiert die Säkularisierung"; E. Schmalzriedt).

Antinoos, Sohn des Eupeithes; der aufdringlichste v. Penelopes Freiern, der der griech. Königin im Namen aller erklärte, keiner werde in seine Heimat zurückkehren, bis sie sich einen aus ihrer Mitte zum Bräutigam auserkoren habe. A. war der erste, den Odysseus nach seiner Heimkehr nach Ithaka tötete.

Antinous, gr. *Antinoos*, Liebling des röm. Ks. Hadrian, ertrank 130 n. Chr. im Nil. Hadrian erhob ihn zum Gott u. gründete zu seinem Gedächtnis die Stadt Antinoupolis.

Antinous: Liebling des röm. Ks. Hadrian (antike Büste)

Antion, Sohn des ↗Periphas.

Antiope, 1) in der griech. Überl. Tochter des theban. Kg. Nykteus u. der Polyxo, Geliebte des Zeus u. durch ihn Mutter der Zwillinge ↗Amphion u. Zethos. Aus Furcht vor ihrem Vater floh sie während der Schwangerschaft zu Epopeus v. Sikyon, der sie zur Gattin nahm. Nykteus, der die Herrschaft bei seinem Tode seinem Bruder Lykos übertrug, hatte diesen beauftragt, Epopeus mit Krieg zu überziehen u. A. gewaltsam zurückzuholen. Epopeus fiel, u. als A. nach Theben zurückgebracht wurde, gebar sie unterwegs auf dem Kithairon Amphion u. Zethos. Sie mußte die Kinder verlassen u. diente fortan als Sklavin im Hause des Lykos, dessen Gattin Dirke ihr bes. Leid zufügte. Als A. später aus Theben floh, begegnete sie auf dem Kithairon ihren beiden Söhnen, die ihre Mutter rächten, indem sie Lykos u. Dirke töteten u. die Herrschaft in Theben übernahmen. Nach einem Teil der Überl. wurde Dirke v. einem Stier zu Tode geschleift u. in einen seither nach ihr ben. Bach bei Theben geworfen. – **2)** Tochter der ↗Otrere.

Antiphates, Kg. der Laistrygonen auf Sizilien, ein Riese u. Menschenfresser. Als Odysseus' Schiffe in den Hafen v. Telepylos einliefen, schickte er drei seiner Gefährten als Gesandte zum Kg., die um Aufnahme bitten sollten. Sogleich ergriff A. den einen von ihnen u. befahl, ihn zum Abendessen zuzubereiten; die beiden anderen entkamen. Dann rief der Herrscher sein Volk zu den Waffen, u. die Laistrygonen schleuderten gewaltige Felsbrocken auf die Schiffe der Ankömmlinge, von denen ein großer Teil getötet wurde. Nur Odysseus' eigenes Schiff, das hinter einem Felsen angebunden war, blieb unzerstört u. gelangte, nachdem es die Überlebenden der übrigen Schiffe aufgenommen hatte, unversehrt aus dem Hafen.

Antiphos, ein Sohn des Priamos, tötete im Trojan. Krieg den Leukos 2).

Anubis, ägypt. Totengott, der in Gestalt eines Hundes oder eines Menschen mit Hunde- oder Schakalkopf auftrat. Er galt als der Sohn des ↗Osiris u. spielte bei der kult. Vorbereitung der Leiche zur Bestattung eine Rolle. A. war der Schützer der Friedhöfe u. besaß eine Reihe v. Kultorten an verschiedenen Stellen des Landes. Später wurde er als *Hermanubis* v. den Griechen mit Hermes, der die Seelen der Toten geleitete, gleichgesetzt.

Apfel, die ↗Äpfel der Iduna in der german. Überl. u. der ↗Hesperiden in den griech. Erz. deuten auf ein gemeinsames Kultsymbol dieser ältesten Sammelfrucht des Menschen. Auch in Verbindung mit ↗Demeter u. ↗Aphrodite, mit der röm. ↗Venus u. mit der german. ↗Nehalennia u. a. galt der A. als weibl. Fruchtbarkeitssymbol. Weitere Zshg. sind weltweit u. reichen vom bibl. A. der Erkenntnis bis zum vergifteten A., den Schneewittchen schluckte. Im MA galt die Apfelprobe z. B. als Beweis für die Keuschheit. Nur die Unschuld greift nach dem Apfel, nicht nach dem Geld. – Die Apfelinsel „Avalon" (↗Avalun) war das kelt. Land der

Seligen. Der A. spielte eine Rolle beim Urteil des ↗Paris u. in der ir. Erz. v. ↗Conle.

Äpfel der Iduna, im Besitz der nord. Göttin ↗Iduna befindl. Früchte, die den Asen ewige Jugend schenkten. – Der Apfel ist kein zufällig gewähltes Symbol, er spielt in vielen mytholog. Zshg. aller Völker eine überraschend große Rolle: Der Garten der Hesperiden hatte goldene Äpfel, der Lebensbaum trägt solche, der Apfel am Baum des Paradieses wurde für Adam u. Eva zum Verhängnis usw. Nach der ir. Überlieferung wurde Kain damit erschlagen, in der dt. Sage erscheint der Teufel als feuriger Apfel, u. zu den schweren Prüfungen des Märchens gehört die „Apfelprobe". – Man nimmt an, daß der Apfel diese große Rolle spielt, weil er mit zu den ältesten Sammelfrüchten der Menschheit gehört.

Apfelschuß ↗Tell.

Aphaia, vgl. ↗Britomartis.

Aphareus v. Messene, Vater des ↗Idas 1) u. des ↗Lynkeus 2).

Aphrodite, griech. Göttin der Liebe u. der Schönheit, die bei den Römern ihre Entsprechung in ↗Venus fand. Ihre Herkunft gibt manche Rätsel auf, doch war sie wahrscheinl. asiat. Ursprungs u. zunächst mit der semit. ↗Astarte identisch. Den Griechen galt sie vielfach als dem Meer entstiegen, weshalb sie auch *A. Anadyomene* gen. wurde. Ob ihr Beiname *Kypris* darauf hindeutet, daß die Griechen sie in Zypern kennenlernten, bleibt ungewiß; es fällt jedoch auf, daß sie hier u. auf einigen anderen griech. Inseln früh bes. Verehrung genoß (↗Paphos). Man darf annehmen, daß sie über das Meer nach Griechenland gekommen ist. – Nach einer Version,

Aphrodite:
sog. A. mit Taube;
Goldblech, Mykenai

Aphrodite *von Knidos,*
ein Werk des Praxiteles
(Marmorkopie)

Aphrodite: Geburt der A., griech. Relief (sog. Ludovisischer Thron), um 460 v.Chr. (Rom, Thermenmuseum)

die sich bei Homer findet, war A. die Tochter des Zeus u. der Dione, verheiratet mit ↗Hephaistos, dem hinkenden Schmiedegott, der zwar selbst häßlich war, dessen Werke sich aber durch große Schönheit, die der Schönheit der A. angemessen war, auszeichneten. Neben ihrem Gatten besaß die Göttin zahlr. Geliebte, darunter Ares u. Adonis, aber auch den sterbl. Anchises, denen sie viele Kinder gebar, u. a. Eros, Anteros, Harmonia, Deimos, Phobos u. Aeneas. – Platon u. andere Philosophen u. Schriftsteller unterschieden die himml. A., *Urania*, u. die *A. Pandemos*, die ird., käufl. Liebe. – In der bildenden Kunst wurde A. sehr häufig dargestellt;

Aphrodite: die Göttin wird von den Tritonen aus dem Meer gehoben

berühmt sind u. a. die A. v. Knidos, Melos u. Kyrene, vgl. ↗Venus von Milo, ↗Belestiche.

Apis, 1) ägypt. Gott in Gestalt eines Stiers, als ↗Osiris Gott der Fruchtbarkeit u. Herr der Unterwelt; als Kult um ↗Serapis noch in spätröm. Zeit lebendig. – ↗Ammon, ↗Epaphos. – **2)** griech. myth. Kg. v. ↗Sikyon.

Apollon, *Apollo*, schon früh v. den Griechen, dann auch v. den Römern hochverehrter Gott, Sohn des Zeus u. der ↗Leto, Zwillingsschwester der ↗Artemis. Dem Mythos nach auf Delos geboren, wo seine Mutter Zuflucht vor der eifersüchtigen Zeus-Gattin Hera fand, doch sind in Wirklichkeit weder sein Name noch seine Herkunft eindeutig geklärt. Fest steht, daß er ein nichtgriech. Gott war u. entweder v. den Hyperboreern aus dem hohen Norden oder aus Kleinasien stammte (am ehesten aus Lykien). Seine zahlr., sehr verschiedenartigen Wesenszüge u. Funktionen sowie seine vielen, z. T. nicht entschlüsselten Beinamen deuten darauf hin, daß man, ähnl. wie bei seiner Schwester Artemis, nach u. nach zusätzl. Merkmale v. Lokalgottheiten auf ihn übertrug. In Griechenl. verbreitete sich sein Kult hauptsächl. v. Delos u. ↗Delphoi aus. Die Sage berichtet, er habe schon bald nach seiner Geburt den Pythondrachen, der in Delphoi das Orakel bewachte, getötet, sich selbst zum Herrn des Orakels gemacht u.

Apollon v. Tenea (um 600 v.Chr.), ein Beispiel archaischer Darstellung

3

Apollon (berühmte Apollondarstellungen):
1 Apollon von Veji (Tonstatue, Ende 6. Jh. v. Chr.)
2 Apollon von Belvedere (2. Hälfte 4. Jh. v. Chr.)
3 Apollon vom Westgiebel des Zeustempels in
Olympia (1. Hälfte 5. Jh. v. Chr.)

1   2

die ↗Pythischen Spiele eingerichtet. – Charakter. für A. ist die Zwiespältigkeit seiner Wesenszüge, insofern er einerseits heilbringend u. übelabwehrend, andererseits auch unheilbringend war. So überzog er das griech. Lager vor Troia mit der Pest u. lenkte den tödl. Pfeil des Paris auf die verletzl. Ferse des ↗Achilleus, brachte die Söhne der ↗Niobe um oder ließ den ↗Marsyas, der einen musikal. Wettbewerb gg. ihn verlor, an einem Baume aufhängen u. enthäuten. Andererseits war er der Gott des Ackerbaus u. der Herden, zu dem die Bauern ihre Zuflucht nahmen, Sühne- u. Heilgott (↗Asklepios), Torwächter, Hüter v. Recht u. Ordnung u., in zunehmendem Maße, Gott der Künste, vor allem der Musik, u. Wissenschaften u. wurde als *Phoibos* mit Helios gleichgesetzt. Seine bedeutendste Rolle aber spielte er, über Griechenl. hinaus, als Herr mehrerer Orakelstätten, an erster Stelle Delphoi u. Delos, die ein einigendes Band unter den Hellenen bildeten u. somit auch polit. v. erhebl. Wirksamkeit waren.

Von den Römern wurde A. schon im frühen 5. Jh. v. Chr. übernommen. Hier brachte man ihn mit der Sibylle v. Cumae in Verbindung u. verehrte ihn vorzugsweise als Gott der Heilkunst. 433 v. Chr. wurde ihm im Zshg. mit einer Pest ein Tempel gelobt. Einen bes. aufwendigen Tempel ließ ihm Augustus bald nach der Schlacht bei Aktium (31 v. Chr.) auf dem Palatin errichten; überdies wurde A. zum bes. Gegenstand der Verehrung durch die kaiserl. Familie. – Die Antike schuf zahlr. A.-Darstellungen. Im 6. Jh. v. Chr. erscheint er noch als bärtiger Gott, später als Idealbild männl. Schönheit in Gestalt des nackten Jünglings, aber auch als Kitharaspieler. – A. war auch die Interpretatio Romana kelt. ↗Heilgötter.

Apollonia ↗Delios.

Apollonios Rhodios, *Apollonios v. Rhodos,* griech. Gelehrter u. Dichter des 3. Jh. v. Chr.; er stammte wahrscheinl. aus Alexandrien, wo er an der berühmten alexandrin. Bibliothek tätig war. Um 245 v. Chr. begab er sich nach dem Regierungswechsel in Alexandrien nach Rhodos, daher sein Beiname „Rhodios". Sein Hauptwerk ist das vierbändige Epos ↗Argonautika, das die Fahrt der Argonauten nach Kolchis u. ihre Heimkehr schildert; es stellt die erste geschlossene Darstellung dieses Stoffes dar, wobei die homerische Formelsprache weitgehend überwunden ist. Die Nachwirkung in der Lit., z. B. bei Vergil, war bedeutend.

Apollyon, griech. *Abaddon,* hebrä. „der Verderber", nach der Bibelstelle in Johannes' Offenbarung 9,11 „der Engel des Abgrundes", ein Kg. der Unterwelt.

Apologia Sokratus ↗Sokrates.

Apotheose, griech., Vergöttlichung, ein Mensch erhielt die Würde eines Gottes oder Halbgottes (Heros = „Held"). Es gehörte zum myth. Herrscherbild, ein „Sohn des Himmels" zu sein u. nach dem Tode zu den Überirdischen zurückzukehren. ↗Alexander d. Gr. wurde in Ägypten als Sohn des Sonnengottes Ammon verehrt, ↗Caesar wurde nach seinem Tod ebenfalls „Herr u. Gott".

apotropäisch, mit abwehrender Kraft; vgl. ↗Abwehrzauber u. ↗Gorgoneion.

Appiaden, in der röm. Mythologie Sammelname für die fünf Götter Concordia, Minerva, Pax, Venus u. Vesta, für die in der Nähe der Via Appia ein Tempel err. wurde.

Apsyrtos, Bruder der Medeia in der griech. Sage um die ⁊Argonauten.

Apuleius, *Lucius*, röm. Schrifsteller aus Madaura in Nordafrika, * um 124 n. Chr., † um 180; schrieb in lat. Sprache neben philosoph. Schriften den Roman *Die Metamorphosen*, die Geschichte eines in einen Esel Verwandelten (⁊Asinus aureus; darin neben anderen Episoden auch das Märchen v. *Amor und* ⁊*Psyche*).

Aquilo, die röm. Entsprechung des ⁊Boreas, des griech. Nordwindes.

Ara (zu lat. „erheben"), Bz. für den Altar, Opfertisch.

Ara Pacis Augustae ⁊Pax.

Aratos v. Soloi, *Aratus*, griech. Dichter des 3. Jh. v. Chr., der in seinen „Phainomena" (Erscheinungen [des Himmels]), einem in der Antike u. im MA sehr populären Lehrgedicht, den Himmel mit überreichem mytholog. Wissen bevölkerte (⁊Dike); sein Preislied auf den Weltgott Zeus ist berühmt geworden.

Arbeiten des Herakles, *Taten des Herkules,* ⁊Herakles.

Archeloos, Sohn des ⁊Antenor u. der Theano; teilte sich mit Aeneas u. Akamas die Führung der troian. Streitkräfte im Krieg um Troia.

Archemoros, vgl. ⁊Opheltes.

Archetypen ⁊Jung.

Archetypisierung, Steigerung eines hist. Ereignisses ins Heroisch-Mythische, angenommene Entwicklung der german. ⁊Heldensage aus dem ⁊Heroenkult; Sigfrids Drachenkampf als Symbol für die Schlacht im Teutoburger Wald (O. Höfler) mit einer bes. ⁊Hirsch-Symbolik; vgl. dagegen die ⁊Entmythisierung.

Arduinna, der Diana vergleichbare kelt. Jagdgöttin, die im Gebiet der Ardennen verehrt wurde.

Areion, ein Zauberpferd, das sogar sprechen konnte; er galt als Sohn des Poseidon u. der Demeter. A. rettete dem ⁊Adrastos 1) vor Theben das Leben.

Arene, Mutter des ⁊Idas 1) u. des ⁊Lynkeus 2).

Areopag (griech. = Hügel des Ares), Hügel in Athen, auf dem im Alt. der nach ihm ben. Adelsrat tagte. Dieser war urspr. Zentralbehörde des Staates u. Staatsgerichtshofs, seit 462/461 v. Chr. nur Blutgerichtsbarkeit (Todesurteile). – Der Sage nach soll ⁊Ares der erste gewesen sein, der auf dem A. wegen des Mordes an ⁊Halirrhothios vor Gericht stand.

Ares, aus Thrakien übernommener, allg. griech. Kriegsgott, v. den Römern dem ⁊Mars gleichgesetzt, der jedoch eine weitaus größere Bedeutung hatte. Er war der Sohn des Zeus u. der Hera u. galt als Personifikation der wilden, ungezügelten Kampfesleidenschaft, weshalb sein Name bei Homer auch für Kampf, Totschlag oder Krieg schlechthin steht. Obwohl er zu den

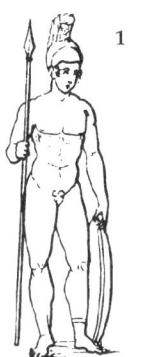

1 Ares: griech .Kriegsgott
2 Ares mit einer Leiter zum Sturm auf die Mauern einer belagerten Stadt

12 großen olymp. Göttern zählte, war sein Kult in Griechenl. nur wenig verbreitet, am bekanntesten wohl auf dem Areshügel in Athen (⁊Aeropag). A. galt als der Geliebte der Aphrodite, eine Verbindung, aus der u. a. ⁊Harmonia hervorging, zeugte aber auch mit anderen Frauen zahlr. Kinder (z. B. Panik), die ihn im Kampf begleiteten, oft auf den schnellen Rossen Aithon, Konobos, Phlogios u. Phobos. In der bildenden Kunst stellte man ihn zunächst als älteren Krieger mit Bart dar, später als kräftigen jungen Mann. Sein Gefährte war ⁊Enyalios.

Aresinsel ⁊Dia 2).

Arethusa, griech. Nymphe, Begleiterin der Artemis. Als sie sich dem Flußgott ⁊Alpheios, der sie verfolgte, zu entziehen versuchte, verwandelte Artemis sie in eine Quelle auf der Insel Ortygia in der Nähe v. Syrakus.

Arges, einer der ⁊Kyklopen; Bruder v. ⁊Brontes u. ⁊Steropes.

Argiope, eine griech. Nymphe, Frau des ⁊Philammon.

Argiver, griech. *Argeioi,* die Bewohner v. Argos u. der Argolis; bei Homer Bz. für alle Griechen. – ⁊Inachos.

Argo, das Schiff, mit dem die griech. ⁊Argonauten nach Kolchis fuhren, um das ⁊Goldene Vlies zu holen; es handelte sich der Sage nach um ein v. Argos, viell. dem Sohn des Phrixos, erbautes Langschiff mit 50 Rudern, dessen Bug Athena (nach anderer Version Hera) ein Stück

Holz aus der Dodona-Eiche einsetzte, das sprechen konnte. Später wurde dieses Schiff als Sternbild an den Himmel versetzt.

Argonauten, Bz. für jene Griechen, die unter Leitung v. ↗Iason mit dem Schiff ↗Argo v. Iolkos nach Kolchis fuhren, um in Aia das ↗Goldene Vlies an sich zu bringen. Beteiligt waren an diesem Unternehmen vor allem die Helden, die schon an der Kalydon. Jagd teilgenommen hatten. Sie sind in dem Werk ↗*Argonautika* des ↗Apollonios Rhodios aufgezählt, der auch die Reise als solche detailliert schildert; neben seiner Teilnehmerliste gibt es jedoch auch noch andere, abweichende Listen. Nach zahlr. Abenteuern erreichten die Griechen ihr Ziel, u. als Iason v. Kg. Aietes das Goldene Vlies forderte, knüpfte dieser an die Herausgabe mehrere schwere Bedingungen: Iason sollte ein Feld mit feuerspeienden Stieren pflügen, Drachenzähne, die Aietes besaß, in die Furchen streuen u. mit den daraus erwachsenden Kriegern kämpfen. Mit Hilfe der Aietes-Tochter ↗Medea, die sich in ihn verliebt hatte u. eine berühmte Zauberin war, gelang es Iason, die gestellten Aufgaben zu lösen: eine Salbe der Medea schützte ihn gg.

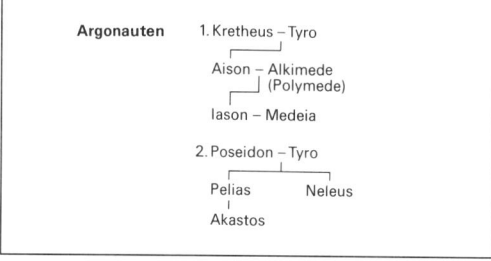

den Feueratem der Stiere, u. unter die aus den Drachenzähnen erwachsenden Krieger warf er einen Stein, so daß sie aufeinander losgingen u. Iason sie einzeln töten konnte. Als Aietes sich auch dann noch weigerte, das Vlies herauszugeben, schläferte Medea den Drachen, der es bewachte, ein, so daß Iason es rauben konnte. Danach ergriffen die A. mit Medea u. deren Bruder Apsyrtos die Flucht. Unterwegs tötete u. zerstückelte Medea ihren Bruder u. warf die Leichenteile ins Meer, um den Aietes bei der Verfolgung aufzuhalten. Die Helden kehrten auf zahlr. Umwegen u. nach vielen erneuten Abenteuern (↗Phineus 1) schließl. nach Iolkos zurück. – Die Geschichte v. den A. erwuchs möglicherweise aus den Pontusfahrten der Milesier (↗Miletos), könnte also mit der griech. Kolonisation des 7. Jh. v.Chr. in Zshg. stehen; sie

Argonauten: *Darstellung auf dem sog. Argonauten-Krater (um 460 v.Chr.)*

wurde durch zahlr. märchen- u. sagenhafte Elemente verschiedenster Typik bereichert, die nach u. nach mit dem hist. Kern zu einer Einheit zusammenwuchsen. Der Zug der A. wurde zu einem beliebten Stoff der Weltliteratur.

Argonautica, lat. Epos des Valerius Flaccus, um 70 n.Chr. Der alte Sagenstoff der ↗Argonauten wurde in klass.-röm. Denken umgesetzt. Für das MA galt Valerius als wichtige Autorität (sog. „kanonischer Autor“); er vermittelte Sagenstoffe an die Renaissance (Druck der A. 1474 in Bologna) u. überlieferte auch sonst relativ unbekannte Stoffe an die Nachwelt (↗Alcon v. Kreta).

Argonautika, griech. Epos des ↗Apollonios Rhodios (um 295 – 215 v.Chr.), griff die Sage v. den ↗Argonauten auf u. gestaltete sie, zum ersten Mal seit der homerischen Zeit, zu einem Großwerk des Hellenismus. Auf ihn berief sich dann rund 300 Jahre später der Römer Valerius Flaccus (↗Argonautica). Die hellenist. A. blieb noch ganz im oft verspielten Bereich myth. Darstellung u. erging sich manchmal in märchenhaften Spekulationen.

Argos, 1) in der griech. Sage Kg. der nach ihm ben. Herrschaft Argos; Sohn des Zeus u. der Niobe; er war der erste Sohn des Zeus v. einer Sterblichen. A. führte während seiner langen Regierungszeit sein Reich zu einer wirtschaftl. u. kulturellen Blüte. – **2)** ältester Sohn des Phrixos u. der Chalkiope. Er verließ den Hof seines Großvaters Aietes, erlitt jedoch unterwegs Schiffbruch u. wurde v. den Argonauten gerettet. A. versuchte Aietes zu überreden, Iason das Goldene Vlies zu übergeben.

Argos Panoptes, *Argus,* ein vieläugiger griech. Riese v. großer Scharfsichtigkeit (daher *Argusauge*). Er erschlug ↗Echidna u. einen Stier, der Arkadien verwüstete; schließl. bekam er v. Hera den Auftrag, die in eine schöne Kuh verwandelte ↗Io zu bewachen, doch gelang es Hermes, A. P. einzuschläfern u. ihn zu töten. – ↗Pfau.

Ariadne, *Ariane, Aridela,* urspr. minoische Göttin, vermutl. eine Vegetationsgöttin, die auf den Ägäischen Inseln verehrt wurde. Im griech. Mythos Tochter des ↗Minos v. Kreta u. seiner Gemahlin ↗Pasiphaë. Sie half ↗Theseus, den sie liebte, mit einem Wollknäuel *(Ariadnefaden),* den Rückweg aus dem Labyrinth zu finden, in dem dieser den ↗Minotauros getötet hatte. Danach flüchteten die beiden, doch ließ Theseus A. auf der Insel Naxos allein zurück. Hier heiratete sie den Dionysos, dem sie mehrere Kinder gebar. Nach ihrem Tode führte Dionysos sie in den Olymp u. setzte den Kranz, den ↗Hephaistos ihr zu ihrer Hochzeit geschenkt hatte, als Stern (Nördl. Krone) an den Himmel. – Das Ariadne-Thema ist häufig in der bildenden Kunst (A. Feuerbach), Dichtung u. Musik (Oper v. R. Strauss) behandelt. In der älteren Zeit stand die Minotauros-Geschichte dabei im Vordergrund, später die v. Theseus verlassene A.

Arianer. Bedeutende german. Stämme (Langobarden, Westgoten) waren Anhänger des christl. Glaubens in der Richtung des ↗Arius, der im Ggs. zu den orthodoxen Christen (Athanasius) die Wesensähnlichkeit Christi mit Gottvater predigte. Diese Sicht des christl. Glaubens wurde offenbar bes. bei den ostgerman. Volksstämmen populär (vgl. ↗Germanen). Athanasius' Dogma v. der Wesensgleichheit setzte sich dagegen durch u. zwang diese german. Stämme auch in eine polit. Opposition zu Rom bzw. Byzanz/Konstantinopel (↗Konstantin I.). Ein Konzil zu Konstantinopel im Jahre 381 verdammte nochmals die „Irrlehre" der A. – Man hat vermutet, daß mit der Vorstellung v. Wesensähnlichkeit auch ein direkteres, persönl. Verhältnis zu dem „menschl. Helden" Christus mögl. war u. synkretist. Vorstellungen (Mischformen mit dem Heidentum) förderte. Auf einem Silberkruzifix v. Trondheim in Norwegen aus dem 11. Jh. trägt die Christusfigur deutl. einen Schnurrbart u. reiches Haupthaar: dem Aussehen nach ganz ein Wikinger!

Ariel, dichter. erfundener, menschenfreundl. Luftgeist in dem Schauspiel „Der Sturm" v. W. Shakespeare (The tempest, 1611); danach auch in Goethes „Faust". – Im Alten Testament Benennung für den „Herd Gottes" (Altar) u. damit dichter. Bz. für Jerusalem.

Arimasper (Mz.), nach Herodot ein einäugig. Reitervolk aus Skythien, das viel Gold besaß. „Gegen Norden zu hat Europa, wie bekannt ist, viel Gold; wie es aber gewonnen wird, kann ich auch nicht mit Gewißheit sagen. Man behauptet, die A., welches einäugige Leute sein sollen, würden es den Greifen wegnehmen" (Herodot, „Historien", 5. Jh. v. Chr.). – ↗Greif.

Arion, griech. Lyriker u. Musiker aus Methymna auf Lesbos, 7./6. Jh. v. Chr.; er verfaßte als erster Dithyramben, die eine Vorstufe der Tragödie darstellten, u. soll auch hervorragend Kithara gespielt haben. Von seinen Werken ist nichts erhalten. Bei Herodot wird erzählt, auf einer Kunstreise nach It. u. Sizilien sei er v. den Seeleuten über Bord geworfen, aber v. einem ↗Delphin gerettet worden.

arisch, umstrittene Bz. für angebl. indo-german. Gemeinsamkeiten, die man im rel. Bereich vor allem bei den ↗Sonnenmythen vermutet hat.

Aristaios, Sohn des griech. Apollon u. der Nymphe ↗Kyrene, Beschützer der Bienenzüchter. Er wurde v. den Horen mit Nektar u. Ambrosia aufgezogen u. dadurch unsterblich. Nach anderer Version war Cheiron sein Ziehvater. Als er ↗Eurydike 1) verfolgte u. diese auf der Flucht vor ihm v. einer Schlange einen tödlichen Biß erlitt, starben ihm alle Bienen. Proteus gab ihm den Rat, im Kadaver eines getöteten Ochsen

Ariadne: Entführung der Ariadne

Ariadne

Minos – Pasiphaë

Phaidra – Theseus

Ariadne – Dionysos

Thoas
Staphylos
Oinopion
Peparethos*

*gelegentlich nennt die
Überlieferung statt
Dionysos den Theseus
als Vater der Kinder
von Ariadne

neue Schwärme zu züchten, ausgehend v. der Vorstellung, daß Insekten aller Art in Kadavern v. selbst entstehen könnten (Bugonie).

Aristodemos, ein Heraklide, Vater des ↗Prokles.

Aristomachos, Vater des ↗Temenos 1).

Aristophanes, griech. Dichter, * um 445, † um 384 v. Chr.; der bedeutendste Vertreter der alten attischen Komödie, in der er bei hoher Sprachkultur scharfe Zeitkritik aus aristokrat.-traditionalist. Gesinnung übt. Von seinen in der alexandrin. Bibliothek gen. 44 Dramen (bei einigen ist die Echtheit umstritten) sind uns nur 11 erhalten.

Arius, griech. Theologe, um 260–336; er sah in dem Problem vom Verhältnis zw. Gottvater u. Sohn Christus als Geschöpf des Vaters, vom Vater aus dem Nichts erschaffen. Das Konzil von Nicäa verdammte 325 A.' Lehre, die vor allem im Orient u. Ägypten Anhänger hatte. Dagegen wurde das Dogma der Trinität verkündet. Die Lehre des A. hielt sich bei den christl. gewordenen Ostgoten unter Wulfila u. bei den Langobarden bis in das 7. Jh. (↗Arianer).

Arkadien, griech. Bergland im mittleren Peloponnes, der Sage nach ben. nach Kg. ↗Arkas, einem Sohn des Zeus u. der Kallisto. A. war Ort vieler alter Kulte u. Schauplatz des Lebens u. Wirkens bedeutender Götter u. Heroen. Auch Herakles bestand hier einige seiner Abenteuer. – Bereits v. den Dichtern der Antike wurde A. als klass. Landschaft v. zufriedenen Hirten u. einfachen Menschen gefeiert. In der Schäferdichtung wurde A. synonym mit einem glücklichen Leben. Noch Goethe lobte dieses Ideal in seinem „Faust“ als „arkadisch freies Glück“. – Der Spanier Lope de Vega nannte einen Schäferroman „Arcadia“ (1598).

Arkas, griech. Kg. der Arkader, Sohn des Zeus u. der ↗Kallisto; er wurde v. Zeus aus dem Schoß seiner toten Mutter errettet (nach anderer Version wurde Kallisto in eine Bärin verwandelt) u. v. ↗Maia aufgezogen. Diese brachte ihn an den Hof seines Großvaters Lykaon, der ihn tötete u. Zeus als Mahlzeit vorsetzte. Zeus erweckte ihn jedoch zu neuem Leben. A. lehrte die Arkader Ackerbau, Weberei, Brotbrechen u. ä. u. trug viel zur Zivilisierung u. Kultivierung seines Volkes bei. Nach seinem Tode wurde er als Kleiner Bär unter die Sterne versetzt, während seine Mutter zum Sternbild des Großen Bären wurde.

Arkona, Insel Rügen, mit steilen Kreidefelsen über die Ostsee. Hier stand eine Burg der slaw. Rugini u. ein Heiligtum der slaw. Ranen u. des viergesichtigen Gottes *Swantewit* (1168 zerstört v. dän. Eroberern unter Kg. Waldemar I. und Bischof Absalon v. Roskilde). „Ein hohes Dach, von breiten Pfeilern getragen, umschloß das Heiligtum, welches aus vier Balken bestand, die mit Teppichen umspannt waren, in deren Mitte sich das riesige, hölzerne Bild des vierköpfigen Swantewit erhob. Die Burg selbst war die Wohnung des Oberpriesters, der anderen Götzenpriester, des heiligen weißen Rosses und der Besatzung, welche wohl stark genug sein mochte …“ (W. Vollmer – H. Kern, 1851). – „Von denen alten heydnischen Wenden lieset man, daß sie sehr viel von ihrem Götzen Zwantewith gehalten, welcher auf der Insul Rügen in der vor Zeiten berühmten Stadt Arcona einen köstlichen Tempel gehabt, welcher weit und breit vor vielen unter die Heyden geehret ward“ (J. Hellmann, Kirchen-Historie, 1735).

Armagh, ir. Bischofssitz des Patricius, 832 durch die Wikinger erobert. Ganz in der Nähe von A. befand sich der Königssitz v. Ulster, ↗Conchobors Palast von Emain Macha.

Armilustrium, röm. Fest, das dem Mars gewidmet war; es wurde am 19. Okt. gefeiert u. hatte nach den jeweils vorangegangenen Kriegszügen bes. die rituelle Reinigung der Waffen unter Leitung der ↗Salier zum Inhalt.

Arminius, *Armin,* fälschl. *Hermann,* Fürst der germanischen Cherusker, um 16 v. Chr. bis 19 oder 21 n. Chr.; verheiratet mit Thusnelda, einer Tochter des römerfreundl. Cheruskerfürsten Segestes. Zuerst in röm. Diensten, wurde er mit dem röm. Bürgerrecht u. der Würde eines Ritters ausgezeichnet, schürte dann aber die Erhebung der Germanen u. schlug 9 n. Chr. ein großes röm. Heer unter Varus im Teutoburger Wald. Von Tacitus in den „Annalen“ beschrieben, als „Befreier Germaniens“ gefeiert, in der frühen dichterischen Sagenbildung möglicherweise über die Hirsch-Symbolik mit ↗Sigfrid verbunden. Seit der Renaissance oft in der dt. Lit. behandelt (U. v. Hutten, „Arminius“, 1529, bis zu Kleists „Hermannsschlacht“, 1808, gegen Napoleon gerichtet).

Arnaios ↗Iros.

Aros ↗Uppsala.

Arsinoë, Frau des ↗Alkmaion u. Sklavin des ↗Agapenor.

Arsippe ↗Leukippe.

Art, neben ↗Conle ein Sohn des ir. Kg. ↗Conn; er fiel in der Schlacht von ↗Mag Mucrama, 195 n. Chr.; Vater des ir. Kg. ↗Cormac.

Artaios, ein kelt. Bärengott, von den Römern dem Merkur gleichgesetzt.

Artemis, im griech. Mythos die populärste aller Göttinnen, Tochter des Zeus u. der Leto, Schwester des Apollon. Die Herkunft ihres Namens ist ungeklärt. An erster Stelle jungfräul. Jagdgöttin, vereinigte sie nach u. nach vielerlei v. anderen lokalen Gottheiten auf sie übertragene Wesenszüge, die ihr urspr. nicht eigen waren. Begleitet v. den Nymphen, zog sie der Sage nach mit Pfeil u. Bogen durch Wälder u. Auen u. galt als Patronin der Jäger u. Herrin der Tiere (vgl. ↗Herr der Tiere). Wer sie beleidigte, wurde v. ihr hart bestraft. So tötete sie die Töchter der ↗Niobe u. die ↗Aloaden, die den Olymp stürmen wollten, den ↗Aktaion, weil er sie nackt im Bade sah, Orion, der sie im Diskuswerfen herausforderte oder einer ihrer Jägerinnen, viell. auch ihr selbst, nachstellte. Neben vielen anderen Beispielen ist bes. auf das des ↗Agamemnon zu verweisen, der sie gekränkt hatte u. v. dem sie die Opferung seiner Tochter ↗Iphigeneia verlangte. Auf der einen Seite Verderben bringend, beschützte sie andererseits das Leben. So stand sie als A. Eileithyia den Gebärenden bei u. verhalf ihnen zu einer schmerzlosen Niederkunft. Starben Frauen im Wochenbett, so glaubte man, sie seien v. einem Pfeil der A. getroffen worden, opferte ihr aber andererseits die Kleider der Toten. Brautleute u. bes. die jungen Mädchen erflehten ihren Schutz, indem sie ihr vor der Hochzeit Opfer darbrachten.

Auch als Vegetations- u. Fruchtbarkeitsgöttin tritt A. in der Sage in Erscheinung. Im Zshg. mit dem Baumkult hängte man ihr Bild in Bäume u. Sträucher auf. Die zu ihren Ehren v. Jünglingen

Artemis: sog. „Diana" von Ephesos (Marmor; Gesicht, Hände u. Füße Bronze). Hier ist A. nicht als Jagdgöttin, sondern als Vegetationsgottheit dargestellt.

Artemis: die Herrin der Tiere mit zwei Hirschkühen

u. Mädchen aufgeführten Maskentänze (vielfach Bärenmasken) mit teilweise phall. Charakter deuten auf sie als Vegetationsgottheit hin, ebenso ihre gelegentl. Darstellung als Kultbild mit vielen brustähnl. Gebilden (sog. „Diana" von Ephesos). In Kleinasien war ihre kult. Verehrung im wesentl. der der *Großen Mutter* gleich (vgl. ↗Broteas 1). In einer relativ späten Phase erfolgte ihre Verschmelzung mit der Mondgöttin ↗Selene, als die sie Nacht für Nacht ihren Geliebten Endymion besuchte. – Im Troian.

Artemis als Mondgöttin

Krieg spielte sie laut Ilias eine wenig ruhmreiche Rolle u. floh schließl. zu ihrem Vater Zeus. – In der Kunst wurde A. sehr häufig dargestellt, u. zwar in verschiedenen Funktionen, insbes. aber mit Pfeil u. Köcher. – In den frühen Missionsjahren des Christentums in *Ephesos* unter dem hl. Paulus (um 54 n. Chr.) entfesselten die dortigen Silberschmiede einen Aufstand gg. diesen neuen Glauben, der ihre wichtigste Einnahmequelle bedrohte: Verkauf v. Devotionalien (Opfergaben) vor dem A.-Tempel. Dieser Tempel hatte große Tradition u. war der erste, der im 6. Jh. v. Chr. mit einer Bauzeit v. etwa 120 Jahren (?) vollständig aus Marmor err. worden war u. damit zu einem der ↗„Sieben Weltwunder" zählte („Groß ist die Diana der Epheser"). – ↗Britomartis. – Die „brustähnl. Gebilde" der A. v. Ephesos werden in der neueren Forschung auch als „Stierhoden" identifiziert (?). Damit wären dann weibl. Gottheit u. männl. Symbolik kombiniert.

Arthur ↗Artus. Auch in der jüngeren engl. Geschichte spielte Kg. A. eine große Rolle, heroisiert in seinem Kampf gg. die heidn. Sachsen in England [Angelsachsen]. So verschmolz John Dryden in seiner Oper „King A." (erfolgreich in der Vertonung v. H. Purcell, 1691) mytholog. u. patriot. Motive zu einer „hymn. Liebeserklärung an England" (E. Stein).

Artio, kelt. Jagdgöttin, in der Interpretatio Romana der ↗Diana gleichgesetzt. Sie wurde

Artio, kelt. Bronzestatuette der Bärengöttin Artio; Höhe der Plastik 21 cm (Bern, Historisches Museum; Nachzeichnung)

offenbar als Bärengöttin im Nordosten Galliens verehrt. Berühmt ist ihre Bronzestatue v. Muri (bei Bern), die sie sitzend mit einer Schale u. mit Blumen u. Früchten in den Händen zeigt. Ihr zugewandt ist ein Bär vor einem Baum.

Artus, *Arthur,* Gestalt eines bedeutenden Sagenkreises mit einer Fülle v. Dichtungen europ. Auswirkung. Die Herkunft der Einzelzüge ist oft nicht bestimmbar, doch ist mit Sicherheit kelt. Erzählgut mit im Spiele, wobei man vor allem an kelt. Fabeln u. Märchen zu denken hat. Den hist. Ausgangspunkt bildet vermutl. der allerdings nur schwer faßbare britann. Kg. Arthur, der nach der „Historia Britonum" des kelt. Geschichtsschreibers ↗Nennius (das Werk stammt aus dem frühen 9. Jh. u. stützt sich auf ältere Vorlagen) um 500 regierte u. sein Volk gg. die eindringenden Sachsen erfolgr. verteidigte. In zeitl. folgenden Quellen wird A. nicht erwähnt, in den „Annales Cambriae" des 10. Jh. taucht er dagegen wieder auf, wobei berichtet wird, er habe 537 in einer Schlacht gg. die Angelsachsen den Tod gefunden. War A. zunächst eine kelt. Lokalgestalt, so erhob ihn ↗Geoffrey von Monmouth, ein walis. Geschichtsschreiber, in seiner „Historia regum Britanniae" (zw. nach 1130 u. vor 1140; frz. bearbeitet 1155 v. dem Normannen Wace) zu einer weltgeschichtl. Persönlichkeit, einem Kriegs- u. Friedensfürsten, bei Wace v. den Helden der ↗Tafelrunde umgeben. Die Sage ist verbunden mit Stoffen der kelt. Welt. Im Kampf gg. seinen Neffen Mordred wurden beide tödl. verwundet u. A. auf die Feeninsel Avalon entrückt, woran der Glaube der Kelten, er werde eines Tages wiederkommen, anknüpfte (vgl. ↗Bergentrückung). Der Stoff fand zunehmend mehr Bearbeiter u. nahm urspr. selbständige Sagen in sich auf, z. B. die Geschichte vom ↗Gral.

Der eigentl. Begr. der frz. Artusromane, die es zu bes. Brühmtheit brachten, war ↗Chrétien de Troyes, bei dem u. bei dessen Nachfolgern A. zum Vorbild des Rittertums mit allen seinen Tugenden schlechthin wurde. In Dtl. beruhen die wichtigsten höf. Dichtungen auf der A.-Sage, z. B. Werke v. Hartmann v. Aue („Erec", „Iwein") u. Wolfram v. Eschenbach („Parzival", „Titurel"). Auch hier ist A. das große eth. Leit-

bild, das passive Zentrum eines Kreises v. Rittern (Iwein, Erec, Gawein, Lanzelot, Parzival), die als Haupthelden der Romane ihre Taten vollbringen. Gleichzeitig, aber auch nach den großen mhd. Dichtern entstand die sog. *niedere Artusdichtung,* die bis an die Neuzeit heranreichte. Der Artusstoff, jetzt häufig zur Prosadichtung geworden, fand, dem Lesergeschmack u. -interesse entgegenkommend, eine oft bis ins Abenteuerl. gehende Ausschmückung. In Dtl. ging die Artusgeschichte in die Volksbücher ein. Bes. wichtig für die spätere Artusdichtung wurde das altfrz. fünfteilige Werk „Grand Saint Graal" (um 1225), Vorbild für den dt. Prosaroman v. Lanzelot (wohl kurz vor 1250) u. den engl. Prosaroman v. Thomas Malory „Morte d'Arthur". Auch in neuerer Zeit ist der Artusstoff verschiedentl. wieder aufgenommen worden, u.a. v. R. Wagner u. J. Cocteau, doch war ihm ein wirkl. durchgreifender Erfolg nicht beschieden. – ↗Arthur, ↗Artusepik.

Artusepik, jene Epik, die ↗Artus zum Gegenstand hat. Bereits v. dem frz. Schriftsteller Jean Bodel um 1200 als „matière de Bretagne" bezeichnet, also im Ggs. zum antiken Epos u. den nationalen Heldensagen in einer Welt der Phantasie spielend. Als höf. Epos dann v. ↗Chrétien de Troyes in eine idealisierte Ritterwelt überhöht. – Die älteste Form des Artusstoffes ist aus dem ir. Märchen von ↗Kulhwch und Olwen, aus der Slg. ↗Mabinogion, überliefert.

Artusepik

„[Für die hochhöf. mhd. Lit. um 1200] bedeutet Artus etwas Zentrales. Mit Artus und seiner Tafelrunde mündet ein breiter Strom kelt.-britann. Sagendichtung in die europäische Lit. ein … [Aber das bedeutet nicht nur einen Zuwachs in der Stoff- u. Motivgeschichte.] Diesen Artus u. diese Artuswelt, die uns etwas angeht, recht eig. geschaffen zu haben ist das Werk v. Chrestien von Troyes. Und es ist die kongeniale Leistung Hartmanns von Aue, die frz.-höf. Artuswelt dem Deutschen erschlossen zu haben … [Die Artuswelt] ist eine unwirkl. Märchenwelt. Mit den seltsamen kelt. Namen verband sich von vornherein keine bestimmte Vorstellung, sie eröffnet die Möglichkeit beliebiger phantast. Erfindungen."

(Helmut de Boor, 1953)

Aruns Tarquinius ↗Tullia.

Arvakr, ein Roß, dessen altnord. Name „Morgenwache" bedeutet; zog zus. mit ↗Alsvidr den Sonnenwagen.

Arvalbrüder, die ↗Fratres Arvales.

Asa, 1) u.a. Beiname Thors als einem der obersten altnord. Götter, der ↗Asen. – **2)** sagenhafte norweg. Königin, deren Schiffsgrab offenbar das ↗Oseberg-Schiff (Asa-Hügel) darstellt.

Ascanius, der Sage nach ein Sohn des Aeneas u. der Kreüsa, der seinem Vater nach dem Untergang Troias nach It. folgte; er nahm hier den Namen Iulus an, besiegte die Etrusker u. gründete ↗Alba Longa. Seine Nachkommen regierten über 400 Jahre bis zu ↗Numitor. – Nach einer anderen Überl. kehrte A. nach Troia zurück u. gründete es neu. – ↗Mezentius.

Aschenputtel, Märchentypenfigur des verkannten, in der Asche am Herd unbeachteten u. unterdrückten Mädchens, das dann unvorhergesehene Taten vollbringt. In der altnord. Sagalit. z.B. ↗Aslaug, die Tochter Sigurds. Auch auf männl. Helden übertragbar, in der dän. Heldensage ↗Uffo, in der altisländ. Saga u.a. Grettir (↗Grettis saga), im norweg. Volksmärchen „Askeladden".

Aschera ↗Astarte.

Asen, altnord. Wort für Götter, Beiname des höchsten Gottes Asa-Thor (↗Thor) u. Vorsilbe bei Personennamen (Astrid). Nach der Snorra Edda wohnten zwölf Asen in ↗Asgard, unter ihnen vor allem Thor, ↗Odin (dt. Wodan, der Kriegsgott), Balder, Freyr und Freyja. Die A. herrschten über die Welt u. die Menschen, waren in ihrer Macht aber begrenzt durch das Schicksal, das nur die ↗Nornen in vollem Umfang kannten. Auch in anderer Hinsicht sind die A. durchaus „vermenschl." Göttergestalten, die ein ird. ↗Alltagsleben führen. Religionsge schichtl. wohl vergöttlichte Ahnen (lat. „anses" in der Gotengeschichte des Jordanes), die auf Island in den ↗Hochsitzpfeilern verehrt wurden (áss = Pfahl, Ballken). Im 13. Jh. mit der angeblichen Ureinwanderung der Götter aus Asien verknüpft; Bildungselement v. Personennamen wie Ansgar-Oskar. Die Götterwelt der krieger. Asen hatte ihren Widerpart in der bäuerlich-mutterrechtlich orientierten Welt der ↗Vanen, u. die myth. Auseinandersetzung beider Welten spiegelt möglicherweise einen uralten Bruch in der rel. Verehrung der skandinav. Bevölkerung (durch kriegerische Eroberer). – Man kann das grundsätzl. vergleichen mit der Auseinandersetzung zw. den Olymp. Göttern u. den ↗Tita-

nen in der sonst ganz andersartigen griech. Mythologie.

Asgard, Götterwohnung, Welt der ↗Asen; in der german. Mythologie meist als Himmel gedacht; durch Bifröst mit dem Reich der Riesen verbunden. In A. besaßen die bedeutendsten Götter jeweils ihren eigenen Bereich mit einem prächtigen Schloß (z.B. Balder in ↗Breidablik). – ↗Einherier.

Asgardreid, wohl eigentl. „der fürchterliche Ritt", im norweg. Volksglauben die ↗Wilde Jagd überirdischer Wesen. Der nächtliche Wanderer ist in Gefahr, mitgerissen zu werden. Norweg. auch als „Jolareid" im Zshg. mit der gefährl. Mittwinterzeit (↗Jul).

Asinarius ↗Esel.

Asinus aureus, lat. der „Goldene Esel", parodist. Roman des Lucius Apuleius, entstanden um 175 n.Chr., auch *Metamorphoses* gen. Es sind Erz. v. einem verliebten jungen Mann, der in einen Esel verwandelt wurde u. daraufhin viele Abenteuer bestehen mußte: Räuber zerrten ihn aus dem Stall, bei syr. Priestern erlebte er ausschweifende Mysterienkulte, bei einem Konditor u. einer Sodomitin fühlte er sich wohl usw. In die Geschichte bis zur Rückverwandlung sind andere Erz. eingebettet, u.a. die v. Amor u. ↗Psyche. – Aus mündl. Überl. einer ungar. Sage, die erst im 20. Jh. (!) aufgezeichnet wurde, kennen wir die christl. umgedeutete Rückverwandlungsmöglichkeit des armen Esels: Bei einer Fronleichnamsprozession fraß er v. den Blumen, die vor das Allerheiligste gestreut worden waren (I. Trencsényi-Waldapfel, Die Töchter der Erinnerung, 1964).

Askeladden, norweg. männl. ↗Aschenputtel.

Asklepieien, Heiligtümer des ↗Asklepios, antike Wallfahrtsorte, verbunden mit Arztschulen u. v. Priesterärzten geleiteten Sanatorien. Bes. berühmte A. befanden sich außer in Epidauros, dem Mittelpunkt des Kultes, in Athen, Rom, Pergamon u. Kos. – Die Behandlung der Asklepiosärzte berücksichtigte stark die psych. Komponenten. Die Patienten wurden zunächst in einen längeren Heilschlaf (Inkubation) im Tempel des Gottes versetzt, u. im Schlaf sollte Asklepios ihnen die richtige Behandlungsmethode verkünden. Dabei spielte die Autosuggestion eine große Rolle, obwohl sich nach u. nach auch andere therapeut. Methoden, wie Sport, Bäder, Fasten, Diät o.ä., entwickelten u. angewandt wurden. So kam es, daß auch wissenschaftl. ausgebildete Ärzte, z.B. die Hippokratesschüler aus Kos, sich vielfach *Asklepiaden* nannten.

Asklepios, griech. Heilgott, v. den Römern unter dem Namen ↗Aesculapius übernommen. – Vermutl. war A. zunächst kein Gott, sondern ein aus Thessalien stammender u. von dem Kentauren Cheiron ausgebildeter Heros, der in dem Rufe stand, ein hervorragender Arzt zu sein. So wird er u.a. bei Homer beschrieben, wo ↗Machaon u. Podaleirios, seine Söhne, ebenfalls als bedeutende Ärzte gen. sind, die an den Kämpfen um Troia teilnahmen. In anderen Quellen heißt es sogar, A. sei v. Zeus durch einen Blitzstrahl getötet worden, weil er Tote zum Leben erweckt habe. – Seit dem 5. Jh. v. Chr. verbreitete

Asklepios auf dem Thron

Asklepios mit Stab und Schlange

sich die Verehrung des A. im ganzen griech. Raum mit Epidauros als Zentrum. Er galt inzw. als Sohn des Apollon u. der ↗Koronis 1) u. damit als Gott, der den alten Heilgott Apollon mehr u. mehr verdrängte. Vielerorts entstanden sog. ↗Asklepieien, u. bei jeder Neugründung wurde die Schlange als Symbol des Gottes in feierl. Prozession an den neuen Platz der Verehrung gebracht. – Die bildl. Darstellungen zeigen A. gewöhnl. mit Schlange u. Stab (*A.-Stab*), umgeben v. seinen der Heilkunst ebenfalls mächtigen Familienmitgliedern, unter denen seine Tochter Hygieia (vgl. dt. Hygiene), die die Gesundheit verkörperte, eine bes. Rolle spielte.

Ask und Embla, das erste Menschenpaar, nach der altnord. Völuspá der Edda von den Göttern Odin, Hönir u. Lodur aus Bäumen erschaffen (Esche und Rebe?).

Aslaug, Ragnar Lodbroks zweite Frau und damit Stammutter der norweg. Könige, eine Tochter von ↗Sigurd Fafnisbani u. ↗Brynhild. Sie hatte eine kümmerliche Jugend bei bäuerl. Pflegeeltern als ↗Aschenputtel unter dem Namen Kraka (d.h. die als „Krähe" Verunstaltete),

wurde durch ihre Klugheit berühmt (↗Kluge Bauerntochter). Wird in der altisländ. Ragnars saga als Teil der Geschichte von den ↗Völsungen besungen.

Asmund, 1) altnord. Sagenheld, der unwissentl. seinen Bruder ↗Hildebrand im Kampf tötete, ein Motiv aus den internationalen Sagenformen vom Kampf gg. den Freund u. Verwandten. – **2)** norweg. Sagenheld; er ließ sich entspr. einem Eid mit seinem toten Blutsbruder Asvid lebendig begraben, wurde später aber im Grabhügel noch lebend angetroffen.

Ásmundar saga kappabana, altnordisch die Saga von Asmund dem Kämpentöter. Eine Fornaldar saga mit reicher märchenhafter Ausschmückung: Verwandtenkampf ↗Asmunds, das verfluchte Schwert des schwed. Kg. ↗Budli, das im Mälarsee versenkt wurde u. mit dem – von Asmund gefunden – dieser seinen Bruder Hildebrand tötete. Beim Tod sprach Hildebrand sein „Sterbelied", das auch über die Namensgleichheit hinaus Elemente der Hildebrandsgeschichte enthält (↗Hildebrandslied). Dort sind es Vater und Sohn, hier zwei Brüder bzw. Halbbrüder. Die Saga bezeugt, daß auch das dt. Hildebrandslied trag. enden mußte.

Äsop ↗Aisopos.

Asopos, in der griech. Mythologie ein Flußgott, der im Bereich mehrerer gleichnamiger Flüsse verehrt wurde u. bes. als boiot. Flußgott v. Bedeutung war. Er besaß zahlr. Töchter, die die Stammütter der bedeutendsten griech. Helden waren, z.B. Ismene, die Großmutter der Io. Als seine Tochter Aigina v. Zeus entführt wurde, verfolgte A. die beiden, wurde aber v. dem Gott mit einem Blitzstrahl v. seinen Versuchen, Aigina zurückzugewinnen, abgehalten.

Asphodelos, im Mittelmeergebiet heimisches Liliengewächs mit weißen, gelbl. oder zart violetten Blütenrispen u. fleischiger, zuckerhaltiger Wurzel. Bei Griechen u. Römern Totenpflanze, daher dem Hades u. der Persephone heilig. Die Wurzeln galten als Speise der Verstorbenen, die man sich gelegentl. (Homer) auch auf A.-Wiesen wandelnd vorstellte. Außerdem galt der A. als Abwehrmittel gg. böse Geister. Die Griechen pflanzten ihn vielfach auf die Gräber der Toten, in diesem Falle als Zeichen der Trauer.

Astakos v. Theben, Vater des ↗Leades u. des ↗Melanippos 1).

Astarte, babylon. *Ištar*, phoinik. Himmels- u. Fruchtbarkeitsgöttin, die auch in Kanaan, Moab, Ägypten, in phoinik. Kolonien u. zeitweise in Israel verehrt wurde. Möglicherweise geht auf

A. die griech. Aphrodite zurück. – *Astoreth* oder *Aschera* wird mehrfach als Fruchtbarkeitsgöttin im Alten Testament gen., deren Kult auch im alten Israel bekannt war (1. Könige 18,19 und Jeremia 7,18).

Asteria, eine der 50 Töchter des ↗Danaos.

Asterix, *Asterix der Gallier*, wurde v. der Wissenschaft als „Kleinform eines frz. Nationalmythos" bezeichnet. Die Helden, Asterix u. Obelix, wirken zudem wie Parodien auf die klass. Heldenfiguren der Epik, sie verkörpern aber im Grunde die gleichen Sehnsüchte nach Freiheit u. Gerechtigkeit. Hier ist das Erbe des v. der Frz. Revolution geprägten Menschen, der in jedem Schulbuch v. „nos ancêtres les Gaulois" (unsere Vorfahren die Gallier) lesen konnte. Gut u. Böse sind säuberl. getrennt, der (jugendl.) Leser kann sich leicht mit den Helden identifizieren, ja A. verlebendigt den Mythos vom „Unbesiegbaren Helden" (↗Held). – Literarisiert u. vermarktet u. a. als Comic v. R. Goscinny (Texte) u. A. Uderzo (Zeichner, seit 1961).

Asterope, Tochter des ↗Kebren.

Astoreth ↗Astarte.

Astraia, Göttin der Gerechtigkeit, Tochter des Zeus u. der Themis; als eine der ↗Horen gewöhnl. mit ↗Dike gleichgesetzt. – A. verließ die Erde nach dem Goldenen Zeitalter, um Unglück u. Elend der Menschen im Bronzenen u. Eisernen Zeitalter zu entgehen (eine auffällig kultur-

Astraia,
Göttin der Gerechtigkeit

pessimist. Sicht; nach einer anderen Version verließ sie die Erde zu Beginn des Eisernen Zeitalters). Sie wurde als Sternbild Jungfrau (Virgo) an den Himmel versetzt.

Astraios, in der Vorstellung der Griechen Vater der ↗Winde.

Astralmythologie, Bz. der Religionswissenschaft für die Verehrung der Gestirne. Auf einer bestimmten mytholog. Entwicklungsstufe wurden die Himmelskörper (auch Sonne u. Mond) als Götter verstanden, andererseits kommt eine zentrierte Sonnenmythologie wie im altägypt. Heliopolis dem Monotheismus nahe (der Glaube an einen einzigen Schöpfergott). Für die

Herausbildung der Astrologie waren die Vorstellungen der A. wichtig. Seit etwa 1800 versuchte man verstärkt die Bedeutung v. Mythenbildungen aus der A. zu erklären, und auch die Bibel geriet in den Strudel dieses einseitigen Erklärungsmodells. „Die meisten astralmytholog. Arbeiten haben heute nur mehr wissenschaftsgeschichtl. Interesse" (Kurt Schier, 1977).

Astrologie ↗Planeten, vgl. ↗Eratosthenes von Kyrene.

Astyageia, Frau des griech. Kg. ↗Periphas.

Astyanax, Sohn des ↗Hektor u. der ↗Andromache.

Astydameia, möglicherweise die Gattin des griech. ↗Akastos, die sich in ↗Peleus verliebte. – ↗Tlepolemos.

Astyoche, Mutter des ↗Tlepolemos 1).

Astypaleia, Schwester der Europe (↗Phoinix 1).

Asvid, Blutsbruder ↗Asmunds.

Atalanta fugiens, *Die flüchtige Atalanta*, alchemist. Werk v. M. Maier, 1617, mit Kupferstichen v. M. Merian. In Anspielung an ↗Atalante verstand der Alchemist u. Musiktheoretiker Maier A. hier als jungfräul. Quecksilber u. als fugenartige (fuga = Flucht) Melodie. Hippomenes wurde dem Schwefel zugeordnet, das Ganze wurde emblemat. illustriert. Die mytholog. Anspielungen schufen ein labyrinthartiges Geheimbuch, wie es die Barockzeit liebte.

Atalante, in der griech. Sage eine Frauengestalt, über die die Überl. sehr uneinheitl. Aussagen macht. Sie war eine berühmte Jägerin aus Arkadien oder Boiotien, entweder Tochter des ↗Iasos 2) u. der Klymene oder Tochter des Schoineus. A. nahm an der ↗Kalydonischen Jagd teil u. traf als erste den Eber, den ↗Meleagros schließl. erlegte; sie soll auch zum Argonautenzug gehört haben. – Ein Teil der Überl. berichtet, A. sei als Kind ausgesetzt worden, weil ihr Vater sich einen Sohn gewünscht hatte, sie sei aber von einer Bärin gesäugt u. dann v. Jägern aufgezogen worden. Sie war eine sprichwörtl. Männerhasserin, die ihre Jungfräulichkeit aufs heftigste verteidigte. Jeden Freier forderte sie zum Wettlauf heraus u. tötete ihn, wenn er ihr unterlag. Schließl. wurde sie v. Meilanion (nach anderer Version v. ↗Hippomenes) besiegt, der auf Rat der Göttin Aphrodite drei goldene Äpfel aus dem Garten der Hesperiden im Lauf fallen ließ. A. bückte sich nach den Früchten u. war damit überwunden. Aus ihrer Ehe mit Meilanion ging der Sohn ↗Parthenopaios hervor, der später gg. den Willen seiner Mutter, die seinen Tod vorausahnte, als einer der ↗Sieben gegen Theben zog. – A. u. ihr Gatte wurden schließl. in Löwen verwandelt, weil sie sich an heiliger Stätte des Zeus (nach anderer Version der Kybele) geliebt hatten.

Ate, in der griech. Mythologie Bz. für Verblendung, Schuld u. Verderben, meist personifiziert als Tochter des Zeus, der sie im Zorn vom Olymp vertrieben u. auf die Erde geschickt hatte, wo sie fortan Schaden anrichtete.

Atem, A. einhauchen bedeutet Leben geben; u. a. Demeter wurde diese Macht zugeschrieben. – Angebl. „aus dem Mund fließender A." (E. Burger) oder ein mißverstandener Bart im Zshg. mit der mögl. Vorlage – auch die griech. ↗Gorgo wird zuweilen mit Bart dargestellt – sind v. der Erklärung her umstritten. Dieser A. ist das Attribut der apotropä. ↗Maske auf dem holzgeschnitzten Kapitell einer Ecksäule in der norweg. Stabkirche v. *Hurum* aus dem Ende des 12. Jh. – Auch aus der Maske mit den gegenstän-

Atem: Fibel v. Lunde, Norwegen, 5.Jh.

Atem: Kapitell der norweg. Stabkirche v. Hurum

digen, in Konfrontation stehenden Tieren auf der Fibel v. *Lunde* (Norwegen, Museum Bergen) aus dem 5. Jh. „fließen" zwei Ströme aus dem Mund (?). Dort ist ein Vorbild in der spätröm. Darstellung des Neptun (↗Galsted) zu sehen. – Versch. skandinav. Figuren quillt solcher Zierrat aus dem Mund oder erscheint als „Bart"

(↗Maske in Wolfsklemme auf dem Stein v. Lund). Viell. gehen solche Darstellungen letztl. auf den Typus des doppelbärt. Stierkopfs (ein altoriental. Symbol) zurück, welcher das eine Goldhorn v. ↗Gallehus schmückt. – Auch in der langobard. Kunst finden wir diesen „Odin – Wodan, aus dessen Mund der Weltatem entströmte" (R. Kutzli). Ob man aber entspr. bei der Maske v. Hurum bereits scheinbar gesichert v. einem „Kopf im Inspirationsgeschehen" (D. Lindholm) sprechen kann, bleibt zu bezweifeln. – Ähnl. Formen waren in der roman. Kunst verbreitet. – Vgl. ↗Orenda.

Athamas, griech. Kg. v. ↗Orchomenos 1), Sohn des ↗Aiolos 1) u. der Enarete; v. ↗Nephele Vater des ↗Phrixos u. der ↗Helle, v. seiner zweiten Gemahlin, der Kadmos-Tochter ↗Ino, Vater v. ↗Melikertes u. ↗Learchos. Vor den Nachstellungen der Ino, die ihre Stiefmutter beseitigen wollte, rettete Nephele Phrixos u. Helle mit dem goldenen Widder, doch gelangte nur Phrixos zu Aietes nach Kolchis, während Helle unterwegs abstürzte. A. erzog in seinem Palast den der Ino übergebenen Dionysos. Da Hera ihm deshalb zürnte, schlug sie den Kg. mit einem Anfall v. Wahnsinn, in dem er seinen Sohn Learchos tötete. Ino stürzte sich mit Melikertes ins Meer, sie zur Göttin ↗Leukothea erhoben wurde, ihr Sohn zum Meeresgott ↗Palaimon. – ↗Goldenes Vlies, ↗Themisto.

Athen, in der Küstenebene v. Attika gelegene Hauptstadt Griechenl., im Alt. neben Sparta der bedeutendste griech. Stadtstaat *(Athenai)* u. zugleich wichtigste Stätte der griech. Kultur; erlebte den Höhepunkt der Macht u. Kulturleistung unter Perikles (seit ca. 460 v. Chr.). Die Niederlage im Peloponnesischen Krieg (431–404

Athen: Propyläen der Akropolis in Athen (Ostfront)

v.Chr.) brachte den polit. Niedergang. In hellenist. u. röm. Zeit war A. mit seinen Philosophenschulen (Lykeion des Aristoteles, Platon. Akademie) Zentrum griech.-röm. Bildung. Danach sank es zur Provinzstadt herab. – Mittelpunkt des antiken A. war die Akropolis (vgl. ↗Athena) mit ihren zahlr. Tempeln. – A. u. Attika sind zugleich Ort u. Landschaft eines bedeutenden Sagen- u. Mythenschatzes. – ↗Theseus.

Athena, *Athene,* jungfräul. griech. Göttin des Kampfes u. des Sieges, aber auch der Weisheit, Schirmherrin des staatl. Lebens, Patronin der Künste u. Wissenschaft sowie des Handwerks. Dem Mythos nach eine Tochter des Zeus, der seine schwangere Gemahlin ↗Metis verschlang, weil er sich vor einem Enkel fürchtete, der ihm hätte gefährl. werden können. Nach Hesiod entsprang A. dem Haupte ihres Vaters, in nach-hesiod. Tradition in voller Rüstung. Ihr Name läßt sich aus dem Griech. nicht ableiten. Wahrscheinl. handelte es sich urspr. um eine friedl. Haus- u. Palastgöttin der minoischen Zeit, die in der krieger. myken. Zeit zu ihren ältesten Wesenszügen neue hinzugewann, die sie zur bewaffneten Schutzgöttin der Burg u. der Person des Burgherrn samt seines Herrschaftsbereiches werden ließen. In der Ilias erscheint sie als Schutzgöttin der Griechen u. wurde oft mit dem Namen ↗Pallas (= das Mädchen) belegt. Ihr Bild, das ↗Palladion, galt als Unterpfand für den Bestand v. Burgen u. Städten, auch Troias. Erst seine Entwendung ermöglichte es den Gegnern, die Stadt einzunehmen. In einer späteren Phase, als das Königtum in Griechenl. untergegangen war, wurde A. zur Schützerin der Freistädte, ganz bes. Athens, nach dem sie wahrscheinl. auch ihren Namen erhielt, obwohl man sie dort meist nur als „die Göttin" bezeichnete. Das ihr heilige Tier war die *Eule,* der ihr heilige Baum der Ölbaum. Man stellte sie sich allg. als mit dem Schild ↗Aigis ihres Vaters bewehrte Jungfrau vor, die aber nicht v. der wilden, ungezügelten Kampfesleidenschaft des Kriegsgottes ↗Ares beseelt war, sondern für einen geordnet geführten Kampf zur Verteidigung der Heimat eintrat. Dabei unterstützte sie jeweils einzelne Helden in bes. Maße, wie Odysseus, Achilleus, Herakles u.a. Sie nahm an der Gigantomachie (↗Giganten) teil; sie gewann in der Auseinandersetzung mit Poseidon die Herrschaft über Attika, weil die olymp. Götter ihr Geschenk für Athen, den Ölbaum, der Quelle, die Poseidon auf der Akropolis entspringen ließ, vorzogen.

1 Athena: A. in voller Rüstung, wie sie einem Teil der Überlieferung nach dem Haupte ihres Vaters entsprang: Werk vom Westgiebel des Aphaiatempels in Aigina
2 Athena: A. des Myron aus der Athena-Marsyas-Gruppe (um 440 v.Chr.; Marmorkopie des verlorenen Bronze-Originals)
3 Athena: attisches Relief (um 470 v.Chr.)
4 Athena: Eule, das der A. heilige Tier, auf einer antiken Athener Münze

Als Friedensgöttin u. wohl in Ableitung v. der alten Haus- u. Palastgöttin unterwies A. die Menschen als A. *Ergane* in vielen handwerkl. Fähigkeiten, z. B. in der Weberei u. Töpferei. Gelegentl. wurde sie auch mit dem Ackerbau in Verbindung gebracht, u. die Sage berichtet, sie hätte den Menschen nicht nur Spinnrocken u. Webstuhl, sondern auch Pflug u. Rechen gebracht. Als Göttin des inneren Friedens richtete sie in den Städten Gerichtshöfe ein, u. als Göttin der Weisheit wurde sie bes. v. Philosophen u. Dichtern verehrt. Athen wurde damit zu einer Stätte der Weisheit, der man nichts hinzufügen konnte, es war also überflüssig, „Eulen nach Athen zu tragen …“ – Der jungfräul. A. *Parthenos* errichtete man auf der Akropolis v. Athen einen der prächtigsten Tempel, die überhaupt in Griechenl. bestanden. Im Inneren dieses Parthenons befand sich die Goldelfenbeinstatue, die ↗Pheidias v. ihr geschaffen hatte. Vor dem Tempel stand die A. Promachos, die sie als Kämpferin akzentuierte. Zu Ehren der Göttin feierte man jährl. die Kleinen u. alle vier Jahre die Großen ↗Panathenäen, deren Hauptritual auf dem Parthenonfries dargestellt ist. – Der griech. A. entspr. die röm. ↗Minerva. – *Athena Nike*, Tempel auf der Akropolis in Athen, der der Athena als Göttin des Sieges geweiht war. – *Athena Parthenos*, Bz. für die aus Gold u. Elfenbein v. ↗Pheidias geschaffene Statue der A. P., die im Parthenon stand; sie ist durch Beschreibungen u. Nachbildungen annähernd rekonstruierbar (s. Farbtafel S. 148).

ätiologische Sagen, „erklären“ merkwürdige Naturerscheinungen u. ä. mit einem myth. Hintergrund v. Götter- u. Heldentaten der Vergangenheit; die Umwelt wird damit „verstehbar“ und z. B. Ehrfurcht vor der Tradition vermittelbar.

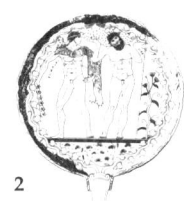

1 **Atlas:** *sog. Atlas Farnese (antike Plastik, jetzt Neapel)*
2 **Atlas:** *Herakles u. Atlas: Darstellung auf einem Spiegel*

Atlakvida, zur ältesten Schicht der ↗Edda gehörendes altnord. Lied der Heldensage über ↗Atli, den Hunnenkönig. Gudrun, die nord. Frauengestalt der Kriemhild in der Nibelungensage, rächte den Tod ihrer Brüder Gunnar u. Högni (Hagen) am Hofe Atlis grausam, indem sie ihre u. Atlis beiden Söhne umbrachte, dem ahnungslosen Hunnenfürsten Herz u. Blut im Trinkbecher reichte (↗Thyestesmahl) u. diesen, trunken gemacht, zuletzt selbst erstach. Sie gab sich dann selbst den Tod in den Flammen. – Das „Alte Atlilied“ ist die wichtigste Quelle zur älteren Stoffgeschichte des ↗Nibelungenliedes. A. ist das einzige Heldenlied, v. dem man den Dichter zu kennen glaubt; Thorbjörn Hornklofi, Ende des 9. Jh. Skalde am Hof des norweg. Königs Harald Schönhaar (F. Genzmer).

Atlamál, Eddalied über ↗Atli, den sagenhaften Hunnenkönig. Erweiterte, auf Grönland im 11. Jh. umgedichtete Fassung des älteren Atliliedes (↗Atlakvida).

Atlant, männl. Figur (zu ↗Atlas) als Säule in der Architektur.

Atlantis, sagenhaftes Inselreich, das nach Platon im Atlant. Ozean untergegangen sein soll, nachdem es lange Zeit Ägypten beherrscht hatte. Seine Lage wurde in der Ägäis, in der Kleinen Syrte oder bei den Kanar. Inseln vermutet. Auch die alte Handelsstadt Tartessos in Südspanien wurde mit A. in Verbindung gebracht. Die Existenz u. Lokalisierung des Inselreiches, über die man sich schon in der Antike nicht einigen konnte, ist bis heute Gegenstand wissenschaftl. Auseinandersetzungen. Vgl. ↗Santorin. Alle Spekulationen (gar im Zshg. mit Helgoland !) darüber waren im Grunde nicht besser als die Idee des selbstbewußten schwed. Arztes Olof Rudbeck (1630–1702), der „Atland“ (1679) in sein Heimatland Schweden verlegte. Die Götter Griechenl. wären mit den altnord. Göttern ident. Schweden befand sich um 1679 ebenfalls auf dem Gipfel seiner polit. Macht.

Atlas, Sohn des griech. Titanen Iapetos u. der Okeanide ↗Klymene 1), Bruder des Epimetheus u. des Prometheus, Gemahl der ↗Pleione, Vater der Pleiaden u. viell. der Hesperiden. Auf den Schultern des A. ruhte nach der griech. Sage das Himmelsgewölbe, nach einem Teil der Überl. als Strafe dafür, daß er sich als einer der Titanen gg. Zeus erhoben hatte. Als ↗Herakles sich dem Garten der Hesperiden näherte, die die goldenen Äpfel der Götter hüteten, sah A., der in der Nähe seinen Platz hatte, den Augenblick seiner Befreiung gekommen. Zwar übernahm Herakles die Last, während A. die goldenen Äpfel zu holen bereit war, aber mit einer List bürdete Herakles dem Titanen das Himmelsgewölbe dann doch wieder auf.

Atli, nord. Form für ↗Attila, dt. Etzel, sagenhafter Kg. der Hunnen nach den Eddaliedern ↗Atlakvida u. ↗Atlamál. A. lud die Verwandten seiner Frau Gudrun an seinen Hof ein, um sie zur Herausgabe des Nibelungenschatzes zu zwingen, den diese jedoch gar nicht mit sich führten, sondern vorher im Rhein versenkt hatten. Es kam zu einem furchtbaren Kampf, bei dem die Gäste der hunnischen Übermacht unterlagen. Aus Rache tötete Gudrun ihren Mann.

Ätna, der Berg galt im MA als ferner Ort des Paradieses (in der Artusepik, der Ort der ↗Bergentrückung des Kg. Artus) bzw. – was offenbar besser zu dem sizilian. Vulkan paßt – als Eingang zur Hölle, viell. im Anschluß an antike Überl. (vgl. ↗Enceladus). Eine Parallele dazu ist die „Hekla" als Ort der Hölle auf ↗Island. – Nach der antiken Überl. lag der Gigant ↗Typhon unter dem Ä. begraben u. bewirkte die vulkan. Ausbrüche; hier hatte der Schmied ↗Hephaistos seine Werkstätte.

Atreus, Gestalt des fluchbeladenen Geschlechtes der griech. Tantaliden (↗Tantalos), Sohn des ↗Pelops 1) u. der ↗Hippodameia, Bruder des ↗Thyestes, mit dem gemeinsam er den Stiefbruder ↗Chrysippos ermordete. Von ihrem Vater verflucht, mußten die beiden Mörder außer Landes gehen. Nach dem Tode des Pelops wurde A. Kg. v. Mykenai, das Thyestes an sich zu bringen suchte, indem er ↗Aërope, die Gemahlin seines Bruders, verführte, um durch sie an jenes goldene Lamm (es ist auch v. einem goldenen Widder die Rede), das sich in dessen Hand befand u. als Symbol der Herrschaft über Mykenai galt, zu gelangen. A. vertrieb daraufhin seinen Bruder u. ertränkte seine Gattin im Meer. Thyestes gelang es, ↗Pleisthenes, den kleinen Sohn des A., mit sich zu nehmen u. als sein eigenes Kind aufzuziehen. Als Pleisthenes herangewachsen war, schickte sein Ziehvater ihn aus, A. zu töten. A. kam seinem Mörder jedoch zuvor u. ließ den Pleisthenes umbringen, ohne zu ahnen, daß es sich um sein eigenes Kind handelte. Als A. seine Tat durchschaute, sann er auf furchtbare Rache. Angebl. auf Versöhnung bedacht, bat er seinen Bruder an seinen Hof, tötete dessen Kinder u. setzte sie ihm zum Male vor (↗Thyestesmahl). Die Sage berichtet, Helios habe an diesem Tage vor Grauen seinen Weg v. W nach O genommen. Thyestes ver-

Pelops – Hippodameia

Atreus – Aërope Thyestes

Pleisthenes
Agamemnon
Menelaos

fluchte das ganze Geschlecht u. folgte einem Orakelspruch, der besagte, daß ein Sohn, den er mit seiner Tochter Pelopeia zeuge, die Rache ausführen werde. A. heiratete Pelopeia u. hielt ↗Aigisthos, den seine Frau gebar, für sein eigenes Kind. Als Aigisthos herangewachsen war, schickte er ihn aus, um Thyestes zu ermorden. Vater u. Sohn erkannten sich indessen im letzten Augenblick, u. Aigisthos erschlug daraufhin den A. Die Feindschaft zw. den Vätern blieb auch zw. deren Söhnen erhalten. – Der v. Mord u. Rache gekennzeichnete Sagenstoff fand auch in der Lit. Eingang. So schrieb Sophokles die Dramen „Thyestes" u. „Atreus", Euripides die Tragödie „Thyestes", die jedoch nur alle fragmentar. erhalten sind. Nur der „Thyestes" des Seneca ist vollständig überliefert. – Das *Schatzhaus des A.,* ein in Mykenai gefundenes Kuppel-

Atreus: sogen. Schatzhaus des Atreus (1500–1200 v.Chr.), Mykenai

grab, erhielt seinen Namen willkürl. nach der Sagengestalt des A.

Atriden, in der griech. Mythologie Sammel-Bz. für die Söhne des Atreus: Agamemnon u. Menelaos; im Stammbaum der ↗Tantaliden.

Atropos, eine der griech. ↗Moiren; sie zerschnitt den v. Klotho gesponnenen Lebensfaden.

Attika, Landschaft im östl. Mittelgriechenl.; wurde im Alt. durch Athen polit. geeint.

Attila, in der dt. Heldensage ↗Etzel, im Norden ↗Atli gen. Hunnenkönig. Als hist. König 433 Herrscher der ↗Hunnen in Pannonien (Ungarn), drängte mit einer riesigen Kriegsmacht um 450 bis über den Rhein (sagenhafter Untergang des Burgunderkönige u. ihres Reiches, ↗Nibelungenlied), verlor 451 die Schlacht gegen den röm. Feldherrn Aëtius auf den Katalaunischen Feldern (bei Troyes in Frankreich), 452 in Norditalien, starb in Pannonien (Ungarn) 453 eines überraschenden Todes (in der Hochzeitsnacht mit Ildiko), an den die Sagendeutungen anknüpften (Kriemhilds Rache im Nibelungenlied und z.B. ganz anders ↗Hagensohnrache). Nach dem Tode Attilas zerfiel das hunnische Reich schnell. – A. histor. Sohn war Ellac, in der Sagenbildung Otte u. Scharphe (↗Rabenschlacht).

Attis, Sohn der ↗Nana, vgl. ↗Sangarios. – A. u. Kybele, vgl. ↗Kybele u. ↗Kybele-Attis-Kult.

Aud, hist. Frauengestalt, die „Tiefsinnige"; sie besiedelte nach dem Tode ihres Mannes, eines ir. Wikingerkönigs, um 890 das westl. Island u. wurde die typische „Landnahmefrau" u. Stammmutter in der isländ. Saga. Sie war Christin u. erscheint als frühes Zeugnis irischen Kultureinflusses auf ↗Island.

Audhumla, *Audhumbla, Audumbla, Audumla,* in der nord. Mythologie eine Kuh der Urzeit und erstes Lebewesen mit der Erschaffung der Welt; sie war aus dem Eis aufgetaut (Eiszeit?!) u. nährte mit ihren Milchströmen den Riesen ↗Ymir. Da die Erde noch kein Gras trug, suchte sie sich Nahrung, indem sie an den salzigen (!) Eisblöcken leckte. Durch das Lecken löste sich ein menschl. Wesen, ↗Buri (Bur) gen., aus dem Eis, v. dem am ersten Tag das Haar, am zweiten das Haupt u. am dritten der Körper erschien. Buri wurde der Stammvater der Götter, die später das Menschenpaar ↗Ask und Embla erschufen.

Auge, 1) eine arkad. Prinzessin, Tochter des Aleos v. Tegea, der sie als Priesterin der Athena weihte. Sie bekam v. Herakles den Sohn ↗Telephos. Als der Kg. die Nachricht erhielt, ließ er Tochter u. Enkel in einer Kiste auf dem Meer aussetzen. Der Behälter trieb in Mysien an Land, wo Kg. ↗Teuthras 2) A. u. ihr Kind aufnahm u. die Prinzessin heiratete. – Nach einer anderen Überl. wurde A. v. Nauplios als Sklavin an Teuthros verkauft, der mit ihr die Ehe einging. Telephos, v. seinem Großvater ausgesetzt, wurde v. Hirten aufgezogen. Später fand er nach vielen Irrwegen seine Mutter wieder. – 2) Göttin der Geburt; auch arkad. Epitheton der Artemis.

Auge. Strahlende Augen scheinen ein Attribut des kelt. Gottes ↗Taranis gewesen zu sein. – Odin gibt ein Auge, um in den Besitz der Weisheit zu gelangen. – Die Augen der Riesen können allein durch ihren Blick töten. – Der gr. Riese ↗Polyphemos hatte nur ein A.

Augeias, in der griech. Mythologie Kg. v. Elis, viell. der Sohn des Helios, obwohl die Überlieferung auch noch eine Reihe anderer als Väter nennt. A. war im Besitz v. riesigen Viehherden, deren Ställe viele Jahre lang nie ausgemistet worden waren, bis ↗Herakles sie reinigte, indem er einen Fluß hindurchleitete. Dieser *Augiasstall* steht auch im übertragenen Sinne für sprichwörtliche Unordnung und Verschmutzung. – Schatzhaus des A. in Delphoi, vgl. ↗Trophonios.

Augenbraue, gemeint sind ↗Ymirs Augenbrauen; aus ihnen wurde nach der eddischen Überl. der altnord. Grímnismál die Erde Midgard erschaffen.

Augusteum, ein dem ↗Augustus geweihter Tempel.

Augustus, * 63 v.Chr., † 14 n.Chr., erster röm. *Kaiser,* ein Großneffe v. ↗Caesar, und nach ihm nannte er sich „Imperator Caesar Divi filius" (Sohn des göttl. C.). Das Zeitalter des A. ist der Höhepunkt der röm. Macht u. Kunst (vgl. ↗Horaz); der Name A. wurde ebenfalls zum Ehrentitel. – Vgl. den dän. Kg. ↗Frodi, von dessen Herrschaft ein ähnl. Friedensreich erträumt wurde (s. Abb. S. 69 oben).

Aulis, boiot. Hafen, in dem sich die griech. Flotte gg. Troia sammelte u. wo Iphigeneia geopfert werden sollte. In A. bestand ein bedeutendes Heiligtum der Artemis.

Auriga, Sternbild Fuhrmann, ↗Myrtilos.

Aurora, die röm. Göttin der Morgenröte; entspr. der griech. ↗Eos. – ↗Mater Matuta.

Aurvandil ↗Oervandil.

Auseklis, Morgenstern (Venus) in der Mythologie der ↗Letten. Etymolog. verwandt mit „aurora" (lat. „Morgenröte"). Nähere Beschreibungen sind nicht überliefert.

Auska (?), in Zshg. mit dem Donnergott ↗Perun eine slaw. Göttin, die Morgen- u. Abendröte verkörperte u. sich den Tag mit „Betschlea" (?), der Dämmerung, u. „Breksta" (?), der Nacht, teilte.

Auspicium, lat., eine Form des ↗Orakels: Beobachtung des Vogelflugs oder v. Hühnern, die Futter aufpicken. Dazu gab es röm. Magistratsbeamte; bei den Griechen war ↗Kalchas bes. berühmt.

Aussetzung, international verbreitetes Erzählmotiv, das z.B. die wunderbare Herkunft (bzw.
die merkwürdige Rettung) eines kaum geborenen Helden unterstreichen soll. Nach der
griech. u. röm. Mythologie wurde Zeus in einer
Höhle auf dem Berge Ida auf Kreta ausgesetzt,
Dionysos in einen Kasten auf dem Meer (vgl.
den bibl. Moses), Romulus u. Remus wurden v.
einer Wölfin gesäugt. Kybele wurde wegen der
Enttäuschung, daß sie „nur" ein Mädchen war,
ausgesetzt; man hört v. Mord an „unnützen"
Töchtern (↗Iphis 1). Oft sind myth. ↗Zwillinge
Opfer einer A. (↗Neleus u. Pelias; Aiolos u.
Boiotos der ↗Melanippe). – Vgl. auch ↗Anti-
lochos, ↗Atalante, ↗Auge, ↗Daphnis 1), ↗Hip-
pothoos 1), ↗Ion, ↗Kyknos 1), ↗Oidipus, ↗Pa-
ris, ↗Perseus, ↗Telephos usw. – Auch die german. Überl. kannte die ↗Kindesaussetzung als
literar. Motiv u. als Spiegelbild der Realität.

Auster, lat. Bz. für den Wind ↗Notos
(S-Wind).

Austri (= Osten), einer der Zwerge, der nach
der Weltvorstellung der Germanen mit Westri,
Nordri u. Sudri (den anderen Himmelsrichtungen) den Schädel des ↗Ymir trug, welchen die
Götter zum Himmelsgewölbe gemacht hatten.

Autolykos, Sohn des griech. Hermes, Zwillings-
bzw. Halbbruder des ↗Philammon, Vater der
↗Antikleia u. über diese Großvater des Odysseus. Von Hermes schon in Kindertagen dazu
angeleitet, entwickelte er sich zu einem wahren
Meisterdieb, der seine Taten stets zu verbergen
wußte. Erst Sisyphos zeigte sich ihm überlegen,
indem er die ihm v. A. gestohlenen Rinder an einem Zeichen, das er ihren Hufen eingebrannt
hatte, wiedererkannte. – ↗Meriones.

Automedusa, Frau des ↗Iphikles.

Autophonos, Vater des ↗Polyphontes 1).

Auxo, griech. Göttin des Wachstums, eine der
↗Horen.

Auzon, ↗Runenkästchen von Auzon.

Avalun, *Avalon, Avelûn,* ein paradies. Land, in
dem der kelt. Kg. ↗Artus nach seinem Tode resi-
diert, dort von der Fee ↗Morgana gepflegt wird
u. auf seine Wiederkehr wartet (↗Bergent-
rückung). Die breton. Bz. für dieses Land der
Seligen bedeutet „Apfelinsel". – Wie sehr auch
unsere Zeit für Mythisches empfänglich ist,
kann man an dem Erfolg des Romans über die
Artus-Sage v. Marion Zimmer Bradley, * 1930,
ablesen: The mists of Avalon (dt. Die Nebel von
Avalon; o. J.).

Avebury, in Wiltshire/England, Fundort eines
Henge-Monuments der Steinzeit (vgl. ↗Stone-
henge), in situ. Wallgraben mit mehreren Stein-
kreisen u. Steinsetzungen etwa im Abstand v.
11 m zueinander, zusätzl. paarweise aufgestellte
Steine, die auf ein fast 2,5 km entferntes „Heiligtum" deuten (?). Die spärl. Fundstücke am
Ort weisen auf eine mögl. Benutzung bis in die
Bronzezeit hin; eine astronom. Funktion ist vermutet worden.

Aventin, *Aventinischer Hügel,* lat. *Mons Aventi-*
nus, einer der 7 Hügel des alten Rom, gegenüber
dem Palatin; er fällt steil zum Tiber ab. Der A.
wurde durch den Zuzug der Plebeier aus dem
Stadtgebiet (455 v.Chr.) zum Plebeierviertel. Es
lagen dort mehrere Tempel; u.a. soll im 6. Jh.
v.Chr. unter Servius Tullius ein der ↗Diana
geweihtes Heiligtum erbaut worden sein. –
↗Cacus.

Âventiure, nach dem frz. Wort für „Abenteuer"
in der mhd. Dichtung Bz. für die gefahrvolle Tat
eines Ritters, die ihm Ehre einbringt; auch Abschnitt einer Dichtung, bes. für die Kapitelein-
teilung im ↗Nibelungenlied.

Baal, *Ba'al,* babylon. *Bel* („Herr"), vgl. ↗Belos, Hauptgott in Babylon. Im Alten Testament synonym für den heidn. Götzen, der in versch. Lokalgöttern Sonderformen hatte: der B. v. Sidon (Bibel, 1. Könige 16,31) etwa oder Baal-Sebub, der „Herr der Fliegen" in Ekron (2. Könige 1,2). Aus „Baal-Sebub" wurde „Beelzebub", gleichbedeutend für den obersten „bösen Gott". – In Goethes „Faust" wird Mephistopheles u.a. „Fliegengott" gen. – Spuren des B.-Kultes finden sich viell. auf schwed. Felszeichnungen der Bronzezeit in ↗Tanum, Bohuslän. Das Bild des großen ↗Jägers könnte durch syr.-phönik. Händler nach N vermittelt worden sein (?). – Vgl. auch einen angebl. fliegentötenden, griech. Gott ↗Archor.

Baba Jaga, *Jaga Baba,* slaw. Name für eine angebl. Kriegsgöttin, dargestellt – „lächerlich genug" – als altes, verhutzeltes Weib mit einer Keule. Ihre Spuren verwischte sie mit einem Ofenbesen – „das pflegt doch sonst mit den Spuren des Krieges nicht so zu sein" (1851). Sie lebte in der Volksüberl. als Märchenfigur weiter.

Babilos, angebl. eine heidn. Gottheit der „alten Polen u. Schlesier"; man hielt ihn für den Erfinder der Bienenzucht, u. sein Bild, in Holz geschnitzt, soll deshalb bei den Bienenstöcken als Schutz aufgestellt worden sein (?).

Babylon, in der griech. Sage Sohn des ↗Belos; er galt bei den Griechen als Gründer der gleichnamigen Stadt.

Bacchanalia, röm. Geheimkult für ↗Bacchus, der mit geschlechtl. Ausschweifungen gefeiert wurde; wegen der dabei vorkommenden Verbrechen 186 v.Chr. vom röm. Senat verboten. Der Kult als solcher blieb jedoch nach strengem Reglement erhalten.

Bacchus, griech. *Bakchos,* auch *Liber,* röm. Gott des Weines, schon früh dem griech. ↗Dionysos gleichgesetzt.

Bachofen, *Johann Jakob,* * 1815, † 1887, wurde 1841 Prof. für röm. Recht in Basel, deutete die antiken Mythen u.a. im Sinne des Mutterrechts („Mutterrecht", 1861).

Backa, bei Brastad/Bohuslän, Schweden; Felzeichnungen der Bronzezeit, in situ: Schiffe, großer Jäger mit Axt, Sonnenschlitten, Vögel, geometr. Adoranten, Sonnenscheibe (in Pilzform), Wagen, Tiere, Hirsche, Sonnenräder, ↗Sonnenwagen, Pflug, Rentier, Knotenmotive, ca. 4 m langes bemanntes Langschiff, Träger mit Sonnenscheibe, Fußspuren usw. B. zeigt das reiche Inventar der nord. Felszeichnungen in hervorragender Weise.

Badb, *Bodb,* ir. Göttin, deren Name „Schlacht" bedeutet. Sie war also eine Kriegsgöttin, u. v. ihr wird berichtet, sie hätte, als ↗Krähe verwandelt, im Kampf v. Mag Tured Verwirrung gestiftet, so daß die Fomore v. den Tuatha Dé Danann besiegt worden seien.

Badumna, angebl. eine german. Göttin der Jagd, die v. Friesen u. Goten verehrt wurde. „Leider sind jedoch die Bilder, welche wir v. ihr haben […], wahrscheinl. aus dem 15. oder 16. Jh., also durchaus unzuverlässig" (W. Vollmer – H. Kern, 1851).

Baeldaeg, bei den Angelsachsen für den nord. Gott ↗Balder belegter Name.

Bahrprobe, Form des german. Gottesgerichts in dem Glauben, die Wunden des Getöteten würden von neuem zu bluten anfangen, wenn der Mörder vor die Leiche trete; als Rechtsinstitution im ↗Nibelungenlied beschrieben.

Baile, Sohn eines ir. Kg. von Ulster, mit einer schönen Stimme; er verliebt sich in Ailinn. Als sich die beiden treffen wollen, hat B. eine schreckl. Vision, die Geliebte wäre gestorben, u. vor Gram darüber stirbt er selbst. Gleiches passiert umgekehrt Ailinn. Auf den Gräbern der beiden wachsen Bäumchen, aus denen „Dichterstäbe" gefertigt werden (Runenstäbe mit der Ogamschrift). Diese Stäbe kommen bei einem

Bakchanten

Fest zus., „springen aneinander" und können nie mehr getrennt werden.

Bakchanten, *Bacchanten,* die Teilnehmer an den ↗Bacchanalia.

Bakchantinnen, *Bacchantinnen,* die weibl. Anhängerinnen des Bacchus bzw. Dionysos, auch ↗Mainades oder Bakchen gen.

Balder, *Baldur, Baldr,* Sohn des nord. Gottes Odin (auch in altengl. Quellen „Beldeg Wōdens Sohn" gen.) u. der Frigg, in der german. Mythologie die strahlendste Gestalt unter den Asen, als Gott v. Sonne, Licht u. Frühling verstanden, aber auch als Personifikation des Guten u. der Gerechtigkeit gesehen. Er war verheiratet mit ↗Nanna, die ihm den Sohn ↗Forseti gebar. Das Paar lebte auf ↗Breidablik in Asgard. Odin u. Frigg waren vor allem durch ihre gemeinsame Liebe zu B. verbunden. Als dieser v. Alpträumen geplagt wurde, die auf eine Bedrohung seines Lebens hindeuteten, nahm Frigg allen Geschöpfen den Schwur ab, ihrem Sohn niemals ein Leid zuzufügen; nur die unbedeutende Mistel ließ sie nicht schwören, ein Geheimnis, das ihr der bösartige Loki entlockte. Er stiftete den ahnungslosen blinden ↗Hödur an, einen Mistelzweig auf B. abzuschießen, der diesen tödlich traf. Hermod, ein Bruder des Verstorbenen, versuchte vergebl., B. aus dem Reich der Hel zurückzuholen. – Mit der lichten Gestalt des B. entschwanden Glück u. Schönheit aus der Welt; die ↗Götterdämmerung rückte näher, u. das Geschick der Asen begann sich zu vollenden. Von der Hoffnung auf B.s Rückkehr lebte sozusagen das gegenüber dem Christentum immer schwächer werdende Heidentum, vgl. zu ↗Erich Blutaxt. – ↗Wali. – Der B.-Mythos vom Unglücksschuß auf den Bruder taucht historisiert in der ↗Herebeald-Sage des Beowulf-Epos auf. – Von B.s Pferd ist in einem der ↗Merseburger Zaubersprüche die Rede.

Baldrs draumar, *Balders Träume,* aus der Götterdichtung der altnord. Älteren Edda ein Lied, dessen düsteren Hintergrund die bedrückenden Träume ↗Balders u. seiner Eltern bilden. Beschrieben wird, wie Odin auf Sleipnir zur Grenze des Totenreiches der Hel ritt u. dort unter einem Decknamen eine ↗Völva nach Balders Geschick befragte. Die Auskünfte, die er erhielt, bestätigten die Ahnungen des Gottes, daß eine bedrohliche Zukunft bevorstehen würde.

Balios, neben ↗Xanthos 1) eines der beiden unsterbl. Rosse des Achilleus; hervorgegangen aus der Verbindung des ↗Zephyros u. der Harpyie Podarge; daher schnell wie der Wind.

Ballofa, jener Berg, in dessen Innern die nord. Zwerge ihre Schmiedewerkstatt hatten, bei denen ↗Wieland, nachdem er bei Mime gearbeitet hatte, auf Wunsch seines Vaters ↗Wate in die Lehre gehen sollte.

Balmung, in der Nibelungensage jenes gewaltige Schwert, das Sigfrid mit dem Nibelungenschatz erhielt; in der nord. Überlieferung ↗Gram genannt.

Balor, in der ir. Legende ein gewaltiger, einäugiger Riese, dessen Auge sieben Augenlider hatte. Hob er das siebente der Lider, so entstand eine alles vernichtende Glut (nach anderer Version wirkte der Blick des geöffneten Auges bereits tödlich). B. war der Großvater des Gottes Lug u. Anführer der ↗Fomore in der Schlacht v. Mag Tured, in der Lug auf der gegner. Seite als Oberherr auftrat. B. ließ sich das Auge aufreißen – dazu waren mehrere starke Krieger nötig –, worauf die ganze Umgebung in Brand geriet. Als Lug ihn reizte, ließ er sich das siebente Lid abermals aufreißen, u. in diesem Augenblick warf Lug einen Stein in das Auge, der den Kopf des Riesen durchschlug u. die Fomore in die Flucht trieb. B. starb alsbald. – Die Legende kennt mehrere Varianten u. Ergänzungen, die an der Substanz der Geschichte aber wenig ändern.

Baltische Völker ↗Letten, ↗Litauer, ↗Prußen.

Baphomet, das „Götzen- oder Teufels-Bild, v. welchem behauptet wird, daß es die Tempelherren [Ordensritter] angebetet" hätten. „Noch häufig in Antiquitätensammlungen als kleine weibl. Figur, mit bärtigem Männerkopfe, mit einer Schlange umwunden, aus Bronze gegossen" (W. Vollmer – H. Kern, 1851). Ist angebl. eine Verstümmelung v. „Mahomet" (Muhamet bzw. *Mohammed*) u. sollte dem Ansehen der Ordensritter schaden.

Bär, ein Tier, das in der kelt. u. german. Mythologie eine Rolle spielt, eine Bärengöttin war die kelt. ↗Artio. Auch im Zshg. mit dem Jagdkult wird die bes. Stärke des B. bewundert; sie macht den B. zum Vorbild des rücksichtslosen Kämpfers in der altnord. Überlieferung der ↗Berserker. Die Abstammung v. einem B. gleich dem märchenhaften „Bärensohn" (z. B. Beowulf) gilt als hervorragendes Zeichen eines Helden (↗Björn). Hjalto trinkt das Blut des B., den ↗Bjarki erlegt hat, u. gewinnt dadurch ungeheure Kräfte (Saxo). – Der B. in der antiken Mythologie vgl. ↗Arkas u. ↗Kallisto.

Barbaren, in der griech. Überl. sind damit alle nicht-griech. Völker gemeint, in der lat. Tradition die „Fremden". Ihnen kommt grundsätzl. eine wichtige Vermittlerrolle zu. Am Hof der rugischen Könige arbeiteten B. als Goldschmiede, in Frankreich u. Ungarn sind Gräber v. wandernden Schmieden (mit ihrem Handwerkszeug) aus der Zeit der Völkerwanderung gefunden worden (↗Schmied). Im Troß der Westgoten befanden sich B. als Händler u. Handwerker, darunter auch Orientalen. Bei der Einführung der german. Runen (↗Rune) verweist man auf die mögl. Rolle v. „Fremden", etwa „Heruler" (↗Runenmeisterformel). Mit dem Kunsthandwerk „wanderten" viell. also auch mytholog. Bildvorlagen u. Glaubensinhalte.

Barde, altkelt. Sänger u. Dichter, der an Königs- u. Fürstenhäusern Schlachten- u. Totengesänge, aber auch Preis- u. Spottlieder vortrug, wobei er sich auf einem der Leier ähnl. Instrument begleitete u. sich durch ein umfangreiches Repertoire auszeichnete. Die Barden bildeten einen eigenen, angesehenen Stand, der in Gallien mit der Romanisierung ausstarb, während er sich in Irland, Schottland u. Wales noch jahrhundertelang hielt. In Irland waren die Barden der Gruppe der *Filid* untergeordnet, die die gelehrte Dichtkunst vertraten u. v. bes. erlauchter Abstammung waren, doch wurden die Bz. Filid u. B. oft auch synonym gebraucht. – Seit dem 17. Jh. wurde der Name B. irrtüml. auch für german. Sänger (↗Skalden) verwendet. Bes. im 18. Jh. entstand in Dtl. eine die altdt. Zeit preisende Dichtung, die sog. *Bardendichtung*, beeinflußt v. ↗Macphersons „Ossian".

Bardendichtung, nachahmende Kunst im Anschluß an die Begeisterung für ↗Ossian, vor allem mit den Namen der Dichter Heinrich Wilhelm v. Gerstenberg („Gedicht eines Skalden", 1766) u. Friedrich Gottlieb Klopstock u. deren Werken um 1765–1775 verbunden.

Barditus, nach Tacitus (Germania) Kampfgeschrei bzw. Schlachtgesang der Germanen. Die Krieger verstärkten den Klang ihrer Stimme mit der Höhlung ihrer Schilde, in die sie hineinbrüllten. Vom Schlachtgesang wurde der Sage nach die ir. Kg. ↗Suibne wahnsinnig.

Bärenhäuter, nord. ↗Bjarki.

Barri, der in Verbindung mit der Werbung ↗Skirnirs erwähnte Hain (im nord. Skirnirlied als „Hag der Heimlichkeit" bez.), wo die schöne ↗Gerd auf den in Liebe zu ihr entbrannten ↗Freyr wartete.

Bart, bei Kelten u. Germanen ein besonderes Zeichen v. Männlichkeit. Einen B. durften nach der ir. Überl. nur tapfere Krieger tragen. Gleichzeitig ist aber der größte ir. Held Cú Chulainn traditionell bartlos u. überrascht damit seine Gegner. – Bes. die Zwerge haben in der Sage einen langen, vom Alter grauen Bart. – Den herabhängenden Spitzbart zu ergreifen scheint u. a. eine Eigenart bzw. ein Attribut des nord. Gottes Thor (vgl. ↗Akureyri) u. des nord. Fruchtbarkeitsgottes Freyr (Rallinge) zu sein. Auch eine kleine, in Elfenbein geschnitzte Figur aus Lund (Schweden) greift sich an den geflochtenen B. mit beiden Händen u. wird deshalb (u. wegen der angenommenen Hammerzeichnung auf der Rückseite) mit Thor (oder mit Freyr) identifiziert. Es ist wahrscheinl. ein Spielstein wie die kleine, ganz ähnl. Bernsteinfigur, die trotz Glatze u. Mandelaugen wohl zu Unrecht für einen „bärtigen Orientalen" gehalten worden ist. – Wahrscheinl. ist der B. wie das Haar ein Zeichen bes. Stärke u. Männlichkeit; wer keinen B. trägt, gilt nicht als Held. Viell. gehört dazu auch der Zierrat, der verschiedentl. als aus dem Mund quellender ↗„Atem" umgedeutet worden ist. – Haare u. B. ungeschnitten wachsen zu lassen galt in versch. Kulturen als rel. Weihehandlung.

Bartmannskrug ↗Gesichtsurne.

Basilisk, griech. „kleiner Kg.", Fabelwesen, dessen Blick töten konnte, teils Schlange u. Drache, teils Vogel (Hahn). Das oriental. Vorbild übernahm über antike Schriftsteller das MA u. sah im B. den Teufel. Alexander d. Gr. gelang es, einen B. zu überwinden, indem er ihm seinen Schild als Spiegel vorhielt u. der B. dann an seinem eigenen Blick zugrunde gehen mußte. „Das Unthier ist furchtbar groß, hat einen Hahnenkörper, ehernen Schnabel und eherne Krallen, so wie einen langen Schweif, der wie drei Schlangen gestaltet und dreifach gespitzt ist [... so gefährlich, daß man] nur durch Vorhalten eines Spiegels ihm etwas anhaben kann; es erschrickt dann über sich selbst so sehr, daß es platzt" (aus einem mytholog. Handbuch des 19. Jh.).

Baskenkreuz, frz. „croix basque" oder „croix à virgules" (Kommakreuz) gen., mit Verbreitung in der Volkskunst in S- u. SO-Frankreich; es hat ein altertüml. Aussehen u. ihm ist „heidn." Herkunft angedichtet worden (weicher, kelt. Stil,

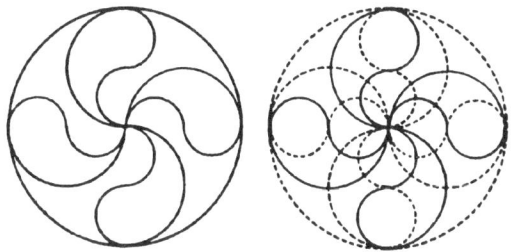

Baskenkreuz: Kommakreuz, aus dem Zirkelschlag entwickelt

Sonnenwirbel u. ä.), aber viell. stammt es erst aus dem Ende des 17. Jh., als der Zirkelschlag (Rosette) im Anschluß an Vorbilder der Renaissance modern wurde.

Bassarides, wahrscheinl. mit Fuchsfellen kostümierte Verehrerinnen des griech. Dionysos, die zu seinem Gefolge gehörten.

Bateia, 1) eine griech. ↗Naide; sie (nach anderer Version Gorgophone) war die Mutter v. Hippokoon, Ikaros u. Tyndareos durch Oibalos. – **2)** Mutter des troianischen Geschlechtes; Tochter des ↗Teukros 1), Gattin des Dardanos, des Stammvaters der troianischen Könige.

Bathild, eine Tochter des nord. Kg. Nidung, an der ↗Wieland sich verging.

Batman, kämpft gg. das Böse in der Welt, versteckt sich geheimnisvoll unter einer Maske u. vermag mit seinem Fledermausgewand zu fliegen. Seit 1939 verkörpert die amerikan. Figur

des B. jugendl. Sehnsüchte nach einem unbesiegbaren Helden (↗Held). Merkwürdig ist – dem Äußeren nach – die Anknüpfung an die Gestalt des ↗Vampirs, die sonst mit negativen Assoziationen belastet ist. Man hat eine Verbindung zum früher beliebten Gespensterroman sehen wollen. – Verbreitet wurde die Gestalt des B. im Comic, und Dtl. erlebte nach 1966 (Fernsehfilm „B.") geradezu ein B.-Fieber.

Baton, auch *Elato* gen., griech. Wagenlenker des weisen Sehers ↗Amphiaraos, der diesen im Krieg der ↗Sieben gegen Theben begleitete. Beide wurden samt ihrem Gespann v. einer Erdspalte verschlungen, die Zeus durch einen Blitzstrahl geöffnet hatte.

Battos, 1) Kuhhirt des ↗Neleus v. Pylos; nachdem er sein Versprechen gebrochen hatte, dem Apollon nicht zu erzählen, daß Hermes das Rindvieh des Gottes gestohlen hatte, verwandelte der erzürnte Hermes den B. in einen Stein. – **2)** erster Kg. v. Kyrene; er regierte viele Jahre, u. ihm folgte eine Reihe v. Abkommen auf den Thron. Die Überl. berichtet, daß das Delph. Orakel ihn bewogen habe, die Stadt Kyrene in Libyen zu gründen. Er war der Sage nach ein Stammler, wurde aber geheilt, als er beim Anblick eines Löwen erschrak.

Baubo, Magd bzw. Amme der griech. ↗Demeter, die sie durch schlüpfrige Scherze aufzuheitern suchte, als Demeter um Persephone trauerte.

Baugi, ein Riese, v. dem in der nord. Mythologie folgende Gesch. erzählt wird: Als Odin einst auszog, um den v. ↗Gunnlöd gehüteten Met zu erlangen, führte ihn sein Weg über eine Wiese, die B., einem Bruder ↗Suttungs, gehörte. Einige Knechte waren gerade beim Mähen, u. um ihnen behilfl. zu sein, gab der Gott ihnen einen Wetzstein, den jeder wegen seiner vorzügl. Qualität für sich begehrte. Es kam zu einem Streit, bei dem die Knechte sich gegenseitig umbrachten. B., dem Odin sich als Böllwerk vorstellte, klagte dem Fremden sein Leid, daß er nicht wisse, wer die Arbeit auf seinen Wiesen u. Feldern nun verrichten solle, u. der Gott verdingte sich dem Riesen für einen Sommer, wenn sein Dienstherr ihm dafür einen Schluck v. Suttungs Met verschaffe. Als der Herbst gekommen war u. der göttl. Knecht seinen Lohn forderte, wurde B. bei seinem Bruder wegen des Metes vorstellig, v. Suttung indessen abschlägig beschieden. So blieb nur eine List, um den versprochenen Trank zu erreichen: B. und Böllwerk begaben sich zu dem Berg, wo Gunnlöd die Gefäße mit dem kostbaren Naß bewachte, der Riese bohrte ein Loch ins Gestein, durch das Odin, in einen Wurm verwandelt, hineinkroch. Die Suttung-Tochter, der er sich als Riese präsentierte, verliebte sich in ihn u. ließ ihn schließl. dreimal v. dem Met trinken, bei welcher Gelegenheit der Gott alle drei Gefäße bis zum Grunde leerte. Dann flog er in Gestalt eines Adlers nach Asgard zurück, wo er den Met, der jedem, der davon bekam, Weisheit u. Sangeskunst verlieh, unter den Asen verteilte. – Die Gesch. bietet ein Beispiel dafür, daß die Germanen ihre Götter als listenreich verstanden u. die Kunst der List nicht nur als charakterist. Merkmal für ↗Loki ansahen.

Baukis ↗Philemon und Baukis.

Baum. Die Vorstellung v. Himmelsbaum ist in vielen Kulturen verbreitet: die german. Weltesche ↗Yggdrasil, Paradiesbaum (vgl. ↗Apfel), Abstammung der nord. Götter bzw. der Menschen v. einem B. (↗Ask und Embla), der „him-

Baum:
Reigentanz um
ein Baumidol.
Tonmodell aus Cypern,
um 1000 v.Chr.

melhohe Kletterbaum" schamanist. Religionen usw. ↗Daphne wurde in einen Lorbeerbaum verwandelt. – Plinius berichtete v. redenden B., und das Rauschen galt als Antwort des Orakels (Zeus-Eiche v. ↗Dodona). – Lebensbaum auf normann. ↗Steinkreuzen.

Baumeistersage, Bz. der Erzählforschung für einen verbreiteten Typus v. Erz., nach der Götter, Dämonen, der Teufel, Riesen usw. überlistet wurden, bes. eindrucksvolle Bauten zu erstellen (↗Riesenbaumeistersage), dafür aber andererseits oft verlangten, das erste zu opfern, das einem begegnete – tragischerweise oft die eigene Frau oder das Kind, statt, wie erwartet, der Hund (das erste ↗opfern).

Bauopfer, weitverbreitete Vorstellung, daß neben dem wichtigen Wasser (*Brunnenopfer*; vgl. die moderne, sinnveränderte Sitte, Münzen in einen Brunnen zu werden) vor allem auch die Gründung des Hauses ein Opfer verlangt. Manche Elemente davon leben bis in den heutigen Ritus der Grundsteinlegung weiter; Erz. über das B. spielten in vielen Sagen eine Rolle (↗Baumeistersage, ↗Riesenbaumeistersage).

Bautasteine: Abbildung nach Olaus Magnus (1555)

Bautasteine, Gedenksteine auf Toten, ähnl. den kelt. ↗Menhiren, in Skandinavien wohl seit dem 4. Jh. aufgestellt, manchmal mit Runeninschriften zum Schutz der Grabstätte. Nach dem literar. Zeugnis der Edda sind die B. auch noch in der Wikingerzeit Totengedenksteine: „…nicht steht ein Denkstein am Rand der Straße, wenn ihn nicht ein Familiennachkomme gesetzt hat" (Hávamál 72 in der altnord. Edda).

Bayeux-Teppich, gestickter Bild-Teppich des 11. Jh. von 70 m Länge, auf dem Szenen v. der Eroberung Englands durch Herzog Wilhelm 1066 (↗Hastings) dargestellt sind. Der Teppich zeigt u. a. interessante Details zum Schiffbau der Wikinger.

Bayeux-Teppich: der berühmteste erhaltene Bildteppich des MA, für die Kathedrale v. Bayeux hergestellt, heute im Musée de la Reine-Mathilde in Bayeux. Er zeigt in friesartiger Anordnung Szenen im Zshg. mit der Eroberung Englands durch die Normannen. Die Darstellungen sind in farbiger Wolle auf Leinwand gestickt. – Abbildungen: die Überfahrt des normann. Heeres u. die Krieger nach der Ankunft in England, wo die Schlacht v. Hastings (1066) geschlagen wurde.

Beatrice ↗Dante.

Bebryken, griech. Volksstamm unter Kg. ↗Amykos.

Bechulle, eine kelt. Zauberin, die wie Diana nn Macht über Felsen, Berge u. Bäume besaß.

Beda Venerabilis, * um 672, †735, schrieb eine mittellat. „Kirchengeschichte der Angeln" (Britannien; beendet 731) in die mit Hilfe des Kg. Ceowulf v. Northumbrien auch ältere Überl. einfloß. Beda verwendete als erster unsere Zeitrechnung (↗Anno Domini).

Beelzebul, griech. Form für eingedeutscht „Beelzebub", vgl. ↗Ba'al (Baal-Sebub).

Belacane ↗Gahmuret.

Bele von Noreg, sagenhafter Kg. v. Noreg [Norwegen], Vater der schönen ↗Ingeborg. ↗Frithjofssaga.

Belenus, kelt. Gottheit, mit Apollo gleichgesetzt; er soll die Blitze des Himmelsgottes Taranis mildern u. durch Regen u. sprudelnde Quellen zum Positiven umwenden.

Belestiche, Geliebte des Ptolemais' II. von Ägypten, hist. Kg. im 3. Jh. v. Chr.; sie wurde nach ihrem Tode in Alexandria kult. als ↗Aphrodite verehrt.

Belgae, *Belgier,* german.-kelt. Mischbevölkerung in N-Gallien, die Caesar u. der röm. Eroberung in den Jahren 57 bis 51 v. Chr. heftigen Widerstand leistete. In Zshg. damit scheint eine Auswanderung nach England erfolgt zu sein, bei der neben der Töpferscheibe u. röm. Importgütern (*vor den Römern*) auch eine Stadtkultur mit Münzwesen nach England gebracht wurde (Kultur v. Aylesford in Kent, 1. Jh. v. Chr.).

Bellerophon, bei Homer *Bellerophontes,* griech. Heros, Sohn des korinth. Kg. Glaukos u. der ↗Eurymede. Da er seinen Vater getötet hatte, mußte er den elterl. Hof verlassen u. begab sich zu Kg. Proitos v. Tiryns, dessen Gattin ↗Stheneboia in Leidenschaft zu dem Gast entbrannte. Als B. sie zurückwies, rächte sie sich, indem sie ihrem Mann gegenüber behauptete, er habe ihr nachgestellt. Daraufhin schickte der Kg., der seiner Frau glaubte, den B. zu seinem Schwiegervater ↗Iobates, Kg. v. Lykien, versehen mit einem Brief, in dem Iobates aufgefordert wurde, den Ankömmling zu töten. Iobates betraute B. mit versch. schwierigen Aufgaben, in der Hoffnung, er würde dabei zu Tode kommen; aber B. bestand alle Abenteuer mit Erfolg; er vernichtete sogar die ↗Chimaira. Schließl. gab Iobates dem Gast eine seiner Töchter zur Frau u. bestimmte, daß sein Schwiegersohn bei seinem

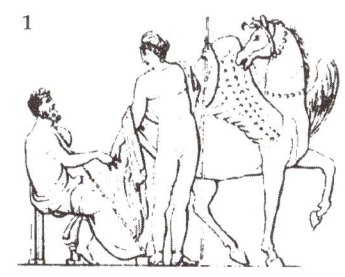

*1 Bellerophon überredet Stheneboia zu einem Ritt auf dem Pegasos.
2 Bellerophon auf dem Pegasos*

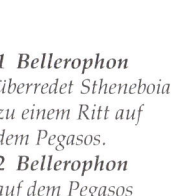

Tode seinen Thron erben solle. Nun nahm B. seinerseits Rache an Stheneboia, die er nach seiner Rückkehr nach Tiryns zu einem Ritt auf dem ↗Pegasos überredete, mit dem sie ins Meer stürzte. Später versuchte B. mit Pegasos den Olymp zu erreichen, stürzte aber, weil Zeus ihn zurückschleuderte, ab und kam zu Tode; nach anderer Version überlebte er zwar den Sturz, verfiel aber in Schwermut. – B. wurde in Korinth u. Lykien kult. verehrt.

Bellona, röm. Kriegsgöttin, häufig mit der griech. ↗Enyo gleichgesetzt, später auch mit der kappadok. Göttin Mâ; sie galt als Schwester oder Gattin des Mars oder des Quirinus. Ihr Tempel in Rom lag auf dem Marsfeld in der Nähe des Marsaltares. Vor dem Gebäude stand die sog. Columna bellica, v. der aus die ↗Fetiales durch symbol. Speerwurf den Krieg erklärten. Der Tempel der Göttin wurde häufig dazu benutzt, fremde Gesandte willkommen zu heißen.

*Bellona:
die röm. Kriegsgöttin*

Belos, griech. Heros, Sohn des Poseidon u. der Libye, Bruder des ↗Agenor; er war der Vater des ↗Aigyptos u. des ↗Danaos. Möglicherweise handelte es sich urspr. um den semit. Gott ↗Ba'al, der v. den Griechen übernommen wurde.

Benoît ↗Trojanerkrieg.

Benthesikyme, Tochter des griech. Poseidon u. der ↗Amphitrite; sie besaß mehrere Geschwister, darunter Triton. B. heiratete einen äthiop. Kg., dem sie zwei Töchter gebar; sie zog den ↗Eumolpos auf, den Sohn der Chione.

Beow, im angelsächs. Raum verehrter Fruchtbarkeitsgott; möglicherweise mit der Gottheit des Feldbaus Byggwi (↗Beyla und Byggwi) verwandt.

Beowulf, neben zweiffellos zahlreichen verlorengegangenen angelsächs. (altengl.) Heldenepen, Einzelfunden u. überkommenen Bruchstücken (↗Finnsburglied, ↗Widsith) berühmtestes altengl. Heldenlied, bewahrt in einer Handschrift des 10. Jh., entstanden wahrscheinl. bereits zu Anfang des 8. Jh. Wegen seiner Stoffe der dän. Heldensage schon um 1800 Gegenstand der dän. Forschung. – B. ist in Stabreimen verfaßt u. die älteste größere erhaltene epische Dichtung der german. Zeit. Der letzte Bearbeiter ist unbekannt, doch handelt es sich vermutl. um einen gelehrten Mönch, der an antiken Vorbildern geschult war; er versah die heidn. Sage mit christl. Beimischungen. Inhaltl. wird das Leben des schwed. Gautenfürsten B. beschrieben, der am dän. Königshof das Ungeheuer ↗Grendel u. dessen schreckliche Mutter besiegte, später aber selbst den Tod beim siegreichen Kampf mit einem Drachen fand (↗Wiglaf). B. galt als Urbild des german. Helden, dem das Epos nach Totenklage u. Darstellung der Bestattung ein Fürstenlob widmet. – Die B.sage wird hist. dem Kg. Chochilaicus, um 520, zugeordnet, dem ↗Hygelac der Dichtung.

Bera ↗Björn.

Berchte ↗Perchta.

Berenike, Tochter des Kg. Magas v. Kyrene, * um 273, †221 v. Chr. (ermordet); 247 mit Ptolemaios III. vermählt; sie opferte für die glückl. Heimkehr ihres Gatten aus dem syr. Feldzug ihr Haar. Die Erz. über B. wurde v. Kallimachos dichter. behandelt. – B. Haupthaar, *Coma Berenices*, ist ein kleines, wenig auffallendes nördl. Sternbild. Es kann als Beispiel verstanden werden für den antiken Brauch, bedeutenden Personen zu huldigen, indem man einen Stern bzw. ein Sternbild nach ihnen benannte (Katasterismos).

Bergelmir, ein nord. Riese aus dem Geschlecht des ↗Ymir; er war der einzige Riese, der nicht im Blut des getöteten Ymir ertrank, sondern sich mit seiner Frau aus den Fluten v. Blut retten konnte. B. wurde zum Stammvater der ↗Jötunen.

Bergentrückung, typ. Motiv der ↗Kaisersage aus der Wunschvorstellung, den Helden u. Herrscher nicht verstorben, sondern jederzeit zur Hife bereit nur „abwartend" im Berg zu wissen. Um 1200 wurde so z. B. erzählt, ein Diener des Bischofs von Catania, der ein Pferd suchte, hätte den Kg. Artus in seiner vollen Pracht als Herrscher im Berge Ätna thronen sehen. Nach anderen Quellen hielt sich Kg. Artus in dem paradiesis. Land Avalun auf. – Die Vorstellung der B. war außerordentl. weit verbreitet u. bezog sich auf unterschiedl. Sagengestalten: Karl den Großen, Friedrich Barbarossa, Arminius, Holger Danske usw. Als Symbol für den mag. Schlaf gilt der lange Bart, der durch den Tisch wächst, u. ä.

Bernstein, aus den Tränen der nord. Göttin Freyja entstand der B.; die Griechen brachten ihn in Zshg. mit Apollon. – Der B. wurde zur

---

> ### Beowulfs Tod beim Drachenkampf
>
> So trug der Tapfre die Trauerbotschaft
> den Lauschenden vor: von Erlognem war
> nicht vieles darin. Das Gefolge erhob sich,
> und alle eilten zur Adlerklippe,
> mit weinenden Augen das Wunder zu
> schauen.
> Da lag auf dem Sand der entseelte Leib
> des Recken, der früher die Ringe verteilte:
> Es hatte des Lebens letzte Stunde
> der Held erreicht, dahingerafft
> vom Wundentode, der Wettermark
> Herrscher.
> Sie sahen nun auch das seltsame Untier,
> den eklen Wurm gegenüber dem König
> auf das Feld gestreckt: der Feuermolch war
> versengt von der Glut, der grimmige
> Drache;
> wohl fünfzig Fuß war des furchtbaren
> Unholds
> volle Länge, der früher die Lüfte
> zur Nachtzeit durchstrich ...
>
> (aus dem altengl. Beowulf, übersetzt von Hugo Gering, 1929)

Zeit der röm. Ks. als Luxusartikel gehandelt u. auch „Elektron" gen. (eig. Bz. für eine Legierung aus Silber u. Gold). Für die Germanen war B. offenbar eine wichtige Handelsware mit dem Röm. Reich. – Man konnte nachweisen, daß der B. aus myken. Gräbern in Griechenl. v. der Ostsee (Samland) stammt. – Vgl. ↗Eridanos.

Berserker (v. altnord. *ber-serkr* = Bärenfellhemd), in der altnord. Saga eine Art v. Kriegerbund, bestehend aus wutrasenden, in ein Bärenfell gekleideten jungen Helden, die sich zur Gefolgschaft Odins gehörig fühlten. Sie steigerten sich in Ekstase u. machten alles nieder, was ihnen in den Weg kam. In ihnen verkörperte sich Odins Kampfeswut, obwohl der Gott selbst an den Kämpfen nicht teilnahm. Später bedeutete B. auch Kämpfer überhaupt. – Im modernen Sprachgebrauch wird der Begriff häufig im übertragenen Sinne verwandt u. auf Kraft u. maßlose Kampfeslust *(Berserkerwut)* bezogen. – In der Vorstellung vom tatsächl. Gestaltwechsel mit dem ↗Werwolf vergleichbar. – ↗Bjarki.

Berstuk, angebl. slaw. Gott ↗Zlebog.

Berta, weibl. Gestalt aus dem altfrz. Sagenkreis um Karl d. Gr. B. war die schöne Tochter v. Floire u. Blancheflur, die aber zwei ungleiche bzw. bes. große Füße hatte (B. altfrz. „aus grans piés" = frz. „aux grands pieds"). Trotzdem sollte sie den fränk. Kg. Pippin heiraten, aber ihr weiteres Schicksal orientierte sich u. a. an der Genovefa-Legende (nach vorgetäuschter Tötung Aufwachsen im Wald u. a.), und gerade an ihren Füßen wurde sie später erkannt. – Die Brüder Grimm versuchten eine mytholog. Deutung, und man hat B. vorschnell mit der myth. Gestalt der german. Perchta in Zshg. gebracht.

Bertangenland, ein Land, in das der junge Thidrek einen seiner ersten Feldzüge macht (altnord. ↗Thidreks saga).

Bes, altägypt. Gott, der in seinen oft derben Darstellungen (z. B. Zwergenwuchs mit großem Phallos) irdische Bereiche symbolisierte (auch Musik u. Tanz) u. dessen in Ton modellierte Figur etwa zur Aufbewahrung v. Augenschminke verwendet wurde. Stilist. Elemente davon scheinen im hellenist. Silen (↗Silene) weitergelebt zu haben, dem oft trunken dargestellten Satyr, bei dem ebenfalls grotesker Körperbau u. Betonung derber Einzelheiten (Behaarung, Geschlechtsmerkmale) auffällig waren.

Bestla, eine nord. Riesin aus dem Geschlecht des Ymir, Gemahlin des Bör, dem sie Odin, Vili u. Ve, die ersten göttl. Asen, gebar. B. galt als bes. friedliebend.

Bet Alpha: Tierkreis

Bet Alpha, Tierkreis v. B. A., ein unter der Herrschaft Ks. Justins I. (518–527) entstandenes Bodenmosaik in einer Synagoge in Israel mit der Darstellung des Tierkreises. Helios (↗Sol invictus) mit dem Sonnenwagen ist das Zentrum, in den Ecken befinden sich Darstellungen der vier Jahreszeiten. Solche Tierkreise waren in Synagogen der Zeit zw. 350 und 600 n. Chr. häufig, sie vermittelten Bilder der Hoffnung u. waren Symbole der v. geknechteten Judentum erwarteten Erlösung.

Beyla und Byggwi, *Byggvi*, zwei im Zshg. gen. nord. Ackerbaugottheiten, die im Dienste Freyrs standen.

Bia, Tochter des griech. Pallas u. der Styx, Schwester v. Kratos, Nike u. Zelos. Sie war stets an der Seite des Zeus u. half Hephaistos u. Kratos, den Titanen ↗Prometheus an einen Felsen anzuschmieden, um ihn dafür zu bestrafen, daß er den Göttern das Feuer gestohlen hatte.

Biadike, entweder sie oder ↗Demodike war die Gattin des Kretheus, des griech. Kg. v. Iolkos.

Bias, 1) griech. Kg. v. Argos; Bruder des ↗Melampus; er heiratete in erster Ehe die Neleus-Tochter Pero, mit der er mehrere Kinder hatte, darunter ↗Talaos; seine zweite Frau war Iphianassa 2), eine Tochter des ↗Proitos, mit der er Anaxabia zeugte. – 2) einer der ↗Sieben Weisen.

Biel, angebl. german. Gott, der bes. in Thüringen u. Sachsen verehrt wurde. Auf dem Felsen der Bielshöhe, in der Nähe des Klosters Ilfeld, hat Bonifatius gepredigt, nachdem er dort das Heiligtum des B. zerstören ließ. Der Götze wurde „zermalmt", doch „die Bewohner verehrten die Splitter u. Scherben wie die größten Heiligtümer". – Vgl. auch den Bielstein bei Blankenburg im Harz. Ein weiterer Ort *Bielstein* hat in der Nähe eine *Bielshöhle*, und man soll darin das Bild eines Götzen gefunden haben. Dieses gilt nur „möglicherweise", denn die Höhle wurde 1672 entdeckt u. man war, wie die mytholog. Forschung im 19. Jh. verärgert feststellte, „damals fanatisch genug, ihn nicht als merkwürdige Antiquität, sondern als Teufelsfratze zu betrachten u. sogleich für die Zerstörung Sorge zu tragen, statt ihn den Forschungen der Nachwelt zu bewahren" (W. Vollmer und H. Kern, 1851).

Biene, Symbol für den Fleiß u. das bäuerl. Wohl. Die griech. Demeter wurde als „Mutterbiene" angesprochen, ihre Priesterin als ↗Melissa. Der kretische Zeus wurde in einer Bienenhöhle geboren, Eros v. B. umschwärmt. B. konnten die Seele verkörpern, nach dem Römer Vergil waren sie „des Lebens Atem". Griech. Grabsteine hatten zuweilen die Form eines Bienenkorbs u. deuteten damit die Hoffnung auf Unsterblichkeit an. – B. u. Insekten entstehen der antiken Überl. nach im Tierkadaver, vgl. ↗Aristaios.

Bier, *Met,* in der altnord. Überl. ein wichtiges Getränk zu Festen u. Opferfeierlichkeiten. Man trank z. B. auch auf den Toten das Erbbier; die Unterirdischen brauten in ihrem ↗Kessel Bier. – ↗Kvasir.

Bifröst, der Regenbogen, der in der Vorstellung der Germanen nach Art einer gewaltigen Brücke Asgard u. Midgard miteinander verband; er wurde vom Gott Heimdal bewacht, der bei der Götterdämmerung die Asen warnen u. zum Kampfe aufrufen sollte.

Bikki, jener Ratgeber des Gotenkönigs ↗Jörmunrek, der ↗Svanhild beschuldigte, mit ihrem Stiefsohn ↗Randver die Ehe gebrochen zu haben. Der Kg. glaubte B. u. ließ Randver erhängen u. seine Gattin v. Rossen zerstampfen. – In der dt. Überl. der Dietrichsagen „Sibeche" gen.

Bile, ein v. den Kelten verehrter Gott, der als Kg. der Toten galt. Er war der Vater des ↗Mile u. der Stammvater der Bevölkerung Irlands, wo er an einem 1. Mai landete, um ↗Ith zu rächen. B. schlug die Tuatha Dé Danann u. ähnelte dem ↗Dis Pater.

Bilwis (mhd. pilwiz), merkwürdige Figur eines niederen ↗Dämons, die trotz mannigfaltiger Deutungen unklar bleibt. Der B. ist den Menschen feindl. gesinnt, verursacht Krankheiten u. nächtl. Alpträume. Als urspr. Naturdämon später durch die „Interpretatio Christiana" in einen Zauberer oder eine Hexe verwandelt.

Biozuni:
phantasievolle Zeichnung
des 19. Jh.

Biozuni, angebl. ein slaw. Götzenbild, das in Moskau noch im 9. Jh. verehrt worden sein soll. Man stellte sich die Figur als Kuhkopf mit zwei Hörnern u. lang ausgestreckter Zunge vor, mit einem nackten Oberkörper u. großen weibl. Brüsten.

Birka, Handelsort der Wikinger auf der Insel Björkö im schwed. Mälarsee, neben ↗Haithabu (Schleswig) u. Kaupang (Südnorwegen) wichtigstes Handelszentrum der Wikingerzeit. In einem Grab in B. wurde ein christl. Kreuz aus der Zeit um 900 gefunden; auch eine bronzene Buddha-Statue des 5. Jh. zeugt von den weitreichenden Handelsverbindungen. Man fand auch Bergkristallperlen ägypt. Herstellung! Zur Zeit (1993) werden in B. neue archäolog. Ausgrabungen begonnen, von denen man sich Erkenntnisse über das Alltagsleben in der Wikingerzeit verspricht.

Biskupa sögur ↗Saga.

Bistonen, ein thrak. Stamm, der die südl. Küste v. Thrakien mit der Hauptstadt ↗Abdera bewohnte.

Biterolf und Dietleib, ein höf., mhd. Epos im Zshg. mit den ↗Dietrichsagen, um 1250 entstanden u. wie viele Sagenstoffe von dem ↗Kampf gegen Freund und Verwandten, von höf. u. ritterl. Tugenden u. überliefertem Ehrgefühl handelnd; Dietleib mußte unerkannt gg. seinen Vater Biterolf, Kg. von Toledo, kämpfen, nachdem dieser vor Jahren bereits auf Abenteuer zum Hof des Hunnenkg. Attila gezogen war. Doch die beiden Verwandten erkannten sich und kehrten gemeinsam nach Toledo zurück. – Wie bereits das Kudrunepos höfisch-christl. Ideal quasi gg. das „heidn." Nibelungenlied aufbaut u. propagiert, so sind hier im bunten Gemisch Heldensagenstoffe auch der Nibelungengeschichte (Gunther, Gernot u. Hagen als Mitkämpfer Dietleibs) in das Höf. umgeformt worden. So muß auch der Kampf zw. Vater u. Sohn programmatisch ohne die übl. Tragödie enden.

Bithynien, antike Landschaft im nordwestl. Kleinasien, v. Thrakern bewohnt; seit 297 v. Chr. unabhängiges Königreich; 74 v. Chr. v. Nikomedes IV. an Rom vererbt. Der Sage nach war B. die Heimat v. ↗Philemon u. Baukis.

Biton, *Biton und Kleobis*; B., Sohn einer Herapriesterin in Argos, Bruder des Kleobis; als ihre Mutter keine Stiere besaß, zogen die beiden Söhne ihren Wagen selbst zum Heraheiligtum. Als Lohn für diese Tat wurden sie mit dem größten Geschenk, das Sterblichen zuteil werden konnte, nämlich in ewigen Schlaf zu verfallen, bedacht. Nach einer etwas anderen Version starben sie nach dem Opfer für Hera auf Bitten ihrer Mutter im Schlaf.

Bjarkamál (Mz), altnord. Heldenlied über den dän. Kg. ↗Hrolf Kraki, erschlossen aus Saxos „Gesta Danorum", in Bruchstücken in der Snorra Edda erwähnt. Die Dänen wurden zur Nachtzeit v. Schweden überfallen, aber der Wächter Bjarki, im Zauberschlaf, wachte erst bei der dritten Mahnung auf, als bereits die Königshalle angezündet worden war. – Vor der Schlacht bei Stiklestad 1030, in der der norweg. Kg. Olaf der Heilige fiel, wurden die B. vorgetragen.

Bjarki, Held der altnord. ↗Bjarkamál. – B. war ein „Bärenhäuter" (zu sehen im Zshg. mit dem ↗Berserkerglauben), der einen Bären als Sympathietier hatte. Wenn B. entrückt schlief, kämpfte der Bär für ihn.

Björn (nord. „der Bär"), Sagengestalt aus der Saga v. ↗Hrolf Kraki. Er wurde v. seiner Stiefmutter in einen Bären verwandelt, doch seine Geliebte, Bera, hielt ihm die Treue. Zus. bekamen sie drei Söhne, der jüngste u. stärkste war Bödvar Bjarki.

Black Book of Carmarthen, kymr. Sammlung (kelt.), aufgezeichnet erst um 1200, aber inhaltl. bis auf das 9. Jh. zurückgehend; wichtig für die Artusepik (↗Artus).

Blain, Gestalt der altnord. Völuspá, die im Zshg. mit der Entstehung der Zwerge gen. wird; es heißt an einer schwer deutbaren Stelle, sie seien aus „Brimirs Blut und Blains Knochen" (Gliedern) geschaffen worden.

Blancheflur, *Blancheflor, Blantseflur,* ↗Floire und Blancheflur.

Blocksberg ↗Walpurgisnacht.

Blödel, *Herzog Blödel, Blödelin,* im Sagenkreis um die Nibelungen Bruder Etzels, der im Kampf in Susat den Tod fand. Er löste mit seinem Überfall auf ↗Dankwart die Kämpfe gg. die Burgunden an Etzels Hof aus.

Blutsbrüderschaft, eine Art v. verwandtschaftl. Beziehung zw. nicht miteinander verwandten Männern; sie scheint im Vergleich mit anderen völkerkundl. Parallelen auch eine alte skandinav. Rechtsinstitution gewesen zu sein, obwohl es sich bei vielen Belegen auch um lit. Topoi handeln kann (Edda, Saga, historiograph. Quellen); altnord. Rechtstexte geben nur indirekte Hinweise. Die B. hatte ein festgelegtes Ritual mit Blutsmischung u. „Rasengang" (symbolische Vereinigung gemeinsam unter einem aufgeschnittenen Stück des Erdbodens, ähnlich anderen „rites de passage"), mit unausweichlichen Konsequenzen in Rachepflicht, Totenfolge (Asvid und ↗Asmund 2) sowie Erbrecht.

Boccaccio, *Giovanni,* *1313, †1375, ließ in seinen Romanen, entspr. der Mode der beginnenden norditalien. Renaissance, Venus u. Mars helfend eingreifen („Il Filocolo", 1345). Griech. u. röm. Götter waren Statisten in einer Welt des neu entdeckten, gelehrten Wissens um die antike Mythologie. Auch den ↗Trojaroman bearbeitete B. in „Il Filostrato", 1337/39. – In seiner neulat. „Genealogie deorum gentilium" zw. 1347 und 1360 versuchte B. zum ersten Mal einen systemat. Vergleich der antiken Götter unabhängig v. der konventionell christl. Verdammung. Um der mögl. Kritik der Kirche zu entgehen, waren seine Interpretationen häufig allegor. u. naturalist.; die Antike habe vor allem „lit." Wert. Die Genealogie des B. gilt als frühes u. wichtiges Dokument des Humanismus; sie fand viele Nachahmer in der Renaissance (Erstdruck in Venedig 1472). – ↗Demogorgon.

Bocksweihe ↗Sündenbock.

Bodb ↗Badb.

Bödvar Bjarki ↗Björn.

Bödvild, 1) Mutter v. Wieland dem Schmied nach der nord. Edda – **2)** anderer Name für ↗Bathild.

Boemus, sagenhafter Namengeber v. Böhmen nach der phantasievollen mittellat. Chronik des Cosmas aus Prag (Cosmas Pragensis, 1045–1125) u. aus einer Zeit, die zur Legitimierung der Herrschaft solche etymolog. u. genealog. Spielereien liebte. – Vgl. ↗Libussa.

Boethius, *Anicius Manlius Severinus B.,* ↗Philosophie.

Bog, allg. slaw. Bz. für „Gott" u. als Wort angebl. fremder Import (viell. aus dem Iran). Eine altruss. Bz. für den obersten Himmelsgott (↗Deus) der ↗Slawen ist sonst nicht überliefert.

Bogatyri, russ. „Helden" u. Recken der frühchristl. Dichtung mit heidn. Elementen aus der mündl. Überl. der ⁊Bylinen. Sie waren wie der german. ⁊Hildebrand u. der kelt. ⁊Cú Chulainn oft in trag. Vater-Sohn-Kämpfe verwickelt (Il'ja).

Böhmen ⁊Boemus, ⁊Libussa.

Boiotien, *Böotien*, Landschaft in Mittelgriechenl., in die um 1000 v.Chr. die Boioter einwanderten; im 5. Jh. v.Chr. kam es zur Bildung des Boiot. Bundes mit Theben als Hauptstadt. Aus B. stammen u.a. Hesiod, Pindar u. Plutarch. ⁊Theben spielte innerhalb der griech. Sagenwelt eine bedeutende Rolle.

Boiotos, Sohn des Poseidon u. der ⁊Melanippe; Bruder des Aiolos, Vater des Itonos.

Bojan, russ. Sänger, sagenhafter Dichter des alten ⁊Igorliedes.

Bojar, russ. „Held", seine Gefährten sind die ⁊Bogatyri.

Bolder, dän. Kg.; er regierte angebl. in Boldersleben bei Apenrade in Dänemark u. hatte einen Streit mit Kg. Hother von Hadersleben. Hother wurde erschlagen, u. B. ruht in einem Hügelgrab. – Späte dän. Sage des 17. Jh., die als schwacher Abglanz der Baldergeschichte angesehen werden kann, wobei allerdings nur der Name Bolder = Balder eine dürftige, viell. von Saxo oder erst vom Humanismus konstruierte Verbindung bietet.

Böllwerk, *Bölverk*, Deckname Odins, den er bei seinen Besuchen auf der Erde gelegentl. gebrauchte, so im Zshg. mit ⁊Baugi.

Bona Dea (lat. = gute Göttin), röm. Göttin der weibl. Fruchtbarkeit, deren Fest Anfang Dez. als Geheimkult nur für Frauen begangen wurde. Die Frauen versammelten sich dazu bei Nacht im Hause eines hohen Beamten, der aber selbst nicht teilnehmen durfte. Auch der Pontifex Maximus war nicht zugegen, während die Vestalinnen der Feier beiwohnten. Wein u. Myrte blieben vom Kult ausgeschlossen aus Gründen, für die die Überl. folgende Erklärungen hat: B. D., die eigentl. Fauna hieß, war die für ihre Keuschheit berühmte Tochter des Faunus, der in Leidenschaft für sie entbrannte u. sie willfährig zu machen suchte, indem er ihr Wein zu trinken gab. Als sie ihm trotzdem nicht zu Willen war, schlug er sie mit Myrtenzweigen; er erreichte sein Ziel erst, nachdem er sich in eine Schlange verwandelt hatte. – Nach einer anderen Version war B. D. die Gattin des Faunus; sie trank freiwillig zuviel Wein u. wurde deshalb v. ihrem Mann mit Myrtenruten zu Tode geschlagen. – Die Göttin besaß in Rom auf dem Aventin einen Tempel, wo Schlangen gehalten u. Heilmittel hergestellt wurden. Ihr Kult war noch in der Kaiserzeit verbreitet. Die griech. Einflüsse sind nur schwer faßbar; am ehesten ist anzunehmen, daß zw. B. D. u. einer griech. Fruchtbarkeitsgöttin Damia ein Zshg. bestand.

Bonifatius, bedeutender Vertreter der angelsächs. Missionstätigkeit, „Apostel Deutschlands" gen., 672 (675)–754. Bei seinem Wirken in Hessen fällte er der Überl. nach in der Nähe v. Geismar die dort v. den Germanen verehrte Donar-⁊Eiche.

Bonus Eventus, röm. Gottheit, die den Erfolg im Sinne eines „glückl. Ausgangs" verkörperte; scheint bes. v. den Bauern verehrt worden zu sein, besaß aber auch in Rom einen Tempel.

Book of Taliesin ⁊Taliesin.

Bör, ein nord. Riese, den ⁊Buri aus sich selbst zeugte. Er war vermählt mit ⁊Bestla, die ihm die Söhne Odin, Vili u. Ve gebar.

Boreaden, ⁊Kalaïs u. ⁊Zetes, die Söhne des Windgottes ⁊Boreas.

Boreas, bei den Griechen ein rauher Nordwind, Sohn des Astraios (⁊Winde) u. der Eos; er raubte die athen. Erechtheustochter ⁊Oreithyia

Boreas

2), entführte sie in seine Heimat Thrakien u. zeugte mit ihr die Boreaden Zetes u. Kalaïs. B. wurde v. den Griechen bes. verehrt, weil er ihnen in den Perserkriegen, speziell in der Seeschlacht v. Salamis (480 v.Chr.), gg. den Feind zu Hilfe gekommen war. – In Pferdegestalt war B. Vater der 12 Stuten des ⁊Dardanos.

Borghild, die Mutter des nord. Helden ⁊Helgi Hundlingsbani, erste Gemahlin Kg. Sigmunds; nach Borghilds Tod heiratete Sigmund in zweiter Ehe ⁊Hiördis, mit der er Sigurd zeugte.

Borgny, Tochter des nord. Kg. Heidrek; sie braucht bei der Geburt ihrer Kinder die Hilfe Oddruns (⁊Oddruns Klage).

Borgund, in Sogn/Norwegen, Stabkirche in situ, um 1150 erb. Die Kirche von B. ist seit ihrer Bauzeit relativ unverändert geblieben u. ist damit wahrscheinl. einer der ältesten, noch existierenden größeren Holzbauten Europas. Das W-Portal ist reich geschmückt mit Blatt- u. Blüten-

Borgund (Stabkirche, Schnitt)

motiven, von Drachenleibern umgeben. Die Giebelspitzen sind als Drachen geschnitzt.

Bornholm, dän. Ostseeinsel, als „Burgundarholm" um 100 v. Chr. viell. ein urspr. Siedlungsgebiet der Burgunder.

Boros, Mann der ↗Polydora 2).

böse Ratgeber, verräterische Diener u. ä. Gestalten; sie spielten in der german. u. kelt. Heldensage eine große Rolle. Prototypen waren der ↗Bikki des Gotenkg. Jörmunrek u. der ↗Bricriu der ir. Heldensage

Bosporos, Meerenge zw. der Balkanhalbinsel u. Kleinasien, verbindet das Schwarze Meer mit dem Marmarameer u. trennt Europa v. Asien. Der griech. Sage nach passierten die Argonauten den B. – ↗Io.

Bovo, *Buève de Hantone, Bevis de Hanstone,* anglonormann. Held einer Erz. aus dem 13. Jh., der viele Abenteuer bestand, bevor er sich an dem bösen „Doon von Mainz" für den Tod des Vaters rächen konnte. Man scheut sich, von einem Epos zu sprechen, u. nennt B. einen Abenteuerroman bzw. ein ↗Spielmannsepos, das in zahlr. Bearbeitungen weiterlebte u. teilweise B. zum idealisierten Ritter werden ließ, z. B. im jiddischen „Bovo d'Antona" v. 1507.

Braak, bei Eutin, Fundort (Aukamer Moor) v. Pfahlgöttern ähnl. dem Fund v. ↗Oberdorla, geborgen in der Nähe eines eisenzeitl. Wohnplatzes. Männl. und weibl. Holzfiguren, roh zurechtgeschnitzt, die Beine aus natürl. Astgabelungen, ca. 2,75 m und 2,20 m hoch (Museum Schleswig, Schloß Gottorf).

Braavallaschlacht, die älteste in versch. nord. Quellen gen. „große Schlacht", möglicherweise in Zshg. mit einer histor. Schlacht zw. Dänen, viell. unter dem Kg. ↗Harald Hildetönn (um 500), und schwed. Goten an der schwed. Ostseeküste oder späteren Kämpfen zw. schwed. Stämmen. – Wegen des bei der Schlacht erwähnten Streitwagens (nach Saxo Grammaticus), der bei den Germanen nicht gebräuchl. war, hat man fremden Einfluß auf diesen Sagenstoff vermutet.

Bragi, 1) ein Sohn Odins, der als Gott v. Dichtung u. Gesang verehrt wurde, bes. v. den ↗Skalden, als deren Patron er galt. Er gehörte zwar selbst nicht zu den großen Göttern, doch weilten die hohen Götter gern bei ihm u. ließen sich mit Liebes- u. Heldenliedern, die er ihnen vortrug, unterhalten. B. war der Gemahl der ↗Iduna, der Göttin der Jugend u. Schönheit, die er mit seiner Kunst für sich zu gewinnen wußte. Später lebten die beiden zus. in der Unterwelt, als das Welken der Weltesche Böses ankündigte. – **2)** *Bragi Boddason,* auch *Bragi der Alte,* er lebte in SW-Norwegen in der 1. Hälfte des 9. Jh. u. ist der älteste Skalde, v. dem Verse überliefert sind. Die Reste seiner „Ragnarsdrapa" beschreiben in kunstvollem Stil die Sagenszenen auf einem Schild, den der Dichter v. dem Fürsten Ragnar geschenkt bekommen hatte. B. wurde später unter die Götter versetzt u. galt als Odins Sohn u. Gott der Dichtkunst (so bei Snorri Sturluson, vgl. ↗Bragi 1).

Brakteaten, nord. ↗Heilszeichen, die als Anhänger getragen wurden; einseitig gestanzte Goldbleche, mit Herrscherfigur (Pferd, ↗Bukephalos, und Reiterkopf, ↗Kaiserbildnis); es han-

Brakteaten:
nordgerman. Brakteat in der Art eines Bukephalos mit Reiterkopf, v. dessen Stirn ein Hakenkreuz ausgeht

delt sich um Nachbildungen antiker Münzen oft mit glückbringenden Runeninschriften versehen; ↗Alu, ↗LaukaR. – Lat. = bractea, aus dünnem Gold- u. Silberblech einseitig geprägte Geldmünzen des MA.

Bran, *Brain, Immram Brain,* ir. Sagenstoff, der die Seefahrt Brans zum Inhalt hat. Entstanden wohl schon im 7. Jh.; Erz. mit dem zentralen Motiv der Schilderung des ↗„Landes der Lebenden", des ir. Paradieses.

Brandan ↗Brendan.

Bräunlingen, Fundort einer Zierscheibe des 7. Jh. (Bad. Landesmuseum, Karlsruhe). Die durchbrochen gestaltete Scheibe zeigt eine bei den Alamannen u. in der Merowingerzeit nach spätröm. Vorbildern (vgl. ↗Reiterheiliger) übernommene, beliebte Reiterdarstellung. Der Krieger zu Pferd mit eingelegter Lanze ist möglichst naturalist. dargestellt, die Konturen sind scharf eingeprägt.

Brautstein ↗Visbeker Braut und Bräutigam.

Brautwerbermärchen, russ. Märchentyp mit großer Ähnlichkeit zur Heldensage v. der Werbung um ↗Brynhild (↗Nibelungensage).

Brávallaschlacht ↗Braavallaschlacht.

Breidablik, dt. *Breitglanz,* Balders herrliche Halle in Asgard, wo er mit seiner Gemahlin ↗Nanna lebte. Den Wohnsitz des tugendreichsten u. lichtvollsten aller Götter dachten sich die Germanen als Stätte bes. Reinheit, wo ein Altar stand, an dem die Asen Allvater verehrten, während Balder als Priester waltete.

Breithut ↗Hakelberg.

Bremberger ↗Herzmære.

Brendan, *Brandan,* ein sagenhafter Heiliger, der abenteuerl. Reisen überstand, nach dem Vorbild der ir. Erz. von ↗Mael Duin; überliefert in einer altfrz. Fassung mit dem Titel „Le voyage de Saint Brendan" v. viell. um 1106. – Den hist. Kern der Erz. bildet der hl. Brendan, Abt von Clonfert, * um 480, † um 576, der eine Missionsreise nach Schottland unternahm, um die sich die Legenden rankten.

Bretonen, in der frz. Bretagne inselkelt., d. h. brit. Stamm, der im 5. Jh. von den ↗Angelsachsen verdrängt wurde. Die ältere breton. Lit. ist nur durch die frz. Vermittlung bekannt, z. B. durch ↗Marie de France.

Brian, *Brian Bórú,* ir. Held, siegte (u. starb) in der Schlacht von ↗Clontarf 1014 gg. die Wikinger. Seit 1002 regierte er als Oberkönig v. Irland. Seine Harfe ist heute das ir. Wappenzeichen.

Briareos, einer der griech. ↗Hekatoncheires; Sohn der Gaia, Bruder v. Kottos u. Gyges. Er wurde v. Uranos in den Tartaros geworfen, aber v. Zeus befreit, dem er fortan in seinem Kampf gg. die Titanen zu Hilfe eilte.

Bricriu, zwielichtige Gestalt der ir. Heldensage mit den Beinamen „böse Zunge" oder „Giftzunge"; versuchte, bei einem großen Festmahl Zwietracht zw. Cú Chulainn u. den anderen Helden zu stiften, was nur mit Mühe verhindert wurde (↗Fled Bricrenn). Die gleiche heimtückische Rolle spielte B. an der Tafel des Kg. von

Munster, als es darum ging, ein Schwein richtig zu verteilen (↗Schwein des Mac Da Thó).

Brigit, ir.-kelt. Gottheit, vgl. ↗Dagda.

Brimir, Gestalt der altnord. Völuspá, die in Zshg. mit der Entstehung der Zwerge gen. wird. Es heißt an einer schwer deutbaren Stelle, sie seien aus „Brimirs Blut und Blains Knochen" (Gliedern) geschaffen worden.

Briseïs, eigentl. *Hippodameia,* Tochter des ↗Brises v. Lyrnessos, die vor Troia gefangengenommen worden war u. ↗Achilleus als Sklavin u. Geliebte diente. Als Agamemnon, der auf seine eigene Geliebte verzichten mußte, weil die Götter die Pest ins griech. Lager geschickt hatten, B. für sich begehrte, kam es zu einem schweren Streit zw. ihm u. Achill: Achill weigerte sich, weiter an den Kämpfen teilzunehmen, u. brachte dadurch die Griechen in schwere Bedrängnis.

Brises von Lyrnessos, Herrscher in der Nähe v. Troia; wurde v. Achilleus mit seiner ganzen Familie getötet, mit Ausnahme seiner Tochter ↗Briseïs.

Brisingamen, in der german. Mythologie das berühmte Halsband der Göttin Frigg (Freyja). Es war v. Zwergen angefertigt, mit jedem v. denen die Göttin zum Dank eine Nacht verbracht haben soll. Als Odin der ehel. Betrug seiner Gemahlin hinterbracht wurde, beauftragte er Loki, das Halsband zu stehlen, was diesem gelang. Heimdal entriß das Schmuckstück indessen in hartem Kampf dem Loki, der sich dabei in verschiedene Tiere verwandelte, u. gab es der Bestohlenen zurück. – B. wird im altnord. Thrymlied der Edda u. im altengl. Beowulf erwähnt.

Britannia, *England,* seit 55 v. Chr. von Caesar erobert, 122 mit dem Hadrianswall (Limes) gg. die ↗Schotten geschützt, um 450 v. den ↗Angelsachsen besiedelt, die die kelt. Bevölkerung unterwarfen.

Briten, die kelt. Einwohner Britanniens vor der Einwanderung der Angelsachsen u. vor skand. (dän. und norweg.) u. normann. Eroberungen. Nach *einer* typ. Geschichtsauffassung des MA stammten die B. v. den Troianern ab. Brutus, ein Urenkel des Aeneas, sei der Gründer des Reiches gewesen (so berichtete ↗Geoffrey of Monmouth).

Britomartis, altkret. Göttin, häufig mit den Göttinnen Diktynna u. Aphaia in Zshg. gebracht. Bei den Griechen galt sie als Tochter des Zeus u. der Karme, die als Nymphe im Dienste der Artemis stand, oft aber auch mit ↗Artemis gleichgesetzt wurde. Als Minos sie zu seiner Geliebten zu machen suchte (nach anderer Überl. war sie die Geliebte des Minos, suchte sich ihm aber zu entziehen), sprang sie ins Meer, wurde jedoch v. Fischern in einem Netz gefangen (daher Diktynna). B. fand als Göttin der Jäger, Fischer u. Seeleute Verehrung.

Brittia, Bz. für England, nach Prokops „Gothenkrieg", 6. Jh. (↗Prokopius), das Land der Toten; in der dt. Volksüberl. wurde daraus „Engelland", das Land der Engel bzw. Seelen.

Brock, ein nord. Zwerg, der zu den berühmten Schmieden gehörte; Bruder des ↗Sindri.

Broddenbjerg, in Dänemark Fundort einer Götterstatue aus Eichenholz, eine männl. Figur mit langem Hals, Bart u. stark betontem Geschlechtsteil; offenbar ein Fruchtbarkeitsgott (?), der als Moorfund erhalten blieb.

Brontes, einer der griech. ↗Kyklopen, Sohn des Uranos u. der Gaia, Bruder des Arges u. des Steropes; wie seine Geschwister besaß er nur ein Auge mitten auf der Stirn.

Brot af Sigurdarkvidu, Bruchstück eines altnord. Liedes der Edda auf ↗Sigurd.

Broteas, 1) Sohn des Tantalos u. der Dione; Bruder v. Niobe u. Pelops. Er meißelte das älteste Bild der griech. Göttermutter in einen Felsen; als er sich weigerte, dasselbe für Artemis zu tun, ließ sie ihn in Wahnsinn verfallen, u. er verbrannte sich selbst, wobei er sich für unsterbl. hielt. – Man kann in der Erz. eine viell. hist. Auseinandersetzung um die Vorherrschaft des einen oder des anderen Kults in der Entwicklung der griech. Götterwelt sehen; auch ↗Artemis wurde z.T. als „Große Mutter" verehrt u. setzte sich schließl. durch gg. die namenlose ältere „Göttermutter". – **2)** eines der Kinder des Amphion u. der ↗Niobe. – **3)** Bruder des Amnon, ein geschickter, unbesiegter Boxer.

Brücke. Mit der B. haben wir nicht nur das empfindl. Glied wichtiger Verbindungswege, sondern man verstand auch in den versch. Kulturen das grundsätzl. Bedrohliche des Übergangs an sich. Lokale Dämonen mußten besänftigt werden, Opferaltäre gaben Schutz (z.B. der röm. Neptunus). Nordgerman. B. zum Jenseits waren ↗Bifröst u. ↗Gjallarbru. Man verband auch das Praktische mit dem Nützlichen im Glauben an die Jenseitsbrücke als Weg der Toten, indem man den Bau v. Knüppeldämmen u. befestigten Wegen als wohltätiges Werk verstand (↗Jarlabankes Runenstein).

Brüdermärchen, weltweit verbreiteter Märchentyp mit dem Motiv der Zwillingsgeburt am Anfang (↗Dioskuroi, ↗Zwillinge) u. der Drachentöter-Erz. (↗Drachenkämpfe) als Kern. Eine Überl. ist seit altägypt. Zeit bekannt.

Brülow, Caspar, ↗Andromeda.

Brünhild ↗Brynhild.

Bruni, *Bruno,* Geheimname für Odin, der dem dän. Kg. ↗Harald Hilditönn in den Schlachten als Ratgeber zur Seite stand.

Brunnanburh, *Brunanburh,* im Jahre 937 Ort für „die große Schlacht" Kg. Adalsteins gg. die Schotten u. Iren (= irische Wikinger); Ausgangspunkt intensiver Sagenbildung, wobei der Ort selbst aber nicht genauer lokalisiert werden kann. Über das Geschehen berichtet dichterisch die ↗Angelsächsische Chronik.

Brunnen, für ↗Urdr, einer der drei nord. Schicksalsnornen, ist der B. der bes. Ort ihrer Weissagung. Das Motiv v. Schicksalsbrunnen ist bei vielen Völkern verbreitet.

Brunnenopfer ↗Bauopfer.

Bruno, Bruder des Friso (↗Friesland).

Brut, *Brutus,* mittelengl. Epos v. Layamon, um 1165, auf der Grundlage der Dichtung über ↗Artus v. Wace. Brutus wurde zum Urenkel des Aeneas u. zum myth. Stammvater der Britannier gemacht. Vgl. ↗Roman de Brut.

Brynhild, *Brünhild, Brunhilde,* in der german. Mythologie u. Heldensage eine Gestalt, die in versch. lit. Werken in jeweils unterschiedl. Ausprägung auftritt. Der Name bedeutet soviel wie „Kämpferin in der Brünne", u. Stärke u. Kampfesmut sind denn auch ein durchgehender Zug ihres Wesens. – In der nordgerman. Mythologie (Hauptquelle die Edda, mhd. Parallele das Nibelungenlied) begegnet B. uns als Walküre, die gg. den Willen Odins ↗Agnar in einem Kampf den Sieg gab u. dafür v. dem höchsten Gott in eine v. der ↗Waberlohe umgebene Burg verbannt u. mit dem ↗Schlafdorn in einen tiefen Schlaf versetzt wurde, aus dem ↗Sigurd sie erlöste (hier wird das Dornröschenmotiv des Märchens sichtbar). Die beiden verliebten sich ineinander u. gelobten sich ewige Treue, die Sigurd indessen brach, als ihm am Hof der Burgunder die Erinnerung an B. als der Frau, der er sich verlobt hatte, durch einen Zaubertrunk genommen wurde. Er wandte sich Gudrun (Kriemhild) zu, der Tochter des am Rhein regierenden Königs Giuki (Gunther), der auch drei Söhne, Gunnar, Guttorm u. Högni (Hagen) besaß. Gunnar begehrte B. zur Gattin, wußte jedoch, daß sie nur dem ihre Hand reichen würde, der den Mut hätte, die Waberlohe zu überwinden. Da Gunnar selbst dieser Mut fehlte, übernahm Sigurd die Tat in Gestalt Gunnars. Er zog B. den

Ring ↗Andvaranaut, den er ihr einst geschenkt hatte, vom Finger u. streifte ihr einen anderen Reif über. Bei der Doppelhochzeit litt sie schmerzlich daran, Sigurd an Gudruns Seite zu sehen, und sann auf Rache. Da sie v. Gudrun wußte, daß Sigurd die Waberlohe ein zweites Mal durchritten hatte, erzählte sie Gunnar, Sigurd habe die Nacht in ihren Armen verbracht, obwohl dieses nicht der Wahrheit entsprach. Die Edda berichtet, Guttorm habe daraufhin Sigurd im Schlaf ermordet, sei aber selbst noch v. dem Sterbenden, der sein Schwert nach ihm warf, getötet worden. Nach anderer Version wurde er auf der Jagd v. hinten umgebracht, u. als Sigurd verbrannt wurde, habe B. ebenfalls den Scheiterhaufen bestiegen, weil sie ohne den verhaßten u. zugleich überaus geliebten Mann nicht leben wollte. – Im mhd. ↗Nibelungenlied tritt B. als kraftvolle Heroine auf, die sich nur dem Manne unterwerfen wollte, der ihr an Mut überlegen war. Da Gunther sich ihr nicht gewachsen fühlte, schlüpfte Sigfrid in die Tarnkappe u. bezwang die Widerspenstige, vollzog aber nicht die Ehe, sondern schlief, durch ein Schwert getrennt, neben ihr. Als Kriemhild bei einem Streit der beiden Königinnen den Betrug entdeckte u. behauptete, ihre Schwägerin sei Sigfrids Kebse gewesen, stachelte sie Hagen zum Mord an Sigfrid an. Hagen tötete den sonst unbesiegbaren Helden (vgl. ↗Drachenblut) v. hinten, als er sich über eine Quelle beugte. – Die Geschichten um B. kennen im einzelnen eine Reihe von Varianten. In Richard Wagners „Ring des Nibelungen" steht die nord. Version nach der ↗Snorra Edda im Mittelpunkt: B. u. Sigfrid werden als liebendes Paar dargestellt, das aufgrund unglückl. Verkettungen nicht endgültig zueinander finden kann.

Brynhilds Helfahrt, altnord. Heldenlied der Edda. Es erzählt in Ichform zurückblickend v. dem Schicksal der Heldin, die dem toten Sigurd auf den Scheiterhaufen folgte.

Bubona, eine durch bes. Schönheit ausgezeichnete röm. Göttin, mit ↗Epona identisch.

Buchprosalehre ↗Saga, ↗Kontinuität.

Büchse der Pandora ↗Pandora.

Budli, schwed. Kg., der zwei Schwerter besaß, das eine dazu verflucht, zwei Brüder, die Enkelkinder des Kg., zu töten. B. ließ daraufhin das verzauberte Schwert in den Mälarsee versenken, von wo es aber von ↗Asmund später wieder gehoben wurde.

Bukephalos (griech. = „Stierkopf", wegen einer Blesse an der Stirn), sagenhaft mächtiges Pferd Alexanders des Großen, möglicherweise ↗Dulcifal der nord. Überlieferung, auf jeden Fall Bildtyp (mit tatsächl. Stierhörnern) des Heldenpferdes u.a. auf nord. ↗Brakteaten. Es war Alexanders Lieblingspferd u. soll der Überl. nach ein hohes Alter v. 30 Jahren erreicht haben.

Bulcán Gobha, ir. der Höllenschmied, der die Waffe schmiedete, mit der ↗Finn den mächtigen Kg. ↗Dáire Donn zu töten vermochte. Diese Waffe wurde in der Nacht zu Dáires Geburt gefertigt.

Burgunder, ostgerman. Volksstamm, der im 2. Jh. v. Chr. v. Skandinavien kam u. in das Gebiet zw. Oder u. Weichsel zog. Anfang des 5. Jh. gründeten die B. ein Reich am Mittelrhein mit der Hauptstadt Worms; 436 wurden sie v. Aëtius u. den mit ihm verbündeten Hunnen vernichtend geschlagen. Ihr Kg. Gundahar (Gunther) kam mit seiner Sippe um. In diesen Ereignissen ist der geschichtl. Hintergrund des Untergangs der B. in der Nibelungensage zu sehen. Die Reste der B. schufen sich seit 443 im Rhônegebiet (Bourgogne, Westschweiz) ein neues Reich, das 534 v. den Franken erobert wurde.

Burgunderuntergang	Die Burgen der der Nibelungensage: Gunther Gernot Giselher Hagen von Tronje Volker von Alzey

Burgunderuntergang, Vernichtung des mittelrhein. Burgunderreiches um 436, ein hist. Ereignis als Anregung für die Sagenbildung (↗Nibelungensage). Als Kg. des Burgunderreiches um Worms ist „Gundaharius" belegt (↗Gunther). Er fiel in der Entscheidungsschlacht u. mit ihm angebl. 20 000 Krieger seines Volkes. Die Reste der Burgunder siedelten im heutigen Burgund, u. ihr dort 516 überliefertes Gesetz, die „Lex Burgundionum", nennt als frühere Könige auch Gundahari, Gislahari, Godomar u. Gibica, die den Gestalten der Nibelungensage dem Namen nach entsprechen.

Buri, ein menschl. Wesen, das die Kuh ↗Audhumla aus dem salzigen (!) Eis leckte. B. zeugte aus sich selbst einen Sohn namens Bör und galt als Stammvater der nord. Götter.

Busiris, Kg. v. Ägypten, der auf den Rat v. zwei Sehern alle Fremden umbrachte u. dem Zeus opferte, um eine Dürre v. seinem Land abzuhalten. Er war der Sohn des Poseidon u. der ↗Lysianassa u. der Bruder des Memphis. Als der verhaßte Herrscher auch Herakles zu opfern versuchte, wurde er v. diesem samt seiner Dienerschaft erschlagen.

Butes, 1) ein griech. Argonaut, Sohn des Poseidon (nach anderer Version des Teleon) u. der Zeuxippe. Als die Argonauten, v. Kolchis kommend, an den ↗Sirenen vorüberfuhren, deren Gesang Orpheus durch sein Leierspiel zu übertönen versuchte, um die Helden davor zu bewahren, diesen betörenden Gesang zu hören, sprang B. als einziger über Bord, um zu den Sirenen zu schwimmen; er wurde jedoch v. Aphrodite gerettet. – **2)** Sohn des Boreas, Halbbruder des Lykurgos, des Kg. v. Thrakien, gg. den er ein Komplott anzettelte; er wurde verbannt u. lebte seither als Seeräuber. Nachdem er eine Prinzessin namens Koronis geraubt hatte, trieb Dionysos ihn zum Wahnsinn; B. sprang in eine Welle u. ertrank. – **3)** Sohn des ↗Pandion u. der Zeuxippe; Zwilling des Erechtheus u. Bruder v. Philomele u. Prokne; er heiratete Chthonia, eine Tochter des Erechtheus.

Buthroton, der Sage nach Hafen v. Epeiros, v. Helenos nach dem Fall v. Troia gegründet.

Butz ↗Elben.

Bybassos, ein Ziegenhirt, Vater der Syrna, der Gattin des ↗Podaleirios.

Byggwi ↗Beyla und Byggwi.

Byline, russ. *Bylina*, altruss., episches Lied vor allem mit hist. u. legendenhaften Stoffen. Wo Heldensagen der ↗Bogatyri („Recken") aufgegriffen wurden, schimmert ältere Überl. durch, die an die mündl. russ. Tradierung v. Kiew (↗Nestorchronik) vom 11. bis zum 13. Jh. anschließt (↗Igorlied).

Byrhtnoth, hist. Held des altengl. Epos v. der Schlacht bei ↗Maldon; er stellte sich in Essex mit einer kleinen Schar v. Kriegern den einfallenden Wikingern entgegen und fiel in der Schlacht des Jahres 991.

Byron ↗Euphorion.

Byzanz, *Konstantinopel, Istanbul,* von Ks. ↗Konstantin 330 n. Chr. als „Nova Roma" zur Hauptstadt erhoben, war für die Wikingerzeit „die" große Stadt (Miklagard, „großer Hof" gen.), in der die Königssöhne sich als Anführer der Palastgarde bewähren konnten (z. B. der spätere norweg. Kg. ↗Harald). B. war das traditionelle Ziel der Wikinger auf ihrem „Ostweg" v. Schweden über Rußland (↗Rus) an das Schwarze Meer. Auch nach der Spätantike war es ein wichtiger Vermittler v. Ideen aus dem Alt. an das Abendland u. damit indirekt ein Auslöser der oberitalien. ↗Renaissance.

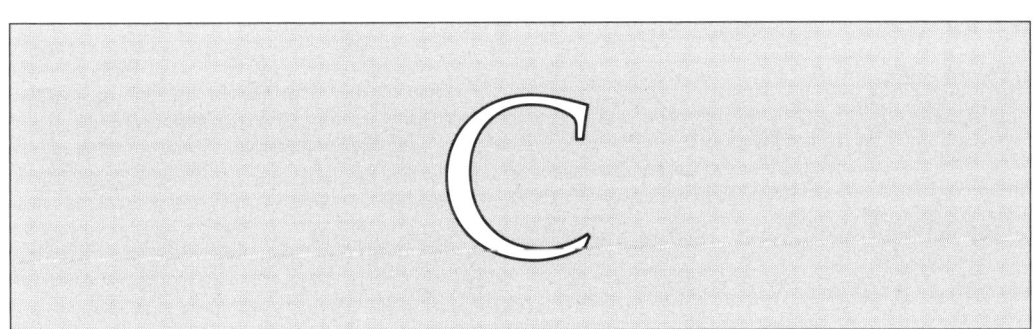

Caca, altröm. Göttin des Herdes, Tochter des Vulcanus, Schwester des ↗Cacus, mit dem man sie in einer sehr frühen Phase auch als Götterpaar in Zshg. brachte. C. wurde durch ↗Vesta abgelöst.

Cacus, altröm. Gott, Sohn des Vulcanus, zuerst auf dem Palatin, später auf dem Aventin verehrt. Der Sage nach war er ein feuerspeiender Riese, der in einer Höhle auf dem Aventin hauste und vorüberziehende Wanderer tötete.

Als ↗Herakles bei einer seiner Heldentaten mit den Rindern des ↗Geryoneus des Weges kam, zog C. einen Teil der Tiere an den Schwänzen in seine Höhle. Durch das Gebrüll der Rinder aufmerksam gemacht, drang Herakles in die Höhle ein und tötete den C.

Caduceus, lat., Heroldsstab mit Doppelschlange (↗Schlangenstab), ein Symbol des Friedens u. des Schutzes bei Hermes (Kerykeion, vgl. ↗Hermes) u. ↗Mercurius.

Caeculus, Bundesgenosse des Turnus gg. Aeneas; nach örtl. Überl. gilt er als Gründer von Praeneste.

Caelius, *Coelius, Coelius mons,* der südöstlichste der 7 Hügel des alten Rom.

Caerlon, der Hof des Kg. ↗Artus mit vielen berühmten Rittern (nach Gottfried von Monmouth).

Caesar, *Gaius Iulius Caesar,* röm. Feldherr, Staatsmann u. Schriftsteller, *100 v.Chr., †44 v.Chr. Seine Darstellung über den Gallischen Krieg („Commentarii de bello Gallico") sind eine wichtige frühe Quelle über die Gemanen. – C., zunächst Cognomen (Beiname) im altröm. Geschlecht der Julier; v. Augustus als Adoptivsohn des Gaius Julius C. ebenfalls geführt u. seither Teil der Titulatur der röm. *Kaiser,* seit Hadrian auch der jeweiligen Thronfolger. In der Tetrarchie Diokletians 285–306 für die Unterkaiser gebräuchlich. – Man nimmt an, daß der

Caesar:
Gaius Julius Caesar

„Kjar" des altnord. Atliliedes in der Edda als ein allg. reicher Kg. Caesar sein soll: „ … besser als alle Hunnen; mein Kampfroß ist das beste, meine Klinge die schärfste, mein Helm u. Schild die hellsten aus der Halle des Kjar", prahlt der Erzähler v. seinen offenbar aus dem Röm. Reich importierten Waffen.

Caieta, in der Sage die Amme des Aeneas, Eponyme (myth. Namengeberin) der Stadt C., wo sie der Überl. nach begraben sein soll.

Cairn, kelt. Wort für Steindenkmal, gäl. *carn,* Bz. für die Steinsetzungen, für bes. aufgeschüttete Steinhaufen mit einem Kammerngrab; wichtige Zeugen der steinzeitl. Kultur; vgl. ↗Megalithgräber.

Calpe, antiker Name für Gibraltar; im Alt. bekannt als eine der „Säulen des Herakles".

Camasena, viell. die Mutter des ↗Tiberinus durch Janus.

Camelot, sagenhafte Burg des Kg. ↗Artus, auf der die ↗Tafelrunde tagte.

Camenae, altröm. weissagende Quellnymphen, die in Rom nahe der Porta Capena verehrt wurden, wo die Vestalinnen tägl. Wasser holten. Später wurden sie den griech. ↗Musen gleichgesetzt.

Camilla, Tochter des Metabus, ital. Kg. der Volsker, u. der ↗Casmilla; später selbst Königin der ↗Volsci. Sie war eine Jungfrau u. wurde in den der Diana heiligen Wäldern zur Jägerin u. Kriegerin erzogen. C. kämpfte auf seiten des Turnus gg. Aeneas, bis sie durch einen Pfeilschuß den Tod fand.

Campus Martius, *Marsfeld,* das im alten Rom dem ↗Mars geweihte Exerzier- u. Versammlungsfeld im Tiberbogen; bis Aurelian außerhalb der Stadtmauern gelegen. Seit dem letzten Jh. der Republik wurde der C. M. mit Tempeln, Thermen u. a. öffentl. Gebäuden ausgestaltet.

Camulos, kelt. Gott, der mit dem röm. Mars gleichgesetzt wurde. Sein Attribut war ein Bock oder ein Widder bzw. ein Hammel. Damit ist wahrscheinl. auch das bevorzugte Opfertier bezeichnet.

Canens, eine röm. Nymphe, Tochter des Janus u. der Göttin Venilia; sie war mit ↗Picus verheiratet u. lebte mit ihm in glücklicher Ehe. Als ↗Kirke sich um Picus bewarb u. dieser sie zurückwies, verwandelte ihn die Zauberin aus Rache in einen Specht; C. suchte ihren Gemahl lange vergebl. u. wurde schließl. wie ↗Echo zu einer körperlosen Stimme. Nach anderer Version löste sich die Nymphe aus Gram über den Verlust ihres Gatten in ihren eigenen Tränen auf. – Picus (lat. = Specht) wurde zum heiligen Vogel des Mars; er galt zwar nicht als Gott, doch wurde ihm eine gewisse Verehrung zuteil.

Capella, *Capra,* lat. die „(kleine) Ziege", vgl. ↗Amaltheia, ↗Ziege.

Capitolinus mons, der ↗Kapitolinische Hügel in Rom.

Capricornus, lat. Bz. für das Sternbild Steinbock. C. war nach seinem Vater Aigipan, dem halbziegenartigen Pan, ben. u. wurde als Ziehbruder des kleinen Zeus auf dem Berge Ida unter die Sterne versetzt.

Capys, ein Troianer u. Gefährte des Aeneas, der in Troia vor den Gefahren des Hölzernen Pferdes warnte. Er kam mit Aeneas nach It. u. galt als der sagenhafte Gründer v. Capua.

Cardea, röm. Göttin der Türangel (cardo), eine jungfräul. Jägerin, die Janus liebte. – ↗Carna.

Carman, ir. Göttin, die in dem Rufe stand, eine hervorragende Zauberin zu sein. Ihre kult. Verehrung geschah vor allem durch Pferderennen.

C. geriet in die Gefangenschaft der Tuatha Dé Danann, die ihre Zauberkraft brachen, so daß sie ihre Bedeutung verlor.

Carmarthen ↗Black Book of Carmarthen.

Carmenta, eine Prophetin, die der Sage nach mit ihrem Sohn ↗Euandros v. Arkadien, wo sie Nikostrata oder Themis gen. wurde, nach Rom kam; sie soll in Versen geweissagt haben. – Wahrscheinl. handelte es sich in Wirklichkeit um eine altröm. Geburtsgöttin, die beim Kapitol, unweit der nach ihr ben. Porta Carmentalis, ein Heiligtum besaß. Ihr Fest, die *Carmentalia,* wurde im Jan. v. den Frauen begangen.

Carmina Arvalium, lat. kult. Lieder der Flurbrüder, der ↗Fratres Arvales.

Carmina Saliorum, lat. Lieder der Salier (↗Salii), kult. Gesänge einer Priesterklasse zu Ehren v. Mars u. ↗Quirinus.

Carna, altröm. Göttin, deren Funktionen nicht eindeutig bestimmbar sind. Ihr Name leitet sich vermutl. v. caro = Fleisch ab, könnte aber auch etrusk. Ursprungs sein. An ihrem Fest am 1. Juni wurden ihr in ihrem Heiligtum auf dem Caelius Bohnen u. Speck geopfert. Man brachte sie deshalb häufig mit dem Totenkult u. der Unterwelt in Zshg., während sie in Wirklichkeit die Göttin der körperl. Organe (Herz, Lunge etc.) war. – Ovid erzählt über C. eine völlig andere Geschichte. Danach war sie eine Nymphe, die sich ihrer vielen Verehrer zu erwehren wußte, indem sie ihnen befahl, vor ihr in eine Höhle zu gehen; sie selbst lief davon, wenn die Freier ihr den Rücken kehrten. Diese List fruchtete indessen nichts bei dem doppelgesichtigen Janus, der C. für sich gewinnen konnte. Aus Dankbarkeit, daß sie ihm ihre Gunst geschenkt hatte, verlieh Janus ihr die Macht, nächtl. vampirähnl. Wesen zu verjagen. – Viell. waren die Göttinnen C. u. ↗Cardea urspr. identisch.

Carnac ↗Megalithgräber.

Carthago ↗Karthago.

Casmilla, Gattin des Metabus, des Kg. der Volsker; Mutter der ↗Camilla.

Cassiodorus, *Flavius Magnus Aurelius C. Senator, Cassiodor,* schrieb um 551 n.Chr. eine „Geschichte der Goten", in der er ihre Einwanderung aus dem sagenhaften Land der Skythen schilderte. Die skyth. Geten wären ↗Goten gewesen, ihre Frauen Amazonen. C. erweist sich als glühender Verehrer der Goten, deren Geschichte er bis in seine hist. Zeit hinein weiterverfolgte: Ermanerichs unglückl. Kampf gg. die Hunnen u. die Ostgotenherrschaft unter Theoderich (474–526).

Castor, lat. Form für ↗Kastor, ↗Dioskuroi.

Catamitus, die röm. Entsprechung zu Ganymedes, dem Sohn des ↗Tros 1).

Cathba, einer der berühmten ir. ↗Druiden.

Cathubodua, eine weibl. kelt. Gottheit; in ihrer Nacktheit soll sie die kriegerische Raserei verkörpert haben.

Catull, *Gaius Valerius Catullus, Katull,* röm. Dichter des 1. Jh. v.Chr.; er gestaltete in seinen sehr persönl. u. natürl. wirkenden, leidenschaftserfüllten Gedichten Natur-, Freundschafts- u. bes. Liebeserlebnisse. Später griff er auch mit scharfen, gg. Caesar gerichteten Spottversen in die Tagespolitik ein. Auch seine unter griech. Einfluß stehenden längeren Gedichte u. Kleinepen, darunter das Epos über die Hochzeit des Peleus u. der Thetis mit der Klage der Ariadne als Kernstück, zeigen eigene Prägung.

Catumarandus, sagenhafter kelt. Kg., erwähnt v. ↗Pomponius Trogus.

Celtchar, ir. Held, der eine ↗unfehlbare Lanze besaß.

Cenioyd ↗Pikten.

Centimani, lat. Name für die im Griech. ↗Hekatoncheires gen. hunderthändigen Riesen.

Cerberus ↗Kerberos.

Cerealia, Bz. für das am 19. April gefeierte röm. Fest der ↗Ceres, das später zu Ehren der Göttertrias Ceres, Liber u. Libera begangen wurde.

Ceres, röm. Göttin des Ackerbaus u. aller der Ernährung dienenden Pflanzen, zugleich auch Ehe- u. Totengöttin. Sie wurde spätestens seit dem 6. Jh. v.Chr. mit der griech. ↗Demeter

Ceres: Gestaltungen der Fruchtbarkeitsgöttin

gleichgesetzt. 496 v.Chr. begann man in der Nähe des Circus Maximus mit dem Bau eines Tempels, der wenige Jahre später der Göttertrias Ceres, Liber u. Libera geweiht wurde. C. war in ausgeprägtem Maße die Göttin der Plebeier; sie sollte dafür sorgen, daß die plebeischen Volkstribunen die Gesetze einhielten, u. ihr Tempel war der rel. Mittelpunkt der plebeischen Gemeinde. Um 250 v.Chr. trat eine wesentl. Wandlung ein, insofern jetzt griech. Priesterinnen den Kult vollzogen, in dem, in enger Anlehnung an Demeter, die Suche der Mutter nach ihrer verlorenen Tochter Proserpina (Persephone) eine zentrale Rolle spielte.

Ceridwen („die bucklige Frau"), in der kymr. Überl. eine Hexe aus dem Buch von ↗Taliesin. C. hatte einen Sohn Afagddu, der in seiner absoluten Dunkelheit als der häßlichste Mensch der Welt galt. Für ihn braute C. einen Trank der Allwissenheit, v. dem jedoch aus Versehen der kleine Gwion kostete. Als dieser, nun die Zukunft selbst erkennend, vor der Hexe floh, wurde er verfolgt. Märchenhaft verwandelte er sich in versch. Gestalten („magische Flucht"), zuletzt in ein Weizenkorn, das die Hexe verschlang. Der Sohn, der nach neun Monaten zur Welt kam, war so schön, daß sie ihn nicht töten wollte. Nach versch. Verwicklungen erwarb dieser ↗Taliesin, d.h. „der Schönstirnige", sich als kelt. Barde einen bedeutenden Namen.

Cerne Abbas, Dorset, ↗Rasenbilder.

Cernunnos, *Cernunnus,* kelt. Gott, der vor allem im nördl. u. östl. Teil Galliens verehrt wurde. Charakterist. für seine Darstellung ist ein Hirschgeweih, über dessen Bedeutung Unklarheit herrscht; ob es sich tatsächl. um eine Manifestation des göttl. Geistes in einem an sich für ein Tier typ. Merkmal handelt, wie gelegentl. angenommen wird, läßt sich nicht mit Sicherheit nachweisen (vgl. ↗Hirschsymbolik). Häufig ist C. auch v. Tieren umgeben. Die Abb. auf dem berühmten Kessel v. ↗Gundestrup zeigt ihn im Buddhasitz, in dem man ihn auch sonst findet; in der einen Hand hält er einen Ring, in der anderen den Kopf einer Schlange. Ein Relief in Reims stellt ihn mit einem Sack dar, aus dem Münzen herausfallen. Das könnte darauf hinweisen, daß man in ihm den Gott des Reichtums sah; er scheint jedoch auch als Gott der Unterwelt gegolten zu haben. – ↗Esus.

Cesarn, ein ir. Druide auf Tara, der in der Geburtsnacht des Kg. ↗Conn eine Weissagung dichtete.

Cet mac Mágach, ir. Held aus Connacht in der Provinz Munster; er fand keinen Ebenbürtigen, bis er mit ↗Conall Cernach, dem Helden aus Ulster, zusammentraf (Erz. v. ↗Schwein des Mac Da Thó).

Chaldäer, *Chaldäer,* Bz. für die Bevölkerung v. S-Babylonien, in der Antike für die babylon. Priester u. für bes. angesehene Wahrsager.

Chalkedon, griech. Kg. der Abanten auf Euboia, Vater des ↗Elephenor. Er wurde in Theben. v. Amphitryon getötet.

Chalkiope, Tochter des Aietes, des Kg. v. Kolchis, Gemahlin des ↗Phrixos, dem sie die Söhne Argos, Melas, Phrontis und Kytissoros gebar. Nachdem die griech. Argonauten ihre schiffbrüchigen Söhne gerettet hatten, überredete C. ihre Schwester Medeia, ↗Iason das Goldene Vlies erlangen zu helfen. – Die Sage um Phrixos hat eine ganze Reihe v. Varianten.

Chalkis, Hauptstadt der griech. Insel Euboia. Im 8. u. 7. Jh. v.Chr. bedeutende Handelsstadt mit vielen Koloniegründungen, bes. auf der Halbinsel Chalkidike. 506 v.Chr. v. Athen unterworfen. Der Sage nach ist die Stadt nach Chalkis, einer Tochter des Asopos, ben.

Chamäleon, griech. „Erdlöwe", erschien bereits in antiken Beschreibungen u. Erz. mit phantast. Fähigkeiten (konnte fliegen u. seine Hautfarbe nach eigenem Willen wechseln) u. wurde auch später ein wichtiges Symboltier etwa für die Wechselhaftigkeit des Schicksals.

Chanson de Roland, altfrz. anonymes Heldenepos, wahrscheinl. um 1100 entstanden (Oxforder Handschrift aus dem 12. Jh.). Behandelt werden die Erz. um den exemplar. Helden ↗Roland im Zshg. mit der ↗Karlssage. Karl d. Gr. kämpfte gg. den heidn. Kg. Marsilius v. Saragossa. Auf der Rückkehr aus Spanien geriet die Nachhut des Heeres bei Roncevaux (Roncevalles) in den Pyrenäen in einen Hinterhalt, dem zuletzt nur Olivier u. Roland standhielten. Erst kurz v. dem Tod rief Roland mit seinem sagenhaften Horn Olifant Karl d. Gr. zu Hilfe. Die Helden waren bereits gefallen, aber die Sonne blieb stehen, damit Kg. Karl d. Gr. die Heiden noch am gleichen Tag erfolgreich vertreiben konnte. – „Die Heiden" sind heimtückisch u. hinterhältig, die Franzosen [Franken] v. aufopfernder Tapferkeit u. voll Liebe zu „la dulce France" [la douce France]. Hist. Hintergrund ist der Spanienzug Karls d. Gr. im Jahre 778, zeithist. die Kreuzzugsbegeisterung.

Chaos, im griech. Mythos die gähnende Leere als Sinnbild für den Zustand der Welt vor Entstehung alles Seienden; auch als ungeordneter Urstoff vor aller Stofflichkeit u. ihren Gesetzen begriffen. Aus dem C. gingen Erebos u. Nyx hervor, nach anderen Vorstellungen Gaia (Erde), Tartaros (Unterwelt) u. Eros (Liebe). Nach orphischer Kosmogonie erzeugte die Zeit (Chronos) aus sich Aither u. C. Die Spekulationen über das C. waren zahlr. und z.T. sehr unterschiedlich. – Die german. Entsprechung hieß ↗Ginnungagap.

Chariklo, eine griech. Nymphe, Gattin des Eueres u. Mutter des ↗Teiresias. Sie war ein Liebling der Athena.

Charis, griech. Göttin, viell. Gemahlin des ↗Hephaistos, des Herstellers erlesenster Kunstwerke, dem sich die Göttin als ↗Personifikation der Anmut zugesellte. Sie wurde in Sparta, Attika, aber auch in anderen Gegenden Griechenlands kult. verehrt. Da C. der Singular zum Plural ↗Chariten ist, gehörte sie viell. urspr. zur Gruppe dieser Göttinnen.

Chariten (griech. = die Holden), Göttinnen der Anmut, Töchter des Zeus u. der Eurynome; sie treten oft im Gefolge v. Hermes, Aphrodite u. Apollon auf, seit Hesiod meist in der Dreizahl als Aglaia (= Glanz), Euphrosyne (= Frohsinn) u. Thaleia (= die Blühende). Den griech. C. entsprachen die röm. ↗Grazien. – ↗Charis.

Charon, in der griech. Mythologie der greise Fährmann, der die Toten über die Unterweltflüsse Acheron, Kokytos, Styx u.a. setzte u. an die Pforten des ↗Hades brachte. Voraussetzung war die vorangegangene Bestattung des Toten u. ein Obolos (Münze), der dem Verstorbenen in den Mund gelegt werden mußte. Wahrscheinl. handelte es sich bei C. urspr. um einen alten Totengott. In der späteren griech. Volkssage hat sich die Gestalt des C. als *Charos* erhalten. – ↗Phlegyas. – Die Sitte, dem Toten eine *Charonsmünze* in den Mund zu legen, wurde z.T. v. den Germanen (vgl. ↗Gepiden) übernommen, dazu gibt es Funde in provinzialröm. Gräbern des 3. und 4. Jh., aber auch auf Gotland in Schweden.

Charon: der greise Fährmann der Unterwelt u. Hermes

Chartres, in den Fußboden der Kathredrale v. C. ist ornamentartig ein ↗*Labyrinth* eingelassen, ebenso in anderen großen frz. Kathedralen des 13. Jh. (Reims, rekonstruiert in Amiens). Wir wissen, daß in Sens 1413 (u. vorher angebl. „traditionell") beim Ostergottesdienst auf dem Labyrinth „gespielt" wurde. In Auxerre führte man 1396 ebenfalls zu Ostern ein „Ballspiel mit Reigentanz" auf. Die entspr. Labyrinthe existierten bis 1690 (Auxerre) bzw. 1768 (Sens). In C. bezog sich ein dort belegter Reigen („chorea" gen.) allerdings offenbar nicht auf das Labyrinth. Dennoch liegt es nahe, zw. Kult u. altertüml. Labyrinthformen Parallelen zu ziehen, die auch im nordgerman. Bereich bestanden haben können (vgl. ↗Trojaburgen). – Der ganze kult. Komplex hat in der älteren Forschung eine große Rolle gespielt, wurde hinsichtl. angebl. german. Kontinuitäten ideolog. mißbraucht u. stößt heute durchgehend auf große Skepsis.

Charun, Totengott der ↗Etrusker, mit Hammer, Pferdeohren u. abschreckender Maske. In dieser Vermummung schleppte auch der röm. Totengott Dis Pater die Gefallenen nach dem Gladiatorenkampf v. Platz.

Charybdis

Charybdis, sagenhaftes Ungeheuer, v. dem Homer in der griech. Odyssee erzählt: ein Meeresstrudel, der dreimal am Tage Wasser einsog u. es mit lautem Gebrüll wieder ausspie. Der C. gegenüber drohte ↗Skylla, u. beide gemeinsam bildeten für die Seefahrer eine beinahe unüberwindl. Gefahr, der selbst Odysseus nur mit Mühe entging. Schon im Alt. nahm man als Ort meist die Meerenge v. Messina an.

Chatten, ein german. Stamm; sie galten als die Vorfahren der Hessen.

Chattenring, german. Form eines Gelübdes mit ↗Gürtung und Bindung, wie es Tacitus in der ↗Germania, Kap. 31, überliefert: „Sie ließen sich Bart und Haare wachsen, bis der erste Kampf sie von diesem Gelübde löste. Die Tapfersten trugen außerdem einen eisernen Ring wie eine

Fessel, bis sie sich durch Tötung eines Feindes davon freimachen konnten." Formal bekannt auch im röm. Prometheusring (Plinius: virtutis bellicae insigne), in hoch- und spätmittelalterlichen Selbstfesselungen als Strafe u. Buße (freiwilliger Gefangener S. Leonhards) u. in märchenhaften Stoffen („Eiserner Heinrich"). – ↗Torques.

Chaucer ↗Troilus and Criseyde.

Cheilon ↗Chilon.

Cheiron, *Chiron*, im griech. Mythos der einzige unsterbl. ↗Kentaur, Sohn des Kronos u. der ↗Philyra; er lebte in einer Höhle des Peliongebirges u. zeichnete sich durch Weisheit, Gerechtigkeit u. Güte aus. C., urspr. wohl ein thessal. Gott der Heilkunst, wurde zum Erzieher u. Ratgeber vieler bedeutender griech. Heroen, darunter Asklepios u. Achilleus. Als Herakles bei der Verfolgung der Kentauren ihn versehentl. unheilbar verwundete, trat C. seine Unsterblichkeit an Prometheus ab u. wurde v. Zeus in einem Sternbild verewigt.

Chelone, eine griech. Nymphe, die der Sage nach die Heirat v. Zeus u. Hera lächerl. machte u. zur Strafe in eine ewig schweigende Schildkröte verwandelt wurde. – C. war auch die volkstüml. Bz. für eine Münze der Insel Aigina, die eine Schildkröte zeigte.

Cheru, bei einigen german. Stämmen wohl Name für ↗Tyr; da Cheru die Bedeutung v. „Schwert" hat, wurde der Gott nach seinem Hauptsymbol ben.

Cherusker, german. Stamm, zu dem ↗Arminius gehörte.

Chilon, *Cheilon*, bedeutender spartan. Staatsmann u. Philosoph des 6. Jh. v. Chr., der entscheidend an der Innen- u. Außenpolitik Spartas beteiligt war u. vor allem das Ephorat verstärkt haben soll. Es werden ihm eine Reihe v. Aussprüchen, wie „gnothi seauton" = erkenne dich selbst, zugeschrieben. Später verehrte man C. als Heros u. rechnete ihn zu den ↗Sieben Weisen.

Chimaira (griech. = Ziege), *Chimäre*, feuerspeiendes Ungetüm der griech. Mythologie, häufig dargestellt mit Löwenkopf, Ziegenkörper u. Drachen- oder Schlangenschwanz; jeder der drei Teile kann auch in einem eigenen Kopf

Chimaira:
etrusk. Bronze;
5. Jh. v. Chr.

enden. Dieses Mischwesen, Ausdruck des Dunklen u. Unheimlichen, verwüstete seine Umgebung, bis es v. ↗Bellerophon getötet wurde. Im heutigen Sprachgebrauch ist C. auch häufig Sinnbild für ein vages Phantasiegebilde.

Chione, 1) eine Tochter des griech. ↗Daidalion, die viele Freier hatte. Sie wurde bes. v. Hermes u. Apollon geliebt u. gebar den beiden ein Zwillingspaar, dem Hermes ↗Autolykos, Apollon den ↗Philammon. Ein Teil der Überl. berichtet, C. sei v. Artemis aus Neid erschossen worden, als sie sich rühmte, schöner als die Göttin zu sein. – **2)** Tochter des ↗Boreas u. der ↗Oreithyia 2). Sie gebar den ↗Eumolpos, den sie der Überl. nach ins Meer warf, um ihre Schande zu verheimlichen. Eumolpos wurde jedoch v. Poseidon gerettet.

Chiron ↗Cheiron.

Chloe, Daphnis u. Chloe, (↗Daphnis 1).

Chloris, 1) Tochter des griech. Amphion u. der ↗Niobe; sie war möglicherweise die einzige Tochter des Paares, die der Tötung durch Apollon u. Artemis entging. C. heiratete ↗Neleus, dem sie eine Tochter u. zwölf Söhne gebar, die bis auf ↗Nestor alle gg. Herakles fielen. – **2)** Mutter des ↗Mopsos 1) durch Ampykos.

Chochilaicus, hist. Person, im Mythos Kg. ↗Hygelac im altengl. ↗Beowulf.

Chor, nach dem altruss. ↗Igorlied Bz. für den Sonnengott der Slawen.

Chrétien de Troyes, frz. Dichter, * vor 1150, † um 1190; bedeutendster Gestalter des höf. Epos in Frankreich. Er schuf in gereimten Versen abgefaßte abenteuerl. Erz. aus dem breton. Sagenkreis um Kg. ↗Artus. Seine Hauptthemen sind höf. Liebe u. die Entwicklung des vollkommenen Ritters. C. behandelte als erster die Grallegende (im Percevalroman, ↗Parzival) und wirkte nachhaltig auf die dt. Lit. des MA (Wolfram v. Eschenbach, Hartmann v. Aue).

Christianisierung. Die C. in der Antike ging langsam vor sich u. blieb nicht ohne Gegenbewegungen. Das späte Heidentum erlebte im Kult um ↗Mithras ein neue Blüte; christl. u. heidn. Elemente vermischten sich (↗Synkretismus), u. das Christentum selbst hatte versch. Auseinandersetzungen auszustehen (vgl. ↗Arius). – Vgl. auch nord. ↗Mission u. siehe chronologische Übersicht auf S. 91.

Chromios, Sohn des ↗Neleus. In einer Schlacht zw. 300 Argivern u. 300 Spartanern waren er und Alkenor die einzigen Überlebenden auf argiv. Seite. Bei den Spartanern überlebte nur ↗Othryadas.

Chronicon ↗Fredegar, ↗Thietmar von Merseburg.

Chronographia, im volkssprachl. Griech. verfaßtes Geschichtswerk des Ioannes Malalas aus dem 6. Jh.; die Darstellung begann wie üblich bei Adam u. verteidigte vehement das Christentum, indem heidn. Mythen verächtlich gemacht, aber auch zitiert wurden.

Chronographiai, griech. „Zeittafeln" des Iulius Africanus (um 180–245 n. Chr.) seit der Weltschöpfung (demnach errechnet nach heutigen Vorstellungen mit ca. 5500 v. Chr.) u. erster Versuch eines heidn.-christl. Vergleichs. Jüdische u. hellenist. Elemente wurden in Form der Zusammenschau (↗Synkretismus) miteinander verquickt.

Chrysaor, Sohn des griech. Gottes Poseidon u. der Medusa, aus deren Schoß C. zus. mit dem geflügelten Pegasos hervorkam, als Perseus Medusa tötete. Er heiratete die Okeanide ↗Kallirrhoë 4), die ihm den ↗Geryoneus, ein dreiköpfiges, nach anderer Version dreileibiges Ungeheuer, das bei den Abenteuern des ↗Herakles eine Rolle spielte, gebar. Viell. war auch ↗Echidna eine Tochter des C.

Chryse, Tochter des griech. Halmos v. Orchomenos, Schwester der ↗Chrysogeneia, Mutter des Ares-Sohnes ↗Phlegyas.

Chryseïs, in der Ilias Tochter des Apollonpriesters ↗Chryses 3). Sie wurde v. den Griechen vor Troia gefangen u. zur Lieblingskonkubine des Agamemnon, dem sie den Sohn ↗Chryses 1) gebar. Da Agamemnon die Herausgabe seiner Sklavin auf Begehren ihres Vaters verweigerte, schickte Apollon den Griechen die Pest ins Lager u. zwang auf diese Weise den Agamemnon, C. nach langer Weigerung freizugeben. Als Agamemnon sich daraufhin ↗Briseïs, der Lieblingssklavin des Achilleus, zuwandte, kam es zu einer schweren Auseinandersetzung zw. den beiden Helden.

Chryses, 1) Sohn des Agamemnon und der ↗Chryseïs. – 2) Sohn des Hermes; Mitregent auf der Insel Paros. – 3) Vater der ↗Chryseïs, ein Apollonpriester. Als die Griechen sich weigerten, seine Tochter, die in ihre Hände gefallen war, zu ihm zurückzuschicken, betete er um Rache, u. Apollon schlug die Griechen vor Troia mit der Pest.

Chrysippos, Bastardsohn des griech. Pelops, der v. ↗Laïos nach Theben entführt wurde. Hera sandte daraufhin die Sphinx, um die Thebaner zu bestrafen. C., der sich durch bes. Schönheit auszeichnete, wurde v. seinen beiden Halbbrüdern Atreus u. Thyestes oder v. Hippodameia, der Gattin des Pelops, ermordet.

Chrysogeneia, Tochter des Halmos, Schwester der ↗Chryse, Mutter des Minyas.

Chrysothemis, eine Tochter des ↗Agamemnon u. der ↗Klytaimestra.

Chthon (griech. = Erde), vgl. zur Bedeutung des Namens ↗Gaia.

Chthonia, 1) Tochter des ↗Kolontas, die ein Heiligtum für Demeter errichtete, nachdem ihr Vater vernichtet worden war, weil er die Göttin mißachtet hatte. – 2) Tochter des Erechtheus; sie heiratete Butes 3), den Zwillingsbruder des Erechtheus.

Chthonios, einer der ↗Spartoi; Bruder des Echion, Hyperenor, Peloros u. Udaios. ↗Kadmos. – ↗Klonia.

Chthonisch ↗Erdgottheiten, ↗Unterwelt.

Cicero, *Marcus Tullius C.,* entwickelte in seinem Werk „De natura deorum" (Über das Wesen der Götter) um 45 v. Chr. in dialekt. Weise seine v.

Christianisierung
(Etappen des verdrängten Heidentums in Rom und Athen)

311 n. Chr. röm. Toleranzedikt des Augustus Galerius

312 Sieg Ks. ↗Konstantins I. über Maxentius im Zeichen des Christentums (↗Kranz)

313 Gleichberechtigung für die Christen

346 in Griechenl. u. Rom wurden heidn. Opfer verboten

361–363 unter Ks. ↗Julianus Apostata vergebl. Versuch, die heidn. Religion wieder einzuführen

382 der Victoria-Altar des Augustus wurde aus dem röm. Senat entfernt

386 unter Ks. Theodosius d. Gr. wurden in Griechenl. die Tempel geschlossen

392 die private Götterverehrung wurde verboten

398 fanden im ägypt. Alexandria noch Isis-Prozessionen statt

416 Ks. Theodosius II. ließ in Griechenl. alle Heiden aus Staatsämtern entfernen

um 500 ist der Isis-Kult auf der Nil-Insel Philae beendet

527–565 unter Ks. Justinian wurde das Christentum zur alleingültigen Rechtsnorm erklärt

529 wurde die heidn. Akademie in ↗Athen geschlossen (↗Neuplatonismus)

Toleranz bestimmte Haltung zu den Göttern als „diesen großen Unbekannten" der Philosophie. Das Leugnen der Existenz v. Göttern sei keine Lösung, doch es gäbe keine widerspruchsfreien Gründe, die *für* sie sprächen. Der Zweifel bleibt eine philosoph. Methode zur Annäherung an die Wahrheit.

Cinead ua hArtacáin, ir. Dichter († 975), ↗Emain Macha.

Circe, griech. ↗Kirke, nannte der italien. Philosoph G. Gelli seine Dialoge, welche die Erlaubnis für Odysseus, die von C. in Tiere verwandelten Menschen wieder zu erlösen, zum Thema hat. Aber die Auster *will* gar nicht mehr zum Fischer werden u. sich plagen müssen, die Schlange *will* nicht mehr als Arzt nur Unzulängliches tun müssen usw. Im Geiste des Neuplatonismus u. des ↗Humanismus wird Mythologie zur Gesellschaftskritik verwendet (gedruckt in Florenz 1549). – Das span. Werk „Circe" v. Lope de Vega (1624) macht deutl., wieviel an mytholog. Wissen damals beim Leser vorausgesetzt werden konnte.

Cividale, im O des italien. Venetien gelegen, ein Zentrum kirchl. Kunst der ↗Langobarden. Das Calixtus-Baptisterium im Dom, ein Taufbecken, ben. nach dem Patriarchen Callisto (8. Jh.), birgt als Brüstungseinfassung u. a. die sogen. *Sigwald-Platte* mit reichem Bandgeflecht, Pflanzen- u. Tierornamenten. Sigwald war langobard. Patriarch (762–776); auf ihn verweist eine Inschrift. – Ebenfalls ein Hauptwerk langobard. Kunst ist am gleichen Ort (Museum im Dom) der *Pemmo-Altar*, geweiht für den langobard. Herzog Pemmo (Anfang 8. Jh.) mit bibl. Szenen. Die Figuren haben „birnenförmige" Köpfe u. „Glotzaugen", die für die (heidn.) langobard. Kunst charakterist. scheinen. Die figürl. Darstellungen auf beiden Denkmälern wirken im Ggs. zum ornamentalen Bandgeschlinge relativ unbeholfen: christl. Kunst mit heidn. Stileinflüssen (?).

Clio, ↗Kleio, eine der Musen.

Clontarf, hist. bedeutsamer Schlachtort (in der Nähe von Dublin), wo 1014 die Iren v. Munster unter Brian Bórú die einfallenden norweg. Wikinger besiegten. Damit war ein großer Sieg gg. die Fremdherrschaft errungen, seit die Wikinger im Jahre 832 das Bistum Armagh auf Irland eroberten. – Brian, Kg. von Tara, entschloß sich trotz der Übermacht gg. den in Dublin herrschenden norweg. Wikingerkönig Sigtrygg zu kämpfen, der seinerseits auch noch v. den mächtigen Jarls auf den Orkneys unterstützt wurde. Brian, der in der Entscheidungsschlacht sieg-

reich blieb, starb an seinen Wunden. – Die Bedeutung der Schlacht u. der drückenden Fremdherrschaft der Wikinger ist in den hist. Annalen (um 1130 oder früher) sagenhaft übersteigert worden. In der altnord. Überl. lebte das Geschehen in dem ↗Walkürenlied weiter. Unter den ↗Íslendinga sögur berichtet auch Njáls saga davon.

Cobthach, ir. Kg. der Provinz Leinster, der durch Labraid, den rechtmäßigen Erben des Königtums, auf der Burg ↗Dinn Rig ein furchtbares Ende fand.

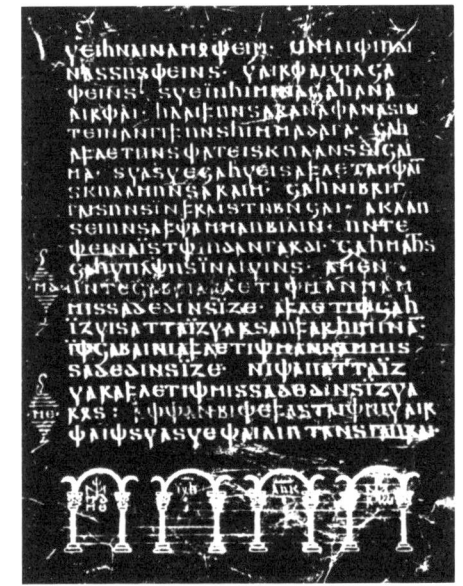

Codex argenteus: eine Seite der Handschrift, die die gotische Bibelübersetzung Wulfilas enthält. Uppsala, Universitätsbibliothek

Codex argenteus (lat. = silberner Codex), eine in Uppsala aufbewahrte prächtige Handschrift des 6. Jh., die auf purpurnen Pergamentblättern in silberner, teils goldener Schrift die Bibelübersetzung des Westgoten ↗Wulfila aus dem 4. Jh. enthält. Die Schriftzeichen vermischen z. T. Elemente des griech. Alphabets mit german. Runenzeichen.

Codex regius, Handschrift des späten 13. Jh. der altnord. ↗Edda. Vgl. Abbildung S. 93.

Coirpre, *Coirbre,* ein berühmter ir. Dichter, der Kg. Lug versprach, Verwünschungen gg. seine Gegner zu rezitieren. Eine andere Überl. erzählt, der fomorische Kg. Bress, der als bes. geizig verschrien war, hätte den Barden C. so schlecht bewirtet u. dazu mit Hohn u. Spott überhäuft, daß dieser, v. Wut gepackt, den Herrscher verfluchte. Das geschah in Form eines Gesanges mit dem Inhalt, Bress möge eines Tages ohne Wohnstätte u. ohne Speise sein.

Cola di Rienzo ↗Petrarca.

Columban ↗iro-schottische Mission.

Coma Berenices ↗Berenike.

Compitalia, röm. Fest der ↗Lares, das an den compita, den Kreuzwegen, gewöhnl. Ende Dez. oder Anfang Jan. gefeiert wurde.

Conaire, nach dem Tod des ir. Kg. v. Tara, Eterscéle, zum Herrscher von Ulster gewählt. Er war mit versch. Tabus belegt (↗Geis). Diese übertrat er nacheinander auf trag. Weise u. fand dabei den Tod in der Herberge Da Dergas, deren „Feuerschein von außen zu sehen ist" u. wo vor ihm „drei Rothaarige sind, die C. nicht überholen darf". So wurde er v. seinen Feinden gestellt u. nach langen Kämpfen erschlagen.

Conall Cernach, ein Ziehbruder ↗Cú Chulainns; er rächte schließl. dessen Tod (ir. ↗ Aided Con Culainn). Mit Cú Chulainn war C. auf das verräter. Fest des Bricriu eingeladen (↗Fled Bricrenn).

Conchobor, *Conchobar*, sagenhafter ir. Kg. von ↗Ulster, lebte angebl. im 1. Jh. n. Chr.; vergleichbar den Gestalten v. Karl dem Großen und Kg. Artus in den entspr. Sagenkreisen. C.s Neffe war der sagenhafte Held Cú Chulainn, sein Palast stand bei ↗Emain Macha, unmittelbar

Codex regius: Seite der berühmtesten u. ältesten Handschrift der Älteren Edda (wahrscheinlich ausgehendes 13. Jh.)

westl. v. Armagh. Die Gegner von C. waren die Herrscher v. ↗Connacht. – Als Bösewicht erscheint C. in der trag. Liebesgeschichte des „Ur-Tristan" v. ↗Noísiu und Deirdre. – C. wird nach dem Buch v. Leinster ein Sohn der Ness u. ein Enkel des Eochu Salbuidhe („Gelbferse") gen. Sein Name erinnert an das Totem des Hundes. In seine Mutter hatte sich Kg. Fergus verliebt, aber sie bestand darauf, daß ihr Sohn C. ein Jahr lang über Ulster regieren dürfe. Das räumte der Kg. ein, und nach einem Jahr wollte die Bevölkerung C. als Kg. behalten. – Die Annalen v. Tigernach nennen als das Todesjahr des C. das Jahr 48 n. Chr. Eine Kalkkugel soll in seinen Schädel geschleudert worden sein u. blieb dort sieben Jahre lang stecken, ohne daß C. deswegen starb. Als er aber v. Tode Christi erfuhr, regte er sich so auf, daß die Kugel herausfiel u. mit ihr sein Gehirn. So starb er angebl. als „frommer Christ".

Concordia,
die Göttin der Eintracht:
Rückseite einer
röm. Münze

Concordia, altröm. Göttin, ↗Personifikation der Eintracht. Nach Beendigung der Ständekämpfe zw. Patriziern u. Plebeiern 367 v. Chr. erbaute ihr der röm. Feldherr u. Politiker Camillus am Westende des Forums einen Tempel, der ihre bedeutendste Kultstätte blieb, obwohl 216 v. Chr. ein weiterer Tempel auf dem Kapitol errichtet wurde. – Die C. war auch ein beliebtes Motiv römischer Münzen; hier wurde sie häufig mit Opferschale u. Füllhorn gezeigt.

Condwiramur, Frau des ↗Parzival.

Congall, Ziehsohn des ir. Kg. Domnall; er lehnte sich gg. seinen Ziehvater auf, vermochte diesen aber nicht zu besiegen (↗Dún na nGéd).

Conle, Sohn des ir. Kg. ↗Conn, Heldenfigur einer Abenteuersage oder eines Feenmärchens, viell. schon aus dem 8. Jh. Conle Ruad, der „rote" Conle, sah eines Tages visionär neben seinem Vater eine Frau „aus dem ↗Lande der Lebenden", dem überirdischen Paradies. Die Frau wollte C. in das Jenseits locken, u. bevor sie dem Zaubergesang der Druiden weichen mußte, warf sie C. einen unvergängl. Apfel zu, v. dem der Held immer wieder voll Sehnsucht aß. – In einer zweiten Vision wurde die Ankunft des Missionars Patricius auf Irland verkündet, der die teufl. Macht der ↗Druiden brechen werde. Schließl sprang C. in ein gläsernes Boot, das ihn aus dieser Welt führte.

Conn, *Conn Cétchathach,* ir. Kg., der angebl. von 123 bis 157 regierte u. von dessen Geburt bereits Fíngen Wunderdinge zu berichten wußte. C. würde die zerstrittenen ir. Reiche alle in seiner Hand vereinigen. Sein Sohn war ↗Conle. – Als C. eines Tages auf der Mauer seiner Burg Tara auf einen bestimmten Stein trat, gab dieser mehrere Schreie von sich. Die Filid, die gelehrten Dichter, erklärten dem Kg., das sei der „Königsstein" ↗Lía Fail, der Schreie in der Zahl ausstoße, wie Conns Nachkommen auf Tara regieren würden.

Connacht, ir. Herrschaft mit einem Burghügel in Cruachan, heute in der Grafschaft Roscommon. Hier residierten in der ir. Heldensagenzeit der Kg. Ailill u. seine Frau Medb, die traditionellen Gegner des ir. Kg. ↗Conchobor.

Consentes, *Consentes Di,* urspr. Bz. für die 12 etrusk. Götter, die den Götterrat bildeten; später Name für die 12 großen olymp. Götter, deren Statuen das Forum Romanum schmückten.

Consivius (lat. = der Sämann), Epitheton des Janus, der in der röm. Sage als Gott der Zivilisation galt.

Consus, röm. Agrargott, dessen Name v. condere = bergen, vergraben, abgeleitet wurde. Er war der Schutzgott des nach altital. Brauch in Korngruben aufbewahrten Getreides u. besaß deshalb auch einen unterird. Altar in der Nähe des Circus Maximus, ferner seit dem 3. Jh. v. Chr. einen Tempel auf dem Aventin. Seine Feste, die *Consualia,* zu denen der unterird. Altar aufgedeckt wurde, fanden am 21. August u. am 15. Dez. statt. Weil bei den Feierlichkeiten u. a. Pferderennen abgehalten wurden, sah man C. irrtümlicherweise auch als Poseidon-Neptun an oder, in fälschlicher Ableitung seines Namens v. consilium, als Gott des guten Rates. – ↗Ops.

Copia, röm. Göttin des Reichtums u. Überflusses; als Dienerin der Fortuna trug sie das Füllhorn, das stets mit Speise u. Trank gefüllt war.

Cormac, *Cormac Mac Airt, Cormaic,* im 3. Jh. erster hist. faßbarer Kg. Nordirlands, regierte auf ↗Tara. Er war der Sohn des Art, der in der Schlacht v. ↗Mag Mucrama (im Jahre 195 – die Datierungen schwanken je nach den Quellen) fiel u. von Mac Con vom Thron vertrieben wurde. Cormac konnte nach vielen Verwicklungen die Königswürde für sich wiedergewinnen. – Der Sage nach gaukelte ihm Manannán

Mac Lir, der Gott des Meeres, versch. Wunderdinge vor: einen silbernen Zweig mit goldenen Äpfeln, der beim Schütteln eine Musik hervorbrachte, bei der alle Menschen zufrieden einschliefen. Für den Preis dieses Zweiges mußte C. seine Tochter Ailbe, seinen Sohn u. schließl. seine Frau Eithne dem Meeresgott ausliefern. Bei dem Versuch, dieses zu verhindern, geriet C. in ein überirdisches Paradies, wo er fürstl. bewirtet wurde. Wieder auf die Erde zurückgekehrt, fand er sich mit seiner Familie nahe der Burg Tara, in der Hand den silbernen Becher, mit dem er Wahrheit und Lüge voneinander unterscheiden konnte. Die Vision schildert wahrscheinl. unter Einfluß fremder Literaturen (z. B. der Sprüche Salomos in der Bibel) die Vorstellung v. dem gerechten Herrscher auf Erden nach Quellen des 11. Jh.

Cormacs Glossar, *Cormac mac Cuilennáin,* ir. u. teilweise lat. Wörterbuch des Cormac mac Cuilennáin († 908), der als Bischof u. Kg. von Munster in der Tradition klass.-antiker Etymologien schwierige Wörter seiner Heimatsprache sammelt u. erläutert. Dabei überliefert er auch viele Einzelheiten über die ir. Haupthelden ↗Cú Chulainn u. ↗Finn 3).

Corneille, *Pierre,* ↗Andromeda.

Corona borealis (= Nördl. Krone), im griech. Mythos der Kranz der ↗Ariadne, den Dionysos an den Himmel versetzte.

Cosmas, *Cosmas Pragensis,* ↗Boemus.

Cotys ↗Phrygien.

Couvade ↗Männerkindbett.

Crist, altengl. Gedicht des ↗Cynewulf 2) aus dem 8. Jh. n. Chr.; in den Endepisoden nach „Geburt" u. „Auferstehung" folgt eine Schilderung des Jüngsten Gerichts, „The domes daege", in Anlehnung an heidn.-german. Vorstellungen von der ↗Ragnarök. Die Naturgewalten sind entfesselt, Stürme u. Erdbeben wüten, zuletzt bricht eine gewaltige Feuersbrunst aus, die alles zerstört. Doch aus der Asche u. durch die Sonnenfinsternis strahlt dann doch das christl. Kreuz der Verheißung über die verdunkelte Welt.

Crocco, *Kroko,* sagenhafter Held, der im Namen der poln. Stadt Krakow verewigt worden sein soll. Seine Töchter (vgl. ↗Libussa) hätten bei der Gründung von Böhmen Pate gestanden (vgl. ↗Boemus).

Cromlech, kelt. Steinkreise, ↗Megalithgräber.

Cruachan, Burghügel der ir. Herrschaft ↗Connacht.

Cruithne ↗Pikten.

Cú Chulainn, *Cúchulainn* (= „Schlachthund des Schmiedegottes Culann"), größter irischer Sagenheld u. Hauptgestalt des Epos „Táin Bó Cuailnge"; verteidigte allein die gesamte Provinz Ulster (Nordirland) gg. die übrige irische Insel; er hatte eine ↗unfehlbare Lanze (↗Emire, ↗Forgall Manach). Einzelsagen behandeln Episoden aus seinem Heldenleben, so z.B. „Serglige Con Culainn" aus dem 12. Jh. eine merkwürdige Krankheit, die den Helden befiel, u. damit zus. hängend seinen Besuch im Jenseits, im Paradies der ir. Mythologie (↗Mag Mell). Aber auch dort mußte der Held Kämpfe durchstehen, u. zwar v. solcher Heftigkeit, daß man ihn mit „mehreren Fässern voll kaltem Wasser abkühlen" mußte. Von diesen Erlebnissen konnte er erst genesen, als ihm die Druiden einen Trunk des Vergessens reichten. Er durchstand noch ein langes Leben voller Kämpfe, bis er schließl. durch Zauber starb (↗Aided Con Culainn).

In der Gestaltung der C.-Sagen hat man den eig. Sagenstoff u. die Reflexe des gesellschaftl. Hintergrundes (krieger.-aristokrat. Gesellschaft der Latènezeit) v. den „mytholog. Zügen" im engeren Sinne zu unterscheiden versucht (Geburt des Heroen u. überird. Abstammung, Liebe u. Verbindung zu dämon. Wesen, Totemtier u. deswegen Tabu, Hundefleisch zu essen, berserkerhafte Kampfeswut usw.): „mytholog. Züge sind nicht zu verkennen" (K. H. Schmidt). – „The Death of Cuchulain" nannte W. B. Yets eine seiner großen Tragödien (1939): der Held träumt v. der Kriegsgöttin Marrigu u. von Aoife (↗Aife).

Cúldub, feenhaftes Wesen, das irischen Sagen nach von ↗Finn 3) getötet wurde, nachdem es drei Tage hintereinander Speisen v. der königl. Tafel raubte. Am Abend überraschte Finn den C. auf der Schwelle des Elfenhügels (síd). C. war der „Schwarzhaarige" u. als Unterirdischer der Gegner des lichten Helden Finn, der ihn nur mit einem mag. Speer töten konnte.

Cumae (griech. *Kyme*), älteste griech. Kolonie in It., bei Neapel gelegen, Mitte des 8. Jh. v. Chr. gegr.; Ausgangspunkt für die Übermittlung der griech. Kultur an Etrusker u. Italiker; seit 334 v. Chr. römisch. – C. war der Sitz der Cumäischen ↗Sibylle.

Cundrie, *Kundrie,* Botin der Gralsburg, die zuerst ↗Parzival verfluchte, weil er sich – in falsch verstandener ritterl. Haltung – angesichts des ↗Grals nicht v. christl. Barmherzigkeit hatte leiten lassen. – Vgl. ↗Morrigan.

Cunobelinus ↗Cymbeline.

Cupido, röm. Liebesgott, dem griech. ↗Eros entsprechend. ↗Amor. – „Les amours de Psyché et de C." (Liebschaften v. Psyche und C., 1669) nannte Jean de La Fontaine seine frz., höf.-galante Erz., zu der er aus den Metamorphosen des Apuleius (↗Asinus aureus) schöpfte. Vier Freunde treffen sich im herbstl. schönen Versailles u. erzählen sich; die mytholog. Figuren existieren in einer Zauberwelt u. zeigen allzumenschl. Verhalten. ↗Psyche ist egoist. und kokett, die alternde Venus eifersüchtig. Wie in La Fontaines Fabeln (↗Fables) liegt die amüsante Zeitkritik zw. den Zeilen versteckt.

Curatier, vgl. ↗Horatier.

Cymbeline, britann. Kg. aus röm. Zeit, dessen Sagenfigur v. Shakespeare aufgegriffen worden ist. In den Erz. aus mündl. Überl., die sich des zentralen Motivs bedienen, geht es darum, die Tugendhaftigkeit der Ehefrau auf die Probe zu stellen. Sie ist dabei nicht die „stille Dulderin" wie z.B. Genovefa oder ↗Griseldis, sondern nimmt ihr Schicksal sehr aktiv in die Hand. – C. könnte mit dem hist. Kg. *Cunobelinus* des nach England ausgewanderten Stammes der ↗Belgae ident. sein.

Cynewulf, 1) sagenhafter und hist. Kg. von Wessex, der laut ↗Angelsächsischer Chronik 755 ermordet wurde (das hist. Todesjahr ist 784). – **2)** Verfasser versch. altengl. Heiligenlegenden des 8. Jh., vor allem des ↗Crist, der eine „heidn.-german." Weltuntergangsvision enthält.

Cynthia, Göttin des Mondes; bei den Römern Beiname der ↗Diana, bei den Griechen als Kynthia Epitheton der ↗Artemis. C. bedeutet „die vom Berge Kynthos (auf Delos) Stammende".

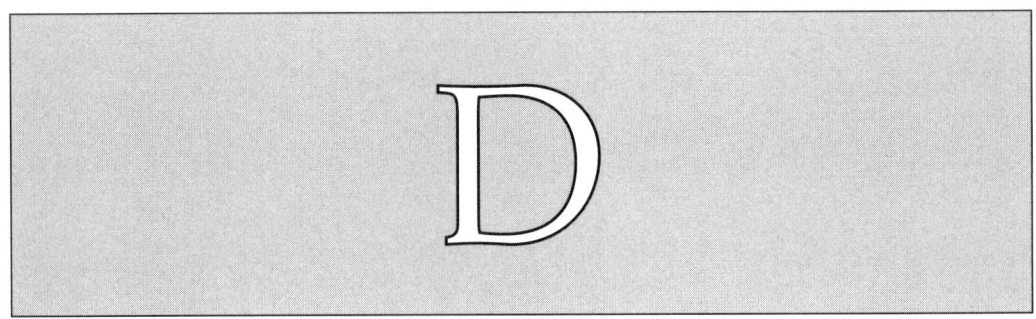

Da Derga, Besitzer jener Herberge, in der der ir. Kg. ↗Conaire einen trag. Tod fand.

Dag, einer der nord. Granmarssöhne, der seine Brüder, die ↗Helgi Hundingsbani erschlagen hatte, rächte, indem er Helgi ermordete.

Dagda, bei den ir. Tuatha Dé Danann der höchste aller Götter, auch „Allvater" gen. Er war der Sohn der Ana (↗Dana) u. zeugte selbst Brigit u. Oengus. Seine Weisheit u. Rechtschaffenheit wurden hoch gerühmt, aber auch seine Tapferkeit, seine Zauberkünste u. seine Fähigkeiten im Kunsthandwerk waren Gegenstand der Bewunderung. All diesen Tugenden u. Fähigkeiten stand äußerl. eine ungewöhnl. Häßlichkeit entgegen. D. war v. außerordentl. Freßsucht, die in einem gewaltigen Bauch sichtbar wurde, der ihn als Gott der Fülle u. des Überflusses auswies. Bekleidet war er mit einer kurzen Kapuzen-Tunika, die seine Unförmigkeit u. seine Häßlichkeit noch unterstrich. Die Sage berichtet, einst sei der Gott zu den Fomore als Kundschafter ausgeschickt worden, die ein gewaltiges Mahl für ihn zubereitet u. es in eine Erdgrube geschüttet hätten. Zum Staunen seiner Gegner, die es offensichtl. nicht für mögl. gehalten hatten, aß D. alles auf u. kratzte auch noch die Reste aus dem Loch. – In gewissen Abständen vermählte er sich mit Erdgottheiten, um die Unterweltgötter, die die Fruchtbarkeit garantierten, den Menschen geneigt zu machen. – D. besaß einige berühmte Attribute, darunter eine mag. Keule, einen mag. ↗Kessel, wie er bei den Kelten eine große Rolle spielte, u. eine Harfe mit drei Melodien (eine, die den Schlaf herbeiführte, eine zweite, die zum Lachen anregte, u. eine dritte, die als Ausdruck des Jammers galt). Nach Vorstellung der Kelten trat, je nachdem, welche Melodie D. spielte, jeweils eine andere Jahreszeit ein.

Dagr, in altnord. Überl. der Tag; ein Sohn der ↗Nacht.

Daidalion, Bruder des griech. Keyx, Vater der ↗Chione 1). Als Chione starb (ein Teil der Überl. berichtet, Artemis habe sie erschossen, weil sie sich gerühmt hatte, schöner als die Göttin zu sein), beging ihr Vater aus Gram Selbstmord; er wurde jedoch v. Apollon gerettet, indem dieser ihn in einen Falken oder auch in einen anderen Vogel verwandelte.

Daidalos (griech. = der Kunstfertige), in der Sage ein Athener, der älteste bildende Künstler der Hellenen, dem viele Erfindungen zugesprochen wurden. Als er seinen Neffen u. Schüler ↗Talos 2) (nach anderer Version ↗Perdix), der die Säge erfand, aus Neid ermordet hatte, floh er aus Athen zu Kg. ↗Minos nach Kreta, für den er u. a. das Labyrinth baute. Da Minos ihn gefangenhielt, um sich um die Fähigkeiten des bedeutenden Erfinders u. Handwerkers zu sichern, baute D. für sich u. seinen Sohn ↗Ikaros aus Federn u. Wachs Flügel (gleich dem german. ↗Wieland), mit denen er zu Kg. Kokalos nach Sizilien entkam, während Ikaros abstürzte, weil er sich trotz der eindringl. Warnung seines Vaters der Sonne zu sehr genähert hatte.

Daimones, german. ↗Dämonen, urspr. griech. Bz. für Götter, später für Mittelwesen zw. Göttern u. Menschen, die menschl. Schicksale u. kosm. Vorgänge zum Guten u. Bösen beeinflussen konnten. Die D. besaßen keinen Kult. Die griech. Philosophen hielten sie für den göttl. Teil oder für die göttl. Stimme im Menschen. Vielfach machte man die D. für alles Verhängnisvolle verantwortl., u. in diesem Sinne kamen sie dem Begriff „Schicksal" (↗Tyche) nahe. Zu den D. oder dämonenähnl. Wesen gehörten u. a. die ↗Harpyien, die ↗Sirenen, die ↗Sphinx usw. Vieles davon lebte im volkstüml. Aberglauben weiter, vieles findet sich auch in allg. ethnolog. Parallelen (z. B. ↗Herr der Tiere). Daneben spiegeln die D. archaische Phänomene der Angst. – Die christl. Kirche entwickelte seit den Kirchenvätern eine eigene *Dämonologie*, in der versch. Wesen der Gegenwelt des Satans zugeordnet wurden. Damit wurden die antiken Götter seit dem 4. Jh. systemat. „entmachtet", indem man sie dämonisierte (s. Farbtafel S. 149 oben). Für Augustinus (*354, †430 n.Chr.) waren die D. noch gut *und* böse; Isidor von Sevilla (* um 560, †636) stellte sie den gefallenen Engeln an die Seite; Petrus Abaelard (*1079, †1142) sah die Natur einseitig voller böser, die menschl. Begierden weckenden D. Hier bereitete sich offenbar der Wahn der Verfolgung v. ↗Hexen vor.

Dáire Donn, ir., „Oberkönig der ganzen Welt", dem auch außermenschl. Wesen als Krieger zur Verfügung standen: Fir Coinchenn, die „Hundsköpfe", u. Fir Caithchenn, die „Katzenköpfe". Trotzdem konnte er Irland, von ↗Finn 3) u. seinen Helden verteidigt, nicht erobern. Zuletzt wurde Dáire Donn in der Schlacht von Ventry selbst von einer Zauberwaffe, von Bulcán Gobha geschmiedet, durch Finn getötet.

Daktyloi (griech. = die Finger), eine griech. Sage, die schwer durchschaubar ist, weil es ihr an Einheitlichkeit fehlt. Meistens werden die D. als Schmiede verstanden, die, mit der mit Kybele identifizierten Rheia in Zshg. stehend, in Kreta oder Phrygien ihren Sitz hatten. Ihre Zahl schwankt; manchmal ist v. 6 riesigen Schmieden, denen 5 Schwestern halfen, die Rede, dann wieder von 32 Zauberern u. einer Reihe Gegenzauberern. Eine andere Überl. berichtet, in der Nähe der Höhle, in der Zeus geboren wurde, hätte eine Nymphe Staub ausgestreut, aus dem die D. hervorgegangen seien. Die Reihe der Überlieferungsbruchstücke bietet noch weitere Erklärungen, die aber alle kein einheitl., in sich geschlossenes Bild ergeben.

Dál nAraide ↗Suibne.

Damastes, eigentl. Name des ↗Prokrustes, der v. Theseus getötet wurde.

Damastor, Vater des ↗Tlepolemos 2).

Damia, vgl. ↗Bona Dea.

Damona, gall. Göttin, die man sich, wie ihr Name aussagt, als große Kuh, also als Tiergottheit, vorstellte.

Dämonen (griech.-röm. ↗Daimones), urspr. Bz. für Götter, dann für Mittelwesen zw. Göttern u. Menschen, oft zentrale Gestalten späterer Sagenbildungen. German. D. erscheinen als übermenschl. Wesen: ↗Riesen (werden entdämonisiert, im Märchen oft dumm u. komisch), ↗Zwerge (bekommen menschl. Züge, kunstfertige Schmiede, vertreten oft höhere ethische Normen, Helfer: ↗Nisse) und als außermenschl.

Wesen: ↗Wechselbalg, Wassermann und Nöck (↗Nixen).

Dana, *Danu*, auch *Ana*, die Stammutter des ir. Geschlechtes der Tuatha Dé Danann. Sie besaß eine Reihe v. Kindern, darunter den berühmten ↗Dagda, aber auch Gestalten wie Dian Cêcht (↗Heilgötter), Niada, Lug u. a. Die Iren verstanden sie als Mutter Erde, die Irland Fruchtbarkeit spendete. Die herausragende Stellung, die sie einnahm, ist ein Beleg dafür, daß die Kelten den Muttergottheiten bes. Verehrung entgegenbrachten.

Danaë, im griech. Mythos Tochter des Kg. ↗Akrisios v. Argos u. der Eurydike; sie wurde v. ihrem Vater in einem Elfenbeinturm oder einem unterird. Verlies gefangengehalten, weil ein Orakel den Kg. gewarnt hatte, ein Sohn der D. werde ihn töten. Zeus begegnete D. in einem Goldregen, u. sie wurde Mutter des ↗Perseus, der später seinen Großvater aus Versehen mit einem Diskus tötete. – Der Danaë-Stoff wurde in der Lit. v. Aischylos, Sophokles u. Euripides behandelt u. war überdies ein häufiges Thema der bildenden Kunst. – ↗Polydektes.

Danaïden, die 50 Töchter des ↗Danaos, die v. ihrem Onkel ↗Aigyptos gezwungen wurden, dessen 50 Söhne zu heiraten; gg. ihren Willen vermählt, erstachen sie ihre Männer in der Hochzeitsnacht mit den Dolchen, die ihr Vater ihnen heiml. gegeben hatte. Nur Hypermestra schonte ihren Gatten ↗Lynkeus 1). Zur Strafe für ihr Verbrechen mußten die D. nach Vorstellung der Griechen in der Unterwelt Wasser in ein durchlöchertes Faß, das *Danaïdenfaß*, schöpfen. – Nach einer anderen Version verheiratete Danaos seine Töchter mit den Siegern des Wettlaufs in einem leichtathl. Wettkampf.

Danaos, Vater der ↗Danaïden, Sohn des Belos u. Bruder des Aigyptos; er floh mit seinen Töchtern nach Argos, wo er den Kg. verdrängte. Die Griechen hielten ihn für den Stammvater der Danaër.

Danderyd, Schweden, ↗Jarlabankes Runenstein.

Danegæld, „Schulden an die Dänen", hohe Lösegeldsummen wurden an dän. u. norweg. Wikinger gezahlt, um einer Brandschatzung durch die Heiden zu entgehen. Im Jahre 991 sammelte man in England 10 000 Pfund Silber, und bis zum Jahre 1012 war die Summe auf 48 000 Pfund angestiegen. Daraus erklären sich die z.T. ungeheueren Silbermengen, die in nord. Wikingergräbern u. in Depotfunden entdeckt wurden. Die Angelsächs. Chronik berichtet: „in diesem

Jahr [1018] wurde in ganz England ein Tribut in der Höhe v. insgesamt 72 000 Pfund bezahlt, abgesehen v. dem, was die Bürger v. London zahlten, näml. 10 500 Pfund." – Der Abzug der Wikinger vor Paris, die die Stadt im Jahre 846 zum erstenmal plünderten, kostete dagegen „nur" 7000 Pfund Silber.

Danelag, „Gebiet des dän. Rechts", dän. beeinflußtes Herrschafts- u. Siedlungsgebiet in Ostengland nach dem Friedensschluß v. 878 (Alfred d. Gr. in Wessex, vgl. ↗Angelsachsen) u. Ausgangspunkt der Christianisierung in Dänemark (vgl. ↗Jelling). Das D. war damit eine intensive Kontaktzone wikingerzeitl. u. angelsächs. Kunsthandwerks u. der damit transportierten mytholog. Inhalte. „Dän." war Ostengland auch unter Kg. Knut d. Gr. bis zur Eroberung durch die Normannen im Jahre 1066 (↗Hastings). – „The Five Boroughs", die fünf engl. Städte Lincoln, Nottingham, Stamford, Leicester u. Derby, bildeten in Ostengland einen Verteidigungsbund, der wahrscheinl. aus der Organisation des D. erwuchs. Er wurde 930 v. angelsächs. Herrschern zerschlagen, hielt sich aber in York bis 954. Im ostengl. *York* hielt sich die dän. Wikingerherrschaft am längsten, und auch nach 954 blieben dän. u. norweg. Kaufleute in dem dortigen Handelszentrum an der Nordsee.

Danevirke, vgl. ↗Haithabu.

Danielschnallen, burgund. Schnallen (Funde in der Westschweiz) vom Bildtypus „Daniel in der Löwengrube" als apotropäisches Zeichen (Abwehrzauber) mit der Bildformel „Figur zwischen wilden Tieren", die die Unverletzlichkeit des „Daniel" darstellen sollte. Hier liegt eine Parallele vor zu vielfachen Bilddarstellungen seit den mesopotam. Bildzylindern zur Verherrlichung des Gilgamesch u. des ↗„Herrn der Tiere". Daniel galt dabei als Präfiguration (Vorläufer) Christi.

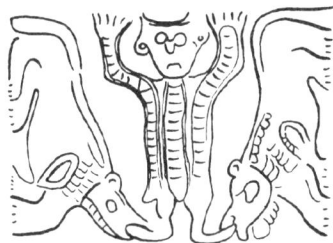

Danielschnallen: Motiv der Danielschnalle von Daillens (Schweiz); gezeigt ist eine die Arme hochreckende Gestalt zw. zwei wilden Tieren; die Benennung nach „Daniel" rührt daher, daß der Bildtypus an „Daniel in der Löwengrube" erinnert.

Dankwart, im Nibelungenlied ein Bruder des Hagen von Tronje; Marschall der Burgunderfürsten. Beim Zug der Burgunder zu Etzel half D. dem Hagen gg. ↗Gelpfrat in Bayern. Am Hof Etzels kämpfte er erfolgreich gg. Blödel und konnte die Burgunder warnen (↗Nibelungenlied).

Danpr, altnord. für den Fluß Dnjepr, Bz. aus dem edd. ↗Hunnenschlachtlied. – Der Dnjepr gehörte zum bekannten Schiffahrtsbereich der Wikinger auf ihrem Weg nach Osten, zum Schwarzen Meer u. nach Byzanz (Konstantinopel). Die dortigen Stromschnellen tragen z. T. heute noch im Russ. erkennbar Namen nord. Herkunft.

Danrat, im mhd. Nibelungenlied als Vater v. Gunther, Gernot u. Giselher genannt.

Dante Alighieri, italien. Dichter, *1265 in Florenz, †1321 in Ravenna. Seine Jugendliebe war Beatrice, die er in seinem lat. geschriebenen Hauptwerk „Divina Commedia" (1307–1321) verewigte. ↗Vergil (als Heide) führte den Dichter in einer großartigen Vision durch die Unterwelt, im Paradies übernahm Beatrice die Führung. Gedankl. stützte sich Dante u. a. auf Aristoteles u. verknüpfte dessen Erz. mit der christl. Sittenlehre. Die Gestalten der antiken Sagen wurden symbolhaft zu Heroen umgedeutet (Odysseus) oder dämonisiert (Charon).

Daphne:
Apoll und Daphne;
Plastik von Giovanni
Lorenzo Bernini
(1598–1680)

Daphne (griech. = Lorbeer), Tochter des Flußgottes Ladon oder des Peneios, die v. Apollon verfolgt wurde, weil er in Liebe zu ihr entbrannt war. Als D. in ihrer Not Zeus um Rettung anrief, verwandelte dieser sie in einen Lorbeerbaum. Der Lorbeer spielt deshalb in ihren zahlr. Darstellungen in der bildenden Kunst eine große Rolle. Der Lorbeerbaum wurde aber auch auf Apollon bezogen, dem er heilig war u. in dessen Kult er vielfach Verwendung fand.

Daphnis, 1) Sohn des Hermes u. einer sizilian.

Nymphe; er wurde gleich nach seiner Geburt ausgesetzt u. von Hirten aufgezogen. D. wurde selbst Hirte, zeichnete sich aber vor allem durch seinen kunstvollen Gesang u. sein Flötenspiel aus, das Pan ihn lehrte. Als er sich in eine Nymphe verliebte, schwor er ihr ewige Treue, brach jedoch seinen Schwur u. wurde v. der Betrogenen geblendet. Nach anderer Version starb er an unstillbarer Liebesqual, mit der Aphrodite ihn erfüllte, betrauert v. der ganzen Natur u. (so Vergil) schließl. vergöttlicht. – D. galt in der Sage als Schöpfer des bukol. Gesangs. Sein Name war schon in der Antike für Hirten beliebt, etwa in dem Hirtenroman „Daphnis u. Chloe" des Longos, eines Dichters des 2. oder frühen 3. Jh. n. Chr., der auf die spätere Schäferdichtung großen Einfluß ausübte. – 2) ein Schäfer auf dem Berg Ida, der v. einer eifersüchtigen Nymphe in Stein verwandelt wurde.

Dardanos, in der griech. Sage ein Sohn des Zeus u. der Elektra. Er erbaute am Fuße des Berges Ida eine Stadt Dardania, die später Troia hieß, u. wurde damit zum Stammvater des troianischen Königsgeschlechts. – *Die Stuten des Dardanos* waren 12 Stuten, die so schnell waren, daß niemand sie fangen konnte. Ihr Vater war Boreas, der in der Gestalt eines Pferdes angenommen hatte. Zu ihren Nachkommen gehörten die Heldenpferde ↗Xanthos 1) u. Balios.

Dares, ein Freund des Aeneas auf seiner Reise nach It.; er wurde v. Turnus getötet. – ↗De excidio Troiae historia.

Darradarljod, altnord. ↗Walkürenlied.

Darwinismus ↗Kontinuität.

Daulis, eine griech. Stadt in Phokis, östl. v. Delphoi gelegen, mit gleichnamiger Nymphe.

Daumenlutschen erscheint zuweilen in der kelt. Heldensage als Bedingung u. Befähigung zu visionärem Schauen. In der german. Nibelungensage ist das bei Sigurds Drachenkampf realistisch umgedeutet, da der Held beim Braten des Drachenherzens sich den Daumen verbrannte, diesen in den Mund steckte u. dadurch die Vogelsprache verstand (↗Ramsundfelsen). Eine ähnl. Darstellung kennen wir auch aus dem norweg. ↗Hylestad. Sigurds Fingerprobe, psychoanalyt. gedeutet als Zeichen der Nachdenklichkeit, sprachl. „sich etwas aus den Fingern saugen", findet bildl. ihre Darstellung im D. wie in den ir.-kelt. Sagen („Thumb of Knowledge", R. D. Scott). Ähnl. auch auf german. Goldbrakteaten u. Fibeln des 5. und 6. Jh., „doch können wir über den Bedeutungsgehalt keine Aussagen machen" (G. Haseloff).

Daunus, Kg. der Rutuler; Sohn des Pilumnus, Gatte der Venilia, mit der er die Kinder Iuturna u. ↗Turnus zeugte. Sein Schwert war ein Geschenk des ↗Vulcanus.

David von Sassun, armen. Epos in mehreren Teilen aus mündl. Überl. (aufgeschrieben im 19. Jh.), viell. entstanden im 9./10. Jh. in der O-Türkei u. von hier aus nach Armenien verbreitet. Es ist voller Spuren einer altarmenischen Mythologie, die sich hier im Kontrast zur arab. Fremdherrschaft entwickelte. Zuletzt wurde der Held ↗Mher mit seinem Pferd in eine Grotte des Rabenfelsens entrückt u. wartet dort bis zum Jüngsten Tag (vgl. ↗Bergentrückung). Er würde erst „nach Errichtung einer besseren Welt" zurückkehren.

Dazbog, ostslaw. Gott der Sonne u. des himml. Feuers.

Dea Dia, röm. Agrargöttin, die v. den ↗Fratres Arvales in einem heiligen Hain an der Via Campana an drei Tagen des Mai mit Fruchtbarkeitsriten verehrt wurde. D. D. heißt lat. nur „himml. Göttin", ist also kein eigentl. Name.

Dea Hludana, in lat. Quellen gen. Göttin der Germanen, die in der Edda ↗Hlodyn heißt.

Decima, eine der röm. ↗Parzen; Gefährtin v. Nona u. Parca.

De excidio Troiae historia, lat. ↗Trojaroman in Handschriften seit dem 9. Jh., angebl. v. Dares verfaßt, der gg. Homer die Rolle der Griechen verkleinerte. Sogar die Statistik der Gefallenen wurde zugunsten der Troianer umgeschrieben. Paris, Hektor u. bes. ↗Troilos wurden zu den gefeierten Haupthelden. Das Werk wurde in Venedig 1499, Paris 1618 u. Amsterdam 1702 herausgegeben. – *Dares* (sonst weitgehend unbekannt) wurde im MA als vorbildl. Geschichtsschreiber hoch gelobt, bei ↗Fredegar galt er im 7. Jh. als Zeuge für die troian. Herkunft der Franken.

Deïaneira, in der griech. Sage Tochter des Oineus v. Kalydon, zweite Gattin des ↗Herakles, dem sie mehrere Kinder gebar. Nachdem sie ihrem Gemahl das Nessoshemd (↗Nessos) gereicht hatte u. ihn damit aus Versehen tötete, beging sie Selbstmord, wurde aber v. Artemis in ein Perlhuhn verwandelt. – ↗Acheloos.

Deichtine, *Deichtire,* Mutter des ir. Helden Cú Chulainn: sie war die Tochter des ir. Kg. Conchobor und bekam mit dem Elfen Lug Mac Ethenn den Heldensohn.

Deïdameia, eine Tochter des griech. Kg. Lykomedes v. Skyros; Geliebte des Achilleus, die ihm den ↗Neoptolemos gebar.

Deikoon, Sohn des Herakles u. seiner Gemahlin Megara, den Herakles in einem v. der griech. Göttin Hera gesandten Wahnsinnsanfall zus. mit den anderen Kindern aus dieser Ehe u. zwei Kindern seines Bruders Iphikles tötete.

Deimos und Phobos, zwei Söhne des griech. Gottes Ares, die sich nach Homer mit ihrem Vater in das Kriegsgetümmel stürzten u., wie ihre Namen aussagen, Furcht und Grauen verbreiteten.

Deino, eine der griech. ↗Graien, der Wächterinnen der Gorgonen; Tochter des Phorkys u. der Keto, Schwester v. Enyo u. Pemphredo.

Deiochos, ein griech. Heerführer, der im Troian. Krieg v. Paris getötet wurde.

Deïon, griech. Kg. v. Phokis, Sohn des Aiolos u. der Enarete; Gemahl der ↗Diomede 1), mit der er mehrere Kinder hatte.

Deïphobos, 1) im griech. Mythos ein Sohn des Priamos u. der Hekabe, einer der tapfersten Troianer. Nach dem Tode des Paris wurde er der Gatte der Helena. Als Troia gefallen war, nahm Helenas erster Mann, ↗Menelaos, sie wieder als seine Frau bei sich auf, verstümmelte den D. aufs grausamste u. erschlug ihn. – **2)** Sohn des Hippokoon, der die Herrschaft in Sparta an sich gebracht hatte. Er besaß 11 Brüder, die alle zus. mit ihrem Vater v. Herakles getötet wurden.

Deïphontes, ein Herakleide, Sohn des ↗Antimachos 2); er heiratete Hyrnetho, eine Tochter des ↗Temenos 1), mit der er drei Söhne u. eine Tochter hatte. D. war der Hauptratgeber seines Schwiegervaters, der deshalb v. seinen neidischen Söhnen umgebracht wurde. Wegen der Anrechte seiner Gemahlin Hyrnetho ging die Herrschaft aber trotzdem auf D. über.

Deïpyle, Tochter des Adrastos u. der Amphithea. Sie heiratete ↗Tydeus u. wurde Mutter des ↗Diomedes 2).

Deïpylos, Sohn des ↗Polymestor u. der Priamostochter ↗Ilione.

Deirdre ↗Noísiu und Deirdre.

Dejbjerg, dän. Fundort bei Ringkøbing, Jütland, eines prächtig geschmückten Holzwagens aus der Latènezeit (Nationalmuseum, Kopenhagen); die Herkunft als kelt. Arbeit oder german. Nachbildung ist umstritten, ein kult. Zweck ist anzunehmen (Sonnenwagen u. ä.).

Dēkla, ↗Pseudogöttin der Letten, verballhornt für die christl. Thekla.

Delia, Epitheton (Beiname) der Artemis (Diana), abgeleitet v. Delos, ihrer angebl. Geburtsstätte. – ↗Delios.

Delios, Epitheton (Beiname) des griech. Apol-

lon, abgeleitet v. dessen angebl. Herkunft aus Delos. Das zu Ehren des Gottes auf Delos begangene jährl. Hauptfest hieß *Delia* oder auch *Apollonia*. Es wurde mit Preisreden auf Apollon, mit Gesang u. Spielen gefeiert.

Delos, zwei baumlose griech. Inseln der Kykladen im Ägäischen Meer. Im griech. Mythos Geburtsstätte v. Apollon u. Artemis u. deshalb

Delos: Löwenterrasse an der Prozessionsstraße

eines der Hauptzentren v. deren kult. Verehrung. Frz. Grabungen haben seit dem Ende des 19. Jh. auf D. Bauten des 7.–1. Jh. v. Chr. erschlossen: ein Apollonheiligtum mit Tempeln, Hallen, Schatzhäusern, Toren u. einer Feststraße, ein Letotempel mit Prozessionsstraße, daran eine Terrasse mit neun monumentalen Marmorlöwen (7. Jh. v. Chr.), ein Stadion u. zahlr. Funde monumentaler Marmorstatuen des 7. u. 6. Jh. v. Chr. – Der Sage nach ließ ↗Poseidon D. durch ein Erdbeben entstehen, um dort die v. Hera eifersüchtig verfolgte ↗Leto zu verstecken.

Delphi ↗Delphoi.

Delphin, ein Meerestier, das in der Mythologie des Alt. eine große Rolle spielt; als äußerst intelligentes, menschenfreundl. u. bewegl. Tier gab es für viele mit dem Meer verbundene Völker Anlaß zu mancherlei myth. Deutungen. Der kret.-myken. Kultur wie den Griechen u. Römern galt der D. als gottähnl., in Griechenl. war er vor allem Apollon, aber auch Dionysos, dem Schützer der Seefahrt, Aphrodite, die aus dem Meer geboren wurde, u. Poseidon als dem Gott des Meeres heilig. Es gibt zahlr. Berichte, in denen Delphine Menschen aus Meeresnot erretteten, indem sie sie auf ihrem Rücken an Land

Delphin: versch. Delphindarstellungen auf antiken Münzen

Delphin:
Meerfahrt des Dionysos;
sein Schiff ist v. Delphinen
umgeben, die ihm heilig
waren; von einer griech.
Schale, um 350 v.Chr.

brachten (vgl. ↗Arion von Methymna). Außerdem galt der D. vielfach als Seelenführer, der die Seelen Verstorbener sicher in das Reich der Toten geleitete. – Vgl. auch ↗Neptunus, ↗Amphitrite. Der D. war in der griech.-röm. Antike ein beliebtes Heilszeichen (↗Delphinschnalle). Auch in Verbindung mit dem Anker wurde der D. zu einem frühchristl. Symbol. – Eine ähnl. Rolle als „Retter der menschl. Seele" hat der D. offenbar auch bei den Kelten gespielt; auf dem Kessel v. ↗Gundestrup ist der D. neben dem hirschgeweihgeschmückten Cernunnos dargestellt. – Vgl. die spätantike ↗Delphinschnalle.

Delphinios, Beiname des Apollon. ↗Delphin.

Delphinschnalle, Typus einer spätantiken Gürtelschnalle mit dem beliebten Heilszeichen des ↗Delphins; wir kennen versch. Funde in Mili-

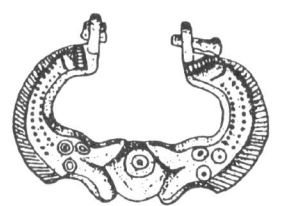

Delphinschnalle:
Fund v. Wehden

tärgräbern des 4. und 5. Jh. (u. a. in N-Gallien). Bes. interessant ist der Fund v. Wehden (Wesermünde, Niedersachsen), im Museum v. Hannover: Schnallenring u. bruchstückhafter Ansatz für die Achse (Dorn u. Beschläge fehlen).

Delphoi, *Delphi,* in der griech. Landschaft Phokis am Südhang des Parnassos gelegene, bereits in myken. Zeit bekannte Kultstätte einer Muttergottheit, später bedeutendste altgriech. Tempel- u. Orakelstätte, Heiligtum der Athena, bes. aber des ↗Apollon (davor der ↗Phoibe 2 u. der ↗Themis), dann auch des Dionysos, dessen Kult in D. das Orgiastische verlor. Durch die ↗Pythia verkündete Apollon hier auf Befragen, manchmal auch spontan, Orakelsprüche, die v. Priestern gedeutet werden mußten, da sie oft außerordentl. verschlüsselt u. bildreich waren (↗Kroisos). Der apollin. Geist, der bes. die (rel.) Gesetz-

gebung gestaltete, gewann große Bedeutung für die griech. Ethik u. Politik, zumal die Delph. Orakel Anspruch auf Allgemeingültigkeit in ganz Griechenl., ja darüber hinaus besaßen. – D. wurde nach der Befreiung v. der Herrschaft der Stadt Krisa um 590 v.Chr. zu einem autonomen Priesterstaat, der mit Hilfe der Delph. Amphiktyonie in den Heiligen Kriegen bis ins 3. Jh. seine Unabhängigkeit bewahren konnte. Das Ende kam, als das Heiligtum v. Ks. Konstantin geplündert u. von Ks. Theodosius I. 391/392 geschlossen wurde.

Frz. Ausgrabungen legten zw. 1892 u. 1911 das mauerumschlossene Apollonheiligtum frei mit der hl. Straße, zahlr. Denkmälern, Weihegeschenken (u. a. dem „Wagenlenker"), Schatzhäusern mit plast. Schmuck u. Skulpturenfunden (Schatzhaus der Athener 1903–06 wiederaufgebaut), mit einem Rathaus, der Sphinx der Naxier auf einer Säule u. der Athenerhalle mit zahlr. hist. wichtigen Inschriften. Im Zentrum der (großenteils zerstörte) Apollon-Altar u. -Tempel (4. Jh. v.Chr.). Zum Hl. Bezirk gehörten neben den Heiligtümern ein Theater, die „Lesche", das Haus der Knidier, mit Wandgemälden des Polygnot (zerstört), u. ein Stadion; außerhalb weitere Heiligtümer u. das Brunnenhaus der Kastal. Quelle. – ↗Omphalos.

Delphos, der Sage nach ein Sohn des Apollon, nach dem ↗Delphoi ben. worden sein soll.

Delphyna, im griech. Mythos ein Ungeheuer, halb Schlange, halb Weib, das die Sehnen aus den Händen u. Füßen des Zeus, die Typhon ihm im Kampf herausgeschnitten hatte, bewachte. Aigipan u. Hermes stahlen sie dem Ungeheuer aber wieder. Delphyna wurde v. Apollon getötet.

Demarat, ein verbannter Korinther, Vater des ↗Tarquinius Priscus.

Demeter, eine der volkstümlichsten griech. Gottheiten, Göttin der Fruchtbarkeit u. des Wachstums, die allg. große Verehrung genoß, wegen ihrer Mütterlichkeit aber bes. als Göttin der Frauen in hohem Ansehen stand. Bei Homer

Demeter:
D. von Knidos

Demeter:
Opferung eines Schweins an die
Fruchtbarkeitsgöttin Demeter;
nach einer Darstellung auf
einem att. Gefäß

wird sie nur selten erwähnt, weil die Adelsgesellschaft bäuerl. Vegetationsgottheiten wenig Interesse entgegenbrachte. Im Mythos war D. eine Tochter des Kronos u. der Rheia, v. Zeus Mutter der ↗Persephone, die in der Überl. vielfach als „Kornmädchen" oder „Kore" bezeichnet wird. Mutter u. Tochter werden in innigster Verbindung miteinander geschildert, u. so schlug D., als Hades Persephone raubte, aus Zorn die Erde mit Unfruchtbarkeit. D. suchte ihr Kind in der ganzen Welt; sie gelangte dabei auch zu Kg. ↗Keleos v. Eleusis, dessen jüngsten Sohn ↗Demophon 2) sie in Pflege nahm u. unsterbl. zu machen suchte. Schließl. erfuhr sie, daß Hades ihre Tochter geraubt hatte, versöhnte sich aber mit ihm u. gab sich damit zufrieden, daß ihr Kind einen Teil des Jahres in der Unterwelt lebte, den anderen bei seiner Mutter verbringen konnte – wohl ein Bild für den Wechsel von Blühen und Absterben in der Natur. Als D. Persephone zurückgewonnen hatte, brachte die Erde wieder Früchte hervor. – D. lehrte den eleusin. Königssohn ↗Triptolemos aus Dankbarkeit für die gastl. Aufnahme bei der Suche nach ihrem Kind die Feldbestellung. Mit Persephone zus. wurde die Göttin vor allem am Feste der Thesmophorien, einem weibl. Fruchtbarkeitsfest, zum Erntefest der Thalysien u. in den ↗Eleusinischen Mysterien kult. verehrt; ihre Verehrung erstreckte sich auch auf Großgriechenl. (einschließl. Unteritalien u. Sizilien). – In Rom wurde D. mit ↗Ceres gleichgesetzt. – Zum Mythos v. D. u. Persephone kennen wir eine kelt. Parallele in den ↗Vier Zweigen des Mabinogi. – ↗Granatapfel.

Demodike, nach einem Teil der Überl. die Gattin des Kretheus v. Iolkos, die den Phrixos zu verführen suchte.

Demodokos, in der griechischen Odyssee ein berühmter blinder Sänger, der die Gäste am Hofe des Phaiakenkönigs Alkinoos mit seinem Gesang erfreute. Als Odysseus bei Alkinoos weilte, sang er v. zahlr. Episoden des Troian. Krieges, mit denen er den Gast zutiefst rührte.

Demogorgon., Aus ↗Boccaccios „Genealogie deorum" (1347 bzw. 1360) stammt jener D., der als Ahnherr des ganzen Göttergeschlechts angesehen wurde. Aus der Antike ist dieser Gott nicht bekannt; er entstammt einer grammatikal. Fehllesung, und bereits L. Gyraldi („De deis gentium varium …", Basel 1548) machte darauf aufmerksam, daß es sich um einen Fehler, einen ↗Pseudogott handelte. Trotzdem lebte D. fröhl. weiter u. erhielt noch im 17. Jh. einen Ehrenplatz in z. B. J. v. Sandrarts „Iconologia Deorum" (Nürnberg 1680).

Demoleon, Sohn des ↗Antenor u. der Theano; er wurde wie seine zahlr. Brüder, mit Ausnahme des Bruders Glaukos, im Troian. Krieg getötet.

Demonassa, Mutter des ↗Philoktetes.

Demophon, 1) Sohn des ↗Theseus u. der Phaidra, nach anderer Version der Antiope, Bruder des Akamas. Er nahm am Troian. Krieg teil u. versteckte sich im ↗Hölzernen Pferd. Beim Untergang Troias verfiel er in Liebe zu Laodike, die er jedoch vergaß, als er auf der Heimkehr Thrakien besuchte, die Liebe der Königstochter ↗Phyllis errang u. ihr die Ehe versprach bzw. sie heiratete. Dann reiste er nach Athen weiter, wo er sich so lange aufhielt, daß Phyllis in Verzweiflung geriet u. Selbstmord beging, weil sie den Geliebten verloren glaubte. Sie wurde in einen unbelaubten Mandelbaum verwandelt, der Blätter trieb, als D. schließl. doch zurückkehrte u. den Baum umarmte. D. wurde später Kg. v. Athen. – **2)** Sohn des eleusin. Kg. Keleos u. der Metaneira. Er wurde v. ↗Doso (Demeter), die ihn unsterbl. machen wollte, des Nachts in die Glut des Herdes gelegt, starb aber, als seine Mutter, die um ihr Kind bangte u. den Sinn der Handlung nicht verstand, die Zeremonie unterbrach. – **3)** ein Gefährte des Aeneas auf seiner Reise nach It.; er wurde v. Camilla getötet.

Dendera ↗Philae.

Deors Klage, altengl. Werk, entstanden wohl im 10. Jh.; es handelt sich um eine Elegie v. einem vom Fürstenhof verstoßenen Sänger, der darin das Schicksal versch. german. Helden aufzählt: Wielands Gefangenschaft, Dietrichs dreißigjährige Verbannung usw.

Depotfunde. Versteckte Kriegsbeuten deuten auf unsichere Zeiten; die archäolog. Funde belegen aber auch die reichen u. intensiven Handelsverbindungen. Im *Hildesheimer Silberfund*

(Berlin, Staatl. Museen) aus dem 1. Jh. n.Chr. fand man reiches röm. Tafelsilber u. auch einfache Stücke aus provinzialröm. Massenproduktion. In *Hoby*, Lolland, in Dänemark, fand man ebenfalls aus der röm. Eisenzeit (1. Jh. n.Chr.) Importstücke, u.a. Bronze- u. Silberbecher mit Darstellungen aus der griech. Ilias. – Der Schatzfund v. *Brauweiler* (Erftkreis), 1971 entdeckt, enthielt 2500 Münzen des 3. Jh. – Der *Dortmunder Münzfund* bestand aus 443 Goldstücken aus der Zeit v. Konstantin I. (307 n.Chr.) bis Konstantin III. (410 n.Chr.). – In *Terslev* auf dem dän. Seeland wurde ein Silberschatz mit u.a. 1700 arab. Münzen entdeckt, einige engl. Münzen waren zw. 941 und 952 n.Chr. datierbar (Wikingerzeit).

Derketo, syr.-phöniz. Göttin, ↗Melusine.

Despoina, arkad. Fruchtbarkeitsgöttin, die als Tochter der Demeter galt. Darüber hinaus konnte D. im Sinne v. griech. „Herrin" Beiname jeder Göttin sein.

Deukalion, 1) im griech. Mythos Kg. v. Pherai in Thessalien, Sohn des Prometheus, Gemahl der ↗Pyrrha 1). Um ihn rankt sich eine der ältesten Sintflutsagen. Als Zeus das Menschengeschlecht wegen vieler Untaten durch eine große Flut auszurotten plante, baute D. auf Rat seines Vaters einen hölzernen Kasten, den er mit allem Notwendigen versah, und mit dieser Arche (gleich der bibl. des Noah) fuhr er zus. mit seiner Frau neun Tage u. Nächte über das Wasser. Dann landete er auf dem Parnassos, brachte Zeus ein Dankesopfer dar u. bat den Gott, ein neues Menschengeschlecht schaffen zu dürfen. Zeus stimmte zu, u. auf seine Anweisung warfen D. u. seine Frau Steine hinter sich, aus denen Männer bzw. Frauen entstanden. – Die große Flut, die D. u. seine Gemahlin Pyrrha überlebten, wird auch *Deukalionische Flut* gen. – ↗Gilgamesch. – **2)** Sohn des Minos u. der Pasiphaë. Er nahm am Argonautenzug u. an der Kalydon. Jagd teil.

Deus, lat. für „Gott" u. etymolog. verwandt mit z.B. griech. ↗Zeus u. ahd. ↗Ziu. Die erschließbare indogerman. männl. Gottheit *djeus* bildete mit der als weibl. vorgestellten Mutter Erde offenbar ein Paar. Man hat eine Grundbedeutung u.a. in „dem Leuchtenden" (die Sonne?) erschlossen, an der weitgespannt prakt. alle indogerman. Sprachen Anteil haben (altind. deva, iran. daeva, altir. dia, litau. dievas, lett. ↗dievs usw.).

Dexamene, eine der griech. ↗Nereïden.

Dexamenos, Vater der ↗Mnesimache.

Dia, 1) in der griech. Sage anderer Name für ↗Naxos, wo Theseus Ariadne verließ. – **2)** Insel im Schwarzen Meer, auch *Aresinsel* gen.; dorthin waren die v. ↗Herakles vertriebenen Stymphalischen Vögel geflohen, die nun hier den Argonauten gefährl. wurden.

Dian Cêcht ↗Heilgötter.

Diana, altital. Gottheit, die als Mondgöttin, als Göttin der Frauen, der Sklaven, der Wälder u. seit der Kaiserzeit auch als Göttin der Jagd verehrt wurde. Sie besaß Heiligtümer im heiligen Hain v. Nemi (↗Virbius), auf dem Berg Tifata bei Capua u. eines in Aricia; als Heiligtum des Latin. Bundes wurde ihr ein Tempel auf dem Aventin in Rom erbaut, der unter dem besonde-

Diana:
D. von Versailles
(4.Jh. v.Chr.)

Diana

ren Schutz v. Kg. ↗Servius Tullius gestanden haben soll. Ihr Hauptfest fand am 13. August statt. D. wurde schon früh mit der griech. ↗Artemis gleichgesetzt. – Vgl. die kelt. Jagdgöttin ↗Artio.

Dianann, kelt. Zauberin. – ↗Bechulle.

Diarmaid und Gráinne, ein Liebespaar, in der zum ir. Finnzyklus (↗Finn) gehörigen, wenn auch sehr spät überlieferten Form eine Parallele zum Stoff um Tristan und Isolde. – Diarmaid war ein schöner Jüngling u. Begleiter Finns bei dessen Werbung um Gráinne, Tochter des ir. Kg. Cormac. Als aber Finn durch Zauber in einen Schlaf verfiel, zwang Gráinne den jungen Diarmaid durch Auferlegung versch. Tabus (↗Geis), die er nicht übertreten durfte, dazu, sie zu entführen.

Diasia, ein Fest des ↗Zeus, das im Jan.–Febr. in Athen außerhalb der Stadtmauern gefeiert wurde; es galt dem einerseits gütigen, andererseits gestrengen Gott, u. so waren auch die Riten teils düster, teils v. Heiterkeit geprägt.

Dido (phoinik. ↗Elissa), Prinzessin v. Tyros, die vor ihrem Bruder Pygmalion floh, der ihren Gemahl getötet hatte; sie gelangte nach Afrika, wo sie Karthago gründete. Als Kg. Iarbas v. Libyen sie bedrohte, weil sie seinen Werbungen nicht nachgab, brachte sie sich selbst um. – Nach einer anderen Version, die sich bei Vergil findet, gab D. sich selbst den Tod, weil Aeneas, der auf seiner abenteuerl. Reise zu ihr gelangte u. den sie liebte, Karthago wieder verließ.

Dienstag, bei den Germanen der dem Gotte ↗Tyr (Ziu) geheiligte Tag (↗Wochentage); engl. Tuesday.

Dietleib, mhd. ↗Biterolf und Dietleib.

Dietmar, Vater des ↗Dietrich von Bern (↗Dietrichs Flucht).

Dietrich-adventus, nach der Kölner Chronik von 1197 Vorstellung v. der Wiederkehr des Helden ↗Dietrich von Bern, „Theodericus Bernensis", an der Spitze des ↗Wilden Heeres u. auf einem schwarzen Roß, dem Röm. Reich Unheil voraussagend.

Dietrichsage, eine Schilderung der Ereignisse zur Zeit der Eroberung Oberitaliens durch die Ostgoten 489/493 und der Geschehnisse um ↗Dietrich von Bern, an den viele Heldengestalten mit zugehörigen Werken angebunden werden: Alphart (↗Alpharts Tod), ↗Biterolf und Dietleib, ↗Deors Klage, ↗Eckenlied, ↗Hildebrandslied, ↗Thidreks saga, ↗Widsith, ↗Wolfdietrich usw.

Dietrichs Flucht, mhd. Heldenepos aus der Zeit um 1280, v. Heinrich dem Vogler bearbeitet. Es enthält u. a. einen Stammbaum Dietrichs: Dietwart, Kg. von Rom, heiratete Minne, ihr Sohn war Sigeher; Sigeher heiratete Amelgart, u. von ihr stammten Siglinde, die Mutter Sigfrids, u. Hugdietrich ab. Hugdietrichs drei Söhne waren Diether, Ermenrich u. Dietmar. Dietmar war der Vater von Dietrich von Bern, der gg. seinen Onkel Ermenrich kämpfen mußte. In einer blutigen Schlacht um Ravenna (↗Rabenschlacht) siegte Dietrich schließl. als der rechtmäßige Herrscher.

Dietrich von Bern, Lieblingsgestalt der german. Heldensage (↗Dietrichsage), in der das Geschick des Ostgotenkönigs ↗Theoderich des Großen, des Begründers der Gotenherrschaft in Italien, tragisch umgedeutet wurde (Dietrich = Theoderich, Bern = Verona). Der frühesten Fassung der Sage nach floh D. v. B. vor ↗Ermanarich (= Odoaker) zum Hunnenkönig Etzel. Der Versuch, sein Reich wiederzugewinnen, mißlang zunächst, doch konnte der Held nach 30 Jahren heimkehren u. friedl. Besitz v. seiner Herrschaft ergreifen. – In das Nibelungenlied ist er als das Ideal des christl.-ritterl. Helden einbezogen. Da mit beiden Parteien befreundet, hielt er sich zunächst dem Kampfe zw. Nibelungen u. Hunnen fern; als aber Rüdiger von Bechelaren erschlagen worden war, kam er den Hunnen zu Hilfe u. bezwang Gunther u. Hagen. Auch in anderen Sagen u. in den Dietrich-Epen des 13. Jh. spielt er eine Rolle. – Die *Thidreks saga* ist eine um 1250 in Norwegen entstandene Kompilation, die Leben u. Heldenfahrt des D. v. B. mit niederdt. Heldenliedern, Versepen o. ä. in Verbindung bringt. – ↗Hildebrand. – Dietrich war der angebl. Führer des ↗Wilden Heeres der Toten (↗Rök-Runeninschrift), wurde auf einem schwarzen Roß in die Hölle entführt (↗Thidreks saga), in den Vulkan der Insel Lipari gestürzt (Gregor der Große). Trotz heftiger kirchl. Polemik (Theoderich war Arianer) ist Dietrich die überragende german. Heldengestalt. Sein Reiterstandbild ließ Karl der Große um 800 in Aachen neu aufstellen (darauf um 830 Schmähgedicht des Walahfrid Strabo). – Dietrichs sagenhafte Genealogie gibt das späte mhd. Epos von ↗Dietrichs Flucht.

Dievs, Himmelsgott der balt. Mythologie (↗Letten), etymolog. verwandt mit lat. ↗Deus bzw. altind. Dyaus u. anderen indogerman. Wortformen (Zeus, Ziu). Aus einem Gattungsnamen wurde ein Eigenname. Doch die Etymologie (Wortverwandtschaft) mag ein „sehr unzuverlässiger Wegweiser" (M. Nilsson, 1950) für weitergehende Schlüsse auf Gemeinsamkeiten der spezif. Götterfiguren sein. Der balt. D. wurde zum ersten Mal erst 1604 in der Lit. erwähnt („Deves"). Er ritt vom Himmelsberg u. brachte den Feldern (Roggen) Fruchtbarkeit; er bzw. seine Söhne heirateten die Sonnentochter. Er war beim Dreschen dabei, und man konnte v. ihm Pferde kaufen. Beim Bierbrauen fügte er selbst die Hefe hinzu. Diese u. andere Aussagen stammen aus jüngeren volkskundl. Quellen (traditionelle Erz. aus mündl. Überl.).

Dii, *Di,* röm. Name für die 12 großen griech. Götter, die auch in der röm. Mythologie eine bedeutende Rolle spielten.

Dike, Tochter des Zeus u. der Themis, eine der ↗Horen; Schwester v. Eunomia u. Eirene; sie war die gestaltgewordene Gerechtigkeit im Mythos des frühen Griechentums (vgl. röm. ↗Iustitia). Allg. ist D. auch ein Begriff für das Rechte, für das einem jeden nach seinem Sein Zukommende. Nach Aratos v. Soloi (* um 310, † 245 v. Chr.) hatte D. als Göttin des Rechts, verbittert über die Ungerechtigkeit unter den Menschen, die Erde verlassen u. schien seitdem als Gestirn am Himmel (Sternbild der Jungfrau).

Dikte, auf Kreta gelegener Berg, viell. mit dem heute Lasithi gen. Gebirge identisch. Nach einigen Quellen Heimat der Harpyien u. viell. Geburtsstätte des Zeus, als die aber auch der Berg Ida in Frage kommt.

Diktynna, kret. Göttin, vielfach mit ↗Britomartis in Verbindung gebracht oder mit ihr gleichgesetzt.

Diktys, in der griech. Sage Sohn des Magnes u. einer Nereïde, Bruder des Polydektes. Er war Fischer auf der Insel Seriphos, der die v. ihrem Vater ↗Akrisios zus. mit ihrem Sohn ↗Perseus in einem Kasten ausgesetzte Danaë aus dem Meer fischte. Perseus erhob ihn später zum Kg. v. Seriphos.

Di Manes ↗Manes.

Dindyme, Beiname der Göttin Kybele, der v. den Kultstätten herrührte, die an Orten in mehreren kleinasiat. Gebirgszügen mit dem antiken Namen Dindymon verehrt wurde.

Ding, *Thing,* im german. Recht regelmäßige Zusammenkünfte eines regionalen Verbandes für die Rechtsprechung u. die Überwachung v. Gerichtsverfahren. Private Abmachungen (z. B. Grenzziehung) wurden auf dem D. veröffentlicht u. damit anerkannt. Das german. Recht ist „formal" orientiert, d. h., man kann sich durch die größere Zahl von „Zeugen" (Eideshelfer) absichern (↗Eid). Vergehen wurden durch Buße (Leibesstrafen, ↗Geldbuße) geahndet, nicht moralisch bewertet. Durch das D.-Urteil konnte auf Antrag der Geschädigten hin (nicht automatisch!) ein Kapitalverbrecher (Mörder) für „friedlos" erklärt werden; er war damit aus der menschl. Gesellschaft ausgeschlossen u. rechtlos. Einen entspr. Rechtsstreit vor dem D. beschreibt z. B. die ↗Hrafnkels saga.

Dinn Rig, Ort eines Blutbades, das eine klass. ir. Königssage des 9. oder 10. Jh. erzählt. – Cobthach hatte die Königswürde über Leinster an sich gerissen u. den rechtmäßigen Erben Labraid vertrieben. Bei dem Kg. Fir Morc verliebte sich Labraid in dessen Tochter Moriath, u. nach der Hochzeit brachen sie mit einem großen Heer nach Dinn Rig auf, das sie duch List eroberten. Dort nun lebte Labraid als Kg. v. Leinster u. lud Cobthach zu sich ein. Dieser wurde in eine fürchterl. Falle gelockt, indem er mit seinen Begleitern in einem glühend gemachten, eisernen Haus verbrannte. – Hist. hängt die Erz. viell. mit der Zerstörung von Dinn Rig um 300 v. Chr. zus., die ein Ergebnis einer fremden Invasion auf Irland gewesen zu sein scheint.

Diomede, 1) Tochter des ↗Xuthus u. der Kreüsa, Gemahlin des Deïon, dem sie mehrere Kinder gebar. – **2)** Gattin des Amyklas, Mutter mehrerer Kinder, darunter ↗Hyakinthos.

Diomedeia, Frau des ↗Iphiklos.

Diomedes, 1) Kg. der ↗Bistonen in Thrakien, Sohn des Ares u. der Nymphe Kyrene. Er besaß Rosse, die mit Menschenfleisch gefüttert wurden, bis ↗Herakles sie zähmte, indem er D. tötete u. ihn seinen eigenen Pferden zum Fraße vorwarf. Danach konnten sie gefahrlos nach Argos gebracht werden, wo Herakles sie der Göttin Hera weihte. – Wahrscheinl. war D. urspr. ein mit Menschenopfern geehrter, rosseschirmender Heros. – **2)** In der griech. Sage Kg. v. Argos, Sohn des Tydeus u. der Adrastos-Tochter Deïpyle, einer der berühmtesten griech. Helden. Er nahm mit seinem Schwiegervater Adrast am Zug der Epigonen gg. Theben teil, ebenso am Troian. Krieg, in dem er eine Flotte v. 80 Schiffen kommandierte. Seine Heldentaten erzählt der 5. Gesang der Ilias. D. kämpfte in Troia Seite an Seite mit Odysseus u. tötete viele troianische Krieger. Er raubte auch das troianische ↗Palladion, nachdem den Griechen geweissagt worden war, ohne seinen Besitz sei die Einnahme der Stadt unmögl. D. war der besondere Liebling der Pallas Athena, die ihm mehrfach in schwerer Bedrängnis zu Hilfe eilte, während er selbst nicht davor zurückscheute, den Gott Ares anzugreifen u. die Göttin Aphrodite zu verwunden, als sie ihrem Sohn Aeneas beistand. – Nach der Zerstörung Troias kehrte D. zunächst nach Hause zurück, verließ Argos aber alsbald wieder, als er enttäuscht feststellte, daß seine Gattin ihn betrog u. ihm sogar nach dem Leben zu trachten schien. Nach mancherlei Irrfahrten gelangte er nach It., wo er mehrere Städte, u. a. Canusium u. Sipontum, gründete. Sein weiteres Geschick verliert sich im dunkeln. Nach einer Überl., v. der bei Pindar die Rede ist, machte Athena ihn unsterbl. – Es gab in It. mehrere Orte, wo man ihn kult. verehrte. – Ob D., der vermutl. urspr. ein Kriegsgott war, in einer frühen Phase mit dem thrak. Heros gleichen Namens ident. war, läßt sich nicht ausmachen.

Dion, Kg. v. Sparta; durch seine Gattin Iphiteia war er Vater v. drei Töchtern, denen Apollon die Gabe der Weissagung verlieh. – ↗Lyko.

Dione, griech. Göttin, Tochter des Okeanos u. der Tethys, nach anderer Version des Uranos u. der Gaia. Sie wurde als Gattin des Zeus verehrt, bes. in Dodona, u. galt als Mutter der Aphrodite. – D., eine Tochter des Atlas, steht im Stammbaum der ↗Tantaliden.

Dionysia, allg. Bz. für die zu Ehren des ↗Dionysos gefeierten Feste, bes. aber für die vier großen Feste, die jährl. in Athen für den Gott begangen wurden.

Dionysiaka, Epos des ägypt. Dichters Nonnos (um 400 n. Chr.) über die Gestalt des ↗Dionysos. Am Ende der Antike entstand noch einmal ein gigant. episches Gemälde, das sich mit den Erz. über ↗Alexander u. über den Krieg v. ↗Troia messen wollte. In die Erz. über die Geschichte des Gottes wurde alles Wissen um die myth. Götterwelt überhaupt hineingepackt, und Nonnos übertraf an Umfang damit die Werke des ↗Homeros. Die Nachwelt hat ihn zugunsten v. ↗Vergil u. Homer praktisch vergessen; eine Ausgabe der D. in neuerer Zeit erschien erst 1569 in Antwerpen, eine dt. Teil-Übers. von J. J. Bodmer in Zürich 1753.

Dionysos, auch *Bakchos,* lat. *Bacchus,* griech. Naturgottheit, insbesondere Weingott und allg. Gott der Vegetation, der bei den Griechen eine außerordentl. große Rolle gespielt hat, dessen

Dionysos:
D.-Priester

Wesenszüge aber im einzelnen so schillernd sind, daß sie sich nur schwer zu einem Gesamtbild zusammenfügen lassen. Seine Herkunft u. der Zeitpunkt seiner kult. Verbreitung in Griechenl. sind nicht genau faßbar, doch deutet immerhin der erste Teil seines Namens auf den Genitiv des Namens Zeus hin, u. als Sohn des Zeus u. der ↗Semele ist er auch in den Mythos eingegangen. Die Sage erzählt, Semele habe auf Anstiften der eifersüchtigen Zeus-Gattin Hera den Wunsch geäußert, ihren Geliebten leibhaftig zu sehen, u. als Zeus ihr unter Donner u. Blitz erschien, sei sie verbrannt, u. Zeus habe ihre Leibesfrucht, den späteren D., in einem seiner Schenkel ausgetragen u. den Dionysos-Knaben dann der Amme Ino, danach den ↗Nymphen v. Nysa übergeben. Später wurde er auf Naxos mit ↗Ariadne vermählt.

Nach den Vorstellungen des Alt. kam der Kult

Dionysos auf dem Esel mit dem Thyrsos-Stab

des D. aus Thrakien, Lydien (der Name „Bakchos" ist möglicherweise lyd. Ursprungs) oder Phrygien etwa im 8. Jh. v. Chr. nach Griechenl. u. zeichnete sich durch Ekstase u. orgiast. Verzückung aus, wie sie den Griechen bis dahin fremd waren. Deshalb setzte sich die Verehrung des Gottes auch erst gg. zahlr. Widerstände (vgl. ↗Lykurgos 1 u. ↗Pentheus), die bes. vom ion. Adel ausgingen, durch. Bezeichnend ist, daß Homer den D. noch nicht als großen olymp. Gott kennt. Bei den zu Ehren des D. gefeierten Festen, die vor allem Frühlings- u. Weinfeste waren, zog der Gott, häufig in Stiergestalt, begleitet v. lärmenden ↗Mainades, Bakchantinnen, Thyiaden, ↗Satyrn, Nymphen u. verkleideten Gestalten durch die Wälder; sie tanzten, zerrissen Tiere, verzehrten sie roh u. steigerten sich in eine Ekstase hinein, die urspr. nichts mit dem Wein zu tun hatte. Erst nach u. nach milderten sich die ausschweifenden, auch phallisch bestimmten Formen des Kultes, u. D. fand einen festen Platz in der Religion der Griechen. Bezeichnend für diesen Vorgang ist es, daß D. v. einem bestimmten Zeitpunkt an auch in Delphoi, dem Hauptheiligtum des Apollon, verehrt

Dionysos: Mysterien, D. als Stier

wurde. – Bei den D.-Festen, bes. in Athen, fanden regelmäßig Theateraufführungen statt, so daß der D.-Kult auch in Zshg. mit der Entstehung des Dramas gesehen werden kann. – Bei den Römern wurde D. schon früh mit dem Gott Liber gleichgesetzt und schließl. unter dem Namen Bacchus übernommen. Als die ihm zu Ehren gefeierten ↗Bacchanalia ausarteten, griff der Staat mit ordnender Hand ein, verbot aber nicht den Kult als solchen. – In der bildenden Kunst stellte man D. zunächst als alten, bärtigen Mann dar, später als schönen Jüngling. – ↗Agaue, ↗Kithairon, ↗Kotys, ↗Melampus – (s. Farbtafel S. 150).

Diores, ein Freund des Aeneas, der v. ↗Turnus getötet wurde.

Dioskuroi (griech. = Söhne des Zeus), *Dioskuren*, im griech. Mythos Kastor u. Polydeukes, lat. *Castor* u. *Pollux*, Zwillingsbrüder, über deren Abstammung viel Widersprüchliches berichtet wird. Sie waren Söhne der Leda u. des Zeus oder Kinder der Leda u. des spartan. Kg. Tyndareos, weshalb sie auch *Tyndariden* gen. wurden. Nach anderer Überl. war Kastor der sterbl. Sohn

```
Dioskuroi

Perieres — Gorgophone
      ┌──┐
Tyndareos – Leda
Aphareus
Leukippos
                    *Polydeukes
  Kastor            überwiegend als Sohn
  Polydeukes*       des Zeus bezeichnet
```

des Tyndareos, Polydeukes dagegen der unsterbl. Sohn des Zeus. Ihre Schwestern waren Helena u. Klytaimestra. Kastor galt als berühmter Rossebändiger, Polydeukes tat sich als Faustkämpfer hervor. Die D. befreiten ihre Schwester Helena aus der Hand des ↗Theseus, nahmen am Argonautenzug teil, begleiteten Herakles gg. die Amazonen u. waren bei der Kalydon. Jagd zugegen. Als sie anläßl. der Hochzeit ihrer Vettern Idas u. ↗Lynkeus 2) mit diesen in Streit gerieten, weil sie die Bräute entführten (nach anderer Version wegen einer gemeinsam erbeuteten Rinderherde), brachte Idas den Kastor u. Polydeukes den Lynkeus um, u. Zeus erschlug den Idas mit einem seiner Blitze. Wegen der engen Verbundenheit der Zwillingsbrüder erlaubte Zeus, daß die D. zusammenbleiben durften, u. zwar jeweils einen Tag im Olymp, einen in der Unterwelt. So teilte Polydeukes seine Unsterblichkeit mit dem sterbl. Kastor.

Dioskuroi:
Kastor und Polydeukes

Der Kult der D. verbreitete sich über ganz Griechenl. u. It. In Rom wurden sie in einem Tempel auf dem Forum Romanum verehrt, wobei im Mittelpunkt die Legende stand, die Zwillinge hätten den Römern 499 v. Chr. in der Schlacht mit den Latinern am See Regillus Waffenhilfe geleistet u. die Siegesbotschaft selbst nach Rom gebracht. – Die D. wurden bes. v. Seefahrern, denen sie als Sternbild „Zwillinge" den Weg wiesen, u. in der Schlacht als Nothelfer angerufen. – Als Symbol für den Wechsel v. Leben u. Tod u. damit für die Auferstehung wurde das Bild der D. auf heidn. Grabmälern verwendet, auch noch in frühchristl. Zeit.

Dirae (v. lat. dirus = unheilvoll, grausig), andere Bz. für die im Lat. Furiae gen. ↗Erinyen, bes. für Alekto, Megaira u. Tisiphone.

Dirke, Gemahlin des thessal. Kg. Lykos, die ihre Verwandte ↗Antiope, die Mutter der Zwillinge ↗Amphion und Zethos, als Sklavin behandelte u. ihr viel Leid zufügte, bis Amphion und Zethos grausame Rache an ihr nahmen u. sie töteten.

Discordia, Göttin des Streits u. der Zwietracht; Tochter des Zeus u. der Hera, Zwillingsschwester des Ares. – ↗Eris. – Die nord. Überl. kannte für die D. das treffende Bild des mit dem Klatsch hin- u. her springenden Eichhörnchens ↗Ratatöskr.

Disen, altnord. dísir, v. den Nordgermanen verehrte Natur- u. Fruchtbarkeitsgöttinnen, die auch als Geburtshelferinnen galten. *Disenopfer* waren ihnen geweihte Opfer, die für Norwegen Mitte Oktober u. für Schweden im Februar des Jahres bezeugt sind; sie waren jeweils mit einem kult. Essen u. einem Trinkgelage verbunden.

Dis Pater, röm. Gott der Unterwelt, Äquivalent zum griech. Pluto (Hades), der zus. mit seiner Gattin Proserpina, der griech. Persephone, das Reich der Toten regierte. D. P. u. Proserpina wurden seit der Mitte des 3. Jh. v. Chr. v. den Römern kult. verehrt. Der Gott hat viell. sein Vorbild im etrusk. ↗Charun. – Im kelt. Bereich entspr. u.a. ↗Bile u. ↗Sucellos.

Dithyrambos, griech. Kultlied zu Ehren des ↗Dionysos, später auch anderer Götter, wahrscheinl. Keimzelle der Tragödie, wobei der Zshg. im einzelnen nicht mehr erkennbar ist. Das Lied wurde zur Flöte gesungen u. getanzt, vom Vorsänger angestimmt u. vom Chor fortgesetzt oder wechselweise vorgetragen. Der D., seit ↗Arion von Lesbos (7./6. Jh. v.Chr.) zur Kunstform erhoben, erlebte bei Pindar, Simonides, Bakchylides von Keos (6./5. Jh. v.Chr.) seine Vollendung u. wurde dann immer gekünstelter.

Dius Fidius, röm. Gottheit, die den Eid verbürgte; Dius läßt sprachl. die Verbindung zu ↗Jupiter erkennen, Fidius, v. fides (= lat. Treue) abgeleitet, war einer seiner Beinamen. D. F. besaß zus. mit Semo einen Tempel auf dem Quirinal, dessen Dach nicht geschlossen war, sondern Teile des Himmels sichtbar bleiben ließ, weil man nur unter freiem Himmel, gleichsam im Angesicht des Himmelsgottes, schwören durfte.

Divina Commedia ↗Dante.

Diwiza-gora, slaw. Jungfernberg, vgl. ↗Venusberg.

Djeus ↗Deus.

Długosz, *Jan,* poln. Geschichtsschreiber, der in Krakow um 1455 die „Annales … regni Poloniae" festhielt u. dabei im Geiste des Humanismus, aber subjektiv in seiner polit. Beurteilung schrieb. Er gilt als (unsichere) Quelle für manche Angaben über die slaw. Mythologie.

Dobrynja, Held einer russ. ↗Byline des 13. und 14. Jh. aus Kiew, der u.a. gg. eine Schlange kämpfte u. aus der Höhle das Mädchen Zabava rettete. Man hat darin die Tradition der griech. Sage v. ↗Perseus u. Andromeda gesehen, vermischt mit dem Drachenkampf des christl. heiligen Georg. Der (hist.) D., der Nowgorod christianisierte, erschien zudem als Kämpfer gg. die tatar. „Schlangenbrut" der Heiden.

Dodona:
Dodonischer Zeus;
Dodona war eine
sehr alte Orakelstätte
des Gottes

Dodona, sehr alte, berühmte Orakelstätte des Zeus in Epeiros, die schon bei Homer erwähnt wird, ein Heiligtum mit den verschiedensten Sakralbauten, aber auch mit anderen Gebäuden, wie einem großen Theater aus hellenist. Zeit. – Über die Entstehung des Orakels ist nichts Genaues bekannt. Urspr. entnahm man die Orakelsprüche dem Rauschen einer heiligen Eiche, später dem Klang v. Erzbecken; die Orakel wurden v. Priestern gedeutet. Die Art, wie die Befragung im einzelnen vor sich ging, bleibt im dunkeln, obwohl sich Bleitäfelchen mit Fragen u. Antworten gefunden haben. D. wurde mehrfach weitgehend zerstört, so im Jahr 219 v.Chr., behielt jedoch bis in christl. Zeit hinein als Orakelstätte seine Bedeutung. – ↗Argo.

Dodona

„Die Pelasger opferten ehemals den Göttern allerlei, wenn sie dieselben anriefen, wie ich zu Dodona selbst hatte sagen hören; keinem aber unter den Göttern legten sie eine Benennung oder einen Namen bei, weil sie dergleichen nicht gehört hatten. Sie nannten sie aber Theoi, das ist ‚Götter', weil sie alle Dinge und alle Gegenden, in welchen sie sich aufhielten, ordentlich und schön eingerichtet hätten und auch so erhielten. Nach langer Zeit haben sie die Namen anderer Götter, welche aus Ägypten gebracht wurden, und endlich auch lange hernach den Namen des Bacchus gehört, worauf sie zu Dodona wegen der Namen einen göttlichen Ausspruch suchten; denn dieses Orakel wird für das älteste in Griechenland gehalten und war zu alter Zeit nur allein vorhanden. Als nun die Pelasger zu Dodona fragten, ob sie die Namen, welche von den Ausländern kämen, annehmen sollten, befahl das Orakel, dieselben zu gebrauchen. Von dieser Zeit an nannten sie die Götter bei den Opfern mit Namen. Von den Pelasgern kam dieses hernach auf die Griechen."

(Herodot, „Historien", 5. Jh. v.Chr.)

Doliche ↗Jupiter Dolichenus.

Doliones, ein in Kyzikos (vgl. Kg. ↗Kyzikos) ansässiger Stamm, dessen Kg. die Argonauten gastfreundl. aufnahm.

Dolios, ein treuer alter Gefolgsmann des Odysseus u. der Penelope, der sich auch 20 Jahre des Laërtes angenommen hatte. Er war der Vater zahlr. Söhne, die mit ihm zus. Odysseus bei seiner Heimkehr freudig begrüßten. D. hatte geholfen, die Freier der Penelope zurückzuweisen.

Dolmen ↗Megalithgräber.

Dolon, ein troian. Kundschafter, Sohn des Herolds ↗Eumedes 1). Als er sich des Nachts verkleidet in das Lager der Griechen schlich, wurde er v. Odysseus u. Diomedes entlarvt, gefangen u. getötet.

Domaldi, schwed. Kg., der ähnlich Kg. ↗Olaf nach zwei vergebl. Versuchen seines Volkes, eine Hungersnot durch das Opfer eines Ochsen u. eines Menschen abzuwenden, schließl. selbst dem Odin geweiht u. getötet wurde.

Domes daege, Jüngster Tag im altengl. ↗Crist.

Domnall, ir. Kg. auf dem Fest von ↗Dún na nGéd.

Donar, jener german. Gott, der im nord. Bereich ↗Thor gen. wurde. Vorbild für viele Ortsnamen, die eine entsprechende Verehrung an diesem Ort belegen könnten: Donnersberg in der Pfalz, Donnerswehe (u. ä.) bei Oldenburg. – Donar-Eiche ↗Bonifatius.

Donau, lat. *Danubius,* Name aber älter (kelt.); der Unterlauf bis zum Schwarzen Meer wurde v. den Griechen *Ister* gen., die den Fluß bereits im 7. Jh. v. Chr. befuhren. Wie der ↗Rhein bildete die D. zeitweise die röm. Grenze gg. die barbar. Völker, gleichzeitig war sie aber auch Handelsweg u. Zone des kulturellen Austausches. Das röm. Militärlager *Castra Regina* (Regensburg) wurde 179 n. Chr. auf einer kelt. Siedlung gegr.; *Lauriacum* (Lorch bei Linz) war Legionslager, *Vindobona* (Wien) u. *Carnuntum* (gegr. 16 n. Chr.) waren ebenfalls wichtige Militärstützpunkte.

Don Juan ↗Steinerne Gast.

Donnerkeil, *Donnerstein, Donneraxt* u. ä., Werkzeug (aus Feuerstein) der Steinzeit, das oft beim Ackern auf dem Feld gefunden werden konnte u. dem Aberglauben nach durch Blitze zur Erde geschleudert worden war. In dieser Verbindung zum Gotte Donar hatte der D. schützende u. magische Wirkung.

Donnerstag, der dem german. Gott ↗Thor geweihte Tag (↗Wochentage), engl. Thursday.

Doon, *Doon de Mayence,* D. v. Mainz, ↗Bovo.

Doppelähre ↗Jumis.

Doppelaxt, minoisches Symbol, bes. auf Kreta, das sowohl einem weibl. als auch einem männl. Fruchtbarkeitskult zugeordnet werden kann.

Doppelgänger, altnord. ↗Fylgien.

Dorestad, *Duurstede,* ↗Friesland.

Dorier, *Dorer,* altgriech. Stamm, der im Verlauf der Dorischen Wanderung aus Nordgriechenl. über die Landschaft *Doris* nach S vorstieß u. den ↗Peloponnes (außer Achaia u. Arkadien), die südl. Kykladen, Kreta, Rhodos u. die SW-Küste Kleinasiens besetzte. Der Sage nach handelte es sich um Nachkommen des ↗Doros.

Doris, 1) eine Meeresgöttin, Tochter des Okeanos u. der Tethys. Sie heiratete ↗Nereus, dem sie die ↗Nereïden gebar. – **2)** eine der Nereïden.

Doros, einer der drei Söhne des Hellen, Bruder v. Aiolos u. Xuthos; der Sage nach Stammvater der griech. ↗Dorier.

Dörrud, altnord. ↗Walkürenlied.

Doso, das Kindermädchen des ↗Demophon 2), eines Sohnes der Metaneira, Gattin des Keleos, des griech. Kg. v. Eleusis. In Wirklichkeit war D. Demeter, die sich verkleidet hatte.

Dotis, Mutter des ↗Phlegyas.

Doto, eine der ↗Nereïden.

Drache, lat. *draco,* Lehnwort für german. „Wurm" u. ä., phantast. Ungeheuer, auch in der german. Mythologie Mittelpunkt zahlr. ↗Drachenkämpfe, hier meist in der Gestalt einer Schlange (Lindwurm), traditioneller Schatzhüter (↗Fafnir), drohendes Ungeheuer der Gegenwart (↗Midgardschlange) u. der Endzeit (↗Nidhöggr). – Gelegentl. als dichter. Umschreibung für Schiff: Die Wikingerschiffe waren auch tatsächl. oft mit Drachenköpfen geschmückt.

Drachenblut. Es spielte bes. in Zshg. mit der Gestalt des Sigurd eine bedeutende Rolle. Das D. machte Sigurd „hürnen", ließ ihm einen Panzer aus Hornhaut wachsen. Nach den Eddaliedern verfiel Sigurd auf die List, ↗Fafnir von unten aus einer Grube zu töten (↗Ramsundfelsen); nach der dt. Überl. der Nibelungensage badet er in Drachenblut, u. nur wo ein Blatt ihm auf die Schulter fiel, bleibt er verwundbar (↗Sigfrid, vgl. ↗Achilleus: Achillesferse).

Drachenkämpfe, Ungeheuerkämpfe, in versch. Formen nach einem festen Schema überliefert: Kampf eines Berittenen gg. Schlange mit Lanze oder Schwert (St. Georg), Kampf zweier Tiere, in den der Held eingreift (Löwen-Drachen-Kampf, Heinrichsage, Dietrich von Bern), Kampf gg. Ungeheuer mit List (Beowulf, Sigfrid, Wolfdietrich), Fesselung des Ungeheuers (Thor und die Midgardschlange). In der german. Kunst ist der Drache zumeist schlangenartig bzw. als „Wurm" dargestellt. Der D. gg. den Lindwurm gehörte zum typ. Element eines Heldenlebens. So erlebte auch ↗Dietrich von Bern „seinen" D. Die bildl. Darstellungen in der Wikingerzeit wurden allerdings zumeist mit dem Schicksal ↗Sigurds (Siegfried der Nibelungensage) verbunden. Dieser Held erscheint sogar wie auf dem Säulenkapitell v. Lunde (Norwegen, 12. Jh.) als Drachentöter in einer christl. Umgebung.

Die drei halbmondförmigen Gruben entsprechen der altnord. Überl. aus der Völsunga saga. Aus diesen heraus erstach Sigurd den Drachen von unten. Sigurd bekam damit wie etwa Samson u. Daniel in der Löwengrube die Funktion einer Parallelfigur zum thriumphierenden Christus in einer heidn.-christl. Zusammenschau (↗Synkretismus). Der heidn. Sagenheld eroberte sich einen christl. Ehrenplatz. – Bereits die Antike kannte zahlr. D.: Zeus gg. ↗Typhon, Herakles gg. die ↗Hydra von Lerna, Bellerophon gg. die ↗Chimaira, Perseus bei der Befreiung der ↗Andromeda usw. Dem Wort liegt griech. „drakon" (der furchtbar Blickende) zugrunde.

Drachenkämpfe

„Der Kampf mit dem Drachen, ein Lieblingsmotiv des europäischen Märchens, erinnert zunächst an den Kampf des Menschen mit wirklichen Untieren, ein Geschehen, das die Phantasie früherer Zeiten mit großer Gewalt beschäftigt haben muß. Gerade deshalb wird der Kampf mit dem Untier zum Symbol für den Kampf mit der feindlichen Umwelt, mit dem Bösen außer uns und in uns, des Willens mit den Trieben, der Form mit dem Chaos, des Menschen mit dem Jenseitigen oder mit dem Schicksal. Der Drache ist ein Bild für die ungestalte und gefährliche Natur wie für das eigene Unbewußte."

(der Märchenforscher Max Lüthi, 1951; nach: Enzyklopädie des Märchens)

Dracula, lit. Gestalt eines ↗Vampirs. Das 19. Jh. liebte Vampirromane (Byron 1816, Polidori 1819, Le Fanu 1872). Der Engländer Bram Stoker machte D. 1897 berühmt; Verfilmung u. a. von R. Polanski (1967).

Drapa, altnord. Form des skaldischen Preisliedes (↗Skaldendichtung), aus drei Strophengruppen zusammengesetzt: Eingangsteil, Mittelteil mit Zusammenfassung des Hauptgedankens, Schlußteil, der gewöhnl. die gleiche Strophenzahl wie der Eingangsteil hatte.

Draumkvede (mit Artikel auch: *Draumkvædet*), das norweg. Traumlied, einem ↗Olaf Åsteson in den Mund gelegt; es ist ein berühmtes Beispiel der christl. beeinflußten Visionsdichtung mit mittelalterl. Parallelen in der nord. Literatur. Es war seit der Niederschrift zus. mit Volksballa-

den im 19. Jh. Objekt des nationalen Stolzes, gehört aber möglicherweise in der uns bekannten Form weniger dem MA (erschließbar eine „Visio Olavi") als dem 18. Jh.

Draupnir, der v. Zwergen geschmiedete kostbare Ring Odins (Wodans), v. dem in jeder 9. Nacht acht ebenso kostbare Ringe abtropften. Auf diese Weise verhalf D. seinem Besitzer zu ständig wachsendem Reichtum.

draußen sitzen, in der ahd. u. in der altnord. Dichtung das bekannte mag. Draußensitzen als Geisterbeschwörung u. Totenbefragung; das Draußen*stehen* beim Empfang des Helden gilt zuweilen als ängstl. Vorahnung schicksalhafter Verwicklungen.

Drei, Zahlwort, ↗Zahlen.

Dreiecksknoten, *Triskele,* sie füllen auf den ↗gotländ. Bildsteinen die Zwischenräume v. Pferdebeinen (ornamental gg. den „horror vacui", das heißt gg. die „Angst" vor dem leeren Raum, das ist die traditionelle Vorstellung, daß alles mit Verzierungen ausgefüllt sein sollte) u. verleiten mehrfach dazu, diesem Pferd fälschl. wie ↗Sleipnir acht Beine zuzusprechen. Diese kleinen Schmuckelemente sind wegen ihrer Undeutlichkeit u. Unschärfe mit minimalen Niveauunterschieden zw. „schwarzen" und „weißen" Flächen leicht der Mißdeutung ausgesetzt. Wo zw. den Pferdebeinen allerdings deutl. zaunartige Stecken gezeichnet sind (↗Lärbro Tängelgårda I), ist an das *Helgatter* zu denken, das der nord. Überl. nach allein der Totenhengst Sleipnir überspringen konnte. – Eine Form des Dreipaßknotens ist auch der „Zauberknoten"; es handelt sich um sogen. Heilszeichen, und der Übergang zur Rosette in der christl. Kunst scheint fließend. – ↗Smiss.

Dreigesicht. Solche nach drei Richtungen blickenden Gesichter hatten u.a. ↗Hekate u. ↗Selene. Auch kelt. u. vorgerman. bzw. german. Religionen kannten dreiköpfige Götter u. eng zus. gehörige Dreiergruppen. So hat man einen Zshg. zw. den drei Kriegsgottheiten der Inselkelten (in Britannien) Macha, ↗Morrigan u. Neman vermutet. Der slaw. Gott ↗Triglav hatte drei Köpfe usw.

Dreizack, ein dreizackiger Speer; Symbol des griech. Gottes Poseidon bzw. des röm. Gottes Neptun als Gott des Meeres (siehe auch Zeichnung S. 111).

Drogo, in der Sage um ↗Walther v. Aquitanien u. Hildegund einer jener fränk. Ritter, die Walther in einer Schlucht erschlug, weil sie ihm im Auftrag Kg. Gunthers den Schatz zu entwenden suchten, den er bei seiner Flucht v. Etzels Hof mitgenommen hatte.

Drottkvæd (altnord. = „Liedform für den Fürsten"), in der ↗Skaldendichtung die gängigste Strophenform, die sich durch überaus kunstvollen Aufbau auszeichnet. Acht meist sechssilbige Zeilen haben nach der vierten Zeile einen syntakt. Einschnitt. Die beiden so entstehenden Strophenhälften sind durch eine bestimmte Anordnung v. Stab- u. Binnenreimen jeweils noch einmal geteilt; die einzelnen Zeilen sind gewöhnl. dreihebig.

Druiden (ir. *druid* = „die Hochweisen"; die Deutung des Namens im Sinne v. „Eichenkundige" wegen der Rolle der Eiche u. der Eicheln im Kult wird heute als unwahrscheinl. verworfen), kelt. Priesterkaste in Gallien, Britannien u. Irland, in die man durch Erziehung, Ausbildung u. Noviziat gelangte, wobei die Herkunft aus einem gehobenen Stand wohl Voraussetzung war. Die D. wurden v. einem obersten Druiden geleitet u. standen in hohem Ansehen. Als Hüter der Religion waren sie im Besitz einer Geheimlehre, die sie nur mündl. tradierten, wobei die Weitergabe an ihre Schüler Jahre dauern konnte, also ein bes. Durchhaltevermögen v. den Novizen verlangte. Weil es keine schriftl. Überl. v. den D. gibt, sind wir für unsere Kenntnis über sie weitgehend auf die möglicherweise gefärbten Aussagen klass. Autoren wie ↗Caesar („De bello Gallico") u. Poseidonios u. seine Epigonen angewiesen. Fest steht, daß die D. primär den Kult ausübten, zu dem wohl auch Menschenopfer gehörten. Daneben fungierten sie als Richter, Magier, Ärzte u. Astronomen u. übten polit. Einfluß aus. Kernstücke ihrer Geheimlehre waren das Weiterleben der Seele nach

Dreizack:
Attribut des Neptunus
als Gott des Meeres

dem Tode u. die Seelenwanderung. Insgesamt bildeten sie die Hauptträger eines kelt. Nationalgefühls. Deshalb, aber auch wegen der Menschenopfer, wurde der druid. Kult v. den röm. Kaisern (erstmals von Tiberius) verboten, u. der Stand der D. verfiel. In Irland scheinen sie im Zuge der Christianisierung seit dem 4. Jh. nach u. nach im Mönchtum aufgegangen zu sein u. waren hier noch lange Zeit Teil der heidn. geprägten Heldensage (↗Conle). – Wegen der ungünstigen Quellenlage bleiben manche Fragen in Zshg. mit den D. offen.

Druidinnen, im 3. Jh. n. Chr. Bz. für gall. Wahrsagerinnen. Die kelt. Bz. „druydae" ist für Mitglieder dieses weibl. Priestertums überliefert, dem man bes. visionäre Fähigkeiten nachsagte.

Druschina, altruss. Gefolgschaft des Helden (↗Wol'ga) in der Überl. der ↗Bylinen.

Drust, *Drustan,* hist. Kg. der ↗Pikten, taucht im Tristanstoff der Artusepik (↗Artus) auf.

Dryaden, im griech. Mythos ↗Nymphen, die in Bäumen lebten. Ihr Schicksal war eng mit dem des jeweiligen Baumes verbunden: wenn der Baum starb, starben auch die D.

Dryas, ein in der griech. Sage häufig vorkommender Name. **1)** Sohn des Ares, der an der ↗Kalydon. Jagd teilnahm. – **2)** ein Kentaur, der auf der Hochzeit des ↗Peirithoos zugegen war. – **3)** einer der 50 Söhne des Aigyptos, der v. seiner Gattin Eurydike, einer der ↗Danaïden, in der Hochzeitsnacht ermordet wurde. – **4)** Vater des ↗Lykurgos 1).

Dryope, Tochter des ↗Dryops 1), die dem Apollon, der sich ihr in Gestalt einer Schlange oder Schildkröte näherte, den Sohn Amphissos gebar. Nachdem sie die Blüten eines Lotosbaumes gepflückt hatte, wurde sie selbst in einen Lotosbaum oder in eine Pappel verwandelt. Nach anderer Überl. entführten sie die Hamadryaden u. machten sie zu einer Nymphe, der Mutter des ↗Pan.

Dryops, 1) Vater der ↗Dryope. – **2)** ein Sohn des Priamos. – **3)** ein Sohn des Apollon. – **4)** ein Gefährte des Aeneas in It.; er wurde v. Clausus getötet. – ↗Polydore.

Dschalali, Zauberpferd im armen. Heldenepos ↗David von Sassun, das aus dem Meer stammte. Auf D. sitzend, würde der heldenhafte jüngere ↗Mher in einer Meeresgrotte auf eine bessere Welt warten. Jeden Freitag konnte man das Pferd im Rabenfelsen wiehern hören.

Duanaire Finn ↗Fianna.

Dub Lacha, ir. Königin, Mutter des Märchenhelden ↗Mongán.

Dukus Horant, mhd. fragmentar. Brautwerbungsepos des 13. Jh., in hebräischen Schriftzeichen nach einer Handschrift v. etwa 1382 überliefert; Heldensagenstoff von dem wegen seines betörenden Gesangs berühmten Herzogs Horant von Dänemark (↗Horand).

Dulcifal, sagenhaftes Pferd des Wikingerkönigs ↗Göngu-Hrolf, dem Namen nach möglicherweise dem Pferd Bucephalus (griech. ↗Bukephalos) Alexanders des Großen nachgebildet.

Dunkelelben, *Schwarzelben*, ↗Elben.

Dún na nGéd, *Duin, Dún*, nach Tara Herrschersitz der ir. Könige u. Schauplatz eines sagenhaften Festes. In einem visionären Traum wird geschildert, wie Schotten, Briten u. Sachsen wie Hunde über Irland herfielen. Trotzem ließ sich Domnall, Kg. von Irland, nicht davon abhalten, ein Fest vorzubereiten, wie es ihm als Herrscher zustand. Unheilvolle Flüche wurden ausgesprochen v. unheiml. Gestalten (v. einer bärtigen Frau, v. einem Mann mit verkehrten Füßen). Domnall ließ erst seinen Ziehsohn ↗Congal v. den Festspeisen kosten, u. dabei wurde dessen Verrat offenbar. In der Schlacht von Moira (↗Suibne) gg. Kg. Domnall fand der aufrührerische Congal dann den Tod, die Überlebenden flohen nach Schottland.

Dura Europos, antike Siedlung u. militär. Befestigung am Euphrat, erb. in der Zeit v. Seleukos I. (312–281 v.Chr.), 256 n.Chr. zerstört. Die Ausgrabungen geben interessante Aufschlüsse über Tempel u. Heiligtümer der Antike: die griech.-röm. Götter waren hier einer starken Orientalisierung ausgesetzt. Auch eine frühchristl. Kirche wurde gefunden u. eine, trotz des Bilderverbots der altjüd. Religion, mit Szenen aus dem Alten Testament ausgemalte Synagoge (Fresken jetzt im Nationalmuseum Damaskus).

Durin, ein Zwerg, der in der german. Mythologie gelegentl. nach ↗Montsognir als der mächtigste bezeichnet wurde.

Dymas, 1) ein Troianer, der sich während des Troian. Krieges als Grieche verkleidete, entdeckt und v. den Troianern getötet wurde. – **2)** Kg. v. Phrygien, Vater der ↗Hekabe. D. wurde v. den Doriern während eines Einfalls auf die Peloponnes getötet.

Dynamene, eine der ↗Nereïden.

Eber, in der Vorstellung der Kelten Symbol der Kampfeskraft, häufig auf Münzen abgebildet. Ein regelrechter Eberkult läßt sich zwar nicht nachweisen, doch deutet die Darstellung eines E. auf der Brust einer Statue, die in Euffigneix gefunden wurde, darauf hin, daß es einen Ebergott gegeben haben könnte (↗Teutates). Vgl. in der german. Mythologie ↗Gullinborsti. – In der Mythologie der Antike war der E. Mars u. Ares heilig, ebenso ↗Demeter u. ↗Atalante. Die ↗Kalydon. Jagd auf den E. symbolisierte den anbrechenden Frühling. – E. tragen die Krieger auf den nord. Bronzeplättchen v. ↗Torslunda auf

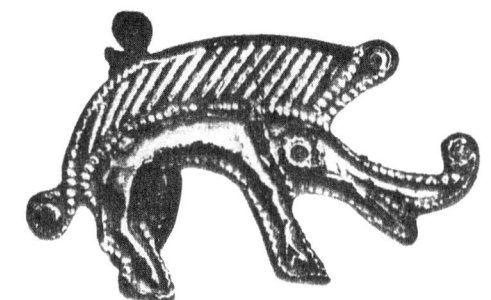

Eber: Eberfibel, gefunden in Bad Pyrmont als Opfergabe bei der Heilquelle, 3.Jh. (?)

ihren Helmen; der altengl. Beowulf beschreibt einen solchen Helm, v. dem auch tatsächl. ein Kriegerhelm des 7. Jh. in Benty Grange, Derbyshire, England, ausgegraben wurde. Ob die *Eberfibel* v. Bad Pyrmont nur provinzialröm. Arbeiten nachahmt oder auf einen kelt. Kult schließen läßt, ist umstritten. Solche Eberfibeln kennen wir auch von den Elbgermanen, allerdings ausschließl. aus Frauengräbern.

Echidna, in der griech. Mythologie ein Ungeheuer mit einem Frauenkörper, dessen Unterleib in eine Schlange übergeht. Als ihre Eltern nennt die Überl. u. a. Phorkys u. Keto, Tartaros u. Gaia, Chrysaor u. Styx; ihr Gemahl war ↗Typhon, dem sie versch. andere Ungeheuer gebar, z. B. Kerberos, Chimaira, Sphinx u. den Nemeischen Löwen. E., die sterbl. war, aber niemals alterte, hauste in Kilikien oder auf der Peloponnes in einer Höhle u. beraubte die vorbeikommenden Wanderer. Schließl. wurde sie v. ↗Argos Panoptes getötet.

Echion, 1) ein Argonaut, Sohn des Hermes u. der Antianeira; unübertroffen an Geschicklichkeit, soll er den ersten Speer auf der ↗Kalydonischen Jagd geworfen haben. In Troia gehörte er zu jenen Helden, die sich in dem ↗Hölzernen Pferd versteckten. – **2)** einer der ↗Spartoi, Gefährte des ↗Kadmos, der die Kadmos-Tochter Agaue 1) heiratete; ihr gemeinsamer Sohn war ↗Pentheus.

Echo, in der griech. Mythologie eine Nymphe, über deren Schicksal sehr Unterschiedliches überliefert wird. Sie war eine Tochter der Gaia und eine Gefährtin der Hera. Nach der einen Überl. wurde sie v. Pan geliebt, erwiderte dessen Liebe jedoch nicht, worauf der erzürnte Gott wahnsinnige Hirten veranlaßte, sie in Stücke zu zerreißen. Nur ihre Stimme blieb erhalten. Nach einer anderen Version beraubte Hera sie ihrer Stimme, weil E. die Liebschaften anderer Nymphen mit Zeus begünstigt haben sollte. Es blieb ihr nur die Fähigkeit, jeweils die letzten Worte eines Sprechenden zu wiederholen. – Nach einer weiteren Überl. entbrannte sie in heftiger Leidenschaft zu ↗Narkissos, der sie indessen nicht erhörte. Vor Gram verzehrte sie sich so sehr, daß nur ihre Stimme erhalten blieb. Seither ist sie eine ‚unsichtbare Stimme'.

Echtrae (Mz.; ir. = „Abenteuer"), mytholog. Sagentypus, mit dem Namen versch. Helden verbunden; ↗Cormac, ↗Conle, ↗Nera u. ↗Fergus; typ. Kernbestandteile sind eine Jenseitsvision u. die Beschreibung des schwierigen Weges zum Paradies (Seefahrt; ↗Immram).

Eckart, *Der getreue E., Ekkehart*, in der german. Heldensage der Erzieher der jungen got. Harlunge, die er vor Ermanarich zu schützen suchte. Er warnte auch die Nibelungen vor den ihnen im Hunnenland drohenden Gefahren u. erscheint in der Tannhäusersage als Warner vor dem ↗Venusberg. Etwa seit dem 16. Jh. wurde die Bz. „Der getreue Eckart", losgelöst v. den urspr. Zshg., im Sinne v. Mahner, zuverlässiger Gefährte u. ä. verstanden.

Eckefried, einer jener fränk. Ritter, die ↗Walther von Aquitanien in einer Schlucht besiegte u. tötete.

Eckenlied, mhd. Epos aus dem Kreis der ↗Dietrichsage, um 1250 entstanden, 1491 in einem Druck überliefert. Ecke u. seine Brüder Fasolt u. Eckenot, drei Helden v. Riesenwuchs, dienten edlen Jungfrauen. Diese stachelten Ecke an, gg. den angeblich so berühmten Helden Dietrich zu kämpfen, der ihn dann besiegte.

Eckenot, ein Held v. riesenhafter Gestalt, Bruder des Ecke im mhd. ↗Eckenlied.

Eckewart, im mhd. Nibelungenlied einer der Markgrafen. Auf dem Wege zu Etzel fanden die Burgunder ihn schlafend vor, gaben ihm jedoch sein Schwert zurück. Zum Dank warnte E. die Burgunder vor Etzel. – ↗Eckart.

Edda, altnord. Liedersammlung mit Götter- und Heldensagen. Im Unterschied zum Dichterhandbuch der ↗Snorra Edda auch *Ältere Edda* genannt. Als berühmteste altnord. Handschrift, ↗Codex regius, im 17. Jh. im Besitz des isländ. Bischofs Brynjolfur Sveinsson (von diesem irrtüml. Sæmund zugeschrieben, ↗Sæmundar-Edda), der sie als Geschenk an den dän. Kg. Friedrich III. schickte (heute wieder auf Island). Enthält in strophischer Form, stabreimend, z. T. mit Prosaeinsprengseln, zwei Gruppen v. erzählenden Liedern aus der Welt der Götter (Thors Hammer wird von Thrym gestohlen, ↗Thrymskvida; Lehrgedicht und Erschaffungs- bzw. Untergangsmythen in den „Sprüchen des Hohen", den ↗Hávamál, und der „Weissagung der Völva", der ↗Völuspá) und der Helden (von den ↗Völsungen und ↗Sigurd, von Wieland dem Schmied, ↗Völundarkvida, u. von ↗Helgi Hiörvardsson u. ↗Helgi Hundingsbani). Die Handschrift scheint aus dem ausgehenden 13. Jh. zu stammen, und zwar als Abschrift älterer Vorlagen. Die Gedichte selbst mögen z. T. bereits im 8./9. Jh. entstanden sein, z. T. aber offensichtlich auch als junge Nachdichtungen. Neben ↗Skaldendichtung u. ↗Saga gehört die eddische Lieddichtung zu den großen altnord. Beiträgen zur Weltliteratur. Die Bedeutung des Namens E. konnte bisher trotz einiger Ansätze nicht eindeutig erklärt werden.

Edonos, möglicherweise ein Sohn des Poseidon u. der Helle. Sein Stamm bewohnte der griech. Sage nach einen Teil Thrakiens.

Efeu, als immergrüne Pflanze der ägypt. Göttin Osiris heilig; in der griech. Überl. wurde u. a. Dionysos damit bekränzt (↗Kranz).

Egenolf von Staufenberg ↗Peter von Staufenberg.

Egeria, röm. Quellnymphe, der Sage nach zunächst Geliebte u. später zweite Gattin des Numa Pompilius, die den Kg. durch weise Ratschläge bei seiner Herrschaft unterstützte; sie wurde in Rom u. in Aricia kult. verehrt. Als ihr Gemahl starb, betrauerte sie ihn so sehr, daß sie in Tränen zerfloß u. Diana sie in eine Quelle verwandelte. E. galt auch als Schutzgöttin der ungeborenen Kinder.

Egil, *Egill Skallagrimsson,* bedeutendster Skalde Altislands, * nach 900 in W-Island, † um 990; über sein Leben sind wir aus der ↗Egils saga (Anfang 13. Jh.) informiert, wobei die Überl. allerdings manche Lücken u. Ungereimtheiten aufweist. Der Überl. nach soll sein Vater ein Kveldulfr gewesen sein (↗Werwolf). Seine wichtigsten Werke, bei Snorri Sturluson erwähnt, sind „Die Haupteslösung", ein Erich Blutaxt, Sohn Kg. Haralds, gewidmetes Preisgedicht, in dem E., der in Engl. in Erichs Hand geraten war, mit Erfolg um seine Freilassung bat, ferner „Der Söhne Verlust" (ein Werk auf den Verlust seiner beiden Söhne) u. das Preislied auf Arinbjörn, einen Freund des Dichters.

Egill, Meisterschütze in der nord. Wielandsage, der eddischen Völundarkvida. Bereits in der Thidreks saga (um 1250) steht die Episode von E., der seinem Sohn einen Apfel vom Kopf schießen mußte. Später wurde diese Sage auf Wilhelm ↗Tell übertragen.

Egils saga, altisländ. Saga über den Dichter ↗Egil, kurz nach 1200 verfaßt u. die Besied-lungsgeschichte der Insel in der zweiten Hälfte des 9. Jh. spiegelnd; überliefert in Handschriften seit dem 14. Jh. Die E. s. gibt ein gutes Bild von hist. Ereignissen u. dem Alltagsleben in Norwegen u. in Island zur Zeit der ersten Landnahme (um 870).

Ehrpreis, ir. Rechtsterminus für eine ↗Geldbuße bei einem Vergehen.

Eibe, „Eibental heißt es, wo Ullr seinen Saal sich hingesetzt hat …" (nord. Edda, altnord. Grímnismál); der nord. ↗Ullr war ein sagenhafter Bogenschütze, ähnl. dem Tell; das Holz der E. war bevorzugtes Material für den Bogen.

Eiche, v. den Germanen als heilig verehrter Baum, einzeln oder in Hainen. Die E. spielte in Zshg. mit dem Donar-Kult eine zentrale Rolle, wobei man v. der Vorstellung ausging, aus den weitausladenden Kronen der Bäume schleudere die Gott häufig seine Blitze. Bes. bekannt ist die Überl., daß der hl. ↗Bonifatius bei seiner Missionstätigkeit in Hessen eine Donar-Eiche, vermutl. in Geismar bei Fritzlar, gefällt habe. – Auch bei den Kelten ein heiliger Baum, v. dem klass. Autoren berichten, in ihm sei Zeus als oberster Gott verehrt worden. Auch Eichenhaine galten als Kultzentren, gelegentl. für mehrere Völkerstämme gemeinsam, wie etwa bei den Galatern in Kleinasien. Daneben verband sich mit der E. vielfach die Vorstellung, daß sie Landschaften u. ihren Bewohnern Schutz gewähre. Die Druiden scheinen vor dem Wahrsagen Eicheln zu sich genommen zu haben (?). – Bei den Griechen berühmt waren die Eichen des Gottes Zeus in ↗Dodona.

Eid, die Anrufung einer höheren Macht zum Zeugen für die Wahrheit einer Aussage. In der german. Rechtsprechung diente der E. in einem Gerichtsverfahren weniger dazu, die Richtigkeit eines Sachverhaltes festzustellen (wie es dem heutigen Rechtsempfinden entspricht), als die allgemeine Glaubwürdigkeit der Partei (Eideshelfer) zu beschwören (formales Recht, ↗Ding). – Zur Bekräftigung des E. in der Antike berief man sich auf versch. Götter, z. T. personifizierte Ideale: ↗Dius Fidius, ↗Fides, ↗Helios, ↗Palikoi, ↗Styx, ↗Themis. – Vgl. dazu die german. ↗Wara (?). In der Edda heißt es, Odin selbst habe „den Eid auf den Ring" geleistet.

Eidothea, 1) Tochter des ↗Proteus; lebte auf der Insel Pharos. – **2)** eine Nymphe, die an der Erziehung des Zeus beteiligt war.

Eidyia, Tochter des Okeanos u. der Tethys, Gemahlin des Aietes, Mutter der ↗Medeia u. des Apsyrtos.

Eileithyia, Tochter des Zeus u. der Hera, Göttin der Frauen u. der Geburt; v. den Römern mit Lucina gleichgesetzt.

Einherier, *Einherjer* („vortreffliche Streiter, Einzelkämpfer"), die auf dem Schlachtfeld gefallenen Krieger, die v. den ↗Walküren nach Walhall in Asgard gebracht wurden, wo sie sich im tägl. Kampfe zur Unterstützung der Götter bei der ↗Götterdämmerung übten. Die Wunden, die sie sich dabei beibrachten, heilten sogleich wieder. – Die E. führten ein Leben in Üppigkeit mit Gastmählern, bei denen ihnen Met u. Milch v. der Ziege ↗Heidrun kredenzt u. Fleisch v. dem Eber ↗Sährimnir serviert wurde.

Einhorn, von dem griech. Arzt Ktesias in seinem Buch „Indika" [über Indien] um 400 v. Chr. als weißer Wildesel mit rotem Kopf, blauen Augen u. einem 50 cm langen Horn auf der Stirn beschrieben. Verwendete man dieses Horn als Trinkhorn, konnte man damit angebl. Epilepsie vermeiden u. wurde gg. Gift immun. – Dem Perikles wurde (nach Plutarch, 120 n. Chr.) ein einhörniger Bock gebracht u. als Zeichen seiner Herrschaft über Athen gedeutet. – Die Eroberung des Perserreiches durch Alexander d. Gr. wurde symbol. als Kampf eines Widders mit einem E. beschrieben. – Das E. hat eine außerordentl. bunte abendländ. Geschichte, bis es z. B. zum Schildhalter des engl. Königswappens u. zum myst. Tier wurde, das bei der Jungfrau Maria Schutz sucht (häufiges Bild der „heiligen Jagd" in der got. Altarmalerei). Im Kuriositätenkabinett der Renaissance (z. B. des dän. Kg.) wurde das Horn des E. (eig. der Stoßzahn des Narwals) bewundert.

Eïoneus, Vater des ↗Rhesos.

Eir, german. Göttin, die für ihre Heilkunst berühmt war u. als Ärztin hohe Verehrung genoß.

Eirene, lat. *Irene,* griech. Friedensgöttin, Tochter des Zeus u. der Themis, eine der ↗Horen. Sie wurde in Athen seit 374 v. Chr. kult. verehrt, als die Athener mit Sparta Frieden geschlossen hatten; sonst war ihr Kult nicht sehr weit verbreitet.

Eirene mit dem Plutos-Kind (um 370 v. Chr.; Kopie)

Berühmt ist ihre bildl. Darstellung mit dem Plutosknaben auf dem Arm. – Der griech. E. entsprach die röm. ↗Pax.

Eiríksmál, Totenpreislied des 10. Jh., eine Wikingerdichtung (↗Totenkult) auf den Wikingerkönig ↗Erich Blutaxt.

Eiszeit, Erinnerung an das schwindende Eis im nord. Mythos v. ↗Audhumla (?).

Eithne, Frau des ir. Kg. ↗Cormac.

Eitil, nord. Überl., der zweite Sohn v. Atli u. Gudrun, der v. seiner Mutter getötet wurde, als diese ihre am Hunnenhof ermordeten Brüder rächte. ↗Erp 1).

Ekkehard I. von St. Gallen, auch *Eckehard,* mittellat. Dichter, um 910–973; er entstammte einer vornehmen Familie im Thurgau und wurde Mönch u. Dekan im Benediktinerkloster St. Gallen. E. schuf einige Dichtungen: *Sequenzen* im Stil Notkers, einen *Hymnus* für Commune unius martyris u. (nicht erhaltene) *Antiphonen.* Ob das auf german. Sagenstoff beruhende lat. ↗Waltharilied („Waltharius manu fortis"), das seinen Namen berühmt gemacht hat, wirkl. v. ihm stammt, ist umstritten. Für das Epos kommen auch andere Autoren in Frage, außerdem hält man es für mögl., daß es aus karoling. Zeit stammt.

EL, *Elohim,* altsemit. Gott, dessen Kult viell. durch syr.-phöniz. Händler bereits zur Bronzezeit nach Skandinavien vermittelt wurde (?). Darauf könnte man nach den Felszeichnungen v. ↗Tanum (Bohuslän in Schweden) mit dem großen ↗Jäger schließen.

Elada, Vater des ir. Gottes ↗Ogma.

Elagabal ↗Sol.

Elaïs (griech. = Olivenmädchen), Schwester der Spermo u. der ↗Oino (Weinmädchen) als personifizierte Bereiche der Fruchtbarkeit in der bäuerl. griech. Welt der Antike.

Elato, anderer Name für ↗Baton, den Wagenlenker des griech. Amphiaraos.

Elatos v. Arkadien, Vater des ↗Ischys.

Elben, *Alben, Elfen,* in der german. Mythologie zwerggestaltige Wesen männl. und weibl. Geschlechts, mit übernatürl. Kräften ausgestattet. Viell. sah man in ihnen urspr. die fortlebenden Seelen der verstorbenen Menschen, doch galten sie auch als Hausgeister oder in Zshg. mit der Natur als Fruchtbarkeitsmächte. Sie zeichneten sich den Menschen gegenüber durch Wohlwollen u. Hilfsbereitschaft aus, wurden aber böse u. rachsüchtig, wenn man sie beleidigte. Die Snorra Edda unterscheidet zw. den schönen *Lichtelben,* die in Alfenheim oder Lichtalfenheim lebten, einem Reich, das man sich im Himmel vorstellte, u. den ungemein häßl. *Schwarz-* oder *Dunkelelben* in Schwarzalfenheim im Innern der Erde. Vermutl. waren die Schwarzelben mit den ↗Zwergen identisch. Die Volkssage hat die E. mit einer Fülle v. verschiedenartigen Eigenschaften u. Fähigkeiten ausgestattet u. ein ebenso reichhaltiges wie verwirrendes Bild v. ihnen geschaffen. So waren sie zwar sterbl., lebten aber sehr viel länger als die Menschen. Sie konnten sich unsichtbar machen bzw. ihre Gestalt verwandeln u. liebten Musik u. Reigentanz. Ihr Blick war, weil mit dämon. Zauber verbunden, gefürchtet. Auch die Vorstellung, daß sie einem Elben-Kg. unterstanden, war verbreitet. Sie konnten auch Wichte, Irrwische, Butze, Kobolde u.ä. heißen u. jeweils einzelne spezielle Züge oft regionaler Art aufweisen, die ihre Gleichheit mit den Elben oder ihre Verwandtschaft mit ihnen jedoch immer noch deutl. werden lassen. – Cú Chulainn ist der Sohn einer Tochter des ir. Kg. Conchobor u. des E. Lug Mac Ethnenn.

Eldir, in „Lokis Zankreden" (altnord. ↗Lokasenna) jener Koch des ↗Ägir, der den Eintritt Lokis in die Halle, in der die Asen versammelt waren, vergebl. zu verhindern suchte.

Elektra, 1) Tochter des ↗Agamemnon u. der Klytaimestra, Schwester des Orestes, der Iphigeneia u. der Chrysothemis. Taucht bei Homer noch nicht auf, es sei denn, sie wäre identisch mit ↗Laodike 1), einer der dort gen. Töchter des Agamemnon. In den Werken v. Aischylos, Sophokles u. Euripides tritt sie dagegen mit gewissen Abwandlungen in Erscheinung. Nach der heimtückischen Ermordung ihres Vaters durch Klytaimestra u. Aigisthos blieb sie selbst in Mykenai, wo sie vielen Gefahren ausgesetzt war, schickte aber ihren Bruder ↗Orestes nach Phokis zu einem Onkel, um ihm eine sorglose Jugend zu ermöglichen. Als Orestes später heimkehrte, trieb sie ihn in ihrem unstillbaren Haß zur Rache am Tod des Vaters an, u. der Bruder brachte die Mutter u. Aigisthos um. E. heiratete schließl. Pylades, ihren Vetter u. engsten Freund ihres Bruders, in dessen Elternhaus Orestes aufgewachsen war. – **2)** eine der ↗Pleiaden, Tochter des Atlas u. der Pleione; durch Zeus Mutter v. Dardanos u. Iason. Sie lebte auf einem Eiland v. Samothrake. – Nach einer anderen Version war der etrusk. Kg. Korythos Vater ihrer Kinder. Da E. Zeus zurückwies, entbrannte dieser in Zorn u. warf das ↗Palladion, bei dem E. Hilfe gesucht hatte, vom Himmel herab. – **3)** eine der ↗Okeaniden; sie heiratete Thaumas u. wurde Mutter v. Iris u. den ↗Harpyien.

Elektryon, Kg. v. Mykenai, Sohn des Perseus u. der Andromeda. Heiratete Anaxo, mit der er sechs Söhne u. eine Tochter, Alkmene, zeugte. E. wurde versehentlich von Alkmenes Gemahl ↗Amphitryon getötet, als dieser mit einer Keule nach einem entlaufenen Rind warf und dabei seinen Schwiegervater traf.

Elementargeister, in der philosoph. Überl. der Antike Geister aus Urstoffen versch. Art, bes. der Luft (Silphen, Sylphen), des Feuers (Salamander), des Wassers (Undinen) u. der Erde (Gnome). Diese Bz. stammen wahrscheinl. erst aus dem MA u. dem Spät-MA. – „Elementargeister" nannte Heinrich Heine eine Schrift v. 1837, in der er sich ironisch mit Gestalten der niederen Mythologie beschäftigte (Sagen v. Nixen u. Zwergen, von teufl. Feuergeist u.ä.) und mit dem Nachleben der heidn. Götter, die durch das Christentum nun „ins Exil" verdrängt worden wären (er selbst lebte im Exil in Paris).

Elene, altengl. Legende, verfaßt v. ↗Cynewulf 2) im 8. Jh. mit einem christl. Thema (Kreuzauffindung), aber im traditionellen Stil heidn. Dichtung, mit ↗Kenningar wie „Kampfnattern" (für „Speere"), mit Schlachtschilderungen u. Erz. im Stil des überlieferten „Beowulf".

Elephenor, griech. Kg. der Abanten auf Euboia. Nachdem er Akamas u. Demophon bei sich Aufnahme gewährt hatte, brachen alle drei nach Troia auf, wo E. getötet wurde.

Eleusinische Mysterien, die der griech. Sage nach v. Eumolpos u. ↗Keleos gegr. Mysterien, die im Alt. jährl. im Sept. bes. zu Ehren der Demeter mit glanzvoller Prozession v. Athen über die Hl. Straße nach ↗Eleusis begangen wurden. Im Weihetempel wurde die Rückkehr der ↗Persephone aus der Unterwelt gefeiert. Zu den ↗Mysterien waren nur Eingeweihte (*Mysten*) zugelassen, die sich davon ein glückl. Leben im Jenseits erhofften.

Eleusis, 1) griechische Stadt in Attika, ca. 20 km n.w. von Athen. Erhalten sind Reste der antiken Stadt mit dem Hl. Bezirk, darunter das v. Terrassen umgebene *Telesterion* mit ringsum aufsteigenden Sitzstufen in der Kulthalle. Für die Feier der ↗Eleusinischen Mysterien wurden bes. geleitete Lichteinfälle verwendet. – **2)** ein Heros, Sohn des ↗Ogygos.

Elfen ↗Elben.

Elfenbeintor, das Tor, durch das nach griech. Vorstellung unangenehme Träume v. ↗Hypnos ihren Weg zu den träumenden Menschen nahmen.

Elgin Marbles, v. Lord Elgin, dem engl. Gesandten am Osmanenhofe, in Griechenl., bes. in Athen, 1812 erworbene antike Bildwerke (u.a. vom Parthenon u. Erechtheion), die 1816 in den Besitz des Brit. Museums in London übergingen; sie waren von hoher Bedeutung für die Kenntnis der griech. Kunst in Europa.

Eliade, *Mircea,* *1907, †1986, Professor für Religionswissenschaft in Chicago; untersuchte u.a. den Zshg. zw. Mythos, Symbolsprache und Schamanismus (vgl. „Mythen, Träume u. Mysterien", 1961; „Geschichte der rel. Ideen", 1978–91).

Elis, griech. Küstenlandschaft im Nordwesten der Peloponnes, seit 471 v. Chr. mit geichnamiger Hauptstadt. Im Tal des Alphaios liegt Olympia, wo die ↗Olympischen Spiele stattfanden.

Elissa, anderer Name für ↗Dido, Gründerin v. Karthago.

Elivagar, nach german. Vorstellung jene Eisströme, die ↗Ginnungagap (das „Nichts") ausfüllten.

Ella, sagenhafter engl. Kg., in dessen Schlangengrube ↗Ragnar Lodbrok umkam.

Ellac, ein hist. Sohn des Hunnenkg. ↗Attila, der 454 in einer Schlacht gg. die Gepiden den Tod fand. Sein Schicksal spiegelt sich viell. in der Erz. v. dem Tod der beiden Etzelsöhne Otte u. Scharphe in der Schlacht um Ravenna 493 (↗Rabenschlacht).

Elli, in der nord. Mythologie ↗Utgardlokis Amme, die, obwohl uralt, über ungeheure Kräfte verfügte. Thor, der es für ein leichtes hielt, sie zu bezwingen, bestand nur mit Mühe einen Ringkampf gg. sie. – E. verkörperte wohl das „Alter", dem niemand entrinnen kann.

Ellide, ein berühmtes Drachenschiff, das der nord. Meeresgott Ägir dem Thorsten, Vater des Frithjof, schenkte, als dieser ihn freundl. bei sich aufgenommen hatte, ohne zu wissen, wer sein Gast war.

Elpenor, in der Odyssee der jüngste der Gefährten des Odysseus; fiel, da er betrunken war, im Schlaf vom Palastdach der Kirke u. kam dabei zu Tode. Als Odysseus ihm in der Unterwelt begegnete, bat E. diesen um eine würdige Bestattung, die ihm der Sage nach zuteil wurde.

Elverhøj, *Der Elfenhügel,* dän. nationalromant. Schauspiel v. J. L. Heiberg, 1828. Es verband in allegor. Handlung einen traditionellen Volksballadenstoff v. Elfenkönig, der keinen Herrscher neben sich duldet, mit aufklär. Absichten. In Anwesenheit des guten Kg. Christian IV. verschwindet der Spuk.

Elysion, in der griech. Mythologie das Land der Seligen am Westrand der Erde, v. Fluß ↗Lethe umflossen, in das die v. Zeus Geliebten entrückt wurden u. ein glückl. Dasein führten. Wohl identisch mit den Inseln der Seligen u. unterschieden vom ↗Hades, in dem die Toten schattenhaft weiterexistierten. Als Herrscher des E. werden Rhadamanthys oder Kronos genannt. – Kelt. vgl. ↗Mag Mell.

Emain Macha, Burghügel und Palast des sagenhaften ir. Kg. ↗Chonchobor, unmittelbar westl. von Armagh gelegen; Schauplatz vieler Sagen um den Helden ↗Cú Chulainn; bestand hist.

Emain Macha	*Könige und Helden auf Emain Macha:* Conchobor Cú Chulainn Conall Cernach Fergus

viell. bis in das 5. Jh. Der ir. Dichter Cinead ua hArtacáin (†975) nannte in seinem Kataloggedicht (eine Aufzählung zum Auswendiglernen bzw. zum Erinnern) „Fianna bátar i nEmain" alle Helden und Könige von E. M.: vgl. ↗Aife, ↗Conaire, ↗Fergus.

Emathion, nach einem Teil der Überl. Kg. v. Arabien; Sohn des Tithonos u. der Eos, Bruder des Memnon; als er versuchte, Herakles daran zu hindern, die Äpfel im Garten der Hesperiden zu pflücken, wurde er v. diesem getötet.

Embla, in der nord. Mythologie der erste weibl. Mensch; Gemahlin des Ask (↗Ask und Embla).

Emire, *Emer,* Tochter des ir. Kg. ↗Forgall Manach, um die Cú Chulainn warb, da sie als einzige die sechs wichtigen Tugenden besaß: Sie war schön, konnte singen, wohlgesetzt reden, herrlich sticken, sie war klug u. keusch. Als Vorbedingung mußte Cú Chulainn dann große Abenteuer bestehen. Schließl. raubte der Held E. mit Gewalt u. brachte sie nach Emain Macha.

Empusa, in der griech. Mythologie ein weibl. Schreckgespenst, das häufig in Begleitung der ↗Hekate auftrat. Es hatte oft einen Eselsfuß, konnte sich in versch. Tiere verwandeln, zeigte sich gelegentl. aber auch in Gestalt eines schönen Mädchens. E. wurde öfter v. Hekate ausgeschickt, um fremde Reisende in Angst und Schrecken zu versetzen.

Enarete, Mutter der ↗Peisidike.

Enceladus, hundertarmiger Gigant, den Zeus in den Ätna verbannte; seine Bewegungen lösten Vulkanausbrüche aus. Naturereignisse wurden mytholog. gedeutet u. damit auf einer relativ einfachen Stufe „verstehbar" gemacht.

Endeïs, Gemahlin des ↗Aiakos.

Endymion, in der griech. Mythologie Sohn des Aëthlios (nach anderer Überl. des Zeus) u. der ↗Kalyke. Er war der Geliebte der Mondgöttin Selene, die ihn im Schlaf besuchte u. ihm 50 Töchter gebar. E. bat Zeus um immerwährenden Schlaf u. ewige Jugend. Nach der griech. Sage war E. ein Jäger, der am Berg Latmos im ewigen Schlaf lag. Jede Nacht wachte Luna bzw. Selene bei ihm u. küßte ihn. – In versch. lit. Bearbeitungen seit Shakespeare erkennen wir den röm. Ovid als Quelle. Bei John Keats (1818) verlor die Erz. ihren idyll. Charakter, und E. erscheint als ein Suchender nach der Todesgewißheit.

Endzeitmythen Weltuntergangsmythen spielen in allen Weltreligionen eine große Rolle. Man versteht diese heute weniger unter dem Aspekt eines generellen Pessimismus im Hinblick auf die Entwicklung der eigenen Welt als vielmehr als Reflex u. Kompensation *kollektiver Ängste*. Selbst noch in Aussagen wie „früher war alles besser" und „die gute alte Zeit" mag man Spuren solcher Ängste vor einer unüberschaubaren Weiterentwicklung überhaupt, aber vor allem vor einer Veränderung zum Schlechteren verspüren. Auf generelle Ängste übertragen ist es schließl. die Ungewißheit des eigenen Todes, die uns plagt – und die *Phantasie* anregt. Indem man mit dem Weltuntergang mythisch „spielt", versucht man tatsächl. Existenzängste zu überwinden. Das Christentum versucht begreifbar zu machen, daß der *Tod* überwunden sei. Praktisch alle Hochreligionen kennen das Versprechen eines seligen Lebens nach dem Tode, das schließl. in eine Rückerinnerung an das einst verlorene Paradies mündet. Aber das Versprechen schien immer fragwürdig. Auf dem Fragment eines christl. Grabkreuzes von ↗Andreas auf der Insel Man, Großbritannien, ist im 10. Jh. dargestellt, wie ein Mann offenbar mit dem Speer einen Wolf abwehrt, der bereits seinen Fuß zu verschlingen droht. Man deutet ihn als den nord. Gott Odin, der im Endkampf des Weltuntergangs von ↗Fenriswolf angegriffen wurde. Gegen diese Angst kam auch das Christentum offenbar kaum an, und man suchte sich mit herkömml. heidn. Vorstellungen gleichsam zusätzl. *abzusichern*. – Das Alte Testament kannte übrigens in ↗Gog selbst eine finstere Weltmacht, die am Ende der Zeit gg. das Gottesvolk kämpft.

Eine bes. Form der E. ist der Glaube an den Untergang der Götter. Es gab ↗Ragnarök, eine ↗Götterdämmerung, in der nord. Mythologie u. auch dort ein Warten auf die bessere Endzeit, in der der versehentl. getötete Gott ↗Balder wiedererstehen würde. Der Untergang kündigte sich dadurch an, daß ein ↗„Orm" namens ↗Nidhöggr (*Neid*drache!), ein „Wurm" – in den nord. Sprachen die Bz. für Drache (lat. draco) *und* Schlange (lat. serpens) –, wie in der altnord. Edda berichtet wird, am Weltenbaum ↗Yggdrasil nagte u. ↗Ragnarök, Weltuntergang u. ewigen Winter einleitete. Diesen „Orm" zu wecken, war bes. gefährl.; Thor bekam ihn bei einem Fischzug an den Haken (↗Midgardschlange, ↗Thors Fischzug). - Das ↗Sterben der Götter konnte in anderen Zshg. im Fruchtbarkeitskult den Wechsel der Jahreszeiten (vgl. in der griech. Überl. ↗Persephone) u. die Hoffnung auf das ewige Leben (vgl. ↗Phoinix) symbolisieren.

Man ist merkwürdig berührt v. der hochstehenden Philosophie der ↗Etrusker, die sich offenbar gg. die machtvolle Eroberung durch die Römer auch deshalb nicht energisch wehrten, weil ihr Endzeitglaube ihnen die Vision einer natürl. wachsenden und auch wieder vergehenden etrusk. Kultur vorgab. Diesem naturbedingten Schicksal habe man sich ohne Widerstand zu fügen. Aus einem ganz anderen Kulturkreis werden wir an das Bild der ↗Weißen Götter erinnert, denen sich das mächtige indian. Reich in Mexiko ohne Gegenwehr unterwarf, weil man die grausamen span. Eindringlinge für die zurückgekehrten Götter hielt.

Eneide, mhd. höf. Epos v. Heinrich von Veldeke, um 1170/1190, das über altfrz. Zwischenstufen (Roman d'Énéas, um 1160) auf Vergils ↗Aeneis zurückgeht. Das MA griff den Stoff auf, um ritterl. Ideale darzustellen. – In It. verfaßte Giambattista Lalli 1634 eine E. „travestita", eine populäre Parodie v. Vergils Vorlage, die wiederum Anlaß für eine frz. Parodie wurde, die ↗„Virgile travesti" des P. Scarron, 1667.

Engelland ↗Brittia.

Enipeus, ein Flußgott, den ↗Tyro liebte.

Enkidu ↗Gilgamesch.

Enkoimesis, griech. Tempelschlaf, ↗Inkubation.

Enodia (griech. = Göttin der Wege), Beiname der ↗Hekate.

Entellos, der Gewinner des Boxkampfes bei den Leichenspielen (Begräbnisfeierlichkeiten) für ↗Anchises.

Entmythisierung, neben der ↗Archetypisierung möglicher Weg des angenommenen german. ↗Heroenkultes zur ↗Heldensage, u. zwar durch die nachträgliche Historisierung u. Psychologisierung mythischer Stoffe (↗Herebeald). – E. ist innerhalb der Religionswissenschaft ein ständiger Prozeß rationaler Aufklärung, der die moderne Schriftauslegung der Bibel geprägt hat, und zwar gg. das „myth. Denken" (E. auch des Neuen Testaments durch den Theologen R. Bultmann). – Bereits die Hervorhebung des auf die Sonne bezogenen Einzelgottes gg. die vielgestaltige Götterwelt der altägypt. Religion kann u.a. auch als Versuch der E. verstanden werden u. als Vorbereitung eines Monotheismus (Glaube an einen einzigen Schöpfergott). – Auch die antike Philosophie versuchte bereits früh eine E. (↗Euhemeros).

Enyalios, in der griech. Mythologie ein Kriegsgott minderen Ranges, Gefährte des ↗Ares; er besaß keinen nennenswerten Mythos. Ein Teil der Überl. sieht in E. überhaupt nur einen Beinamen des Ares. Als eigene Gottheit verstanden, wurde er mit dem röm. ↗Quirinus gleichgesetzt.

Enyo, 1) griech. Kriegsgöttin, Tochter des Ares u. seine Gefährtin in der Schlacht. Sie wurde gewöhnl. mit der röm. ↗Bellona gleichgesetzt. – **2)** eine der ↗Graien.

Eochu Belbuide, ir. Kg., er unterlag dem Kg. ↗Conn im Kampf um die Herrschaft über Tara u. flüchtete zu ↗Fergus.

Eochu Mugmedón, Kg. von Irland, der unter seinen Söhnen einen Nachfolger auswählte: Er zündete die Schmiede an, in der sich die Söhne gerade befanden. Brian rettete den Streitwagen, Fergus brachte das Holz hinaus, Fiachra trug ein Weinfaß, Ailill die Waffen, doch Niall brachte das Schmiedegerät in Sicherheit, u. ihn ernannte E. M. daraufhin zum Nachfolger. Die Nachkommen Nialls regierten seit dem 5. Jh. bis zum Jahre 1002 ununterbrochen auf Tara.

Eochu Salbuidhe, ir. E. „Gelbferse", ein Vorfahre des Kg. ↗Conchobor.

Eos, lat. *Aurora,* Göttin der Morgenröte, die

Eos

meist als Tochter des Titans Hyperion u. der Theia galt. Sie war die Schwester v. Helios u. Selene u. die Gattin des ↗Tithonos, für den sie bei Zeus um Unsterblichkeit, aus Versehen aber nicht auch um ewige Jugend bat. E. hatte mit ihrem immer stärker vergreisenden Mann, aber auch mit einigen Geliebten eine Reihe v. Kindern. Sie kündigte ihren Bruder Helios jeden Morgen an u. begleitete ihn bei seiner Fahrt über den Himmel. Eine ähnl. Personifizierung wurde behauptet für den altengl. Begriff „Eostra" in Zshg. mit einer angebl. german. Frühlingsgöttin ↗Ostara. – ↗Memnon.

Eos: E., mit dem Leichnam ihres Sohnes Memnon; rotfigurige Vasenmalerei (1. Hälfte 5. Jh.)

Eostra ↗Eos, ↗Ostara.

Epaphos, Kg. in Ägypten, Sohn des Zeus u. der ↗Io; heiratete Memphis u. wurde Vater der ↗Libye. E. galt auch als Begründer der Stadt Memphis. Die Griechen setzten ihn mit dem ägypt. Gott Apis gleich.

Epeios, Führer der Phoker in Troia, wo er sich mit 30 Schiffen am Krieg beteiligte. Er galt als der Entwerfer u. Erbauer des ↗Hölzernen Pferdes. – Im Boxkampf anläßl. der Leichenspiele für Patroklos ging E. gg. ↗Euryalos als Sieger hervor. Eine spätere Überl. sieht in ihm auch den Gründer v. Pisa u. evtl. v. Metapont u. anderen Städten.

Epheben, griech., nach einem Initiationsritus in die Erwachsenenwelt aufgenommene Jünglinge.

Ephemeris belli Troiani, lat. „Tagebuch" v. Krieg um ↗Troia in der nachklass. Form eines ↗Trojaromans. Übers. nach Septimus aus dem Griech., vermutl. des 4. Jh. n. Chr., überliefert in versch. Handschriften seit dem 9. Jh. Darin wurden mytholog. Angaben bewußt abgeschwächt; in einer Version hieß es, daß die Athener ihren Homer für wahnsinnig gehalten hätten, weil er an den Kampf der Götter gg. Menschen geglaubt habe. Es entstand ein lit. Roman, der auf die weiteren Troiadichtungen im MA großen Einfluß hatte. – Neu hrsg. in Köln 1470/1475 u. Basel 1529.

Ephesos ↗Artemis.

Ephialtes, 1) einer der ↗Aloaden. Er war wie sein Bruder ↗Otos v. riesenhafter Gestalt u. nahm mit diesem gemeinsam den Kampf mit den Göttern auf. – **2)** der angebl. Verräter der griech. Stellung an die Perser 480 v. Chr. bei den Thermopylen.

Ephyra, eine ↗Okeanide; sie war der Sage nach die erste, die in der Stadt Ephyra am Isthmos v. Korinth gelebt haben soll.

Epidauros, altgriech. argol. Stadt am Saronischen Golf mit einem der berühmten ↗Asklepieien, in dem Kranke durch Orakel u. ärztl. Behandlung Heilung erhofften. Von den ausgedehnten Anlagen des Heiligtums mit Tempeln, Bädern, Gymnasien, Schlafhallen usw. ist bes. das Theater zu erwähnen. Es gehört zu den besterhaltenen griech. Theatern überhaupt.

Epigonen (griech. = die Nachgeborenen), in der griechischen Sage die Söhne der ↗Sieben gegen Theben, die zehn Jahre nach dem vergeblichen Versuch ihrer Väter, die Stadt zu nehmen, unter Führung des Alkmaion u. mit Hilfe des ↗Adrastos 1) Theben in ihre Hand brachten u. zerstörten.

Epikaste, anderer, bes. v. Homer gebrauchter Name für ↗Iokaste.

Epimelios, Beiname des Hermes in seiner Eigenschaft als Beschützer der Herden.

Epimenides, ein aus Kreta stammender griech. Seher, Dichter u. Gelehrter, der wohl als historische Gestalt des 7. Jh. v. Chr. anzusehen ist; die ihm zugeschriebenen Werke stammen allerdings mit Sicherheit nicht v. ihm. E. ist v. Legenden umgeben, zu deren bekanntesten sein 57 Jahre dauernder Schlaf in einer Grotte gehört. Er soll ein außergewöhnlich hohes Alter erreicht haben.

Epimetheus (griech. = der zu spät Bedenkende), Sohn des Iapetos, Bruder des Prometheus, gg. dessen dringenden Rat er ↗Pandora zur Gattin nahm, die ihm die Tochter ↗Pyrrha 1) gebar.

Epione, Tochter des Kg. Merops; sie heiratete einem Teil der Überl. zufolge ↗Asklepios, dem sie mehrere Kinder gebar. – ↗Machaon, ↗Panakeia.

Epiphanie (griech. = Erscheinung), in der Antike das Sichtbarwerden der Gottheit, im röm. Herrscherkult auch der Besuch des Ks. in den Provinzen, die als Erscheinung eines Gottes gefeiert wurde.

Epitheton, griech. „Beiname", oft eine auf die regionale Herkunft einer Gottheit zielende Bz. oder wie etwa bei ↗Artemis ein Hinweis darauf, daß die Eigenschaften lokaler Gottheiten auf die übergeordnete Person übertragen worden sind, welche sich – oft aus polit. Gründen – in der Tradition als dominierend erwiesen u. durchsetzten. – Vgl. „schmückendes Beiwort" in den homer. Epen als Kennzeichen des mündl. Stils (↗Homeros).

Epona, kelt. Schutzgöttin der Pferde, Esel u. Maultiere sowie der Reiter u. Pferdeknechte. Sie wurde nicht nur in kelt. besiedelten Gebieten, sondern auch bei den Römern (bes. den Legionären) kult. verehrt. Epona galt als Tochter eines Menschen u. einer Stute; man stellte sie gewöhnlich zu Pferde sitzend (vielfach im Damensitz) oder inmitten v. Pferden dar (siehe Abb. in der linken Spalte).

Eponymos, griech., in Zshg. mit der bereits in der griech. u. röm. Antike beliebten etymolog. Ableitung spielte der „myth. Namengeber" für ↗Ortsnamen u. Regionen usw. eine große Rolle: Abderos für ↗Abdera, Amyklas für ↗Amyklai,

Epona: kelt. Bronzefigur, gefunden in Champoulet (Loiret), Museum Saint-Germain-en-Laye

Arkas für ↗Arkadien, ↗Capys für Capua, Doros für die ↗Dorier, ↗Italus für Italien, ↗Nauplios für Nauplia, Romulus für ↗Rom usw.

Epopeus, Kg. v. Sikyon; Sohn des Poseidon; heiratete ↗Antiope, die v. Zeus schwanger war. Er wurde v. Lykos, Antiopes Onkel, im Kampf getötet.

Equus october ↗Pferdeopfer.

Erasmus von Rotterdam, *Desiderius Erasmus,* *1466/69, †1536 in Basel, mit ↗Reuchlin Hauptvertreter des ↗Humanismus u. Wiedererwecker klass.-antiker Bildung im 16. Jh., die er mit dem Christentum zu versöhnen suchte.

Erato, 1) eine der ↗Danaïden. – **2)** von den 9 ↗Musen die Muse der Liebesdichtung.

Erato:
eine der Musen

Eratosthenes von Kyrene, * um 295, †215 v. Chr., mit seinen „Geōgraphika" ein krit. Naturwissenschaftler der Antike. Er machte sich über Homer lustig, dessen Odysseus offenbar gg. alle Naturgesetze des Windes herumgeirrt sei: Aiolos' Windschlauch hätte sicherl. nur ein Schuster genäht. Zudem beschrieb E. die mytholog. Namengebung der Sternbilder in ihrer literar. Vielfalt (nicht als naturwissenschaftl. Gegebenheiten), aber sein Werk wurde zum Vorbild für viele Handbücher der Astrologie bis zum Ende der Antike.

Erdbeben. Nach einer altnord. Erklärungssage aus der Edda ist die Ursache für E. im Schicksal Lokis zu sehen: Verärgert über dessen Schmähungen, ließen ihn die Götter fesseln. Ständig tropfte v. einer Schlange Gift auf sein Gesicht, welches aber die Frau Lokis mit einem Becher auffing. Nur wenn diese die Schale ausleeren mußte u. Loki der Tropfen traf, zerrte er an seinen Fesseln u. bewirkte das E. – Ätna.

Erde, *Mutter Erde,* ↗Gaia.

Erdenschwere ↗Swjatogor.

Erdgottheiten, chthon. Götter; bes. in den altgriech. Religionen göttl. Wesen niederen Ranges, die dem Mythos nach unter der Erde oder in ihrem Inneren walteten u. Tod u. Leben, Blühen u. Welken beherrschten. – In der ger-

man.-nord. Überlief. gehörte die Göttin ↗Rinda zu den E.

Erebos, in der griech. Mythologie die Finsternis der Unterwelt, bei Hesiod personifiziert als Sohn des Chaos. Aus der Verbindung v. E. u. Nyx entstanden ↗Aither u. ↗Hemera.

Erechtheus, myth. Kg. Athens, der athen. Erde entsprossen, viell. aus dem Samen des Pandion, u. v. Athena aufgezogen; nach anderer Überl. möglicherweise aber auch mit ↗Erichthonios identisch. E. war im Kampf mit den Eleusiniern u. Eumolpos siegreich, weil er auf die Weisung des Orakels eine seiner Töchter opferte, worauf auch seine anderen Töchter sich umbrachten. Nach anderer Überl. starb nur die eine Tochter, aber Poseidon vernichtete, weil sie geopfert worden war, später den E. mit seiner Familie.

Eremon, ir. ↗Mile.

Ergane, Beiname der ↗Athena, die als „Werkkundige" Männer u. Frauen bei handwerkl. Tätigkeiten behilfl. war.

Erginos, Kg. v. Orchomenos, Sohn des ↗Klymenos 2), Vater des Agamedes. In einem Krieg gg. Theben, den E. siegreich bestand, belegte er die Thebaner mit dem drückenden Tribut, ihm 20 Jahre lang jährl. 100 Stiere zu liefern. Herakles befreite die Thebaner v. dieser Abgabe, indem er seinerseits einen Feldzug gg. E. führte. Entweder tötete er den Kg., oder er schloß Frieden mit ihm. Eine weitere Überl. berichtet, Herakles habe pro Jahr 200 Stiere als Tribut v. seinem unterlegenen Gegner verlangt.

Eriboia ↗Merope 6) u. ↗Periboia.

Erich Blutaxt (altnord. *Eiríkr blódöx*), ein Wikingerkönig, der, aus Norwegen geflohen, im engl. Northumbrien Herrscher wurde. In einer großen Schlacht des Jahres 954 fiel er mit vielen anderen; den Empfang des Helden in Walhall schildert die ↗Eiríksmál. Das Erich gewidmete Totenpreislied ist voll heidn. Überl., die hier unbekümmert auch auf einen bereits getauften Kg. übertragen wurde. Odin selbst befahl, den toten Helden gebührend zu empfangen, dessen Ankunft so geräuschvoll war, als ob ↗Balder zurückkehren würde. Die Geschichte um E. spiegelt mit der Vorstellung v. Walhall u. der drohenden Endzeit die Situation des skandinav. Spätheidentums, in das sich synkretistisch christl. Elemente hineinmischen.

Erichthonios, erdgeborener Kg. Athens aus dem Samen des Hephaistos, der der jungfräul. Athena nachstellte. Athena übergab den Knaben nach seiner Geburt in einer verschlossenen Kiste den Töchtern des Kekrops (↗Aglauros),

Erichthonios: Geburt des E.; griech. Vasenmalerei

die den Behälter trotz des strengen Verbotes der Göttin öffneten u. beim Anblick des schlangengestalteten Kindes wahnsinnig wurden. E. wurde nach Kekrops Kg. v. Athen, sein Sohn ↗Pandion folgte ihm auf den Thron. – ↗Erechtheus.

Eridanos, Gott eines myth. Flusses, Sohn des Okeanos u. der Tethys. Bei dem Fluß handelt es sich um jenen, in den ↗Phaëthon mit dem Sonnenwagen seines Vaters Helios stürzte. Der Überl. nach könnte der Po gemeint sein (?), andere haben in ihm die Donau, die Rhône oder den Rhein sehen wollen. – Der Grieche Herodot nahm offenbar an, daß der E. nach N fließt, er verband – selbst allerdings skeptisch – den Strom mit der Herkunft des Bernsteins. „Von den äußersten Ländern in Europa gegen Westen zu kann ich nichts Gewisses sagen; denn ich nehme es selbst nicht an, daß bei den Barbaren ein Fluß E. genannt wird, der sich in das Nordmeer ergießt, von welchem, wie man behauptet, der Bernstein herkommt. Ich weiß auch nicht, wo die Kassiterischen Inseln [gemeint ist viell. England] liegen, aus welchen das Zinn zu uns kommt" (Herodot, „Historien", 5. Jh. v. Chr.)

Erigone, Tochter des Ikarios v. Athen, der den ihm v. Dionysos gelehrten Weinbau in seinem Land verbreitete. Als die Bauern sich vergiftet glaubten, töteten sie den Ikarios. Seine Tochter E. suchte mit ihrem treuen Hund Maira die Leiche u. erhängte sich an der Fundstelle an einem Baum. E. u. ihr Vater wurden unter die Sterne versetzt. Nach einer anderen Version führte man am Ort des Selbstmordes zur Entsühnung der E. das sog. Schaukelfest (Aiora) ein.

Eril, altnord. ↗Runenmeisterformel.

Erinyen (Mz., griech.), lat. *Furiae, Furien,* in der griech. Mythologie unheiml. unterirdische Rachegöttinnen mit v. Schlangen bedeckten Köpfen, die erbarmungslos Frevler u. Verbrecher verfolgten u., wie z. B. den Muttermörder ↗Orestes, in Wahnsinn oder Tod zu treiben suchten. Nach Hesiod waren sie Kinder der ↗Gaia, entstanden aus dem Blut, das bei der Verstümmelung des Uranos floß. Nach anderer Version handelte es sich um Töchter der Nacht. In der Frühzeit auch einzeln belegt *(Erinys),* traten sie gewöhnl. in der Dreizahl auf, vielfach unter den Namen *Alekto* (die Unablässige), *Megaira* (die Neiderin) u. *Tisiphone* (die Rächerin des Mordes). Sie wurden manchmal auch als Semnai (die Ehrwürdigen) oder Eumeniden (die Wohlgesinnten) bezeichnet; ob es sich hierbei nur um Euphemismen (einseitig positive Umschreibungen, quasi Decknamen) handelte, die die Göttinnen gnädig stimmen sollten, oder ob sie nach u. nach eine Wandlung erfuhren u. als freundl. chthon. Gottheiten verstanden wurden, die ihre urspr. Funktion des Rächens nicht mehr auszuüben brauchten, weil der Staat diese Funktion übernommen hatte, läßt sich nicht mit Sicherheit entscheiden. – Auch den Mörder ↗Alkmaion verfolgten die E. unerbittl. Eine solche Tat mußte bes. *entsühnt* werden (vgl. z. B. ↗Amphitryon). Die 12 Taten des ↗Herakles waren solche Bußleistungen für begangenes Unrecht. – ↗Ixion.

Eriphyle, Tochter des Talaos v. Argos u. der Lysimache, Schwester des ↗Adrastos 1) u. Gemahlin des Sehers ↗Amphiaraos. Als Amphiaraos voraussah, daß nur Adrastos den Feldzug der ↗Sieben gegen Theben überleben würde, versteckte er sich, wurde jedoch v. seiner Gattin, die sich v. Polyneikes mit dem Halsband der Harmonia hatte bestechen lassen, verraten. Sein Sohn Alkmaion rächte den Tod des Vaters, der vor Theben fiel, indem er E. ermordete.

Eris (griech. = Streit), in der griech. Mythologie Göttin der Zwietracht u. des Streites, Schwester u. Gefährtin des ↗Ares. Als sie im Ggs. zu allen anderen Göttern u. Göttinnen nicht zur Hochzeit des Peleus mit Thetis eingeladen wurde, rächte sie sich, indem sie einen goldenen Apfel *(Erisapfel* = Zankapfel) mit der Aufschrift „der Schönsten" unter die Gäste warf. Die Göttinnen Hera, Athena u. Aphrodite gerieten daraufhin in einen heftigen Streit (↗Paris), der schließl. indirekt den Troian. Krieg entfesselte. – Bei Vergil taucht E. unter dem Namen *Discordia* (lat. = Zwietracht) auf.

Erlkönig, Kunstballade v. J. W. von Goethe (1782), der einen Stoff populärer u. traditioneller Volksballaden aufgriff (↗Elben). Goethe benützte eine mißverständl. Übers. Herders v. 1778, so daß aus einem dän. „ellerkonge" bzw. „elverkonge" (Elfenkönig) ein E. wurde.

Ermanerich, *Ermanarich* (so in der altnord. ↗Thidreks saga), *Hermanarich,* altnord. auch ↗Jörmunrek, niederdt. *Ermenrich,* Ostgotenkönig, dessen Reich am Schwarzen Meer 375 v. den Hunnen zerstört wurde (↗Hamdirsage). Er galt als Idealbild des Tyrannen, der u.a. ↗Dietrich von Bern zur dreißigjährigen Landflüchtigkeit zwang. In der nord. Heldensage der polit. Fakten, die ↗Jordanes belegt, entkleidet u. als Opfer privater Rache gesehen (↗Hamdismál). In später niederdt. balladesker Umformung mit burlesken Zügen (↗Ermenrichs Tod) ausgestattet.

Ermenrichs Tod, niederdt. Volksballade „Koninc Ermenrîkes Dôt", belegt als Lieddruck um 1560; sie erzählt v. Dietrich von Berns Kampf mit seinen 12 Genossen (Heldenschau) gg. den Kg. von Armentriken (↗Ermanerich). Die Burg (Freysack) wird mit List im Tanze erobert, der Kg. erschlagen; der Abschluß ist burlesk: Blödelinck (↗Blödel) hat sich im Kellerschacht versteckt.

Ermionen ↗Herminonen.

Eros, lat. *Amor* (auch *Cupido*), griech. Liebesgott, bei Homer (noch?) nicht gen.; bei Hesiod folgt er mit Gaia u. Tartaros auf das Chaos, gehört also zu den ältesten der Götter; später wurde er als Sohn der Aphrodite u. des Ares angesehen, vielfach begleitet v. Himeros (Verlangen) u. Pothos (Sehnsucht). Er war der schönste der Götter, der im Denken der Griechen eine bedeutende Rolle spielte, aber dennoch nur geringe kult. Verehrung genoß. Einer seiner wenigen Kultorte war das boiot. Thespiai, wo man ihn in Gestalt eines rohen Steines verehrte, was auf seine Urtümlichkeit u. seinen Zshg. mit der Weltentstehung hindeutet; später wurde dieser Stein durch eine Statue des Praxiteles ersetzt. – In der bildenden Kunst wurde E. schon früh als schöner, knabenhafter Jüngling dargestellt. Er war häufig nackt, geflügelt u. danach auch mit Pfeil u. Bogen versehen. Schließl. wurde er als verspielter Knabe gestaltet, der seine Pfeile auf Götter u. Menschen abschoß, seine göttl. Würde aber mehr u. mehr verlor. Gleichzeitig wuchs die Vorliebe, ihn nicht mehr als Einzelgestalt darzustellen, sondern in der Vielzahl als kleine, geflügelte Eroten, u. ihn immer mehr aus dem Bereich der Mythologie in den der bildenden Kunst zu verweisen. Diese Eroten lebten als Putti in der Renaissance neu auf.

Erotes, vgl. ↗Eros, heißt eine griech. Dichtung v. Phanokles aus dem 3. Jh. v. Chr. Thema ist die Liebe zu schönen Knaben (vgl. ↗Knabenliebe), in der Mythologie z.B. die Zuneigung des Zeus zu ↗Ganymedes.

Erp, 1) ein Sohn von Atli und Gudrun, den Gudrun der altnord. Überl. nach zus. mit ihrem zweiten Sohn ↗Eitil umbrachte, um den Tod ihrer Brüder zu rächen. Sie ließ die Schädel der Getöteten zu Schalen verarbeiten, die sie ihrem Gemahl als Trinkgefäße reichte, u. setzte Atli überdies die gekochten Herzen seiner Söhne zur Speise vor. Nachdem sie ihrem Gemahl die Wahrheit eröffnet hatte, tötete sie ihn u. setzte den Palast in Brand; vgl. dazu „Das Alte Atlilied", ↗Atlakvida, mit der grausigen Schilderung, die auch Gummars u. Högnis Ermordung am Hunnenhof erzählt. – **2)** ein Sohn Kg. ↗Jornakers, den dieser mit einer Kebse gezeugt hatte, Stiefsohn der Gudrun, Stiefbruder v. ↗Hamdir u. ↗Sörli, von denen E. erschlagen wurde, als er mit ihnen auf dem Weg zu ↗Jörmunrek in Streit geriet.

Eruler ↗Heruler.

Erulus, Kg. v. It., Sohn der Feronia, der Göttin der Getreideernte; sie gab ihm drei Leben, die er aber alle drei an einem einzigen Tag an Euandros verlor.

Erweckungssage, altnord. edd. ↗Sigrdrífumál, vgl. ↗Hindarfjell.

*1 **Eros** mit einem v. Schmetterlingen gezogenen Pflug; der Gott der Liebe ist hier in der verniedlichten Gestalt eines geflügelten Eroten dargestellt; Gemme, 18. Jh.*
*2 **Eros:** geflügelter E.; Myrina, hellenist. Epoche*
*3 **Eros:** E. mit Pfeil u. Bogen, nach einem Gemälde v. Franceschini (Ausschnitt)*
*4 **Eros** und Löwe*

Erymanthischer Eber, ein gewaltiger Eber am Berge Erymanthos in Arkadien, den lebend zu seinem Dienstherrn Eurystheus nach Mykenai zu bringen eine der Aufgaben des ↗Herakles war. Er hetzte das Tier so lange durch ein Schneefeld, bis es erschöpft zusammenbrach, u. trug es dann auf seinen Schultern zu Eurystheus, der beim Anblick des Ungeheuers zutiefst erschrak.

Erysichthon, Sohn des thessal. Kg. Triopas, der die Götter verachtete. Trotz heftiger Warnungen fällte er einen der Bäume in einem der Demeter heiligen Hain u. wurde zur Strafe mit unstillbarem Hunger geschlagen. Er endete als Bettler; nach einer anderen Version verschlang er sich schließl. selbst.

Erytheia, 1) eine der Hesperiden. Sie gehörte zu den Wächterinnen jenes Gartens, in dem der Baum mit den goldenen Äpfeln wuchs, den Zeus u. Hera zur Hochzeit geschenkt bekommen hatten. – **2)** Insel des ↗Geryoneus.

Eryx, 1) Berg an der Nordwestspitze Siziliens, Heiligtum der Fruchtbarkeitsgöttin Astarte; später Aphrodite geweiht. – ↗Venus. – **2)** sagenhafter Kg. in Sizilien, Sohn des Poseidon u. der Aphrodite, Halbbruder des Aeneas. Er war ein berühmter Ringkämpfer, der alle umbrachte, die ihm in den Weg kamen, bis Herakles ihn überwand u. tötete.

Eschatologie, die Lehre oder das Wissen „von den letzten Dingen" (↗Jenseitsvorstellungen), spielte naturgemäß im myth. Denken eine große Rolle. Mythen v. der Weltflut u. dem Untergang gab es bei vielen Völkern (Sintflut), auch das Ende durch Feuer (german. ↗Muspilli) oder durch Kälte (nord. ↗Fimbulwinter) ist geläufig gewesen. In Zshg. mit dem Ende der german. Götter sprach man zus.fassend v. ↗Ragnarök.

Esel, „Asinarius", Eselsanhänger, wurden die ersten Christen v. den Heiden verspottet; Christusbilder zeigten den Gekreuzigten mit einem Eselskopf. – Roman des röm. Apuleius, „der goldene E.", ↗Asinus aureus. – Eselsohren ↗Midas.

Esquilin, lat. *Esquilinus mons,* einer der 7 Hügel Roms; der Überl. nach urspr. jener Platz, an dem Verbrecher hingerichtet wurden; diente in der röm. Frühzeit auch als Begräbnisstätte u. als Wohnstätte für arme Leute. Später, bes. seit der Augusteischen Zeit, verwandelte der E. seinen Charakter, hier lagen nun die Gärten des Maecenas, das Goldene Haus des Nero, die Trajans- u. Titusthermen sowie luxuriöse Privathäuser.

Esus, einer der kelt. Hauptgötter der Gallier; vielfach mit Axt u. mit kurzer Tunika bekleidet dargestellt. Bei dem röm. Dichter Lukan (39–65 n. Chr.) als grausam geschildert. Die Sage berichtet, daß man ihm Menschen, die man erhängte, zum Opfer darbrachte. E. wurde gelegentl. mit Mars oder Merkur, aber auch mit Odin in Zshg. gebracht, ohne daß diese Verbindungen für uns im einzelnen klar durchschaubar wären. Zuweilen scheint er der „Gott mit den Mistelblättern" (vgl. ↗Steinsäule von Pfalzfeld) zu sein, auf anderen Darstellungen wird er mit einer doppelköpfigen, janusartigen Schlange in Verbindung gebracht. Als Zwitterfigur, dem ↗Janus gleich, hat auch eine Vermischung mit dem Hirschgott ↗Cernunnos stattgefunden, doch sind die versch. Gottheiten, z. B. auf dem Kessel von ↗Gundestrup, nicht leicht interpretierbar.

Eteoklos, 1) Sohn des Oidipus u. der Iokaste; Todfeind seines Bruders ↗Polyneikes, mit dem er sich jährl. in der Herrschaft Thebens abwechseln sollte. Als E. die Herrschaft nicht herausgab, veranlaßte Polyneikes seinen Schwiegervater Adrastos, den Zug der ↗Sieben gegen Theben zu organisieren. E. fiel als Verteidiger Thebens im Zweikampf mit seinem Bruder Polyneikes. Er erhielt ein ehrenvolles Begräbnis, während ↗Kreon 2) die Beisetzung des Polyneikes untersagte, ein Verbot, über das sich ↗Antigone hinwegsetzte. – **2)** ein Argonaut, Bruder der ↗Euadne 2). Er war ein Mann v. hoher Integrität, der als einer der ↗Sieben gegen Theben zog, wo er den Tod fand.

Eterscéle, ir. Kg. von Tara.

Etherum, ir. Form des kelt. Donnergottes ↗Taranis.

Etrusker, seit etwa dem 10. Jh. v. Chr. in der ital. Toskana, im nordöstl. It. u. zeitweise in Rom. Mit der Eroberung der etrusk. Stadt Veji durch die ↗Römer 396 v. Chr. setzte sich das dann lat. Rom durch. Die Religion der E. zeigt Anklänge an frühgriech. Zeiten, und man hat daraus auf einen Zshg. geschlossen; manches lebte indirekt weiter in der Gleichsetzung mit der bzw. der Übernahme in die röm. Mythologie. Sonst sind die Quellen spärl. Man kannte u. a. den Himmelsgott Tinia (röm. Jupiter), Sethlans (Vulcanus), Satres (viell. übernommen als Saturn), Mari (viell. Mars), Menrva (viell. Minerva), Uni (Juno) u. Turan (Venus). Ohne näheres sagen zu können, nennen wir diese deshalb „altitalische Götter". Von anderen ist uns durch röm. Schriftsteller mehr überliefert: der Enkel v.

Etrusker: Mutter mit Kind. Etruskische Graburne (4. Jh. vor Chr.), Florenz

Tinia, *Tages*, der eine differenzierte Geschichtsphilosophie entwickelte, die auch den Untergang der E. voraussah. Die Orakelkunst war hoch entwickelt; die Gräber zeugen v. höchstem künstler. Empfinden usw., von dem manches auch auf Rom übertragen wurde. Nach der Eroberung v. Veji wurde das Kultbild der Stadtgöttin *Uni* nach Rom gebracht u. dort weiterhin verehrt. Der röm. Totengott ↗Dis Pater hatte das Aussehen des etrusk. ↗Charun. Für das Verständnis der etrusk. Religion sind drei Elemente v. Bedeutung: die Übernahme frühgriech. Glaubensformen, einheimische, altital. Anschauungen, die damit verschmolzen wurden, und schließlich, wie dieses Konglomerat in der röm. Mythologie weiterlebte. Aus dem etrusk. Totenopfer wurden seit 264 v. Chr. (Decimus Junius Brutus, der das Begräbnis seines Vaters entspr. feierte) röm. Gladiatorenkämpfe. – ↗Ascanius, ↗Silvanus – (s. Farbtafel S. 151).
Etymologie. Die Suche nach der „Wahrheit" durch die Erklärung der Wortherkunft geriet in der Antike oft ähnl. wie die Genealogie, die zu jedem Helden eine göttl. Herkunft konstruierte, zu einem Spiel mit Worten oder direkt einer falschen Ableitung (*Volksetymologie*, vgl. zu ↗Faunus). Manche myth. Gestalten wurden etymolog. „erfunden" (vgl. ↗Eponymos); die spätere Wissenschaft versuchte aus der E. eines Wortes auf die Herkunft etwa einer bestimmten Vorstellung v. einer Gottheit zu schließen (vgl.

zu ↗Dievs), oft geriet die Erklärung auf Abwege (vgl. z. B. ↗Trojaburgen). Ein Meister der E. hinsichtl. der versch. Göttergestalten war bereits der Kirchenvater u. Erzbischof ↗Isidorus von Sevilla (* um 560, †636). Isidor „rechnete" andererseits ganz nüchtern mit den Göttern als heroisierten, hist. Gestalten im Sinne des ↗Euhemeros.

Etzel, der bes. in der Sage verwendete Name für den Hunnenkönig ↗Attila, den zweiten Gatten Krimhilds, altnord. ↗Atli gen.

Etzelenburg, nach dem mhd. Nibelungenlied die Residenz des Hunnenherrschers ↗Etzel, angenommen wohl als Gran oder Ofen (Budapest) in Ungarn. – In der nord. ↗Thidreks saga wurde Attilas Burg nach ↗Soest in Westfalen verlegt.

Euadne, 1) Tochter des Poseidon u. der ↗Pitane; durch Apollon Mutter des Iamos u. damit Stammutter des Sehergeschlechtes des Iamiden in Olympia. – **2)** Schwester des Eteoklos; sie heiratete ↗Kapaneus u. wurde Mutter des ↗Sthenelos 2), der zu den ↗Epigonen gehörte. E. tötete sich selbst, indem sie sich in den Scheiterhaufen für ihren verstorbenen Mann warf.

Euandros, arkad. Heros, Sohn der ↗Carmenta, der als Verbannter (möglicherweise hatte er seinen Vater erschlagen) nach Rom kam; der Sage nach errichtete er eine Siedlung auf dem Palatin u. übertrug griech. Traditionen u. Bildungsgüter nach It. Er war ein Bundesgenosse des Aeneas, für den Pallas, einer seiner Söhne, gg. die Rutuler, die Feinde des Aeneas, fiel.

Euboia, *Euböa*, zweitgrößte der griech. Inseln mit der Hauptstadt Chalkis; besiedelt v. den Abanten, daher auch Abantis gen. In geschichtl. Zeit hieß nur noch eine Phyle v. Chalkis Abantis.

Eubuleus, Sauhirt in Eleusis, der Augenzeuge des Raubes der ↗Persephone (Kore) war.

Eudora, 1) eine der ↗Hyaden. – **2)** eine der ↗Nereïden.

Eudoros, Sohn des Hermes. Er war ein Freund des Achilleus u. einer der fünf Befehlshaber der ↗Myrmidonen im Troian. Krieg.

Euenos, 1) Sohn des Ares, heiratete Alkippe, mit der er mehrere Kinder zeugte. Als ↗Idas seine Tochter ↗Marpessa auf einem geflügelten Gespann raubte, das Poseidon ihm geschenkt hatte, verfolgte E. die beiden bis zum Fluß Lykormas. Dort erkannte er die Aussichtslosigkeit seines Unterfangens: Er tötete zunächst seine Pferde u. ertränkte sich dann in dem Fluß, der später zum Gedenken an ihn Euenos gen. wurde. – **2)** Sohn des Iason u. der Hypsipyle.

Eueres, Vater des ↗Teiresias.

Euffigneix ↗Steinsäule von Euffigneix.

Euhemeros, *Euemeros,* * um 340 v.Chr., †260 v.Chr., gab ein entmythisierendes Erklärungsmodell (Euhemerismus) über das Wesen der Götter. Er erzählte z.B. von einer Insel, auf der ein „König" Zeus selbst seine Taten u. die seines Vaters u. Großvaters verewigt hätte. Die Götter wären also nur Menschen der Vorzeit mit bes. Verdiensten gewesen. Die Antike bezeichnete E. als Gotteslästerer. Man kann die Sichtweise des E. als einen Weg der ↗Entmythisierung ansehen. Für das Christentum war es auch ein Weg zur Überwindung der heidn. Götterwelt, z.B. bei Isidor v. Sevilla (vgl. ↗Etymologie).

Eule, Vogel der Weisheit, ↗Athena.

Eumaios, Schweinehirt des Laërtes u. später des Odysseus, ein Sklave königl. Herkunft, der seinen Herren mit großer Treue diente. Er nahm den als Bettler verkleideten Odysseus bei seiner Heimkehr in Ithaka bei sich auf, u. nachdem Odysseus sich ihm zu erkennen gegeben hatte, unterstützte er diesen beim Kampf gg. die Freier der Penelope. – ↗Ktesippos 1).

Eumedes, 1) Troian. Herold; Vater des Dolon; fand im Troian. Krieg den Tod. – **2)** Sohn des Dolon; begleitete Aeneas nach It., wo er v. Turnus getötet wurde.

Eumelos, Sohn des ↗Admetos u. der Alkestis; führte elf Schiffe nach Troia u. besaß die schnellsten griech. Streitkräfte im Troian. Krieg. Er gewann das Streitwagenrennen bei den Leichenspielen für Achilleus.

Eumeniden

Eumeniden (griech. = die Wohlmeinenden), die euphemistisch als segensreiche Gottheiten bezeichneten ↗Erinyen oder Furien.

Eumolpos, thrak. Heros aus Eleusis, Sohn des Poseidon u. der ↗Chione 2); gilt zus. mit Keleos als Begründer der ↗Eleusinischen Mysterien. Im Krieg des E. mit Athen wurden die Eleusinier geschlagen und E. v. ↗Erechtheus getötet, nachdem dieser auf Weisung des Delph. Orakels eine seiner Töchter geopfert hatte, um den Sieg zu sichern.

Eunomia, ein Ideal griech. Staatsordnung u. des Lebens des einzelnen im Sinne der Ordnung u. des dieser Ordnung entsprechenden Verhaltens der Bürger. Später personifiziert als eine der ↗Horen.

Euphemos, einer der Argonauten, Sohn des Poseidon. Er besaß die Fähigkeit, über das Wasser zu laufen, ohne sich die Füße naß zu machen. Auf der Heimfahrt der Argonauten erhielt er v. dem Meeresgott Triton eine Erdscholle, die er ins Meer fallen ließ. An dieser Stelle entstand die Insel Thera, die die Nachkommen des E. besiedelten. Nach einer Weissagung v. Medea wurde später v. Thera aus Kyrene in Nordafrika gegründet.

Euphorbos, Sohn des Panthoos; gilt der Überl. nach neben Hektor als derjenige, der den ↗Protesilaos, den ersten Griechen bei der Landung zu Beginn des Troian. Krieges, erschlug. Er war auch der erste, der Patroklos verwundete. E. selbst wurde durch Menelaos getötet.

Euphorion, geflügelte allegor. Gestalt der Poesie, ein „begnadeter, glücklicher" Sohn von Helena u. Achill, den Zeus durch einen Blitz tötete. In Goethes „Faust" als Erinnerung an den 1824 im griech. Freiheitskampf gestorbenen Lord Byron gefeiert.

Euphrosyne, eine der ↗Chariten; Verkörperung des Frohsinns.

Euripides, griech. Dichter, * um 480 (485/486?) v.Chr. auf Salamis, †406 oder 407 am Hof des Makedonierkönigs Archelaos; der jüngste der drei großen attischen Tragiker. Die Welt erscheint bei ihm als v. irrationalen Mächten be-

Euripides: von den ihm zugeschriebenen 92 Dramen (die Zahlenangabe schwankt) sind folgende erhalten:	
Alkestis	Iphigenie bei den
Medea	Taurern
Die Herakliden	Ion
Andromache	Phoenissen
Hippolytos	Orest
Hekabe	Iphigenie in Aulis
Hiketiden (Schutzflehende)	Die Bakchen
Elektra	Der Euripides urspr. zu-
Herakles	geschriebene „Rhesos"
Die Troerinnen	gilt als unecht. Gut er-
Helena	halten ist das Satyrspiel
	„Der Kyklop"

Euripides

herrscht; der eigentl. Konfliktstoff, der das Geschehen bewegt, liegt im Menschen selbst. So wird die Handlung psycholog. motiviert, v. Leidenschaften getragen u. häufig auch mit einer Kritik an den überlieferten Göttergestalten verbunden. E. soll 92 Stücke verfaßt haben, v. denen eine Reihe dem Namen nach bekannt, aber nur 18 (bzw. 19) erhalten geblieben sind.

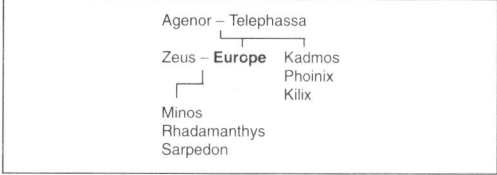

Europe, 1) *Europa*, Tochter des ↗Phoinix 1) oder des Phoiniker-Kg. Agenor u. der Telephassa; während sie mit ihren Freundinnen am Strand spielte, näherte sich ihr Zeus, der in Leidenschaft zu ihr entbrannt war, in Gestalt eines wunderschönen Stiers u. entführte sie über das Meer nach Kreta. E. gebar ihm die Söhne ↗Rhadamanthys, ↗Minos u., einem Teil der Überl. zufolge, ↗Sarpedon 1). Später heiratete sie Asterios. Viell. erhielt der Erdteil Europa nach ihr

Europe: E. und Zeus in Gestalt eines Stieres

seinen Namen. – Die Gestalt der E., bes. ihr Raub durch Zeus, war in der Antike ein beliebtes Thema der bildenden Kunst. Die erste dichter. Nachricht über den Mythos erhalten wir durch Moschos aus Syrakus im 2. Jh. v. Chr. u. nach ihm durch Horaz, Ovid, Seneca u. a. – **2)** eine ↗Okeanide.

Euros, lat. *Volturnus*, bei den alten Griechen Bz. für den Südostwind, der wie alle ↗Winde als Sohn des Astraios u. der Eos galt.

Euryale, eine der ↗Gorgonen, Tochter des Phorkys u. seiner Gattin Keto, die zugleich seine Schwester war. – Mutter des ↗Orion.

Euryalos, ein Argonaut u. wahrscheinl. einer der ↗Epigonen, der Sohn des Mekisteus, der in der Überl. gelegentl. zu den Sieben gegen Theben gezählt wird. Er war Führer der Argiver im Troian. Krieg. Bei den Leichenspielen für den vor Troia gefallenen Patroklos besiegte ihn Epeios im Boxkampf.

Eurybatos, Sohn des Euphemos, der das Monstrum ↗Lamia getötet haben soll.

Eurybïë, Titanentochter des Okeanos u. der Gaia.

Eurydike, 1) Gattin des ↗Orpheus; auf der Flucht vor ↗Aristaios, der sie begehrte u. für sich gewinnen wollte, starb sie an einem Schlangenbiß u. stieg in den Hades herab, aus dem Orpheus sie zu befreien versuchte. Oper „Orfeo ed Euridice" v. Chr. W. Gluck (italien., Wien 1762). – **2)** Gemahlin des ↗Akrisios u. Mutter der Danaë.

Euryganeia, nach einer sehr frühen Überl. Gattin des Oidipus u. Mutter der Kinder Antigone, Eteokles, Ismene u. Polyneikes.

Eurykleia, die treue Amme des Odysseus, die diesen bei seiner Rückkehr v. seinen Reisen beim Fußwaschen an einer Narbe wiedererkannte.

Eurylochos, Begleiter des Odysseus; auf der Heimfahrt v. Troia schickte Odysseus ihn u. die Hälfte seiner Mannschaft auf die Insel Aia zu der Zauberin ↗Kirke, die alle Besucher in Tiere zu verwandeln pflegte. Diesmal verwandelte sie ihre Gäste in Schweine, den E. ausgenommen, der nichts v. ihrem Zaubertrunk zu sich nahm. E. heiratete eine Schwester des Odysseus. Zeus tötete ihn, nachdem er u. andere einige Rinder des Helios gestohlen u. geschlachtet hatten, weil es ihnen an Nahrungsmitteln fehlte.

Eurymachos, Adliger der griech. Insel Ithaka, Sohn des Polybos; er war ein Freier der ↗Penelope, der sich dem Odysseus gegenüber durch bes. Unverschämtheit hervortat.

Eurymede, auch *Eurynome* gen., Tochter des Nisos, griech. Kg. in Megara; heiratete Glaukos v. Korinth; Mutter v. ↗Bellerophon.

Eurynome, eine ↗Okeanide; v. Zeus Mutter der ↗Chariten. Nach Apollonios Rhodios beherrschte sie zus. mit Ophion als Göttin den griech. Olymp, bis sie Kronos u. Rheia weichen mußte, die sie ins Meer oder in den Tartaros stürzten.

Eurypylos, 1) war in der griech. Mythologie einer jener Helden, die am Troian. Krieg teilnahmen. Er gehörte zu jenen, die sich in das ↗Hölzerne Pferd versteckten, u. wurde v. Paris verwundet, nachdem er einen Sohn des Priamos getötet hatte. Während des Falls v. Troia fand E. einen heiligen Schrein mit dem Bild des Dionysos, bei dessen Anblick er wahnsinnig wurde. Er begab sich nach Patrai (heute Patras), wo man der Artemis damals noch Menschen opferte. Dort begründete er auf Weisung eines Orakels den Dionysoskult, wurde selbst geheilt u. befreite die Bewohner der Stadt v. ihrer schweren Opferpflicht, da ihnen geweissagt worden war, wenn jemand nach Patrai käme u. führte einen neuen Kult dort ein, so seien die Patraier v. den Menschenopfern befreit. – **2)** ein troian. Bundesgenosse, Sohn des Telephos u. der Laomedon-Tochter Astyoche. Er war der Anführer der mysischen Streitkräfte im Troian. Krieg. E. tötete Machaon u. den Boioter Peneleos u. wurde selbst v. Neoptolemos getötet, als er dabei war, Feuer an die griech. Schiffe zu legen. – **3)** der troian. Geliebte der Kassandra; wurde v. Pyrrhos getötet.

Eurysakes, Sohn der ↗Tekmessa.

Eurysthenes, Bruder des ↗Prokles.

Eurystheus, Kg. v. Mykenai u. Tiryns, Sohn des Sthenelos u. der Nikippe, Enkel des Perseus. Da Zeus vor seiner Geburt den übrigen Göttern im Olymp verkündet hatte, der in der Folgezeit zuerst geborene Nachkomme des Perseus solle Herrscher über Mykenai werden, verzögerte die eifersüchtige Hera die Wehen Alkmenes u. ließ Nikippe ein Siebenmonatskind gebären, den schwächlichen E. Der später zur Welt gekommene ↗Herakles wurde sein Dienstmann u. bekam 12 Arbeiten v. seinem Herrn aufgetragen. E. versuchte alles, Herakles u. seine Nachkommen v. der Herrschaft fernzuhalten, wurde aber schließl. doch v. den ↗Herakleiden geschlagen u. getötet.

Euryte, Mutter des ↗Halirrhothios.

Eurythemis, Mutter der ↗Hypermestra 2).

Eurytion, 1) ein Kentaur, der sich auf der Hochzeit des thessal. Lapithenfürsten ↗Peirithoos in trunkenem Zustand an der Braut vergriff. Später zwang er oder ein anderer Kentaur gleichen Namens ↗Mnesimache zur Heirat, aber als er erschien, um seine Braut zu holen, wurde er v. Herakles getötet. – **2)** Hirte des ↗Geryoneus.

Eurytos, 1) Kg. v. Oichalia, Enkel des Apollon; ein berühmter griech. Bogenschütze, der auch Herakles die Kunst des Bogenschießens gelehrt haben soll. Als er die Vermessenheit besaß, seinen Großvater zu einem Wettbewerb im Bogenschießen herauszufordern, wurde er v. diesem getötet. – Nach einer anderen Version versprach E. demjenigen seine schöne Tochter ↗Iole, der ihn u. seine Söhne im Bogenschießen übertreffe. Herakles ging erfolgreich aus diesem Wettstreit hervor, wurde jedoch um seinen Siegespreis betrogen, zumal er ↗Iphitos, einen Sohn des E., in einem Anfall v. Wahnsinn v. einem Turm der Burg v. Tiryns herabwarf. – **2)** einer der ↗Molionen; Zwillingsbruder des ↗Kteatos.

Euterpe:
eine der Musen

Euterpe, die ↗Muse der vom Flötenspiel begleiteten lyr. Poesie; ihr Attribut war eine Flöte.

Eventus ↗Bonus Eventus.

Ewiger Jude ↗Ahasverus.

Externsteine, in der Nähe von Horn im Teutoburger Wald bizarre Felsbildungen, die mit vielen dt. Sagen in Verbindung gebracht werden. Nach einer Urkunde v. 1093 ist „Agisterstein" als heidn. Kultstätte zu deuten, die mit entspr. christl. Skulpturen „umgewandelt" worden ist (Weiheinschrift der Kapelle 1115).

Fabel ↗Aisopos.

Fables, Mz., *Fabeln*, frz. Erz. v. Jean de La Fontaine, erschienen 1668–1694, nach u. a. ↗Aisopos, aber auch nach Horaz, Ovid u. anderen Quellen, z. B. oriental. Märchen. Zumeist handeln die F. v. Tieren, aber auch v. Göttern u. direkt v. Menschen, und in der allegor. Deutung allzumenschl. Verhaltensweisen lag das Anliegen des Verf. Während einer Pest z. B. erklärten die Tiere den harmlosen Esel für schuldig am „Zorn der Götter". Es entstanden „Charakter- u. Milieubilder v. äußerster Intensität" (KLL).

Fabula, lat., *Fabel*, Erz., kleine belehrende Geschichte (↗Aisopos).

Fáelad, ir. ↗Werwolf, vgl. ↗Laignech.

Fafnir, in der nord. Sage Sohn des ↗Hreidmar u. Bruder v. ↗Regin u. ↗Ottur; altnord. Lied der Edda: *Fafnismál.* Da Odin, Hönir u. Loki Ottur, der gern die Gestalt eines Otters annahm, töteten, mußten sie mit einem großen Goldhort Sühne leisten (in diesem Zshg. spielt die Geschichte um ↗Andvari eine Rolle). F. beanspruchte den Schatz für sich allein, weshalb er seinen Vater umbrachte. Dann verwandelte er sich in einen Drachen u. hütete den Hort auf der Gnitaheide. Dort wurde er v. Sigurd (Sigfrid) auf Anstiften des Regin ermordet. Sterbend warnte der Drache Sigurd vor dem Goldhort, auf dem ein Fluch läge. Dieses Sagenmotiv um die Gestalt des F. ist in Richard Wagners „Ring des Nibelungen" verarbeitet.

Fal, ein poet. ir. Name für ↗Irland u. gleichzeitig für den angebl. sprechenden Menhir, den Stein in der Königsburg Tara, vor dem die ir. Hochkönige gewählt wurden.

Falke, königl. Jagdtier; als Stilisierung aus der Zeit der Wikingerherrschaft in Rußland (↗Rus) 1918 im Staatswappen der Ukraine u. stilisiert bereits auf den ältesten Münzen Rußlands (Oleg-Münzen); siehe Abb. rechts. – Der Jagdfalke war ein wichtiger Handelsartikel; isländ.

weiße Jagdfalkenwurden z. B. nach Byzanz (Konstantinopel) verkauft. – Der F. war vielfach mit der Symbolik des ↗Adlers austauschbar u. oft mit dem Bild des Sonnengottes verbunden. Er war u. a. die Verkörperung des ägypt. Horus; die Mumifizierung des F. belegt die Verehrung, die der F. genoß .

Fama, röm. Personifikation des schnell um sich greifenden Gerüchts; v. den Griechen Pheme gen. In der Mythologie Tochter der Erde; schon bei Hesiod zur Gottheit erhoben; bei Vergil als

Falke: In bildl. Darstellung hat der Falke, stilisiert bzw. oft bis zum Ornament aufgelöst, in Rußland seit der Zeit der Wikingerherrschaft eine besondere Rolle gespielt. – Abb. 1: Staatswappen der Ukraine. Abb. 2, 3 u. 4: Oleg-Münzen mit Falkendarstellung. Anhänger aus dem frühen MA, in Kiew, der Waräger-Hauptstadt, gefunden, zeigen jeweils einen Falken (Abb. 5 u. 6), bei dem die Auflösung in Richtung auf ein Bandgeschlinge deutl. wird. Die frühen Eigentums- u. Sippenmarken der Rurikiden (Abb. 7 u. 8) kombinieren den Falken oft mit einem Kreuz.

1

grauenerregendes Geschöpf mit vielen plappernden Mäulern geschildert. Bei Ovid tritt F. als Botin v. Wahrheit u. Lüge in Erscheinung.

Farbauti, als Vater ↗Lokis gen. Riese, in dem man einen Feuergeist vermutet, weil sein Name im Sinne v. „der Feuerschlagende" gedeutet werden kann.

Fasolt, ein Held von riesenhafter Gestalt; Bruder des Ecke im mhd. ↗Eckenlied.

Fauna, altröm. Göttin v. Feld, Wald u. Vieh, weibl. Entsprechung zu ↗Faunus, als dessen Tochter oder Gattin bzw. Schwester sie galt. Gelegentl. mit ↗Bona Dea gleichgesetzt u. unter diesem Namen v. den Römern verehrt.

Faunus, *Faun,* altröm. weissagender Feld- u. Waldgott, Beschützer v. Bauern u. Hirten, Vieh u. Acker. Sohn des Picus u. Gefährte der ↗Fauna, als deren Vater, Gatte oder Bruder er in wechselnder Überl. galt. Die Römer leiteten seinen Namen volksetymologisch v. favere = günstig ab, doch war F. wohl ein Wolfsgott mit drohenden Zügen, den man günstig stimmen mußte, damit er den Herden Fruchtbarkeit verleihe. F. wurde schon früh mit dem griech. ↗Pan gleichgesetzt, sein Hauptfest waren die im Febr. gefeierten Lupercalia, an denen man ihn als „Wolfsabwehrer" ehrte. Neben diesem Staatsfest feierten ihn die Bauern am 5. Dez. mit ländl. ausgelassenen Riten. – F. erscheint, den Satyrn u. Panen vergleichbar, vervielfacht in den *Faunen,* lüsternen, wie Faunus selbst meist bocksbeinig dargestellten Wesen, die in der Sage als seine Kinder galten (siehe Abb. oben).

Faustulus, röm. Hirte, der Sage nach Gatte der ↗Acca Larentia; er fand die v. ↗Amulius ausge-

2
3

1 Faunus: Faunengruppe nach einer antiken Darstellung – 2 Faunus: ein Aulos blasender Faun; schwarzfiguriges Vasenbild – 3 Faunus: Barberinischer Faun (Satyr Barberini); der Faun schläft seinen Rausch auf einem Felsblock aus; bedeutendes Werk der hellenist. Zeit

setzten Zwillinge ↗Romulus u. Remus u. wurde der Überl. nach ihr Ziehvater.

Favonus, der röm. Westwind, bei den Griechen ↗Zephyros gen.

Feen	Cúldub
Berühmte kelt.-ir.	Froech
Feengestalten:	Oberon
	Rothniam
	Titania

Feen, Naturgeister weibl. Geschlechts, die nach Vorstellung der Kelten das Schicksal beeinflußten. Sie waren namentl. bei den Inselkelten v. großer Bedeutung, u. da es zw. ihrem Reich u. der Welt der Menschen keine Grenzen gab, nahmen sie am Leben der Menschen, vielfach unsichtbar, teil. In ihrem unterird. Feenschloß kehrten Götter u. Helden ein (↗Morgana).

Feenliebe, Motiv der Dichtung um ↗Tristan.

Fegefeuer ↗Jenseitsvorstellungen.

Feidlimid, Kg. von Irland, Vater des ↗Conn.

Feirefiz, in der mhd. Überl. oriental. Halbbruder des ↗Parzival, Sohn des ↗Gahmuret. Nach seiner Taufe zog er mit seiner Frau Repanse nach Indien u. missionierte dort; sein Sohn war der „Priesterkönig Johannes".

Felicitas, bei den Römern das als personifiziert verstandene Glück u. die Göttin des Glücks zw. Personen u. Völkern; sie spielte am Ausgang der Republik u. in der Kaiserzeit eine erhebl. Rolle.

Felszeichnungen, an vielen Orten der Erde vorkommende Felsbilder, die sich auch in Skandinavien finden. Sie stammen hier wahrscheinl. aus der Bronzezeit u. zählen zu den frühesten Zeugnissen v. Mythologie u. Kult im Norden, offensichtl. hauptsächl. von einem Fruchtbarkeitskult. Möglicherweise stammen sie v. einer vorgerman. Bevölkerung, u. ein hist. Kultwechsel unter den kriegerischen Eroberern des Nordens könnte sich in dem Kampf der Götter gegen die ↗Vanen spiegeln. Die F. sind voller, zum größten Teil bisher nur unzureichend deutbarer Bildformeln; großartige Zeugnisse finden sich in der schwed. Landschaft Bohuslän, nördl. Göteborg bei der Ortschaft Tanum. Der Schwede O. Almgren interpretierte die „Nord. F. als rel. Urkunden" (Buchtitel 1934); H. Kühn stellte sie in den Rahmen der „Felsbilder Europas" (1952). – ↗Kulturbeziehungen (siehe Abb. rechts oben).

Fénelon ↗Telemachos.

Fenja, Riesenmagd an der Mühle Grotti (altnord. ↗Mühlenlied).

Fenriswolf, *Fenrir,* eines der v. Loki u. ↗Angurboda gezeugten Untiere, v. dem den nord. Göttern geweissagt war, es werde Unheil über sie bringen. Es handelte sich um einen Wolf, den die Asen schließl. zu fesseln beschlossen, weil er immer gewaltiger u. gefährlicher wurde. Zweimal mißlang der Versuch, weil F., der sich die Fessel ruhig anlegen ließ, sich streckte, worauf sie in tausend Stücke zersprang. Der dritte Versuch mit einem v. Zwergen kunstvoll geschmiedeten unzerreißbaren Band (Gleipnir gen.) führte schließl. zum Erfolg, doch wollte das Untier, das Böses ahnte, sich das Band nur anlegen lassen, falls ein Gott seine Hand in seinen Rachen stecken wolle. Tyr fand sich dazu bereit u. verlor die Hand, nach anderer Version auch den Arm. F., an einen Felsen gebunden u. mit einem Schwert zw. den Zähnen, das seinen Rachen aufsperrte, stieß ein schreckliches Ge-

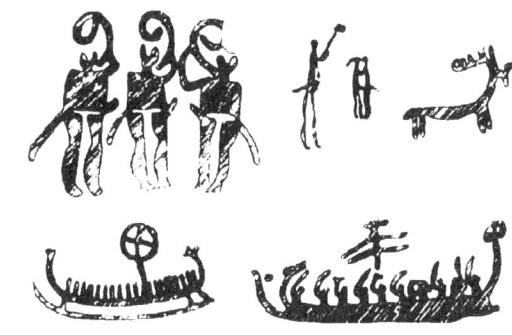

Felszeichnungen:
Beispiele aus der schwed. Landschaft Bohuslän

heul aus, bis er sich während der ↗Götterdämmerung befreien konnte. Er verschlang Odin u. die Sonne (↗Maske in Wolfsklemme) u. wurde schließl. v. ↗Vidar getötet. Auf der Erde brach damals die dunkle u. eiskalte „Wolfszeit" an u. mit ihr das Ende der Welt.

Fensal, auch *Fensalir,* in der german. Mythologie jenes Schloß, in dem die Göttin Frigg alle Liebenden, die vor der Eheschließung gestorben waren, sowie bes. treue Ehegatten zu einem Dasein in Frieden u. Glück versammelte. Frigg tritt uns hier als Todesgöttin entgegen, u. in dieser Eigenschaft war ↗Gna ihre Botin.

Fergus, *Fergus Mac Lete,* Hauptheld einer ir. Abenteuersage des 8. Jh. Als kurzes Bruchstück in einem Rechtstext des 17. Jh. überliefert. Der Verlierer in dem Streit um die Herrschaft über Tara (↗Conn), Eochu Belbuide, flüchtete zu F., dem Kg. von Ulster. Nachdem er heimtückisch ermordet wurde, rächte F. die Tat mit einem fürchterl. Feldzug gg. die Herrscher von Tara, die ihm große Buße für die Untat zahlten. – Eines Tages vermochte F. Wassergeister zu fangen, die ihn, um sich loszukaufen, mit der Fähigkeit ausstatteten, unter Wasser leben zu können, ihn aber mit dem Tabu belegten, dieses in seiner Heimat, im Loch Rudraige, nicht zu versuchen. Dort wurde er dann, da er dieses dennoch übermütig probierte, fürchterl. entstellt, kämpfte gg. ein Seeungeheuer u. starb, während er dieses tötete, selbst.

Feronia, altital. Feld- u. Heilgöttin ungesicherter, aber möglicherweise sabin. oder etrusk. Herkunft, die vor allem in Mittelitalien kult. verehrt wurde. Sie galt als Beschützerin der Sklaven u. Freigelassenen, die ihr in bes. Weise zugetan waren. Ihr Hauptheiligtum lag am Berg Soracte; F. besaß aber auch andere Kultstätten, so den Tempel in Terracina u. ein Heiligtum auf dem Marsfeld in Rom.

Fesselhain, Name jenes Haines, in dem die ↗Semnonen nach einer Beschreibung des Tacitus ihren höchsten Gott verehrten. Die Bz. des Haines rührt daher, daß die an dem Kult Beteiligten ihn gefesselt betraten (magische Form von ↗Gürtung und Bindung) u. sich v. den Fesseln auch dann nicht befreien durften, wenn sie stürzten. In diesem Falle wälzten sie sich auf dem Boden aus dem heiligen Bezirk heraus.

Fetiales, altröm. Priesterschaft aus 20 Mitgliedern, die staatsrechtl. Funktionen ausübten. Sie waren an Vertragsabschlüssen mit anderen Völkerschaften als Botschafter u. Berater beteiligt u. hatten in Zshg. mit Kriegserklärungen u. Friedensschlüssen komplizierte Riten zu vollziehen. In der Spätzeit der Röm. Republik verloren sie ihre Bedeutung, gewannen diese aber kurzfristig unter Augustus zurück.

Feuerrad, Symbol für den Blitz u. zus. mit dem Donner Element des höchsten Himmelsgottes der Kelten, ↗Taranis. So wurde noch aus dem 4. Jh. n. Chr. aus Agen von den Galliern berichtet, sie würden alljährl. (d. h. als Jahreszeitritual) ein flammendes Rad aus dem Tempel heraus- u. wieder zurückrollen lassen. Der Brauch, Feuerräder dieser Art zu Tal rollen zu lassen (so in jüngster Zeit in Trier u. in Luxemburg), wird auf die Verehrung des kelt. Hauptgottes zurückgeführt (?).

Feuerriesen, eine nord. Gruppe der ↗Riesen, mit ↗Muspelheim als Wohnort u. ↗Surt als Herrscher.

Feuerwerk, gehörte zum bes. Vergnügen der Renaissance-Fürsten, mit großem Aufwand (u. hohen Kosten) betrieben. Anregungen zu den dabei beliebten mytholog. Darstellungen gab u. a. das um 1600 in Straßburg verfaßte „Feuer-Werksbuch" (s. Farbtafel S. 149 unten), z. B. mit der Eroberung einer Burg, die von höll. Teufeln,

dem Cerberus (↗Kerberos) u. der siebenköpfigen Hydra verteidigt wurde. ↗Atlas trug die Weltkugel, u. Herkules erschlug die ↗Hydra.

Fiallar, einer jener bösartigen nord. Zwerge vom Typ der Schwarzelben, der zus. mit ↗Giallar den ↗Kvasir tötete, sein Blut in Kesseln auffing u. mit Honig versetzte. Dieses Getränk, auch *Skaldenmet* gen., verlieh Weisheit u. dichter. Fähigkeiten. Die Kessel gelangten an ↗Suttung, dessen Tochter ↗Gunnlöd sie in einem Berg hütete, bis Odin unter dem Namen ↗Böllwerk sich den Met mit Hilfe ↗Baugis erschlich.

Fianna (Ez. *Fian*), in der irischen Sage eine Gemeinschaft v. auserwählten Kriegern, die unter einem Anführer (↗Finn) in den Wäldern lebten u. aus ihrem urspr. Sippenverband ausgeschieden waren. Ihre Aufnahme in diesen Kreis setzte nicht nur bestimmte Initiationsriten voraus, sondern verlangte neben Körperkräften, Geschicklichkeit u. krieger. Fähigkeiten auch eine höhere Bildung u. vor allem Kenntnisse in der Dichtkunst. Die F. galten vielfach als halb ird., halb überird. Wesen, die zum Reich v. Feen, Dämonen u. Geistern freien Zugang hatten, sich aber auch wieder daraus entfernen konnten. Äußerl. war ihr Doppelwesen dadurch erkennbar, daß man sie sich oft als halb tierisch vorstellte. – Überliefert durch das irische „Balladenbuch Finns" (Duanaire Finn) nach einer Handschrift des frühen 17. Jh., nach sprachl. Gesichtspunkten aber möglicherweise bis um 1100 zurückdatierbar; in der engl. Edition „Lays of Fionn" gen. – „Fianna bátar i nEmain" ↗Emain Macha.

Fides, als Verläßlichkeit, Glaube u. Treue bei den Römern hochgeschätzter, schon im Zwölftafelgesetz erwähnter Begriff. Er beinhaltete das Treueverhältnis zw. Patron u. Klient, bildete aber auch die Grundlage für Roms internationale Beziehungen. – Im röm. Staatskult war F. die Göttin des Eides u. der Treue, mit verschlungenen Händen als Hauptsymbol. Ihre Verehrung, der Sage nach v. ↗Numa Pompilius eingeführt, oblag den ↗Flamines. Seit der Mitte des 3. Jh. v. Chr. besaß F. einen Tempel in Rom (↗Dius Fidius).

Filid, *fili*, ein gehobener Stand v. ↗Barden. Ihr Wissen war berühmt, die ↗Airec Menman Uraird Maic Coise nennt 350 Haupterzählungen u. 100 Nebenerzählungen als ihr klass. Repertoire; auch in der ir. Rechtsprechung ist ihre Stimme gewichtig (↗Urard Maic Coise). ↗Morand war ein solcher ir. Dichter u. Richter.

Fimafeng, anderer Name für nord. ↗Funafeng.

Fimbulwinter, als Winter des Schreckens Teil des Weltuntergangs in der altnord. Überlief. Drei Jahre lang herrschte eine so grimmige Kälte, daß die Welt völlig verödete.

Fingal, Vater ↗Ossians.

Fíngen, Sagengestalt aus dem ir. Königszyklus, der Sohn des Luchta, dem am 1. November eine Fee ↗Rothniam erschien u. ihm die Ereignisse des folgenden Jahres verkündete: Feidlimid, Kg. von Irland, würde einen Sohn ↗Conn erhalten, der ganz Irland vereinigen und zahlr. Könige als Nachkommen haben würde. Versch. wunderbare Ereignisse kündeten die Geburt des Helden an: ein Wunderbaum, die Wiedererweckung v. Fintan, der die Sintflut überlebt hatte, das Entspringen eines neuen Flusses usw.

Finn, 1) Friesenkönig aus dem altengl. ↗Finnsburg-Lied. – 2) Gestalt der nord. ↗Riesenbaumeistersage. – 3) **Finn mac,** in der irischen Sage Anführer einer Kriegerkaste (↗Fianna), u. a. Held in der Schlacht gg. den mächtigen Kg. ↗Dáire Donn u. gg. das feenhafte Wesen ↗Cúldub. Er heiratet Ailbe, die Tochter des Kg. Cormac (↗Tochmarc Ailbe). Von Finns Tod ist u. a. überliefert, daß er entgegen einem ihm auferlegten Tabu (↗Geis), niemals aus einem Horn trinken zu dürfen, einmal aus einer Quelle mit dem Namen „Iuchbas Horn" trank. – F. ist neben ↗Cú Chulainn eine der großen Gestalten der ir. Heldensage, an der noch bis in das 16. Jh. hinein in Balladenform weitergesponnen wurde. Er ist das Vorbild für Fingal, den Vater Ossians in ↗Macphersons Dichtung des 18. Jh.

Finne, als Erzählfigur in der altnord. Lit. oft ein Zauberkundiger (↗Samen).

Finnegans Wake, engl. Roman v. James Joyce, 1939, mit schwer zu deutenden myth. Bezügen. In die Geschichte der Menschheit spielen versch. lokale Hinweise hinein. Bei Dublin schläft im Berg (vgl. ↗Bergentrückung) der kelt. Sagenheld Finn (↗Finn 3); sein Erwachen gestaltet sich zum alptraumhaften Chaos. Sprachl. assoziiert man zum Titel widersprüchl. Bilder wie „Finn again's wake" (Finn ist wieder wach) u. „F. Wake" (die Totenwache über F.). Ein ähnl. „lit. Slang" erschwert die Lektüre, macht aber gerade ihren Reiz aus („funferal" = engl. „fun for all" *und* „funeral" = Begräbnis).

Finnsburg-Lied, altengl. Heldenlied, als Bruchstück mit ca. 50 Zeilen nur in einem Druck des frühen 18. Jh. erhalten sowie im Referat des ↗Beowulf-Epos aus dem 8. Jh. – Scylding Hnæf, ein dän. Fürst, wurde in der Halle des Friesenkönigs Finn (↗Finn 1) erschlagen. Nach lan-

gen unentschiedenen Kämpfen erhielten die dän. Gefolgsleute unter Hengest als Versöhnung die halbe Gewalt über die Königshalle Finns. Doch die Rache trieb erneut zum Kampf, u. Finn wurde erschlagen, seine Frau gefangen nach Dänemark entführt. Möglicherweise geht das Werk auf ein dän. Heldenlied bereits des 6. Jh. zurück, doch ist es bei dem lat. Historiker des 13. Jh., ↗Saxo, unbekannt.

Fínten, *Fintan,* überlebt nach ir. Überl. die Sintflut, vgl. ↗Fíngen.

Fiölsvidr, der Wächter des Schlosses, in dem nach nord. Überl. ↗Menglöd auf Svipdagr wartete. Der Name F. hat wohl die Bedeutung v. „Vielwisser".

Fir Bolg, ir. Volksstamm, der angebl. von einem Nemed abstammte, der aus Griechenl. floh, um nicht in Knechtschaft zu geraten. Die F. B. besiedelten der Überl. nach Irland, bevor sie v. den Tuatha Dé Danann (vgl. ↗Dana) unterworfen wurden. – F. B. bedeutet eig. „Beutelmänner", offenbar wegen eines Beutels, den sie trugen u. der angebl. noch durch die fellbesetzte Tasche der Schotten am Gürtel weiter in Erinnerung blieb.

Fir Morc, Kg. der ir. Provinz Munster, der in dem „Blutbad v. ↗Dinn Ríg" seinem Schwiegersohn Labraid wieder auf den Thron von Leinster half.

Firmicus Maternus, *Iulius,* röm. Schriftsteller des 4. Jh., der eine an sich weniger wichtige, aber zeittyp. lat. Schrift „Über den Irrtum der heidn. Religionen" (De errore profanorum religionum; entstanden um 350 n. Chr.) verfaßte. Der erst kurz vorher zum Christentum konvertierte Firmicus griff dabei nicht die olymp. Götterwelt an, deren Existenz klass. lit. Art blieb, sondern kämpfte gg. die hellenist. Mysterienkulte (↗Mysterien und z. B. ↗Mithras), die in ihren volksnahen Geheimkulten dem jungen Christentum eher gefährl. werden konnten: ↗Dionysos, ↗Adonis, ↗Serapis. Diese Elemente aus einer oriental., sinnl. Welt verhalfen dem Heidentum zu einer späten Blüte, während z. B. die traditionellen röm. Hausgötter, die ↗Penates, unwichtig geworden waren.

Fisch-Adler-Motiv, das Bild des Adlers, der mit seinen Klauen einen Fisch ergreift, erscheint in der langobard. Kunst als Symbol für die Erneuerung, und zwar in Parallele zum nord. Eddalied Völuspá 51, wo nach der großen Flut „der Aar auf den Felsen Fische weidet". – Ein Fisch-Vogel-Motiv ist auch eingepunzt auf dem zweiten Ring des Runenhorns v. ↗Gallehus, und schließl. ist das Motiv häufig in der awar. (altungar.) Kunst der Steppenvölker überliefert.

Fischerkönig ↗Roi Peschierre (↗Parzival).

Fischnetz, ein v. dem listenreichen Loki ersonnenes Netz, um den zum Fisch verwandelten nord. Zwerg ↗Andvari zu fangen.

Fíthail, Rechtsgelehrter am Hof des ir. Kg. Cormac im 3. Jh. – ↗Fíthails Sprüche.

Fíthails Sprüche, ir. gelehrtes Werk, viell. schon um 800 entstanden; wie die Rechtslehren ↗Morands (↗Morainds Kette) einem frühen Weisen zugeschrieben, hier dem Fíthail, der unter Kg. Cormac im 3. Jh. Richter gewesen sein soll. Ein Vergleich mit dem altnord. Hávamál bietet sich bei auffallend ähnl. Haltung an: „Bier erzeugt Geschwätzigkeit", „Schlecht bewaffnet ist besser als unbewaffnet" usw.

Fjölnir, myth. Ahnherr der schwed. Könige, der ↗Ynglinge.

Fjörgyn, eine german. Göttin, die wie ↗Hlodyn u. ↗Jörd als Mutter Thors u. zugleich als Verkörperung der „Mutter Erde" galt. In anderen Zshg. hielt man sie, wie bei den Germanen nicht selten, für eine männl. Gottheit, die bei den Nordgermanen gelegentl. als Vater der Frigg erscheint.

Flachs-Jumis ↗Jumis.

Flamines, röm. Priester, die im Dienste bestimmter Gottheiten standen. Sie wurden unterschieden in die drei F. maiores, die vor allem für die Göttertrias Jupiter, Mars u. Quirinus zuständig waren, u. die zwölf F. minores, in deren Händen der Kult anderer Götter lag. – Die F. hatten in ihrer Lebensführung eine Fülle strenger Tabus zu beachten.

Flechtornament ↗Langobarden.

Fled Bricrenn (ir. „Das Fest des Bricriu"), ir. Heldensagenstoff des 8. Jh. aus dem Ulster-Zyklus um Cú Chulainn. – Neben ↗Cú Chulainn waren die anderen Haupthelden Irlands, Loegaire Buadach u. ↗Conall Cernach, v. dem heimtück. ↗Bricriu zu einem großen Fest eingeladen. Um unter den dreien Zwietracht zu stiften, hatte dieser jedem der Helden den ehrenhaftesten Platz u. den „allein ihm" gebührenden Anteil am Festmahl versprochen. Dabei wurden die drei Helden genauestens beschrieben u. hochgelobt, u. sie konnten, derart angestachelt, nur mit großer Mühe daran gehindert werden, sich gegenseitig umzubringen. Auch die Frauen gerieten in Streit, u. die Folge war u. a. ein großer Kriegszug, auf dem nur Cú Chulainn erfolgreich blieb; die anderen wurden v. Elfen genarrt. – Auf dem Fest tauchte auch eine unheimliche Gestalt auf, die den „grünen Ritter" aus dem mittelengl. ↗Sir Gawayne vorwegnimmt: Ein riesiger Kerl mit einem Beil bot sich an, seinen (wieder nachwachsenden) Kopf abschlagen zu lassen, wenn ihm dasselbe am folgenden Abend mit seinem Gegner erlaubt würde. Nur Cú Chulainn wagte es, auf diesen merkwürdigen Handel einzugehen, u. hielt am zweiten Abend der Verabredung gemäß seinen eigenen Kopf hin. Da schlug aber der Unbekannte nicht zu, sondern verhieß dem Helden den größten Rang vor allen anderen in Ulster.

Fliegengott ↗Ba'al. – „Herr der Fliegen", ein engl. Roman v. W. Golding (Lord of the Flies, 1954), in dem eine Gruppe Jugendlicher, versprengt auf eine einsame Insel im Pazifik, in „barbar." Sitten u. „heidn." Götzendienst zurückfällt: ein Stück Gesellschaftskritik u. eine Anti-Robinsonade. – Vgl. ↗Achor.

Floire und Blancheflur, *Floiris und Blantseflur,* Typus des seit Kindertagen verbundenen Liebespaares mit trag. unterschiedl. Herkunft: er ist ein heidn. Königssohn, Blancheflur eine christl. Sklaventochter. Versch. mhd. höf. Romane greifen diesen oriental. Stoff auf, der über Frankreich nach Dtl. vermittelt wurde. Die christl. Sklavin wurde verkauft, und der Held fand sie nach abenteuerl. Suche in einem Harem wieder. Heiml. schlich er sich ein; das Liebespaar wurde entdeckt, aber die Großmut des Heidenfürsten ließ sie gewähren, und sie kehrten glückl. heim.

Floiris, *Floyris,* ↗Floire und Blancheflur.

Flora, ital. Göttin der Blüten u. Gärten, die seit 238 v. Chr. in Rom beim Circus maximus einen Tempel besaß; mit Ceres u. Demeter verwandt. Ihr Hauptfest waren die *Floralia,* die jährl. v. Ende April bis Anfang Mai als fröhliches Frühlings-Volksfest mit ausgelassenem Brauchtum begangen wurden. – Nach einem Teil der Überl. galt F. auch als Göttin der Liebe.

Folkvang, in der nord. Mythologie Wohnsitz der ↗Freyja in Asgard, der sich durch besondere Größe auszeichnete. Hier fanden die in der Schlacht gefallenen Krieger Aufnahme, die Einzelkämpfer, die ↗Einherier, kamen nach Walhall.

Fomore, in der ir. Mythologie ein Heer v. dämon. Mächten der Unterwelt, z. T. als Riesen oder als Gestalten v. ungewöhnl. Aussehen verstanden. Sie werden gelegentl. auch mit der Fruchtbarkeit der Erde in Verbindung gebracht. Als Gegner v. Tuatha Dé Danann wurden sie in den Schlachten von Mag Tured geschlagen (↗Balor).

Fontus, *Fons* (lat. = Quelle), röm. Quellgott, Sohn des Janus u. der Iuturna. An seinem Fest, den am 13. Okt. gefeierten *Fontinalia,* bekränzten die Römer die Brunnen u. warfen Blumen ins Quellwasser.

Forgall Manach, ein Zauberer, der für seine Bösartigkeit bekannt war. Er besaß eine bes. schöne Tochter namens Emer, die ↗Cú Chulainn begehrte. Um sie zu gewinnen, tötete er ihren Vater.

Formelhaftigkeit, vgl. ↗Homeros, ↗oral literature.

Formiae, It., Heimat der menschenfressenden Riesen, ↗Laistrygonen.

Fornaldar saga, bei dieser Untergattung der klass. altisländ. ↗Saga unterscheidet man zwei Hauptgruppen, die Götter- und Heldensagas einerseits, die Wikingerromane u. Abenteuersagas andererseits. Beide Gruppen überschneiden sich, die ↗Hervarar saga enthält als typ. Heldensaga u. a. das ↗Hunnenschlachtlied, die folgende Geschichte im gleichen Text v. ↗Angantyr u. dem Schwert ↗Tyrfing kann als typ. Wikingersaga gelten. Oft sind es Kompilationen v. Wikingerromanen u. märchenhaften Motivketten, z. B. in der ↗Göngu-Hrolfs saga. Datiert werden die Fornaldar sagas auf ca. nach 1250 bis in das 14. Jh. Die wichtigsten für mythologische Stoffe sind die (wohl älteste) ↗Völsunga saga, die ↗Hervarar saga, die ↗Hrolfs saga kraka, die ↗Ragnars saga und die ↗Örvar-Ods saga. Eine Sonderstellung hat die große ↗Thidreks saga.

Forniotur, *Forniotr,* Vater des nord. ↗Ägir; v. ihm wird berichtet, er sei ein Verwandter der Winde.

Fornjotr, sagenhafter Vorzeitkönig, von dem der erste Herrscher Norwegens, Norr, abstammen soll (↗Norr und Gorr).

Forschungsgeschichte (zur german. Mythologie). Das Interesse an der german. Heldensage in neuerer Zeit beginnt mit der sog. ↗Nordischen Renaissance u. hat auch früh den dt. Leser erreicht. Höhepunkte gab es in der Freundschaftsdichtung u. Skaldenverehrung um Heinrich Wilhelm v. Gerstenberg (*1737), der als Begründer der Bardendichtung gilt, in den frühen Übersetzungen eines Friedrich David ↗Gräter, in der v. ↗Herder beförderten Begeisterung für die Naturpoesie u. Ossian (1760) u. schließl. in der wirkl. ernst zu nehmenden Beschäftigung mit den Germanen seit den Brüdern Grimm (Vorrede jeweils zu den „Kinder- und Hausmärchen", 1812/15, u. den „Deutschen Sagen",

Forschungsgeschichte: Ausführl. Titelangabe aus dem Werk v. Troels Arnkiel (4 Bde, Hamburg 1702–03)

„Ausführliche Eröffnung. I. Was es mit der Cimbrischen und Mitternächtlichen Völker als Sachsen, Gothen, Wenden und Fresen ihrem Götzendienst, Haynen, Oraculen, Zaubereyen, Begräbnissen, etc. ... zu finden sey. II. Eine Erklärung, was es für eine Beschaffenheit mit dem in Anno 1639 bey Tundern [das ist Gallehus] gefundenem seltzahmen Wunder-Horn gehabt haben möge. III. Was die Cimbrischen und Mitternächtischen Völker vor Gräber und Töpfe, worinnen sie die Asche der verbrandten Cörper verwahret gehabt, und ihre gebrauchte seltzahmen Grab-Schriften. IV. Endlich auch, wie diese Völker aus dem Heydenthumb mit grosser Mühe zum wahren christlichen Glauben gebracht und bekehret worden. Worinnen auch des uhralten Grönlands und deren Einwohner ehemahliger Zustand und Bekehrung angeführet und beschrieben wird, welches Land sonst anitzo nicht mehr zu finden ist ..."

1816/18; Wilhelm Grimms „Altdänische Heldenlieder, Balladen und Märchen, 1811). Eine erste Übersicht bietet Jacob ↗Grimms „Deutsche Mythologie" von 1835.

Forseti, nord. Gott, ein Sohn Balders u. der Nanna. Sein Name bedeutet „Vorsitzender", u. als solcher sprach er in Asgard bei Göttern u. Menschen Recht. Er war also eine Richtergottheit, u. seine Urteile zeichneten sich stets durch Gerechtigkeit aus; die Edda rühmt, daß man sie nicht tadeln könne. – Ob zw. F. u. dem fries. Gott Fosite ein Zshg. bestand, läßt sich nicht mit Sicherheit sagen.

Forst der Wölfe, in der germanischen Literatur dichterische Umschreibung (↗Kenning) für Schlachtfeld.

Fortuna, ital. Schicksalsgöttin, später nur noch als Glücksgöttin verehrt, u. zwar als Staatsgöttin (*F. Populi Romani*) u. als Privatgöttin (*F. privata*). In Roms klass. Zeit mit der griech. ↗Tyche identifiziert. Sie besaß bedeutende Kultstätten in Antium u. Praeneste u. als F. Populi Romani einen Tempel auf dem röm. Quirinal. F. begegnet häufig in der bildenden Kunst der Renaissance; als Personifikation des zufälligen u. schwankenden Glücks ist sie oft auf einem Rad oder einer Kugel stehend dargestellt. Auch das ↗Füllhorn

Fortuna:
F. von V. Solis d. Ä., 16. Jh.

Fortuna

gehört zu den für sie charakteristischen Attributen.

Fosite, ein fries. Gott; möglicherweise mit ↗Forseti identisch.

Fositesland, alter Name für Helgoland, viell. von ↗Forseti abgeleitet. Aus einer Quelle dort durfte nur schweigend geschöpft werden.

Fouqué ↗Wagner.

Franken. Diesen german. Stamm sieht man heute als kaum sehr eng zu fassende Bz. für versch. Bevölkerungsgruppen, die sich seit dem 4. Jh. n. Chr. aus röm. foederati (Verbündete) zu einem Königreich unter den Merowingern (vgl. ↗Merowech) sammelten u. mit den Karolingern auf dem Höhepunkt ihrer Macht waren (↗Karl d. Gr.). Bedeutende Funde sind das Childerich-Grab im frz. Tournai (482) u. das Arnegunde-Grab in St-Denis bei Paris (um 565/570); die darin gefundenen Schmuckstücke sind wichtige Zeugnisse des nord. Tierstils (Almandin-Einlegearbeiten u. nord. mytholog. Darstellungen bzw. Elemente). Hierin spiegelt sich die reiche Kunst u. der Kulturaustausch in der ↗Völkerwanderungszeit. Die Geschichte der F. schrieb ↗Fredegar auf.

Franks Casket ↗Runenkästchen von Auzon.

Fratres Arvales, *Arvalbrüder,* eine röm. Gemeinschaft v. „Ackerbrüdern" mit sehr alter, für die republikan. Zeit aber nur schwach ausgebildeter Überl. Es handelte sich um eine Art v. Priesterkollegium aus 12 Mitgliedern, der Sage nach urspr. Söhnen der ↗Acca Larentia. Das Kollegium wurde v. Augustus erneut ins Leben gerufen u. besaß bis ins 3. Jh. n. Chr. große Bedeutung für die komplizierten Fruchtbarkeitsriten, die es jährl., vor allem zu Ehren der Göttin Dea Dia, zu vollziehen hatte. Das in altertüml. Latein verfaßte Kultlied der Arvalbrüder war schon in hist. Zeit für die Römer nicht mehr ohne weiteres verständl. – Die F. A. spielten auch im Kaiserkult eine Rolle, insofern sie für den Ks. u. dessen Familie Gelübde ablegten.

Frau Gode, niederdt. für Frau ↗Holle.

Frau Holle ↗Holle.

Fredegar, *Fredegarius Scholasticus,* Historiker des 7. Jh., der in seinem „Chronicon" die Herkunft der Franken v. den Troianern nachweisen wollte (↗De excidio Troiae historia); solche „genealog. Spielereien" waren im MA zur besonderen Legitimation der Herrscher u. Völker beliebt u. häufig.

Freiheit ↗Libertas.

Freiprosalehre ↗Saga, ↗Kontinuität.

Freitag, der der Göttin ↗Freyja (↗Frigg) geweihte Tag (↗Wochentage), engl. Friday.

Freki, ein nord. Wolf, der zus. mit ↗Geri dem ↗Odin zu Füßen lag, wenn dieser in der Götterhalle auf seinem Thron saß.

Freud ↗Jung, ↗Ödipuskomplex.

Freyfaxi, ein nord. Pferd, dem Gotte Frey geweiht und von Hrafnkel gehütet (↗Hrafnkels saga).

Fratres Arvales: Prozession zum Mai-Opfer; nach einer antiken Darstellung

Freyja, ↗*Frigg,* Tochter des nord. Vanen Niörd, die mit ihrem Vater u. mit ihrem Bruder ↗Freyr, mit dem sie verheiratet war, nach der Aussöhnung zw. ↗Vanen u. Asen bei den Asen lebte, sich v. Freyr trennte u. die Gemahlin Odins wurde. Sie galt damit als höchste der Asinnen u. besaß das Recht, neben ihrem Gemahl auf dem Hochsitz im Göttersaal zu thronen. F., die mit ihrem katzenbespannten Wagen durch die Lande fuhr, galt als Göttin der Ehe u. der Fruchtbarkeit u. vertrat das mütterl. Prinzip, das sie bei den Frauen bes. beliebt machte u. zugleich die hohe Stellung der Frauen bei den Germanen dokumentiert. Mit Odin, mit dem sie manchen Streit ausfocht, war sie vor allem in der gemeinsamen Liebe zu dem Sohn ↗Balder verbunden, den sie aber trotz aller Bemühungen nicht vor dem Tode bewahren konnte. – Die Römer setzten F. mit ↗Venus gleich, u. der lat. „dies Veneris" wurde im Althochdeutschen zum friatac (= Freitag). Allerdings läßt sich der erot. Zug der Venus bei F. kaum beobachten. – Frigg u. Freyja werden gewöhnl. als gestalteins gesehen, doch ist nicht auszuschließen, daß es sich in Wirklichkeit um zwei versch. Göttinnen handelte.

Freyr, ein Sohn des nord. Vanen Niörd, Bruder der ↗Freyja, der zus. mit Vater u. Schwester als Geisel zu den Asen kam, nachdem der Kampf zw. den beiden Göttergeschlechtern beendet war. F. gelangte zu hohem Ansehen u. galt bei den Germanen als Gott des Himmelslichtes, der Wärme, des Friedens, der Fruchtbarkeit u. des Wohlstands. Er herrschte über Lichtalfenheim u. wurde mit dem Julfest (↗Jul), an dem die Sonne sich der Erde wieder zuwandte, in Verbindung gebracht. Sein Reittier war ↗Gullinborsti, sein Zauberschiff hieß ↗Skidbladnir. Die Edda erzählt im Skirnirlied, wie F.s Freund Skirnir für den in Liebe zu der schönen ↗Gerd entbrannten Gott die Werbung übernahm, die nach anfängl. Schwierigkeiten zum Erfolg führte. Das Schwert, das er dem Freund geliehen hatte, gab Skirnir nicht zurück, u. so wird in Zshg. mit der Götterdämmerung berichtet, F. sei waffenlos gewesen u. als erster im Kampf gefallen. – Laut ↗Adam von Bremen besaß der Gott in Uppsala einen Tempel, in dem man ihn als Fruchtbarkeitsgottheit verehrte. Im Stammesmythos der Schweden sah man in ihm unter dem Namen ↗Frodil den Ahnherrn des Königsgeschlechtes der Ynglinge. F. erscheint in der Mythologie ähnl. wie seine Schwester unter versch. Namen (z. B. Fro, Fre, Frey) u. wurde gelegentl. auch mit

Balder gleichgesetzt, andererseits ist er möglicherweise im angelsächs. Bereich in ↗Skeaf historisiert worden. – Vgl. Figur v. ↗Akureyri.

Fridleif, Vater des dän. Kg. ↗Olaf 2).

friedlos ↗Ding.

Friesland, einer Ursprungssage nach, überliefert aus dem Ende des 15. Jh., ein v. drei Brüdern besiedeltes Land: Friso, Saxo u. Bruno, die aus dem vom Apostel Thomas bekehrten Indien (!?) stammten, zogen zur Insel Frysia oder Benedicta Frisia. Friso, der sich an der Emsmündung niederließ, hatte sieben Söhne, die nach ihm über die sieben friesischen Provinzen herrschten. Der dän. Kg. Redbad war Unterdrücker des Landes, der fränk. Kg. Karl (der Große) sein Befreier. – Die Friesen vermittelten seit dem 7. Jh. n. Chr. einen regen Handel nach Skandinavien (über ↗Birka u. Haithabu/Schleswig): Schwerter aus Flandern, altnord. „flæmingr" gen., Helme aus Poitou, „welsche Schwerter" und fränk. Speere, altnord. „frakka" gen. Der Ort *Dorestad,* heute „Wijk bei Duurstede" (Niederlande), an Altrhein u. Lek gelegen, war fries. Handelszentrum; unter den Franken war es Festung u. wurde mehrfach v. den Normannen heimgesucht, bald nach 850 dann endgültig verlassen.

Frigg, *Frigga,* german. Göttin, vielfach mit ↗Freyja gleichgesetzt.

Friso, sagenhafter Stammvater der Bevölkerung ↗Frieslands.

Frithjofssaga, eine wohl um 1300 aufgezeichnete altnord. Saga, die zu den Fornaldar sögur gehört; erzählt wird die Liebesgesch. zw. dem Helden Frithjof u. der schönen Königstochter Ingeborg, die sich innig liebten, aber erst nach langen Wirren zueinanderfanden. Das Werk wurde vor allem bekannt durch die Bearbeitung des schwed. Schriftstellers Esaias Tegnér (*1782, †1846), der aus dem altnord. Stoff ein Epos schuf.

Fro, ein bei den Friesen verehrter Gott; dem nord. ↗Freyr verwandt, möglicherweise nur anderer Name für diesen.

Frö, bei Adam von Bremen u. Saxo ↗Freyr mit seinem Heiligtum in Uppsala. Einen Helden nannte man in Schweden einen „Freund und Verwandten des Frö".

Frodi, Name dän. Könige in Anlehnung an den nord. Gott ↗Freyr, als deren Nachfahren die Herrscher galten. – F. ist u. a. ein dän. Kg., dem die sagenhafte Mühle Grotti gehört (↗Mühlenlied), die Wohlstand für das Reich bedeutet u. die F. wie den röm. Kaiser Augustus zu einem

Friedensfürsten macht. Doch die Unersättlichkeit nach Gold, dem „Mehl Frodis", bedeutet schließl. auch das Ende dieser Epoche.

Froech, Sohn einer Fee; er hielt um die Hand der Tochter des ir. Kg. Ailill an, doch der Vater verweigerte diese Verbindung u. versuchte den Bewerber zu töten. So warf er den Verlobungsring ins Wasser, aber F. konnte den Fisch fangen, der ihn verschlang. Einen Speerwurf auf F. lenkte dieser geschickt auf den Werfer zurück. Nach langen Verwicklungen willigte der Kg. doch in die Heirat ein u. stellte die Bedingung, daß F. an dem Rinderraub von Cuailnge teilnehmen sollte (↗Táin Bó Cuailnge).

Fruote, der milde Fruote, in der mhd. Dichtung Name für den dän. Kg. ↗Frodi.

Frute von Dänemark, einer jener Ritter, die für ↗Hetel v. Hegelingen um die schöne Hilde, die Tochter des Hagen u. der Hilde v. India, warben.

Fulgora, röm. Göttin des Blitzes; Beschützerin bei Gewittern u. Unwettern.

Fulla, auch *Volla,* in der german. Mythologie die Göttin der Fülle; sie gehörte zum Gefolge der Frigg (↗Freyja), deren Schmucktruhe sie hütete.

Füllhorn, in der antiken Mythologie ein mit Blumen u. Früchten gefülltes Horn als Sinnbild überfließenden Glücks u. Segens; Symbol verschiedener Götter u. Göttinnen, u. a. der ↗Fortuna. Es galt seiner Herkunft nach als Horn der ↗Amaltheia, mit dessen Hilfe der kleine Zeus genährt wurde, oder als Horn des Flußgottes ↗Acheloos, das Herakles ihm im Kampf abgebrochen hatte.

Funafeng, *Fimafeng,* ein Diener des nord. Ägir, dessen Name „Funkenfänger" bedeutet (?). Er wurde v. Loki erschlagen, als er diesem den Zutritt zu Ägirs Halle, wo die Asen versammelt waren, verweigern wollte. – ↗Lokasenna.

Furien, die den griech. ↗Erinyen entspr. röm. Rachegöttinnen.

Furina, altröm. Göttin, deren Bedeutung schon zu Zeiten Varros in Vergessenheit geraten war u. auch heute unbekannt ist. Wegen ihres Namens wurde sie gelegentl. für eine der Furien gehalten, doch ist diese Auslegung sehr fragwürdig. F. besaß auf dem Janiculum, einem der 7 Hügel Roms, einen heiligen Hain, wo Ende Juli ein Fest zu ihren Ehren gefeiert wurde.

Furor Teutonicus, die Kampfeswut der alten Germanen, u. a. von Tacitus so gen. im Hinblick auf die Wut der ↗Berserker.

Fürstengräber, wichtige archäolog. Fundquelle. Aus dem F. v. Marwedel bei Hitzacker an der Elbe aus dem 1. Jh. n. Chr. wurden u. a. Silberbecher röm. Herkunft geborgen (Landesmuseum, Hannover). F. sagen etwas über Handelsbeziehungen u. mögl. kulturelle Einflüsse aus. – Vgl. ↗Depotfund.

Fußspuren, die Abbildung v. F. werden heute v. der Wissenschaft allg. als Zeugnis eines Fruchtbarkeitskultes verstanden; hier sollte der Gott mit seinen Füßen den Boden „heiligen". Der Mythos v. der Anwesenheit des Gottes auf Erden wurde mit dem Einritzen der F. kult. erneuert u. wiederholt. So sind wahrscheinl. auch die F. auf den bronzezeitl. Felszeichnungen v. Bohuslän in Schweden zu verstehen. – F. der Götter gehörten zum Erzählinventar mündl. Überl.; in der Antike zeigte man z. B. die F. des Herakles am Fluß Tyres.

Futhark, ᚠᚢᚦᚨᚱᚲ, Beginn des altnord. Alphabets bei den ↗Runen; in manchen Inschriften vermutet man mag. Bedeutung.

Fylgien (Mz. v. *Fylgia*), altnord. Schutzgeister nach Art persönl. Schicksalsgottheiten. Sie begleiteten den einzelnen Menschen sein Leben lang, konnten sich v. dessen Körper aber auch trennen u. in seiner menschl. Gestalt in Erscheinung treten. Mit dem Tod des zu Beschützenden hörte auch das Dasein der jeweiligen Fylgia auf. – Nach einer anderen Version besaßen die F. gewöhnl. Tiergestalt (↗Bär); sie konnten auch als Schutzgeister v. Geschlechtern auftreten oder galten als Dämonen, die gute Taten belohnten u. schlechte bestraften.

G

Gagat, *Jet, Jetan.* Neben dem Almandin (vgl. „Blutstein", Granat, roter Glasfluß) als einem beliebten Schmuckstein für Einlegearbeiten im Kunsthandwerk z. B. der Völkerwanderungszeit wurde häufig der G. verwendet. Die hochglänzende Pechkohle wurde bereits in der Latènezeit v. den Kelten zu Schnitzereien (Schmuck) verwendet, und dem auffallenden Material wurden bes. Kräfte zugeschrieben. G. war auch zur Wikingerzeit verbreitet (Perlen u. Ringe; Funde im Wikingermuseum Haithabu, Schleswig). Ein mögl. Fundplatz war Ostengland (Anhänger, die den nord. Greiftier-Stil nachahmen, aus Funden in York).

Gahmuret, Vater des ↗Parzival in der mhd. Überl.; v. „dämon. Minnedrang u. Tatenruhm" getrieben (A. Hildebrand), machte er zwei Frauen unglückl., die oriental. Königin Belacane u. die junge Witwe Herzeloyde. Ein Sohn aus der ersten Verbindung war der „schwarzweiße" ↗Feirefiz, ein ritterl. Halbbruder v. Parzival.

Gaia (griech. = Erde), *Ga, Ge,* eine der ältesten griech. Göttinnen, als Mutter Erde verstanden. In der Theogonie Hesiods zählte sie zu den Urprinzipien; sie zeugte aus sich allein Uranos (Himmel) u. Pontos (Meer), war durch Pontos Mutter eines großen Meeresgötterstammes, aber auch Mutter der Titanen, der Kyklopen, der Hekatoncheires, der Erinyen, der Giganten, der melischen Nymphen u. a. – G. veranlaßte den Sturz des Uranos durch Kronos u. unterstützte im Kampf gg. Zeus die Titanen u. Giganten, mußte aber schließl. doch Zeus als mächtigsten aller olymp. Götter anerkennen. Sie war stets nur schwach personifiziert u. besaß verhältnismäßig wenig Kultstätten, die sich im wesentl. auf Attika konzentrierten. Eine große Rolle spielte sie dagegen in der philosoph. u. kosmolog. Lit., ferner als Göttin, die man neben Helios als Zeugin eines Schwurs anzurufen pflegte. Nach sehr alter Überl. galt G. auch als erste Inhaberin des Delphischen Orakels.

Galateia (griech. = die Milchweiße), eine der ↗Nereïden, v. ↗Polyphemos mit seiner Liebe vergebl. umworben. Nach einer anderen, selteneren Version gab sie dem Werben des Polyphemos schließl. doch nach u. gebar ihm einen Sohn. – Die Geschichte der G. bildet in den verschiedensten Abwandlungen ein beliebtes Thema der hellenist. Lit.

Gälisch, bes. die kelt. Sprache der ↗Schotten; die kelt. Sprache auf ↗Irland.

Gallehus, dänischer Ort in Nordschleswig, an dem 1639 bzw. 1734 zwei Goldhörner mit reichen Verzierungen gefunden wurden. Sie wurden in der Königlichen Kunstsammlung in Kopenhagen aufbewahrt u. von dort 1802 gestohlen. Nach vorliegenden alten Zeichnungen konnte man Nachbildungen herstellen (im dänischen Nationalmuseum in Kopenhagen ausgestellt). Es ist anzunehmen, daß die aus miteinander verbundenen Ringen bestehenden schweren Hörner (das zunächst entdeckte war 67 cm lang u. 2,7 kg schwer, das später gefundene, an der Spitze abgebrochen, wog 3,6 kg) Kultgeräte waren, die, wie vor allem der Schmuck nahelegt, im frühen 5. Jh. n. Chr. entstanden. Die Verzierungen, Ornamente u. Figuren, sind teils eingeritzt, teils aufgelötet. Die dargestellten Gestalten lassen sich zu einem großen Teil nicht mit Sicherheit deuten, scheinen jedoch keltischer oder als Bildformeln sogar orientalischen Ursprungs zu sein. Auf dem einen Horn ist jedoch eine ↗Runeninschrift eingeritzt, die behauptet, vom Fertiger des Horns zu sein: Ek HlewagastiR HoltijaR horna tawido („Ich Hlegast, aus Holt [oder Holts Sohn] machte dieses Horn"). Sprachgeschichtlich ist diese Inschrift auf die Zeit um 400 zu datieren, und sie steht möglicherweise in Verbindung mit der Niederlegung des Hornes (keltischer Herkunft?) als Opfergabe.

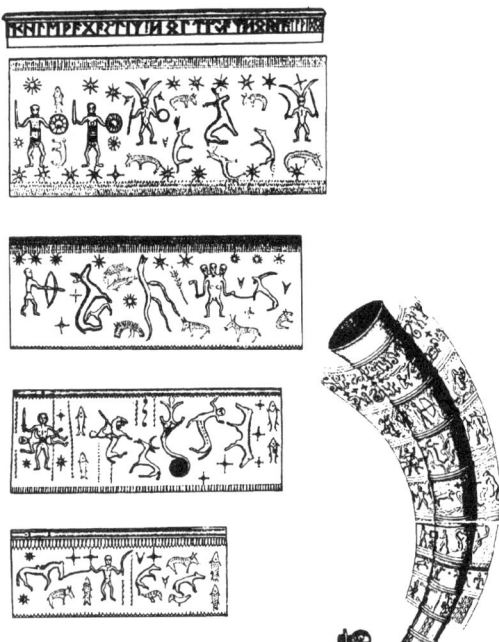

Gallehus, alte Zeichnungen, die dazu beitrugen, daß die Goldhörner von Gallehus nachgebildet werden konnten. Es handelt sich um eine Zeichnung des langen Goldhorns durch Ole Worm (1641) u. um den v. J. R. Paulli gezeichneten Dekor des kurzen Goldhorns (1734).

Galli, Tempeldiener im ↗Kybele-Attis-Kult.
Gallier, *Gallien,* ↗Kelten.
Galsted, silberne Fibel, gefunden in G. bei Gottorf/Schleswig, datiert um 500 n.Chr. (Nationalmuseum Kopenhagen); eine Gewandspange mit Maske, und (als obere Umrandung = Abbildung) das Motiv der Maske zw. wilden Tieren

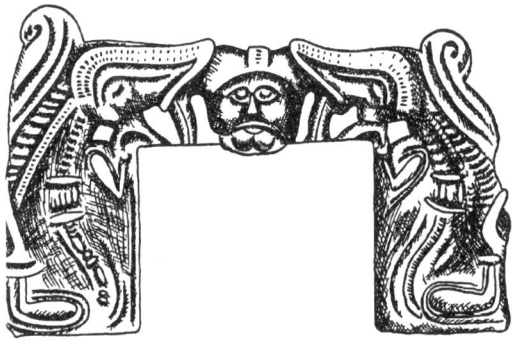

Galsted: Maske zw. wilden Tieren

(vgl. ↗Neptunus) in hochstilisierter Form (nord. Stilrichtung v. Nydam).

Gamelo, ein Ritter im Dienste Kg. Gunthers, der Walther u. seine Verlobte Hildegund in einer engen Schlucht aufforderte, den Schatz Etzels, den die beiden auf ihrer Flucht vom Hofe des Hunnenkönigs mitgenommen hatten, herauszugeben. Als Gunther sich mit einem Lösegeld nicht zufriedengeben wollte, tötete Walther den G. – ↗Waltharilied.

Ganymedes, Sohn des ↗Tros 1) u. seiner Gemahlin Kallirrhoë. Er galt als der Schönste aller Sterblichen u. wurde deshalb v. Zeus geraubt u. zum Mundschenk an der Göttertafel auf dem Olymp gemacht. Sein Vater erhielt als Ersatz für den Verlust des Sohnes unsterbl. Rösser oder einen goldenen Weinstock. – Der Raub des G. wird in der Überl. unterschiedl. geschildert: Entweder erfolgte er durch Zeus direkt, durch einen Adler oder durch einen Adler, in dessen Gestalt sich Zeus verbarg. – Nach röm. Berichten wurde G. zum Sternbild Wassermann. – ↗Hebe.

1
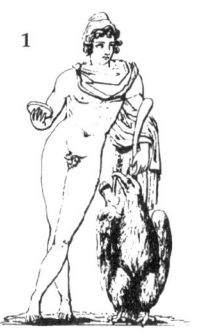

3

2

1 Ganymedes:
der schöne G. mit Adler
2 Ganymedes:
Entführung (nach einer
antiken Gemme)
3 Ganymed wird von
Zeus umarmt; nach einer
antiken Statue

Gard, *Gardar,* altnord. für Kiew oder allg. Rußland (Gardarriki).
Garm, der blutbefleckte Höllenhund des german. Hel, der am Unterweltfluß Giöll die Toten mit lautem Gebell empfing; er ähnelte dem griech. ↗Kerberos.

Garten der Hesperiden, in der griech. Mythologie jener Garten der Götter, in dem die ↗Hesperiden zus. mit dem Drachen ↗Ladon die goldenen Äpfel hüteten, die Gaia der Hera u. dem Zeus zur Hochzeit geschenkt hatte. Es war eine der Taten des ↗Herakles, in diesen Garten einzudringen u. die goldenen Äpfel zu erringen.

Garten der Hesperiden:
Herakles holt die goldenen Äpfel

Gasterocheires, die 7 Kyklopen, die die „kyklopischen Mauern" v. ↗Tiryns u. Mykenai errichteten.

Gawain, höf. Gestalt aus dem Sagenkreis um Kg. Artus; er hat u. a. eine unheiml. Begegnung mit dem ↗Grünen Ritter, der bereits im altir. Epos von ↗Fled Bricrenn auftaucht.

Gawan, Ritter der Artusrunde im ↗Parzival, vgl. ↗Gawain. G. geriet unbeabsichtigt mit Parzival in einen Zweikampf, den dieser, als er den Namen seines Gegners erfuhr, ritterl. abbrach.

Ge, *Ga,* die griech. Göttin ↗Gaia.

Gede Olgudach (= Gede mit der großen Stimme), sagenhafter Kg. der ↗Pikten.

Gefion, in der nord. Mythologie eine jungfräul. Göttin, die alle Jungfrauen beschützte u. sie nach ihrem Tod bei sich aufnahm. – Von ihr zu trennen ist wohl eine mit der Gabe des Zauberns versehene G., die Kg. Gylfi v. Schweden mit ihrem Gesang derart ergötzte, daß er ihr so viel Land versprach, wie vier Ochsen in Tag- u. Nachtarbeit pflügen könnten. Einer Version der Sage nach verlieh G. einem Pflug die zauber. Kraft, so tief in den Boden einzudringen, daß das Land, das gepflügt wurde (die dän. Insel Seeland), v. Schweden abriß. Nach einer anderen Version verwandelte G. ihre vier Söhne in Ochsen u. stattete sie mit ungeheuren Kräften aus. Sie rissen aus dem Festlandsblock so große Mengen Erde heraus u. luden sie im Meer ab, daß die Insel Seeland entstand.

gehörnte Schlange, kelt. Symbol im Fruchtbarkeitskult.

Geier, der heilige Vogel des Mars (Ares), der auch sonst in der antiken Mythologie eine Rolle spielt.

Geirhild, eine Frauengestalt aus der altnord. Hálfs saga, die einen Wettstreit um das beste Bier dadurch gewann, daß ihr Odin hineingespuckt hatte (↗Kvasir).

Geirröd, einer der Fürsten der nord. Riesen, der mit Thor verfeindet war. Einst bekleidete sich Loki mit dem Falkengewand Freyjas, flog zu dem Haus des Riesen u. ließ sich auf dem Fenstersims nieder, um das Innere zu beobachten. Er wurde gefangen, u. da er sich weigerte, seinen Namen zu nennen, ließ G. ihn ohne Nahrung drei Monate einsperren. Erst dann erfuhr er, wer sich hinter dem Vogel verbarg. Er ließ Loki wieder frei, nachdem dieser versprochen hatte, Thor unbewaffnet herbeizuholen. Thor ließ sich dazu nur mühsam überreden, machte sich schließl. aber doch mit Loki auf den Weg. Um Rast zu machen, kehrten sie bei der Riesin Grid ein, die Thor vor G. warnte u. ihm zum Schutz ihren Stab, ihre Eisenhandschuhe u. ihren Kraftgürtel lieh. Nachdem sie G.s Haus betreten hatten, konnte der Gott sogleich v. den geliehenen Waffen Gebrauch machen: Als er sich näml. auf einen Stuhl setzte, wurde er jählings an die Decke gehoben u. wäre ohne den Stab, mit dem er sich zu Boden stemmte, erdrückt worden. Eine v. G.s Töchtern, die den Mord ausführen wollte, lag daraufhin zerschmettert am Boden. Den glühenden Eisenkeil, den G. nach ihm schleuderte, fing Thor mit dem geborgten Eisenhandschuh auf u. warf ihn mit solcher Heftigkeit zurück, daß er G. tief in die Brust drang u. dieser zu Stein wurde. – Die Geschichte ist ein typ. Beispiel für die häufige Feindschaft zw. Göttern u. Riesen, wie sie sich in der german. Mythologie immer wieder findet. – Erwähnenswert ist freil. auch ein „komisches" Erlebnis (↗Komik), das Thor auf dem Weg zu G. hatte: Er wäre näml. fast in einem Fluß ertrunken, als Geírröds Tochter ihr Wasser lassen mußte.

Geis (Mz. *Gessa*), ein Tabu in der ir. Sage: Cú Chulainn darf kein Hundefleisch essen, da es v. seinen Namensgenossen (Cú = Hund) stammt; die Übertretung dieses Tabus wird für den Helden tödlich. Auch ↗Finn 3) stirbt an der Mißachtung eines ihm auferlegten Tabus. Solche Tabus spielen in vielen anderen Geschichten eine bedeutende Rolle, z. B. bei dem trag. Tod ↗Conaires.

Geiserich, Kg. der ↗Wandalen.

Geldbußen. Sie wurden nach dem german. Recht vom ↗Ding auf Antrag des Geschädigten gg. den Angeklagten zur Wiedergutmachung eines Verbrechens festgesetzt. Auch das ir. Recht kannte als wichtige Rechtsinstitution den „Ehrpreis", der jeweils nach der Würde des Geschädigten neu festzusetzen war; für den Kg. z. B. hatte er nach einem ir. Rechtstext des 8. Jh. den Wert von 21 Milchkühen. Die german. u. kelt. Heldendichtung kennt vielfach Diskussionen über die umstrittene Höhe einer solchen Buße.

Gelli ↗Circe.

Gelpfrat, der bayer. Graf, der die Burgunderkönige auf ihrem Zug zu Etzel überfiel; er wurde im Kampf gg. Hagen v. dem herbeieilenden Dankwart getötet (mhd. ↗Nibelungenlied).

Gemini, das Sternbild Zwillinge, näml. die griech. ↗Dioskuroi, die den Seefahrern den Weg wiesen.

Genealogie deorum gentilium ↗Boccaccio.

Genius (Mz. *Genien*), in der röm. Religion eine Art unsichtbarer Schutzgeist des einzelnen Mannes, vorgestellt als Wirkungskräfte des Mannes, speziell der männl. Zeugungskraft, der ↗Juno für die Frauen als Gebärkraft entspr. Der G. begleitete den Mann v. seiner Geburt bis zum Tode; deshalb war der Geburtstag des Mannes der Hauptfesttag des G., an dem ihm Opfer dargebracht wurden. Eine bes. Rolle spielte der G. des Pater familias, des Familienoberhaupts, in dessen Verehrung auch die Sklaven miteinbezogen waren. Eine Erweiterung erfuhr der Begriff G. unter Augustus (*Genius Augusti*), dessen G. aus den Genien der anderen Männer herausgehoben u. kult. bes. gefeiert wurde im Rahmen des sich entwickelnden Kaiserkultes mit seiner Vergöttlichung des Herrschers. Auch war es seit Augustus übl., beim G. des Ks. zu schwören. – Nach u. nach verband man die Genien nicht mehr allein mit Einzelpersonen, sondern auch mit Menschengruppen wie den Legionen, mit Örtlichkeiten (*Genius loci*), mit Rom u. dem röm. Volk (*Genius populi Romani*) usw., wobei sich eine inhaltl. Wandlung in Richtung auf einen nicht näher bestimmten Schutzgeist vollzog.

Genius cucullatus („mit Kapuze"), eine in weiten Teilen der v. den Kelten besiedelten Gebieten verbreitete bildl. Darstellung, die ein Kind im Mantel mit Kapuze zeigt. Neben anderen Deutungsmöglichkeiten, die in den Bereich v. Fruchtbarkeit u. Tod fallen, liegt hier bes. der Gedanke an den kelt. Wiedergeburtsglauben nahe, nach dem der Tote in einem Kind auf die Welt zurückkehrte.

Geoffrey of Monmouth, *Galfred of Monmouth,* engl. Bischof u. Chronist, um 1100–54; wahrscheinl. Benediktiner in Monmouth, seit 1151/52 Bischof von Saint Asaph. Verf. der „Historia regum Britanniae" (oder „Historia Britonum", 12 Bde), die Historisches u. Märchenhaftes miteinander verbindet u. auf die u. a. die Sage v. ↗Artus zurückgeht. Geoffrey widmet seine „Historia" (um 1135) zu großen Teilen der Schilderung von Kg. Artus, dessen Kriegszügen gg. gegnerische Pikten, Skoten u. Sachsen, Artus' entscheidendem Sieg am Mons Badonis (dort soll Artus mit eigener Hand 960 Feinde getötet haben), seinen Eroberungen in Gallien (er besiegte die Römer) u. Norwegen, schließl. der trag. Liebe seines Neffen Modred zur Königin, wie Modred sich mit den Feinden verbündete u. wie beide schließl. im Kampf tödlich verwundet wurden. Artus wurde v. einem Schiff nach Avalon gebracht.

Gepiden, german. Stamm, urspr. in Nachbarschaft zu den Goten, zeitweise unter der Herrschaft der Hunnen; ausgegraben wurden versch. Gräberfelder in Ungarn aus dem 2. und 3. Jh. (Bestattungen mit Charonsmünze, ↗Charon) u. dem 5. und 6. Jh. (Fibeln u. Schnallenbeschläge mit german. Tierornamentik).

Gerd, *Gerda,* die für ihre Schönheit berühmte Tochter des nord. Riesen Gymir, die Freyr für sich zu gewinnen suchte. Sein Freund Skirnir lieh sich Roß u. Schwert des Gottes aus u. übernahm die Werbung. Er durchritt die ↗Waberlohe um G.s Haus, konnte die Schöne seinen Plänen zunächst aber nicht einmal mit den kostbarsten Geschenken, wie dem Ring Draupnir oder den goldenen Äpfeln, geneigt machen. Erst als er ihrem Vater den Tod androhte u. ihr selbst einen Zauberfluch, gab sie nach u. verband sich mit Freyr.

Gere, im mhd. Nibelungenepos einer jener Markgrafen, die im Dienste der Nibelungenkönige standen.

Geri, der Wolf, der zus. mit ↗Freki Odin zu Füßen lag, wenn dieser auf seinem Thron saß.

Gerlind, im mhd. Kudrunlied (↗Kudrun 2) die als böse geschilderte Mutter des Hartmut v. Normannenland, die Kudrun bitteres Leid zufügte u. sie wie eine niedere Dienerin hielt, weil diese sich weigerte, die Gemahlin ihres Sohnes zu werden, sondern ihrem Verlobten Herwig die Treue hielt.

Germanen, zur indoeuropäischen Völkerfamilie gehörende Völkergruppe, die selbst keinen gemeinsamen Namen geführt hat, v. der aber ein Stamm (wohl die späteren Tungri) als *Germani* in der antiken Lit. erscheint, welcher Name dann möglicherweise v. den Kelten auf alle ihre

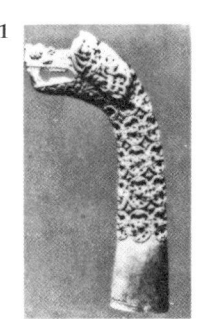

1 Germanen: Tierkopfpfosten vom Oseberg-Fund mit reichem Schnitzwerk
2 Germanen: Grabstein des 7. Jh. (Fundort Moselkern)

nichtkelt. östl. Nachbarn übertragen wurde. Mit Sicherheit ist die Bz. erstmals bei Poseidonios v. Apameia (135–51 v. Chr.), einem weitgereisten Philosophen, belegt, u. vor allem Caesar hat ihn dann in die Lit. eingeführt. – Die Gliederung der G. in *Nord-G.* (Schweden, Dänen, Norweger, Isländer), *Ost-G.* (Wandalen, Goten, Burgunder, Langobarden) u. *West-G.* (Franken, Alamannen, Bajuwaren, Sachsen, Chatten u. a.) ist im einzelnen noch umstritten. Eine german. Sonderkultur läßt sich erstmalig für die ältere Bronzezeit in Südskandinavien u. in dem Gebiet zw. unterer Weser, Odermündung, Ostsee u. Nordharz nachweisen.

Bei der Ausdehnung ihres Siedlungsgebietes verdrängten die G. bes. die Kelten u. erreichten um Christi Geburt im W den Rhein u. den Ärmelkanal, im O die Weichsel u. im S die Donau. Ihre erste Berührung mit Rom brachte Ende des 2. Jh. v. Chr. der ↗Kimbern u. Teutonen. Die unter Ariovist in Gallien eingedrungenen Sueben wurden 58 v. Chr. v. Caesar geschlagen u. über den Rhein zurückgedrängt. Die Absicht der Römer, bis zur Elbe in german. Gebiet vorzudringen u. sich festzusetzen, scheiterte durch die Schlacht im Teutoburger Wald (9 n. Chr.). Rhein, Donau u. der v. den Römern err. Limes bildeten längere Zeit die röm.-german. Grenze. Germanien zerfiel in die beiden Grenzprovinzen *Germania superior* (Hauptort das heutige Mainz), Germania inferior (Hauptort das heutige Köln) u. in das *freie Germanien*, in dem es zu mancherlei Auseinandersetzungen u. Völkerverschiebungen kam. – Mitte des 2. Jh. n. Chr. gerieten die G. wieder in Bewegung. Es kam zu häufigen Grenzkriegen mit den Römern. 260 durchbrachen die Alamannen endgültig den Limes. Während der Völkerwanderung drangen die G. ins Weström. Reich ein, zerstörten es u.

gründeten auf seinem Boden eigene Reiche, in denen es zu der für die weitere Geschichte Europas entscheidenden Begegnung zw. Germanentum, Antike u. Christentum kam. Die systemat. Christianisierung begann im 4. Jh. u. wurde im 11.–13. Jh. mit der Missionierung Skandinaviens beendet (↗Jelling, ↗Island). Bes. die Ost-G. nahmen zunächst den Arianismus an, folgten dann aber dem Beispiel der Franken, die sich seit Ende des 5. Jh. zum röm.-kath. Christentum bekehrten. Durch die v. Gregor dem Großen eingeleitete Benediktinermission wurden seit Ende des 6. Jh. die Angelsachsen christanisiert, die ihrerseits an der Missionierung der innerdt. Stämme im 7. u. 8. Jh. beteiligt waren.

Die G. betrieben Ackerbau u. Viehzucht u. kannten auch die Jagd. Das wirtschaftl. u. rechtl. Leben war genossenschaftl. organisiert. Neben der Dorfsiedlung gab es häufig Einzelsiedlungen. Die einzelne Familie war dem Sippenverband eingegliedert. Mehrere Sippen bildeten eine Völkerschaft, mehrere Völkerschaften den Stamm. Dieser war polit. in Gaue u. Hundertschaften gegliedert. Die Gaufürsten gingen aus dem Adel (als eine höhere Klasse v. den Freien abgehoben) hervor. Die Freien waren wehrpflichtig, u. aus ihnen wurde auch für die Zeit des Krieges ein Herzog gewählt. Neben den Freien gab es Halbfreie, die sich aus Unterworfenen u. Freigelassenen zusammensetzten u. persönl. frei, aber an die Scholle gebunden waren, u. völlig unfreie Knechte (Sklaven).

Das *Recht* der G. lebte, in einfacher Form mündl. überliefert, in der Volksüberzeugung u. wurde im Gerichtsspruch gefunden. Oberstes Organ der staatl. Organisation war die Versammlung der Freien, ↗Ding gen. Geahndet wurden in der Rechtsprechung nur solche Missetaten, die das Gemeinwesen gefährdeten; alles andere regelte man lange Zeit auf dem Wege der Fehde. Seit dem 5. Jh. bahnte sich auch die Aufzeichnung der german. Volksrechte an.

Die vom Christentum noch unbeeinflußte frühe german. *Dichtung* war vorliterarisch. Zur *volkstüml. Dichtung* gehörten etwa Zaubersprüche, Totenklagen, Spruchdichtung, Gesänge für Schlachten, Liebeslieder u. Spottlieder; zur *Kunstdichtung* (alliterierend) zählten Preis- u. Heldenlieder (auf dem Kontinent ist allein das ↗Hildebrandslied überliefert). Von der german. Dichtung handeln antike Schriftsteller (so Tacitus, „Germania"); spätere Aufzeichnungen (wie

Fortsetzung auf Textseite 161

Seite 145 oben
Åker: Schwertriemenschließe, um 600 (Museum Oslo)

Seite 145 unten
Amulett: die Schablone eines Schmiedes aus dem 10. Jh. zur Prägung von christlichen Kreuzen und Thors Hammer. Silberamulette waren in ganz Skandinavien verbreitet, und verschiedene Grabfunde beweisen, daß die Leute sowohl christliche als auch heidnische Symbole trugen.

Seite 146
Alcon von Kreta: Graphik des H. Wechtlin, um 1512 (Bad. Landesmuseum, Karlsruhe)

Seite 147
Angelsachsen: angelsächs. Stileinfluß auf die karoling. Kunst, der Folchart-Psalter aus St. Gallen, um 850 – Anfangsbuchstabe „Q" im Schmuck „heidn." Tierornamentik

Seite 148
Athena: Figur vom Gibel des Tempels in Ägina, um 500 v. Chr. (Antikensammlung, München)

Seite 149 oben
Daimones im christl. Dienst: Höllenlöwe am Taufstein; roman. Skulptur (Freckenhorst, Westfalen)

Seite 149 unten
Feuerwerk: mytholog. Szenerie aus dem Feuerwerksbuch, Straßburg, um 1600 (Bad. Landesmuseum, Karlsruhe)

Seite 150
Dionysos: Prunkgefäß aus Bronze, griech. Krater, mit Figuren des Dionysos, Mainades u. Satyrn (um 320 v. Ch.); gefunden 1961 bei Saloniki (Archäolog. Museum, Saloniki)

Seite 151
Etrusker: Fußteil eines Kerzenleuchters (um 500 v. Ch.), Knabe mit etrusk. Schnabelschuhen; Bronze-Kleinplastik aus Vulci (Museo Villa Giulia, Rom)

Seite 152
Gold: Grabbeigaben für einen Häuptling oder Priester (späte Kupferzeit, um 3500 v. Ch.); gefunden 1978 in Varna, Bulgarien (Hist. Museum Varna)

Seite 153 oben
Goldenes Vlies: Skulptur v. Bertel Thorvaldsen (* 1770, † 1844), Iason mit dem Goldenen Vlies (Kopenhagen)

Seite 153 unten
Gorgo vom Artemistempel auf Korfu, um 590 v. Ch.

Seite 154
Gotländische Bildsteine: Stein v. Tjängvide, 9. Jh.

Seite 155
Herakles: Bild auf einer griech. Vase (um 525 v. Ch.); Eurystheus flieht vor Angst in einen Krug, als Herakles ihm den Kerberos zeigt (Louvre, Paris)

Seite 156
Hölzernes Pferd: Amphora des 7. Jh. v. Ch.; Mykonos

Seite 157
Homeros: Bronzestatuette eines Sängers aus der griech. Frühzeit (Iraklion, Kreta)

Seite 158
Mithras: Wandmalerei in einem M.-Heiligtum, 2. Jh. n. Chr. (Marino)

Seite 159
Mutter: Frau mit Bisonhorn, altsteinzeitl. (Laussel, Dordogne; Museum Bordeaux)

Seite 160
Mykene: Maske des Agamemnon, um 500 v. Chr. (Nationalmuseum, Athen)

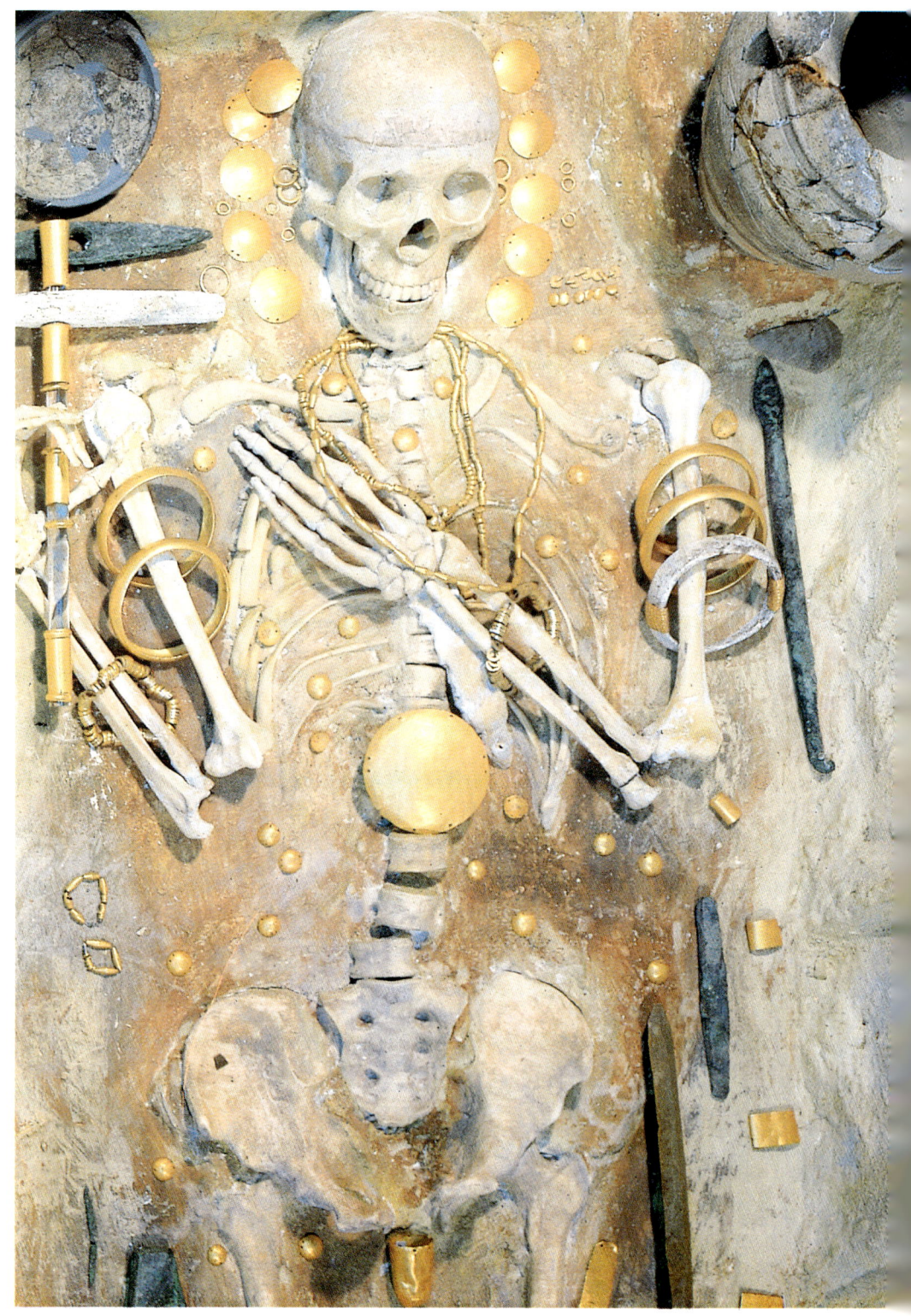

die des Hildebrandsliedes) hielten wohl früher mündl. Überliefertes fest.

Zu den *german. Sprachen* rechnet man heute Englisch, Deutsch, Niederländisch, Friesisch (westgerman. Sprachen; „westgerman." bezeichnet jedoch keine hist. Entwicklungsstufe) u. die skandinav. Sprachen (nordgermanische Sprachen). Die v. den G. u. ihren Nachfahren gesprochenen Sprachen gehörten urspr. zur indogerman. Sprachfamilie u. bildeten mit dem Griechischen, Italienischen u. Keltischen den Zweig der Kentum-Sprachen (entspr. dem Wort für „hundert"); sie lösten sich aus diesem bes. durch die erste Lautverschiebung u. die Festlegung des Akzentes auf die Stammsilbe des Wortes (etwa im 2. Jt. v. Chr.). Von der gemeingerman. Sprache ist nichts erhalten; sie ist jedoch durch vergleichende Sprachwiss., german. Lehnwörter in finn.-lapp. Sprachen u. durch frühe Runendenkmäler z. T. rekonstruierbar. – Vom 2. Jt. bis um Christi Geburt fand eine Aufspaltung in german. Stammessprachen statt, bes. deutl. in eine nordgerman. u. festländ. Sprachgruppe. Durch Abwanderung v. Stämmen u. Stammesteilen gliederten sich aus den Nord-G. (aber auch aus Festland-G.) die sog. Ost-G. aus, v. deren Sprachen die got. Bibel-Übers. des ↗Wulfila erhalten ist. Aus dem Nordgermanischen im engeren Sinne (Urnordisch) bildete sich später das Altnordische. Auf dem Festland bestanden um Christi Geburt folgende Sprachgruppen: Nordseegerman. (Ingwäonisch), führt zur engl. u. niederdt. Sprache, Weser-Rhein-German. (hauptsächl. Franken), Elbgerman. (Sueben). Die zu diesen Gruppen gehörenden Stammessprachen wuchsen zur dt. Sprache zus., aus der sich im ausgehenden MA das Niederländ. ausgliederte.

Die *Kunst* der german. Stämme in Nordeuropa (ca. 1800 v. Chr. bis ca. 700–1100 n. Chr.) ist durch zwei Hauptperioden gekennzeichnet: a) Bronzezeit, ca. 1700–600 v. Chr.; b) frühgeschichtl. Zeit (1. Jt. n. Chr.), getrennt durch die vorwiegend kelt. beeinflußte Eisenzeit. Die german. Kunst ist im wesentl. ornamental u. v. bäuerl. Charakter. Zunächst wurden geradlinige, um ca. 1200–900 v. Chr. zunehmend kreis- u. spiralförmige, in der mittleren Bronzezeit sternförmig-geometr., in der späten kreisende Spiralmuster u. stark bewegte, an pflanzl. Formen erinnernde Wellenornamente zum Schmuck v. Waffen, Geräten, Gürtelscheiben u. a. in Ton, Bronze u. Holz bevorzugt. Figürl. Darstellungen (Felsbilder in Südskandinavien, Grabmäler, bes.

↗Kivik) waren seltener u. ebenfalls abstrakt-ornamental stilisiert. Um Christi Geburt erfolgte ein Aufstieg zu neuer Hochblüte: zunächst kam es bes. in der Goldschmiedekunst zu Verzierungen an Fibeln, ↗Brakteaten, Ringen, Waffengriffen u. a. mit Filigran u. Granulation, später zur Emaillierung mit Zellenschmelztechnik u. Verzierung mit aufgelegten farbigen Steinen (meist Almandin). Zw. 550 u. 800 tauchten einziselierte abstrakte Tierornamente u. Flechtbandmuster auf, z. T. zu flächigen, abstrakten Mustern verschmolzen, wobei aber die org. Ausgangsform noch spürbar blieb. Die Wikingerkunst bildete zw. 800 u. 1100 diese Tierornamentik realist. fort (↗Oseberg-Fund), während in Mitteleuropa u. Engl. bereits die Auseinandersetzung mit der v. der Antike vermittelten figürl. Darstellung u. neuen künstler. Aufgaben in Buchmalerei, Plastik u. Architektur begann u. in der Karolingischen Kunst abschloß. Figürl. Darstellungen (Reiterscheiben, Heimbeschläge, Steingrabmäler) finden sich seit ca. 600 n. Chr.

Die *Musik* der Germanen konnte bisher nur lückenhaft erschlossen werden. Es ist bekannt, daß man ihr mag. Wirkung beimaß, doch scheint sie auch im Volksleben eine Rolle gespielt zu haben. Das Instrumentarium bestand aus Blas-, Schlag- u. Zupfinstrumenten; in der Bronzezeit waren bes. kunstvoll gestaltete Bronzeluren in Gebrauch. Es gab viell. versch. Gesangsstile, doch scheint das Singen stark vom Sprechgesang geprägt gewesen zu sein. Die vornehmste Gattung war das v. angesehenen Sängern vorgetragene Heldenlied.

Bei der *german. Mythologie und Religion* erhebt sich vordringl. die Frage, inwieweit sie Allgemeingut aller german. Stämme waren, da die Quellen sich in der Regel nur auf bestimmte geographische Bereiche beziehen u. überwiegend aus dem Norden stammen. Zwar läßt sich diese Frage letztl. nicht auf der ganzen Breite mit Sicherheit beantworten, doch deutet manches darauf hin, daß in den Grundzügen der mythologischen Vorstellungen Übereinstimmung herrschte, auch wenn im einzelnen Abweichungen vorliegen oder zumindest unterschiedl. Benennungen ein u. derselben Sachverhalte bzw. Personen bekannt sind. Die Vorsicht gebietet hier allerdings, bei der überwiegenden Zahl der Namen v. Göttern u. Helden, die wir z. B. aus unserer Kenntnis der Edda überliefert haben, „nord." bzw. v. der Sprache her „altnord." statt „german." als Herkunftsbezeichnung zu schreiben. – Die ältesten Quellen sind archäolog. Funde, wie die aus der Bronzezeit stammenden Felsritzungen (↗Felszeichnungen) v. Bohuslän (diese dürften allerdings vorgerman. sein) oder der ↗Trundholmer Sonnenwagen, zu denen später Bildsteine u. Runeninschriften hinzutraten. Als wichtige Zeugnisse dürfen, obwohl sie möglicherweise nicht frei v. Einseitigkeiten sind, die schriftl. Berichte antiker Autoren gelten, wie Caesar, Tacitus u. Plutarch. Von den Missionsberichten in Zshg. mit der Christianisierung nimmt das Werk des ↗Adam von Bremen eine herausragende Stellung ein. Den Abschluß bilden die altnord. Texte des 9.–13. Jh.: die Liederedda (↗Edda), die Edda des Snorri Sturluson (↗Snorra Edda) sowie die Werke der ↗Skalden u. die ↗Sagas. Mögen sie z.T. auch schon christl. durchsetzt sein, so bieten sie doch inhaltl. heidnisches Erzählgut. – Der german. Glaube war urspr. Toten- u. Dämonenglaube, kult. gestaltet in der Verehrung der Ahnen (↗Ahnenkult) u. der Naturmächte. Später kam die Verehrung persönl. Gottheiten aus den beiden großen Geschlechtern der ↗Vanen u. ↗Asen hinzu, denen man in hl. Hainen, an Quellen, aber auch in Häusern Opfer darbrachte. Mit diesen beiden Göttergeschlechtern verband sich die Vorstellung einer großen krieger. Auseinandersetzung, die mit einer Versöhnung geendet hatte. Einen eigenen Priesterstand gab es nicht, u. im Normalfall existierten auch keine Tempel. Der Tempel in ↗Uppsala, den Adam v. Bremen beschreibt, gehört zu den Sonderfällen. Breit ausgemalt ist im Mythos die Entstehung der Welt u. der Menschen aus dem Riesen ↗Ymir. Als er getötet worden war, formten die Götter aus seinem Fleisch die Welt, sein Blut wurde zum Meer, seine Knochen zu den Bergen, während sein Schädel den Himmel bildete. Das All war in verschiedene Reiche eingeteilt, in ↗Midgard, ↗Utgard, ↗Asgard u. ↗Hel. Im Rahmen der german. Eschatologie spielte die Weltesche ↗Yggdrasil, wo auch die ↗Nornen als Schicksalsträgerinnen hausten, eine bedeutsame Rolle: Yggdrasils Welken kündigte den Beginn der ↗Götterdämmerung (Ragnarök) an, jenen entsetzl. Weltenbrand, der das Ende für Götter u. Menschen bedeutete. Ihm würde allerdings, so glaubte man, irgendwann, u. zwar verbunden mit der Wiederkehr des geliebten ↗Balder, ein neues, friedliches, v. Glück geprägtes Dasein folgen nach Art eines goldenen Zeitalters. – Die Menschen waren nicht nur durch den Kult, sondern auch durch moral. Postulate, deren oberstes die Tapferkeit darstellte, mit den Göttern

Germanen	Ägir u. Ran
Hauptgestalten am german. Götterhimmel:	Balder
	Forseti
	Freyja/Frigg u. Freyr
	Freyja/Frigg u. Freyr
	Heimdal
	Iduna
	Loki
	Nerthus
	Odin/Wodan u. Rinda
	Thor/Donar u. Sif
	Tyr

verbunden. Ein bes. eindrucksvolles Beispiel dafür sind die ↗Einherier, die v. den Walküren nach Walhall gebracht wurden, während alle nicht im Kampf Gefallenen (die „Bett-Toten" oder „Stroh-Toten", vgl. ↗Starkad) dem german. Jenseitsglauben nach das Reich Hel als Aufenthaltsort zugewiesen bekamen. Über die persönl. Frömmigkeit der G. läßt sich wenig aussagen. Die Götter weckten teils Furcht, teils Zuneigung, man legte ihnen die verschiedensten Charakterisierungen bei u. duldete an ihnen sogar Schwächen, wie sie den Menschen eigen sind. Auch dachte man sie sich nicht als v. Ewigkeit her existent, u. das Schicksal, das dem einzelnen beschieden war, überschauten nicht sie als Ganzes, sondern die Nornen (↗Völuspá). – Beide letztgen. Phänomene, die ↗Vermenschlichung der Götterwelt (vgl. ↗Alltagsleben der Asen) u. die Unterwerfung der Götter unter ein Gesamtschicksal, zumindest unter das Urteil der Todesdämonen (vgl. die griech. ↗Moiren, röm. Parzen), teilten die G. mit der Überl. bei den Griechen u. Römern. Wer zu ↗Hel gegangen war, den konnten auch die german. Götter nicht mehr lösen.

Germania, 1) lat. Bz. für die rechtsrhein. Völker, die den Römern als Gesamtheit fremd waren. **2)** wichtiges röm. Geschichtswerk des ↗Tacitus, das aus der Regierungszeit Caesars um das Jahr 50 v.Chr. auch Verhältnisse aus Westgermanien berichtet.

Gernot, im mhd. ↗Nibelungenlied Bruder v. Gunther, Giselher u. Kriemhild. Dem Alter nach der mittlere der Nibelungenkönige.

Gerstenberg ↗Forschungsgeschichte.

Ger-ulfus, mittellat. ↗Werwolf.

Gerwig, einer der fränk. Ritter, die ↗Walther von Aquitanien in einer Schlucht erschlug.

Geryoneus, *Geryones, Geryon,* dreileibiges oder dreiköpfiges Ungeheuer, Sohn des ↗Chrysaor u. der Kallirrhoë; lebte zus. mit seinem Hirten Eurytion u. dem gewaltigen Hund Orthros (oder Orthos) auf der sagenhaften Insel Erytheia. G. besaß gewaltige Rinderherden, die zu rauben zu den Aufgaben des ↗Herakles gehörte. Herakles tötete zunächst Hirte u. Hund, erschlug dann G. u. trat schließl. mit den Herden die in der Überlieferung gewöhnl. als außerordentl. mühevoll geschilderte Rückkehr an. – ↗Cacus.

Gesichtsurne, eine typ. Brandgräberurne der Megalithkulturen (Steinzeit) im ganzen europä. Raum. Die Tonkrüge tragen bei unterschiedl. Ausformung, oft kugelbäuchig, eine Gesichtsmaske, die wohl apotropä., d.h. abwehrende Bedeutung hatte. Bei eisenzeitl. G. aus Pommerellen (poln. Pommern, westl. der Weichsel) hat man sogar etrusk. Einfluß vermutet (?). *Hausurnen,* Graburnen in Hausform, waren in der frühen Eisenzeit bei Etruskern, im Ostseeraum u. in Mittel-Dtl. verbreitet. Die Form eines Vorratsspeichers für die Urne legt angebl. den Gedanken an einen Auferstehungsglauben nahe. Die *Wormser Gesichtskrüge,* das sind röm. Tonwaren des 4. Jh. n.Chr. mit einer Gesichtsmaske, hat man mit der kelt. Fruchtbarkeitsgöttin Rosmerta-Maia (?) in Zshg. sehen wollen. – Die Schutzfunktion der Maske wie bei den G.

Gesichtsurne

nimmt man auch für die volkstüml. *Bartmannskrüge* aus dem Moselgebiet an, die vor allem aus dem 15. bis 17. Jh. stammen. Die erstaunl. Kontinuität in der äußeren Formgebung muß aber durchaus nicht gleichen Glaubensinhalten entsprechen.

Gespenster, schreckende Erscheinung v. Geistern; vor ihnen wird im edd. Lied von Helgi dem Hundingstöter gewarnt: „Nicht aberwitzig wandle einsam … zum Totenhügel, denn gefährlicher sind in der finstern Nacht als bei

Tageshelle die Truggespenster." Die Religionswissenschaft sieht einen weiteren Zshg. u. vergleicht die altind. Bz. „druh" u. altiran. „drug" mit anderen indogerman. Bz. für finstere *„Trug*gebilde" als Ggs. zu den lichten Göttergestalten (ahd. triogan u. altnord. „draugr" = Gespenst; vgl. auch ↗Zwerge). – Bereits aus der Antike kennen wir Erz. v. G. z.B. über „unerlöste", nicht begrabene Tote (↗Wiedergänger).

Gesta Hammaburgensis ecclesie pontificum, Chronik der „Geschichte der Hamburgischen Kirche", um 1075 v. ↗Adam von Bremen verfaßt.

Gesta Hungarorum, anonymes Geschichtswerk des 12. Jh., das ungar. Sagen u. märchenhafte Stoffe kompilierte. Die Ungarn würden v. den bibl. Völkern Gog u. Magog in Skythien abstammen u. von den Hunnen. Ein späterer Chronist, Simon de Kreza, um 1282/85, übernahm daraufhin die Hunnensagen u. erklärte ↗Attila zu einem Ungarn. Hunar (↗Hunnen) u. Magor bzw. Magyar (Ungarn) wären Brüder aus der Zeit der babylon. Sprachverwirrung gewesen. Derartige genealog. Spielereien waren wiederholt modern.

Gesta Romanorum („Die Taten der Römer"), mittellat. spätma. Exempelsammlung, handschriftl. überliefert seit 1342, mit weiter mündlicher u. gedruckter Verbreitung, bunt zus.gesetzt aufgrund spätantiker lit. Quellen versch. Art (Erz. über Odysseus, Alexander d. Gr. usw.). Bis in die Zeit der Reformation hinein schöpften volkstüml. Prediger daraus.

Gestumblindi, Odin in der Gestalt eines Bauern, der ↗Heidreks Rätsel beantwortete.

Geten, fälschl. ↗Goten (nach ↗Cassiodorus), german. Stamm in Zshg. mit den Trakern bzw. den Skythen an der unteren Donau (nach Herodot). Im 1. Jh. n.Chr. unter röm. Herrschaft; wegen ihres Namens oft mit den Goten verwechselt.

Giallar, ein bösartiger nord. Zwerg, der zus. mit ↗Fiallar den ↗Kvasir tötete u. aus dessen Blut den Skaldenmet braute.

Giallarhorn, das Horn des nord. Gottes ↗Heimdal, mit dem dieser nach german. Vorstellung die Götterdämmerung ankündigen sollte.

Gialp, eine Tochter ↗Geírröds, die den Fluß Vimur anschwellen ließ, als Thor, der auf Lokis Drängen zu ihrem Vater unterwegs war, den Strom überqueren wollte. Thor jagte sie davon, indem er mit einem Felsbrocken nach ihr warf.

Gibich, in versch. ma. Heldenepen ein am Rhein regierender Kg.; er überließ Hagen von

Giganten: Diana und Hekate bekämpfen die G.

Tronje, einen jungen Adligen, der an seinem Hof erzogen wurde, Etzel als Geisel, damit die nach Westen drängenden Hunnen sein Land nicht verwüsteten.

Giebich, neben Alberich, Laurin, Oberon und einigen anderen, darunter in der Edda ↗Montsognir, gelegentlich als König der ↗Zwerge genannt.

Giganten, erdgeborenes Riesengeschlecht der griech. Sage, oft mit den ↗Titanen gleichgesetzt, aber im Ggs. zu diesen nicht unsterbl.; hervorgegangen aus den Blutstropfen, die ↗Gaia bei der Verstümmelung des Uranos in sich aufnahm. Sie waren erbitterte Feinde der olymp. Götter, wurden aber im Kampfe mit diesen, der sog. *Gigantomachie,* besiegt u. unter Vulkanen u. Inseln begraben. Schauplatz des Kampfes waren die Phlegraischen Felder, deren Lokalisierung unbestimmt ist. Die mit Keulen, Fackeln u. Felsbrocken bewaffneten Riesen mit ihren ungeheuren, oft halb drachen-, halb menschenähnl. Leibern unterlagen den Olympiern nur deshalb, weil ↗Herakles diesen zu Hilfe eilte u. damit die Voraussetzung erfüllt war, daß die Götter nur mit Beistand eines Sterblichen den Sieg erringen könnten. – Als Thema der griech. Kunst ist die Darstellung der Gigantomachie seit der 1. Hälfte des 6. Jh. v. Chr. nachweisbar, u. a. als Vasenbilder u. in der Bauplastik. Die G. wurden zunächst noch als rein menschl. Gestalten (u. a. Metopen am Parthenon der Akropolis in Athen), dann als phantast. Mischwesen (so auf dem Fries des Pergamonaltars) dargestellt. – ↗Aloaden – (siehe Abb. oben).

„Es war ein leichtes, die wilden Riesen zum Kampf zu bewegen. Diese Toren glaubten ja, sie hätten bereits den Sieg in der Hand. Einer hatte sich einen Plan zurechtgelegt, wie er den Poseidon aus den Meereswogen herauszerren würde, der andere wollte Ares niederstoßen, der dritte fühlte, als hätte er schon Apolls schöne Locken in seinen ungeschlachten Händen, und alle freuten sich, daß Aphrodite ihnen gefügig sein müsse. Sie wollten sogar die unnahbare Artemis u. die jungfräuliche Pallas Athene mit Gewalt fortschleppen … Fürchterliches Dröhnen u. Poltern sowie wilder Kriegslärm erfüllten die Luft … Das Schwert des Ares traf den Peloros dort, wo bei den Schenkeln zwei Schlangenkörper aus seiner Mißgestalt herauswuchsen: ein einziger Hieb löschte alle drei Leben aus … Minas stürmte vor, um den Tod seines Bruders zu rächen. Er hatte die feuerspeiende Insel Lemnos mitsamt der Schmiede des Hephaistos ergriffen u. wollte sie auf Ares schleudern, doch der Gott kam ihm zuvor, die Spitze seines Speeres traf das Ungeheuer mitten im Gehirn. Der menschliche Körper des Minas war tot, aber der zweifache Schlangenkörper lebte noch …" (aus der „Gigantomachia" nach Claudianus).

Gigantensäulen, die Jupiter-G. v. Steinsfurt, 1959 aus Bauschutt geborgen u. mühevoll zus.gesetzt, gehört zu einem der eindrucksvollsten Denkmäler provinzialröm. Kunst. Solche G. oder *Jupitersäulen* kennen wir aus dem 2. und 3. Jh. n. Chr. aus versch. röm. Provinzen im german. Raum, u. a. von der Mosel. Die Komposition (Gigant mit Schlangenfüßen) erinnert einerseits an spätere Vorstellungen v. Drachentöter (hl. Georg), andererseits greift sie mit dem ↗Reiterheiligen german. rel. Vorstellungen in synkretist. Weise vor. – Fälschl. hat man damit die german. Vorstellung v. Weltenbaum ↗Irminsul in Zshg. gebracht.

Gilgamesch, Kg. v. Uruk (um 2600 v. Chr.) u. Held eines Zyklus v. sumer. Kurzepen, verfaßt nach 2000 v. Chr. in Erinnerung an die Kämpfe zw. N- und S-Babylonien. Im Mythos war G. ein Kämpfer gg. den Himmelsstier zus. mit dem Hirten Enkidu, einem ↗Herrn der Tiere, bzw. seinem Gefährten Tammuz. Die Parallelen zu diesem ↗Tierkämpfer sind vielfältig u. weit verbreitet. – Im Epos v. G. tritt uns auch die älteste Form der *Sintflutsage* (vgl. griech. ↗Deukalion 1) entgegen: „Die Götter hatten sich versammelt, und sie beschlossen, über die sündige Welt eine Sintflut kommen zu lassen … Sprach der Gott Ea zu Utnapischti: Zerstöre dein Haus, und baue statt dessen ein Schiff, kümmere dich nicht um deinen Besitz, sei froh, wenn du dein Leben retten kannst. In das Schiff aber nimm allerlei Lebewesen mit … Sechs Tage und sechs Nächte dauerte der Sturm, am siebenten Tag legte sich dann der fürchterliche Südwind, die Meereswellen beruhigten sich … Das Schiff war am Berge Nisir zum Stehen gekommen … Nach weiteren sieben Tagen ließ Utnapischti eine Taube aus dem Schiff …"

Gilling, in der nord. Mythologie der Edda ein Riese, den die Zwerge ↗Fiallar u. ↗Giallar nach ihrem Verbrechen an ↗Kvasir ertränkten, um sich eines Mitwissers zu entledigen. Die Frau des G., die in lautes Klagen über den Verlust ihres Gatten ausbrach, erschlugen die beiden Bösewichter mit einem Stein, weil sie sie mundtot machen wollten. Die Rache übernahm Gillings Sohn ↗Suttung, der die Zwerge auf eine vom Meer überspülte Klippe setzte, bis sie die Kessel mit dem Met, den sie aus Kvasirs Blut gebraut hatten, zur Sühne an ihn auslieferten.

Ginnungagap, Begriff der nord. Schöpfungsgeschichte: das am Anfang stehende gähnende Nichts, aus dem die Welt entstand; dem griech. ↗Chaos vergleichbar.

Giöll, der nord. Unterweltfluß, an dem der Höllenhund ↗Garm Wache hielt u. die Toten mit lautem Gebell empfing.

Giselher, im mhd. Nibelungenlied Bruder v. Gunther, Gernot u. Kriemhild; Schwiegersohn des Rüdiger von Bechelaren. G. war der jüngste der Nibelungenkönige.

Giukungen, Name jenes königl. Geschlechtes, das sich später ↗Nibelungen nannte. G. leitete sich v. *Giuki* ab, einem am Rhein herrschenden Kg., der der Vater v. Gunnar, Guttorm u. Högni sowie der Tochter Gudrun war.

Gjallarbru, im Anschluß an den Wächter der Himmelsbrücke ↗Heimdal mit seinem ↗Giallar-

horn altnord., wahrscheinlich aber späte, unter Einfluß des Christentums entstandene Vorstellung von der Brücke der Seelen auf einem dornenreichen Weg zum Jenseits; belegt in verschiedenen Ortsnamenformen u. in dem umstrittenen norwegischen Traumlied, dem ↗Draumkvede.

Gladsheim ↗Walhall.

Glastheim, anderer Name für nord. ↗Glitnir, die Halle des ↗Forseti.

Glauke, auch *Kreüsa* gen., eine Tochter des griech. Kg. Kreon v. Korinth. Als ↗Iason in Liebe zu ihr entbrannte u. sie heiraten wollte, nahm seine Gattin ↗Medea furchtbare Rache: Sie schickte G. ein kostbares Hochzeitsgewand, das, als die Braut es anlegte, in Flammen aufging u. G., ihren Vater sowie zahlr. Gäste verbrannte.

Glaukippe, möglicherweise durch Dymas Mutter der Hekabe.

Glaukos, in der griech. Mythologie u. Sage mehrfach vorkommender Name, darunter: **1)** ein Meeresgott, der, da er ihnen günstig gesinnt war, v. den Fischern u. Schiffern bes. verehrt wurde. Der Überl. nach war G. urspr. selbst Fischer im boiotischen Anthedon, wurde aber in einen Gott verwandelt, als er nach dem Genuß eines Zauberkrautes, mit dem er sonst tote Fische zum Leben zu erwecken pflegte, ins Meer sprang. Er besaß wie die meisten Meeresgötter u. -dämonen die Gabe der Weissagung u. der Verwandlungsfähigkeit. – **2)** Sohn des Lykerkönigs Hippolochos, Enkel des Bellerophon; Verbündeter der Troianer u. einer der beiden Befehlshaber des lyk. Kontingents im Troian. Krieg, der sich durch besondere Tapferkeit hervortat. Angesichts der Freundschaft ihrer beiden Sippen tauschte er mit ↗Diomedes 2) die Waffen, statt mit ihm zu kämpfen. Später wurde er v. Aias dem Großen getötet. – **3)** Sohn des Minos u. der Pasiphaë. Fiel als kleines Kind in ein Honigfaß u. erstickte, wurde aber v. einem Seher namens Polyeidos (nach anderer Version v. Asklepios) mit einem Wunderkraut zum Leben erweckt. – **4)** Sohn des Sisyphos u. der Merope; nach der Niederlage in einem Wagenrennen v. seinen Pferden zerrissen, wurde er zu einem pferdeschreckenden Dämon.

Glavendrup ↗Thor weihe diese Runen.

Gleipnir, jenes dünne, unzerreißbare Band, mit dem die Fesselung des ↗Fenriswolfes in der nord. Überl. gelang. Es war v. Zwergen hergestellt, die versch. Zauber darin verwoben hatten.

Glitnir, der kostbar ausgestattete Saal, in dem der nord. ↗Forseti, der Richtergott, in Asgard wohnte.

Gna, nord., Botin Friggs bzw. Freyjas, die ein ungewöhnl. schnelles Roß besaß, mit dem sie die Botschaften der Göttin an ihren Bestimmungsort überbrachte. Nach einer Überl. soll sie auch Tote zu ihrer Herrin geholt haben, näml. Liebende, v. denen ein Partner vor der Heirat gestorben war, aber auch treue Ehegatten, die in Friggs Halle ein glückl. Dasein führen konnten. Entspr. scheint Frigg (Freyja) auch als Totengöttin gegolten zu haben.

Gnitaheide, der Ort, wo ↗Fafnir in Drachengestalt einen berühmten Goldschatz, den Nibelungenhort, hütete. – Die geistreiche Gleichsetzung mit der „Knetterheide" bei Detmold (O. Höfler) ist wohl falsch.

Gnosis, griech. „Erkenntnis", Bz. für religionsnahe Weltanschauungen, auch außerhalb des Christentums bzw. in Sekten, die v. einem bes. Meister-Jünger-Verhältnis geprägt waren. Unter der Bz. „Gnostizismus" faßt man auch spätantike Sekten zus., die in ihrem Glauben oriental. Astralmythen verarbeiteten. Diese entfalteten sich derart viell. erst im Widerspruch zum Christentum; G. ging z.T. also auch mit einem gewissen Spätheidentum einher.

Gobdas, *Kobdas,* samisch für die Zaubertrommel (Runebom) des Schamanen, auf deren Fell die lappländ. Mythologie dargestellt war: der Donnergott ↗„Horagales", der Sturmgott, der Bär des Himmels, der Gott des Waldes, die Schöpfermutter usw., der böse ↗„Roto", das Totenreich u. der Weg zu den Toten.

Godan, Name der ↗Langobarden für ↗Wodan.

Gode, altnord., auf Island Bz. für den Priester.

Goethe, *Johann Wolfgang von,* *1749, †1832, der selbst nie in Griechenl. (aber in It.) war, suchte das Land der klass. Antike „mit der Seele". Seine weitgespannten Vorstellungen v. der Antike spiegeln sich im aufmüpfigen Gedicht „Prometheus": „Bedecke deinen Himmel, Zeus … mußt mir meine Erde doch lassen stehn" einerseits, im Gedicht auf „Iphigenie": „Es fürchte die Götter das Menschengeschlecht …" mit seinem trag. Grundton andererseits. Phantasievoll beschrieb G. eine z.T. erfundene Mythologie im „Faust".

Gog, nach mehreren Stellen im Alten Testament ein Fürst im Lande *Magog* u. synonym für eine finstere Weltmacht, die am Ende der Zeit gg. das Gottesvolk kämpft. – „Gog und Magog" ist eine romanhafte „Chronik" v. M. Buber, erschie-

nen dt. 1949 (hebrä. 1943), über das Schicksal des jüd. Volkes.

Gogt'an, epische Lieder aus Gogt'n in armen. Sprache aus dem 5. bis 9. Jh. Nach der Christianisierung um 300 hielten die O-Armenier südl. des Schwarzes Meeres teilweise an heidn. Überl. fest, die sich in heroischen u. mytholog. Liedern spiegelt: z.B. über die Geburt des Donnergottes Vahagn, der mit Herakles gleichgesetzt wurde.

Goibniu, ir. Schmiedegott; in Wales trug er den Namen Govannon.

Gold, edles Metall, das die Menschen schon früh hochschätzten; in der german. Lit. z.B. als „Saat des Fyrrisfeldes" (Kenning), die ↗Hrolf Kraki verstreut, um seine Verfolger aufzuhalten, erwähnt, oder als „Mehl Frodis", das die Mühle des dän. Königs mahlt (↗Mühlenlied). Auch v. den nord. Göttern wird berichtet, daß sie gierig nach G. strebten (↗Gullveig). Große Goldfunde wurden in Verbindung mit dem mittelschwed. Reich der Vendelzeit gemacht, doch enthalten bereits die dän. Moorfunde solche kostbaren Gaben. Die Germanen der Völkerwanderungszeit kannten feingearbeiteten Goldschmuck in Verbindung mit der Silberschmiedekunst u. verschiedenen Einlegetechniken. Antike Goldschätze wurden in ↗Mykenai ausgegraben; auf ↗Kroisos soll die Sitte, Goldmünzen zu prägen, zurückgehen („reich wie ein Krösus" war bereits eine antike sprichwörtl. Redensart); das skyth. Reitervolk der ↗Arimasper soll bes. viel G. besessen haben – (s. Farbtafel S. 152).

Goldburh, *Goldborough,* Tochter des engl. Kg. Aethelwold u. schließl. Frau des Kg. ↗Havelok the Dane.

Goldene Äpfel ↗Hesperiden, ↗Garten der Hesperiden.

Goldener Zweig, ein der Persephone heiliger Zweig, der auf einem Baum in der Nähe v. Cumae wuchs. Aeneas fand ihn mit Hilfe der Götter. Er diente ihm als Zeichen der Erlaubnis, die Unterwelt zu betreten, u. durch ihn legitimiert, wurde Aeneas v. ↗Charon über den ↗Styx übergesetzt.

Goldenes Vlies, in der griech. Sage das goldene Fell eines Widders (vgl. ↗Theophane), auf dem Phrixos u. Helle einst nach Kolchis geflüchtet waren. Es wurde v. Iason (Tafel S. 153) u. den übrigen ↗Argonauten nach Überwindung zahlr. Schwierigkeiten u. mit Hilfe der ↗Medeia dem Kg. ↗Aietes, der es v. einem feuerspeienden Drachen bewachen ließ, geraubt. – Vgl. ↗Atreus.

Goldenes Zeitalter, in der griech. Mythologie das erste, vollkommen glückl. Zeitalter der

Menschen, dem bibl.-paradies. entspr. Es stand im Zeichen der Herrschaft v. Kronos bzw. Saturnus. – Daneben kannte die Antike bes. glanzvolle histor. Epochen, die als Wiederkehr des G. Z. verstanden wurden, so das Perikleische u. das Augusteische Zeitalter.

Goldmar, gelegentl. als Kg. der Elben gen.

Golem, eine aus Lehm hergestellte Figur, die mag. zum Leben erweckt wurde. Die alte jüd. Legende spielte in Zshg. mit *Rabbi Löw* in Prag (um 1520 bis 1609) eine Rolle, wo der G. den Prager Juden gg. Pogrome geholfen haben soll. Der G. wandte sich zuletzt gg. seinen eigenen Schöpfer. – „Der Golem", Roman v. G. Meyrink, 1915.

Goll („die Schreiende"), Name einer nord. Walküre.

Göngu-Hrolfs-saga, anonyme altisländ. ↗Fornaldar saga (vermutl. des 14. Jh.) über den ersten Herzog der Normandie, ↗Rollo, den kein Pferd tragen konnte (daher „Gang-Rolf"). Mit vielen märchenhaften Zügen erzählt die Saga u. a. von Hrolfs Brautwerbung im groß-russ. Reich, von Kämpfen gg. Berserker u. von höfischen Turnieren um goldhaarige Prinzessinnen. Hrolf hatte den Hügel des toten Königs Hreggvidr erbrochen u. dessen Schwert erbeutet, mit seinem Zauberpferd ↗Dulcifal (möglicherweise Bucephalus) gewann er Zweikämpfe. Den Abschluß bildet eine prunkvolle, dreifache Hochzeit.

Gordion ↗Gordios, ↗Gordischer Knoten.

Gordios, sagenhafter Begr. der phryg. Königsdynastie, Vater des ↗Midas. Hauptstadt des Reiches war *Gordion* in NW-Kleinasien, wo der angebl. v. G. geknüpfte ↗Gordische Knoten aufbewahrt wurde. – ↗Phrygien.

Gordischer Knoten, kunstvoll geschlungener Knoten an der Deichsel eines Streitwagens, angebl. v. ↗Gordios geknüpft u. in seiner Königsburg oder einem Tempel aufbewahrt. Mit seiner Lösung war der Sage nach die Herrschaft über Asien verbunden. 334/333 v. Chr. soll Alexander der Große den G. K. mit dem Schwert durchgehauen oder auf andere Weise geöffnet haben.

Gorgo, s. Tafel S. 153, in der Regel Bz. für ↗Medusa, die Sterbliche der ↗Gorgonen.

Gorgoneion, der Kopf der Gorgone ↗Medusa, v. fratzenhaft schreckl. Aussehen mit maulartigem Mund, der die Zähne bleckt u. aus dem die Zunge heraushängt; als Sinnbild schreckerregender göttl. Kräfte verstanden, vor allem aber mit apotropäischem Sinn (Abwehr, Schutz) unterlegt.

1 Gorgonen: Gorgo auf einer griech. Amphora (500/490 v. Chr.) – 2 Gorgonen: Gorgo vom Westgiebel des Artemistempels in Korfu

Gorgonen (Mz.), in der griech. Mythologie drei Töchter des ↗Phorkys 1) u. der Keto: Euryale, Stheno u. ↗Medusa. Sie galten als gräßliche Ungeheuer, meist geflügelt, mit Schlangen in den Haaren u. am Gürtel u. mit gewaltigen Zähnen dargestellt. Ihr grauenerregender Anblick ließ jeden zu Stein erstarren. Sie wurden oft als symbol. Verkörperung der schreckl. Aspekte des Numinosen gedeutet. Als ihre Wächterinnen galten ihre älteren Schwestern, die ↗Graien.

Gorgophone, Tochter des Perseus u. der Andromeda; sie heiratete in erster Ehe ↗Perieres u. nach dessen Tod ↗Oibalos; beiden Männern gebar sie mehrere Kinder.

Gorinka, ein slaw. Zauberweib, das in den Wäldern bei Kiew hauste u. große Schätze angehäuft hatte, an die aber niemand herankam, weil die G. sich durch Zauber zu schützen wußte. Der russ. Held Dobruna (↗Dobrynja) versuchte es doch u. konnte sie mit der bloßen Faust bezwingen.

Gorm der Alte, dän. Kg., einer der ↗Skjoldungen, vgl. ↗Jelling.

Gorr ↗Norr und Gorr.

Gosforth-Kreuz, in Gosforth in der engl. Grafschaft Cumberland stehendes steinernes Hochkreuz, das möglicherweise v. skandinav. Siedlern, die zum Christentum bekehrt worden waren, stammt (um das Jahr 1000?). Das Werk ist v. Bedeutung, weil auf den vier Seiten des Kreuzesschaftes Reliefs mit Darstellungen aus der nord. Mythologie zu sehen sind, u. a. Thor beim Angeln nach der Midgardschlange und der Asgard-Wächter ↗Heimdal mit dem ↗Giallarhorn. Das weist darauf hin, daß mit der Hinwendung zum Christentum die alten Mythen nicht schlagartig unterdrückt wurden u. schnell der Vergessenheit anheimfielen, läßt aber andererseits auch vermuten, daß sie eine christl. Umdeutung erfahren hatten oder daß man zw. ihnen und dem Kreuz keinen unvereinbaren Widerspruch sah (siehe Farbtafel S. 313 links).

Goten: Siegelstein mit Bildnis des Westgotenkönigs Alarich; er plünderte 410 Rom, starb in Unter-Italien u. wurde bei Cosenza im Busento begraben

Goten (lat. *Gutones, Gothones*), ein ostgerman. Volksstamm, an den sich im bes. Maße Stoffe u. Entstehung der german. ↗Heldensagen knüpfen. Sie siedelten nach Abwanderung aus Skandinavien (vgl. Göteborg u. Gotland?) an der Weichsel u. trennten sich danach in zwei Hauptgruppen. Die *Ostgoten* erreichten um etwa 200 n. Chr. das Schwarze Meer u. bedrohten das Röm. Reich auf dem Balkan u. in Kleinasien; 269 v. Ks. Claudius II. bei Nisch besiegt. Mitte des 4. Jh. wurden sie unter Bischof ↗Wulfila zum arianischen Christentum bekehrt; Reste der Krimgoten tauchten noch im 16. Jh. auf. Strahlender Höhepunkt des gotischen Reiches war die Herrschaft unter ↗Theoderich dem Großen in Italien, dem ↗Dietrich von Bern der german. Heldensage. – Die *Westgoten* drangen weit nach Westen vor u. gründeten schließl. in Spanien ein großes Reich (419–711), bis sie dort der arabischen Herrschaft weichen mußten u. damit endgültig als geschlossene Bevölkerungsgruppe verblaßten. Nachkommen des untergegangenen Gotenreiches wurden vielerorts vermutet, im 15. Jh. beanspruchten u. a. die Schweizer dieses Vorrecht für sich (↗Schwyz). Im Norden bezeichnete „Gote" häufig nicht eine Stammeszugehörigkeit, sondern war eine Umschreibung für „Held". – Als got. Runeninschrift gilt das umstrittene „gutaniowihailag" (etwa: „Heiligtum der Goten") auf dem Goldring v. *Pietroasa* (Rumänien). Der Ring ist Teil eines Goldschatzes, der viell. um 376 n. Chr. unter dem Goten Athanarich († 381) vor den Hunnen vergraben wurde.

Gotland, die größte schwed. Ostseeinsel; sie tauchte nach der Gutasaga wie ein Zauberreich auf u. wieder unter das Wasser, bis sie durch menschl. Besiedlung u. Landnahme mit dem Eisen „gebunden" wurde. G. hatte in vorgeschichtl. u. hist. Zeit offenbar eine sehr reiche Kultur. Die wechselvolle Herrschaft (dän. Eroberungen) wird z. B. durch eine überreiche An-

zahl v. Hortfunden (Goldmünzen) bestätigt, das hohe künstler. Niveau durch die reichverzierten ↗Gotländischen Bildsteine.

Gotländische Bildsteine, auf der schwed. Insel Gotland große, zu Denkmälern geformte Kalksteinplatten mit stark stilisierten, ornamentalen u. figuralen Darstellungen seit dem 5. Jh., z. B. vom Typus des ↗Herrn der Tiere, aber auch mit einzelnen, interpretierbaren Szenen aus Helden- und Göttersagen (Thors Fischzug, um die ↗Midgardschlange zu fangen; ↗Gunnar in der Schlangengrube; ↗Wieland der Schmied usw.). Diese Bildkunst, die eine reiche Bildquellenüberlieferung darstellt, war mit unterschiedl. stilistischen Perioden bis in das 11. Jh. hinein fruchtbar. Zumeist handelt es sich wohl um Totengedenksteine, u. ein entspr. Kult wird in Zshg. mit den zahlreich auftretenden Schiffsdarstellungen gesehen (↗Schiff) – (s. Farbtafel S. 154 mit einem bes. eindrucksvollen Stein).

Gotländische Bildsteine: Die abgebildeten Beispiele (Stein v. Ardre VIII u. von Klinte Hunnige I) zeigen eine Reihe v. Bildern u. Bildmotiven, die für die Gotländischen Bildsteine charakteristisch sind. – Auf dem Bildstein v. Ardre VIII kommt oben ein Reiter nach Walhall. Unterhalb des deutl. zu erkennenden Totenschiffes, das innerhalb der bildl. Darstellungen eine exponierte Rolle spielt, insofern es sich wohl meist um Totengedenksteine handelt, werden Teile der Wielandsage entfaltet (die Schmiede mit dem Werkzeug u. den geköpften Kindern, Wieland in Vogelgestalt u. a.), aber auch Thors Fischzug nach der Midgardschlange ist links abgebildet. Der Bildstein v. Klinte Hunnige I befaßt sich links unterhalb des Totenschiffes mit dem häufig bildl. umgesetzten Thema „Gunnar in der Schlangengrube", behandelt u. a. aber auch wiederum die Wieland-Sage (links ganz unten). Erwähnenswert, weil typisch, sind schließl. die Ornamentbänder, die die abgebildeten u. viele andere Bildsteine umlaufen u. gelegentl. auch die einzelnen Szenen voneinander trennen.

Götter. Ein auffälliges Merkmal der G. in den antiken Mythologien, aber auch in der german. Überl. z. B. der ↗Edda (vgl. bes. ↗Alltagsleben der Asen) ist ihre *menschl. Verhaltensweise*; es sind auch in dieser Hinsicht v. Menschen geformte Bilder, es sind Projektionen eigener Einstellungen, die auf vorgestellte höhere Wesen übertragen wurden. Ehebruch u. Eifersucht beherrschten die Erz. um ↗Hera. Beleidigte G. straften den Menschen maßlos (↗Leukippe), mangelnde Ehrfurcht wurde v. Zeus hart geahndet (↗Pandareos). Auch die Artemis war ausgesprochen rachsüchtig, wenn z. B. das für sie übl. Opfer vergessen wurde (↗Admetos, ↗Agamemnon). Der Schönheitsneid der Venus war notorisch; z. B. deswegen wollte sie die ungewöhnl. schöne ↗Psyche mit dem häßlichsten aller Menschen, Hephaistos, verkuppeln. Etwa mit einer Sintflut (↗Deukalion) wurde der Hochmut (↗Hybris) bestraft, mit dem sich Menschen diesen G. zu sehr näherten (↗Aias 1, ↗Aktion): auch ein Zeichen, daß die Grenzen zw. Menschen und G. fließend waren. Hybris ist sozusagen nur mögl., *weil* der Abstand zu den G. offenbar zu gering war (↗Salmoneus). – Bei Artemis entsprang die Bestrafung des „Ungläubigen" auch ihrem *archaischen Charakter* als Göttin der Jagd (vgl. ↗Herr der Tiere), und in dieser Eigenschaft konnte sie die Gestalt v. Tieren annehmen. Archaisch erscheint auch das Verbot, den Namen des Gottes auszusprechen (vgl. ↗Anchises). – Die Hybris u. deren Bestrafung blieb ein beliebtes Thema der *Literatur* mit sehr farbigen Erz. (↗Erysichthon). Literarisches u. der Aspekt der sog. ↗Wilden Mythen vermischten sich, wo sich z. B. Pan fürchterl. rächte, als ↗Echo seine Liebe nicht erwiderte. – Schließl. waren die G. quasi auch *polit. Gebilde*, die in Vergils ↗Aeneis dazu dienten, die röm. Weltherrschaft zu rechtfertigen. Ein ausgesprochen polit. G. war ↗Mars. Bereits die ↗Ilias wird gegenüber der Odyssee als eine gezielt „aristokrat." Dichtung beurteilt, und (der mehr oder weniger fiktive, aber hier typische Vertreter seiner Zeit und viell. seines Standes) Homer erscheint als Repräsentant einer festgefügten griech. Adelsgesellschaft.

Götterbilder gab es bei den Germanen nach dem Zeugnis v. Tacitus („Germania", Kap. 9) nicht, aber viell. sind solche nicht erst in röm. Zeit beliebt geworden, sondern eben aus vergängl. Material (Holz) gefertigt gewesen. Auch der Übergang v. der Ahnenverehrung in Bäumen u. Säulen (↗Irminsul) zu den G. scheint fließend gewesen zu sein. In altnord. Zeit waren solche G. oder Ahnenandenken häufig; unter christl. Einfluß wurde es verboten, einen Pfahl („Stab") im Hause zu haben u. zu verehren (alt-

norweg. Recht). Im heidn. Norden waren die G. v. Thor, Odin u. Freyr im Tempel v. Uppsala bes. bekannt (beschrieben v. Adam v. Bremen, um 1070). Mehrere norweg. G. v. Thor sollen mit Gold u. Silber geschmückt gewesen sein (Überl. aus dem Gudbrandsdal u. Trøndelag). Thors Kennzeichen (Attribut) war der Hammer. Odin wurde mit einem Speer dargestellt, Freyr als „schöne" Gottheit. Heidn. norweg. Hausgötter wurden jedoch als roh zugehauene, klotzige Holzfiguren mit starr blickenden Augen geschildert (Beschreibungen in den altnord. Sagas). – Ein frühes Beispiel german. Plastik ist der Fund v. ↗Oberdorla aus dem 4. Jh. – (vgl. Text auf S. 170).

Götterdämmerung, in falscher Etymologie die im Deutschen gebräuchl. Bz. für altnord. ↗Ragnarök = letztes Geschick der Götter; gemeint ist der Weltuntergang mit seinem eschatolog.-grauenvollen Geschehen sowie der Endkampf der Götter u. ihrer Gegner. Hauptquelle dafür stellt das in der ↗Edda enthaltene visionäre Werk ↗Völuspá dar. Das Drama kündigte sich durch Vorzeichen an, die Schlimmstes befürchten ließen. So begann u. a. ↗Yggdrasil zu welken u. zu beben, die Sonne verfinsterte sich, der ↗Fimbulwinter brach herein. Bes. einschneidend war der Tod des strahlenden ↗Balder, dessen Ermordung zum Symbol des allg. moral. Niedergangs wurde. Schließl. stieß ↗Heimdal ins ↗Giallarhorn, u. der Kampf zw. den Göttern u. ihren Gegnern, vor allem den Riesen, begann. Die Zweikämpfe endeten oft tödl. für beide Seiten; die Erde versank ins Meer, das Weltall ging in Feuer auf, alles Leben erlosch, u. es herrschte eine Leere wie am Beginn der Tage. Dennoch bedeutete Ragnarök nicht ein Ende auf ewig. Nach german. Vorstellung würde nach einer langen Zeit das Weltall als neue Schöpfung erstehen, geknüpft an die Rückkehr Balders. Die Bewohner v. Himmel u. Erde würden in Harmonie u. Frieden miteinander leben, so daß der Mythos vom Weltende mit dem Glauben an ein goldenes Zeitalter verbunden war. – ↗Loki, ↗Vidar.

Gottesurteil, *Gottesgericht,* german. ↗Bahrprobe im Nibelungenlied u. ↗Holmgang, griech. u. röm. ↗Orakel.

Govannon, kelt. ↗Goibniu.

Graien, Töchter des griech. Phorkys u. der Keto, Schwestern u. Bewacherinnen der ↗Gorgonen, gewöhnl. in der Dreizahl mit den Namen Pephredo (Pemphredo), Enyo u. Deino erwähnt. Die G. kamen bereits grauhaarig auf die Welt u.

Götterbilder
erfuhren die unterschiedl. Ausgestaltungen.

Es war nicht unbedingt die Regel, die Götter nach dem Bild des Menschen zu schaffen (als Pendant zu dem christl. Mythos v. der Erschaffung des Menschen durch den Schöpfergott!); auch urtüml. Götterbilder sind oft künstler. hochstilisiert und betonen Attribute, die für jene kult. Vorstellungen wichtig waren. Die vorgeschichtl. Pfahlgötter v. ↗Braak, bei Eutin in der Nähe eines eisenzeitl. Wohnplatzes geborgen, zeigen roh geschnitzte, *übermenschl. große*, männl. u. weibl. Holzfiguren, deren Beine aus natürl. Astgabelungen bestehen. Ähnl. G. kennen wir v. dem Fund v. ↗Oberdorla aus dem 4. Jh. mit Betonung des Geschlechts.

Der slaw. Gott Swantewit in ↗Arkona auf der Insel Rügen wurde als viergesichtig, d. h. nach allen Himmelsrichtungen hin *übermächtig* dargestellt. Die kleine isländ. Bronzefigur v. ↗Akureyri aus etwa dem Jahre 1000 zeigt die auf einem Stuhl sitzende Götterfigur, die den auf den Knien ruhenden Hammer ergreift. Es ist das Bild des nord. Donnergottes Thor, dessen Attribut (Kennzeichen) der Hammer war, und er sollte offenbar eine elementare Angst vor den *Naturgewalten* bewältigen helfen.

Über die ↗Götterbilder bei den Germanen wissen wir wenig, aber wahrscheinl. waren solche vor allem aus vergängl. Holz gefertigt (↗Rude Eskildstrup). Hier scheint der Übergang v. der Ahnenverehrung in Bäumen u. Säulen (↗Irminsul) zum G. fließend. G. von Thor, Odin u. Freyr standen im Tempel v. Uppsala, z. B. Freyr als „schöne" Gottheit. Die heidn. Hausgötter waren dagegen offenbar oft nur roh zugehauene Holzfiguren, Pfähle und „Stäbe", die man im Hause verehrte.
Die klass. griech. und röm. G. kennen wir zur Genüge. Und doch hat diese Vermenschlichung der Götterbilder bereits die antiken Philosophen erbittert, die mit Recht darin kleingläubige Hilfskonstruktionen v. Menschen sahen, die nicht fähig waren, größer u. abstrakter zu denken (vgl. ↗Peri Physeos). Bereits um 500 v. Chr. hielten griech. Philosophen die homer.-olymp. Götterwelt schlicht für hochstilisierten „Aberglauben". Das Verhältnis eines Menschen zur Gottheit sah Heraklit wie das eines Kindes zu einem Erwachsenen. Kindl. Glaube müsse dem Erwachsenen [teilweise] wie Aberglauben erscheinen. Xenophanes erklärte verbittert, Pferde, Löwen u. Rinder würden, wenn sie dazu die Hände hätten, ihre Götterbilder eben wie Pferde, Löwen u. Rinder formen. Die Äthiopier würden entspr. behaupten, alle Götter seien stumpfnasig u. schwarz.

wirkten schon als Kinder wie Greisinnen (daher ihr Name). Sie besaßen zu dritt nur ein Auge u. einen Zahn zur abwechselnden Benutzung. Beides raubte ihnen Perseus u. zwang sie auf diese Weise, ihm den Weg zu den Nymphen zu zeigen.
Gráinne, eine Tocher des ir. Kg. Cormac. – ↗Diarmaid und Gráinne.
Gral (altfrz. *graal, greál*), sagenhaftes Kleinod, das zeitl. u. ewige Seligkeit bringen sollte: zus. mit einer blutenden Lanze an einem unbekannten, nur dem Reinen zugängl. Ort aufbewahrt. In der ma. Lit. seit dem Ende des 12. Jh. behandelt, wobei die sagengeschichtl. Herkunft ungeklärt bleibt. Bei Chrétien de Troyes handelt es sich um eine goldene Schüssel zur Aufbewahrung der Hostie, bei Robert de Boron um das Abendmahlsgefäß, in dem Joseph v. Arimathia später das Blut Christi unter dem Kreuz

auffing, bei Wolfram v. Eschenbach *(Parzival)* um einen ewige Jugend u. immerwährende Speise verleihenden Stein, v. Engeln zur Erde gebracht u. auf der Bergfeste Munsalvaesche vom Gralskönig u. der Templeisen-Ordensritterschaft gehütet; hinzuweisen ist auch auf die Bearbeitungen durch Heinrich von dem Türlin *(Die Krone)* u. im „Jüngeren Titurel" sowie auf versch. engl. Versionen. Von den zahlr. Behandlungen des Stoffes in späterer Zeit sind für das 19. Jh. vor allem R. Wagners *Lohengrin* u. *Parzival* zu nennen. – Das Mysterium des Grals hat zu vielen Spekulationen, schwer zugängl. Gedankengebäuden u. Hypothesen geführt, die im ganzen kaum überzeugen. Die Frage nach der Herkunft der Gralsgeschichte bleibt letztl. offen. Die Forschung nahm an, daß heidn. Riten im Spiele gewesen sein könnten; sie dachte ferner an Schriften des Hellenismus, an früh-christl.

Legenden, u. in bezug auf den G. da, wo er als Gefäß gesehen wird, sind auch kelt. Einflüsse nicht auszuschließen, weil die Kelten den ↗Kessel als Sinnbild des Überflusses u. der Vollkommenheit kannten. Dieser Wunderkessel wäre dann in christl. Version zum G. geworden.

Gram, eines der berühmten Schwerter der german. Heldensage, über das folgende Geschichte erzählt wird: Sigmund aus dem Geschlecht der Völsungen war mit der schönen Hiördis verheiratet, die jedoch auch v. Lyngi, einem Sohn Kg. Hundings, begehrt wurde. Es kam zum Krieg, Odin griff in die Schlacht ein, u. Sigmund wurde tödl. verletzt, sein Schwert zersprang in zwei Stücke. Sterbend bat er seine Frau, aus den beiden Teilen ein neues Schwert schmieden zu lassen, das den Namen G. tragen sollte. Er bestimmte es für seinen noch ungeborenen Sohn Sigurd, damit dieser mit der Waffe große Taten vollbringe; in der dt. Überl. ↗Balmung genannt (↗Schwert).

Granatapfel, ↗Persephone aß in der Unterwelt davon, und entspr. bleiben die Körner des G. ein halbes Jahr unter der Erde, bevor sie wieder als neue Pflanze austreiben. Auch der griech. Göttin ↗Demeter war der G. heilig. – Die Ägypter gaben ihren Toten den G. mit in das Grab, wohl als Symbol der Wiedergeburt. Auch im jüd. Kultus spielte diese kernreiche Frucht eine große Rolle. In der christl. Kunst wurde der G. im Anschluß an die Bibel (2. Mose 28) zu einem vielfältigen Symbol.

Grani, in der altnord. Edda jener Hengst, mit dem Sigurd durch die Waberlohe zu Brynhild ritt und der ihm den Drachenschatz, den Nibelungenhort, trug. Noch in den spätmittelalterlichen dän. Volksballaden als ungestümes Pferd genannt.

Granikos, ein griech. Flußgott, Sohn des Okeanos u. der Tethys. – Zugleich Name eines kleinen Flusses in NW-Kleinasien, wo 334 v.Chr. Alexander der Große einen bedeutenden Sieg über die Perser errang u. 74 v.Chr. die Römer Mithridates VI. von Pontus schlugen.

Granmar, Vater Hödbrods, des Verlobten der schönen nord. Walküre Sigrun, zu der ↗Helgi Hundingsbani in Liebe entbrannte. In einer furchtbaren Schlacht um die Braut erschlug Helgi alle Söhne Granmars bis auf ↗Dag, der ihm zunächst Treue schwur, seinen Eid aber später brach, indem er Helgi ermordete, um seine Brüder, die *Granmarssöhne*, zu rächen.

Gräter, *Friedrich David,* dt. Altertumsforscher, *1768, †1830; er machte sich um die german. Lit.

verdient durch die Gründung v. Zeitschriften zur einschlägigen Thematik. Sein Werk „Nordische Blumen" (Leipzig 1789) bringt Übersetzungen u. Abhandlungen zur nord. Dichtkunst u. Mythologie, u.a. aus der Älteren Edda, u. bietet Ausführungen zu Stichwörtern wie Nornen, Walküren, Walhall usw.

Gravidus, einer der lat. Beinamen des ↗Mars.

Grazien: die drei G. (eine davon verdeckt) mit der Urne für das Herz Kg. Heinrichs II. (Paris; Arbeit v. Germain Pilon, um 1535–1590)

Grazien (= die Anmutigen), in der röm. Mythologie Göttinnen der Anmut, den griech. ↗Chariten gleich.

Greif, Fabeltier, gewöhnlich mit Adlerkopf, Löwenleib u. Flügeln; Sinnbild v. Hoheit, Macht, Kraft u. wegen des durchdringenden Blicks Symbol der Wachsamkeit; bei den Griechen dem Apollon u. der Artemis heilig. Greifen waren der griech. Sage nach berühmt als Goldhüter, vor allem gg. die Arimasper, ein Volk v. Einäugigen im skyth. Norden Griechenlands. Der G., altsemit. Krb bzw. Kerub, gehört mit zu den ältesten myth. Tieren, v. denen wir Abbildungen kennen. – Abb. auch S. 172.

1   2

1 Greif: Kupferstich v. M. Schongauer, um 1470
2 Greif: v. einem gebrannten Ziegel aus Susa, um 2500 v.Chr.

Greif: Die Arimasper im Kampf gegen Greifen

Greifenfahrt, Motiv in den Erz. um ↗Alexander d. Gr., vgl. ↗Zeus.

Greiftiere, zoolog. unbestimmbare, drachen-ähnliche Tiere, die in vielfacher Verschlingung die Ornamentik der Wikingerzeit bestimmen (siehe Abb. S. 173).

Grendel, jener Unhold im altengl. Epos ↗Beowulf, der 12 Jahre lang Nacht für Nacht Mannen des dän. Königs aus der Fürstenhalle schleppte u. sie im Moor versenkte. Die Rettung kam schließl. v. dem Gauten Beowulf, der das Ungeheuer tötete. – Ein ähnl. Untier erschlug Grettir, der Held der altnord. ↗Grettis saga, doch ist die mögl. Verbindung dieser Dichtung mit dem Beowulf ungeklärt.

Grettis saga, *Grettis saga Ásmundarsonar* (Die Saga von Grettir dem Sohn des Asmund), altnord. Erz. von etwa 1300. Eine der großen isländ. Familiensagas, u.a. für unsere Kenntnis altisländ. Rechtsverhältnisse wichtig. Grettir, in seiner Kindheit ein ↗Aschenputtel, später ein märchenhafter „Starker Hans", wurde wegen Totschlags geächtet u. bereits in jungen Jahren nach Norwegen verwiesen. Dort kämpfte er u. u.a. mit einem Toten im Grabhügel, dem er das Schwert raubte, doch der Wiedergänger verfluchte ihn, so daß alle Taten Grettirs v. Unheil gezeichnet waren. Im isländ. Bergland lebte er

zurückgezogen, kämpfte gg. Riesen u. Berserker u. kam schließl. doch selbst ums Leben. Die Rachetaten seiner Familie wegen dieses neuen Mordes erstreckten sich bis nach Byzanz. – Ein Ungeheuerkampf gg. ein Wasserwesen ähnlich dem ↗Grendel verbindet die Grettis saga inhaltl. mit dem altengl. ↗Beowulf, aber mögl. Abhängigkeiten sind nicht geklärt.

Grevensvænge, bei Næstved, Dänemark, Fundort v. kleinen Bronzefiguren, hergestellt in verlorener Wachsgußtechnik (cire perdue). Zum Teil sind nur die Zeichnungen des 18. Jh. erhalten (Nationalmuseum Kopenhagen). Es sind kniende Figuren mit gehörnten Helmen u. Äxten, die den auf den Felszeichnungen der Bronzezeit ähneln. Daneben gibt es nach hinten gebeugte „Akrobaten" (viell. Tanzfiguren) u. eine weibl. Figur.

Grid, jene nord. Riesin, die Thor vor ↗Geirröd warnte.

Gridr, eine nord. Riesin, mit der Odin ↗Vidar zeugte.

Griechen, Gesamtheit der seit dem 2. Jt. v.Chr. nach Griechenl. eingewanderten indogerman. Stämme; seit dem 6. Jh. v.Chr. nannten sie sich Hellenen, andere Völker bezeichneten sie als Barbaren. Polit. u. gesellschaftl. Ideale standen in Zshg. mit dem Ideal v. jugendl. Körperkraft

u. vollkommener Schönheit; beide Forderungen bzw. Fragestellungen spielten auch in der Mythologie eine große Rolle (vgl. ↗Apollon, ↗Herakles u. Urteil des ↗Paris). Kleinräumig waren die griech. Stämme – oft Stadtstaaten (griech. Polis) mit „unmittelbarer Demokratie" durch Volksversammlungen – zwar untereinander vielfach verfeindet, in ihren idealen Vorstellungen aber fanden sie zus. (↗Panhellenische Spiele). – Seit der homer. Zeit (↗Homeros) lebten auch die Dichtung u. damit die Götterwelt v. einem aristokrat. Männlichkeitsbild u. von ständigem Kampf der Freien gg. drohende Versklavung durch Kriege. ↗Mykenai war seit dem 16. Jh. v. Chr. adeliger Herrschersitz, der sich als Nachfolger der minoischen Kultur auf ↗Kreta erweist. Neben dem aristokrat. Athen, das aber auch so „weise" war, sich einer Frau (↗Athena) zu unterstellen, war Sparta ein ausgesprochener Kriegerstaat (↗Spartoi).

Das rel. Leben war, soweit wir das aus der Dichtung (↗Ilias, ↗Odyssee), späteren Berichten u. archäolog. Ausgrabungen schließen können, durch eine Götterwelt geprägt, die durch Familienhierarchie (↗Olympos, ↗Zeus) u. Vermenschlichung der Götter als Spiegelbild der alltägl. Umwelt bestimmt war. Der Hirten- u. Jägergott ↗Pan scheint einer der archaischen, vorolymp. Götter gewesen zu sein. Lokal spielten auch später chthonische („erdgeborene") Götter eine bes. Rolle (z. B. die Mutter Erde, ↗Gaia gen., und die rätselhaften ↗Kabeiroi), auch mütterl. Gottheiten wie ↗Demeter. Wie bei den german. Göttern (vgl. ↗Alltagsleben der Asen) herrschten auch bei den Olympiern „allzumenschl." Sitten. Wie weit diese nur lit. Formen des Erzählens waren oder geglaubte Religionswirklichkeit, ist schwer abzuschätzen. Orgiast. Züge tragen die Erz. um z. B. ↗Dionysos, und sie mischen sich mit tatsächl. kult. Praxis. Aber auch die ↗„Wilden Mythen" sind nicht nur ein Phänomen der Spätzeit seit Alexander dem Großen (Zeit des Hellenismus), in der unter oriental. Einfluß versch. Mysterienkulte bes. erstarkten (↗Mysterien). Bereits der homer. Zeit gehörte allerdings die myst. Verehrung z. B. des ↗Asklepios an. – Zu den frühen oriental. Importen gehört der Kult der phryg. ↗Kybele, der seit dem 6. Jh. *vor* Chr. in Griechenl. belegt ist, seit dem 2. Jh. *nach* Chr. auch bei den Römern nachweisbar ist. Die ↗Römer übernahmen in ihrer Begeisterung für alles Griech. auch dieses Erbe, und z. B. der Kult um ↗Mithras wurde zu einer ernsten Konkurrenz für das junge Christentum (↗Christianisierung).

„Griech.", „griech. Überl." usw., wie es hier häufig abgekürzt verwendet wird, bedeutet, daß die Quellen aus dem griech. beeinflußten Raum stammen (Griechenl. und Inselwelt, Kleinasien, Süditalien, schließl. Kulturbereich des röm. Hellenismus), selbst wenn die unmittelbare Überl. viell. erst durch spätere röm. Vermittlung bekannt geworden ist. So erfahren wir z. B. über ↗Thersandros, er habe gleich zu Beginn des Troian. Kriegs den Tod gefunden, während es aus späterer röm. Quelle bei Vergil heißt, er hätte zu den Helden gehört, die sich in das Hölzerne Pferd einschließen ließen. Solche widersprüchl. Angaben (Varianten) gehören zum Wesen der Sagenbildung (↗Sage).

Griemhild ↗Kriemhild.

Grim, ein Fischer, der den jungen ↗Havelok the Dane nach Engl. brachte u. an der Stelle ihrer Landung die Stadt Grimsby gründete.

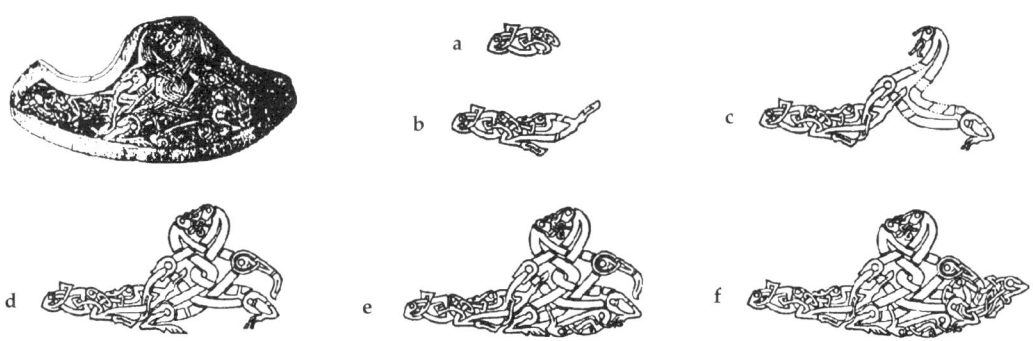

Greiftiere: Tierstil der Wikingerzeit auf einer Bronzeplatte aus Floda (Södermanland); charakterist. für den Aufbau des Ornaments ist es, daß (von a–f) jeweils ein neues, zoolog. nicht näher bestimmbares Tier in kunstvoller Verschlingung der vorangehenden Komposition hinzugefügt wird (nach Salin)

Grime's Graves, bei Thetford (Norfolk) in England, ein Feuerstein-Bergwerk der Steinzeit, in dem unter Tage aus dem Kreidefelsen in langgestreckten Gängen Feuersteinknollen abgebaut wurden. Die halbfertigen Stücke für Äxte u. Dolche wurden regelrecht exportiert. Bei einem Altar in einem Stollen fand man versch. Fruchtbarkeitssymbole; das Bergwerk wurde etwa zw. 2300 und 1700 v. Chr. betrieben.

Grimm, 1) *Jacob,* *1785, †1863, untersuchte in seiner „Deutschen Mythologie", 1835, Glaubens- u. Kultverhältnisse der Germanen auf der Grundlage einer besonnenen Philologie u. mit den spärl. Zeugnissen der Römer u. der überlieferten dt. Sagen. Auch wenn G. weit weniger spekulativ war als Vorgänger u. Zeitgenossen (u. als viele seiner Nachfolger!), sehen wir den Abstand zur modernen krit. Forschung. Zwei wichtige Erkenntnisse verdanken wir G.: Heidn. Glaube wurde verdrängt, lebte aber im Untergrund des Volksaberglaubens im Christentum weiter u. erklärt angebl. gewisse Formen der Heiligenverehrung. Daraus ergaben sich spätere Fallstricke einer falschen Vorstellung v. ↗Kontinuität. Zweitens setzte G. *nicht* von vornherein lit. Zeugnisse der nord. ↗Edda automat. gleich mit „deutscher" Mythologie (der Südgermanen). Auch damit waren seine Untersuchungen bahnbrechend. – Eine religionswissenschaftl. Synthese dieser german. Mythologie versuchte später der Däne Vilhelm ↗Grønbech. – **2)** *Wilhelm,* *1786, †1859, begründete mit seiner Untersuchung „Die deutsche Heldensage", 1829, eine krit. Auseinandersetzung mit der Sagenüberlieferung, für die er weiter ausgriff als sein Bruder Jacob (Grimm 1) u. die zahlr. Zeugnisse der Edda mit einbezog (vgl. ↗Nibelungenlied). Die Sage sei ihrem Ursprung nach mythisch; hist. u. geograph. Verknüpfungen seien sekundär (Siegfried-Sage am Rhein, Burgunderuntergang in Worms).

Grimnir, Titelheld der eddischen Grímnismál; ein Merkgedicht aus Odins Mund.

Grip, eine v. ↗Geírröds Töchtern, die Thor auf seinem Stuhl an die Decke stemmte, um ihn zu töten, die aber dann v. dem Gott zerschmettert wurde.

Gripir, ein Onkel des nord. Sigurd. Er sagte seinem Neffen die Zukunft voraus, näml. daß Sigurd ↗Fafnir töten u. den v. ihm bewachten Goldhort gewinnen werde. Auch v. seiner Liebe zu Brynhild u. seiner Trennung v. ihr einer andern Frau wegen ist die Rede.

Grípisspá, Lied der altnord. Edda, das v. Sigurd erzählt, der zu seinem Onkel ritt u. dort ↗Gripirs Weissagungen hörte.

Griseldis, myth.-märchenhafte Figur von der „großen Dulderin", der Frau, die widerstandslos zahlr. Erniedrigungen durch ihren Ehemann über sich ergehen ließ, weil er ihre Treue „prüfen" wollte. Literarisiert lat. v. Boccaccio („Decamerone", 1373) u. von Petrarca (danach ins Dt. übersetzt v. Heinrich Steinhöwel, 1471). Zur Verbreitung trugen auch die populären, in ganz Europa verbreiteten „Volksbücher" bei. Dahinter hat man auch deshalb ältere Märchen u. myth. Sagen vermutet.

Griwe, *Kriwe, Krew,* in der lett. Mythologie u. nach versch. slaw. Wortformen für „Blut" angebl. der blutverspritzende Oberpriester der „alten heidn. Prussen". „Seinem Volk zeigte sich der G. so selten, daß derjenige, welcher ihn gesehen, es für das höchste Glück des Lebens hielt." Befehle erteilte er mit seinem heiligen Stab, *Griwale* genannt.

Groa, eine nord. Zauberin, die durch Besprechung jenen Splitter entfernen sollte, der Thor beim Zweikampf mit ↗Hrungnir ins Haupt gedrungen war, als dessen steinerne Keule beim Wurf auf ↗Miölnir stieß u. in tausend Stücke zersprang. Um ihr eine Freude zu bereiten, erzählte Thor der G., die ihren Gatten vermißte, er habe ↗Oervandil als Stern an den Himmel geworfen, dieser kehre jedoch gerade nach Hause zurück. Die Zauberin war darüber so glückl., daß sie die Sprüche, mit denen sie den Splitter beseitigen wollte, völlig vergaß u. Thor nicht mehr helfen konnte.

Grønbech, *Vilhelm,* *1873, †1948, dän. Religionswissenschaftler; schrieb über „Kultur u. Religion der Germanen" (dän. 1909/12, dt. Übers. 1937) und betonte die soziale Funktion der Religion (Friede = Verwandtschaftsgefühl = Ehre). Der Ggs. dazu ist ein „Dasein ohne Schutz u. ohne Richtlinien des Denkens". Friedvoll sei die Menschen- u. Götterwelt der ↗Asen, heillos das ↗Utgard der Dämonen. Sympathieschaffend in diesem Ggs. seien das Geschenk (etwa auch eine Waffe) u. das Opfer. Deshalb erforderten Kulthandlungen die Gemeinschaft der Sippe, welche in der altisländischen ↗Saga verherrlicht wurde.

Große Mutter ↗Magna Mater, ↗Kybele, vgl. ↗Artemis.

Großer Bär, *Großer Wagen,* lat. *Ursa Maior,* das Sternbild, in das die Bärengöttin ↗Kallisto versetzt wurde, während ihr Sohn ↗Arkas in die Ursa Minor einging.

Großes Runentier: Runensteine v. Back-Norrby

Großes Runentier, nicht näher identifizierbares Tier, das u. a. die Runensteine v. ↗Jelling (dän., unter angelsächs. Stileinfluß) u. Tullstorp (schwed., vgl. ↗Schiff) beherrscht. Ein bes. Beispiel bildet das seltene Runenstein-Paar v. Back-Norrby im schwed. Uppland, dessen Ornamentik im (norweg.) Urnes-Stil gehalten ist. Es ist eine offene Frage, ob hinter solchen Abbildungen bestimmte mytholog. Vorstellungen standen oder ob es sich um „reine Ornamentik" handelt.

Grottasöngr, Lied v. der Mühle *Grotti,* altnord. ↗Mühlenlied.

Gruidne ↗Pikten.

Grundtvig, *N. F. S.,* *1783, †1872, dän. Theologe, schrieb eine dän. „Mythologie des Nordens" (1808; nicht übersetzt), in der er, als Kirchenmann v. altnord. Edda u. Saga begeistert, zw. Odin u. Christus nur einen zeitl. Unterschied sah. „Beide sind gleichberechtigte Offenbarungen des Göttlichen in der geschichtl. Welt" (A. Höger). Der Verf. stimmte damit in die nationale Begeisterung seiner Zeit ein, fand damit auch Anklang, aber dieses Buch des Schöpfers u. a. der patriot. Heimvolkshochschulbewegung blieb ohne eig. Wirkung; in der 2. Auflage 1837 dominierte dann das Christentum.

Grüner Ritter, *Der grüne Ritter,* unheiml. Gestalt sowohl der ir. Sage des 8. Jh. (↗Fled Bricrenn) als auch des mittelengl. Versromans ↗Sir Gawayne des 14. Jh.

Gud, Name einer nord. Walküre.

Gudahaugen, ein „Götterhügel" auf der Insel Ivö im Ivösee bei Kristiansstad in Schonen (Schweden); auf dem Kirchenhügel (Kyrkobacken) liegen ca. 60 Steine, die außergewöhnlicherweise im Viereck aufgestellt worden sind. Viell. ist es ein Kultplatz der Eisenzeit.

Gudrun, 1) in der nord. Dichtung Name der ↗Kriemhild in jenen Liedern der Edda, die den Nibelungenstoff zum Gegenstand haben (vgl. z. B. ↗Atlakvida, in dem G. den Tod ihrer Brüder rächte). **2)** ↗Kudrun.

Guinclaff, ein breton. Seher, weissagte dem breton. Kg. Arthur (↗Artus) das Schicksal; überliefert in einem Dialoggedicht v. etwa 1450. In die Weissagungen fließt u. a. eine Weltuntergangsvision ein: Der Wechsel zw. Sommer u. Winter wird aufgehoben, Kinder werden wie Greise ergrauen, die gesamte menschl. und natürl. Ordnung wird umgestoßen werden. Die Weissagung reicht bis in das 16. Jh. mit Vorhersagen für das Schicksal breton. Burgen u. Städte.

Gullfari, das schnelle Roß des nord. ↗Hrungnir, auf dem der Riese nach Asenheim gelangte. Dort nahm Hrungnir an einem Gelage der Asen teil, betrank sich sinnlos, bedrohte seine Gastgeber u. trug schließlich mit Thor einen Zweikampf aus.

Gullinborsti, der v. den nord. Zwergen Sindri u. Brock geschaffene Eber mit goldenen Borsten, der Freyr als Reittier diente. Er zeichnete sich durch außerordentl. Geschwindigkeit aus, die auch das schnellste Roß nicht zu erreichen vermochte. Beim Lauf strahlten seine Borsten auf, deren Leuchtkraft sogar die dunkle Nacht erhellte (aus der Snorra Edda).

Gullveig, eine Zauberin der nord. ↗Vanen, die sich wie die Vanen selbst durch großen Reichtum auszeichnete. Eines Tages begab sie sich aus unbekannten Gründen zu den Asen, in denen sie die Gier nach Gold weckte. Da sie keine Auskunft gab, wie man darankomme, wurde sie verbrannt u. mit Schimpf u. Schande verjagt, als sie aus der Asche neu erstand. Die Asen überzogen die Vanen mit Krieg, bis Odin auf einen ewigen Frieden drängte, demzufolge beide Göttergeschlechter gleichberechtigt sein sollten. Sie tauschten Geiseln aus u. schufen als Zeichen der Verständigung den Zwerg ↗Kvasir. Kvasir wurde später v. ↗Giallar u. ↗Fiallar getötet, die aus seinem Blut den Skaldenmet, den Trank der Dichter und Götter (↗Gunnlöd), brauten.

Gunda, eine der in den german. Sagen erwähnten Walküren.

Gundestrup, *Kessel von Gundestrup,* dän. Ort auf Jütland, bei Ålborg, wo 1891 in einem Moor der sog. *Gundestrup Kessel* gefunden wurde. Es handelt sich um ein aus Silber getriebenes Gefäß (Durchmesser 70 cm) mit reicher figürl. Darstellung auf der Innen- u. Außenseite, wo Götter (↗Cernunnos), versch. Opferszenen (↗Smertrios, ↗Muttergöttin) u.ä. gezeigt werden. Das wohl bedeutendste kelt. Fundstück, das wir besitzen; es stammt aus der Zeit um Christi Geburt, könnte aber auch etwas früher oder später geschaffen worden sein. Die einzelnen Szenen u. Gestalten sind nicht alle klar deutbar, sagen aber doch manches über die kelt. Religion aus. Vom Gebrauch her gesehen, handelte es sich mit hoher Wahrscheinlichkeit um ein Kultgefäß.

Gundestrup: innere Reliefplatte des Kessels von Gundestrup. – Bei dem Bildinhalt geht es wohl um den Aufbruch eines v. Teutates aufgestellten Heeres, mit dem er der Muttergöttin u. dem Esus, die v. Taranis verfolgt werden, zu Hilfe eilen will. Diesen mytholog. Hintergrund hatte das jährl. v. den Kelten zu Ehren der Muttergöttin u. des Esus gefeierte Fest, bei dem u.a. Kriegszüge veranstaltet, Menschen geopfert u. eine Art v. Maibaum umhergetragen wurden. Die Riten finden sich auf der vorliegenden Abbildung wieder: Links ertränkt ein bes. groß gestalteter Druide einen Menschen in einem Wasserfaß; im oberen Teil der Szene haben sich vier Reiter, angeführt v. einer Schlange, an die Spitze des Heeres gesetzt; ihre Helme zeigen die Symbole versch. Gottheiten; im unteren Teil tragen Soldaten zu Fuß den Maibaum auf ihren Lanzenspitzen; den Abschluß des Zuges bilden Musikanten, die gall. Kriegshörner blasen.

Wie u. wann es nach Dänemark kam, ist unbekannt. Auch die neuere Forschung steht weiterhin vor dem unauflösbaren Widerspruch, daß einige der Darstellungen eindeutig westkelt. Gottheiten zuzuordnen sind, während andere u. deren Kombination z.B. mit Elefanten auf einer Platte, bes. aber die Verzierungstechnik eher südosteuropä. Herkunft vermuten lassen. In dieser Hinsicht glaubt man als Hersteller des Kessels neuerdings Skythen im Raum v. Rumänien u. Bulgarien sehen zu können (F. Kaul, 1991). Selbst die Darstellung des Menschenopfers auf der einen Platte (hier abgebildet) erfährt jetzt eine mögl. gegensätzl. Interpretation als kult. vollzogene, myth. Wiedergeburt (Initiationsritus v. Kriegern?).

Gungnir, Odins v. den nord. Schwarzelben gefertigter Speer, der mit wunderbaren Kräften ausgestattet war; er verfehlte sein Ziel niemals. Der Gott kennzeichnete mit ihm diejenigen, die auf dem Schlachtfeld fallen sollten.

Gunnar, ein Bruder der nord. Gudrun, der mit Sigurd Blutsbrüderschaft schloß.

Gunnar in der Schlangengrube, Bildtypus auf ↗Gotländ. Bildsteinen nach dem Muster des ↗Herrn der Tiere, Erzählmotiv (↗Gunnar), in Verbindung mit den Sagenkreisen um Högni (↗Hagen von Tronje).

Gundestrup: der berühmte Kessel von Gundestrup (Gesamtansicht)

Gunnlöd, Tochter des nord. Riesen Suttung, die in einem Berg drei Kessel mit jenem Met bewachte, der *Skaldenmet* gen. wurde, weil er dem Trinkenden Weisheit u. die Gabe des Dichtens u. Singens verlieh. Diesen Trank suchte Odin für sich zu gewinnen, indem er G. überlistete: Er ließ sich durch einen Riesen einen Gang in den Berg bohren, kroch durch diesen in Gestalt eines Wurmes hinein u. verwandelte sich dann in einen Riesen, in den die Riesin G. sich verliebte, fasziniert v. den Erz., mit denen er sie unterhielt. Der Gott blieb mehrere Tage u. Nächte bei ihr, u. G. erlaubte ihm, dreimal v. dem Met zu trinken, wobei Odin jedesmal einen ganzen Kessel leerte. Dann flog er in Gestalt eines Adlers davon, u. obwohl Suttung, ebenfalls als Adler, ihm folgte u. den Kampf mit ihm aufnahm, gelangte Odin unbeschadet nach Asgard u. ließ die übrigen Götter an dem Getränk teilhaben. Die Dichtkunst hieß seither bei den Menschen in poet. Umschreibung „Odins Fund" oder auch „Trank der Asen". – ↗Gullveig.

Gunther, german. Heldengestalt, deren hist. Vorlage Gundahar (auch Gundikar, †436), Kg. des Burgunderreiches am Mittelrhein. war; 411 erstmals erwähnt; er fiel bei der Vernichtung seines Reiches durch die Hunnen. Der G. der Sage ist im ↗Waltharilied u. im ↗Nibelungenlied der Bruder v. Kriemhild, Gernot u. Giselher, Gemahl der ↗Brynhild. Seine charakterl. Beurteilung schwankt. Im ersten Teil des Nibelungenliedes ist er als schwächlicher Burgunderkönig dargestellt, zugleich mitschuldig am Tode seines Schwagers ↗Sigfrid, während er im zweiten Teil des Werkes mehr als Opfer der Rache seiner Schwester gesehen wird. Das Waltharilied schildert ihn als habgierig. In der Edda, wo er ↗Gunnar heißt, endet er am Hofe Atlis in einer Schlangengrube, während seinem Bruder ↗Högni das Herz aus dem Leibe geschnitten wurde (so in der ↗Atlakvida).

Guntram, fränk. Kg., von dem Paulus Diaconus im 8. Jh. berichtete u. in Zshg. mit myth. Vorstellungen v. einer Seelenwanderung brachte. Die Seele verläßt den Körper des Schlafenden, und der Erwachende erinnert sich an sein Leben als Schlange u. an einen im Berg verborgenen Schatz (Grimm, Dt. Sagen).

Gurnemanz, ein Onkel des ↗Parzival in der mhd. Überl., der ihm höf. Verhalten lehrte, aber auch „nicht zu viel zu fragen", was Parzival mißverstand, so daß er eine barmherzige Frage im Angesicht des Grals (↗Gral) unterließ u. sich damit schuldig machte.

Gürtung und Bindung, magische Formen der Selbstunterwerfung bis zur Selbstfesselung (↗Chattenring), die auch im german. Glauben eine große Rolle spielten. Analog zu röm. und christl. Bindezauber spielt die Lösung des Haarknotens eine Rolle (↗Suebenknoten). Sigfrid im ↗Nibelungenlied entriß Brynhild mit Ring u. Gürtel auch die Zeichen ihrer übernatürl. Kraft. Solche „vincula" spielten im Krankheitszauber, bei der Schwangerschaft und z. B. als Liebespfand eine Rolle; ihre versch. Symbole galten als ↗Heilszeichen.

Gutasaga ↗Gotland.

Guttorm, ein Bruder der nord. Gudrun.

Gwion ↗Ceridwen.

Gwydyon, Gott der walis. Sage, ein Dichter u. Magier, der vom Typ her dem ir. Lug u. dem german. ↗Odin verwandt war u. in Verbindung zu ↗Math, dem „Vater der Magie", stand. Er zeichnete sich durch Einfallsreichtum u. Verschlagenheit aus. Berühmt ist die Geschichte, wie er die Schweine des Pryderi an sich brachte, um sie in das Reich des Math, wo Schweine unbekannt waren, zu bringen. G. bediente sich dabei einer List, indem er Pryderi 12 wunderbare Hengste zum Tausch anbot, die er jedoch durch Zauberkaft geschaffen hatte u. die nach einigen Stunden wieder spurlos verschwunden waren. Der Magier wurde indessen v. dem Getäuschten verfolgt, gefangengenommen u. in den Kerker gesperrt.

Gyges, 1) einer der ↗Hekatoncheires, Sohn des Uranos u. der Gaia. – **2)** Kg. v. Lydien, histor. Gestalt des 7. Jh. v. Chr., die v. vielen märchenhaften Erz. umrankt ist. G. stürzte (bei Platon mit Hilfe eines unsichtbar machenden Ringes) Kg. ↗Kandaules u. gewann dessen Thron u. Gemahlin. – Nach anderer Überl. (bei Herodot) zeigte Kandaules seinem Freunde G. seine Gemahlin, die v. außergewöhnl. Schönheit war, nackt im Bade oder im Schlafgemach. Als die in ihrer Ehre zutiefst verletzte Königin die Machenschaft ihres Mannes entdeckte, verlangte sie v. G., Kandaules zu töten u. sie zu heiraten oder sich selbst wegen seines Frevels töten zu lassen. G. tötete seinen Freund, heiratete dessen Witwe u. wurde Kg. v. Lydien. – **3)** ein Kg. v. Lydien, der dem Orakel nach weniger glückl. war als ↗Aglaos, der ärmste Mann in Arkadien.

Gylfaginning ↗Snorra Edda.

Gymir, Vater der ↗Gerd, der v. der nord. Sage als bösartig beschrieben wird. Er war ein Meeres- u. Wolkenriese u. wurde gelegentl. mit ↗Ägir gleichgesetzt.

H

Haare spielten in der german. Überl. u. in der Wirklichkeit eine große Rolle; die Germanen kannten das Haarefärben und -bleichen als Standeszeichen; der Haarknoten war wie bei anderen Völkern auch im German. von Bedeutung (↗Suebenknoten). Auch in der späteren Überl. des MA galt der Haarknoten, die Haubung, als Zeichen der verheirateten Frau, das offene Tragen der Haare oder ihre Lösung als Zeichen der Jungfrau; entspr. deutete der Bartwuchs (↗Bart) auf Männlichkeit hin. – H. waren bereits in der griech. Mythologie Zeichen v. Manneskraft; ↗Pterelaos hatte ein goldenes H., das ihn unsterbl. machte. Eine Locke der Medusa machte unbesiegbar (↗Kepheus 2).

Haddinge, zunächst wohl ein göttl. Zwillingspaar der german. Mythologie, dann zwei Heldenbrüder.

Hadeburg, im ma. Nibelungenepos Name einer jener beiden Flußfrauen, die Hagen vor der Fahrt an den Hunnenhof warnten; die andere hieß ↗Siglind 2).

Hades, griech. Gott der ↗Unterwelt, Sohn des Kronos u. der Rheia, Gatte der ↗Persephone. Sein Name wurde v. den Griechen meist als „der Unsichtbare" gedeutet, der sich mit seinen Brüdern Zeus u. Poseidon die Weltherrschaft teilte u. über die Seelen der Verstorbenen herrschte. Aus seinem Haus gab es keine Rückkehr (mit Ausnahmen: Herakles, vgl. ↗Kerberos, u. ↗Orpheus, vgl. auch ↗Theseus, viell. auch Odysseus bei der ↗Kalypso). Er wurde auch mit Plutos oder Pluton, lat. Orcus, gleichgesetzt. Später diente der Name H. zugleich als Bz. für die Unterwelt selbst. – Vgl. ↗Hermes als Psychopompos, Seelengeleiter der Toten, u. ↗Charon als Fährmann der Unterwelt. – Diese Doppelbedeutung als Bz. für die Unterwelt *und* für den entspr. Gott gab es auch in der german. Mythologie bei ↗Hel.

Hadubrand, Sohn des ↗Hildebrand u. nach langer Abwesenheit des Vaters in einen trag. Zweikampf mit diesem verwickelt, weil er dem german. Ehrgefühl entspr. dem Fremden gegenüber seinen ↗Namen nicht nennen wollte u. den Fremdling als Hunnen verhöhnte (Vater-Sohn-Kampf des ↗Hildebrandsliedes).

Haduwart, einer jener Ritter, die ↗Walther von Aquitanien in einer Schlucht erschlug.

Hædcyn, ein Held des altengl. Beowulf-Epos, der unglücklicherweise mit dem Pfeil seinen Bruder ↗Herebeald traf u. ihn tötete (↗Balder).

Hagbard und Signe, das unglückl. Liebespaar altnord. Überl. nach Saxo u. dän. Volksballaden. Hagbard verschaffte sich, als Mädchen verkleidet, Zutritt zu Signes Kammer, ein treuloses Dienstmädchen verriet die beiden. Hagbard wurde zum Galgen geführt, ließ aber zuerst seinen Mantel hängen. Da gab sich Signe vor Kummer selbst den Feuertod, da sie glaubte, der Geliebte sei erhängt worden. Auch Hagbard wollte nun nicht weiterleben, obwohl Kg. Sigar bereits sein hartes Urteil bereute. – Die Geschichte v. dem berühmtesten Liebespaar der skandinav. Dichtung kennt eine Reihe v. Versionen.

Hagen, 1) Gestalt des mhd. ↗Kudrun-Liedes, die bes. im ersten Teil des Epos eine zentrale Rolle spielt. H. war der Sohn Kg. Sigebants v. Irland u. wurde als Kind v. einem Greifen geraubt. Dieser brachte ihn in das Nest zu seinen Jungen, v. denen eines mit der Beute davonfliegen wollte, aber noch nicht die nötige Kraft dazu besaß. So fiel H. ins Laubwerk, wo ihn drei Königstöchter fanden, die einst auch v. dem Greifen geraubt worden waren. Eine der Prinzessinnen, die schöne Hilde von India, heiratete er später, nachdem es ihm gelungen war, auf mancherlei Irrwegen u. nach langen Jahren in seine Heimat zurückzukehren. H. wurde Kg. v. Irland u. hatte mit seiner Gemahlin eine herrliche Tochter, die wie ihre Mutter den Namen Hilde trug. Er gönnte sein Kind keinem anderen

Mann, das jedoch v. Kg. Hetel von Hegelingen aufgrund einer Täuschung durch ↗Wate von Stürmen u. zwei Helfershelfer entführt wurde u. sich in Hetel verliebte. Von Wut gepackt, eilte H. den Fliehenden nach, es kam zu einer blutigen Schlacht, doch dann gelang es Hilde, ihren Vater zu besänftigen u. die streitenden Parteien miteinander zu versöhnen. Der ir. Kg. gab seine Zustimmung zu der Heirat mit Hetel u. wurde der Großvater v. Hetels u. Hildes Kindern Ortwin u. Kudrun. – ↗Hagen v. Tronje (Hagen 2). – **2) Hagen von Tronje,** altnord. *Högni,* Gestalt jener Sagen, die den Nibelungenstoff zum Thema haben, daneben auch Held des ↗Walthariliedes. – In der ↗Atlakvida der Edda war Högni ein Bruder des Burgunderkönigs Gunnar u. wurde zus. mit diesem v. Atli zu einem Besuch eingeladen, weil der Hunnenkönig in Erfahrung bringen wollte, wo der Nibelungenhort versteckt sei. Da die Brüder dieses Versteck jedoch nicht verrieten, wurde Högni das Herz aus dem Leibe geschnitten u. Gunnar in eine Schlangengrube geworfen, wo er den Tod fand. – In den ↗Atlamál war Högni der Halbbruder v. Gunnar. Auch hier kommt er durch Atli zu Tode, wurde aber v. einem seiner Söhne zus. mit Gudrun, Atlis Gemahlin, gerächt. – Im „Alten Sigurdlied" – wiederum war Högni ein Halbbruder Gunnars – riet Högni v. der Ermordung Sigurds ab, weil er die Rachegelüste Brynhilds durchschaut hatte. – Im mhd. ↗Nibelungenlied begegnet uns H. als Halbbruder der Nibelungenkönige: Sohn v. Frau Ute u. einem Elfen. Er wird als düstere Gestalt geschildert, wenn auch als getreuer Gefolgsmann v. besonderer Tapferkeit. Hagen von Tronje ermordete Sigfrid, Kriemhilds Mann, um die Beleidigung, die Brünhild, seiner Herrin widerfahren war, zu rächen. Beim Besuch der Burgunder am Hunnenhof, im zweiten Teil des Epos, fand er schließl. selbst den Tod. – Auch im ↗Waltharilied taucht Hagen auf. Hier lebte er wie ↗Walther von Aquitanien u. seine Verlobte Hildegund als Geisel am Hofe des Hunnenkönigs Etzel. Nach ihrer Flucht trafen sich die drei am Hofe Gunthers in Worms wieder. Dort geriet H. in den typ. german. Zwiespalt zw. Vasallen- u. Freundestreue, als der Kg. den v. Walther mitgeführten Schatz mit seiner Hilfe an sich zu bringen suchte. Er folgte der Vasallentreue u. kämpfte für Gunther gg. Walther, der bei dieser Auseinandersetzung eine Hand verlor, seinerseits H. aber auch schwer verletzte. Der Streit endete mit einer Versöhnung. – **3)** ein Sohn des ir. Kg. ↗Sigebant.

Hagensohnrache, Episode im Anschluß an Hagens Tod: In den edd. Atlamal u. in der Thidreks saga lockte Högnis (↗Hagen von Tronje) posthumer Sohn Aldrian den Kg. ↗Attila in eine Felsenhöhle mit dem Nibelungenschatz, wo er ihn verhungern ließ.

Haimon, Sohn des ↗Kreon 2); nach einer alten griech. Überl. wurde er v. der Sphinx getötet. Nach anderer Version (so bei Sophokles) war er der Verlobte der ↗Antigone, der sich über ihrer Leiche den Tod gab. Eine weitere Variante berichtet, H. u. Antigone seien verheiratet gewesen, Antigone habe ihren Gatten jedoch verlassen, um ihrem Vater in die Verbannung zu folgen.

Haimos, Sohn des Boreas, Gatte der ↗Rhodope 1); als das Paar sich in frevelhaftem Übermut als Zeus u. Hera ausgab, wurde es in das H. gen. Bergmassiv (das Balkanmassiv) verwandelt.

Haithabu (*Hedeby,* runenschriftl. „Haithabu"), ein bedeutendes Handelszentrum der Wikingerzeit; an der Engstelle Schleswigs gelegen, Nord- u. Ostsee über die Schlei u. einen kurzen Landweg verbindend. Um 850 wurde die „Siedlung auf der Heide" dann „Sliaswich" (heute die benachbarte Stadt Schleswig) gen. – H. scheint der wichtigste Handelsplatz zw. ↗Friesland, Nord- u. Ostsee gewesen zu sein u. war unter wechselnder Herrschaft v. Dänen u. Schweden. H. war der südl. Anfang des dän. „Heerwegs" u. Teil der Grenzbefestigung. *Dane-*

Haithabu:
Runenstein
(Busdorf bei Schleswig)

virke, „Dannewerk", war ein Wallsystem mit Gräben u. Palisaden, viell. schon um 740 angelegt. Der *Heerweg* hatte Anschluß an die dt. Salzstraße u. wurde vor allem v. Ochsentreibern aus Jütland benützt. Adam v. Bremen beschreibt ihn im Jahre 1070 als wichtige Pilgerstraße. In den fränk. Reichsannalen wird H. für das Jahr 804 „Sliesthorp im Grenzland zw. dem Reich des [dän. Kg.] Godfred u. den Sachsen" gen. In H. wurden wohl um 825/860 die ersten selbständigen nord. Münzen geprägt (Funde davon in

Kaupang in Norwegen u. in Birka in Schweden). Von hier aus u. über Birka missionierte Ansgar die ↗Schweden. Versch. Runensteine, u.a. für den Wikinger Erik aus dem 10. Jh., wurden in unmittelbarer Nähe aufgestellt. H. ist dann um 1050 endgültig zerstört worden; bei Ausgrabungen wurden interessante Funde gemacht.

Hakelberg, *Hackelberend* u.ä., der Sage nach eine Gestalt mit aufgekrempeltem Hut wie Wodan/Odin an der Spitze der ↗Wilden Jagd. In manchen dt. Sagenfassungen direkt „Breithut" gen. u. auch darin auf Odin deutend, doch ist diese Annahme sehr umstritten.

Hakenkreuz, indisch Swastika, ↗Heilszeichen.

Hakon, norweg. Jarl, der 970–995 in Halogaland regierte und das Heidentum wiedereinführte. Er soll vor allem die ↗Thorgerd, seine eigene Stammesmutter, verehrt haben.

Hákonarmál, Totenpreislied des 10. Jh.; eine Wikingerdichtung (↗Totenkult).

Half, gemeinsamer Stammvater zweier norweg. Königsfamilien, ein mächtiger Wikingerhäuptling, v. dessen Taten die ↗Hálfs saga berichtet. Half wurde u.a. vom heimtückischen Kg. Asmund eingeladen u. gab auch der im Traum erfolgten, visionären Warnung eines seiner Männer (Innstein-Lied) kein Gewicht. Bei den Kämpfen in der Halle Asmunds, die dieser in Brand steckte, fand H. den Tod.

Halfdan, 1) eine Gestalt der altnord. ↗Frithjofsaga; der als weichlich geschilderte Bruder der ↗Ingeborg. – **2)** norweg. Kg., der als erster das Reich einigte (↗Norwegen).

Hálfs saga, isländ. Fornaldar saga, um 1300 verfaßt; sie schildert die Geschichte v. ↗Half.

Halirrhothios, Sohn des Poseidon u. der Euryte; er raubte die Ares-Tochter Alkippe u. tat ihr Gewalt an. Aus Rache brachte Ares ihn um, wurde aber vom Areopag, der der Überl. nach damals erstmals zus. trat, als Strafe für den Mord zu einer Zeit der Knechtschaft verurteilt. – Nach einer anderen Version tötete H. sich, als er den Ölbaum der Athena auf dem Areopag zu fällen versuchte.

Halitherses, ein in der Vogelschau kundiger Seher aus Ithaka, Freund v. Odysseus u. Penelope. Er warnte Penelopes zudringl. Freier vor der unmittelbar bevorstehenden Rückkehr des Odysseus.

Halkyone, Frau des ↗Keyx.

Halle Hirsch ↗Hirsch.

Hallstattkultur, Kultur der älteren Eisenzeit, um 780–400 v.Chr., nach dem entspr. Hauptfundort in Österreich ben.; sie geht der ↗La-Tène-Kultur

voraus u. gilt als erste Blüte der kelt. Kultur in Mittel- u. Westeuropa.

Halsband der Harmonia ↗Harmonia.

Haltiat, Schutzgeister im finn. Volksglauben.

Halys, ein griech. Flußgott, Sohn des Okeanos u. der ↗Tethys; er warb vergebl. um ↗Sinope.

Hamadryaden, griech. Baumnymphen, die mit den Bäumen, auf denen sie lebten, starben. Die Bz. H. findet sich häufig als Synonym zu ↗Dryaden.

Hamdir, ein Sohn Kg. ↗Jornakers u. der Gudrun, Bruder des ↗Sörli u. Halbbruder des ↗Erp 2). Als er mit seinen Geschwistern auszog, um ↗Svanhilds Tod zu rächen, fiel er selbst im Kampf gg. den Gotenkönig ↗Jörmunrek (vgl. die altnord. ↗Hamdismál).

Hamdirsage, eine Sage, die vom Ende des Ostgotenkönigs Ermanerich im Jahre 375 berichtet (↗Hamdismál); zentrales Erzählmotiv dabei ist die ↗mißverstandene Antwort. Jodanes berichtete über Ammius u. Sarus, daß sie an Aimanareiks den Tod ihrer Schwester Sunilda rächten u. ihn verwundeten, so daß er dahinsiechte. Vor Jordanes (6. Jh.) berichtete Ammanius Marcellinus (4. Jh.), daß Ermanerich Selbstmord begangen hätte.

Hamdismál, *Hamdirlied, altes Hamdirlied,* altnord. Heldenlied der Edda, behandelt die ↗Hamdirsage aus der Geschichte der Goten. Das Brüderpaar Hamdir u. Sörli überfiel aus Rache für den Mord an ihrer Schwester Svanhild den Kg. ↗Ermanerich. Was bei ↗Jordanes noch politisch motiviert wurde, ist hier u. in der Völsunga saga dichterisch als private Rachetat umgeformt worden. Kompliziert wird die Erz. durch das Motiv von der ↗mißverstandenen Antwort. – Das Heldenlied geht viell. auf eine dt. Vorlage zurück, die wohl bereits in der zwei-

Hallstattkultur: Bronzevase aus einem Grab bei Grächwil (Kanton Bern/Schweiz); der schlichte Gefäßkörper ist – außer in Henkelhöhe – am Hals (hier auf einer ornamentalen Basis) reich mit einer wohl als Göttin zu verstehenden Gestalt u. Tierplastiken, unter denen Löwen vorherrschen, dekoriert.

Harald tötet einen Drachen in Miklagard (Byzanz); nach Olaus Magnus, 1555

ten Hälfte des 8. Jh. ins Nordische umgebildet wurde. Das Werk steht insofern in Verbindung mit den Nibelungensagen, als Svanhild als Tochter Gudruns u. Sigurs vorgestellt wird, die, weil man ihr einen Ehebruch mit ihrem Stiefsohn vorwarf, auf Veranlassung ihres Gatten ↗Jörmunrek v. Rossen zerstampft wurde. Vor diesem Hintergrund ist das eigentl. Thema des Hamdirliedes die Rache, die Svanhilds Halbbrüder ↗Hamdir u. ↗Sörli sowie ↗Erp 2) im Auftrag ihrer Mutter Gudrun an Jörmunrek nehmen sollten. Das Lied ist in Inhalt u. Ton v. bes. Unheil u. Grauen bestimmt.

Hamlet, William Shakespeares sehr freie Behandlung des dän. Sagenstoffes von ↗Amled (z. B. Verlegung des jütländ. Stoffes in das seeländ. Schloß Kronborg am Öresund) in der engl. Tragödie v. 1601. Vorlage waren Sagenformen, die auf den lat. Texten ↗Saxos beruhen.

Hammer, bei den Kelten ein Kultgegenstand, oft mit überlangem Stiel u. tonnenartigem Schläger dargestellt. ↗Sucellos. Bei den Germanen Attribut des Donnergottes ↗Thor. – Auch der hethit. Wettergott hielt den H. neben den Pfeilen als Blitze in der Hand. – Vgl. *Hammergott* ↗Helm mit Hörnern.

Handel ↗Kulturbeziehungen.

Hanse ↗Kontinuität.

Harald, 1) norweg. Kg., gen. *Harald der Harte,* regierte 1047–1066, er forderte den sagenhaften Meisterschützen Heming heraus (↗Norwegen). Während seiner Jugendzeit als Anführer der Wikinger-Leibgarde in Byzanz (eine historische schon traditionelle Rolle junger Wikingerfürsten) soll H. in einem unterirdischen Verlies einen Drachen getötet haben. – **2) Harald Blauzahn,** dän. Kg. aus dem Geschlecht der ↗Knytlinge, vgl. ↗Jelling. – **3) Harald Hilditönn** (= Harald Kampfzahn), dän. Kg. in Lejre u. letzter Sproß der ↗Skjoldungen. Er wurde v. Odin selbst in der Gestalt eines alten Mannes in der Kriegskunst unterrichtet, kämpfte in Schweden, am Rhein u. gegen die Wenden, eroberte Landschaften in England. Einer seiner Recken war ↗Starkad, der auch in der ↗Braavallaschlacht bei ihm war, in der Harald fiel u. nach Walhall einzog.

Harbard, Deckname des Odin im altnord. Harbardlied, in dem sich H. (Odin) in Gestalt eines Fährmanns u. Thor, der über einen Fluß gesetzt werden wollte, ein Scheltgespräch lieferten, das spött. Charakter trägt. Thor rühmte sich seiner Taten, während sein Kontrahent auf die Schwächen des Gottes hinwies. Er selbst hielt sich in bezug auf seine eigene Person stark zurück, um seine Identität nicht zu verraten. H. ließ sich nicht dazu bewegen, Thor als Fährmann zu dienen.

Harbardlied, ein altnord. Götterlied des Älteren Edda, das ein Streitgespräch zw. Thor u. ↗Harbard, hinter dem sich Odin verbarg, zum Gegenstand hat.

Hardred, in der german. Sage Sohn Kg. Hygelacs v. Dänemark. Als Hygelac im Kampfe fiel, war H. noch unmündig, u. ↗Beowulf übernahm für ihn die Regentschaft. Später kam H. selbst auf dem Schlachtfeld um, worauf Beowulf Kg. v. Jütland wurde.

Harfe, verbreitetes Musikinstrument in der altnord. u. ir. Dichtung, in Zshg. mit vielen german. u. kelt. Helden genannt. Der Kg. der Wandalen, Gelimer, ließ sich, wie angebl. Nero beim Brand v. Rom, eine Harfe reichen, damit er angesichts der Belagerung durch die Heruler ein Klagelied anstimmen konnte. Im Beowulf wird die Finnsage zum Klang der H. vorgetragen. Die Harfe des Brian wurde zum ir. Wappenzeichen.

Harigast ↗Negau.

Harmonia, in der griech. Mythologie Tochter des Ares u. der Aphrodite (nach anderer Version des Zeus u. der Elektra). Sie heiratete ↗Kadmos v. Theben, dem sie mehrere Kinder gebar. Anläßlich ihrer Hochzeit erhielt die Braut einen kostbaren Peplos (Mantel) u. ein v. ↗Hephaistos gefertigtes Halsband, das sogenannte *Halsband der Harmonia,* das allen Besitzern Unglück brachte.

Harmtau, in der german. Dichtung Umschreibung für Tränen (↗Tau).

Harpalyke, 1) Tochter des ↗Harpalykos, des Kg. v. Thrakien. Sie wurde v. ihrem Vater im Umgang mit Waffen so erzogen, daß sie als berühmte Jägerin galt u. auch an Kriegszügen teilnehmen konnte. Als Harpalykos nach einem Aufstand der Geten in die Wälder fliehen mußte, ernährte ihn seine Tochter mit ihrer Jagdbeute, bis sie v. anderen Jägern gefangengenommen u. getötet wurde. – **2)** Tochter des ↗Klymenos 1), der sie zu seiner Geliebten machte, obwohl er sie mit einem anderen Mann vermählte. Aus Rache setzte H. ihrem Vater ein Kind aus der blutschänderischen Verbindung zum Mahle vor (↗Thyestesmahl), worauf Klymenos sie tötete. Ein Teil der Überl. berichtet, H. sei in eine Eule verwandelt worden.

Harpalykos, 1) ein Freund des Aeneas, der v. ↗Camilla getötet wurde. – **2)** Sohn des Hermes u. Vater der ↗Harpalyke 1). Er lehrte Herakles das Boxen.

Harpyien, in der griech. Mythologie zwei, meistens aber drei Töchter des Thaumas u. der Elektra, Fabelwesen mit wechselnden Namen, unter denen aber die Namen Aëllo, Okypete, Podarge u. Kelaino dominieren. Die H. wurden als Sturmdämonen verstanden, u. Podarge galt als Mutter der windschnellen Rosse ↗Balios u. Xanthos. Urspr. als schöne, geflügelte Göttinnen dargestellt, sah man in ihnen später häßl. Riesenvögel mit Frauenköpfen. Berühmt ist die Szene in der Argonautensage, in der die H. als „Rafferinnen" dem alten blinden Seher Phineus einen Teil seines Essens stahlen und die Reste beschmutzten.

Hartmut, jener Normannenkönig, der ↗Kudrun entführt.

Haruspices, röm. Priester, die eine bes. Form des ↗Orakels ausführten, nach der man aus den Eingeweiden des Opfertieres seine Schlüsse zog; in röm. Zeit nach den Etruskern übernommen.

Hastings, engl. Seebad in der Grafschaft East Sussex. Hier siegte am 14. 10. 1066 Herzog Wilhelm v. der Normandie (Wilhelm der Eroberer) über den letzten angelsächs. Kg. Harold II. u. begründete damit die Normannenherrschaft in England (↗Bayeux-Teppich). Von der Schlacht bei H. wird in der altisländ. Erz. v. ↗Heming berichtet.

Hati, 1) jener Wolf, der nach german. Vorstellung den v. ↗Mani gelenkten Mondwagen bzw. nach dem ↗Heidreks Rätsel die Sonne verfolgte. – **2)** in der german. Mythologie ein Riese, Vater des Meerweibes ↗Hrimgerd; er wurde v. ↗Helgi getötet.

Háttatál, altnord. Verslehre in der ↗Snorra Edda.

Hatti, vgl. ↗Hethiter.

Haupt (altnord. *höfud*), Name für das Schwert des ↗Heimdal; daraus wurde eine Kenning gebildet für „Kopf" = Heimdals Schwert, deren tiefere Bedeutung unklar ist.

Hausurne, vgl. ↗Gesichtsurne.

Hávamál, *„Lied des Hohen",* altnord. Spruchdichtung der Edda, Odin zugeschrieben, mit mytholog. Auskünften u. einer allg. Morallehre, die eine oft kleinlich-bäuerliche Ethik nicht verleugnen kann: „Herden wissen, wann sie heim sollen und gehn dann aus dem Gras; der Unkluge ahnt aber nie seines Magens Maß." Manches ist zeitlos in diesem „alten Sittengedicht", konnte aber wegen der schwierigen wortnahen

Übersetzung leicht ideologisch mißbraucht werden („ ... der *Toten Tatenruhm*", mit Stabreim): „Besitz vergeht, Familien sterben, du selbst stirbst wie sie; doch eines weiß ich, das weiterlebt: das Andenken an den Toten." – Ein Vergleich mit den ir. Sprüchen des ↗Fíthail aus der Zeit um 800 bietet sich an. Auch versch. antike Sittenlehren (Disticha Catonis) wurden zum Vergleich herangezogen.

Havelok the Dane, *Havelok,* die Geschichte eines dän. Prinzen, mittelengl. überliefert zus. mit King Horn (↗Horn) im 13. Jh. – Havelok wurde als junger Königssohn v. seinem dän. Thron vertrieben u. floh mit ↗Grim nach England. Dort diente er als Küchenjunge dem engl. Herrscher Godrich, der sich nach ↗Aethelwolds Tod unrechtmäßig den Thron angeeignet hatte. H. verhalf der rechtmäßigen Königstochter Goldburh zur Macht; daß er auch selbst ein Kg. war, zeigte sich darin, daß aus seinem Mund nachts Flammen züngelten u. daß er ein königl. Mal, ein rotes Kreuz, auf der Schulter trug. Nach der Hochzeit mit Goldburh – Godrich endete auf dem Scheiterhaufen – zog er nach Dänemark u. wurde auch dort Kg. Unter der Doppelherrschaft von Havelok brach für Engl. eine lange, glückl. Zeit des Wohlstandes an, die hist. viell. mit der Herrschaft des dän. Kg. Knut des Großen, 1016–1035, zusammenfallen mag. Daß die Gesch. von Havelok in dieser Weise polit. Propaganda betrieb, hat Wahrscheinlichkeit für sich.

Hebe mit Nektarkrug und Ambrosiaschale

Hebe, griech. Göttin der Jugendblüte, Tochter des Zeus u. der Hera, Gattin des Herakles. Sie kredenzte den Göttern auf dem Olymp den Nektar, bis ↗Ganymedes das Mundschenkenamt übernahm. – Der griech. H. wurde die röm. ↗Juventas gleichgesetzt.

Hecuba, lat. Bz. für ↗Hekabe.

Hedin, Halbbruder des nord. ↗Helgi Hiörvardsson.

Heerschirmer, in der german. Dichtung Umschreibung für Fürst.

Heerweg, vgl. ↗Haithabu.

Hegetoria, eine Nymphe, Frau des ↗Ochimos.

heidnisch wurden die antiken röm. u. griech. Mythologien u. Götter u. deren kult. Verehrung in dem Augenblick, als das Christentum sozusagen Staatsreligion wurde (↗Christianisierung). In unserem Zshg. wird „heidn." oft u. möglichst ohne nähere Wertung einfach als Ggs. zum „amtl." Christentum verstanden – heidn. bedeutet also „nicht-christlich". Aber natürl. ist z. B. die Charakterisierung der Rückkehr zur traditionellen Religion durch den norweg. Kg. ↗Erich Blutaxt als „Rückfall in das Heidentum" einseitig aus unserer heutigen Sicht der Dinge gesehen.

Heidreks Rätsel, überliefert in der altnord. ↗Hervarar saga, die deshalb auch „Heidreks saga" gen. wird. Es geht um einen Rätselwettstreit zw. Gestumblindi, das ist Odin in der Gestalt eines Bauern, u. dem Kg. Heidrek über u. a. mytholog. Wissen. „Wer sind die zwei mit zehn Füßen, drei Augen und einem Schwanz? König Heidrek, kannst du es raten? – Gut ist dein Rätsel, Gestumblindi, gleich ist's erraten: das ist der einäugige Odin, wenn er den achtbeinigen Sleipnir reitet" (Übers. v. F. Genzmer).

Heidrun, eine Ziege, deren Milch den nord. ↗Einheriern in Walhall vorgesetzt wurde. Die Sage berichtet, sie habe sich vom Laub der Weltesche Yggdrasil ernährt.

Heilgötter, Götter, die man sich in der kelt. Mythologie als bedeutende Ärzte vorstellte. Wie sie in Gallien mit ihrem eigentl. Namen hießen, ist unbekannt. Sie wurden mit Apollon in Verbindung gebracht u. mit Beinamen versehen, z. B. Apollon Borvo, Apollon Grannus u. a. In Irland gab es der Überl. nach den berühmten Heilgott Dian Cêcht, der dem Lug auf Befragen hin die Heilung selbst der schlimmsten Wunden versprach.

Heilige Hochzeit, griech. *Hieros Gamos,* religionswissenschaftl. Bz. für die kult. Vereinigung im Fruchtbarkeitsritus. Das Motiv scheint z. B. auf den bronzezeitl. Felszeichnungen in Bohuslän (Schweden) verwendet worden zu sein (↗Hochzeit).

Heilige Lanze ↗Lanze.

„Heiligenschein" ↗Nimbus.

Heiliger Hain, nicht näher gedeutetes Motiv auf den bronzezeitl. Felszeichnungen in Bohuslän (Schweden). In mehreren Fällen sind um einen markierten Mittelpunkt herum baumartige Ge-

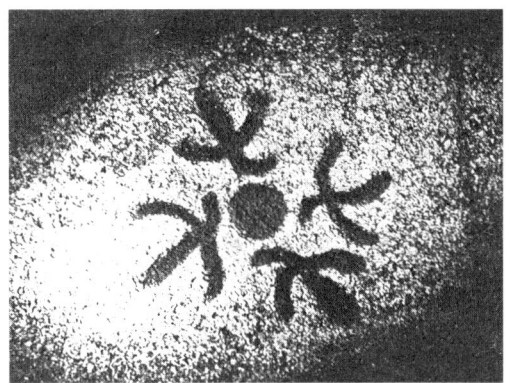

Heiliger Hain: bronzezeitl. Felszeichnung

nommene Labyrinthsymbol erinnern (solche ↗Labyrinthe gibt es auch aus skandinav. vorhistor. Zeit, z. B. in der Nähe der ↗Felszeichnungen von Tanum u. auf Gotland), neben einer Fülle solcher Zeichen erscheinen im german. Bereich vor allem Hakenkreuz u. Radkreuz als H. Sie symbolisierten wohl den Lauf der Sonne, das indische Swastika-Symbol selbst die aufgehende Sonne. Die tatsächliche Bedeutung u. Relevanz solcher H. ist umstritten; wie die ↗Runen haben sie oft eher ornamentalen Charakter. Leicht deutbare H. im Anschluß an den Kult um Thor sind Amulette in Hammerform, die bei archäolog. Ausgrabungen gefunden wurden.

bilde eingeritzt, in einem Fall scheint sich dem eine weibl. Figur (mit Haarzopf) zu nähern (↗Tanum).

Heiling, ein german. Zwerg, der gelegentl. als Kg. der Elben gen. wird.

Heilszeichen, neben dem Knoten u. dem Ring (↗Gürtung und Bindung), neben antiken Münzen und deren Nachbildungen (Goldbrakteaten) als Amulette u. neben versch. Bindefiguren, die an das aus der Antike in das Christentum über-

Heimdal: Die Inschrift lautet: „Heimdal mit dem Giallarhorn, der Wächter Bifrösts, ist hier abgebildet"; die Darstellung zeigt, wie man sich den Gott nach Olafur Brynjulfssons „Edda" v. 1760 vorstellte (mit Horn u. Flügelhelm bzw. Schlangenstab des röm. Mercurius bzw. Hermes!).

Heimdal: kolorierte Zeichnung des Dänen Lorenz Frølich, 1845; Randleiste v. J. Th. Lundbye

Heimdal, altnord. *Heimdallr,* ein durch bes. Schönheit ausgezeichneter german. Gott, der „glänzendste der Asen", als der er in der Edda geschildert wird. Er bewachte ↗Bifröst v. seinem Schloß Himinbiörg aus, u. nichts entging seinem scharfen Blick. Beispielhaft für seine Wachsamkeit war, daß er sah, wie Loki seiner Gemahlin das berühmte Halsband ↗Brisingamen entwendete, das er der Bestohlenen nach hartem Kampf zurückbrachte. Mit ↗Giallarhorn sollte er nach german. Vorstellung die Asen beim Beginn der ↗Götterdämmerung vor den herannahenden Feinden warnen. – H. galt unter dem Namen ↗Rigr auch als Begr. der Stände unter den Menschen.

Heime, ein Held, der im letzten Augenblick dem heimtückischen Witege zu Hilfe kommen mußte u. nur zus. mit Witege den jungen Alphart zu töten vermochte (↗Alpharts Tod).

Heimskringla (altnord. = Weltkreis), ein bedeutendes Werk des ↗Snorri Sturluson, das zu den berühmten hist. Darstellungen aus der Zeit des MA gehört. Es entstand wahrscheinl. um 1230 u. erzählt die Gesch. der norweg. Könige v. den myth. Anfängen bis zum Jahre 1177.

Heinrich der Löwe ↗Valthjofsstad.

Heiti (altnord. = Benennung), in der altnord. Lit., vor allem in der Skaldendichtung, Metaphern oder altertüml. Worte, die zum charakterist. Wortschatz der Werke gehörten. Die H. standen neben den mehrgliedrigen bildlichen Umschreibungen, den ↗Kenningar.

Heitstrenging, Form eines altnord. Eides, ein Heldengelübde (oft im Trunk ausgesprochen), das band u. unausweichliche Folgen hatte. Häufig zum Mittwinterfest (jolaheiti, ↗Jul) ausgesprochen und dann Anlaß für Heldenabenteuer (↗Jomswikinger). Es wurde u. a. auf den Becher des Fürsten geschworen, aber auch auf einen Eber (so im eddischen Lied v. Helgi Hiörvardsson). Mit der Gelageszene ein Topos der nordgerman. Heldendichtung. – Eine offensichtl. Bildformel für H. zeigt auf einem gotländ. Bildstein v. etwa 700 n. Chr. (Läbro Tängelgårda IV) Männer in langen Mänteln mit Trinkhörnern um eine zentrale Gruppe v. zwei Männern mit Schwertern, die sich über einen Metbalg (Tierhaut mit Bier) beugen.

Hekabe, lat. *Hecuba,* in der griech. Sage Tochter des Kg. Dymas v. Phrygien (nach anderer Version des Kisseus), Gemahlin des ↗Priamos v. Troia, dem sie 19 Kinder gebar, darunter ↗Paris, Hektor, Deïphobos, Helenos, Polydoros, Kassandra u. Polyxena. Nach dem Fall v. Troia fiel sie dem ↗Odysseus als Sklavin zu u. begleitete ihn auf seiner Heimfahrt nach Hellas. Unterwegs fand sie die Leiche ihres Sohnes ↗Polydoros 2), den Priamos einst als Knaben, mit reichen Schätzen ausgestattet, Kg. Polymestor zum Schutze anvertraut hatte. Polymestor, der den Reichtum des Polydoros an sich bringen wollte, war der Mörder des Priamos-Sohnes. Um Rache an ihm zu nehmen, lockte H. ihn in ihr Zelt, blendete ihn u. tötete, unterstützt v. anderen

Troianerinnen, seine Kinder. H. wurde nach ihrem Tod in einen Hund verwandelt, was auf eine vom ähnl. klingenden Namen hergeleitete Verbindung zu ↗Hekate hindeuten könnte. Ihr Grab wurde in der Antike am Vorgebirge Kynossema (= Hundsgrab) am Hellespont vermutet.

Hekale, griech., eine alte Frau, die ↗Theseus gastfreundl. bei sich aufnahm u. ihn speiste, bevor er den Marathon. Stier fing. Bei seiner Rückkehr brachte er der inzw. Verstorbenen ein Opfer dar.

Hekate, griech. Göttin, wahrscheinl. kleinasiat. Herkunft. Bei Homer noch nicht gen., bei Hesiod Tochter des Titanen ↗Perses 2) u. der Asteria. Zunächst mehr als Allgöttin verehrt, tritt sie seit dem 5. Jh. v. Chr. in ihren Wesenszügen u. verschiedenen Funktionen klarer hervor: als Spuk- u. Zaubergöttin sowie als Göttin des Hexenwesens, die, Fackel u. Geißel schwingend, nachts mit ihrem wilden Heer durch die Lande zog u. die Menschen erschreckte (↗Empusa). Sie

Heitstrenging: *Gelübde beim Trinkgelage, gotländischer Bildstein*

*Hekate als Schützerin
der Weggabelungen,
deshalb dreigestaltig dargestellt;
griech., 4. Jh.*

galt auch als Göttin der Wege mit dem Beinamen „Enodia" (= die Wegeschützerin), wobei ihr Schutz bes. den Weggabelungen galt, wie ihr Epitheton „Trioditis" aussagt; deshalb wurde sie auch oft dreigestaltig dargestellt. Mit Artemis gleichgesetzt, verehrte man sie als Frauengöttin u. Helferin bei Geburtswehen, mit Persephone in Zshg. gebracht, sah man in ihr eine Unterweltsgöttin, und auch als Mondgöttin tritt sie in der Überl. in Erscheinung. Im offiziellen Kult des griech. Mutterlandes fand H. kaum Beachtung, um so größer war ihre Bedeutung im Privatkult, in dem man ihr Speisen und Hunde (vgl. ↗Hekabe) als Hauptopfergaben darbrachte.

Hekateros, viell. durch eine Tochter des Phroneus Vater der Kureten, Bergnymphen u. Satyrn.

Hekatombe, im alten Griechenl. ein Opfer v. 100 Tieren; später jedes große Opfer mit Opferschmaus.

Hekatoncheires (griech. = die Hunderthändigen), *Hekatoncheiren,* in der griech. Mythologie Söhne des Uranos u. der Gaia; nach anderer Überl. Riesen mit 100 Armen u. 50 Köpfen. ↗Briareos (nach anderer Version Aigaion gen.), Kottos u. Gyges 1) wurden v. ihrem Vater in den Tartaros verbannt, aber v. Zeus befreit u. auf dem Olymp mit Ambrosia u. Nektar gestärkt. Zum Dank standen sie den Olympiern in ihrem Kampf gg. die Titanen bei.

Hekkenfeldt, *Häkkelfeld,* dän. für „Heklafjell" (↗Hekla), die Hölle auf ↗Island. Man flucht populär „gå ad H. til" (geh zum Teufel!)

Hekla, *Heklafjell,* Vulkan auf ↗Island, wo man die „Hölle" (↗Hel) lokalisierte; diese Vorstellung entspricht viell. erst jüngeren Sagen, aber auch dän. schickt man jemand „zum Teufel" nach „Hekkenfeldt".

Hektor, in der griech. Sage der älteste Sohn des ↗Priamos u. der Hekabe, Gemahl der ↗Andromache u. Vater des Astyanax. Nach einem in der

Lit. u. der bildenden Kunst immer wieder dargestellten rührenden Abschied v. seiner Gattin (die Szene ist in der Ilias beschrieben), wurde er zum bedeutendsten Gegner der Griechen vor Troia. Er zeichnete sich durch zahlr. Heldentaten aus u. tötete u. a. ↗Patroklos. Daraufhin forderte Achilleus ihn zum Zweikampf heraus, in dem H. schließl. unterlag. Seine Leiche wurde um Troias Stadtmauern auf schändl. Weise ins griech. Lager geschleift, konnte aber v. Priamos ausgelöst werden.

Hel, in der nord. Mythologie das auch ↗Niflhel gen. Totenreich; zugleich Name der Göttin dieses Reiches. Sie war eine Tochter Lokis u. der ↗Angurboda u. eine Schwester der Ungeheuer Fenriswolf u. Midgardschlange. Wer ihr Reich einmal betreten hatte, konnte es nicht mehr verlassen; auch ↗Balder war nicht daraus zu befreien. – Unter christl. Einfluß nahm das Totenreich H. Züge der christl. Hölle an; im MA u. a. auf ↗Island lokalisiert. – ↗Ran.

Helche, im ↗Waltharilied die Gemahlin Etzels, die die am Hunnenhof lebenden Geiseln freundl. behandelte u. ihnen zus. mit ihrem Gemahl eine standesgemäße Ausbildung zuteil werden ließ.

Held, ein „Held ist ein Mensch, der gg. das Böse streitend unsterbliche Taten verrichtet u. zu göttl. Ehre gelangt" (Jacob Grimm). In einer stärkeren Differenzierung scheint es klärend zu sein, zw. dem griech. Typus des „Heroen" (vgl. ↗Heroenkult) als dem halbgöttl. oder v. Göttern abstammenden Menschen auf der einen Seite u. dem german. H. auf der anderen Seite zu unterscheiden, der seine Taten oft in Unkenntnis u. sogar im Ggs. zu dem ihm v. den Göttern zugedachten Schicksal vollbringt (german. *Recke*). Hagen von Tronje im Nibelungenlied ist solch ein H. u. in christl. Umgebung dann betont heidn. Recke. Aber auch der *Heros* ist zus. mit den Göttern der Abhängigkeit vom Tod (↗Moiren, vgl. die german. ↗Nornen u. das ↗Schicksal) unterworfen. Im Ggs. zu diesem Bild v. H. steht z. B. die ↗Komik der Spielmannsdichtung – (siehe auch Text auf Seite 187).

Heldenbuch, schon im späten MA gebräuchl. Bz. für Slg. mittelalterl. Heldendichtungen. – **1)** *Dresdener H.,* 1472, das hauptsächl. v. Kaspar von der Rhön für Herzog Balthasar von Mecklenburg geschaffen wurde; nach Vorlagen geschrieben und erweitert. – **2)** *Das gedruckte H.* (1477). – **3)** Das *H. Lienhart Scheubels* (Ende 15. Jh.). – **4)** Das *Ambraser H.,* um 1504 – um 1515 von Hans Ried im Auftrag König Maximilians I.

Der unbesiegbare Held
personifiziert einen Menschheitstraum u. hat darin versch. Wurzeln. In den Erz. um ↗Gilgamesch, hist. ein Kg. von Uruk um 2600 v. Chr., vermutet man Erinnerungen an die Kämpfe um die Vorherrschaft zw. N- und S-Babylonien. Andere Helden wurden frei erfunden, oder sie wurden aus der älteren Mythologie wieder aufgegriffen, um sie etwa zu nationalen Symbolen zu machen: so z. B. der dän. ↗Hrolf Kraki in der polit. Auseinandersetzung mit Schweden im 18. und 19. Jh. oder ↗Marko Kraljević im Kampf um die Selbständigkeit gg. die Türken auf dem Balkan im 14. Jh.

Die Erz. um Marko enthalten viele Elemente, die auf prakt. alle *Heldenleben* übertragen werden können: übernatürl. oder geheimnisvolle Geburt, Besitz eines Zauberpferdes (vgl. ↗Mher) u. eines Zauberschwertes (vgl. ↗Agrik), Kräfte, mit denen man Riesen überwinden u. Drachenkämpfe bestehen konnte. ↗Drachenkämpfe gehören zum typ. Element eines Heldenlebens (↗Dietrich von Bern u. vor allem ↗Sigurd/Siegfried der Nibelungensage). ↗Dobrynja kämpfte gg. eine Schlange u. stand damit in der Tradition der griech. Sage v. ↗Perseus u. Andromeda.

↗Mikula war ein so gewaltiger Held, daß er beim Pflügen Felsen u. Wurzeln aus der Erde riß u. viele Männer seinen Pflug nicht zu bewegen vermochten. Wo der Held an die Grenzen seiner Stärke gerät, hat er bereits Menschenunmögliches geleistet. So scheitert ↗Swjatogor, als er vergebl. versuchte, einen Sack mit der „Erdenschwere" aufzuheben. Schließl. erzählte man v. einem ebenso übernatürl. Tod bzw. v. einem Weiterleben danach (↗Bergentrückung). Bei Dublin schläft im Berg der kelt. Sagenheld ↗Finn wie gleichfalls Friedrich Barbarossa u. viele andere, die man polit. u. emotional „brauchte" u. die deshalb nicht einfach „tot" und vergessen sein durften.

Oft sind Helden Einzelgänger; manchmal umgibt sich ein Herrscher mit einer *Heldenschar* (↗Bogatyri, ↗Druschina, ↗Tafelrunde). ↗Alcon von Kreta war ein berühmter Bogenschütze aus der Heldenschar des ↗Alexander d. Gr., der selbst Lieblingsheld des europä. MA war. Selten wurden Helden v. Zweifeln geplagt (↗Parzival), und in diesem Fall war das christl. „Propaganda" wie im Nibelungenlied bei ↗Rüdiger von Bechelaren, während der ↗Recke der Vorzeit mit seinem unchristl. Schicksal als „Verfolgter, Verbannter u. Fremdling" selbst fertig werden mußte (↗Hagen von Tronje). ↗Hildebrand u. ↗Cú Chulainn waren in trag. Vater-Sohn-Kämpfe verwickelt. Erst kurz v. dem Tod rief Roland mit seinem sagenhaften Horn Olifant Karl d. Gr. zu Hilfe (↗Chanson de Roland).

Im ↗Heroenkult in der Antike standen die homer. Helden im Mittelpunkt des Interesses. Ihre Kräfte bezogen diese aus dem „Wirken als fortlebende göttl. Geister". Die Griechen verehrten Alexander d. Gr. als ↗Heros u. sahen ihn nach seinem plötzl. Tod vergöttlicht (↗Apotheose). Wir kennen in allen Sprachbereichen sog. Kataloggedichte, die der Aufzählung, dem Auswendiglernen bzw. dem Erinnern von Heldentaten dienten (vgl. ir. ↗Emain Macha, altnord. ↗Ynglingatal). Schließl. gehörte es zum ritterl. Leben, daß man die Herkunft v. großen Helden genealog. nachweisen konnte (vgl. ↗Partonopeus de Blois). Aber Heroenkult konnte auch ideolog. umgeschrieben werden, war also zeitabhängig, und wo sich sonst die Verehrung auf die griech. Helden vor Troia konzentrierte, konnte aus bestimmten Gründen auch mal die Gegenseite v. Paris, Hektor u. bes. ↗Troilos zu den gefeierten Helden gehören (↗De excidio Troiae historia, einem lat. ↗Trojaroman).

Die moderne Welt eines ↗Batman u. eines ↗Superman kennt nur Gut u. Böse, keine Zweifel. Verbrechen entstehen nicht (auch) aus gesellschaftl. Unzulänglichkeiten, sondern sind „an sich" böse u. müssen gnadenlos gerächt werden. Typischerweise erreichte die Batman-Begeisterung in den USA einen Höhepunkt während des Zweiten Weltkriegs u. im Vietnam-Krieg. Auch der frz. ↗Asterix zeigt zuweilen Tendenzen, die einen falschen Nationalismus nähren könnten.

geschrieben. Ben. nach Schloß Ambras bei Innsbruck, dem früheren Aufbewahrungsort (heute in Wien in der Österreich. Nationalbibliothek). Neben Werken der Heldenepik enthält die Abschrift auch höf. Epen sowie versch. Vers-Erz. u. Schwänke.

Heldendichtung, Sammel-Bz. für die dichter. Gestaltung der ⁊Heldensage. Die wichtigsten Formen der H. sind ⁊Heldenlied u. ⁊Heldenepos.

Heldenepos, aus ⁊Heldenliedern u. Spielmannsepen durch „Aufschwellung" entstandene Versepen des MA mit german. Sagenstoffen, so das Nibelungenlied, die Kudrun, die Epen um Dietrich von Bern u. a.; vielfach in ⁊Heldenbüchern überliefert. – Die Weltlit. kennt auch Heldenepen nicht-german. Inhalts, so z. B. das babylon. Gilgamesch-Epos (⁊Gilgamesch), das als ältestes H. überhaupt gilt.

Heldenlied, Bz. für kurze epische balladeske Gedichte nach Stoffen der german. Heldensage im 5.–8. Jh. (⁊Edda); auch bei anderen Völkern nachweisbar (russ. ⁊Byline u. a.). Das einzig erhaltene dt. H. ist das ⁊Hildebrandslied.

Heldensage, die sagenhafte Überl. früher Ereignisse im Leben junger Völker, die sich auf bestimmte Gestalten bzw. Motive (Vaterrache, geheimnisvolle Herkunft, Beziehungen zu göttl. Wesen) konzentriert u. damit Einzelschicksale herausstellt. Die röm. ⁊Aeneis mußte zur Rechtfertigung des polit. Expansionsstrebens herhalten. Bes. auch die „jungen" Nationalitäten unseres 19. Jh. brauchten solche „nationale" H., um zu einer Identität zu finden (z. B. die finn. ⁊Kalevala). Bes. galt das für viele slaw. Völker, wie bereits im 19. Jh. J. G. ⁊Herder erkannte. Die *german.* H. entstand in der Völkerwanderungszeit, bes. bei den Goten, u. wurde in Form des kurzen, stabreimenden ep. ⁊Heldenlieds mündl. überliefert. Mehr oder weniger verändert sind Stoffe der H. im Norden in der ⁊Edda, im altengl. ⁊Beowulf, im dt. Raum im ⁊Hildebrandslied, im ⁊Nibelungenlied u. in den Dichtungen um ⁊Dietrich von Bern, Wieland, Walther von Aquitanien, Kudrun u. a. erhalten. In der *kelt.* H. bilden ⁊Artus u. die Angehörigen seiner Tafelrunde die zentralen Gestalten. – Für den german. Bereich gilt die H. als „dichterisch stilisierte Erzählung von Ereignissen, die der german. Völkerwanderungszeit zugeschrieben werden" (K. v. See), d. h. vom Hunneneinfall ca. 375 n. Chr. bis zur Eroberung Oberitaliens durch die Langobarden 568; dagegen ist in der griech. Überl. H. auch ein ⁊Heroenkult (⁊Ilias, ⁊Odyssee).

Helena, *Helene,* in der griech. Mythologie wahrscheinl. urspr. eine Vegetationsgöttin, die im Baumkult an einigen Orten des Landes verehrt wurde. Später eine Heroine, die als schönste Frau ihrer Zeit galt u. als solche auch in der Ilias u. Odyssee auftaucht. Sie war die Tochter v. Zeus u. ⁊Leda, Schwester bzw. Halbschwester der ⁊Dioskuroi u. der Klytaimestra. Die att. Sage berichtet, sie sei schon in ganz jungen Jahren v. Theseus u. Peirithoos entführt, bei deren Aufenthalt in der Unterwelt aber v. ihren Brüdern befreit u. nach Sparta zurückgebracht worden. Bedeutender ist allerdings ihr zweiter Raub, der der Sage nach den Anlaß zum ⁊Troianischen Krieg gab: H.s ungewöhnl. Schönheit ließ zahlr. Freier um sie werben. Sie gab ⁊Menelaos den Vorzug u. heiratete ihn, nachdem ihr Stiefvater ⁊Tyndareos, beraten v. Odysseus, sämtl. Bewerber hatte schwören lassen, sie würden die Wahl seiner Stieftochter akzeptieren u. ihrem Gatten hilfreich zur Seite stehen, sollte seine Gemahlin je v. einem Unglück ereilt werden. Diesen Schwur mußten die Freier einlösen, als H. v. ⁊Paris (⁊Urteil des Paris) nach Troia entführt wurde (Helena ⁊Kythereia). Beim Untergang der Stadt geriet sie in Gefangenschaft, aber obwohl sie sich nach dem Tode des Paris dem Deïphobos zugewandt hatte, nahm Menelaos sie mit sich in die Heimat Sparta zurück. – Das Urteil über H. schwankt in der Überl. Teils gab man ihr die Mitschuld am Troian. Krieg, in dem ihre Haltung gegenüber den beiden Parteien, u. a. bei Homer, wankelmütig geschildert wird, teils suchte man ihre Treue u. Unschuld gegenüber dem Gatten u. ihrem Volke darzutun, letzteres am stärksten in der Erz., daß eine v. Zeus u. Hera geschaffene zweite H., ein nebelhaftes Truggebilde, v. Paris nach Troia entführt worden sei, während die eigentl. H. in Ägypten als tugendhafte Ehefrau das Ende des Krieges u. die Rückkehr ihres Gatten Menelaos erwartet hätte. Diese Version ist u. a. in dem dramat. Werk „Helene" v. Euripides u. bei Herodot überliefert.

Helenor, ein lyd. Prinz, der Aeneas nach It. begleitete; er wurde v. den Rutulern getötet.

Helenos, Sohn des Priamos u. der Hekabe, Zwillingsbruder der ⁊Kassandra u. wie diese mit der Gabe der Weissagung ausgestattet. Von Odysseus im Troian. Krieg gefangengenommen, verriet er den Griechen unter Zwang, daß die Einnahme Troias an den Besitz des ⁊Palladions geknüpft sei. Einer anderen Version zufolge hatten die Aussagen des H. ⁊Philoktetes zum Gegenstand, der im Besitz der Pfeile des Herakles (↗Hydra von Lerna) war; ihn müßten die Griechen nach Troia holen, damit sie die Stadt einnehmen könnten. – Nach dem Tod des ↗Neoptolemos heiratete H. Andromache.

Helgatter, Zaun um die german. Totenwelt (Hel), vgl. ↗Dreiecksknoten.

Helge, eine düstere Gestalt der altnord. ↗Frithjofssaga; ein Sohn Kg. Beles v. Noreg, der nach dem Tode seines Vaters dessen Nachfolge antrat; Bruder der ↗Ingeborg. H. wies Frithjof hohnvoll als nicht standesgemäß zurück, als dieser um Ingeborgs Hand anhielt.

Helgi 1), Helgi Hiörvardsson, ein Sohn Hiörvards u. der Sigurlin; nord. Held, nach der Überl. der altnord. Edda wurde er stumm geboren, fand aber die Sprache, als die Walküre Svava ihm den Namen Helgi gab. Helgi wuchs zu einem bedeutenden Helden heran, der Svavas Liebe gewann u. sie heiratete. Als sein Halbbruder Hedin einst in einer Runde v. Waffenbrüdern, in der jeder eine außergewöhnl. Tat gelobte, schwur, Svava entführen zu wollen, wurde er alsbald v. Reue gepackt u. erzählte Helgi, was geschehen war. Dieser erbleichte u. erkannte, daß sein Tod bevorstand. Tatsächl. fiel er in einem Kampf gg. Alfur, dessen Vater er einst erschlagen hatte, u. bat noch im Sterben Svava, die Frau seines Halbbruders zu werden. Svava aber weigerte sich, da sie Helgi ewige Treue geschworen hatte. In Walhall fanden der Verstorbene u. seine Gemahlin, die Walküre, ein dauerhaftes Liebesglück. – **2) Helgi Hundingsbani,** in der Edda überlieferte nord. Heldensage um Helgi den „Hundingstöter". Er stammte aus dem Völsungengeschlecht u. tötete Hunding, den ärgsten Feind seines Vaters ↗Sigmund, sowie dessen Söhne bis auf Lyngi. Unterstützt wurde er v. der schönen Walküre Sigrun, die v. ihrem Vater Högni mit Hödbrod, einem der Söhne Granmars, gg. ihren Willen verlobt worden war. Helgi entbrannte in Liebe zu Sigrun u. beschloß, sie für sich zu gewinnen. In einer furchtbaren Schlacht tötete er alle Söhne Granmars bis auf Dag, der ihm Treue gelobte, seinen Schwur jedoch später brach, als er Helgi ermordete. Dieser ging in Walhall ein. Ein Teil der Überl. führt die Sage dahingehend fort, daß Helgi seiner Frau, die v. Schmerz zerrissen war, nachts an seinem Grabe erschien u. sie bat, nicht mehr zu weinen, damit er sich in Walhall des himmlischen Glückes erfreuen könne. Bald darauf starb auch Sigrun, u. im Saale Freyjas fanden die Liebenden auf ewig zus. – Die Liebes-

geschichte v. Helgi u. der Walküre ist in die Lenorensage eingegangen.

Heliaden, die Söhne u. Töchter des griech. Sonnengottes ↗Helios.

Heliand (= Heiland), altsächs. Evangeliendichtung, in stabreimenden Langzeilen (rund 6000 Verse) v. einem anonymen Dichter etwa um 830 verfaßt. Der Titel ist nicht original, sondern stammt v. J. A. Schmeller, dem Herausgeber der ersten wissenschaftlichen Ausgabe. Möglicherweise entstand das Werk auf Veranlassung Ludwigs des Frommen, eines Sohnes Karls des Großen. Über den Verf. gibt es eine Reihe v. Hypothesen, als Entstehungsort werden u. a. das Kloster Fulda u. die Abtei Werden gen., doch lassen sich die anstehenden Fragen nicht mit Sicherheit beantworten. – Der Autor wollte mit seinem Epos seinen Stammesgenossen die christl. Lehre näherbringen. Gestalten u. Verhältnisse erscheinen vielfach in german. Gewand gekleidet, das bibl. Geschehen wird in die Umwelt der Hörer transponiert u. an ihr Vorstellungs- u. Erlebnisvermögen angeglichen, demzufolge Christus als Abkömmling eines vornehmen alten Geschlechtes erscheint. German. u. christl. Züge sind vermischt, das Entscheidende der neuen Lehre soll aus den alten Vorstellungen gewonnen werden, um die zu Bekehrenden oder bereits Bekehrten zu überzeugen. – Die neuere Forschung betont dagegen z.T. den peripheren Charakter der german. Elemente im Sinne einer nur äußeren Einkleidung. Sozusagen aus pädagog. Gründen wurde Jesus zum „german. Volkskönig" u. seine Jünger als „heldische Gefolgsmannen" dargestellt.

Helikaon, Sohn des ↗Antenor u. der Theano. Er wurde im Troian. Krieg v. den Griechen verwundet, aber v. Odysseus gerettet, der sich in der Schuld des Antenor fühlte.

Helike, Frau des ↗Oinopion, Mutter der ↗Merope 5).

Heliogabal ↗Sol.

Helios, griech. Sonnengott, Sohn des ↗Hyperion u. der Theia, Bruder v. Selene u. Eos, Gatte der Perse (auch Perseïs; nach anderer Ver-

Helios:
der griechische Sonnengott
auf einer rhodesischen
Münze; 3. Jh.

sion war seine Schwester Selene seine Gemahlin); meist mit Sonnenscheibe oder Strahlenkranz dargestellt. H. fuhr nach antiker Vorstellung am Tag v. Osten her mit seiner Quadriga über den Himmel nach Westen u. kehrte des Nachts in einem goldenen Becher, der ihm als Nachen diente (vgl. Abbildung zu ↗Herakles), über den Okeanos an seinen Ausgangspunkt zurück. Da er bei seinen Fahrten alles, was auf der Welt geschah, sah – z.B. konnte er dem Hephaistos vom Ehebruch seiner Gemahlin Aphrodite berichten –, galt er als der Gott der Wahrheit, den man neben einigen anderen göttl. Wesen beim Schwur zum Zeugen anrief. Zugleich war er aber auch als Lichtgott fähig, Blindheit zu heilen oder Menschen wegen eines Vergehens zu strafen, indem er sie blendete. Außer an Kultstätten in Rhodos, wo ihm der berühmte ↗Koloß geweiht war, u. auf der Peloponnes fand er wenig offizielle Verehrung, spielte aber in der Sonnentheologie eine bedeutende Rolle. Seine legitimen Kinder waren Aietes, Kirke, Pasiphaë u. Perses; daneben gingen aus seinen Beziehungen mit zahlr. anderen Frauen viele Nachkommen hervor. – Die röm. Entsprechung des H. war ↗Sol, der auch mit dem Kaiserkult in Zshg. stand. – Die Rinder des H.: ↗Eurylochos.

Helle, Gestalt der griech. Sage; Tochter des Athamas v. Theben u. der ↗Nephele, Schwester des ↗Phrixos; sie sollte auf Betreiben ihrer Stiefmutter Ino zus. mit ihrem Bruder geopfert werden. Um sie zu retten, schenkte Nephele ihren Kindern das ↗Goldene Vlies, das die Geschwister durch die Luft nach Kolchis bringen sollte. Während Phrixos sein Ziel unbeschadet erreichte, fiel H. in die Dardanellen, die nach ihr ↗Hellespont gen. wurden.

Hellen, Kg. v. Phthia, Sohn des Deukalion, Vater v. ↗Aiolos, ↗Doros u. ↗Xuthos. Eponymos (myth. Namengeber) der Hellenen (Griechen).

Hellenistische Epoche in Griechenl., *Hellenismus,* ca. 300 v.Chr. bis 30 v.Chr., d.h. von der Zeit Alexanders d. Gr. bis zur endgültigen röm. Vorherrschaft in Griechenl., aber mit Auswirkungen in die ersten Jh. n.Chr. hinein (röm. Hellenismus). Im Zshg. u. im Ggs. zur Herrschaft Alexanders d. Gr., dem eine Verschmelzung v. Orient mit den Mysterienkulten u. griech.-antiker Welt vorschwebte, kam es Jh. nach ihm über die polit. Veränderungen hinaus – Griechisch wurde die vorherrschende Sprache im ganzen Mittelmeerraum – auch zu einer Auseinandersetzung zw. heidn. Polytheismus u. dem Monotheismus. Das Christentum siegte und wurde damit Weltreligion. – ↗Argonautika, ↗Griechen, ↗Leukippe und Kleitophon, ↗Römer.

Hellespont, im Alt. u. im MA Name für die Dardanellen, die Asien u. Europa trennen; der Sage nach ben. nach ↗Helle, die hier ins Meer stürzte.

Helm mit Hörnern, als Helmschmuck in der Wikingerzeit häufig belegt, u.a. bei dem Odinskrieger auf einem Bronzemodel v. ↗Torslunda, auf kleinen Amulettfiguren v. Birka, auf einer Helmplatte v. ↗Sutton Hoo, auf den kleinen Bronzefiguren v. ↗Grevensvænge u. öfter. Für die ältere Zeit ist auf den zweiten Ring des Runenhorns v. ↗Gallehus zu verweisen. Bereits auf

Helm mit Hörnern: bronzezeitl. Felszeichnungen v. Tanum mit einem Krieger u. dem „Hammergott"

den bronzezeitl. Felszeichnungen v. Bohuslän (Schweden) sind Krieger abgebildet, die einen H. m. H. tragen (↗Tanum); auch der „Hammergott" dort trägt einen solchen Helm (?).

Helmnot, einer der Ritter aus dem Gefolge Kg. Gunthers, den ↗Walther von Aquitanien in einer Schlucht tötete.

Helreid Brynhildar ↗Brynhilds Helfahrt.

Hemera, Tochter des ↗Erebos u. der ↗Nyx. Griech. Personifikation des Tages.

Heming, *Heming, Sohn des Aslak,* Held einer altisl. Erz. des 13. Jh. von dem berühmten Skiläufer u. Bogenschützen H., dem ein Kg. befahl, mit dem Bogen wie ↗Tell einen Apfel vom Kopf seines Sohnes zu schießen. Das ist verbunden mit hist. Berichten v. dem norweg. Kg. ↗Harald, um 1050. So soll Harald erfahren haben, daß H. heiml. unter kümmerl. Umständen aufwuchs; der Kg. befahl, H. zu Wettkämpfen herbeizuholen. Im Skifahren, Bogenschießen u. im Schwimmen besiegte H. den Kg.; als dieser H. zuletzt befahl, auf Skiern eine Felswand hinabzufahren, wurde er durch ein Wunder des hl. Olaf gerettet. – Weiterhin wird in der Heming-Erz. von Wilhelm dem Eroberer u. der Schlacht bei ↗Hastings berichtet, an der H. auf der Seite des angelsächs. Kg. Harold teilnahm.

Hemithea ↗Kyknos 1).

Henge-Monumente, Sammel-Bz. für Steinsetzungen aus der Vorgeschichte bes. in England; vgl. ↗Avebury, ↗Megalithkultur, ↗New Grange, ↗Stonehenge.

Hengest, dän. Fürst, der den Kampf in Finns Halle anführte (↗Finnsburg-Lied).

Hengist und Horsa, der Sage nach jene Führer der ersten Angelsachsen, die in Engl. (Mitte 5. Jh.) landeten. Ihre Namen bedeuten Hengst u. Roß (↗Zwillinge).

Hephaistos, *Hephästus,* griech. Gott des Feuers, dann der Schmiede u. Handwerker u. schließl. auch der Künste u. des Handwerks; wahrscheinl. kleinasiat. Herkunft, mit Lemnos als bedeutendstem Kultzentrum; seit dem 6. Jh. v. Chr. auch in Athen verehrt, wo man ihm einen Tempel, das sog. „Theseion", erbaute, Mittelpunkt der als Fest gefeierten *Hephaistia.* Sonst ist sein Kult auf dem griech. Festland kaum bezeugt. – Im griech. Mythos galt H. als Sohn des

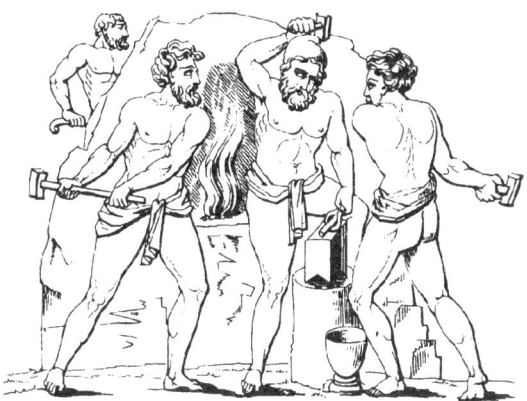

Hephaistos: H. mit seinen Schmiedegesellen bei der Arbeit

Hephaistos:
griech. Gott des Feuers,
der Schmiede u. Handwerker
(attische Bronzestatuette,
5. Jh. v. Chr.)

Zeus u. der Hera. Daß er lahm war, führte zur Herausbildung mehrerer Legenden, deren häufigste berichtet, seine Mutter hätte ihn, da er mit verkrüppelten Beinen zur Welt kam, vor Zorn ins Meer geworfen. Er wurde jedoch von Thetis u. Eurynome gerettet u. gepflegt u. später wieder in den Olymp aufgenommen. Die Odyssee nennt ↗Aphrodite seine Gemahlin, in der Ilias wird ↗Charis als seine Gattin erwähnt, wobei die Schönheit beider Frauen mit der Schönheit der v. H. geschaffenen Werke korrespondierte. Man dachte sich die Schmiedewerkstätte des Gottes unter der Erde oder auch am ↗Ätna, wo die meisterl. Werke mit Hilfe der Kyklopen entstanden, z.B. das Zepter des Agamemnon, die Rüstung des Achilleus, der Wagen des Helios,

das Halsband der ↗Harmonia u. vieles andere mehr. Um sich an seiner Mutter zu rächen, fertigte H. einen Thronsessel, an dem Hera, als sie in ihm Platz genommen hatte, gefesselt blieb, bis Dionysos sich einschaltete, H. trunken machte, in den Olymp holte u. ihn dazu brachte, die Göttin zu befreien. Als seine Gattin Aphrodite ihn mit Ares betrog, fing er sie in einem Netz u. setzte sie dem Gelächter der Olympier aus. H. hatte außer seinen legitimen Kindern noch eine Reihe von Nachkommen mit seinen zahlreichen Geliebten. – Dem griechischen H. entsprach der römische ↗Vulcanus. – ↗Telchinen.

Hepta epi Thebas, griech. die ↗Sieben gegen Theben.

Hera, griech. Göttin, Tochter des Kronos u. der Rheia, Schwester u. zugleich Gemahlin des Zeus, Mutter v. ↗Ares, ↗Hephaistos, ↗Hebe u. ↗Eileithyia, wobei fraglich bleibt, ob diese Kinder nicht nachträgl. Zuweisungen an sie waren. Eileithyia (= Geburtshelferin) war außerdem einer der Beinamen der Göttin. – Als Gattin des höchsten der olymp. Götter galt H. (ihr Name bedeutet wohl „Herrin") als Himmelskönigin u. spielte in Sage u. Mythos eine bedeutende Rolle.

Hera: Heratempel in Paestum

Sie besaß eine Reihe v. Kultstätten u. wurde vor allem in Argos (daher ihr Beiname „Argeia"; vgl. Kultbild des ↗Polykleitos) u. Olympia verehrt. – H. galt als Schutzgöttin v. Ehe u. Geburt, aber auch des Frauenlebens in seinem gesamten Ablauf. Sie trug den Ehrennamen Teleia, d. i. die Göttin, die Erfüllung bringt. – Daneben läßt der Mythos aber auch immer wieder eine ganz andere H. erkennen. Als Gattin des Zeus hatte sie unter dessen Treulosigkeit häufig zu leiden. Seine zahlr. Liebschaften weckten ihren Zorn u. ihre wilde Eifersucht, die oft groteske Züge annahmen u. ein beliebtes Thema der griech. Götterburleske waren. Auch sonst konnte ihr Haß unversöhnl. sein, so im Troian. Krieg, in dem sie (wegen des Urteils des ↗Paris) für die Griechen Partei ergriff u. die Troianer mit ihrer Feindschaft strafte. – Die griech. H. wurde in Rom mit ↗Juno gleichgesetzt.

Herakleiden, *Herakliden,* Bz. für die sehr zahlr. myth. Nachkommen des ↗Herakles, die nach vielfachen Schicksalen die Peloponnes, die sie als ihr legitimes Erbe betrachteten, zurückeroberten (↗Eurystheus). – „Die Herakliden": griech. Tragödie, um 430 v.Chr. v. ↗Euripides verfaßt, der um 420 v.Chr. die Tragödie „Herakles" schrieb. Wie ↗Herodot berichtete, schützte die Stadt Athen die Nachkommen des Herakles. Diese Handlung wurde aus der Perspektive der aktuellen Situation des Peloponnesischen Kriegs gesehen; Mythologie diente der Politik.

Herakleitos, *Heraklit,* ↗Peri Physeos.

```
Perseus – Andromeda
      ┌───┘
Alkaios
Sthenelos
Elektryon – Anaxo
          │
Zeus – Alkmene
     │
Herakles – Megara
```

Herakles, lat. *Hercules, Herkules,* einer der bedeutendsten u. zugleich beliebtesten Heroen der griech. Sage; aus dem Stamm des Alkaios, daher sein Beiname *Alkeides.* Sein eigentl. Name läßt sich nicht eindeutig erklären; viell. bedeutet er wegen der zahlr. Verbindungen zu Hera „der durch Hera Berühmte". H. war der Sohn des Zeus u. der ↗Alkmene, der Gattin des ↗Amphitryon. Zeus näherte sich der Alkmene in der Gestalt des auf einem Feldzug befindl. Amphitryon u. erklärte den Olympiern, als der Tag

Herakles: die zwölf Taten oder „Arbeiten" des Herakles, die als seine klass. Abenteuer gelten. Angeführt ist das jeweilige Stichwort ihrer Schilderung	1) Nemeischer Löwe 2) Hydra von Lerna 3) Hirschkuh auf dem Berg ↗Keryneia 4) Stymphalische Vögel 5) Erymantischer Eber 6) Augeiasstall 7) Kretischer Stier 8) Diomedes (Rosse des D.) 9) Amazonen (Amazonen-Kampf)
Die Reihenfolge schwankt in der Überlieferung; auch inhaltl. gibt es Varianten.	10) Rinderherden des ↗Geryoneus 11) Garten der Hesperiden 12) Kerberos

der Geburt des v. ihm gezeugten Sohnes da war, das nächste aus dem Hause des ↗Pereus geborene Kind werde Herr über Mykenai werden. Daraufhin verzögerte die v. Eifersucht geplagte Hera die Geburtswehen und ließ zunächst ↗Eurystheus, Sohn des Sthenelos u. der Nikippe, zur Welt kommen. Erst danach gebar Alkmene den H. u. dessen Zwillingsbruder ↗Iphikles, der aber nicht v. Zeus, sondern v. Amphitryon gezeugt war. – Schon als Säugling zeichnete sich H. durch ungewöhnl. Körperkräfte aus. So tötete er die Schlangen, die ihn u.

Herakles: der kleine H. im Kampf mit den Schlangen, die ihn und seinen Bruder umbringen sollten

Herakles lernt Bogenschießen

seinen Stiefbruder im Auftrag der Hera umbringen sollten. Er wurde in allen Künsten unterrichtet, aber als er seinen Musiklehrer ↗Linos 3), der ihn getadelt hatte, mit der Leier erschlug, schickte ihn sein Ziehvater auf den Kithairon, wo er die Herden zu hüten hatte; hier erlegte er den „Kithairon. Löwen", u. in diese Zeit fällt auch die bei dem Sophisten Prodikos erzählte Parabel v. „H. am Scheidewege", wo er sich zw. Tugend u. Verweichlichung, verkörpert durch zwei Frauengestalten, entscheiden mußte u. die Tugend wählte. – Als er die Thebaner v. schweren Tributleistungen an Orchomenos befreit

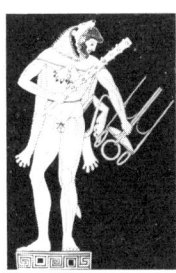

Herakles:
Vasenmalerei
des
Kleophradesmalers

hatte, gab ihm der theban. König Kreon seine Tochter Megara zur Frau. Wieder griff die rachsüchtige Hera in sein Leben ein; sie schlug ihn mit einem Anfall v. Wahnsinn, in dem er die mit Megara gezeugten Kinder ermordete. Zu seiner Entsühnung mußte er für 12 Jahre in den Dienst des Eurystheus treten u. 12 schwierige Taten ausführen. Diese *Arbeiten des Herakles* sind in der Überl. zwar nicht in einer streng geordneten Abfolge u. auch inhaltl. nicht immer übereinstimmend dargeboten, bilden aber das Kernstück in der Sage um H., obwohl sie bei weitem

Herakles und der Nemeische Löwe

„Eurystheus befahl dem Herakles zunächst, dem Nemeischen Löwen das Fell abzuziehen u. es ihm zu bringen. Dieser Löwe war unverletzlich u. ein Sproß des Typhon, des ungeheuerlichsten Sohnes der Erde … In Nemea angekommen, spürte Herakles die Bestie auf u. schoß mit dem Pfeil nach ihr. Da erst bemerkte er, daß das Tier unverletzl. war. Er setzte ihm mit der Keule nach, und der Löwe flüchtete in eine Höhle, die zwei Öffnungen hatte. Schnell verrammelte Herakles die eine Öffnung, durch die andere ging er in die Höhle zu dem Löwen hinein u. drückte ihm die Kehle zu, bis er ihn erwürgt hatte. Dann warf er sich das Tier auf die Schulter … Als er mit dem Löwen in Mykene ankam, versetzte die furchtbare Kraft des Herakles den Eurystheus in Angst u. Schrecken, und er verbot dem Helden, noch einmal den Fuß in die Stadt zu setzen. Es sei genug, wenn er am Stadttor den Beweis vorzeige, daß er den Befehl ausgeführt habe. Eurystheus kroch sogar vor Angst in die Erde in ein dort verborgenes Faß u. verhandelte mit Herakles nur durch Boten …"

(nach Apollodoros)

nicht das ganze Lebenswerk des Helden ausmachen. Er bestand noch viele andere Abenteuer, über die die Quellen jedoch sehr widersprüchl. berichten.

Nach Vollendung der 12 Arbeiten trennte H. sich v. Megara, die er mit seinem Verwandten u. Kampfgefährten ↗Iolaos vermählte. Er selbst heiratete nach schweren Rivalitäten mit dem Flußgott ↗Acheloos ↗Deïaneira, die ihm den ↗Hyllos gebar. Als der Kentaur ↗Nessos sich an Deïaneira zu vergehen versuchte, wurde er v. H. getötet. Aus Rache riet er sterbend Deïaneira, die um die Liebe ihres Gatten fürchtete, sein Blut als Liebeszauber aufzubewahren. Deïaneira· tränkte mit diesem Blut ein Hemd, das

Herakles: H., nach seinem Tode unter die Unsterblichen des Olymp aufgenommen, versöhnt sich mit Hera

sog. *Nessoshemd*, das ihr Mann bei einer Opferhandlung tragen wollte. Es fügte H. so schwere Wunden u. unerträgl. Schmerzen zu, daß er sich auf einem Scheiterhaufen verbrennen ließ, den ↗Philoktetes auf sein flehentl. Bitten hin angezündet hatte. Der Sterbende wurde bei Blitz u. Donner in den Olymp unter die Unsterblichen aufgenommen. Auch Hera versöhnte sich nun mit ihm, u. Zeus gab ihm Hebe zur Gemahlin. – H. wurde in der Antike in ganz Hellas verehrt. In Rom fand er 312 v. Chr. Aufnahme in den Staatskult (Hercules), nachdem sich vorher schon ein privater Kult herausgebildet hatte. – Die Gestalt des H. war der Gegenstand zahlr. Dichtungen, in denen seine unterschiedl. Eigenschaften vom strahlenden Helden, der den Weg zur Tugend gewählt hatte, bis zum groben, kraftstrotzenden Kämpfer herausgestellt sind.

Herakles: Nachtmeerfahrt des H. mit Keule im Sonnenbecher des Helios; Grund einer attischen Vase, 5. Jh. v. Chr. – Ein Teil der Taten des H. ist nur aus der bildenden Kunst bekannt.

Auch in der bildenden Kunst spielte er seit der Antike eine bedeutende Rolle. Seine Taten sind uns oft nur aus bildl. Darstellungen, speziell Vasenbildern, bekannt. – ↗Omphale, ↗Thespios – s. Farbtafel S. 155, H. mit dem Kerberos.

Heraklessäulen, *Säulen des Herakles,* im Alt. Bz. für die Felsen beiderseits der Straße v. Gibraltar; der Sage nach v. ↗Herakles errichtet, als er die Meerenge zw. Spanien u. Afrika durchquerte. Er wollte so seine Anwesenheit dort beweisen. – ↗Calpe. – „Die Karthager erzählen auch von einem Ort und von Menschen, die außerhalb der Säulen des Herakles wohnen; wenn sie dahin kommen und ihre Waren herausbringen, legen sie dieselben ans Ufer und gehen wieder in die Schiffe, auf welchen sie Rauch machen. Wenn die Einwohner den Rauch sehen, kommen sie ans Meer und legen Gold für die Waren hin, worauf sie von den Waren wieder weggehen. Alsdann steigen die Karthager wieder ans Land und sehen zu; scheinen die Waren mit dem Gold bezahlt zu sein, so nehmen sie es mit …" (Herodot, „Historien", 5. Jh. v. Chr.).

Herakliden ↗Herakleiden.

Hercules, der lat. Name für den griech. Helden ↗Herakles. – Albrecht Dürer verewigte H. auf seiner „Himmelskarte" v. 1515; die Benennung u. phantasievolle Füllung v. Sternbildern war eine der Formen, in der antikes Erbe in der Zeit der Renaissance weiterlebte.

Herder, *Johann Gottfried,* dt. Philosoph, Theologe u. Dichter, *1744, †1803; er begeisterte sich u. Goethe für die Volksdichtung u. schuf den Terminus „Volkslied" mit vielen daraus resultierenden ideolog. Konsequenzen bis heute. Die Dichtung ist „Welt- und Völkergabe", nicht „Privaterbteil der Bildung". H. verfaßte den „Briefwechsel über Ossian" (1773) u. förderte als Sammler, Übersetzer u. Nachdichter der „Stimmen der Völker in Liedern" (1808, 1878/79 erschienen unter dem Titel „Volkslieder", auch mit altnord. Zeugnissen in eigener Übersetzung u. nach ↗Mallet aus der Edda) die Entwicklung der Idee einer Weltliteratur. H. war der Theoretiker des Sturm und Drang und der Wegbereiter der Romantik u. sah u. a. die Verbindung der germanischen Volksdichtung mit der der slawischen Völker, für deren wachsendes Selbstbewußtsein und „nationale" Dichtung er großes Interesse zeigte.

Herebeald, nach dem altengl. ↗Beowulf-Epos ein auf unglückliche Weise beim Bogenschießen v. seinem Bruder Hædcyn getöteter Held; heroische Parallele zum ↗Balder-Mythos.

Herfjotur („Heerfessel"), Name einer nord. Walküre; auch der lähmende Schrecken, der einen plötzl. befällt.

Hergest, *Red Book of Hergest,* ↗Mabinogion.

Heribrand, Vater des ↗Hildebrand.

Hermaion, vgl. „Gott der Diebe" ↗Hermes.

Hermanubis ↗Anubis.

Hermaphroditos, griech. Zwittergottheit, Sohn des Hermes u. der Aphrodite, der sich durch bes. Schönheit auszeichnete. Da er die leidenschaftl. Liebe der Quellnymphe ↗Salmakis nicht erwiderte, bat Salmakis die Götter, ihren Körper für immer mit dem des H. zu vereinigen, ein Begehren, das die Götter erfüllten. – Von der Quelle der Salmakis glaubten die Griechen, daß jeder Mann, der in ihr bade, zum *Hermaphroditen,* d. h. zum Zwitterwesen, werde. Die Vorstellung v. göttl. Mischwesen hatte ihren Ursprung

Hercules: aus der Himmelskarte von A. Dürer, 1515

wahrscheinl. im Orient. Allerdings kennt auch die german. Mythologie im gewissen Sinn auch H., zweigeschlechtl. Wesen, v. denen man annahm, es hätte sie vor Mann u. Frau gegeben. Solche ⟋Zwitter waren z. B. ⟋Ymir u. ⟋Buri.

Hermes, griech. Götterbote, Sohn des Zeus u. der Nymphe Maia; ein sehr alter Gott, dessen Verehrung weit verbreitet war. Er galt als Patron der Wanderer u. Reisenden (H. Hodios) mit dem breitkrempigen bzw. geflügelten Hut ⟋Petasos, der Kaufleute, Hirten u. Schelme u. begann sein Leben gleich mit einigen Schelmenstreichen. So berichtet die Sage, daß er noch am Tage seiner Geburt in einer Höhle des arkad. Berges ⟋Kyllene die Leier erfand, die er aus einer Schildkröte herstellte, u. seinem Bruder Apollon eine Rinderherde stahl, die er rück-

Hermaphroditos

*1 **Hermes:** als Herme bezeichnetes pfeilerförmiges Denkmal, das urspr. dem Hermeskult gewidmet war; Herme v. Siphos*
*2 **Hermes** mit dem Dionysosknaben, den er den Nymphen v. Nysa brachte. Ein Werk des Praxiteles*

wärts trieb, wobei er seine eigenen Spuren mit verkehrt herum angezogenen Sandalen verwischte. Als er zur Rechenschaft gezogen werden sollte, lag er friedl. schlummernd in seiner Wiege. Nach einer Version mußte er seinem Bruder die Rinder schließl. doch zurückgeben, nach einer anderen behielt er sie u. schenkte Apollon dafür die Leier. Apollon gab ihm einen Zauberstab, der zus. mit dem geflügelten Reisehut u. den Flügelschuhen charakterist. für H. wurde. Mit diesem Stab konnte er die Menschen einschläfern u. wieder aufwecken; später wurde der Zauberstab eher als Heroldsstab (Kerykeion) verstanden, d. h. als Attribut des *Götterboten* (vgl. ⟋Iris). – Vgl. fälschl. ⟋Heimdal (Abb.). Etymolog. hängt der Name H. mit dem griech.

hermaion = Steinhaufen zus. Dem H. waren die den Wanderern zur Orientierung überall verbreiteten Steinhaufen heilig, ebenso die vor den Häusern aufgestellten *Hermen*, pfeilerförmige Bilddenkmäler, mit bärtigem Hermeskopf, Armansätzen u. Phallos, die als Weg- u. Grenzzeichen dienten, aber auch die Behausungen der Menschen schützen sollten. – Neben den Einzelaufgaben, die ihm die olymp. Götter v. Fall zu Fall übertrugen, u. seiner Funktion als Reisebegleiter führte H. als *Psychopompos* (= Seelengeleiter) die Seelen der Toten ins Jenseits. In letzteren Zusammenhang gehört es, daß man am dritten Tag der Anthesterien, die als Frühlings- u. Totenfest gefeiert wurden, ihm Töpfe mit Speisen als Opfer hinstellte, wobei gleichzeitig für die Toten gebetet wurde. – Als Gott der Hirten, der die Fähigkeit besaß, die Herden zu vermehren, wurde H. manchmal mit einem Widder dargestellt. Da er schon als Säugling seinen Bruder erfolgreich bestohlen hatte, galt er auch als Gott des „glücklichen Fundes", Hermaion gen., d. h., er war für *Diebstahl* u. Raub zuständig. Wegen seiner ungeheuren Schlauheit schrieb man

Hermes mit Flügelhaube und Kerykeion

ihm allerlei Erfindungen zu, sah in ihm aber auch einen Helfer auf geistigem Gebiet u. verehrte ihn z. B. als Patron der Redner. Ebenso stellte sich die Jugend bei den Wettkämpfen sportlicher Art unter seinen Schutz, eingedenk seiner eigenen Jugendlichkeit u. seiner Schnelligkeit. – Im Hellenismus änderte sich das H.-Bild unter ägypt. Einfluß. Als Trismegistos (der Dreimalgrößte) nahm H. Züge eines myst. Allgottes an. – Dem griech. H. entsprach bei den Römern ↗Mercurius. – ↗Charon (Abb.).

Herminonen, Hermionen, Ermionen, nach Tacitus, aber auch nach Pomponius Mela u. Plinius westgerman. Stammesgruppe, ben. nach einem der Söhne des ↗Mannus.

Hermione, Gestalt der griech. Sage; Tochter des ↗Menelaos u. der Helena; in erster Ehe mit ↗Neoptolemos verheiratet, später mit ↗Orestes vermählt, der jenen (wahrscheinl. in Delphoi) getötet hatte.

Hermod, *Hermodt, Hermodur,* ein Bruder des nord. ↗Balder, der nach dessen Tod auf Sleipnir ins Reich der Hel. ritt, um den Verstorbenen zurückzuholen. Sein Versuch blieb erfolglos.

Herodot, griech. Historiker aus Halikarnassos, * um 490, † 425 v. Chr.; „Vater der Geschichtsschreibung". Seine neun Bücher „Historien" stehen unter dem Gesichtspunkt der Auseinandersetzung Griechenl. mit dem Orient u. bringen ausführl. Schilderungen der Länder u. Völker im östl. Mittelmeerraum. Das Werk ist getragen vom Glauben an die Lenkung der Geschicke durch die Götter. – Vgl. u. a. ↗Dodona, ↗Polykrates, ↗Skythen.

Heroenkult, als Element des Mythos in der griech. Heldensage die für den german. Bereich verschiedentl. ebenfalls angenommene (O. Höfler) Verehrung von „Halbgöttern", aber aus den überlieferten Zeugnissen nicht nachweisbar (↗Heldensage). Vorstellbar anhand einer mit dem Totenkult möglicherweise zus. hängenden, katalogartigen Aufzählung (↗Ynglingatal) und dem ↗Ahnenkult (↗Archetypisierung) oder als nachträgliche Historisierung mythischer Stoffe (↗Entmythisierung). In der Antike standen die homer. Helden im Mittelpunkt des Interesses. Noch in der spätantiken heidn. Frömmigkeit sprach man v. dem „Wirken der Helden als fortlebende göttl. Geister" (Philostratos, um 215 n. Chr.). – ↗Held.

Hero und Leandros, *Hero und Leander,* eines der berühmtesten Liebespaare der griech. Sage: Hero war Priesterin der Aphrodite in Sestos, Leander lebte in Abydos, v. wo er des nachts den Hellespont durchschwamm, um zu seiner Geliebten, die er wegen des Einspruchs beider Eltern nicht heiraten konnte, zu gelangen. In einer Sturmnacht, in der die Lampe, mit der Hero ihm den Weg wies, verlosch, ertrank Leander in den Fluten; beim Anblick seiner Leiche stürzte sich Hero vor Gram ins Meer u. ertränkte sich selbst. – Die Geschichte v. H. und L. ist in der Lit. vielfach behandelt worden, u. a. von Ovid, Musaios, Schiller u. Grillparzer. – Die dt. Volksballade v. den Königskindern („Es waren zwei Königskinder …") bewahrt die Erz. des Alt. seit dem Spät-MA in populärer, mündl. überlieferter Liedform; hier ist es eine böse Dienerin, die die Kerze löscht.

Herr der Fliegen ↗Fliegengott.

Herr der Ringe, engl. Romantrilogie v. J. R. R. Tolkien, 1954/55 („The Lord of the Rings"; vorher „The Hobbit", 1937), in der auf spieler. Weise altengl. und kelt. Mythen verwoben sind. Tolkien, Prof. für german. Sprachen in Oxford, sah seinen Roman als „philolog. Experiment", um Mythen zeitgemäß zu formen, und der überwältigende Erfolg gab ihm Recht.

Herr der Tiere, märchenhaft-mythischer Erzähltypus u. ikonograph. Bildformel der unüberwindl. Gestalt zw. wilden Tieren u. Schutzgottheit des jagdbaren Wildes (vgl. die griech. ↗Artemis u. der finn. ↗Tapio); konkretisiert seit der mesopotam. Kunst mit der Verherrlichung des ↗Gilgamesch (sumerischer Kg., um 2600 v. Chr.) bis zu den burgund. ↗Danielschnallen u. vielfachen nord. Bilddenkmälern (↗Torslunda), z. B. mit ↗Gunnar in der Schlangengrube.

Herse, Tochter des Kg. ↗Kekrops 1), die mit ihren Schwestern die Kiste, die den ↗Erichthonios enthielt, gg. den Willen der Göttin Athena öffnete. – Nach anderer Tradition wurde H. v. Hermes Mutter des Kephalos u. des Keryx.

Hersilia, eine Sabinerin, Tochter des Hersilius; sie wurde v. den Römern entführt u. vermittelte zw. Sabinern u. Römern. In erster Ehe heiratete sie ↗Hostilius, dem sie den Hostus Hostilius gebar; nach dem Tode des Hostilius ehelichte sie möglicherweise Romulus. Als dieser starb, wurde H. zur Göttin *Hora Quirini* erhoben.

Hertha, *Herda,* eine german. Göttin, die aufgrund einer Fehllesung bei Tacitus (für „Nerthus") quasi v. der älteren Wissenschaft erfunden worden ist. Vgl. ↗Pseudogötter.

Heruler, *Eruler,* german. Stammesbezeichnung eines Volkes möglicherweise nordeuropäischer Herkunft (Dänemark?). Als Teilstämme im 3. Jh. am Schwarzen Meer, gleichzeitig (286) in Gallien belegt. Nacheinander unter der Herrschaft der Goten u. der Hunnen, gründeten die H. um 500 ein großes Reich im Gebiet v. Theiß und March, wurden aber bald v. den Langobarden überwunden. Ein Teil wanderte wohl nach Nordeuropa zurück, u. in diesem Zshg. könnte sich die ↗Runenmeisterformel von „Eril" als dem Kundigen magischer Schriftzeichen bestätigen.

Hervarar saga, altnord. Heldensaga (↗Saga); sie schildert den Kampf zw. Goten u. Hunnen (↗Hunnenschlachtlied) u. überliefert u.a. die ↗Heidreks Rätsel.

Hervörlied, eddisches Lied aus der ↗Hervarar saga.

Herwig, im mhd. Kudrunlied (↗Kudrun 2) der Verlobte der Kudrun, dem sie trotz vieler Leiden über so lange Zeit die Treue hielt, bis sie ihn heiraten konnte.

Herzeloyde ↗Gahmuret.

Herzmære, mhd. Erz. v. gegessenen Herzen (vgl. ↗Thyestesmahl), lit. bearbeitet v. Konrad von Würzburg, um 1260, der eine aus Indien um 1100 nach Frankreich gelangte Erz. aufgriff. Die untreue Gattin bekam als Speise das Herz des inzw. verstorbenen Ehemannes vorgesetzt u. starb daran. Später wurde die H. mit dem *Bremberger* verbunden (Überl. in einer dt. Volksballade), den man (viell. vorschnell) mit dem Minnesänger Reinmar von Brennenberg gleichgesetzt hat.

Hesiodos, *Hesiod,* griech. Dichter, * um 700 v. Chr., der erste Dichter des Abendlandes, der als Person einigermaßen sicher greifbar ist. Er stammte aus Askra in Boiotien, wo er wie sein Vater als Bauer lebte u. seinen eigenen Aussagen nach v. den Musen die Dichterweihe empfing. Seine *Theogonie* ist der Versuch einer Göttergeschichte u. genealog. Einordnung der Mythen. Dabei geht er – typolog. durchaus „richtig" und „modern" – v. gewissen Urprinzipien aus, z. B. v. der Erschaffung der Erde ↗Gaia aus Himmel u. Meer. Auch die erste Generation v. ↗Uranos u. Kronos steht auf einer entwicklungsgeschichtl. älteren Stufe als die vermenschlichten Olympier unter Führung v. ↗Zeus. Mit H. wurde die Genealogie, die Abstammungsgeschichte der Götter, eine eigene myth. Form. Die späteren *Erga* („Werke und Tage"), an den jüngeren Bruder Perses gerichtet, der H. sein Erbteil vorenthielt, verbindet eine Lehre v. den fünf Weltaltern mit Lebensregeln u. einer Art Bauernkalender. H.s „Theogonie" stellt eine der wichtigsten Quellen zur griech. Mythen- u. Religionsforschung dar.

Hesione, Tochter des troian. Kg. ↗Laomedon. Als Apollon u. Poseidon eine Mauer um Troia gebaut hatten u. der Kg. sie um den vorher vereinbarten Lohn betrog, überzog Apollon die Stadt mit der Pest, u. Poseidon schickte ein Meerungeheuer, das Menschen u. Vieh vernichtete. Um das Unheil v. Troia abzuwenden, mußte Laomedon einem Orakelspruch zufolge seine Tochter H. dem Ungeheuer zum Fraße vorwerfen. Als Lohn sollte derjenige, dem die Rettung der H. gelänge, jene göttl. Rosse erhalten, die Laomedons Großvater Tros einst v. Zeus zum Geschenk erhalten hatte. Herakles gelang diese Tat, aber da Laomedon sein Wort nicht hielt, zog er gg. Troia zu Feld u. erschlug die meisten Söhne des Königs. H., die in seine Gefangenschaft geraten war, vermählte er mit seinem Gefährten ↗Telamon.

Hesperiden, in der griech. Sage Töchter der Nyx oder des Atlas u. der Hesperis (nach anderen Versionen werden auch Phorkys u. Keto oder Zeus u. Themis als ihre Eltern gen.). Meist wird ihre Zahl mit drei, gelegentl. auch mit sieben angegeben. Sie bewachten zus. mit ↗Ladon den ↗Garten der Hesperiden mit den goldenen Äpfeln, v. denen einige zu holen zu den Aufgaben des ↗Herakles gehörte.

Hesperis, Tochter des Hesperos; vielfach als Mutter der ↗Hesperiden betrachtet.

Hestia, griech. Göttin des Herdes, Tochter des Kronos u. der Rheia; sie gehörte zu den 12 großen olymp. Göttern u. blieb stets Jungfrau. Am häuslichen Herdfeuer als Mittelpunkt der Familie brachte man ihr Opfer dar, aber auch in öffentl. Gebäuden wie dem Athener Prytaneion u. in Delphoi, wo der Herd der H. als Repräsentation aller Herde Griechenlands galt. – Der griech. H. entsprach die als Staatsgöttin verehrte röm. ↗Vesta.

Hetel-und-Hilde-Sage, eine nord. Sage, bekannt aus Andeutungen der ↗Snorra Edda mit der ↗Kenning „Sturmwetter der Hjadningar" (= Hetelingen) für „Kampf", hier ein mythisch andauernder Kampf bis zum Götteruntergang ↗Ragnarök; in der dt. Heldensage Parallele im ↗Kudrun-Epos.

Hetel von Hegelingen, im mhd. Kudrunlied Vater der Titelheldin.

Hethiter, indogerman. Bevölkerung, die seit etwa 2000 v. Chr. in Anatolien (Türkei) siedelte; Hauptstadt war Hattuscha. Ihr Reich war mächtig u. hochentwickelt; in der Spätzeit z. B. schlossen sie im Jahre 1285 v. Chr. einen Vertrag mit den Ägyptern, der nach einer unentschie-

Hethiter: Gott der Fruchtbarkeit, hethitisches Felsrelief

denen Schlacht brüderliche Gleichberechtigung
vorsah. Götter übernahmen sie u. a. von den
vorher in Anatolien herrschenden Hatti, so eine
Muttergöttin Kubaba, die sich später zur ⁊Ky-
bele weiterentwickelte. Ein anderer Hauptgott
war ein Wettergott, der ebenfalls bereits v. den
Hatti verehrt worden war. Über das Gebiet der
H. herrschten dann die Phrygier (⁊Phrygien),
die um 725 v. Chr. die Stadt Gordion zum Mittelpunkt ihres Reiches machten.

Hexe, zuerst in ahd. Glossen des 9. und 10. Jh.
als „hagazussa" u. ä. (Zaunsitzerin) überliefert,
doch inhaltl. eher ein Walddämon. Das Reiten
auf dem Besen der H. ist seit etwa 1230 lit. belegt; eine päpstl. Bulle v. 1484 beschäftigte sich
mit dem Glauben an H., der „Hexenhammer"
(1487) enthielt eine systemat. Hexenlehre. – Der
vielleicht bestehende Zshg. mit der antiken
Überlieferung (z. B. mit der griechischen Hekate
als Unterweltsgöttin) bzw. mit älteren german.
Vorstellungen (z. B. mit der Göttin Freyja, die
möglicherweise schamanistische Züge einer
Zauberin trug) ist sehr unterschiedl. beurteilt
worden.

Hialprek, der nord. Heldensage nach ein Kg.,
zu dem die schöne ⁊Hiördis nach dem Tode
⁊Sigmunds entführt wurde. Er vermählte sie
mit einem seiner Söhne, u. Hiördis gebar Sigurd, Sigmunds Sohn, mit dem sie schwanger
ging, als dieser im Kampfe fiel. Die Sage kennt
auch andere Versionen.

Hidden, altfries. Hausgötter (?), entnommen
aus einem fries. Wörterbuch des 17. Jh., neu
kommentiert 1911, als angebl. Erklärung für die
Redensart „Wehr is Hidden? – Hidden is in ydden." (Wo ist H.? – H. ist im Ofenloch.) „Ydden"
war ein viereckiges Loch am Schornstein, „drin-
nen die Friesen im Heydenthumb ihre Lares
[Hausgötzen] setzten …"

Hierodulen ⁊Tempelsklaven.

Hieros Gamos ⁊Heilige Hochzeit.

Hilaeira, griech., eine Tochter des Leukippos,
Gemahls der Philodike; Schwester der Phoibe,
mit der zus. sie v. Kastor u. Polydeukes (⁊Dios-
kuroi) entführt wurde.

Hild, Name einer nord. Walküre.

Hildebrand, in der german.-dt. Sage der getreue Dienstmann, Erzieher u. Waffenmeister
Dietrichs v. Bern, der mit ihm bei Etzel weilte;
bei seiner Rückkehr in die Heimat erschlug er
im aufgezwungenen Kampf seinen Sohn ⁊Ha-
dubrand. – ⁊Hildebrandslied.

Hildebrandslied, fragmentar. erhaltenes ger-
manisches Heldenlied, kurz nach 800 in ahd.
Sprache v. Mönchen in Fulda auf der ersten
u. der letzten Seite einer theolog. Handschrift
aufgezeichnet; vermutl. langobard. Ursprungs.
Die stabreimenden Langzeilen (⁊Stabreim)
schildern das Zusammentreffen ⁊Hildebrands,
der nach langen Jahren der Abwesenheit heim-
kehrt, mit seinem Sohn ⁊Hadubrand, der den
Vater nicht erkannte. Sippenzusammengehörig-
keit u. Gefolgschaftstreue stehen hier im Widerstreit u. bilden den themat. Kern des Heldenliedes. Der Ausgang ist nicht überliefert, muß aber
tragisch gedacht werden (Hildebrand erschlug
Hadubrand) gemäß dem german. Ethos (Hadubrand wollte dem Fremden gegenüber seinen
⁊Namen nicht nennen), aber auch aufgrund v.
Vergleichen mit anderen, inhaltl. ähnl. gelager-
ten Werken, vor allem dem eddischen „Hilti-
brands Sterbelied" (⁊Asmund). – Im sog. *Jünge-*
ren Hildebrandslied aus dem 13. Jh. erkannten
sich Vater u. Sohn noch rechtzeitig wieder; hier
ist der Ausgang versöhnl. (siehe zum Text des
Hildebrandsliedes auf S. 199).

Hildeburg von Portugal, im mhd. Kudrunlied
(⁊Kudrun 2) eine jener drei Prinzessinnen, die
wie Hagen v. einem Greifen geraubt worden
waren u. in der Fremde leben mußten. Sie gelangte mit Hagen nach langen Wirren nach Irland u. genoß am ir. Königshof hohes Ansehen.

Hildegund, die Verlobte des ↗Walther von Aquitanien, die mit ihm an Etzels Hof lebte, bis die beiden v. dort flohen.

Hilde-Sage ↗Hetel-und-Hilde-Sage.

Hilding, ein alter, bes. weiser Mann, der in der altnord. ↗Frithjofssaga als Erzieher v. Ingeborg u. Frithjof auftrat.

Himeros, bei den Griechen Vergöttlichung u. Personifikation der Begierde oder des Verlangens; Gefährte des ↗Eros; häufig im Gefolge der Aphrodite zu finden.

Himinbiörg, altnord., das Schloß ↗Heimdals.

Himmelsachse ↗Irminsul.

Himmerland, Landschaft in Nordjütland, Dänemark, vermutl. Heimat der Kimbern (↗Kimbern und Teutonen).

Hindarfjell, ein hoher Berg, zu dem der nord. Sigurd ritt, nachdem er den Drachenhort Fafnirs erkämpft hatte. Auf dem Gipfel des H. lag ein kampfbereites Weib u. schlief. Sigurd erweckte die Walküre vom Zauberschlaf (↗Sigrdrífumál) u. ließ sich v. ihr die Geheimnisse der Runen erzählen.

Hind Horn ↗Horn.

Hiördis, Gemahlin Sigmunds, Mutter ↗Sigurds, der mit dem Schwerte ↗Gram große Taten vollbrachte.

Hiörvard, Vater des ↗Helgi Hiörvardsson.

Hippalkimos, Vater des ↗Peneleos.

Hippe, Tochter des Cheiron, Geliebte des Hellen-Sohnes Aiolos 1).

Hildebrandslied

„Ik gihorta dat seggen, dat sih urhettun ænon muotin Hiltibrant enti Hadubrant untar herium tuem …" = Ich hörte glaubwürdig berichten, daß zwei Krieger, Hildebrand und Hadubrand, allein zwischen ihren beiden Heeren, aufeinanderstießen. Zwei Leute von gleichem Blut, Vater und Sohn, rückten da ihre Rüstung zurecht … [größere Auslassungen, u. a. Frage nach dem Namen] O waltender Gott, fuhr Hildebrand fort, das Schicksal [Wewurt] will seinen Lauf! … Darauf ließen sie ihre laut dröhnenden Schilde aufeinanderprallen. Sie schlugen voll Ingrimm auf die weißen Schilde ein, bis ihnen das Lindenholz zu Spänen zerfiel, von den Waffen zerschlagen … [hier bricht der Text ab]

(Übers. bzw. hrsg. v. M. Curschmann u. I. Glier)

Hippodameia, 1) in der griech. Sage Tochter des ↗Oinomaos v. Pisa in Elis, Gattin des ↗Pelops, dem sie viele Kinder gebar. Oinomaos war geweissagt worden, die Vermählung seiner Tochter werde ihm den Tod bringen. Deshalb mußte jeder Freier zunächst mit ihm ein Wagenrennen austragen u. wurde, wenn Oinomaos ihn mit seinen schnellen Rossen besiegt hatte, v. ihm getötet. Pelops gelang die Entführung der H. – Nach einer anderen Überl. bestach Pelops den ↗Myrtilos gg. das Versprechen, die Herrschaft mit ihm zu teilen, die Räder am Wagen des Königs mit Wachs zu befestigen, so daß der Wagen während des Wettkampfs brach u. Oinomaos zu Tode geschleift wurde. Damit war H. für die Heirat mit Pelops frei. – **2)** ↗Briseïs.

Hippokoon, 1) in der griech. Sage Kg. v. Sparta; Sohn des Oibalos, Bruder oder Halbbruder u. a. des ↗Tyndareos, den er v. der Herrschaft vertrieb. Herakles überzog ihn mit Krieg, wurde zunächst verwundet, aber nachdem Asklepios ihn geheilt hatte, besiegte er H. u. setzte Tyndareos wieder in die Herrschaft ein. – **2)** ein Gefährte des Aeneas auf seiner Reise nach It.; tat sich bei den Leichenspielen für Anchises mit glanzvollen Leistungen hervor. – **3)** ein Bundesgenosse der Troianer, der den ↗Rhesos warnte, daß Diomedes u. Odysseus versuchten, seine berühmten Rosse zu stehlen.

Hippokrene (griech. = Roßquelle), Quelle am Helikon, der Sage nach durch Hufschlag des ↗Pegasos entstanden; sie war den Musen heilig u. verlieh dichter. Inspiration.

Hippolyte, Königin der ↗Amazonen, Tochter des Ares u. der Otrera (Otrere); viell. Mutter des Hippolytos durch Theseus. H. fand im Kampf des Herakles gg. die Amazonen den Tod, als Herakles sie angriff u. ihr einen v. Ares geschenkten Gürtel raubte. – Nach anderer, seltenerer Version starb H. an gebrochenem Herzen, weil Herakles ihr den Gürtel des Ares entwendet hatte.

Hippolytos, 1) Sohn des ↗Theseus u. der Hippolyte (nach anderer griech. Version der Amazone Antiope). Nach dem Tod seiner ersten Gemahlin heiratete Theseus ↗Phaidra, eine Tochter des Minos, die in Leidenschaft zu ihrem Stiefsohn entbrannte u. ihn zu verführen suchte. Als er sie zurückwies, verleumdete sie ihn aus Angst vor Entdeckung bei Theseus, der seiner Gattin Glauben schenkte u. H. zu Tode schleifen ließ. – Nach anderer Überl. wurde er auf Veranlassung v. Poseidon auf diese grausame Art getötet, da er sich aber als unschuldig erwies, v.

Asklepios wieder zum Leben erweckt. Damit wurde H. als Zeichen der Auferstehung zu einem Sinnbild auf Grabmälern. – **2)** ein Gigant, Sohn der Gaia u. Bruder der übrigen Giganten. Er wurde im Kampf zw. den Göttern u. den Giganten v. Hermes, der eine Tarnkappe trug, getötet.

Hippomedon, einer der ↗Sieben gegen Theben.

Hippomenes, Sohn des boiot. Kg. Megareus; nach einem Teil der griech. Überl. besiegte er (nicht Meilanion) die berühmte Jägerin ↗Atalante im Wettlauf u. gewann sie dadurch für sich.

Hipponoos, Vater des ↗Kapaneus.

Hippothoë, Tochter des ↗Mestor 1) u. der Lysidike; durch Poseidon Mutter des Taphios.

Hippothoos, 1) Kg. v. Eleusis; Sohn des Poseidon u. der ↗Alope; wurde nach einem Teil der griech. Überl. ausgesetzt u. v. einer Stute genährt. – **2)** unehelicher Sohn des ↗Priamos. – **3)** Führer der im troian. Krieg mit Troia verbündeten Pelasger; er wurde v. ↗Aias dem Großen getötet, als er die Leiche des Patroklos suchte.

Hirsch, *Halle Hirsch,* Name jener prächtigen dän. Königshalle, deren First mit einem Hirschgeweih geschmückt war u. die daher ihren Namen hatte. In ihr trieben Grendel u. seine Mutter ihr nächtl. Unwesen, so daß das Gebäude lange Zeit ungenützt bleiben mußte, bis ↗Beowulf als Retter auftrat.

Hirschkuh auf dem Berg Keryneia ↗Keryneia.

Hirschlanden, Württemberg, Fundort einer figürl. Plastik eines nackten „Jünglings" oder „Kriegers", einer frühkelt. Steinfigur, lebensgroß mit Helm, Halsreifen (torques), Gürtel u. Dolch. Diese Figur wurde mit den griech. „kouroi" (Jünglingsfiguren, oft Apollon) verglichen. Falls die zeitl. Zuordnung zur Hallstattzeit standhält, ist es die älteste größere Steinplastik dieser Art nördl. der Alpen, die wir kennen (Württemberg. Landesmuseum, Stuttgart).

Hirsch-Symbolik, als Element der ↗Archetypisierung von der german. ↗Heldensage zum Heroenkult mit Sigfrid verbunden, dessen Drachenkampf die Schlacht im Teutoburger Wald unter ↗Arminius symbolisieren soll (höchst umstritten, wahrscheinl. falsche Prämissen der ↗Kontinuitätstheorie); Cherusker = ↗„Hirsch-Männer" (O. Höfler). – Im altnord. ↗Sonnenlied wird Christus um das Jahr 1200 mit einem Hirsch verglichen, dessen mächtiges Geweih bis zum Himmel reicht. – Auch in der kelt. Mythologie spielte der Hirsch eine bedeutende Rolle, die sich sogar durch archäolog. Ausgrabungen

v. Hirschgräbern bestätigen läßt. Der Hirsch sicherte dem Toten den Weg in das ewige Leben im Jenseits u. wurde mit einem Kult an den Doppelgott Esus-Cernunnos verehrt.

Hiskilla, Gattin des thessal. Kg. ↗Triopas 1); Mutter mehrerer Kinder, darunter des ↗Erysichthon.

Historia Karoli Magni, phantasievolles Geschichtswerk über ↗Karl d. Gr., verfaßt angebl. v. Erzbischof Turpin v. Reims (im 8. Jh.), stammt wohl erst aus dem 12. Jh. (Pseudo-Turpin gen.). Einige Kapitel berichten über ↗Roland, der zu einem Heiligen umstilisiert wurde. Der Pseudo-Turpin" wurde häufig übersetzt u. war im MA sehr geschätzt.

Historia Langobardorum, Geschichte der ↗Langobarden, verfaßt v. ↗Paulus Diaconus, Ende des 8. Jh.

Historia Norwegiæ, anonymes Geschichtswerk über ↗Norwegen aus dem Ende des 12. Jh., u. a. auf der Grundlage v. ↗Adam v. Bremen (11. Jh.), aber auch mit klass.-antiker Kenntnis über u. a. Cicero u. Ovid. Enthält einen frühen Bericht über die ↗Samen, hier „Finnen" gen. Aus dem Geschlecht der Orkney-Jarle wird über „Göngu-Hrolfr" berichtet, dem sagenumwobenen Herzog ↗Rollo der Normandie; die schwed. ↗Ynglinge werden aufgezählt.

Historia regum Britanniae ↗Geoffrey of Monmouth.

Hjalli, im nord. „Alten Atlilied" jener Koch, dem man am Hunnenhof das Herz aus dem Leibe schnitt u. Gunnar als das Herz seines Bruders Högni zeigte. Gunnar durchschaute indessen die Täuschung u. entgegnete seinen Feinden, so feige wie dieses Herz habe das Herz seines kühnen Bruders nie gebebt. Als die Hunnen Högni das Herz dann wirklich aus dem Leibe geschnitten hatten, erkannte sein Bruder es sofort, weil es sich nur schwach auf der Schüssel bewegte. – ↗Atlakvida.

Hjalmar, ein Freund des nord. Örvarodd, der mit diesem gg. ↗Angantyr 1) kämpfte.

Hjalmars Sterbelied, eddisches Heldenlied aus der ↗Hervarar saga.

Hlejre ↗Lejre (dän. Ledreborg).

Hlidskialf, Bz. für ↗Odins Thron in Asgard, v. dem aus er die Welt überblicken konnte u. alles hörte, was sich dort zutrug. In Abwesenheit des höchsten Gottes nahmen auch seine Gemahlin ↗Freyja oder ↗Freyr gelegentl. diesen Sitz ein. Hier wird die german. Vorstellung deutl., daß die Götter nicht per se als allwissend galten, sondern daß ihre „Allwissenheit", die ohnehin eingeschränkt war, insofern sie das Zukünftige nicht als Ganzes einschloß (↗Schicksal), an einen bestimmten Platz gebunden war.

Hlin, eine german. Göttin, wohl aus Freyjas Gefolge; sie galt als Schutzgottheit.

Hlödskvida, das altnord. ↗Hunnenschlachtlied.

Hlodyn, Gestalt der Edda, eine Göttin, die als Thors Mutter galt; sie war ident. mit ↗Jörd, dem Sinnbild der „Mutter Erde".

Hludana, *dea Hludana,* eine in lat. Quellen gen. german. Göttin, die in der Edda ↗Hlodyn heißt. – Als niedere Dämonin später viell. ↗Holle.

Hobbit, phantast., menschenähnl. Figur in Tolkiens „moderner Mythologie" ↗Herr der Ringe.

Hochsitzpfeiler, geschmückter Pfosten am Sitz des Hausherrn; im isländ. Haus der Sagazeit Sitz der Verehrung der Ahnen (↗Ahnenkult) u. ↗Asen. Von der Landnahme ↗Islands wird berichtet: „… sobald Ingolf Land sichtete, warf er seinen H. über Bord und schwor, er wolle sich dort niederlassen, wo dieser anlande."

Hochzeit, Motiv auf den bronzezeitl. Felszeichnungen von Bohuslän, Schweden. In versch. Fruchtbarkeitskulten spielt die ↗Heilige H. eine

„Hochzeit":
bronzezeitl. Felszeichnung
von Tanum

Rolle, die Vermählung des Gottes mit einem irdischen Partner, um Wachsen u. Gedeihen der Feldfrüchte zu fördern. Hier liegt eine ähnl. Deutung nahe, obwohl wir v. den rel. Kulten der Felsbildzeichner kaum etwas wissen. Andererseits ist ganz naturalist. die Verbindung v. Mann (Penis u. Schwertscheide mit geschweiftem Endknopf) u. Frau (Haarzopf) dargestellt (↗Tanum). Kult. Gewicht bekommt die Szene dadurch, daß sie anscheinend v. einer danebenstehenden, übergroßen männl. Figur „mit der Axt gesegnet" wird. – Ein Reflex einer Vorstellung v. der heiligen Hochzeit ist viell. die Brautwerbungssage Freyrs um die Riesentochter Gerd (Skirnirlied in der altnord. Edda).

Hödbrod, ein Sohn ↗Granmars, Verlobter der schönen nord. Walküre Sigrun, die ↗Helgi Hundingsbani v. dem ungeliebten Mann, mit dem ihr Vater sie verbunden hatte, befreite.

Hodios, griech. Beiname des ↗Hermes in seiner Eigenschaft als Gott der Reisenden.

Hödur, auch *Höd, Hödh, Hödhur,* ein Sohn Odins, den die Germanen sich als blind vorstellten; auf Anstiften ↗Lokis schoß er ahnungslos jenen Mistelzweig als Pfeil ab, der seinen Bruder ↗Balder tötete. Zur Strafe wurde er v. ↗Vali, einem Sohn, den Odin mit ↗Rinda gezeugt hatte u. der damals gerade erst geboren war, getötet. Bei der Entstehung eines neuen Weltgebäudes lange nach der Götterdämmerung kehrt H. zus. mit Balder, mit dem er sich versöhnt, zurück.

Hoffnung, nach antiker Vorstellung das, was in der Büchse der ↗Pandora zurückblieb, nachdem das Gefäß geöffnet, alle Übel aus ihm entwichen waren u. v. den Menschen Besitz ergriffen hatten. Von den Römern als ↗Spes personifiziert.

Höfisches Epos, an Fürstenhöfen entstandene oder auf höf. Leben u. Denken bezogene Dichtung; funktional Nachkomme des altgerman. Heldenliedes u. der heidnisch dominierten Heldensage; das dt. H. E. übernimmt neue Stoffkreise, die aus der Antike u. aus dem Orient stammen, verarbeitet aus frz. Quellen kelt. Sagenstoffe (↗Artusepik) u. die „Chansons de geste" (↗Karlssagen), steht jedoch als neuer Komplex weitgehend außerhalb der „german. Mythologie".

Högni, ein Bruder der Gudrun, der mit ↗Sigurd Blutsbrüderschaft schloß. – Im „Alten Atlilied" (↗Atlakvida) mit Gunnar am Hofe des Hunnenkönigs getötet. – Auch altnord. Name für ↗Hagen von Tronje.

Höhlenmalerei ↗Lascaux.

Holger Danske, eine Sagenfigur, frz. *Ogier le Danois,* dän. Nationalheld, Sohn des dän. Kg. Godfred aus der Gefolgschaft Karls des Großen (nach der Überl. altfrz. Heldenepen); H. D. sitzt wie ein Ks. Barbarossa unter Schloß Kronborg auf Seeland u. wird Dänemark in Not beistehen. Erst im Spätmittelalter durch die frz. Ritterepik in Dänemark bekannt; 1534 dän. Druck der Chronik von Olger Danske. – Der dän. Dichter

Holger Danske:
dänischer Nationalheld
(Fresko in der Kirche v.
Skævinge, Seeland)

B. S. Ingemann (1789–1862) sah in der Gestalt des H. D. und mit seinem gleichnamigen Gedichtzyklus (1837) den „dän. Volksgeist" in idealer Weise repräsentiert. Der Dichter war ein bedeutender Vertreter der dän. Nationalromantik.

Hölgi, *Helgo*, Kg. vom norweg. Halogaland, Vater der ↗Thorgerd.

Holle, *Frau Holle, Holda, Hulda*, eine Hexe, wie die ↗Perchta im Volksglauben Anführerin des ↗Wilden Heeres; viell. auf die altnord. Fruchtbarkeitsgöttin ↗Hlodyn, german. Hludana, zurückgehend (?). In Sagen aus Hessen, Franken u. Thüringen auch eine freundl., hilfespendende Gestalt. Im Märchen ein hausmütterl. Wesen, das mit den Betten Schnee ausschüttelt.

Hölle, *Hel*, ↗Island.

Holmgang, altnord. Zweikampf auf einer „kleinen Insel", ähnlich wie ein ↗Gottesurteil. Um und vor 1000 auf Island, obgleich als heidnisch verurteilt, weit verbreitet auch zur Entscheidung eines Rechtsstreites (vom isländ. Allding 1004 offiziell abgeschafft). Feste Regeln dafür wurden in der Kormaks saga um 1240 beschrieben: der Platz wurde „gehaselt", mit Haselstöcken ausgesteckt; gekämpft wurde, bis einer schwer verwundet war oder floh.

Hölzernes Pferd, das Mittel, mit dem die Griechen sich Einlaß in Troia verschafften. Es handelte sich um ein großes Pferd aus Holz, das ↗Epeios auf Anraten des Odysseus baute u. in dem sich zahlr. bedeutende hellen. Krieger verbargen. ↗Sinon, als Überläufer getarnt, überredete die Troier, es in ihre Stadt zu ziehen, wozu sich diese gg. den Rat des Priesters ↗Laokoon u. gg. die düsteren Warnungen der ↗Kassandra entschlossen. Die im Bauch des Tieres verborgenen Helden öffneten die Stadttore u. ließen ihre Gefährten ein. Nach blutigen Kämpfen war damit der Untergang Troias besiegelt. Im H. P. waren z. B. ↗Demophon 1), ↗Echeinon 1), ↗Eurypylos 1), ↗Machaon, ↗Menestheus, ↗Neoptolemos, ↗Polypoites 2), ↗Sthenelos 2), Thoas 3) usw.; insgesamt sollen es 30 Helden gewesen sein. – (s. Farbtafel S. 156).

Homerische Hymnen, altgriech. Sammlung v. Kultliedern auf versch. Gottheiten: Dionysos, Demeter, Apollon, Hermes, Aphrodite u. a. wurden besungen. Die Lieder stammen aus versch. Zeiten u. aus unterschiedl. Quellen seit dem 7. Jh. v. Chr. (↗Apollon) bis in die hellenist. Zeit; die Zuschreibung an ↗Homeros ist eine Fiktion. Nach der Ausgabe v. Florenz 1488 übersetzte Ch. Graf zu Stolberg 1782 die homer. II. ins Dt.

Homeros: die Büste des Homer ist eine Idealbüste, die über das wahre Aussehen des Dichters nichts aussagt. Erst im Hellenismus nahm die griechische Idealbüste porträthafte Züge an.

Homeros, lat. *Homerus, Homer*, der Überl. nach der älteste u. wohl bedeutendste ep. Dichter der Antike, der, v. einigen Ausnahmen abgesehen, v. den Griechen für den Verf. v. Ilias u. Odyssee gehalten wurde. Zeitweise als eine fiktive Gestalt betrachtet, wird seine Historizität heute in der Regel nicht mehr ernstl. angezweifelt, obwohl nur dürftige biograph. Hinweise auf ihn vorliegen. Wahrscheinl. lebte er im 8. Jh. v. Chr. Die Ehre, seine Geburtsstadt zu sein, nahmen sieben Städte für sich in Anspruch, v. denen Smyrna in Kleinasien die besten Argumente auf sich vereinigen konnte. Seit dem 5. Jh. v. Chr. gibt es biograph. Hinweise auf seine Blindheit, Armut v. Vielgereistheit als Rhapsode, was nicht ausschließt, daß es sich hierbei um reine Legenden handeln könnte. Die zahlr. H.-Büsten sind Idealporträts, überwiegend aus der Zeit des Hellenismus. Sie sagen über das wirkl. Aussehen des Dichters also nichts aus. – Die beiden großen, H. zugeschriebenen Epen Ilias u. Odyssee, deren geschichtl. Hintergrund durch Schliemanns Grabungen (↗Mykenai, ↗Troia) u. die sich anschließende Forschung wohl als erwiesen gelten darf, sind im aiol.-ion. Dialekt in Hexametern abgefaßt. Ihre Sprache u. das hohe Maß ihrer Bildlichkeit waren v. größtem Einfluß auf die gesamte griech. Lit. u. darüber hinaus auf die des Abendlandes.

Die ↗Ilias greift als Leitmotiv den Zorn des Achilleus über den Raub der ihm zugesprochenen Königstochter Briseïs durch Agamemnon heraus u. entwirft, obwohl nur ca. 50 Tage des zehnjährigen Krieges um Troia geschildert werden, das großartige Bild eines Heldenzeitalters, in dem Götter u. Menschen gleichermaßen Träger des Geschehens sind. Die Grundstimmung ist tragisch: Achilleus, vor die Alternative langes Leben oder früher Tod u. ewiger Ruhm gestellt, wählt das letztere, bringt durch seinen

Zorn über seine verletzte Ehre das Heer der Griechen an den Rand des Abgrunds u. verliert seinen besten Freund Patroklos. Seine Rache an Hektor, dem Helden der troian. Seite, ist furchtbar, doch schließt das Werk mit der Versöhnungsszene zw. Achilleus u. dem greisen Kg. Priamos, der seinen gefallenen Sohn aus den Händen des Gegners auslöst. – Die ↗*Odyssee*, in der die Götter stärker zurücktreten, dafür aber die Angehörigen einfacherer sozialer Schichten breiteren Raum gewinnen, erzählt die Irrfahrt des Odysseus, der, nachdem Troia gefallen ist, 10 Jahre alle Unbilden des Meeres u. ferner Länder erdulden muß, bis er heim nach Ithaka kommt u. an den Feinden seines ihn suchenden Sohnes, Telemachos, die zugleich als Freier seiner ihm treu gebliebenen Gattin Penelope sein Hab u. Gut vertun, Rache nimmt. Die Odyssee ist jünger als die Ilias. Ob beide Werke wirklich v. einem Dichter stammen, hat die Forschung bis heute nicht mit Sicherheit entscheiden können, so viele Theorien auch unter den versch. Untersuchungsaspekten zur sog. *Homerischen Frage* entwickelt worden sind. – Der Stil der homer. Epen, vor allem ihre typ. *Formelhaftigkeit* mit vielen „schmückenden Beiwörtern" u. ganzen stereotypen Zeilen u. a. für die Personen der Handlung u. für häufig wiederkehrende Beschreibungen („weitaufrauschendes Meer", „der mutige Renner Achilleus", „Hera, die lilienarmige Göttin", „als aufdämmernd nun Eos mit Rosenfingern emporstieg" [für den Morgen], „der Troer weitdurchwanderte Stadt" [Troia] usw.; alle Beispiele aus der „Ilias") sind bis in die Gegenwart Untersuchungsgegenstand der Wissenschaft geblieben, die hier Argumente sammelt für eine im Augenblick des Vortrags improvisierend geschaffene u. mündl. überlieferte Dichtung. – (s. Farbtafel S. 157).

Hönir, bei den Nordgermanen ein Gott, der vielfach als Bruder Odins galt u. v. dem man glaubte, er habe den ersten Menschen den Verstand gegeben. Er begleitete Odin häufig auf seinen Besuchen in der Welt u. wurde für schön, kühn u. für einen hervorragenden Jäger u. Läufer gehalten. Nach dem sog. Friedensschluß zw. Asen u. Vanen schickte man ihn als Geisel zu den Vanen.

Hopladamas, einer der griech. Giganten, der Rheia vor ihrem Gatten ↗*Kronos* schützte.

Horagales, finn.-samischer Donnergott, vgl. die Zaubertrommel ↗*Gobdas,* auch *Hora* oder *Tora* gen., der mit einem Hammer Blitze schleuderte; der Zshg. mit ↗*Thor* liegt nahe.

Horand, mhd., ein berühmter Sänger im Dienste Kg. ↗*Hetels* von Hegelingen, dessen Gesang alle Kreatur entzückte. Er warb mit ↗*Wate* von Stürmen um die schöne Hilde, eine Tochter Hagens u. der Hilde von India. Seine Kunst bewog nicht zuletzt die junge Hilde zur Flucht aus ihrer Heimat u. zur Heirat mit Hetel. – Als dän. Herzog Horant, der wegen seines betörenden Gesangs berühmt war, Titelheld des ↗*Dukus* Horant.

Hora Quirini, röm. Göttin der Schönheit; Vergöttlichung der ↗*Hersilia,* Gattin des Romulus.

Horatier, altröm. Patriziergeschlecht, das bereits im 5. Jh. v. Chr. ausstarb. Der Sage nach kämpften drei Brüder dieses Geschlechtes mit drei Curiatiern aus Alba Longa um die Vorherrschaft v. Rom bzw. Alba Longa. Nach dem Tod v. zwei Horatiern soll der dritte die drei Curiatier besiegt u. dann seine Schwester getötet haben, weil sie einen der Curiatier liebte u. um ihn trauerte. Der Ausgang des Kampfes bestätigte die Vorherrschaft Roms.

Horaz, *Quintus Horatius Flaccus,* röm. Dichter, *65, †8 v. Chr.; Sohn eines Freigelassenen; neben Vergil der bedeutendste Dichter der Augusteischen Zeit. Hauptwerke sind seine in der Tradition v. Alkaios u. Sappho stehenden Oden mit z. T. polit., z. T. spezif. lyr. Themen. Von zwei Büchern „Epistulae" wurde bes. die „Ars poetica", eine Kunstlehre, berühmt u. einflußreich.

Horen, in der griech. Mythologie die drei Göttinnen der Jahreszeiten und der Naturkräfte: Thallo (Göttin der Blüte), Auxo (Göttin des Wachstums) u. Karpo (Göttin der gereiften Frucht). Sie galten als Töchter des Zeus u. der Themis u. waren vielfach im Gefolge v. Apollon, Aphrodite u. Dionysos zu finden. Bei Hesiod verschob sich ihre Bedeutung vom Naturhaften ins Ethische; sie hießen jetzt ↗*Dike* (Recht), ↗*Eunomia* (Ordnung) u. ↗*Eirene* (Friede) u. galten als Hüterinnen der menschl. Rechtsordnung. Nach ↗*Homeros* („Ilias") hüteten sie die Himmelspforte, durch die der Sonnengott Phoibos ↗*Apollo* tägl. seine Fahrt mit dem feurigen Wagen antrat. Nach Prodikos v. Keos (* um 465, †395 v. Chr.) waren die H. Fruchtbarkeitsgottheiten, d. h. rational gesehen die personifizierten Iden v. Acker- u. Weinbau, von fortschreitender Zivilisation u. Tüchtigkeit (siehe Abb. Seite 204 oben).

Horn, *King Horn, Horn Childe, Hind Horn,* viell. urspr. nord. Sagenstoff, überliefert vor allem nach mittelengl. Quellen u. späten Volksballaden. Der aus seinem Reich vertriebene Königs-

Horen: nach einem klassischen Relief (Paris)

sohn H. verliebte sich an einem fremden Hof in Rimhild. Heiml. kamen die Königskinder zus., doch sie wurden verraten, u. H. wurde fortgeschickt. Nach vielen Abenteuern hörte er, daß Rimhild zu einer Hochzeit gezwungen werden sollte. Als Bettler verkleidet, kam er rechtzeitig zurück u. wurde schließl. als Königssohn anerkannt, der dann auch sein eigenes Reich zurückerobern konnte. – In den Quellen ist die Nähe zum Tristan-Stoff offenbar, die höf. Elemente in der Beschreibung ritterl. Prachtentfaltung überwiegen. Die Volksballade v. ↗King Horn übernimmt diese Handlung in balladesker Raffung. Hier u. in der Ballade Horn Childe waren es die eigenen Begleiter von H., die ihn am fremden Hof verrieten. Zudem nehmen die Balladen neben dem Motiv der Verkleidung als Bettler neue Elemente in sich auf, so z.B. das Wiedererkennen an einem (mag.) Ring.

Hornhausen ↗Reiterstein von Hornhausen.

Horos, *Horus,* Sohn der ägypt. ↗Isis.

Horror vacui, lat. die „Angst vor der Leere", ikonograph. Bz. für ein charakterist. Merkmal der traditionellen Kunst, keine leeren Flecken zu lassen, sondern diese mit Ornamenten aller Art auszufüllen (↗Solberga), welches oft zu Fehlinterpretationen Anlaß gibt (vgl. ↗Dreiecksknoten).

Horsa ↗Hengist und Horsa.

Hostilius, Gatte der ↗Hersilia und Vater des ↗Hostus Hostilius; fiel im Kampf gg. die Sabiner.

Hostus Hostilius, Sohn des ↗Hostilius u. der ↗Hersilia.

Hother ↗Bolder.

Hrafnkels saga, die Saga von Hrafnkel, altisländ., viell. um oder kurz vor 1300 entstanden.

Hrafnkel war Priester des Gottes Frey u. hütete ein dem Gott geweihtes Pferd Freyfaxi. Als Hrafnkel einen Knecht erschlug, der gg. sein Gebot auf diesem Pferd ritt, wurde er v. dem armen Thorbjörn, dem Vater des Knechts, vor das ↗Ding zitiert. Doch Hrafnkel lehnte jede Buße ab, u. sein Unglück wollte es, daß er plötzl. mächtige Gegner hatte, die seine Ächtung verlangten. Nun kam es zu Streitigkeiten, diese Acht durchzusetzen, bei denen Hrafnkel jedoch siegte u. trotz allem bis in sein hohes Alter ein angesehener Mann blieb.

Hreidmar, eine bedeutende Gestalt der nord. Sage, Vater der Söhne ↗Ottur, ↗Regin u. ↗Fafnir. Er wurde v. Fafnir wegen seines Goldschatzes getötet.

Hrimfaxi, ein schwarzes Roß, das nach der Vorstellung der Germanen den Wagen der ↗Nacht zog.

Hrimgerd, Tochter des nord. Riesen ↗Hati 2), ein schreckerregendes Meerweib in Pferdegestalt, das sich vergebl. bemühte, seinem Vater gg. ↗Helgi Hiörvardsson zu Hilfe zu eilen, indem es Helgis Schiffe zu vernichten suchte.

Hrimthursen, altnord. Reif- und Frostriesen (↗Vafthrudnir), personifizierte Wintergestalten.

Hrodmar, nord., einer der Freier der schönen ↗Sigurlin, Svafnirs Tochter, die jedoch Hiörvard zum Manne nahm u. Mutter des ↗Helgi Hiörvardsson wurde. Als Helgi herangewachsen war, besiegte er Hrodmar, fand aber später durch Alfur, einen Sohn Hrodmars, selbst den Tod.

Hrolf Kraki, ein möglicherweise hist. dän. Kg. des 6. Jh., der über den dän. Königssitz u. Thingplatz Lejre (auf Seeland) herrschte; sein Beiname „Krähe" war spöttisch gemeint. Spätere

Umformungen zeigen ihn als Helden, der im schwed. Uppsala einen großen Goldschatz raubte, diesen aber auf der Flucht vor ↗Adils auf das Fyrrisfeld (↗Gold) streute u. damit die Verfolger aufhielt. Einer von Hrolfs Gefolgsleuten war ↗Bjarki. Die *Hrolfs saga kraka*, eine altnord. ↗Fornaldar saga, schildert die Geschichte von H. K. – Dän. Dichter machten H. K. zu einem Nationalhelden in der polit. Auseinandersetzung mit dem Nachbarland Schweden: „Rolf Krage" v. Johannes Ewald, 1770, u. „Hrolf Krake" v. Adam Oehlenschläger, 1828.

Hrotti, nord., ein Schwert, das Sigurd beim Drachenhort Fafnirs fand.

Hrungnir, Kg. der nord. Steinriesen, der einst auf Odin traf u. mit ihm in einen Streit geriet, wer v. ihnen beiden das schnellere Pferd hätte. Der Gott gewann zwar auf ↗Sleipnir den Wettkampf, aber H.s Roß war immerhin so schnell, daß es nach Asgard stürmte, wo sein Herr an einem Gelage der Asen teilnahm, wie es das Gesetz der Gastfreundschaft bestimmte. Der Riese, der sich sinnlos betrank, führte großspurige Reden, in denen er davon sprach, er wolle Freyja u. Sif entführen u. sämtl. Asen töten. Schließl. kam es zu einem Zweikampf zw. Thor, begleitet v. ↗Thialfi, u. H., unterstützt v. ↗Mökkurkalfi. Thialfi u. H. fanden dabei den Tod.

Hugdietrich ↗Dietrichs Flucht.

Hugin (altnord. = „der Gedanke"), in der german. Mythologie einer der beiden Raben, die auf Odins Schultern saßen u. ihm ins Ohr flüsterten, was sie jeden Morgen, wenn sie die Welt erforschten, in Erfahrung gebracht hatten; der andere Rabe war ↗Munin.

Hulda ↗Holle.

Huldre (westnord. = „versteckte, unsichtbare Leute"), Zwerge u. Hügelbewohner, vor allem in der norweg. Märchenüberlieferung; Personen aus dem Reich der niederen ↗Dämonen.

Humanismus, innerhalb unseres Verständnisses v. Mythologie sind H. u. ↗Renaissance sich überschneidende Begriffe. Z. B. eine polit. Streitschrift wie der span. „Dialog zw. Merkur u. Charon" des Alfonso de Valdés (um 1529) verwendete im Geiste des H. das lit. Muster der Totengespräche mit ↗Charon (nach ↗Lukian), um die Gegenwart unter dem frz. Kg. Franz I. krit. zu betrachten. Die Inquisition verbot denn auch das Werk, das gg. die kath. Gegenreformation Stellung bezog: Mythologie im Dienste der Tagespolitik. – Vgl. auch ↗Boccaccio u. ↗Circe.

Hunding, Kg. v. Hunaland; er wurde v. ↗Helgi Hundingsbani getötet.

Hünengräber ↗Megalithgräber.

Hunnen, innerasiat. Reiter- u. Nomadenvolk, das sich 48 n.Chr. in eine Süd- u. eine Nordgruppe spaltete. Die H. der Nordgruppe (die späteren europä. H.) wanderten nach W u. ließen sich 123 in der nördl., 280 in der südl. Kirgisensteppe u. am Nordufer des Syr-Darja nieder. Sie unterwarfen die Alanen (350) u. besiegten die Ostgoten (375). Unter ↗Attila stießen sie aus dem Donaubecken nach Vernichtung des Burgunderreichs (436) bis nach Gallien (451 auf den Katalaunischen Feldern geschlagen) u. It. (452) vor, zogen sich aber nach Attilas Tod (453) nach O zurück u. gingen dort in versch. anderen Völkern auf. – Die H. spielten, vor allem in Zshg. mit ↗Attila (Etzel, Atli) in der german. Sage eine bedeutende Rolle. – Die Ursprungssage der H. ist ein ↗Zwei-Brüder-Märchen: „Hunor u. Magyar waren die erstgeborenen Söhne des Menroth u. der Eneth. Sie wanderten in die Steppe … jagten eine Hirschkuh … heirateten zwei (geraubte) Töchter des alanischen Fürsten Dula … von diesen stammen alle Hunnen ab" (nach „Meister Simon", um 1280).

Hunnenschlachtlied, altnord. *Hlödskvida,* ein Heldenlied eddischer Art, in einer isländ. Saga des 13. Jh. überliefert. Es schildert vor dem Hintergrund des polit. Ggs. zw. Hunnen u. Goten den Erbstreit zw. Hlöd, dem Sohn einer hunnischen Mutter, und Angantyr, dem gotischen Reichserben. Das Erzählmotiv vom Kampf mit dem Halbbruder als unausweichl. Schicksal (↗Kampf gegen Freund und Verwandten) ist typisch für die Dichtung der ↗Völkerwanderungszeit.

Huon de Bordeaux, altfrz. Epos ↗Oberon.

Hürnen Seyfrid, spät-ma. Lied über ↗Sigfrid.

Hurum ↗Atem.

Hvergelmir, nord., eine der Quellen unter der Weltesche. Das aus ihr emporsprudelnde Wasser ergoß sich in alle Ströme der Welt.

Hyaden, Töchter des Atlas u. der Pleione oder des Okeanos u. der Tethys. Ihre Zahl wird gewöhnl. mit fünf oder sieben angegeben. Sie waren Schwestern der Hesperiden u. der Pleiaden u. werden in der griech. Mythologie neben anderen gelegentl. als Pflegerinnen des kleinen Dionysos erwähnt. Nach dem Tod ihres Bruders ↗Hyas begingen sie vor Gram Selbstmord u. wurden zu Sternbildern.

Hyakinthos, in der griech. Sage ein schöner Jüngling, Sohn des Amyklas u. der Diomede, Liebling des Apollon (↗Knabenliebe). Apollon tötete ihn aus Versehen beim Diskuswerfen, weil der v. Eifersucht geplagte Westwind Zephyros den Diskus in Richtung auf den Kopf des H. trieb. Apollon ließ aus dem Blut des Getöteten die Blume Hyazinthe (wohl nicht mit unserer heutigen Hyazinthe ident.) erspießen. – Wahrscheinl. war H. ein sehr alter Vegetationsgott, dessen Tod u. Verwandlung das Sterben u. Wiedererblühen der Natur versinnbildlichen sollten.

Hyas, griech., Sohn des Atlas u. der Pleione, Bruder der Hyaden, Hesperiden u. Pleiaden. Er wurde in Libyen v. einem Stier, einem Löwen, einer Schlange oder einem wilden Eber getötet u. bes. von den ↗Hyaden betrauert.

Hybris, ein seit Homer häufig gebrauchter Begriff der griech. Ethik für eine hochmütige, anmaßende Einstellung des Menschen gegenüber Göttern u. Gesetzen. – Vor dem Areopag in Athen stand der sog. *Stein der Hybris,* auf den der Angeklagte zu treten hatte. – Die grundlegende Forderung, gg. die man nicht verstoßen durfte, betrafen z.B. den Totenkult (vgl. ↗Manes); Sisyphos setzte gar den Tod gefangen (↗Thanatos). Ewige Strafe war z.B. die Verurteilung zu vergebl. Arbeit (↗Oknos, ↗Sisyphos). Als Ggs. zur H. wurde etwa die röm. Tugend der Ehrfurcht gepredigt (↗Pietas), bes. ↗Aeneas wurde verehrt. H. wandte sich vor allem aber gg. den Alleinanspruch der Götter (↗Aias der Lokrer, ↗Kapaneus, ↗Keyx). Die „Lehre" v. der bestraften H. besagte offenbar, daß man an dem traditionellen Götterglauben festhalten muß. Hinter manchen Erz. vermeint man förml. den belehrenden Zeigefinger zu sehen (↗Erysichthon). Die oft allzu menschl. ↗Götter mischen sich ganz konkret in das Menschenleben ein, man muß sie daher ehren u. sie mit allen Mitteln zu besänftigen versuchen. Aber der jeweilige Mythos *spiegelt* nur die Glaubensverhältnisse, er ist also Dichtung, nicht zuverlässiges Zeugnis des tatsächl. Glaubens. – In der german. Mythologie vgl. ↗Mani u. ↗Sol.

Hydra von Lerna, *Lernäische Hydra,* schlangenartiges Ungeheuer der griech. Mythologie, das in den Sümpfen v. Lerna lebte u. für die Bewohner der Argolis eine schwere Plage bedeutete; es

Hydra von Lerna: Herakles im Kampf mit der Hydra; griechisches Vasenbild

besaß neun Köpfe; schlug man ihm einen ab, so wuchsen je zwei neue nach. Gemeinsam mit seinem Neffen Iolaos gelang es ↗Herakles, die Hydra zu überwältigen, indem er ihr die Köpfe abschlug u. die Hälse mit einem Holzscheit ausbrannte. Mit der Galle des Untiers bestrich er seine Pfeile, die dadurch giftig wurden u. bei jedem, den sie trafen, unheilbare Wunden hervorriefen (↗Pholos).

Hygelac, Kg. aus der altengl. ↗Beowulf-Saga, hist. möglicherweise in Anlehnung an Chochilaicus, um 520. Im Epos Kg. v. Jütland, der Beowulf, den Sohn seiner Schwester, nach dessen Rückkehr aus Dänemark, wo er ↗Grendel u. seine furchtbare Mutter besiegt hatte, zu einem der bedeutendsten Fürsten in seinem Reich erhob. Als H. einige Jahre später im Kampf fiel, übernahm Beowulf die Regentschaft für ↗Hardred, den unmündigen Sohn des Verstorbenen. Als später auch Hardred umkam, wurde Beowulf zum Kg. v. Jütland erhoben u. damit zum rechtmäßigen Erben Hygelacs.

Hygieia

Hygieia, griech. Göttin der Gesundheit, Tochter (nach anderer Version Gattin) des ↗Asklepios, mit dem zus. sie in Epidauros, aber auch an anderen Orten verehrt wurde.

Hyginus, *Gaius Julius,* Freigelassener u. Bibliothekar des Augustus, † um 10 n.Chr.; Verf. v. mytholog., rel. u. geograph. Werken. Das aufschlußreiche mytholog. Handbuch „Fabulae" ist vermutl. nur eine Zuschreibung.

Hylas, Sohn des Theiomenes oder des Theiodamas, ein Argonaut, der der besondere Liebling des ↗Herakles war. Als er in Chios v. Quellnymphen geraubt wurde, verließ Herakles seine Gefährten, um H. zu suchen. Sein lautes Klagen u. Rufen blieb indessen vergeblich. Der griech. Sage nach wurde es v. den Bewohnern jedes Jahr kult. wiederholt.

Hylestad: Sigurdsage

Hylestad, ehemalige norweg. Stabkirche aus Setesdal, von der nur noch der Portalschmuck aus der Zeit um 1200 erhalten geblieben ist (Hist. Museum, Oslo). Die prächtig geschnitzten Holzteile aus einer christl. Kirche zeigen Szenen der heidn. Heldensagenüberl. von ↗Sigurd: Das Schwert „Gram" wird geschmiedet, und es ist so hart, daß es nicht mehr am Amboß zerspringt; mit Gram tötet Sigurd nach dem Drachenkampf Regin. – *Abbildungen* v. links oben: ↗Gunnar in der Schlangengrube, Tod Regins, Pferd mit Drachenhort, Baum mit Vögeln, deren Sprache Sigurd beim Braten des Drachenherzens u. der Fingerprobe (↗Daumenlutschen) versteht; rechts v. oben: Drachenkampf, Schwertprobe u. -schmieden.

Hyllos, in der griech. Mythologie Sohn des Herakles u. der Deïaneira, Gemahl der Iole, die ihm v. seinem sterbenden Vater angetraut wurde. Er war der Anführer der ↗Herakleiden, die auch nach dem Tode des ↗Herakles immer noch v. dem haßerfüllten ↗Eurystheus verfolgt wurden,

bis dieser samt seinen Söhnen im Kampfe fiel. Trotz mehrerer Versuche gelang es H. u. den Herakleiden nicht, das väterl. Erbe, die Peloponnes, zurückzugewinnen. H. fiel, u. erst seine Nachfahren konnten das Erbe an sich bringen.

Hylonome, Tochter des Ixion u. der Nephele. Ihre Liebe zu ↗Kyllaros war so groß, daß sie, als dieser v. der Hand der Lapithen starb, Selbstmord beging.

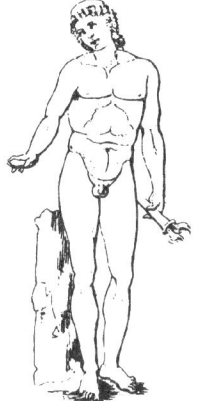

Hymenaios: Hochzeitsgott

Hymenaios, lat. *Hymenäus, Hymen,* griech. Hochzeitsgott, als schöner Jüngling mit Brautfackel u. Kranz in der Hand dargestellt. Sohn des Dionysos u. der Aphrodite oder des Apollon u. einer Muse (gelegentl. werden auch andere Eltern gen.). Er wurde bei jeder Eheschließung mit einem feierl. Gesang, dem Hymenaios (Hymenäus) angerufen, dessen Refrain „Hymen o hymenaie" lautete. Das läßt vermuten, daß der Gott H. die Personifikation des Hochzeitsgesanges war.

Hymir, ein nord. Riese, Tyrs Vater, v. dem u. a. im „Hymirlied" der Edda die Rede ist. Die Geschichte kreist um einen großen Braukessel, den Thor gern in seinen Besitz gebracht hätte; eingeschlossen ist der Bericht v. einem Fischfang, zu dem der Gott H. mitnahm. Thor warf auf hoher See seine Angel mit einem Ochsenkopf als Köder aus, um die ↗Midgardschlange zu fangen. Das Ungeheuer biß an, kämpfte aber so heftig dagegen, emporgezogen zu werden, daß Thor mit einem Bein durch den Schiffsboden brach. Der Riese wurde v. Angst gepackt u. zerschnitt die Angelschnur mit seinem Messer, so daß die Beute entkam. Der Edda nach kamen beide lebend an Land; nach einer anderen Version tötete Thor den H. – Auch vom Fang zweier Wale ist die Rede, die Thor samt Schiff auf die Schulter nahm u. nach der Riesenburg trug.

Hyndla-Lied (altnord. *Hyndluljód*), eddisches Lied, spät überliefert, mit einem Namenskatalog aus mytholog. Wissen, der Riesentochter Hyndla in den Mund gelegt. Alle Ahnen Ottarrs, des in einen Eber als Reittier verwandelten Schützlings der Göttin Freyja, werden aufgezählt.

Hypata, griech. Stadt in Thessalien, in der (nach dem röm. Dichter Apuleius) angebl. ein (spartan.?) Gott des Lachens verehrt wurde.

Hyperbios, einer der 50 Söhne des ↗Aigyptos; half Theben im Kampf der ↗Sieben gegen Theben verteidigen. Später wurde er v. seiner Frau, einer ↗Danaïde, in der Hochzeitsnacht getötet.

Hyperboreer, im Alt. ein sagenhaftes Volk, das im äußersten N Griechenlands (jenseits des Nordwindes ↗Boreas) leben sollte; ob es einen histor. Hintergrund hat, bleibt ungeklärt. Die H. galten als Volk des Lichtes, des Friedens u. der immerwährenden Seligkeit, in deren fruchtbares, v. mildem Klima bestimmtes Land sich Apollon gelegentl. zurückzog. Später wurden auch Staats-Utopien dort lokalisiert.

Hyperion, einer der ↗Titanen. Er heiratete seine Schwester Theia, die ihm die Kinder Helios, Selene, Eos u. nach einem Teil der Überl. Aurora gebar. H. wurde auch mit Helios identifiziert, bzw. Helios trug häufig den Beinamen H. – „Hyperion", engl. Epos v. John Keats, 1820, in dem der Dichter sich vor allem auf Ovid berief. Nach ihrer Niederlage gg. Jupiter lagen Saturn u. andere Titanen in Ketten gefesselt u. verzweifelten. Nur H., der Sonnengott, wurde v. seinem Vater Coelus (lat. = Himmel) zum Widerstand ermuntert. Doch Oceanus, von Neptun verdrängt, resignierte u. bezeichnete die zweite, jugendl. Göttergeneration wegen ihrer Schönheit als überlegen. Auch der strahlende H. vermochte die Titanen nicht umzustimmen. Die Götter erscheinen wie auf Erden die Schönheit dem „Gesetz des Werdens u. Vergehens" unterworfen (W. Dittmar). Auch Fr. Hölderlin (1797) u. der Amerikaner H. W. Longfellow (1839) verwendeten den Namen H. in ihren Werken, um sich mit dem Problem der „Schönheit" auseinanderzusetzen bzw. auf einen „Sohn des Himmels" zu verweisen.

Hyperippe, Tochter des arkad. Kg. Arkas u. der Dryade Erato.

Hypermestra, 1) eine der 50 Töchter des Danaos, die als einzige der ↗Danaïden ihren Gatten, den Lynkeus 1), in der Hochzeitsnacht nicht erstach. Der griech. Überl. nach soll sie mit ihrem Gemahl u. ihrem Sohn Abas in Argos in einem gemeinsamen Grab beigesetzt worden

sein. – 2) Tochter des Thestios u. der Eurythemis. Sie heiratete ↗Oikles u. wurde Mutter des ↗Amphiaraos.

Hypnos, griech. Gott des Schlafes, Sohn der ↗Nyx, Bruder des ↗Thanatos, nach einer späteren Überl. (Ovid) Vater des Morpheus. H. vermochte jeden, selbst Zeus, gg. seinen Willen in Schlaf zu versetzen. Er war im griech. Kult nur v. geringer Bedeutung. In der Kunst wurde er häufig als geflügelter Jüngling dargestellt.

Hypseus ↗Kyrene.

Hypsipyle, in griech. Überl. Tochter des Kg. Thoas v. Lemnos, die ihren Vater heiml. vor dem Zugriff der Lemnierinnen schützte, als diese aus Eifersucht alle Männer der Insel in einer einzigen Nacht umbrachten. H. wurde selbst Königin v. Lemnos u. die Geliebte des Iason, als dieser mit seinen Argonauten ins Land kam u. sich dort für ein Jahr aufhielt. Die Königin gebar ihm die Söhne Thoas u. Euenos. Als später bekannt wurde, daß H. ihren Vater gerettet hatte, verkauften Seeräuber sie als Sklavin an Kg. Lykurgos v. Argos (↗Lykurgos 2), der sie zur Kinderfrau seines kleinen Sohnes ↗Opheltes bestellte. Als die ↗Sieben gegen Theben ins Land kamen u. dringend nach Wasser suchten, war H. bereit, den Fremden eine Quelle zu zeigen. Während des Ganges zur Quelle wurde Opheltes, den man ins Gras gebettet hatte, v. einer Schlange getötet. ↗Amphiaraos rettete H. vor der Rache der Eltern des Getöteten, die Sieben gegen Theben erlegten den Drachen u. führten in Zshg. mit dem Begräbnis des Kindes die ↗Nemeischen Spiele zu dessen Gedächtnis ein. – Später fanden die Söhne der H. ihre Mutter wieder u. brachten sie nach Lemnos zurück. – Die an Details ungemein reichhaltige Geschichte der H. wurde in der antiken Lit. mehrfach behandelt, so v. Euripides, Apollonios Rhodios, Valerius Flaccus u. Publius Papinius Statius.

Hyrieus, Schatzhaus des H. in Delphoi, vgl. ↗Trophonios. – H., Mann der Nymphe ↗Klonia.

Hyrokkin, nord., ein riesiges Weib mit ungeheuren Kräften, das bei der Bestattung ↗Balders eine Rolle spielt. Als der Leichnam auf dem Totenschiff aufgebahrt war, gelang es nicht einmal den Riesen, die mit den Asen u. Elben zur Leichenfeier erschienen waren, das Schiff ins Meer hinauszustoßen. Nur H. war dazu in der Lage mit einem so gewaltigen Tritt, daß das Boot sich ins Wasser bewegte u. die Rollen, mit denen es versehen war, Feuer fingen. Thor segnete den Leichenbrand mit seinem Hammer ↗Miölnir, u. so nahm Balders Bestattung ihren Lauf.

Iakchos, Gott der ↗Eleusinischen Mysterien in Griechenl., vielfach als Sohn v. Demeter oder Persephone, manchmal auch als Gemahl der Persephone verstanden. Wegen der Ähnlichkeit der Namen bes. v. den Dichtern vielfach mit Bakchos-Dionysos gleichgesetzt. In Wirklichkeit wohl urspr. der bei der eleusin. Prozession verwendete Jubelruf „Iakche", der dann zu einer Personifizierung führte. Die Verehrung des I. war höchstwahrscheinl. auf Athen u. Umgebung beschränkt, läßt sich jedenfalls in anderen Teilen Griechenlands nicht nachweisen.

Ialmenos, Mitregent v. Orchomenos, ein Sohn des Ares. Er gehörte zu den Argonauten u. stellte als Freier der Helena zus. mit seinem Bruder ein Kontingent v. 30 Schiffen für den Troian. Krieg.

Ialysos, Sohn des ↗Kerkaphos u. der Kydippe, Enkel des Helios u. der Rhode. Mitbegründer der griech. Stadt Ialysos, die später nach seiner Großmutter Rhodos umbenannt wurde.

Iambe, Dienerin des ↗Keleos u. der Metaneira, deren Töchter es mit ihren Scherzen gelang, I., hinter der sich die verzweifelt nach ihrem Kind suchende Demeter verbarg, zum Lächeln zu bringen.

Iamiden, ↗Iamos u. ↗Euadne 1).

Iamos, Sohn des Apollon u. der Euadne; er besaß die Gabe der Weissagung u. wurde zum Ahnherrn eines griech. Prophetengeschlechtes.

Ianassa und **Ianeira,** griech. Namen für einige der Nereïden, der Töchter des Meeresgottes ↗Nereus.

Ianiculum, ein Hügel Roms, ↗Janiculum.

Ianthe, ein kret. Mädchen, das ↗Iphis, die als Knabe aufwuchs, zur Ehe versprochen war. Isis verwandelte Iphis unmittelbar vor der Hochzeit in einen wirklichen Knaben.

Iapetos, ein Titan der griech. Mythologie; Sohn des Uranos u. der Gaia. Er heiratete Asia, Klymene oder Themis und wurde Vater v. Atlas, Epimetheus u. Prometheus. Er wurde gelegentl. auch als Vater der Menschheit verstanden; nach einem Teil der Überl. warf ihn Zeus im Kampf mit den Titanen in den Tartaros, und über ihm entstand eine v. Menschen besiedelte Insel.

Iapis, ein Troianer, den Apollon in der Heilkräuterlehre unterwies, so daß er vielen die Gesundheit zurückgeben konnte.

Iarbas, Kg. in Nordafrika, der ↗Dido so viel Land zu überlassen bereit war, wie sie mit einer Rinderhaut zu bedecken vermochte. Sie zerschnitt die Haut in dünne Streifen u. umspannte damit ein Areal, auf dem sie ↗Karthago gründete.

Iardanos, Vater der ↗Omphale; Kg. v. Lydien.

Iasion, Sohn des Zeus u. der ↗Elektra 2). Demeter entbrannte in Liebe zu ihm und wurde durch ihn Mutter von Plutos u. Philomelos. Er vervollkommnete die Mysterien v. Samothrake, u. die Arkader verehrten ihn als Gott. – Nach einer anderen Version wurde er wegen seiner Vereinigung mit Demeter v. Zeus mit einem Blitz getötet. – Möglicherweise handelte es sich um einen vorgriech. Gott des Ackerbaus.

Iaso, griech. Göttin der Heilkunst; Tochter des ↗Asklepios u. der Epione; sie besaß eine Reihe v. Geschwistern, die ebenfalls für ihre Fähigkeiten in der Heilkunst bekannt waren.

Iason, *Jason*, Held der griech. Sage, Sohn des ↗Aison u. der Alkimede (nach anderer Version der Polymede). Nach dem Tode oder der Vertreibung des Vaters durch dessen Bruder ↗Pelias wurde I. dem Kentauren ↗Cheiron zur Erziehung übergeben, forderte aber, als er herangewachsen war, das Königreich seines Vaters zurück. Um Aufschub zu gewinnen u. in der Hoffnung, der Neffe werde den Tod finden, schickte Pelias ihn aus, das ↗Goldene Vlies aus Kolchis zu holen. I. machte sich als Anführer der ↗Argonauten auf den Weg u. erlangte die gewünschte Beute mit Hilfe der ↗Medeia, die

Iason: Abschied v. Medeia (nach antiker Vorlage). Lorbeer-baum u. Schlangen deuten seinen Sieg voraus, den er mit Medeias Zauber erringen sollte, nicht mit seinen noch an der Wand hängenden Waffen.

er heiratete. Als er ihr später untreu wurde u. ↗Glauke zur Frau nehmen wollte, übte Medeia furchtbare Rache. Über das weitere Schicksal des I. wird Unterschiedliches berichtet. Nach einer verbreiteten Version fand er den Tod durch ein Holzstück, das sich v. der Argo löste u. ihn erschlug. – ↗Hypsipyle.

Iasos, in der griech. Sage Name mehrerer Gestalten, darunter **1)** einer der ↗Daktyloi, Sohn der Rhea. – **2)** Sohn des Lykurgos, Vater der Atalante durch Klymene. Um die Jungfräulichkeit seiner Tochter zu schützen, ersann er einen Wettlauf, den die Freier gewinnen mußten, um ↗Atalanta zu erringen. – **3)** Kg v. Argos, viell. ein Sohn des ↗Argos Panoptes. – **4)** ein Grieche, der im Troian. Krieg v. Aeneas getötet wurde.

Ibn Fadlan, arab. Schriftsteller, der für das Jahr 922 eine Beschreibung Skandinaviens vorlegte u. v. dem wir dadurch auch Nachrichten über nord. Mythen haben – gesehen mit den Augen des völlig Fremden.

Ida, 1) verkarstetes Gebirge im Innern Kretas; heute Psiloritis. Nach der griech. Sage Geburtsstätte des Zeus. – **2)** Gebirge der südl. Troas in Kleinasien. Ort zahlr. griech. Sagen. Hier soll Paris sein Urteil im Schönheitswettstreit zw. Aphrodite, Athena und Hera gefällt haben. Der I. ist das Quellgebiet zahlr. Flüsse, die z.T. auch in der Mythologie eine Rolle spielen.

Idafeld, eine Gegend in Asgard, wo die nord. Asen sich ansiedelten u. glückl. lebten, bis mit dem Erscheinen der Nornen u. dem Krieg, der in die Welt kam, das Goldene Zeitalter für die Götter ein Ende hatte.

Idaia, 1) griech., eine Tochter des ↗Dardanos, die als Nymphe auf dem Berg Ida in Phrygien lebte. Durch ↗Skamandros Mutter des Teukros u. damit Vorfahrin der troianischen Könige. – **2)** Frau des ↗Phineus 1).

Idaios, ein troian. Herold, der den Wagen zog, in dem Priamos die Leiche seines Sohnes Hektor v. Achilles zurückholte.

Idas, 1) Sohn des Aphareus v. Messene (nach anderer griech. Version des Poseidon) u. der Arene; Zwillingsbruder des ↗Lynkeus 2), mit dem zus. er an der Argonautenfahrt u. an der Kalydon. Jagd teilnahm. Die Sage berichtet, I. hätte zunächst seine Cousine Phoibe geheiratet, die ihm jedoch von den ↗Dioskuroi genommen worden sei. Seine nächste Liebe, ↗Marpessa, versuchte Apollon ihm zu rauben, doch begegnete I. ihm mit gespanntem Bogen, u. der Kampf wurde nur durch das Dazwischentreten des Zeus vermieden, der Marpessa zw. den beiden Freiern wählen ließ. Sie entschied sich für I., dem sie die Tochter Kleopatra 2) gebar. – Wegen der Streitigkeiten mit den Dioskuren nahmen I. u. Lynkeus den Kampf mit diesen auf. I. tötete Kastor u. wurde v. einem Blitz des Zeus vernichtet, Lynkeus fand den Tod durch die Hand des Polydeukes. – **2)** einer der ↗Daktyloi; Sohn der Rheia oder der Anchiale; Bruder zahlr. Geschwister.

Idisen, in der german. Mythologie den ↗Nornen verwandte Schicksalsgöttinnen; im ersten ↗Merseburger Zauberspruch treten sie auch als Schlachtenjungfrauen in der Art v. ↗Walküren und als fessel- u. haftlösende Zauberweiber (↗Weidenfessel) auf.

Idmon, 1) einer der 50 Söhne des Aigyptos; wurde in der Hochzeitsnacht v. seiner Gemahlin ermordet. – **2)** Sohn des Abas oder Apollon u. der Asteria bzw. Kyrene. Nahm als Seher am Zuge der Argonauten teil, obwohl er seinen Tod auf dieser Expedition voraussah; er starb dann auf der Jagd.

Id Moraind, ir., ↗Morainds Kette.

Idol, griech. Abbild, „Götzenbild" aus vorgeschichtl. Zeit, das offenbar kult. verehrt wurde. – ↗Oberdorla, Venus von ↗Willendorf.

Idomeneus, Kg. v. Kreta; Sohn des Deukalion. Er nahm am Feldzug gg. Troia teil u. kehrte unversehrt in die Heimat zurück. Nach einem Teil der Überl. gelobte er, das, was ihm bei der Landung in Kreta als erstes begegne, zum Dank dem Poseidon zu opfern. Er hielt sich an das Versprechen, obwohl es sich um seinen Sohn handelte (Das erste ↗opfern, das einem begegnet). Die spätere Sage berichtet, er sei aus seiner Heimat vertrieben worden u. nach It. geflohen. – ↗Meriones.

Iduna, auch *Idun, Idhuna, Idhun,* eine nord. Göttin aus dem Geschlecht der Asen, Tochter des ↗Ivaldi, Gemahlin des göttl. Sängers u. Dichters ↗Bragi, der sie mit einem seiner Lieder für sich gewann. In ihrem Besitz waren jene goldenen ↗Äpfel der Iduna, die den Göttern die ewige Jugend bewahrten. Die Himmlischen verspeisten die Früchte, die die liebreizende u. jugendl. I. ihnen in Bragis Halle reichte, während Bragi sie mit seinem Gesang ergötzte. Als Loki v. dem Riesen Thiassi geraubt wurde, wollte dieser ihn nur freilassen, wenn er ihm I. mit ihren Äpfeln ausliefere. Als das geschah, begannen die Götter sogleich zu altern u. zwangen Loki, die Geraubte aus der Gewalt des Unholds zu befreien. Loki, in ein Falkengewand gekleidet, verwandelte die Gefangene in eine Nuß u. brachte sie nach Asgard zurück, verfolgt v. dem Riesen, dem die Flüchtenden nur um Haaresbreite entkamen. Thiassi wurde v. den Asen gefangen, u. Thor warf seine Augen an den Himmel. – Als sich das Ende der Welt durch bedrohliche Vorzeichen ankündigte, entschwand die liebliche I. in die Unterwelt, wohin ihr Gemahl ihr folgte. – I. galt später als Personifikation v. Jugend u. Unsterblichkeit.

Ifing, der Fluß, der das nord. Asgard v. Riesenheim trennte; charakterist. für ihn war, daß er niemals zufror.

Igorlied, russ. Heldenlied (↗Byline), um 1185 in Kiew entstanden. In der Einleitung dazu verurteilte der Dichter die übertriebene Ausdrucksweise, in der die Helden durch den „Bojan" (Sänger des Heldenliedes) „in den alten Worten" gefeiert wurden, u. bemühte sich gg. diese „mytholog." Sicht um realist. u. hist. Darstellung. Das I. hat zahlr. Künstler inspiriert (Nabokov, R. M. Rilke, Borodin, Rimskij-Korsakov u.a.). – Frh. Siegmund v. Herberstein berichtete in seiner dt. Reisebeschreibung „Moscovia" bereits 1549 über „Igors Tod".

Ikarios, mehrere Gestalten der griech. Sage, u.a. *I. v. Athen,* Vater der ↗Erigone, den Dionysos den Weinbau (vgl. ↗Oineus) lehrte. – *I. v. Sparta,* Vater der ↗Penelope.

Ikaros, Sohn des griech. ↗Daidalos, der mit den Flügeln aus Federn u. Wachs, die sein Vater gebaut hatte, um sich u. I. aus der Gefangenschaft des Minos zu befreien, abstürzte, weil er beim Flug der Sonne zu nahe kam.

Ikelos, auch griech. *Phobetor,* einer der zahlr. Söhne des Somnus, Bruder des Hypnos; besaß die Fähigkeit, tier. Gestalten anzunehmen.

Ildiko, Braut u. Frau der ersten Nacht des Hunnenfürsten ↗Attila; als german. Sagengestalt die rächende Kriemhild des ↗Nibelungenliedes.

Ilia, anderer Name für die röm. Vestalin ↗Rhea Silvia.

Ilias, Epos des ↗Homeros, das etwa 50 Tage des zehnjähr. Kriegs um ↗Troia schildert. Die ca. 15 000 Verse stammen aus dem 8. Jh. v. Chr. u. stellen die älteste griech. Dichtung dar. – Ilion, das ist ↗Troia, wurde v. den Griechen belagert u. stand kurz vor dem Fall, nachdem der interne Streit unter den Belagerern beigelegt war (↗Achilleus). – Die I. wurde Ausgangspunkt versch. Epentheorien (Verhältnis v. Einzellied zur aufgeschwellten Großepik; F. A. Wolf, 1795), die auch auf das mhd. ↗Nibelungenlied übertragen wurden (Karl Lachmann, Andreas Heusler); die I. steht weiterhin im Mittelpunkt des Interesses, wenn es um die Rolle mündl. Überl. geht (Milman Parry, C. M. Bowra; vgl. zur Formelhaftigkeit ↗Homeros). – Nach der Ausgabe Florenz 1488 von J. Reuchlin 1495 ins Dt. übersetzt (in Auszügen), später von J. J. Bodmer (1778), J. H. Voß (1793) und R. A. Schröder (1943) – (siehe Abb. auf S. 213).

Ilias

Versch. Handlungen vor Troia u. auf dem Olymp der Götter laufen parallel. – Bereits neun Jahre lang belagerten die Griechen vor gebl. Troia, aber ihr Führer, Kg. ↗Agamemnon, und ihr größter Held, ↗Achilleus, stritten sich über die mögl. Kriegsbeute. Auf beiden Seiten werden die Helden u. Gegenspieler vorgestellt (2. und 3. Buch). Zeus besprach seine Pläne mit seiner Gattin Hera; vom Idagebirge aus schauten sie den Kämpfen zu. Immer wieder mischten sich die Götter ein, und Zeus muß ihnen das sogar grundsätzl. verbieten (8. Buch). Hera u. Poseidon versuchten trotzdem den Griechen zu helfen u. Apollon v. der Unterstützung der Troianer abzuhalten. Jetzt sollte die Schlacht durch einen Zweikampf zw. Kg. ↗Menelaos

u. dem Trojaner ↗Paris entschieden werden. Im letzten Moment entrückte Aphrodite ihren Favoriten Paris, um den Trojanern zum Sieg zu verhelfen. Aber das Ende Troias war nach versch. Weissagungen absehbar (4. Buch). Auf der griech. Seite hatte sich Achilleus beleidigt v. Kampf zurückgezogen (Streit um ↗Briseïs), und im folgenden, erfolgreichen Ausfall der Trojaner gg. das griech. Schiffslager (15. Buch) wurde Patroklos, dem Achill seine Waffen lieh, getötet (16. Buch). Jetzt wollte Achill den Freund rächen u. erhielt mit Götterhilfe v. ↗Hephaistos neue Rüstung u. Waffen (18. Buch); auf seinem Schild war der ganze griech. Kosmos verewigt. Aber jetzt griffen auch die Götter wieder in den Kampf ein, und Athena besiegte Aphrodite, Poseidon den Apoll usw. Achill, wiederum mit göttl. Hilfe v. der „Gegenseite", verfolgte ↗Hektor auf seiner Flucht um die Mauern v. Troia u. tötete ihn (22. Buch). Hektors Leiche wurde schimpfl. behandelt u. hinter dem Kampfwagen hergeschleift, Patroklos dagegen erhielt ein prunkhaftes Begräbnis (23. Buch). Nur auf persönliches Bitten des Kg. v. Troia, ↗Priamos, wurde die Leiche Hektors schließlich zur Bestattung freigegeben (24. Buch).

Hier bricht die homer. Ilias ab; die folgenden Ereignisse kennen wir aus anderen Quellen (vgl. ↗Trojanischer Krieg).

Ilion, antiker Name für ↗Troia, ben. nach dem Stadtgründer ↗Ilos; später auch Bz. für die Landschaft um Troia, die Troas.

Ilione, in der griech. Mythologie älteste Tochter des Priamos u. der Hekabe; sie zog ihren jüngsten Bruder Polydoros, den Priamos zum Erben seines Reiches Troia bestimmt hatte, als eigenes Kind auf, um ihn vor Anschlägen zu schützen. I. heiratete ↗Polymestor und gebar ihm den ↗Deïpylos, der als Polydoros ausgegeben wurde. Nach dem Trojan. Krieg veranlaßte Priamos seinen Schwiegersohn, den Deïpylos ermorden zu lassen. Als Polydoros später die Wahrheit entdeckte, veranlaßte er I., ihren Gatten zu töten.

Ilioneus, 1) Gefährte des Aeneas auf seiner Reise von Troia nach It. – 2) nach Ovid eines der Kinder des Amphion u. der ↗Niobe.

Ilissos, *Ilisos,* Fluß in Attika, wo der Sage nach ↗Boreas Oreithyia raubte.

Il'ja, *Il'ja Muromec,* einer der berühmten altruss. Helden (↗Bogatyri) u. Gefährte des Riesen ↗Swjatogor.

Illyrios, Sohn des ↗Kadmos u. der Harmonia. Kadmos, aus dem W kommend, wurde Kg. der nach seinem Sohn I. ben. Illyrer.

Ilmarinen, Himmelsschöpfer in der finn. ↗Kalevala.

Ilmatar, im finn. ↗Schöpfungsmythos der ↗Kalevala eine „Jungfrau der Lüfte", die sich einsam fühlte u. deswegen die Erde gebar, zuletzt den Sohn Väinämöinen, der ein „mächtiger Zaubersänger" wurde.

Ilos, in der griech. Sage ein Sohn des Tros u. der ↗Kallirrhoë 2), Gemahl der Eurydike. Nach einem Teil der Überl. gewann er bei einem Ringkampf u.a. eine scheckige Kuh, u. ein Orakel hieß ihn an jener Stelle, an der sich die Kuh niederlegen werde – was auf einem der Ate heiligen Hügel geschah – eine Stadt zu gründen. Diese Stadt bekam den Namen Ilion u. wurde später in ↗Troia umbenannt. I. erhielt v. Zeus das ↗Palladion.

Ilsan, ein Mönch u. einer jener „Helden", die auf seiten Dietrichs gg. die Burgunder in dem Wettstreit im ↗Rosengarten zu Worms kämpften. I. war so stark, daß er 52 Ritter besiegte, u. da ihm v. Kriemhild vorher für den Sieg jeweils ein Rosenkranz u. ein Kuß versprochen worden war, mußte die arme Kriemhild ihm einen Berg Rosenkränze überreichen u. sich 52mal von ihm küssen lassen. An seinem Bart kratzte sie sich dabei blutig. I. steht für das kom. Element „unheldischer", später mhd. Spielmannsüberlieferung (↗Komik). Auch als I. zu seinem Orden zurückkehrte u. seine Mönchsbrüder freudig in seine Arme drückte, floß Blut, da sich alle an den gewonnenen Mengen v. Rosenkränzen um den Hals des Helden blutig drückten.

Imbrios, Sohn des ↗Menor; heiratete eine Tochter des Priamos; fiel im Trojan. Krieg von der Hand des ↗Teukros 2).

Immram (ir. = „die Seefahrt"), Titel versch. Heldensagenstoffe mytholog. Inhalts, den Abenteuersagen zur Seite gestellt (↗Bran).

Immrama, ir. Erzählungen, die im MA gern gelesen wurden: sie berichten seit dem 10. Jh. über abenteuerl. Seefahrten u. enthalten manche Hinweise auf die Jenseitsvorstellungen der Kelten.

Inachos, ein Flußgott, Sohn des Okeanos u. der Tethys, Vater der ↗Io; er war der erste Kg. v. Ar

Ilias: die Abbildung zeigt die Bestattung (Scheiterhaufen und Opfer) des Patroklos; unten der an den Wagen des Achilleus gebundene Leichnam Hectors (um 340 bis 330)

gos u. gilt in der griech. Sage als Stammvater des argiv. Fürstenhauses.

Indiculus superstitionum et paganiarum, ma. handschriftl. „Verzeichnis heidnischen Aberglaubens" wohl des 8. Jh. aus dem Kloster Fulda; in kurzen lat. Merksätzen ist v. Jupiter u. Mercur die Rede, von Kultstätten u. Wahrsagern.

Indigetes, schon in der Antike umstrittene Bz. für eine Gruppe v. Göttern, die nicht näher zu bestimmen ist. Vielerlei Thesen und Theorien haben zu keiner endgültigen Klärung geführt. Viell. handelt es sich um urspr. sterbliche, dann aber vergöttlichte Heroen, wie z.B. Herakles oder Aeneas. – ⁊Vergöttlichung.

Indogermanen, auch *Indoeuropäer,* Gesamtname für die Völker mit indogerman. Sprachen. Dazu gehörten auch die ⁊Germanen u. die ⁊Kelten, die ⁊Griechen u. die ⁊Römer, aber auch die ⁊Slawen. Das *Indogermanische,* ein auf etymolog. Grundlage (⁊Etymologie) erschlossener, gemeinsamer Wortschatz (vgl. z.B. ⁊Deus), wird dabei heute vor allem auch als sprachl. Verkehrsgemeinschaft v. sich annähernden Einzelsprachen verstanden, die aufgrund v. Handelsbeziehungen, kulturellem Austausch u. durch wechselseitige Gebietseroberungen zustande gekommen ist; die Frage nach der sogenannten Urheimat der I. tritt als Problem in den Hintergrund.

Ing, german. Gott der Fruchtbarkeit, v. dem in einem angelsächs. Runenlied die Rede ist.

Ingeborg, 1) auch *Ingibiörg,* eine Königstochter, die v. Frithjof (altnord. ⁊Frithjofssaga) geliebt wurde u. nach langen, oft fast aussichtslosen Verwicklungen schließl. doch noch seine Frau wurde. – **2)** ⁊Angantyr.

Ingeld, dän. Heldenfigur des 6. Jh., bekannt aus dem altengl. ⁊Beowulf-Epos u. dem ⁊Widsith. Um den Frieden zu sichern, gab der dän. Kg. Hrodgar seine Tochter dem Sohn des Unterlegenen, Ingeld, zur Frau; der Versuch mißglückte aufgrund v. Rachewillen u. Vergeltungswunsch.

Ingibiörg ⁊Ingeborg.

Ingwäonen, *Ingäwonen,* nach Tacitus u. Plinius eine der großen westgerman. Stammesgruppen, wohl an der Nordseeküste beheimatet; ben. nach einem Sohn des ⁊Mannus. Es handelte sich vermutl. um einen Kultverband.

Inisfallen ⁊Annalen von Inisfallen.

Initiation, lat. „Einweihung", ein Ritus, d. h. ein rel. Brauch, durch den man Mitwisser in einem Geheimkult wurde (⁊Mithras, ⁊Mysterien, ⁊Übergangsriten).

Inkarnation, die „Fleischwerdung" der Seele eines Verstorbenen in einem neuen Menschen. Die ägypt. Götter Re u. Osiris erschienen im Apisstier (⁊Apis) wiedergeboren.

Inkubation, lat., Tempelschlaf, der göttl. Offenbarung u. Krankenheilung versprach. Wichtige ⁊Orakel waren in dem Zshg. die Heiligtümer des ⁊Asklepios in Epidauros, in Kos u. Pergamon.

Innstein-Lied, in Anlehnung an das alte Warnlied, die altnord. ⁊Bjarkamál, eine Traumvision, die ⁊Half zugetragen wurde.

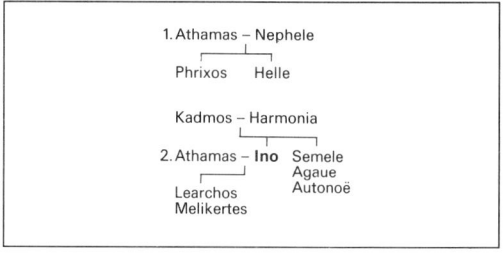

Ino, in der griech. Sage Tochter des Kadmos u. der ⁊Harmonia; zog den Dionysosknaben auf; I. heiratete den theban. Kg. ⁊Athamas und wurde Mutter von Learchos und Melikertes, Stiefmutter v. Helle u. Phrixos, die sie zu töten trachtete. Als Athamas in einem Anfall v. Wahnsinn den Learchos umbrachte, sprang I. mit Melikertes ins Meer, wo sie zur Meeresgottheit erhoben wurde u. den Namen Leukothea erhielt (vgl. dagegen ⁊Themisto). – ⁊Mater Matuta.

Insel der Seligen ⁊Elysion.

Interpretatio Christiana, christl. Umdeutung vorchristl. „heiliger" Elemente, um eine Tradition, die man nicht negieren oder zerstören konnte, umzuwerten. Für die ⁊Arianer wurde Jesus als „Held" dargestellt, um ihn den Germanen verständlicher zu machen. – Weihnachten wurde wahrscheinl. auf das heidn. Mitwinterfest verlegt (⁊Mithras).

Interpretatio Romana, die Übertragung v. Namen und charakterist. Merkmalen röm. Götter auf Gottheiten anderer Völker, etwa der Gallier (⁊Artio) u. Germanen (⁊Irminsul). Eine solche I. R. liegt z.B. vor, wenn Tacitus in seiner „Germania" v. Merkur spricht, wo Wodan gemeint ist. – Bei der *Interpretatio Graeca* handelt es sich um ein entspr. Phänomen (⁊Skythen) – (siehe Text Interpretatio Romana auf Seite 215).

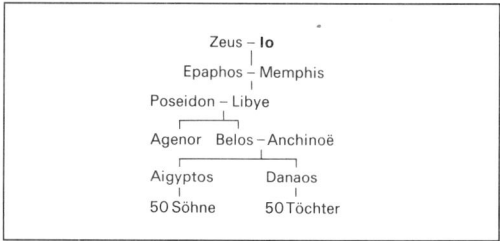

Io, Priesterin der griech. Hera in Argos, Tochter des ⁊Inachos u. der Melia. Zeus, in Leidenschaft zu ihr entbrannt, verwandelte sie in eine weiße Kuh, die die eifersüchtige Hera sich als Geschenk erbat u. v. ⁊Argos Panoptes bewachen ließ. Als Hermes Io befreite, ließ Hera sie v.

einer großen Bremse verfolgen, die sie durch ganz Europa hetzte. In Ägypten erhielt sie ihre menschl. Gestalt zurück u. gebar dem Zeus den Epaphos, der, später zum Kg. v. Ägypten erhoben, Memphis erbaute. Die Stelle, wo Io v. Europa nach Asien gelangte, erhielt nach ihr den Namen Bosporos (= Rinderfurt).

Io von Argos Panoptes (hier mit nur zwei Augen) gehütet

Ioannes Malalas ↗Chronographia.

Iobates, Kg. v. Lykien; Vater der Stheneboia, der Gattin des Proitos v. Tiryns, die in Leidenschaft zu ↗Bellerophon entbrannte.

Iokaste, auch *Epikaste* (so bei Homer), Tochter des Menoikeus 1), Schwester v. Kreon u. Hippomene, Gemahlin des ↗Laïos, Mutter des ↗Oidipus, der v. seinem Vater ausgesetzt wurde. Später erschlug Oidipus seinen Vater Laïos, den er nicht erkannte, u. heiratete seine Mutter. Aus dieser Verbindung gingen nach einem Teil der Überl. Antigone, Eteokles, Ismene u. Polyneikes hervor. Als I. erkannte, daß ihr Gemahl ihr eigener Sohn war, brachte sie sich vor Verzweiflung um.

Iolaos, zunächst ein Heros boiot. Herkunft, der in Theben verehrt wurde. Später als Wagenlenker u. Kampfgefährte des Herakles genannt. Er war der Sohn des ↗Iphikles u. der Gemahl der Megara, der ersten Gattin des Herakles. I. nahm am Argonautenzug u. an der Kalydon. Jagd teil und half dem Herakles bei einem Teil seiner „Arbeiten". Die Sage erwähnt ihn auch als Gewinner eines Wagenrennens bei den Olymp. Spielen. – ↗Knabenliebe.

Iole, Tochter des ↗Eurytos, der an Herakles wortbrüchig wurde, indem er ihm die schöne I. verweigerte, obwohl Herakles die Voraussetzung, nämlich ein Bogenschießen mit dem Kg. zu gewinnen, erfüllt hatte. Herakles nahm sie sich daraufhin mit Gewalt zur Gattin. Nach seinem Tod heiratete I. den ↗Hyllos, den Führer der ↗Herakleiden.

Iolkos, altgriech. Ort in der thessal. Landschaft Magnesia beim Golf v. Pagasai. Heimat des Iason, unter dessen Leitung die ↗Argonauten v. hier ihre Fahrt nach Kolchis antraten.

Ion, Sohn des Apollon u. der Erechtheustochter Kreüsa, die ihr Kind heiml. gebar u. aussetzte. Von Hermes nach Delphoi gebracht, wuchs I. dort als Diener im Apollontempel auf. Da Kreüsa, inzwischen mit Xuthos verheiratet, in ihrer Ehe keine Kinder bekam, wendete sich das Paar um Rat an das Delphische Orakel, das I. zu

---

Interpretatio Romana

Von den Göttern verehren sie am meisten Mercur; sie halten es für geboten, ihm an bestimmten Festtagen sogar Menschenopfer darzubringen. Denn Hercules und Mars suchen sie mit erlaubten Tieropfern günstig zu stimmen. Ein Teil der Sueben opfert auch der Isis; den Anlaß und Ursprung dieses fremden Kultes konnte ich nicht in Erfahrung bringen, nur, daß schon das nach Art eines Liburnerschiffes geformte Kultbild darauf hinweist, daß dieser Kult aus der Fremde stammt. Übrigens finden sie es unvereinbar mit der Erhabenheit der Himmlischen, die Götter in Wände einzusperren und sie nach menschlichem Bild zu gestalten; sie weihen ihnen Waldlichtungen und Haine und bezeichnen mit göttlichen Namen nur jene geheime Macht, die sie allein in anbetender Ehrfurcht schauen.

Die Götter der Germanen in römischer Sicht (nach Tacitus, „Germania", Kap. 9)

Die Interpretatio Romana wurde weitgehend auch die Sichtweise der vorwissenschaftl. Beschäftigung mit u.a. der german. Mythologie: „Die alten Cimbri oder Holsten haben dem grossen Gott Jovi (den die Egypter Ammonem nennen) ein Bildnis folgender Gestalt gemacht: Eines Königes Bild saß auf einem Stuhl, aus seinem Munde zu einer Seiten ging ein Blitzen, und zu anderer Seiten Donner heraus. Er hatte einen Scepter in der Hand, in der andern ein Schwerd, zu seiner Rechten sassen männliche Götter, als Apollo, Mercurius, Mars, Pluto, Vulcanus, zur lincken waren die Göttinnen, als Juno, Ceres, Vesta, Venus, Pallas und Diana."

(J. Hellmann, Kirchen-Historie; in der Schreibweise v. 1735)

seiner Mutter zurückführte u. sie mit ihm versöhnte. – I. galt bei den Griechen als Heros u. Eponymos der Ionier. – Der Ion-Kreüsa-Stoff fand mehrere dichter. Bearbeitungen, u. a. durch Sophokles u. Euripides.

Ionien, die Küstengebiete Kleinasiens mit den vorgelagerten Inseln. – ↗Ion.

Iphianassa, 1) anderer, bes. bei Homer verwendeter Name für ↗Iphigeneia. – **2)** Tochter des ↗Proitos v. Tiryns u. der Stheneboia.

Iphidamas, einer der zahlr. Söhne des ↗Antenor u. der Theano; im Troian. Krieg v. Agamemnon getötet.

Iphigeneia, *Iphigenie,* in der griech. Sage eine Tochter des myken. Königs ↗Agamemnon u. der Klytaimestra, Schwester v. Orestes, Elektra u. Chrysothemis. Vor der Ausfahrt der Griechen nach Troia in Aulis, wo die Flotte wegen absoluter Windstille zurückgehalten wurde, forderte die v. Agamemnon gekränkte Göttin Artemis (er hatte entweder ein ihr heiliges Tier geschlachtet oder behauptet, ein ebenso vorzügl. Jäger zu sein wie sie) als Sühne die Opferung der I. Artemis entrückte sie aber im letzten Moment nach Tauris, wo sie als Priesterin die dort übl. Menschenopfer zu vollziehen hatte. Als ↗Orestes nach Tauris kam u. geopfert werden sollte, erkannten sich die Geschwister wieder u. flohen nach Attika, wobei sie das einst v. dort entführte Kultbild der Artemis mit sich nahmen. Der I.-Stoff fand in der Weltliteratur häufige Bearbeitung: Euripides (405 v. Chr.), frz. J. Racine (1674), dt. J. W. v. Goethe (1779).

Iphikles, Sohn des ↗Amphitryon u. der ↗Alkmene, Halb- u. zugleich Zwillingsbruder des griech. Herakles; heiratete Automedusa, die ihm Iolaos gebar. I. nahm an der Kalydon. Jagd teil u. unterstützte Herakles bei einigen seiner Taten.

Iphiklos, ein berühmter griech. Argonaut, der sich durch bes. Schnelligkeit hervortat; durch Diomedeia Vater zweier Söhne, nachdem ↗Melampus seine Zeugungsunfähigkeit geheilt hatte.

Iphimedeia, Tochter des Triopas u. der ↗Hiskilla, Gattin des Aloeus, Geliebte des Poseidon, Mutter der riesenhaften ↗Aloaden. Ein Teil der griech. Überl. berichtet, sie u. ihre Tochter seien v. thrak. Piraten gekidnappt, aber v. den Aloaden befreit worden.

Iphinoë, Tochter des ↗Proitos.

Iphis, 1) Tochter des griech. Ligdos u. der Telethusa. Ihre Eltern waren arm u. fürchteten, ihr Kind könne getötet werden, wenn bekannt

würde, daß es sich um ein Mädchen handelte. Deshalb kleideten sie I. bis zu ihrem 13. Lebensjahr als Knaben, bis Isis sie in einen wirklichen Knaben verwandelte, der ↗Ianthe heiraten konnte. – **2)** ein zypriot. Jugendlicher, der sich erhängte, weil ↗Anaxarete seine Liebe zurückwies. Aphrodite bestrafte das Mädchen, indem sie es in einen Stein verwandelte.

Iphitos, 1) Sohn des ↗Eurytos v. Oichalia; wurde v. Herakles, als dieser einen Anfall v. Wahnsinn erlitt, getötet. – **2)** Kg. v. Elis; erneuerte der Sage nach die Olymp. Spiele, weil das Delph. Orakel ihm verkündet hatte, daß nur auf diese Weise eine Seuche in seinem Lande zum Stillstand kommen werde. I. half den Herakleiden gg. die Völker des Peloponnes.

Iringsage, eine Erz., die v. der Zerstörung des Thüringerreiches durch die Franken handelt; der Kg. ↗Irminfried wird um 530 ermordet („Gesta Saxonum" bei Widukind von Corvey).

Iris

Iris, Tochter des Thaumas u. der Elektra, eine Schwester der ↗Harpyien. Mit goldenen Flügeln ausgestattet, eilte sie v. griech. Olymp auf die Erde u. ins Meer, um die Botschaften v. Zeus u. Hera zu überbringen; später durch ↗Hermes abgelöst. I. galt auch als Personifikation des Regenbogens, zunächst noch getrennt v. ihrer Eigenschaft als Götterbotin, dann mit ihr identisch.

Irland	Balor
Hauptgestalten am ir. Götterhimmel:	Dagda
	Dana
	Ith
	Manannán Mac Lir
	Oengus
	Ogma

Irland, neuirisch *Éire,* lat. interpretiert als *Hibernia* (im Sinne v. „winterlich"), kelt. besiedeltes Land, das im Ggs. zu Britannien u. der Germania frei v. direktem röm. Einfluß blieb. Das I. der Heldensagenzeit bestand aus fünf Provinzen: Ulster, Leinster, Connacht, Meath u. Munster (ir. Ulad, Lagin, Connachta, Mide u. Mumu), wovon ↗Ulster in der Sage die Hauptrolle spielt. – Nach dem Fall Galliens 52 v. Chr. (↗Kelten) war I. Rückzugsgebiet u. Überlieferungsbereich der kelt. Mythologie. Man unterscheidet eine Götterwelt, die der der röm.-griech. u. german. Himmelsgötter (↗Asen; in der ↗Interpretatio Romana Jupiter, Apoll, Mars usw.) entspricht; ferner irdische Götter, die in vorgeschichtl. Hügelgräbern lokalisiert sind (↗Balor, ↗Dagda) u. Erz. v. Jenseitsvisionen, z. B. über „Tír na nÓc", das Land der ewigen Jugend. Im ganzen sind an die 400 kelt. Götternamen überliefert. Viele davon beziehen sich auf Quellen u. Flüsse, sind also Zeugnisse einer Naturreligion. Erst in einer Spätzeit bekamen diese Götter menschl. Verhaltensweisen zugeschrieben (↗Dana). Diese Heroen sind Gegenstand vielfacher Sagenbildungen (↗Fianna, ↗Cormac Mac Airt). – Im Jahre 795 n. Chr. erschienen zum ersten Mal ↗Wikinger auf Irland, plünderten Teile des Landes, gründeten Militärlager (so das spätere Dublin 841) u. schufen die Grundlage für die spätere anglo-normann. Herrschaft. Die altir. Lit. wird v. den ↗Barden u. ↗Druiden bestimmt; unter der überreichen Überl. ragen die zentralen Heldensagenzyklen v. ↗Cú Chulainn u. Finn mac, dem „Fingal" der ossian. Dichtung (↗Ossian), hervor. Auf dieser Grundlage entstanden vom 12. Jh. an liedhafte Erz., Balladen. – Trotz der Abgeschiedenheit vom Röm. Reich faßte das Christentum bereits sehr früh Fuß auf Irland; seine Bewohner waren seit der Mission durch den hl. Patricius (†461; das Todesdatum ist umstritten) überwiegend bekehrt. Die ↗iroschottische Mission wandte sich um 600 nach Gallien u. in das Ostfrankenreich (Regensburg, Wien).

Irmensäule ↗Irminsul.

Irminfried, König der Thüringer, ermordet um 630; Gestalt der ↗Iringsage.

Irmingot (ahd. = der große Gott), im ↗Hildebrandslied von Hildebrand zum Zeugen des Zweikampfes angerufen. Fragl. bleibt allerdings, ob mit I. der höchste heidn. Gott gemeint ist oder ob hier bereits eine christl. Anrufung vorliegt. – ↗Synkretismus.

Irminsul, *Irmensäule*, das v. manchen german. Stämmen, bes. v. den heidn. Sachsen errichtete Heiligtum in Form einer Holzsäule, vermutl. als Abbild der das All tragenden Weltsäule verstan-

den. 772 zerstörte Karl der Große die I. an der sächs. Grenzfeste Eresburg (Westfalen). – Wie bei den Kelten erscheint hier im german. Bereich ein Holzpfahl als Symbol der Himmelsachse, „columna universalis quasi sustinens omnia" (Tacitus). – Als „Interpretatio Romana" der Vorstellung v. der Himmelsachse erscheint die in röm. Zeit vorgenommene Aufstellung v. Jupitersäulen (Jupiter mit Sonnenrad) in Gallien u. am Mittelrhein.

Iros, eig. *Arnaios*, ein Bettler, der Penelopes Freiern diente. Als er v. der Heimkehr des als Bettler verkleideten, aber noch unerkannten Odysseus hörte, verspottete er den angebl. Nebenbuhler u. wurde v. diesem in einem Boxkampf getötet (nach einer anderen griech. Version schwer verletzt).

iro-schottische Mission, christl. Mission der kelt. Kirche in Schottland, 563 unter Columban dem Älteren, 590 in Gallien unter Columban dem Jüngeren. Von Gallien aus wurden die Schweiz (Kloster St. Gallen) u. It. (Kloster Bobbio, gegr. 602) erreicht. Als Wanderprediger waren iro-schott. Mönche in Franken, Bayern u. im Alpenraum tätig (St. Jakob in Regensburg, Schottenkirche in Wien). Mit den Klöstern „wanderten" vielfältige Kunstanschauungen, und an vielen Stellen taucht deshalb unvermutet „normann." Einfluß auf, der seinem Formgefühl nach durchaus als „heidnisches" Erbe verstanden werden kann. Die vorkaroling. Fresken v. St. Prokulus in Naturns bei Bozen (Südtirol) aus dem 8. Jh. entstanden unter Einfluß irischer Buchmalerei. Das Kloster Müstair im schweizer. Graubünden zeigt mit einer Chorschranke, um 800, „langobard." Bandgeschlinge. Der ↗Tassilokelch in Bayern zeigt „nord." Tierornamentik. Die roman. Kirche von Schöngrabern in Niederösterreich aus dem 13. Jh. hat Außenskulpturen, denen „normann." Einfluß zugeschrieben wird.

Irrwisch ↗Elben.

Isalde, *Isolde*, eine weibl. Sagengestalt; sie entbrennt in Liebe zu ↗Tristan, mit dem sie das klass. Liebespaar der mhd. höf. Dichtung bildet.

Isandros, Sohn des griech. ↗Bellerophon, Bruder v. Hippolochos u. Laodameia. Er starb im Kampf gg. das wilde Bergvolk der ↗Solymoi.

Ischys, Sohn des Elatos v. Arkadien; Geliebter der ↗Koronis 1).

Isenstein, Bz. des mhd. Nibelungenliedes für ↗Island.

Isidorus von Sevilla, * um 570, † 636 n. Chr., schrieb eine „Geschichte der Goten, Vandalen und Sueben". Er bewunderte die Westgoten (↗Goten) und deren Herrschaft in Hispania (Spanien). Auch für die Geschichte der ↗Wandalen um 500 ist Isidor eine wichtige Quelle. – Vgl. ↗Etymologie.

Isis, altägypt. Göttin, urspr. vermutl. im Nildelta beheimatet u. als Herrscher- u. Muttergöttin verehrt. Sie galt als Schwester u. Gemahlin des v. Set ermordeten Osiris, v. dem sie postum den Horos empfing u. gebar. Klagend suchte sie ihren geliebten Gemahl u. wurde so zum Symbol unbeirrbarer Gattentreue u. Mutterliebe. In Ägypten in Philai bes. verehrt; ihr Kult drang auch in andere Bereiche des Mittelmeerraumes ein. In Griechenl., wo man sie mit Io u. Demeter

1 **Isis** *mit ihrem Sohn Horos (um 1300 v. Chr.) –* *2* **Isis:** *Horos, der Sohn der Isis u. des Osiris*

in Verbindung brachte, war sie spätestens seit Herodot bekannt. Über Großgriechenl. gelangte I. nach Rom u. in die röm. Provinzen, wo sie sich mehr u. mehr zur Universalgöttin entwickelte. – Sie wurde gewöhnl. mit dem Horosknaben an der Brust dargestellt (ikonograph. ein Vorbild für die Darstellung der Maria mit dem Kind) u. dem Schriftzeichen des Thronsitzes auf dem Kopf, häufig auch mit Kuhgehörn u. Sonne auf dem Haupt.

Island, *Isenstein,* das Land, über das Brünhild nach dem Zeugnis des mhd. Nibelungenliedes herrscht; von Worms aus in zwölf Tagen mit dem Schiff erreichbar. In altnord. und spätmittelalterl. Vorstellung war der Eingang zur Hölle u. a. auf Island, Heklafjell wurde mit Hel in Verbindung gebracht. – Seit 874 wurde I. von Norwegen aus besiedelt (↗Egils saga); die Insel war damals noch z. T. bewaldet (↗Birken) u. wirtschaftl. nutzbar (heute nach Abholzen Opfer

starker Erosion). Im Jahre 1000 beschloß das isländ. Ding (aus wirtschaftl. Gründen) den Übertritt zum Christentum (↗Kristni saga). Die altisländ. Verfassung ohne die Oberhoheit des (norweg.) Königs gilt als eine der ältesten Formen der Demokratie (in Wirklichkeit handelte es sich um die Herrschaft weniger u. begüterter „Freien"). – ↗Aud.

Íslendinga sögur (Mz.), Gattung der ↗Saga mit Erz. v. der Landnahme Islands (seit ca. 870) bis zur Zeit der Christianisierung (kurz vor 1000 bis um 1118); entstanden sind die Erz. durchweg später als Teil mündlich tradierter Überlieferung, aber auch als gelehrte Schreibübungen; von der ↗Egils saga, um 1200 bis 1230, bis zur Njáls saga, 1270–1320. Die Njáls saga ist die umfangreichste, sie berichtet neben der Erz. v. dem Isländer Njál, der u. a. die Einführung des Christentums im Jahre 1000 durch Dingbeschluß miterlebt, auch v. der Schlacht bei ↗Clontarf in Irland, im Jahre 1014.

Ismene, mehrere Gestalten der griech. Sage, darunter **1)** Tochter des ↗Oidipus u. der Iokaste (nach anderer Version der Euryganeia); ein Teil der Überl. bezeichnet sie als Schwester v. Antigone, Eteokles u. Polyneikes. – **2)** eine Tochter des ↗Asopos.

Ismenios, Vater des ↗Linos 3).

Ismenos, ältester Sohn des Amphion u. der ↗Niobe.

Isolt von Ortland, ein german. Ritter, der im Auftrag des ↗Hetel von Hegelingen zusammen mit ↗Wate von Stürmen u. einigen anderen um Hilde, die Tochter König Hagens v. Irland, warb.

Issedones, ein sagenhafter Stamm, der noch weiter nördl. als die ↗Hyperboreer lebte.

Isten, eine angebl. übergeordnete, mächtige Gottesvorstellung der alten Ungarn, die viell. Züge des mongol. Herrschers Dschingis Khan trägt, der darin offenbar als populärer Heerführer verehrt wurde. „Isten" wurde auch allg. ungar. als Bz. für „Gott" verwendet.

Isthmische Spiele, zu den vier großen ↗Panhellen. Spielen gehörend; alle zwei Jahre zu Ehren des Gottes Poseidon auf dem Isthmos v. Korinth gefeiert; seit dem 3. Jh. v. Chr. auch mit mus. Wettkämpfen verbunden.

Istwäonen, *Istäwonen,* nach Tacitus ein westgerman. Kultverband, ben. nach einem der drei Söhne des ↗Mannus.

italisch, abgekürzt ital., vorröm. Überl. in Italien, vielfach gleichzusetzen mit etrusk. (↗Etrusker) bzw. Überl. der Sabiner.

Italus, Kg. v. Sizilien, Sohn des Telegonos u. der Penelope; nach ihm wurde It. ben.

Ith, ir. Göttin, die der Sage nach nach Irland kam, um den Streit zw. drei Rivalen um die Königsherrschaft zu schlichten. Da sie ihren Auftrag nicht ausführte, weil sie sich ihm nicht gewachsen fühlte, wurde sie umgebracht. Ihren Tod rächte ↗Bile.

Ithaka, eine der Ion. Inseln Griechenlands, östl. v. Kephallenia; nach Homer die Heimat des Odysseus.

Ither von Gaheviez, *Der rote Ritter,* wurde v. ↗Parzival in „regelwidriger" Weise, d.h. unritterl. getötet u. seiner Rüstung beraubt, mit der der „tumbe Tor" Parzival dann weiter in die Welt ritt. Diese Parzival-Episode der mhd. Überl. steht für den verbreiteten Mythos vom „ungeschlachten Jungen", der aufgrund seiner fehlenden Bildung ungeheuerl. Taten vollbringt. Es ist ein „Anti-Mythos" zum sonst v. vielen Philosophen verehrten „Naturzustand" des Menschen.

Itylos, Sohn der ↗Prokne, in einem Teil der griech. Überl. ↗Itys gen.

Itys, Sohn des thrak. Kg. ↗Tereus u. der ↗Prokne. Als Prokne entdeckte, daß ihr Gatte ihre Schwester Philomele vergewaltigt u. ihr aus Angst vor Entdeckung die Zunge herausgeschnitten hatte, rächte sie sich, indem sie ihren Sohn I. tötete u. dem verhaßten Tereus zur Speise vorsetzte. – Der Kg., aber auch Philomele u. Prokne wurden in Vögel verwandelt.

Iulius Africanus ↗Chronographiai.

Iulus, *Julus,* urspr. ↗Ascanius, Sohn des Aeneas u. der Kreüsa; begleitete seinen Vater nach It. u. nahm dort den Namen I. an; Stammvater des altröm. Patriziergeschlechtes der Julier.

Iuppiter, der röm. Gott ↗Jupiter.

Iustitia, *Justitia,* Personifikation der Gerechtigkeit, v. den Römern als göttl. verehrt; der griech. ↗Dike entsprechend. Ihr Kult spielte bes. in Augusteischer Zeit eine große Rolle, nachdem Augustus ihr ein Heiligtum gewidmet hatte. Die I. Augusta zählte zu den Tugenden, welche dem Kaiser offiziell zugesprochen wurden. – Die I. erscheint auch auf röm. Münzen.

Iuturna, röm. Göttin der Quellen, wahrscheinl. etrusk. Herkunft; Schwester des Turnus, Mutter des ↗Fontus. Das Wasser ihrer Quellen galt als heilkräftig. Sie besaß in Rom mehrere Heiligtümer; ihr Fest wurde am 11. Jan. gefeiert, dem Tag, an dem ihr in einem nicht bekannten Jahr ein Tempel geweiht worden war.

Iuventus ↗Juventas.

Ivaldi, ein Zwerg, der ein berühmter Schmied war u. in einem Teil der nord. Überl. als Vater der Zwerge gen. wird. Seine Tochter war ↗Iduna. Zu den bekanntesten Werken, die er zus. mit seinen Söhnen schuf, gehörten Odins Speer ↗Gungnir, Freyrs Schiff ↗Skidbladnir u. das Goldhaar der ↗Sif.

Ivar, ein Sohn des norweg. ↗Ragnar Lodbrok; v. ihm wird erzählt, er habe London gegründet.

Ixion, Kg. der Lapithen in Thessalien, Sohn des Phlegyas (nach anderer Version des Ares), Gemahl der Dia u. v. ihr Vater des Peirithoos. Als I. den Brautpreis holen wollte, ermordete er seinen Schwiegervater auf heimtückische Weise, indem er ihn in eine glühende Kohlengrube stieß. Er galt damit als der erste Mörder. Zunächst wollte niemand ihn entsühnen, doch

Ixion auf dem Rad als Büßer in der Unterwelt

dann reinigte Zeus ihn v. seinem Verbrechen und lud ihn sogar an die Göttertafel. Vermessen, wie I. war, näherte er sich Hera, ohne zu erkennen, daß Zeus sein Ränkespiel durchschaute u. ihm ↗Nephele unterschob, die ihm die ↗Kentauren gebar. Zur Strafe für seine Freveltat wurde I. auf ein sich ständig drehendes Feuerrad gebunden, nach einem Teil der griech. Überl. in den Tartaros gestoßen u. zum ewigen Büßer.

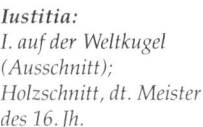

Iustitia:
I. auf der Weltkugel
(Ausschnitt);
Holzschnitt, dt. Meister
des 16. Jh.

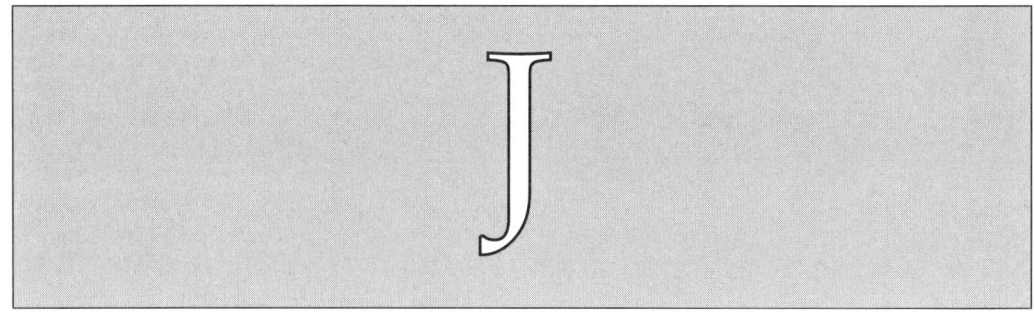

Jaga Baba ↗Baba Jaga.

Jagdzauber, in der arktischen Kunst der Steinzeit ist der sog. *Röntgenstil* ein charakerist. Merkmal. Felszeichnungen in N-Norwegen zeigen den Elch mit seinen Eingeweiden, und man vermutet hinter dieser Darstellungsweise Ele-

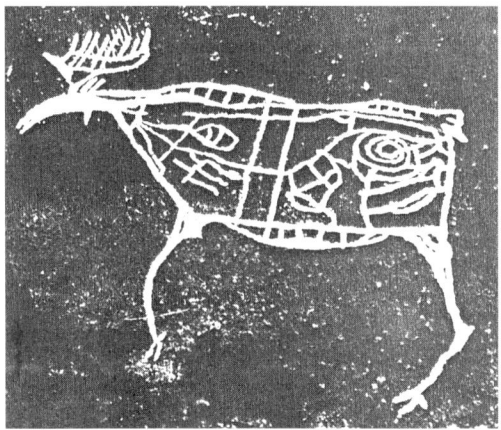

Jagdzauber: Elch im „Röntgenstil", Felszeichnung v. Kloftefoss in Norwegen

mente des J. Diese Art der Markierung aller wichtigen Teile der Beute ist auf der ganzen Welt verbreitet gewesen, auch z.B. in Australien. Dort konnte man nachprüfen, daß es sich um Erfahrungen der Jäger beim Ausweiden des Wildes handelt. Auch die vielfachen Jagdszenen der prähist. Höhlenmalereien werden als J. gedeutet. Die rituelle Ritzung soll Jagdglück erzwingen. – Auf den alpenländ. Felszeichnungen v. Val Camonica unterscheidet man versuchsweise auf solchen Jagdszenen „Hunde" mit hochgestellten bzw. gerollten Schwänzen (gezähmte Haustiere) v. solchen mit hängenden Schwänzen (Füchse u. Wölfe). Aus dem bildeigenen Kontext versucht man die Identifikation der Bildfiguren zu erschließen. – ↗Jäger.

Jäger, naturalist. Jagddarstellungen sind auf den bronzezeitl. Felszeichnungen v. Bohuslän in Schweden nicht gerade häufig. Eher kann man aus der bloßen Darstellung eines Hirsches z.B. auf Jagdzauber schließen, aber in ↗Tanum kann man auch eine Ritzung finden, auf der ein Tier erlegt wird. Häufiger ist allerdings die Darstellung des *großen Jägers*. Ohne daß wir seine Funktion in Verbindung mit Jagd oder Kampf jeweils unterscheiden können, stellt er sich doch als der überragend große Held dar, und zwar meist auch gegenüber den anderen Ritzfiguren. So ist er in Tanum über 2 m groß u. nur mit einem Speer bewaffnet, während er an anderen Stellen mit der Wurfwaffe (in Lökeberg ein Bumerang?) auftritt. – Der „große Jäger" mit weit ausgebreiteten Armen u. mit erigiertem Phallos hat in Zshg. mit den umgebenden Figuren eine interessante Deutung erfahren. Diese droht in Verbindung mit altassyr. (ugarit.). Texten des 2. Jt. v. Chr. unsere bisherigen Vorstellungen v. mögl. Kulturkontakten zw. Skandinavien u. dem alten Orient völlig zu sprengen: „Der oberste Gott EL, dessen große Macht [das bedeuten angebl. die ausgebreiteten Arme] v. Meer bis zum Meer reicht [je ein Schiff] u. der v. Ba'al [eine Figur links] u. Gefolge [Adoranten] verehrt wird …" (O. Bruun Jørgensen, 1976). Hier stellt sich ein ähnl. Problem wie bei den (viel jüngeren) Goldhörnern v. ↗Gallehus, bei denen man allerdings an importierte kelt. Handelsware oder Beutegut denkt. – (Siehe eine Abb. auf Seite 221).

Janiculum, lat. *mons Ianiculus,* einer der 7 Hügel Roms, auf dem rechten Tiberufer gelegen, gegenüber dem Marsfeld; wegen seiner militär. Bedeutung durch Brücken mit der Stadt verbunden, im 3. Jh. n. Chr. in den städt. Mauerring einbezogen.

Janus, alter röm. Gott mit vielen rätselhaften Zügen. Er galt als Gottheit der Tordurchgänge,

1 Janus
*2 Janus: J. auf einer röm. Kupfer-
münze, wie gewöhnlich doppelköpfig
u. mit nach rechts u. links ausgerichtetem Profil dargestellt*

aber wohl auch des Eingangs u. Ausgangs im wörtl. u. übertragenen Sinne. Der Monat Januar trug seinen Namen; der Neujahrstag war ihm ebenso heilig wie die Kalenden aller Monate. Sein Hauptfest, *Agonium* gen., fiel auf den 9. Januar. Bei wichtigen Unternehmungen privaten wie öffentl. Charakters rief man J. als ersten um Schutz u. Hilfe an. Im Lied der Salier wurde er als höchster der Götter gepriesen. Der Janustempel auf dem Forum war in Kriegszeiten geöffnet u. nur im Frieden geschlossen. In seinen „Res gestae" pries Augustus sich, daß unter seiner Herrschaft die Tore dreimal geschlossen

Jäger: bronzezeitl. Felszeichnung im schwed. Bohuslän

gewesen seien, in der ganzen vorhergehenden Geschichte Roms dagegen nur zweimal. – Dargestellt wurde J. in der Regel doppelköpfig, mit nach rechts u. links ausgerichtetem Profil. – ↗Carna.

Jarl, im ma. Skandinavien ein Mann v. hoher Geburt, urspr. gewöhnl. der Volkskönig, dann königlicher Beamter; in Norwegen (bis 1308) u. in Schweden (bis 1266) höchster Beamter der Krone. Er galt der Sage nach (altnord. Edda) bei den Nordgermanen als Stammvater der Adligen u. wurde v. Heimdal, der unter dem Namen ↗Rigr die Erde besuchte, mit einer Frau aus hohem Hause gezeugt. Die Geschichte steht in Zusammenhang mit der Entstehung der Stände unter den Menschen; myth. gestiftete Sozialordnung.

Jarlabankes Runenstein, an der Kirche im mittelschwed. Danderyd, aus der Wikingerzeit. Der Stein trägt ein einfaches, symmetr. Schriftband mit dem Hinweis in Runen, Jarlabanke (ein Name) hätte dieses Denkmal für sein Seelenheil u. als „eine Brücke" (wahrscheinl. ein Knüppeldamm durch sumpfiges Gelände bei Täby) zum Himmel bauen lassen. Mit diesem „Angebot" baute die schwed. Zentralgewalt in Verbindung mit der Kirche sozusagen ein Straßennetz auf (vgl. ähnl. in der beigefügten Runenschrift auf dem ↗Ramsundfelsen). – Das drachenleibförmige Schriftband mündet unten in sich gegenüberstehend angeordneten Drachenköpfen, deren Mitte jedoch nicht v. der (heidn.) Maske, sondern v. christl. Kreuz dominiert wird. Damit ist offenbar ein altes apotropä. Zeichen in christl. Umdeutung im 11. Jh. neu formuliert worden.

Jarovit ↗Svarog.

Jason, der griech. Held ↗Iason.

Jelling, dän. Ort in Ostjütland, bekannt durch zwei Grabhügel u. zwei Runensteine, in situ (farbige Kopie im Nationalmuseum, Kopenhagen), der kleinere v. Gorm dem Alten zu Ehren seiner Gattin Thyra, der größere v. Gorms Sohn Harald Blauzahn (um 945/986 Kg.) für seine Eltern errichtet. Der jüngere Stein mit Einfluß angelsächs. Kunst wurde wegen seiner Ornamentik namengebend für den sog. Jelling-Stil in der Wikingerkunst um das Jahr 1000 (siehe Abb. auf Seite 222 oben).

Jenseitsbrücke ↗Brücke.

Jenseitsvisionen, ↗Visionsdichtung v. einem überird. Paradies; wichtiger Bestandteil ir. Abenteuersagen (↗Echtrae, ↗Immram) u. mytholog. Königsgeschichten (↗Cormac).

Jelling: der Große Jelling-Stein; die Runen des Steines weisen u.a. darauf hin, daß Kg. Harald Blauzahn die Dänen zu Christen machte. Auf den Bildseiten ist das „große Runentier" abgebildet (rechts) u. der triumphierende Christus im Bandgeschlinge (links). Auch die Darstellung der Schriftseite steht unter angelsächs. Stileinfluß.

Jenseitsvorstellungen. Die Griechen kannten ↗Elysion u. ↗Hades, die Römer die ↗Unterwelt Orkus, die Germanen ↗Walhall u. ↗Hel. Das Konzept des Jenseits mit den Gefilden der Seligen (↗Paradies und Jenseits), aber auch mit der Unterwelt der Nachtfahrt der Sonne wurde bereits in der ägypt. Hochreligion entwickelt. – Jenseitswanderungen machten der babylon. ↗Gilgamesch, die antiken ↗Orpheus u. ↗Psyche u. viele andere, aber auch der german. ↗Hermod. – Christl. Vorstellungen v. *Fegefeuer* u.ä. wurden erst seit Augustinus (†430) propagiert. Das Fegefeuer gilt als Kernstück der ma. J., das sich dann erst gg. Ende des 12. Jh. „zw. Hölle u. Paradies schiebt" (J. Le Goff). – ↗Schiff.

Jensen, *Johannes V.,* * 1873, † 1950, bedeutender dän. Autor, der in seinem mehrbändigen Romanzyklus „Die lange Reise" (1908–1922; dt. Übers. 1911–1951) im Rahmen einer Geschichte der Menschheit v. Anbeginn bis zum MA in hohen Maße auch mytholog. Themen bearbeitete. In der voreiszeitl. Welt begann der Kult für Fyr, dem Feuergeist. Nach der Eiszeit fingen Dreng (der „Junge" = Odin) u. Moa („Mutter") ein neues Dasein an; ihre Kinder waren blond u. blauäugig. Sie zog es nach S, während „Eisbär" (= Thor) am Gletscher blieb u. ein gefürchteter Krieger wurde. Später führte Norne-Gast (↗Nornagest) die Cimbern nach S; Norne-Gast selbst wurde ein einsamer Wanderer, der das Land der Toten suchte. Die einst myth. Sehnsucht Odins nach dem Meer hätte sich dann in der Wikingerzeit gespiegelt. – Uns befremdet heute die Überbetonung der nord. Rasse; für

seine lit. Leistung erhielt J. 1944 den Nobelpreis zugesprochen.

Jesuitendrama. Als Mittel der kath. Gegenreformation stützte sich das J. seit etwa 1570 durchaus auf das humanist. ↗Schuldrama, das antike Stoffe liebte.

Jet, *Jetan,* ↗Gagat.

Johannes, *Priesterkönig Johannes,* sagenhafter Kg., dessen Reich bald nach Asien, bald nach Afrika verlegt wurde. Über seinen Vater Feirefiz wurde J. genealog. an die mhd. Parzival-Sage angeschlossen. Auch Jean de ↗Mandeville berichtete über J. (um 1357).

Jolareid, norweg. ↗Asgardreid.

Jomswikinger, Helden v. Jomsburg, der sagenhaften dän. Wikingerniederlassung auf der Insel Wollin in der Odermündung, gegr. v. dem Meisterschützen Palnatoke. Bekannt durch ihre maßlosen Gelübde (↗Heitstrenging), die zu einem unglückl. Kriegszug nach Norwegen (↗Sigvaldi) führten: Ein Wikinger schwor, einen Vornehmen am Hofe des norweg. Jarls zu erschlagen u. mit dessen Tochter das Bett zu teilen. Dieser Schwur, auch wenn er betrunken ausgesprochen worden war, mußte entspr. der Ethik der Wikingerzeit eingehalten werden, u. zwar selbst, wenn das trag. Folgen hatte.

Jörd, bei den Nordgermanen als Mutter Thors verehrte Göttin; auch als „Mutter Erde" verstanden.

Jordanes (auch: *Jornandes?*), Historiograph des 6. Jh. n.Chr.; schreibt, wohl selbst ein Gote, 551 die Geschichte der ↗Goten aufgrund älterer Quellen u. mündl. Überl.: „De origine actibusque Getarum", wonach z. B. die Goten aus dem südl. Schweden stammen.

Jörmungard, andere altnord. Bz. für die ↗Midgardschlange mit der Bedeutung „die Erdumgürterin".

Jörmunrek, dt. ↗Ermanerich, Ostgotenkönig nach der nord. ↗Hamdirsage; in der german. Sage Gemahl der ↗Svanhild, einer Tochter Gudruns mit Sigurd. Auf ↗Bikkis Beschuldigungen hin, Svanhild habe mit ihrem Stiefsohn ↗Randver Ehebruch begangen, ließ J. seine Gattin v. Rossen zerstampfen. Die Erz. baut auf das Märchenmotiv vom „bösen Ratgeber".

Jornaker, ein Kg., den Gudrun, einem Teil der nord. Überl. zufolge, nach dem Tode Atlis in dritter Ehe heiratete. Ihrer beider Söhne waren ↗Hamdir und ↗Sörli, die Gudrun beauftragte, zus. mit ↗Erp 2) Jörmunrek zu töten, weil er ↗Svanhild umgebracht hatte (↗Bikki; ↗Randver). Da Hamdir u. Sörli den Erp unterwegs bei einem Streit erschlugen, beraubten sie sich eines dringend notwendigen Helfers u. fanden im Kampf gg. Jörmunrek selbst den Tod.

Jötunen, die v. ↗Bergelmir u. seinem Weib stammenden Riesen, die in Jötunheim lebten, mit Utgard identisch. Sie setzten die erbitterten Kämpfe mit den Asen fort.

Jul, *Julfest,* das im Winter gefeierte Hauptfest der Germanen, dessen sprachl. Bedeutung ebenso ungeklärt ist wie die Frage, ob es tatsächl. zur Wintersonnenwende begangen wurde. Die Interpretation des Namens im Sinne v. „Sonnenrad" wird v. der modernen Lautforschung vielfach verworfen, eine andere mögl., aber ebenfalls nicht gesicherte Deutung heißt soviel wie „Besprechung". J. wurde als Toten- wie als Fruchtbarkeitsfest gefeiert, u. zwar eine

Reihe v. Tagen, die im Zeichen des allg. Friedens standen. Im Norden scheinen die Götter ↗Freyr u. Odin oder Thor bei dieser Gelegenheit Gegenstand v. Opfern gewesen zu sein. Der kult. Mittelpunkt war das Schlachten eines Ebers, den man anschließend in einem Gemeinschaftsmahl, in das auch die Toten einbezogen wurden, verzehrte. – Das reiche, z. T. in die christl. Jahrhunderte (bes. in Nordeuropa) herüberreichende Brauchtum ist in der Gegenwart u. a. in Form des während der Weihnachtszeit am Herdfeuer brennenden Julblockes, der Bereitung des zauberkräftigen Julbrotes, des Auftretens der tierförmigen Masken- u. Schreckgestalt des Julbockes angebl. noch lebendig, auch im *Julklapp,* einem Weihnachtsgeschenk, das vom Schenkenden heiml., aber mit dem lauten Ruf „J." in die Stube geworfen wird.

Julianus Apostata, der „Abtrünnige", * 331, † 363, röm. Ks., der 361–363 n. Chr. regierte u. die heidn., antike u. vorchristl. Religion im Sinne des ↗Neuplatonismus wieder einführen wollte. Die Legende läßt ihn sterbend über Jesus sagen: „Du hast doch gesiegt, Galiläer."

Julus ↗Iulus.

Jumis, Gott des Fruchtbarkeitskultes der balt. Völker (↗Letten); sein Bild wurde in der Doppelähre u. in anderen zus. gewachsenen Pflanzen gesehen (Flachs). Die Mäher oder Flachsraufer waren glücklich, solch ein Zeichen zu finden („Flachs-Jumis").

Jung, *Carl Gustav,* * 1875, † 1961, Prof. für Psychologie in Zürich u. Basel, begründete mit seiner Lehre v. den „Archetypen" in Zshg. mit der Psychoanalyse nach Sigmund Freud (*1856, †1939) eine Sicht des Mythos als aus dem „kollektiven Unbewußten" stammend. J. lehrte, daß Traum- u. Mythenmotive allg. menschl. Erinnerungsmuster sind u. zu den kollektiv überlieferten Denkmodellen gehören. Sein Verständnis des Mythos hatte großen Einfluß auf z. B. K. ↗Kerényi. – Seit 1948 gibt es ein bes. C. G. Jung-Institut in Zürich. – Die Forschung ist weiterhin geteilter Meinung; der frz. Historiker J. Le Goff bezeichnete die *Archetypen* als „jene zeitlosen Luftgebilde im Delirium" (1987).

Jüngere Edda ↗Snorra Edda.

Jüngeres Hildebrandslied ↗Hildebrandslied.

Jungfrau, lat. *Virgo,* Tierkreiszeichen der ↗Astraia oder der ↗Erigone.

Juno, altital. Göttin, deren Name wahrscheinl. v. iuvenis = Lebenskraft (der jungen Frau) abgeleitet ist. Allerdings galt sie nach antiker Vorstellung auch als Entsprechung des männl. ↗Ge-

Juno: 1 J. *Regina als Schützerin Roms und des Röm. Reiches – 2* **Juno:** *Statuette – 3* **Juno:** J. *Ludovisi (Rom)*

nius, also als Begleiterin von der Geburt bis zum Tode des weibl. Wesens. Sie wurde mit Jupiter u. Minerva zus. auf dem Kapitol in Rom als kapitolin. Trias verehrt. Ihr Monat wurde im Kalender Junius, Juni, gen. Obwohl einige Epitheta in eine andere Richtung deuten, z. B. *J. Regina* als Schützerin der Stadt Rom u. des Röm. Reiches, war sie doch an erster Stelle eine Göttin der Frauen u. des gesamten Frauenlebens, bes. der Geburt (*J. Opigena* u. *J. Lucina* = die die Kinder ans Licht bringt). Als der J. heiliges Tier galt die Ziege, als die ihr heilige Frucht die Feige. Alle Kalenden waren ihr geweiht; ihr Fest, die *Matronalia*, wurde am 1. März gefeiert. Die *J. Pronuba* galt als Beschützerin der Ehe; in dieser Funktion erscheint sie auf Grabmälern v. Ehepaaren, gelegentl. auch noch in christl. Zeit.

Jupiter, *Juppiter, Iuppiter* (lat. v. Diespater oder Diespiter = Lichtvater), lat. Name des indogerman. (?) Himmelsgottes, dem griech. Zeus entspr. (vgl. ↗Deus), v. dem viele Züge auf J. übertragen wurden. Er spielte im Leben der Römer eine außerordentl. große Rolle, u. zwar sowohl als Wettergott wie auch als Sitte u. Ordnung bewahrende u. den Staat schützende Gottheit. – Als Wettergott sandte er Blitz (*J. Fulgur*), Donner (*J. Tonans*) u. Regen (*J. Pluvius*). Als Wahrer v. Recht u. Sitte schützte er vor allem die Ehe u. den Eid; er galt als Schwurgott (*Dius Fidius*). Als J. Optimus Maximus u. J. Capitolinus wurde er auf dem röm. Kapitol (zus. mit ↗Juno und ↗Minerva) als Verkörperung der röm. Staatsidee verehrt. Im Tempel der kapitol. Trias fand eine Reihe v. Staatshandlungen statt: hier wurden Kriegserklärungen vom Senat ausgesprochen, internationale Verträge veröffentlicht, hierhin führte der Weg der triumphierenden Feldherren usw. – Dem J. waren alle Vollmondtage heilig. Außerdem wurden ihm zu Ehren die *Ludi Romani* im Sept. gefeiert u. die *Ludi plebeii* im Nov. – In der Spätantike, während der röm. Kaiserzeit der ersten Jh. n. Chr. blühte die Verehrung des *J. Dolichenus* bes. auf; er wurde als oriental. Gott auf dem Himmelsstier dargestellt. Ein reich ausgestatteter Dolichenus-Tempel stand auf dem Aventin in Rom. In Doliche, heute Dülük in der SO-Türkei, wurde der alte Wetter-

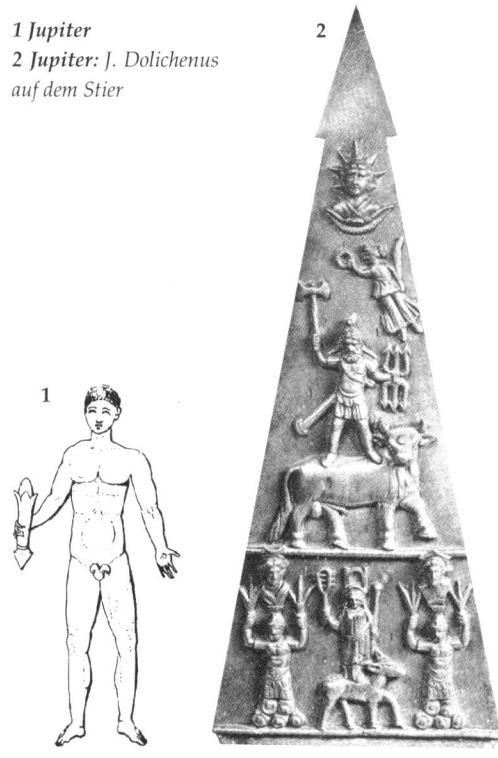

1 Jupiter
2 Jupiter: J. Dolichenus auf dem Stier

gott „Hadad" aus Mesopotamien verehrt; ihn setzten die Römer in gewohnter Weise mit ihrem obersten Gott J. gleich. Wie beim Mithras-Kult verdankt diese J.-Variante den röm. Soldaten ihre Ausbreitung. Um das Jahr 250 n. Chr. wurde Doliche v. den Persern erobert u. so gründl. zerstört, daß das urspr. Heiligtum bis heute nicht gefunden werden konnte. Die Verehrung geriet daraufhin in Vergessenheit. „Der Gott hatte in seiner eigensten Aufgabe [nämlich sich selbst zu schützen] versagt." (M. P. Speidel, in: Spätantike und frühes Christentum, 1984). – *Jupitersäulen* ↗Gigantensäulen.

Justitia, die v. den Römern als göttl. verehrte ↗Iustitia, Göttin der Gerechtigkeit.

Juturna, die röm. Göttin ↗Iuturna.

Juventas, auch *Iuventus*, röm. Göttin der ewigen Jugend, als deren Personifikation sie galt. Schutzgöttin speziell der Jugend Roms. Der griech. ↗Hebe gleichgesetzt.

Kabeiroi, *Kabiren,* in der griech. Mythologie Name v. göttl. Wesen unbekannter, möglicherweise aber phryg. Herkunft, männl., aber auch weibl. Geschlechts, v. unbestimmter Zahl u. mit vielen dunklen Zügen, die schon die Griechen nicht zu erklären wußten. Ihre kult. Verehrung wurde bes. in Samothrake, Lemnos u. Theben gepflegt. Wahrscheinl. handelte es sich urspr. um Erdgottheiten, die in Griechenl. mit Hephaistos in Verbindung gebracht wurden. Man rief sie häufig in Seenot u. bei der Landarbeit an. Das älteste bekannte Zeugnis über sie sind die „Kabeiroi", eine verlorengegangene Tragödie des ↗Aischylos.

Kadmeia, eine v. ↗Kadmos gegr. griech. Stadt; in hist. Zeit die Burg v. Theben.

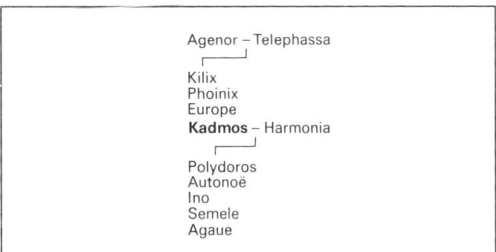

Agenor – Telephassa

Kilix
Phoinix
Europe
Kadmos – Harmonia

Polydoros
Autonoë
Ino
Semele
Agaue

Kadmos, Sohn des phoinik. Kg. Agenor (oder des Phoinix) u. der Telephassa (nach anderer Version der Ariope), Bruder mehrerer Geschwister, darunter ↗Europe. Als Europe v. Zeus entführt wurde, erhielt K. v. seinem Vater den Auftrag, die Schwester zu suchen. Er unternahm eine weite, ergebnislose Reise und befragte schließl. das Delph. Orakel, das ihm riet, einer Kuh zu folgen u. dort, wo diese sich niederlegte, eine Stadt zu gründen (↗Kadmeia). Als ein Drache seine Gefährtin tötete, brachte K. ihn mit Steinwürfen um, brach ihm die Zähne aus u. säte sie auf Rat der Pallas Athena in den Boden. Die daraus erwachsenden bewaffneten Krieger

brachten sich gegenseitig um, bis auf fünf, die sog. ↗Spartoi, die zu den Stammhelden der Thebaner wurden. K. mußte wegen der Tötung des Drachens, der v. Ares abstammte, eine Reihe v. Jahren Sklavendienste leisten, um seine Tat zu büßen; dann heiratete er ↗Harmonia, der Hephaistos anläßl. der prunkvollen Hochzeit ein kostbares Halsband schenkte, das sog. *Halsband der Harmonia*, welches allen Besitzern Unheil brachte. – Von K. wird berichtet, er habe das phoinik. Alphabet nach Griechenl. gebracht u. eine segensreiche Herrschaft in Theben ausgeübt. Später zog er mit seiner Gattin nach Illyrien u. wurde dort Kg. (↗Illyrios). Die beiden wurden schließl. in schöne Schlangen verwandelt u. ins Elysion versetzt. – Die Geschichte des K. galt den Griechen als Gründungssage Thebens, das theban. Königshaus wurde auf phoinikischen Ursprung zurückgeführt.

Kaikinos, ein griech. Flußgott; Sohn des Okeanos und der Tethys; Bruder der übrigen Flußgötter.

Kaineus, einer der griech. ↗Lapithen, urspr. ein Mädchen namens *Kainis,* das Poseidon raubte u. dem er als Belohnung einen Wunsch frei ließ. Kainis bat darum, in einen unverwundbaren Mann verwandelt zu werden. Von K., der als gottlos galt, wurde behauptet, er verehre nichts anderes als seinen eigenen Speer. Beim Kampf der Lapithen mit den ↗Kentauren fand er, wie ein Teil der Sage berichtet, trotz seiner Unverwundbarkeit den Tod, indem die Gegner ihn mit Felsen u. Ästen in den Boden rammten.

Kaiserbildnis, Darstellung eines Reiters auf versch. nord. ↗Brakteaten [Abbildung dort], das sind einseitige goldene Schmuckmünzen aus dem 5. Jh. n. Chr. nach dem Vorbild antiker Münzen u. Goldmedaillons aus der Zeit Konstantins II., um 350 n. Chr. Die sich aus den einfacheren Fertigungsmethoden der Germanen ergebende Stilisierung (auch die Schrift ist weggefallen bzw. verbirgt sich hinter unverständl. gewordenen Zeichen u. sogar Runen, die jene fremden Buchstaben nachahmten) zeigte zuletzt allein den Kopf des Reiters auf einem Pferd. Das Pferd trug jetzt in mißverstandener Anlehnung an „das große Pferd" des Alt., Alexanders Bukephalos („Stierkopf"), Hörner (nicht jedoch in Zshg. mit einem kult. Pferdezweikampf, wie fälschl. vermutet worden ist).

Kaiserkult, der K. war im Röm. Reich seit dem Tode des „Kaisers" Iulius Caesar nach dem oriental. Vorbild (Verbindung v. Priestertum u. Herrschaft, vgl. ↗Konstantin) üblich. Octavian nannte sich als Sohn des vergöttlichten Vaters „Divi filius". In N-Afrika lebte der K. und die Verbindung mit dem höchsten Priesteramt bis in das 6. Jh. n. Chr. weiter. Abzeichen dieses K. war eine bes. geschmückte *Krone.* Sie hatte für Männer die Form eines goldenen Reifens „mit Bildern v. Jupiter, Juno u. Minerva", für Frauen war es ein Diadem; so auf einem Denkmal der Plancia Magna aus Perge/Antalya (heute Türkei) aus der Zeit unter Ks. Hadrian (117–138 n. Chr.).

Kaisersage, sagenhafte Vorstellung v. dem im Berge lebenden Herrscher, der in Notzeiten seinem Volk zu Hilfe kommen wird; ist bei vielen Völkern u. in versch. Gestalten personifiziert (Friedrich I. Barbarossa im Kyffhäuser, ↗Artus, ↗Holger Danske) lebendig. Vermischt wird hier die Vorstellung der Endzeitlichkeit mit märchenhaften Motiven (↗Bergentrückung) zum Zwecke der polit. motivierten Prophetie.

Kalaïs, einer der ↗Boreaden; Sohn des ↗Boreas u. der Oreithyia.

Kalchas, berühmter griech. Seher, der den Götterwillen bes. aus den Auspizien vorherzusagen wußte; Sohn des Thestor. Er spielte im Troian. Krieg, dessen Dauer er weissagte, für die Griechen eine bedeutende Rolle. So erklärte er u. a. die Gründe, warum Achilleus am Kampfe teilzunehmen habe u. Iphigeneia in Aulis zu opfern sei. Nach einer späteren Version ging das Hölzerne Pferd auf seinen Einfall zurück. – Als K. in einem Wettstreit mit dem Seher ↗Mopsos 2) unterlag, starb er, wie es vorausgesagt war, vor Gram.

Kalender, vgl. ↗Opferzeiten.

Kaletor, ein troian. Adliger, Nachfahre des Dardanos, Vetter des Hektor. Er wurde im Troian. Krieg v. Aias dem Großen getötet.

Kalevala (= das Land des Kaleva, einer myth. Gestalt; gemeint ist Finnland), finn. Nationalepos des Dichters Elias Lönnrot (*1802, †1884)

von 1849; inhaltl. zusammengestellt aufgrund zahlreich überlieferter kurzer Einzelgesänge *(Kantele).* Das Werk erzählt v. Väinämöinen, einem zauberkundigen Sänger, der die Kantele (ebenfalls ein zitherähnl. Instrument) erfunden hat, v. dem Schöpfer des Himmels Ilmarinen, dem Zauberschmied, v. dem versch. Abenteuer bestehenden Helden Lemminkäinen, dem Helden mit einem tragischen Schicksal Kullervo und schließl. von der schönen Aino. Das Epos u. die dadurch bekanntgewordenen kurzen erzählenden Lieder, Mz. Kanteletar gen., überliefern schamanistische Züge einer frühen, vorgeschichtl. Religion in Skandinavien u. konservieren wohl hist. Elemente aus der Wikingerzeit (↗Stallo). Die traditionellen Gesänge, seit dem 18. Jh. aufgeschrieben, bilden mit über 85 000 Liedvarianten u. einer 33bändigen Ausgabe „Suomen Kansan Vanhat Runot" (1908–1948) in einzigartiger Fülle ein Corpus an Volksüberlieferung. – Der Stil der K. u. auch der der zugrundeliegenden Einzellieder Kanteletar ist v. der Formelhaftigkeit (stereotype Beschreibungen, Wiederholungen usw.) geprägt, die typisch scheint für die aus mündlicher Überlieferung bekannten Epen (vgl. ↗Homeros); siehe Text Kalevala auf Seite 227.

Kallianassa und **Kallianeira,** Töchter des griech. Meeresgottes, ↗Nereïden.

Kallidike, Königin der Thesproten. Nach dem Troian. Krieg heiratete sie den Odysseus, dem

Kalevala: Illustration zum Epos von A. Gallen-Kallela (1894); Kampf um die Zaubermühle Sampo (Kunstmuseum Turku)

sie den ⁊Polypoites 1) gebar, der ihr Nachfolger auf dem Thron wurde.

Kallimachos, griech. Dichter, * um 305, †240 v. Chr., dessen Hauptwerk „Aitia" (Ursprungssagen) nur fragmentar. überliefert ist. Der Bogen mytholog. Erz. war weit gespannt u. sehr heterogen: Sagen um Troia, aber auch die Erz. v. ⁊Berenikes Haupthaar (lat. übersetzt v. Catull).

Kalliope:
eine der Musen

Kalliope, griech. ⁊Muse der ep. Dichtung u. der Wissenschaft; häufig mit Tafel oder Buchrolle u. Griffel dargestellt. – Mutter des ⁊Orpheus.

Kallirrhoë, Name mehrerer griech. Sagengestalten: **1)** Tochter des Flußgottes Acheloos, Gattin des Alkmaion. – **2)** Tochter des Flußgottes Skamandros, Gattin des Tros, Mutter mehrerer Kin-

---

Kalevala

Kullervo, aus Kalevas Stamme,
rüstete zum Kriegeszuge,
zog von Hause fort aus Mutwill,
ritt mit Fleiß hinaus zum Streite,
trotzte dem Gebot des Vaters,
trotzte gar dem Fleh'n der Mutter.

Kullervo, aus Kalevas Stamme,
redete da solche Worte:
„Nie erhöbe meine Sippe,
mein Geschlecht so laute Klage,
endete ich hier am Wege,
stürbe auf dem Dung im Hofe;
es bewegte nicht den Vater,
und es schluchzte nicht die Mutter [...]".

Kullervo, aus Kalevas Stamme,
zog mit Klang und Schall von Hause,
in den Krieg, in ferne Lande [...].

(Kanteletar, Übers. v. E. Kunze, 1976)

---

der, darunter ⁊Ganymedes u. ⁊Ilos. – **3)** Tochter des Amphion u. der ⁊Niobe; sie wurde zus. mit ihren Schwestern v. Artemis getötet. – **4)** eine Okeanide; sie heiratete ⁊Chrysaor, dem sie Geryoneus u. viell. auch Echidna gebar.

Kallisto (griech. = die Schönste), Tochter des Lykaon, Jagdgefährtin der Artemis. Sie brach mit Zeus ihr Keuschheitsgelübde u. gebar den ⁊Arkas. Um sie vor der eifersüchtigen Hera zu retten, verwandelte Zeus sie in eine Bärin. Nach anderer Version erschoß Artemis sie oder verwandelte sie selbst in eine Bärin. Eine weitere Überl. berichtet, Zeus habe sie in das Sternbild des ⁊Großen Bären verwandelt.

Kalydon, 1) antike griech. Stadt in Aitolien, mit Heiligtum der Artemis u. des Apollon. Wahrscheinl. der Schauplatz der ⁊Kalydonischen Jagd. – **2)** Sohn des aitol. Kg. Thestios; er wurde v. seinem Vater aus Versehen getötet. – **3)** Sohn des Ares; der Sage nach in einen Stein verwandelt, weil er Artemis im Bade beobachtete.

Kalydonische Jagd, die Jagd der bedeutendsten griech. Helden unter Führung des ⁊Meleagros auf einen wilden Eber, der das Land v. Kalydon verwüstete; eine der berühmten Geschichten des griech., bes. des aitol. Sagenkreises.

Kalyke, Tochter des ⁊Aiolos 1) u. der Enarete, Gemahlin des Aëthlios u. Mutter des Endymion, der sich durch bes. Schönheit auszeichnete u. dessen Vater möglicherweise Zeus war.

Kalypso, in der griech. Mythologie eine Nymphe, Tochter des Atlas, die auf der Insel Ogygia (viell. bei Kreta oder bei It. zu lokalisieren) lebte. Sie nahm den schiffbrüchigen Odysseus bei sich auf, verfiel in Liebe zu ihm u. hielt ihn sieben Jahre (nach anderer Version auch länger) bei sich. Danach entließ sie ihn auf seinen eigenen Wunsch u. den der Götter. – Möglicherweise handelte es sich um eine Todesgöttin, worauf ihr Name (kalypto = verhüllen) hindeuten könnte. Daß Odysseus schließlich seiner Wege zog, wäre als Sieg über den Tod zu deuten.

Kameiros ⁊Kamiros.

Kamillos, Sohn des Hephaistos; gelegentl. als Vater der ⁊Kabeiroi angesehen.

Kamiros, *Kameiros,* Sohn des ⁊Kerkaphos, Enkel des Helios u. der Rhode. Eponymos der antiken Stadt K. auf der Insel Rhodos.

Kampf gegen Freund und Verwandten, weitverbreitetes Sagenmotiv mit vielen internationalen Parallelen, meist aus dem scheinbar nichtigen Anlaß der Verweigerung, dem Fremden gegenüber seinen ⁊Namen zu nennen; bekannt vor allem durch die Geschichte v. ⁊Hildebrand

(↗Vater-Sohn-Kampf), ir. in der Sage ↗Aided Oenfir Aife, altruss. in der Erz. über den Helden Il'ja, einer der ↗Bogatyri. In höf. Zeit u. unter christl. Einfluß umgedeutet mit nicht-tragischem Abschluß im mhd. Epos von ↗Biterolf und Dietleib.

Kanake, Tochter des Aiolos und der Enarete; Schwester zahlreicher Brüder und Schwestern; Großmutter der Iphimedeia. Ein Teil der griech. Sage berichtet, sie habe sich auf Befehl ihres Vaters selbst getötet, nachdem sie mit einem ihrer Brüder Inzest begangen hatte.

Kandalos, einer der griech. ↗Heliaden; er ermordete zus. mit einigen seiner Brüder den ↗Tenages u. ging mit seinen Mitmördern in die Verbannung. K. soll der erste gewesen sein, der der Athena opferte.

Kandaules, Kg. v. Lydien, der seine schöne Gemahlin u. sein Reich an ↗Gyges 2) verlor.

Kantele, Musikinstrument und traditionelles Einzellied in Zshg. mit dem finn. Nationalepos ↗Kalevala.

Kapaneus, Sohn des Hipponoos, Gemahl der ↗Euadne 2), Vater des Sthenelos. Er gehörte zu den ↗Sieben gegen Theben. Beim Sturm auf die Stadt schmähte er die Götter, indem er in seiner Hybris behauptete, nicht einmal Zeus könne ihn aufhalten. Daraufhin tötete Zeus ihn mit einem Blitz. K. wurde nicht mit seinen Waffengefährten gemeinsam beigesetzt, sondern als vom Blitz Erschlagener auf einem eigenen Scheiterhaufen verbrannt. Ein Teil der Überl. berichtet, Euadne sei in den brennenden Scheiterhaufen ihres Gemahls gesprungen.

Kaphereus, *Kaphareus,* ein Kap bei Euboia, wo ↗Nauplios 2) die v. Troia heimkehrenden Schiffe auf die Felsen auflaufen ließ, indem er, um seinen Sohn ↗Palamedes zu rächen, irreführende Feuerzeichen gab.

Kapitolinischer Hügel, lat. *Capitolinus mons, Kapitol,* einer der 7 Hügel Roms, der nordwestl. Abschluß des Forum Romanum; trug vermutl. schon in vorröm. Zeit eine Burg; war im alten Rom der rel. Mittelpunkt der Stadt. Der Kult der Trias Jupiter-Juno-Minerva soll v. den Königen vom Quirinal nach dem Kapitol verlegt worden sein. Der Tempel des Jupiter Capitolinus wurde v. Tarquinius Superbus erb. (509 v.Chr. geweiht); er verbrannte mehrfach, wurde aber stets in der alten Ausdehnung wieder aufgebaut. Hier mündete die Triumphstraße, u. von hier aus gingen die Ludi Romani (feierl. Spiele) aus. Caligula verband den K. H. u. den Palatin durch eine Brücke miteinander.

Kapitolinische Wölfin

Kapitolinische Wölfin, eine etrusk.-röm. Bronzeplastik, wurde 439 v.Chr. auf dem röm. Kapitol aufgestellt u. im 15.Jh. mit den Figuren v. ↗Romulus und Remus ergänzt.

Kapys, viell. Vater des ↗Laokoon.

Kar, 1) Sohn des ↗Phoroneus; Eponymos der Karier (↗Karien). – **2)** *Kari,* einer der nord. Riesen, Beherrscher der Winde.

Kardeiz, die Gralsburg im ↗Parzival des Wolfram v. Eschenbach (um 1200/1201).

Kardys, Vater des ↗Klymenos 3); Kg. v. Olympia in der griech. Landschaft Elis.

Karien, Hochland in SW-Anatolien, zw. dem Maiandros (heute Menderes) und der Küste. Urspr. v. den vorindogerm. Karern bewohnt; in Zshg. mit der Dor. Wanderung v. Griechen besiedelt; seit 546 v.Chr. unter pers. Oberhoheit, seit 133 v.Chr. röm. Schon bei Homer erwähnt (↗Kar 1).

Karkinos, jener große Krebs, der der vielköpfigen Hydra zu Hilfe eilte, die ↗Herakles in seiner zweiten „Arbeit" vernichtete. K. wurde v. dem Heros zertreten.

Karl der Große (lat. *Carolus Magnus,* frz. *Charlemagne*), * wohl 742, †814, Kg. der Franken (seit 768) u. Langobarden (seit 774), seit 800 röm. Ks. Karl war die bedeutendste Persönlichkeit aus dem Herrscherhaus der Karolinger u. einer der bedeutendsten Herrscher Europas überhaupt. Er kämpfte energ. für die Vergrößerung seiner Macht, u.a. gg. die Langobarden, gg. den Bayernfürsten Tassilo, das arab. besetzte Spanien (↗Roland) u. gegen die Sachsen (772–804). In Zshg. mit den Sachsenkriegen zerstörte er die ↗Irminsul u. christianisierte mit Nachdruck den sächs. Stamm. Karl schloß Verträge mit den Dänen, um die Grenzen seines Reiches nach NO hin zu schützen. Für das ganze MA galt er als Idealtyp des christl. Herrschers, u. zu seiner Heroisierung trugen auch Sagenbildungen

(↗Karlssage) bei. – Karl ließ eine umfangreiche Sammlung der altgerman. Heldendichtung („Das Heldenliederbuch Karls des Großen") anlegen, die jedoch verlorenging; wahrscheinl. wurde sie v. der Nachwelt als heidnisch verdammt u. deshalb vernichtet.

Karlssage, Erz. um ↗Karl den Großen u. seine zwölf Paladine (↗Tafelrunde!), seit dem 11. Jh. mit dem frz. Epos „Chanson de Roland" überliefert (↗Roland). Einige dieser urspr. altfrz. Sagengestalten haben später den Weg nach dem N gefunden, so „Ogier le Danois" als der dän. Nationalheld ↗Holger Danske. Ein dt. Rolandslied des „Pfaffen Konrad" gab es bereits um 1170, der „Karlmeinet" ist im niederländ. Raum („Karel ende Elegast") heimisch geworden. Als Gesamtkomplex müssen die Karlssagen jedoch zur roman.-frz. Überlieferung gezählt werden, z.B. geht auch eine altisländ. Karlamagnus saga auf frz. „chansons de geste" zurück.

Karme, eine griech. Nymphe aus dem Gefolge der Artemis, durch Zeus Mutter der bes. auf Kreta verehrten ↗Britomartis.

Karnabon, Kg. der Geten in Thrakien; als er eine der Schlangen des Triptolemos tötete, bestrafte Demeter ihn, indem sie ihn in das Sternbild Schlangenträger versetzte.

Karolinger, fränk. Herrscherdynastie u. Adelsfamilie seit Arnulf v. Metz (†641) und Pippin d. Ält. (†640). Höhepunkt unter ↗Karl d. Gr.; die Reihe schloß mit Otto von Niederlothringen (†1012). Unter den K. lebte der Gedanke eines röm. Universalreiches wieder auf, und zwar im Ggs. zu Byzanz, das v. Ks. Konstantin 330 n.Chr. als „Nova Roma" zur Hauptstadt erhoben worden war. Unter dem neuen „Imperator u. Augustus" Karl d. Gr. ging man z.B. v. der german. Holzbautechnik zur antiken Steinbauweise über (Kaiserpfalz u. Dom in Aachen), und auch auf anderen Gebieten spricht man v. einer karoling. Renaissance.

Karpo, als eine der ↗Horen Göttin der gereiften Frucht; in Athen verehrt.

Kårstad, Norwegen, bronzezeitl. (?) Felszeichnungen (Schiffe mit Doppelsteven, mäanderartige Hakenkreuze) viell. doch erst des 5. Jh. und später hinzugefügte Inschrift mit Runen. K. ist ein bemerkenswertes Zeugnis mögl. Kontinuität, die sich aber wahrscheinl. weniger auf den Ritzer v. Bild u. Inschrift, d.h. auf die Bevölkerung der Gegend u. auf deren Gesamtkultur bezieht, sondern auf den exponierten Ort eines Kultplatzes (eine Felswand), die „immer wieder" zum kult. Gebrauch einlud.

Kartā, Göttin der ↗Letten, über die wenig bekannt ist u. die nur aus jüngeren volkskundl. Quellen überliefert ist. Ihre mögl. Funktion als Todesgöttin ist diskutiert worden, und dementspr. soll sich ihr Bild mit dem der ↗Laima vermischt haben.

Karthago (griech. *Karchedon*, lat. *Carthago*), ehem. phönik. Handelsstadt nördl. v. Tunis, nach der Tradition 814 v.Chr. v. Tyros aus gegr., in Wirklichkeit aber wohl etwas später; Hauptstadt des Reiches der Karthager, die im 6. u. 7. Jh. v.Chr. die Vorherrschaft über alle phönik. Gründungen im westl. Mittelmeer errangen. – Der Sage nach geht die Gründung v. K. auf ↗Dido zurück, die das Land v. Kg. ↗Iarbas erhielt.

Karya, 1) antike Stadt in Lakonien. – **2)** ein junges Mädchen, das Dionysos liebte. Nachdem sie gestorben war, wurde sie in einen Walnußbaum verwandelt. Artemis gab den Tod bekannt u. erhielt deshalb die griech. Sage nach den Beinamen Karyatis.

Karyatide, griech. (zu ↗Karya 2), in der antiken Baukunst weibl. geformte Säule; berühmt sind die K. am Erechtheion in Athen (Tempel auf der Akropolis).

Kåseberga, bei Valleberga in Schonen, eindrucksvolle u. größte Steinsetzung in Schweden in Schiffsform, ca. 67 m lang u. mit 58 Einzelsteinen bis 330 cm Höhe über dem Boden; auch *Ales stenar* gen. Befindet auf einem 42 m hohen Hügel über der Ostsee, östl. v. Ystad, und ist wahrscheinl. wikingerzeitl. Herkunft. Bisher sind aber keine Ausgrabungen erfolgt, die datierbar sind; in K. wurde ein „astronom. Beobachtungsinstrument" (?) vermutet.

Kassandra, in der hellenist. Dichtung auch *Alexandra*, in der griech. Sage Tochter des Priamos u. der Hekabe, eine Seherin, in die Apollon sich verliebte. Da sie seine Zuneigung nicht erwiderte, bewirkte der Gott aus Rache, daß man ihren Prophezeiungen niemals glaubte. So sagte sie vergebl. den Untergang Troias voraus u. warnte vor dem ↗Hölzernen Pferd. Als Troia v. den Griechen eingenommen wurde, flüchtete sie schutzsuchend zum Bild der Athena, wurde aber von Aias dem Lokrer (↗Aias 1) gefangengenommen u. nach einem Teil der Überl. geschändet. Bei der Aufteilung der Beute unter den Griechen fiel sie ↗Agamemnon zu, der sie als Sklavin mit in seine Heimat nahm. Dort wurde sie zus. mit ihrem Herrn v. ↗Klytaimestra umgebracht. – Die Weissagungen der K. waren durchweg düsterer Natur mit warnendem Charakter, woraus sich die Bz. *Kassandraruf* ableitet.

Kassiopeia, Gemahlin des Kepheus v. Äthiopien, Mutter der ⁊Andromeda. Als K. sich rühmte, die Nereïden an Schönheit zu übertreffen, schickte Poseidon auf deren Bitten hin mit einer Sturmflut ein Ungeheuer an Land, das Mensch u. Tier verschlang. Ein Orakelspruch verhieß Rettung, wenn Andromeda dem Unhold geopfert werde, doch gelang es ⁊Perseus, die an einen Felsen gefesselte Königstochter zu befreien. Nach ihrem Tode wurde K. zu einem Sternbild.

Kastalia, griech. Nymphe der heiligen Quelle am Parnaß bei Delphoi, auch Name der Quelle selbst. Ihr Wasser diente vor allem zur Reinigung des Tempels. Im Hellenismus galt K. als Symbol der Dichtkunst.

Kastalides, Beiname jener Musen, die mit der Quelle ⁊Kastalia in Delphoi in Zshg. standen.

Kastor, lat. *Castor,* einer der ⁊Dioskuroi.

Katasterismos, griech., die Benennung v. Sternen nach bestimmten, verehrten Personen, vgl. ⁊Berenike u. ⁊Kassiopeia.

Katreus, Kg. v. Kreta; Sohn des ⁊Minos u. der Pasiphaë; wurde von seinem Sohn Althaimenes versehentl. getötet.

Katull, der röm. Dichter ⁊Catull.

Kebren, troian. Flußgott, viell. ein Sohn des Okeanos u. der Tethys. Vater der Asterope u. der ⁊Oinone.

Kebriones, Bastardsohn des troian. Priamos, Halbbruder des Hektor, dem er als Wagenlenker diente. K. wurde v. Patroklos getötet.

Kedalion, Gestalt der griech. Sage, ein Schmiedegeselle, den Hephaistos dem geblendeten Orion auf seinem Weg zu ⁊Helios, der ihn heilen sollte, mitgab.

Keiris, *Ciris,* Meeresvogel, vgl. ⁊Skylla 2).

Kekrops, mehrere griech. Sagengestalten, darunter **1)** ein erdgeborener Heros, als Schlange mit menschl. Leib vorgestellt, der vielfach als erster König Attikas galt. Er soll die athen. Burg Kekropia = Akropolis erbaut u. die frühesten Gesetze erlassen haben; auch trug er viel zur Zivilisierung des Staates bei. Seine Töchter Herse, Aglauros u. Pandrosos waren den Nymphen ähnl. göttl. Wesen, die die Felder u. Wiesen mit Tau versahen; sie wurden Agrauliden gen. – **2)** Sohn des att. Kg. Pandion u. Enkel v. ⁊Kekrops 1); er wirkte als Heros in Haliartos.

Kelaino, *Keleino,* **1)** eine der ⁊Harpyien; in einem Teil der griech. Überl. als deren Führerin bezeichnet. – **2)** eine der ⁊Pleiaden.

Keleos, eleusin. Kg., Gemahl der Metaneira, Vater des ⁊Demophon 2) u. des ⁊Triptolemos. Als Demophons Pflegerin ⁊Doso (= Demeter) ihren Schützling nachts über dem Feuer unsterbl. machen wollte, schritt seine verängstigte Mutter Metaneira ein. Demeter gab sich zu erkennen, befahl dem K., ihr einen Tempel zu bauen, u. weihte ihn u. andere eleusin. Fürsten in die „Mysterien" ein.

Kelmis, einer der drei ältesten ⁊Daktyloi.

Kelmos, ein Spielgefährte des Knaben Zeus, der in einen Magnetstein verwandelt wurde, weil er behauptete, Zeus sei sterblich.

Kelten, lat. *Celtae,* auch *Galli* („Bewohner Galliens") gen.; Bevölkerungsgruppe mit einer westindogerman. Sprache, seit dem 6. Jh. v. Chr. hist. greifbar in Zeugnissen, die damit weit vor die Zeit der Germanen zurückreichen. In der späten Eisenzeit erlebten die K. einen Höhepunkt in der ⁊La-Tène-Kultur, siedelten im weiten Raum Frankreichs, Spaniens u. der Brit. Inseln, im O bis Bayern u. Böhmen u. hatten von dort Verbindungen zu den sagenhaften Skythen. – Polybios, ein antiker Historiker des 2. Jh. v. Chr., berichtet von den K., daß sie nackt, mit goldenen ⁊Torques u. Armringen kämpften u. die Köpfe ihrer Feinde als Trophäen sammelten. Auch manche spätere Erz., z. B. Caesars „De Bello Gallico", findet ihre Bestätigung durch sagenhafte

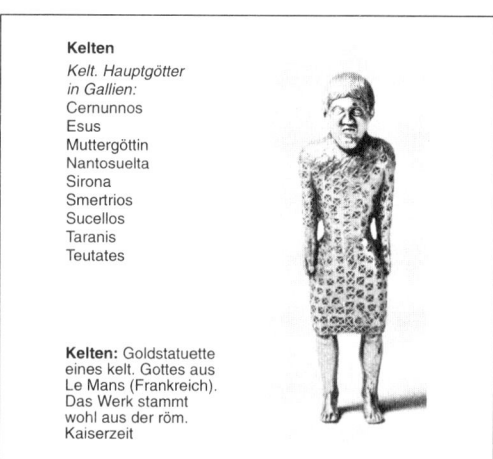

Kelten

Kelt. Hauptgötter in Gallien:
Cernunnos
Esus
Muttergöttin
Nantosuelta
Sirona
Smertrios
Sucellos
Taranis
Teutates

Kelten: Goldstatuette eines kelt. Gottes aus Le Mans (Frankreich). Das Werk stammt wohl aus der röm. Kaiserzeit.

Überl. (⁊Cú Chulainn). Die K. kannten anscheinend ein strenges Kastenwesen v. Priestern (⁊Druiden) u. ⁊Barden, Kriegern u. einfachem Volk. Ihre stammesmäßige Einheit ist gleichermaßen lose wie die der späteren Germanen; Caesar konnte allein in Gallien etwa 50 verschiedene kelt. „Völker" nennen. – Mit der

Kelten: Männerkopf aus Böhmen. Keltische Arbeit

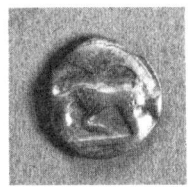

Kelten:
keltische Münzen
der Jüngeren Eisenzeit;
im rechtsrheinischen
Oberrheingebiet gefunden

Schlacht v. Alesia 52 v.Chr. und der Gefangennahme von Vercingetorix endete die Unabhängigkeit Galliens, u. nur in ↗Irland lebte die kelt. Überl. fort. Die kelt. Mythologie ist deshalb neben einer spärl. Überl. auf ↗Kymrisch (Wales) vor allem aus altirischen lit. Quellen zu erschließen. Die ältere Lit. der ↗Bretonen ist nur durch die frz. Vermittlung bekannt.

Kenningar (Mz.; Ez. *Kenning*). Kenning und ↗Heiti sind charakterist. Stilfiguren im Altirischen u. in der altnord. Skaldendichtung. Die Kenning ist eine mehrgliedrige bildl. Umschreibung, deren Sinn z.T. offenbar ist („Waldfeind" für „Feuer", „des Meeres Hyäne" für „Hai"), die aber auch oft eine dunkle, nur als Mythen- oder Heldensagenzitat verständliche Bedeutung hat (↗Snorra Edda): „Odins Fund" für den Skaldenmet (↗Gunnlöd), „Sturmwetter der Hjadningar" für den „Kampf" (↗Hetel-und-Hilde-Sage).

Kentauren, vor allem in Thessalien beheimatete Fabelwesen, halb Mensch, halb Pferd, deren Name nicht geklärt ist. Sie wurden ihrer Herkunft nach schon in der Antike oft auf Kentauros, einen Sohn des ↗Ixion, zurückgeführt. Teils waren sie v. freundl. Wesensart u. großer Bildung, wie etwa ↗Cheiron u. ↗Pholos, teils wild u. unbeherrscht wie ↗Eurytion, der auf der Hochzeit des Peirithoos den Kampf zw. den

Kentaur u. Krieger;
Metope vom Parthenon-Tempel, Akropolis, Athen

Kentauren:
einer der Kentauren

thessal. Lapithen u. den K. *(Kentauromachie)* auslöste. – Man hat sich überlegt, daß die Vorstellung v. K. auf eine Bevölkerung zurückgehen könnte, die in ihrem ersten Kontakt mit ungewohnten Reitervölkern die fremden Wesen als mit ihren Pferden verwachsen glaubten.

Kephalos, in der griech. Mythologie Sohn des Hermes u. der Herse, ein berühmter Jäger, der v. ↗Eos in den Olymp entführt wurde u. mit ihr den Phaëthon zeugte. Er heiratete die Erechtheus-Tochter Prokris, die sich ebenfalls als große Jägerin hervortat. Von Eos beraten, stellte er die Treue seiner Gattin auf die Probe, indem er sein Haus für einige Jahre verließ, dann verkleidet zurückkehrte u. Prokris durch heftige Liebeswerbungen u. Geschenke für sich zu gewinnen suchte. Prokris gab sich ihm schließl. hin, u. als sie ihren Gatten erkannte, floh sie voller Scham zu Kg. Minos v. Kreta, der ihr einen stets treffenden Speer schenkte (nach anderer Version erhielt sie den Speer v. Artemis). Später versöhnten sich die getrennten Ehepartner, u. Prokris sehnte sich nach Athen zurück. Sie war trotz dieser Versöhnung v. Eifersucht auf K. erfüllt, u. wenn dieser einen seiner häufigen Jagdzüge unternahm, argwöhnte sie, er begebe sich zu seiner Geliebten. Bei einer solchen Gelegenheit versteckte sie sich im Gebüsch, u. da der Kg. glaubte, das Rascheln im Dickicht werde durch ein Wild verursacht, tötete er die Gattin mit seinem Speer. – Die K.-Sage kennt viele Varianten, die sowohl die Personen u. deren Verhalten als auch den Speer betreffen.

Kepheus, 1) Kg. v. Äthiopien, Gemahl der ↗Kassiopeia, Vater der ↗Andromeda. – **2)** Kg. v. Tegea, der zu den Argonauten gehörte. Er war der Vater zahlr. Söhne. Ein Teil der griech. Sage berichtet, K. sei im Besitz einer ihm v. Athena geschenkten Locke der Medusa gewesen, die sein Königreich unbesiegbar machte. Während des Argonautenzuges gab er diese Locke seiner Tochter Sterope. Er u. seine sämtl. Söhne fielen in einem Krieg des Herakles gg. Hippokoon 1), an dem sie auf seiten des Herakles teilnahmen.

Kephissos, *Kephisos,* boiot. Flußgott, Sohn des Okeanos u. der Tethys, Bruder der übrigen Flußgötter; durch die Nymphe Leiriope Vater des ↗Narkissos. Es werden ihm auch andere Kinder zugeschrieben (↗Protogeneia 2), doch ist seine Vaterschaft hier umstritten.

Ker, auch in der Mz. als *Keren* geläufig; im Griech. ein vieldeutiger Begriff mit vor allem zwei Bedeutungen: abstrakt als Verhängnis, Unglück, Todeslos o. ä. verstanden, konkret als Dämon der Verderbnis, bes. des Todes gesehen. – Vgl. Schicksalsgöttinnen ↗Moiren.

Kerberos, *Zerberus,* Wächter der Unterwelt, Sohn des Typhon u. der Echidna. Das dreiköpfige (nach anderer Version bis zu 50köpfige) Ungeheuer mit Schlangen auf Kopf, Nacken u. Rücken hütete den Eingang des Hades u. ließ jeden ein, erlaubte aber keinem die Rückkehr. K. wurde nur zweimal bezwungen, einmal durch den Gesang des ↗Orpheus, zum andern durch

Kerberos: Herakles überwältigt den Höllenhund K. u. holt ihn aus der Unterwelt; Darstellung auf einer att. Amphora

↗Herakles, der den Höllenhund waffenlos überwältigte, ihn dem Eurystheus zeigte u. ihn später wieder zurückbrachte. – Vgl. nord. ↗Garm als Wächter v. ↗Hel.

Keren ↗Ker.

Kerényi, *Karl [Károly],* *1897, †1973, Religionswissenschaftler u. klass. Philologe mit einem Schwerpunkt in der Erforschung der griech. Mythologie („Apollon", 1937; „Prometheus", 1946; „Die Mysterien v. Eleusis", 1962 u. a.). K. war seit 1943 in der Schweiz ansässig u. wurde berühmt für seine Mythenforschungen am C. G. Jung-Institut in Zürich. K. war Mitarbeiter v. ↗Jung u. durch ihn in seiner Mythenforschung beeinflußt („Einführung in das Wesen der Mythologie", 1941 zus. mit C. G. Jung).

Kerkaphos, einer der Söhne des Helios u. der Rhode; Vater v. Ialysos, Kamiros u. Lindos, nach denen die Hauptorte der Insel Rhodos ben. wurden. K. gehörte mit seinen Brüdern (↗Makar) zu den ersten, die der Athena opferten.

Kerkopen, in der griech. Mythologie neckische Kobolde, die Herakles fesselte, dann aber, durch ihre Witze ergötzt, wieder freiließ.

Kerkyon, Gestalt der griech. Sage, die alle Wanderer zum Zweikampf herausforderte u. tötete; v. ↗Theseus überwältigt.

Kerl, *Karl,* der nord. Stammvater der Bauern, den ↗Rigr bei seinem zweiten Erdenbesuch mit einer fleißigen Frau zeugte, die ihn zus. mit ihrem Mann gastfreundl. aufnahm.

Kerub, altsemit. Krb, ↗Greif.

Kerykeion, der Heroldsstab des ↗Hermes.

Keryneia, Hirschkuh, *Hirschkuh auf dem Berg Keryneia,* eine der griech. Artemis heilige Hirschkuh mit goldenem Geweih, die nicht getötet werden durfte. Herakles verfolgte sie ein Jahr lang u. nahm sie lebend gefangen. Er brachte sie nach Argos, ließ sie dort aber wieder frei. – Anders bei Euripides; er stellt die Hirschkuh als gefährliches Untier dar, das v. Herakles getötet wurde.

Keryx, 1) Sohn v. Hermes und Herse. – **2)** ein Herakleide; Sohn des Eumolpos oder des Hermes. Stammvater der *Keryken,* einer Priesterfamilie, die den eleusin. Gottheiten diente.

Kessel, bei vielen Völkern, bes. aber bei den Kelten ein Gefäß, das der kult. Handlung bei den versch. Gelegenheiten diente (↗Gral), selbst aber auch Symbolwert besaß, z. B. Ausdruck des nie versiegenden Überflusses war, den die Götter gewährleisteten. Von den auf uns überkommenen Stücken nimmt der Kessel v. ↗Gundestrup mit seiner reichen, in Treibarbeit ausgeführten Motivik eine herausragende Stellung ein. – In Zshg. mit dem kult. K. muß die spätere reiche Sagenbildung v. Bechern, Trinkgefäßen usw. der Unterirdischen (Trolle u. Zwerge der Grabhügel) gesehen werden. Aus einem Grabhügel der Bronzezeit, von dem die Sage erzählte, dort würden die Unterirdischen mit einem prächtigen K. feiern, wurde von den Archäologen tatsächl. ein Kesselwagen geborgen – ein erstaunl. Beispiel v. ↗Kontinuität. – In *Brå* bei Horsens in Dänemark wurde ein großer K. mit 600 Liter Fassungsvermögen gefunden. Der Schmuck, „Eulenköpfchen", u. angenietete Griffbefestigungen als Ochsenköpfe weisen ihn wohl als kelt. Arbeit der Latènezeit aus (Museum Moesgård, Århus). In *Skallerup* auf Seeland in Dänemark wurde ein Bronzewagen mit Kessel gefunden, der offenbar in Zusammenhang mit einem Brandopfer für einen Toten stand. Der „große Kessel" hatte noch in der Wikingerzeit kultische Bedeutung, in der nord.

Mythologie spielte er eine besondere Rolle (↗Gunnlöd, ↗Hymir).

Kesselwagen ↗Wagen.

Keto, eine Tochter der ↗Gaia, Schwester u. Gemahlin des ↗Phorkys.

Keuthonymos, Vater des Menoites, des Hirten v. Hades.

Keyx, Kg. v. Trachis, Sohn des Hesperos, Gatte der Aiolostochter Halkyone. Von K. heißt es, daß er den flüchtigen Herakles u. später die Herakleiden bei sich aufgenommen habe. – Von dem Kg. u. seiner Gemahlin wird eine Tierverwandlungssage, wie sie in der griech. Mythologie häufiger vorkommt, erzählt: In ihrer Hybris nannten sich K. u. Halkyone Zeus u. Hera, worauf der ergrimmte Zeus sie in Vögel verwandelte. – Nach einer anderen Überl. kam K. v. einer Seereise nicht mehr zurück, u. Halkyone stürzte sich in ihrer Verzweiflung ins Meer. Von Mitleid gepackt, verwandelte Zeus sie in einen Eisvogel (griech. = halkyones). Die *halkyonischen Tage* waren in der Antike sprichwörtl. im Sinne v. schönen Tagen, weil das Meer während der Brutzeit der Eisvögel bes. ruhig zu sein pflegte.

Kiew, unter Fürst ↗Oleg (vor 912) u. Fürst Igor (912–945), beide wohl schwed. Herkunft, Zentrum des ersten Reiches der ↗Rus u. des späteren Rußland. Die Wikinger u. ihr Gefolge gingen bereits im 10. Jh. auch sprachl. in ihrer Umgebung auf; die wesentl. Einflüsse kamen aus Byzanz. – ↗Nestorchronik.

Kikonen, ein thrak. Stamm, der im Troian. Krieg mit den Troianern verbündet war. Als Odysseus v. Troia heimkehrte, plünderte er die Hauptstadt der K., die als Revanche einen Teil der Besatzung seiner Schiffe töteten.

Kilissa, die Kinderfrau des griech. Orestes, die ihren eigenen Sohn opferte, um Orestes' Leben zu retten.

Kilix, in der griech. Sage Sohn des ↗Agenor (oder des Phoinix) u. der Telephassa (nach anderer Version der Ariope), Bruder des Kadmos u. der ↗Europe. Nach der Entführung der Europe durch Zeus begleitete K. den Kadmos, um die Schwester zu suchen.

Killamery, Callan, Co., Kilkenny auf Irland, steinernes ir. Hochkreuz, in situ, des 9. Jh.s, mit Flechtornamentik in Gestalt v. Schlangen, die symmetr. um den Mittelpunkt eines Ring-Kreuzes (Spätform der Steinkreuze) angeordnet sind. In seiner gebundenen Form entspricht das Flechtornament in der Doppelfunktion v. Bindung *und* Schutz der Idee des Rings. Ähnl. versuchen wir in der Konzentration der gefalteten

Killamery: irisches Hochkreuz mit Flechtornament

Hände beim Gebet. „Durch diese Kreuzung in der Selbstberührung wird uns das Erlebnis unseres eigenen Ich verstärkt" (B. Brandt-Förster).

Kimbern und Teutonen, die ersten german. Volksstämme, mit denen die Römer in Berührung kamen, als diese Ende des 2. Jh. v. Chr. nach Süden vordrangen. An den Stammesnamen der Kimbern erinnert die nordjütländ. Landschaft Himmerland (↗Germanen).

Kimmerier, in der griech. Sage ein jenseits des Okeanos lebendes Volk, dessen Land einen Eingang zum Hades besaß. Seine Bewohner sahen niemals das Tageslicht. Odysseus besuchte die K. auf seinem Rückweg v. Troia.

Kimon, 1) athen. Feldherr u. Politiker, * um 507, † 449 v. Chr.; Sohn des Miltiades; seit um 476 als jährl. wiedergewählter Stratege polit. maßgebend in Athen. – In der Sage Kg. der Athener, der die Gebeine v. Theseus aus Skyros nach Athen zurückbrachte. – **2)** Vater des Miltiades, des Helden v. Marathon.

Kinderlied ↗Loki.

Kindesaussetzung. Sich Kinder durch ↗Aussetzung (antike Beispiele, siehe dort) zu entledigen, war bei den Germanen nach hist. Quellen u. in lit. Formung bekannt. So blieb die K. auf Island auch nach der Einführung des Christentums im Jahre 1000 erlaubt (↗Kristni saga). Die Gründe für eine Aussetzung mögen versch. gewesen sein. In der lit. Form ist sie für den Helden oft ein typ. Motiv seiner außergewöhnl. Geburt: So brachte Sisibe ihren Sohn ↗Sigurd im Wald zur Welt u. legte ihn in ein Gefäß, das ihn auf das Meer hinaustrug. Wo er v. der Flut ans Ufer gespült wurde, säugten Hirschkühe das Kind. ↗Wolfdietrich wurde als Kind ausgesetzt

u. von Wölfen gehütet. Hier hat das Motiv der Aussetzung eine andere, durchaus Positives assoziierende Funktion in der Erz. Aber in der Regel steht hinter K. ein Menschenbild, dem wir heute nur schwer Verständnis abgewinnen können (vgl. ↗Name). Sicherl. zwang in vielen Fällen die Not, Kinder, bes. auch Mädchen, auszusetzen (vgl. dieses Motiv im Märchen v. Hänsel u. Gretel).

King Horn, *The geste of Kyng Horn,* mittelengl. Volksballade zum Sagenstoff um ↗Horn. K. H. war Sohn des Kg. Murrays von Suddene (Isle of Man), der v. den Heiden erschlagen wurde. Nur Horn u. zwei seiner Spielkameraden entkamen in einem Boot zu einem anderen Kg., wo Horn sich in Rymenhild verliebte. Wie bei Horn wurde das Verhältnis der beiden verraten, u. K. H. mußte erst viele Abenteuer bestehen, bis er die Geliebte u. sein eigenes Reich zurückerobern konnte.

Kinyras, in der griech. Sage Kg. v. Paphos auf Cypern, Vater der ↗Myrrha u. der ↗Orsedike, viell. auch des Adonis. Er war Seher u. Sänger; das berühmte Aphroditeheiligtum v. Paphos soll auf ihn zurückgehen.

Kirkby Stephen: Steinkreuz

Kirkby Stephen, Northumberland (England), anglo-normann. Steinkreuz (beschädigt) des 10. oder 11. Jh. mit einer gefesselten Figur, am Kopf mit zwei konfrontierten Drachen oder Schlangen, die Hörnern ähneln. Diese haben der Figur den Beinamen „Teufel" (devil) eingetragen, „the bound devil" (der gefesselte Teufel), während andere in ihr phantasievoll den altnord. und wikingerzeitl. Gott Loki sehen, dem Träume eingeflüstert werden.

Kirke: eine der berühmten Zauberinnen der griech. Mythologie

Kirke, ↗Circe, eine berühmte Zauberin auf der Insel Aia, Tochter des ↗Helios u. der Perse, Schwester des Aietes u. der Pasiphaë. Sie verwandelte alle Fremden in Tiere, auch die Gefährten des Odysseus (vgl. ↗Eurylochos), der eine Zeitlang bei ihr blieb u. dem sie den Sohn ↗Telegonos (nach anderer Version den ↗Latinus) gebar. Neben Medeia galt K. als größte Zauberin der antiken Mythologie.

Kisseus, 1) einer der 50 Söhne des Aigyptos, der eine der 50 Töchter seines Bruders ↗Danaos heiratete. – **2)** ein Sohn des Melampus, des Gefährten v. Herakles. Bundesgenosse des Turnus. Er wurde v. Aeneas getötet. – **3)** Kg. der Thraker; Vater der Theano. – **4)** ein Flußgott; in einem Teil der Überl. als möglicher Vater der Hekabe gen.

Kithairon, myth. Kg. v. Plataiai, der in der Überl. als grausam dargestellt wird; zugleich Name eines Gebirges, das Attika u. Boiotien voneinander trennt. Sitz einer Reihe v. Sagen, u. a. Mittelpunkt des Dionysos-Kultes.

Kithaironischer Löwe ↗Herakles.

Kivik, Ort in Südschweden an der Ostküste v. Schonen. Fundstätte eines 1748 ausgegrabenen spätbronzezeitl. Steinkistengrabes mit Darstellungen v. Waffen, Streitwagen, Sonnenrädern (?), Tierfiguren u. a., die z. T. auf den Kult der Germanen hindeuten („Prozession", an der Spitze ein Orant mit den zum Gebet erhobenen Armen – unterer Teil der Abbildung) – siehe Abb. Kivik auf Seite 235.

Kjar ↗Caesar.

Klaros, kleinasiat. Ort in der Nähe v. Kolophon, Sitz eines alten griech. Orakels, das dem Apollon heilig war u. bes. in der röm. Kaiserzeit eine Blüte erlebte. Die Propheten u. Priester stiegen in eine Art v. heiliger Grotte hinab, nahmen einen Trunk u. weissagten dann in Versen, oder sie ließen das Ergebnis ihrer Befragung in Verse bringen.

Kleio: eine der Musen

Kleio, *Klio,* die griech. Muse der Geschichte. Ihr Attribut ist eine Schriftrolle, die Form des antiken Buches.

Kleitophon, *Klitophon,* ↗Leukippe und Kleitophon.

Kleitos, Mitgl. des griech. Sehergeschlechtes der Melampodiden, Onkel des Amphiaraos. Er wurde wegen seiner Schönheit v. Eos geraubt.

Kleobis, Bruder des ↗Biton; einer der Söhne einer argiv. Herapriesterin.

Kleobule, Mutter des ↗Phoinix 2).

Kivik: Wandplatte aus dem Steinkistengrab v. Kivik (um 1300/1100 v.Chr.) mit Darstellung v. Waffen, Streitwagen, Sonnenrädern (?), Menschen- u. Tierfiguren

Kleobulos, 1) einer der ↗Sieben Weisen. – **2)** ein troian. Führer, der im Troian. Krieg v. Aias dem Großen getötet wurde.

Kleodora, 1) eine ↗Danaïde, die einen der Söhne des Aigyptos heiratete. – **2)** eine Nymphe.

Kleodoxa, eine der Töchter des Amphion u. der ↗Niobe, die von Artemis und Apollon getötet wurde.

Kleolla, nach jüngerer Überlieferung Mutter des ↗Menelaos; Frau des ↗Pleisthenes.

Kleopatra, in der Antike häufig verwendeter Name, der auch in der Mythologie eine Rolle spielt. – **1)** Tochter des ↗Boreas u. der Oreithyia, Gemahlin des ↗Phineus 1). – **2)** Tochter des Idas u. der Marpessa. Sie heiratete ↗Meleagros; als dieser starb, erhängte sich K. oder starb aus Kummer über den Tod des Gatten. – **3)** eine ↗Danaïde.

Kleostratos, ein Jüngling, der v. seinem Geliebten Menestratos aus den Fängen jenes Drachen errettet wurde, der jährl. die griech. Stadt ↗Thespiai angriff.

Klio ↗Kleio.

Klonia, eine Nymphe, Gattin des Hyrieus (nach anderer Version des Chthonios), Mutter v. Lykos u. Nykteus.

Klotho, eine der griech. ↗Moiren; die Spinnerin des Lebensfadens.

Kluge Bauerntochter, ein weitverbreitetes Märchenmotiv v. überraschend klugen Rätsellösern. Oft motivisch mit der Gestalt des ↗Aschenputtels verbunden, z. B. in Aslaug, der Frau ↗Ragnar Lodbroks. ↗Aslaug soll vor den dän. König „bekleidet und unbekleidet, weder satt noch hungrig, mit und ohne Gefolge" treten; sie hüllt sich in ein Fischnetz und geht mit ihrem herabwallenden Haar, sie bleibt nüchtern, hat sich aber an einem Lauch gesättigt, sie geht allein, aber in Begleitung eines Hundes. Daraufhin macht Ragnar die kluge Aslaug zu seiner Frau. – Eine bes. kluge Rätsellöserin war auch die kelt. Ailbe (↗Tochmarc Ailbe).

Klymene, ein in der griech. Mythologie häufig vorkommender Name, u.a.: **1)** Tochter des Okeanos u. der Tethys, wohl Gemahlin des ↗Iapetos, Mutter mehrerer Söhne, darunter Epimetheus u. Prometheus. – **2)** Tochter des Minyas v. Orchomenos. Viell. die zweite Frau des Kephalos. Mutter mehrerer Kinder v. versch. Männern. – **3)** Tochter des ↗Katreus, Gemahlin des Nauplios 2). – **4)** eine ↗Nereïde.

Klymenos, 1) Sohn des Schoineus v. Arkadien u. der Epikaste, Vater der griech. ↗Harpalyke, die er zwar mit Alastor verheiratete, mit der er aber auch nach der Eheschließung weiterhin ein blutschänder. Verhältnis unterhielt. Aus Haß gg. ihren Vater setzte Harpalyke ihm einen Sohn oder Bruder zum Mahle vor. Als K. die Wahrheit durchschaute, brachte er seine Tochter um u. tötete sich dann selbst. Nach anderer Version erhängte sich Harpalyke. – **2)** Kg. des boiot. Orchomenos. Er fiel im Kampf gg. die Thebaner u. wurde v. seinem Sohn ↗Erginos gerächt. – **3)** Kg. v. Olympia. Ein Nachfahre des Herakles, der die Olymp. Spiele wiederbelebte oder sie nach anderer Überl. einführte.

Klytaimestra, *Klytämnestra,* Tochter des ↗Tyndareos u. der Leda, Gemahlin des ↗Agamemnon, den sie zus. mit ↗Aigisthos tötete. Mutter v. Elektra, Iphigeneia, Chrysothemis u. v. ↗Orestes, der den Tod des Vaters rächte. Die Rolle der K. bei der Ermordung ihres Gatten wird in der griech. Überl. unterschiedl. bewertet; teils gilt sie als nur wenig beteiligt, teils wird die Bluttat als ihr Werk dargestellt.

Klytie, eine Okeanide. Sie war die Geliebte des Helios (nach anderer griech. Überl. des Apollon) u. wurde, als der Gott sie verließ, in eine Sonnenblume verwandelt.

Knaben auf dem Spielplatz, nord. Erzählmotiv, nach dem Kinder über einen Rechtsstreit entscheiden; von anderen Knaben gehänselt, wollte der Held seinen Elternnamen (↗Namen) wissen und beschloß daraufhin, den toten Vater zu rächen (altnord. Gunnlaugs saga und Njáls saga).

Knabenliebe, griech. *Paiderastia,* das bes. erot. und sexuelle Verhältnis zw. einem (älteren) Mann u. einem Knaben mit „noch weibl." Formen, Weichheit u. Bartlosigkeit. Die K. stand für Griechen u. Römer nicht im Widerspruch zum Verhältnis des Mannes zu einer Frau oder zur Ehe. Die Mythologie kennt einige Belege solcher K.: Zeus entführte aus K. den ↗Ganymedes auf den Olymp, Poseidon war der Überl. nach in K. zu Pelops 1) entbrannt, Apollon liebte u.a. ↗Hyakinthos. ↗Iolaos war als Knabe der Gefährte des Herakles; als er erwachsen wurde, gab Herakles ihm seine erste Frau Megara zur Ehe. – Ks. Hadrians Lieblingsknabe ↗Antinous wurde nach seinem frühen u. plötzl. Tod zum Gott erhoben. – Die K. muß man teilweise auch in Zshg. mit einem für uns ungewohnten Phallos-Kult (↗Phallos) sehen. – ↗Erotes.

Knetterheide ↗Gnitaheide.

Knidos, antike Stadt an der Westküste Kleinasiens, dor. Kolonie. Im Aphroditeheiligtum stand die berühmte ↗Aphrodite des Praxiteles, die in röm. Kopien überliefert ist.

Knossia, eine griech. Nymphe; durch Menelaos Mutter des Xenodamos.

Knossos:
Fayencestatuette einer sog. Schlangengöttin

Knossos, altkret. Stadt, südl. v. Iraklion. Über neolith. Kulturschichten fanden sich Reste eines bis zu 4 Stockwerken hohen Palastes aus dem 16.–15. Jh. v. Chr., der auf einen um 2000 v. Chr. entstandenen Bau zurückgeht. Er gilt zu Unrecht als das ↗Labyrinth der griech. Sage. Um einen rechteckigen Zentralhof liegen in verwirrender Anordnung die durch Korridore getrennten Palastteile, deren Funktion umstritten ist. Zum Teil sind es Bauten im vergängl. Gips, so daß darin eine Totenstadt, nicht ein tatsächl. „Palast" vermutet wurde. – K. ist in der Sage mit Minos u. Pasiphaë, dem Minotaurus u. dem Labyrinth verbunden.

Knut der Heilige: *Siegel des dänischen Königs auf einer Urkunde von 1085*

Knut der Heilige, *Knud,* dän. Kg. aus dem Geschlecht der ↗Knytlinge. Er regierte v. 1080–1086. Münzen zeigen ihn als christl. Herrscher auf dem Thron mit Reichsapfel u. als Reiter mit der ritterl. Beschäftigung der Falkenjagd. K. wurde im Dom zu Odense ermordet (aus polit. Gründen), sein Todesdatum u. die näheren Umstände wurden sofort so zurechtgebogen (Tod an einem Freitag, Leiche in Kreuzform vor dem Altar), daß er schnell heiliggesprochen werden u. als polit. Integrationskraft für das dän. Reich dienen konnte.

Knytlinge, dän. Königsgeschlecht, ben. nach einem sagenhaften (und nicht eindeutig identifizierbaren) Knutr = Knud. Namhafter Vertreter war Harald Gormsson, auch Harald Blauzahn gen., ein Herrscher des 10. Jh., der den großen Runenstein von ↗Jelling aufstellen ließ. – Den Mittelpunkt der altnord. Knytlinga saga bildet die Geschichte v. ↗Knut dem Heiligen, dem ersten dän. Nationalheiligen.

Kobold, dt. zus. fassende Bz. für versch. „niedere" Dämonen (↗Daimones), die man sich zumeist als Natur- oder Hausgeister vorstellte. Auch sprachl. scheint ein Anschluß an „Hauswalter" mögl. und damit in der Sache an die antiken ↗Penates (Hausgötter). Für die mhd. Zeit verwies Jacob Grimm auf „aus Holz geschnitzte Figuren", und entspr. könne man z.B. neben „Wicht" eine regionale Bz. wie „Butzemann" angebl. mit „Butz" für „Baumstrunk" bzw. „Holzklotz" in Zshg. sehen. Speiseopfer waren übl.; ein Reflex davon ist offenbar der süße Brei, den man am Julabend (Weihnachten) für den ↗Nisse in Skandinavien bereitet. – Ein bes. Lieblingsthema der älteren volkskundl. Forschung waren die ↗Korndämonen. – Man hat die Bz. *Ölgötze,* die erst seit Luther im 16. Jh. geläufig ist, wohl fälschl. mit einem german. „Götzenstrunk oder Götzenpfahl" („Handwörterbuch des deutschen Aberglaubens", Bd. 6, 1935) in Zshg. gebracht. – ↗Elben.

Kodros, Kg. v. Athen; Sohn des Melanthos. Seine Söhne galten der Sage nach als Begründer der meisten ion. Städte. Ein Teil der Überl. berichtet, der Sieg der eingefallenen Peloponnesier in Athen könne laut einem Orakelspruch durch den Opfertod des Kg. verhindert werden. Da K. sich opferte, hätten die Athener aus Pietät seither keinen Kg. mehr gewählt.

Koios, Sohn des Uranos u. der Gaia; Bruder der übrigen griech. Titanen. Er heiratete ↗Phoibe 2) u. wurde Vater v. Leto u. Asteria.

Kokalos, Kg. v. Sizilien, zu dem ↗Daidalos, der Erbauer des Labyrinths, flüchtete. Neben anderen Versionen berichtet die griech. Sage, daß ↗Minos, als er die Auslieferung des Daidalos forderte, zunächst gastfreundl. Aufnahme bei K. fand, dann aber v. den Töchtern des K. in heißes Wasser geworfen u. getötet wurde.

Kokytos, ein griech. Flußgott, Sohn des Okeanos u. der Tethys. Auch Bz. für einen der Unterweltflüsse, über die der Totenfährmann ↗Charon die Seelen der Verstorbenen zum Hades brachte. – ↗Minthe.

Kolchis, antike Landschaft an der SO-Küste des Schwarzen Meeres. In der griech. Sage die Heimat der ↗Medeia u. das Ziel der ↗Argonauten.

Kolontas, Vater der ↗Chthonia 1). Die griech. Sage berichtet, er sei in seinem eigenen Hause verbrannt, als er sich weigerte, Demeter gastl. aufzunehmen.

Koloß von Rhodos, eine riesige Bronzestatue des ↗Helios, des höchsten Gottes der Insel Rhodos, die am Eingang der beiden Haupthäfen der Stadt Rhodos zw. 304 u. 292 v.Chr. aufgestellt wurde; stürzte bei einem Erdbeben Ende des dritten Jh. v.Chr. um (?). Der Koloß v. Rhodos galt als einer der ↗Sieben Weltwunder. Man hat v. einer 31 m hohen Statue des Künstlers Chares v. Lindos (um 290 v.Chr.) gesprochen, die bei einem Erdbeben im Jahre 224 v.Chr. zerstört worden sein soll. – ↗Aktis.

Komaitho, 1) Priesterin der griech. Artemis Triclara in Patras. Da sie sich mit ↗Melanippos 3), ihrem Geliebten, im Heiligtum der Göttin verband, wurden beide wegen dieses Frevels geopfert. – **2)** Tochter des ↗Pterelaos, des Kg. v. Taphos. K. verliebte sich in Amphitryon, fand bei diesem jedoch keine Gegenliebe. Er tötete sie vielmehr, weil sie ihrem Vater jenes goldene Haar ausgerissen hatte, an das seine Unsterblichkeit gebunden war.

Komatas, Ziegenhirt u. Diener der Musen auf dem Berg Helikon. Nachdem er eine Ziege geopfert hatte, wurde er in einen Kasten eingeschlossen, aber v. den Musen befreit.

Kometes, Sohn des Sthenelos; v. seinem Freund ↗Diomedes 2) beauftragt, während seiner Abwesenheit im Troian. Krieg auf dessen Gattin ↗Aigialeia zu achten. K. u. Aigialeia begingen Ehebruch u. vertrieben Diomedes bei seiner Heimkehr aus dem Land.

Komik. Die altgerman. Heldendichtung entbehrt weitgehend der K., doch die Götterdichtung scheint sie durchaus zu kennen u. zu schätzen (z.B. in Thors Abenteuern, ↗Geirröd). Innerhalb der Heldendichtung gilt K. als ein Zeichen der Spätzeit u. des „Verfalls", so in dem Kontrast zw. dem alten Hildebrandslied u. dem jungen Lied von ↗Ermenrichs Tod u. so in einzelnen Szenen der spielmänn. Heldenepik (↗Ilsan). – Die griech. Antike kannte die (lustige) Komödie neben der (traurigen) Tragödie. Die neuere Forschung nimmt an, daß aus der Nachahmung der griech. Komödie, die röm. Soldaten im östl. Weltreich kennenlernten, ein entscheidender Anstoß zur Bildung einer lateinischen Literatur in Rom entstand (↗Plautus). Die griechische Tragödie selbst ist als „myth. Ereignis", als „kultisch-myth. Fest" gedeutet worden (K. Hübner, 1985).

„König im Berge", Motiv vieler Erz. v. dem kommenden „Retter", der durch seinen plötzl. Tod nur zeitweise „entrückt" wurde (↗Bergentrückung).

König Rother, ein vorhöf. mhd. Spielmannsepos mit Stoffen aus der langobard. Heldensage, um 1150 entstanden mit den Erz. von Brautwerbung u. Entführung einer byzantin. Prinzessin durch Roger von Sizilien (* um 1143). Umsetzung des german. Epos in die christl. Welt: Rother soll ein Vorfahre Karls des Großen sein u. damit Bindeglied im göttl. Heilsplan.

Königskinder, dt. Volksballade mit der liedhaften, antiken Erz. von ↗Hero und Leandros.

Königslutter, bei Helmstedt, Niedersachsen. Roman. Stiftskirche v. 1135 mit Tierornamenten (Jagddarstellungen, „wütendes Heer" angebl. „Wotans Jagd") u. vegetativ geschmückten Säulen im Kreuzgang. Löwenportal zur Abwehr (sich gegenüberstehende Tiere) u. vielfach Fratzen u. Skulpturen, die als Darstellungen heidn. Götter gedeutet worden sind (?).

Koninc Ermenrîkes Dôt ↗Ermenrichs Tod.

Konobos, eines der vier Pferde des ↗Ares.

Konrad von Würzburg ↗Trojanerkrieg.

Konstantin I., *der Große, Flavius Valerius Constantinus,* röm. Ks., regierte 306–337 n.Chr., wurde zuerst v. den röm. Legionären in Britannien zum Caesar ausgerufen u. setzte sich schließl. gg. Maxentius durch, den er im Jahre 312 an der Milvischen Brücke vernichtend schlug. Er soll dabei im Zeichen des Christentums (Labarum, vgl. ↗Kranz) gesiegt haben. Auch den östl. Teil des Röm. Reiches gewann er gg. Licinius, der noch den alten Göttern anhing. K. gründete im Jahre 330 n.Chr. Byzanz neu u. gab der Stadt seinen Namen *Konstantinopel.* Die christl. Überl. ehrte ihn, indem sie in ihm den wahren u. gerechten Herrscher sah. K.s hist. Rolle für den Bestand des Röm. Reiches u. für die wirkungsvolle u. folgenreiche Verbindung v. Kirche u. Staat, Religion u. staatl. Macht (↗Kaiserkult) ist unumstritten; ihn ahmten spätere oström. Kaiser u. russ. Zaren nach. Die Beurteilung seiner rücksichtslosen Durchsetzungskraft (Morde u.a. an Maximian 310 n.Chr., an Licinius; Hinrichtung seines Sohnes Crispus 326 n.Chr. usw.) ist umstritten. An der Verdammung des ↗Arius (im Jahre 325 Konzil in Nicäa) hatte er wesentl. Anteil. Der Schweizer Historiker Jacob Burckhardt (*1818, †1897) sah in K. eher den hinterhältigen Heiden, aber Burck-

hardt bezeichnete sich allerdings selbst auch nicht als Anhänger der Kirche.

Kontaktzone ↗Provinzialrömische Kultur.

Kontinuität. Die Frage nach der K., der ununterbrochenen Folge einer Überl., entspricht einem Streit um den „Darwinismus" in der Lit. Die einen betonen die K., die „Erbanlagen", u. haben verblüffende Belege für z.B. die Richtigkeit von Elementen in ortsgebundenen Sagen, die durch archäolog. Ausgrabungen bestätigt werden; so bestätigt die geograph. Archäologie ähnlich wie bei H. Schliemanns ↗Troia oft die Überl. (Hügelgräberfunde, Wikingerschiffe im ↗Roskildefjord usw.); die anderen betonen stärker die „Umwelteinflüsse" u. verweisen z.B. darauf, daß der Götterhimmel des german. Spätheidentums u. die Ausprägung angebl. typisch german. Sittenlehren nicht ohne den Einfluß des Christentums denkbar sind (↗Synkretismus). Übertragen auf die ↗Saga, geht es um die „Freiprosalehre" (mündl. Überl., ↗oral literature) oder um die „Buchprosalehre" (Saga als lit. Dokument ihrer Gegenwart). Übertragen auf allg. mytholog. Probleme, handelt es sich um die Frage, in jedem Brauch bereits die „alten Germanen" zu sehen, die Konstanz gegenüber dem Wandel in der Geschichte zu betonen (↗Völkerwanderung). – Bes. die Hanse (um 1200) in ihrer mögl. Interpretation als wirtschaftl. Unternehmerkonsortium oder als Nachfahre eines kult. Geheimbundes u. Zeichen german. Gemeinschaftsbildung (O. Höfler) war, verbunden mit der Ideologie des Dritten Reiches, „Opfer" eines falsch verstandenen Kontinuitätsdenkens.

Koon, der älteste der zahlr. Söhne des ↗Antenor. Er wurde im Troian. Krieg v. Agamemnon getötet.

Kopreus, Sohn des ↗Pelops und der Hippodameia, Herold des ↗Eurystheus; er wurde v. Herakles, dem er eine Botschaft zu überbringen hatte, getötet. Nach anderer Überl. töteten ihn die Athener.

Korax, in der griech. Sage Kg. v. Sikyon, Sohn des Koronos, Bruder des Lamedon. Er wurde v. Epopeus (↗Antiope), der ihm auf den Thron folgte, abgesetzt.

Kore, Tochter der griech. Getreidegöttin ↗Demeter; eig. ↗Persephone, in bestimmten Zshg. aber als K. = Kornmädchen bezeichnet.

Koresos, ein Priester des griech. Dionysos in Kalydon. Er beging lieber Selbstmord als Kallirrhoë, die er liebte, zu opfern. Man sieht in solchen sagenhaften Erz. ein Spiegelbild eines tatsächl. kulturellen Umbruchs, dessen Datierung offenbleiben muß u. nach dem man sich v. kult. ↗Menschenopfer abwandte.

Korinth, bedeutende griech. Stadt des Alt. am Golf v. Korinth; der Sage nach v. ↗Korinthos 2) gegr.; Austragungsort der ↗Isthmischen Spiele. 146 v. Chr. wurde K. v. den Römern zerstört, später aber neu gegr. – ↗Periandros.

Korinthos, 1) sagenhafter Kg. von Korinth. – **2)** ein Sohn des Zeus.

Korkyra, Tochter des ↗Asopos. Sie wurde v. griech. Poseidon auf die Insel Korkyra entführt, wo sie ihm einen Sohn gebar. Möglicherweise ist Alkinoos ein Nachfahre v. Poseidon u. K.

Kormak, isländ. Skalde, † um 968, von dem die pseudobiographische altnord. Kormaks saga berichtet. – K. hatte eine unglückl. Liebe zu Steingerd, die er aufgrund eines Zaubers nie besitzen konnte. Er wurde als Schwarzäugiger beschrieben, was viell. auf seine Herkunft aus Irland deutet, u. in seiner Liebesgeschichte klingt der kelt. Tristan-Stoff an. In die Saga des 13. Jh. sind auf jeden Fall bereits Elemente der höf. Minnelyrik, viell. sogar solche der frz. Troubadourdichtung eingeflossen.

Korndämonen, sozusagen auf dem bäuerlichen Feld die Verwandten der ↗Kobolde, mit weitgehend ungeklärter Genealogie. Man hat in ihnen „Nachkommen" aus der Welt der antiken „niederen" Dämonen (↗Daimones) gesehen, und die K. waren ein bes. Forschungsgebiet der Schule v. Wilhelm ↗Mannhardt. Die uns überlieferten Quellen kennen die K. im wesentl. erst seit dem 18. Jh.; trotzdem schloß man u.a. auf gemeingerman. und indogerman. Erbe. Fragebogenantworten v. 1864/65 wurden für das ganze Dt. Reich kartographisch erfaßt („… wenn der Wind im Korne Wellen schlägt"); die einzelnen, oft sehr widersprüchl. Erscheinungsformen wurden beschrieben u. näher identifiziert (Kinderschreck, Kornjude, Roggenmutter, Tiergestalten, letzte Garbe bei der Ernte, Dreschbräuche; vgl. „Handwörterbuch des deutschen Aberglaubens", Bd. 5, 1933).

Koronides, Bz. für Metioche u. Menippe, zwei Töchter des Orion. Aphrodite schenkte ihnen Schönheit, Athena verlieh ihnen Geschicklichkeit in der Kunst des Webens. Die K. töteten sich selbst, um einer Seuche in Orchomenos ein Ende zu bereiten. – Die griech. Sage kennt eine Reihe v. Varianten, deren bekannteste berichtet, Orion habe die Mutter der K., Pleione, geliebt u. verfolgt. Sie sei mit ihren Töchtern geflohen, mit ihnen unsterbl. gemacht u. zu Sternen (↗Pleiaden) geworden.

Koronis 1) Tochter des Lapithen Phlegyas, Schwester des ↗Ixion. Sie war die Geliebte des griech. Gottes Apollon u. gebar den ↗Asklepios. Da sie Apollon schon während ihrer Schwangerschaft betrog, indem sie sich dem Arkader Ischys hingab, strafte der Gott, der durch einen Raben informiert worden war, sie, indem er sie mit einem Pfeil tötete. Den kleinen Asklepios rettete Apollon aus dem Leib seiner Mutter u. übergab ihn dem Kentauren ↗Cheiron zur Erziehung. – **2)** Tochter des Kg. Koroneus v. Phokis. Poseidon entbrannte in Liebe zu ihr, u. Athena verwandelte sie in eine weiße Krähe. Nachdem sie der Göttin schlechte Nachrichten überbracht hatte, gab diese ihr für immer ein schwarzes Gefieder. – **3)** Tochter des Ares. – **4)** Tochter des Atlas u. der Pleione; eine der ↗Hyaden.

Koronos, 1) Kg. v. Sikyon, Sohn des Apollon. – **2)** Argonaut u. Anführer der ↗Lapithen; v. Herakles getötet.

Korybanten, dämonische Wesen, die die phryg. Göttin ↗Kybele begleiteten. Ihr orgiastischer, bis zur Besessenheit reichender Kult stammt aus Kleinasien, gelangte aber schon früh nach Athen (etwa im 7. Jh. v. Chr.); sie galten vielfach als Kinder des Zeus, hervorgegangen aus dem Regenwasser, das dieser auf die Erde schickte. Ob sie mit den auf Kreta besonders verehrten ↗Kureten identisch waren oder nachträglich mit diesen gleichgesetzt wurden, ist nicht geklärt.

Korybanten: in der Nachzeichnung des 19. Jh. krieger. Jünglinge; Kybele mit „Mauerkrone"

Korybas, Gestalt der griech. Sage, die gelegentl. als Vater oder Vorfahre der ↗Korybanten gen. wird.

Korynetes (griech. = Keulenmann), Beiname des ↗Periphetes 2).

Korythos, 1) Sohn des Paris u. der Oinone; er führte die Griechen nach Troia u. wurde v. seinem Vater getötet, als er gleich ihm in Liebe zu Helena entbrannte. – **2)** Gemahl der ↗Elektra 2); gründete K. in Etrurien.

Kos, griech. Insel des Dodekanes, im Ägäischen Meer. Im Alt. berühmt durch das ↗Asklepios-Heiligtum; Heimat oder Aufenthaltsort berühmter Persönlichkeiten, wie z.B. Hippokrates u. Theokrit.

Kosmische Gottheiten wie Erde, Sonne u. Mond scheinen myth. Vorstellungen v. Ackerbauern gewesen zu sein, während sich eine einfacher strukturierte Gruppen-Gesellschaft oft an einem kultortgebundenen ↗Totemismus orientierte. – Eine folgende Stufe war offenbar eine Vermenschlichung der Götter, wie sie z.B. die Griechen in homerischer Zeit (↗Homeros) entwickelten. Ein Aspekt der menschl. Nähe der Götter ist ihre Erdenwanderung, bei der z.B. Zeus u. Hermes bei ↗Philemon u. Baucis einkehren; auch der german. Thor ließ sich so v. Menschen bewirten. – ↗Rigr.

Kottos, einer der griech. ↗Hekatoncheires.

Kotys, auch *Kotyto* oder *Kotytto,* thrak. Göttin, deren orgiast. Kult sich auch über Griechenl., dann über It. verbreitete. Die kult. Verehrung hatte Ähnlichkeit mit der des ↗Dionysos, ansonsten wurde K. häufig mit Artemis gleichgesetzt.

Krähe, der dem griech. Apollon heilige Vogel, urspr. weiß, später mit schwarzem Gefieder, weil er v. der Untreue der ↗Koronis 2) berichtet hatte. – Bei den Kelten ein heiliger Vogel, in dessen Gestalt bes. die Göttin ↗Badb an den Schlachten teilnahm (↗Morrigan). – Altnord. ↗Kraka.

Kraka, „Krähe", spöttisch gemeinter nord. Beiname ↗Aslaugs während ihrer kümmerl. Jugend; ebenso trug ↗Hrolf Kraki diesen Beinamen wegen seiner geringen Körpergröße.

Krakow ↗Crocco.

Krali Marko, bulgar., ↗Marko Kraljević.

Kranaos, Kg. v. Athen, der v. seinem Schwiegersohn Amphiktyon vom Throne verdrängt wurde. Die Sage erzählt, daß die Sintflut sich während seiner Regierungszeit ereignet hatte.

Kranich, bei den Kelten ein offensichtl. in myth. Zshg. stehendes Tier, wobei der Inhalt des My-

thos jedoch ungeklärt bleibt. Drei K. sind auf dem Nautenaltar in Paris zus. mit einem Stier abgebildet, desgleichen zeigt ein in Trier gefundener Altar Esus mit Stier u. Kranichen.

Kranz u. *Krone* schmückten antike Götter, geflochten aus den ihnen „heiligen" Pflanzen (die Krönung war in diesem Sinne eine Weihe an den Gott). Weinlaub bekränzte ↗Dionysos; vgl. den Lorbeerkranz der röm. Ks.; Christus wurde mit einer Dornenkrone verspottet. Die Bekränzung war für Tertullian († um 220 n. Chr.) der Anlaß, in seinem Werk „De corona" zu wettern: Kränze tragen sei ein heidn. Brauch. – Das *Labarum* (röm. Feldzeichen, purpurnes Fahnentuch), mit dem Ks. ↗Konstantin I. im Jahre 312 gg. Maxentius siegte, zeigte möglicherweise das Christusmonogramm v. einem Lorbeerkranz umgeben. Die Vision soll Konstantin gezeigt haben, er werde in diesem Zeichen siegen (lat. „in hoc signo vinces").

Krataii, Mutter der ↗Skylla 1).

Kratos, 1) ein ↗Titan; soll, wie ein Teil der griech. Überl. berichtet, Prometheus auf Befehl des Hephaistos geblendet haben. – **2)** nach Hesiod Sohn v. Pallas u. Styx, die eine Reihe v. Kindern hatten, darunter K. u. Bia als Verkörperungen v. Macht u. Gewalt.

Krebs, im Mittelmeerraum schon in der Antike in vielen Formen verbreitetes Tier, das auch in Mythos u. Sage eine Rolle spielte. So kam der Hydra, die Herakles mit Hilfe seines Gefährten Iolaos in seiner zweiten „Arbeit" überwältigte, der Krebs Karkinos zu Hilfe, den die Helden jedoch zertreten konnten. Er wurde v. Hera in ein Sternbild verwandelt.

Kreios, einer der ↗Titanen; Gatte der ↗Eurybië, mit der er die drei Kinder Astraios, Pallas u. Perses zeugte.

Kreon, 1) Kg. v. Korinth, Vater der ↗Glauke. Iason u. ↗Medeia lebten lange Zeit bei ihm, bis Iason in Liebe zu Glauke entbrannte u. sie heiraten wollte. K. fiel zus. mit seiner Tochter der Rache der Medeia anheim. – **2)** Kg. v. Theben, Sohn des Menoikeus. Er löste das Drama um seine Nichte ↗Antigone aus, als er nach dem Kampf der ↗Sieben gegen Theben verbot, die gefallenen Gegner zu bestatten, Antigone sich aber aus Menschlichkeit über diese Anweisung hinwegsetzte.

Kreontidas, Sohn des Herakles u. der Megara, der zus. mit seinen Brüdern v. Herakles in einem Anfall v. Wahnsinn getötet wurde.

Kres, Sohn des Zeus u. einer Nymphe vom Berg Ida; Eponymos u. Schutzherr v. Kreta.

Kresphontes, Kg. v. Messenien, Sohn des Aristomachos, Gemahl der ↗Merope 3). Er gehörte zu den griech. Herakleiden u. soll in einem v. ↗Polyphontes 2) angeführten Aufstand ums Leben gekommen sein, zus. mit zwei seiner Söhne. Der dritte Sohn, Aipytos, wurde heiml. zu seinem Großvater, dem König v. Arkadien, gebracht u. wuchs dort auf. Später kehrte er in die Heimat zurück, tötete Polyphontes u. trat das Erbe seines Vaters an.

Kressida, keine im eigentl. Sinne antike mytholog. Gestalt; sie ging erst später in die mittelalterl. Sage v. ↗Troilos u. Kressida ein.

Kreta (Kretische Kunst): links Wandmalerei „Jüngling mit Federkrone" (sog. Priesterkönig) aus dem Palast v. Knossos (16./15. Jh. v.Chr.), rechts Vase mit Meerestier-Motiven (16. Jh. v.Chr.)

Kreta, größte Insel Griechenl., am Südrand des Ägäischen Meeres; schon seit der Frühzeit ein bedeutendes Zentrum der Kunst, aber auch Schauplatz bekannter Sagen. – ↗Knossos, ↗Minos, ↗Talos 1). – ↗Kres.

Kretheus, 1) Begr. u. erster Kg. v. Iolkos, Sohn des Aiolos. Heiratete zunächst Sidero, dann Tyro u. schließl. Demodike (oder Biadike). – **2)** ein Gefährte des Aeneas, der v. Turnus getötet wurde.

Kretischer Stier, ein dem Poseidon heiliger, v. ihm dem ↗Minos gesandter schöner Stier, den Minos nicht, wie versprochen, opferte, sondern seiner Herde einverleibte. Daraufhin ließ der Gott den Stier wild werden u. großen Schaden anrichten. Herakles fing ihn lebend (7. „Arbeit") u. brachte ihn zu Eurystheus nach Mykenai, ließ ihn dann aber wieder frei. Der Schrecken, den das Untier verbreitete, fand erst ein Ende, als ↗Theseus den Stier tötete.

Kreüsa, Name zahlr. Gestalten der griech. Sage, u. a.: **1)** Tochter des Priamos u. der Hekuba, Gemahlin des ↗Aeneas, Mutter des ↗Ascanius. Während des Troian. Krieges wurde sie v. den Griechen gefangengenommen, aber v. Aphro-dite u. Kybele befreit. Als Aeneas aus dem brennenden Troia floh, verlor er seine Gattin aus den Augen. – **2)** die Mutter des ↗Ion. – **3)** anderer Name für ↗Glauke, die Tochter König Kreons v. Korinth, an der ↗Medeia Rache nahm.

Krew, *Kriwe,* ↗Griwe.

Kriasos, Sohn des Argos, eines Herrschers auf der Peloponnes, u. der Euadne.

Kriemhild, *Kriemhilt,* im mhd. ↗Nibelungenlied Schwester der Burgunderkönige Gunther, Gernot u. Giselher u. zugleich weibl. Hauptgestalt des Werkes. Sie wurde Sigfrids Gemahlin, nachdem dieser Gunther bei der Werbung um Brünhild behilfl. gewesen war. Bei einem Streit um den Vorrang der beiden Königinnen verriet K. ihrer Schwägerin das Geheimnis der Brautwerbung, das Sigfrid ihr anvertraut hatte, u. rief damit Brünhilds Bedürfnis nach Rache für die ihr angetane Schmach hervor. K., die um das Leben ihres Gatten fürchtete, vertraute ihn dem Schutz des ↗Hagen von Tronje an u. bezeichnete diesem die einzige Stelle, an der ihr Mann verletzl. war. Statt ihm den versprochenen Schutz angedeihen zu lassen, brachte Hagen Sigfrid jedoch um. Im zweiten Teil des Epos nahm K., inzw. Gattin Etzels, schreckl. Rache: Eine Einladung der Burgunder ins Hunnenland endete nach schwerem Blutvergießen mit der Ausrottung der Gäste u. dem Tod vieler Gastgeber, darunter K. selbst. – In der altnord. Edda mit älteren Fassungen des Nibelungenstoffes trägt K. den Namen ↗Gudrun.

„Kriemhildenstuhl", sog. K., aus einem röm. Steinbruch in der Nähe v. Bad Dürkheim, der um 200 n.Chr. vom röm. Mainz aus ausgebeutet wurde. Darstellungen u. Inschriften (röm., z.T. auch Runen) – Sonnenrad, Pferd, Lanzenschwinger, Hakenkreuz usw. – deuten nicht auf ein kelt. oder german. Heiligtum, sondern auf die bunte Zus.setzung der Steinbrucharbeiter.

Kriemhilds Verrat, nicht überliefertes Lied (niederdt.?), das ein sächs. Sänger um 1131 vor dem Dänen Knud Lavard sang, nach Saxo „notissimam Grimildae erga fratres perfidiam" (das Lied v. berühmten Verrat Krimhilds an ihren Brüdern).

Krimgoten ↗Goten.

Krimisos, ein griech. Flußgott, Sohn des Okeanos u. der Tethys; heiratete Aigeste, die ihm den ↗Acestes gebar.

Krino, Tochter des Troianers ↗Antenor u. der Theano. Sie wanderte mit ihren Eltern nach dem Tode der meisten ihrer zahlr. Brüder u. der Zerstörung Troias aus der Heimat aus.

Krisos, Vater des ↗Strophios 1).

Kristni saga, eine Saga, die die Christianisierung ↗Islands in den Jahren nach 981, die vor allem v. dem norweg. Kg. Olaf Tryggvason (er regierte 995–1000) ausging u. mit massivem politischem Druck betrieben wurde, beschreibt. Im Jahre 1000 beschloß daraufhin das isländische Ding die Einführung des Christentums, doch sollten heimlich vollzogene heidnische Opferbräuche u. auch die ↗Kindesaussetzung weiterhin erlaubt sein. – Von der sozusagen nur juristischen (u. wirtschaftl.) Christianisierung Islands berichtet auch die Njáls saga (↗Íslendinga sögur).

Kriwe, *Krew,* ↗Griwe.

Kroisos: *Amphora mit Darstellung des K. auf dem Scheiterhaufen. Arbeit des Myson, eines griechischen Töpfers und Vasenmalers in Athen (um 500 v. Chr.).*

Kroisos, *Krösus,* letzter lyd. König (6. Jh. v. Chr.), der Kleinasien bis zum Halys unterwarf; er führte die Goldprägung ein u. war v. sprichwörtl. Reichtum (vgl. ↗Paktolos), d. h., er galt als der reichste Mann der ·Welt überhaupt. K. soll den griech. Heiligtümern kostbare Weihegeschenke gemacht haben, bes. dem Orakel v. Delphoi. 547/546 v. Chr. verlor er sein Reich an die Perser. Von dem Tod auf dem Scheiterhaufen wurde er der Überl. nach auf wunderbare Weise errettet. – K. hatte bei seinem trag. Angriff auf das Reich der Perser dem doppeldeutigen Spruch des Orakels v. Delphi vertraut, „er werde, wenn er den Fluß Halys überschreite, ein großes Reich vernichten" – es war sein eigenes Reich, das er verlor.

Kroko ↗Crocco.

Krokos, ein schöner griech. Jüngling, der eine Nymphe liebte. Wegen seiner Ungeduld wurden beide in Blumen oder Eibenbäume verwandelt.

Krommyonische Sau, *Sau von Krommyon,* ein Unheil stiftendes Tier, das ↗Theseus bei Krommyon erlegte.

Krone ↗Kaiserkult, ↗Kranz.

Kronia, in Attika zu Ehren des ↗Kronos gefeiertes griech. Sommerfest, das Herren u. Sklaven zu fröhl. Schmaus vereinte; mit den röm. Saturnalien vergleichbar.

Kronos:
K. mit der Sichel,
mit der er seinen Vater
entmannte

Kronos, der jüngste u. bedeutendste der griech. ↗Titanen; Sohn des Uranos u. der Gaia. Aus Zorn darüber, daß ihr Gemahl die Kyklopen u. Hekatoncheires verbannt hatte, überredete Gaia ihn, seinen Vater mit einer Sichel zu entmannen u. die Weltherrschaft an sich zu reißen. Damit ihm selbst ein ähnl. Schicksal erspart bliebe, verschlang K. alle seine Kinder, die er mit seiner Schwester u. Gemahlin Rheia hatte, mit Ausnahme des ↗Zeus, der ihm aufgrund einer Täuschung entging; ↗Rheia reichte ihm statt des Säuglings einen in Windeln gewickelten Stein. Als Zeus, der in einem Versteck v. Nymphen aufgezogen wurde, herangewachsen war, zwang er seinen Vater, die Geschwister wieder auszuspeien. Daraufhin begann der Kampf um die Weltherrschaft, den Zeus schließl. gewann. Uranos u. alle, die auf seiner Seite standen, vor allem die Titanen, wurden in den Tartaros gesperrt, später allerdings begnadigt. Zeus übertrug dem Vater die Herrschaft über die Inseln der Seligen. – Die Vorstellung, eine Göttergeneration werde durch eine andere abgelöst, ist nicht griech., sondern höchstwahrscheinl. oriental. Herkunft. – Eine andere Version sieht in dem Ablösungsmythos den Übergang v. einem Zeitalter zum nächsten, jeweils schlechteren, beginnend mit dem Goldenen Zeitalter, in dem K. eine milde Herrschaft ausübte u. die Menschen in einem paradiesischen Zustand lebten (↗Elysion).

Krotopos, Kg. v. Argos, Vater der Psamathe (Sandmädchen), die wahrscheinl. die Mutter des ↗Linos 1) war.

Krotos, Sohn des Pan; er wurde in das Sternbild Schütze (Sagittarius) verwandelt.

Kteatos, einer der beiden ⁊Molionen; er stand mit seinem Bruder Eurytos auf seiten des Augeias in dessen Krieg gg. ⁊Herakles; die Zwillinge waren zunächst erfolgreich, wurden dann aber getötet.

Ktesios, ein alter Geist, der nach griech. Überl. die Vorratsräume bewachte. Auch Beiname des Zeus (Z. *Ktesios*).

Ktesippos, 1) ein Freier der ⁊Penelope; er wurde v. dem Sauhirten ⁊Eumaios, der seinem Herrn Odysseus treu geblieben war, getötet. – **2)** ein Sohn des Herakles u. der ⁊Deïaneira.

Ktimene, Tochter des Kg. Laërtes v. Ithaka u. der Antikleia, Schwester des Odysseus; sie heiratete ⁊Eurylochos.

Kubaba, Muttergöttin der ⁊Hethiter, aus der sich später ⁊Kybele entwickelte.

Kuckuck. Allein dem Stichwort K. widmet das „Handwörterbuch des deutschen Aberglaubens" etwa 30 Druckseiten, ein Abschnitt beschäftigt sich mit dem angebl. german. Götterglauben in Zshg. mit dem K. Nach W. ⁊Mannhardt war er ein Götterbote Donars, und dafür wurden Materialien wie Kinderreime und z.B. die angebliche Parallele zum ⁊Wechselbalg bemüht. Das waren „Trugschlüsse", und auch das Bild, das man sich bis in die „neueste Zeit" hinein damit v. den Göttern machte, war „trügerisch" (E. Seemann, 1933).

Kudrun, auch *Gudrun,* **1)** in der nord. Heldensage Schwester der Burgunderkönige, Gemahlin Sigurds. – **2)** *Kudrunlied, Kudrunepos,* mhd. Heldenepos, um 1230/40 entstanden u. in der sog. *Kudrunstrophe,* die der ⁊Nibelungenstrophe ähnelt, verfaßt; der Autor ist unbekannt; das Werk scheint, wie Stilvergleiche ergeben haben, aus Österreich zu stammen. Stilistisch u. formal ist es vom Nibelungenlied beeinflußt, stoffl. v. älteren Liedern. Inhaltl. besteht es aus drei Sagenteilen, die zunächst wohl unabhängig voneinander waren: Es beginnt mit dem Raub Hagens, Sohn Kg. Sigebants v. Irland u. Großvater der Kudrun, durch einen Greifen. Sodann wird die Brautwerbung Hetels von Hegelingen (⁊Wate von Stürmen) um Hagens schöne Tochter Hilde geschildert (⁊Hetel-und-Hilde-Sage), u. im dritten Teil geht es in einer weiteren Brautwerbungsgeschichte um Hetels u. Hildes Tochter Kudrun, die Verlobte des Herwig von Seeland. Sie wurde vom Normannenkönig Hartmut entführt, u. beim Kampf, der deswegen entbrannte, kam Hetel zu Tode. Kudrun weigerte sich viele Jahre lang, Hartmut zu heiraten, u. ertrug, um ihrem Bräutigam die Treue zu halten,

Kudrun: Beginn des Kudrunliedes, das nur in einer einzigen erhaltenen Handschrift überliefert ist; um 1517 auf Veranlassung v. Ks. Maximilian I. entstanden; urspr. auf Schloß Ambras (Tirol) aufbewahrt

bes. durch Hartmuts Mutter schwere Leiden u. Demütigungen, bis sie schließl. von Herwig u. ihren Verwandten befreit wurde. Es kam zu einer blutigen Schlacht, dann aber, im Ggs. zum Nibelungenlied, zu einer Versöhnung (christliche Umdeutung eines heidnischen Heldensagenstoffes). – Der K.stoff u. damit verwandte Motive lebten weiter in der späteren Volksdichtung (dt. Volksballaden mit z.B. span. u. dän. Parallelen) u. sind in dieser Hinsicht umstrittenes Objekt der Forschung (⁊Kontinuität).

Kuh-Orakel ⁊Ilos.

Kulhwch und Olwen, erschlossener kelt. Romanzyklus, um 1100 oder früher entstanden; kymr., möglicherweise Vermittler des ⁊Artus-Stoffes von Wales in die frz. Bretagne (Lais der ⁊Marie de France). K. u. O. ist eine Märchenvariante zur Werbung des Jünglings um eine Riesentochter, dabei wird Kulhwch zu einem Vetter des Kg. Arthur erklärt, welcher als Weltherrscher inmitten v. Rittern mit magischen Fähigkeiten geschildert wird. Die märchenhafte Fassung in der Slg. ⁊Mabinogion von etwa 1100 stellt die älteste Form des Artusromans dar.

Kullervo, Held mit einem trag. Schicksal in der finn. ⁊Kalevala.

Kulturbeziehungen. Hinsichtl. der K. zwischen z.B. der nord. Bronzezeit der jüngeren Felszeichnungen und der alpenländ. Bronzezeit (Funde v. Hallstatt) gehen die Meinungen der Wissenschaft zwar sehr auseinander, aber Kupfer u. Zinn gehörten auf jeden Fall zu den Gütern im frühen Fernhandel. Zum Beispiel die dän. Funde v. ⁊Brå u. Hjortspring aus der Latènezeit belegen aber viel weitergehende Verbindungen bereits in älterer Zeit, mit denen auch mytholog. Vorstellungen „transportiert" worden sein könnten (vgl. „Großer Jäger", ⁊Jäger).

Der Einfluß des S auf den N ist auf jeden Fall weit größer als umgekehrt; in der Regel sind die Kelten u. die Römer gegenüber den Germanen die gebenden Teile.

Kundrie ↗Cundrie, vgl. die kelt. ↗Morrigan.

Kureten, urspr. wohl griech. Vegetationsdämonen aus Kreta. Die Sage berichtet v. ihnen, sie hätten um den kleinen schreienden Zeus, das jüngste Kind der Rheia, einen lauten Waffentanz aufgeführt, um Kronos, der seinen Sohn zu verschlingen drohte, zu täuschen. Da die K. Diener der Rheia waren, wurden sie häufig mit den ↗Korybanten gleichgesetzt.

Kvasir, 1) in der nord. Mythologie ein v. Asen u. Vanen geschaffener Zwerg, der das Symbol der Verständigung zw. den beiden Göttergeschlechtern darstellt. – **2)** Neben der oben gen. personifizierten Verständigung ist K. auch das v. Asen u. Vanen zus. gebraute Bier, ein Rauschtrank (daraus: russ. „Kwaß"), der durch den Speichel der beiden Göttergeschlechter (oder durch Odins Speichel) gärt (↗Geirhild).

Kveldulfr, altnord. der „Abendwolf", ↗Werwolf.

Kvida, altnord. „Lied".

Kybele, auch *Magna Mater,* als Erd- u. Naturherrin verehrte phryg. Mutter- u. Fruchtbarkeitsgöttin, die die Natur jedes Jahr zu neuem

Kybele,
umgeben von Hermes
(mit Zauberstab)
und Attis

Leben erweckte. Sie wurde in einem orgiast. Vegetationskult mit Attis, ihrem urspr. Geliebten, der ihr untreu geworden war u. im Gebirge Selbstmord begangen hatte, gefeiert, wobei die ↗Kureten u. ↗Korybanten ihr Fest mit tosender Musik begleiteten u. wilde Tiere ihren Wagen zogen. Der Kult kam etwa im 6. Jh. v.Chr. nach Griechenl., wo man als Heimat der K. häufig Kreta annahm u. die Göttin mit ↗Rheia gleichsetzte; später gelangte er nach Rom, wo er seit 204 v.Chr. als Staatskult mit einem Tempel auf dem Palatin, seit Claudius als großes Frühlingsfest (15.–27. März) mit stark zurückgenommenen orgiast. Zügen gefeiert wurde. Seit dem 2. Jh. n.Chr. erfolgte die Ausbreitung in den

Kybele:
kleine Figur des Attis aus dem
Kybele-Attis-Kult, gefunden
in Trier (2. Jh.); schreitender
Attis-Knabe mit phryg. Mütze
und Tracht, Leib entblößt
(Rhein. Landesmuseum, Trier)

meisten Provinzen des Röm. Reiches. – K. bzw. Rheia galten auch als Schutzgöttin v. Burgen u. Städten, worauf die Mauerkrone, die sie in bildl. Darstellungen vielfach trugen, hindeutet. – Cotys = K. in ↗Phrygien.

Kybele-Attis-Kult. Aus Liebe zur Göttermutter ↗Kybele, einer phryg. Göttin (Kleinasien), hatte sich Attis selbst entmannt. Andere Erz. begründen das gleiche Schicksal, an dem Attis starb, z.T. in sehr drastischer Weise. Noch beim Tempel der Kybele in Rom, als Heiligtum für die Magna Mater 204 v.Chr. offiziell eingeweiht, entsetzten sich die Römer über die Attis nacheifernden Praktiken der „Galli", der kult. Diener, die sich „solcher Raserei" hingaben. Auch zur Kontrolle dieser Gruppe mußten die phryg. Priester eine Sondersteuer bezahlen, und die festl. Begehung mit einem Kultbild der Kybele (rituelles Bad der Kultstatue in einem Bach) wurde auf einen einzigen Termin, Ende März, beschränkt. Verbunden damit war u.a. ein *Taurobolium,* ein Tieropfer, bei dem man sich im Blut des geopferten Stiers „reinigte". Solche Mysterien sind z.B. für das 3. u. 4. Jh. n.Chr. in Lyon (Frankreich), in N-Afrika u. mit zahlr. Weiheinschriften in Rom selbst belegt. Auch für die Zeitgenossen hat diese Besudelung mit Blut Grauen erregt, andererseits hat man in der

Taurobolium im Kybele-Attis-Kult

Eine Grube wird ausgehoben: Der Hohe Priester steigt tief hinab in die Erde zur Weihe, wunderbar geschmückt, mit festlichen Binden die Schläfen umwunden, mit einer goldenen Krone, die seidene Toga nach altröm. Sitte angelegt. – Von oben decken sie darüber ein Brettergerüst voller Ritzen, nachlässig zus. gefügt. Darauf machen sie Spalten u. Löcher in die Vorrichtung; dicht an dicht durchbohren sie mit spitzem Gegenstand das Holz, so daß viele winzige Spalten in ihm gähnen. – Dorthin wird ein gewaltiger Stier mit grimmiger, struppiger Stirn geführt, den Bug mit Blumengirlanden umwunden oder die Hörner; v. Gold glänzt die Stirn des Opferstiers, und der Glanz färbt auch die Fellhaare golden. – Hier wird, wie es bestimmt ist, das Tier geopfert, indem sie die Brust mit einem geheiligten Spieß durchbohren. Die Wunde stößt eine reichliche Woge heißen Blutes aus, der Brodem ergießt sich in das Gefüge des darunterliegenden Gerüstes u. erfüllt die Luft. Dann rinnt auf zahllosen Wegen durch die tausend Spalten tropfenweise ein Regen v. Blut, den der Priester in der Grube auffängt, sein Haupt jedem Tropfen schmählich darbietend, besudelt am Gewand u. am ganzen Körper. – Ja sogar das Gesicht reckt er empor, er bietet seine Wangen dar, Ohren, Lippen, Nase, selbst die Augen wendet er nach oben und badet sie im Blut, und nicht einmal der Gaumen bleibt verschont, die Zunge wird benetzt, bis alles mit dem schwarzen Blut getränkt ist. – Wenn dann die Opferdiener den ausgebluteten, erstarrten Kadaver v. dem Gerüst gezogen haben, steigt der Priester hervor, ein schaudervoller Anblick. Er zeigt den triefenden Scheitel, den mit Blut vollgesogenen Bart, die triefenden Binden u. Kleider. – Ihn, besudelt v. solchem Ritus u. beschmutzt v. Blut des gerade dargebrachten Sühneopfers, grüßen u. verehren alle v. ferne, weil ihn, der er hinabgestiegen war in die abscheuliche Grube, das billige Blut eines verendeten Stieres reingewaschen habe.

(Beschreibung des christl. Dichters Prudentius, um 400 n. Chr.; nach: Spätantike und frühes Christentum, 1984).

„Bluttaufe" eine gewisse Nähe zur christl. Taufe u. sogar eine Konkurrenz zu diesem Ritus sehen wollen.

Kydippe, 1) eine Priesterin der Hera, Mutter v. ↗Biton u. Kleobis. – **2)** die Tochter eines reichen Hauses, die den armen, aber aus ehrenwerter Familie stammenden Akontios heiratete. – ↗Akontios u. Kydippe. – **3)** Tochter des ↗Ochimos.

Kyffhäuser, Berg im südl. Harzvorland, in dem Ks. Friedrich Barbarossa auf seine Wiederkehr wartet (wie Karl d. Gr. im ↗Untersberg). An einen dürren Baum wird er seinen Schild hängen, und es wird „eine bessere Zeit werden" (Grimm, Dt. Sagen).

Kyklopen, nach der „Theogonie" des ↗Hesiodos Söhne des Uranos u. der Gaia, für die ein einziges rundes Auge mitten auf der Stirn charakteristisch war. Obwohl ihre Zahl schwankt, werden in der Überl. am häufigsten die drei Riesen Brontes, Steropes u. Arges gen. Sie unterstützten Zeus im Kampf gg. Kronos u. schmiedeten ihm Donnerkeile u. Blitze. Auch die kyklop. Mauern v. Mykenai u. Tiryns galten wegen der gewaltigen Ausmaße als ihr Werk. Die Sage macht sie ferner zu Gehilfen des ↗Hephaistos, dem sie mit Kraft u. Geschicklichkeit zur Hand gingen. Ihre Brüder waren die ↗Titanen u. die ↗Hekatoncheires. In der homer. Sagenform war ↗Polyphemos einer der K. Aus der myth. Figur bei Hesiod wurde damit ein „Märchenriese" (L. Röhrich).

Kyknos (griech. = Schwan), Name mehrerer Sagengestalten. **1)** Kg. v. Kolonai in der Nähe v. Troia; Sohn des Poseidon u. der Kalyke. Er wurde, einer Version entspr., v. seinen Eltern verlassen u. von einem Schwan aufgezogen. In erster Ehe heiratete K. Prokleia, die ihm Hemithea u. ↗Tenes gebar, in zweiter Ehe verband er sich mit ↗Philonome, die ihren Stiefsohn zu verführen suchte, aber von ihm abgewiesen wurde. Als sie sich daraufhin bei ihrem Gemahl beschwerte, Tenes habe sie begehrt, ließ dieser in seinem Zorn Sohn u. Tochter in einer Kiste ins Meer werfen. Die Geschwister wurden bei einer Insel an Land getrieben, deren Bewohner Tenes zu ihrem Kg. machten u. ihre Insel nach ihm ben. Als K. den Betrug entdeckte, bestrafte er seine Gattin u. fuhr zu seinen Kindern, um sich – vergeblich – mit ihnen zu versöhnen. – Der unverwundbare K. wurde im Troian. Krieg v. Achilleus mit einem Steinwurf betäubt u. wäre fast erwürgt worden, hätte sein Vater Poseidon ihn nicht in einen Schwan verwandelt. – **2)** Sohn des Ares, ein Wegelagerer, den Herakles in Trachis tötete. – **3)** Kg. der Ligurier, ein Freund des Phaëton, der, als dieser mit dem Sonnenwagen zu Tode stürzte, sich so grämte, daß Apollon ihn in einen Schwan verwandelte. – **4)** Sohn des Apollon, ein schöner Knabe, der einen Mann Namens Phylios liebte. Als dieser ihn verließ, beging Kyknos Selbstmord und wurde in einen Schwan verwandelt.

Kyllaros, in der griech. Sage ein ↗Kentaur, Sohn des Ixion u. der Nephele. Er zeichnete sich durch bes. Schönheit aus u. verfiel in leidenschaftl. Liebe zu ↗Hylonome, die nach seinem Tode Selbstmord beging.

Kyllene, 1) Gebirge in Arkadien, das als Geburtsstätte des ↗Hermes galt. Auch Name der Nymphe, die den kleinen Hermes pflegte. – **2)** Gattin des Pelasgos, eines Kg. v. Arkadien, viell. die Mutter des Lykaon.

Kymodoke und **Kymothoë,** Töchter des griech. Meeresgottes Nereus, ↗Nereïden.

Kymrisch, *Cymraeg,* kelt. Sprache in Wales (=Walisisch, engl. Welsh); lit. überliefert vor allem in den „vier alten Schriften von Wales", dem „White Book of Rhydderch", dem „Red Book of Hergest" (beide: ↗Mabinogion), der Slg. des Barden ↗Taliesin u. in der Dichtung des Aneirin.

Kynortas, Kg. v. Sparta, Sohn des Amyklas u. der ↗Diomede 2); folgte seinem Bruder Argalos auf dem Thron.

Kynosura, eine griech. Nymphe vom Berg Ida auf Kreta, die das Zeus-Kind pflegte; sie wurde in einen Stern verwandelt.

Kynthos, ein Berg auf der Insel Delos; in der Sage vielfach als Geburtsstätte v. Apollon u. Artemis (Diana) bezeichnet. – ↗Cynthia.

Kyparissos, ein Knabe, den Apollon liebte; als er einen v. Apollons schönsten Hirschen aus Versehen tötete, wurde er in einen nach ihm ben. Baum, die Zypresse, verwandelt.

Kypris, Beiname der ↗Aphrodite.

Kypselos, 1) Kg. in Arkadien, Vater der Merope, die er mit ↗Kresphontes verheiratete. Nachdem Kresphontes durch Polyphontes getötet worden war, wurde Meropes Sohn Aipytos v. K., seinem Großvater, aufgezogen. – **2)** Sohn des Aipytos, Enkel der Merope. Er folgte seinem Stiefvater als Kg. v. Arkadien auf dem Thron.

Kyrene, eine Nymphe, nach der Überl. Königin v. Libyen. Sie war eine Tochter des Lapithenkönigs Hypseus, eine große Jägerin, in die Apollon sich verliebte. K. gebar ihm den Sohn ↗Aristaios. Nach ihr wurde die Stadt Kyrene ben. – ↗Euphemos.

Kythereia, ein häufig verwendetes Epitheton (Beiname) der Aphrodite; abgeleitet von ihrem Kult auf der Insel Kythera (südl. der Peloponnes), der alt u. weit verbreitet war. Kythera rühmte sich (neben anderen Inseln), v. hier sei der Kult der ↗Aphrodite ausgegangen. ↗Helena opferte dieser Aphrodite von Kythera, als sie v. Paris entführt wurde.

Kytissoros, *Kytisoros,* Sohn des Phrixos u. der Chalkiope; er half den Argonauten, das ↗Goldene Vlies an sich zu bringen u. aus Kolchis zu flüchten. Die griech. Sage kennt dazu eine Reihe v. Varianten.

Kyzikos, Kg. der Doliones, eines mysischen Stammes. Er nahm die Argonauten gastfreundlich bei sich auf, die ihm dienl. waren im Kampf gg. seine Gegner. Aufgrund einer unglückl. Konstellation wurden die Argonauten bei ihrer Weiterfahrt infolge heftigen Sturmes zu den Doliones zurückgetrieben, die sie nicht erkannten. So entspann sich ein Handgemenge, in dem der Kg. den Tod fand.

L

Labarum ↗Kranz.

Labdakos, griech. Kg. v. Theben; Sohn des ↗Polydoros 1), Enkel des Kadmos, Vater des ↗Laios; er wurde im Krieg mit Pandion getötet.

Labraid, ir. Kg. von Leinster, der seinem Nebenbuhler um die Macht in dem Blutbad v. ↗Dinn Rig ein fürchterl. Ende bereitete.

Labyrinth, 1) bei den Griechen Bz. für den ägypt. Totentempel Amenemhets bei Hawāra. – **2)** das v. dem berühmten Baumeister ↗Daidalos aus vielfach in sich verschlungenen Gängen errichtete Gebäude, in dem Kg. Minos v. Kreta den ↗Minotauros gefangenhielt. – Vgl. ↗Knossos. – Allg. ein ↗Heilszeichen, jeweils mit höchst umstrittener Bedeutung; in der skand. Überl. häufig ↗Trojaburgen gen., erscheint im Altnord. auch als „Völundarhus", d.h. Schlangengrube ↗Wielands. Aus christl. Überlieferung kennen wir den rel. Tanz in der Art einer sinnbildl. Wallfahrt auf dem Bodenlabyrinth der got. Kathedralen (Chartres, Amiens u.ö.); in der bildl. Darstellung als „Tierwirbel" und als solche auch auf skandinav. ↗Felszeichnungen.

Lachesis, eine der griech. ↗Moiren; Tochter des Zeus u. der Themis, Schwester v. Klotho u. Atropos. Sie teilte den Menschen das Schicksal zu. – ↗Ker.

Lada, von der älteren Forschung aufgrund ihrer Interpretation der Volksdichtung als slaw. Göttin, der röm. Venus entspr., verstanden. Das Mißverständnis einer Refrainform in einem Volkslied („Oj lada lada …") führte, bei einem sonstigen Mangel an Quellen, zur vorschnellen Erfindung dieser Pseudogöttin (vgl. ↗Pseudogötter). – ↗Lel'.

Ladon, 1) ein Phorkys u. Keto entsprossener vielhäuptiger Drache, der den ↗Garten der Hesperiden bewachen half. Eine Version der Sage berichtet, er sei v. Herakles, als dieser die goldenen Äpfel holen wollte, getötet worden. – **2)** ein bes. anmutiger griech. Fluß, zugleich Name v. dessen Gott. – **3)** Gefährte des Aeneas auf seiner Reise v. Troia nach It.

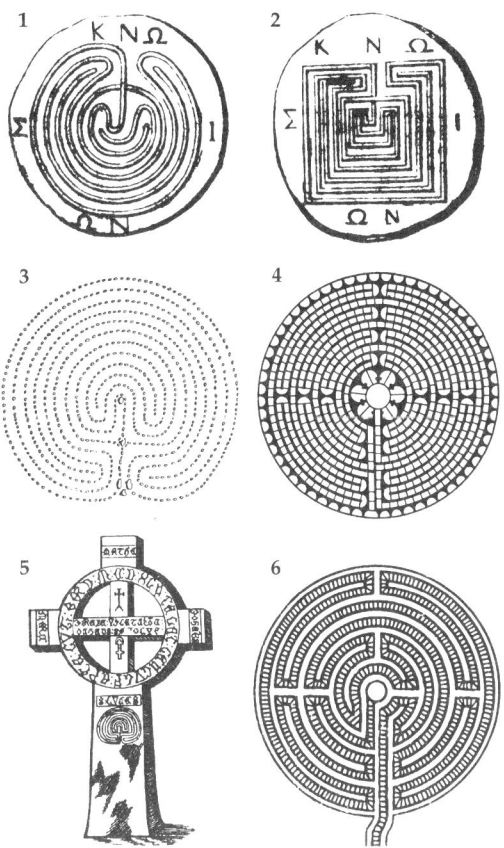

*1/2 **Labyrinth**: antike Münzen aus Knossos/Kreta – 3 **Labyrinth**: Steinsetzung von Visby/Gotland – 4 **Labyrinth** der Kathedrale v. Chartres, 13. Jh. (Durchmesser 12,87 m) – 5 **Labyrinth**: altes dänisches Steinkreuz mit Darstellung eines Labyrinths; wiedergegeben auf einem Holzschnitt von O. Worm (1651) – 6 **Labyrinth**: Fußbodenmuster in der Kirche S. Vitale in Ravenna; 6. Jh.*

Laërtes, in der griech. Mythologie Kg. v. Ithaka; Vater des ↗Odysseus. Teilnehmer an der Kalydon. Jagd u. am Argonautenzug.

Laeten ↗Provinzialrömische Kultur.

La Fontaine ↗Cupido u. ↗Fables.

Laignech, ir. Ahnherr des Geschlechts der L., mit dem Beinamen „Fáelad", weil er wie ein ↗Werwolf in Tiergestalt auftreten konnte.

Lailoken ↗Merlin.

Laima, „Glück", Schicksalsgöttin der ↗Letten; ihre Nebenbuhlerin war die übelwollende „Nelaime". L. diskutierte mit ↗Dievs, wer sterben sollte, sie war bei der Geburt u. der Hochzeit wichtig u. wachte über die Moral. Synkretist. wurde sie mit Maria identifiziert.

Laïos, Kg. v. Theben, Sohn des ↗Labdakos u. Vater des ↗Oidipus. Beim Tode des Labdakos (Ahnherr des Herrscherhauses der Labdakiden) übernahm zunächst Lykos, dann Amphion die Herrschaft, da L. noch unmündig war. Er lebte bei Kg. Pelops auf der Peloponnes, in dessen Sohn Chrysippos er sich verliebte. Als L. diesen entführte, gab sich Chrysippos selbst den Tod. L. begab sich, vom Fluch des Pelops beladen, nach Theben zurück u. übernahm nach dem Tode Amphions die Regierung. Seine Gemahlin wurde ↗Iokaste, u. der gemeinsame Sohn Oidipus erschlug später seinen Vater, den er nicht erkannte, u. heiratete unwissentl. seine Mutter Iokaste.

Lais. ↗Marie de France benützte als Gattungsbz. das altir. Wort „laid" für „Lied", das v. fahrenden Sängern zur Harfe vorgetragen wurde u. kelt. Sagenstoffe behandelte. Im L. „Lanval" wurde die Geschichte eines Königssohns erzählt, der vorschnell gegenüber Artus sich damit rühmte, eine Fee geliebt zu haben u. der damit seine Schweigepflicht über den Umgang mit diesen Wesen verletzte.

Laistrygonen, in der griech. Mythologie menschenfressende Riesen, die in der Überlieferung häufig bei Formiae in Italien lokalisiert sind, gelegentl. aber auch auf Sizilien beheimatet sein sollten. Sie wurden auf der Heimfahrt des ↗Odysseus v. Troia diesem besonders gefährlich, indem sie seine Flotte mit Felsbrocken zertrümmerten u. die Besatzungen fraßen. Nur Odysseus selbst konnte sich mit seinem eigenen Schiff vor ihrer Zerstörungwut auf die hohe See retten. – ↗Antiphates.

Lakedaimon, der sagenhafte Ahnherr der Lakedaimonier; wohl ein Sohn des Zeus u. der Taygete. – ↗Sparta.

Lakonien, Landschaft der südl. Peloponnes. Im griech. Alt. Lakedaimon gen. mit Sparta als Hauptstadt.

Lala ↗Lara.

Lamaire, *Jean, Lemaire de Belges,* * um 1470, † um 1525, frz. Historiker, der in seinem Werk „Über den Ruhm des belg. Gallien" (Lyon 1509/1513) gg. It. und Dtl. vaterländ. Bewußtsein propagierte. Auch L. fing bei Noah an u. verwendete die Erz. v. Troia; sein bes. Interesse galt Paris. Die Genealogie wurde weitergeführt bis zum Franken Pippin u. dem frz. Staat. – Lamaire stand damit in einer Tradition, die vor u. nach ihm üblich war: „Es ist bekannt, daß die Teutschen von Japhet, Noae Sohn, herstammen, und beweisen dieses die meisten Scribenten aus den 10 Capitul des ersten Buchs Mosis v. 5" (J. Hellmann, Kirchen-Historie, 1735).

Lamia, Tochter des Belos u. der ↗Libye; urspr. eine schöne junge Frau, in die Zeus sich verliebte. Die eifersüchtige Hera schlug sie mit Wahnsinn, so daß sie ihre eigenen Kinder verschlang. Der griech. Sage nach wurde sie zu einem grauenerregenden Gespenst, das auch die Kinder anderer Mütter raubte u. ihnen das Blut aussaugte. Sie besaß v. Zeus die Gabe der Verwandlungsfähigkeit. L. weist gewisse Gemeinsamkeiten mit den röm. ↗Lemuren auf.

Lampethusa, eine der griech. ↗Heliaden; sie pflegte das dem Apollon heilige Vieh. Nach dem Tode ihres Bruders ↗Phaëthon wurde sie in eine Pappel verwandelt.

Land der Lebenden, wie ↗Mag Mell Ort des Paradieses nach den Vorstellungen ir. Sagen, z.B. in der Vision des ↗Conle u. in der Seefahrt des ↗Bran.

Landvidi, der in der Einsamkeit der Wälder gelegene Wohnsitz des schweigsamen nord. Gottes ↗Vidar.

Langobarden, in der „Langobardengeschichte" des Paulus Diaconus u. nach anderen Quellen zwei Völker, Winniler u. Wandalen, die jeweils ihren Gott „Godan" für den Sieg günstig zu stimmen versuchten. Er wollte denen den Sieg geben, die er bei Sonnenaufgang zuerst erblickte. Auf Rat von Godans Gattin „Frea" stellten sich die Winnilerfrauen mit ihren Männern zus. auf u. banden ihr Haupthaar wie Bärte vor das Gesicht. Verwundert fragte Godan bei Sonnenaufgang, wer diese Langbärte seien, u. da er ihnen den ↗Namen gegeben hatte, mußte er ihnen auch den Sieg gönnen.

Hohes künstler. Formgefühl, das man dem Einfluß der L. zuschreibt, können wir am „heidn." Flechtornament der christl. *Goldblattkreuze* aus

1 Langobarden: Goldblattkreuz mit Flechtornament, 7. Jh. – 2 Langobarden: Flechtornament des Ambo v. Sant' Ambrogio in Mailand, 9. Jh.

dem Anfang des 7. Jh. nacherleben, die den Toten mit in das Grab gegeben wurden. Auf Tücher aufgenäht, bedeckte ein solches Kreuz das Gesicht u. den Mund des Toten; der Mund wurde als Ausgang der Seele des Verstorbenen verstanden. – Das *Flechtornament* wirkt ähnl. wie die nord. Tierornamentik u. versch. Bandgeschlinge mit ihrer „aus dem Inneren hervorquellenden Dynamik" (F. Kayser); berühmtes Beispiel ist das Lesepult (Ambo) v. Sant' Ambrogio in Mailand aus dem 9. Jh. „Bald beschleunigt sich der Lauf des Linienflusses, bald staut er sich. Nirgends findet er Ruhe, nirgends einen Mittelpunkt, in dem er sich sammeln könnte. Sein Ziel scheint in der fernen Unendlichkeit einer jenseitigen Welt zu liegen" (F. Kayser, Kreuz und Rune, 1964). Darin wird ein Gegensatz zum klass. antiken Ornament gesehen, das nach Symmetrie strebte. Andere halten die Flechtornamentik gerade für eine Entwicklung unter Einfluß der antiken Mäanderformen (eckige Zweibandgeflechte: G. Haseloff) bzw. nicht für einen Spiegel „innerer Lebensvorgänge", sondern für platte Nachahmung realer Flechtmuster (E. A. Stückelberg). – Seit etwa 640 n. Chr. bestand ein spätröm. Bautradition eine bes. Bauhütte, *Magistri Comacini*, gen. vermutl. nach einer Insel im Comer See, die eine v. den Langobardenkönigen bestätigte, strenge Ordnung hatten. Solche lombard. Wanderhandwerker wirkten weit über die Region (Marmorwerkstätten im oberen Vinschgau, Arbeiten in Pavia, Modena u. Ravenna) hinaus. Traditionsgebundene Meister aus Como waren 1146 in Regensburg tätig, und eine Dombauhütte aus der italien. Lombardei wanderte z. B. über Speyer u. Ribe in Dänemark bis nach Lund in Südschweden (um 1225). Abzuwägen ist hier jeweils die stärkere Betonung angebl. german. Elemente („Langobarden") oder die Überl. antiker, röm.

Handwerkskunst („lombard. Bauhütte"). Entspr. schwierig ist auch die Beurteilung versch. Einflüsse im Bereich des heidn.-christl. Synkretismus. – Vgl. ↗Cividale.

Lanze ↗unfehlbare Lanze. – Die *heilige Lanze*, die in der mhd. Dichtung z. B. in Zshg. mit dem ↗Gral auftaucht u. neben diesem als Hostienbehälter in der christl. Symbolik an die Lanze des Longinus erinnert, mit der Christus am Kreuz getroffen wurde, könnte auch aus einer Umdeutung heidn. Elemente in den christl. Bereich entstanden sein.

Laodamas, Kg. v. Theben, Sohn des Eteokles. Während seiner Kindheit war Kreon Regent. L. führte die Thebaner gg. die ↗Epigonen an. Entweder wurde er v. diesen getötet, oder er floh nach Illyrien.

Laodameia, 1) Tochter des Akastos, Gemahlin des ↗Protesilaos, der, als er als erster Grieche vor Troia an Land sprang, v. Hektor getötet wurde. L. war über seinen Tod untröstl. u. bat die Götter, den Protesilaos wenigstens für einen Tag aus der Unterwelt auf die Erde zurückkehren zu lassen; als diese Zeit verronnen war, begab sie sich mit ihm in das Reich der Schatten. Nach anderer Version besaß L. v. ihrem Gemahl eine Figur, mit deren ständigem Anblick sie sich quälte. Als ihr Vater diese Figur verbrannte, stürzte seine Tochter sich in die Flammen. – Der Stoff ist in einer fragmentarisch überlieferten Tragödie des Euripides erhalten. – **2)** Tochter des ↗Bellerophon. Sie heiratete ↗Sarpedon 2) (nach anderer Version war sie durch Zeus dessen Mutter) u. wurde später durch die Pfeile der Artemis getötet.

Laodike, 1) Tochter des Agamemnon und der Klytaimestra; auch Elektra genannt. – **2)** die schönste Tochter von Priamos und Hekabe; sie wurde nach dem Fall Troias von der Erde verschlungen.

Laokoon, ein Apollon- u. Poseidonpriester in Troia, Sohn des Antenor, nach anderer Version des Kapys; auch Priamos u. Hekabe werden gelegentl. als seine Eltern gen. Als die Griechen Troia zum Schein mit ihren Schiffen verließen, warnte L. seine Landsleute vor dem vom Gegner zurückgelassenen ↗Hölzernen Pferd. Die Meinungen, was zu tun sei, gingen auseinander, u. schließl. wurde L. durch Los dazu bestimmt, zus. mit seinen Söhnen am Strand dem Poseidon ein Opfer zu bringen. Plötzl. kamen zwei Schlangen aus dem Meer, die ihn u. seine Kinder töteten u. dann zum Tempel der Athena krochen. Die Troer deuteten dies als ein Zeichen,

daß sie das Pferd in die Stadt ziehen sollten. – Der Tod des L. wird in der Sage verschieden begründet. In der Überl. heißt es häufig, es habe sich um eine Strafe gehandelt, da es einem Apollonpriester streng verboten war, zu heiraten und Kinder zu zeugen, welches Verbot Laokoon übertreten hatte. – In einer kunsttheoret. Schrift „Laokoon" setzte sich G. E. Lessing 1766 mit dem ästhet. Problem auseinander, ob die spätantike L.-Gruppe (siehe Abbildung) nur „verhaltenen Schmerz" zeigen dürfe, während Vergil in der ↗Aeneis v. einem laut schreienden L. berichtet. Dieses aber würde dem „Gesetz der Schönheit" eines Objekts der bildenden Kunst widersprechen. J. J. ↗Winckelmann (*1717, †1768) sprach v. „stiller Größe und edler Anmut" und formulierte damit das Ideal der dt. Klassik.

Laokoon

„Das allgemeine vorzügliche Kennzeichen der griech. Meisterstücke ist endlich eine edle Einfalt u. eine stille Größe, sowohl in der Stellung als im Ausdrucke. So wie die Tiefe des Meeres allezeit ruhig bleibt, die Oberfläche mag noch so wüten, ebenso zeigt der Ausdruck in den Figuren der Griechen bei allen Leidenschaften eine große u. gesetzte Seele.

Diese Seele schildert sich in dem Gesicht des Laokoon … Er erhebt kein schreckliches Geschrei … Der Schmerz des Körpers und die Größe der Seele sind durch den ganzen Bau der Figur mit gleicher Stärke ausgeteilt und gleichsam ausgewogen."

(J. J. Winckelmann, Gedanken über die Nachahmung der griech. Werke in der Malerei und Bildhauerkunst, 1756).

Laomedon, Kg. v. Troia; Sohn des ↗Ilos u. der Eurydike, Vater v. Priamos, Astyoche, Hesione u. a. Weil sie sich gg. Zeus verschworen hatten, mußten Poseidon u. Apollon zur Strafe die Mauern v. Troia gg. einen mit dem König vorher vereinbarten Lohn erbauen. Als L. ihnen den Lohn verweigerte, überzog Apollon die Stadt mit der Pest, u. ↗Poseidon ließ ein Meeresungetüm Mensch u. Tier verschlingen. Als Retter in der Not trat schließl. Herakles auf, tötete das Untier u. befreite des Königs Tochter Hesione, die, einem Orakelspruch folgend, dem Ungeheuer ausgesetzt worden war. Als L. auch Herakles den Lohn, näml. die unsterbl. Rosse, die Zeus einst seinem Großvater geschenkt hatte, verweigerte, zog dieser mit einer Streitmacht gg. Troia, eroberte die Stadt u. tötete den König. Herakles vermählte Hesione mit seinem Freund Telamon. Von den Söhnen des L. blieb nur Priamos am Leben, der die Stadt wieder aufbaute.

Laothoë, durch Priamos Mutter eines Sohnes Lykaon, viell. auch Mutter des Polydoros.

Lapithen, in der griech. Mythologie ein thessal. Stamm, dessen führende Mitglieder auf der Hochzeit des Peirithoos mit den ↗Kentauren in einen Kampf gerieten. Sie waren auch an der Kalydon. Jagd u. am Troian. Krieg beteiligt. – ↗Peirithoos.

Lapithes, Vater des ↗Phorbas 1).

Lappen ↗Samen.

Lar, röm. Schutzgott, ↗Lares.

Lara, auch *Lala* = Schwätzerin, Tochter des Flußgottes Almon, Gemahlin des Hermes, dem sie die ↗Lares gebar. Nach anderer Version handelte es sich um eine bes. geschwätzige röm. Nymphe, die überall v. der Liebe zw. Jupiter u. Iuturna berichtete. Voller Zorn riß ihr Jupiter die Zunge heraus u. veranlaßte Merkur, sie in die Unterwelt zu bringen. Merkur verging sich an ihr, u. sie wurde Mutter der Lares.

Lararium, kleine Kapelle oder Grotte am häusl. Herd, wo die Bilder der ↗Lares verehrt wurden.

Lärbro Tängelgårda I, gotländ. Bildstein (Gotland/Schweden) aus der Zeit um 700 n. Chr. mit einem reichen narrativen Programm. Im obersten Feld v. links nach rechts: zwei Männer mit Schwertern über einem Metbalg (Bildformel für ↗„Heitstrenging"), darüber der leichenfleddernde „Valrabe"; rechts der v. drei Männern vom Pferd gezerrte Reiter (Reiter-Pferd-Formel mit senkrechtem Strich, der den Zshg. deutl. macht), darüber zwei vogelartige Gestalten (?). In der zweiten Reihe stehen drei Männer mit abwärts gedrehten Schwertern neben einem Pferd

(vielbeinig wie ↗Sleipnir oder mit Schmuckformen zw. den Beinen, die auch in der unteren Reihe auftauchen, vgl. ↗Dreiecksknoten, ↗Helgatter) ohne Reiter (der Reiter schwebt darüber?). In der unteren Reihe links wird offensichtl. der Held (der Tote, zu dessen Gedächtnis der Stein err. wurde?), ein Reiter mit Schild, von einer Figur mit Trinkhorn links (Frau?) willkommen geheißen (vgl. ↗Walküren), während hinter ihm bewaffnete Männer „Ringe des Ruhms" hochwerfen (oder als Lohn empfangen?). Der untere Teil des Steins (nicht auf der Abbildung) zeigt das „große Schiff".

Larentia, alte, wenig bekannte röm. Göttin, der am Fest der Larentalia, dem 23. Dez., ein Opfer dargebracht wurde. Die Römer glaubten schon früh, daß es sich um ↗Acca Larentia, die sagenhafte Ziehmutter v. Romulus u. Remus, handle. – ↗Lares.

Lares, *Laren,* Einzahl *Lar,* altröm. Schutzgottheiten der Familie (Lar familiaris), deren Bilder in einer kleinen Kapelle oder Grotte am häusl. Herd (Lararium) verehrt wurden; im außerhäusl. Bereich waren sie Schutzgötter der Kreuzwege (Lares compitales) u. Reisenden (Lares viales). Ihr Hauptfest (die *Larentalia*) wurde am 23. Dez. gefeiert. Die L. waren mit den ↗Penaten verwandt. Wahrscheinl. handelte

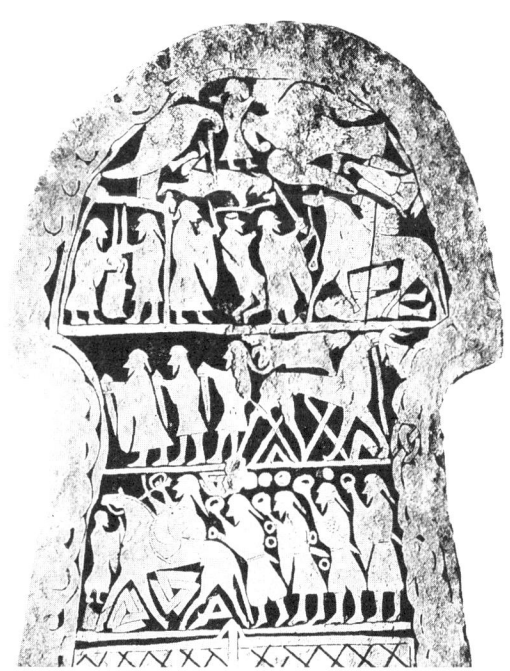

Lärbro Tängelgårda I: gotländ. Bildstein (obere Hälfte)

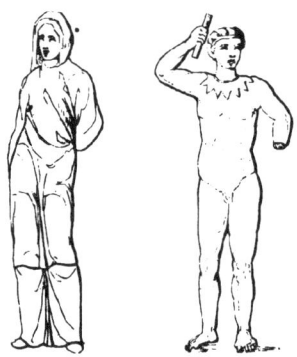

Lares: häusliche Schutzgötter

es sich zunächst um ländliche Gottheiten, deren Wirkungsbereich sich nach und nach erweiterte. In der römischen Kaiserzeit verband sich der L.-Kult mit dem Kaiserkult. – Die *Lares compitales* waren Wächter der Straßenkreuzungen, ihr Fest wurde am 5. Januar gefeiert. – Die *Lares viales* waren besonders die Schutzgötter der Reisenden.

Larven ↗Lemuren.

Lascaux: „Zauberer" (Höhlenmalerei) v. Les Trois Frères

Lascaux, Höhle in der frz. Dordogne mit Malereien aus der Altsteinzeit (um 30 000 v. Chr.?). Manche Bilder lassen sich viell. als Kultszenen in Zshg. mit Jagdzauber interpretieren (?); vorwiegend sind Pferde u. Bisons dargestellt. – Berühmt ist der mit einem Tierfell bekleidete „Zauberer" in der benachbarten Höhle v. Les Trois Frères.

La-Tène-Kultur, *Latène,* urgeschichtl. Kultur der jüngeren vorröm. Eisenzeit (ca. 5. bis 1. Jh. v. Chr.), ben. nach einer Mitte des 19. Jh. entdeckten Fundstelle am Neuenburger See in der Schweiz; hauptsächl. v. Frankreich u. den Brit. Inseln über das südl. Mitteleuropa bis zu den Donau- u. Alpenländern verbreitet; ging aus der ↗Hallstattkultur hervor. Hauptträger der La-

Tène-Kultur waren die ↗Kelten. Hauptkennzeichen sind der Gebrauch des Eisens, die Verwendung der Töpferscheibe u. mit Bronze-, Gold- u. Silberschmuck reich ausgestattete Fürstengräber. In der Kunst zeigen sich griech. u. etrusk., später auch röm. Einflüsse.

Latinus, Kg. v. Latium; nach röm. Überl. Sohn des Herakles, nach griech. Version der ↗Kirke u. des Odysseus, doch werden auch andere Personen, z. B. Faunus u. Marcia, als seine Eltern gen. Er nahm Aeneas gastl. auf u. gab ihm seine Tochter ↗Lavinia zur Frau. Aeneas wurde einem Teil der Überl. nach sein Nachfolger auf dem Thron v. Latium.

Latium, das urspr. Siedlungsgebiet der Latiner in It. (Mittel-It., Umland v. Rom).

Latmos, Berg in Kleinasien, wo ↗Endymion seinen ewigen Schlaf hielt u. nachts v. Selene besucht wurde.

Latona, andere Bz. für ↗Leto, die Mutter von Apollon u. Artemis.

Lau, Die schöne, eine schwäb. Donaunixe, die im „Blautopf" lebte u. erst nach dem fünften Lachen ein Kind zur Welt bringen konnte. Eduard Mörike griff diesen lokalen Märchenstoff auf u. gestaltete ihn in seinem „Das Stuttgarter Hutzelmännlein" (1853).

LaukaR, ᛗᛁᚢᚲᛅᚣ („Lauch", „Gedeihen"), altnord. Formelwort der Runenmagie (↗Rune). Lauch (zus. mit Leinen) könnte als Konservierungsmittel gegolten haben.

Laurin, in der german. Sage ein Zwergenkönig. Zugleich ein mhd., paargereimtes Heldenepos, um 1250 entstanden. Der Stoff gehört in den Bereich der Geschichten um ↗Dietrich v. Bern.

1 La-Tène-Kultur: Goldreifen aus dem Fürstengrab Waldalgesheim (Rheingau) – 2 La-Tène-Kultur: Goldblechbelag aus einem Grabhügel bei Schwarzenbach (Pfalz) – 3 La-Tène-Kultur: Rückseite eines aus Britannien stammenden Handspiegels aus dem 1. Jh. v. oder n. Chr. (London, Britisches Museum). Die Beziehung zw. Muster u. Grund ist umkehrbar.

Geschildert wird dessen Kampf u. schließl. Versöhnung mit dem Tiroler Zwergenkönig L., dem Herrn des Rosengartens u. Entführer der Schwester v. Dietleib, einem der Recken Dietrichs.

Lausus, 1) Sohn des ↗Numitor; er wurde v. seinem Onkel Amulius getötet. – **2)** Sohn des ↗Mezentius, Bundesgenosse des Turnus; er wurde v. Aeneas getötet.

Laverna, röm. Göttin der Diebe u. Landstreicher.

Lavinia, Tochter des ↗Latinus, des Kg. v. Latium; zweite Gemahlin des Aeneas, der sie nach heftigen Auseinandersetzungen mit dem Rutuler-Kg. Turnus, der sich ebenfalls um sie bewarb, gewann. Nach L. wurde die v. Aeneas gegr. Stadt Lavinium (Pratica di Mare) ben.

Layamon ↗Brut.

Leades, Sohn des Astakos v. Theben; er verteidigte die griech. Stadt gg. die ↗Sieben gegen Theben.

Leandros, *Leander*, der in Abydos lebende Geliebte der Hero. ↗Hero und Leandros.

Lear, *Lir* (ir. = Genetiv v. *Ler* = „Ozean", ir. Meeresgott ↗Lir), märchenhafter Kg. der ir. Elfen (vgl. ↗Síd, ↗Elben) u. sagenhafter Kg., der sein Reich unter seinen drei Töchtern aufteilte, von zweien hintergangen u. schließl. von der jüngsten gerettet wurde. Shakespeare machte daraus eine packende Tragödie (1606).

Learchos, Sohn des ↗Athamas u. der ↗Ino, Bruder des Melikertes; er wurde v. seinem Vater umgebracht, als dieser einen Anfall v. Wahnsinn erlitt.

Lebensbaum, altes indogerman. (?) Symbol; im nord. Kulturkreis vgl. den Weltenbaum ↗Yggdrasil. In der christl. Überl. der Germanen u. Kelten umgedeutet, u. zwar vielfach als Kreuzbalken (↗Steinkreuze) verstanden.

Leborcham, ir. Zauberin; sie versuchte ↗Cú Chulainn vergebl. v. der trag. Schlacht zurückzuhalten, in der der ir. Held den Tod fand.

Lebor Gabála, ein im 11. oder 12. Jh. entstandenes Werk, das über die frühesten Einwanderungen („seit Noah") nach Irland berichtet u. die beiden Schlachten v. Mag Tured schildert. Die Tuatha Dé Danann (↗Dana) mit ihren verschiedenen Mitgliedern spielen eine bedeutende Rolle; sie werden im Kampf gg. ihre Hauptfeinde, die Fomore, gesehen.

Lebor na hUidre („das Buch der dunklen Kuh"), ir. Sammelhandschrift, auf die Farbe des Einbandes hindeutend. Sie enthält neben zahlr. anderen Teilen Sagen aus dem Kreise um Cú

Chulainn, mytholog. Stoffe u. Erz. von den ir. Königen.

Lebor na Nuachongbála (ir. „das Buch von Oughaval", auch „Buch v. Leinster" gen.), ir. Sammelhandschrift, u. a. mit einer Fassung des ↗Lebor Gabála, umfangreichen Fassungen zum Sagenstoff um Cú Chulainn u. langen Genealogien ir. Könige.

Leda, Tochter v. Kg. Thestios v. Aitolien u. der Eurythemis, Gattin des ↗Tyndareos; Mutter mehrerer Kinder, die der Sage nach teils v. ihrem Gemahl, teils v. Zeus stammten, der sich L. in Gestalt eines Schwanes näherte. Sie gebar zwei

Leda mit dem Schwan

Eier, aus denen Helena u. die ↗Dioskuroi hervorgingen. Nach anderer griech. Überl. waren nur Helena u. Polydeukes Kinder des Zeus. – Schon seit der Antike dienten L. u. der Schwan als beliebtes Motiv der bildenden Kunst.

Leichenspiele (Begräbnisfeierlichkeiten), vgl. ↗Patroklos u. ↗Pelias. Man vermutet einen kult. Hintergrund für solche sportl. Wettkämpfe, nicht nur Repräsentation. Auch die röm. Gladiatorenkämpfe leiten sich ab v. der Totenfeier der ↗Etrusker.

Leiodes, ein Freier der griech. Penelope, der v. Odysseus getötet wurde; er war der einzige, der Penelope wirkl. liebte.

Leipephile, Tochter des ↗Iolaos u. der Megara.

Leipter, in der german. Vorstellung ein Unterweltsstrom, bei dem man Eide schwor. Eidesleistungen bei Flüssen, auch der Antike geläufig, scheinen zum indo-german. (?) Erbe gehört zu haben. – ↗Eid.

Leiriope, eine griech. Nymphe; durch den Flußgott Kephissos Mutter des ↗Narkissos.

Leitos, boiot. Führer u. Argonaut. Ein Freier der Helena; er schickte zus. mit Peneleos 50 Schiffe in den Troian. Krieg. Obwohl v. Hektor verwundet, war L. der einzige boiot. Anführer, der den Krieg überlebte.

Lejre, *Hlejre,* dän. Königssitz des ↗Hrolf Kraki, Thingplatz der Wikingerzeit; heute Ledreborg bei Roskilde auf Seeland.

Lel', falsch verstandener „slaw. Amor", wie ↗Lada ein ↗Pseudogott, der sich aus einem fehlinterpretierten Liedrefrain der Volksdichtung ergab („lele-polele …").

Leleger, ein myth. Volksstamm, der Mittel- u. Südgriechenl., Teile Kleinasiens u. die Ägäischen Inseln bewohnt haben soll. Bei Homer im Gebiet um Troia lokalisiert. Ihre histor. Einordnung bleibt dunkel; viell. handelt es sich um eine vorgriech. Völkerschaft, die irgendwo im Ägäischen Raum beheimatet war.

Lemburc, ir. Königstochter, der ↗Horn siegreich zu Hilfe kam.

Lemminkäinen, Held vieler Abenteuer in der finn. ↗Kalevala.

Lemnos, griech. Insel in der nördl. Ägäis, um 510 v.Chr. v. Miltiades für Athen unterworfen. In der Sage Kultzentrum der Kabeiroi u. des Hephaistos; auch sonst in manchen myth. Erzählungen erwähnt. – ↗Polyxo 2).

Lemuren, auch *Larven* gen., röm. Schadensgeister, viell. Totendämonen, die im Ggs. zu den Laren u. Penaten sehr gefürchtet waren. Die Geister der Verstorbenen irrten friedlos umher; auf dem antiken Grabrelief erschienen sie als mit dünner Haut überzogene Gerippe (Relief v. Cumae). Am 9., 11. u. 13. Mai feierte man mit den *Lemuria* ihr Fest, bei dem sie vom Pater familias mit aufwendigen Riten, die ihrer Versöhnung dienten, aus dem Hause vertrieben wurden.

Lenaia, *Lenäen,* das griech. Winterfest des ↗Dionysos. Es zeichnete sich u.a. durch die Aufführung neuer literar. Erzeugnisse wie Tragödien u. Komödien aus.

Lenorensage ↗Helgi 2) Hundingsbani.

Leodokos, ein Argonaut; Sohn des ↗Bias 1) u. der Pero.

Lernäische Hydra ↗Hydra von Lerna.

Lesbos, griech. Insel im Ägäischen Meer an der Westküste v. Kleinasien; Heimat vieler Lyriker. Hier gab der Sage nach Aphrodite dem ↗Phaon jenes Salböl, das ihm Schönheit verlieh.

Lessing ↗Laokoon.

Lethe, nach griech. Vorstellung in der Unterwelt der Strom des Vergessens, einer der fünf Flüsse des Hades. Er umfließt das ↗Elysion, wo die Toten in ewiger Glückseligkeit leben. Wer vom Wasser des Flusses trinkt, verliert die Erinne-

rung an das ird. Dasein. In der Renaissance bei ↗Dante wurde L. deshalb synonym für die notwendige Läuterung des Menschen.

Leto mit ihren Kindern flieht vor Python

Leto, lat. *Latona,* Tochter des Titanen Koios u. der Phoibe; durch Zeus Mutter v. Apollon u. Artemis. Als sie mit den Zwillingen schwanger ging, veranlaßte die eifersüchtige Zeus-Gattin Hera, daß niemand ihr Zuflucht für die Entbindung gewährte. Sie irrte über die ganze Erde, bis sie schließl. Aufnahme auf der später Delos gen. Insel fand, wo sie die Kinder gebar. Zu Apollon u. Artemis besaß L. lebenslängl. ein inniges Verhältnis. Die beiden verteidigten sie gg. den Riesen ↗Tityos, der ihr nachstellte, u. gg. den Spott der ↗Niobe. Deshalb wurden Mutter u. Kinder auch vielfach gemeinsam kult. verehrt.

Letten. Lettland wurde seit dem 13. Jh. v. Deutschen kolonisiert (Dt. Orden). Die kleine christl. Oberschicht konnte ältere rel. Vorstellungen kaum verdrängen. Die noch bis in das 19. Jh. aufgezeichnete Volksüberl. der L. ist damit unsere Hauptquelle für die mytholog. Überl. der balt. Völker geblieben (↗Dievs, ↗Saule, ↗Mēness, ↗Pērkons usw.)

Leukippe, Tochter des Minyas v. Orchomenos, Schwester v. Alkithoë u. Arsippe. Da die Geschwister sich weigerten, an einer Feier für Dionysos teilzunehmen, ließ der beleidigte Gott sie wahnsinnig werden. Sie töteten den Sohn der L. u. wurden in Fledermäuse verwandelt. L. war auch eine Schwester v. ↗Klymene 2) u. Periklymene.

Leukippe und Kleitophon, L. und *Klitophon,* griech. Liebesroman des Achilles Tatios v. Alexandria aus dem 2. Jh. n.Chr., im Späthellenismus entstanden mit „dem Stempel seichter Gebrauchslit." (E. Schmalzriedt). Kleitophon erzählte angebl. dem Autor eine abenteuerl. Liebesgeschichte, die einem „Mythos" glich u. die der Verf. mit dem Raub der ↗Europe durch den Stier verglich. Davon soll es in Sidon ein meisterhaft gemaltes Bild gegeben haben. – Druck lat. in Leiden 1544 u. (italien.) in Venedig 1551, dt. Übers. 1644.

Leukippos, 1) Sohn des Oinomaos, Bruder der Hippodameia. Er versuchte Daphne zu helfen, indem er sie wie ein Mädchen kleidete, aber ihre Freunde töteten ihn mit Apollons Pfeilen. – **2)** Sohn v. ↗Perieres u. ↗Gorgophone. Sagenhafter Begründer v. Leuktra in Griechenl.

Leukos, 1) kret. Usurpator, der Medeia verführte, die Gemahlin des Idomeneus, sie u. ihre Tochter dann tötete, den Kg. stürzte u. ein Königreich aus zehn v. dessen Städten schuf. – **2)** ein Gefährte des Odysseus im Troian. Krieg; er wurde v. Antiphos, einem Sohn des Priamos, getötet.

Leukosia, eine der ↗Sirenen, Tochter des ↗Acheloos, Schwester v. Ligeia u. Parthenope. Die Sirenen lockten mit ihrem liebl. Gesang die Seeleute auf ihre Insel u. töteten sie dort. Um diesem Geschick zu entgehen, ließ Odysseus seinen Gefährten die Ohren mit Wachs verschließen und sich selbst an den Mast seines Schiffes festbinden.

Leukothea, Gemahlin des Königs Athamas, die urspr. ↗Ino hieß; nach ihrer Verwandlung in eine griech. Meeresgöttin erhielt sie den Namen L. Sie wurde häufig auch mit ↗Mater Matuta gleichgesetzt.

Leviathan, nach altoriental. Quellen ein Meeresungeheuer mit vielen Köpfen, das das Chaos personifizierte, welches Jahwe überwunden hat. In der Bibel synonym für Babylon, das Gott richtet u. damit den „Urdrachen" zerstört (Hiob 40,25; Psalm 74,14), vielfach auch für den Teufel, dichter. für „das" Ungeheuer an sich.

Lex Burgundionum ↗Burgunderuntergang.

Lía Fail, ein Stein, der der Sage nach v. Tuatha Dé Danann nach Irland gebracht u. bei der königl. Burg ↗Tara aufgestellt wurde. Er galt als Verkörperung der ir. Erde u. stand in engem Zshg. mit der Königswahl: nur wenn diese Wahl rechtmäßig war, stieß der Stein einen Schrei aus (↗Conn).

Liaht Macha („das graue Pferd von Macha"), das Roß des ir. Helden ↗Cú Chulainn.

Liber, altröm. Fruchtbarkeitsgott, Gatte, nach anderer Version Bruder der ↗Libera, mit der u. mit Ceres er als Trias verehrt wurde. Das Hauptfest war am 17. März. L. wurde mit Bacchus identifiziert und v. den Griechen häufig mit

↗Iakchos, dem Gott der ↗Eleusinischen Mysterien, verwechselt.

Liberia, altröm. Fruchtbarkeitsgöttin, Gattin, nach anderer Überl. Schwester des ↗Liber. Sie wurde in Rom zus. mit Liber u. Ceres als Trias verehrt.

Libertas, die das röm. Volk betreffende Freiheit, die im antiken Rom personifiziert u. als göttl. verehrt wurde. Sie besaß auf dem Aventin einen v. Tiberius Sempronius Gracchus, dem Konsul des Jahres 238 v.Chr., erbauten Tempel. Die als Göttin verstandene L. war auch ein beliebtes Motiv auf röm. Münzen der Kaiserzeit.

Libitina, röm. Göttin des Begräbnisses; sie besaß in Rom einen heiligen Hain, wo die Leichenbestatter ihr Gerät aufbewahrten. Dichterisch auch als Tod selbst verstanden, u. volksetymolog. wegen der Ähnlichkeit zu *libido* gelegentl. auch irrtüml. mit Venus, der Göttin der Liebe u. Lust, gleichgesetzt.

Libra, das 7. Zeichen des Zodiakos, eine Waage.

Libussa, Königin v. Böhmen u. myth. Bild einer gerechten Herrscherin u. Zauberin. Die Tochter des Herzogs Krok (↗Crocco) ließ ihr Pferd laufen, bis es sich schließl. v. einem Bauern, der auf seiner Pflugschar sein Essen verzehrte, verneigte u. damit anzeigte, daß dieser, Přemysl, glückl. werden sollte. L. als Geliebte dieses Mannes wurde damit Ahnherrin der böhm. Herrscher (Přemysliden) u. gründete Prag. – Dichtungen v. Cl. Brentano und F. Grillparzer.

Libye, Tochter des ↗Epaphos u. der Memphis, Gattin des Triton, dem sie mehrere Kinder gebar. Sie war außerdem durch Poseidon Mutter v. ↗Agenor u. ↗Belos, viell. auch Mutter der ↗Lamia. Namengebend für ihre Heimat Libyen, im Alt. mit Ägypten identisch.

Lichas, Herold des Herakles, der, wie eine Version der griech. Sage berichtet, seinem Herrn im Auftrag der ↗Deïaneira das Nessoshemd überbrachte, an dem dieser zugrunde gehen sollte. Als Herakles die Machenschaft durchschaute, zerschmetterte er den L. u. warf ihn ins Meer. Nach antiker Vorstellung geschah dies bei den Lichades gen. Klippen am Vorgebirge der Westspitze Euboias, u. man nahm an, die Lichades hätten ihren Namen v. L. erhalten. Wahrscheinl. aber wurde L. nach den Lichades ben.

Lichtelben ↗Elben.

Liebenau, bei Nienburg an der Weser, Fundplatz eines Gräberfeldes der ↗Sachsen mit kontinuierl. Belegung vom 4. bis zum 9. Jh. Damit schließt sich eine Lücke, die sonst durch das weitgehende Fehlen v. Funden nach dem Abzug der ↗Angelsachsen nach England gekennzeichnet war. Bemerkenswert ist das Nebeneinander von heidn. Brandgräbern (Urnen u. Verbrennungsplätze) in N-S-Richtung u. Bestattungen unverbrannter Toter in W-O-Richtung als Reflex des eindringenden Christentums seit dem 8. Jh. Die Ausgrabungen seit 1953 bzw. 1965 und die Bewertung der Funde sind noch nicht endgültig abgeschlossen (Museum, Hannover).

Liebestrank ↗Tristan.

Lieder-Edda, Bz. für die Ältere ↗Edda.

Ligdos, Vater der ↗Iphis 1).

Ligeia, eine der ↗Sirenen; Tochter des ↗Acheloos, Schwester v. Parthenope u. Leukosia.

Likymnios, Sohn des ↗Elektryon, der als einziger den Kampf seines Vaters mit den Taphiern überlebte. Da L. noch ein Kind war, übergab Elektryon dem Amphitryon, einem Sohne des Alkaios, der seiner Tochter Alkmene versprochen war, die Herrschaft. Als Amphitryon Elektryon durch einen unglückl. Zufall tötete, flüchtete dieser nach Theben. Er stand in enger Verbindung zu Herakles u. den Herakleiden. Wahrscheinl. wurde er v. Tlepolemos während eines Herakleidischen Angriffs auf Argos getötet.

Lilie, lat. *lilium,* griech. *leirion,* mit versch. botan. Zuordnungen. Bei den Griechen die „Rose Junos", die aus einem göttl. Milchtropfen entstand. Ein bes. schönes Mädchen wurde v. der eifersüchtigen Venus in eine L. verwandelt. In röm. Tradition Symbol jungfräul. Reinheit, und in diesem Sinne christl. Attribut für Maria (Verkündigungsbild).

Limnoreia, eine der ↗Nereïden.

Limoniades, Bz. für Blumen- u. Wiesennymphen.

Lindisfarne: *Das Ornament aus dem Book of Lindisfarne zeigt in kunstvoller Verschlingung zwei vierfüßige Tiere mit Klauen u. zwei Vögel. Neu für die german. Ornamentik ist das Auftauchen der Spirale, vor allem beim Ansatz der Beine an den Rumpf und beim Schwanzansatz.*

Lindisfarne, bedeutendes Kloster an der engl. Ostküste (Northumberland; siehe Karte der ↗Angelsachsen), 635 gegr., 793 v. den Wikingern überfallen und ausgeplündert; dieser spektakuläre Überfall leitet die Raubzüge der ↗Wikinger ein, die christl. Welt war erschüttert: „… fiel der wilde Sturm der Heiden plündernd, mordend und zerstörend über das Haus Gottes in Lindisfarne her" (Angelsächs. Chronik). Übrigens erboste sich der Kleriker Alkuin (* um 730, †804) gerade über die Mönche von L., daß sie zu Tisch lieber german. Heldenlieder hörten als die Schriften der Kirchenväter: „Was hat Ingeld mit Christus zu tun?"

Lindos, Enkel v. Helios u. Rhode; Mitbegr. jener Stadt auf Rhodos, die nach seiner Großmutter ben. wurde.

Lindwurm (der „strahlende" Wurm), andere german. Bz. für ↗Drache.

Linos: *Herakles beim Musikunterricht durch Linos*

Linos, 1) Sohn des Apollon u. der ↗Psamathe 2); er wurde v. den Hunden des ↗Krotopos in Stücke zerrissen. – **2)** wahrscheinl. Sohn des Amphimaros u. der Muse Urania; ein Dichter u. Musiker. – **3)** Sohn des Ismenios; er lehrte Herakles, Orpheus u. a. die Leier zu spielen. Als er Herakles zurechtwies, tötete ihn dieser in einem Anfall v. Ärger. – Möglicherweise handelt es sich bei 2) u. 3) um dieselbe Person.

Lir, ein ir. Meeresgott, der bei den Walisern Llyr hieß. Er war wegen seiner Tapferkeit berühmt u. fiel im Kampf. Das Meer wurde poet. auch „Lirs Ebene" gen. – ↗Lear.

Lissabon ↗Ulysses.

Litauer, Bevölkerung mit indo-german. Sprache in den balt. Staaten, erst im 14. Jh. christianisiert (ohne Unterwerfung im Ggs. zu den ↗Letten), aber dafür entspr. arm an vorchristl. mytholog. Überl., die v. Christentum völlig verdrängt wurde.

Litavio, Gottheit der Gallier; charakterist. ist, daß diese Gottheit mit Cicollius ein im gall. Mythos häufig vorkommendes Götterpaar bildete.

Literses, ein Dichter, der einen dichter. Wettstreit mit Daphnis verlor. Eine seiner Töchter, ↗Lyke, heiratete dann Daphnis.

Lityerses, Sohn oder Bastardsohn des Midas, der alle Ankömmlinge am Königshof zu einem Wettstreit im Mähen herausforderte u. jeden tötete, der ihm unterlag. Schließl. soll er selbst besiegt worden sein, möglicherweise v. Herakles.

Llyr, walisischer Name für den irischen Meeresgott ↗Lir.

Loch Rudraige, heute Dundrum Bay in der ir. Grafschaft Down, ein See, in dem ↗Fergus einen tödlichen Kampf gg. ein Seeungeheuer führte.

Lodur, ein nord. Gott aus dem Geschlecht der Asen oder anderer Name für ↗Loki.

Loegaire Buadach, neben Cú Chulainn Held der ir. Sage u. mit diesem auf das Fest des Bricriu eingeladen (↗Fled Bricrenn).

Lofn, eine nord. Göttin aus Asenheim, die v. Odin, nach anderer Version von Freyja, die Gabe erhalten hatte, Liebende selbst dann zus. zuführen, wenn sich der Verbindung größte Schwierigkeiten in den Weg stellten. Möglicherweise galt sie allgemein als Göttin der Liebe.

Lohengrin, Sohn des ↗Parzival.

Lokasenna, eddisches Lied, „Lokis Zankreden" oder „Lokis Streitgespräch". Es wird geschildert, wie Götter u. Göttinnen zum Umtrunk in Ägirs Halle saßen, die als Friedensstätte galt. Nur Loki u. Thor fehlten. Schließl. erschien ↗Loki u. begann die Götter zu beschimpfen.

Lökeberg, bei Foss, in Bohuslän/Schweden, Felszeichnungen der Bronzezeit, in situ: bemannte Schiffe (z.T. mit Sonnenscheiben), Nadelbaum, großer Jäger, kniender Adorant, Fußspuren.

Loki, eine der zwiespältigsten Gestalten der nord. Mythologie, der Gott des Feuers, der jedoch v. solcher Verschlagenheit war (vgl. z.B. ↗Sindri), daß man auch an einen Dämon denken könnte. Er galt als Sohn des Riesen Farbauti, war also kein Ase; andererseits stand er den Asen sehr nahe, weil er einst mit Odin Blutsbrüderschaft geschlossen hatte. Seine Gattin hieß ↗Sigyn. Sein Name deutet auf altisländ. logi = Lohe hin oder auf german. lukan = schließen, was evtl. auf seine Rolle bei der ↗Götterdämmerung hindeutet. Boshaft, listig u. streitsüchtig, gebärdete er sich mal als Freund, mal als Feind der Götter u. war der Urheber des Bösen u. der Verschlagenheit. Mit seiner Geliebten ↗Angurboda zeugte er die Ungeheuer ↗Fenriswolf, ↗Hel u. die ↗Midgardschlange, die in der Götterdämmerung eine verhängnisvolle Rolle spielten. Nur einmal wurde er in Vogelgestalt v. dem Riesen ↗Geirröd gefangen. Halfen seine List u. sein Einfallsreichtum den Göttern aus mancher Verlegenheit – als Beispiel sei hier auf seinen gerissenen Einfall dem Riesenbaumeister (↗Riesenbaumeistersage) gegenüber hingewiesen u. auf die Episode mit der Riesentochter ↗Skadi –, so scheute er sich andererseits nicht, ihnen in den Rücken zu fallen u. sie, wie ihn „Lokis Zankreden" (↗Lokasenna), zu schmä-

hen, des Ehebruchs u. des Betruges zu bezichtigen. Seine ärgste Missetat beging er, als er den blinden ↗Hödur dazu anstiftete, auf ↗Balder mit einem Mistelzweig zu zielen, wobei der strahlende junge Gott zu Tode kam. Als das Maß voll war, bestraften die Götter L., indem sie ihn an einen Felsen schmiedeten (man beachte die Ähnlichkeit der Bestrafung mit dem griech. ↗Prometheus!) u. das Gift einer Schlange in sein Gesicht träufeln ließen. Während der Götterdämmerung konnte er sich befreien, führte die bösen Mächte an, fiel aber im Kampf gg. ↗Heimdal, den er freil. ebenfalls tödl. verletzte. – Mit der Christianisierung wurde L. vielfach mit Luzifer identifiziert, doch wird diese Gleichsetzung seiner vom german. Mythos geprägten, ungewöhnl. vielschichtigen Gestalt wohl kaum in vollem Maße gerecht. L.s Gestalt bleibt weiterhin auch in der Forschung umstritten (Jan de Vries, 1959, „Loki … und kein Ende").

Wie viele german. Götter wurde auch L. „Opfer" der mytholog. Begeisterung des 19. Jh. in einem falsch verstandenen Kontinuitätsdenken v. angebl. Weiterleben „uralter" Überl. in der Volkstradition (vgl. auch ↗Mannhardt) u. bes. auch im *Kinderlied*. Aus einem niederdt. Kinderlied z.B., das mit lautmalenden Sprachformeln beginnt, schloß man auf eine überl. Erinnerung an den german. Gott: „Lauer lauer littititt [ein alter Mann am Feuerherd sitzt, mit dem blanken Hammer in der düstern Kammer]." Ein evangel. Pastor schrieb 1891, er habe bei dem „laue … schon öfter an Loki denken müssen. Auch ich bin überzeugt, daß der Reim ins Heidentum zurückgeht …" Die humanist. Bildung der Gelehrten schuf hier eine künstl. Erinnerung (H. Müns, 1991); gedankl. schließt das an das ältere Phänomen der ↗Pseudogötter an.

Lokroi (= Land der Lokrer), *Lokris*, zwei altgriech., v. den Lokrern bewohnte Landschaften in Mittelgriechenl. 1. das Küstengebiet westl. des Euböischen Meerbusens, 2. das Küstengebiet des Korinthischen Meerbusens.

Lombardei, italien. Landschaft, vgl. ↗Langobarden.

London, der Sage nach gegründet v. Ivar, dem Sohn ↗Ragnar Lodbroks. Hist. eine kelt. Siedlung u. bereits unter den Römern als „Londinium" Handelszentrum u. Haupstadt Britanniens.

Longinus ↗Lanze.

Lorbeerbaum, der der ↗Daphne u. vor allem dem Gotte Apollon heilige Baum. Mit seinem immergrünen Laub war der L. Material für den ↗Kranz als Symbol des Triumphes. Aber der „Laurus nobilis" spielte auch in Reinigungsriten u. im Orakel eine bes. Rolle.

Lotis, eine Tochter des Poseidon; v. ↗Priapos verfolgt, wurde sie in einen Lotosbaum (oder einen Lorbeerbaum) verwandelt. Nach anderer Version versuchte Priapos L. im Schlafe zu überraschen, welches jedoch durch das laute Gebrüll eines Esels mißlang.

Lotophagen, die *Lotosesser* Nordafrikas, nach anderer Version in einem Märchenland lebend, das Odysseus bei seiner Heimkehr v. Troia besuchte. Die L. nahmen ihn freundl. auf u. gaben ihm und seinen Gefährten Lotosfrüchte zu essen, die bewirkten, daß jeder, der davon genoß, seine Heimat vergaß u. nur noch im Lotosland zu leben wünschte. „Die Küste … bewohnen die Lothophagen, die ihr Leben bloß mit der Frucht des Lotus unterhalten. Die Frucht des Lotus ist so groß wie die Frucht des Mastixbaums und so süß wie die Datteln. Die Lothophagen machen auch Wein aus dieser Frucht" (Herodot, „Historien", 5. Jh. v. Chr.)

Löwe, 5. Zeichen des Zodiakos; nach griech. Vorstellung der ↗Nemeische Löwe, den Herakles tötete u. der v. Hera an den Himmel versetzt wurde.

Loxias, Epitheton (Beiname) des Apollon, etwa mit der Bedeutung: der, welcher den Willen des Zeus enträtseln kann.

Lua, wenig bekannte röm. Göttin, die über die rel. Reinigung wachte. Häufig mit Rheia identifiziert u. deshalb viell. mit Saturnus als dessen Gemahlin in Verbindung gebracht.

Luchdonn, in der kelt. Mythologie ein göttl. Zimmermann, der auf Befragen dem Lug versprach, den Waffen magische Wirkung zu verleihen.

Luchta, Vater des ↗Fíngen aus den ir. Königssagen.

Luchtaire, möglicherweise mit *Luchdonn* identisch; ein Zimmermann, der dem berühmten Schmiedegott ↗Goibniu zur Hand ging. Die Sage berichtet, er hätte während der Schlacht v. Mag Tured mit wenigen Axtschlägen die Speerschäfte für die Tuatha Dé Danann hergestellt.

Luciferus, *Luzifer* (lat. = Feuer- bzw. Lichtträger), nach german. Vorstellung derjenige, der das teufl. Feuer bringt. Bes. in Zshg. mit der Christianisierung vielfach auf ↗Loki bezogen, wenn wohl auch irrtüml.

Lucina, latein. Göttin der Geburt, die in Rom in Kombination mit ↗Juno als *Juno Lucina* verehrt wurde. Sie entspr. der griech. ↗Eileithyia, einer Tochter v. Zeus u. Hera.

Lucius, Sohn des Tarquinius Superbus u. der Tanaquil. Er heiratete Tullia, eine Tochter des ↗Servius Tullius. L. war ehrgeizig und mißtrauisch, seine Gattin dagegen gütig u. leutselig. Schließl. tötete er sie und heiratete ihre Schwester. – Die Sage kennt mehrere Varianten.

Lucius Apuleius ↗Apuleius.

Lucretia, nach der röm. Sage Gemahlin des Kg. Lucius Tarquinius Collatinus; sie wurde v. Sextus Tarquinius entehrt, verübte Selbstmord u. soll dadurch den Sturz der röm. Könige herbeigeführt haben. – Der Stoff gab für Dichtung u. bildende Kunst eine beliebte, vielbenutzte Vorlage ab.

Ludwigslied, ahd. als „Rithmus teutonicus" in rhein-fränk. Mundart aus dem 9. Jh. überliefert: ein Heldenpreislied, das den Sieg des westfränk. Königs Ludwig III. über die Normannen bei Saucourt 881 besingt.

Lug, ir. Gott (↗Balor) bzw. Kg. (↗Coipre).

Lug Mac Ethnenn, *Luc Mac Ethlenn,* ein elfenartiges Wesen (↗Elben), Vater des ir. Helden Cú Chulainn.

Lugus, *Lugh,* ein kelt. Gott der Gallier, dessen Name in Lugdunum = Lyon fortleben soll. L. galt wie Prometheus als Gestalt eines Kulturbringers.

Luidegast von Tenemark, dän. Kg., der die Burgunderkönige befehdete, von Sigfrid aber gefangengenommen wurde, vgl. ↗Nibelungenlied.

Luideger aus Sachsen, sächs. Kg., der die Burgunder befehdete; er wurde zus. mit Luidegast von Dänemark v. Sigfrid gefangengenommen, vgl. mhd. ↗Nibelungenlied.

Lukan, *M. Annaeus Lucanus,* ↗Pharsalia.

Lukianos v. Samosata, *Lukian,* * um 120 n.Chr., †185, griech. Dichter, der die mytholog. Einkleidung v. „Totengesprächen" mit ↗Charon dazu verwendete, sich krit.-parodist. mit der gesamten klass. Bildung der Antike auseinanderzusetzen. Der Humanismus liebte solche satir. Formen, die Werke des L. erschienen in Florenz um 1496 u. zuvor bzw. gleichzeitig auch in der dt. Übers. durch J. Reuchlin (1495). – Die „Saturnalien" beschrieben bissig Szenen aus dem röm. Karnevalsfest (↗Saturnalia); die „Göttergespräche" machten sich über den kleinl. Hausklatsch u. die menschl. Schwächen der Götter auf dem Olymp lustig.

Luna, röm. Mondgöttin, möglicherweise sabin. Herkunft; der griech. ↗Selene gleichgesetzt,

*Luna: die Mondgöttin Luna;
Ausschnitt aus der großen
Rose des Glasfensters der
Kathedrale v. Lausanne
(Anfang 13. Jh.)*

aber auch mit Diana u. Hekate in Verbindung
gebracht. Ihr Haupttempel in Rom, auf dem
Aventin erbaut, soll der Überl. nach v. Servius
Tullius stammen; er bestand jedenfalls schon
182 v. Chr. – Vgl. ↗Edymion.

Luperca, röm. Göttin der Herden u. der Fruchtbarkeit.

Lupercal, eine Höhle auf dem Palatin in Rom,
wo der Sage nach eine Wölfin Romulus u. Remus nährte.

Lupercalia, eines der altertümlichsten röm.
Feste, am 15. Febr. zu Ehren des Gottes Luper-
cus, des Gottes der Herden u. der Fruchtbarkeit,
oder des ↗Faunus gefeiert. Die Festlichkeiten,
bei denen ein Hund u. ein Bock geopfert wurden, waren mit Reinigungs- u. Fruchtbarkeitsriten verbunden. Urspr. handelte es sich vermutl. um ein Hirtenfest mit kult. Abwehrfor-
men zum Schutz der Herden gg. den Wolf.

Lusignan ↗Melusine.

Luzifer ↗Luciferus, ↗Loki.

Lyde ↗Antimachos 3).

Lydien, im Alt. Landschaft an der mittleren
Westküste Kleinasiens. Der Sage zufolge nach
Lydos ben., dem myth. Sohn des Attis, dessen
Mutter ↗Nana war.

Lykanthropos, griech. „Waldmensch" (vgl. ↗Ly-
kaon), ↗Werwolf. – Mit *Lykanthropie* wurden
krankhafte Wahnvorstellungen bezeichnet, die
bereits im 2. Jh. v. Chr. von dem griech. Arzt
Marcellos v. Sida beschrieben worden sind.
Herodot berichtete im 5. Jh. v. Chr. von den Skythen, die „Neuren" hätten die Macht, sich für
einige Tage im Jahr in Wölfe zu verwandeln. Es
ist diskutiert worden, daß das viell. mit der für
südländ. Beobachter ungewohnten Kleidung
der Fremden aus Pelzwerk zus. hängen könnte.

Lykaon, Kg. v. Arkadien, Sohn des Pelasgos u.
der Meliboia bzw. ↗Kyllene 2). Er besaß 50
Söhne, die sich gleich ihm durch bes. Grausamkeit auszeichneten. Als Zeus ihn besuchte,
setzte er diesem einen zerstückelten Knaben
zum Mahle vor. Das ergrimmte den Gott so
sehr, daß er L. u. seine Familie mit einem Blitz

vernichtete. – Nach anderer Version verwandelte Zeus den L. in einen Wolf u. schickte die
Deukalionische Sintflut (↗Deukalion 1), die den
größten Teil der Menschheit vernichtete.

Lykaste, eine Tochter des troian. Priamos; sie
heiratete ↗Polydamas 1), einen Sohn des Antenor.

Lyke, eine Tochter des ↗Literses; einem Teil der
Überl. zufolge heiratete sie möglicherweise
Daphnis.

Lykeios, Epitheton (Beiname) des Apollon im
Sinne v. Wolfsgott. Die Deutung ist umstritten;
als mögl. gilt auch ein Hinweis auf die Herkunft
des Gottes: der „Lykier", d. h. der Gott aus
↗Lykien.

Lykien, im Alt. die Landschaft an der SW-Küste
Kleinasiens; v. den (wohl indogerman.) Lykiern
bewohnt, 545 v. Chr. unter pers. Herrschaft, später zw. den Diadochen umstritten; 43 n. Chr. zusammen mit Pamphylien röm. Prov. – Der Sage
nach suchte ↗Leto, auf der Flucht vor Hera, hier
Zuflucht.

Lyko, eine Tochter des ↗Dion. Sie u. ihre beiden
Schwestern besaßen die Gabe der Weissagung.

Lykomedes, Kg. v. Skyros; Sohn des Apollon u.
der Parthenope; Vater der Deïdameia, der Geliebten oder Gemahlin des Achilleus. L. verbarg
↗Achilleus, um ihn vor einer Teilnahme am Troian. Krieg zu bewahren, indem er ihn als
Mädchen verkleidete, doch verriet sich dieser
durch sein großes Interesse an Waffen. – Ein Teil
der Überl. bezeichnet L. als den Mörder des
↗Theseus.

Lykos, ein bei den griech. Helden weit verbreiteter Name; ihn trugen unter vielen anderen:
1) Kg. der Mariandynoi, der Herakles in dessen
Kampf mit den Bebryken unterstützte. – **2)** Sohn
v. Pandion u. Pylia; einer der wenigen Sterblichen, der die Fähigkeit des Orakellesens besaß. – **3)** Kg. v. Theben, Gemahl der Dirke, Bruder des theban. Kg. Nykteus, der ihm sterbend
seine Herrschaft überließ u. ihn beauftragte,
seine Tochter ↗Antiope nach Theben zurückzuholen. Später wurde er v. ↗Amphion u. Zethos
getötet. – **4)** Kg. v. Theben, der den Thron gewaltsam an sich gebracht hatte; er wurde v.
Herakles getötet. – **5)** ein Gefährte des Aeneas
auf seiner Reise v. Troia nach It. – **6)** einer der
50 Söhne des Aigyptos (↗Danaïden). – **7)** ein
Sohn des Ares. – **8)** ein König v. Boiotien. – **9)** ein
Kentaur, Sohn des Ixion u. der Nephele. –
10) ein Sohn des Priamos.

Lykotherses, König v. Illyrien. Er wurde v.
↗Agaue 1), seiner Gattin, die mit ihm in zweiter

Ehe verheiratet war, ermordet, so daß ↗Kadmos ihm auf dem Thron folgen konnte.

Lykurgos, 1) Kg. der Edonier in Thrakien, Sohn des Dryas. Wegen des orgiast. Kultes war er ein Gegner des Dionysos, den er aus seinem Land verjagte. Dionysos sprang ins Meer u. wurde v. Thetis aufgenommen. Er strafte den König mit Wahnsinn, der diesen dazu veranlaßte, den eigenen Sohn zu töten, während er selbst glaubte, Weinstöcke umzuhauen. Nach anderer Version schlug er sich im Wahn beide Beine ab. Die Sage erzählt ferner, Zeus habe ihn geblendet. Auch schickte Dionysos Unfruchtbarkeit über das Land, die das Volk gg. seinen Herrscher aufbrachte. Die Menge schleppte ihn auf das Pangaiongebirge, wo er v. Pferden zerrissen wurde. – Der Mythos zeigt, daß der v. außen eingeführte Dionysoskult mit seinen orgiast. Zügen nur gg. starke Widerstände in Griechenl. eingeführt werden konnte. – **2)** Kg. v. Nemea, Vater des ↗Opheltes; einer der ↗Sieben gegen Theben. Soll einem Teil der Überl. nach v. Asklepios vom Tode erweckt worden sein. – **3)** sagenhafter Gesetzgeber Spartas, Freund der Götter u. urspr. wohl selbst ein Gott, dem die für die Entwicklung der spartan. Gemeinschaftsordnung maßgebl. Reformen zugeschrieben wurden. Die Zeit seines Wirkens war bereits in der Antike umstritten; die Angaben schwanken zw. dem 11. u. dem 7. Jh. v. Chr.

Lyngi, nach nord. Überl. ein Sohn Kg. Hundings von Hunaland; er warb um die schöne ↗Hiördis, obwohl diese mit Sigmund verheiratet war u. mit Sigurd schwanger ging. L. war der einzige v. seinen Brüdern, der nicht von ↗Helgi Hundingsbani getötet wurde.

Lynkeus, 1) Sohn des Aigyptos, der als einziger v. 50 Brüdern in der Hochzeitsnacht nicht v. seiner Gattin, der Hypermestra, getötet wurde (↗Danaïden); Vater des Abas. Einige Quellen berichten, L. hätte ↗Danaos u. dessen Familie getötet, um den Tod seiner Brüder zu rächen. – **2)** Sohn des Aphareus u. der Arene, Bruder des ↗Idas 1). Er nahm an der Kalydon. Jagd u. am Zug der Argonauten teil u. zeichnete sich durch einen ungewöhnl. scharfen Blick aus, der alle Gegenstände durchdrang. Bei einem Streit mit den ↗Dioskuroi brachte Idas den Kastor u. Polydeukes den L. um, worauf Zeus den Idas mit einem seiner Blitze erschlug. – **3)** ein Gefährte des Aeneas auf seiner Reise v. Troia nach It.; er wurde v. Turnus getötet.

Lysander, trojanischer Bundesgenosse; er wurde im Troianischen Krieg v. ↗Aias dem Großen verwundet.

Lysianassa, Tochter des ↗Epaphos u. der Memphis; Schwester der Libye. Durch Poseidon wurde sie Mutter des ↗Busiris.

Lysidike, Mutter der ↗Hippothoë.

Lysimache, Gemahlin des Talaos (?); Mutter mehrerer Kinder, darunter ↗Adrastos u. ↗Eriphyle.

Lysippe, 1) Tochter des ↗Proitos u. der Stheneboia oder Anteia. Sie heiratete ↗Melampus, nachdem dieser sie v. ihrem Wahnsinn geheilt hatte. – **2)** eine der 50 Töchter des ↗Thespios.

Mâ, kappadok. Göttin, mit der röm. ↗Bellona gleichgesetzt.

Mäander ↗Maiandros.

Ma'at ↗Anch.

Mabinogion, kymr. (kelt.) Sammlung der „Jugendgeschichten eines Helden", sprachl. datierbar vom 11. bis 13. Jh., inhaltl. aber wesentl. älter: überliefert im „Red Book of Hergest" (ca. 1400) u. im „White Book of Rhydderch" (ca. 1325); Quelle der ↗Artusepik. – Es handelt sich um das bedeutendste Denkmal der alten walisischen Erzählkunst u. eines der wenigen literar. Dokumente in kymrischer Sprache; das Werk enthält u. a. die Erz. von den ↗Vier Zweigen des Mabinogi u. das Märchen von ↗Kulhwch und Olwen.

Macaulay, *Thomas B.,* *1800, †1859, engl. Politiker, Historiker u. Dichter, der mit seinen Balladen „altröm. Heldenlieder" (Lays of Ancient Rome, 1842) im volkstüml. Stil antikes Bildungsgut über das alte Rom vermitteln wollte: Wie Horatius die Brücke über den Tiber verteidigte, wie die Römer, unterstützt v. Castor u. Pollux (↗Dioskuroi), über Tarquinia siegten, die Erz. über ↗Virginia usw.

Mac Con, unrechtmäßiger Kg. von Irland; er vertrieb seinen Onkel Art vom Thron in Tara, den aber dann der rechtmäßige Erbe ↗Cormac, als Pflegesohn bei Mac Con, für sich zurückgewann.

Mac Da Thó, ir. Kg. v. Leinster; ein Schwein auf seiner Festtafel wurde Anlaß für einen Streit der zu Tische sitzenden Helden (↗Schwein des Mac Da Thó).

Machaon, Gestalt der griech. Sage, Sohn des Asklepios u. der Epione; als einer der Freier der Helena nahm er am Troian. Krieg teil, in dem er v. Paris verwundet, aber v. Nestor gerettet wurde. Er gehörte zu jenen Helden, die sich im Troian. Pferd versteckten. Besondere Bedeutung gewann er als einer der berühmtesten Ärzte der griech. Mythologie. Er heilte im Heerlager vor Troia viele Griechen, darunter Philoktetes. Schließlich wurde er selbst v. Penthesileia oder Eurypylos getötet. M. war Vater des ↗Nikomachos, der ebenfalls Arzt wurde u. angebl. ein Vorfahre des Aristoteles war; Bruder des ↗Podaleirios.

Machorel, ein Syrerkönig, Gegner von ↗Ortnit.

Macpherson, *James,* schott. Dichter, (*1736, †1796), der mit seinen „Fragments of ancient poetry", 1760, die er ↗Ossian zuschrieb, Europas gelehrte Welt begeisterte (↗Herder) und narrte (erst 1895 stellte sich sein Ossian endgültig als Fälschung heraus). Die sentimental-weltschmerzl. Gesänge hatten kaum etwas mit ihrem angebl. Vorbild zu tun; sie trafen mitten in die dt. Aufklärung u. wurden für den Sturm u. Drang bedeutsam.

Mael Duin, *Maíle Dúin,* ir. Erz. von der Seefahrt des M. D. (↗Immram) in das Jenseits aus dem 10. Jh. Die Gesch. bildet die Vorlage für die Reise des hl. ↗Brendan. – M. D. erfuhr erst spät, daß er von einem Kg. abstammte, dessen Tod er rächen müsse. Auf dem Weg dorthin wurde sein Boot v. einem Sturm überrascht, u. daran hängen sich fortlaufende Abenteuerketten an, Schilderungen, die nur lose ineinandergreifen. Auf vielen Inseln sah M. D. Wunderdinge, u. a. den heiligen Gregorius auf dem Stein, einen einsamen Eremiten. In der Erz. stehen so christl. Elemente u. heidn. Jenseitsvisionen unbekümmert nebeneinander.

Magdalensberg, in Kärnten, im 2. Jh. v. Chr. ein kelt. Hauptort in (der späteren röm. Provinz) Noricum. Auch röm. Zentrum mit vielen Tempeln u. a.; in der Nähe der *Ulrichsberg* mit einem Isis-Noreia-Heiligtum. 59 v. Chr. dehnte sich das „Königreich Noricum" bis an die Donau aus. – Eine christl. Wallfahrtskirche (Vierbergewallfahrt) wurde auf die Reste des Tempels für den kelt. Kriegsgott „Mars" *Latobius* err. Ausgrabungen seit 1948 brachten umfangreiche Stadtanlagen zutage.

Mage, mhd. Bz. für Verwandter. – Weil Kriemhild Hagens M. war, hatte sie zu ihm das Vertrauen eines engsten Verwandten u. verriet ihm in Sorge um Sigfrid, aber ohne Verdacht gg. Hagen, das Geheimnis von der verwundbaren Stelle des Helden (↗Drachenblut, ↗Nibelungenlied).

Magische Flucht, europä. Märchenmotiv v. einer Flucht unter vielen Verwandlungen in Tiere, Pflanzen u. ä., vgl. in der kelt. Überl. ↗Ceridwen.

Magistri Comacini, lombard. Dombauhütte, vgl. ↗Langobarden.

Mag Mell, ir., im Sinne v. „leuchtendes Land" ein dem griech. ↗Elysion entspr. Ort, der nach kelt. Vorstellung den Verstorbenen als Paradies diente u. auch v. Helden gelegentl. zu vorübergehendem Aufenthalt benutzt wurde. Man vermutete M. M. auf dem Grund des Ozeans oder als Insel im Meer, beherrscht v. einem Fomore-Kg. namens Tethra oder v. dem Meeresgott Manannán. – ↗Ruad.

Mag Mucrama, Schlachtort v. 195 n. Chr., wo Art, der Sohn des ir. Kg. Conn, fiel. Kurz vor seinem Tode zeugte Art mit der Tochter eines Schmieds den ↗Cormac, der als der berühmteste aller irischen Heldenkönige galt.

Mag Murthemme, Herrschaftsgebiet des großen ir. Sagenhelden ↗Cú Chulainn.

Magna Mater (lat. = Große Mutter), anderer Name der phryg. Göttin ↗Kybele, deren Kult Ende des 3. Jh. v. Chr. in Rom eingeführt wurde. – ↗Artemis.

Magni, ein Sohn des nordischen Gottes Thor, der über so große Kräfte verfügte, daß er schon als Säugling von wenigen Tagen das Bein des Riesen ↗Hrungnir, das über seinem Vater lag, über diesen hinwegheben konnte. M. hatte einen Bruder ↗Modi, mit dem gemeinsam er ↗Miölnir erbte. Die Geschwister kehrten nach der Götterdämmerung in die neu entstandene Welt zurück.

Magnus, *Olaus*, ↗Olaus Magnus.

Magog ↗Gog.

Mag Tured ↗Moytura.

Maia, griech. Bergnymphe, älteste Tochter des Atlas u. der ↗Pleione, eine der Pleiaden; mit Zeus vermählt, wurde sie Mutter des Hermes. M. zog nach dem Tod oder der Verwandlung der ↗Kallisto den ↗Arkas auf.

Maiandros, in der griechischen Mythologie ein Flußgott, Sohn des Okeanos u. der Tethys. –

Der gleichnamige Fluß (Mäander, heute Menderes) in Westanatolien entspringt bei Dinar u. mündet in stark gewundenem Lauf ins Ägäische Meer.

Maíle Dúin, ir. ↗Mael Duin.

1 Mainades: Mänade von einer Sitzamphora; ein Werk des Kleophradesmalers (ca. 500–470 v. Chr.), eines Meisters der att. Vasenmalerei des rotfigurigen Stils – 2 Mainades: Mänade mit Leopard v. einer Schale des Brygos-Malers; um 490 v. Chr.

Mainades (griech. = die Rasenden), *Mänaden*, ekstat. Frauen, die zus. mit den männl. Satyrn das Gefolge des Gottes ↗Dionysos bildeten; auch Bakchen oder Bakchantinnen gen.; Teilnehmerinnen am Dionysoszug, bei dem sie angebl. mit Schlangen, Dolchen u. Thyrsosstäben (↗Thyrsos) unter lautem Geschrei durch die Wälder tobten, Wild zerrissen und das rohe Fleisch aßen. Die M. waren ein beliebtes Thema der griech. Vasenmalerei.

Maira, 1) ein Priester der Aphrodite. – **2)** der getreue Hund des ↗Ikarios. Nachdem er ↗Erigone geholfen hatte, die Grabstätte ihres ermordeten Vaters zu finden, starb er u. wurde als Sirius (Hundsstern) an den Himmel versetzt.

Makar, einer der ↗Heliaden. Er gehörte zu den Mördern des ↗Tenages.

Maldon, *Schlacht bei Maldon* (991), altengl. Kurzepos auf den Tod ↗Byrhtnoths u. seiner tapferen Gefolgsleute im Kampf gg. einfallende Wikinger.

Maldoror, *Die Gesänge des M.,* frz. Dichtung v. Lautréamont, 1869 bzw. 1874. Der Held war „die aufgehende Sonne des Bösen" (= l'aurore du mal; das ist eine der Deutungen des Namens), er lebte im Haß auf die Menschen, hatte traumhafte Visionen eines Hermaphroditen, bestand Drachenkämpfe u. wechselte in Tiergestalt. Hier spricht kein Wahnsinniger, sondern ein Surrealist, der sogar die ironische Brechung kennt, der aber v. Bildern u. Metaphern myth. Art geplagt wurde. Man hat dahinter Ängste des kollektiven Unterbewußtseins vermutet, verweist aber auch auf Dantes Inferno u. damit auf den „Ballast" mytholog. (literar.) Wissens, den wir alle ungewollt mit uns schleppen.

Mallet, *Paul Henri,* schweizer. Altertumsforscher, *1730, †1807; mit seinem Werk „Introduction à l'Histoire de Dannemarc" (Genf 1763) trug er wesentl. zur ↗Nordischen Renaissance in Mitteleuropa, bes. Dtl. (↗Herder), bei. Zum ersten Male waren altnord. Quellen aus Edda u. Saga in einer internat. Sprache allen zugängl., u. mit der gleichzeitig einsetzenden Begeisterung für ↗Ossian (1760) wurde Mallets Werk ein großer Erfolg. Die Art seiner Sicht möge folgender Passus beleuchten: „... die Grausamkeit der Cimbern wird leicht verständlich, wenn man bedenkt, daß zu jener Zeit – so wird erzählt – nur Riesen in Skandinavien lebten ... die Urbevölkerung vor Odin jedoch waren kaum nur Germanen, Cimbern und Teutonen, sondern sicher auch Finnen und Lappen ... Pompeius besiegt Mithridates, dessen Volk sich verstreut auf der Flucht. Odin ist einer dieser Flüchtlinge, er beherrscht den scythischen Volksstamm der Asen; Hauptstadt ist As-Gard in der Nähe des Schwarzen Meeres ... Odin kommt später nach Dänemark und gründet Odense ... nach ihm erhält Sciold sein Reich, ein anderer Sohn Yngue beherrscht Schweden, Saemungue erhält Norwegen ..." – Die heute fast naiv anmutende „Historisierung" scheint den damaligen Leser weniger gestört zu haben. Mallet stimmt ein in die Vorstellung seiner Zeit v. den natürl. Lebensgegebenheiten der Menschen (vgl. Montesquieu, „L'Esprit des Lois", 1748): „... früher waren die Skandinavier hart ... heute ist das anders, trotz des rauhen Klimas, durch den Einfluß des Christentums ... durch den Kahlschlag der Wälder dringt die Sonne leichter ein und verweichlicht ihre Bewohner ..." – Herder äußerte sich zu dem Werk v. Mallet: „Es kann dies Buch eine Rüstkammer eines neuen Deutschen Genies seyn, das sich auf den Flügeln der celtischen Einbildungskraft in neue Wolken erhebt und Gedichte schaffet, die uns immer angemessener wären, als die Mythologie der Römer."

Mallophora, Beiname, unter dem die griech. Göttin Demeter in Megara einen Tempel besaß, weil sie die Bewohner der Stadt den Gebrauch der Wolle lehrte.

Mallos, Stadt in Kilikien mit einem berühmten griech. Orakel, v. den Halbbrüdern Mopsos 2) u. Amphilochos 2) gegründet.

Mammon, griech. „Geld" u. „Vermögen", im Neuen Testament synonym für den Teufel des Wohllebens u. den Widersacher Gottes (Matthäus 6,24).

Mamurius, ein Schmied, der die 11 Schilde (Ancilia) für Numa Pompilius schuf. – ↗Salii.

Mänaden ↗Mainades.

Manannán Mac Lir, ein ir. Gott des Meeres, der in einer Nacht, verkleidet, mit der ir. Königin Dub Lacha den Märchenhelden ↗Mongán zeugte. – ↗Cormac.

Mandeville, *Jean de M.,* verfaßte phantast. Reiseberichte, frz. „Die Reisen übers Meer", um 1357, gedruckt in Lyon 1480, dt. Übers. Straßburg 1484; populäre Ausgabe in London 1500 „Mandeville"s Travels". Die Person des Verf. blieb umstritten; seine angebl. Pilgerreise ging zuerst nach Jerusalem, aber dann erfährt man etwas über Indien, China, über das sagenhafte Reich des Priesterkönigs ↗Johannes, über den Vogel Phönix usw.

Manes, *Di Manes,* röm. Totengeister, die die Römer als „gute Götter" verstanden. Nur Vernachlässigung des Totenkultes oder ähnl. Freveltaten erweckten ihren Zorn. Sie konnten Lebende zu sich holen oder Toten den Eintritt in die Unterwelt verwehren. Daher findet sich auf röm. Grabsteinen häufig die Inschrift „D(is) M(anibus)". Das Hauptfest der M. waren die ↗Parentalia.

Mani, Sohn des nord. Mundilföri, Bruder der ↗Sol. Da Mundilföri voller Hochmut seine Kinder wegen ihrer ungewöhnl. Schönheit mit den Göttern zu vergleichen wagte, wurden diese an den Himmel versetzt. M. lenkte den Mondwagen, der ständig v. dem Wolf ↗Hati (nach anderer Version auch v. anderen Wölfen u. Dämonen) verfolgt wurde. Kam Hati dem Gefährt zu nahe, so entstand eine Mondfinsternis. Während der Götterdämmerung wurde der Mond v. einem Wolf gefressen (↗Maske in Wolfsklemme).

Männerkindbett, *Couvade.* In der ir. Mythologie scheinen überl. Erz. das M. zu reflektieren, ein Brauch, bei dem sich bei der Geburt eines Kindes auch der Vater in ein Wochenbett legte, was u. a. als Rest des Mutterrechts verstanden wird. Dazu gibt es viele völkerkundl. Parallelen. Das ir. „Gelbe Buch von Lecan" hält die Erz. fest. Der Kg. wollte auf die Schwäche eines Weibes kurz vor ihrer Niederkunft keine Rücksicht nehmen u. wurde deshalb verflucht: „... aber Schande werde ich euch bringen, die ihr nicht ein wenig Rücksicht nehmen wollt auf meine sichtliche Schwäche. Um die Zeit, da ein Weib im Kindbett liegt, soll über euch, ihr Männer

v. Ulad [ir. Provinz Ulster], dieselbe Schwäche kommen u. die Kraft euch genommen sein fünf Tage u. vier Nächte lang …" (Löpelmann, 1944/1988).

Mannhardt, *Wilhelm,* *1831, †1880, bedeutendster Vertreter der sog. „Mytholog. Schule" im Anschluß an Jacob ↗Grimm, der als Ethnologe „Wald- und Feldkulte" (1875) der Germanen untersuchte (vgl. ↗Korndämonen). Aus später Volksüberl. wollte er urspr. Mythen rekonstruieren; seine Ergebnisse gelten als überholt (vgl. ↗Kuckuck, vgl. auch zu ↗Loki). Ein Kritiker um 1895 meinte, jeder Kirchenheilige werde untersucht, ob sich nicht vielleicht unter seinem Gewand ein heidnischer germanischer Gott versteckt hätte.

Mannus, 1) Sohn des german. Gottes ↗Tuisto; nach Tacitus Ahnherr der Germanen als Vater v. drei Söhnen, nach denen die Stammesverbände der Ingwäonen, Herminonen u. Istwäonen ben. sind. – **2)** Runenname „m" für „Mensch".

Mantegna ↗Orpheus.

Mantios, Vater des ↗Polypheides u. des ↗Kleitos.

Manto, griech. Seherin, Tochter des ↗Teiresias; lebte nach dem Tode ihres Vaters lange in Delphoi, heiratete dann den Kreter Rhakios; Mutter des ↗Mopsos 2). – Die Pristerin M. stiftete dem Apoll ein Orakel in Karien (Kleinasien).

Māra, ↗Pseudogöttin der Letten, eine Verballhornung v. Maria.

Marathon, antiker Ort an der Ostküste v. Attika; hier errangen die Athener 490 v. Chr. einen Sieg über die Perser. Die gefallenen Athener wurden in einem einzigen Grab beigesetzt, das erhalten geblieben ist. Der Läufer, der die Siegesnachricht nach Athen (ca. 42 km) gebracht haben und dort tot zusammengebrochen sein soll, taucht erst in der jüngeren Überl. auf. In der griech. Sage heißt es, ↗Theseus habe die Griechen in voller Rüstung angeführt, und auch ↗Pan sei ihnen zu Hilfe geeilt. – ↗Philippides.

Marathonischer Stier ↗Kretischer Stier.

Marcier, röm. Geschlecht, ↗Ancus Marcius.

Marcus Annaeus Lucanus ↗Pharsalia.

Marduk, in der Bibel *Merodach* (Jeremia 50,2), ein Hauptgott im babylon. Reich.

Marenkönigin ↗Morrigan.

Mari, Gott der ↗Etrusker, röm. gleichgesetzt mit ↗Mars.

Maria, ↗Isis mit dem Horosknaben, ↗Minerva, lett. ↗Pseudogöttin Māra.

Marie de France, erste namentl. bekannte frz. Dichterin des 12. Jh., lebte am Hofe Heinrichs II.

v. England; Verfasserin u. a. der „Lais", zwölf gereimter Kurzerz., die nach breton. Vorlagen entstanden sind. Die Lais handeln v. märchenhaften Liebesabenteuern, die durch das Eingreifen überirdischer Feen einen glückl. Abschluß finden. Sie vermitteln kelt. Erzählstoff „im frz. Gewand".

Marke, Kg. in der kornischen (kelt.) Form der Tristan-Sage (↗Artus).

Marko Kraljević, Königssohn in den südslaw. Heldenliedern aus mündl. Überl. (bekannt seit dem 16. Jh.) u. Kristallisationspunkt vielfältiger epischer Motive auch archaischer Art: die Fee Vila säugte ihn, er hatte ein Zauberpferd, überwand Riesen, bestand Drachenkämpfe, hatte übernatürl. Kräfte, lebte nach dem Tode weiter (Bergentrückung). M. K. wurde in einer „ideolog. Übersteigerung" (M. Braun) Nationalheld im Kampf um Selbständigkeit gg. die Türken. – Der hist. M. (* um 1335, †1394) war mazedon. Vasall der Türken u. ist in diesem Zshg. „unwichtig".

Marpessa, Tochter des Euenos u. der Alkippe; sie war die Braut des Idas, der den griech. Gott Apollon zum Verzicht auf das Mädchen zwang, als dieser es rauben wollte. M. heiratete Idas 1) u. wurde die Mutter der Kleopatra. Nach dem Tod ihres Gemahls beging sie Selbstmord.

Mars, ital. Bauerngott, der in Rom zum Kriegsgott u. neben Jupiter u. Quirinus zu einem der wichtigsten röm. Götter überhaupt wurde. Dem griech. ↗Ares gleichgesetzt, den er aber bei weitem an Bedeutung übertraf. M. nahm den zur Weltherrschaft strebenden röm. Staat unter seinen Schutz u. verlieh ihm zahlreiche Siege. Die Römer verehrten ihn als Vater v. Romulus u. Remus und damit als ihren Ahnherrn. Seine Hauptfeste wurden in dem nach ihm ben. Monat März u. im Oktober gefeiert. Dabei führten die ↗Salii mit ihren altertüml. Schilden u. den roten Mänteln Kriegstänze auf. Dem M. waren in Rom mehrere Tempel u. der sog. ↗*Campus Martius* geweiht, auf dem die feierliche Heeresversammlungen stattfanden. Nach der siegreichen Schlacht bei Philippi (42 v. Chr.) erbaute Augustus dem Gott einen Tempel als Dank für die v. ihm gewährte Rache an Caesars Mördern. Dieser Tempel war dem „Mars Ultor" (dem Rächer) geweiht. Andere kult. Beinamen mit krieger. Akzent waren „Gravidus" (wahrscheinl. „Kämpfer") u. „Invictus" (der „Unbesiegbare"). – Daneben behielt M. aber auch Züge eines Bauerngottes, dem man Opfer brachte, damit er reiche Ernte gewähre u. das

Mars: röm. Kriegsgott   *Mars: frz. Druck v. 1480*

Vieh vor Krankheiten bewahre. Der Frühlingsmonat März trug seinen Namen u. war ihm geweiht. – Die populäre literar. Stoffe verarbeitende Renaissance setzte die antiken Götter in ihre eigene, zeitgenössische Welt um. In einem frz. Druck des „Ovide moralisé" v. 1480 erscheint Mars als Kriegsmann in Rüstung auf einem (bäuerl.) Wagen sitzend u. mit einem Dreschflegel in der Hand. Dabei wurde die lat. Vorlage „flagellum" (Peitsche, Geißel) des Kriegsgottes zu frz. „flayeu" (Flegel) fehlübersetzt u. bestimmte das neue Attribut.

Marsfeld, der ↗Campus Martius.

Mars Latobius, in der Interpretatio Romana (Sichtweise u. Verständnis der Römer) ein kelt. Kriegsgott, der bes. auf dem ↗Magdalensberg verehrt wurde.

Mars Thingsus, *Mars-Thingus,* german. Gott, in der Interpretatio Romana mit Mars gleichgesetzt, angebl. dargestellt auf einer röm. Zierscheibe aus dem Fund v. ↗Thorsberg.

Marsyas

Marsyas, ein phryg. Satyr, wahrscheinl. Sohn des ↗Olympos, Geliebter der Kybele; gilt in der griech. Mythologie als Erfinder v. Flöte u. Flötenspiel. Nach einer anderen Version fand er die

v. Athena weggeworfenen Flöten, übte sich im Spiel u. brachte es zu so großer Meisterschaft, daß er es wagte, Apoll zu einem Musikwettbewerb herauszufordern mit der Abmachung, der Sieger solle über das Schicksal des Besiegten bestimmen können. Apoll siegte auf seiner Kithara u. ließ M. an einem Baum aufhängen u. ihm die Haut abziehen. – Vgl. ↗Linos 3).

Martichoras, griech. Fabeltier mit menschl. Kopf, von dem Griechen Ktesias, Leibarzt des Perserkönigs Artaxerxes um 398 v. Chr., als in „India" beheimatet beschrieben, und zwar als „anthropophagos" (Menschenfresser; so nach Quellen des 10. Jh. n. Chr.). Ktesias' Bericht wurde mit unterschiedl. Skepsis u. a. von Aristoteles, Aelian u. Plinius übernommen, und Bilder dazu fanden noch in den „Naturgeschichten" des 17. Jh. Aufnahme.

Martichoras: menschenfressendes Tier (Topsell: Historie of Footed Beastes, 1607)

Maske, stilisiertes menschl. Antlitz, in der Erstarrung wohl als apotropä. Zeichen ein Symbol für die Unangreifbarkeit u. gleichermaßen in der Schutzfunktion abschreckend (Schreck-

1

2

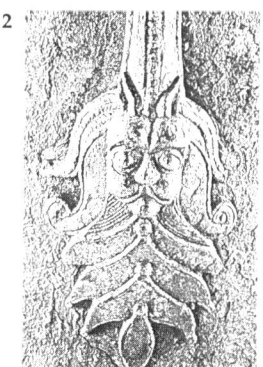

*1 **Maske:** Moesgaard, Dänemark – 2 **Maske:** kelt. Fund v. Asperg (Griffansatz einer Kanne)*

kopf). Vgl. das Haupt der ↗Medusa. Ein nord. Beispiel dafür auf einem dän. Runenstein der Wikingerzeit im Museum *Moesgård* (bei Århus); bes. Kennzeichen: geschwungene, um die „Ohren" gedrehte „Hörner" (siehe auch ↗Smiss) u. bartähnl., aus dem Mund fließender ↗„Atem", viell. in Zshg. mit kelt. Vorbildern. Zu vergleichen wäre v. Typ her der kelt. Fund v. *Asperg*, der seinerseits auf etrusk. Vorbilder zurückzugehen scheint.

Maske in Wolfsklemme: Bildformel einer Gestalt zw. zwei wilden Tieren vom Runenstein v. Lund

Maske in Wolfsklemme, nord. Bildtypus mit dem Kompositionsschema der Gestalt zw. wilden Tieren (↗Herr der Tiere), überliefert auf einem Runenstein v. Lund u. Hunnestad (zerstört). Mythologisch das Bild des die Sonne verschlingenden ↗Fenriswolfes. – Vgl. ↗Mani.

Matelane, die berühmte Burg ↗Hetels von Hegelingen, des Vaters der schönen Kudrun im mhd. Epos ↗Kudrun.

Mater Matuta, altital. Göttin, deren Bedeutung noch heute umstritten ist. Sie galt als Göttin der Morgenröte, wurde aber vielfach auch mit ↗Ino Leukothea gleichgesetzt oder als Muttergöttin verehrt. Ihr Fest, die *Matralia*, fand am 11. Juni statt. – ↗Eos.

Math, der „Vater der Magie"; er entspr. dem walis. ↗Gwydyon.

Matralia ↗Mater Matuta.

Matronalia, röm. Fest der ↗Juno.

Matronen, Göttergestalten kelt.-gallischen Ursprungs, bei den Germanen über röm. Vermittlung vor allem am Rhein verehrt als „Mütter", Schutz- u. Hausgeister. Häufig als drei sitzende Gestalten abgebildet u. in der Funktion an die nord. ↗Nornen erinnernd. Mit dem Kult der ↗Mütter hat man auch vermutet, daß es sich um Ausläufer eines vor- oder frühgerman. Fruchtbarkeitskultes handelt; die Votivsteine am Niederrhein sind sicherl. aber Spuren eines unter kelt. u. röm. Einfluß wiederbelebten Kultes.

Matunus, in der kelt. Mythologie ein Gott, über dessen Bedeutung nichts Näheres bekannt ist.

Man weiß nur, daß er auf einer in England entdeckten Inschrift erwähnt wird u. daß matu „Bär" heißt.

Maulbeerbaum, *Morus nigra,* Maulbeergewächs mit unscheinbaren Blüten in Kätzchen und Nußfruchtständen, bei denen die Blütenhüllen den genießbaren, fleischigen Teil des Blütenstandes liefern. Der M. stammt aus dem Osten u. ist mit der griech. Sage v. ↗Pyramos u. Thisbe verknüpft.

Maximilian ↗Weisskunig.

Medb, ir. Königin; Frau des Ailill, des Herrschers v. ↗Connacht.

Medeia, *Medea,* in der griech. Sage Tochter des Kg. Aietes v. Kolchis, eine bedeutende Zauberin, die mit ihren Zauberkünsten den ↗Argonauten unter ihrem Anführer Iason zum ↗Goldenen Vlies verhalf. Sie heiratete Iason, mit dem sie nach Griechenl. floh, u. gebar ihm zwei Söhne. Als Iason ihr untreu wurde u. sich Glauke (auch Kreüsa gen.), einer Tochter Kg. Kreons v. Korinth, zuwandte, nahm M. furchtbare Rache. Sie schickte Glauke ein wertvolles Gewand, das in Flammen aufging u. Kreon u. seine Tochter tötete. Um Iason noch tiefer zu treffen, brachte sie auch ihre beiden gemeinsamen Kinder um u. floh dann auf einem Wagen, der mit einem geflügelten Drachen bespannt war, nach Athen. Dort heiratete sie Kg. Aigeus u. wurde Mutter eines Sohnes, mit dem sie in ihre alte Heimat zurückkehrte, nachdem sie versucht hatte, Theseus, einen Sohn ihres Mannes, der v. seiner Vaterschaft indessen zunächst nichts wußte, zu töten. In Kolchis setzte M. ihre furchtbaren Zauberkünste fort. – ↗Pelias. – Die Medeia-Sage wurde seit dem Drama des Euripides zu einem bes. häufig verwendeten Stoff der Lit., auch der Lit. der neueren Zeit (lat. v. Seneca, um 50 n. Chr.; dt. v. Fr. W. Gotter, 1775, v. Fr. Grillparzer, 1821, und v. H. H. Jahnn, 1926; amerikan. v. R. Jeffers, 1947).

Medica, *Minerva Medica,* Beiname der ↗Minerva als Patronin der röm. Ärzte.

Meditrina, röm. Göttin der Medizin; ihr Fest, die *Meditrinalia,* wurde am 11. Oktober mit Trankopfern aus dem Most der neuen Ernte gefeiert u. sollte den Verehrern der Göttin Gesundheit u. Wohlergehen bescheren.

Medru, ein mit Helm und Lanze dargestellter Gott, der eine Hand auf einen Stierkopf stützt. Er wurde wohl hauptsächl. in Lothringen v. den Kelten verehrt.

Medusa, in der griech. Mythologie eine der ↗Gorgonen; sie galt im Ggs. zu ihren Geschwi-

Medusa

stern als sterblich. Als sie v. Poseidon schwanger war, schlug ↗Perseus ihr das Haupt ab u. überreichte es Athena, die es fortan als sog. *Gorgoneion* in ihrem Schild trug. Dem Gorgoneion wurde in der Frühzeit häufig ein apotropäischer Sinn beigelegt; deshalb findet es sich vielfach an Tempeln, auf Gräbern, Schilden, Trinkgefäßen usw. – ↗Polydektes.

Meernymphen, in der griech. Mythologie Sammel-Bz. für die ↗Okeaniden u. die ↗Nereïden. – ↗Nymphen.

Meer salzig ↗Mühlenlied.

Megaira, eine der ↗Erinyen; i. ü. S. als *Megäre* auch Bz. für böses Weib oder Furie.

Megalithgräber, *Großsteingräber, Hünengräber,* urgeschichtl. Kammergräber aus großen Steinplatten oder -blöcken; oft noch v. einem Hügel bedeckt; meist Sippen- u. Sammelgräber. Später und in der Wikingerzeit wurden Steinsetzungen in Schiffsform vorgezogen bzw. tatsächliche Einhügelungen von Grabschiffen (↗Oseberg-Fund). – Welcher Bevölkerung u. damit welchen rel. Vorstellungen die M., die großartigen Steinreihen v. *Carnac* in der Bretagne oder z. B. ↗Stonehenge zuzuordnen sind, ist völlig offen. Sie mit den (späteren) Kelten in Zshg. zu bringen, wird für verfrüht gehalten; dazu reicht

unser Wissen (noch) nicht aus. Typolog. kann man aber einen gewissen Zshg. mit jüngeren Sitten des Setzens v. Steindenkmälern sehen (vgl. allg. ↗Megalithkultur).

Megalithkultur, auf der ganzen Welt verbreitete Entwicklungsstufe, auf der Großsteinbauten u. Gräber (↗Megalithgräber) eine bes. kult. Rolle spielten. In N- und W-Europa überdauerten diese offenbar mehrere Epochen u. waren Zentren bronzezeitl. Blüte (↗Kivik, ↗New Grange, ↗Stonehenge). Der Übergang v. der Steinsetzung mit dem aufrecht stehenden Menhir, auch in Reihen (↗Carnac) zum wikingerzeitl. Bautastein u. dem mit Inschrift versehenen Runenstein scheint fließend zu sein. Auch die Sitte, Gräber oder Kultplätze in Form einer Steinsetzung als „Schiff" zu markieren, gehörte zur M. (↗Kåseberga).

Megara, Frau des ↗Herakles u. des ↗Iolaos. – Vgl. ↗Thespios.

Meilanion, Gatte der großen Jägerin ↗Atalante, die nach anderer griech. Version den ↗Hippomenes heiratete.

Meilichios, griech. Beiname v. Zeus u. Dionysos im Sinne v. „der Milde" bzw. „der Gnädige".

Mekisteus, Vater des ↗Euryalos.

Melampoden, griech. „Schwarzfüße", ↗Aigyptos (Ägypten).

Melampus, der Sage nach einer der bedeutendsten griech. Seher; Bruder des ↗Bias 1). Im Schlaf leckten ihm Schlangen die Ohren aus, u. seither verstand M. die Sprache der Tiere. Er heilte die Töchter des ↗Proitos vom Wahnsinn u. erhielt dafür Anteil an dessen Herrschaft. ↗Iphiklos gab er die Zeugungskraft wieder. M. wird auch mit dem Dionysos-Kult in Verbin-

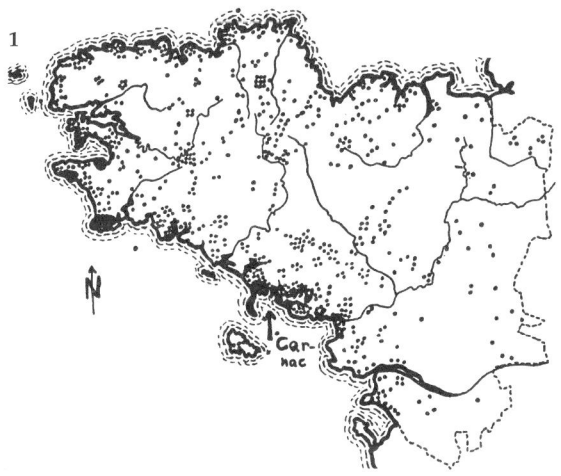

1 Megalithgräber: Großsteingräber u. Menhire in der Bretagne, Zentrum um Carnac – 2 Megalithgräber: Dolmen bei Penzance in Cornwall (England)

dung gebracht; nach manchen Versionen gilt er als dessen Begründer, nach anderen dämmte er die Auswüchse dieses Kultes ein.

Melanippe, Tochter des Aiolos u. der ↗Hippe; von Poseidon Mutter der Zwillinge Aiolos u. Boiotos. Ihr Vater nahm ihr ihre Kinder u. ließ sie aussetzen, das Zwillingspaar wurde v. einem Kuhhirten gerettet. Später nahmen Kg. ↗Metapontos u. seine Gemahlin Theano die beiden bei sich auf u. erzogen sie zus. mit ihren zwei eigenen Söhnen. Als die vier in Streit miteinander gerieten, erschlugen Aiolos u. Boiotos die leibl. Söhne des Königs. Daraufhin beging Theano Selbstmord. – M., die v. ihrem Vater Aiolos geblendet worden war, gewann ihr Augenlicht durch Poseidon zurück u. heiratete Metapontos. – Nach einer anderen griech. Überl. nahmen Metapontos u. Theano die Zwillinge an Kindes Statt an, da sie selbst kinderlos waren. Als Aiolos u. Boiotos erwachsen waren, suchten sie unter großen Mühen u. Gefahren ihre leibliche Mutter, fanden sie schließlich u. befreiten sie aus dem Kerker, in den ihr Vater sie hatte werfen lassen.

Melanippos, 1) Sohn des Astakos; ein Bundesgenosse des Eteokles gg. die ↗Sieben gegen Theben. Er tötete ihm Kampf um Theben den ↗Tydeus. Als Amphiaraos dem M. das Haupt abschlug, warf er dieses dem sterbenden Tydeus zu, der das Gehirn des Toten aß. Athena, die dem Tydeus Unsterblichkeit verleihen wollte, wandte sich mit Grauen ab und verzichtete darauf, ihm das geplante Geschenk zu machen. – **2)** ein Sohn des Ares. – **3)** Geliebter der ↗Komaitho 1), einer Priesterin der Artemis in Patras. Da die Familien der Liebenden die Verbindung nicht wünschten, trafen sich die beiden heimlich im Tempel. Artemis, erzürnt über die Entweihung ihres Heiligtums, schickte Pest u. Hungersnot über das Land u. ließ sich erst durch die Opferung des M. u. der Komaitho besänftigen. – **4)** ein Sohn des Priamos.

Melanthios, oberster Ziegenhirt des Odysseus; weil er für die Freier der ↗Penelope Partei ergriffen hatte, tötete ihn Odysseus auf grausame Art. – ↗Melantho.

Melantho, Tochter des Dolios, Schwester v. 7 Brüdern, darunter ↗Melanthios; Dienerin der Penelope, Geliebte des Eurymachos; sie wurde erhängt, weil sie mit den Freiern der ↗Penelope gemeinsame Sache machte. Nach anderer Überl. waren ↗Dolios u. seine Familie treue Anhänger des Odysseus.

Melanthos, in der griech. Sage ein Nachfahre des ↗Neleus, urspr. Kg. v. Messene. Als er v. dort vertrieben wurde, wanderte er nach Attika u. wurde 11. Kg. v. Athen.

Meleagros, *Meleager,* in der griech. Sage Sohn des ↗Oineus u. der Althaia; heiratete Kleopatra, die Tochter des ↗Idas. M. erlegte den Kalydonischen Eber, ein Untier, das im Auftrag u. als Rache der Artemis, der Oineus beim Erntefest zu opfern vergessen hatte, das Land verwüstete. An dieser sog. ↗Kalydonischen Jagd nahmen die berühmtesten Helden Griechenlands teil. Nachdem M. dem Tier den Todesstoß versetzt hatte, geriet er wegen des Fells in Streit mit den Brüdern seiner Mutter, die er tötete. Althaia, v. Rache für ihre Brüder beseelt, erinnerte sich einer Weissagung der Moiren bei der Geburt des M., dieser werde nur solange leben, bis ein Holzscheit, das jetzt bei der Herdstelle liege, verbrannt werde (vgl. in der nord. Mythologie ↗Nornagest). Althaia nahm nun dieses Scheit, das sie bisher sorgsam aufbewahrt hatte, warf es ins Feuer u. führte so den Tod des Sohnes herbei. – Die Sage um M. hat in der Antike mancherlei Ausschmückungen erfahren.

Melech ↗Moloch.

Melia, Mutter der ↗Io.

Meliboia, Mutter des ↗Lykaon.

Melikertes, in der griech. Mythologie Gott der Häfen; Sohn des Athamas u. der ↗Ino, Bruder des ↗Learchos. Um M. vor seinem wahnsinnig gewordenen Vater zu retten, warf Ino den Sohn ins Meer, wo er in den Meergott Palaimon verwandelt wurde. Im Gedenken an dieses Ereignis u. zu Ehren des Gottes rief Sisyphos die ↗Isthmischen Spiele ins Leben. – Die Sage v. Melikertes wird in den Quellen mit mancherlei Abwandlungen dargestellt. – ↗Portunus.

Melior, *Meliur,* ↗Partenopeus de Blois.

melische Nymphen, die Pflegerinnen des Knaben Zeus; sie gelten vielfach als älteste der griech. ↗Nymphen. – ↗Melissa.

Melissa, Tochter des kret. Kg. Melissos, Schwester der ↗Amaltheia. Die beiden Schwestern zogen den kleinen Zeus auf, indem sie ihn mit Ziegenmilch fütterten. M. lernte es, Honig zu sammeln, u. wurde in eine Biene verwandelt. – Nach anderen Versionen war M. ein gebräuchl. Name für Priesterinnen versch. Kulte u. für bestimmte Arten v. Nymphen.

Melissos, Kg. v. Kreta, Vater v. ↗Amaltheia u. ↗Melissa, die den kleinen Zeus aufzogen.

Melkart, *Melqart,* Stadtgott v. Tyros und v. den Phöniziern nach Karthago übernommen; wurde in hellenist. Zeit mit ↗Herakles gleichgesetzt.

Melos, griech. Insel der Kykladen im Ägäischen Meer; hier wurden einige bedeutende antike Kunstwerke gefunden, vor allem die im späten 2. Jh. v. Chr. geschaffene späthellenist. Aphrodite, die sog. ↗„Venus v. Milo".

Melpomene: eine der Musen

Melpomene, die griech. ↗Muse der Tragödie; in der bildl. Darstellung häufig mit einer tragischen Maske bzw. mit einem Kranz u. einer Keule gezeigt.

Melusine, Nixe u. nach Sagen des 13. Jh. Ahnfrau des frz. Hauses Lusignan in Poitou (Lusinia = Mère Lusine). Nach älteren Ableitungen mit Artemis bzw. Melissa in Zshg. gebracht; geht viell. doch auf die syr. Göttin Derketo zurück, die Graf Guy de Lusignan 1192 auf seinem Besitz Cypern kennengelernt haben könnte. – Die moderne frz. Geschichtsschreibung sieht in der M. eine „exemplarische Fee des Feudalismus", mütterl., über die Sippe wachend u. zur ländl. Urbarmachung u. Errichtung v. Städten u. Schlössern anregend (J. Le Goff u. E. Le Roi Ladurie, 1971). – Das Märchenmotiv v. der Verbindung mit einem überird. Wesen wurde Ausgangspunkt vieler lit. Bearbeitungen: Jean d'Arras (um 1375), Couldrette (um 1401); dt. v. Th. von Ringoltingen (1474), Hans Sachs (1556), Ludwig Tieck (1800) u. a.

Memnon, Kg. der Aithioper, Sohn des ↗Tithonos u. der Eos; v. Achilleus vor Troia getötet, nachdem M. selbst den Nestor-Sohn Antilochos getötet hatte. M. galt bei den Griechen als Urheber der Kolossalstatuen (*Memnonsäulen*) Amenophis' III. bei Theben. Der Sage nach soll seine Asche in Vögel verwandelt worden sein, die jährl. um sein Grab kämpften. Viele „Zeugen" wollen die Memnonsäulen klagen gehört haben, noch im 18. Jh. wollen Reisende solche Töne wahrgenommen haben.

Memphis, Tochter des Flußgottes Nil; heiratete den Zeus-Sohn und Kg. v. Ägypten ↗Epaphos, dem sie die Töchter Libye u. Lysianassa gebar. – ↗Serapis.

Mena, röm. Göttin der Menstruation; war möglicherweise mit Juno identisch; als Opfer wurden ihr junge Hunde dargebracht.

Menderes, *Mäander,* ↗Maiandros.

Menelaos, in der griech. Mythologie Kg. von Sparta; Sohn des Atreus u. der Aërope, nach einer späteren Version waren ↗Pleisthenes u. Kleolla seine Eltern; Bruder des Agamemnon. M. heiratete ↗Helena, eine Tochter des Zeus, mit der er Hermione u. wahrscheinl. auch Nikostratos zeugte. Als Helena v. Paris geraubt wurde, wendete sich ihr Gatte an seinen Bruder Agamemnon um Hilfe, der die früheren Freier der Helena zum Kriegszug gg. Troia versammelte. Nach der Eroberung der Stadt erschlug M. den Deïphobos, Sohn des Priamos, den Helena nach dem Tod des Paris geheiratet hatte, u. kehrte mit seiner Gattin auf abenteuerl. Wegen nach Griechenl. zurück. Nach anderer Überl. fand er die wahre, ihm stets treu gebliebene Helena erst auf der Rückreise in Ägypten wieder. Nach seinem Tod wurde M. zus. mit

Melusine: die Quellnymphe wird in ihrer wahren Gestalt beobachtet und flieht aus einem Fenster (Holzschnitt aus einem frz. Volksbuch des 16. Jh.)

Helena in das ↗Elysion versetzt. – In einer hist. Perspektive steht M. eig. für die Blütezeit Spartas im 6. Jh. v. Chr., während sein Bruder Agamemnon das Mykenai des 12. Jh. v. Chr. repräsentiert, in dem die homer. Epen spielen (Troian. Krieg). Manche Unstimmigkeiten in den Genealogien spiegeln den nur teilweise gelungenen Versuch, hier „Dichtung u. Wahrheit" miteinander in Übereinstimmung zu bringen u. jeweils mehrere Jahrhunderte historischer Erfahrung in der mündl. Überl. unmittelbar u. nahtlos miteinander zu verknüpfen.

Mēness, „Mond", Gott der ↗Letten u. etymolog. verwandt mit anderen indogerman. Bz. für Mond u. Monat. M. (zumeist männl.) war in die Himmelsfamilie integriert u. fuhr wie ↗Saule in einem Boot auf dem Meer. M. scheint auch ein Kriegsgott gewesen zu sein.

Menestheus, in der griech. Sage jener Herrscher, der während der Abwesenheit v. ↗Theseus Athen regierte; führte die 50 athen. Schiffe im Troian. Krieg; er gehörte zu den Helden, die sich im Troian. Pferd versteckten. Nach dem Krieg begab sich M. nach Melos, wo er als Kg. den Thron bestieg.

Menesthios, Sohn des griechischen Flußgottes ↗Spercheios und der ↗Polydora 2). Er wurde v. seiner Mutter u. deren Gatten Boros aufgezogen.

Menestratos ↗Kleostratos.

Menglöd, eine nord. Göttin, über die wenig bekannt ist. Sie galt wohl als Heilgottheit u. könnte in Verbindung mit Frigg bzw. Freyja gestanden haben. Ihr Verlobter Svipdagr hatte sich v. ihr entfernt, u. sie wartete sehnsüchtig in einem v. ↗Waberlohe umgebenen Schloß auf ihn, das ↗Fiölsvidr bewachte. Eines Tages kehrte ihr Bräutigam zurück, freudig v. seiner Geliebten begrüßt. Möglicherweise ist hier eine auch sonst in der german. Mythologie u. Sage nicht unbekannte Heimkehrgeschichte erzählt, wobei die Heimkehr ein Bild für den stets wiederkehrenden Frühling sein könnte.

Menhir (kelt. = langer Stein), meist roh behauene Steinstele, bis zu 20 m hoch; eines der am meisten verbreiteten ↗Megalithdenkmäler (↗Stonehenge), u. a. als Kult-(Opfer-) oder als Grabstele (↗Bautasteine). Menhire erscheinen wie die Pfähle des Hochsitzes im altisländ. Haus (↗Hochsitzpfeiler) als Sitz der Ahnen. – In einer meines Erachtens übertriebenen, psychoanalytischen Deutung ist im M. auch ein sexuelles Symbol (↗Phallos) gesehen worden.

Menippe, Tochter des Orion, ↗Koronides.

Menja, nord. Riesenmagd an der Mühle Grotti (↗Mühlenlied).

Menoikeus, 1) Vater des theban. Kg. ↗Kreon 2) u. der ↗Iokaste. – **2)** ein Sohn Kg. Kreons v. Theben. Er opferte bei der Belagerung der Sieben gg. Theben freiwillig sein Leben, weil Teiresias geweissagt hatte, daß nur unter dieser Voraussetzung die Stadt gerettet werden könne. Nach anderer Überl. wurde er v. der Sphinx getötet, die in Theben ihr Unwesen trieb.

Menoitios, 1) Sohn des Aktor u. der Aigina, Vater des ↗Patroklos; wird vielfach zu den Argonauten gezählt. – **2)** Sohn des Iapetos u. der ↗Klymene 1) (nach anderer Version der Asia); Bruder v. Atlas, Epimetheus u. Prometheus. Als er gg. die Götter kämpfte, versetzte Zeus ihn mit einem Blitzstrahl in den Tartaros.

Menrva, Göttin der ↗Etrusker, vgl. röm. ↗Minerva.

Menschenopfer, kelt. in Zshg. mit der Geheimlehre der ↗Druiden überliefert (↗Andraste, ↗Esus, ↗Teutates), german. von Tacitus bei den ↗Semnonen geschildert, nord. das M. des Kg. ↗Domaldi. – Wie der bibl. Abraham daran gehindert wurde, seinen eigenen Sohn zu opfern, so hält man auch die Entrückung der ↗Iphigeneia nach Tauris für einen Reflex der hist. Ablösung des M. (das dann allerdings in Tauris an Orestes vollzogen werden sollte). Die griech. Antike ist voller myth. Erz. von M., so daß wir darin tatsächl. eine gewisse Reflexion realer Verhältnisse sehen, die z. T. im Umbruch begriffen sind (in Patras sollen M. gängig gewesen sein, vgl. ↗Eurypylos 1). Anhand solcher Erz. mit quasi-pädagog. Zielrichtung soll dieses archaische Trauma „verarbeitet" werden (↗Koresos). So verhindert z. B. Herakles weitere M. durch

Menhir aus Brignogan (Dep. Finistère), auch der „wunderbare Stein" genannt (Höhe 8 m, Basisbreite 3,5 m). Das Zeichen des Kreuzes auf ihm soll von den ersten bretonischen Christen errichtet worden sein

↗Diomedes 1), Poseidon straft den ↗Erechtheus wegen eines M., doch andere Götter verlangen M. (vgl. z.B. ↗Melanippos 3 und Komaitho; ↗Polyxena in Zshg. mit dem Troian. Krieg). – Noch die spätere Überl. der Sagen kennt das M. (Das erste ↗opfern, das einem begegnet). – Vgl. der schwed. Kg. ↗Domaldi, die ir. ↗Druiden; die Darstellung eines Opferbaums mit gehenkten Menschen befindet sich auf dem nord. Gewebe aus dem Fund im ↗Oseberg-Schiff. – ↗Moloch.

Mentor, in der griech. Mythologie ein enger Freund u. Vertrauter des Odysseus, Erzieher v. dessen Sohn Telemachos, als väterl. Ratgeber u. Vertrauter sprichwörtl. gewordene Gestalt. – ↗Imbrios.

Mephistopheles, wahrscheinl. aus hebrä. „mephiz" (Verderber) u. „tophel" (Lügner) gebildet und seit dem populären Volksbuch v. Doktor Faust (1587) ein Teufelsname; der Teufel in Goethes „Faust".

1 Mercurius. fliegender Merkur v. G. da Bologna –
2 Mercurius

Mercurius, *Merkur,* der röm. Gott des Handels, Schutzherr der Kaufleute u. der Astronomen; er wurde bes. v. den Plebeiern verehrt, in deren Händen der Handel vorwiegend lag. M. besaß in Rom einen 495 v.Chr. geweihten Tempel. Er fand aber auch in vielen röm. Provinzstädten beim Stand der Kaufleute Verehrung. Die Gleichsetzung mit dem griech. Gott ↗Hermes erfolgte schon früh.

Meriones, ein Kreter, der zu den engsten Waffenbrüdern des ↗Idomeneus gehörte. Er war dessen Wagenlenker u. zweiter Befehlshaber des kret. Kontingents v. 8 Schiffen im Troian. Krieg. Er galt ferner nach ↗Teukros 2) als bester Bogenschütze der Griechen und gewann das Bogenschießen, das bei den Leichenspielen für Patroklos veranstaltet wurde. M. besaß einen berühmten Helm, den der Meisterdieb Autolykos, ein Sohn des Hermes, dem Amyntor gestohlen u. dem Odysseus geschenkt hatte. Während des Kampfes um Troia tötete er zahlr. Gegner. Er half Aias, den Leichnam des Patroklos zu finden.

Merlin, Zauberer und Weiser der ↗Artusepik, kelt. Ursprungs; bei Geoffrey von Monmouth um 1135 zuerst überliefert (↗Myrddin). – Nach Albrecht von Scharfenbergs mhd. Versroman M. (Ende 13. Jh.) riet der Zauberer seinem Sohn ↗Artus, die Tafelrunde zu gründen. M. stammte aus dem Zauberwald u. trug Züge des traditionellen kelt. „sanften Waldmenschen" (Lailoken). Über die Dichtung hinaus wurden dem M. polit. brisante Weissagungen zugeschrieben (Verba Merlini, 1251/1254), so daß noch auf dem Konzil v. 1564 der „Merlini angli liber obscurorum praedictionum" auf den Index der v. der kathol. Kirche verbotenen Bücher gesetzt wurde. – Lit. Stoffe über M. wurden u.a. von Wieland, Goethe, Heine u. Uhland aufgegriffen u. spielten in der Sagenforschung eine Rolle (San Marte, „Die Sagen von Merlin", 1853).

Mermeros, 1) Sohn des Iason u. der ↗Medeia; er wurde entweder v. seiner Mutter oder v. einer Löwin getötet. – **2)** Sohn des ↗Pheres 2), Vater des Ilos; ein erfahrener Giftersteller.

Merope, 1) Tochter des Atlas u. der Pleione, eine der Pleiaden; heiratete als einzige ihrer Schwestern einen Sterblichen, den Sisyphos v. Korinth. – **2)** Tochter des Pandareos; sie u. ihre Schwester wurden v. Athena aufgezogen, nachdem Zeus ihre Eltern getötet hatte. Später wurden sie v. den Harpylen entführt u. gezwungen, den Erinyen zu dienen. – **3)** Gattin des Herakleiden ↗Kresphontes, Mutter des Aipytos; sie wurde v. Polyphontes, dem Mörder ihres Gemahls, zur Ehe gezwungen; später brachte Aipytos nach zahlr. Verwicklungen den Polyphontes um, um seinen Vater zu rächen u. die Herrschaft in dessen Reich Messene anzutreten. Dieser Stoff ist u.a. in Dramen v. Euripides u. Voltaire behandelt. – Der Franzose Voltaire hat seine Tragödie „Mérope" (1743) nach dem Vorbild des Italieners Maffei (1714) bearbeitet, welcher antike Stoffe neu zu beleben suchte. Man sprach v. einem neuen ↗Arkadien, und die Auseinandersetzung damit war z.B. für den Dt. Lessing wichtig, um in seiner „Hamburg. Dramaturgie" (1767/69) eigene Vorstellungen v. der Kunst des Theaters zu entwickeln, das sich nicht mehr allein vom frz. Vorbild abhängig fühlen sollte. – 4) Tochter des Erechtheus; möglicherweise Mutter des Daidalos. – 5) Tochter des ↗Oinopion u. der Helike. Als M. ↗Orions Liebe zurückwies, beleidigte dieser sie zutiefst u. wurde daraufhin v. ihrem Vater geblendet. – 6) Gattin des Polybos 1), auch *Periboia* oder *Eriboia* gen.; nahm sich des ↗Oidipus an, als dieser auf dem Kithairon gefunden wurde.

Merowech, *Meroveus,* Stammvater des fränk. Königsgeschlechts der *Merowinger;* er wurde v. einem ↗Stier gezeugt. Aus dem Herrschaftsbereich der Merowinger entstand das fränk. Reich der Karolinger (↗Karl d. Gr.).

Merseburger Zaubersprüche, zwei ahd., im 10. Jh. in Stabreimen auf dem Vorsatzblatt eines vermutl. aus Fulda stammenden lat. Missales des 9. Jh. niedergeschriebene Zaubersprüche heidn.-german. Inhalts: Zur Lösung v. Gefangenen (↗Idisen) u. zur Heilung v. Beinverrenkungen bei Pferden. – Der zweite Spruch gg. die Beinverletzung sollte auf dem Wege von Analogiezauber wirken: Eine Geschichte v. Phol u. Wodan, der Balders Pferd heilte, sollte sich im Nacherzählen magisch wiederholen. Über die Gestalt des „Phol" ist sonst nichts bekannt; dieser sonst unbekannte Gott wurde unbegründet mit Balder in Zshg. gebracht oder gar mit „Apollo" bzw. „Apostel Paulus". Die Namensform lebte in späterer Volksüberl. weiter.

Zweiter Merseburger Zauberspruch

„Phol ende Uuodan vuorun zi holza, du uuart demo Balderes volon sin vuoz berenki(t) …"

Phol u. Wodan zogen zum Holz (in den Wald). Da verrenkte sich das Fohlen Balders seinen Fuß. Da besprach ihn Sinthgunt u. ihre Schwester Sunna, da besprach ihn Frija und ihre Schwester Folla, da besprach ihn Wodan, so er wie er es wohl konnte: so wie die Knochenverrenkung, so wie die Blutverrenkung, so wie die Gliederverrenkung, [befehle ich:] Knochen zu Knochen, Blut zu Blut, Glied zu Glied, so als ob sie zusammengeleimt wären!

Messenien, südwestl. Landschaft der Peloponnes, der griech. Sage nach ben. nach Messene, der Gattin des Polykaon, des angebl. ersten Kg. v. M.; später zu Sparta gehörig.

Messina ↗Skylla u. ↗Charybdis.

Mestor, 1) Sohn des griech. Perseus u. der Andromeda. – **2)** Bastardsohn des troian. Priamos.

Met, häufige nord. u. german. Bz. für ein bierähnl. Getränk, ↗Bier.

Metamorphoses, dt. *Metamorphosen,* „Verwandlungen", lat. Dichtung des ↗Ovid, entstanden um 1 v. Chr. bis 10 n. Chr. In 15 „Büchern" werden ca. 250 Erz. v. „Verwandlungen" ausgebreitet mit höchst unterschiedl. Stoffen u. Inhalten: Weltschöpfung, Sintflut, Jupiter, Hercules, Krieg um Troia, Aeneas usw. In der hist. Gegenwart des Ovid wurde der Ks. Augustus als Gott verherrlicht. Das ganze mytholog. Wissen des Alt. seit Homer wurde in hellenist. Begeisterung v. den Römern ausgebreitet, aber es waren vermenschlichte Geschichten, die Ovid über die Götter erzählte. Es war Lit., nicht Glaube. Das MA liebte „seinen" Ovid, und die M. wurden Quelle zahlr. weiterer Dichtungen. – M. des ↗Apuleius vgl. ↗Asinus aureus.

Metaneira, Mutter des ↗Demophon 2).

Metapont ↗Epeiros.

Metapontos, viell. ein Sohn des griech. Aiolos u. Bruder der ↗Melanippe; er heiratete Theano, die zwei Söhne besaß u. ihm zwei weitere Söhne gebar. M. hielt alle vier Kinder für seine eigenen u. bevorzugte sogar die beiden älteren. Als er die Wahrheit entdeckte, tötete er sie jedoch zus. mit ihrer Mutter, heiratete dann Melanippe u. nahm die Zwillinge Aiolos u. Boiotos an Kindes Statt an.

Metbaum, poet. nord. Name für ↗Yggdrasil.

Metioche, Tochter des Orion, ↗Koronides.

Metis, Personifikation der Klugheit, Tochter des Okeanos u. der Tethys. Nachdem sie sich einer Vermählung mit Zeus lange widersetzt hatte, wurde sie schließl. doch dessen erste Gemahlin. Als sie schwanger war, prophezeite Gaia, sie werde dem Zeus eine ihm an Klugheit gleiche Tochter, danach einen ihm überlegenen Sohn gebären. Aus Neid u. Sorge um seine Macht verschlang Zeus Metis, ein in der griech. Mythologie gelegentl. vorkommendes Motiv (↗Kronos). Ihre Tochter, ↗Athena, wurde später aus dem Haupt ihres Vaters geboren.

Metope, Tochter des griech. Flußgottes Ladon oder Peneios, Schwester der Daphne. Sie heiratete den Flußgott Asopos u. wurde Mutter v. drei Söhnen u. 20 Töchtern.

Metrik. Die german. M. ist im Ggs. zur klass. Antike in der Regel nicht silbenzählend, die Zahl der Senkungen (druckschwache Silben) kann variieren; dafür schuf sich die ↗Skaldendichtung häufig komplizierte Figuren aus Reimformen u. Taktrhythmen, oft mit unterschiedl. Versschlüssen (↗Nibelungenstrophe). Vierzeilige Strophen (skandinav. Wissenschaftstradition) lassen sich auch als doppeltes Langzeilenpaar lesen, der Rhythmus wird durch den ↗Stabreim bestimmt (↗Reim). „Das Widerspiel zw. der Unbestimmtheit der Silbenzählung einerseits u. der Gebundenheit durch Reim und Taktzahl andererseits hat eine eigene Poesie, wie sie uns vom Volkslied und der (german.) Ballade her zutiefst vertraut ist" (H. E. Holthusen). Der ahd. Dichter ↗Otfrid von Weißenburg verwendete im 9. Jh. als erster den Endreim nach lat. Vorbild; auch im Fragment ↗Muspilli kommen bereits Endreimformen vor.

Mezentius, etrusk. Kg., über den die Sage sehr Unterschiedliches berichtet. Als Herrscher v. Caere wurde er v. Turnus, dem Kg. der Rutuler, gg. die Zusicherung der halben Weinernte zum Bundesgenossen gg. Aeneas u. die Troianer gewonnen. Aeneas, der seinerseits die halbe Weinernte dem Jupiter versprochen hatte, ging siegreich aus dem Kampf hervor, während Turnus u. M. fielen. – Nach anderer Überl. wurde M. v. den Rutulern erst nach dem Tode des Turnus um Hilfe gerufen. Die Troianer, die nach der Entrückung des Aeneas unter Ascanius kämpften, wurden v. M. geschlagen, der ihnen aber einen Waffenstillstand anbot unter der Bedingung, daß man ihm die ganze Weinernte zusagte. Mit Hilfe des Jupiter, dem er ebenfalls die ganze Weinernte zusicherte, überfiel Ascanius die Gegner. Zwar erhielt M. freien Abzug, sein Sohn Lausus wurde jedoch getötet. – Eine weitere Version bezeichnet M. als tyrann. Kg., der seine Untertanen so grausam regierte, daß sie ihn schließl. vertrieben. M. verbündete sich daraufhin mit Turnus gg. Aeneas u. wurde v. diesem, nach einer anderen Tradition v. Ascanius getötet.

Mher, *der ältere Mher,* ein Sohn Sanassars in dem armen. Heldenepos ↗David von Sassun, der schon mit sieben Jahren ein Riese war u. gg. Löwen kämpfte. – Der jüngere Mher übernahm das Zauberpferd ↗Dschalali.

Michael, der christliche Erzengel und „unbesiegte Gottesheld" spielt als Symbolfigur in der Deutung „german." Kunst eine große Rolle. „Nahezu überall in Deutschland … sind Michaelskirchen … an Stelle alter Wodans-Heiligtümer errichtet worden" (F. Kayser, Kreuz u. Rune, I, 1964). – Von ähnlichen Deutungen umsponnen sind z. B. der Monte Gargano in Süd-italien und der Mont Saint-Michel an der frz. Atlantikküste. Aus dem byzantinischen Heiligen wird oft etwas vorschnell ein germanischer Drachentöter.

Midas, Kg. v. Phrygien, * um 738, †690 v. Chr.; war seit 709 v. Chr. den Assyrern tributpflichtig; erlag um 690 den Kimmeriern. – Der Midas der Sage war ein Sohn des Gordios u. der Kybele. Er besaß einen berühmten Rosengarten, in den sich ein trunkener Silen verirrte. Der Kg. nahm den Silen freundl. auf, bewirtete ihn u. schickte ihn dann zu Dionysos zurück. Als Dank für diese Großzügigkeit stellte Dionysos dem M. einen Wunsch frei, u. M. wünschte sich, daß alles, was er berühre, zu Gold werde. Von dieser tödlichen Gabe, die den Beschenkten zum Verhungern verdammte, befreite ihn schließlich ein Bad im Fluß ↗Paktolos. – In einem musikal. Wettstreit zw. Apollon u. Pan erkannte M. Pan den Sieg zu. Daraufhin ließ Apollon dem M. Eselsohren wachsen, die dieser fortan unter einer Art Lederkappe zu verbergen suchte.

Midgard, die Mittel-, d. h. Menschenwelt; nach der nord. Mythologie aus den Augenbrauen des Urriesen ↗Ymir geschaffen u. über einen Regenbogen mit der Götterwelt ↗Asgard verbunden; der v. Menschen bewohnte Teil der Welt zw. Götterhimmel u. Totenreich, umgeben v. der im Weltmeer liegenden ↗Midgardschlange; als Erdscheibe vorgestellt, oft auch als Burg.

Midgardschlange: das Untier bei seinem Bemühen, den Ochsenkopf, als Köder an Thors Angelschnur, mit seinen gewaltigen Zähnen zu packen. Den erzählerische Hintergrund bildet die Geschichte v. Thors Versuch, die Midgardschlange zu fangen. – Darstellung aus der Kopenhagener Handschrift v. um 1680

Midgardschlange, ein gewaltiges, von Loki u. Angurboda gezeugtes Ungeheuer, das, im Meer liegend, die Erde umgab u. mit dem nordischen

Gott Thor, der die M. mehrfach zu vernichten suchte, verfeindet war. Erst in der Götterdämmerung zerschlug Thor ihr mit dem Hammer Miölnir das Haupt, fand aber selbst durch den giftigen Atem des Untiers den Tod. Einst versuchte Thor sie mit einem Stierkopf am Angelhaken zu fischen (↗Thors Fischzug und siehe Farbtafel S. 318).

Miklagard, „der große Hof", altnord. Bz. für ↗Byzanz (Konstantinopel, Istanbul).

Mikula, Held u. Hauptfigur einer russ. ↗Byline, viell. des 12. oder 14./15. Jh. (erst im 19. Jh. nach mündl. Überl. aufgeschrieben) aus der Gegend v. Nowgorod. Der gewaltige Pflüger M. riß Felsen u. Wurzeln aus der Erde, u. alle dreißig Männer der menschl. Heldenschar (↗Druschina) zus. vermochten seinen mächtigen Pflug nicht zu bewegen. M. erwies sich damit sogar dem Helden ↗Wol'ga aus Kiew überlegen. Im 12. Jh. kämpfte Nowgorod um seine Unabhängigkeit v. Kiew (vgl. ↗Nestorchronik), und M. gab dem damit notwendigen Regionalbewußtsein einen bes. Glanz.

Milchgott, nach einem der bei den Kelten bevorzugten Opfer für diesen Gott anderer Name für ↗Dagda.

Mile, auch *Mîl*, Sohn des ↗Bile; vermutl. ein allen Kelten gemeinsamer Gott. M. bzw. *Miledh* (eig. Genitiv) hatte auf Irland den Beinamen „Esbainne", angebl. „von Spanien" u. soll damit alte kulturelle Verbindungen dokumentieren (?). M. war mit Scota, einer Tochter des ägypt. Pharaos verheiratet (!?), sein Sohn wird Eremon gen., u. von ihm leiteten die ir. Hochkönige ihre Herkunft ab.

Miletos, *Milet*, bedeutendste altgriech. Stadt an der Westküste Kleinasiens, in der Nähe der Maiandrosmündung gelegen; erlebte die höchste Blüte vom 8.–6. Jh. v. Chr., dann wieder in hellenist.-röm. Zeit.

Mime, auch *Mimir*, in der german. Heldensage ein kunstfertiger Waffenschmied; Lehrmeister Wielands u. Sigfrids. Der starke Sigfrid machte M., der auch sein Pflegevater war, viel zu schaffen. Er verprügelte dessen Gesellen, zerstörte den Amboß, an dem er arbeiten sollte, u. versetzte M. so in Angst u. Schrecken, daß dieser sich seiner zu entledigen suchte. Er schickte ihn zu seinem Bruder, dem Drachen Regin, aber Sigfrid tötete Regin u. badete in dessen Blut, so daß er fortan, v. einer einzigen Stelle des Körpers abgesehen, hürnen, d. h. unverletzlich, war. Auch aß er v. dem Fleisch des Drachens u. verstand plötzl. die Sprache der Vögel (↗Daumenlut-

schen). Diese rieten ihm, M. zu töten, wozu Sigfrid sich entschloß, obwohl ihm sein Pflegevater, um sein Leben zu retten, seine kostbarsten Werke, u. a. das Schwert Gram u. seine beste Rüstung, anbot. – ↗Regin.

Mimir, in der nord. Mythologie Hüter einer Quelle an der Wurzel v. ↗Yggdrasil. Wer v. dem Wasser trank, erlangte große Weisheit. Wie begehrenswert ein solcher Trunk war, zeigt das Beispiel v. ↗Odin, der dafür ein Auge opferte. Eine spätere Sage berichtet, M. sei nach dem Krieg zw. Asen u. Vanen als Geisel zu den Vanen geschickt worden, die ihm den Kopf abschlugen u. ihn Odin übersandten. M.s Haupt habe fortan dem höchsten Asen mit seinen klugen Ratschlägen u. seiner weisen Vorausschau zur Seite gestanden.

Mimose, eine griech. Nymphe, die v. einem Hirten verfolgt wurde, verwandelte sich aus Scham in eine M., und zwar in jene Pflanze, deren Blätter sich schließen, wenn man sie berührt.

Mimung, eines der berühmtesten Schwerter der german. Sage, v. ↗Wieland dem Schmied gefertigt; seine Klinge war so scharf, daß man damit eine im Fluß treibende Wollflocke oder eine Feder durchtrennen konnte. Wieland behielt dieses Schwert für sich, schuf aber für Kg. Nidung, der die Waffe begehrte, ein Duplikat.

Minas, Bruder des ↗Giganten Peloros 2), die beide im Kampf gg. die Götter vernichtet wurden.

Minerva

Minerva, altital. Göttin, wahrscheinl. etrusk. Herkunft. Schutzgöttin Roms, bedeutender aber als Schirmherrin der Handwerker sowie der Dichter u. Lehrer, als *Minerva Medica* auch der Ärzte. Sie wurde wahrscheinl. am Ausgang des 3. Jh. v. Chr. mit der griech. Athena gleichgesetzt. Ihr Haupttempel lag in Rom auf dem Aventin; ihre Hauptfeste, die *Quinquatrus* oder *Minervalia*, wurden am 19. März u. am 13. Juni gefeiert, wobei das Märzfest vor allem von den Handwerkern u. Lehrern, das Junifest v. den

Flötenspielern begangen wurde. – Die Gestalt der M. kam v. ihrer Funktion her in manchen Dingen später der Maria, der christl. Mutter Gottes nahe. Noch im 13. Jh. wurde in Rom auf einen ehemaligen M.-Tempel eine Marienkirche erbaut. „Santa Maria sopra Minerva" [… über Minerva] war die augenfällige Dominanz der christl. Maria über die heidn. M., aber mit dem Kultort hielt man doch an einer gewissen rituellen Kontinuität fest.

Minne, höf. Form der Verehrung der Frau durch den Mann, Liebe, Zuneigung; mhd. Dichtung (*Minnesang*), die von der Unerfüllbarkeit der Sehnsucht getragen wird: ein Ethos, das mit Mythologie wenig zu tun hat. – Vgl. ↗Tristan und Isalde.

```
Zeus – Europe
  ┌──┘
Sarpedon
Rhadamanthys
Minos – Pasiphaë
  ┌──┘
Katreus
Deukalion
Glaukos
Androgeos
Phaidra
Ariadne
```

Minos, bedeutende Gestalt der griech. Mythologie, Sohn des Zeus u. der Europe, Bruder des ↗Sarpedon 1) u. des ↗Rhadamanthys, Gemahl der Pasiphaë, Vater mehrerer Kinder, darunter ↗Ariadne. M. war berühmt für die gerechte Herrschaft, die er als Kg. v. Kreta führte, und wurde nach seinem Tode als Richter in die Unterwelt versetzt. – Eine andere Überl. betont stärker seine Feindschaft zu den Griechen. Um seine Herrschaft in Kreta v. den Göttern legitimieren zu lassen, bat er Poseidon, ihm einen Stier aus dem Meer zu schicken, den er dem Gott opfern wolle. Poseidon ging auf den Wunsch des Kg. ein, der den Stier jedoch nicht opferte, sondern in seine Herde einreihte. Diesen Wortbruch bestrafte Poseidon, indem er Pasiphaë in unnatürliche Liebe zu dem Tier entbrennen ließ. Aus der Verbindung ging der ↗Minotaurus hervor, den der Kg. in das ↗Labyrinth, das Daidalos für ihn erbaut hatte, einsperren ließ. Die Athener, die M. erfolgreich bekriegte, mußten jährl. sieben Knaben u. sieben Mädchen nach Kreta schicken, die zur Fütterung des Ungeheuers dienten. Dem Greuel wurde erst ein Ende gemacht, als es Theseus mit Hilfe der Ariadne gelang, den Minotauros zu töten u. zum Ausgang des Labyrinths zurückzufinden.

Minotauros:
Theseus tötet den M.;
nach einer Darstellung
auf einem griech. Teller

Minotauros (griech. = Stier des ↗Minos), myth. Wesen mit Menschenleib u. Stierkopf, hervorgegangen aus einer Verbindung v. Pasiphaë, der Gattin des Minos. u. dem Stier des Poseidon aus der Herde des Königs; v. Minos im Labyrinth gefangengehalten, schließl. v. ↗Theseus getötet.

Minthe, eine Tochter des griech. Kokytos, Geliebte des Hades u. deshalb v. Persephone in eine Pflanze, die Minze, verwandelt, die im Mittelmeerraum in zahlr. Arten weit verbreitet war.

Minyas ↗Orchomenos.

Miölnir:
Thors Hammer Miölnir
als Amulett (Silber, 10. Jh.)

Miölnir, *Mjölnir,* Thors ↗Hammer, für den nord. Gott von ↗Sindri geschmiedet.

Misenos, 1) Hektors Flötenspieler im Troian. Krieg; nach dessen Tod in gleicher Funktion für Aeneas tätig, dem er sogar von Troia nach It folgte. Als er die Götter zu einem musikalischen Wettstreit herausforderte, wurde v. dem zutiefst gekränkten ↗Triton im Meer ertränkt. Aeneas bestattete ihn am heutigen Kap Misenum, das seinen Namen nach M. trägt. – **2)** ein Gefährte des Odysseus. Möglicherweise mit 1) identisch. – Vgl. ↗Marsyas.

Mission. Hist. Stufen der M. in N-Europa waren im Jahre 832 die Gründung des Erzbistums Hamburg-Bremen, 948 die Gründung des Bistums Hedeby/Haithabu (Schleswig) und um 962 die Taufe des dän. Kg. Harald Blauzahn (↗Jelling). Selbständigkeit erreichten die nord. Länder mit den Erzbistümern v. Lund (1103/04, damals dän.), Trondheim (1153) und Uppsala

(1164). Die Daten belegen, daß es sich vor allem um eine polit. Verselbständigung handelte, zu der es auch schnell zu den ersten Heiligsprechungen kam. – Eine frühe (die erste?) christl. Kirche scheint um 850 für ↗Haithabu belegbar zu sein; um 854/860 erhielt man dort die Erlaubnis, eine Kirchenglocke zu läuten. Ein Glockenfund v. Haithabu gilt als die älteste Glocke nördl. der Alpen (Wikingermuseum Haithabu, Schleswig). – Für die Antike vgl. ↗Christianisierung.

mißverstandene Antwort, märchenhaftes Motiv u. a. der nord. ↗Hamdirsage; Hamdir u. Sörli ziehen aus, um den Tod ihrer Schwester Svanhild zu rächen u. Jörmunrek (Ermanerich) zu erschlagen; doch vorher erschlagen sie übermütig ihren Halbbruder Erp, der ihnen helfen will „wie ein Fuß dem anderen" (↗Hamdismál 13). Erp fehlt ihnen dann, als sie Jörmunrek endgültig überwinden wollen; ihre Rachetat mißlingt, weil sie Erps Antwort auf ihre Frage, was er nützen könne, mißverstanden.

Mista, neben Rista eine der beiden nord. Walküren, die Odin den wunderbaren Honigmet einschenkten, den dieser trank, wenn er auf seinem Thron saß.

Mistel, german. Symbolpflanze in Zshg. mit dem ↗Balder-Mythos; in der kelt. Mythologie mit dem Gott ↗Esus in Verbindung gebracht; verbreitete Heilpflanze.

Mithras, lat. u. griech., urspr. indo-iran. Gottheit, im Iran um 1000 v. Chr. Sonnengott u. oberster Kriegsgott. Unter Alexander d. Gr. näherte sich der M.-Kult den griech. und röm. Parallelen ↗Helios u. ↗Apollon, und diese Form der M.-Verehrung wurde seit dem 1. Jh. n. Chr. bei den

Mithras: Stieropfer

röm. Soldaten bis nach Germanien u. Britannien populär. Im 3. Jh. n. Chr. wurde M. als *Sol invictus* (lat. unbesiegter Sonnengott; vgl. ↗Sol) Gott der röm. Staatsreligion. Sein höchster Feiertag war der *Natalis Solis invicti,* der Geburtstag der „unbesiegbaren Sonne" u. fiel auf den kürzesten Wintertag, unserem 25. Dezember entspr.; das frühe Christentum mußte sich damit heftig auseinandersetzen. Das ist einer v. mehreren Erklärungsmodellen für den Weihnachtstermin! Bis zum 4. Jh. wurde dagegen der Dreikönigstag (6. 1.) gefeiert. Der heidn. M., den man anders nicht verdrängen konnte, wurde durch ein christl. Fest sozusagen neutralisiert (Interpretatio Christiana). Der „unbesiegbare" M. entspr. offenbar dem Bedürfnis der Soldaten nach dem Vorbild eines unbesiegbaren Helden (↗Held). – Im maskulin orientierten M.-Kult wurde in einer Höhle, gedacht als Sternenhimmel u. als Bild für den Kosmos, im Rauschzustand ein Stier getötet (↗Mysterien). Für den Eingeweihten gab es sieben versch. Grade, die ihn vom „Corax" (Raben), dem Planetengott Mercur geweiht, über „Nymphus" (Venus), „Miles" (Soldat; Mars), „Leo" (Löwe; Iupiter), „Perses" (Perser; Luna = Mond) u. „Heliodromus" (Sonnenläufer; Sol) bis zum „Pater" (Vater; Saturn) führten. Man hat dafür argumentiert, daß der Kult um M. vor allem v. Soldaten u. kaisertreuen Abhängigen getragen wurde. Mit der Propagierung des Christentums als Staatsreligion unter ↗Konstantin I. war damit auch das offizielle Ende der M.-Verehrung gegeben. In O-Rom, d. h. in der neuen Hauptstadt Konstantinopel, gab es eine kurze heidn. Nachblüte. „Es handelt sich aber nur um einen Versuch, alle heidn. Kulte zus. zuschließen, um sich auf diese Weise eher gg. die Christen behaupten zu können. Diesem letzten Sich-Aufbäumen des Heidentums war kein Erfolg beschieden. Gegen 400 waren alle Mithraeen [M.-Heiligtümer] zerstört; Spuren gewaltsamer Vernichtung sind in fast allen Mithraeen festgestellt worden. Über den meisten wurden Kirchen erbaut" (R. Merkelbach, in: „Spätantike und frühes Christentum", 1984). – Vgl. dagg. das Schicksal des ↗Jupiter Dolichenus – (siehe auch Farbtafel S. 158).

Mittagsgespenst. In der Antike sah man die schädl. Wirkung der mittägl. Sonnenhitze als Werk eines M., das man genauso fürchtete wie die „Nordländer" eine Geisterstunde um Mitternacht.

Mittelhochdeutsch, abgekürzt mhd., vgl. ↗Althochdeutsch.

Mittwoch, der dem Gott ↗Odin (Wodan) geweihte Tag, dän. onsdag (Odins dag), engl. Wednesday [wodanes day] (↗Wochentage).

Mnemosyne,
die Mutter der Musen

Mnemosyne, griech. Göttin des Gedächtnisses; v. Zeus Mutter der ↗Musen.

Mnesimache, Tochter des Dexamenos, die v. Herakles vor einer erzwungenen Heirat mit dem Kentaur Eurytion bewahrt wurde.

Modgud, *Mödgudr,* eine nord. Riesin, als Magd bewachte sie die einzige Brücke, die zum Totenreich Hel führte.

Modi, ein Bruder ↗Magnis u. Miterbe des Hammers ihres Vaters, des nord. Gottes Thor.

Modred, Neffe des Kg. ↗Artus u. dessen trag. Verräter nach pseudohist. Quellen des ↗Geoffrey of Monmouth.

Mohammed, vgl. ↗Baphomet.

Moira, 1) griech. Bz. für den Teil, den der Einzelmensch am Gesamtschicksal hat; später auch personifiziert in den ↗Moiren. **2)** Schlachtort der ir. Heldensage v. ↗Suibne.

Moiragetes, Epitheta (Beinamen) des Apollon u. des Zeus v. Delphoi als den Führern der ↗Moiren.

Moiren, griech. Schicksalsgöttinnen, die durch ihr Handeln das Walten des Schicksals symbolisieren. Urspr. gab es eine Vielzahl v. M., die aber bei Hesiod bereits auf drei Gestalten reduziert sind, auf die Zeustöchter Klotho, die Spinnerin des Lebensfadens, auf Lachesis, die das Schicksal zuteilt, u. auf Atropos, die den Lebensfaden zerschneidet. Bei den Römern wurden die M. den ↗Parzen gleichgesetzt. Den M. waren gewissermaßen auch die Götter unterlegen. Sobald Hektors Tod beschlossen war, wollten auch Zeus u. Apoll ihn nicht mehr beschützen. – ↗Admetos. – In der german. Mythologie entspr. den M. die ↗Nornen. – Vgl. griech. ↗Ker.

Mökkurkalfi, ein gewaltiger, aus Lehm geform-

ter nord. Riese mit einem Stutenherz, der ↗Hrungnir begleitete, als dieser zum Zweikampf gg. Thor antrat; er wurde v. ↗Thialfi vernichtet.

Mokoš, slaw. Gottheit der Fruchtbarkeit; nach dem Zeugnis der Nestor-Chronik in Kiew verehrt. Sie blieb auch nach der Christianisierung als russ. Hausgeist *Mokuschka* lebendig.

Molion, Schildknappe Hektors; wurde im Troian. Krieg v. Odysseus getötet.

Molione, die Gemahlin des thessal. Kg. Aktor, eines Sohnes des Phorbas; Mutter der ↗Molionen.

Molionen, *Molioniden,* Kteatos u. Eurytos, die Söhne des Aktor (nach anderer Version des Poseidon) u. der Molione; Zwillingsbrüder, die aus einem Ei hervorgegangen und vielleicht mit ihren Körpern nach Art v. Siamesischen Zwillingen zusammengewachsen waren. Sie kämpften mit ihrem Onkel Augeias gg. Herakles u. wurden v. diesem getötet.

Moloch, *Melek,* in der Bibel (3. Mose 18, 21) ein Gott der Ammoniter, dem Kinder geopfert wurden. Topheth im Hinnomtal bei Jerusalem war sein Kultort (2. Könige 23, 10).

Molorchos, ein alter nemeischer Schafhirt, der einen Hain pflanzte, in dem die ↗Nemeischen Spiele stattfanden; er wurde v. jenem ↗Nemeischen Löwen getötet, den der griech. Herakles schließlich erwürgte.

Molossos, Sohn des ↗Neoptolemos u. der Andromache. Von Eifersucht geplagt, stellte Hermione, die Gattin des Neoptolemos, der Andromache u. ihrem Sohn so heftig nach, daß die beiden unter großen Gefahren nach Epeiros flüchteten, wo M. als Kg. Nachfolger des ↗Helenos wurde.

Moly, ein Kraut, das den Griechen Odysseus davor bewahrte, v. Kirke verzaubert zu werden; wohl nicht als eine botan. bestimmbare Pflanze zu denken, sondern als ein märchenhaftes Gewächs.

Momos, in der griech. Mythologie Gott der Kritik u. des Tadels; Sohn des Nyx u. der Erebos; wurde vom Olymp verbannt, weil er die anderen Götter verhöhnte u. verunglimpfte.

Mond, der in der german. u. nord. Mythologie gewöhnl. ↗Mani gen. Sohn des ↗Mundilföri. – In der griech. und röm. Mythologie ↗Diana, ↗Luna u. ↗Selene.

Mongán, ir. Märchengestalt, seit dem 11. Jh. belegt, mit Parallelen zum kymrischen ↗Mabinogion. Er war ein Sohn des Gottes Manannán Mac Lir u. der ir. Königin Dub Lacha, der Frau des Kg. von Ulster. M. galt als die Wiedergeburt des ↗Finn 3).

Monokeros, gr., ↗Einhorn.

Monotheismus, Glaube an einen einzigen Schöpfergott im Ggs. zum ↗Polytheismus. Das Judentum des Alten Testaments begab sich damit in kompromißlose Gegnerschaft zu allen Nachbarvölkern. Damit wurden im Grunde auch alle Mittlergestalten zw. dem einen persönl. Gott u. dem Menschen überflüssig. Aber man hat dafür argumentiert, daß die Funktion der reich gegliederten Götterhierarchie teilweise im christl. Heiligenkult weiterlebte.

Montag, „Mondtag", engl. Monday, frz. lundi (lat. = lunae dies), einer der ↗Wochentage.

Monte Bego, in den frz. Alpes Maritimes Fundort zahlr. Felszeichnungen, und zwar bis in Höhenlagen von ca. 2600 m. – Der Mont Bégo (frz.) liegt relativ unzugängl. im Vallée des Merveilles südwestl. des Col de Trende/Collo di Tenda.

Montsognir, in der altnord. Edda als mächtigster Zwerg erwähnt.

Moorfunde ↗Opferfunde.

Mopsos, 1) ein Thessalier, der an mehreren bedeutenden Ereignissen der griech. Sage beteiligt war; er kämpfte mit den Lapithen gg. die Kentauren, nahm an der ↗Kalydonischen Jagd teil u. gehörte zu den Argonauten. M. starb an einem Schlangenbiß u. erfuhr wegen seiner vielen Heldentaten hohe Ehren. – **2)** Sohn des Rhakios (nach anderer Version des Apollon) u. der Manto; ein bedeutender Seher aus Südwestkleinasien, der mit ↗Kalchas, einem anderen Seher, einen Wettstreit begann, wer in der Seherkunst der Überlegene sei. Dabei ging es um die v. Kalchas gestellte Frage, wieviele Feigen an einem in der Nähe stehenden Baum hingen. M. gab die zutreffende Antwort, u. damit war Kalchas besiegt. Kalchas starb nach seiner Niederlage, so wie es ihm vorausgesagt worden war, daß es seinen Tod bedeuten würde, wenn er einen Seher fände, der weiser sei als er selbst.

Moraind, *Morand,* sagenhafter ir. Rechtsgelehrter u. ↗Filid während einer Blütezeit Irlands; er lebte in der Tradition in der nach ihm ben. Kette, *Morainds Kette,* fort. M. war königl. Erzieher im 1. Jh. n.Chr.; sein Halsband zog sich um den Hals desjenigen zus., der ein ungerechtes Urteil sprach, bzw. die Kette verriet, um den Hals gelegt, Schuld oder Unschuld des Angeklagten.

Mordred, Neffe des kelt. Kg. ↗Artus; zettelte gg. diesen einen Aufstand an und verwundete den Kg. im Kampf tödlich.

Morea, Bz. des MA für die griech. Halbinsel ↗Peloponnes.

Morgana, eine kelt. Fee, die Kg. Artus in ↗Avalun pflegte. Ihren Namen scheint M. auf verschlungenen Wegen aus der Antike über die Vermittlung der Araber („Koralle") u. des italien. Volksglaubens (Fata Morgana) erhalten zu haben.

Moriath, Tochter des ir. Kg. Fir Morc von Munster; sie heiratete Labraid, der das Blutbad v. ↗Dinn Rig veranlaßte.

Moritz, *Karl Philipp,* *1756, †1793, versuchte mit seiner „Götterlehre" (1791) für ein neues Verständnis der Götter Griechenl. und Roms als „Dichtung" u. „Sprache der Phantasie" – daher die „menschenähnl. Bildung der Götter" – zu werben. Die Goethezeit fühlte sich dieser rein ästhet. Betrachtungsweise der Mythologie verpflichtet.

Morpheus, ein nur bei Ovid gen. griech. Gott des Traumes, Sohn des ↗Hypnos; erschien dem Schlafenden in versch. Gestalten.

Morrigan, *Marenkönigin,* eine leichenfressende Dämonin in der kelt. Überl. eines mutterrechtl. Fruchtbarkeitskultes; Seherin für Schlachtenglück und -unglück; sie erinnert durch ihre schwarze Krähengestalt an die Raben des german. Gottes Odin. Noch in der mhd. Dichtung ist M. als „Kundrie" eine schwarzvermummte Botin des Totenreiches u. in Zshg. mit dem Geheimnis des Grals eine Unglücksseherin.

Morta, anderer Name für ↗Parca.

Morung von Nifelland, einer jener Ritter, der im Gefolge des ↗Wate von Stürmen an der Brautwerbung um die schöne Hilde für ↗Hetel v. Hegelingen beteiligt war (mhd. Epos ↗Kudrun).

Morunk, Bruder des ↗Horand (gemeint ist Horant v. Dänemark, Titelheld des mhd. ↗Dukus Horant).

Moschos, Dichter in Syrakus im 2. Jh. v.Chr., überlieferte eine Form des Mythos v. ↗Europe.

Moytura, ir. *Mag Tured,* Schlachtort der Kämpfe zw. den ↗Tuatha Dé Danann, halbgöttl. Wesen, u. den ↗Fomorern.

Mühlenlied, altnord. *Grottasöngr,* eddisches Lied, in der Snorra Edda überliefert; es erzählt vom dän. Kg. ↗Frodi, der zwei Riesinnen, Fenja u. Menja, an der Mühle Grotti beschäftigte. Diese Mühle mahlte ständig Frieden u. Reichtum, und während der Arbeit besangen die Mägde ihr Schicksal: Sie stammten v. den Riesen, wuchsen neun Winter unter der Erde auf u. kämpften in blutigen Schlachten, bis Frodi sie zum Mühlendienst zwang. Nun schmiedeten sie Rachepläne, u. unter ihrer ungestümen Arbeit zersprang schließl. die Mühle in Stücke. In Anlehnung an diese Sage wird das Gold u. a. „Frodis Mehl" gen. – Eine Parallele dazu erzählt Snorri Sturluson selbst: Für den Seekönig Mysing mahlten die Riesenmägde Salz auf einem Schiff, bis dieses sank. Seitdem ist das Meer salzig.

Mühlespiel:
alpenländ. Felszeichnung

„Mühlespiel", „Netz", eckige „Labyrinthform", häufig auf den alpenländischen Felszeichnungen und angeblich „jung" (aus hist. Zeit?); interpretiert als Symbol für den Pilgerweg in das Hl. Land, viell. auch bereits ein vorgeschichtliches Symbol (?).

Mundilföri (nord. = der „Achsenwender"), Vater v. ↗Sol u. ↗Mani, der seine Kinder wegen deren Schönheit den Göttern gleichsetzte. Zur Strafe für seine Hybris versetzten die Asen Sol (Sonne) u. Mani (Mond) an den Himmel.

Munin (altnord. = das „Gedächtnis", die „Erinnerung"), wie ↗Hugin ein Rabe als Odins Kundschafter in der Welt.

Munsalvaesche, Gralsburg im ↗Parzival.

Munster, ir. Provinz, deren Kg. u. Helden ständig gg. jene v. ↗Ulster ausgespielt wurden. Kg. war Ailill aus ↗Connacht, erster Held dort war ↗Cet mac Mágach.

Musagetes (griech. = Führer der Musen), einer der Beinamen Apollons.

Musaios, 1) bedeutender Dichter u. Musiker, eine vermutl. sagenhafte Gestalt, die die Griechen als Schüler des Orpheus ansahen u. der sie viele orphische Schriften zuschrieben. M. soll an der Begründung der ↗Eleusinischen Mysterien beteiligt gewesen sein. Eine Orakelsammlung, die ihm zugeschrieben wird, kennen wir bereits aus dem 6. Jh. v. Chr. – **2)** *Musäus*, griech. Dichter des 5. Jh. n. Chr., der die Sage v. ↗Hero u. Leandros (nach ↗Ovid) an die Nachwelt vermittelte. Im Stil orientierte sich M. an dem spätantiken Vorbild des Nonnos (↗Dionysiaka). Eine Ausgabe erschien in Venedig 1494, eine erste dt. Übers. 1633.

Musäus ↗Musaios.

Musen, in der griech. Mythologie weibl. Gott-

Die neun Musen:
Erato (Liebesdichtung)
Euterpe (Musik)
Kalliope (epische Dichtung)
Kleio (Geschichte)
Melpomene (Tragödie)
Polyhymnia (feierl. Gesang)
Terpsichore (Tanz)
Thaleia (Komödie)
Urania (Astronomie)

---

heiten der Künste u. Wiss., Töchter des Zeus u. der Mnemosyne oder auch des Uranos u. der Gaia. Sie hatten in Pierien östl. des Olymp (*Pierische M.*), am Helikon in Boiotien (*Boiotische M.*) u. auf dem Parnaß bei Delphoi (*Delphische M.*) ihre Wohnstätten, die oft an Quellen u. Bächen lagen (vgl. ↗Pegasos). Dort tanzten u. sangen sie, häufig angeführt v. Apollon ↗Musagetes. Die M. waren sehr auf ihre Ehre bedacht u. straften jene Sterblichen, die es ihnen in der Kunst des Gesanges gleichtun wollten. Urspr. war ihre Zahl auf drei beschränkt, doch treten sie bereits bei Homer als Gruppe v. 9 Schwestern auf, wobei jeder einzelnen bestimmte Funktionen des künstler. Bereiches zugeordnet waren, meist mit einem Symbol verknüpft, das jedoch wechseln konnte. Die Anrufung der M. zu Beginn einer künstler. Arbeit war schon in homerischer Zeit ein v. den Dichtern gepflegter Brauch, der später auch an Stätten des geistigen Lebens wie Schulen, Philosophenkreisen o. ä. geübt wurde. – Die Römer setzten die M. mit dem ↗Camenae gleich.

Muspelheim, *Muspel*, in der nord. Edda der in Flammen stehende Teil der Unterwelt, ein im Süden gelegenes Feuerland unter der Herrschaft des Feuerriesen Surt. Ob die beiden ersten Silben des Wortes M. die Bedeutung „Weltbrand" (↗Muspilli) haben, ist ungeklärt.

Muspilli, fragmentar. überliefertes Gedicht vom Weltuntergang, wahrscheinl. im 9. Jh. im bayer. Sprachraum entstanden. Es besteht aus 103 großenteils stabreimenden Versen, doch kommt auch schon Endreim vor. Der Titel ist nicht original, sondern stammt v. J. A. Schmeller (↗Heliand), der 1832 die erste wiss. Ausgabe herausgab; die Bz. M., die sich im Text findet, bedeutet hier wohl „letzte Dinge", „Weltende", „Weltuntergang", hat jedenfalls eschatolog. Charakter. Überliefert ist das Gedicht, dessen Verf. man nicht kennt, auf einzelnen Rändern u. leeren Seiten einer St. Emmeramer Handschrift, die der Salzburger Erzbischof Adalram ca. 825 Ludwig dem Deutschen widmete. – Inhaltl. wird das Schicksal des Menschen im Tode u. im

Jüngsten Gericht behandelt, eingeschoben ist eine Beschreibung des Kampfes zw. Elias u. dem Antichrist mit dem daraus entstehenden Weltbrand (vgl. ↗Muspelheim). Dieser Einschub wurde urspr. als eigenständiges Werk verstanden, während die moderne Forschung es vielfach als genuinen Bestandteil des Ganzen ansieht. Im M. sind christl. Vorstellungen durch ähnliche vorchristl. verdeutlicht. Der Autor spricht in Begriffen des Gefolgschaftswesens, um seinen Zeitgenossen die neue Lehre verständl. zu machen. Gott ist weniger der gütige Gott des Neuen Testamentes, sondern der rächende Herr des Alten Bundes, zu dem die Germanen offensichtl. leichter Zugang fanden. Die Darstellung vom Weltuntergang u. letzten Gericht soll die Hörer aufrütteln u. dem neuen Glauben geneigter machen. Alles in allem handelt es sich um eines jener Werke, in dem die heidn. Komponenten aus didakt. Gründen noch eine erhebl. Rolle spielen. – Die Quellenfrage ist weitgehend ungeklärt, doch darf vermutet werden, daß dem Autor eine angelsächs. Vorlage zur Verfügung stand.

Muspilli

[Weltbrand, Weltuntergang]: ... Wenn diese Zeichen auf Erden erscheinen, dann wird der Tag des Gerichts ins Land ziehen, er kommt mit dem Feuer, um die Menschen heimzusuchen. Vor dem *Muspilli* kann kein Verwandter dem andern mehr helfen. Wenn dann das ganze Erdreich verbrennt, Feuer und Luft alles wegfegen, wo ist dann das Land geblieben, um das man sich mit Hilfe seiner Verwandten stets gestritten hat? ...

(Übers. bzw. hrsg. von M. Curschmann und I. Glier).

Mütter, „die Mütter", zu denen Goethes „Faust" ging, fand der Dichter als antike Gottheiten bei Plutarch: „Auf Sizilien ist eine unbedeutende, aber uralte u. durch ein offenbares Walten der sog. Göttinnen ‚Mütter' berufene Stadt Engyion. Ihr Tempel soll eine Stiftung v. Kretern sein; auch wies man auf Lanzen u. eherne Helme, letztere mit des Meriones [Held aus der „Ilias"], jene mit des Ulysses [Odysseus] Aufschrift, welche dieselbe den Göttinnen geheiliget" (nach: G. Erler, Kommentar zum „Faust").
Mutter Erde ↗Gaia – (siehe Farbtafel S. 159).

Muttergöttin, namenlose kelt. Göttin, Frau des ↗Taranis, auf dem Silberkessel von ↗Gundestrup viell. durch die beigegebenen Elefanten (?) charakterisiert. – Einst schickte ihr Taranis aus Rache ein wildes Raubtier, das jedoch v. Smertrios (Hercules) erdrosselt wurde. Der Höllenhund schließl. verwandelte die M. in einen Kranich; die Warnung durch einen Raben, den ihr Belenus geschickt hatte, kam zu spät. Um die Zurückverwandlung der M. herbeizuführen, sollten ihr Stiere geopfert werden. Der Kessel von Gundestrup könnte als Bodenplatte diese Hauptszene, die Opferung des Stieres, zeigen, doch ist diese Deutung umstritten, ebenso die Interpretation anderer Szenen.

Mutterrecht, nach ↗Bachofen u. a. die bes. Stellung der Frau in der Religionsausübung (Priesterin, weibl. Gottheiten) u. dann entspr. auch u. a. in der gesetzmäßigen Erbfolge vor allem bäuerl. Kulturen (?). Mögl. Reflexe des M.s in Mythen werden versch. gedeutet.

Mykenai:
Goldmaske
(sog. Agamemnon-Maske)

Mykenai, *Mykene,* Burg u. Siedlung in der nordöstl. Argolis aus dem 2. Jt. v. Chr.; der Sage nach v. Perseus gegr. u. nach einer Tochter des Inachos ben. – M. besitzt eine gewaltige Palastanlage mit Megaron u. war vom 16.-12. Jh. v. Chr. Herrschersitz; im 14. Jh. v. Chr. wurde es von einem ca. 6 m starken Mauerring (↗Kyklopen) umgeben, in den auch die reichen Schachtgräber der Herrscher aus dem 16. Jh. v. Chr. einbe-

Mykenai: Verehrung einer Vegetationsgöttin, Goldring aus M.

zogen wurden (1876 v. H. Schliemann entdeckt). Als Haupteingang diente das Löwentor. Von den zahlr. Kuppelgräbern außerhalb der Burganlage ist bes. das Schatzhaus des Atreus zu erwähnen. – In der griech. Mythologie gilt M. als Sitz des sagenhaften Königs ↗Agamemnon. – ↗Eurystheus, ↗Herakles, vgl. ↗Tiryns – (siehe Farbtafel S. 160).

Myrddin, Weissager des Schicksals Britanniens aus dem kelt. „Book of Taliesin" (um 930 entstanden, aufgezeichnet ca. 1275), der ↗Merlin der ↗Artusepik.

Myrdion, Mann der ↗Peisidike.

Myrkvidr, altnord. Bz. für einen Wald an der Weichsel; Ortsname im edd. ↗Hunnenschlachtlied.

Myrmidonen, alter thessal. Volksstamm (↗Äacus); in der griech. Mythologie Waffengefährten des Achilleus während des Troian. Krieges. – ↗Pisander.

Myrrha, in der griech. Sage Tochter des cyprischen Kg. Kinyras, für die nach anderen Versionen aber auch andere Väter in Frage kommen; sie wurde auch *Smyrna* gen. Wegen Inzests mit ihrem Vater oder nach weiterer Überl. als Strafe für ihr Versäumnis, Aphrodite zu ehren, wurde sie in einen Myrrhenbaum verwandelt, aus dem nach neun Monaten ↗Adonis hervorging.

Myrtilos, Wagenlenker des ↗Oinomaos; Sohn des griech. Hermes; listig u. gewalttätig, ließ er sich v. ↗Pelops anstiften, den Tod seines Herrn zu verschulden (↗Hippodameia). Nach der Tat stürzte ihn Pelops, um sich seines Mitwissers zu entledigen, ins Meer. Nach seinem Tod versetzte ihn sein Vater Hermes als Sternbild Auriga (Fuhrmann) an den Himmel. Nach einer anderen Version büßt M. für seine frevelhafte Tat in der Unterwelt.

Mysien, antike Landschaft in NW-Kleinasien, mit Troia u. Pergamon als bedeutendsten Städten. Seit 280 v. Chr. Hauptgebiet des Königreiches Pergamon, 133 v. Chr. v. Kg. Attalos III. den Römern vererbt, seit 129 v. Chr. Teil der röm. Provinz Asia.

Mysing, Seekönig, der daran schuld ist, daß das Meer salzig ist (altnord. ↗Mühlenlied).

Mysten, Eingeweihte, ↗Eleusinische Mysterien.

Mysterien, geheime rel. Feiern (vgl. Mysten = Eingeweihte), die sich bereits in der Antike nicht an den olymp. Göttern homer. Tradition (↗Homeros) orientierten (↗Eleusin. Mysterien) u. eigene Kulte bildeten (↗Orphik). Verbreitet waren Fruchtbarkeitskulte (↗Kybele), bes. im spätröm. Soldatenreich der Kult des ↗Mithras.

Der „Mystagog" (Priester) weihte die Neulinge („Neophyten") in die Geheimkulte ein. – ↗Keleos. – Eine Einweihung in die M. führte die neugewonnenen „Mysten" in der Regel in irgendeiner Form vom Leben durch einen „Tod" zu „neuem Leben" (eine sehr drast. Form der ↗Übergangsriten). „Was für Zeremonien dazu verhalfen, den Tod zu erleben, wissen wir ebensowenig, wie wir die tröstl. Lehre nicht kennen, durch die der Todesgedanke für die Eingeweihten beruhigend wurde. Wir wissen nur, daß in Eleusis den Eingeweihten ein v. dem Uneingeweihten abweichendes Schicksal nach den Tode verheißen wurde. Wer den myst. Tod durchmachte, der kannte den Sinn des Todes u. sah ihm ruhigen Gemütes entgegen, wissend, daß für ihn im Tode ein neues Leben beginne" (I. Trencsényi-Waldapfel, 1964) – siehe Text Mysterienkulte und Orakel auf Seite 282.

Mythem, innerhalb einer strukturalist. Interpretation v. kommunikativen Zshg., in der „myth. Denken" analog zu modernen polit. Ideologien gesetzt wird u. entspr. Belege aus der Völkerkunde anthropolog. analysiert werden, ist das M. die kleinste konstitutive Einheit eines ↗Mythos. Der Mythos wird dabei nicht als literar. überlieferte Erzählung verstanden, sondern als sprachl. u. nach „Harmonie" strebendes Beziehungsgeflecht des Menschen in Gegenwart u. Geschichte. Der Mythos v. Ödipus z. B. versucht die Probleme der Blutsverwandtschaft u. der Abhängigkeit *eines* Menschen v. *zwei* Elternteilen verstehbar zu machen. Alle Varianten eines Mythos bestehen dabei letztl. aus der Summe gleichgearteter Mytheme, die sich weltweit nachweisen lassen (vgl. Claude Lévi-Strauss, „Strukturale Anthropologie", 1958).

Mythologie, Bz. für die Gesamtheit der myth. Überl. eines Volkes sowie deren wiss. Erforschung u., bezogen auf die german. u. kelt. Überl., die vorchristl. u. frühchritl. Götter- u. Heldensage, die, sofern sie german. Heldensage ist, bes. Stoffe der ↗Völkerwanderungszeit zum Gegenstand hat. Als Erzählstoff ausgedehnt auf die Überl. bis etwa zum mhd. ↗Nibelungenlied. In der Volksüberlieferung sind auch die Gestalten der „niederen Mythologie" (↗Dämonen) berücksichtigt. – M. ist abgeleitet v. ↗Mythos u. bedeutet als systematisierte Götterlehre einerseits den kult. Vortrag u. die Ausdeutung v. Elementen aus der jeweils herrschenden Götterlehre durch den Priester oder Eingeweihten, andererseits die Zusammenfassung dieser Lehre selbst, und zwar für uns überliefert zumeist in

Mysterienkulte und Orakel

Ein bes. Priester (Mystagog) weihte die Neulinge (Neophyten) in die Geheimkulte ein. Der Aspekt, etwas zu wissen, was den meisten verwehrt war, verlieh diesen rel. Kulten bemerkenswerte psycholog. Kraft. Über die geheimen rel. Feiern (↗Mysterien) legte sich der Schleier des Unbekannten u. Spekulativen, andererseits waren gerade solche rel. Alltag, denn nicht an den olymp. Göttern homer. Tradition (↗Homeros) orientierte man sich in der Antike, sondern an rel. Lehren, die irdisches Glück u. visionäre Zukunftsschau versprachen (↗Eleusin. Mysterien) u. die eigene Kultformen entwickelten (↗Orphik). Verbreitet waren Fruchtbarkeitskulte (↗Kybele), im spätröm. Soldatenreich dann bes. der Kult um Mithras.

Über M. spekulierte man offenbar bereits in der Antike. Es war „wichtig", den Schleier des *Geheimnisses* nicht zu lüften, um sozusagen den Wert des Kultes zu betonen u. zu erhöhen. Eingeweihte Mitglieder konnten sich so als etwas Besonderes fühlen u. verstehen. Entspr. vielfältig waren die mögl. Mißverständnisse u. die bewußten Mißdeutungen bzw. geradezu Unterstellungen. Z.B. im antiken parodist. Roman ↗„Asinus aureus", der „goldene Esel", entstanden um 175 n.Chr., wird ein verliebter junger Mann in einen Esel verwandelt u. muß viele Abenteuer bestehen: u.a. erlebt er bei syr. Priestern ausschweifende M. u. Sodomie.

Der erst kurz vorher zum Christentum konvertierte ↗Firmicus griff um 350 nicht die olymp. Götterwelt an, die weiterhin auf ihrer lit. Ebene erhalten bleiben durfte, sondern kämpfte verbissen gg. die hellenist. M. um Mithras, ↗Dionysos, ↗Adonis u. ↗Serapis. Sie konnten als volksnahe Geheimkulte dem jungen Christentum eher gefährl. werden.

Bes. der Kult um ↗Mithras, urspr. eine indo-iran. Gottheit u. unter Alexander d. Gr. in den griech. u. röm. Kulturkreis aufgenommen, dort mit Helios u. Apollon gleichgesetzt, war unter den röm. Soldaten auch in Germanien sehr populär. Im 3. Jh. n.Chr. wurde Mithras als „Sol invictus" sogar Gott der röm. Staatsreligion. Im maskulin orientierten Mysterienkult um Mithras wurde in einer Höhle im Rauschzustand ein Stier getötet.

Zum rel. Alltag gehörte es auch, das ↗Orakel zu befragen. Die ↗Oracula Sibyllina, griech. Weissagungen aus dem 5. oder 6. Jh. n.Chr., die der ↗Sibylle zugeschrieben wurden, waren nicht nur ein lit. Dokument. Diese Mischung v. hellenist. Judentum u. heidn. Grundlage mit frühchristl. Propaganda (vgl. ↗Synkretismus) sprach zu allen Zeiten Menschen an, die in Not u. Zweifel waren. Polit. gesehen, konnten solche visionären Untergangsbilder, die mit dem Anspruch eines apokalypt. Evangeliums vorgetragen wurden, also den Anspruch auf „christl." Glaubwürdigkeit stellten, bes. in unsicheren Zeiten wichtig werden. Die sibyllin. Orakel waren zum Teil v. polit. Haß auf Rom diktiert u. spiegelten eine depressive Zeitstimmung. Sie konnte auch zu anderen Zeiten wirksam werden, und entspr. tauchten die Drucke mit diesen oder ähnl. Weissagungen wiederholt gerade in gesellschaftl. Krisenzeiten auf: Basel 1545, Frankfurt a.M. 1565, in Mailand u. Rom 1817/1828.

Wir brauchen uns darüber nicht erhaben fühlen, wenn wir an unsere eigene Horoskopgläubigkeit denken. Die Vorstellung, durch das Orakel hätten tatsächl. „Dämonen" u.ä. zu den Menschen gesprochen, beschäftigte noch um 1683 einen gelehrten holländ. Mediziner, über den sich dann allerdings der frz. Kritiker Bernard de Fontenelle lustig machte („Histoire des oracles", Paris 1687). Hier versuchte die *Aufklärung* gg. den Aberglauben Front zu machen.

dichter. Form (vgl. für den griech. Bereich die Epen des ↗Homeros, für den german. Bereich die ↗Edda). Schließl. ist M. auch die wissenschaftl. Erforschung der Götterlehre. Die M. wird in ihrer jeweiligen kulturhist. Abhängigkeit u. Zeitgebundenheit v. den Kulturwissenschaften analysiert (z.B. von der Ethnologie im Bereich der Völkerkunde); die jeweilige Glaubensgeschichte ist Forschungsgegenstand der Religionswissenschaft.

Mython synagoge ↗Aisopos.

Mythos, griech. Bz. mit der Bedeutung „Wort", „Erz." u.ä.; entsteht aus einer Sichtweise der Welt, die nicht rationale Zshg. untersucht, sondern sich phantasievoll nach zeitlosen Wahrheiten sehnt. Die Bz. M. zielt nicht auf als hist. gedachte Ereignisse wie die Sage, sondern der M. hat seine „eigene Zeit, die mytholog. Vorzeit oder die Endzeit". Der M. „berichtet v. der grundlegenden u. folgenschweren Geschichte der Götter, in deren Nachwirkung man immer noch lebt" („Religion in Geschichte und Gegenwart", 1957/65). – M. ist „Wort", aber „im Sinn einer definitiven, letztgültigen Aussage", ist „autoritatives Überlieferungswort". Die bibl. Offenbarung ist die christl. Kritik an dem M. und damit gleichzeitig „Krise" des M. Das Verhältnis des Menschen zu Gott wird durch die Offenbarung entscheidend neu bestimmt („Lexikon für Theologie und Kirche", 1957/67). – Den Begriff des M. kann man typolog. zwischen der Angst u. dem Rätsel (Sphinx) einerseits, andererseits dem Märchen u. dem Ritterroman als der Überwindung der Ängste durch Verarbeitung zum blosen Lesestoff durch Literarisierung (mdh. âventiure = Abenteuer) ansiedeln. In der Wissenschaft u. in der literarischen Produktion heute ist M. darüber hinaus ein beliebter Modebegriff für viele verschiedene Phänomene. – ↗Wilde Mythen.

Nacht, die von schwarzen Schleiern umhüllte Tochter eines nord. Riesen, die v. Odin einen schwarzen, mit dem Hengst Hrimfaxi bespannten Wagen erhielt, mit dem sie in der Dunkelheit über den Himmel fuhr. Wenn der helle Morgen anbrach, trat an ihre Stelle ihr Sohn Dagr, der Tag, mit seinem goldenen Wagen, den das Pferd Skinfaxi zog.

Nachtigall ↗Aëdon.

Nachtjäger, u.a. im Riesengebirge in Zshg. mit der Rübezahl-Sage Bz. für die ↗Wilde Jagd. – Titel einer dt. Volksballade („Es wollt ein Jäger jagen …"), die nichts mit dieser umstrittenen Bz. zu tun hat.

Nagelring, Schwert ↗Dietrichs von Bern nach der altnord. Thidreks saga.

Naglfari, *Naglfar,* ein aus den Nägeln der Toten erbautes Schiff, das in der nord. Götterdämmerung die Frost- u. Reifriesen (nach anderer Version die Feuerriesen), die erklärten Feinde der Asen, nach Asgard brachte. Als Steuermann galt Loki.

Naiaden, in der griech. Mythologie Bz. für Quellnymphen. Wie die ↗Nereïden, die als Töchter des Meeresgottes für das offene Meer u. die Küsten „zuständig" waren, stellte man sich die N. als schöne junge Mädchen vor, zuweilen in Gesellschaft v. Flußgöttern. – ↗Nymphen.

Namausus, lat. Bz. für das frz. Nîmes in Südfrankreich; ein kelt. Quellgott, der dem Ort den Namen gab.

Name, die Bz. einer Person, eines Dinges oder einer Gattung. Wie bei vielen Völkern ist auch bei Germanen u. Kelten Nennung oder Kenntnis des N. ein wesentl. Element der Beurteilung des anderen oder sogar der Herrschaft über ihn

Naiade:
eine der Quellnymphen

(Namenzauber, ↗Langobarden). Das gilt auch für die Götterwelt: So weigerte sich z. B. ↗Geirröd, in Gefangenschaft seinen Namen preiszugeben. Die Frage nach N. und Herkunft ist zentrales Motiv des ↗Hildebrandsliedes, des schicksalhaften Kampfes gg. den unerkannten Verwandten (↗Kampf gg. Freund u. Verwandten). Das neugeborene, noch namenlose Kind konnte nach german. Überl. folgenlos getötet werden (vgl. ↗Kindesaussetzung); in der N. gebung erscheint das Kind dann oft als wiedergeborener Held (zahlreiche Sigurd-Namen). Auch für viele andere Helden galt es als feige, selbst angesichts des Todes, den Namen zu nennen (Alphart [↗Alpharts Tod], ir. der Sohn der Aife in ↗Aided Oenfir Aife; usw.).

Nana, Tochter des griech. Flußgottes ↗Sangarios, Mutter des Attis.

Nanna, nord., ↗Balders Gattin, die ihren Mann aufs innigste liebte. Sie starb, v. Schmerz über seinen Tod zerrissen, neben seinem Scheiterhaufen und wurde mit ihm zus. verbrannt. Diese Szene könnte eine mytholog. überhöhte Erz. in der Auseinandersetzung um den tatsächl. offenbar auch bei den Germanen praktizierten ↗Witwenselbstmord sein.

Nantosuelta, gall. Göttin der Unterwelt, aber auch der Fruchtbarkeit, daher häufig mit Füllhorn gezeigt. Sie wird gelegentl. auch als gall. Entsprechung der ↗Dana verstanden. In einer Reihe v. Fällen trägt sie ein Häuschen in der Hand oder auf einer langen Stange, als Zeichen ihrer Verbindung zum Handwerk. Mit ↗Sucellos bildete sie nicht selten ein Götterpaar, zu dessen Füßen als gemeinsames Attribut ein Adler kauert.

Naos, griech. „Wohnung der Götter", Tempelraum, in dem das Götterbild aufgestellt u. das nur wenigen zugängl. war. ↗Tempel.

Näpfchen, *Schalen,* kleine runde Vertiefungen, auf den Felszeichnungen u. Kultmonumenten der ganzen Welt seit der Steinzeit verbreitet. Man schreibt ihnen kult. Zwecke zu, ohne ihre Funktion im einzelnen genauer deuten zu können. Auch die schwed. Felszeichnungen v. Bohuslän aus der Bronzezeit (vgl. ↗Tanum) kennen solche N.: einzeln, in Reihen, in Gruppen u. in unregelmäßigen Haufen. Zuweilen sind sie mit einem geometr. Muster verbunden (Kreuz, Kreis). In einigen Fällen scheinen N. dort neben dem Haarzopf das Geschlechtsmerkmal der Frau zu signalisieren (↗Rished). Sonst gelten N. in der Höhlenmalerei als „männl. Symbole" (A. Leroi-Gourhan).

Narkissos, *Narcissus, Narziß,* in der griech. Mythologie ein schöner Jüngling, Sohn des Flußgottes Kephissos und der Leiriope; er verschmähte die Liebe der Bergnymphe Echo, u. er wurde v. Nemesis oder Aphrodite bestraft. Als er sich zum Trinken über eine Quelle beugte, erfaßte ihn unstillbare Selbstliebe in sein Spiegelbild; er wurde schließl. in die nach ihm ben. Blume verwandelt.

Narvi, *Narwi,* eines der beiden Kinder, die der nord. Gott ↗Loki mit seiner legitimen Gemahlin Sigyn zeugte. – ↗Vali, ↗Angurboda.

Nastrand, jener Teil des nord. Reiches Hel, in den alle Übeltäter verbannt wurden, die sich schwerster Verbrechen schuldig gemacht hatten. Der Name „Nastrand" hatte wohl die Bedeutung „Strand der Toten".

Nauplios, 1) Sohn des Poseidon u. der ↗Amymone, griech. Sklavenhändler, Begründer der Stadt Nauplia. – **2)** Nachkomme v. 1); Vater des ↗Palamedes. Steuermann der Argonauten; rächte auf der Rückfahrt vom Troian. Krieg die Ermordung des Palamedes, indem er der griech. Flotte falsche Feuerzeichen gab, so daß die Schiffe auf die Felsen auffuhren u. ein großer Teil der Besatzung den Tod fand.

Näpfchen *und Haarzopf als Geschlechtskennzeichen der Frau, bronzezeitl. Felszeichnung v. Tanum (auffällig auch die „dicken Waden" als bes. Schönheitskennzeichen?)*

Nausikaa, in der griech. Odyssee Tochter des Phaiakenkönigs ↗Alkinoos; gewährte dem schiffbrüchigen Odysseus, der an die Küste ihres Heimatlandes verschlagen wurde, Hilfe u. führte ihn ihrem Vater zu. Ein lit. häufig behandeltes Thema, u. a. von Sophokles u. Goethe.

Naxos, größte Insel der griech. Kykladen, im Ägäischen Meer; mit der ↗Ariadne-Sage verknüpft.

Neck, *Nix, Nöck,* ↗Nixen.

Negau, Steiermark, Fundort eines Bronzehelms mit einer linksläufigen, runenähnl. Inschrift „dem Gotte Harigast" (?), die wegen ihrer örtl. und ikonograph. Nähe zu alpinen, nordetrusk. Alphabeten als Argument für die Herkunft der späteren nord. Runen (↗Rune) aus diesem Kulturbereich spricht. Datiert wird der Fund in das 2. Jh. v. Chr. – Eine entspr. Deutung ergibt sich viell. in Zshg. mit dem german. Gott ↗Ziu.

Nehalennia, eine aus lat. Inschriften vom Niederrhein bekannte german. Göttin, die die Schiffe beschützte. Sie war gelegentl. auf dem Vorderteil v. Schiffen abgebildet, wurde aber auch mit einem Fruchtkorb dargestellt.

Nektar, in der griech. Mythologie der Trank der Götter, der mit ↗Ambrosia Unsterblichkeit verlieh; kredenzt v. Hebe, der Tochter des Zeus u. der Hera, später v. Ganymedes.

Nelaime ↗Laima.

Neleus, Kg. v. Pylos, Sohn des griech. Gottes Poseidon u. der Tyro; wurde zus. mit seinem Zwillingsbruder ↗Pelias ausgesetzt u. von einer Stute aufgezogen. In dem Streit um die Herrschaft, in den die Brüder gerieten, bekam N. Messenien u. gründete ↗Pylos; er heiratete Chloris, eine Tochter Amphions, mit der er 12 Söhne zeugte, die alle, mit Ausnahme v. ↗Nestor, gg. Herakles fielen. Nach seinem Tod wurde N. in einem geheimen Grab beigesetzt, das nur dem Sisyphos bekannt war.

Nemea, kleines Tal im SW v. Korinth mit altgriech. dorischem Zeustempel (4. Jh. v. Chr.); Ort der ↗Nemeischen Spiele; hier soll Herakles den ↗Nemeischen Löwen getötet haben.

Nemed ↗Fir Bolg.

Nemeischer Löwe, ein mit einem unversehrbaren Fell bedeckter Löwe, der das Tal ↗Nemea verunsicherte. Als erste seiner Taten trieb ihn ↗Herakles in eine Höhle u. erwürgte ihn. Das Fell des Löwen trug er seither zu seinem Schutz, das Haupt diente ihm als Helm.

Nemeische Spiele, eines der vier ↗Panhellenischen Wettspiele, als deren Gründer die Sieben gegen Theben gelten; sie wurden alle zwei Jahre im Hochsommer als Turn- u. Reiterspiele gefeiert; seit dem 3. Jh. v. Chr. um musische Wettkämpfe ergänzt.

Nemesis

Nemesis, griech. Göttin; urspr. allg. Ausdruck in Zshg. mit allem verübten Unrecht, dann Personifikation der ausgleichenden Gerechtigkeit, Rächerin menschl. Frevels; in ihrer Vielschichtigkeit aber auch noch in anderen Funktionen gesehen. Die bedeutendsten Kultstätten befanden sich in Rhamnus u. Smyrna. Die Verehrung der N. hielt sich außerordentlich lange; sie läßt sich noch in der röm. Kaiserzeit nachweisen. – ↗Poena.

Nemetona, gall. Göttin, häufig als Kriegsgöttin verstanden, da sie manchmal mit Mars zus. dargestellt wurde. Wahrscheinl. handelte es sich in Wirklichkeit um eine kelt. Stammesgöttin der Nemeter im Raum zw. Rhein u. Mosel.

Nemo, lat. = „Niemand"; als solcher bezeichnete sich ↗Odysseus listenreich bei der Flucht vor ↗Polyphemos. Das Niemand-Motiv hat sich nach ↗Homeros bis in die jüngsten Märchenfassungen gehalten u. bis zu entsprechenden weitverbreiteten ähnl. Motiven in überlieferten Witzen („Niemand hat es getan", [ich] „Selbst hat/habe es getan").

Nemrut Daği, *Nemrud Dağh,* mächtiger Berg in der O-Türkei am Van-See, auf dem der Sohn des pont. Kg. Mithridates, Antiochos I. (62–32 v. Chr.), ein Heiligtum mit riesigen Steinbildern errichten ließ. Bedrängt von O und W, bes. von den Römern, ließ sich Antiochos sowohl als

Nemeischer Löwe:
Herakles erwürgt den N. L.

Nachkomme v. Alexander d. Gr. als auch vom Perserkönig Dareios d. Gr. verehren. Die Götterbilder erscheinen entspr. nicht nur als stilist. Zwitter mit hellenist. Gesichtszügen u. persischem Kopfschmuck, sondern in ihnen wurden offenbar auch synkretist. Mischwesen wie Zeus-Baal u. Apollon-Mithras verehrt.

Nenia, röm. Göttin des Leichenbegängnisses; ihr Tempel stand außerhalb des Stadttores. – Wie diese Gottheit hieß auch eine Form der Totenklage (*Nenia, Naenia, Nänie*), die v. den Angehörigen eines Verstorbenen bzw. v. Klageweibern ausgeführt wurde. Bz. für ein lit. Klagelied.

Nennius, *Nemnius,* kelt. Geschichtsschreiber des 8./9. Jh.; er war Waliser u. lebte in Mercia. N. schuf um 826 die „Historia Britonum" nach älteren Vorlagen, aber auch nach mündl. Tradition. Das faktenreiche Werk hat hist. keinen bes. Wert, ist aber sagengeschichtl. deshalb bedeutsam, weil hier die Geschichte v. Kg. Arthur (↗Artus) erzählt wird.

Neophyt ↗Mysterien.

Neoptolemos (eig. *Pyrrhos*), Sohn des Achilleus u. der Deïdameia; er wurde in der letzten Phase der Belagerung nach Troia gerufen, da nach einer Weissagung die Stadt nicht ohne ihn genommen werden konnte. N. ließ sich als erster der Helden in das ↗Hölzerne Pferd einschließen u. tat sich bei der Eroberung v. Troia bes. hervor: er tötete u. a. Kg. Priamos, dessen Tochter Polyxene u. den Enkel Astyanax. Nach dem Fall der Stadt erhielt er als Beute Andromache, die Witwe Hektors. N. heiratete Hermione, die ihm urspr. versprochen, inzw. aber die Braut des Orestes geworden war; er wurde v. Orest oder auf dessen Anstiften wahrscheinlich in Delphoi erschlagen.

Nephele, eine der Hera ähnliche Wolke, die der griech. Gott Zeus schuf u. dem Ixion unterschob; aus dieser Verbindung gingen die ↗Kentauren hervor. N. heiratete Athamas u. gebar ihm ↗Phrixos u. Helle.

Neptunus, *Neptun,* röm. Gott der fließenden Gewässer, später auch des Meeres; viell. etruskischer Herkunft; dem griech. ↗Poseidon gleich. Sein Fest, die *Neptunalia,* wurde am 23. Juli begangen. N. war auch Gott der Rennbahnen u. besaß in Rom einen Tempel beim Circus Flaminius. – N., ↗Interpretatio Romana für versch. kelt. Meeresgottheiten; sie wurden wie Neptun bei den Römern gewöhnl. mit Dreizack dargestellt. – „Das pausbäckige Männergesicht" auf der german. (?) Fibel v. ↗Galsted, eine Maske als apotropä. Zeichen, ist als N. gedeutet worden;

Neptunus:
mit Dreizack,
Delphin und Schiffsbug
(hellenist. Plastik)

die typolog. dazugehörige Gruppe der Maske zw. wilden Tieren, das ist das erstarrte Antlitz (↗Maske) zw. hochstilisierten Drachen- und Löwengestalten, ist gar als Venus zw. Delphinen wohl doch fälschl. gedeutet worden (E. Kusch).

Nera, Heldenfigur einer ir. Abenteuersage des 10. Jh. N. versuchte vergebl., eine Aufgabe zu lösen, die die Herrscher v. ↗Connacht ihm stellten: Einen Gehenkten sollte er mag. binden. Auf dem Weg sah der Cruachan, den Burghügel v. Connacht, in Flammen, die Bewohner getötet, doch alles stellte sich als Spuk der Elfen heraus. Drei Nächte weilte er in einem Elfenhügel u. wurde gewarnt, die Vision könnte Wahrheit werden. – Das Feenmärchen stellt inhaltl. die Vorgeschichte zu dem ir. Sagenkreis um ↗Cú Chulainn dar.

Nereïden, in der griech. Mythologie die 50 Töchter des Meeresgottes Nereus u. der Okeanide Doris; sie erfreuten die Seeleute mit Spiel und Tanz u. standen ihnen in Seenot bei. – ↗Nymphen (siehe Abb. auf Seite 287 oben).

Nereus

Nereus, in der griech. Mythologie ein Meeresgott, Sohn des Pontos u. der Gaia; mit ↗Doris 1) Vater der ↗Nereïden; er besaß die Gabe der Verwandlung u. der Weissagung; wurde v. Herakles gezwungen, ihm den Weg zum Garten der Hesperiden zu verraten.

Nerthus, in der german. Mythologie eine in Tacitus' „Germania" gen. Fruchtbarkeitsgöttin, die im Norden der Germania (Deutschland), wahrscheinl. auf einer Insel, verehrt wurde. An ihrem vermutl. im Frühjahr gefeierten Feste zogen

Nereïden

zwei Kühe ihren v. einem Priester begleiteten Kultwagen durch das ihr heilige Land. Die Sklaven, die nach der Rückkehr den Wagen wuschen, wurden ertränkt, um das Geheimnis des Kultes nicht zu gefährden. – Es gibt Vermutungen, daß N. zu einem früheren Zeitpunkt eine Fruchtbarkeitsgöttin sowohl männl. als auch weibl. Charakters gewesen sein könnte.

Nessos, einer der griech. ↗Kentauren; versuchte Deïaneira, die Gattin des Herakles, zu rauben u. wurde deshalb v. Herakles mit der Keule erschlagen. – Nach anderer Überl. tötete ihn ↗Herakles mit einem vergifteten Pfeil. Sterbend riet Nessos Deïaneira, sein todbringendes Blut als Liebeszauber aufzubewahren. Als Deïaneira dem Gatten ein so vergiftetes Hemd, das sog. *Nessoshemd,* reichte, ging dieser daran zugrunde. – ↗Oite.

Nestor, Held der griech. Sage, Sohn des Neleus u. der Chloris, Kg. v. Pylos; seine elf Brüder fielen alle im Kampf gg. Herakles. N. nahm an mehreren Feldzügen teil, in hohem Alter (sprichwörtl. ist man im hohen Alter der „Nestor" einer bestimmten Gruppe) sogar noch mit 90 Schiffen am Troian. Krieg, wo er weniger durch seine Kampfeskraft als durch seine weisen Ratschläge u. seine Beredsamkeit hervortrat. – ↗Pylos, ↗Thrasymedes. – Nach Pierre Grimal erreichte N. sein hohes Alter nur dadurch, daß der Erzähler der Mythen in der Überl. die etwa drei Generationen zw. Herakles u. dem Troian.

Krieg überbrücken mußte. Die Heldenbiographie wurde damit entspr. ihrer Funktion im Gesamtsystem der Mythen umgeformt u. angepaßt. Vgl. auch ähnl. bei Herakles u. ↗Theseus.

Nestorchronik, älteste überlieferte russ. Chronik, entstanden 1113 bis 1118 u. dem Mönch Nestor des Kiewer Höhlenklosters zugeschrieben; verarbeitet im christl. Sinne ältere griech. Quellen, enthält aber auch (sonst seltene) Hinweise auf die slaw. Mythologie u. die sagenhafte Frühgeschichte des russ. Reiches (↗Oleg, ↗Rus). – A. Ludwig v. Schlözer (1735–1809) übersetzte die N. ins Dt.

Net, ein altirisch-kelt. Kriegsgott.

Neun, Zahlwort mit bes. magischer Funktion, vgl. ↗Zahlen.

Neuplatonismus, um 200 n. Chr. entstandene Richtung der griech. ↗Philosophie, die sich teilweise mit spätantiken Begriffen der Mystik verband. Aber auch unter dem heidn. Ks. ↗Julianus Apostata (reg. 361–363) hatte die Wiederbelebung des modifizierten Götterglaubens keine Chance mehr, in die Breite zu wirken.

New Grange, *Newgrange,* Irland; mächtiges Steinkammerngrab aus aufgeschütteten Steinen (Tumulus), datiert etwa 3000 v. Chr. (Jüngere Steinzeit). Vor dem Eingang liegt ein mächtiger „Schwellenstein", über und über mit Spiralmustern verziert. Viell. kann die Spirale in ihrer dynam. Kraft v. Abgrenzung u. Konzentration als apotropä. Zeichen (zum Schutz des Grabs) gelten, andererseits bieten sich Spiralmuster als „Urerlebnisse" des Menschen im Umgang mit dem Wasser jederzeit an. N. G. wurde wie u. a. ↗Stonehenge auch als „astronom. Uhr" gedeutet, was umstritten bleibt.

Niall, *Niall Noígiallach,* sagenhafter ir. Kg. des 5. Jh., dessen Nachkommen bis zum Jahre 1002 ununterbrochen auf ↗Tara regierten (↗Eochu Mugmedón).

Nibelung, *Niflung,* in der german. Heldensage ein Zwerg, der sich mit seinem Bruder ↗Schilbung um einen riesigen Goldschatz stritt, den ihr verstorbener Vater ihnen hinterlassen hatte. Schauplatz der Auseinandersetzungen war das Nibelungenland, u. als Sigfrid dorthin kam, baten ihn die beiden, den Schatz gerecht zu teilen. Dies geschah, aber als die Brüder dennoch nicht zufrieden waren u. nunmehr Sigfrid beschimpften, erschlug dieser in seinem Zorn die Zwerge samt ihren Gefolgsleuten. Der Schatz ging an Sigfrid über, der ↗Alberich zu dessen Hüter machte. Aber auch der Name Nibelung wurde auf den neuen Besitzer u. die Burgunder übertragen. – ↗Nibelungensage.

Nibelungenhort ↗Nibelungensage, ↗Zwerge.

Nibelungenlied, mhd. Epos, eines der bedeutendsten Werke der höf.-stauf. Dichtung, um 1200 im Donauraum v. einem unbekannten Dichter verfaßt; in über 30 Handschriften bzw. Handschriftenfragmenten überliefert (siehe Text Nibelungenlied, Inhalt: auf den Seiten 289 bis 291). Die Geschichte berichtet, wie Sigfrid, Herr des Nibelungenhortes, Kriemhild, die Schwester der Burgunderkönige, als Gattin für jene Hilfe erwarb, die er Gunther bei der Werbung um Brünhild gewährte, indem er diese unter der Tarnkappe für Gunther im Kampf bezwang. Im Streit um den Vortritt vor der Kirche zw. Kriemhild u. Brünhild wurde dieser Betrug bekannt. Brünhild forderte Sigfrids Tod, Hagen erschlug den Helden. Nach ihrer Heirat mit dem Hunnenkönig Etzel (↗Attila) lud Kriemhild ihre Verwandten an den Hunnenhof, um Rache für den Mord an ihrem ersten Mann zu nehmen. In gewaltigen Kämpfen fielen alle Hunnen u. Burgunder (↗Burgunderuntergang), u. auch Kriemhild starb, v. Hildebrands Hand getötet. – Der Verf. des Nibelungenliedes nimmt nicht Partei, betont das Schicksalhafte der Vorgänge u. die Heftigkeit der menschl. Affekte. Insgesamt ist das Werk ein typ. Beispiel dafür, wie die Motive des german. Heldenepos gegenüber den christl.-höf. Motiven überwiegen (vgl. dagegen ↗Kudrun). Der Inhalt läßt sich auf zwei Sagen-

Nibelungenlied: erste Seite (Ausschnitt) des Werkes aus der Hohenems-Laßbergschen Handschrift (Anfang 13. Jh.); Fürstliche Fürstenbergische Hofbibliothek, Donaueschingen

stoffe zurückführen: a) ˜Burgunderuntergang; er knüpft an die hist. Vernichtung der Burgunder durch die Hunnen (436) am Rhein u. an den Tod Attilas = Etzel an; b) die ↗Brynhild-Sigfrid-Sage. Beide Stoffe fanden wohl im 5. oder 6. Jh. dichter. Gestalt (in stabreimenden fränk. Heldenliedern?), die, stark umgedichtet, in die nord. Edda (↗Atlakvida) aufgenommen wurden. –

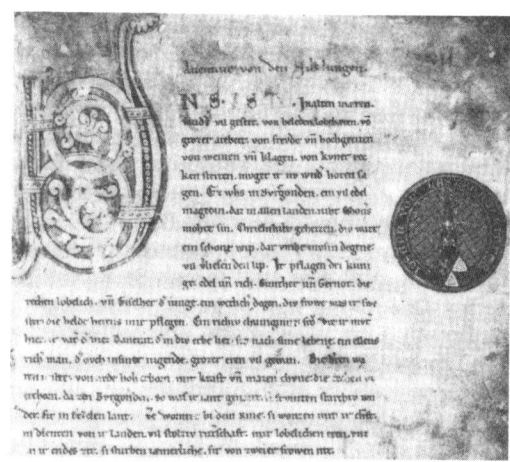

Nibelungenlied: Kriemhild auf dem Wege zu Etzel; aus der Nibelungen-Handschrift Hundeshagen (15. Jh.). Die Darstellung bezieht sich wohl auf die 21. Âventiure (Besuch beim Bischof Pilgrim in Passau)

Nibelungenlied, Inhalt:

1. Âventiure: Die wichtigsten Personen am burgund. Königshof in Worms am Rhein sind Kg. Gunther u. seine beiden Brüder Gernot u. Giselher, die Königsmutter Uote, die junge Kriemhild, Hagen von Tronje u. Volker von Alzey. Kriemhild hat einen Traum, in dem ihr Jagdfalke v. zwei Adlern zerrissen wird. Die Mutter deutet diesen Traum dahingehend, ihre Tochter werde früh ihren geliebten Mann verlieren. Doch Kriemhild will nichts von höf. Liebe (Minne) wissen. Der ↗Traum erscheint hier als Vorausdeutung des Schicksals, der ↗Falke als edelster Jagdvogel v. königl. Art.

2. Âventiure: In den Niederlanden, in Xanten, wächst der junge Sigfrid auf. Seine Eltern, Kg. Sigmund u. Frau Sigelind, bereiten für die ↗Schwertleite ihres Sohnes ein großes Fest vor.

3. Âventiure: Sigfrid wünscht Kriemhild zur Frau; er will nicht auf höf. Weise um sie werben lassen, sondern selbst als Fahrender nach Worms ziehen. Bei seiner Ankunft erkennt Hagen v. Tronje den Helden u. berichtet v. dessen Taten (↗Drachenkämpfe, Sigfrid wird „hürnen" im ↗Drachenblut, Nibelungenhort, ↗Tarnkappe von ↗Alberich). Sigfrid fordert zum Zweikampf heraus, ↗Reizreden werden geführt, doch zuletzt wird er als Gast freundl. am Hofe aufgenommen.

4. Âventiure: Luideger von Sachsen u. Luidegast von Dänemark befehden gemeinsam die Burgunderkönige. Sigfrid mit seinem Schwert Balmung unterstützt Gunther, Gernot u. Giselher bei einem Feldzug durch Hessen in das Land der Sachsen; er nimmt den dän. Kg. gefangen u. besiegt den sächs. Kg. in einer Schlacht. Der rechtlose Zustand des Krieges (↗Urlung) ist damit aufgehoben, die Könige sind vor Schande bewahrt, Sigfrid gilt als der große ↗Held. Trotz der vielen zerhauenen Schilde u. der blutigen Sättel freut man sich in Worms auf die Rückkehr der Krieger.

5. Âventiure: Bei dem folgenden Siegesfest (Hochgezît) sehen Sigfrid u. Kriemhild sich zum ersten Mal, sie zeichnet den Helden durch „Gruß und Kuß" aus, u. in ihnen erwacht die Liebe. – Die Gefangenen werden auf Ehrenwort entlassen.

6. Âventiure: Kg. Gunther will Brünhild (↗Brynhild), die auf Isenstein im fernen ↗Island wohnt, zur Frau nehmen. Sigfrid zeigt sich bereit, ihm bei dieser Werbung zu helfen, wenn er dafür die Hand Kriemhilds erhält. – Man rüstet zur Reise: Reiche Kleider aus arab. Seide werden angefertigt, goldfarbene Schilde u. andere Waffen bereitgestellt, u. Sigfrid führt auch seine Tarnkappe mit sich. In einem Zeitraum v. 12 Tagen segeln die Helden nach Island.

7. Âventiure: Brünhild glaubt zunächst, Sigfrid würde um sie werben; die beiden kennen einander, doch Sigfrid gibt sich als Untergebener Gunthers aus. In einem Wettkampf (Steine- u. Speerwerfen) hilft er Gunther, wobei er sich mit seiner Tarnkappe unsichtbar macht. Brünhild u. ihre unterlegenen Ritter scheinen erbost.

8. Âventiure: Sigfrid holt Hilfe aus dem Nibelungenland. Zum zweiten Mal überwindet er in Scheinkämpfen den mächtigen Türwächter (Kampf gg. einen ↗Riesen) u. den Zwerg Alberich (er ringt mit ihm u. zieht ihn am Bart), bevor er sich zu erkennen gibt. Mit 1000 Rittern kehrt er nach Island zurück. Nun sind alle davon überzeugt, daß Brünhild in Gunther einen würdigen Mann gefunden hat, u. kehren zus. nach Worms zurück.

9. Âventiure: Sigfrid meldet die Ankunft in Worms, u. hier wird ein großes Fest vorbereitet.

10. Âventiure: Beim Festmahl wird auch die Verlobung v. Sigfrid u. Kriemhild vollzogen. Brünhild ist wütend u. zugleich beschämt, daß die Schwester Gunthers dem Anschein nach mit einem unfreien Untergebenen verheiratet werden soll. In der Hochzeitsnacht verweigert sie Gunther die ehel. Rechte, fesselt ihn u. bindet ihn an einem Nagel fest. Gunther klagt Sigfrid seine Not, der Brünhild dann unter der Tarnkappe ein zweites Mal bezwingt, mit ihr zu Bett geht u. ihr einen ↗Ring u. den Gürtel (Zeichen der Jungfräulichkeit, aber auch Zeichen v. Brünhilds magischer Kraft) abnimmt. Über diese Bezähmung seines Weibes ist Gunther hocherfreut.

11. Âventiure: Sigfrid u. Kriemhild reisen nach Xanten u. übernehmen dort die Herrschaft.

12. Âventiure: Von Worms aus ergeht eine Einladung an Sigfrid u. Kriemhild, u. man rüstet zu deren Empfang ein großes Fest.

13. Âventiure: Das Fest in Worms entfaltet sich in voller Pracht.

14. Âventiure: Beim Turnier geraten Kriemhild u. Brünhild in Streit miteinander, welchem ihrer Männer der Vorzug gebühre. Auch beim Kirchgang streiten sie um den Vortritt, beschimpfen sich, u. in ihrem Zorn enthüllt Kriemhild das Geheimnis der Hochzeitsnacht u. zeigt als Beweis für ihre Aussagen Ring u. Gürtel vor. Sigfrid soll beeiden, daß er Brünhild unberührt ließ, Gunther verzichtet zwar auf den Eid, doch ist die Zwietracht gesät u. nicht mehr zu unterdrücken. Hagen erfindet einen Vorwand, seine Herrin zu rächen, u. erzählt v. neuen Kriegen gg. Sachsen u. Dänen.

15. Âventiure: Sigfrid zeigt sich bereit, auch an diesen Kämpfen teilzunehmen, u. Hagen veranlaßt die besorgte Kriemhild, die verwundbare Stelle ihres Gatten auf dem Rücken mit einem gestickten Kreuz in seinem Gewand zu kennzeichnen, damit Hagen den Helden schützen könne. Plötzl. aber ist v. keinem Krieg mehr die Rede, u. alle brechen zu einer Jagd in den ↗Wasgenwald (bzw. Odenwald?) auf.

16. Âventiure: Kriemhild wird wieder v. Träumen geplagt, die Unheil ankündigen. In dem grünen Wald „jenseits des Rheins" findet ein Jagdfest statt. Angebl. fehlt der Wein, u. die Helden laufen zu einer nahegelegenen Quelle. Als Sigfrid sich über den Brunnen beugt, stößt Hagen ihm den Speer an der bezeichneten Stelle in den Rücken.

17. Âventiure: Die Leiche wird vor die Kammer Kriemhilds gelegt. Die Trauer überwiegt den Gedanken an Rache, aber Kriemhild ahnt, wer der Mörder ist. Ihre Vermutung bestätigt sich, als Hagen an die Bahre des Toten tritt u. dessen Wunden v. neuem zu bluten beginnen (↗Bahrprobe).

18. Âventiure: Nach einem prunkvollen Begräbnis kehrt Sigmund nach Xanten zurück; Kriemhild bleibt in Worms.

19. Âventiure: Kriemhild scheint sich mit den Burgundern ausgesöhnt zu haben, sie läßt den Nibelungenhort nach Worms kommen. Als sie aber zu freigebig mit den Schätzen umgeht, versenkt Hagen, der ihre Rache

fürchtet, „ze Loche" (Lochheim bei Worms?) den Schatz im Rhein. – Damit ist der erste Teil des N. abgeschlossen, in dem uns „nach alten Mären" von vielen Wunderdingen, von großen Helden und von „großer Not" („Ältere ↗Not") erzählt wird.

Der zweite Teil hebt ähnl. an: „Das war zu einer Zeit ..." und schildert nun den ↗Burgunderuntergang.

20. Âventiure: Kg. Etzel v. Hunnenland (↗Attila) hat seine Frau Helche verloren. Er wirbt durch ↗Rüdiger von Bechelaren um Kriemhild. Nur in der Hoffnung, sich mit Etzels Macht doch noch rächen zu können, willigt Kriemhild in eine zweite Ehe ein. Nochmals v. Hagen gedemütigt, bricht sie mit Eckewart zum Hof des Hunnenkönigs auf.

21. Âventiure: Der Weg führt die Donau abwärts, beim Bischof Pilgrim in Passau u. bei Rüdiger in Bechelaren (Pöchlarn) werden die Reisenden festl. empfangen.

22. Âventiure: Etzel kommt Kriemhild entgegen; in Wien findet ein großes Hochzeitsfest statt, u. von dort zieht man weiter nach ↗Etzelenburg.

23. Âventiure: Kriemhild u. Etzel bekommen einen Sohn, den sie Orte nennen. Nach langer Zeit sollen auch die Burgunder eingeladen werden. Die Spielleute Schwämmel u. Wärbel ziehen los u. haben den Auftrag, vor allem Hagen mit auf die Reise zu locken.

24. Âventiure: Trotz der Warnung Hagens wird in Worms die Einladung angenommen, u. man bereitet die Reise vor.

25. Âventiure: Unheilvolle Träume (Uote) u. Warnungen ↗Rumolds beherrschen die Reise. Hagen wird überdies an der überschwemmten Donau v. Meerfrauen gewarnt, die ihm verheißen, nur der Kaplan werde glückl. zurückkehren. Diesen stürzt Hagen, mit den Burgundern am anderen Ufer der Donau angekommen, ins Wasser, doch er erreicht schwimmend wieder das jenseitige Ufer. Vor Wut u. in der Erkenntnis, daß die Warnungen zutreffend waren, zerschlägt Hagen das Fährboot.

26. Âventiure: Unterwegs werden die Burgunder v. den bayer. Grafen Else u. ↗Gelphrat verfolgt, an der Grenze finden sie den schlafenden ↗Eckewart.

27. Âventiure: Zu einem ritterl. Fest kommt es

bei Rüdiger von Bechelaren, dessen Tochter mit Giselher verlobt wird, bei welcher Gelegenheit man Geschenke austauscht (↗Nuodungs Schild).

28. Âventiure: Die Burgunder werden bei Etzel empfangen, aber noch einmal v. ↗Dietrich von Bern gewarnt. Hagen findet als gewaltiger Recke allseits Bewunderung. Kriemhild begrüßt nur ihren jüngsten Bruder Giselher, der an Sigfrids Tod unschuldig blieb, herzlich.

29. Âventiure: Hagen hat herausfordernd Sigfrids Schwert auf seinen Knien liegen und bekennt sich so öffentlich zum Mord an diesem.

30. Âventiure: Nach einem Festgelage halten Hagen u. ↗Volker (der Spielmann mit der Fidel) Wache, um einen nächtl. Überfall durch die Hunnen zu verhindern.

31. Âventiure: Ein folgendes Turnier droht zum offenen Kampf gg. die Hunnen auszuarten, doch gelingt es Etzel, zu vermitteln. Kriemhild sucht Verbündete für ihre Rachepläne, ↗Dietrich von Bern weist sie ab, bei Blödel findet sie dagegen Gehör.

32. Âventiure: Während die Könige tafeln, überfällt Blödel das Gefolge der Burgunder, das sich zunächst mit ↗Dankwarts Hilfe verteidigen kann, dann aber der Übermacht weichen muß. Dankwart allein gelingt es, sich bis zur Festtafel durchzukämpfen.

33. Âventiure: Der offene Kampf aller gg. alle bricht aus. Hagen erschlägt sofort den Hunnenprinzen ↗Orte u. trinkt trutzig u. hohnvoll auf dessen Totengedächtnis. Dietrich u. Rüdiger können noch mit Etzel u. Kriemhild den Saal verlassen, die restl. Hunnen werden erschlagen, die Tür wird „mit Schwertern" verriegelt.

34. Âventiure: Kriemhild bietet jenem Hunnen Berge v. Gold an, der ihr Hagens Kopf bringen könne, denn Hagen gilt ihre eigentl. Rache.

35. Âventiure: Iring „von Dänemark" wagt den Kampf; zwar vermag er Hagen zu verwunden, aber er fällt schließl. selbst u. mit ihm alle Dänen (u. Thüringer; ↗Iringsage).

36. Âventiure: Die Hunnen greifen erneut an; Kriemhild läßt den Saal über den Köpfen der Burgunder anzünden, diese löschen ihren Durst im Blut der Gefallenen. Hagen allein auszuliefern, verbieten Stolz u. Sippendenken.

37. Âventiure: Rüdiger wird als Lehnsmann gezwungen, gg. die Burgunder zu kämpfen. Hagen bekommt einen neuen Schild v. ihm, da sein alter (↗Nuodungs Schild) zerhauen ist. Nach langem Ringen fällt Rüdiger von demselben Schwert, das er Gernot schenkte. Der Tod dieses edlen ↗Ritters ruft lautes Wehklagen hervor.

38. Âventiure: Jetzt greift Dietrich in den Kampf ein; seine Ritter fordern die Herausgabe v. Rüdigers Leichnam, u. in dem Streit, der darüber entbrennt, werden alle Amelungen außer Hildebrand, der Volker erschlägt, getötet. Mit diesem zus. trauert Dietrich um seine Männer. Auf der Seite der Burgunder bleiben nur Gunther u. Hagen am Leben.

39. Âventiure: Dietrich vermag Gunther u. Hagen zu überwältigen u. gefesselt zu Kriemhild zu bringen. Kriemhild fordert den Nibelungenhort, doch weigert sich Hagen, das Versteck zu verraten, solange noch einer seiner Herren lebe. Gunther wird daraufhin enthauptet, doch als Kriemhild vor Hagen tritt, lacht dieser u. sagt ihr, jetzt wisse er als einziger das Versteck des Nibelungenschatzes. Wutentbrannt ersticht Kriemhild ihn mit Sigfrids Schwert, worauf Hildebrand die „Teufelin" tötet. Dietrich u. Etzel klagen gemeinsam über das große Leid.

Für die dt. Klassik (u. auch später) wurde das N. zum erwünschten Nationalepos, das in dieser Hinsicht den Epen des Homer gleichgestellt wurde. „Ein großes Denkmal hat sich die große Zeit [das MA] in diesem Werk [das Nibelungenlied] gebaut. Nicht in Marmor rein u. in allen Umrissen plastisch vollendet, wie die Ilias, ist das Gedicht gedichtet, sondern [wie] eine Rune in festen Granit gedacht, als ob ein ganzes Gebirge, der Athos, zur Bildsäule gebildet wäre, und zum Male [Denkmal] einer mächtigen riesenhaften Vergangenheit aufgerichtet" (Joseph Görres, *1776, †1848). Aus dem heidn.-christl. Mythos wurde ideolog. Dichtung.

Nibelungensage, Heldensagenkomplex, u.a. aus den erschlossenen Liedvorstufen des ↗Nibelungenliedes erarbeitet (A. Heusler). Mit in die Überlegungen dazu gehen so verschiedenartige Zeugnisse ein wie die erschlossene „Ältere Not", das zitierte, aber nicht überlieferte Lied bei Saxo v. ↗„Kriemhilds Verrat" u. spätmittelalterliche färöische Volksballaden, die ↗Sjúrdar kvædi. Der Stoff der N. taucht auch in der neueren Literatur und Musik auf: u. a. Fr. de la Motte Fouqué, „Der Held des Nordens" (1810), Fr. Hebbel, „Die Nibelungen" (1861), und R. Wagner, „Ring des Nibelungen" (Bayreuth 1876).

Niederdollendorf: fränk. Grabstein; Krieger mit Totenschlange u. Christusfigur (?); Vor- u. Rückseite

---

Ez wúohs in Búrgóndèn   ein vil édel mágedin,
dáz in állen lándèn   niht schóeners móhte sin,
Kríemhilt gehéizèn: sie wárt ein scóene wíp,
dar úmbe múosen dégenè   víl verlíesén den líp.

Nibelungenstrophe: Strophenform des dt. Heldenepos. Das Beispiel aus dem Nibelungenlied charakterisiert die junge Kriemhild u. deutet zugleich das Unheil an, das mit ihrer Gestalt verbunden wird.

Nibelungenstrophe, Strophenform des dt. Heldenepos, die aus vier Langzeilen zu je zwei Kurzzeilen besteht. Die ersten Kurzzeilen jeder Langzeile tragen je vier Hebungen mit klingendem Versschluß (Kadenz); die zweiten Kurzzeilen der ersten drei Langzeilen vier Hebungen, wovon die vierte pausiert ist (stumpfe Kadenz); die vierte weist auch die vierte Hebung in voller Kadenz auf.

Nidhod ↗Nidung.

Nidhöggr (= Neiddrache), jener Drache (auch als gewaltige Schlange vorgestellt), der in der nord. Mythologie am Fuße der Weltesche hauste u. den Baum schädigte, indem er an dessen Wurzeln nagte. – ↗Ratatöskr.

Nidung, auch *Nidhod*, jener König, der in der german. Sage um ↗Wieland eine zentrale Rolle spielt. Er machte sich die Fähigkeiten des berühmten Schmiedes zunutze u. ließ diesem schließl. sogar die Sehnen der Füße durchtrennen, um sich die Dienste des kunstfertigen Mannes zu erhalten. An dessen grausamer Rache ging der Kg. zugrunde. – ↗Siegstein.

Niederdollendorf, bei Bonn am Rhein; Fundort eines roh bearbeiteten Grabsteins aus dem 7. Jh. (Rhein. Landesmuseum, Bonn). Hinter einem bewaffneten Mann (ein toter Krieger mit seinem Schwert u. seiner Feldflasche) ist eine Totenschlange doppelköpfig über das Haupt gebogen, viell. auch mit einem dritten Kopf links. Es ist der Typus des allg. bedrohl. Ungeheuers. Mit der einen Hand kämmt der Krieger sein Haar als Zeichen seiner „ungebrochenen Lebenskraft" (M. Schulze). – Auf der Rückseite ist ein Speer

träger mit Strahlenkranz (↗Nimbus) u. eckigen, winkelförmigen Lichtstrahlen (vgl. die Mandorla) abgebildet, der als christl. Himmelskönig gedeutet worden ist u. demnach den Toten trotz heidn. anmutender Formgebung dieser u. der anderen Steinseite als Christen ausweist. – ↗Oberflacht.

Niflheim („Nebelheim"), in der nord. Kosmologie jener Bereich, wo Kälte, Nebel u. Todesdunkel herrschten. Hier entsprangen aus dem Brunnen Hvergelmir 12 Eisströme, aus denen sich das erste Leben entwickelt haben soll. N. lag in der Vorstellung der Germanen im Norden des leeren Raumes bzw. im Innern der Erde.

Niflhel, das Reich der Göttin ↗Hel, der tiefste Abgrund im Inneren der Erde. Von den Germanen als Aufenthaltsort all jener verstanden, die nicht auf dem Schlachtfelde gefallen u. nach Walhall eingegangen waren, aber auch als Ort der Strafe für Verbrecher angesehen.

Nike (griech. = Sieg), bei Hesiod Siegesgöttin, Tochter des Titanen Pallas u. der Styx; sie ver

1 Nike: N. von Samothrake (um 180 v.Chr.)
2 Nike: griech. Vasenbild

lieh nicht selbst den Sieg, sondern überbrachte ihn dem Sieger; meist in Zshg. mit anderen siegbringenden Göttern, bes. Zeus u. Athena, dargestellt, geflügelt und mit Attributen wie Palmzweig, Kranz o.ä. versehen. Bei den Römern fand die griech. Nike in der Göttin ↗Victoria ihre Entsprechung.

Nikippe, Frau des ↗Sthenelos 3).

Nikomachos, Sohn des in der griech. Mythologie berühmten Arztes Machaon, der selber auch Arzt wurde; v. ihm leitete Aristoteles (* 384, † 322 v.Chr.) seine Herkunft ab.

Nikostrata, anderer Name für ↗Carmenta.

Nikostratos, viell. Sohn des ↗Menelaos.

Nimbus, Strahlenkranz und „Heiligenschein", der u.a. bereits Apollon u. Sol auszeichnete. Er ist auf antiken Mosaiken z.B. „himmlisch" blau, graphisch wurde daraus ein Kreis bzw. eine Scheibe. – ↗Niederdollendorf.

Nimrod, der Sage nach der Erbauer des Turmes, den die griech. Giganten bei ihrem Angriff auf die Götter des ↗Olympos benutzten.

Niobe: Artemis u. Apollon töten die Kinder der N.; Vasenbild des Niobidenmalers

Niobe, Gestalt der griech. Sage, Tochter des Tantalos u. der Dione, Gemahlin Amphions, des Herrschers v. Theben. Im Stolz über ihre 7 Söhne und 7 Töchter (die Zahl der Kinder schwankt in der versch. Überl.) schmähte sie die Göttin Leto, die nur Apollon u. Artemis geboren hatte. Apollon u. Artemis rächten sich für ihre schwer gekränkte Mutter, indem sie die Kinder der N. töteten. N. erstarrte vor Schmerz u. wurde als Fels in ihre lydische Heimat entrückt. – Die Sage v. N. wurde im Drama (u.a. Aischylos u. Sophokles) u. in der bildenden Kunst bes. häufig behandelt. – N., Geliebte des Zeus (↗Phoroneus).

Niörd, *Njord,* ein nord. ↗Vane, Vater v. ↗Freyr u. ↗Freyja, Gott des Meeres u. der Seefahrt; kam als Geisel zu den Asen. Mit seiner zweiten Gattin, der ↗Skadi, wurde er nicht glückl., weil diese sich zu den Bergen hingezogen fühlte, während ihr das Wasser zutiefst mißfiel. Anfangs lebte das Paar 9 Tage auf Schloß Noatun am Meer, 9 Tage im Gebirge, später aber trennten sich die Eheleute.

Nisos, Kg. v. Megara, Vater der ↗Skylla 2).

Nisse bei der Arbeit im Stall (1539)

Nisse, in der dän. Überl. ein „Weihnachtszwerg", später Nachfahre der niederen ↗Dämonen in der altnord. Sagenbildung; entweder im Haus u. Stall als helfendes Wesen angesiedelt, dem man zu Weihnachten Gaben bringt (Brei), oder als Grabhügelbewohner (Tomte).

Nisyros, vgl. ↗Polybotes.

Nixen, im german. Volksglauben Sammel-Bz. für Wassergeister, die weibl., aber auch männl. Geschlechts sein können. Die weibl. N. stellte man gewöhnl. als liebreizende Jungfrauen mit langem Haar vor, die Gesang u. Tanz liebten u. schöne Jünglinge zu sich ins Wasser zogen, um sie zu ihren Geliebten zu machen. Die männl. N., *Nix, Neck* oder *Nöck* gen., galten meist als alt, langbärtig u. eigenbrödlerisch, was nicht ausschließt, daß auch sie gelegentl. eine Frau zu sich in die Fluten herabzogen.

Njáls saga ↗Íslendinga sögur.

Njord ↗Niörd.

Noatun, das Schloß des Gottes ↗Niörd in Asgard, wo sich die nord. Götter oft zu geselligem Zusammensein trafen.

Nöck, *Neck,* ↗Nixen.

Noísiu und Deirdre, ir. tragisches Liebespaar, früheste Fassung des Tristanstoffes in einer Sage des 9. Jh. – Die Erz. spielt am Hofe des ir. Kg. Conchobor, der das schöne Mädchen Deirdre als Pflegekind verborgen aufwachsen lassen wollte. Doch eines Tages, beim Schlachten eines Kalbes im Schnee u. beim Anblick eines Raben, der das Blut trinkt, wurde in dem Mädchen der unstillbare Wunsch wach, einen Mann zu besitzen mit „Haaren schwarz wie ein Rabe, Wangen so rot wie Blut u. einem Körper so weiß wie Schnee". Das versuchte der Kg. ständig unter großen Ver-

wicklungen u. Abenteuern zu hintertreiben –
das Liebespaar floh nach Schottland, auf eine
einsame Insel, zu fremden Königen usw., u.
schließl. gab sich Deirdre selbst den Tod.

Noita, *Noiade,* Schamane bei den Samen (Lappen) u. Zauberer im finn. Volksglauben.

Nona, eine der röm. ↗Parzen.

Nonnos ↗Dionysiaka.

Nordendorf, Bayern, Fundort einer Bügelfibel
(Röm. Museum, Augsburg); Kopfplatte ornamental (Wirbel) mit figuralen Teilen (stark stilisierte Maske auf der Mitte des eckigen Rand-

Nordendorf: Fibel

stücks); Fußstück mit symmetrisch geschweiften Pferde- oder Adlerköpfen. Bedeutsam ist die
Runeninschrift „logathore wodan wigithonar"
auf der Rückseite, ein alamannisches Zeugnis
aus dem Anfang des 7. Jh. und ein wichtiger
südgermanischer Beleg für den Donar- und
Wodanskult.

nordisch, abgekürzt nord., Bz. für die Überl. der
Nordgermanen in Skandinavien, die vor allem
durch die altnord. ↗Edda u. die ↗Saga erhalten
geblieben ist. Vielfach steht n. auch für die südgerman. Überl., die wir wegen weitgehend fehlender Zeugnisse bzw. einseitiger röm. Interpretation oft nur unsicher erschließen können (vgl.
↗Germanen).

Nordische Renaissance, das wiedererwachende
Interesse für die altnord. Kultur. Es bestimmte
bereits die ersten Versuche von „Wissenschaft"
in Dänemark u. Schweden im 16. Jh. (↗Olaus
Magnus). So führten die Dänen Petreius u. Lyschander die Abstammung ihres Volkes bis auf
Noah zurück, der Schwede Rudbeck sah sein
Vaterland als das alte Atlantis u. die Wiege der
Menschheit. Ein großer Abstand dazu bestand
in der Veröffentlichung v. Quellen, Teile der
Snorra Edda, die Völuspá und die Hávamál,
durch den Dänen Resenius (1665). 1730 starb
Árni Magnússon u. hinterließ der dän. Königl.
Bibliothek seine bedeutende Arnamagnæanische Sammlung, auch heute noch Grundstock
wissenschaftl. Forschung in Kopenhagen (die isländ. Handschriften sind heute wieder nach Island zurückgegeben worden). – Ein bedeuten-

der Schritt zur internat. Beachtung wurde das
Werk des Schweizers ↗Mallet, „Histoire de
Dannemarc", von 1763. Mit ihm wurde auch
↗Herder auf die nord. Quellen aufmerksam, u.
die gleichzeitig einsetzende Begeisterung für
↗Ossian weckte in ganz Mitteleuropa, bes. in
Dtl., das Interesse für alles „Nordische", das
hier noch ungetrübt mit dem Kelt. und dem
nichtüberlieferten Südgerman. gleichgesetzt
wurde. Doch damit beginnt die neuere ↗Forschungsgeschichte.

Nordri (= Norden), ein Zwerg, der nach german. Vorstellung zus. mit ↗Austri, Westri u. Sudri das Himmelsgewölbe trug.

Noricum ↗Magdalensberg.

Normannen, *Nordmannen, Wikinger,* nordgerman. Seefahrer u. Eroberer, die im 8.–11. Jh. in
ganz Europa Beute- u. Eroberungszüge unternahmen u. verschiedene Staaten gründeten.
Über die mögl. wirtschaftl. Hintergründe für
die Raubzüge der Wikinger bestehen versch.
Vermutungen; sie betreffen auch den Gesamtbereich der ↗Völkerwanderungszeit. – *Norweg. N.*
besetzten u. a. Island (seit 874) u. Grönland (seit
ca. 985) u. stießen um 1000 bis nach N-Amerika
vor. *Dän. N.* fielen seit Ende des 8. Jh. in Engl.
ein, hielten im 9. u. 10. Jh. zeitweise große Teile
Britanniens besetzt, das sie 1016–42 ganz beherrschten. Seit Karl dem Großen suchten N.
die Küstengebiete des Fränk. Reiches heim
(↗Rollo). Sie wurden v. Kg. Arnulf 891 bei
Löwen geschlagen u. ließen sich dann in der
nach ihnen ben. Normandie nieder. Von hier aus
nahmen sie unter Wilhelm dem Eroberer 1066

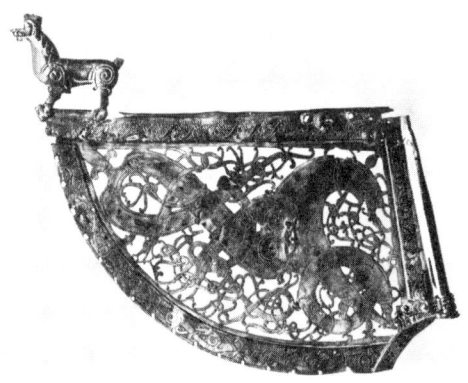

*Normannen: Bronzewimpel des 11. Jh. mit reicher Ornamentik u. einer Tierplastik als Bekrönung. Es handelt sich
urspr. um die Windfahne eines Wikingerschiffes, die dann
auf der Kirche v. Söderala (Nordschweden) angebracht war;
heute im Staatl. Historischen Museum in Stockholm*

England in Besitz u. schufen seit Anfang des 11. Jh. in Unter-It. u. Sizilien ein großes Reich (seit 1130 Kgr. Neapel-Sizilien), das dann die Staufer erbten. *Schwed. N.* (Waräger) gründeten in Rußland (↗Rus) die Teilreiche v. Nowgorod (862) u. Kiew (822) u. gelangten bis nach Konstantinopel. – Mit den Zügen der N. fand eine gegenseitige kulturelle Beinflussung statt, die sich bes. in Skandinavien bemerkbar machte. Man denke nur daran, daß zw. dem 8. u. 11. Jh. die Skaldendichtung einen Höhepunkt erlebte, ebenso die Heldendichtung der Edda u. die isländisch-norweg. Sagaliteratur.

Nornagest, Titelheld einer isländ. Saga des 13. Jh., in der Motive der Heldensage u. des Märchens miteinander verbunden sind. Als N. in der Wiege lag, traten die drei Nornen zu ihm, zwei wünschten ihm Glück, die dritte Unglück, indem sie eine brennende Kerze löschte u. erklärte, wenn diese Kerze eines Tages wieder angezündet werde u. dann abgebrannt sei, so müsse N. sterben. Er behielt die Kerze 300 Jahre bei sich, legte sich dann nieder, entzündete sie, u. als sie verlosch, ging auch sein Leben zu Ende. – Die Gesch. kennt in ihren Einzelheiten versch. Versionen. Von der Interpretation her gesehen, werden die 300 Jahre z.B. dahingehend gedeutet, daß in ihnen das Heidentum blühte u. danach durch das Christentum abgelöst wurde. – Die Kerze erinnert in ihrer Funktion an die griech. Sage um ↗Meleagros, dessen Leben an ein Holzscheit gebunden war u. dessen Tod eintrat, als seine Mutter dieses Scheit ins Feuer warf.

Nornen, in der german. Mythologie die drei Schicksalsgöttinnen Urd, Verdandi u. Skuld, als Vergangenheit, Gegenwart u. Zukunft gedeutet. Sie galten als Schwestern, die, im Ggs. zu den Göttern, das Schicksal nicht nur als Stückwerk, sondern als Ganzes kannten. Die N. lebten an der Quelle Urdarborn neben der Weltesche u. brachten den Menschen Glück u. Unglück, wobei Skuld auch das Ende des Lebens, also den Tod, bestimmte. Ähnlichkeiten mit den griech. ↗Moiren u. den röm. ↗Parzen sind nicht zu übersehen. – ↗Nornagest.

Norr und Gorr, Nachkommen eines sagenhaften Kg. Fornjotr, die Norwegen eroberten. Norr wurde Kg. auf dem Festland (↗Norwegen), Gorr herrschte über die Inseln, u. von ihm stammten die mächtigen Jarle der ↗Orkneyinseln ab.

Norwegen, *Norge, Noreg,* altnord. *Nordrvegr* („der nördl. Weg an der Küste entlang"), um 830 v. Halfdan, einem der ↗Ynglinge, von Trondheim aus aus vielen Kleinkönigreichen vorläufig geeint. Die machtvolle Christianisierung unter Olaf dem Heiligen (er regierte 1015–1030) war mehr polit. Art. Um 1047 war ↗Harald der Harte Alleinherrscher, er fiel 1066 auf einem Kriegszug nach England. – Die Namengebung N. geschah nach einem Kg. Norr der myth. Vorzeit.

Not, *Ältere Not,* Teilepos als Vorlage zum mhd. ↗Nibelungenlied gedacht; „Der Nibelunge Nôt" ist erster Teil des Nibelungenliedes.

Notos (lat. *Auster*), Sohn des Astraios u. der Eos; meist als griech. Gott des Südwinds verstanden.

Nowgorod ↗Mikula, ↗Rus.

Nox (lat. = Nacht) ↗Nyx.

Numa Pompilius, sagenhafter 2. Kg. Roms (715–672 v.Chr.); soll die Römer zu Recht, Ordnung u. Gottesfurcht erzogen, Tempel erbaut u. das Kultwesen geregelt haben.

Numen, das *Numinose,* von lat. = wovor man sich verneigt, nach R. Otto eine Bz. für das göttl. Wesen, „das Heilige". Aus einer zuerst nicht näher zu beschreibenden „Angst" vor dem Geheimnisvollen wird die primäre u. archaische Antriebskraft für differenzierte rel. Vorstellungen u. dem Bild v. einer Gottheit. Manche Aspekte davon wurden bzw. blieben personifiziert, vgl. die griech. ↗Gorgonen.

Numitor, Kg. v. Alba Longa (als Stadt Vorgängerin v. Rom), Großvater v. ↗Romulus u. Remus; v. seinem Bruder Amulius zum Thronverzicht gezwungen; später v. Romulus u. Remus wieder in sein Amt eingesetzt.

Nuodungs Schild, Gabe Rüdigers von Bechelaren an Hagen von Tronje bei dem Zug der Burgunder in das Etzelland, im mhd. ↗Nibelungenlied erwähnt. Der Schild besiegelte u.a. die verwandtschaftl. Bindung, die Rüdiger dann andererseits als Lehnsmann Etzels bei dem Burgunderuntergang in die Gewissenskonflikte eines „christlichen Ritters" stürzte. – Nuodung ist in der Dietrichepik gen., nach der ↗Thidreks saga ist er Gotelinds Bruder; Gotelind ist nach dem Nibelungenlied die Frau Rüdigers.

Nydam, Ort v. Moorfunden im nordschlesw. Sundewit, datiert in das 5. Jh. n.Chr. (Museum Schloß Gottorf, Schleswig); mit u.a. drei altertüml. Schiffsbauten, dem „Nydamboot", mehr als 100 Schwertern röm. Herkunft (Opfergaben, auch mögl. als Import bei german. Stämmen), über 500 Speerspitzen usw.

Nykteus, Kg. v. Theben, Gemahl der ↗Polyxo 1), Vater der ↗Antiope.

Nymphae, bei den Kelten weibl. Gottheiten, die Ähnlichkeit mit den griech. ↗Nymphen hatten. Es handelte sich um Naturgottheiten, die Quellen u. Flüsse, welche vielfach als heilig verehrt wurden, bewachten. Sie wurden häufig als Dreiergruppe dargestellt u. sind vor allem für N- u. SO-Gallien belegt. Die Römer nannten sie aus ihrer Sicht N. (↗Interpretatio Romana).

Nymphaeum, einzelner Baum, Quelle oder heiliger Hain einer griech. ↗Nymphe; später tempelartiger Rundbau mit Brunnenanlage.

Nymphen, in der griech. Mythologie Naturgottheiten, die als Töchter des Zeus galten, gewöhnlich als Gruppe auftraten u. sich bes. beim einfachen Volk großer Beliebtheit u. Verehrung erfreuten. Sie bewohnten Meere (↗Okeaniden, ↗Nereïden), Quellen u. Bäche (↗Naiaden), Wälder u. Bäume (↗Dryaden), erschienen auch im Gefolge höherer Gottheiten u. pflegten gelegentl. göttliche Kinder, so den Dionysos-Kna-

Nymphen: Relief mit Nymphe v. Jean Goujon (* um 1510/14, † um 1564/68)

ben (u. Zeus selbst). Als ihre männlichen Partner galten vielfach Satyrn u. Silene. Gelegentlich wurden die N. den Menschen, die ihnen zu nahe traten, auch gefährlich; den alten Griechen galt der *Nympholeptos,* d. h. der v. den Nymphen Ergriffene, nicht nur als begeistert, sondern als „wahnsinnig". – Kelt. ↗Nymphae.

Nysa, in der griech. Mythologie der Ort, an dem die Nymphen den ihnen v. Hermes anvertrauten Dionysos-Knaben aufzogen.

Nyx

Nyx (griech. = die Nacht), lat. *Nox,* Gestalt der griech. Kosmogonie; Tochter des Chaos, Schwester u. Gattin des Erebos, dem sie Himmel (Aither) und Tag (Hemera) gebar; galt auch als Mutter v. Thanatos, Hypnos, Moros u. anderen dämon. Gestalten; viell. auch die Mutter der Hersperiden.

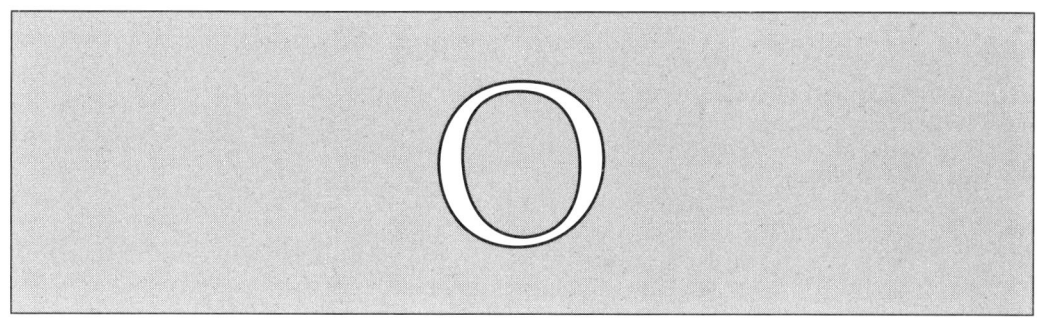

Obelix ↗Asterix.

Oberdorla, hölzerne Kultstele des 4. Jh. n. Chr. aus Thüringen (Museum Weimar); aus einem Kantholz grob geschnitzt mit einem mächtigen Kopf, angedeuteten Brüsten u. angewinkelten Armen. Es ist wahrscheinl. das Bild einer Fruchtbarkeitsgöttin, als Idol wohl zu dem ebenfalls dort ausgegrabenen Quellheiligtum gehörig. O. ist ein Beispiel frühester german. figuraler Plastik, in der Ausführung durchaus „künstlerischer" als etwa die beiden Pfahlgötter, die in ↗Braak bei Eutin (Museum Schleswig) gefunden wurden u. der Zeit um Christi Geburt (Datierung unsicher) zugerechnet werden.

Oberflacht, bei Tuttlingen/Baden-Württemberg, Ort alamann. Funde: Baumsarg mit Totenschlange und Feldflasche (vgl. die gleichen Gegenstände auf dem Stein v. ↗Niederdollendorf). – Der Alamannenfriedhof viell. des 6. Jh. ist seit dem Anfang des 19. Jh. bekannt, größere Ausgrabungen wurden 1846, 1886 und 1933/34 durchgeführt. Die Holzgegenstände sind vor allem in ihren Nachzeichnungen anschaul.: Eichenkistengräber, ausgehöhlte Baumstämme als Grabkisten („Totenbäume"), „Totenbetten" aus Holz, kerbschnittverzierte ↗Totenschuhe. Die letzteren werden wegen ihres Aussehens auch als „Vogelschnäbel" verstanden, wohl ein Mißdeutung; doch haben auch andere sie etwa für Spitzen v. Stuhllehnen gehalten.

Oberon, altfrz. *Auberon,* in der frz. Sagenüberlieferung Bz. für ↗Alberich, Gemahl der Titania, einer Feenkönigin. Er taucht als Gestalt in dem altfrz. Versepos „Huon de Bordeaux" (um 1200), wo er dem Titelhelden seinen Schutz angedeihen ließ, auf, spielt aber auch in der späteren Lit. häufig eine Rolle, z. B. in den Volksbüchern, bei Chaucer, in Shakespeares „Ein Sommernachtstraum", in einem Epos v. Ch. M. Wieland u. in der Oper „Oberon" v. C. M. von Weber.

Obolos, griech. Münze, der sechste Teil einer Drachme; ein O. wurde den Toten in den Mund gelegt als Lohn für den Fährmann ↗Charon, der die Toten über den Styx ruderte.

Ochimos, einer der griech. ↗Heliaden. Er heiratete die Nymphe Hegetoria u. wurde Vater einer Tochter namens Kydippe. Viell. war er der erste, der Athena ein Opfer brachte.

Ocresia, auch *Ocrisia,* eine Sklavin aus vornehmem Geschlecht der ital. Stadt Corniculum, wo ihr Gatte Mitglied des Königshauses war; sie wurde vom Herdgeist der Tarquinier geschwängert u. gebar der Sage nach ↗Servius Tullius, den 6. röm. Kg. Die Überl. kennt eine Reihe v. Varianten.

Oddruns Klage (altnord. *Oddrúnargrátr*), ein Eddalied. Erzählt wird v. Borgny, der Tochter des Kg. Heidrek, die einen Geliebten Vilmund hatte, ihr gemeinsames Kind aber nicht zur Welt bringen konnte, ehe sie v. Oddrun, der Schwester Atlis u. der Geliebten Gunnars, Hilfe erhielt. Die Gesch. wird also weitläufig in die Nibelungensage eingebunden. Oddrun vermochte der Gebärenden nur mit mag. Zauberliedern zu helfen, bis diese schließl. einen Knaben u. ein Mädchen zur Welt brachte. Im zweiten Teil, der den Titel des Liedes rechtfertigt, wird v. der Walküre Brynhild berichtet, die Gunnar heiratete, obwohl doch Sigurd die Kämpfe bestanden hatte. Schließl. wird der ganze ↗Burgunderuntergang erzählt, u. zuletzt klagte Oddrun um die getöteten Helden.

Odin, bei den Westgermanen auch ↗*Wodan* gen., Sohn v. ↗Bör u. Bestla u. der ungleich bedeutendere Bruder v. ↗Vili u. ↗Ve. Mit seiner Gemahlin ↗Freyja (Frigg) zeugte er ↗Balder, eine der lichtvollsten Gestalten des german. Götterhimmels. O., der höchste Gott der ↗Asen, der daher auch den Beinamen ↗„Allvater" trug, wies eine solch ungewöhnl. Fülle v. Eigenschaften u. Charakterzügen auf, daß er sich als Gesamtgestalt nur schwer erfassen läßt. Er war der

Odin: aus Uppland (Schwe-den) stammender Beschlag, der einen Lanzenreiter mit Adler-helm, begleitet von zwei Raben und einer Schlange, zeigt; auf Odin (bzw. Wodan) mit Hugin und Munin gedeutet. Bei der Schlange handelt es sich wohl nicht um die Midgard-schlange, sondern um ein Sinnbild für die Erde.

oberste Lenker der Schlachten, also ein Kriegs-gott, nahm aber, im Ggs. zu Thor, nicht selbst am Kampf teil. Er war aber auch ein Gott der Ekstase, worauf sein Name, der mit „Erregung" u. „Wut" in Verbindung gebracht wird, hindeu-tet, ferner Totengott, der als „Walvater" auf ↗Sleipnir mit dem Speer ↗Gungnir, einem sei-ner Hauptattribute, diejenigen kennzeichnete, die auf dem Schlachtfeld fallen sollten u. von den ↗Walküren nach Walhall gebracht wurden, wo sie zu neuem Leben erstanden u. sich tägl. im Kampfe übten als Vorbereitung auf den Tag der Götterdämmerung. Andererseits galt O. als

Odin: mit Schlapphut, Raben u. Wölfen; Skizze des Dänen Lorenz Frølich (1845)

Gott der Weisheit u. der Dichtkunst, der auch die ↗Runen erfand. Dazu verhalf ihm ein Trunk aus der v. ↗Mimir bewachten Quelle, deren Wasser Erkenntnis u. Weisheit vermittelte, für welchen Trunk der Gott allerdings eines seiner Augen opfern mußte.

O., mal v. grimmiger, mal v. gütiger Wesensart, war ein Meister der Verwandlung, wobei er Tiere wie Schlangen oder Raben bevorzugte. Häufig schweifte er mit Schlapphut (vgl. ↗Ha-kelberg) u. mit Sternen besätem Mantel durch die Welt, um diese zu ordnen u. bei den Men-schen Einkehr zu halten, um sie auf ihre Gast-freundschaft zu überprüfen. Oft saß er auch auf dem ihm in der Götterhalle zustehenden Thron, zu seinen Füßen die Wölfe Freki u. Geri, auf sei-nen Schultern die Raben ↗Munin u. ↗Hugin, die ihm alles berichteten, was in der Welt ge-schah. – Tacitus setzte in seiner Germania O. mit Merkur gleich, u. so wurde der lat. dies Mercu-rii, der ↗Mittwoch, bei den Germanen zum Odins- oder Wodanstag. – Trotz der Fülle seiner Macht – v. O. hieß es sogar, er hätte das erste Menschenpaar geschaffen – war der oberste der Asen wie alle anderen Götter nicht unsterblich und dem Schicksal unterworfen. Das ihm zu-gedachte Ende kam mit der ↗Götterdämme-rung, als der ↗Fenriswolf ihn verschlang. Sein Sturz war endgültig, denn v. seiner Wiederkehr nach dem Entstehen eines neuen Himmels und einer neuen Erde ist im Mythos nicht die Rede.

Ödipuskomplex, in Zshg. mit dem Mythos des ↗Oidipus u. in der Lehre des Psychoanalytikers Sigmund Freud (*1856, †1939) das gebrochene sexuelle Verhältnis des Kleinkindes zu über-mächtigen Elternfiguren des eigenen oder des anderen Geschlechts (angebl. „Penisneid" der Tochter), das spätere Neurosen fördert. Dieses setzt eine seelische Schicht des Unbewußten im Menschen voraus, die u. a. von C. G. ↗Jung un-tersucht worden ist.

Odoaker ↗Theoderich d. Gr., der ↗Ermanerich der dt. Sage (↗Dietrich von Bern).

Odyssee, das gewöhnl. dem ↗Homeros zuge-schriebene griech. Werk, in dem die abenteuer-reiche Heimfahrt des ↗Odysseus v. Troia nach Ithaka geschildert wird. Die O. besteht aus über 12 000 Versen u. ist in 24 Bücher oder „Gesänge" gegliedert, die Erz. spielt auf versch. Ebenen mit Rückblicken usw. Sie ist wohl um 700 v. Chr. entstanden. Inhaltl. ist die O. eine Folge-geschichte zur ↗Ilias. Wie dort spielen die Göt-ter eine bedeutende Rolle in der Handlung, und

Odyssee

„Sage mir, Muse, die Taten des vielgewanderten Mannes,

welcher so weit geirrt, nach der heiligen Troja Zerstörung,

vieler Menschen Städte gesehn und Sitte gelernt hat,

und auf dem Meere so viel' unnennbare Leiden erduldet,

seine Seele zu retten und seiner Freunde Zurückkunft.

Aber die Freunde rettet' er nicht, wie eifrig er strebte;

denn sie bereiteten selbst durch Missetat ihr Verderben:

Toren! welche die Rinder des hohen Sonnenbeherrschers

schlachteten; siehe, der Gott nahm ihnen den Tag der Zurückkunft.

Sage hievon auch uns ein weniges …“

(Odyssee, erster Gesang, in der Übers. durch J. H. Voss, 1781).

Jahre nach der Zerstörung Trojas (↗Troia) waren alle Helden nach Griechenl. zurückgekehrt; nur der schiffbrüchige Odysseus, dem Poseidon zürnte, wurde v. ↗Kalypso festgehalten. Seine göttl. Gegenspielerin, ↗Athena, benützte eine Abwesenheit Poseidons, um Odysseus weiterzuhelfen. Odysseus baute ein Floß, mit dem er fliehen konnte, erlitt aber wieder Schiffbruch u. gewann nur schwimmend das Ufer, wo ihn Nausikaa fand (6. Buch). Am Hof der Phaiaken erzählte Odysseus rückblickend v. der Zerstörung Troias (7. und 8. Buch). Die Göttin Athena intervenierte auch bei der verlassenen Frau des Odysseus, ↗Penelope, die sich nur mit List aufdringlicher Freier erwehren konnte (13. Buch). ↗Telemachos brach auf, um seinen Vater zu suchen (es folgt ein eigener Abschnitt, „Telemachie" gen., 15. Buch), der seinerseits mit seinen Gefährten eine große Irrfahrt begann.

Einige Freunde verlor Odysseus bei den „Lotusessern" (↗Lotophagen), deren Speise Vergessen bewirkten, weitere bei ↗Polyphemos, dem er nur durch List entkam; bei ↗ Kirke wurden einige in Schweine verwandelt. Die Gefährten segelten bis zum Rand der Welt, und der Seher Teiresias zeigte dem Helden in der Unterwelt den Weg zurück. Schließl. gerieten die Gefährten zw. ↗ Skylla und Charybdis u. schlachteten aus Unkenntnis einige Rinder des Gottes Helios (siehe Textzitat, das bereits am Anfang des Epos dieses Geschehen aufgreift). Nur Odysseus überlebte u. wurde schließl. mit einem Zauberschiff nach Hause gebracht. Unerkannt begab er sich in sein Haus, und erst versch. Freierproben (u. a. Spannen des eigenen Bogens: 21. Buch) ließen ihn endl. als den rechtmäßigen Gatten erkannt werden.

z. B. Athena half am Schluß, einen ewigen Frieden zw. dem Herrscher u. dem Volk zu stiften. Aber im Unterschied zur Ilias hat hier der Mensch in eigener Entscheidung sein Verhältnis zu den Göttern zu verantworten. Man meint auch, daß reale u. veränderte Gesellschaftsverhältnisse hinter dem neuen „sozialen" Menschenbild stehen, das auch den Kg. als „Gleichen unter Gleichen" einschließt. Insofern ist der ideologische Abstand zur Ilias deutl. Der marxist. Philosoph Max Horkheimer wollte in der O. in dieser Weise sogar ein Stück Aufklärung sehen (1943).

Odysseus, lat. *Ulixes*, Kg. v. Ithaka, Sohn des Laërtes u. der Antikleia, Gemahl der ↗Penelope, einer der griech. Helden des Troian. Krieges. Er stellte ein Kontingent v. 12 Schiffen, nachdem er zunächst versucht hatte, einer Teilnahme, zu der er als ehemaliger Freier der ↗Helena moral. verpflichtet war, zu entgehen, indem er sich den Anschein des Wahnsinns gab (↗Palamedes). Zu diesem Zwecke spannte er einen Ochsen u. ein Pferd vor einen Pflug u. säte Salz in die Erde, wurde aber entlarvt, als man seinen kleinen Sohn Telemachos in eine der Furchen legte, worauf er sein seltsames Tun sofort einstellte. O. gehörte zu jener griech. Gesandtschaft, die vergebl. versuchte, die friedl. Auslösung der Helena v. den Troianern zu erreichen. Auch sonst trat er überall dort in Erscheinung, wo neben krieger. auch diplomat. Fähigkeiten gefragt waren. So holte er das ↗Palladion aus Troia heraus u. soll auch maßgebl. an dem Vorschlag, die Stadt mit Hilfe des ↗Hölzernen Pferdes einzunehmen, beteiligt gewesen sein. Seine mit 10 Jahren ungewöhnl. lange dauernde u. außer-

Odysseus: *Tötung der Freier der Penelope durch Odysseus*

ordentl. abenteuerreiche Rückkehr aus dem Trojan. Krieg ist Thema der ↗*Odyssee.* O. kehrte schließl. zu Penelope, die ihrem Manne die Treue gehalten hatte u. sich ihrer dreisten Freier kaum noch zu erwehren wußte, zurück. Penelope hatte dem ihre Hand zugesagt, der den Bogen des O. zu spannen wisse. Dazu zeigte sich nur O. selbst in der Lage; er wurde jetzt v. seiner Gattin erkannt, u. er tötete alle, die sie bedrängt hatten. Über das weitere Geschick des Helden geht die Überl. auseinander. Am bekanntesten ist die Geschichte seiner Tötung durch ↗Telegonos, den mit Kirke gezeugten Sohn, der, als er herangewachsen war, sich auf die Suche nach seinem Vater machte u. diesen mit einem Rochenstachel umbrachte, ohne ihn zu erkennen. – In den vielen Abenteuern des O. auf seiner Heimfahrt mischen sich märchenhafte Züge mit heroischen u. auch sonst in Heimkehrergeschichten vorkommenden Elementen (↗Polyphemos). Der O.-Stoff bzw. einzelne Abenteuer daraus waren schon seit der Antike für Lit. u. bildende Kunst beliebte Vorlagen. – Vgl. ↗Ulysses, ↗Uilix, ↗Sperlonga.

O. ist nun nicht allein der „edle Held" unserer Vorstellung (vgl. auch ↗Standesunterschied). Der heimtück. Verrat an ↗Palamedes widerspricht dem; bei der Opferung der ↗Polyxena spielt er eine bes. „verwerfliche" Rolle. Wie kann man sich dieses widersprüchl. Bild erklären? Einmal gibt es in jedem Mythenkomplex immer wieder die wichtige erzähler. Funktion des „Bösewichts", der die Handlung voranbringt. Zum anderen dürfen wir auch nicht vergessen, daß O. zwar göttl. Herkunft war (wie alle vornehmen Helden u. Herrscher!), aber, zumindest nach einer Überlieferung, ein Bastard des Autolykos bzw. dessen Enkel, und dieser „Meisterdieb" war ein Sohn des Hermes, der

ebenfalls u.a. der Gott der Schelme u. Diebe war – (siehe Farbtafel S. 305).

Oedipus, *Ödipus,* ↗Oidipus.

Oenfer, Bruder des ↗Conle, der „Einzige", der zurückblieb, als Conle aus Irland in das „Land der Lebenden", das Paradies, entführt wurde.

Oengus, *Aengus,* ir. Gott, Sohn des ↗Dagda. – O. sah im Traum einmal „das schönste Mädchen von Irland" u. erkrankte in Liebe zu ihm. Es war ein Elfenmädchen, das er erst nach vielen Verwicklungen für sich gewinnen konnte; u.a. wurde mit Hilfe des Kg. von Connacht, Ailill, der Elfenhügel (síd) gestürmt.

Oervandil, *Aurvandil,* Gemahl der nord. Zauberin ↗Groa, die einen Splitter aus Thors Haupt entfernen sollte.

Offa ↗Uffo.

Offasage, eine Sage, die v. Kämpfen in der alten Heimat der ↗Angeln in Schleswig-Holstein im 4. Jh. n. Chr., vor der Eroberung Britanniens, handelt. – ↗Uffo.

Offenbarung ↗Mythos.

Ogam, *Ogham-Schrift,* ähnl. der Idee der ↗Runen als Kerbschnittschrift entstanden, zählt die O.-Schrift jedoch die Schriftzeichen als Kerben auf einer durchgehenden Grundlinie; Buchstabenschrift der ältesten irischen Sprachdenkmäler (4. bis 7. Jh.).

Ogier le Danois ↗Holger Danske.

Ogma, *Ogmios,* ir. Gott, den man mit ↗Herakles gleichsetzte. In der ersten Schlacht v. Mag Tured wurde der Fomore-Kg. Tethra getötet, u. O. nahm dessen berühmtes Schwert an sich. Neben dem krieger. Aspekt waren auch Weisheit u. Beredsamkeit für den Gott charakteristisch, Fähigkeiten, die ihm v. seinem Vater Elada vererbt worden sein sollen.

Ogmios, ein kelt. Gott, wie der german. ↗Wodan (?) ein „Kulturbringer", den die Römer in ihrer Vorstellung der ↗„Interpretatio Romana" mit dem lat. Gott Mercurius gleichsetzten.

Ogygia, jene Insel, auf der der griech. Odysseus 7 Jahre mit der Nymphe ↗Kalypso verbrachte. Die Angabe des Zeitraumes schwankt in den einzelnen Überl.

Ogygos, vielleicht ein Sohn des griech. Gottes Poseidon, Gemahl einer Tochter des Zeus. Ein Teil der Überl. berichtet, daß unter seiner Herrschaft in Theben eine große Sintflut ausgebrochen sei. In der att. Sage tritt er als Vater des Heros Eleusis auf.

Oiagros, thrak. Flußgott oder auch Kg. v. Thrakien; gilt in der Überl. zumeist als Vater des ↗Orpheus.

Oibalos, Kg. v. Sparta oder doch Mitgl. der spartan. Herrscherfamilie; Sohn des ↗Kynortas. Er heiratete Gorgophone, die Witwe seines Bruders. – ↗Tyndareos.

Oidipus
tötet die Sphinx

Kadmos – Harmonia
┌─┘
Polydoros – Nykteïs
┌─┘
Labdakos
│
Laïos – Iokaste
┌─┘
Oidipus – Iokaste
┌─┘
Eteokles
Polyneikes
Antigone
Ismene

Oidipus, *Oedipus, Ödipus* (der Name wurde in der Antike in der Regel als „Schwellfuß" erklärt); eine der wichtigsten Figuren des theban. Sagenkreises, Sohn des Kg. ↗Laïos u. der ↗Iokaste (bei Homer Epikaste). Laïos wurde durch das Delphische Orakel gewarnt, einen Sohn zu zeugen, da dieser seinen Vater töten u. seine Mutter heiraten werde. Um dem Unglück vorzubeugen, durchbohrte Laïos dem Sohn, den seine Frau ihm dennoch gebar, die Füße u. setzte das Kind auf dem Berg Kithairon aus. Dort wurde der Knabe v. Hirten gefunden u. zu Kg. Polybos u. seiner Gemahlin, dem kinderlosen Herrscherpaar v. Korinth, gebracht, die ihn aufzogen. Als junger Mann befragte O., der das Geheimnis seiner Herkunft lüften wollte, das Delphische Orakel, das ihm dieselbe Antwort gab wie einst seinem Vater. Da O. den schreckl. Hinweis auf seine Pflegeeltern bezog, kehrte er nicht zu ihnen zurück, um ihnen kein Leid anzutun. Auf seiner Wanderung durch Phokis stieß er auf den ihm unbekannten Laïos, geriet mit dessen Wagenlenker in Streit u. erschlug bei dieser Gelegenheit seinen leibl. Vater. In Theben löste er das Rätsel der ↗Sphinx, u. da er die Stadt v. dem Ungeheuer befreit hatte, erhob man ihn zum Kg. und vermählte ihn mit der Witwe des Laïos. Aus dieser Ehe gingen die Söhne Eteokles u. Polyneikes u. die Töchter Antigone u. Ismene hervor. Als nach einer langen glückl. Zeit die Pest ausbrach, zu deren Abwendung das Delphische Orakel befragt wurde, forderte dieses dazu auf, den Mörder des Laïos ausfindig zu machen. Bei dieser Gelegenheit kam die verhängnisvolle Wahrheit ans Licht. Iokaste gab sich den Tod durch Erhängen, O. blendete sich u. wurde v. seinen Söhnen, die er feierl. verfluchte, vertrieben. Von Antigone begleitet, wanderte er nach Attika, wo er im Hain v. Kolonos bis zu seinem Lebensende Aufnahme fand. – Von den zahlr. literar. Bearbeitungen sind die zwei O.-Tragödien des Sophokles wohl die bedeutendsten. Im „Oidipus Tyrannos" wird das Leben des Helden mit seinem grauenvollen Hintergrund sichtbar gemacht. Das Werk „Oidipus auf Kolonos" beschreibt die letzten Jahre des O. fern v. Theben. – ↗Ödipuskomplex.

Oikles, Gemahl der ↗Hypermestra, Vater des Amphiaraos; er wurde wahrscheinl. im Kampf des Herakles mit dem troian. Kg. ↗Laomedon getötet.

Oïleus, Kg. v. Lokris, Gemahl der Eriopis, Vater v. ↗Aias 1); er gehörte zu den Argonauten u. galt als einer der Geliebten des griech. Gottes ↗Apollon.

Oineus, Kg. v. Kalydon, Vater mehrerer Kinder, darunter ↗Meleagros, ↗Tydeus u. ↗Deïaneira. Über ihn wurden versch. Sagen berichtet. So heißt es u.a., Dionysos habe ihm den Weinstock geschenkt (vgl. ↗Oinopiou u. ↗Ikarios v. Athen) oder auf Veranlassung v. Athena (nach anderer Version Artemis) sei das Land v. dem ↗Kalydonischen Eber verwüstet worden, weil der König es versäumt hatte, der Göttin zu opfern. O. tötete seinen Sohn Toxeus (↗Toxeus 1), weil dieser die Befestigung der Stadt Kalydon dadurch verspottete, daß er den Graben übersprang (vergleiche ein ähnliches Motiv bei Romulus und ↗Remus bei der Gründung v. Rom).

Oino (griech. = Weinmädchen), eine Tochter des ↗Anios, die Dionysos glühend verehrte; Schwester v. Spermo (= Samenmädchen) u. Elaïs (Olivenmädchen). Sie konnte Wein aus der Erde hervorbringen, indem sie den Boden berührte.

Oinomaos, Kg. v. Pisa im griech. Elis, wahrscheinl. ein Sohn des Ares, Gemahl der Sterope, die ihm ↗Hippodameia gebar. Er tötete sämtl. Freier seiner Tochter, indem er sie zu einem Wagenrennen zwang, aus dem er stets siegreich hervorging. Nur Pelops gelang es, den Kg. u. dessen geflügelte Pferde zu überlisten u. Hippodameia für sich zu gewinnen.

Oinone, Tochter des griech. Flußgottes ↗Kebren, Gemahlin des ↗Paris. Sie prophezeite, daß ihr Mann Helena entführen u. den Troian. Krieg auslösen werde. Als Paris verwundet aus Sparta zurückkehrte, weigerte sie sich, ihn mit einem Heilmittel, das sie besaß, zu retten, da er ihr einst wegen Helena die Treue gebrochen hatte. O. beging Selbstmord.

Oinopion, Kg. in Chios, Sohn des Dionysos (nach anderer Version des Theseus) u. der Ariadne, Gemahl der Helike, die ihm außer mehreren Söhnen auch die Tochter ↗Merope 5) gebar. Dionysos lehrte ihn den Weinanbau (vgl. ↗Oineus). O. blendete ↗Orion aus Rache für den Raub der Merope.

Oisín, altir. Ossin, ↗Ossian.

Oite, *Oita,* Gebirgsstock in Mittelgriechenl., wo der Sage nach ↗Herakles, v. den Wunden, die ihm das ↗Nessoshemd zufügten, gepeinigt, sich auf einem Scheiterhaufen verbrennen ließ.

Okaleia, Gattin des Abas, Mutter der Zwillingsbrüder ↗Akrisios u. ↗Proitos.

Okeaniden, in der griech. Mythologie die Töchter des ↗Okeanos u. der Tethys, 3000 an der Zahl, die die Gabe der Verwandlung besaßen. Sie lebten nur z. T. im Wasser, z. T. auch auf dem Lande u. hatten für die Menschen eine unterschiedl. Bedeutung. – ↗Nymphen.

Okeanos, in der griech. Mythologie urspr. der die Erdscheibe umfließende Strom, in Verbindung mit anderen Flüssen u. Meeren gedacht, aber doch v. diesen getrennt. Erst allmählich wurde der O. zur Bz. für das Weltmeer („Ozean"). – Personifiziert war O. ein Titan, Sohn des Uranos u. der Gaia, Bruder u. Gatte der Tethys u. Vater der ↗Okeaniden. Von dem Kampf der Titanen hielt er sich fern, so daß er nicht wie seine Brüder nach deren Niederlage in

Okeanos

den Tartaros geworfen wurde, sondern die Herrschaft über die Meere behielt.

Oknos, Sohn des Tiber, Gemahl einer zügellosen, verschwender. Frau. Er gehörte als „Zauderer" der Erz. nach zu den Verdammten im Hades, wo er Seile flechten mußte, die eine Eselin fortwährend auffraß.

Okypete, in der griech. Mythologie eine der ↗Harpyien aus den Nachkommen des Pontos .

Olaf, häufiger Königsname in der nord. Überl. **1)** ein schwed. Kg., der ähnlich ↗Domaldi nach mehrmaligem Zögern u. allerlei Versuchen, seinem Volk Fruchtbarkeit u. Wohlstand zu erhalten, schließl. selbst geopfert wurde. – **2)** ein dän. Kg., Sohn des Fridleif, dem die böse ↗Norne als Taufgeschenk den Geiz verehrte.

Olaf Åsteson, *Olaf Åkneson,* Sprecher eines visionären Gedichts, des norweg. Traumliedes, des ↗Draumkvede. Olaf fiel in einen tiefen Schlaf, in dem er u. a. die über einen Fluß Gjöll führende Brücke ↗Gjallarbru überquerte, welche zum Paradies führte. Darauf folgt eine Schilderung des Jüngsten Gerichts mit dem Teufel auf einem schwarzen Pferd, der sich gg. den hl. Michael auflehnte.

Olaus Magnus, schwed. Geschichtsschreiber u. Kartograph, *1490, †1557/58; seine „Historia de gentibus septentrionalibus", Rom 1555, ist ein Hauptwerk für unsere Kenntnis der Volksüberlieferung mytholog. Art im Anschluß an altnord. Kultvorstellungen; niedere ↗Dämonen wie Wassermann usw. sind hier erläutert u. aus kirchl. Sicht (der Verf. war kath. Priester) interpretiert, z. T. heute verlorene Runendenkmäler sind aus eigenem Augenschein dokumentiert.

Oldenburg in Holstein, *Aldenburg,* ↗Prove.

Oleg, †912, russ. Fürst v. Nowgorod und – nach seiner Eroberung im Jahre 882 – von Kiew, Gründer des Kiewer Reiches. Die altruss. ↗Nestorchronik erzählt v. seinem sagenhaften Tod durch sein Lieblingspferd. Dichter. verarbeitet wurde die Erz. v. Aleksandr Puschkin in „Das Lied vom weisen Oleg", 1822.

Olger Danske ↗Holger Danske.

Ölgötze, verschiedentl. für Götzenbild, Bildsäule u. danach abgeleitet für einen plumpen, unbeholfenen Menschen verwendeter Begriff. Die Bedeutung ist unsicher, aber als Vermutung ist (wohl fälschl.) ein Zshg. mit heidnischem Opferkult geäußert worden. – ↗Kobold.

Olifant, sagenhaftes Horn Rolands in der altfrz. ↗Chanson de Roland.

Olive, der der griech. Athena heilige Baum. Symbol gewisser Tugenden, z. B. der Weisheit. Bereits in der Antike findet oft eine ikonograph. Vermischung mit der ↗Palme statt, die mit ihrer Widerstandskraft als Siegeszeichen galt. – Vgl. das „Olivenmädchen" ↗Elaïs.

Olivier, Gefährte Rolands in der altfrz. ↗Chanson de Roland.

Olympos	Der Berg Olympos als Sitz der großen olymp. Götter		
griech. Namen	lat. Namen	griech. Namen	lat. Namen
Apollon	Apollo	Hephaistos	Vulcanus
Aphrodite	Venus	Hera	Juno
Ares	Mars	Hermes	Mercurius
Artemis	Diana	Hestia	Vesta
Athena	Minerva	Kronos	Saturnus
Demeter	Ceres	Poseidon	Neptunus
Dionysos	Bacchus	Rheia	Cybele
Gaia	Terra	Selene	Luna
Hades	Pluto	Uranos	Uranus
Helios	Sol	Zeus	Jupiter

Olympia, Orakel- u. Kultort auf der Peloponnes u. wichtiger Versammlungsort aller Griechen (↗Olympische Spiele). Hier wurde seit dem 2. Jt. v. Chr. ↗Pelops verehrt, seit dem 1. Jt. auch Zeus. Um 600 v. Chr. wurde der Hera-Tempel err., um 430 v. Chr. war das hier aufgestellte Zeus-Kultbild des ↗Pheidias berühmt.

Olympische Spiele, die wohl bedeutendsten der ↗Panhellenischen Spiele; sie wurden alle vier Jahre zu Ehren des Gottes Zeus in Olympia

Olympos:
Pan unterweist Olympos 2) im Flötenspiel

Olympische Spiele im antiken Griechenland	
Wettkampfarten:	Pentathlon (= Fünfkampf)
	Sprung
Stadionlauf (192,27 m)	Lauf
später, 3 bzw. 5 Tage	Diskuswurf
dauernd, erweitert um:	Speerwurf
	Ringen
Langlauf	Pankration =
(= 24 Stadionlängen	gemischter Ring- und
= 4 608 m)	Faustkampf
Pferderennen	Wagenrennen (= 14 km)
Stadiondoppellauf	Waffenlauf (vollgerüstet)

Olympische Spiele:
Zeus, zu dessen Ehren die Olymp. Spiele in Olympia abgehalten wurden, daher Olymp. Zeus genannt

veranstaltet. Es handelte sich um sportl. Wettkämpfe, an denen zunächst begrenzte Kreise, dann alle freien (männl.) Griechen teilnehmen durften. Seit 776 v. Chr. wurden Siegerlisten geführt, doch reichen die Spiele selbst noch weiter zurück (vgl. ↗Klymenos 3). Zu den Wettkämpfen waren seit 632 v. Chr. auch Jugendl. zugelassen; außerdem wurde ein mus. Teil ins Programm aufgenommen. Den Siegespreis bildete ein Ölbaumzweig; die Sieger genossen auch in ihrer Heimat hohe Ehren u. mancherlei Privilegien, z. B. Steuerfreiheit. 393 n. Chr. verbot Ks. Theodosius der Große im Zuge der Christianisierung die O. S.

Olympos, 1) *Olymp,* Gebirgsmassiv mit dem höchsten Berg Griechenl., auf der Grenze zw. Thessalien u. Makedonien, am Golf v. Saloniki, 2911 m hoch; galt im Alt. als Sitz der griech. Hauptgötter (*Olympier*). – **2)** ein berühmter Flötenspieler, schon seit dem Alt. häufig als hist. Gestalt betrachtet. Der Sage nach entweder Vater des ↗Marsyas oder dessen Schüler. Seine Heimat lag am mys. Berg Olympos (Kleinasien), wo Pan ihn im Syrinxspiel unterrichtete.

Omphale, Königin v. Lydien, Gemahlin des ↗Tmolos. Nachdem Herakles den ↗Iphitos getötet und weitere Missetaten begangen hatte, mußte er, um seine Reinigung zu erreichen, für

Fortsetzung auf Textseite 320

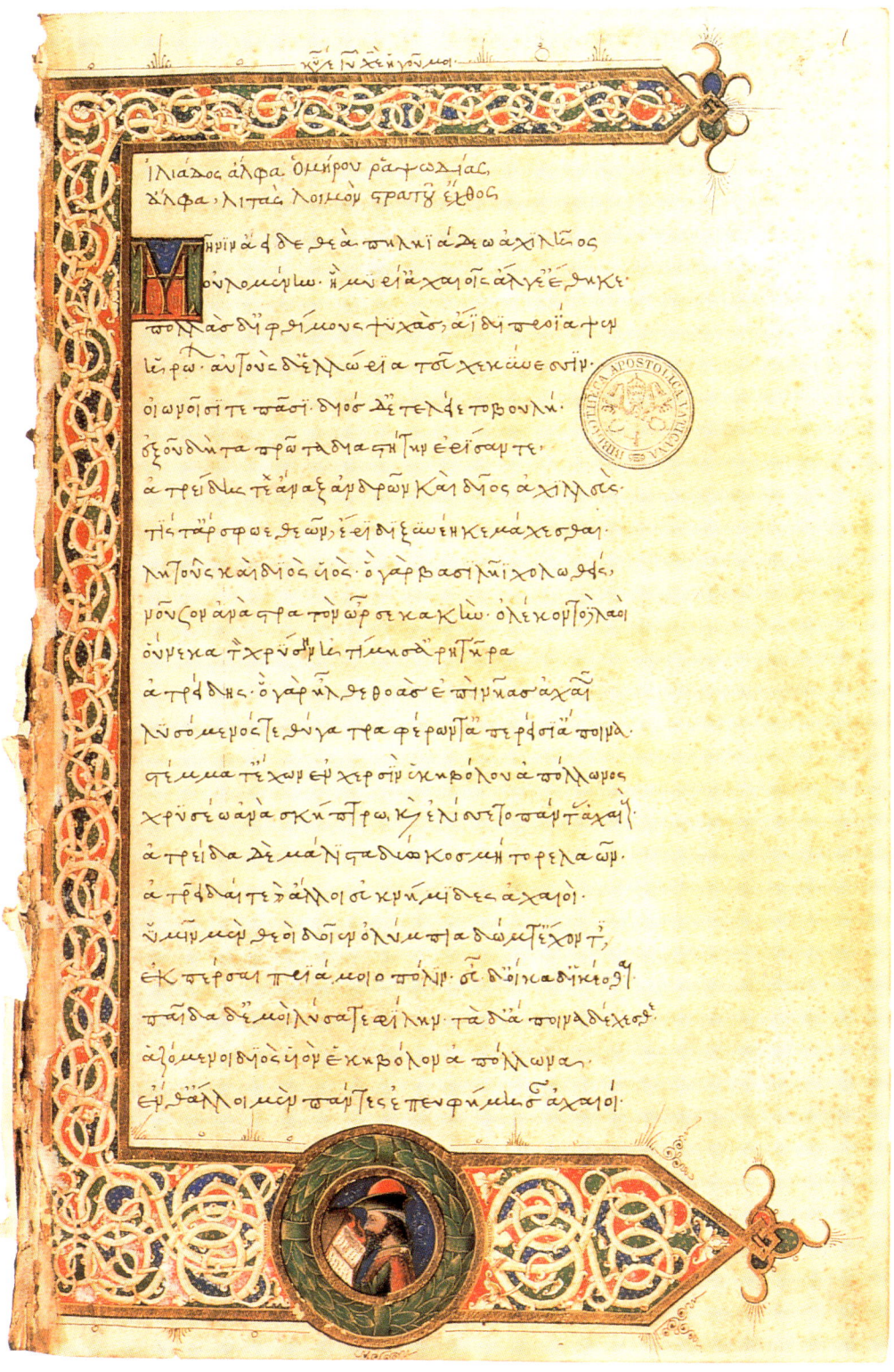

Ἰλιάδος ἄλφα Ὁμήρου ῥαψωδίας,
ἄλφα, λιταὶ, λοιμὸν, στρατοῦ, ἔχθος

Μῆνιν ἄειδε θεὰ Πηληϊάδεω Ἀχιλῆος
οὐλομένην· ἣ μυρί᾽ Ἀχαιοῖς ἄλγε᾽ ἔθηκε·
πολλὰς δ᾽ ἰφθίμους ψυχὰς Ἄϊδι προΐαψεν
ἡρώων· αὐτοὺς δὲ ἑλώρια τεῦχε κύνεσσιν
οἰωνοῖσί τε πᾶσι· Διὸς δ᾽ ἐτελείετο βουλή·
ἐξ οὗ δὴ τὰ πρῶτα διαστήτην ἐρίσαντε
Ἀτρείδης τε ἄναξ ἀνδρῶν καὶ δῖος Ἀχιλλεύς.
τίς τ᾽ ἄρ σφωε θεῶν ἔριδι ξυνέηκε μάχεσθαι.
Λητοῦς καὶ Διὸς υἱός· ὁ γὰρ βασιλῆϊ χολωθεὶς
νοῦσον ἀνὰ στρατὸν ὦρσε κακήν· ὀλέκοντο δὲ λαοί·
οὕνεκα τὸν Χρύσην ἠτίμασεν ἀρητῆρα
Ἀτρείδης· ὁ γὰρ ἦλθε θοὰς ἐπὶ νῆας Ἀχαιῶν
λυσόμενός τε θύγατρα φέρων τ᾽ ἀπερείσι᾽ ἄποινα·
στέμμα τ᾽ ἔχων ἐν χερσὶν ἑκηβόλου Ἀπόλλωνος
χρυσέῳ ἀνὰ σκήπτρῳ· καὶ ἐλίσσετο πάντας Ἀχαιούς·
Ἀτρείδα δὲ μάλιστα δύω κοσμήτορε λαῶν·
Ἀτρείδαι τε καὶ ἄλλοι ἐϋκνήμιδες Ἀχαιοί·
ὑμῖν μὲν θεοὶ δοῖεν Ὀλύμπια δώματ᾽ ἔχοντες
ἐκπέρσαι Πριάμοιο πόλιν· εὖ δ᾽ οἴκαδ᾽ ἱκέσθαι·
παῖδα δ᾽ ἐμοὶ λύσαιτε φίλην· τὰ δ᾽ ἄποινα δέχεσθαι·
ἁζόμενοι Διὸς υἱὸν ἑκηβόλον Ἀπόλλωνα·
ἔνθ᾽ ἄλλοι μὲν πάντες ἐπευφήμησαν Ἀχαιοί·

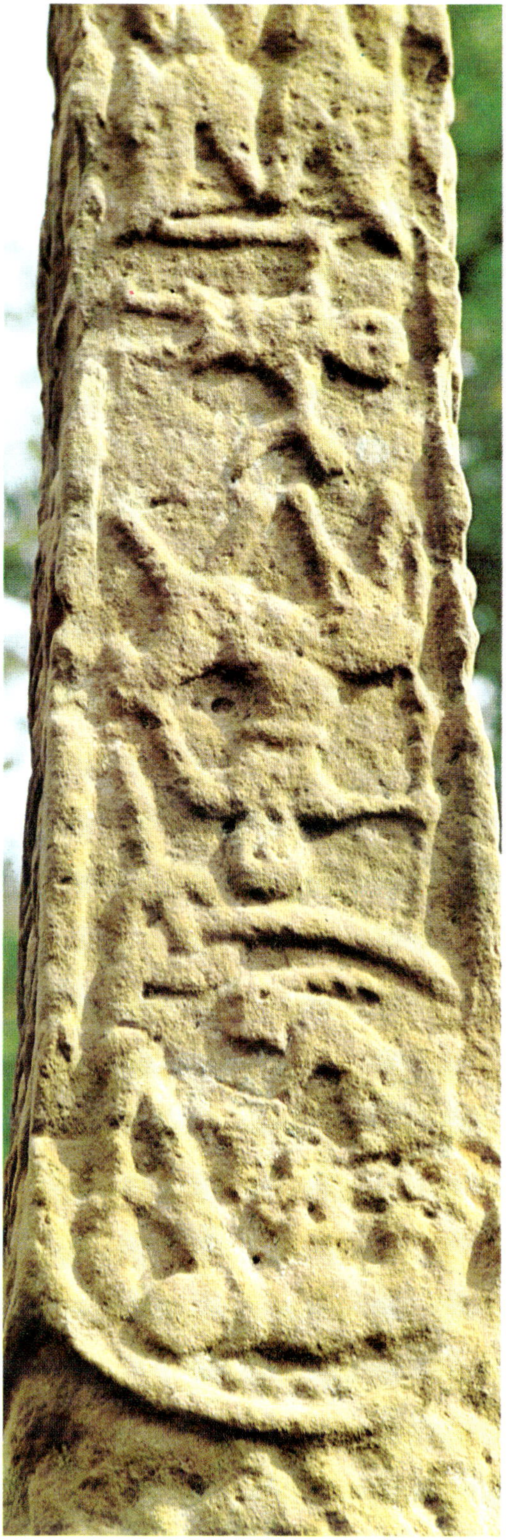

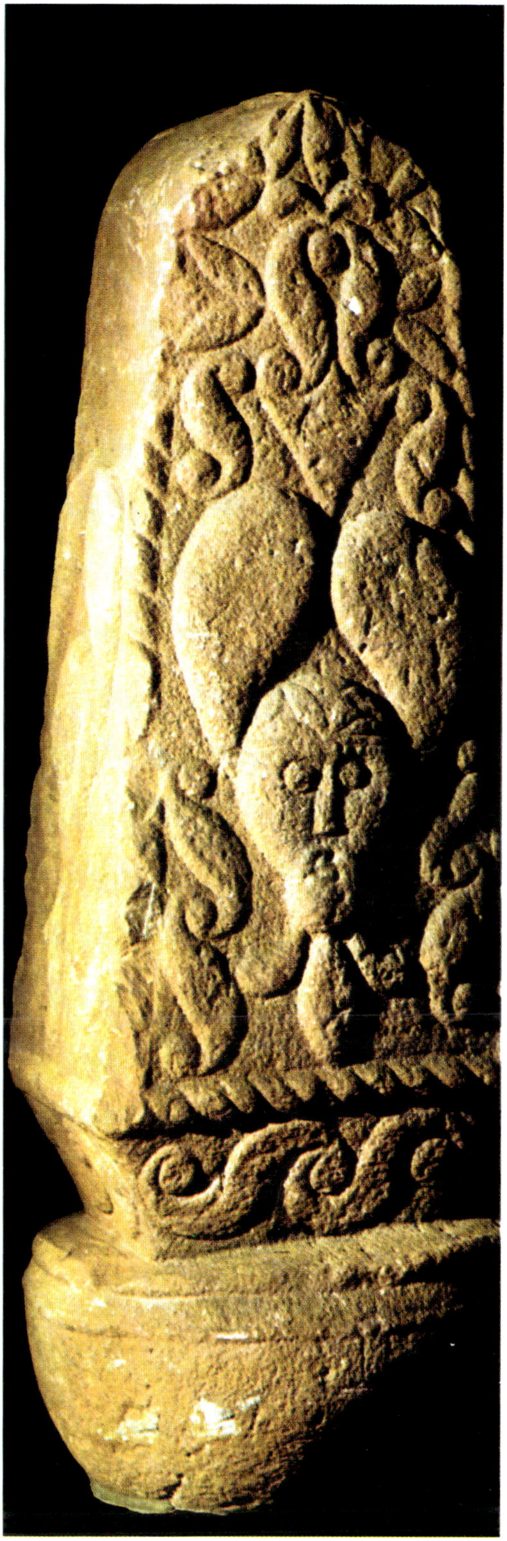

Pzeceffus du pzemier
liure a efte
declairee la
genealogie
et les faiz de faturne. De
Jupiter son fils. Du vaillant
cheualier persex et en x
lie, dheraules comment il
deftruisift la pzemiere foiz
la cite de Tozes. et miff en

fuiff le roy Laomedon. Lacte
au plaisir de dieu enlce en
ce second liure monftrera a
pla m les chars fait diffiec
de memoire de icellui hera
les. Et comment il don sa con
paignie de Jason deftruifift
la seconde fozs la cite de tozes
ocift le roy Laomedon et en
mena sa fille et dame en greece
laquelle il donna a Tax

ein Jahr (nach anderer Version für drei Jahre) bei O. niedrige Dienste verrichten. Die griech. Sage erzählt, die Königin, die mit ihm ein Liebesverhältnis unterhielt, habe ihn gezwungen, Frauenkleider zu tragen u. sich mit weibl. Arbeiten zu beschäftigen. Eine andere Überl. berichtet, Herakles sei so verweichlicht, daß er sich freiwillig das Ansehen einer Frau gegeben habe. – Herakles im Dienste der O. war ein beliebtes Thema der bildenden Kunst.

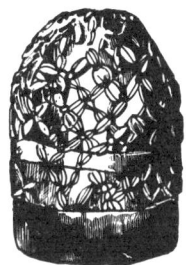

Omphalos:
der O. von Delphoi

Omphalos, neben dem Dreifuß der bedeutendste Kultgegenstand in ↗Delphoi, ein Steinblock, um den sich mancherlei Mythen u. Sagen ranken. So soll das Heiligtum einst einer minoisch-myken. Göttin gehört haben, die später v. den Griechen mit ↗Gaia gleichgesetzt wurde. Zwei Adler (nach anderer Version handelte es sich um andere Vögel), je einer v. jedem Ende der Welt, seien losgeschickt worden u. hätten sich beim O. getroffen (der „Nabel" der Welt). Eine andere Erz. berichtet, es handle sich um jenen Stein, den ↗Kronos verschlungen habe in der Meinung, es gehe um seinen Sohn Zeus. Nachdem er ihn wieder ausgespien hatte, sei er in den Tempel des Delphischen Orakels gebracht worden. – Der O. wurde vielfach für den Sitz der Prophezeiung gehalten bzw. für den Dreifuß, auf dem die ↗Pythia Platz nahm.

Oneiroi, die Kinder v. ↗Hypnos oder Nyx; sie lebten in der Nähe eines der Eingänge zur griech. Unterwelt.

Onka, auch *Onga,* eine phönik. Göttin, die mit Athena gleichgesetzt wurde; durch Kadmos in Theben eingeführt.

Opferfunde, etwas irreführend „Moorfunde" gen. Z.T. handelt es sich wohl – so die ältere Auffassung – um Kriegsbeute, die rituell unbrauchbar gemacht worden ist (verbogene Waffen, vgl. z.B. ↗Nydam und ↗Schwert), z.T. offensichtl. um kontinuierl. Opferplätze, an denen Gebrauchsgeräte u. auch Waffen niedergelegt bzw. im See versenkt wurden. Untersucht wurde z.B. der schwed. O. im heutigen Moor v.

Skedemosse auf Öland in den Jahren 1959/62: Weihegaben, Pferdegeschirr, zuweilen Menschenopfer, Waffen, Speiseopfer, Funde mit Brandspuren usw. Sie sind kontinuierl. datierbar seit etwa dem 1.Jh. bis zum 7.Jh. n.Chr., der Opferplatz im See wurde also in diesen Jahrhunderten immer wieder verwendet.

opfern: Das erste opfern, das einem begegnet, Versprechen u. Gelübde an die Götter; es endet tragisch, wo es der eigene Sohn (↗Idomeneus) oder die eigene Frau ist, die dem glückl. Heimkehrenden entgegengeht. Es ist ein verbreitetes Motiv abendländ. Erz., Sagen u. Märchen, vielfach abgewandelt, z.B. in der ↗Baumeistersage (Brückenbau mit übernatürl. Hilfe), in der der Mann vorschnell denkt, es werde ihm wohl sein Hund zuerst begegnen, u. deswegen willig den Pakt mit dem Teufel oder einer ähnl. Figur eingeht. Statt dessen verlangt die Brückenvollendung nun ein Menschenopfer u. zudem eines aus der nächsten Verwandtschaft.

Opferzeiten. Hauptopferzeiten im german. Kult waren nach Snorris „Heimskringla" der Herbst (15. Okt.), die Mittwinterzeit (↗Jul) u. der Sommer (↗Disenopfer). Besonders große Opferfeste sind in einem neunjährigen (↗Zahlen) Rhythmus bezeugt. Während sich die german. O. derart am bäuerl. Jahr u. dem Wechsel der Jahreszeiten orientierten, waren in griech. u. röm. Antike die O. an bestimmte, festgelegte Kalenderdaten gebunden. Zu den wichtigsten röm. Göttergestalten gab es festgelegte Feiertage, wie z.B. zu Saturnus die „Saturnalia" vom 17. bis 19. Dez. Ein Erntedankfest zu Ehren der röm. Göttin ↗Ops wurde am 25. Aug. gefeiert (man vgl. auch zu versch. anderen Göttern).

Opheltes, Sohn des ↗Lykurgos 2), des Kg. v. Nemea, dessen Amme u. Wärterin ↗Hypsipyle war. Als Hypsipyle ihn einst im Grase ablegte, um den Sieben gegen Theben eine Quelle zu zeigen, wurde das Kind v. einer Schlange getötet. Man setzte es unter dem Namen Archemoros (= Tod verursachend) bei, u. sein Tod galt für die Sieben als böses Omen. Dem O. zu Ehren wurden die ↗Nemeischen Spiele eingerichtet.

Ophion, ein griech. Titan, urspr. wohl ein Gott; viell. Gemahl der Eurynome, mit der zus. er den Olymp beherrschte, bis das Paar v. Kronos u. Rheia ins Meer oder in den Tartaros gestürzt wurde.

Ophiten ↗Schlange.

Opis, auch *Upis,* eine Gefährtin der Artemis, die, einem Teil der Überl. nach, Orion zu entehren suchte, worauf Artemis den Orion tötete.

Andere Quellen bezeichnen O. oder Upis als Name oder Beiname der Artemis.

Ops, röm. Göttin der Ernte u. des Erntesegens, dann des Reichtums überhaupt. Zu ihren Ehren wurden mehrere Feste gefeiert, vor allem das Erntedankfest am 25. Aug. O. stand mit Consus in Verbindung, galt als Gemahlin des Saturnus u. wurde mit der griech. Rheia gleichgesetzt. In Rom verehrte man sie auch als Göttin v. Ehe u. Familie.

Oracula Sibyllina, griech. Weissagungen (↗Orakel), Sammlung des 5. oder 6. Jh. n. Chr. in mehreren Büchern, die der ↗Sibylle zugeschrieben wurden. Mischung v. hellenist. Judentum auf heidn. Grundlage mit frühchristl. Propaganda (vgl. ↗Synkretismus). Die Untergangsbilder mit dem Anspruch eines apokalypt. Evangeliums waren v. Haß auf Rom diktiert u. spiegelten eine depressive Zeitstimmung, die auch in anderen Jh. wieder wirksam werden konnte: griech. hrsg. in Basel 1545, dt. Frankfurt/M 1565, lat. Mailand u. Rom 1817/1828.

Orakel, in der Religionsgeschichte vieler Völker bedeutsames Mittel der Willensmitteilung einer Gottheit, um den Menschen Anweisungen für ihr Verhalten u. Auskunft über räuml. u. zeitl. fernliegende Dinge und Ereignisse zu geben. Zugleich Bz. des Ortes, an dem die Befragung der Gottheit stattfand – auch in polit. Dingen (↗Apollon). Das O. kam durch Beobachtung u. sachkundige Interpretation bestimmter Zeichen zustande, etwa durch Betrachtung der Eingeweide v. Opfertieren, des Vogelflugs, der Sterne, der Träume, des Rauschens v. Blättern der Bäume in den heiligen Hainen usw. oder durch direkte Fragestellungen eines Mediums an die Götter, deren häufig verschlüsselte Antworten v. Deutern ausgelegt werden mußten. Berühmte kult. Orakelstätten der griech. Antike waren neben ↗*Delphoi* u. a. ↗*Dodona* u. ↗*Olympia*. Von sehr viel geringerer Bedeutung war die an einen Ort gebundene Befragung des O. in It. (↗*Cumae*). – Daneben gab es auch die direkte, lokal ungebundene Prophezeiung durch charismat. begabte Personen, für die etwa ↗Kassandra als Beispiel gen. werden kann.

Die Formen für das O. konnten sehr vielfältig sein, und wir können manchmal schwer entscheiden, was davon wohl geglaubte Wirklichkeit war oder nur lit. Erz.: In einem Kreis wurden die Buchstaben des Alphabets gelegt u. auf jeden Buchstaben ein Korn. Man ließ einen Hahn einige Körner wegfressen u. versuchte aus den damit ausgewählten Buchstaben eine Botschaft zus. zusetzen. – Eine dem Augustus erbaute Ehrensäule wurde vom Blitz getroffen u. das C von „Caesar Augustus" wurde zerstört. Man schloß daraus, daß der Ks. in hundert Tagen (lat. = C) zu den „Aesar", etrusk. „die Götter", gehen würde. – In der Form eines Gottesgerichts fand man angebl. den Schuldigen für einen Mord, indem man auf einem dünnen Stock eine Axt locker aufliegen ließ, die sich bei Nennung des entspr. Namens bewegen sollte. – Der Glaube, durch die O. hätten tatsächl. „Dämonen" u. ä. zu den Menschen gesprochen, beschäftigte noch um 1683 einen gelehrten holländ. Mediziner, über den sich allerdings dann der frz. Kritiker Bernard de Fontenelle lustig machte („Histoire des oracles", Paris 1687): ein Vorläufer der Aufklärung. – Vgl. Traum-O. des ↗Amphiaraos; Los-O. der röm. ↗Fortuna v. Praeneste (Latium). – Vgl. ↗Klaros, ↗Pythia, ↗Teiresias.

oral literature (= „mündl. überlieferte Lit."), durch die neure amerikan. Forschung zum Problem der Überlieferung (↗Kontinuität) am Beispiel der serbokroat. Heldenepen im Vergleich mit Homer (M. Parry, A. B. Lord) angeregt, geht es um die allg. Frage nach dem Wert der Überl. in traditionellen Lit. gattungen. Mündlichkeit ist durch eine starke Formelhaftigkeit der Sprache geprägt, umgekehrt gilt aber der traditionelle Sprachbautyp der mündl. Überl. wohl fälschl. als Beweis für oral literature. So ist die strenge Mündlichkeit des Beowulf behauptet worden, aber man hat auch versucht, das Nibelungenlied stärker v. dieser Seite her zu betrachten, statt es als überragende dichter. Leistung des endgültigen Bearbeiters um 1200 zu sehen.

Orchomenos, 1) antike Stadt in Boiotien; der Sage nach v. Minyas gegr. – **2)** alte Stadt in Arkadien. – ↗Erginos.

Oreaden, die auf den Bergen wohnenden ↗Nymphen; sie begleiteten Artemis auf die Jagd.

Oreithyia, 1) eine der ↗Nereïden. – **2)** Tochter des Erechtheus. Sie wurde v. ↗Boreas geraubt, der sie nach Thrakien entführte u. mehrere Kinder mit ihr zeugte. – ↗Boreaden.

Orenda, Indianerwort für eine unpersönl. Kraft, die z. B. in einem ↗Amulett wirksam ist. Der Germane Ulfila verwendete dafür in seiner got. Bibelübers. das Wort „Macht" (Allmacht). Man hat german. O.-Vorstellungen u. a. im Bild v. dem angebl. beseelenden ↗Atem sehen wollen.

Orestes, bedeutende Gestalt der griech. Sage: Sohn des myken. Königs ↗Agamemnon u. der

↗Klytaimestra, Bruder v. Elektra, Iphigeneia u. Chrysothemis. Als sein Vater Agamemnon bei seiner Heimkehr aus Troia v. seiner Gattin u. Aigisthos umgebracht wurde, rettete seine Schwester Elektra ihn, indem sie ihn heiml. nach Phokis zu dem Onkel Strophios bringen ließ, wo O. zus. mit seinem Vetter Pylades aufwuchs. Später rächte er den Tod des Vaters an seiner Mutter u. an Aigisthos u. wurde danach als Muttermörder v. den Erinyen so lange verfolgt, bis auf dem Areopag ein Gerichtsverfahren gg. ihn in Gang kam. Die ↗Erinyen traten als Ankläger auf, Apollon übernahm die Verteidigung, u. Athena, die ihre Stimme für ihn abgab, bewirkte schließl. seinen Freispruch. Damit war seine Entsühnung vollzogen. – Nach einer anderen Überl. erfolgte die Reinigung des O., indem er mit seinem Freund Pylades das Kultbild der Artemis aus Tauris holte, wo er auch seine Schwester Iphigeneia wiederfand. In die Heimat zurückgekehrt, heiratete er Hermione u. vermählte Elektra mit Pylades. Die Sage erzählt, O. sei in Arkadien an einem Schlangenbiß gestorben; nach ihm trat sein Sohn Tisamenos die Herrschaft an. – Der Orestes-Stoff, in dessen Mittelpunkt die Blutrache steht, die einerseits v. den Göttern befohlen, andererseits mit strenger Strafe belegt ist, hat in der Lit. vielfach Eingang gefunden, am großartigsten wohl in der vollständig erhaltenen Trilogie „Oresteia" des Aischylos.

Orion, in der griech. Mythologie ein gewaltiger Jäger aus Boiotien, Sohn des Poseidon u. der Euryale. Als er ↗Merope 5) im Schlaf vergewaltigt hatte, blendete ihn deren Vater Oinopion, u. O. zog mit Hilfe eines Knaben des Hephaistos, den er auf den Schultern trug, gen Sonnenaufgang, um sich v. Helios heilen zu lassen (↗Kedalion). Bei seiner Rückkehr suchte er Rache an Oinopion zu nehmen, wurde aber v. seiner Geliebten Eos daran gehindert. Über sein weiteres Geschick geht die Überl. auseinander. Teils wird berichtet, Artemis hätte ihn aus Eifersucht auf Eos oder weil er ihr oder einer Nymphe aus ihrem Gefolge nachstellte, mit ihren Pfeilen bzw. durch einen ↗Skorpion getötet. Ein anderer Bericht besagt, er habe sich gerühmt, alle Tiere – sie galten als Schutzbefohlene der Artemis – erlegen zu können u. sei deshalb getötet worden. Auch ist v. der Nachstellung der jungfräul. ↗Pleiaden durch O. die Rede, mit denen zus. Zeus ihn als Siebengestirn an den Himmel versetzt habe. – ↗Side.

Orkneyinseln, Orkneys, nordatlant. Inselgruppe vor Nordschottland; von dem norweg. Kg. Harald Harfagri (um 870) erhielt Jarl Rögnvald die Shetlandinseln u. die Orkneys; v. Rögnvald stammen die mächtigen Orkney-Jarle ab.

Orkus ↗Unterwelt.

Orlog ↗Urlung („Krieg").

„Orm", „Wurm", in den nord. Sprachen Bz. für Drache (lat. draco) u. Schlange (lat. serpens); in der altnord. Edda Symbol für den Untergang u. den Tod. ↗Nidhöggr nagte am Weltenbaum Yggdrasil u. leitete Ragnarök, den Weltuntergang, ein. – Thor bekam bei einem Fischzug den „Midgardsorm" an den Haken (↗Midgardschlange, ↗Thors Fischzug). – Im Sagenkreis der Nibelungen warf Atli (Etzel) den Gunnar in den „ormegård" (Schlangengrube, dargestellt z.B. auf dem Wagen v. Oseberg; ↗Gunnar in der Schlangengrube). – Fáfnir (↗Fafnir) lag auf dem Drachenschatz, dem Nibelungenhort, u. bewachte diesen (vgl. ↗Drachenkampf).

Ormenos, einer der griech. ↗Lapithen; er wurde v. ↗Polypoites getötet.

Orosius, schrieb um 417 n.Chr. eine lat. „Geschichte wider die Heiden" („Historiae adversus paganos"), das erste lat.-christl. betonte Geschichtswerk, das bald die antiken heidn. Lehrbücher ablöste. Der Einfluß des O. war noch im MA erheblich.

Orpheus mit der Leier;
v. einem Krater aus Gela,
um 450 v.Chr.

Orpheus, bedeutender myth. Sänger u. Kitharode, Sohn des thrak. Flußgottes ↗Oiagros u. der Muse Kalliope; auch der griech. Gott Apollon wird gelegentl. als sein Vater gen., um ihn u. seine Kunst ins Göttliche zu erheben. O. ver-

Orpheus: nach einem Mosaikfußboden

mochte mit seinem Spiel Menschen, Tiere u. Pflanzen zu verzaubern u. einen Zustand paradiesischer Ruhe, in dem alle nur ihm lauschten, zu schaffen. Die besänftigende Wirkung seiner Musik zeigte sich auch auf der Argonautenfahrt, an der O. teilnahm u. die Stürme beruhigte. Im Mittelpunkt des Mythos um O. steht eine Fahrt in die Unterwelt zu seiner an einem Schlangenbiß gestorbenen geliebten Gattin Eurydike. Hades, v. O.s Kunst ergriffen, war bereit, ihm seine Gemahlin zurückzugeben unter der Bedingung, daß er sich auf dem Weg in die Oberwelt nicht nach ihr umschaue. Als er sich daran nicht hielt, verlor er ↗Eurydike für immer. Über sein weiteres Geschick sind unterschiedl. Berichte überliefert. Zum Frauenfeind geworden, sollen die thrak. Mainades ihn zerrissen haben; ein anderer Grund für seine gewaltsame Tötung lag in seiner Weigerung, nicht nur dem Apollon, sondern auch dem Dionysos zu opfern. Die Sage spricht ferner davon, sein Haupt u. sein Instrument seien über das Meer geschwommen, wobei die Leier zu einem Sternbild wurde. – ↗Orphik.

In der frühchristl. Kunst erschien O. zuweilen als Prototyp (Vorläufer) für Christus. – O. bezauberte mit seiner Kunst die wilden Tiere, Graphik v. Hans *Wechtlin*, um 1512; ein beliebtes

Thema der ↗Renaissance, wie es aus It. nach dem N kam. „O. vates", der Sänger/Seher O., sitzt als nackter Jüngling auf einem ruinösen Mauerwerk, und die Tiere lauschen dem Spiel seiner Viola (ein zeitgenöss. Instrument, nicht die antike Kithara bzw. Lyra). Mögl. Vorlagen lieferten z. B. Nicoletto da Modena (vor 1500) u. Werke aus dem Kreis um den großen italien. Maler Andrea Mantegna (*1431, †1506). – Sehr frei bearbeitete J. Cocteau den antiken Stoff in seiner frz. Tragödie „Orphée" (1926): O. vernachlässigte seine Frau zugunsten eines sprechenden Pferdes; es folgt ein Ehestreit mit vielen surrealist. Effekten (verfilmt 1950). Andere literarische Bearbeitungen von u. a. Tennessee Williams (amerikan., 1957), Oskar Kokoschka (1917) u. Jean Anouilh (1942). Vergleiche auch die „Sonette an O." v. R. M. Rilke (1923) – (siehe Farbtafel S. 306).

Orphik, nach ↗Orpheus ben. philosoph.-rel. Bewegung der hellenist. Antike; wohl in Thrakien im 6. Jh. v. Chr. entstanden, verbreitete sich über Griechenl., Kreta, Süd-It. u. Kleinasien; z. T. in losen Gemeinden zusammengefaßt; erschien auf der Grundlage einer schriftl. fixierten Kosmogonie u. Theogonie als Mysterienkult, der bes. v. Wanderpriestern geübt wurde. In Verbindung mit Reinigungsriten und Weihen sollte durch ein reines sittl.-rel. „orphisches Leben" (Verringerung der Wiedergeburten) ein seliges jenseitiges Leben gesichert werden.

Orplid, Phantasie-Insel, lit. Erfindung von u. a. Eduard Mörike (in dem Roman „Maler Nolten", 1823).

Orsedike, Tochter des Kinyras, des Kg. v. Paphos. Nach einer Liebesaffäre wanderte sie nach Ägypten aus.

Orseis, eine griech. Nymphe, Gattin des ↗Hellen, Mutter v. ↗Aiolos, ↗Doros u. ↗Xuthos.

Orsilochos, Sohn des griech. Flußgottes ↗Alpheios.

Orte, Sohn Kriemhilds u. Kg. Etzels nach dem mhd. ↗Nibelungenlied. – Die Dietrichsagen kennen zwei Söhne Etzels, v. denen einer *Ortliep* hieß.

Orthros, auch *Orthos,* der zweihäuptige Hund des Hirten Eurytion, hervorgebracht v. Typhon u. Echidna; er bewachte das Vieh des ↗Geryoneus, das Herakles in seiner 10. „Arbeit" raubte, wobei er Eurytion und O. erschlug.

Ortliep ↗Orte.

Ortnit, *Ortnid,* sagenhafter Kg. der Langobarden, Sohn des Zwergenkönigs ↗Alberich u. zugleich Titelgestalt einer mhd. Heldendichtung

der 1. Hälfte des 13. Jh. Das v. einem ostfränk. Dichter in der Nibelungenstrophe verfaßte Epos, für das die Verbindung v. abenteuerl. u. märchenhaften Elementen charakterist. ist, erzählt die Geschichte v. O.s Brautfahrt in den Orient, wo er Sidrat, die Tochter des Syrerkönigs Machorel, raubte. Bei dem Kampf zw. Heiden u. Christen war Alberich ihm behilflich. Machorel, der alle Freier der Sidrat, die er keinem Manne gönnte, zu töten pflegte, nahm auch diesmal grausame Rache. Er schickte zwei Dracheneier, u. als die Drachen ausgeschlüpft waren, verwüsteten sie O.s Land u. töteten den König. Die Rache übernahm der Held Wolfdietrich, der auch den Thron des Verstorbenen erbte. Der Wolfdietrich-Stoff u. der Ortnit-Stoff sind so miteinander verknüpft.

Ortsnamen. Sie sind vielfältige Quellen für mythologische Stoffe. Die dän. Stadt Odense erklärt sich als „Odins Heiligtum", Ortsnamen wie Frøslund als Bildungen mit dem Götternamen Freyja. Tyr (Ziu) taucht im dän. Ort Tisvilde auf. Im Alt. wurde der angebl. Namengeber (↗Eponymos) oft nachträgl. mythisiert; zu „Rom" (einem vorröm. Namen) wurde wohl sekundär der Mythos v. ↗Romulus und Remus geschaffen. Eine vorher viell. namenlose, lokale Göttin („die Göttin") wurde beim Machtzuwachs der griech. Siedlung Athen zur Göttin ↗Athena erhoben.

Örvar-Odds saga, altnord. Saga, typ. ↗Fornaldar saga; sie schildert die Geschichte v. Örvarodd (↗Angantyr 1).

Oscar, Sohn des ↗Ossian.

Oseberg-Fund, Schiffsgrab der Wikingerzeit, 1903–04 in Oseberg am Oslo-Fjord (Norwegen) ausgegraben. Das mit reicher Schnitzerei (Tier-

1 Oseberg-Fund: zwei Holzpfosten aus dem Oseberg-Fund; die Abbildungen mit ihrem reichen Schnitzwerk deuten auf eine hochentwickelte Fähigkeit zur Ornamentierung hin – 2 Oseberg-Fund: Stevenverzierung des Oseberg-Schiffes

Oseberg-Fund: Opferbaum mit gehenkten Männern; Darstellung nach einem Gewebe aus dem Oseberg-Fund. Ähnl. Schilderungen v. Menschenopfern bei den Germanen finden sich auch bei Adam von Bremen über Uppsala

schmuck- u. Bandornamentik) verzierte Holzschiff stammt etwa aus der Mitte des 9. Jh. u. ist 21 m lang u. 5 m breit. Es enthält die Totenkammer einer hochgestellten Dame, wohl einer norweg. Königin (Asa?) u. ihrer Dienerin, dazu einen geschnitzten Wagen, Schlitten, Schmuck, Geräte u. Textilien. Auch Skelette v. Hunden u. Pferden kamen zutage. – Das Oseberg-Schiff gehört zu den bedeutendsten Funden seiner Art. Es befindet sich im Museum auf der Insel Bygdöy (Oslo).

Osid, in der dt. Nibelungensage ein Neffe Kg. Etzels, Sohn seines Bruders, der nach Sigfrids Tod nach Worms kam, um für seinen Onkel um Kriemhilds Hand anzuhalten.

Osiris, altägypt. Gott, Bruder u. Gemahl der ↗Isis, Vater des ↗Anubis; urspr. wohl Fruchtbarkeitsgott, auch Mond- u. Nilgott u. Beherrscher des Totenreiches; in der griech. Mythologie Sohn des Zeus.

Ossa, griech. Gebirge in Thessalien, 1978 m hoch, dem Olymp gegenübergelegen; Ort einiger Sagen. O. u. ↗Pelion hatten die Riesen u. Giganten aufgetürmt, als sie den ↗Olympos der Götter erstürmen wollten.

Ossian, Held der schott.-gäl. Mythologie, als Schriftsteller des 3. Jh. Urbild des ↗Barden. Der Vater ist Finn mac (Fingal), sein Sohn Oisín (Ossian) u. der Sohn Oscar sind vermenschlichte Figuren eines Mythos, v. dem Fragmente des 9. u. 10. Jh. überliefert sind und zahlreiche spätere Lieder, die ihrerseits 1760 den schott. Dichter James ↗Macpherson zu seinem „Ossian"

anregten. Herder knüpfte an Ossian an (1773), u. die Lieder des Barden galten lange Zeit als Urbild volksnaher Dichtung, bis sie 1895 endgültig als Fälschung entlarvt werden konnten.

Ostara, german., altengl. *Eostra,* angebl. Frühlingsgöttin (↗Eos), die u. a. von Jacob ↗Grimm mit unserem Ostertermin auch namentl. in Zshg. gebracht wurde. Das Mißverständnis begann bereits um 700 mit ↗Beda, auf den sich die Gelehrten bei der versuchten Rekonstruktion eines „altgerman. Frühlingsfestes" beriefen. Im fränk. Kirchenlatein sprach man v. „Albae" in Zshg. mit den weißen Taufkleidern der Neugetauften. Dieses wurde in Verbindung mit „alba" („Morgenröte", frz. und italien.) mit ahd. „austro" gleichgesetzt u. mißdeutet. Bei der O. handelt es sich also höchstwahrscheinl. um eine gelehrte Erfindung, eine ↗Pseudogöttin.

Ostgoten ↗Goten.

Otfrid von Weißenburg, ahd. Dichter des 9. Jh., Benediktiner im Kloster Weißenburg im Unterelsaß, vorher Schüler des in Fulda wirkenden Hrabanus Maurus, der als einer der angesehensten Gelehrten seiner Zeit galt. O. schuf auf der Grundlage der Evangelien eine zw. 863 u. 871 fertiggestellte Evangelienharmonie (auch *Evangelienbuch* oder *Krist* gen.), in der erstmals in einer umfangreichen dt. Dichtung nicht mehr der Stabreim, sondern nach latein. Vorbild der Endreim (je zwei reimende Vierheber bilden eine Langzeile) verwendet wird. Das fünfbändige, gut überlieferte Werk mit seinen vier Widmungen, die u. a. für die Datierung wichtig sind, neigt zum Lyrischen. Erzählende, deutende u. moralisierende Kapitel wechseln miteinander ab. Neben Sünden- u. Gnadenbewußtsein wird auch fränk. Nationalstolz ausgedrückt. Antike Tradition ist hier deutl. wirksamer als in dem stärker dem Germanischen verpflichteten, etwa eine Generation älteren ↗Heliand. Dennoch gibt es auch bei Otfrid noch Ansätze, die fremde Welt des Evangeliums durch die eigene, bekannte zu veranschaulichen, etwa wenn die Fiktion erhalten bleibt, die Geburt Christi habe sich in der Welt der Vornehmen zugetragen. Das Christentum war damals noch weitgehend Sache der german. Herrenschicht, während es die niederen sozialen Schichten erst nach u. nach erfaßte u. damit zum Allgemeingut wurde.

Othryadas, der einzige auf spartan. Seite Überlebende in einer Schlacht (um 550 v. Chr.) zw. 300 Argivern u. 300 Spartanern. Auf argiv. Seite kamen zwei Krieger mit dem Leben davon.

Otos, einer der ↗Aloaden; wie sein Bruder

↗Ephialtes ein Riese, der den Kampf mit den Göttern auf dem griech. Olymp aufnahm.

Otrere, auch *Otrera,* eine Amazonenkönigin, Mutter v. Antiope, ↗Hippolyte u. ↗Penthesileia durch den griech. Kriegsgott Ares.

Ottarr, ein Schützling der nord. Freyja; er wurde v. der Göttin in einen Eber verwandelt u. von ihr als Reittier benützt (↗Hyndla-Lied).

Otte, ein Sohn des Etzel (↗Attila), der Dietrich von Bern nach Ravenna begleitete, um die Stadt zurückzuerobern (↗Rabenschlacht). O. wurde v. dem Verräter Wittich erschlagen.

Otto, *Walter F.,* *1874, †1958, u. a. 1914 Prof. für klass. Philologie in Frankfurt. O. war ein führender Religionswissenschaftler seiner Zeit; er suchte nach der zeitlosen Wahrheit des Mythos u. ließ mit seinem Werk „Die Götter Griechenlands" (1929) die homer. Götterwelt als „Lichtreich des Zeus" lebendig werden. Nur der Tod hätte über Menschen *und* Götter Macht (vgl. ↗Moiren), während der mag.-grausame Mythos der Vorzeit durch Apoll u. Aphrodite überwunden schien („Wort der Antike", 1962).

Ottur, einer der Söhne des nord. ↗Hreidmar, der sich gern in einen Otter verwandelte. In dieser Gestalt wurde er v. Odin, Hönir u. Loki getötet, die dafür seinem Vater einen Goldschatz zur Sühne zahlen mußten. Das Lösegeld verschafften sie sich v. dem Zwerg ↗Andvari.

Ovid, eig. *Publius Ovidius Naso,* röm. Dichter, *43 v. Chr. in Sulmo, †17 (18?) n. Chr. in Tomis (am Schwarzen Meer). Er war der Sohn einer angesehenen Ritterfamilie, wurde in Rom rhetor. ausgebildet u. unternahm zahlr. Reisen, bes. in Griechenl. u. Kleinasien; 8 n. Chr. aus nicht näher bekannten Gründen v. Augustus ans Schwarze Meer verbannt. Virtuos in der Beherrschung v. Sprache u. Vers, geistr. u. auch frivol in seiner Liebesdichtung, Meister der farbig-bewegten Erzählung, hat O. nächst Vergil am stärksten die lateinische u. volkssprachl. mittelalterl. Epik u. Lyrik, Renaissance- u. Barockdichtung beeinflußt. Zum Frühwerk gehören die drei Bücher Liebeselegien *(Amores),* die *Heroides* (Liebesbriefe v. Frauengestalten aus Mythos u. Sage), das Lehrgedicht über die Liebeskunst *(Ars amatoria)* u. ein Gegenstück über die Liebesheilmittel *(Remedia amoris).* In der Reifezeit folgten ep. Werke. O. suchte sich mit der Mythen- u. Sagengestaltung u. -deutung des römischen Festkalenders in den Dienst des Augusteischen Reformwerks zu stellen *(Fasti,* 6 Bücher, unvollendet). Die 15 Bücher ↗*Metamorphoses* gestalten Verwandlungssagen von der Schöpfung der Welt bis zu Caesars Apotheose. In seine Verbannungszeit fallen *Tristia* (Klagelieder), *Epistulae ex Ponto* u. die Schmähschrift *Ibis* – (siehe Farbtafel S. 305).

Pagasai, Hafen in Thessalien, wo einem Teil der griech. Überl. nach die ↗Argo gebaut wurde u. in See stach.

Paiderastia, griech. ↗Knabenliebe.

Paion, 1) anderer Name für den griech. Gott ↗Asklepios. – **2)** Sohn des Endymion u. einer Naiade, doch kommen auch andere Personen als Mutter für ihn in Frage. Als sein Vater einen Wettlauf veranstaltete, um seinen Nachfolger als Kg. v. Elis zu bestimmen, gewann Epeios, einer seiner anderen Söhne, den Kampf, u. P. mußte nach Makedonien auswandern.

Paktolos, kleiner lydischer Fluß, der auf dem Berg Tmolos entspringt. Der griech. Sage nach führte der Sand Gold, seitdem ↗Midas in dem Wasser gebadet hatte, um sich v. der verhängnisvollen Gabe, daß alles, was er berührte, zu Gold wurde, zu befreien. Auch der Reichtum des Kroisos stammte der Überlieferung nach zu einem großen Teil aus dem P.

Palaimon, Sohn des Athamas u. der Ino; er hieß urspr. ↗Melikertes u. erhielt nach seiner Vergöttlichung in der griech. Überl. den Namen P.

Palamedes, in der griech. Sage Sohn des ↗Nauplios 2) u. der Klymene (nach anderer Version der Philyra). Er zeichnete sich durch große Klugheit u. Geschicklichkeit aus u. erfand u.a. mehrere Buchstaben des Alphabets. Als das Heer zum Kampf gg. Troia ausgehoben wurde, überführte er ↗Odysseus, der sich wahnsinnig stellte, um einer Teilnahme am Kriege zu entgehen, der Heuchelei. Seither suchte Odysseus nach Gelegenheiten, seinen Erzfeind aus dem Wege zu räumen. So wird erzählt, er hätte ihn beim Fischen ertränkt. Nach anderer Version schrieb er einen angebl. v. Priamos stammenden Brief, in dem P. aufgefordert wurde, gg. Geld das griech. Lager zu verraten. Odysseus legte dieses Schreiben der Heeresversammlung vor, forderte eine Durchsuchung des Zeltes des Beschuldigten, wo man das Geld, das er vorher heiml. hineingelegt hatte, fand. Daraufhin wurde P. gesteinigt. – Eine jüngere Überlieferung berichtet v. einem Brunnen, v. dem Odysseus dem P. einredete, es sei ein Schatz in ihm verborgen. Als P. hinabstieg, um diesen Schatz zu bergen, habe sein Gegner ihn mit Steinen beworfen u. ihn auf diese Weise getötet. – ↗Kaphereus.

Palatin, lat. *Palatium*, Hügelgruppe zw. Tiber u. Forum in Rom, nach der höchsten Erhebung P. gen. Am P. lag die älteste röm. Ansiedlung, die Romulus gegr. haben soll. Die ausgedehnten Sakralbauten u. Wohnviertel (mit den Häusern angesehener Familien) mußten den Prunkbauten der Kaiserzeit weichen.

Pales, röm. Göttin der Hirten u. ihrer Herden. Ihr Hauptfest, die *Parilia,* wurde am 21. April gefeiert, ein Datum, das später als Gründungstag Roms galt. Ein Teil der Überl. spricht v. zwei P., wobei aber ungeklärt bleibt, ob die naheliegende Erklärung, daß es sich um eine weibl. u. eine männl. Gottheit handelte, zutrifft. Möglicherweise waren beide P. weibl. Zwar gab es auch einen männl. P., der aber zu den etrusk. Penaten gehörte.

Palikoi, *Paliken,* sizilian. Götter, ein Zwillingspaar, vielfach als Söhne v. Zeus u. Thaleia bez., obwohl auch andere Eltern gen. werden. Die sog. *Paliken* galten als Personifikation jener Naturerscheinungen, die mit ihrer einzigen Kult-

stätte, dem Lago dei Palici auf Sizilien, verbunden waren, z.B. Schwefelablagerungen u.ä. Ihr Heiligtum wird in der Überl. häufig als Eidstätte erwähnt u. scheint bei den Sklaven bes. Verehrung genossen zu haben.

Palinurus, Steuermann auf dem Flaggschiff des Aeneas; der röm. Sage nach ertrank er entweder vor der Küste v. It., nachdem er eingeschlafen u. vom Schiff gefallen war, oder er überlebte, schwamm vier Tage lang bis zur italien. Küste, wo er v. den Einheimischen ermordet wurde. Ihm wurde der Eintritt in die Unterwelt verwehrt, da er unbestattet blieb, bis Aeneas später für seine Beisetzung sorgte. Die Barbaren, die ihn getötet hatten, wurden durch eine Seuche bestraft, u. um das Unheil v. sich abzuwenden, ehrten sie ihn kult. als Heroen u. ben. das Kap Palinurus nach ihm.

Palladion, Kultbild der Pallas ↗Athena, das sie mit Schild u. erhobener Lanze zeigt; Gegenstand einer reichen mytholog. Tradition. Die griech. Überl. berichtet, Zeus habe es vom Himmel geworfen, u. es sei im Besitz v. Troia gewesen (↗Ilos), wo es im Athenatempel kult. verehrt wurde u. die Stadt beschützte. Von dort sollen Odysseus u. ↗Diomedes es geraubt haben als Voraussetzung dafür, daß die Griechen die Stadt überhaupt einnehmen konnten. Nach anderer Version wurde das P. v. Aeneas gerettet, der es mit auf seine Reise nach It. nahm. Später galt das P. allg. als Schutzheiligtum einer Stadt, dessen Verlust die Stadt wehrlos machte.

Pallantia, Tochter des Euandros u. der Deïdameia; durch Herakles Mutter eines Sohnes Pallas. Nach ihr war der Sage nach der Palatinische Hügel in Rom ben.

Pallas, in der griech. Mythologie häufig verwendeter Name oder Beiname, u.a. **1)** Epitheton der ↗Athena, dessen Bedeutung nicht mit Sicherheit auszumachen ist (vgl. ↗Palladion). Erklärungsversuche liegen z.B. darin, sie sei so gen. worden, nachdem sie einen Giganten des gleichen Namens getötet hatte (dessen Tochter war die Siegesgöttin ↗Nike) oder auch wegen der Art u. Weise, wie sie ihren Speer schwang. – **2)** Sohn des Euandros; ein Bundesgenosse des Aeneas, der gg. Turnus fiel. – **3)** ein Sohn des Herakles u. der ↗Pallantia. – **4)** ein Sohn des Uranos u. der Gaia. Athena zog ihm der Sage nach im Kampf zw. Göttern u. Giganten lebend die Haut ab, die für einen Schild verwendet wurde.

Palme, Symbol des Triumphs. Aeneas wurde

bei seinem Weg in die Unterwelt v. einer goldenen Palme beschützt. Am „Palmsonntag" wurde Christus wahrscheinl. mit Ölzweigen (↗Olive) begrüßt, ein Palmzweig wurde Symbol christl. Märtyrer.

Palnatoke, Meisterschütze der dän. Sage bei Saxo Grammaticus (↗Tell); er gründete die Jomsburg (↗Jomswikinger).

Pan im Park des Nymphenburger Schlosses

Pan, arkad. Hirten- u. Jägergott, halb tier-, halb menschengestaltig gedacht. Im griech. Mythos als Sohn des Hermes u. der Nymphe Dryope bezeichnet, doch werden über seine Abstammung je nach Überl. auch zahlr. andere Angaben gemacht. P. ähnelte den Satyrn u. Silenen u. reihte sich häufig mit diesen in das Gefolge des Dionysos ein oder stellte den Nymphen nach. Er war ein Meister des Flötenspiels (Panflöte, ↗Syrinx) u. wußte den Menschen durch sein plötzl. Auftauchen *panischen Schrecken* einzujagen. Sein Kult verbreitete sich in ganz Griechenl. Bes. Verehrung genoß er in Attika, weil er der Sage nach vor der Schlacht bei Marathon den Athenern ausrichten ließ, er sei ihr Freund u. stehe ihnen gg. die Perser bei. Nach der für die Griechen siegreichen Schlacht weihten die Athener dem Gott auf der Akropolis eine Grotte, in der sie ihn kult. verehrten. Dem griech. P. entspr. der röm. ↗Faunus. – Verbreitete antike Sagen u. Erz. des MA berichteten, daß nach dem Tod des großen Pan die Natur wie in der mittägl. Stille südl. Länder („Mittagsruhe der Götter") einen Augenblick innehielt und die Trauerbotschaft

Pan: Pan und der Panische Schrecken

Pan

Zur Zeit des Kaisers Tiberius fuhr ein Schiff von Griechenland nach Sizilien, das in der Nähe der Inseln Paxos und Propaxos von einer Windstille überfallen wurde. Plötzlich rief eine Stimme vom Ufer her: „Thamuz!" Dies war der Name des Steuermannes, eines Ägypters, der hierauf zunächst nichts erwiderte, aber schließlich, als er zum dritten Mal angerufen wurde, doch antwortete. Da rief eine Stimme: „Wenn du nach Palados kommst, erzähle ihnen, daß der große Pan tot ist!" Nach einigen Überlegungen beschloß Thamuz, wenn die Windstille anhielte, der Stimme zu gehorchen. Sie hielt an, und als das Schiff in der Nähe von Palados vorbeitrieb, rief er vom Schiff aus: „Der große Pan ist tot", was mit einem verworrenen Getön von Staunen und großem Wehklagen erwidert wurde. In Italien angekommen, wurde der Steuermann vor Tiberius zitiert, der merkwürdige Kunde aller Art liebte. Nach vielen Erörterungen entschieden die Gelehrten, die der Kaiser in seinem Dienst hielt, er müsse der Sohn des Hermes und der Penelope sein, und zwar gemäß der damals gültigen Theologie nicht der Gott Pan, sondern ein Dämon desselben Namens.

Der Tod des großen Pan (nach Plutarch) (aus: M. Eliade, Geschichte der religiösen Ideen, Bd. 5, Quellentexte, 1981, S. 66 f., Text Nr. 48).

„Der große P. ist tot" weitertrug (mit der nihilist. Äußerung „Gott ist tot" hat das wenig zu tun). Der pan. Schrecken wäre dann wie ein plötzl. aufkommendes Gewitter gewesen. Immerhin versetzte der angebl. Tod des großen P. auch offizielle röm. Stellen in Unruhe, und Plutarch berichtet, daß auch Ks. Tiberius umfangreiche Nachforschungen befahl.

Panakeia (griech. = Allheilerin), Göttin der Gesundheit, Tochter des Asklepios u. der Epione.

Panathenäen, das höchste Fest in Athen, jährl. als Geburtstag der Göttin ↗Athena gefeiert *(Kleine P.).* Seit etwa 565 v. Chr. beging man es alle 4 Jahre mit besonderem Gepränge als *Große P.* Das kult. Ritual war reich ausgebildet; es begann am Vorabend mit Gesängen u. Tänzen auf der Akropolis. Im Morgengrauen schloß sich die große Prozession an, die auf dem Parthenonfries dargestellt ist. Neben seinem rel. Charakter sollte das Fest zugleich Bedeutung u. Größe Athens zur Schau stellen. Die Großen P. wurden auch zum Anlaß für Wettspiele athlet. und mus. Charakters genommen. Hauptpreise waren die bekannten, mit Öl gefüllten *Panathenäischen Amphoren.*

Pandareos, Kg. v. Milet; Sohn des Merops u. einer Nymphe. Er stahl einen goldenen Hund, den Hephaistos geschmiedet hatte u. der eine dem Zeus geweihte Grotte bewachte. Zeus verwandelte ihn u. seine Gattin daraufhin in einen Felsen oder tötete die beiden auf ihrer Flucht nach Sizilien. Die Töchter des P. wurden zwar v. Hera, Aphrodite u. Athena beschützt, aber dennoch v. den Harpyien geraubt u. den Erinyen als Sklavinnen ausgehändigt. – ↗Merope 2).

Pandia, Tochter der ↗Selene.

Pandion, Kg. von Athen, wohl ein Sohn des Erichthonion und der Praxithea. Er heiratete Zeuxippe, die Schwester seiner Mutter, u. wurde Vater v. Philomele u. ↗Prokne. P. stand mit ↗Labdakos im Kriege. Ein Teil der Überl. erzählt, er hätte 40 Jahre regiert u. sei aus Gram darüber, daß seine Töchter in Vögel verwandelt worden waren, gestorben.

Pandora
mit der Büchse

Pandora (griech. = die Allbeschenkte), in der griech. Mythologie die auf Befehl des Zeus v. Hephaistos geschaffene erste Frau, die sich durch große Schönheit auszeichnete u. v. den Göttern mit vielen reizvollen Gaben ausgestattet war. Sie wurde v. Hermes auf die Erde gebracht, versehen mit einer *Büchse,* die außer der Hoffnung alle Übel der Welt enthielt. P. sollte die Menschheit dafür strafen, daß ↗Prometheus das Feuer geraubt hatte. Obwohl Prometheus seinen Bruder Epimetheus warnte, heiratete dieser P., die sogleich die Büchse öffnete, worauf großes Unheil über die Menschen hereinbrach. Nur die Hoffnung blieb in dem Gefäß zurück. – Möglicherweise verbarg sich hinter P. eine alte

Erdgöttin, die dem Epimetheus die Tochter Pyrrha, Gemahlin des ↗Deukalion 1), gebar.

Pandrosos, eine der Töchter des ↗Kekrops 1), Schwester v. ↗Aglauros u. ↗Herse.

Panhellenios, Epitheton (Beiname) des Zeus, des Gottes aller Griechen (Hellenen).

Panhellenische Spiele: attisches Vasenbild, 5. Jh. v. Chr. (Beispiele für Wettkämpfe, von links nach rechts: Wettläufer in schwerer Waffenrüstung, Aufseher, Faustkämpfer, Jüngling mit Meßkette)

Panhellenische Spiele, die v. der Gesamtheit der Griechen beschickten Wettspiele, wie die ↗Isthmischen Spiele, die ↗Olympischen Spiele, die ↗Nemeischen Spiele u. die ↗Pythischen Spiele.

Panik, ein Sohn des Kriegsgottes ↗Ares.

Pankratis, Tochter des Aloeus u. der ↗Iphimedeia. Sie wurde zus. mit ihrer Mutter v. thrak. Piraten entführt, aber v. ihren Halbbrüdern, den Aloadai, befreit.

Panope, eine ↗Nereïde, die größte der 50 Töchter des Nereus u. der Doris. Sie wurde v. Seefahrern bei Stürmen um Hilfe angerufen.

Pantheon, 1) der allen Göttern geweihte Nischenrundtempel in Rom, 27 v. Chr. v. Agrippa erb., v. Hadrian 117–138 n. Chr. überkuppelt. Im Jahre 609 in eine christl. Kirche umgewandelt. **2)** Allg. Vorstellung v. einem (hierarch. aufgebauten) Götterhimmel, der nach dem antiken Vorbild auch auf andere Völker übertragen wurde. So dichtete eine Nationalromantik den balt. Mythologien fälschl. ein P. an. Vgl. auch ↗Interpretatio Romana. Die nordgerman. Mythologie dagg. scheint tatsächl. unter dem Einfluß des Christentums eine solche „Götterfamilie" entwickelt zu haben (vgl. auch ↗Synkretismus) mit ↗Odin als dem obersten Gott.

Panthoos, Priester des Apollon in Troia; Ratgeber des Priamos. Er wurde im Troian. Krieg getötet.

Paphia, Beiname der Aphrodite, abgeleitet v. ihrem Tempel in Paphos.

Paphos, Stadt an der Westküste Zyperns; der griech. Sage nach soll in der Nähe ↗Aphrodite dem Meer entstiegen sein. – ↗Kinyras. – Ein Sohn des ↗Pygmalion 2).

Paradies, das Wort selbst ist in der Antike u.a. Bz. für einen Park, im Neuen Testament für den Ort der Seligen. Dafür gab es in heidn. Zeit versch. Vorstellungen (vgl. u.a. ↗Ätna, ↗Jenseitsvorstellungen, ↗Mag Mell). Das P. in der heidn. Zeit des spätröm. Reichs in den Himmel zu verlegen, hat man als Reflex babylon. ↗Astralmythologie zu verstehen versucht. Im Kult um ↗Mithras lehrte man die stufenweise Annäherung an das P. durch differenzierte Initiationsriten. Auch die ↗Apotheose (Vergöttlichung) wies in den sternenbesetzten Himmel.

Paradies und Jenseits

Die Griechen kannten das himml. ↗Elysion u. als Gegenpol dazu den unterird. ↗Hades; die Römer nannten die ↗Unterwelt Orkus, während die Germanen v. ↗Walhall (Himmel) u. ↗Hel (Hölle) sprachen. Die Vorstellung v. Jenseits mit dem Land der Seligen nach dem Tode, aber auch v. der Unterwelt als der anderen Weltseite, in die die Sonne während ihrer Nachtfahrt versinkt, war bereits bei den Ägyptern entwickelt. Wissen über dieses Jenseits vermittelten einzelne herausragende Gestalten, die v. Wanderungen dorthin zurückkamen, wie der babylon. ↗Gilgamesch, der antike Sänger ↗Orpheus u. auch der german. ↗Hermod. Christl. Vorstellungen von einem Zwischenreich des ↗Fegefeuers gab es erst seit dem 5. Jh.

Parca, röm. Göttin der Geburt, eine der Parzen; Gefährtin v. Nona u. ↗Decima. P. wurde auch Morta gen. für den Fall, daß Mutter u. Kind bei der Geburt starben.

Parentalia, die vom 13.–21. Febr. begangene röm. Totenfeier, bei der die Familien ihrer Verstorbenen gedachten u. auf ihren Gräbern Opfer darbrachten. Die Tempel blieben geschlossen, Hochzeiten fanden während dieser Zeit nicht statt. – ↗Manes.

Parilia, das Fest der ↗Pales.

Paris, auch *Alexandros*, in der griech. Mythologie Sohn des ↗Priamos u. der Hekabe, Bruder Hektors. Als Hekabe schwanger war, träumte

sie v. einer brennenden Fackel, die sie gebären u. die ganz Troia in Brand stecken werde. Um das Unheil abzuwenden, setzte man den neugeborenen Knaben auf dem Berg Ida (↗Ida 2) aus, wo er v. Hirten aufgezogen wurde u. später selbst als Hirte lebte. Hier wurde er auch um sein Urteil gebeten, ob Aphrodite, Hera oder Athena, die sich wegen des Zankapfels der ↗Eris nicht einigen konnten, die schönste der Göttinnen sei (*Parisurteil*, ↗Urteil des Paris); er entschied sich für Aphrodite, die ihm als Gegenleistung Helena versprochen hatte. P. entführte Helena, die Gemahlin des ↗Melenaos, nach Troia u. entfachte so den Troian. Krieg, in dem er Achilleus tötete u. selbst infolge einer Verletzung starb, weil seine Gattin ↗Oinone ihm aus Rache für seine Untreue ein Heilmittel zu seiner Rettung verweigerte. – Die Gestalt des P. entbehrt im ganzen der scharf umrissenen Züge, da die Ilias auf eine ausführl. Darstellung verzichtet. Dennoch war das Parisurteil schon im Alt. ein beliebtes Thema in der Lit. u. bildenden Kunst. Bereits Euripides behandelte in seinem „Alexandros" die Jugendzeit des Helden, Sophokles beschreibt in der „Krisis" das Parisurteil; beide Werke sind nur bruchstückhaft überliefert – (siehe Farbtafel S. 307 oben).

Parnassos, *Parnaß*, Kalkgebirge bei Delphoi; galt im Alt. als Sitz des Apollon u. der Musen u. wurde daher im übertragenen Sinn auch als Reich der Dichtkunst verstanden.

Parsiphaë, Mutter des ↗Katreus mit ↗Minos.

Parthenon, Tempel der Athena Parthenos auf der Akropolis zu Athen, 447–432 v. Chr. v. Iktinos u. Kallikrates als dorischer Peripteros erb. Das 12 m hohe chryselephantine Kultbild schuf ↗Pheidias. Im Ostgiebel ist die Geburt der Athena, im Westgiebel der Streit zw. Athena u. Poseidon um Attika dargestellt. Außerdem verzieren 92 Metopen u. der Panathenäenfries den Bau. – ↗Elgin Marbles, ↗Panathenäen.

Parthenopaios, Sohn der ↗Atalante u. des Meilanion (nach anderen griech. Versionen des Meleagros oder des Ares), ein mutiger Jüngling, der gg. den Willen seiner Mutter, die seinen Tod voraussah, mit den ↗Sieben gegen Theben zog.

Parthenope, eine der ↗Sirenen, Tochter des ↗Acheloos u. einer Muse. Der griech. Sage nach stürzte sie sich gleich ihren Schwestern aus Gram ins Meer, als Odysseus u. seine Gefährten ihnen entkommen waren, ertränkte sich aber nicht, sondern kam an der Stelle v. Neapel ans Land, weshalb die Stadt v. ihr den Namen erhielt.

Parthenos, Beiname der ↗Athena.

Partonopeus de Blois, altfrz. höf. Ritterroman, um 1188, Verf. unbekannt (Denis Piramus, erst 13. Jh.?). P. war mit dem Frankenkönig Clovis u. damit schließl. angebl. mit Priamus u. den trojan. Helden verwandt, auf die sich viele Herrscher im MA beriefen. P. bestand viele Abenteuer, u. a. mit der Zauberin *Melior*, einer Tochter des Ks. v. Byzanz. Antike Herleitung verband sich mit märchenhaften Stoffen v. (kelt.) Feen (↗Melusine). Konrad von Würzburg schuf auf dieser Grundlage seinen mhd. Versroman „Partonopier und Meliur" (1277 entstanden).

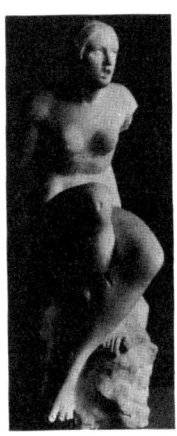

Parzen:
singende Parze;
von Asmus Jacob Carstens
(1754–98)

Parzen, röm. Schicksalsgöttinnen, die urspr. Geburtsgottheiten waren; den griech. ↗Moiren gleichgesetzt. Sie trafen gewöhnlich in der Dreizahl als ↗Parca, ↗Decima u. ↗Nona auf.

Parzival, mhd. Versroman von Wolfram von Eschenbach, um 1200/1210; P. war der Held in einem Märchenstoff, der v. der Artussage gespeist wurde (↗Artus) u. in dessen Mittelpunkt die Erz. v. geheimnisvollen ↗Gral stand. Wie sein Vater ↗Gahmuret wurde P. Opfer der Zweifel zw. Pflicht u. Neigung. Stilisiertes Rittertum, wie P. es nach ↗Gurnemanz' Lehren mißverstand, wurde kritisiert: P. stellte angesichts des Grals nicht in christl. Barmherzigkeit die Frage, warum der Gralskönig Anfortas so leide. Erst seine Frau Condwiramur lehrte ihm Liebe, der Einsiedler ↗Trevrizent den Glauben an Gott. Nach vielen Abenteuern, u. a. Kämpfe gg. ↗Gawain u. seinem Halbbruder Feirefiz, die im Ggs. zum unerbittl. heroischen Denken etwa im Hildebrandslied u. im Nibelungenlied nicht tragisch endeten, fand P. zur Gralsburg zurück. Ein Sohn v. P. war Loherangrin (Lohengrin). – ↗Perceval.

Pasiphaë, Tochter des Helios u. der Perseïs, Schwester des Aietes u. der Kirke, Mutter der ↗Ariadne. Sie entstammte einer Familie, die mit der Fähigkeit des Zauberns ausgestattet war. P. heiratete ↗Minos, der Poseidon um einen Stier bat, den er dem Gott opfern wollte. In dieses Tier, das der Kg. entgegen seinem Versprechen seiner Herde einverleibte, verliebte sich P. u. gebar den ↗Minotaurus, der in einem Labyrinth auf Kreta gefangengehalten wurde.

Pasithea, 1) eine der ↗Chariten. Einem Teil der griech. Überl. nach Tochter des Zeus u. der Eurynome. Sie heiratete Hypnos u. wurde Mutter des Morpheus. Nach einer anderen Version war sie möglicherweise mit der Charitin Aglaia identisch. – **2)** eine der ↗Nereïden.

Patafried, einer jener fränk. Ritter, die ↗Walther von Aquitanien in einer Schlucht besiegte u. tötete.

Patras, *Patrai,* vgl. ↗Eurypylos 1).

Patricius, *Patrick,* hl. Apostel ↗Irlands, * um 385, †461 (das Todesjahr ist stark umstritten); als sein Bischofssitz galt Armagh. Der Tradition nach begann er 432 mit der Missionierung des Landes.

Patroklos

Die einzelnen Disziplinen bei den berühmten Leichenspielen für Patroklos:

Wagenrennen	Zweikampf
Boxen	Diskuswerfen
Ringen	Bogenschießen
Wettlauf	Speerwerfen

Für die Sieger waren jeweils Preise ausgesetzt.

Patroklos, Sohn des ↗Menoitios 1) und der Sthenele. Er war der beste Freund des ↗Achilleus, mit dem zus. er in den Troian. Krieg zog u. viele Heldentaten vollbrachte. Als er, angetan mit der Rüstung des Achilleus, sich zu weit gg. die Feinde vorwagte, fiel er Hektor in die Hand u. wurde v. diesem getötet. Tief betrauert v. seinem Freund, fanden zu seinen Ehren großartige Leichenspiele (Begräbnisfeierlichkeiten) statt. In der Ilias (16. Gesang) werden die Heldentaten u. der Tod des P. geschildert.

Paulus Diaconus, * um 720/730, † um 799, schrieb die „Historia Langobardorum", die Geschichte der ↗Langobarden. Der Verf. berief sich auch auf Volkssagen und mündl. Überl., war aber neben z. B. ↗Beda einer der großen krit. Historiker, die im MA gefeiert wurden.

Pausanias, * um 115 n. Chr., verfaßte zw. 160 u. 180 n. Chr. eine „Beschreibung Griechenlands"

(„Perihēgēsis tēs Hellados"), in der er wie in einem Fremdenführer die Summe der spätantiken, hellenist. Glaubenstraditionen mit ihren Hauptkultorten vorführt, u.a. Olympia (im 5. Buch) u. Delphi (im 10. Buch).

Pax:
röm. Friedensgöttin

Pax, röm. Friedensgöttin, der griech. ↗Eirene entspr. Sie war die Personifikation des als göttl. verstandenen Friedens u. wurde bes. seit dem Augusteischen Zeitalter verehrt. 9 v.Chr. fand die Einweihung der Ara Pacis Augustae auf dem Marsfeld in Rom statt, deren Errichtung 13 v.Chr. nach der erfolgreichen Rückkehr des Augustus aus Spanien u. Gallien beschlossen worden war. Ks. Vespasian erbaute der Göttin 75 n.Chr. einen Tempel. Die Pax Augusta oder Pax Augusti war auch ein beliebtes Motiv auf röm. Münzen.

Peckatel, Ort bei Schwerin in Mecklenburg mit einem Grabhügel „Rummelsberg" und einer mündl. überlieferten Ortssage, die davon berichtete, die „Unterirdischen" würden hier Feste feiern u. mit einem großen Kessel tafeln. Die Ausgrabung von 1845 brachte u.a. einen großen bronzenen Kessel (Kesselwagen) zutage, der als Beigabe zu diesem Grab des 12. bzw. 11. Jh. v.Chr. diente. Ein Zufall? Oder hatte sich hier in höchst erstaunl. Kontinuität ein bes. „Wissen" um dieses Grab über Jt. hinweg erhalten, und zwar über wechselnde slaw. u. dt. Bevölkerungen hinweg?

Pegasos, *Pegasus,* griech., ein geflügeltes Pferd, das aus ↗Medusa hervorging, als Perseus dieser das Haupt abschlug. Es wurde v. ↗Bellerophon geritten, als dieser den Kampf gg. die ↗Chimaira austrug. Bei seinem späteren Versuch, mit P. zum Olymp zu fliegen, stürzte Bellerophon ab, u. das geflügelte Roß wurde zu einem Sternbild. Von P. wird auch berichtet, daß durch seinen Hufschlag zwei Quellen entstanden seien, die Hippokrene in Boiotien u. die Quelle Peirene in der Nähe v. Korinth, beides Stätten, wo sich die ↗Musen versammelten, als deren heiliges Pferd P. galt.

Peirene, Tochter des griech. Flußgottes Acheloos; eine Nymphe der gleichnamigen Quelle, die den Musen heilig war. Die Quelle entstand durch den Hufschlag des ↗Pegasos.

Peirithoos, Kg. der Lapithen; Sohn des ↗Ixion (nach anderer Version des Zeus u. der Dia; Gemahl der Hippodameia, Tochter des Adrastos. Bei seiner Hochzeit kam es zum Kampf zw. den Lapithen u. den ↗Kentauren, in dem P. siegte. – P. war der beste Freund des ↗Theseus, mit dem er viele verwegene Taten vollbrachte. U.a. versuchten sie, Persephone zu rauben, u. sie mußten für ihren Frevel im Hades büßen.

Peisidike, 1) Tochter des ↗Aiolos u. der Enarete, Gemahlin des Myrmidon, dem sie drei Kinder gebar. – **2)** Tochter des ↗Nestor.

Peisinoë, Tochter des ↗Acheloos; eine der griech. ↗Sirenen.

Peisistratos, ein Sohn des Nestor, der ↗Telemachos nach Sparta begleitete.

Peitho, der röm. ↗Suada entspr. griech. Göttin der Überredung; vielfach in Zshg. mit Aphrodite gen., aber auch als Beiname v. Aphrodite u. Artemis überliefert.

Pelasgos, Kg. v. Arkadien; Sohn des Zeus u. der Niobe; nach anderer Version war Gaia seine Mutter. Er heiratete die Okeanide Meliboia (bzw. ↗Kyllene 2), die ihm ↗Lykaon gebar, der ihm auf dem Thron folgte. P. gilt als Stammvater der Pelasger, der das Land kultivierte u. den ersten, dem Zeus geweihten Tempel in Arkadien erbauen ließ. – ↗Dodona.

Peleus, griech. Heros aus Thessalien, Teilnehmer an der Kalydon. Jagd u. am Zug der Argonauten. Er war ein Sohn des Aiakos v. Aigina u. der Endeïs, ein Bruder des ↗Telamon u. ein Halbbruder des Phokos. P. u. Telamon, die um ihr Erbe fürchteten, töteten ihren Halbbruder u. mußten das Land verlassen. P. ging nach Phthia zu König Eurytion, der ihn vom Brudermord

Pegasos: Darstellung des
geflügelten Pferdes
auf einem Gewebe (6. Jh.)

```
Aiakos – Endeïs
   ┌─┐
Peleus – Antigone
Telamon └─┐
              Polydora

Peleus – Thetis
   ┌─┐
Achilleus

Aiakos – Psamathe
   ┌─┐
Phokos
```

entsühnte u. ihm seine Tochter Antigone zur Frau gab, die ihm die Tochter Polydora gebar. Als er bei der Kalydon. Jagd seinen Schwiegervater versehentl. mit dem Speer tötete, floh er zu König Akastos nach Iolkos, der in diesem Falle seine Entsühnung vornahm. Astydameia, Akastos' Gemahlin, die sich in P. verliebte, aber keine Gegenliebe bei ihm fand, rächte sich für die Zurückweisung, indem sie bei P.s Gattin behauptete, dieser wolle eine Tochter des Akastos heiraten; daraufhin gab Antigone sich selbst den Tod. Außerdem redete Astydameia ihrem Gemahl ein, P. habe ihr unsittl. nachgestellt (↗Potipharmotiv). Der Kg. rächte sich, indem er auf einer Jagd seinem vermeintl. Rivalen das Jagdmesser wegnahm u. es versteckte, als dieser auf dem Berg Pelion eingeschlafen war. Damit war P. den Kentauren, die in diesem Gebiet lebten, ungeschützt ausgesetzt. Die Rettung kam v. ↗Cheiron, der seine wilden Artgenossen zu besänftigen wußte. P. kehrte nach Iolkos zurück, eroberte das Land u. tötete die arglistige Astydameia. – Ein wichtiger Bestandteil der Sage um P. ist auch ein Kampf mit der Nereïde Thetis, die v. Zeus geliebt wurde. Sie entzog sich ihrem Freier stets aufs neue, indem sie immer wieder andere Gestalten annahm. Schließl. kam es aber doch zur Hochzeit, an der außer ↗Eris alle olymp. Götter teilnahmen. Aus dieser Verbindung ging ↗Achilleus hervor, den seine Mutter unsterbl. zu machen suchte, indem sie ihn ins Feuer legte, nach anderer Version in den Styx tauchte. Da sie dabei v. ihrem Gatten überrascht wurde, bevor das Werk vollendet war, blieb die Ferse für Achilleus verwundbar. Thetis entschwand für immer im Palast ihres Vaters Nereus. – ↗Polymela.

Pelias, Kg. v. Iolkos, Sohn des Poseidon u. der Tyro, Bruder des ↗Neleus, Halbbruder des ↗Aison, den P. zum Thronverzicht zwang. Er gab ↗Iason den Auftrag, das ↗Goldene Vlies zu holen, u. hoffte, dieser werde dabei den Tod fin-

den u. somit keine Ansprüche mehr auf den Thron erheben können. Medeia nahm grausame Rache an ihm, indem sie unter dem Vorwand einer Verjüngung seine Töchter dazu bewog, ihren Vater P. zu zerstückeln u. zu kochen, dann aber den Verjüngungszauber, über den sie verfügte, nicht bei ihm anwendete. Die für P. veranstalteten Leichenspiele, die zahlr. Helden versammelten, waren berühmt für ihre Feierlichkeit. Den Thron bestieg ↗Akastos, ein Sohn des Verstorbenen, während Iason u. Medeia das Land verlassen mußten. – Die Töchter des P. wurden *Peliaden* gen.

Pelide, Beiname des ↗Achilleus als Sohn des ↗Peleus.

Pelion, waldreiches griech. Gebirge auf der Halbinsel Magnesia in Thessalien, mit Zeusheiligtum auf dem Gipfel. Die Sage berichtet, daß hier das Holz geschlagen wurde, aus dem die Griechen die ↗Argo erbauten. Im Peliongebirge soll auch der weise Kentaur Cheiron in einer Höhle gelebt haben.

Pelopeia, auch *Pelopia,* **1)** Tochter des Pelias u. der Anaxabia oder der Phylomache. Viell. Mutter des Kyknos durch Ares. – **2)** Tochter des Thyestes u. einer Naiade; Mutter des Aigisthos. In einem Teil der griech. Überl. als Gemahlin des Atreus erwähnt.

Peloponnes (griech. = Insel des Pelops), seit dem MA auch *Morea* gen.; griech. Halbinsel, durch den Isthmos v. Korinth mit Mittelgriechenl. verbunden. Gebiet der myken. Kultur, in der Dor. Wanderung (ca. 1200–1000 v.Chr.) v. Dorern (↗Dorier) besiedelt. Bes. bedeutende Städte waren Sparta, Argos u. Korinth.

```
Tantalos
   │
Pelops – Hippodameia

Atreus
Thyestes
Pittheus
```

Pelops, 1) in der griech. Mythologie ein Sohn des ↗Tantalos, Enkel des Zeus. Tantalos lud einst die Götter zu einem Mahl ein, bei dem er ihnen seinen zu einem Ragout verkochten Sohn P. zur Speise vorsetzte. Die Götter durchschauten den Frevel, belebten den P. wieder u. setzten ihm eine Schulter aus Elfenbein ein, da Persephone diesen Teil bereits aus Versehen verspeist hatte. Als international verbreitetes Erzählmotiv steht das P.-Motiv für die Wiederbelebung eines Toten aus seinen Knochen. – Als junger Mann begab sich P. nach Elis zu König ↗Oinomaos u. bewarb sich um dessen Tochter ↗Hippodameia, die er mit einer List für sich gewann. Seinen Mitwisser ↗Myrtilos tötete er u. warf ihn ins Meer, wobei Myrtilos sterbend einen Fluch über P. u. seine Nachkommen aussprach, der sich vor allem an P.s Söhnen ↗Atreus u. Thyestes grausam erfüllte. P., der die Herrschaft des Oinomaos übernahm, wurde zum Eponymos der Peloponnes (= Pelops-Insel). – **2)** eines der zahlr. Kinder v. Amphion u. ↗Niobe. – **3)** Sohn des Agamemnon u. der Kassandra.

Peloros, 1) einer der ↗Spartoi, hervorgegangen aus der Drachensaat des ↗Kadmos. – **2)** einer der ↗Giganten, die im Kampf gg. die griech. Götter vernichtet wurden.

Pemmo-Altar ↗Cividale.

Pemphredo, *Pephredo,* eine der ↗Graien.

Penates, *Penaten,* röm. Hausgötter, die nicht nur die Familien, sondern als Staatsgötter auch das röm. Volk in seiner Gesamtheit beschützten. Die Schutzfunktion der P. bezog sich auf die Vorratsräume u. das Hausinnere. Ihre Verehrung fand in der Nähe des Herdfeuers statt, wo sie gleich den ↗Lares tägl. eine Mahlzeit erhielten u. in das häusl. Geschehen mit einbezogen waren. – Von den Staats-P. ging die Sage, Aeneas hätte sie aus Troia mitgebracht. Zunächst in Lavinium verehrt, seien sie später nach Rom gelangt, wo ihr Kult Aufgabe des Pontifex Maximus war.

Peneios, thessal. Flußgott; Sohn des Okeanos u. der Tethys. Bevor man ihm zu Ehren Tempel baute, stellte man seine Bilder auf den Brücken, die über den Fluß Peneios führten, auf.

Peneleos, ein Argonaut, Sohn des Hippalkimos. Als einer der Freier der Helena schickte er 50 Schiffe v. Boiotien in den Troian. Krieg. Er wurde v. ↗Eurypylos 2), einem Verbündeten der Troianer, getötet.

Penelope, Tochter des Ikarios v. Sparta u. der Periboia, Gemahlin des ↗Odysseus, dem sie außer dem ↗Telemachos nach der Rückkehr ihres Gatten wahrscheinl. noch einen zweiten Sohn ↗Polyporthes gebar. Ein Teil der griech. Überl. bezeichnet sie auch als Mutter des Pan durch Hermes. Sie hielt dem Odysseus während der 20 Jahre seiner Abwesenheit die Treue u. sann stets erneut auf Möglichkeiten, sich ihrer aufdringl. Freier (z.B. ↗Antinoos, ↗Eurymachos) zu erwehren. So behauptete sie z.B., sie müsse zunächst das Leichentuch für ihren Schwiegervater herstellen, bevor sie an eine neue Heirat denken könne, trennte aber des

Penelope: die Gemahlin des Odysseus am Webstuhl; griech. Vasenmalerei (um 440 v.Chr.)

Nachts auf, was sie am Tage gewebt hatte. P. wurde zum Vorbild einer treuen Ehefrau.

Penthesileia, eine Amazonenkönigin, Tochter des Ares u. der ↗Otrere; nach dem Tode Hektors kam sie den Troianern zu Hilfe u. wurde v. Achilleus getötet, der sich in die Sterbende verliebte.

Pentheus, Kg. v. Theben, Sohn des Echion u. der ↗Agaue 1). Sein gewaltsamer Tod stand in engem Zshg. mit dem Dionysoskult, dessen orgiast. Auswüchse er gg. den Willen seiner Mutter u. anderer Verehrer des Gottes nicht dulden wollte. Sein Verhalten u. sein Schicksal sind Belege dafür, wie schwer es war, die Dionysosreligion in Griechenl. heimisch zu machen.

Penthilos, Bastardsohn des Orestes u. der Erigone. Seine Nachkommen in der v. ihm begründeten königl. Dynastie im griech. Mytilene (Insel Lesbos) waren die *Penthiliden.*

Peparethos, Sohn des griech. Gottes Dionysos u. der ↗Ariadne.

Pephredo, eine der ↗Graien, Tochter v. Phorkys u. Keto, Schwester v. Deino u. Enyo.

Peplos, *Peplum,* griech. „Gewand" (mit Sagenmotiven bunt geschmücktes Frauengewand), Titel eines mytholog. Handbuchs, dem Aristoteles (*384, †322 v.Chr.) zugeschrieben; es erläuterte Götter- u. Heldennamen aus dem Krieg um ↗Troia. – Hrsg. 1536 in Venedig. – Mantel der ↗Harmonia.

Perceval, frz. Roman v. Chrétien de Troyes, um 1180, Vorlage für den dt. ↗Parzival.

Perchta, *Frau Berchte,* Schreckgestalt des dt. Volksglaubens wie Frau ↗Holle; als Maskenfigur der zwölf Rauhnächte eine Mittwintergestalt (Perchten); mit unterschiedl. neueren Brauchformen zur niederen Dämonin geworden. – Als Perchtentag galt der 6. Januar.

Perdix, auch *Talos,* ein attischer Erfinder, Neffe u. Lehrling des ↗Daidalos, der seinen Lehrherrn an Einfallsreichtum zu übertreffen drohte. Er erfand der griech. Sage nach die Säge u. viell. auch den Kompaß u. die Töpferscheibe. Als Daidalos P. aus Eifersucht tötete, verwandelte Athena den Toten in ein Rebhuhn (= lat. P.).

Pergamon, Stadt in Mysien (Nordwest-Kleinasien), heute türk. Bergama; Ort vieler Heiligtümer, darunter des dem Zeus gewidmeten, 120 m langen, 190 v. Chr. err. Pergamonaltars, der als eines der ↗„Sieben Weltwunder" (nach einem Teil der Überl.) galt (heute im P.-Museum in Berlin). Der Sage nach benannt nach ↗Pergamos.

Pergamos, der Sage nach ein Sohn des Neoptolemos u. der Andromache. Er wanderte, wie ein Teil der Überl. berichtet, nach Mysien aus, eroberte die Stadt Teuthrania, benannte sie in Pergamon um u. wurde ihr Kg.

Periandros, *Periander,* Tyrann v. Korinth, * um 627, † um 585 v. Chr.; unter ihm erlebte Korinth eine Blütezeit; P. war ein Förderer der Dichtkunst u. der großen Heiligtümer. Er wurde zu den 7 Weisen Griechenl. gerechnet.

Periboia, auch *Eriboia,* **1)** zweite Gattin des Telamon, Mutter ↗Aias' des Großen. Sie begab sich mit Theseus nach Kreta als Opfer für den Minotauros. Minos verliebte sich in sie, doch sie wies ihn zurück u. kehrte heim nach Griechenl. – **2)** Gattin des korinth. Kg. Polybos, Pflegemutter des ↗Oidipus, auch Merope (↗Merope 6) gen. – **3)** Gattin des ↗Oineus. – **4)** Gattin des Ikarios von Sparta, Mutter der ↗Penelope.

Perieres, Sohn des ↗Aiolos 1) u. der Enarete. Seine Gemahlin ↗Gorgophone, eine Tochter des griech. Perseus, gebar ihm mehrere Kinder.

Perigune, auch *Perigone,* Tochter des ↗Sinis Pityokamptes (Fichtenbeuger); durch Theseus Mutter eines Sohnes Melanippos. Sie führte den Spargelanbau in ihrer griech. Heimat ein.

Periklymene, vgl. ↗Leukippe.

Periklymenos, 1) ein Argonaut, Sohn des ↗Neleus u. der Chloris. Er besaß die Gabe, seine Gestalt zu verändern; dennoch wurde er v. Herakles getötet, als er sich in einen Adler verwandelt hatte. – **2)** Sohn des Poseidon u. der Chloris, einer Tochter des Teiresias. Er war der Hauptverteidiger der Thebaner im Kampf der Sieben gg. Theben u. tötete u. a. ↗Parthenopaios.

Perimede, anderer Name für ↗Perimele.

Perimedes, ein Gefährte des Odysseus auf seinem Weg in die Unterwelt.

Perimele, auch *Perimede,* Tochter des Aioles; sie besaß zahlr. Brüder u. Schwestern. Von Acheloos verfolgt, gebar sie, wie ein Teil der griech. Sage berichtet, zwei Söhne namens Hippoda-

mas u. Orestes, worauf Aiolos sie ins Meer warf, wo Poseidon sie in eine Insel verwandelte.

Periphas, Kg. v. Thessalien, Sohn des Lapithes, Bruder des ↗Phorbas. Er heiratete Astyageia u. wurde Vater zahlr. Söhne, darunter Antion.

Periphetes, 1) ein Sohn des ↗Kopreus; er wurde im Troian. Krieg v. Hektor oder Teukros getötet. – **2)** Sohn des Hephaistos oder des Poseidon (nach einer selteneren Version des Daidalos). Er war ein hinkender Bandit mit einer bronzenen oder eisernen Keule, weshalb er Korynetes = Keulenmann gen. wurde. P. verbreitete Furcht u. Schrecken, weil er die Reisenden mit seiner Keule erschlug. Schließl. wurde er v. ↗Theseus getötet.

Peri Physeos, griech. „Über die Natur", Titel mehrerer naturphilosoph. Schriften der Antike, die uns daran erinnern, daß es neben der lit. angereicherten Mythologie u. mit Symbolen stilisiertem „Aberglauben" an die homer.-olymp. Götterwelt gleichzeitig eine hochentwickelte, gelehrte ↗Philosophie gab, die offenbar jene oft naive Verdinglichung v. Glaubensgrundsätzen nicht brauchte. So schrieb u. lehrte u. a. *Anaxagoras* (* um 500, †428 v. Chr.), ein Zeitgenosse u. Berater des Athener Politikers Perikles, über ein dualist. Weltsystem v. schöpferischem Geist u. materiellen Urelementen. Sein Vorgänger *Anaximandros* aus Milet (* um 610, †546 v. Chr.) erkannte die Welt als Kugel in einem Kosmos u. – ganz erstaunl. – den Ursprung des Lebens als Evolution aus dem Meer. Allerdings verband er das mit anderen Vorstellungen, daß der Mensch in seiner Entwicklung erst spät die Fischhülle zerrissen hätte, um sich zu einem Wesen zu entwickeln, das sich auch selbst ernähren könnte. *Heraklit* aus Ephesos (um 500 v. Chr.) suchte den Antrieb für das Weltgeschehen im „logos", einer immanenten Gesetzmäßigkeit, die sonstige „Lügen u. Irrtümer" entlarvt. Das Verhältnis des Menschen zur Gottheit erläuterte Heraklit wie das eines Knaben zu einem Erwachsenen. *Xenophanes* (* um 565, †470 v. Chr.) erklärte verbittert, Pferde, Löwen u. Rinder würden, wenn sie Hände hätten, Götterbilder eben wie Pferde, Löwen u. Rinder formen. Die Äthiopier würden entspr. behaupten, die Götter seien stumpfnasig u. schwarz.

Pērkons, Donnergott der ↗Letten; gemeinsam mit den anderen balt. Völkern ist seine Beschreibung, und bereits in der livländ. Reimchronik v. 1290 wurde er als *Perkune* erwähnt. Sein Kult als Himmelsschmied und Familienoberhaupt war noch im 18. Jh. bezeugt. Pferde waren für ihn wichtig, aber auch im Fruchtbarkeitskult galten ihm Dankopfer mit dem Festmahl „saberi". P. ist viell. mit dem slaw. Gott ↗Perūn verwandt.

Perkūnas ↗Perun.

Perkune ↗Perkons.

Pero, Tochter des ↗Neleus u. der Chloris. Sie hatte viele Freier u. heiratete schließl. ↗Bias 1), dem sie mehrere Kinder gebar. P. wurde wegen ihrer Schönheit gepriesen.

Perseïs, auch *Perse*, eine ↗Okeanide; sie heiratete Helios, dem sie Aietes, Kirke, Pasiphaë und Perses gebar.

Persephone: die Göttin als Königin des Hades

Persephone

Persephone, in der griech. Mythologie Göttin der Unterwelt, Tochter des Zeus u. der ↗Demeter, Gattin des ↗Hades, den sie dazu bewegte, sie für einen Teil des Jahres als Wachstumsgöttin im Sinne des Vegetationszyklus an der Oberwelt leben zu lassen. In bestimmten Zshg. wurde sie als ↗Kore bez.; ihr Hauptkult waren die ↗Eleusinischen Mysterien. Der griech. P. entspr. die röm. ↗Proserpina. – Kelt. ↗Vier Zweige des Mabinogi. – ↗Granatapfel.

Perses, 1) der älteste Sohn des Perseus u. der Andromeda. Der Sage nach Vorfahre der Könige v. Persien. – **2)** ein Titan, Sohn des ↗Kreios, Vater v. Hekate. – **3)** Sohn des Helios u. der Perseïs, Bruder v. Aietes, Kirke u. Pasiphaë. Er brachte den Thron des Aietes, Königs v. Kolchis, an sich, wurde aber v. den Kindern des Aietes wieder abgesetzt.

Perseus, bedeutender Heros der griech. Sage, Sohn des Zeus u. der Danaë. Da ein Orakel den ↗Akrisios, Danaës Vater, darauf hingewiesen hatte, er werde v. der Hand eines Enkels ster-

ben, sperrte er seine Tochter in ein mit Bronzeschlössern versehenes unterird. Gemach oder in einen Elfenbeinturm ein, wo ihr Zeus sich aber dennoch näherte, u. zwar in Gestalt eines Goldregens oder einer Goldwolke. Danaë gebar den P., u. als sein Großvater davon erfuhr, ließ er Mutter u. Kind in einem Kasten auf dem Meer aussetzen. Die beiden ertranken jedoch nicht, sondern trieben bei der Insel Seriphos an Land u. wurden v. Kg. ↗Polydektes freundl. aufgenommen. Der Herrscher verliebte sich in Danaë u. suchte den heranwachsenden P. zu beseitigen, indem er ihn beauftragte, das Haupt der Gorgo Medusa zu erbeuten. Mit einer Zaubertasche, einer Tarnkappe u. Flügelschuhen, Ge-

Perseus *mit dem Haupt der Medusa; von Benvenuto Cellini (1500–1571)*

Akrisios – Eurydike
|
Zeus – Danaë
|
Perseus – Andromeda
|
Perses   Alkaios   Sthenelos   Heleios   Mestor   Elektryon – Anaxo   Gorgophone
|
Zeus – Alkmene
|
Herakles

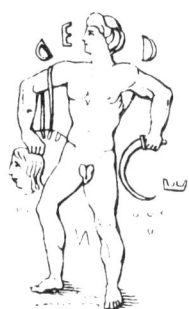

Perseus mit dem Haupt der Medusa

genständen, die er sich mit Hilfe v. Hermes u. Athena verschaffte, ausgerüstet, machte er sich auf den Weg u. traf die sterbl. Gorgo Medusa, deren versteinernder Blick ihn töten sollte, samt ihren beiden unsterbl. Schwestern schlafend an. Indem er seinen Schild als Spiegel benutzte u. so die Versteinerung v. sich abwendete, schlug er Gorgo Medusa das Haupt ab, tat es in seine Tasche u. entkam den beiden Schwestern der Getöteten, indem er die Tarnkappe aufsetzte. Auf dem Heimweg befreite P. ↗Andromeda, die einem Meeresuntier ausgesetzt war, u. machte sie zu seiner Frau (vgl. russ. ↗Dobrynja). Polydektes versteinerte er mit dem Gorgonenhaupt, das er anschließend der Athena schenkte; den Fischer Diktys, Bruder des Polydektes, erhob er zum Kg. der Insel. Der Spruch des Orakels, er werde seinen Großvater Akrisios töten, erfüllte sich, als er diesen bei einem Wettspiel ohne böse Absicht mit dem Diskus traf. P. wurde im Tausch mit der Herrschaft über Argos Kg. v. Tiryns u. gründete Mideia u. Mykenai. Er war der Ahnherr des Herakles u. der Herakleiden. – Die an Details ungewöhnl. reichen Erz. um P. zeigen je nach Überl. im einzelnen gewisse Abweichungen, die den Kern der Sage jedoch nicht berühren.

Perseus befreit Andromeda (Holzschnitt zu Ovid, Venedig 1574)

Personifikation, Konkretisierung einer abstrakten Idee in der leichter verstehbaren u. erfaßbaren, „realen" Person einer Gottheit; bes. in der Mythologie der ↗Römer verbreitet. Bei den Griechen Spuren davon z. B. in der Gestalt der Göttin ↗Charis u. der ↗Dike. – Vgl. ↗Horen, christl.-jüd. ↗Leviathan, ↗Numen, finn. ↗Rota, ↗Schlange.

Perūn, ostslaw. Donnergott, der Funktionen eines nicht genauer überlieferten Himmelsgottes (↗Bog) übernahm. P. scheint verwandt mit dem litau. Wettergott *Perkūnas* u. dem lett. Donnergott ↗Pērkons, deren Namen wiederum viell. im etymolog. Zshg. mit der altnord. Göttin ↗Fjörgyn, der Mutter Thors, stehen.

Pervigilium Veneris, lat. „Nachtfeier der Venus", Gedicht unbekannter Herkunft, viell. aus dem 3. Jh. n. Chr. In den berühmt gewordenen Versen wurde die röm. Liebesgöttin ↗Venus in Zshg. mit dem erwachenden Frühling auf Sizilien beschrieben. Gäste des Festes waren Eros, Ceres, Bacchus und Apollon. Nur der Dichter fühlte sich als Einsamer, der nicht wie die Nachtigall mitsingen konnte. – Hrsg. in Antwerpen 1580, dt. u. a. von G. A. Bürger, 1796.

Pessinus ↗Phrygien.

Petasos, im alten Griechenl. ein breitkrempiger Hut, der als Reisehut, zur Zeit Alexanders des Großen v. den Makedonen aber auch im Kampf getragen wurde. Geflügelt war er ein charakterist. Merkmal des ↗Hermes, dessen Darstellungen ihn häufig mit dieser Kopfbedeckung zeigen.

Peter von Staufenberg, mhd. Erz., um 1310, verfaßt v. Egenolf v. Staufenberg, über die Liebe eines Ritters zu einer Fee, ähnl. der ↗Melusine. Auch in einer im christl. Geist geschriebenen Erz. steckte der Sprengstoff einer dämon. Welt, die das ganze MA beschäftigte.

Petrarca, Francesco, italien. Dichter, *1304 in Arezzo, †1374 bei Padua. Ihm begegnete 1342 Cola di Rienzo, der die röm. Republik u. die Antike polit. wiedererstehen lassen wollte. Als Humanist entdeckte P. u. a. Cicero u. die „goldene Zeit" des ↗Augustus. Die Schriften des P. hatten großen Einfluß auf die ↗Renaissance.

Petroleum, *Oleum incendiarium* (brennbares Öl), nach Plinius nannten die Griechen es „Medea-Öl" (so auch in Prokops „Gotenkrieg"), da durch einen mit P. getränkten Kranz, die sich an der Altarflamme entzündete, Iasons Gemahlin getötet worden sein soll (vgl. dagg. ↗Medea). P. wurde v. den Griechen mit ↗Kolchis zw. dem Schwarzen Meer u. dem Kasp. Meer in Zshg.

gebracht – heute viell. auch die Erdöllandschaft um Baku.

Petronius Arbiter, †66 n.Chr., erzählte in seinem lat. Roman „Satyricon" v. dem phall. Gott Priapus (↗Priapos), der ungnädig Menschen verfolgte, die ihn mißachteten. P. schilderte unverblümt das Alltagsmilieu v. Dirnen u. Sklaven, und er parodierte den klass. Liebesroman mit realist. Szenen.

Pfahl, als ungefüges Holzidol ein Typ des Götterbildes oder der als heilig verehrten Säule (↗Irminsul). German. *Pfahlgötter* wurden u.a. in ↗Braak u. ↗Oberdorla gefunden. – ↗Götterbilder, vgl. ↗Kobold (Ölgötze). – Ein griech. Pfahlgott war neben ↗Hermes vor allem der ebenfalls phallosbetonte (↗Phallos) Gott ↗Priapos.

Pfalzfeld, ↗Steinsäule von Pfalzfeld.

Pfau, der der Hera heilige Vogel; die 100 Augen des ↗Argos Panoptes sind in seinen Schwanz eingesetzt. – Ikonograph. wurde der P. oft mit einem Phönix (↗Phoinix 3) vermischt. Auch das Frühchristentum glaubte an die Unverwesbarkeit des Pfauenfleisches, u. der P. wurde zum Symbol für die Auferstehung.

Pferd, wie u.a. die Göttin ↗Epona ausweist, ein bei den Kelten (aber auch bei den Römern, bes. den röm. Legionären) kult. verehrtes Tier (↗Rudiobos), das nicht nur als Reittier u. im Krieg eine bedeutende Rolle spielte, sondern auch die Seelen der Verstorbenen ins german. Jenseits brachte (↗Gotländische Bildsteine). Gelegentl. auch als Sonnensymbol (kelt. ↗Taranis) verstanden. Bei den Germanen als Abbildung mit unbekannter Funktion (abwehrend?) auf verschiedenen älteren Runendenkmälern zu finden; als Abwehrzauber diente in der Wikingerzeit ein Pferdekopf (↗Schandstange). – Nach Erz. und Bilddenkmälern ist bekannt, daß in Skandinavien Pferdekämpfe sehr beliebt waren. – Die griech. ↗Kentauren, die hoch verehrt wurden, waren halb P., halb Menschen; so wurde gelegentl. auch der kelt. Gott Taranis dargestellt, dem ebenso wie dem german. ↗Ziu auch ↗Pferdeopfer dargebracht wurden. – Einzelne P. waren namentl. berühmt (das geflügelte P. ↗Pegasos, die beiden P. des Achilleus, ↗Balios u. ↗Xanthos 1) gen., Alexanders P. ↗Bukephalos, Sigurds P. ↗Grani, Wielands P. ↗Skimming, das armen. Pferd ↗Dschalali usw.); Odins ↗Sleipnir wurde mit acht Beinen dargestellt.

Pferdeopfer, Reste röm. P. sind für den am 15. Oktober mit festl. Wettkämpfen begangenen „Equus october" anzunehmen. – Wie viele antike Völker kannten die Germanen u. Kelten auch das P., das sie wohl als vornehmstes aller Opfer ansahen. Der kelt. Gott ↗Taranis wurde damit geehrt; in Uppsala u. in Dänemark wurden nach der Überl. Pferde geopfert. Brandopfer scheinen weniger gebräuchl. gewesen zu sein; das Kochen im kult. ↗Kessel u. das gemeinsame Essen des Tieropfers waren gesellschaftl. Ereignisse. – Im Grab der norweg. Königin Asa lagen als Grabbeigaben auch Pferde (↗Oseberg-Schiff).

Pflug, wird innerhalb eines Fruchtbarkeitskultes als Symbol auf den bronzezeitl. Felszeichnungen (↗Tanum) gedeutet. Man bewundert die „techn. fortschrittl. Ritzungen" an mehreren Beispielen mit versch. Pflugformen, die z.T. auch archäolog. nachweisbar sind (hölzerner Hakenpflug, Ard). – In der antiken Mythologie ist der P. das Attribut u.a. der Demeter, des Dionysos u. des Triptolemos.

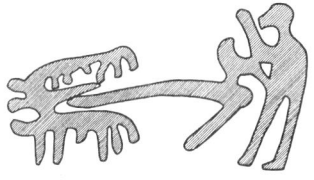

Pflug:
schwedische
Felszeichnungen
(Tanum)

Pflügen, kult. P., das Brechen einer Furche etwa zur Begrenzung eines Begräbnisplatzes, ist bereits aus dem altind. Grabritual der Veda überliefert. Entspr. Ardspuren (Ard = einfache Pflugform) sind auf Bornholm bei Store Loftsgård u. Jomfrugård auf Grabplätzen der Bronzezeit erkennbar: Pflugfurchen laufen kreuz u. quer, vereinzelt konzentrisch.

Pflüger ↗Mikula.

Phaëthusa, eine der ↗Heliaden; Tochter des Helios (viell. auch des Apollon), Schwester der ↗Lampethusa u. Halbschwester des Phaëton. Nach Phaëtons Tod trauerte sie so sehr um ihn, daß sie in eine Pappel verwandelt wurde; ihre Tränen wurden zu Bernstein.

Phaëton: Sonnenwagen (nach einer antiken Gemme)

Phaëton, in der griech. Mythologie Sohn des ↗Helios, der ihm gestattete, einen Tag den Sonnenwagen zu lenken. P. kam der Erde zu nahe, entfachte einen großen Weltbrand u. wurde durch Zeus v. einem Blitz getötet. Er stürzte in den Fluß Eridanos. Die Heliaden, seine trauernden Schwestern, wurden in Pappeln verwandelt.

Phaiaken, *Phäaken,* ein in der Odyssee gen. Volk, das die Insel Scheria bewohnte u. berühmt war für seine Schiffe, die der Sage nach auch ohne Steuermann u. selbst bei dichtestem Nebel ihr Ziel erreichten. Ihr Kg., ↗Alkinoos, gewährte Iason u. Medeia Hilfe u. nahm auch Odysseus gastfreundl. auf, als dieser Schiffbruch erlitten hatte. Odysseus erzählte bei Hofe v. den jahrelangen Abenteuern bei seiner Rückkehr v. Troia, u. um ihm eine schnellere Heimkehr zu ermöglichen, überließ Alkinoos dem Gast eines der Phaiakenschiffe. Dieses Schiff verwandelte der ergrimmte Poseidon jedoch in Stein. – Das Phaiakenland war in der antiken Sage für seinen Reichtum berühmt und galt als eine Art von Schlaraffenland.

Phaidimos, eines der zahlr. Kinder des Amphion u. der ↗Niobe.

Phaidra, *Phädra,* Tochter des kret. Königs Minos u. seiner Gemahlin Pasiphaë, Schwester der Ariadne u. Gattin des Theseus. Sie entbrannte in Liebe zu ihrem Stiefsohn Hippolytos, der ihre Verführungskünste jedoch zurückwies. Daraufhin behauptete P. aus Angst vor Entdeckung bei ihrem Gemahl, Hippolytos habe ihr nachgestellt, worauf Theseus, der ihr glaubte, den Poseidon bat, seinen Sohn zu vernichten. Als

Hippolytos mit einem Wagen an der Küste entlangfuhr, tauchte ein Stier aus dem Meer auf, die Pferde scheuten u. schleiften Hippolytos zu Tode. P. brachte sich selbst um. – Hippolytos wurde in Troizen, später auch in Athen u. an anderen Orten kult. verehrt. Er war das Opfer des in der griech. Sage häufig vorkommenden Potiphar-Motivs. Sein Schicksal wurde u.a. v. Sophokles u. Euripides, der den Stoff zweimal bearbeitete, behandelt; es hat sich jedoch nur die jüngere Fassung des Euripides erhalten.

Phaistos, 1) Sohn des Zeus und der Europe. Gemäß kret. Tradition war er der Vater des ↗Rhadamanthys. – **2)** Kg. v. Sikyon, Sohn des Herakles. Er verließ das Land, nachdem ein Orakel ihm die Anweisung gegeben hatte, nach Kreta auszuwandern.

Phaisyle, eine der ↗Hyaden; Tochter v. Atlas u. Pleione.

Phaleros, ein Argonaut. Eponymos (myth. Namengeber) des Hafens v. Phaleron. Sein Vater war ↗Alcon v. Kreta.

Phallos, griech., männl. Glied, von einem P.-Kult im wikingerzeitl. Tempel in Uppsala ist bei Adam v. Bremen (um 1070) als heidn. Brauch die Rede: Freyr „cum ingenti priapo". Spätere Quellen berichten vom P. in der altnord. Saga („Völsi": ein Pferde-P. in Leinen u. Lauch gewickelt) u. von entspr. Bräuchen bei den Samen (Lappen). – ↗Hermes u. ↗Priapos, vgl. ↗Jäger, ↗Rallinge, ↗Rasenbilder, ↗Wölsi.

Phantasos, Gott des Traumes, der in den Träumen der Menschen erschien; Sohn des Somnus bzw. ↗Hypnos. Er besaß die Macht, sich in Erde, Felsen, Wasser, Bäume u. andere Gegenstände der Natur zu verwandeln.

Phaon, in der griech. Sage ein sehr alter, häßl. Bootsführer aus Mytilene (Lesbos), dem Aphrodite ein kleines Gefäß mit Salbe schenkte, die ihm große Schönheit verlieh. Die Lyrikerin Sappho verliebte sich einer späteren Tradition nach in ihn, tötete sich aber selbst, als er sie zurückwies.

Pharos, ehem. Insel bei Alexandria, deren unter Ptolemaios II. v. Sostratos erbauter, um 280 v.Chr. vollendeter Leuchtturm (angebl. 180 m hoch) zu den Sieben Weltwundern zählte.

Pharsalia, lat. Epos des M. Annaeus Lucanus (*Lukan*), um 62 n.Chr., in dem der Bürgerkrieg (bellum civile) zw. Pompeius u. Caesar beschrieben wird. Eingeflochten in die Schilderung sind z.B. Nachrichten über die drei Hauptgötter der ↗Kelten: ↗Taranis als Herrscher des Himmels, ↗Teutates als Stammesgott, ↗Esus als Kriegsgott. – In seiner nüchternen Geschichtsschreibung brach Lukan mit der älteren Tradition u. verzichtete auf die mytholog. Götterwelt zur Überhöhung seiner Dichtung (im Ggs. zu Vergil u. Homer). – In der neuen Philosophie, der *Stoa*, wurde ein blindes Schicksal angenommen, das das menschl. Geschick bestimme. „Wir belügen uns, wenn wir an Jupiters Herrschaft glauben … kein Gott kümmert sich um die Sterblichen." Die Gestalt des Helden bekam eine neue Qualität, weil sie (ähnl. dem altgerman. ↗„Recken", vgl. ↗Hagen von Tronje) völlig auf sich selbst gestellt war. In der Nachwelt hat sich dann wieder die traditionelle homer. Sichtweise durchgesetzt (↗Heroenkult), obwohl Lukan über Dante bis Hölderlin Verehrer fand. – P. hrsg. neu in Rom 1469, dt. Übers. 1695.

Phasis, heute *Rion* oder *Rioni*, Fluß in Kolchis, der im Kaukasus entspringt u. ins Schwarze Meer mündet. Der griech. Sage nach segelten die Argonauten diesen Fluß entlang.

Phegeus, 1) Kg. v. Phegea in Arkadien; Sohn des Inachos. Er war Priester des Apollon u. entsühnte ↗Alkmaion, einen der Epigonen gg. Theben, für die Ermordung seiner Mutter, tötete ihn aber später wegen einer anderen Übeltat. Ein Teil der griech. Überl. spricht auch davon, daß P. selbst umgebracht worden sei, vermutl. zus. mit seiner Frau. – **2)** ein Gefährte des Aeneas auf seiner Reise v. Troia nach It. Er wurde v. Turnus getötet.

Pheidias, *Phidias*, griech. Bildhauer in Athen, zw. 460 u. 430 v. Chr.; Freund u. Berater des Perikles, der ihm die künstler. Oberleitung über die Neugestaltung der Akropolis in Athen übertrug. P. verköpert zus. mit Polyklet (↗Polykleitos) den Höhepunkt der griech. Plastik. Seine berühmtesten (durch Nachbildungen und Beschreibungen annähernd rekonstruierbaren) Werke sind die Goldelfenbeinbilder der Athena Parthenos im ↗Parthenon u. des Zeus im Zeustempel v. Olympia. Die Zuschreibung einiger anderer Werke ist unsicher.

Pheme, die griech. Entsprechung der röm. Göttin ↗Fama.

Phemios, Sänger u. treuer Gehilfe des Odysseus, der v. den Freiern der Penelope gezwungen wurde, ihnen zu dienen. Er wurde nach der Rückkehr des Odysseus v. diesem verschont.

Pheres, 1) Sohn des Iason u. der Medeia. Ein Teil der Überl. berichtet, Medeia hätte ihn als Kind getötet oder er sei v. den Kretern gesteinigt worden. – **2)** Vater des ↗Mermeros 2), des berühmten Giftherstellers.

Pherusa, eine der Nereïden.

Phidias, der griech. Bildhauer ↗Pheidias.

Philae, ägypt. Kultzentrum auf einer Nilinsel, Heiligtum für ↗Isis u. Osiris, das bis in die röm. Zeit hinein (ab 30 v. Chr.) sehr lebendig war u. weithin ausstrahlte. Der röm. Ks. übernahm dabei die Rolle des Pharao als Mittler zw. Götterwelt u. Menschen. Große Tempelbauten entstanden in der röm. Zeit, u. a. in Dendara (für die Göttin Hathor der Liebe u. Freude), in Theben und P., alte Tempel wurden restauriert. Bis in das 6. Jh. n. Chr. hinein blieb P. ein wichtiger heidn. Wallfahrtsort für das Röm. Reich.

Philammon, Sohn des Apollon u. der ↗Chione 1), Zwillingsbruder des ↗Autolykos, dessen Vater jedoch der griech. Gott Hermes war. Er heiratete die Nymphe Argiope. P. war ein hervorragender Musiker u. Dichter. Er starb in einer Schlacht, als er den Tempel des Apollon in Delphoi gg. ↗Phlegyas verteidigte.

Philemon und Baukis *(Baucis)*, ein altes phryg. Ehepaar, das, wie Ovid in seinen „Metamorphoses" berichtet, voller Harmonie in einer bescheidenen Hütte lebte (vgl. auch den Schluß in Goethes „Faust"). Als einst Zeus u. Hermes, als Wanderer verkleidet, bei ihnen Einkehr hielten, wurden sie aufs freundlichste bewirtet. Zum Dank verwandelten die Reisenden die Hütte des Paares in einen Tempel, in dem P. u. B. die priesterl. Dienste versahen. Sie baten darum, gemeinsam sterben zu dürfen, u. P. wurde in hohem Alter in eine Eiche, B. in eine Linde verwandelt. – Daß die Götter in verkleideter Gestalt bei den Menschen einkehrten u. sie auf ihre Gastfreundschaft hin prüften, ist ein in der griech. Sage verhältnismäßig häufiges Motiv, auch, daß sie freundl. Aufnahme belohnten u. unfreundl. Empfang straften, z. B., indem sie eine Sintflut schickten.

Philinoë, eine Tochter des ↗Iobates; sie heiratete ↗Bellerophon, dem sie mehrere Kinder gebar.

Philippides, ein berühmter athen. Läufer, der der Sage nach die 243 km v. Athen nach Sparta in zwei Tagen zurücklegte, um bei den Spartanern Hilfe gg. die bei ↗Marathon gelandeten Perser zu holen.

Philodike, Mutter der ↗Phoibe 3).

Philoitios, der Rinderhirte des ↗Odysseus, der seinem Herrn während dessen langer Abwesenheit die Treue hielt u. im Kampf gg. die Freier der ↗Penelope an seiner Seite kämpfte.

Philoktetes, aus Thessalien stammender Held, Sohn des ↗Poias u. der Demonassa. Von ihm wird berichtet, er habe sich auf das inständige Bitten des ↗Herakles als einziger aus dessen Freundeskreis bereit gezeigt, den Scheiterhaufen, auf den Herakles sich gelegt hatte, anzuzünden. Zum Dank dafür erhielt er dessen berühmten Bogen mit den Giftpfeilen u. wurde selbst zu einem berühmten Bogenschützen. – Im Troian. Krieg stellte P. als Freier der Helena ein Kontingent v. 7 Schiffen. Bei einer Zwischenlandung biß ihn eine Schlange u. fügte ihm eine Wunde zu, die nicht heilte u. einen bestial. Gestank verbreitete. Deshalb setzten die Griechen den Helden auf der Insel Lemnos aus, wo er viele Jahre in der Einsamkeit verbrachte. Aus dieser wurde er erst befreit, als den Achaiern nach 9 Jahren der vergebl. Belagerung Troias geweissagt wurde, ohne Bogen u. Pfeile des Herakles könnten sie die Stadt überhaupt nicht einnehmen. Sie holten P. nach Troia, wo er den Paris tötete u. durch den Arzt ↗Machaon bzw. dessen Bruder ↗Podaleirios Heilung v. seinem Leiden fand. Nach dem Fall der Stadt kehrte er unversehrt in seine Heimat zurück; ein Teil der Überl. berichtet auch, er sei nach It. gegangen u. hätte dort mehrere Städte gegründet. – Alle drei großen griech. Tragiker, Aischylos, Euripides u. Sophokles, schrieben eine Tragödie über P., doch blieb nur das Werk des Sophokles erhalten.

Philomele, die Schwester der ↗Prokne, der ↗Tereus, nachdem er sie vergewaltigt hatte, die Zunge herausriß, um sie zum Schweigen zu verurteilen. – ↗Itys.

Philomelos, Sohn des Iason u. der griech. Göttin Demeter, Bruder des Plutos. Er galt als Erfinder des Wagens.

Philonome, zweite Gattin des Kyknos, des Kg. v. Kolonai; sie versuchte, ihren Stiefsohn Tenes zu verführen, der sie jedoch zurückwies. Da Kyknos seiner Gattin zunächst glaubte, setzte er den Sohn mit seiner Schwester Hemithea in einer Kiste auf dem Meer aus. Sie wurden bei der Insel Leukophrys an Land getrieben, wo die Bewohner Tenes zu ihrem Kg. machten u. die Insel nach ihm ben. Als Kyknos später den Betrug seiner Gemahlin durchschaute, segelte er zu seinen Kindern, um sich mit ihnen zu versöhnen. Tenes blieb jedoch unerbittl.; er hieb mit einer Axt das Tauwerk des väterl. Schiffes durch u. trieb es v. seinem Land fort. – Nach einer anderen griech. Version erkannte Kyknos die Lüge seiner Gattin sehr bald u. begrub sie lebendig.

Philosophie, griech. „Liebe zur Wahrheit" u. zum Wissen, die sich häufig im Ggs. zur Mytho-logie verstanden (vgl. ↗Peri Physeos, ↗Sokrates). Die v. ↗Platon gegr. philosoph. Akademie in Athen wurde aber erst im Widerstreit mit dem Christentum im Jahre 52ᵧ v. Ks. Justinian geschlossen. Nur wenige Jahre vorher konnte der überzeugte Christ *Boethius* (*470, †524) Trost in der antiken Figur der P. finden („De consolatione philosophiae", um 523), nicht in der bibl. Offenbarung allein. – Zur Stoa vgl. ↗Pharsalia.

Philyra, Tochter des Okeanos und der Tethys. Viell. die Gattin des Nauplios, dem sie mehrere Kinder gebar (↗Palamedes). Durch Kronos war sie Mutter des Kentauren ↗Cheiron, dessen Zwittergestalt in der griech. Sage dadurch erklärt wurde, daß Kronos sich in einen Hengst verwandelte, um sich, als er sich P. näherte, vor seiner rechtmäßigen Gemahlin Rheia zu verbergen oder weil P., um dem Gott zu entgehen, die Gestalt einer Stute annehm. Als sie den Cheiron gebar, war sie außer sich über das Aussehen des Kindes u. bat Zeus, sie in eine Linde zu verwandeln.

Phineus, 1) Kg. v. Salmydessos in Thrakien, Sohn des Agenor (nach anderer Version des Phoinix), ein Seher, über den die griech. Sage sehr Unterschiedliches berichtet. Er war in erster Ehe mit ↗Kleopatra 1) verheiratet, nach deren Tod in zweiter Ehe mit Idaia, die ihre beiden Stiefkinder mit grimmigem Haß verfolgte u. ihren Gatten dazu bewegte, diese zu blenden oder blenden zu lassen. Als die ↗Argonauten durch Salmydessos zogen u. sahen, was vorgefallen war, beraubten sie den Kg. ebenfalls seines Augenlichtes, um ihn für seine schändl. Taten zu bestrafen. – Nach anderer Version hatte Helios den König geblendet, weil er bei der Wahl zw. Tod u. Blindheit die Blindheit vorzog oder weil er die Geheimnisse der Götter verraten hatte. Für letzteres bestraften ihn zusätzl. die Harpyien, indem sie ihm seine Nahrung wegnahmen u. den Rest beschmutzten, so daß P. dem Hungertod nahe war. Entweder aus Mitleid oder gg. das Versprechen, ihnen den Weg zu zeigen, veranlaßten die Argonauten die ↗Boreaden, die Harpyien endgültig zu vertreiben. – **2)** ein Onkel der Andromeda.

Phlegethon, *Pyriphlegethon,* einer der Unterweltflüsse, ein Feuerstrom, in den nach antiker Überl. Räuber u. Mörder geworfen wurden.

Phlegyas, ein Lapithe, Stammvater der thessal. Phlegyer, ein Sohn des Ares u. der Chryse (nach anderer Version der Dotis), Vater der ↗Koronis 1) u. möglicherweise des Ixion. Als Apollon ihm seine Tochter raubte, brannte er dessen Tempel in Delphoi nieder (↗Philammon). Apollon tötete ihn der griech. Sage nach, schickte ihn in den Hades u. hängte einen großen Stein über seinem Haupte auf. Andere Überl. bezeichnen ihn auch als Fährmann in der Unterwelt. – ↗Charon.

Phlogios, eines der vier Pferde des ↗Ares.

Phobetor, auch *Ikelos*, Gott der Träume; der Sage nach ein Sohn des Somnus bzw. Hypnos. Er konnte in den Träumen die Gestalt v. Tieren annehmen, u.a. von Vögeln oder Schlangen.

Phobos, 1) Gott der Furcht („Phobie") u. des Schreckens; Sohn v. Ares u. Aphrodite. Er u. seine Brüder begleiteten den Vater in die Schlacht. – ↗Deimos und Phobos. – **2)** eines der vier Pferde des ↗Ares.

Phoibe, 1) Epitheton (Beiname) der Artemis als Mondgöttin. – **2)** Tochter des Titanen Uranos u. der Gaia; Gemahlin des Koios u. v. ihm Mutter der Leto u. der Asteria. Großmutter v. Apollon u. Artemis. Vor Apollon galt sie vielfach als Herrin v. Delphoi. – **3)** Tochter des Leukippos, eines Nachkommen des Perseus, u. der Philodike.

Phoibos, anderer Name des ↗Apollon als Gott der Sonne u. des Lichtes. *P. Apollo* wurde bes. auf ↗Rhodos verehrt. – Der griech. Naturphilosoph Anaxagoras (* um 500, † um 428 v.Chr.), der die Sonne als glühende Gesteinsmasse erklärte, wurde wegen Leugnung der Staatsreligion aus Athen verbannt.

Phoinix, 1) Kg. v. Phoinikien, Sohn des ↗Agenor, Gemahl der Perimede u. v. ihr Vater der Astypaleia u. der Europe. Wahrscheinl. besaß er noch eine Reihe v. Söhnen aus außerehel. Verbindungen. Als ↗Europe gewaltsam entführt wurde, schickte P. seine Brüder (↗Kadmos) u. Kinder aus, um sie wiederzufinden. – **2)** Kg. der Doloper; Sohn des Amyntor u. der Hippodameia, nach anderer Version der Kleobule; Teilnehmer an der ↗Kalydon. Jagd. Eine Form der griech. Überl. berichtet, P. sei v. seiner Mutter dazu angestiftet worden, die Konkubine seines Vaters, die dieser sehr liebte, zu verführen, worauf Amyntor, der die Machenschaft durchschaute, den Sohn zu immerwährender Kinderlosigkeit verdammte. Daraufhin sei P. zu Peleus geflohen u. hätte dessen Sohn Achilleus erzogen u. zum Dank dafür die Herrschaft über die Doloper übertragen bekommen. Nach einer anderen Version blendete Amyntor den Sohn wegen seiner schändl. Tat, doch wurde dieser v. ↗Cheiron geheilt. – **3)** griech. Name des v. den

Ägyptern als heilig verehrten Vogels, der als Erscheinung des Re oder des Osiris galt. Da er sich selbst verbrannte, aber neu erstand („Phönix aus der Asche"), symbolisierte er für die Griechen das ewige Leben.

Phokis, im Alt. mittelgriech. Küstenlandschaft nördl. des Korinth. Golfs, mit dem Bergland des Parnaß u. den wichtigsten Städten Delphoi, Amphikleia u. Krisa.

Phokos, Sohn des Aiakos v. Aigina u. der ↗Psamathe 1); er wanderte nach Phokis aus u. erweiterte die Kolonie. Schließl. wurde er v. seinen Halbbrüdern ↗Peleus u. Telamon getötet.

Phol, sonst nicht belegte german. Gestalt, viell. ein Gott, der mit Wodan zus. in einem der ↗Merseburger Zaubersprüche gen. wird. Versuchsweise mit Balder selbst gleichgesetzt.

Pholos, ein für sein freundl. Wesen berühmter Kentaur, der einst Herakles gastl. aufnahm und ihn bewirtete. Als Herakles auch Wein verlangte, der allen Kentauren gemeinsam gehörte, u. P. schließl. nachgab, traten die übrigen Kentauren auf den Plan, u. es kam zu einem heftigen Kampf, in dem Herakles die Oberhand behielt. P. fand den Tod, weil ihm ein mit dem Gift der ↗Hydra versehener Pfeil auf den Fuß fiel, als er diesen neugierig betrachtete.

Phöniker, *Phönizier, Phoiniker,* unter der Herrschaft des Kg. ↗Phoinix; hist. und myth. ein wichtiges Seefahrervolk an der kulturellen Wiege Europas (↗Europe), am Beginn der griech. Kultur in ↗Theben (↗Kadmos) – das griech. Alphabet leitet sich u.a. von phönik. Buchstaben ab (vgl. ↗Palamedes) – u. später im Kampf um die Vorherrschaft gg. Rom (↗Karthago). – ↗Adonis.

Phönix, Vogel ↗Phoinix 3).

Phorbas, 1) Sohn des Lapithes, eines Apollon-Abkömmlings, oder des Triopas; Kg. v. Thessalien. Er wanderte nach Elis aus u. half dessen Kg. Alektor im Kampf gg. Pelops. Dafür erhielt er einen Teil der Herrschaft im griech. Elis, den er seinem Sohn Augeias vererbte. Von P. wird auch berichtet, er hätte Rhodos besiedelt u. v. einer Schlangenplage befreit. – **2)** ein Führer der Phrygier im Kampf gg. die Griechen während des Troian. Krieges. Er besaß große Herden u. war der Geliebte des Hermes.

Phorkys, 1) ein alter griech. Meeresgott, Sohn des Pontos (nach anderer Version des Okeanos) u. der Gaia. Er besaß mehrere Geschwister, darunter Thaumas u. Nereus. P. heiratete Keto u. wurde durch sie Vater der ↗Graien u. der ↗Gorgonen. Gelegentl. wurden auch die Hesperiden als seine Töchter bezeichnet. – **2)** ein Troianer, der im Troian. Krieg v. ↗Aias dem Großen getötet wurde. – **3)** ein Gehilfe des Turnus im Kampf gg. Aeneas.

Phoroneus, in der griech. Sage erster Kg. v. Argos, Vater mehrerer Kinder, u. a. einer Tochter Niobe, die als erste irdische Frau u. als erste Geliebte des Zeus galt. Von P. wird berichtet, er hätte als erster in der Argolis einen Altar der Hera errichtet, außerdem behauptet ein Teil der Überl., nicht ↗Prometheus, sondern P. habe als erster Feuer zu den Sterblichen gebracht.

Phosphoros, der Morgenstern; griech. Name für den Planeten Venus, wenn er vor Sonnenaufgang gesehen wurde.

Phrixos, in der griech. Mythologie Sohn des Athamas u. der Nephele, Bruder der ↗Helle. Da seine Stiefmutter Ino ihn u. seine Schwester ihrer eigenen Kinder wegen aus dem Wege räumen wollte, nahm sie eine Dürre zum Anlaß, einen Spruch des Delphischen Orakels zu verfälschen, der angebl. besagte, P. u. Helle müßten geopfert werden. Nephele kam ihren Kindern mit einem goldenen Widder zu Hilfe, der sie nach Kolchis bringen sollte. Helle stürzte unterwegs ab, P. erreichte sein Ziel, wurde v. Kg. ↗Aietes aufgenommen u. mit dessen Tochter Chalkiope vermählt. Das goldene Fell des Widders (↗Goldenes Vlies) wurde im Hain des Ares aufgehängt. – ↗Argonauten.

Phrontis, 1) einer der Söhne des ↗Phrixos u. der ↗Chalkiope. – **2)** Mutter des ↗Polydamas 2).

Phrygien, antike Landschaft im Inneren des westl. Kleinasien; v. den wahrscheinl. um 1200 v. Chr. aus Thrakien eingewanderten indogerm. *Phrygern* bewohnt, deren um 800 v. Chr. gegr. Reich mit der Hauptstadt Gordion Anfang des 7. Jh. v. Chr. v. den Kimmeriern zerstört wurde. Als Hauptgottheit wurde ↗Kybele verehrt, die später mit der griech. Verehrung der ↗Artemis vermischt wurde. In *Pessinus* bei Gordion wurden Reste eines Kybele-Tempels ausgegraben. Das Kultbild war ein schwarzer Meteorstein, der zwar v. den Römern 204 v. Chr. entfernt wurde, aber Pessinus blieb ein wichtiger Wallfahrtsort, bis Rom im 4. Jh. n. Chr. den heidn. Ritus verbot. – Ein anderer phryg. Kultplatz war das heutige türk. Kütahya in Anatolien, in dessen Namen sich „Kotyaion" bzw. Stadt der *Cotys* oder der Kybele spiegelt. Auch hier lebte der Kybele-Kult offenbar bis in christl. Zeit weiter. Der dortige, sehr gut erhaltene röm. Zeus-Tempel steht viell. auf einem alten Kybele-Heiligtum.

Phthia, 1) eine der Töchter des Amphion u. der ↗Niobe. Sie wurde v. Artemis getötet. – **2)** die Hauptstadt von Achaia in Thessalien, auch Phthiotis gen. Der griech. Sage nach häufig als Geburtsstätte des Achilleus u. als Wahlheimat des Peleus bezeichnet.

Phthios, ein Sohn des Poseidon; Eponymos (myth. Namengeber) v. ↗Phthia 2).

Phylakos, Vater des ↗Iphiklos, der dem Seher ↗Melampus sein oder seines eigenen Sohnes Vieh u. die Freiheit versprach, wenn er aufdecken würde, warum Iphiklos kinderlos sei. Die griech. Sage kennt im Detail versch. Versionen.

Phyleus, Kg. v. Thrakien; er war viell. der Vater v. ↗Phyllis.

Phylios ↗Kyknos 4).

Phyllis, in der griech. Sage eine thrak. Königstochter, deren Vater möglicherweise Phyleus (nach anderer Version Lykurgos) war. Sie verliebte sich in ↗Demophon 1), der ihr die Ehe versprach oder sie heiratete, dann aber nach Athen reiste. Da er lange Zeit nicht zurückkehrte, glaubte P. sich v. ihm verlassen, tötete sich u. wurde in einen unbelaubten Mandelbaum verwandelt, der Blätter trieb, als Demophon nach Thrakien zurückkehrte u. den Baum umarmte. – Die Erz. gehört zu den bes. im Hellenismus beliebten Pflanzenverwandlungsgeschichten.

Phylomache, viell. Mutter der ↗Pelopeia 1).

Phyxios, Gott der Landflüchtigen; ein Epitheton (Beiname) des Zeus.

Picus, altröm. Naturgottheit, vielfach als Sohn des Saturn u. der Venilia bezeichnet. In einem Teil der Überl., so bei Vergil, als Vater des ↗Faunus u. Großvater des Latinus gen. Die Sage berichtet, Kirke sei in Liebe zu ihm verfallen u. hätte, da der Gott sie zurückwies, ihn in einen Specht verwandelt. Auch andere Überl. knüpfen an den Namen Picus lat. = Specht an (↗Caneus), so die Geschichte, er habe Romulus u. Remus mit Nahrung versorgt. Der Specht spielte bei den Römern stets eine gewisse Rolle, u. a. bei der Vogelschau. – ↗Pomona.

Pieriden, 1) Beiname der ↗Musen. – **2)** die 9 Töchter des ↗Pieros, die die Musen zu einem Sängerwettstreit herausforderten. Sie unterlagen ihren Rivalinnen u. wurden in Elstern oder Dohlen verwandelt.

Pierien, Landschaft in Nordgriechenland (Makedonien); der Sage nach Geburtsstätte der Musen oder ↗Pieriden.

Pieros, Kg. v. Pella in Makedonien, Vater der

↗Pieriden u. vielleicht Vater des Hyakinthos durch die Muse Kleio.

Pietas, die v. den Römern als göttl. verehrte, personifizierte „Ehrfurcht", die als Tugend der Pflichterfüllung gegenüber den Göttern, dem Vaterland, aber auch im privaten Bereich gegenüber den Eltern und Kindern verstanden wurde. 181 v. Chr. wurde ihr in Rom ein Tempel geweiht, ein weiteres, nicht datierbares Heiligtum befand sich in der Nähe des Circus Flaminius. Die P. war auch ein beliebtes Sujet auf Münzen, bes. als *P. Augusta* in der röm. Kaiserzeit. Gelegentl. erhielten einzelne Römer den Beinamen „pius" als hohe Ehrung. So sprach man vor allem vom pius Aeneas als der reinsten Verkörperung der röm. P.

Pietas:
römische Göttin

Pietrosa, *Petrossa,* ↗Goten.

Pikten, sagenhaftes Volk ungeklärter Herkunft, das im schott. Hochland siedelte u. sich mit den späteren kelt. Einwanderern vermischt hat. Angebl. waren sie „picti" (lat. = Bemalte), d. h. tätowiert, u. ihr legendärer Stammvater, Cruithne oder Gruidne, soll ebenfalls deswegen „der Geschnitzte" gen. worden sein. Man hat vermutet, daß die P. Anhänger des Mutterrechts gewesen sind, u. die eigentüml. Doppelung der Königsnamen in ihren myth. Königslisten deutet angebl. auf die Herrschaft v. Zwillingen hin. Im Jahre 368 überfiehlen sie zus. mit Sachsen u. Schotten Siedlungen in der frz. Bretagne, u. ihr letzter Kg. soll ein gewisser Cenioyd (um 856 n. Chr.) gewesen sein. Ihre Königsliste führt nach Gruidne ein „Gede Olgudach" (= Gede mit der großen Stimme) an, der allerdings auch bei den Tuatha Dé Danann (↗Dana) als myth. Kg. gen. wird. – ↗Drust.

Pillinoë, eine Tochter des ↗Iobates; sie heiratete ↗Bellerophon, dem sie mehrere Kinder gebar.

Pilumnus, ein alter röm. Bauerngott; der Sage nach Erfinder des Stößels (Mörserkeule).

Pindaros, *Pindar,* griech. Dichter aus der Nähe v. Theben, * ca. 522 oder 518, † um 445 v. Chr. Er entstammte einem theban. Adelsgeschlecht, erhielt seine Ausbildung als Dichter, Musiker u. Chorführer im demokrat. Athen, blieb jedoch der untergehenden aristokrat. Gesellschaft verbunden u. setzte ihr in seinen Siegeshymnen ein Denkmal. P. beschränkte sich auf die Chorlyrik u. führte sie zur Vollendung. Von seinen Gedichten sind *Päane* u. *Dithyramben* (Lieder zu Apollon- u. Dionysosfesten) fragmentar. erhalten, die *Epinikia* (in 4 Bücher eingeteilte Siegesgesänge, nach den Stätten der Wettkämpfe ben.) fast vollständig. Diese Lieder sind im dorisie-

renden Kunstdialekt der Chorlyrik geschrieben, jedes in neuen metr. Formen (u. Melodien), in Strophe, Gegenstrophe u. Nachgesang gegliedert. Die Mittelteile behandeln myth. Geschehen u. rücken den Sieger so in die Nähe der Götter u. Heroen. Die Sprache ist oft eigenwillig, dunkel u. feierlich.

Pinea, lat. Pinienzapfen, Symbol des Lebens u. der Fruchtbarkeit, häufig im röm. Kunstornament; v. Karl d. Gr. als röm. Herrschaftssymbol übernommen (Steinsäule in der Vorhalle des Doms in Aachen). Manchmal vermischt mit dem Bild des ↗Phallos; in Ägypten dem Serapis zugeordnet, in Griechenl. u. a. dem Zeus u. dem Dionysos (↗Thyrsos).

Pisa, Gebiet am unteren Alpheios, in dem Olympia liegt; es wurde der Sage nach v. Einwanderern aus Elis erobert, die Nestor in den Troian. Krieg begleiteten. P. gehörte seit ca. 570 v. Chr. zum griech. Elis. – ↗Epeios.

Pisander, ein Anführer der thessal. Myrmidonen, der Patroklos begleitete, als dieser in der Rüstung des Achilleus zum Kampf antrat.

Pitane, eine lakon. Nymphe; durch Poseidon Mutter der ↗Euadne 1).

Pittakos, * um 648, †570 v. Chr.; in Mytilene auf Lesbos Schiedsrichter zw. Adel u. Volk; er trat nach Erlaß einer vortreffl. Gesetzgebung zurück. P. wurde zu den Sieben Weisen Griechenl. gerechnet.

Pittheus, Kg. v. Troizen, Sohn des Pelops; nach einem Teil der griech. Sage Vater v. Aithra, durch sie Großvater des ↗Theseus.

Pitys, eine griech. Nymphe, die sowohl von Boreas als v. Pan geliebt wurde. Auf der Flucht vor Boreas (nach anderer Version vor Pan) fiel sie auf einen Felsen u. wurde in eine Pinie verwandelt.

Planeten, die P. spielten in der ↗Astralmythologie eine bes. Rolle, wobei dem europä. MA u. der Renaissance antikes Wissen vorwiegend über eine arab. Zwischenstufe vermittelt wurde.

An erster Stelle v. systemat. Listen stand der Mond (↗Luna); in bes. „Planetenbüchern" des MA wurden für astrolog. Zwecke Saturn, Jupiter, Mars usw. abgehandelt. In der Form angewandter *Astrologie* verlassen die überlieferten Informationen über einzelne P. u. über ihre individuelle Zuordnung den Bereich der hier beschreibbaren Mythologie.

Plataiai, *Platää,* antike Stadt in Boiotien, südl. v. griech. Theben; hier errangen 479 v. Chr. die Griechen unter Pausanias einen Sieg über die v. Mardonios geführten Perser. Der Sage nach ging der Name des Ortes auf eine Tochter des ↗Asopos u. der Metope zurück.

Platon, *427, †347 v. Chr., Schüler des ↗Sokrates, zwang in seiner Form der Dialogführung („Gorgias": über die Rhetorik) seine Gegner dazu, selbst die Unhaltbarkeit ihrer Position einzugestehen und ihre Argumentationsweise schließl. selbst als lächerl. zu empfinden („Hippias II": Verehrung und Vergleich v. Achill u. Odysseus).

Plautus, *Titus Maccius P.,* * um 250, †184 v. Chr., röm. Dichter, der auch der Nachwelt u. a. durch seine Verwechslungskomödie ↗Amphitruo bekannt war.

```
Pleiaden
Die sieben Töchter des Atlas und der Pleione:
Alkyone        Maia
Asterope       Merope
Elektra        Taygete
```

Pleiaden, in der griech. Mythologie die 7 Töchter des Atlas u. der Okeanide ↗Pleione. Mit ihnen ist eine Sternsage verbunden, die ihren Ausgang daher nahm, daß der berühmte Jäger ↗Orion sich in die Mutter Pleione verliebte u. sie u. ihre Töchter für eine lange Zeit verfolgte. Schließl. machte Zeus der Flucht ein Ende, indem er Orion u. die Flüchtigen als Sternbilder an den Himmel versetzte.

Pleione, Tochter des Okeanos u. der Tethys, Gemahlin des Atlas, dem sie zahlr. Kinder gebar, u. a. die ↗Pleiaden. – ↗Koronides.

Pleisthenes, Gestalt der griech. Sage, deren Herkunft sehr umstritten ist. Häufig als Kg. v. Argos u. Mykenai bezeichnet. Er könnte der Sohn des Atreus sein, als seine Eltern kommen aber auch Pelops u. Hippodameia in Frage, womit er ein Bruder v. Atreus u. Thyestes wäre. Nach Homer galt er vielfach als Vater des Agamemnon u. des Menelaos. Eine weitere Alterna-

tive bezügl. seiner Herkunft besagt, P. sei der Bastardsohn des Thyestes u. der Aërope gewesen, also der Bruder des Tantalos. Schließl. besteht noch die Möglichkeit, daß es sich um mehrere Personen gleichen Namens handelte, womit die unterschiedl. Herkunft erklärt wäre.

Pliezhausen: Zierscheibe

Pliezhausen, Württemberg, Fundort eines Goldbrakteaten bzw. einer Auflage für eine Scheibenfibel aus dem 7. Jh. n. Chr. (Württemberg. Landesmuseum, Stuttgart). Das in seinen Konturen z. T. undeutl. erhaltene Schmuckbild hat bisher keine befriedigende Gesamtdeutung gefunden: Der mit einem langen Speer u. einem Schild bewaffnete Reiter galoppiert über einen am Boden liegenden Krieger hinweg, der sich mit dem Schwert wehrt (vgl. ↗„Reiterheiliger"). Als Kopfleiste erscheinen gegenständige, konfrontierte Tiere (Hunde, Löwen?). Eine kleine Gestalt hinter dem Reiter, die diesem den Speer führt, wird als der Schlachtenlenker Wodan/Odin gedeutet, und damit hätte die Scheibe innerhalb des entspr. german. Totenkultes viell. eine apotropä. Bedeutung, obwohl sie aus einem Frauengrab stammt.

Pluto, Titanin, galt als Mutter des ↗Tantalos.

Pluton, lat. *Pluto,* Beiname des griech. Gottes ↗Hades in der Bedeutung „der Reiche". Als Gottheit v. den Römern übernommen u. v. ihnen Pluto oder auch Dis Pater gen. – ↗Plutos.

Plutos, griech. Gott des Reichtums; nach Hesiod Sohn des Iasion u. der Getreidegöttin Demeter. Zunächst als Gott gesehen, der die reichen Erntesegen spendete, wurde er nach u. nach zum Gott aller Dinge, die Reichtum bedeuteten. Als Herrn der Erdschätze brachte man ihn v. einem bestimmten Zeitpunkt an mit ↗Pluton, dem Gott der Unterwelt, in Zshg. – Bekannt ist die Komödie des Aristophanes „Plutos", in der der blinde Gott seine Gaben ungerecht unter die Menschen verteilt, bis er im Heiligtum des Asklepios geheilt wird.

Pluvius, röm. Regengott; auch Beiname des Jupiter.

Podaga, *Podoga, Pogoda,* in der slaw. Mythologie nach dem jeweiligen Wort für „Wetter" angebl. ein Gott der Jagd, der Fischerei u. der Viehzucht. Er soll noch ein Gott des heiteren Frühlings gewesen sein, aber „noch zweifelhafter als seine Funktion dürfte die Beschreibung seines Aussehens sein": mit einem blauen, silberdurchwirkten Gewand – „so haben die Slawen vor 1000 Jahren nicht malen können", schrieb ein Kritiker 1851.

Podaleirios, Sohn des ↗Asklepios und der Epione, wie sein häufig mit ihm gemeinsam gen. Bruder ↗Machaon Arzt. Er nahm am Troian. Krieg teil u. heilte dort viele Helden, u. a. den Philoktetes. Seine Verehrung konzentrierte sich vornehml. auf Thessalien, SW-Kleinasien u. S-It. Vielleicht handelte es sich bei ihm um eine Gestalt karischen Ursprungs. Er gilt als Gründer v. Syrnos, als seine Gattin wird auch Syrna gen.

Podarge, eine der ↗Harpyien; Tochter des Thaumas u. der Elektra. Sie galt als Mutter der windschnellen, unsterbl. Rosse ↗Balios u. Xanthos.

Podarkes, der jüngere Sohn des ↗Iphiklos; nach dem Tode seines Bruders ↗Protesilaos übernahm er das Kommando über jene Schiffe, die der Grieche Protesilaos als Kontingent für den Troian. Krieg gestellt hatte.

Poena, röm. Göttin der „Strafe"; sie entspr. der ↗Nemesis in der griech. Mythologie.

Poias, ein Argonaut, Sohn des Thaumakos, Gemahl der Demonassa, Vater des ↗Philoktetes. Die griech. Überl. nennt teils Philoktet, teils P. als denjenigen, der den Scheiterhaufen anzündete, auf den ↗Herakles sich auf dem Berge Oita legte, nachdem das Nessosgewand sich in seine Haut gefressen hatte u. ihn furchterl. quälte. Er erhielt dafür Bogen u. Pfeile des Herakles.

Polites, 1) ein Sohn des Priamos u. der Hekabe. Der Sage nach mit Ausnahme des einzigen Überlebenden der letzte der 50 Söhne des Priamos, der im Troian. Krieg fiel. – 2) Bootsführer des Odysseus; er wurde in ein Schwein verwandelt, erhielt aber v. ↗Kirke seine menschl. Gestalt zurück.

Pollux, lat. Name für Polydeukes. – ↗Dioskuroi.

Polybios, * um 200, †120 v. Chr., griech. Geschichtsschreiber, bes. Roms zw. 264 v. Chr. (Erster Punischer Krieg) u. 146 v. Chr. (Zerstörung Karthagos u. Korinths). P. verzichtete bewußt auf mythenreiche Genealogien u. über-

triebene etymolog. Spielereien, wie sie in der Antike u. auch noch im dt. MA zur Legitimation der Herrschaft beliebt waren. Er beschäftigte sich auch theoret. mit dem Problem der „hist. Wahrheit".

Polybos, 1) Kg. v. Korinth; er zog mit seiner Gemahlin Periboia oder Merope den Findling Oidipus auf. – 2) ein Freier der Penelope. – 3) einer der zahlr. Söhne des Antenor u. der Theano.

Polybotes, ein Gigant, Sohn der Gaia. Im Kampf mit den Göttern, die die ↗Giganten besiegten, wurde P. v. Poseidon durch ein v. der Insel Kos abgebrochenes Landstück bezwungen, aus dem die kleine griech. Insel Nisyros entstand.

Polydama ↗Polydamna.

Polydamas, 1) Sohn des Troianers ↗Antenor u. der Theano, Gemahl der ↗Lykaste, einer Tochter des Priamos. Gleich seinem Vater wurde er beschuldigt, ein Verräter der Troian. Sache im Krieg mit den Achaiern zu sein. – 2) Sohn des Troianers ↗Panthoos u. der Phrontis. Ein enger Freund des Hektor; der griech. Sage nach in der gleichen Nacht wie dieser geboren. Er besaß die Gabe, die Zukunft vorauszusagen u. den Flug der Vögel zu deuten. P. war ein tapferer Krieger im Troian. Krieg; er wurde entweder v. Achilleus oder einem der beiden ↗Aias getötet.

Polydamna, auch *Polydama,* Gattin des Thoon, eines Kg. v. Ägypten, der die Mündung des Nils bewachte. Sie lehrte die griech. Helena die Anwendung v. Heilkräutern.

Polydektes, Kg. v. Seriphos; er nahm die v. ihrem Vater verstoßene ↗Danaë, die v. Zeus den Sohn Perseus geboren hatte, bei sich auf. P. verliebte sich in Danaë; seine Neigung wurde indessen nicht erwidert. Um Danaës Sohn, der als Beschützer seiner Mutter auftrat, zu entfernen, forderte er diesen auf, das Haupt der Gorgo ↗Medusa zu holen, was diesem mit Hilfe der Götter gelang. Bei seiner Rückkehr zeigte er P. seine Beute, u. der König wurde durch den Anblick in Stein verwandelt.

Polydeukes, griech. Name für einen der beiden ↗Dioskuroi.

Polydora, 1) Tochter des ↗Meleagros u. der Kleopatra. Nach einem Teil der griech. Überl. heiratete sie ↗Protesilaos. – 2) Tochter des Peleus u. der Antigone (oder Polymela). Halbschwester des Achilleus; Gattin des Boros; durch den Flußgott ↗Spercheios Mutter des Menesthios.

Polydore, eine der 50 Töchter des ↗Danaos. Sie heiratete Dryops, den sie in der Hochzeitsnacht ermordete.

Polydoros, 1) Kg. v. Theben; Sohn des ↗Kadmos u. der Harmonia, Gemahl der Nykteïs, Vater des ↗Labdakos. Er starb der Sage nach, als sein Sohn noch ein Kind war. – **2)** jüngster Sohn des Priamos u. der Laothoë (nach anderer Version der Hekabe). Da er noch zu jung war, um am Troian. Krieg teilzunehmen, wurde er zu dem thrak. König Polymestor geschickt mit einer Fülle v. Schätzen, die er hüten sollte. Polymestor tötete ihn indessen u. brachte die Schätze an sich. – Nach anderer Version wurde P. v. Achilleus erschlagen. – ↗Ilione.

Polyeidos, auch *Polyidos*, ein Seher aus Korinth; er rief ↗Glaukos 3), einen Sohn des Minos aus Kreta, der in ein Honigfaß gefallen u. ertrunken war, ins Leben zurück. – P. riet ↗Bellerophon, den ↗Pegasos zu fangen.

Polyhymnia:
eine der Musen

Polyhymnia, die griech. ↗Muse des feierl. Gesangs. Ihr wurden jedoch auch andere Funktionen zugeschrieben. So galt sie z. B. als Muse der Geometrie u. Choreographie, zuweilen sogar des Ackerbaus.

Polyidos ↗Polyeidos.

Polykleitos, *Polyklet*, griech. Bildhauer aus Argos, * um 460, † um 420 v. Chr.; mit ↗Pheidias der führende Meister der griech. Klassik im 5. Jh.; er widmete sich ganz der männl. Figur, die er durch das ausgewogene Verhältnis zw. Stand- u. Spielbein zur kanon. Geltung brachte. Bedeutende Werke u. a.: *Doryphoros, Diadumenos, Kultbild der Hera in Argos*.

Polykrates, Tyrann v. Samos um 538/522 v. Chr.; er beherrschte das Ägäische Meer; schuf prächtige Bauten, förderte Dichter u. Gelehrte; v. den Persern gefangengenommen u. gekreuzigt. – Die Ballade v. Schiller „Der Ring des Polykrates" hat einen Bericht des Herodot zur Vorlage. Als internationales Erzählmotiv steht dieser Ring für die Geschichte des vom Tyrannen in seiner Hybris ins Meer geworfenen Ringes bzw.

Schlüssels – etwas anders interpretiert Herodot diese Erz. –, der dann überraschend doch im Fischbauch wiedergefunden wurde.

Polymede, viell. Mutter des ↗Iason.

Polymela, Tochter des thessal. Kg. Aktor; nach einem Teil der Überl. die erste Gattin des Peleus; Mutter einer ebenfalls P. gen. Tochter. Der Sage nach soll sie sich erhängt haben, als sie glaubte, ihr Gatte Peleus habe sie einer anderen Frau wegen verlassen.

Polymestor, Kg. v. Thrakien, Gatte der ↗Ilione u. Vater des ↗Deïpylos. Nachdem er ↗Polydoros 2) getötet hatte, um dessen Schätze an sich zu bringen, rächte sich die Mutter des Verstorbenen nach einem Teil der griech. Überl. (↗Hekabe), indem sie P. blendete u. seinen Sohn tötete.

Laïos – Iokaste
└┐
Oidipus – Iokaste
└┐
Eteokles
Polyneikes – Argeia
Antigone └┐
Ismene   Thersandros

Polyneikes, in der griechischen Mythologie Sohn des ↗Oidipus und der ↗Iokaste, Bruder v. ↗Eteokles, ↗Ismene und ↗Antigone, Schwiegersohn des ↗Adrastos 1). Nachdem ihr Vater das Land verlassen hatte, verabredeten die Brüder, sich in der Herrschaft über Theben jährlich abzuwechseln. Da Eteokles, als erster zum König gewählt, sich jedoch weigerte, das Abkommen zu erfüllen, kam es zum Zug der ↗Sieben gegen Theben.

Polykleitos:
Doryphoros des Polyklet
(um 430 v. Chr.)

Polykrates

Amasis wußte gar wohl von des Polykrates großem Glück; aber eben das machte ihm Sorgen. Als dasselbe immer größer wurde, schrieb er folgenden Brief an ihn nach Samos: „Dieses läßt Amasis den Polykrates wissen: Es ist mir zwar angenehm zu hören, daß mein Freund und Bundesgenosse in Glück und Wohlstand lebt; aber Dein großes Glück gefällt mir nicht, indem ich weiß, wie neidisch die Gottheit ist … verwahre Dich so gegen das beständige Glück: Untersuche, was Dir etwa am liebsten unter allen Dingen sei und über dessen Verlust die größte Betrübnis in Deinem Herzen entstehen würde, und das wirf so weg, daß es niemals wieder einem Menschen vor Augen kommen kann."

Polykrates trug einen Siegelring, welcher ein Smaragd in Gold eingefaßt und von Theodor, des Telekles Sohn aus Samos, gearbeitet war. Er faßte den Entschluß, diesen wegzuwerfen; zu diesem Zweck ging er auf ein fünfzigruderiges Schiff, welches er mit Mannschaft besetzt hatte, und befahl, mit demselben in die See zu stechen. Weit von der Insel zog er den Ring ab und warf ihn, daß es alle, die mit auf dem Schiff waren, sahen, ins Meer. Hierauf fuhr er zurück. Als er nach Hause kam, ging ihm der Verlust sehr nahe.

Fünf oder sechs Tage darauf ereignete sich folgender Vorfall: Ein Fischer, welcher einen großen und schönen Fisch gefangen hatte, schätzte denselben würdig, daß er dem König geschenkt würde. Er kam mit demselben vor die Tür und verlangte, selbst vor den König gelassen zu werden. – Die Diener, welche den Fisch zerschnitt, fanden im Bauch des Polykrates Siegelring. Sie brachten ihn mit großen Freuden zu Polykrates. Beim Überbringen sagten sie, auf was für Weise er wiedergefunden sei. Er sah die Sache als etwas Göttliches an und beschrieb daher in einer Schrift, was er getan habe und was ihm hernach widerfahren sei. Diese Schrift schickte er nach Ägypten. – Als Amasis die von Polykrates kommende Schrift gelesen hatte, erkannte er, es sei unmöglich, daß ein Mensch den andern vor dem, was ihm bevorstünde, erretten könne, und daß es mit Polykrates kein gutes Ende nehmen würde, weil er in allen Dingen glücklich sei und auch sogar das, was er weggeworfen, wiederfinde.

Der ägypt. Kg. Amasis soll daraufhin sein polit. Bündnis mit der griech. Insel Samos u. mit Polykrates aufgekündigt haben, „damit er sich über Polykrates als einen verbundenen Freund nicht zu sehr betrübe, wenn denselben ein schweres und großes Unglück treffen würde".

(Herodot, „Historien", 5. Jh. v. Chr.)

Polypemon, auch *Damastes*, andere Namen für ⁊Prokrustes.

Polypheides, Mitglied einer berühmten griech. Seherfamilie; Sohn des Mantios, Bruder des ⁊Kleitos; Vater des ⁊Theoklymenos, der ebenfalls die Zukunft voraussagen konnte.

Polyphemos, ein berühmter ⁊Kyklop, Sohn des Poseidon u. der Nymphe Thoosa. Als Odysseus mit seinen Gefährten auf seiner Heimfahrt in die Höhle des Riesen geriet, verspeiste dieser mehrere v. ihnen, doch dann gelang es Odysseus, P. trunken zu machen u. ihn seines einzigen Auges zu berauben. Mit Hilfe seiner Schafe, an deren Leibern sie sich festbanden, entkamen die unfreiwilligen Gäste des Kyklopen. – Vasenmalereien u. volkskundl. Parallelen legen nahe, mit einer älteren, *vor*homer. Sagenfassung zu rechnen, in der P. noch *zwei* Augen hatte

(L. Röhrich). Wilhelm Grimm („Die Sage von P.") hat 1857 versch. P.-Erz. untersucht u. deutete das Stirnauge noch als „Weltauge" der Sonne u. in Zshg. mit der Einäugigkeit Odins. Volkstüml. Erz. über P. konnten bis in die Gegenwart in der griech. Inselwelt aufgezeichnet werden (P. N.

Polyphemos: Blendung des einäugigen Kyklopen; altgriechisches Vasenbild, 6. Jh. v. Chr.

Boratav, 1953). In Erz. des MA briet P. sein Opfer im Feuer; eine solche Szene, die bei ↗Homeros *nicht* überliefert ist, kennen wir v. einer Vasenmalerei aus dem 5. Jh. v. Chr. Hier werden wahrscheinl. „außerhomer. Versionen der Sage" (L. Röhrich) nachweisbar (siehe auch Farbtafel S. 308). – In der hellenist. Lit. wird häufig die Liebe des P. zu der schönen ↗Galateia behandelt oder die Geschichte v. Akis u. Galateia, wobei der eifersüchtige P. den Akis zerschmetterte. Die Nereïde Galateia verwandelte ihren Liebhaber Akis in einen Flußgott u. sein Blut in eine Quelle, die aus dem Felsen, mit dem P. ihn getötet hatte, hervorsprudelte.

Polyphontes, 1) Sohn des Autophonos; ein Thebaner, der Eteokles half, Theben gg. die Sieben zu verteidigen. Er wurde v. Aipytos getötet. – **2)** der Mörder des ↗Kresphontes v. Messenien u. seiner beiden ältesten Söhne. Er brachte den Thron an sich u. zwang die Witwe Merope, ihn zu heiraten. Sie gebar ihm drei Kinder. Aipytos, der jüngste Sohn des Kresphontes, der fliehen konnte, tötete P., als er herangewachsen war.

Polypoites, 1) Sohn des Odysseus u. der Kallidike, die ihrer Mutter auf dem Thron der Thesproten folgte. – **2)** Sohn des ↗Peirithoos u. der Hippodameia. Als Freier der Helena nahm er am Troian. Krieg teil u. soll auch zu jenen Helden gehört haben, die sich in dem ↗Hölzernen Pferd versteckten. Bei den Leichenspielen für Patroklos tat er sich bes. hervor.

Polyporthes, auch *Ptoliporthes*, Sohn des Odysseus u. der ↗Penelope, der der Sage nach geboren wurde, als Odysseus nach zwanzigjähriger Abwesenheit heimgekehrt war; Bruder des Telemachos.

Polytheismus, Vorstellung v. einer vielgestaltigen Götterwelt wie bei den Griechen u. Römern mit einer gewissen Spezialisierung u. der Herkunft aus vielen bes. Ursachen (Sonne, Wetter, Tiere, Krieg, Angst). Bibel (Judentum), Christentum u. Islam forderten dagg. den Glauben an einen einzigen Schöpfergott (↗Monotheismus). Ein bes. Aspekt des P. ist die ↗Vermenschlichung der Götterwelt.

Polyxena, die bei Homer nicht erwähnte, in anderen Überl. aber als jüngste Tochter des Priamos u. der Hekabe gen. Gestalt, v. der eine Version berichtet, sie hätte ihren Vater begleitet, als dieser sich in das Lager der Griechen begab, um den Leichnam seines Sohnes Hektor auszulösen. Später, nach dem Fall v. Troia, soll der Schatten des Achilleus ihre Opferung verlangt haben, damit die griech. Flotte günstige Winde

zuteil würden. Neoptolemos verbrannte P. daraufhin am Grabe seines Vaters. Bei Euripides findet das Ereignis nicht in Troia, sondern in Thrakien statt, wo die achaischen Schiffe infolge Windmangels festlagen. Hier spielte Odysseus eine bes. verwerfl. Rolle, indem er auf der Opferung der P. bestand, während Agamemnon für ihre Schonung eintrat.

Polyxo, 1) Gemahlin des Nykteus, Kg. v. Theben, wahrscheinl. Mutter der ↗Antiope. – **2)** Priesterin des Apollon in Lemnos u. Kinderfrau der ↗Hypsipyle. Die Sage erzählt v. ihr, sie hätte den Frauen v. Lemnos nahegelegt, ihre Männer zu töten – einziger Überlebender war Thoas 1) –, u. später der Königin geraten, die Argonauten in Lemnos aufzunehmen zur Wiederbevölkerung des Landes.

Pomona:
röm. Göttin der Gärten

Pomona, röm. Göttin der Gärten u. Obstbäume, die in einem im Umkreis v. Rom gelegenen Hain verehrt wurde. Ein Fest, das ihr geweiht gewesen wäre, ist nicht bekannt. Sie galt vielfach als Gemahlin des Vertumnus, aber auch als Geliebte des Picus. Ihr Kult verlor im Laufe der Zeit an Bedeutung.

Pomponius Trogus, antiker Historiker (1. Jh. v. Chr.), der aus S-Gallien die ersten genaueren Nachrichten über die ↗Kelten nach Rom vermittelte, und zwar v. deren Angriff auf die griech. Kolonie Massilia (frz. Marseille) bereits im 5. Jh. v. Chr. Ihr Kg. Catumarandus soll auf einen Traum hin, in dem ihm eine Göttin aus Massilia (also auf seiten der Feinde) erschien, die Belagerung aufgegeben u. Frieden geschlossen haben.

Pontos, lat. *Pontus,* **1)** antike Küstenlandschaft in NO-Kleinasien, ans Schwarze Meer grenzend; löste sich um 280 v. Chr. als *Pontisches Reich* aus dem Seleukidenreich. 63 v. Chr. als Provinz Pontus unter röm. Abhängigkeit. – **2)** Sohn der Gaia u. zugleich deren Gemahl. Vater zahlr. Kinder, darunter Thaumas, Nereus,

Phorkys u. Keto. P. galt als Personifikation des weiten Meeres.

Portunus, röm. Gott der Häfen, dessen Hauptfest, die *Portunalia*, am 17. Aug. gefeiert wurde. Da man ihn mit einem Schlüssel darstellte u. dieser Schlüssel bei seiner kult. Verehrung eine große Rolle spielte, ist anzunehmen, daß er gleichzeitig als Gott der Türen galt (lat. porta = Tür, portus = Hafen). Den Griechen war er unter dem Namen ↗Melikertes (Palaimon) bekannt.

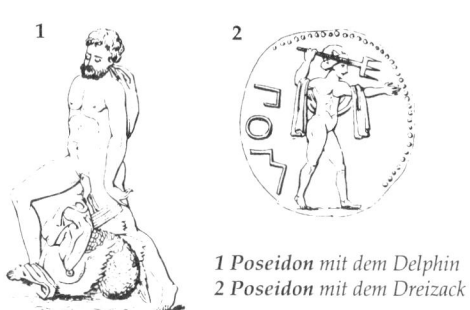

1 Poseidon mit dem Delphin
2 Poseidon mit dem Dreizack

Poseidon, griech. Gott des Meeres, Sohn v. Kronos u. Rheia, einer der 12 großen Olympier; mit Dreizack dargestellt, mit dem er das Meer aufwühlte oder Felsbrocken spaltete; auch pferdegestaltig gedacht. Seine Gemahlin war ↗Amphitrite, die ihm mehrere Kinder gebar; er besaß eine große Zahl v. Bastardnachkommen aus seinen zahlr. Liebschaften, darunter auch Ungeheuer u. Riesen. Berühmt ist die Sage, daß P. zus. mit Apollon für Kg. Laomedon gg. einen verabredeten Lohn die Mauern v. Troia aufbaute u., um diesen Lohn betrogen, ein Ungeheuer aus dem Meer schickte, dem Hesione, die Tochter des Königs, geopfert werden sollte. Hier lag einer der Gründe, warum er im Troian. Krieg erbittert gg. die Troianer kämpfte u. den Griechen beistand. – Ob P. v. Anfang an der oberste Meeresgott war, ist ungeklärt. Sein Kult erstreckte sich aber schon früh über ganz Griechenl., u. namentl. die sozial gehobenen Familien nannten ihn gern als ihren Stammvater. – Dem griech. P. entspr. der röm. ↗Neptunus.

Potamiaden, eine in der antiken Lit. verwendete Bz. für die Flußnymphen, vgl. ↗Nymphen.

Pothos (griech. = Sehnsucht), ein Begleiter des Liebesgottes ↗Eros.

Potina, röm. Göttin der Arzneien für Kinder.

Potipharmotiv, nach der Erz. im Alten Testament v. ägypt. Beamten, dessen Frau Joseph zu verführen versuchte u. dann verleumdete (1. Mos. 39), verbreitetes lit. Motiv. – Vgl. griech. ↗Akastos, ↗Bellerophon, ↗Hippolytos.

Powest' wremennych let, russ. „Erz. v. den vergangenen Jahren", ↗Nestorchronik.

Praxiteles, griech. Bildhauer in Athen, tätig ca. 370–320 v.Chr.; gefeierter Marmorbildner, der aber auch Bronzestatuen schuf. Seine Gestalten sind gekennzeichnet durch feinlinige Harmonie, naturhaft-sinnl. Körper- u. Gewandbehandlung u. überzeugende Wiedergabe seel. Regungen. Hauptwerk ist die ↗Aphrodite v. Knidos (in röm. Kopien überliefert; erste bekannte lebensgroße griech. Darstellung des nackten weibl. Körpers). Im Original erhalten ist der (an der Rückseite unvollendete) ↗Hermes mit dem Dionysosknaben in Olympia.

Praxithea, Mutter des ↗Pandion. – P., Mutter der ↗Protogeneia 2).

Přemysl ↗Libussa.

Priamos, in der griech. Sage Kg. v. Troia, Sohn des Laomedon u. Gemahl der Hekabe. Er besaß 50 Söhne u. eine Reihe v. Töchtern, darunter als bekannteste Hektor, Paris, Helenos, Deïphobos, Kassandra u. Polyxena. Ein Teil der Nachkommenschaft stammte v. seinen zahlr. Konkubinen. Während der Regierungszeit des P. fand der ↗Troian. Krieg statt, in dem der Kg. fast alle seine Söhne verlor. Bes. schmerzl. traf ihn der Tod des Hektor, dessen Leiche v. Achilleus auszulösen er sich nachts in das Lager der Griechen begab. Als die Feinde die Stadt Troia nach langjähr. Belagerung eroberten, flüchtete sich der greise P. zum Zeusaltar u. wurde dort v. Neoptolemos erschlagen. Er blieb der Überl. nach ohne Begräbnis u. ohne die ihm als Kg. zukommenden Totenehrungen.

Priamos: Darstellung des P. auf einer Amphora; Arbeit des att. Vasenmalers Euthymides (Wende 6./5. Jh. v.Chr.)

Priapos, wahrscheinl. der Name eines kleinasiat. Fruchtbarkeitsgottes, der urspr. in Lampsakos am Hellespont bes. Verehrung genoß. Er galt als Sohn des Dionysos u. der Aphrodite, doch wird auch Hermes gelegentl. als sein Vater gen. Die griech. Sage erzählt v. ihm, er hätte sich einst der schlafenden Nymphe ↗Lotis genähert, die jedoch vom Gebrüll eines Esels rechtzeitig geweckt worden sei. Als P. den Esel in seinem

Zorn tötete, sei dieser zu einem Sternbild geworden. – P. wurde als Fruchtbarkeitsgott meist in Form v. rot angestrichenen Holzfiguren mit einem großen Phallos dargestellt, die in den Gärten auch als Vogelscheuchen dienten – von einem Pädagogen wie J. A. Comenius wurde P. 1658 verständlicherweise der „allerschändlichste" aller Götter gen. Zur Zeit Alexanders des Großen verbreitete sich seine Verehrung über weite Teile Griechenlands u. darüber hinaus. P. wurde auch als Gott der Liebe verehrt u. galt als Beschützer v. Schiffern u. Fischern.

Priesterkönig Johannes ↗Johannes.

Primsigning („erstes Zeichen mit dem Kreuz"), ein der Taufe vorausgehender Ritus; die Wikinger unterwarfen sich gern der P., da sie damit mit den Christen Handel treiben konnten, ohne ihrem heidn. Glauben endgültig abschwören zu müssen. Bei der Taufe gab es auch ein begehrtes weißes Gewand.

Procas, Kg. v. Alba Longa; er regierte der Sage nach 12 Generationen nach Aeneas.

Prodikos, *Prodikos v. Keos,* griech. Philosoph (Sophist), vgl. ↗Herakles, ↗Horen.

Proitos, Sohn des Abas, eines Kg. v. Argos; Zwillingsbruder des ↗Akrisios, mit dem er der griech. Sage nach schon im Mutterleib verfeindet war. Aus Argos vertrieben, wurde er Kg. v. Tiryns. Als seine Gemahlin ↗Anteia (auch Stheneboia gen.) in Leidenschaft zu ↗Bellerophon entbrannte, dieser sie aber zurückwies, intrigierte sie so lange gg. ihn, bis der König, der seiner Gattin Glauben schenkte, ihn des Hofes verwies. – Die Töchter des P. wurden mit Wahnsinn bestraft, weil sie den Dionysoskult verachteten; nach anderer Überl. schlug Hera, die beleidigt worden war, sie mit Krankheit. Die Mädchen fanden jedoch durch den Seher ↗Melampus gg. die Abtretung eines Teils des Königreiches v. Tiryns Heilung, möglicherweise mit Ausnahme der Tochter Iphinoë.

Prokleia, Frau des ↗Kyknos 1).

Prokles, Sohn des Herakleiden Aristodemos, Bruder des Eurysthenes. Er wurde nach dem Tode seines Vaters v. seinem Onkel Theras erzogen u. gründete später im griech. Lakedaimon ein Königreich.

Prokne, Tochter des ↗Pandion u. der Zeuxippe, Gemahlin des thrak. Kg. u. Ares-Sohnes ↗Tereus. Da dieser jedoch ↗Philomele, P.s Schwester, liebte, verführte er sie u. schnitt ihr dann die Zunge heraus, damit sie seiner legitimen Gattin nichts verriete. Philomele gelang es jedoch, die Vorkommnisse auf einem Stück Stoff

darzustellen u. dieses ihrer Schwester heimlich zuschicken zu lassen. Aus Rache über die geschehene Unbill tötete P. ihren u. Tereus' gemeinsamen Sohn Itylos (↗Itys) u. setzte ihn ihrem Gatten zum Mahle vor (↗Thyestesmahl). Auf der Flucht mit ihrer Schwester holte Tereus sie ein, u. alle drei wurden in Vögel verwandelt, P. in eine Nachtigall (vgl. ↗Aëdon), Tereus in einen Wiedehopf u. Philomele in eine Schwalbe. – Die Sage um P. kennt auch einige andere Versionen.

Prokopios aus Kaisareia [Caesarea/Kayseri in der Türkei], *Prokop,* Geschichtsschreiber des 6. Jh., der die Ereignisse unter Ks. Justinian I. (regierte 527–565) notierte und z.B. in der Erz. über die Gotenkriege u. die Kämpfe mit den Vandalen viele kulturhist. wichtige Daten festhielt, die uns einen Eindruck v. den Mythen jener Völker vermitteln.

Prokris, in der attischen Sage Tochter des Erechtheus, Gemahlin des ↗Kephalos, die wahrscheinlich aus Versehen von ihrem Gatten getötet wurde.

Prokrustes, auch *Polypemon,* eig. ↗Damastes, Gestalt der griech. Sage, ein riesiger Unhold u. Wegelagerer, der allen Wanderern die Glieder ausrenkte oder sie verstümmelte, bis sie in sein kurzes oder sein langes Bett paßten. Weil er in seinem großen Bett den kleingestaltigen Personen die Glieder langzog, erhielt er den Namen P. = der Strecker. ↗Theseus überwand ihn u. machte seinem schreckl. Treiben ein Ende. – *Prokrustesbett* bedeutet im übertragenen Sinne: ein starres Schema, das dem Menschen mühevolle Anpassung abverlangt.

Promachos, 1) Sohn Kg. ↗Aisons v. Thessalien u. seiner Gemahlin Alkimede, Bruder des Iason u. Halbbruder des Pelias. – **2)** Sohn des Parthenopaios durch Klymene, einer der ↗Epigonen. Er wurde in Theben getötet.

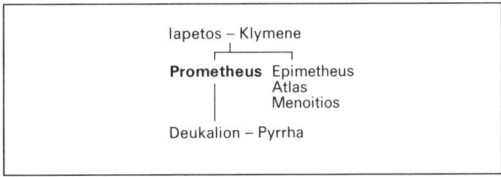

Prometheus (griech. = der Vorausdenkende), in der griech. Mythologie einer der ↗Titanen, Sohn des ↗Iapetos und u. a. Bruder des ↗Epimetheus. Er galt als Wohltäter, Kulturbringer u. Helfer der Menschheit, der er auch das Feuer brachte (vgl. ↗Phoroneus); häufig betrachtete man

1 Prometheus: ein Adler frißt an der Leber, also v. der Lebenskraft des P.; nach einer Schale aus Caere
2 Prometheus als Bildner

ihn als Schöpfer des Menschengeschlechtes. Zeus fürchtete den Übermut der Menschen u. schickte ↗Pandora auf die Erde. P. wurde wegen des Feuerraubs zur Strafe an den Kaukasus geschmiedet (vgl. das ähnl. Schicksal des german. Gottes ↗Loki!), wo tägl. ein Adler an seiner Leber fraß, bis Herakles den Vogel tötete. – Der P.-Stoff ist in der Weltlit. vielfach bearbeitet worden (J.W. v. Goethe, 1749/1832; engl. v. Shelley, 1820), in der Antike u.a. in einer Trilogie des Aischylos. – P. wurde als *Pyrphoros Theos*, als „feuerbringender Gott", auch v. der philosoph. Akademie in Athen im Geiste Platons verehrt. Für P. standen dort ein Altar u. eine Statue mit einer Fackel in der Hand, von der aus in wettkampfähnl. Prozession das Feuer in die Handwerkerviertel v. Athen gebracht wurde. Ein verlorenes Stück des ↗Aischylos, „Der feuerbringende P.", scheint darauf Bezug genommen zu haben.

Prono ↗Prove.

Pronoia, viell. die Mutter des ↗Deukalion durch Prometheus.

Proserpina

Proserpina, lat. Name der griech. Göttin ↗Persephone, die v. den Römern in ihren Kult aufgenommen wurde.

Protesilaos, thessal. Kg., Sohn des ↗Iphiklos u.

der Diomedeia. Er heiratete ↗Laodameia 1) (nach anderer Version Polydora). Als Freier der Helena nahm er mit 40 Schiffen am Troian. Krieg teil, wo er als erster an Land ging u. als erster Grieche den Tod fand. Nach ihm wurde ↗Podarkes Anführer.

Proteus, Sohn des Okeanos u. der Tethys, Vater der Eidothea. Er lebte auf Pharos u. hütete die Robben des Poseidon. Wie viele Meeresgötter besaß er die Gabe der Verwandlung u. der Prophezeiung. Nach einem Teil der Überl. war P. auch Kg. v. Ägypten.

Proto, eine der ↗Nereïden.

Protogeneia, 1) Tochter des ↗Deukalion u. der Pyrrha. – **2)** Tochter des Erechtheus u. der Praxithea, deren Vater wahrscheinl. ↗Kephissos war.

Prove, *Prono,* slaw. Gott, für den es nach einer Quelle des 12. Jh. (Helmold aus Holstein) in einem heiligen Eichenhain in Aldenburg (Oldenburg in Holstein) eine Kultstätte gegeben haben soll. Als Symbol der Klugheit trug er angebl. Schlangen auf der Brust. In Stargard in einem Tempel wurden ihm zahlreiche Opfer gebracht, auch Menschen. Sein glühender Schild diente als Feuerprobe u. Gottesurteil. – „Die Aldenburger oder Oldenburger in Wagrien, und die da herum bey Lübeck gewohnet, verehrten ihren GOtt Prono, oder (welches durch Versehen der Schreiber leicht geschehen können) Prove genannt. Dieser præsentirte sich in Gestalt eines in etwas gekrümmeten Mannes, so mit der einen Hand ein eisernes Schild hielt, mit der andern aber einen Spieß und Fahnen. War dabey gestiefelt, und hielte unterm Fuß eine Schelle. Aufm Haupt hatte er eine Krone, aber dabey lange Midas oder Esels-Ohren" (altertüml. Schreibung, nach: J. Hellmann, „Kirchen-Historie", 1735).

provinzialrömische Kultur, in den Kontaktzonen des Röm. Reiches, z.B. in N-Gallien, an ↗Rhein u. ↗Donau geriet die einheim. Bevölkerung im 3. und 4. Jh. intensiv unter röm. Einfluß u. setzte sich auch mit den dort siedelnden Römern auseinander. Die p. K. ist der ideale Raum einer „Kontaktzone" auch für synkretist. Vorstellungen und rel. Glaubensmischungen (↗Synkretismus) gewesen. Ähnl. läßt sich v. den Resten des westgot. Reiches in N-Spanien vermuten (↗Goten), von den ↗Langobarden in N-It., von den Angelsachsen in England usw. ↗Depotfunde u. Einzelbelege wie der Fund v. ↗Thorsberg zeugen von der p. K. und dem massenhaft hergestellten Kunsthandwerk (↗„Viventius-Riemenzunge"); die ↗Gigantensäulen zeigen eigene Glaubensrichtungen. Man spricht bes. von der Zivilisation der *Laeten*, d. h. von Halbfreien der zum röm. Militärdienst Rekrutierten, die vom 3. bis zum 6. Jh. die regionale Kultur in N-Gallien (Belgien) bestimmten; u. a. das Fränk. Reich der Merowinger entstand aus dieser p. K.

Prußen, *Pruzzen*, alteingesessene balt. Bevölkerung an der Ostsee, früh „germanisiert" (d. h. unterworfen) u. seit dem 16. Jh. ohne erkennbare ethn. Einheit (vgl. die spätere Landschaft Preußen). Entspr. mager ist unser Wissen über die mytholog. Vorstellungen der P. Für die christl. Schriftsteller des MA galten diese Heiden als „filii" (Söhne) des Belial, des Teufels, ihr „Aberglaube" wurde totgeschwiegen.

Pryderi ↗Gwydion.

Psamathe, 1) eine ↗Nereïde; sie wurde v. Aiakos geliebt, dessen Neigung sie nicht erwiderte. Da sie sich ihm dennoch nicht entziehen konnte, wurde sie v. ihm Mutter des ↗Phokos. Später heiratete sie Proteus. – 2) Tochter des Krotopos v. Argos; durch Apollon Mutter des Linos 1).

Pseudogötter, Figuren in der alten Religion der balt. Völker (↗Letten), die entweder auf mißverstandene Nachrichten beruhen (vgl. G. Stender, „Lettische Grammatik", 1783) oder auf verballhornte kathol. Heilige, die v. späteren Protestantismus nicht verstanden u. für vorchristl. gehalten wurden (Māra = hl. Maria; Dēkla = Thekla usw.). Als dritten Grund für P. nennt H. Biezais 1975 den Wunsch, den Götterhimmel (vgl. ↗Pantheon 2) gelehrt mit Phantasiegestalten zu füllen, weil andere Informationen fehlten u. man nicht als unwissend hingestellt werden wollte. Vgl. die german. P. ↗Hertha u. ↗Ostara, den pseudo-antiken ↗Demogorgon.

Pseudo-Turpin ↗Historia Karoli Magni.

Psychagogos, griech. Begleiter der Toten in das Jenseits; ein typolog. Vorbild für den christl. Engel. Vgl. ↗Psychopompos.

Psyche, eine ungewöhnl. schöne Königstochter, die den Neid der Venus erregte. Venus suchte ihren Sohn Amor zu überreden, P. mit Liebe zum häßlichsten aller Menschen zu erfüllen. Amor verliebte sich jedoch selbst in P., versetzte sie in einen herrl. Palast u. besuchte sie jede Nacht, verlangte allerdings v. ihr, daß sie weder nach seinem Namen frage noch ihn zu sehen begehre. Durch ihre beiden Schwestern, die einst Zweifel u. Neugierde in ihr weckten, angestachelt, zündete P. eines Nachts eine Lampe an u. erkannte in ihrem Geliebten Amor, der ihr an

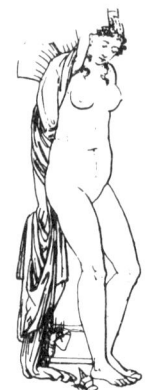

Psyche:
trauernde Psyche

Schönheit gleichkam. Amor erwachte, zürnte ihr ob ihres Ungehorsams u. verließ sie. P. suchte den Geliebten verzweifelt u. geriet dabei in einen Tempel der Venus, die sie wie eine Sklavin behandelte u. sie zu schweren Aufgaben zwang, welche sie nur mit Hilfe des Mitleids anderer bewältigen konnte. Schließl. erbarmte sich Zeus, machte P. unsterbl. u. führte sie unter Zustimmung v. Venus endgültig mit Amor zus. – Das Märchen v. *Amor und Psyche*, das in den lat. Metamorphosen des Apuleius überliefert ist, hat in der späteren Lit. u. bildenden Kunst eine nachhaltige Wirkung ausgeübt u. viele allegor. Ausdeutungen erfahren. – P. wurde als Kind dargestellt, manchmal mit Flügeln.

Die P., das Seelenleben des Menschen, „liegt in der Region des Unbewußten" (C. G. Jung, „Psyche", 1846). Für den Novellenautor Th. Storm („Psyche", 1875) verkörperte P. „die bedrohte Muse, die gefährdete Schönheit" (D. Rossek). Der Religionswissenschaftler E. Rohde sah in der P. einen zentralen Begriff für das Verständnis des Seelenlebens u. des Unsterblichkeitsglaubens der Griechen (1890) – (siehe Farbtafel S. 307 unten).

Psychopompos, Epitheton (Beiname) des ↗Hermes als Führer der Seelen in die Unterwelt.

Ptah, Hauptgott v. Memphis in Ägypten. Meist menschengestaltig dargestellt u. seit der 5. Dynastie als Schöpfergott verehrt. Er wurde v. den Griechen häufig mit Hephaistos in Verbindung gebracht.

Pterelaos, Kg. in Taphos, Sohn des Taphios, nach anderer Version Sohn oder Enkel des Poseidon. P., der der griech. Sage nach 6 Söhne u. eine Tochter ↗Komaitho 2) besaß, hatte ein goldenes Haar, das ihn unsterbl. machte. Da ihr Vater die Liebe seiner Tochter zu Amphitryon, seinem Feind, nicht dulden wollte, riß Komaitho ihm dieses Haar aus. Die Taphier wurden daraufhin besiegt, u. P. starb. Amphitryon tötete auch Komaitho.

Ptoliporthes ↗Polyporthes.

Putten, italien. *putto,* ↗Amoretten.

Pygmalion, 1) Bruder der ↗Dido, die vor ihm floh u. Karthago gründete. – **2)** Kg. v. Kypros; ein Frauenverächter, der sich jedoch in das v. ihm selbst geschaffene Elfenbeinbild einer weibl. Gestalt verliebte u. Aphrodite bat, sein Werk zum Leben zu erwecken. Die Göttin kam diesem Wunsche nach, u. die beiden heirateten. Ihr gemeinsames Kind war Paphos.

Pylades, Sohn des ↗Strophios, Kg. v. Phokis u. zugleich Onkel des ↗Orestes, der an seinem Hofe aufwuchs. P. war der engste Freund seines Vetters Orest u. heiratete später dessen Schwester ↗Elektra.

Pylia ↗Lykos 2).

Pylon, einer der ↗Lapithen. Er wurde v. Polypoites getötet.

Pylos, griech. Hafenstadt in Messenien, an der Bucht v. Navarino des Ion. Meeres gelegen. Der Sage nach wurde das Gebiet ↗Neleus übertragen, nachdem Pelias ihn aus Iolkos vertrieb. P. galt auch als Heimat des homerischen Kg. Nestor. – 1939 wurden nahe bei Kuppel- u. Kammergräbern aus myken. Zeit Reste eines myken. Palastes (des Nestor?), eines zweigeschossigen, reich ausgestatteten Megarons sowie einer Fliehburg aus spätmyken. Zeit freigelegt.

Pyramos und Thisbe, lat. *Pyramus,* eine Erz. um ein angebl. babylon. Liebespaar, dessen Eltern eine Verbindung ihrer Kinder nicht dulden wollten. Die Liebenden konnten sich nur durch eine Mauerritze ihrer aneinandergrenzenden Häuser verständigen u. verabredeten sich eines Tages zu einem heiml. Treffen am Grabe des Ninos vor der Stadt. Dabei wurde Thisbe, die als erste am Ort war, v. einer Löwin, die ihr den Schleier entriß u. zerfetzte, zur Flucht gezwungen. Als Pyramos erschien u. den Schleier erblickte, glaubte er, seine Geliebte sei getötet worden. Vor Gram beging er Selbstmord. Thisbe kehrte zurück, fand den Sterbenden u. machte ihrem Leben ebenfalls ein Ende. – Die Erz. wird v. Ovid („Metamorphoses") überliefert u. blieb bis in die Lit. des 18. Jh. lebendig; das MA sah in P. u. T. ein klass. Liebespaar, das nur im Tod zueinander fand.

Pyrene, eine Frau, die eine Schlange gebar, nachdem sie v. Herakles vergewaltigt worden war.

Pyrgo, die Kinderfrau v. Priamos' Kindern; sie folgte Aeneas v. Troia nach It.

Phriphlegethon, anderer Name für den Unterweltfluß ↗Phlegethon.

Pyrphoros Theos, griech. der feuerbringende Gott, ↗Prometheus.

Pyrrha, 1) Tochter des ↗Epimetheus u. der Pandora. Sie heiratete ihren Vetter ↗Deukalion 1), den Sohn des Prometheus, dem sie mehrere Kinder gebar. P. gilt in der griech. Sage als erste sterbl. Frau u. zus. mit ihrem Gemahl als Überlebende der großen Sintflut. – **2)** Tochter des Kreon. – **3)** Name des Achilleus, als er als Frau am Hofe des Lykomedes, des Kg. v. Skyros, lebte.

Pyrrhos, ein anderer Name für ↗Neoptolemos.

Pytheas, sagenhafter Nordlandfahrer, der v. Massilia (Marseille) aus durch die Meerenge v. Gibraltar segelte (wohl vor der Mitte des 4. Jh. v. Chr., da die Karthager zu dieser Zeit die Durchfahrt sperrten), am Atlantik Gezeitenmessungen durchführte, Britannien aufsuchte (u. umsegelte ?) u. „Thule" (wohl die norweg. Küste) erreichte u. beschrieb. Direkte Berichte sind verlorengegangen; die Griechen reagierten mit Skepsis, die Römer fanden später die Angaben bestätigt; der Norden war schließl. wieder „entdeckt".

Pythia: P. auf dem Dreifuß, griech. Vasenbild des Kodros-Malers (um 430 v. Chr.), Berlin, Staatl. Museen

Pythia, die Seherin zu ↗Delphoi, die als weibl. Medium beim Orakel des Apollon in Delphoi diente. Es handelte sich um eine ältere Frau im Gewand einer Jungfrau. Das Amt wurde in der Blütezeit der griech. Orakelstätte v. mehreren Personen ausgeübt. Die Einzelheiten der Orakelbefragung sind umstritten, doch wurden die Weissagungen wahrscheinlich v. Priestern in oft schwer verständlichen Verse umgesetzt. Daher der Gebrauch des Wortes pythisch = „rätselhaft".

Pythische Spiele, *Pythien*, bei Delphoi am Fuße des Parnaß veranstaltete ↗Panhellenische Wettspiele, der Sage nach v. Apollon gestiftet, nachdem er den Drachen Python getötet hatte. Obwohl auch sportl. Wettkämpfe durchgeführt wurden, hatten die Spiele vorwiegend mus.

Charakter. Sie fanden urspr. nur alle acht Jahre, seit 582 v.Chr. alle vier Jahre statt. Zunächst kaum weniger bedeutend als die Olymp. Spiele, scheint seit dem Ende des 2. Jh. v.Chr. ein Rückgang erfolgt zu sein. Seit 4. Jh. v.Chr. wurden die Sieger der Kämpfe, *Pythioniken* gen., veröffentlicht.

Python, in der griech. Mythologie ein gewaltiger Drache, der in der Nähe v. Delphoi lebte u. v. ↗Apollon getötet wurde. Nach ihm sollen die ↗Pythischen Spiele ben. worden sein.

Quadriga, in der Antike mit vier nebeneinandergespannten Pferden versehene Renn-, Streit- oder Triumphwagen. Auch Bz. für jenen Wagen, mit dem Helios der Sage nach tägl. über den Himmel fuhr.

Quinquatrus, Bz. für die röm. Feste zu Ehren der ↗Minerva.

Quirinal, lat. *Collis Quirinalis*, einer der 7 Hügel Roms, im NO des Kapitols, mit dem Quirinustempel, den Konstantins- und Diokletiansthermen (u. dem zw. 1574 u. 1740 als Sommerresidenz der Päpste err. Palazzo del Quirinale). – ↗Sol.

Quirinus, 1) Name, unter dem Romulus göttl. Ehren zuteil wurden, nachdem er zu den Göttern entrückt worden war. – **2)** röm. Kriegsgott, der möglicherweise auch Agrargott war. Er wurde zus. mit Jupiter u. Mars verehrt, bis an die Stelle der älteren Trias die Götterdreiheit Jupiter-Juno-Minerva trat. Q. galt als Gott der nicht-adligen röm. Bürger u. gab dem Quirinal, jenem Hügel, auf dem er seit alters bes. verehrt

Quadriga: Zeus in der Quadriga schlägt die Titanen

wurde, den Namen. Hier weihte man ihm 293 v.Chr. einen Tempel, der, da er abbrannte, v. Augustus wiedererrichtet wurde. Zu einem nicht mehr bestimmbaren Zeitpunkt wurde Q. mit Romulus gleichgesetzt, nachdem dieser als ↗Quirinus 1) vergöttlicht worden war. – ↗Enyalios.

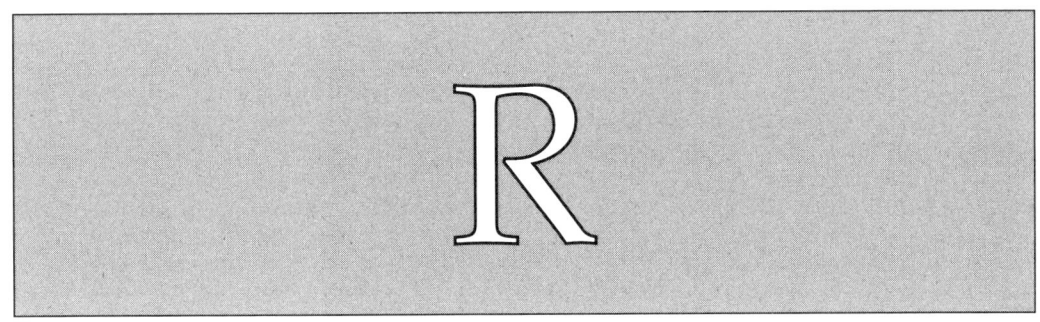

Rabbi Löw ↗Golem.

Rabe, der dem griech. Gott Apollon heilige weiße Vogel, dem der Gott ein schwarzes Gefieder verlieh, nachdem er ihm schlechte Nachrichten überbracht hatte. – In der german. (nord.) Überl. sitzen zwei R. auf Odins Schultern bzw. begleiten ihn (↗Odin mit Abb.); ein rabenähnl. Vogel auf der Schulter macht die Person demnach versuchsweise als Odin identifizierbar (vgl. Kreuz v. ↗Andreas). – „Die R. füttern" steht in der altnord. Edda für Leichen dem Fraß der Vögel vorwerfen = Feinde töten, vgl. den leichenfleddernden R. auf gotländ. Bildsteinen. – Ein R. soll das Heerzeichen des Wikingerhäuptlings Regnar (um 845; ↗Ragnar Lodbrok) gewesen sein; noch in der Schlacht bei Hastings (1066, vgl. ↗Bayeux-Teppich) wird v. den Reitern neben einer Kreuzfahne auch ein „Rabenwimpel" mitgeführt.

Rabenschlacht, mhd. Heldenlied, zus. mit dem Epos von ↗Dietrichs Flucht überliefert (um 1280); es schildert die histor. Eroberung Ravennas (die Stadt „Raben") durch ↗Dietrich von Bern im Jahre 493. – Begleitet v. Otte u. Scharphe, den Söhnen Etzels, brach Dietrich von Bern auf, um „Raben" zurückzuerobern, das sein Onkel Ermenrich ihm entrissen hatte. Im Nebel verirrten sich Etzels Söhne auf dem Schlachtfeld u. wurden v. Wittich erschlagen. Wütend, mit der Rüstung „vor Zorn glühend", verfolgte Dietrich den Wittich, und dieser konnte sich der Rache nur entziehen, indem er sich ins Meer stürzte (dort empfing ihn eine Meerjungfrau). – Ein hist. Zshg. ist neben der Schlacht um Ravenna viell. mit einer Schlacht der Hunnen gg. die Gepiden v. 454 gegeben, in der ein Sohn Attilas, Ellac, fiel.

Rache. Im german. Recht mildert der Anspruch auf R. die zu erwartende Strafe, so daß etwa auf Totschlag statt Friedlosigkeit (↗Ding) nur eine Geldbuße stand.

Radigost, *Ridegost,* bei Feldberg (Lucinsee) in Mecklenburg, soll (nach Thietmar v. Merseburg, 10. Jh.) ein wichtiger slaw. Kultort für den Gott „Zuarasici" (↗Svarožič) gewesen sein.

Ragnar Lodbrok (= „Lodenhose" bzw. Schutzkleid, mit dem gg. einen Drachen kämpfte), der Überl. nach ein Vorfahre des norweg. Königs Harald Schönhaar, machte die kluge ↗Aslaug zu seiner Frau. Aslaug wirkte ihm u. a. ein unverwundbar machendes Hemd, in dem Ragnar Feldzüge nach England unternahm. Dort starb er in Kg. Ellas Schlangengrube. Sein Sohn Ivar bekam von Kg. Ella als schimpfl. Bußgeld für den Totschlag nur ein Stück Land v. der Größe einer Ochsenhaut. Da er diese zu Streifen schnitt (es handelt sich um eine Wanderfabel; vgl. die Gründung Karthagos durch Dido), konnte er das ganze Gebiet des späteren London umspannen, das er als Burg gründete. – Über Aslaug, eine Tochter ↗Sigurds, hatten die ↗Völsungen die göttl. Herrschaftslegitimation mit Odin selbst als Stammvater. – Das Schicksal Ragnars wird in der um 1400 überlieferten u. mit der Völsungensage inhaltl. verbundenen Ragnars saga erzählt, einem typischen, märchenhaft angefüllten altisländ. norweg. Wikingerroman. – Als hist. Gestalt wird R. in Zshg. mit dem Wikingerhäuptling *Regnar* gesehen, der an der Spitze eines Normannenheeres 845 vor Paris stand u. sich durch Geld von Karl dem Kahlen von einem Angriff auf die Stadt abhalten ließ. – R. L. Heerzeichen soll die „Rabenfahne" gewesen sein (↗Rabe).

Ragnarök, german. Vorstellung vom Weltuntergang mit versch. Motivkomplexen; der ↗Fenriswolf verschlang die Sonne, u. der ↗Fimbulwinter verödete die Erde usw. Dafür wird im Deutschen meist irreführend ↗Götterdämmerung gesagt. – ↗Völuspá.

Ragnars drapa, altnord. polit. Preisdichtung, vgl. ↗Bragi 2).

*Ramsundfelsen: Die Runen-
inschrift auf dem Ramsundfelsen
ist kombiniert mit Bild-
ritzungen, die Szenen aus der
Sigurdsage darstellen.
Das als Drachenleib geformte
Schriftband nimmt inhaltlich
allerdings keinen direkten Bezug
auf die Bildaussagen.*

Ragnars saga, altnord. Saga, typ. ↗Fornaldar saga; sie schildert die Geschichte v. ↗Ragnar Lodbrok.

Rahab, in der Bibel (Psalm 89,11) ein Ungeheuer der Urzeit, als gewalttätiger Unterdrücker synonym für Ägypten (Jesaja 30,7).

Rallinge, Södermanland/Schweden, Fundort einer kleinen Bronzefigur mit erigiertem Phallos, als Fruchtbarkeitsgott ↗Freyr gedeutet (Hist. Museum, Stockholm). – Die Ähnlichkeit mit dem Thor aus ↗Akureyri ist auffallend.

Ramsundfelsen, *Ramsundsberg,* Fundort einer Runeninschrift, in situ auf einem Felsen bei Eskilstuna im schwed. Södermanland mit Bildritzungen aus der Sigurdsage (11. Jh.), die folgende Szenen zeigen: Sigurd hat den Schmied Regin getötet, der kopflos neben Schmiedehammer u. Blasebalg liegt; beim Braten des Drachenherzens hat sich Sigurd den Daumen versengt u. steckt ihn in den Mund (↗Daumenlutschen), dadurch kostet er v. dem Drachenherzen u. versteht die Sprache der beiden Vögel, die auf einem ornamentartigen Baum sitzen. Die Vögel raten ihm, den Schmied zu töten (linke Szene) u. selbst den Drachenhort wegzubringen; an einen Baum gebunden, steht Sigurds Pferd Grani, beladen mit dem Drachenschatz („Kästchen") auf dem Rücken; ganz rechts sticht Sigurd von unten in den Drachenleib. – Die Runeninschrift des Drachenleibes = Schriftband, hat keinen unmittelbaren Bezug zur Sigurdsage (siehe Bild oben).

Ran, eine nord. Meeresgöttin, Gemahlin ↗Ägirs, dem sie zahlr. Töchter, die als Personifikation der Meereswogen galten, gebar. Ihre ungewöhnl. Schönheit zog die Seefahrer in ihren Bann, so daß sie Schiffbruch erlitten u. ertranken. R. sammelte sie mit einem Netz ein u. brachte sie in ihren Meerespalast, wo sie sie reich bewirtete. – Das Reich der R., das die Er-trunkenen aufnahm, war ein vom Gebiet der ↗Hel getrenntes Totenreich.

Randolf, einer jener Ritter aus dem Gefolge Kg. Gunthers, den ↗Walther von Aquitanien in einer Schlucht im Kampf tötete.

Randver, in der german. Überl. ein Sohn des Gotenkönigs ↗Jörmunrek, Stiefsohn der ↗Svanhild, einer Tochter v. Gudrun u. Sigurd. R. u. Svanhild wurden v. ↗Bikki des Ehebruchs beschuldigt u. erlitten einen schreckl. Tod.

Rasenbilder oder Scharrbilder entstehen durch die Freilegung etwa des kalkhaltigen, hellen Untergrundes (Abstechen des Rasens). Ihre Datierung bereitet große Schwierigkeiten; europä. Beispiele sind in England das 110 m lange „weiße Pferd" bei Uffington – angebl. aus vorchristl. Zeit – u. der 55 m große „Riese" bei Cerne Abbas (Dorset), der als Bild eines röm. Herkules (mit erhobener Keule) in die röm. Kaiserzeit datiert wird. Auffallend ist bei diesem Rasenbild der große u. erigierte Phallos, der einen Zshg. mit Fruchtbarkeitsriten nahelegt. Schwierigkeiten bereitet auch die Vorstellung, daß – ähnl. wie bei amerikan. Beispielen früher Indianerkulturen – die R. als Gesamtansichten prakt. nur aus der Luft erkennbar sind. Sind sie „Signale" an die Götter?

Rasengang, nord. Ritual der ↗Blutsbrüderschaft.

Ratatöskr, ein Eichhörnchen, das auf der nord. Weltesche ↗Yggdrasil lebte und ständig am Stamm des Baumes auf u. nieder kletterte, um den übrigen Bewohnern, bes. dem Adler u. dem Drachen, zuzutragen, was der eine über den anderen gesagt hatte. Sinnbild der ständig neu aufkommenden Zwietracht (lat. ↗Discordia) in der Welt.

Raub der Sabinerinnen ↗Romulus und Remus, ↗Tarpeia.

Rauni, Frau des finn. Gewittergottes Ukko.

Ravenna ↗Rabenschlacht, ↗Theoderich d. Gr., ↗Witege, ↗„Zangenornament".

Re, altägypt. Sonnengott, im Glauben des Alten Reiches Weltgott u. bes. in Heliopolis verehrt.

Rebhuhn ↗Perdix.

Recht, german. ↗Ding; kelt. Überlieferung der frühen ir. Rechtslehrer ↗Fíthail u. ↗Morand; röm. ↗Fides u. ↗Dius Fidius; griech. ↗Themis.

Recke, „Held", mhd. in der Bedeutungsvielfalt v. „Verfolgter" bzw. „Verbannter" bzw. „Fremdling" bis „erprobter Krieger" bzw. „Held" u. am heidn. Verständnis des Kriegers orientiert, der im Ggs. zum christl. Ritter (vgl. ↗Rüdiger von Bechelaren) mit seinem Schicksal auf sich allein gestellt war (vgl. ↗Hagen von Tronje, ↗Hildebrand).

Redbad, Typ des bösen dän. Kg., der ↗Friesland unterdrückte.

Red Book of Hergest ↗Mabinogion.

Regenbogen, die in der german. Mythologie Asgard u. Midgard verbindende Brücke ↗Bifröst. In der antiken Überl. vgl. ↗Iris.

Regin, einer der Söhne des nord. ↗Hreidmar; er stiftete Sigurd an, seinen Bruder ↗Fafnir zu töten, weil dieser ihm seinen Anteil an einem Goldschatz vorenthielt. – ↗Ottur. – R. ist ein berühmter Waffenschmied, der für Sigurd das zerbrochene Schwert Sigmunds 2) wieder zusammenfügte, der aber, als er den Helden nach dem Drachenkampf gg. Fafnir hintergehen wollte, selbst v. Sigurd erschlagen wurde (↗Ramsundfelsen). – ↗Mime.

Reginleif, Name einer nord. Walküre.

Regnar, Wikingerhäuptling ↗Ragnar Lodbrok.

Reim, an sich ist die german. u. nord. Dichtung durch ↗Stabreim charakterisiert, aber bereits in den ahd. ↗Muspilli findet man nach fremdem Vorbild (lat. Dichtung?) den Übergang zu Endreimformen (vgl. ↗Otfried von Weißenburg).

„Reiterheiliger", vgl. die Zierscheibe von ↗Bräunlingen u. den ↗Reiterstein v. Hornhausen. – Eng mit der Gestaltung des (german.) R. zus.hängt die röm. Vorstellung v. „Überreiten" (inequitare) der Feinde als einem Bild des Triumphes (vgl. ↗Pliezhausen). Daraus entstanden u.a. Bilder des hl. Georg u. des hl. Michael, aber auch Verbindungen zum Bild des Christus auf der Teufelsschlange u. auf „Löwen u. Drachen" (Psalm 91), d.h. den Feind „mit den Füßen treten". Der röm. Grabstein des Signifer Carminius aus dem 1. Jh. n.Chr. ist ein charakterist. Beispiel für die Darstellung des R. im Rheinland (Röm.-German. Zentralmuseum, Mainz). – ↗Pliezhausen.

Reiterstein von Hornhausen:
Der Grabstein des 7. Jh.
stellt möglicherweise einen
german. Gott dar.

Reiterstein von Hornhausen, german. Bildstein des 7. Jh. aus Hornhausen bei Oschersleben. Der 78 cm hohe Grabstein stellt einen Lanzenreiter im Relief dar (Wotan?), darunter Bandgeschlinge; heute aufbewahrt im Landesmuseum für Vorgeschichte in Halle/Saale.

Reizreden, oft heftiger Dialog zwischen sich gegenüberstehenden Helden, die sich mit Beleidigung und Herausforderung zum Kampf anstacheln und mit ihren eigenen Taten prahlen. Eine ähnliche Funktion haben in der nord. Götterdichtung z.B. die Reizreden Lokis (↗Lokasenna).

Remus, Zwillingsbruder des ↗Romulus, nach der Sage mit diesem zus. urspr. ausgesetzt; von Romulus erschlagen, als er durch Überspringen der niedrigen Stadtmauer das neugegründete Rom verspottete. – ↗Toxeus 1).

Renaissance, frz. Wiedergeburt, Wiedererweckung des klass. Alt. seit etwa 1350 bis nach 1500 in der Lit. (Venedig war ein wichtiges Druckzentrum des 16. Jh.) u. in der Kunst. Die R. im engeren Sinne markierte den Übergang vom MA zur Neuzeit. Die antike Mythologie war nicht Teil des Glaubens, nicht einmal in der lit. stilisierten Form der homer. Götterwelt, sondern gelehrt u. genießerisch intellektuell verwendetes Zitat. Paralleles zeigt sich auch in der bildenden Kunst, in der die manchmal provozierende Darstellung des nackten Körpers bei bis dahin neben bibl. Szenen (Adam u. Eva) unbekannten Darstellungen (vgl. ↗Orpheus, „renaissancehaftes Körperbewußtsein") dem Individualismus des emanzipierten u. wohl auch der Reformation zugewandten Menschen der „Neuzeit" entsprach. – Als R. bezeichnet man daneben z.B. auch den Versuch, zur Zeit ↗Karls des Gr. sich an antiken Vorbildern zu orientieren („karoling. R."). Als ↗Nord. R. versteht man die gelehrte Hinwendung des 16. und 17. Jh. in Dänemark u. Schweden zu hist. Quellen, die auch die altnord. Mythologie wieder lit. populär machten. – Unter R. im weiteren Sinne versteht man auch die verstärkte Verwendung mytholog. Themen in der Literatur u. Kunst der

Die Renaissance (Wiedergeburt der Antike) Die R. ist für uns der wichtigste Vermittler antiker Stoffe u. Anschauungen bis in die Gegenwart gewesen. Allerdings erfahren wir Fakten zur griech. Überl. oft nur durch die veränderte Umsetzung der lat.-röm. Quellen, und diese wiederum in der weiteren Veränderung durch die Tradierung des MA. Durchweg sind es zudem *lit. Stoffe*, die ihre eigenen, gattungsmäßigen Gesetzmäßigkeiten haben. In einer lit. Form schreibt man anders, als es ein prakt. ausgeübter Glaube nahelegen würde. Ein lit. Dokument ist auch als dichter. Fiktion zu lesen, nicht als unmittelbares Spiegelbild alltägl. Glaubensvorstellungen.

In dem lat. Epos ↗„Argonautica" des Valerius Flaccus, um 70 n.Chr., wird der alte Sagenstoff über die ↗Argonauten neu in röm. Denken umgesetzt. Für das MA galt diese Quelle als kanon. Autorität. Durch einen Erstdruck 1474 im oberitalien. Bologna erfahren wir auch v. sonst zieml. unbekannten Erz. (↗Alcon v. Kreta). *Oberitalien* mit seinen reichen Handelsstädten spielte für die Frührenaissance im späten 13. u. im 14. Jh. eine wichtige Rolle; hierher waren die Philosophen u. Gelehrten griech.-antiker Tradition nach dem Niedergang v. Byzanz geflüchtet. *Byzanz* erlebte zur Zeit der Kreuzfahrer einen inneren u. äußeren Verfall, und zwar einerseits durch das Vordringen der Seldschuken aus der heutigen Türkei (seit 1185), andererseits nicht minder durch innere Aufstände u. schließl. durch die Plünderung durch die Kreuzfahrer 1204. Konstantinopel (Istanbul = griech. „in die Stadt") fiel dann endgültig unter die Herrschaft der Türken; Mehmet II. Fatih eroberte Byzanz 1453 für die Osmanen. Klass. antike Bildung überlebte in den arab. sprechenden Reichen u. in Oberitalien.

It. wurde zum Mutterboden der R. ↗*Dante Alighieri* (*1265, †1321) ließ sich in seiner Vision der „Divina Commedia" zwar v. dem Heiden Vergil durch die Unterwelt führen, im Paradies aber übernahm seine Jugendliebe Beatrice diese Rolle. Die Gestalten der antiken Sagen wurden v. ihm entweder symbolhaft zu Heroen umgedeutet (Odysseus) oder dämonisiert (Charon). Damit entsprach er den Normen der christl. Sittenlehre. Einer der „Pioniere" der R., der in dieser Richtung damit über Dante hinauswuchs, war Giovanni ↗*Boccaccio* (*1313, †1375), der in seinen Romanen, entspr. der Mode der beginnenden norditalien. R., Venus u. Mars helfend eingreifen ließ. Griech. und röm. Götter wurden Statisten in einer Welt des neu entdeckten, gelehrten Wissens um die antike Mythologie. In seiner neulat. „Genealogie" (Erstdruck in Venedig 1472) versuchte Boccaccio zudem zum ersten Mal einen Vergleich mit den antiken Göttern, die nicht mehr nur der konventionell christl. Verdammung anheimfielen. Um aber der mögl. Kritik der Kirche zu begegnen, verwendete er als Stilmittel die Allegorie. Die Antike hätte demnach vor allem „lit." Wert u. sei v. Glaubensdingen des Christentums streng zu trennen. Damit sollte das Ideal des *Humanismus* nicht als Konkurrenz zum Christentum verstanden werden.

Ein Zeitgenosse Boccaccios, der italien. Dichter Francesco ↗*Petrarca* (*1304, †1374) träumte v. polit. Wiedererstehen der röm. Republik u. der Antike. Bei Cicero entdeckte der humanist. gesinnte Petrarca die „goldene Zeit" unter Ks. Augustus. Petrarcas Schriften hatten ebenfalls großen Einfluß auf die R.

---

frz. Klassik (17. Jh.) u. der dt. Klassik u. des Klassizismus (18. u. 19. Jh.) – (siehe Farbtafel S. 309).

Repanse, Frau des ↗Feirefiz im ↗Parzival.

Reuchlin, *Johannes*, *1455, †1522, neben ↗Erasmus v. Rotterdam bedeutender Humanist (↗Humanismus) u. der luther. Reformation gegenüber eher skeptisch. R. entwickelte eine bes. Vorliebe für Plato, zu dessen Wiederentdeckung u. Renaissance im 16. Jh. er wesentl. beitrug. Seine neulat. Dramen (vgl. ↗Schuldramen) wurden für die Entwicklung des dt. Theaters wichtig.

Rhadamanthys, Sohn des Zeus u. der Europe, Bruder des Minos, nach manchen Versionen des Sarpedon. Er war vor Minos Herrscher v. Kreta. Die griech. Mythologie rühmt seinen Gerechtigkeitssinn u. nennt ihn neben Minos u. Aiakos als Richter in der Unterwelt. – ↗Elysion.

Rhakios, Gatte der ↗Manto u. viell. Vater des ↗Mopsos 2).

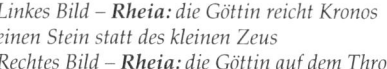
Linkes Bild – **Rheia:** *die Göttin reicht Kronos*
einen Stein statt des kleinen Zeus
Rechtes Bild – **Rheia:** *die Göttin auf dem Thron*

Rhamnus, Kultstätte der ↗Nemesis.

Rhampsinitos, ein ägypt. Pharao, möglicherweise Ramses III.; über sein Schatzhaus erzählt Herodot Diebesgeschichten.

Rhea ↗Rheia.

Rhea Silvia, eine röm. Vestalin, die auch ↗Ilia gen. wurde. Durch Mars wurde sie Mutter v. Romulus u. Remus, obwohl einzelne Quellen auch andere Väter der Zwillinge nennen. Ihr Onkel oder Vater Amulius ließ sie in den Tiber werfen, um sie wegen ihrer Schwangerschaft zu bestrafen, doch nahm der Flußgott sie zu seiner Gemahlin.

Rheia, auch *Rhea,* Tochter des Uranos u. der Gaia; Schwester der Titanen, die ihren Bruder ↗Kronos heiratete. Sie war die Mutter zahlr. Götter, darunter Zeus. Als Mutter- u. Erdgottheit wurde sie unter den verschiedensten Namen verehrt: Bona Dea, Magna Mater, ↗Kybele u. a. – ↗Kureten, ↗Ops (siehe Bilder oben).

Rhein, lat. *Rhenus,* Name aber bereits aus kelt. Zeit. Nach dem Sieg über Ariovist 58 v.Chr. wurde der R. röm. Grenze, darnach überschritt Caesar mehrfach den Fluß, der damit nicht nur stellenweise Grenze zw. Römern u. Germanen war, sondern vor allem Handelsweg u. Gebiet relativ enger kultureller Verflechtungen zw. beiden Bevölkerungen. Die vielen röm. Siedlungen am R. hatten eine sehr wechselvolle Geschichte. Nach der Schlacht im Teutoburger Wald, bei der 9 n.Chr. drei röm. Legionen unter Varus durch die Cherusker unter Arminius vernichtet wurden, verzichtete Ks. Augustus auf die geplante Grenze an der Elbe, und der R. wurde hauptsächl. Grenzfluß. – Wichtige Siedlungen v. S nach N u.a.: *Augusta Raurica* (Kaiseraugst bei Basel, 44 v.Chr. gegr.; seit 1582 v. den Archäologen ausgegraben); *Basilia* (Basel, auf einem kelt. Oppidum, 12 v.Chr. röm.); Badenweiler, röm. Badeort mit großen Thermen (lat. Name unbekannt); *Noviomagus* (Speyer, gleicher Name auch

für Neumagen am Rhein); *Civitas Vangiorum* (Worms); etwas „abseits" v. Rhein *Augusta Treverorum* (Trier, gegr. 20 v.Chr., Kaiserresidenz u. zeitweise Hauptstadt des Röm. Westreiches); bei Frankfurt/M. Nähe zum Limes, der befestigten Grenze, Saalburg-Kastell mit einem Mithras-Heiligtum; *Mogontiacum* (Mainz, größtes Militärlager in der Germania); *Confluentes* (Koblenz, Merkur-Tempel); *Castra Bonnensis* (Bonn, Legionslager; seit 1818 v. den Archäologen ausgegraben); *Colonia Claudia Ara Agrippinensis* (Köln, wichtigstes Handelszentrum am R.); *Novaesium* (Neuss, Legionslager); *Colonia Ulpia Trajana* (Xanten). – Vgl. ↗Donau.

Rhesos, Kg. v. Thrakien, Sohn des Eïoneus (nach anderer Version des Strymon). Er war ein Bundesgenosse der Troianer und besaß zwei weiße Pferde u. einen goldenen Wagen. Ein Orakel besagte, daß Troia unbesiegbar gewesen wäre, wenn die Pferde vom Skamandros hätten trinken können. Diomedes u. Odysseus fingen die Rosse ein u. töteten R.

Rhode, auch *Rhodos,* meist als Tochter des Poseidon u. der Amphitrite erwähnt; Geliebte oder Gattin des ↗Helios, dessen offizielle Gemahlin ↗Perseïs war. Eponyme (Namengeberin) der Insel ↗Rhodos.

Rhodope, 1) eine Nymphe, Gattin des Haimos; sie wurde v. den Göttern in einen Berg verwandelt, nachdem sie u. ihr Gemahl sich übermütig die Namen Hera u. Zeus zugelegt hatten. – **2)** eine Gebirgskette auf dem Balkan, zw. Makedonien u. Thrakien gelegen; an den höchsten Stellen fast 3000 m hoch.

Rhodos, Hauptinsel des griech. Dodekanes, am Südostrand des Ägäischen Meeres, knapp 20 km vor der Küste Kleinasiens gelegen. Es war die dem Helios heilige Insel, der Sage zufolge nach ↗Rhode ben. In myken. Zeit bereits dicht v. den Griechen besiedelt; seit um 1000 v.Chr. in der Hand der Dorer. Die drei bedeutendsten

Orte waren Lindos, ↗Ialysos u. Kamiros. R. war in der Antike bes. berühmt durch den ↗Koloß von Rhodos, der zu den Sieben Weltwundern gezählt wurde. Auf R. wohnten die sagenhaften Schmiede der ↗Telchinen.

Rhoikos, 1) der junge Mann, der das Leben einer Dryade schonte, jedoch v. ihr geblendet wurde, nachdem er sie beleidigt hatte. – **2)** ein Kentaur, der v. Theseus bei der Hochzeit des ↗Peirithoos mit Hippodameia getötet wurde. – **3)** ein Gigant, den Dionysos im Krieg zw. Göttern u. ↗Giganten tötete.

Rhydderch, *White Book of Rhydderch,* ↗Mabinogion.

Riddara sögur, altnord. Sagas mit ritterl. Stoffen, vgl. ↗Saga.

Riesen:

Riesengestalten der german. Mythologie:

Baugi	Skadi
Bergelmir	Skrymir
Buri	Surt
Farbauti	Suttung
Geírröd	Thiassi
Gerd	Thrym
Gilling	Vafthrudnir
Gunnlöd	Ymir
Hrungnir	
Hymir	
Hyrokkin	

Riesen, übergroße, oft als Monstren vorgestellte (einäugig, einbeinig u.ä.) Wesen, im Mythos vieler Völker häufig dämon. Verkörperungen v. Naturgewalten u. Gegenspieler der verehrten Gottheiten (vgl. die griech. ↗Giganten u. ↗Titanen). Gegner u. Helfer der Menschen; als Einzelgestalten zuweilen mit großer Weisheit ausgestattet. Bei den Germanen neben den Vanen ständige Gegner u. erbitterte Feinde der Götter (↗Geirröd); sie existierten vor den Asen, wie u.a. die ↗Völuspá es erzählt: „Urzeit war es, da Ymir hauste: nicht war Sand noch See noch Salzwogen, nicht Erde unten noch oben Himmel, Gähnung grundlos, doch Gras nirgend." ↗Ymir, der Urriese, wurde ermordet, aus ihm erbauten die Götter die Welt, u. in seinem Blute ertranken alle seine Nachkommen, bis auf ↗Bergelmir u. seine Gemahlin, die Stammeltern der ↗Jötunen, während ein zweites Riesengeschlecht, die Thursen, durch Thor erschlagen wurde. Es gab Frost- u. Reifriesen, die sich v. Ymir ableiteten, Wasser-, Steinriesen, Feuerriesen u.a., denen allen die Feindschaft zu den Göttern gemeinsam war. Es kam ständig zu Auseinandersetzungen zw. einzelnen Riesen u.

Göttern, auch wenn gelegentl. Götter u. Riesinnen ganz „menschlich" Verbindungen miteinander eingingen. Dafür sind Loki u. ↗Angurboda ein berühmtes Beispiel, die die Ungeheuer Fenriswolf, Midgardschlange u. Hel zeugten. Der tiefe Gegensatz zw. Göttern u. Riesen hielt bis zur ↗Götterdämmerung an, in der beide sich gegenseitig vernichteten.

Riesenbaumeistersage. Die nord. Mythologie kennt die Gestalt eines Riesen, den die Asen hintergingen; sie luden damit schwere Schuld auf sich, die zum Heraufkommen der Götterdämmerung beitrug. – Um sich gg. ihre Feinde zu schützen, beschlossen die Götter, Asgard mit einem hohen Wall zu umgeben. Ein Riese war bereit, dieses Werk innerhalb eines Winters auszuführen, wenn er als Lohn dafür Freyja erhielt. Das sagten ihm die Götter mit einem feierl. Schwur zu, wobei sie glaubten, die Zeit sei viel zu kurz für ein so gewaltiges Werk. Sie hatten sich indessen getäuscht, denn das Roß Svadilfari schleppte die Steine so schnell heran, daß die Arbeit rüstig voranging u. termingemäß fertig zu werden drohte. In ihrer Angst um Freyja griffen die Götter ↗Lokis List dankbar auf, obwohl sie sich damit des Meineids schuldig machten: Loki verwandelte sich in eine Stute, lockte Svadilfari v. der Arbeit fort, u. die beiden zeugten ↗Sleipnir. Der Riese tobte in seinem Grimm u. seiner Enttäuschung, wurde aber v. Thor mit ↗Miölnir erschlagen. – Eine R. ist in der Gestalt des ↗Finn u.a. in Trondheim (Norwegen, „Skalle") u. Lund (Schweden) lokalisiert. In Lund wurde die Samsonfigur in der Krypta des Domes v. der Volkssage als Finn gedeutet.

Rigr, *Rig,* altnord. Name, unter dem Heimdal in der Welt erschien u. die Stände unter den Menschen schuf. Der Gott R. kehrte zuerst bei einem bäuerl. Paar ein, das den Gast mit grobem Brot bewirtete. In der Nacht zeugte R. mit der Bäuerin ein Kind, das braun u. schmutzig zur Welt kam u. ↗„Thrael" bzw. „unfreier Knecht" gen. wurde. R. kehrte zum zweiten Mal bei einem Paar ein, wo die Frau am Webstuhl arbeitete, Schmuck am Hals trug u. dem Gast Käse, Butter u. Bier vorsetzte. Ihnen wurden Kinder geboren, „Karl" bzw. ↗Kerl gen., die die Scheunen bauten u. Ochsen zähmten, und „von diesen stammt der Stand der Freien". Ein drittes Mal kehrte R. bei einem Hausherrn ein, der Bogen u. spitze Pfeile hatte u. dessen Frau einen Hals „weißer als heller Schnee" hatte. Deren Sohn hüllte man in Seide u. nannte ihn ↗„Jarl" (Fürst). Jarls Söhne

„zähmten Rosse, rundeten Schilde, warfen Speere, spitzten Pfeile", und der „junge Kon" (das altnord. Konungr als Bz. für „König") kannte Runen, konnte seine Krieger schützen, den Sturm stillen u. das Schwert des Gegners durch Zauber stumpf machen. „Jung-König" vermählte sich mit Dana, und v. ihnen stammten die „Dänen" ab.

Rimhild (anglo-normann. *Rimenhild*, mittelengl. *Rymenhild*), eine Königstochter, in die ↗Horn sich verliebte.

Rinda, *Rind*, Gattin Odins, eine nord. Erdgottheit, um die Odin lange vergebl. warb; er wollte sie zur Frau, weil ihm geweissagt worden war, Balder werde bald sterben u. nur ein v. ihm u. Rinda gezeugter Sohn könne den Toten rächen. Der Gott näherte sich der Göttin in den versch. Gestalten, fand aber kein Gehör bei der Umworbenen. Schließl. berührte er sie mit einem Runenstab, worauf sie den Verstand verlor. Als altes Weib getarnt, versprach Odin ihrem Vater, seine Tochter zu heilen, wenn er sie ihm anvertraue. So gewann er Rinda, die ihm ↗Vali 2) gebar.

Rinderherden des Geryoneus ↗Geryoneus.

Rinderraub von Cuailnge ↗Táin Bó Cuailnge.

Rinder- und Schafherden des Helios, die auf Thrinakie (in der Antike meist als Sizilien verstanden) weidenden heiligen Herden des Sonnengottes, v. denen die Gefährten des Odysseus einige Tiere töteten. Zur Strafe ertrank die ganze Besatzung v. Odysseus' Schiff.

Ring, Schmuck u. Symbol für ↗Gürtung und Bindung, mag. Zaubermittel in den versch. Zusammenhängen. – Der R. verleiht z. B. Kraft, wie ↗Draupnir oder wie ↗Andvaranaut des Zwergen ↗Andvari.

Ringsted, dän. Stadt auf Seeland, in der Edda als „Hringstad" erwähnt, das Helgi v. seinem Vater bei der Geburt bzw. Namengebung geschenkt wurde (zweites Lied von Helgi dem Hundingstöter).

Rion, *Rioni*, Fluß ↗Phasis.

Ripheus, 1) ein die Bäume an Größe überragender Kentaur, der v. Theseus auf der Hochzeit des ↗Peirithoos und der Hippodameia getötet wurde. – **2)** ein troian. Gefährte des Aeneas, den die Griechen töteten.

Rished, bei Askum im schwed. Bohuslän, Fundort v. Felszeichnungen der Bronzezeit ähnl. ↗Tanum, u. a. „Mann u. Frau" mit übergroßen Händen (u. mit ↗Näpfchen als Geschlechtskennzeichen der Frau).

Rista ↗Mista.

Rites de passage ↗Übergangsriten.

Ritter, mhd. „Reiter", in karoling. Zeit aus dem Gedanken des german. „Gefolges" entwickelt, Kennzeichen der höf. Kultur des MA. Die entsprechende ritterl. Ethik (Maßhalten, Zucht, Minne) steht oft in krassem Widerspruch zum Typ des german. ↗Helden. Mit dem Ritter, z. B. ↗Rüdiger von Bechelaren im ↗Nibelungenlied, verläßt die höf.-christl. Dichtung den Bereich v. altgerman. Mythos u. heidn. Götterwelt endgültig. Mit der Übernahme der ↗Artusepik nach frz. Vorbild erreicht das Rittertum in der Dichtung seinen Höhepunkt (↗Parzival).

Ritus, rel. Zeremonie, in der die Handlung des Mythos in genau festgesetzten Formen wiederholt u. im Vollzug der neuen Handlung aktualisiert wurde.

Roar und Helge, ein Geschwisterpaar aus der dän. Königsreihe der Skjoldungen.

Robigo, röm. Göttin des Getreides bzw. des Rostes, den das Getreide befallen konnte. Aus der Angst u. der leidvollen Erfahrung, das Getreide könne verderben, wurde eine auf diese Frage hin eng spezialisierte Göttin „erfunden". Sie bildete mit dem männl. Gegenstück ↗Robigus ein Paar, mit dem dann hoffentlich „alle" Aspekte dieses Problems abgedeckt waren.

Robigus, röm. Gott des Getreides bzw. des Getreiderostes. Sein Fest wurde am 25. April gefeiert. Man rief ihn häufig zus. mit ↗Flora an.

Rodgar, jener dän. Kg., den ↗Beowulf v. dem Unhold Grendel befreite.

Roger von Sizilien, vgl. ↗König Rother.

Roi Peschierre, Fischerkönig u. Herr der Gralsburg in der frz. Vorlage für den ↗Parzival.

Rök, schwed. Fundort einer berühmten Runeninschrift des 9. Jh. mit mehr als 700 ↗Runen, die u. a. von ↗Dietrich von Bern spricht, deren Ge-

Rished: Mann und Frau, Felszeichnung

samtdeutung aber umstritten ist. „Es herrschte Theoderich, der Kühngemute, der Fürst der Seekrieger …"; u. a. mit einer Weiheformel auf Thor in verschlüsselten Geheimrunen.

Roland, einer der Paladine Karls des Großen, Held im höf. dt. Epos „Rolandslied" auf der Grundlage der frz. Heldensage u. dem Epos „Chanson de Roland" (↗Karlssage).

Rolf Kraki ↗Hrolf Kraki.

Rollo, hist. Wikingerhäuptling, der 911 mit der Normandie belehnt wurde. Als Vorlage für sagenhafte Stoffe Figur der altnord. ↗Göngu-Hrolfs-saga.

Rom – Die sieben mythischen Könige Roms:

Romulus	Tarquinius Priscus
Numa Pompilius	Servius Tullius
Tullus Hostilius	Tarquinius Superbus
Ancus Marcius	

(vgl. dazu die einzelnen Artikel)

Rom, die Hauptstadt des Röm. Weltreiches, deren Entstehung u. Frühzeit mit einer Reihe v. Sagen verbunden sind. Die griech. Geschichtsschreiber brachten die Gründung wohl schon seit dem 5. Jh. v. Chr. mit dem (zeitl. sehr viel früher angesetzten) Untergang Troias in Verbindung u. führten sie auf den nach It. geflüchteten ↗Aeneas oder einen seiner Nachkommen zurück. Die andere Version kreist um ↗Romulus u. Remus u. die Nachfolger des Romulus, wobei jedem bestimmte Funktionen für den Ausbau des Staates beigelegt sind. – ↗Pales.

Rom – Die sieben Hügel Roms:

Aventin	Palatin
Caelius	Quirinal
Kapitolinischer Hügel	Viminalis
Esquilin	

(vgl. dazu die einzelnen Artikel)

Roman de Brut, Le, altfrz. Chronik v. Wace, um 1155, auf der Grundlage v. ↗Geoffrey of Monmouth. Erz. über die Nachkommen des sagenhaften B. = Brutus, eines Enkels v. Aeneas u. damit Stammvater der Britannier. Hier tauchen auch die Sagen v. Kg. ↗Lear auf, die Shakespeare aufgegriffen hat.

Römer, hervorgegangen aus einer Stadtgründung (↗Rom) wurde die Bz. R. seit dem 2. Jh. v. Chr. auf alle Bewohner in It. ausgedehnt, in der Zeit der röm. Ks. auf das gesamte *Imperium*

Romanum, das sich damit im Ggs. zu den ↗Griechen weniger als ethnischer, sondern als polit. Zusammenschluß verstand (vor allem unter Ks. ↗Augustus). Ebenfalls im Ggs. dazu betraf die Bz. der ↗Germanen nur einen losen Verband sehr versch. Völker. – Die R. übernahmen ihren quasi-missionar. Auftrag zur Weltherrschaft (vgl. ↗Aeneis) v. den Griechen, deren Kultur sie bewunderten u. nachahmten (röm. Hellenismus), aber in der myth. Anknüpfung an die troian. Helden ↗Aeneas kam es zu einer Umwertung der Rolle Troias.

In ihren rel. Anschauungen übernahmen die R. viele altital. Götter, vor allem der ↗Etrusker (vgl. auch ↗Carna, ↗Terminus, ↗Vertumnus). Zu dem älteren röm. Kult gehörte die Verehrung der Kapitolinischen Trias ↗Jupiter, ↗Juno u. ↗Minerva. Nach der Vertreibung des etrusk. Kg. ↗Tarquinius Superbus (um 510 v. Chr.) wurde Rom v. den großen Adelsfamilien (Patrizier) beherrscht, die ihre Herkunft im Ggs. zu den Plebeiern auch myth. begründeten (vgl. ↗Horatier). Seit etwa 500 v. Chr. wurden auf dem Kapitol auch die ↗Sibyllinischen Bücher (Orakelbücher) aufbewahrt u. kult. verehrt. Man nimmt an, daß mit dieser Erhebung zum Stadtheiligtum eine ganze Reihe griech. Götter übernommen u. wichtig für die R. wurden (z. B. ↗Apollon). Im Jahre 204 v. Chr. kam die phryg. Göttin ↗Kybele nach Rom, ihr folgten ↗Sabazios u. ↗Mithras als wichtige oriental. Götter. 38 n. Chr. wurde die ägypt. ↗Isis in den röm. Staatskult übernommen.

Bereits früh mußte sich das röm. Expansionsstreben – aus einem ital. Bauerngott wurde der röm. Kriegsgott ↗Mars – gg. kelt. und german. Stämme abgrenzen, die sich ihrerseits gg. Rom wehrten, langfristig aber unterlagen. Der erste Vorstoß der Kelten mit der Schlacht an der Allia u. der Zerstörung v. Rom geschah bereits im Jahre 387 v. Chr. Siegreiche Auseinandersetzun-

Rom: *Personifikation der Roma als Stadtgöttin; nach einer Miniatur im Perikopenbuch Heinrichs II. aus dem MA*

---

gen mit ↗Karthago (Punische Kriege 264–241, 218–202 und 146 v.Chr.) sicherten die röm. Herrschaft auf Sizilien, das kulturell stark griech. beeinflußt war. Dabei übernahmen die R. nicht nur willig fremde Götter, die ihnen mächtig schienen u. deren kult. Verehrung nützlich sein konnte, sondern sie sahen die Erz. über fremde Götter durch ihre eigene „Brille" (↗Interpretatio Romana). Ein Gott, der v. anderen Völkern verehrt wurde, war per Definition bereits tatsächl. existent. Ihn ebenfalls zu verehren war nur eine Frage der abzuschätzenden Macht u. Nützlichkeit. Die R. kannten allerdings nicht die ↗Vermenschlichung der Götterwelt in jenem Maß wie die Griechen. Ihre Götter bildeten urspr. keine Familien, hatten keine Genealogien, sondern verkörperten oft *abstrakte Werte* (*Personifikation*; vgl. ↗Bona Dea, die Eintracht ↗Concordia, die Treue ↗Fides, ↗Janus, die Freiheit ↗Libertas, die Frömmigkeit ↗Pietas, ↗Vesta). Dazu gehörten auch alte Fruchtbarkeitsgöttinnen wie ↗Ceres u. ↗Venus.

Vor allem die gesamte griech. Götterwelt wurde großzügig übernommen, in Zeus der röm. Jupiter „wiedererkannt", und dieses Charakteristikum röm. Religiosität förderte natürl. auch die schnelle polit. Integration fremder Völker unter die röm. Vorherrschaft. Während die Athener sozusagen vorsichtig einen Altar „dem unbe-

kannten Gott" widmeten, um keiner Gottheit ungewollt die nötige Ehre zu verweigern, handelten die auf Integration u. Assimilierung bedachten R. nach der Devise „haben wir schon" bzw. „übernehmen wir gerne". Diese Haltung förderte schließl. sowohl die Ausbreitung des Kultes für Mithras unter den röm. Legionären in der ganzen damaligen „Welt" als auch die Verbreitung des jungen Christentums (vgl. ↗Christianisierung).

Romula, Bz. für den Feigenbaum, unter dem ein Schäfer angebl. Romulus u. Remus fand.

Romulus, sagenhafter Gründer u. erster König Roms; Zwillingsbruder des ↗Remus. – ↗Romulus u. Remus.

Romulus und Remus, das mit der Sage um die Gründung Roms eng verbundene Zwillingspaar. Die Mutter der Brüder war Rhea Silvia (oder Ilia), eine Tochter Kg. Numitors v. Alba Longa, der v. seinem Bruder Amulius vom Thron vertrieben wurde. Amulius bestimmte seine Nichte zur Vestalin, um sie auf diese Weise zur Keuschheit zu zwingen u. sich vor männl. Nachkommen aus der Linie des Numitors, die seine Herrschaft hätten bedrohen können, zu schützen. Als Rhea Silvia dennoch v. ↗Mars Mutter der Zwillinge Romulus u. Remus wurde, suchte Amulius sich der Kinder zu entledigen, indem er den Befehl gab, sie im Tiber

Römer: *römische Opferszene*

Romulus und Remus:
Kapitolin. Wölfin, die der Sage
nach die Zwillinge aus dem
Tiber errettete u. nährte

zu ertränken. Sie wurden jedoch v. einer Wölfin (↗Kapitolin. Wölfin) gerettet u. genährt (↗Rumina), dann v. dem Hirten ↗Faustulus u. der ↗Acca Larentia aufgezogen. Herangewachsen u. selbst zu Hirten geworden, erfuhren sie v. ihrer Herkunft, verdrängten den Usurpator Amulius vom Thron Alba Longas u. setzten ihren Großvater Numitor wieder als Kg. ein. Sie selbst entschlossen sich zur Gründung einer neuen Stadt an jener Stelle, an der sie gerettet worden waren, u. da sie sich über den Namen des Ortes nicht einigen konnten, befragten sie die Götter auf dem Wege der Vogelschau. Die Himmlischen entschieden sich für Romulus, indem sie ihm 12, seinem Bruder dagegen nur 6 Vögel sandten. Daraufhin wurde die Stadt Rom gen. Der benachteiligte ↗Remus reizte Romulus so sehr, daß dieser ihn erschlug. Damit wurde Romulus zum alleinigen Kg., der die Stadt zu bevölkern suchte, indem er vielen Fremden Asylrecht gewährte u. die Nachbarstädte zu einem großen Fest einlud, bei dem er, um den Frauenmangel zu beheben, zahlr. Sabinerinnen rauben ließ. Schließl. kam es aber doch zu einer Versöhnung mit den Sabinern, deren Kg. Titus Tatius mehrere Jahre hindurch Rom zus. mit Romulus regierte. Danach war dieser wieder Alleinherrscher, bis er bei einer Heeresschau, bei der ein furchtbares Gewitter ausbrach, in den Himmel entrückt wurde. Seither ließen die Römer den Romulus unter dem Namen Quirinus göttl. Ehren zuteil werden. Er galt als Urheber der ältesten polit. u. militär. Einrichtungen Roms.

Röntgenstil ↗Jagdzauber.

Rosalia, im Mai oder Juni gefeiertes röm. Fest, bei dem man die Gräber der Toten mit Rosen schmückte, um die Verstorbenen zu ehren; wahrscheinl. oriental. Ursprungs. Das Fest ist nur für die röm. Kaiserzeit, dagegen nicht für die Zeit der Republik belegt.

Rosengarten, Herrschaftsbereich ↗Laurins, verschiedentl. auch als german. Totenreich verstanden.

Rosengarten zu Worms, *Der große Rosengarten*, mhd. Heldenepos des 13. Jh. aus dem Kreis der ↗Dietrichsagen. In versch. Fassungen überliefert, schildert das Werk die Wettkämpfe Diet-

richs u. seiner Leute im R. der Kriemhild zu Worms. Alle, auch Sigfrid, wurden v. Dietrich bezwungen. – Das spielmänn. Epos ist zuweilen mit komischen Szenen durchsetzt (↗Ilsan).

Roskildefjord, unweit der seeländ. Stadt Roskilde (dän. Königsgräber) u. dem alten Hauptding Lejre befindlicher Fjord, wo bedeutende archäolog. Funde gemacht wurden. Aus einer Schiffssperre im Fjord, v. der die Sage erzählt, die Königin Margrete I. (†1412) hätte sie anlegen lassen, wurden v. Archäologen fünf Wikingerschiffe des 11. Jh. geborgen, die offensichtl. als Schiffssperre vor etwa 1000 Jahren versenkt worden waren. Daran hielt die Erinnerung in der Sagenbildung fest, auch wenn sie sich in der hist. Zuordnung irrte – ein erstaunl. Beispiel von ↗Kontinuität.

Röskva, eine Schwester des ↗Thialfi.

Rota, *Rutu, Ruotta*, samisch (↗Samen, Lappen) für den bösen Gott der Unterwelt „Rotaheim“, zumeist maskulin. Der Schamane versuchte, R. zu binden und z. B. mit einem Pferdeopfer wieder in die Unterwelt zurückzuschicken. Es ist vermutet worden, daß R. der samischen Aussprache v. „Drot“, das ist schwed. Hauptmann u. Herr, entspr. und damit den fremden Eindringling personifizierte. Auf der Zaubertrommel ↗Gobdas, die wichtige mytholog. Szenen darstellte, ist entspr. in Rotaheim eine Kirche eingezeichnet! Mythologie diente dem Kampf gg. die „Missionierung“ durch Schweden im Spät-MA.

Rote Ritter, Der ↗Ither.

Rother ↗König Rother.

Rothniam, eine ir. Fee aus dem sagenhaften Feenhügel von Cliu; sie verkündet ↗Fingen Wunderdinge bei der Geburt des Kg. ↗Conn.

Roxane, sagenhafte Königin u. Frau ↗Alexanders d. Gr. in den zahlr. Erz. um diesen exemplar. Helden.

Ruad, ir. „der Rote“, viell. wegen seiner Haarfarbe; wurde v. seinem Schiff in das Land der Seligen am Grunde des Meeres entführt – eine der vielen Paradiesvorstellungen in der ir. Mythologie (vgl. ↗Mag Mell). „… nur allzu willig nahm R. die Einladung der Meerfrauen an, verließ seine Gefährten und tauchte mit den Schönen hinab in die Tiefe. Die umringten ihn u. geleiteten ihn in ihr Heim unter den Wogen des Meeres. Hier war es licht u. still: hier stürmten die Wogen nicht mehr unter dem Atem der Winde, und der Menschen Gram u. Leid drang nicht hinab in diese strahlende Tiefe“ (Löpelmann 1944).

Rude Eskildstrup, dän. Moor bei Sorø (See-land), Fundort einer Holzfigur u. in diesem ver-gängl. Material einer der wichtigen Funde zur Holzplastik der german. Frühgeschichte: sit-zende Männergestalt mit Andeutungen eines Gewandes (?), über der Brust Kreuzbänder, Hände im Schoß auf einem „Kissen" (umstrit-ten; jeweils unklare u. verwitterte Schnitzfor-men), Knebel- u. Kinnbart, Halskragen (ähnl. den goldenen Kragen schwed. Funde des 5. und 6. Jh. n. Chr.) – ein nord. Gott (?).

Rüdiger von Bechelaren (= Pöchlarn an der Donau), ein Adliger, der schon in den Sagen um Dietrich von Bern eine Rolle spielt. Vor allem handelt es sich bei ihm um eine bedeutende Ge-stalt des mhd. ↗Nibelungenliedes: bei Markgraf Rüdiger waren die Nibelungen auf ihrem Weg zu Etzels Hof in Susat zu Gast, u. Rüdiger gab ↗Giselher seine Tochter zur Frau. Er gilt als Vor-bild eines stauf. christl. ↗Ritters, der im Konflikt zw. seiner Pflicht als Lehnsmann Etzels einer-seits u. als Freund u. Verwandter der Burgunder andererseits im Kampf zw. den beiden Parteien den Tod fand.

Rudiobos, ein göttl. Pferd, das v. den gall. Kel-ten kult. verehrt wurde.

Rugiwit, angebl. ein slaw. Kriegsgott, der bes. auf Rügen v. den „Rugiern" verehrt wurde. Er hatte sieben Gesichter auf einem Hals, und die Schwalben, die ihm heilig waren, bauten in den Falten seines Standbildes ihre Nester (so berich-tet die jüngere Überl.).

Rumina, ital. Göttin, deren Name u. Herkunft nicht völlig geklärt sind. Im Alt. leitete man ihn wahrscheinl. v. rumis = Mutterbrust ab, u. so galt R. als Göttin des Säugens. Ihr Heiligtum be-fand sich an jener Stelle, an der ↗Romulus und Remus der Sage nach v. der Wölfin genährt worden waren. Man brachte der Göttin Milch als Opfer dar, dagegen keine Tiere u. wohl auch keinen Wein. Heute wird der Name R. gelegent-lich auch v. ruma, dem etrusk. Namen für Rom, hergeleitet. In diesem Falle wäre R. als eine Schutzgöttin der Stadt zu verstehen.

Rumold, der „Küchenmeister"; er rät wie Hagen den Burgundern v. der Reise zu Etzel ab (mhd. ↗Nibelungenlied).

Rune (Mz. *Runen*), got. *rūna*, mhd. *rûne* („Geheimnis"), früh ins Finn. entlehnt als *runo* („Lied"), möglicherweise aus dem Kelt., doch ist die Etymologie umstritten. R. sind die älte-sten Schriftzeichen der Germanen, die mit dem Aufkommen der christl. Kultur im german. Be-reich nach u. nach v. der lat. Schrift zurückge-

Rune: Runenstecher mit ihrem Gerät, das mit runenartigen Schriftzeichen besetzt ist; nach Olaus Magnus (1555)

drängt wurden. Jede Rune bezeichnet zugleich einen Buchstaben u. ein Wort, u. außer als Ge-brauchsschrift hatten die Runen auch kult.-mag. Bedeutung (*Runenzauber*). Sicherlich war Runen-ritzen urspr. auch eine kult. Geheimkunst, z.T. mit besonderen Formelwörtern: „alu" (Abwehr, Schutz), „laukaR" (Lauch, Gedeihen; vgl. auch ↗Runenmeisterformel) und sog. *Begriffsrunen* mit häufig umstrittener mag. Bedeutung: f = fehu = Vieh, Besitz; þ = th = thorn, „Dorn" = Thurse, Riese, schadenbringend. – Das älteste bekannte R.-Alphabet (nach den ersten Buchsta-ben *Futhark* gen.) besteht aus 24 versch. Zeichen, deren Folge man einen myth.-rel. Sinn zuer-kennt. Das „ältere Futhark" wurde von ca. 200 bis 700 n. Chr. verwendet, die Wikingerzeit kannte eine auf 16 Zeichen verkürzte Runen-reihe („jüngeres Futhark"). – Die Runen wurden in Holz, Stein, Knochen, Werkzeuge u. Waffen eingeritzt. Die ältesten überlieferten R.-Inschrif-ten stammen aus dem 2. oder 3. Jh. n. Chr.; der (nichtgerman.) Ursprung der Runen liegt jedoch früher; ihre Form scheint röm.-etruskische Buchstaben (Oberitalien) oder griech. Schriftzei-chen (gotische Kolonien am Schwarzen Meer) nachzuahmen. Die Zuordnung lat. Buchstaben zu den einzelnen R.-Zeichen ist nicht als exakte Entsprechung, sondern nur als Hilfskonstruk-tion zu verstehen. – In der german. Mythologie wurde manchen Göttern die Beherrschung der R.-Lehre u. R.-Magie in besonderem Maße zuge-

f u þ a r k e p R s t b

g w h n i j e m l n g o d

Rune: Runenalphabet

Rune: der Kleine Sigtrygg-Stein, 10. Jh. (heute Schleswig-Holsteinisches Landesmuseum, Schloß Gottorp bei Schleswig). Die Inschrift weist darauf hin, daß Asfrid den Stein für Kg. Sigtrygg, ihren Sohn, setzen ließ u. daß Gorm die Runen ritzte.

schrieben, bes. ↗Odin, der vielfach als Schöpfer der R. galt. Auch die Nornen, die das Schicksal bestimmten, u. ↗Bragi, der Patron der Skalden, wurden mit den R. in Verbindung gebracht. – ↗Rinda. – Berühmte Runenritzungen sind u. a. ↗Gallehus u. ↗Rök. Vieles hat sich in vergängl. Material nicht erhalten, doch sind aus einer Spätzeit viele Geschäftsbriefe u. Berechnungen in Runen auf der „Brygge" der Hanse im norweg. Bergen gefunden worden.

Runebom, *Gobdas*, Zaubertrommel des Schamanen bei den ↗Samen (Lappen).

Runenkästchen von Auzon, bei Clermont-Ferrand gefundenes Kästchen, „Franks Casket", heute im British Museum, London, dem es ein Antiquar Franks schenkte. Aus Walbein geschnitzt, wohl um das Jahr 700, verarbeitet es Runeninschriften und bildliche Darstellungen aus der „heidn." Wielandsage zus. mit christl. Themen.

Runenmeisterformel, oft belegte Formel „Ek Erilar ..." (= ich Eril; mögl. Bedeutung „der Heruler" ist umstritten), um 500 n. Chr. (Spange von Bratsberg); es handelt sich um eine Selbstbezeichnung des Runenritzers im Gefühl der Kraft, magische Runen anbringen zu können. Die R. spielt bei der Erklärung für die mögl. Herkunft der Runen (↗Rune) eine Rolle; mögl-

licherweise wurde diese Schrift v. „fremden" zurückwandernden Herulern nach dem Norden vermittelt.

Rus oder *Rurik*, Name einer der sagenhaften (schwed.?) Wikinger, die im 9. Jh. das Russ. Reich gründeten; die Hauptstadt der Waräger-Fürsten war im frühen MA Kiew; das Sippenzeichen der Rurikiden v. Kiew u. Nowgorod war der stilisierte königl. Jagdvogel, der ↗Falke, oft in Verbindung mit einem Kreuz.

Russalky, *Russalki* (Mz.), Wasserdämonen oder Nixen in der slaw. Mythologie, die aus Geistern ertränkter oder erwürgter Kinder entstanden sein sollen. Sie waren so schön, daß, wer sie sah, „kein ird. Weib" mehr schön fand. – Ein Zshg. mit dem antiken Totenkult ↗Rosalia ist vermutet worden. – ↗Somowoj.

Rutuler, ital. Stamm, dessen bedeutendster Kg. ↗Turnus war. Turnus spielt in der Sage um Aeneas u. dessen Erscheinen in It. eine große Rolle u. galt als Rivale des Aeneas um die Hand der ↗Lavinia. In histor. Zeit ist v. den R. nicht mehr die Rede.

Runenkästchen von Auzon, Vorderseite: die Anbetung der Heiligen Drei Könige. Das Nebeneinander v. heidn. (bes. Wieland der Schmied) u. christl. Themen, die teils durch Runen, teils durch lat. Schriftzeichen kommentiert werden, ist charakterist. für das berühmte Kästchen.

Sabazios, thrak.-phryg. Gott; v. den Griechen durchweg mit Dionysos gleichgesetzt. Bei den Römern wurde S. entspr. zu einem Beinamen des Bacchus, später auch des Jupiter. – Teilweise war S. offenbar mit dem jüd. *Sabaoth* ident. Man verehrte S. in rauschhafter Besessenheit u. mit dem Berühren einer Schlange; „Hände" des S. wurden als Amulette getragen.

Saberi, *Subary,* Festmahl für ↗Pērkons.

Sabiner, in der Antike ein Volk Mittelitaliens, das in der myth. Geschichte Roms (↗Romulus und Remus) eine wichtige Rolle spielte. Gewöhnl. werden die S. neben den Latinern zu den ältesten Bewohnern der Hügel Roms gerechnet. Im Sabinerkrieg 304–290 v.Chr. wurden sie unterworfen, erhielten aber 268 v.Chr. das röm. Bürgerrecht. – ↗Tarpeia.

Saces, ein Freund des ital. Kg. Turnus, der diesen bedrängte, sich nicht auf Kämpfe mit Aeneas einzulassen.

Sachsen, german. Stamm, ben. in Zshg. mit dem Kurzschwert „Sax", also etwa „Schwertleute", lat. *Saxones,* in der nördl. Germania ansässig. Mit anderen Stämmen wanderten Teile der S. im 5.Jh. n.Chr. nach Britannien aus (↗Angelsachsen). In sagenhafter Weise wurde die Herkunft der S. in einer Chronik des MA v. den Mazedoniern abgeleitet (Magdeburger Chronik, um 1373). – ↗Liebenau.

Sæmundar-Edda, im 17.Jh. irrtüml. geprägte Bz. für die Ältere ↗Edda als das angebliche Werk des gelehrten Isländers Sæmundr Sigfusson (1056–1133).

Saga, 1) (= Erz., Bericht; Mz. *Sögur* oder in dt. Angleichung *Sagas*), Bz. für die seit dem 12.Jh. schriftl. fixierten größeren Prosa-Erz. der altnord., speziell der norweg. u. noch mehr der isländ. Lit., häufig mit myth. u. hist. Inhalt. Dabei handelt es sich freilich nicht um eine scharf umrissene Gattung, die einzige Prosagattung, die die altnord. Lit. überhaupt kannte, sondern um

eine Fülle v. ep. Formen, die teils echte Sagas darstellten, teils nur dem weiteren Begriff *Sagaliteratur* zugeordnet werden können. Die eigentl. Sagas sind ihrer Herkunft nach genuin skandinav., die Sagalit. umfaßt aber auch Übersetzungen u. dem nord. Bereich angepaßte Erz. antiker oder west- bzw. mitteleuropäischer Provenienz. – Zu den frühesten Sagas gehören wohl die Königsgeschichten („Konunga sögur"), die v. der Mitte des 12.Jh. (oder auch etwas früher) bis gg. Ende des 13.Jh. niedergeschrieben wurden u. vielfach in Sammelhandschriften, meist aus späterer Zeit (z.T. aus dem 14. u. 15.Jh.), überliefert sind, u. zwar viele namentlich. Teils sind es Biographien, teils Chroniken; eine Verbindung v. beidem stellt die ↗Heimskringla v. ↗Snorri Sturluson dar. Manchmal werden auch Werke der Landnahmezeit Islands zur Gruppe der „Konunga sögur" gezählt, so das berühmte „Landnámabók".

Bei den Isländergeschichten (↗Íslendinga sögur) handelt es sich um ca. 40 Prosa-Erz. verschiedener Länge aus der Zeit um 1200 bis zum späten 14.Jh., die durchweg anonym überliefert (seit ca. 870) sind. Sie spielen in der Periode der isländ. Landnahme, wobei die Stoffe auch fiktiv sein können. Hier handelt es sich um die wohl bedeutendste Gruppe der Sagas, denen lange Zeit beinahe ausschließl. das wissenschaftl. Interesse gegolten hat, so daß die „Íslendinga sögur" fast ein Synonym für Saga überhaupt waren. Sie sind der Raum des breit ausladenden Familienromans u. der romanartigen Biographie (auch der Skaldenbiographien). Typisch ist das gehobene bäuerl. Milieu, in dem die Handlung spielt, ferner der knappe Stil, die Nüchternheit der Darstellung u. die mittelbare Charakterisierung der Personen, die ihre Gefühle gewöhnl. hinter Zurückhaltung verbergen. Berichtet wird v. ihrem Leben u. Handeln, wobei Rache u. Fehde u. die dahinterstehenden Wertvorstellungen v. Ehre, Besitz, Einstellung zum Schicksal u. ä. eine zentrale Rolle spielen. Wiss. haben sich zwei Deutungsrichtungen herausgebildet. Die eine, hauptsächl. in Deutschland vertretene, versteht die „Íslendinga sögur" als spätere lit. Verarbeitung älteren, mündl. tradierten Erzählgutes, während die neuere Forschung, bes. die „isländische Schule", die Werke nicht mehr so sehr als Ausdruck der german. Frühzeit interpretiert, sondern die literar. Eigenleistung hervorhebt u. sie als nord. Gegenstück zur höf. Epik in West- u. Mitteleuropa versteht.

Eine Sonderstellung nimmt die „Sturlunga saga" ein, eine umfangr. Sammlung v. verlorenen Werken zur isländ. Gesch. des 12. u. 13. Jh., die ihren Namen nach den Sturlungen, dem wohl bedeutendsten Geschlecht des isländ. Freistaates, trägt. Diese Sammlung wurde um 1300 aus urspr. eigenständigen isländ. Geschichten v. einem unbekannten Autor kompiliert u. stellt eine wertvolle hist. Quelle für die polit. u. kulturellen Verhältnisse Islands in dem gen. Zeitraum dar. – In den Bischofssagas („Biskupa sögur"), die z. T. hagiograph. Charakter tragen, ist v. der isländ. Kirche seit der Christianisierung u. v. ihren Bischöfen die Rede. Historisch bedeutsam u. als eine Art v. Kirchengesch. kann auch die „Kristni saga" gelten, die mit der Christianisierung Islands (kurz vor 1000) einsetzt u. bis 1118 reicht. – Die ↗Fornaldar sögur sind eine Gruppe v. myth.-sagenhaften Erz. der „Vorzeit", denen stoffl. nord- u. südgerman. Heldensagen u. Wikingersagen zugrunde liegen, z. T. in freier Erfindung. In diesem Zshg. ist auch die „Völsunga saga" („Die Geschichte von den Völsungen") zu erwähnen, eine bedeutende „Fornaldar saga", die im wesentl. die Heldengedichte der Edda u. des Nibelungenkreises in Prosa erzählt. – Zur Sagalit. gehören auch die Rittersagas („Riddara sögur") des 13. Jh., ins Altnord. umgesetzte Prosaübertragungen u. -bearbeitungen v. höf. Versepen Westeuropas, darunter die Thidreks saga, Erek-, Tristan-, Karlssagen u. a. m. Schließl. sind auch die Übersetzungen lat. Werke zu erwähnen, die sich gewöhnl. ziemlich genau an die Vorlagen halten, sowie die Übertragungen v. Heiligenlegenden u. die sehr späten (z. T. nachreformatorischen) Märchensagas, die neben einheimischen auch oriental. Stoffe verarbeiten. – Neben ↗Edda u. ↗Skaldendichtung ist die S. Hauptgattung der altnord. Dichtung u. mit großartigen Zeugnissen gewichtige Weltlit. (↗Eglis saga). – 2) die Göttin der gestaltgewordenen altisländ.-altnorweg. Sage. Von ihr wird berichtet, ihr Wohnsitz sei ↗Sökvabek gewesen; dort habe sie zus. mit Odin aus einem Wasserfall oder Bach wahrsagendes Wasser getrunken.

Sage, Erz., die sich zumeist an irgendeinen Vorgang oder einen Gegenstand, an etwas Auffälligem in der Natur usw. anhängt u. dieses „Merkwürdige" zu „erklären" versucht. Die S. ist in der Regel stilist. auf einer einfacheren Ebene als die lit. anspruchsvolle Mythos angesiedelt. Altgriech. Mythen kennen wir vor allem nach Homeros u. Hesiodos u. ähnl. lit. u. künstler. ausgeformten Quellen. Wenn bei den Stichwörtern hier immer wieder v. „griech. Sagen" oder Versionen u. Varianten v. solchen Erz. die Rede ist, dann soll damit angedeutet werden, daß die Überl. mit zusätzl. Zeugnissen breiter angelegt ist u. sich z. B. auch auf Elemente aus der mündl. Überl. stützt. Auch wenn wir versch. lit. Zeugnisse kennen, die voneinander abweichen oder sich sogar widersprechen (vgl. z. B. ↗Polyphemos), dann müssen wir in der Regel eine breite Überl. an Sagen als Hintergrund dieser Differenzierung annehmen, bzw. wir müssen mitbeachten, daß sich die griech. Erz. in der späteren röm. Überl. weiterentwickelt haben (vgl. z. B. ↗Thersandros).

Sagittarius, das große Sternbild Schütze; 9. Zeichen des Zodiakos. Es verband sich in antiker Vorstellung meist mit ↗Krotos, einem Sohn des Pan.

Sährimnir, ein Eber, dessen Fleisch den nord. ↗Einheriern zur Speise diente. Obwohl tägl. gebraten u. verzehrt, erneuert er sich immer wieder. Auch die Wölfe Geri, der Gierige, u. Freki, der Gefräßige, die Odin zu Füßen lagen, wenn er auf seinem Schlosse weilte, wurden mit dem Fleisch des S. gefüttert.

Salacia, röm. Göttin des Frühlings, Gattin des Neptun. Den Griechen war sie unter dem Namen ↗Amphitrite bekannt.

Salamis, 1) griech. Insel im Saronischen Golf, westl. v. Athen. Im Altertum zw. Athen u. Megara umkämpft, im 6. Jh. v. Chr. v. Athen erobert. 480 v. Chr. fand bei S. der Seesieg der Griechen über die Perser statt. – **2)** Tochter des Asopos u. der Metope. Sie wurde v. Poseidon auf eine ägäische Insel gleichen Namens entführt.

Salii, *Salier,* für Rom (aber auch für einige Städte Mittelitaliens) bezeugte Priesterbruderschaften v. jeweils 12 unter einem Magister stehenden Mitgliedern, unterteilt in die S. des Palatins u. die S. des Quirinals. Sie führten im Frühjahr u. im Herbst, gewöhnl. beim Beginn u.

beim Abschluß eines Feldzuges, in Kriegstracht Tänze zu Ehren des Kriegsgottes ↗Mars, aber auch anderer Götter, auf, bei denen sie altertüml. Schilde mit sich führten. Über diese geheimnisvollen Schilde, Ancilia gen., berichtet die Sage, einer v. ihnen sei einst auf Veranlassung der Götter vom Himmel gefallen als Unterpfand der Herrschaft u. des Staatsglücks. Aus Angst, er könne verlorengehen, habe Numa Pompilius 11 weitere dieser Schilde durch einen gewissen Mamurius nachbilden lassen. Dieser Mamurius habe als Entgelt verlangt, in dem Lied, das die S. bei ihren Tänzen sangen, erwähnt zu werden.

Salmakis, eine Quelle in Karien, in der Nähe des Halikarnassos, um die sich eine bei Ovid erzählte Verwandlungssage rankt. Die Quellnymphe gleichen Namens entbrannte in heißer Liebe zu ↗Hermaphroditos, einem göttl. Zwitter, Sohn des Hermes u. der Aphrodite. Da Hermaphroditos S. nicht erhörte, flehte diese die Götter an, ihren Körper mit dem des Geliebten für immer zu vereinen. Die Quelle, in der dies geschah, machte seither alle Männer, die in ihr badeten, zu Hermaphroditen. Die Sage wurde im Alt. als Erklärung für die Entstehung v. ↗Zwittern verstanden.

Salmoneus, Sohn des ↗Aiolos u. der Enarete, in der Ilias als Kg. v. Elis erwähnt; er galt als Gründer u. Herrscher des nach ihm ben. Salmonia. Bes. die spätere griech. Sage charakterisiert ihn als einen v. der Hybris geprägten Menschen, der es den Göttern, vor allem Zeus, gleichzutun versuchte. So wird berichtet, er sei mit einem Wagen gefahren, dessen bronzene Räder ein Donnergeräusch verursachten, u. hätte mit brennenden Fackeln Blitze zu imitieren versucht. Zeus, v. Zorn ergriffen, tötete ihn schließl., schickte ihn in die Unterwelt u. vernichtete seine Stadt. – S. gehört in die Reihe der Gottesverächter, v. denen die griech. Sage häufig berichtet.

Salomonsknoten, häufig belegt in der antiken Kunst, in frühchristl. Überl. u. in der Volkskunst; einfacher Knoten aus einem mehrfachen Bandgeschlinge: Die jeweilige Ausdeutung u. „Bedeutung" zw. Ornament u. apotropä. Zeichen ist völlig offen; es gibt Kontinuitäten der Formgestaltung unabhängig v. der in sie (oft nachträgl. u. nur als Vermutung) hineingelegten Bedeutung (R. Peesch) – siehe Abb. rechts.

Salus, in der röm. Religion das als göttl. verehrte u. zur Göttin personifizierte Heil im Sinne der staatl. Wohlfahrt (als Salus populi Romani),

in der Kaiserzeit auch als kaiserl. S. verstanden (Salus Augusta). Sie besaß bes. in Rom u. Mittelitalien Kultzentren. Als der Gott Aesculapius (↗Asklepios) in Rom Aufnahme fand, wurde S. auch als Göttin der persönl. Gesundheit verehrt u. vielfach mit der griech. ↗Hygieia gleichgesetzt.

Salz ↗Mühlenlied.

Samen, nichtgerman. Bevölkerung im skandinav. Norden, als Samojeden zu den asiat. Völkern zu zählen. Beschreibungen der Samen („Lappen") liegen seit dem 17. Jh. (Schefferus' „Lapponia") vor, die sich von christl. Seite vor allem mit der alten heidnischen Religion, einem Zeugnis für Schamanismus (Zaubertrommel „runebom" bzw. ↗Gobdas) u. naturreligiösem Aberglauben der „zauberkundigen Finnen" beschäftigten. – Gunhild, Tochter des dän. Kg. Gorm (um 900), lernte nach Snorris Bericht in der „Heimskringla" bei den Lappen zaubern; Finnen u. Lappen werden im Altnord. nicht als getrennte Völker gesehen.

Sampo, Zaubergerät in der ↗Kalevala. „Als Väinämöinen endlich festen Boden unter den Füßen hatte (vgl. ↗Schöpfungsmythen), als er die Erde fühlte und über Land ging, lebte er Jahr für Jahr auf dem baumlosen Grund. Er überlegte, wie er das Land bebauen könnte, und Sampo, die göttliche Zaubermühle, half ihm dabei. Er säte Tannen auf den Bergen, Fichten auf den Hügeln, Heidekraut in der Heide …" (Prosaübersetzung nach dem Finn.)

Samsø, dän. Insel; hier ist u.a. der Kampf ↗Angantyrs gg. Hjalmar u. Örvarodd aus der altnord. Sagenwelt lokalisiert.

Samson ↗Swjatogor.

Sanas Cormalc, ir. Bz. für ↗Cormacs Glossar.

Sangarios, phryg. Flußgott, Sohn des Okeanos u. der Tethys; Vater mehrerer Kinder, darunter ↗Nana. Als Nana v. einem wunderschönen Mandelbaum, der am Flusse stand, eine Frucht aß (nach anderer Version in der griech. Überl. pflückte sie eine Mandelblüte, mit der sie ihren

Salomonsknoten:
Kerbschnitzerei auf einer
Schweizer Bauerntruhe

Busen zierte), fühlte sie sich schwanger. Das Kind, das sie gebar, Attis mit Namen, wurde nach seiner Geburt ausgesetzt u. v. einer Ziege genährt; es hatte ein sehr ungewöhnliches Lebensschicksal.

Santorin, südlichste Insel der griechischen Kykladen, in der Antike ↗Thera, „die Runde", gen. S. ist ein Vulkankrater mit ca. 18 km Durchmesser nach einem Ausbruch, der auf etwa 1450 v. Chr. datiert wird. Das wäre zeitgleich mit dem Ende der minoischen Kultur auf Kreta. Unter den Lavamassen auf S. wird seit 1967 eine antike Stadt ausgegraben, von der manche annehmen, sie wäre das sagenhafte ↗Atlantis gewesen. Ihre Nachfolger wurden ↗Mykenai u. ↗Tiryns.

Sarapis ↗Serapis.

Sarpedon, Name v. zwei bedeutenden Heroen der antiken Sage, v. der die Überl. Unterschiedl. berichtet, so daß Herkunft u. Taten nur bedingt dem einen bzw. dem anderen zugeordnet werden können. Möglicherweise ist der eine der Großvater des anderen. **1)** Sohn des Zeus u. der Europe. Er stammte aus Kreta u. wanderte nach Kleinasien aus, als der kret. Thron an seinen Bruder fiel. – **2)** Sohn des Zeus u. der Laodameia; Führer der Lykier im Troian. Krieg, in dem er Bundesgenosse des Priamos war. Er wurde v. Patroklos erschlagen, auf Veranlassung des Zeus aber v. Hypnos u. Thanatos in seine Heimat gebracht u. dort mit allen Ehren beigesetzt.

Sassun ↗David von Sassun.

Satres, Gott der ↗Etrusker, röm. gleichgesetzt mit (u. teilweise aus S. entwickelt) ↗Saturnus.

Saturnalia, das im alten Rom gewöhnl. vom 17.–19. Dez. zu Ehren des ↗Saturnus gefeierte Fest, bei dem die sozialen Unterschiede fortfielen u. ein karnevalartiges, fröhliches Treiben herrschte.

Saturnus, wahrscheinl. ein alter etrusk. Gott, der als Bauerngott v. den Römern übernommen wurde, wobei die Namenserklärung v. lat. serere = säen jedoch unhaltbar ist. Er galt als Gemahl der ↗Ops u. wurde etwa seit dem 3. Jh. v. Chr. mit ↗Kronos gleichgesetzt. S. taucht in der Überl. auch als Kg. v. Latium auf. Mit ihm verband sich die Vorstellung v. dem Goldenen Zeitalter, in dem die Menschen ein glückl. u. sorgenfreies Dasein führten. Sein Fest waren die ↗Saturnalien. Sein Tempel in Rom befand sich am Fuße des Kapitols; in ihm wurde der Staatsschatz aufbewahrt.

Satyricon ↗Petronius Arbiter.

*1 **Satyrn:** trinkfreudiger Satyr – 2 **Satyrn:** Begegnung des Nordens mit Italien; der dänische Maler J. Th. Lundbye zeichnet sich als Nisse, der sich v. einem Satyr (mit Thyrsosstab) Geschichten erzählen läßt (aus einem Reisetagebuch, Florenz 1846)*

Satyrn, griech. Waldgeister u. Vegetationsdämonen mit tier. Ohren, Schwanz, Hörnern u. Hufen, den ↗Silenen ähnlich u. oft mit diesen gleichgesetzt. Sie waren ausgelassen, trinkfreudig u. gehörten zum Gefolge des Dionysos. Bei Hesiod gelten sie als Brüder der ↗Nymphen. Im griech. Drama bekam das auf den trag. Teil folgende Satyrspiel nach ihnen seinen Namen; es war das heitere u. ausgelassene Nachspiel der klassischen griechischen Tragödientrilogie u. behandelte komische und groteske, gelegentlich auch derbe und obszöne Themen. – Vgl. ↗Komik.

Saucort, im Jahre 881 n. Chr. Schlachtort gg. die Normannen im ↗Ludwigslied.

Saule, Sonnengöttin („die Sonne", etymolog. lat. „sol") der ↗Letten, in volkskundl. Überl. als mütterl. „Goldchen" oder „die Weiße" bezeichnet. S. wohnte mit ↗Dievs auf dem Himmelsberg in einem bäuerl. Anwesen. S. war mit dem Meer verbunden, auf dem sie abends im W ertrank. Zur Sommersonnenwende galt ihr ein Fest, an dem man um das Feuer tanzte (später unter christl. Einfluß „Johanni" gen.).

Säulen des Herakles ↗Heraklessäulen.

Sau von Krommyon ↗Krommyonische Sau.

Sax ↗Sachsen.

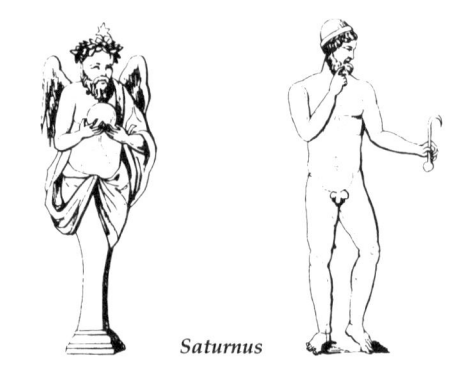

Saturnus

Saxnot, Name eines sonst unbekannten german. Gottes, der wahrscheinl. sächs. Stammesgott war; wohl mit ↗Tyr identisch. Man hat die zweite Worthälfte –not etymolog. mit dem altisländ. „naut" in Zshg. gebracht (H. Birkhan, 1970) u. vermutet darin die Bz. für das Opferrind bzw. den Opferstier für diesen Gott.

Saxo, 1) dän. Geschichtsschreiber mit dem Beinamen *Grammaticus,* * um 1150, † um 1220. Er verfaßte auf Aufforderung des Bischofs Absalon v. Lund, dessen Schreiber er vermutl. war, kurz nach 1200 die lat. „Gesta Danorum" (16 Bücher) als frühes u. wichtiges dän. Geschichtswerk u. zugleich als Mittel der nationalen Identifikation. Die ersten neun Bücher, die mit der sagenhaften Vorzeit beginnen, enthalten zahlr. Heldensagenzeugnisse über die ↗Skjoldungen, ↗Starkard, ↗Uffo, ↗Hagbard und Signe u. a. m. Saxo ist auch Hauptquelle für die Gesch. v. ↗Hamlet, dem dän. ↗Amled. Der Schriftsteller knüpft Göttermythen an menschl. Gestalten; einiges davon hat er sicherl. aus seiner heim. Umgebung gekannt, manches werden ihm altisländ. Skalden erzählt haben. – Saxos Werk ist nur in einem einzigen Druck, Paris 1514, vollständig erhalten geblieben. – **2)** Bruder des Friso (↗Friesland).

Scarron ↗Virgile travesti.

Scathach, Waffenmeister der ir. Sage, ↗Aided Oenfir Aife.

Scéla Mucce Meic Da Thó, das ↗Schwein des Mac Da Thó.

Schalensteine ↗Näpfchen.

Schamane, „Zauberer", der mit Geistern u. Verstorbenen Verbindung aufnehmen konnte. Weltweit sind es ähnl. Kultelemente, die man ohne unmittelbaren Zshg. untereinander mit dieser sibir. Bz. zus. faßt. Auch in den indogerman. Mythologien waren solche Elemente bekannt (vgl. z. B. ↗Druiden, Kultur v. ↗Lascaux mit der Gestalt v. Les Trois Frères, ↗Orakel u. ↗Kybele u. ä.).

Schandstange, von Egil gg. den norweg. Kg. aufgestellte Stange, mit Runen beritzt u. mit einem Pferdekopf versehen; so nach dem Zeugnis der Egils saga als Verhöhnung mit magischen Praktiken. „Hier stelle ich eine Schmähstange auf … er drehte den Pferdekopf gg. das Land [und gg. den namentl. Geschmähten] … dann stieß er die Stange in eine Felsspalte u. ließ sie dort stehen. Er richtete auch das Pferdehaupt gg. das Land, und er ritzte Runen auf der Stange ein …" (altnord. Egils saga, aus dem Anfang des 13. Jh.).

Scharphe, ein Sohn Etzels (↗Attila), der Dietrich von Bern nach Ravenna begleitete, um die Stadt zurückzuerobern (↗Rabenschlacht). Er wurde v. dem Verräter Wittich erschlagen.

Scharrbilder ↗Rasenbilder.

Schicksal, im Ahd. Wewurt (↗Hildebrandslied), im Altengl. Wyrd, die Geschicke, die dem Menschen v. einer höheren Macht beschieden sind. – So wie die ↗Moiren, die griech. Schicksalsgöttinnen, zeitweilig als über Zeus, den obersten der Götter, stehend, gesehen wurden, so war auch in der german. Mythologie das S. eine unabhängige Macht, personifiziert durch die ↗Nornen. Ihnen unterstanden Menschen u. Götter, wenn auch auf unterschiedl. Art u. Weise. Die Götter, auch Odin als deren höchster, überschauten das S. stückweise u. teilten es den Menschen zu, erkannten es aber nicht als Ganzes.

Schiff, Großsteingräber mit Steinsetzungen in Schiffsform (↗Kåseberga), Bilddarstellungen auf Felszeichnungen u. Bildsteinen (↗Gotländ. Bildsteine), schließl. tatsächl. Schiffsgräber wie der Fund v. ↗Oseberg, legen nahe, entspr. ↗Jenseitsvorstellungen auch der Germanen anzunehmen. Die ikonograph. Zeugnisse dazu sind vielfältig u. reichen v. Darstellungen auf *Rasiermessern* der Bronzezeit (Funde v. Aurich u. Emmeln), die um 1200 bis 800 v. Chr. datiert werden u. charakterist. doppelköpfige Schiffe zeigen, über den gleichen Schiffstyp auf bronzezeitl. *Felszeichnungen* bis zum schwed. Runenstein v. *Tullstorp* mit dem „großen Runentier" u. einem Schiff mit „Widderköpfen" aus dem 11. Jh. n. Chr. Die eigenartige Bauweise wird z. T. durch archäolog. Funde bestätigt (siehe Abb. Seite 374 oben).

Schifferstadt in der Pfalz, Fundort eines Kegels aus dünnem Goldblech (Museum Speyer), datiert ca. 1200 v. Chr. (?). Verzierung mit Ringen, Kreisen u. Punkten; angebl. ein Kultmal (kult. Denkmal) u. ein Symbol für das lodernde Feuer. Der ca. 28 cm hohe „goldene Hut" wurde 1835 gefunden u. gilt als Meisterwerk der Goldschmiedekunst; man kann sich vorstellen, daß es sich um den Aufsatz eines Kultpfahls gehandelt hat (?).

Schiffsgräber, Hügelgräber der Wikingerzeit mit einem tatsächl. Totenschiff als Grabbeigabe (↗Oseberg) oder einer Steinsetzung in Schiffsform (vielfach auf dem wikingerzeitl. Friedhof v. Lindholm bei Ålborg in N-Jütland, Dänemark, oder vereinzelt mit der mächtigen Steinsetzung v. ↗Kåseberga). Damit ist wahrscheinl.

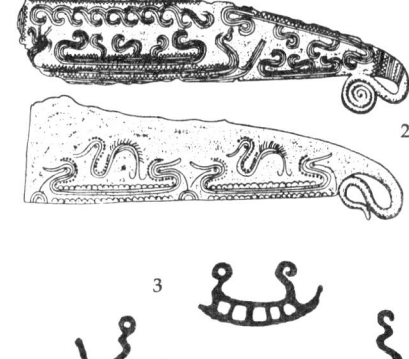

1 Schiff: Runenstein v. Tullstorp, 11. Jh. – 2 Rasiermesser der Bronzezeit – 3 bronzezeitl. Felszeichnungen

die Vorstellung verknüpft gewesen, daß der Tote mit einem Schiff über das Meer fahren würde. So erscheint ein solches „Totenschiff" auf zahlr. Darstellungen der ↗gotländ. Bildsteine. – ↗Schiff.

Schiffsumzüge. Die ältere mytholog. Forschung nannte die für die Antike erwähnten S., z.B. eine attische Frühlingsfeier mit einem in der Prozession mitgeführten Schiffskarren, in einem Zuge mit dt. Fastnachtsbräuchen. Für die Germania ist ein solcher Brauch in Zshg. mit ↗Nerthus überliefert, aber für die Antike auch mit einem „einfachen" Kultwagen wie u.a. im griech. Kult um ↗Dionysos. Solche Parallelen in typolog. einfachsten Mustern v. Umzugsbräuchen u. agrar. Fruchtbarkeitsriten als unmittelbar „verwandt" anzusehen, halten wir heute für verfehlt.

Schilbung, in der german. Überl. ein Bruder des ↗Nibelung, der wie dieser v. Sigfrid getötet wurde.

Schild des Amlethus, nach dem dän. Historiker Saxo Grammaticus („Gesta Danorum", um 1200) ließ sich A. (↗Amled, vgl. ↗Hamlet) einen Schild anfertigen, auf dem bunte Szenen der Sage aufgemalt waren. Auch wenn es sich dabei um Dichtung handelt, so belegt sie doch die Möglichkeit solcher Schildmalerei für den german. Raum, wie sie ähnl. aus der Antike bekannt ist. – Das Sterbelied v. Hildibrand (Überl. in der Edda, lat. Text bei Saxo) legt ebenfalls eine Schildmalerei nahe: „Zu Häupten steht mir zerhauen der Schild, geziert mit Bildern u. blinkendem Schmuck; achtzig sind dort abgebildet, alle Kämpfer, die ich gefällt habe" (Strophe in der altnord. Ásmundar saga kappabana).

Schild des Mars, der v. den ↗Salii gehütete röm. Schild „Ancile".

„Schildbürger" ↗Abdera.

Schilde der ↗Salii.

Schildlinge, ein altes dän. Herrschergeschlecht, aus dem u.a. ↗Rodgar stammte, der die Halle Hirsch erbaut hatte.

Schlafdorn, Dorn, mit dem der nord. Gott Odin die ehemalige Walküre ↗Brynhild, die den Anordnungen des Gottes nicht gefolgt war, in tiefen Schlaf versetzte, aus dem Sigurd sie erlöste.

Schlange, die S., bes. die Giftschlange, war naturgemäß in vielen Kulturen Objekt bes. Verehrung, wobei die german. Quellen hierzu sehr spärl. u. unsicher sind (vgl. Schlangengott v. ↗Smiss, ↗Schlangenopfer). Die Antike u. die Griechen kannten personifizierte Schlangendämonen in vielfacher Gestalt (z.B. vom Mischwesen ↗Basilisk über die Verkörperung des „Genius loci", vgl. ↗Genius, bis zum Hermesstab (↗Caduceus) u. bes. Kultformen (↗Sabazios). Auch eine Spätform der heidn. Mischreligion mit anderen Elementen v. Gotteserkenntnis, die *Ophiten*, verehrten bes. die S. – Zuweilen verkörperte die S. in der Antike die Seele des Toten, und auch german. bzw. kelt. Funde legen den Zshg. mit Gräbersymbolik u. einer „Totenschlange" nahe. Im german. Bereich ist zudem die Abgrenzung v. der Gestalt des Drachen nicht eindeutig (vgl. ↗Drachenkämpfe, ↗Orm).

Schlangengott auf einem gotländ. Bildstein v. ↗Smiss (Museum Visby/Gotland), aus dem 7. Jh. n.Chr.; Bild eines sonst unbekannten S. u. Triskele (↗Dreiecksknoten) mit Tierköpfen. Parallelen sind z.B. zur minoischen Kunst auf Kreta vermutet worden.

Schlangengrube ↗Gunnar in der S., ↗Ragnar Lodbrok.

Schlangenopfer, verbreiteter Sagentyp, nach dem man durch ein Feuer im Bannkreis die Schlangen zwar zus. treiben u. verbrennen könne, aber der Schlangenbanner selbst kommt durch den „weißen Schlangenkönig" um.

Schlangenstab, ↗Asklepios u. ↗Mercurius wurden oft mit einem S. dargestellt. Zwei gegenständige, in Konfrontation sich anzüngelnde Schlangen waren ein Symbol für die heilende *und* tödl. Kraft des Giftes.

Schlangenträger, Sternbild des ↗Karnabon.

Schmied

Berühmte Waffenschmiede:

Amilias	Sindri
Bulcán Gobha	die Telchinen
Hephaistos	Vulcanus
Mime	Wieland
Regin	

Schmied, Handwerker, der vor allem als Waffenschmied in der german. u. kelt. Mythologie eine bedeutende Rolle spielte. In vielen Fällen wurden auch die ↗Zwerge als bes. kunstfertige Schmiede gerühmt. Der kunstfertige S. ist ein narratives Thema, das in der altnord. Überl. bes. mit ↗*Wieland* verbunden wurde. ↗Gotländ. Bildsteine (Ardre VIII) zeigen seine Geschichte.

Schmied: Keltisches Schmiedewerkzeug aus versch. Grabfunden; 1. u. 2. Jh. v. Chr.

Auch einige Goldbrakteaten zeigen viell. diesen S., dessen Attribut die verwundbare Ferse ist (durchschnittene Sehnen, um seine Flucht zu verhindern). Nach Heinrich Beck ist die „Tanzhaltung" (gekreuzte Beine, medizin. ein „Hahnenschritt") der Hauptfigur so zu interpretieren (?); vgl. auch eine Model v. ↗Torslunda. – „Smith" als Bz. für S. auch auf dän. Runensteinen der Wikingerzeit. – Vgl. ↗Barbaren.

Schneeschuhläufer, *Schiläufer,* auf einer bronzezeitl. Felszeichnung v. Rödöy/Tjötta, im nor-

Schneeschuhläufer: norweg. Felszeichnung

weg. Norrland. Die menschl. Gestalt mit gehörntem Helm (?) ist sicherl. eine der ältesten „Wintersportdarstellungen".

Schoineus, viell. der Vater der ↗Atalante.

Schöpfungsmythen (siehe Seite 376/377).

Schotten, nach der röm. Bz. „Scotti" für die Iren eingeschränkt auf die urspr. kelt. Bevölkerung Nordbritanniens; das von den alten S. gesprochene ↗Gälisch gehört zu den kelt. Sprachen.

Schratt, schon im german. Volksglauben bekannter elfischer, häßlicher Geist des Waldes, der auch als Hausgeist gedacht wurde, dem Mahr u. Alp ähnlich.

Schuldramen, aus humanist. Geist entstanden, spielten in der Lateinschule im 16. und 17. Jh. eine wichtige pädagog. Rolle. Zur „Hebung der Moral" wurden v. Schülern auch klass.-antike Stücke aufgeführt, seit etwa 1530 auch in dt. Sprache. Über das ↗Jesuitendrama entwickelte sich das S. zum professionellen Theater der Barockzeit weiter.

Schwab, *Gustav,* *1792, †1850, Wissenschaftler u. Dichter (Schwäb. Schule), schuf mit seinem Werk „Die schönsten Sagen des klass. Altertums" (1838/40) eines der großen dt. Jugendbücher. Zeitbedingt schien es ihm aber wichtig u. notwendig, auf die „Unzulänglichkeit" der antiken Stoffe gegenüber der christl. Offenbarung hinzuweisen. – S. fand bis in die Gegenwart Nachfolger, doch ist eine deutl. Entideologisierung v. mytholog. Themen zu erkennen; heute faßt der jugendl. Leser „die mytholog. Erz. ähnl. den Abenteuergeschichten als spannende Unterhaltungslektüre auf" (Lexikon der Kinder- u. Jugendlit., 1977).

Schwan ↗Kyknos, ↗Leda.

Schwanjungfrau, eine mit einem „Schwanenhemd" (eig. in Schwanengestalt) bekleidete Jungfrau; Wieland (altnord. Völundr) vermählte sich mit einer S., die ihn aber nach sieben Jahren wieder verließ.

Schöpfungsmythen

In der Zeiten Beginn war Tartaros, Nacht,
   und des Erebos Dunkel und Chaos;
Luft, Himmel und Erde war nicht; da gebar
   und brütet' in Erebos' Schoße,
Dem weiten, die schattenbeflügelte Nacht
   das uranfängliche Windei;
Und diesem entkroch in der Zeit Umlauf der
   verlangen-entzündende Eros,
An den Schultern von goldenen Flügeln
   umstrahlt und behend wie die wirbelnde
   Windsbraut.
Mit dem Chaos, dem mächtigen Vogel,
   gepaart, hat der in des Tartaros Tiefen
Uns ausgeheckt und heraufgeführt zu dem
   Lichte des Tages, die Vögel.
Noch war das Geschlecht der Unsterblichen
   nicht, bis er alles in Liebe vermischte.
Wie sich eins mit dem andern dann paarte,
   da ward der Okeanos, Himmel und Erde,
Die unsterblichen, seligen Götter all! –
   Und so sind wir erwiesenermaßen
Weit älter, als alle Unsterblichen sind!
   Denn daß wir von Eros gezeugt sind,
Ist sonnenklar

(aus der griech. Komödie „Die Vögel" des Aristophanes, 414 v. Chr., übertragen von Ludwig
Seeger, 1968; an sich eine Parodie auf den Orphi-
schen Schöpfungsmythos)

Ehe das Meer und die Erde bestand und der
   Himmel, der alles
Deckt, da besaß die Natur im All nur ein
   einziges Antlitz,
Chaos genannt, eine rohe und ungegliederte
   Masse,
Nichts als träges Gewicht, und geballt am
   nämlichen Orte
Disharmonierende Samen nur lose vereinig-
   ter Dinge […]
Zwar war Erde daselbst vorhanden und
   Meer und auch Lufthauch,
Aber die Erde gewährte nicht Stand, das
   Wasser kein Schwimmen,
Lichtlos waren die Lüfte. Es schwankten
   die Formen der Dinge […]

Aber es gab eine Schlichtung des Streites:
   Ein Gott, eine bessre
Kraft der Natur, schied Himmel und Erde
   und Erde und Wasser […]

Band er das örtlich Getrennte zusammen
   in friedlicher Eintracht;
Und so schnellte die leichte, die feurige
   Kraft des gewölbten
Himmels empor und gewann sich den Platz
   der obersten Höhe.
Ihr zunächst ist die Luft an Leichtigkeit
   wie auch im Raume;
Dichter als sie ist die Erde, die größere
   Stoffe herbeizog,
Durch ihre Schwere zusammengepreßt; die
   umfließende Feuchte
Nahm den Rand in Besitz und umschloß den
   festeren Erdkreis. […]

Auf daß keine der Zonen der lebenden
   Wesen ermangle,
Sollten die Sterne, Gestalten von Göttern,
   den Himmel bevölkern.
Glänzenden Fischen gewährten die Wasser
   die Wohnung, die Erde
Bot den Tieren das Heim, die beweglichen
   Lüfte den Vögeln.
Aber ein reineres Wesen, Gefäß eines
   höheren Geistes,
Über die anderen zu herrschen befähigt,
   es fehlte noch immer.
Und es entstand der Mensch, sei's, daß ihn
   aus göttlichen Samen
Jener Meister erschuf, der Gestalter der
   besseren Weltform,
Sei's, daß die Erde, die jugendfrische,
   erst kürzlich vom hohen
Äther geschieden, die Samen, die himmels-
   verwandte, bewahrte. […]

(aus den „Metamorphoses" I, 5 des Ovid, *43 v. Chr.,
† 17 n. Chr.; übertragen von Hermann Breitenbach,
1964)

Urzeit war es, da Ymir hauste:
nicht war Sand noch See noch Salzwogen
nicht Erde unten noch oben Himmel,
Gähnung grundlos, noch Gras nirgend.

Bis Burs Söhne den Boden hoben,
sie, die Midgard, den mächtgen, schufen:
von Süden schien Sonne aufs Saalgestein;
grüne Gräser im Grund wuchsen.

Von Süden die Sonne, des Monds Gesell,
schlang die Rechte
um den Rand des Himmels:

die Sonne kannte ihre Säle nicht;
die Sterne kannten ihre Stätte nicht;
der Mond kannte seine Macht noch nicht.

Zum Richtstuhl gingen die Rater alle,
heilge Götter, und hielten Rat:
für Nacht und Neumond wählten sie Namen,
benannten Morgen und Mittag auch,
Zwielicht und Abend, die Zeit zu messen.

Die Asen eilten zum Idafeld,
die Heiligtümer hoch erbauten;
sie setzten Herde, hämmerten Erz;
sie schlugen Zangen, schufen Gerät. […]

Drei Asen aus dieser Schar,
stark und gnädig, zum Strand kamen:
sie fanden am Land, ledig der Kraft,
Ask und Embla, ohne Schicksal.

Nicht hatten sie Seele, nicht hatten sie Sinn,
nicht Lebenswärme noch lichte Farbe;
Seele gab Odin, Sinn gab Hönir,
Leben gab Lodur und lichte Farbe.

Eine Esche weiß ich, sie heißt Yggdrasil,
die hohe, benetzt mit hellem Naß:
von dort kommt der Tau, der in Täler fällt;
immergrün steht sie am Urdbrunnen.

Von dort kommen Frauen, vielwissende […]

(aus der nord. „Völuspá" der Edda, stabreimend,
nach der Handschrift des 13. Jh. und Andreas
Heuslers Versuch einer ,Urform', übertragen von
Felix Genzmer, 1912)

Jungfrau war der Lüfte Tochter, dieses
   schöne Schöpfungswesen,
Lange lebte sie in Reinheit, allezeit in
   Unberührtheit
In dem langen Luftgehöfte, auf den ebnen
   Luftgefilden.

Leidig war sie ihres Lebens, ihres Daseins
   überdrüssig,
Immer einsam nur zu weilen, jungfräulich
   dahinzuleben
In dem langen Luftgehöfte, in der
   unermeßnen Öde.

Sieh, da steigt sie schon hernieder, senkt
   sich auf die Wasserwogen,
Auf den offnen Meeresrücken, auf die weite
   Wasserfläche;

Plötzlich kam ein wilder Windstoß, aus dem
   Osten böses Wetter,
Hob sie auf die Meeresbrandung, warf sie
   auf die wilden Wogen. […]
Schwanger wehte sie der Windstoß,
   schwellen ließ der Leib die Woge.

Ihres Schoßes Schwere schleppt sie, ihres
   Bauches volle Bürde
Siebenhundert lange Jahre, über neun der
   Mannesalter,
Und es kommt nicht zum Gebären, zeigt sich
   nicht das Ungezeugte. […]

Ukko du, o Herr der Höhe, der du trägst
   den ganzen Luftraum,
Komm herbei, weil ich dich brauche, komm
   herbei, weil ich dich rufe,
Lös das Mädchen aus der Marter, lös das
   Weib aus Leibeswehen […]

Da kam eine Taucherente, schwang sich her
   in schnellem Fluge,
Sich fürs Nest die Stelle suchend, einen
   Ort zur Wohnstatt wählend. […]
Konnte keine Stelle finden, um ihr Nest
   dort einzurichten. […]

Endlich nun im neunten Jahre, zu der Zeit
   des zehnten Sommers […]
Fing nun an, die Frucht zu werfen, die
   empfangne zu gebären
Auf dem offnen Meeresrücken, auf der
   weiten Wogenfläche.

Wo sie nur die Hand hinwandte, da schuf
   sie Landvorsprünge;
Wo ihr Fuß den Grund berührte, grub sie
   Laichgrund für die Fische;
Wo sie Blasen treibend tauchte, mehrte
   sich des Meeres Tiefe.

Seitlings streift' sie an das Ufer – da
   entstanden glatte Strände;
Stieß ans Ufer mit den Füßen – da entstanden Lachsfangstellen;
Kehrte Kopf voran sich landwärts – da
   entstanden breite Buchten.

(finn. Schöpfungsmythos, aus der „Kalevala" des
Elias Lönnrot, 1849; übertragen von Lore und Hans
Fromm, 1967)

Schwarzelben, *Dunkelelben*, ↗Elben.

Schweden, *Sverige*, runenschriftl. Svithjod („Volk der Svear"), Land der Gauten (↗Goten) u. der Svear. Die Svear wurden v. ↗Uppsala aus v. den ↗Ynglingen regiert. Um 830 wurde S. mit ↗Birka als Ausgangsort durch den hl. Ansgar missioniert, aber erst seit etwa dem 12. Jh. (Uppsala wird um 1130, viell. aber auch erst 1153 Bistum, 1164 Erzbistum) ganz christianisiert.

Schwein des Mac Da Thó, Sage aus dem Bereich des ir. Ulsterzyklus um Cú Chulainn, entstanden um 800. – Mac Da Thó, Kg. von Leinster, mußte an der königl. Tafel zus. mit seinem ärgsten Gegner, Conchobar, Kg. von Ulster, sitzen. Beide Seiten wurden von dem heimtück. ↗Bricriu angestachelt. So riet dieser, ein Schwein je nach Verdienst der am Tisch sitzenden Krieger aufzuteilen, u. darüber gerieten die Helden in Streit. Soweit ist die Sage eine Parallele zum „Fest des Bricriu" (↗Fled Bricrenn). – Lange Zeit behielt in dem Rededuell der Held von Munster, ↗Cet mac Mágach aus Connacht, das letzte Wort. Erst als der Held aus Ulster, ↗Conall Cernach, ein Ziehbruder v. Cú Chulainn, eintraf, mußte Cet seine Unterlegenheit eingestehen. Da man sich aber trotzdem über die Verteilung des Schweins nicht einigen konnte, brach der Kampf los.

Schwert

Berühmte german. Schwerter: Angurvadel
Balmung
Gram
Mimung
Nagelring
Tyrfing

Schwert, seit der Bronzezeit gebräuchl. Hieb- u. Stoßwaffe. – Als Erzählmotiv ist das wortlos in den Schoß gelegte Schwert eine Mahnung an Rache (Hagen mit Sigfrids „Balmung" im Nibelungenlied; Hengest im Finnsburgkampf, Ingeldsage). Noch in den dän. Volksballaden symbolisiert der Griff zum Schwert Kampfwil-

len u. sich anbahnendes Unheil. – Das *blanke Schwert* zw. den Schlafenden (Sigfrid u. Brünhild im Nibelungenlied) ist ein altes Symbol der Keuschheit u. spielt in einigen Freundschaftssagen eine Rolle. Hist. erscheint es noch bei der Vermählung von Maximilian I. mit Maria von Burgund im Jahre 1477. – *Schwertnamen* u. Verehrung bes. Schwerter in der german. Überl. (Sigurds Schwert ↗Gram, ↗Mimung) haben wahrscheinl. den ganz realistischen Hintergrund der gegenüber kelt. Importware unterentwickelten german. Schmiedekunst. Deshalb waren die „fremden" Schwerter begehrt u. geachtet, ja man wollte sie nicht einmal den Toten im Grabhügel überlassen (↗Tyrfing). Tacitus berichtet in seiner „Germania", daß die Germanen während der Schlacht ihre Schwerter (Bronzeschwerter eigener Herstellung) mit einigen Fußtritten wieder geradebogen. Entspr. durch Zusammenrollen unbrauchbar gemachte Schwerter kennt man als Opfergaben aus den Moorfunden.

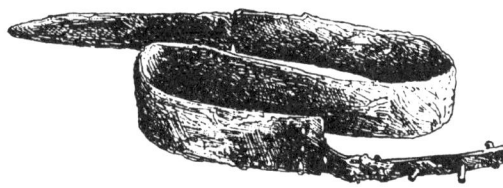

Schwert: unbrauchbar gemachte Opfergabe

Schwertleite, ma. höf. Zeremonie, ein Fest, bei dem den jungen Männern das Schwert der Ritterschaft übergeben wurde; sie wurden „zu Rittern geschlagen" (↗Ritter).

Schwyz, einer der schweizer. Urkantone, später auf die gesamte Schweiz übertragen. Aufgrund v. Herkunftslegenden des 15. Jh. (Uppsala-Chronik, um 1460, Schweizer Weißes Buch, 1470) u. gelehrten Analogien frühhumanistischer „Wissenschaft" (latinisierte Form von Svea rike = Schweden, Zürich u. Schwyz) hielten sich u. a. die Schweizer für Nachkommen des unterge-

Schwert: Scheide mit Schwert aus einem späten Hallstatt-Grab, um 400–350 v. Chr. (Wien, Naturhistorisches Museum); die Scheide besteht im hinteren Teil aus Eisen, nach der Schauseite aus Bronze und zeigt ungewöhnlich reiche, mit einem Stichel eingeritzte Verzierung. Der größte Teil der Fläche ist mit einem Kriegszug dekoriert, der von drei Kriegern zu Fuß, bewaffnet mit Schild und Lanze, ange- führt wird. Ihnen folgen vier Reiter, ebenfalls mit Lanze: einer führt zusätzlich ein Schwert mit sich. Flankiert wird die Darstellung auf beiden Seiten von zwei Männern, die gemeinsam ein Rad halten; die Deutung ihrer Rolle ist umstritten. Die Scheidenspitze zeigt zwei am Boden ringende Krieger, von denen der eine von einem dritten am Fuß gezogen wird (?).

gangenen Gotenreiches. Ein Anlaß dazu war eine aufsehenerregende Rede des schwed. Gesandten auf dem Konzil in Basel 1434, die diesem Gotizismus Auftrieb gab, in den Urkantonen auf fruchtbaren Boden fiel u. damit eine Grundlage für die im späten 15. Jh. blühende Tell-Begeisterung wurde.

Scop, neben dem altnord. ↗Skalden in der altengl. Dichtung ein berufsmäßiger Sänger, im Beowulf begleitet er sich mit der Harfe.

Scota, ir. ↗Mile.

Scylding Hnæf, dän. Fürst; wurde in der Burg des Friesenkönigs Finn erschlagen (↗Finnsburg-Lied).

Scylfinge, nach dem altengl. Beowulf-Epos das schwed. Kg.geschlecht (↗Ynglinge); in der altnord. Edda als „der im Hochsitz Thronende" ist Skilfingr ein Beiname Odins.

Seafarer, *Der Seefahrer,* altengl. Gedicht viell. des 9. Jh., Klage des ruhelos Umherstreifenden, ähnl. wie in dem „Wanderer"; im altgerman. Stil mit Stabreim u. Langzeilen geschaffen, im Ton dagegen Ausdruck des frühen Christentums im Norden. Nur für das Reich Gottes habe der Mensch auf Erden zu kämpfen u. die Mühsal zu ertragen. Anders als in der kelt. Heldendichtung, in der ir. „Seefahrt" (↗Immram), ist hier die Schiffsreise nicht Anlaß für Abenteuer, sondern ein Bild des ruhelos die christl. Erlösung Suchenden.

Securitas, bei den Römern die Personifikation der Sicherheit, die als göttl. verehrt wurde. Mit der Pax Augusta begann für die Römer eine Epoche des Friedens. Wenn sie diesen Frieden in der Folgezeit gefährdet sahen, riefen sie die S. um Hilfe an. Dabei unterschied man zw. einer

S. des Kaisers u. einer S. des röm. Volkes. Beide wurden auf Münzen dargestellt. – ↗Pax.

Seddin, bei Perleberg/Schwerin, Fundort eines Grabhügels der späten Bronzezeit (9. Jh. v. Chr.), der 1899 ausgegraben wurde. Erhebl. Ausmaße (Durchmesser über 85 m, Höhe ca. 10 m), ein Kammerngrab mit Steinplatten (ähnl. ↗Kivik in Schweden) u. darin – einmalig – Lehmverputz mit Spuren v. Malerei zeichnen die Anlage aus. Das Grab selbst enthielt in einem Tongefäß eine Bronzeurne mit verbrannten Knochenresten. Beigaben waren Tasse, Messer u. ein Beil; im Boden steckte ein Schwert. Weitere Tongefäße mit Knochenresten deuten auf einen Totenkult mit mögl. Sklavenbestattung hin (H. Wüstemann). – In einer Ortssage wurde das Grab mit einem Kg. „Hinze" (oder Hinz) in Zshg. gebracht.

Seeland, Hauptinsel Dänemarks; der Sage nach v. ↗Gefion aus dem schwed. Festland herausgepflügt. Mögliche Assoziation dafür lieferte der ähnl. Umriß des größten schwed. Sees, des Vänern.

Seelenwanderung. Die antiken Schriftsteller (u. a. Caesar) berichten, daß die Druiden den Glauben an die Unsterblichkeit der Seele u. an eine S. lehrten. Man hatte die Vorstellung, die Toten kehrten in Gestalt eines neugeborenen Kindes innerhalb des Stammes, zu dem der Verstorbene einstmals gehört hatte, in die Welt zurück. – ↗Guntram. – In Zshg. mit der S., die an vielen Stellen in praktisch allen mytholog. Systemen bezeugt ist, steht die Namengebung des neugeborenen Kindes (↗Name). – ↗Wiedergeburt.

Segel, weiße u. schwarze Segel als vereinbartes Erkennungszeichen, vgl. ↗Theseus. Das Motiv tauch des öfteren in der ma. Überl. auf, u. a. bei Tristan u. Isolde (vgl. ↗Tristant und Isalde).

Selene, griech. Mondgöttin; Tochter des Hyperion u. der Titanin Theia, obwohl auch andere als ihre Eltern gen. werden. Sie war die Schwester v. Eos u. Helios u. viell. zugleich des letzteren Gemahlin. Der Sage nach fuhr sie mit einem Wagen über den Himmel, der v. Rindern oder Pferden gezogen wurde. Durch Zeus war S. Mutter der Pandia; außerdem besaß sie 50 Töchter v. ↗Endymion, den sie nachts besuchte, um sich mit ihm zu vereinigen. – Der Name S. leitet sich v. griech. selas = Glanz, Licht ab. Einen ausgeprägten Mondkult gab es bei den Griechen nicht; ledigl. auf der Peloponnes finden sich in der Spätzeit Ansätze dazu. Im Volksglauben spielte S. dagegen wegen ihrer Gestaltveränderungen in Form der Mondphasen eine erhebl. Rolle im Sinne v. Werden u. Vergehen, Wachstum u. Fruchtbarkeit etc. – S. wurde oft mit Artemis gleichgesetzt, bei den Römern mit ↗Diana. Mit ↗Artemis („Erde") u. Hekate („Unterwelt") zus. hatte S. als dreigestalteter Mond (zu- u. abnehmend, Vollmond) ein Dreigesicht. Dies wurde bei ↗Hekate auch in einem anderen Zshg. gedeutet.

Selloi, ein altes griech. Geschlecht aus Dodona, dessen Priester Perseus befragte, als er Medusa besuchte.

Semele, theban. Königskind, Tochter des ↗Kadmos u. der Harmonia, in die Zeus verliebt war. Die eifersüchtige Hera, Zeus' rechtmäßige Gattin, nahm die Gestalt v. S.s Amme an u. riet ihrem ehemaligen Schützling, Zeus zu bitten, sich ihr in seiner ganzen Göttlichkeit zu zeigen. Als das geschah, wurde S. v. einem der Blitze des Olympiers getötet, doch rettete der Gott den noch ungeborenen ↗Dionysos. Später wurde die Tote entweder v. Zeus oder v. ihrem Sohn aus der Unterwelt befreit u. in die Unsterblichen des Olymp eingereiht. – Wahrscheinl. handelte es sich bei S. urspr. um eine thrak. Erdgöttin.

Semnai, griech. = die Ehrwürdigen, Euphemismus (positiv umwertende Umschreibung) für die Rachegöttinnen ↗Erinyen.

Semnonen, Hauptvolk der Sueben, urspr. zw. mittlerer Elbe u. Oder; sie zogen gg. Ende des 2. Jh. mit anderen Stämmen nach S-Deutschland, wo aus ihnen die Alamannen hervorgingen. Bei Tacitus gibt es eine bes. eindrucksvolle Beschreibung, wie die S. ihren höchsten Gott, wohl Ziu, in einem heiligen Hain (↗Fesselhain) verehrten, wobei auch Menschenopfer dargebracht wurden. Man hat behauptet, daß der

---

Der Semnonenhain

Als die ältesten und edelsten Sueben bezeichnen sich die Semnonen; ihr hohes Alter wird durch einen religiösen Brauch sicher beglaubigt. Zu bestimmter Zeit treffen sie sich in einem Hain, der durch Weihen der Väter und uralte fromme Scheu geheiligt ist: alle Teilstämme aus gleichem Blute schicken Abordnungen, und dann feiern sie nach der Opferung eines Menschen von Staats wegen die schaurigen Weihen ihres rohen Kultes. Man erweist dem Hain seine Ehrfurcht auch noch in anderer Weise: Nur in Fesseln darf man ihn betreten, gleichsam als ein Untergebener, der die Macht der Gottheit so sichtlich bekundet. Strauchelt man durch irgendeinen Zufall, dann darf man sich nicht aufheben lassen und aufstehen: auf dem Erdboden wälzt man sich (aus dem Hain) hinaus. Dieser ganze Aberglaube geht auf die Vorstellung zurück, daß von diesem Hain das Volk seinen Ausgang genommen habe, daß dort der Gott wohne, der über alles herrsche, und daß alles sonst ihm unterworfen und zu Gehorsam verpflichtet sei. Das Ansehen der Semnonen wird durch ihre machtvolle Stellung noch gesteigert: in hundert Gauen wohnen sie, und die große einheitliche Masse trägt entscheidend dazu bei, daß sie sich für den Hauptstamm der Sueben halten.

(Tacitus, Germania, Kap. 39; übers. v. A. Mauersberger)

Fund v. Besiedlungs- u. entspr. Bestattungsspuren aus der Zeit zw. 800 und 500 v.Chr. in Lossow bei Frankfurt an der Oder (Burgwall der frühen Eisenzeit, Latènezeit) Tacitus' Bericht v. einer Menschenopferstätte bei den S. bestätigt.

Senbriathra Fíthail, ir. Bz. für ↗Fíthails Sprüche.

Senchas Már (ir. „die große Überlieferung"), Sammlung von Rechtstexten bereits des frühen 8. Jh., wenn auch erst bruchstückhaft seit dem 14. Jh. überliefert; wie die beiden anderen Sammlungen altir. Rechtsgelehrter ↗Fíthail u. ↗Morand (↗Morainds Kette) für unsere Kenntnis des Altir. u. der kelt. Rechtsgeschichte von großer Wichtigkeit.

Seneca, *Lucius Annaeus,* *4 v.Chr. in Córdoba/ Spanien, †65 n.Chr. in Rom, lat., philosoph.

Dichter, der in seinen Tragödien zahlr. Stoffe der griech. Antike aufgriff: Agamemnon (41 n. Chr.), Hercules, Medea (nach ↗Euripides), Oedipus (nach ↗Sophokles), Phaedra (darauf stützte sich wiederum die frz. „Phèdre" v. Racine, 1677) u. *Troades* (Die Troerinnen = Troianerinnen). Das letztgen. Stück entstand im grausamen Rom des Nero, und man hat manche hist. u. zeitkrit. Anspielung in der Tragödie gesehen. Das Stück wurde in einer vergleichbaren Situation des Dreißigjähr. Krieges v. Martin Opitz ins Dt. übertragen (Die Trojanerinnen, 1625), und noch in unserer Gegenwart wurde der Stoff der Erz. v. Jean-Paul Sartre (Les mouches, 1943) als „Résistance-Drama" u. als leider zeitlos „grausame Erfahrung" (R. Mellein) aktualisiert.

Septimus, *Lucius S.,* griech. Grammatiker des 4. Jh. n. Chr., der ein Tagebuch über den Krieg um Troia verfaßt haben soll (↗Ephemeris belli Troiani).

Serapeum ↗Alexandria, ↗Serapis.

Serapis, auch *Sarapis* (gebildet aus ↗Osiris u. Apis, einem den Ägyptern heiligen Stier, der kult. an die Totenstadt Memphis gebunden war), v. Ptolemaios I. zum Gott erhoben, um Ägypter u. Griechen seines Reiches kult. zu einen. S. blieb bis weit in die röm. Kaiserzeit hinein neben ↗Isis die am weitesten verbreitete ägypt. Gottheit. Er besaß auch im griech. Bereich zahlr. Tempel u. Heiligtümer, in denen oft gleichzeitig Isis verehrt wurde. 166 v. Chr. wurde der Kult des S. in Athen als Staatskult übernommen. Als ägypt. Gott war S. Herrscher über das hilfreiche u. nutzbringende Nilwasser u. wurde bes. in ↗Alexandria verehrt. In seinen Kultbildern wird S. ikonograph. als ein Vorläufer des Christus Pantokrator (Weltherrscher) angesehen; er wurde in der Spätzeit ebenso als „der Eine Gott" verehrt.

Serglige Con Culainn, ir. das „Krankenlager des Cú Chulainn" (↗Cú Chulainn).

Seriphos, griech. Insel, ↗Diktys.

Servius Tullius, der Sage nach der 6. röm. Kg., 578/534 v. Chr.; er war möglicherweise etrusk. Herkunft. – Während seiner langen Regierungszeit vergrößerte er Rom, baute neue Tempel u. gab dem rel. Leben zahlr. Antriebe. Angebl. war er der Schöpfer der Servianischen Verfassung (Gliederung der Bürgerschaft in Zenturien nach dem Besitz). Die Überl. erzählt, er sei v. seinem Schwiegersohn ↗Lucius getötet worden u. dieser hätte den Thron usurpiert. – ↗Tullia.

Sessrimnir, eine Halle im Schloß ↗Folkvang der nord. Mythologie, die sich durch bes. Größe

auszeichnete. Sie war für die auf dem Schlachtfeld Gefallenen (vgl. ↗Einherier) bestimmt.

Sestos, antike griech. Stadt auf dem europ. Ufer der Dardanellen an deren engster Stelle; gegenüber v. Abydos gelegen. Hier setzte Xerxes 480 v. Chr. nach Europa, Alexander d. Große 334 v. Chr. nach Asien über. – In der Sage ist S. vor allem durch ↗Hero und Leandros bekannt. – Im Troian. Krieg waren die Bewohner der Stadt Bundesgenossen der Troianer.

Set ↗Isis.

Sethlans, Gott der ↗Etrusker.

Sibeche ↗Bikki.

Sibylle, in der Antike Bz. für Prophetinnen, wahrscheinl. kleinasiat. Herkunft, die in Ekstase die Zukunft voraussagten u. deren Prophezeiungen meist Unheil verkündeten. Sie waren sterbl., wurden aber uralt, so wie die S. v. Cumae, der der Sage nach ein Alter v. 1000 Jahren beschieden war. Urspr. kannte man nur eine S., die als Tochter des Zeus u. der Lamia galt, als deren Vater aber auch Dardanos, Kg. v. Troia, gen. wurde. Später wurde aus dem Personennamen ein Gattungsname, u. es gab eine Reihe v. S. In Griechenl. war die erythräische S. am bedeutendsten, in It. die cumaeische, die bei Ovid („Metamorphoses") als Stimme Apollons bezeichnet wird u. durch Vergil zu unvergängl. Ruhm gelangte. Letzterer wurden auch die ↗Sibyllinischen Bücher zugesprochen.

Sibyllinische Bücher, v. den Römern der ↗Sibylle v. Cumae zugeschriebene Slg. v. Prophezeiungen, 9 (später 10) Bücher, die in einem unterird. Raum des Jupiter-Capitolinus-Tempels aufbewahrt u. in Notfällen vom Senat durch ein Priesterkollegium zu Rate gezogen wurden. 83 v. Chr. bei einem Brand vernichtet, dann erneuert u. auf Befehl des Kaisers Augustus in den Apollo-Tempel auf dem Palatinischen Hügel gebracht. Ihr weiteres Schicksal ist ungewiß; möglicherweise wurden sie 405 n. Chr. auf Befehl des christl. Generals Stilicho vernichtet. Die seit 1361 immer wieder auftauchenden Weissagungen der Sibylle (vgl. ↗Oracula Sibyllina) spielten eine polit. Rolle in der Renaissance. – Mit der Urfassung der S. B. ist folgende Sage verbunden: Die cumaeische Sibylle soll, als alte Frau verkleidet, die neun S. B. dem letzten König v. Rom, Tarquinius Superbus, zum Kauf angeboten haben. Da Tarquinius der Preis zu hoch war, verbrannte sie drei der Bücher u. bot den Rest ohne Preisnachlaß dem König erneut an. Wieder schlug dieser den Kauf aus, u. erneut vernichtete die Sibylle drei Bücher. Die restl.

drei kaufte Tarquinius dann schließl., obwohl sie genausoviel kosteten, wie urspr. die neun hatten kosten sollen.

Síd, ir. der Elfenhügel, in dem die Feen u. Unterirdischen wohnen. Gg. einen von ihnen, Cúldub, kämpft ↗Finn 3) erfolgreich. – Ein *sid* bzw. (Mz.) die *sidhe* wurden als elfenartige Wesen gesehen, zukunftswissend, den Menschen in der Regel freundl. gesinnt u. v. großer Schönheit. – ↗Elben. – Das Feenreich der Síde, die in Hügeln und Bergen wohnten, lebte z. T. in der ir. Märchenüberlieferung weiter. Es scheint ein Ausdruck typ. keltischer Naturverehrung gewesen zu sein.

Side, die erste Gattin des griech. Orion, die v. Hera (nach anderen Versionen v. Orion oder Zeus) in die Unterwelt geschickt wurde, weil sie sich vermessentl. gerühmt hatte, schöner als die Göttin zu sein.

Sidero, zweite Gemahlin des ↗Salmoneus u. Stiefmutter der ↗Tyro. Ein Teil der griech. Überl. berichtet, sie sei v. Neleus u. Pelias umgebracht worden, weil sie versucht hatte, Salmoneus zu überreden, Tyro zu töten.

Sidrat, Tochter des Syrerkönigs Machorel, von ↗Ortnit geraubt.

Sieben gegen Theben, der wichtigste Teil des theban. Sagenzyklus u. Thema zahlr. lit. Darstellungen: Thebais, ein (verlorenes) Epos des 7. Jh. v. Chr., ein (verlorenes) Epos des Antimachos aus Kolophon (um 440 v. Chr.), das in der hellenist.-röm. Zeit sehr beliebt war, ein lat. Epos des Papinius Statius (um 92 n. Chr.) bis hin zu Jean Racines „La Thébayde" v. 1664 (u. a. nach Statius). Ausgangspunkt war der Streit zw. den v. ihrem Vater Oidipus verfluchten Brüdern ↗Eteokles u. ↗Polyneikes, die verabredeten, sich in der Herrschaft Thebens abzuwechseln. Eteokles kam als erster auf den Thron u. vertrieb seinen Bruder, der zu König ↗Adrastos 1) v. Argos floh u. dessen Tochter Argeia heiratete. Als sich abzuzeichnen begann, daß Eteokles sich an die Abmachung des jährl. Thronwechsels nicht halten würde, bereitete Adrastos den Zug der Sieben gegen Theben vor, an dem außer ihm Tydeus, Kapaneus, Etcoklos, Hippomedon, Parthenopaios, ↗Amphiaraos u. Polyneikes teilnahmen. Das Unternehmen endete in einer Katastrophe, die sich bereits abzuzeichnen begann, als die Heerführer in Nemea den Tod des ↗Opheltes verursachten. In Theben kamen alle um, mit Ausnahme des Adrastos. Der Seher Amphiaraos konnte sich zunächst zwar noch retten, wurde aber auf der Flucht mit Roß u.

Wagen v. der sich öffnenden Erde verschlungen. Da nicht nur Polyneikes, sondern auf der Gegenseite auch Eteokles gefallen war, trat ↗Kreon 2) die Herrschaft in Theben an, an dessen ausdrückl. Verbot, Polyneikes zu bestatten, Antigone sich nicht hielt. – Zehn Jahre später gelang es den ↗Epigonen, Theben in ihre Hand zu bringen u. zu zerstören – (siehe Farbtafel S. 310).

Sieben Hügel von Rom ↗Rom.

Sieben Weise

Bias v. Priene	Pittakos v. Mytilene
Chilon v. Sparta	Solon v. Athen
Kleobulos v. Lindos	Thales v. Milet
Periandros v. Korinth	

Wer zu den Sieben Weisen gezählt wurde, schwankte zunächst. Die oben angeführte Gruppe wurde im 4. Jh. v. Chr. aus ca. 20 Persönlichkeiten ausgewählt.

Sieben Weise, griech. Philosophen u. Staatsmänner des 7. u. 6. Jh. v. Chr., denen Kernsprüche meist polit.-eth. Inhalts zugeschrieben wurden.

Sieben Weltwunder, Bz. der sieben eindrucksvollsten Kunstwerke des Altertums: die ägypt. Pyramiden, die sog. Hängenden Gärten der Semiramis, das Zeusbild des Pheidias in Olympia, das Artemision in Ephesos, das Grabmal des Mausolos in Halikarnassos, der Koloß v. Rhodos, der Leuchtturm auf Pharos. Abweichend v. der obigen Liste werden gelegentl. auch die Mauern v. Babylon u. der Zeus-Altar v. Pergamon in einigen Quellen zu den S. W. gezählt.

Siegfried ↗Sigfrid.

Siegstein, eine Art von Talisman, den die german. Führer mit in den Kampf nahmen. Berühmt ist die Geschichte vom S. des Nidung, den der Kg. zu Hause vergessen hatte u. den ↗Wieland auf seinem windschnellen Roß in einer einzigen Nacht ins Feldlager holte.

Siegvater, Beiname für den german. Gott Odin, der bestimmte, welche Helden im Kampfe den Sieg erringen sollten.

Sif, Gemahlin Thors, der mit ihr ↗Thrud zeugte, u. aus einer anderen Verbindung Mutter ↗Ullrs. In der altnord. ↗Snorra Edda wird sie als schönste aller Frauen gepriesen. Sie besaß wunderbare goldene Locken, die ihr Loki jedoch eines Tages heimtückischerweise abschnitt. Thor zwang daraufhin Loki, neues, ebenso schönes Goldhaar v. den Zwergen schmieden zu lassen, das seiner Gemahlin wie ihr eigenes Haar anwuchs. Da S. v. den Germanen vielfach als Erntegöttin verstanden wurde, brachte man die Sage mit ihren Goldhaaren mit den Getreidefeldern in Verbindung, die während der Ernte geschnitten wurden, dann aber wieder zu neuer Frucht heranreiften.

Sîfrit, Form für Sigfrid im mhd. ↗Nibelungenlied.

Sigdrifa, *Sigrdrífa,* die altnord. Bz. bedeutet „Siegspenderin". Es handelt sich um den Namen einer Walküre, die in jüngeren Zeugnissen mit Brynhild verschmolzen ist.

Sigebant, ein Kg. in Irland, Vater eines Knaben namens Hagen, der v. einem Greif entführt wurde.

Sigenot, mhd. Heldenepos des 13. Jh.; es gehört zum Sagenkreis um ↗Dietrich von Bern u. ist wohl dessen jüngster Sproß; überarbeitet vor allem das Eckenlied. Die Erz. handelt v. dem Riesen S., der Dietrich von Bern in seiner Höhle gefangen hält, bis Hildebrand jenen aus der Bedrängnis befreit.

Sigfrid, *Siegfried,* mhd. *Sîfrit,* altnord. ↗*Sigurd,* berühmteste Gestalt der dt. Heldensage. Thematisch u. der Herkunft nach lassen sich zwei Gruppen der S. sagen unterscheiden: *Jung-S.* u. seine Abenteuer (elternlose Jugend, wächst bei einem Schmied auf, Drachentötung; Unverwundbarkeit durch Drachenblut, Erwerb der Tarnkappe v. Alberich, Erwerbung des Hortes u. a.). – *Sigfrids Tod* (Erweckung der Brynhild, später kämpfer. Werbung für den Burgunderkönig, die sich daraus ergebende Ermordung Sigfrids); überliefert in Liedern der Edda, in der Thidreks saga, im spät-ma. Lied vom *Hürnen Seyfrid,* das auf eine frühere Fassung zurückgeht. – Im ↗Nibelungenlied erfolgt dann eine Veränderung des Helden: S. wird idealisiert gesehen, als tapferer Recke ohne Fehl u. Tadel, dem der Glauben an die Treue seiner Gefährten zum Verhängnis wird. Auch seine Herkunft hat sich geändert: Er ist jetzt der Sohn eines Königs, u. die myth.-märchenhaften Züge treten zurück. – S. Drachenkampf ist möglicherweise eine ↗Archetypisierung der Schlacht im Teutoburger Wald unter ↗Arminius.

Siggeir ↗Sinfjötli.

Sighild, Name einer der nord. Walküren.

Siglind, *Sieglind,* 1) eine der nord. Walküren. – 2) im mhd. Nibelungenlied ein Wasserweib, das Hagen vor der Reise zu den Hunnen warnte. – 3) Mutter Sigfrids.

Sigmund, 1) ein im mhd. Nibelungenlied in Xanten herrschender Kg.; Gemahl der Siglind, Vater Sigfrids. In anderen Bearbeitungen des Nibelungenstoffes sind die Namen v. Sigfrids Eltern die gleichen, die mit Sigfrid verbundenen Geschichten weichen dagegen inhaltl. vom mittelalterl. Nibelungenlied ab. – 2) **Sigmund der Völsung,** *Siegmund,* Gemahl der schönen ↗Hiördis, Vater ↗Sinfjötlis u. ↗Sigurds; er fiel in der Schlacht gg. ↗Lyngi u. bestimmte sterbend, daß aus seinem in zwei Stücke zersprungenen Schwert ein neues, namens ↗Gram, geschmiedet werden solle, das er seinem Sohn Sigurd hinterließ.

Sigrdrífumál, eddisches Lied v. Sigrdrífa, die v. Sigurd aus dem Zauberschlaf (↗Schlafdorn) geweckt wurde; ein märchenhaftes „Dornröschenmotiv", kombiniert mit mythischen Stoffen.

Sigrun, eine durch bes. Schönheit ausgezeichnete nord. Walküre, die, obwohl sie die Braut eines anderen war, ↗Helgi Hundingsbani für sich zu gewinnen wußte. Um sein Ziel zu erreichen, erschlug er alle Söhne ↗Granmars, mit Ausnahme des ↗Dag, der ihn später selbst umbrachte, um seine Brüder zu rächen.

Sigurd, altnord. Form für ↗Sigfrid. Als S. taucht die so gen. Gestalt in einer Reihe v. Liedern der Älteren Edda auf *(Sigurdlieder),* die an erster Stelle die Jugendgeschichten des Helden behandeln. Darin ist v. der Erziehung des S. durch ↗Regin die Rede („Reginsmál"), v. seiner Tötung ↗Fafnirs u. der Gewinnung des Goldhortes, der urspr. ↗Andvari gehört hatte („Fáfnismál"), sowie v. der Erweckung der mit dem ↗Schlafdorn gestochenen ↗Brynhild („Sigrdrífumál"). Bei der relativ jungen „Grípisspá (altnord. = „Gripirs Weissagung") handelt es sich um eine Art v. Lebensvorausschau des Helden durch den Seher Gripir. Das „Alte Sigurdlied" („Brot af Sigurdarkvidu" = Bruchstück eines Sigurdliedes) zeigt S. als Ehemann der Gudrun, der deren Bruder Gunnar bei der Werbung um Brynhild half u. nach der Aufdeckung des Betrugs ermordet wurde. Hier handelt es sich wohl um das älteste der um S. kreisenden Lieder der Edda. – Die Verknüpfung v. S. mit dem Untergang der Burgunder scheint verhältnismäßig früh erfolgt zu sein. In diesem Zusammenhang ist der Tod v. Gunnar u. Högni am Hunnenhof zu erwähnen, wie ihn das „Alte Atlilied" (↗Atlakvida) schildert. – S. und Szenen aus seinen Sagen sind noch im 12. u. 13. Jh. ornamentale Schmuckelemente auf den Portalplanken norwegischer ↗Stabkirchen (Hyllestad) – (siehe Farbtafel S. 311).

Sigurd Eysteinsson, gen. „der Reiche", † um 890, einer der mächtigen Jarle der ↗Orkneyinseln.

Sigurd Fafnisbani: Zeichnung nach einem Bildstein v. Dräfle (Schweden, 11./12. Jh.)

Sigurd Fafnisbani (altnord. = Sigurd der Töter des Drachen Fafnir), Beiname ↗Sigurds, auf dessen Haupttat, den Drachenkampf, zielend, der Hörer u. Sänger seiner Taten bis hin zu den färöischen Volksballaden begeistert hat (dän.: H. C. Lyngbye, Qvæder om Sigurd Fofnersbane og hans Æt, 1822).

Sigurlin, Tochter des nord. Kg. Svafnir, Gemahlin Hiörvards, Mutter des ↗Helgi Hiörvardsson, der stumm geboren wurde, später aber v. der Walküre ↗Svava seinen Namen erhielt u. von dieser Stunde an der Sprache mächtig war.

Sigvaldi, Häuptling der ↗Jomswikinger, die im Kampf gg. Hakon unterlagen, weil der norweg. Jarl v. einer Zauberin (↗Thorgerd) Hilfe bekam.

Sigwald-Platte ↗Cividale.

Sigyn, die Gemahlin des nord. ↗Loki; v. ihr wird berichtet, sie hätte versucht, das Schlangengift, das das Gesicht ihres Gatten ätzte, in einer Schale aufzufangen, um dem Gefesselten Schmerzen zu ersparen.

Sikyon, antike griech. Hafenstadt, westl. v. Korinth; sie erlebte ihre Blütezeit im 7.–6. Jh. v. Chr., bes. unter dem Tyrannen Kleisthenes; 303 v. Chr. ins Landesinnere verlegt. S. war berühmt durch sein Kunstgewerbe, seine Maler-, Bildhauer- u. Erzgießerschulen (Lysippos). Reste der 303 v. Chr. angelegten Neustadt sind erhalten. – Die Reihe der myth. Könige v. S. begann mit Apis, dem neun Generationen v. Königen gleichen Namens folgten.

Silene, manchmal halbmenschl., zweibeinige Pferdewesen, manchmal in menschl. Gestalt; den ↗Satyrn ähnl. u. oft mit diesen gleichgesetzt. Sie gehörten zum Gefolge des Dionysos u. wurden gelegentl. als ältere Satyrn verstanden. Einer v. ihnen, *Silenos,* galt in der griech. Überl. auch als Erzieher des Dionysos u. Führer des Satyrchores.

Silvanus, röm. Gott des Waldes u. der Felder, der bes. v. den Bauern verehrt wurde u. als persönl. Gott der Freigelassenen u. Sklaven galt. Er besaß kein eigenes Heiligtum u. keinen offiziellen Kult, doch wurden ihm jährl. in den Wäl-

dern zahlr. Opfer dargebracht, um ihn günstig zu stimmen. Häufig brachte man ihn mit ↗Mars in Verbindung in dessen Eigenschaft als alter ital. Bauerngott. Auch Beziehungen zu Faunus lagen vor, u. wie dieser erhob er gelegentl. seine prophetische Stimme. So wird aus der Frühzeit Roms berichtet, S. hätte in einem erbitterten, unentschiedenen Kampf zw. Römern u. Etruskern des Nachts mit lauter Stimme den Sieg der Römer verkündet, da ihr Verlust an Menschen um *einen* Kämpfer geringer war als auf seiten der Etrusker. – Vgl. kelt. ↗Sucellos.

Silvia, ↗Rhea Silvia, die Mutter v. Romulus u. Remus.

Silvius, der letzte Sohn v. Aeneas u. Lavinia, den das Paar bekam, als es schon verhältnismäßig alt war. Nach einem Teil der röm. Überl. wurde der Knabe erst nach dem Tod seines Vaters geboren, u. da Lavinia um die Sicherheit des Kindes, mit dem sie schwanger ging, fürchtete, flüchtete sie sich in die Wälder u. kam dort nieder (daher der Name!). Nach anderen Versionen war S. der Sohn des Ascanius. Er galt vielfach als Vorgänger der Kg. v. Alba Longa.

Simon de Keza ↗Gesta Hungarorum.

Sín Moraind, ir. ↗Morainds Kette.

Sindri, jener Zwerg, der zus. mit seinem Bruder Brock die in der german. Mythologie immer wieder erwähnten berühmten Werke schmiedete: ↗Gullinborsti, ↗Draupnir und schließlich den Hammer Thors, ↗Miölnir, dessen Stil zu kurz geriet, weil Brock, der den Blasebalg betätigte, v. einer Bremse, hinter der sich der bösartige ↗Loki verbarg, ins Auge gestochen wurde, so daß der Luftstrom kurzzeitig unterbrochen war, als er das Tier abzuwehren suchte.

Sinfjötli, Sohn aus dem Geschwisterverhältnis zw. Signe und ↗Sigmund, Halbbruder des späteren nord. ↗Sigurd; er hat ungeheuere Kräfte und ist unempfindlich gg. Schlangengift, kämpft zus. mit Sigmund in Wolfsgestalt gg. viele Feinde. Mit Hilfe S. vertrieb Sigmund den König Siggeir von Gotland, der das Reich der Völsungen erobert hatte. S. starb, nachdem ihm

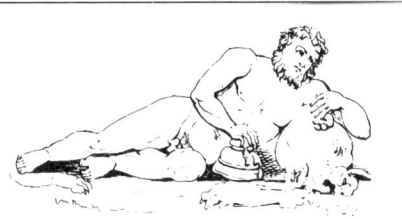

Silene: Silen mit dem Weinschlauch

durch Verrat *drei* Trinkhörner mit Gift vorgesetzt worden waren.

Sinis, Sohn des auch Damastes oder Prokrustes gen. ↗Polypemon, ein Riese mit dem griech. Beinamen Pityokamptes (Fichtenbeuger), da er als Wegelagerer die vorbeikommenden Reisenden an heruntergebogenen Fichten anband u. sie dann hochschnellen ließ, so daß sie den Tod fanden. S. wurde v. ↗Theseus auf die gleiche Art, in der er andere umbrachte, getötet. – ↗Perigune.

Sinon, ein Verwandter u. Gehilfe des Odysseus, der im Troian. Krieg als Spion der Griechen eine Rolle spielte. Als die Hellenen zum Scheine v. Troia fortsegelten, ließ er sich v. den Troianern gefangennehmen u. überredete sie, das ↗Hölzerne Pferd als Weihegeschenk für Athena in ihre Stadt zu ziehen. Nachts gab er den Griechen ein Feuerzeichen, worauf diese zurückkehrten. Der Vorgang ist bei Vergil ausführl. geschildert. Er wurde auch in einigen griech. u. röm. Tragödien behandelt, die aber verlorengegangen sind.

Sinope, Tochter des Asopos; sie wurde v. Apollon, Zeus u. anderen geliebt, widerstand aber deren Werben, weil sie Jungfrau bleiben wollte. Allerdings berichtet ein Teil der Überl., sie sei durch Apollon die Mutter eines Sohnes ↗Syros geworden.

Sintflut, ahd. die „große Flut" (nicht in Zshg. mit „Sünde"!), vgl. griech. ↗Deukalion 1). Die älteste Form der Sage v. der S. tritt uns im altbabylon. Epos v. ↗Gilgamesch entgegen; der Römer *Ovid* schmückte sie in seinen „Metamorphoses" in bes. Weise dichter. aus: „Die Menschen flüchteten, einer suchte einen Hügel, der andere setzte sich ins Boot u. stemmte sich gg. die Ruder an der Stelle, wo er kurz zuvor noch gepflügt hatte. Über der Saat oder über dem Giebel seines hinweggeschwemmten Hauses fuhr dieser im Kahn, fing jener im Wipfel der Bäume Fische. Auf grünenden Wiesen wurden Anker ausgeworfen, und es kam vor, daß ein Schiffsrumpf im Weinberg strandete. Wo soeben noch anmutige Zicklein das Gras gerupft hatten, warfen sich jetzt plumpe Robben hin u. her. Die Töchter des Nereus betrachteten verwundert die Wälder, die Städte u. Häuser unter dem Wasser. Die Wälder waren übervoll v. Delphinen, die sich an den Ästen stießen, so daß die Eichen unter ihnen wankten. Der Wolf schwamm zwischen den Schafen ..." – Vgl. dazu auch ↗Kranaos, ↗Lykaon, ↗Ogygos, ↗Philemon und Baukis; ir. ↗Fíngen.

Siöfn, *Sjöfn,* eine german. Gottheit der Liebenswürdigkeit u. der Liebe, die auch mit dem Begriff der Zärtlichkeit in Verbindung gebracht wurde.

Sirenen (griech. *Seirenes*), in der griech. Mythologie Fabelwesen, meist mit Vogelleib u. Frauenköpfen (gelegentl. aber auch anders, z. B. mit Bart) vorgestellt. Sie galten gewöhnl. als Töchter des Phorkys u. der Keto oder des ↗Acheloos u. einer Muse u. zeichneten sich durch ungewöhnl. Sangeskunst aus. Der Sage nach lebten sie auf einer Insel (viell. im Tyrrhen. Meer), wo sie als „Umstrickerinnen" durch ihren süßen Gesang die Seefahrer in ihren Bann zogen u. sie die Heimkehr vergessen ließen. Diese fuhren an die Klippen des Eilands heran, wo die S. über sie herfielen u. ihr Blut aussaugten bzw. sie fraßen. Nur die Argonauten, mit Ausnahme des ↗Butes 1), entgingen ihnen. Kirke hatte dem Odysseus geraten, seinen Gefährten die Ohren mit Wachs zu verstopfen, u. Odysseus ließ sich selbst am Mast seines Schiffes festbinden. – Die Angaben über die Zahl der S. schwanken; bei Homer ist noch v. zwei Schwestern die Rede, später gewöhnl. v. drei, vereinzelt auch v. vier. Urspr. stellten sich die Griechen unter den S. schöne Mädchen vor, den Musen ähnlich. Als Mischwesen wurden sie erst unter dem Einfluß der oriental. Kunst gesehen; auch übertrug man gelegentl. Züge der Harpyien u. Keren auf sie. Weil sie im Volksglauben als Totengeister verstanden wurden, drangen sie in die christl. Kunst ein u. dienten auf frühchristl. Gräbern vielfach als Auferstehungssymbol. Andererseits verkörperten sie auch die Sinnenlust und die Reize dieser Welt.

Sirenen: 1 Odysseus u. die Sirenen; die Szene zeigt Odysseus, der seinen Gefährten die Ohren mit Wachs verstopft hatte, am Schiffsmast angebunden, um nicht in den Bann des süßen Gesangs der Sirenen gezogen zu werden; Stamnos des Sirenenmalers, um 475 v. Chr. – 2 eine der S.

Sir Gawayne, *Sir Gawayne and the grene Knyght* („Sir Gawain und der Grüne Ritter"), mittelengl. Erz. des 14. Jh. von der Begegnung des Artusritters Gawain mit jenem unheiml. Grünen Ritter, der bereits die gleiche Rolle in der ir. Sage von ↗Fled Bricrenn aus dem 8. Jh. spielt.

Sirius, der Hundsstern; er ist der hellste Stern am Himmel u. verkörpert den treuen Hund des Orion (↗Maira 2).

Sirona, eine gewöhnl. als Begleiterin des Apollon Grannus dargestellte gall. Göttin, deren Attribute, Früchte u. Ähren, auf eine Fruchtbarkeitsgottheit hindeuten. Gelegentl. wurde sie auch mit einer Mondsichel auf dem Haupt gezeigt. Es ist vermutet worden, daß der Name S. in einem Zshg. mit Stella = Stern steht, so daß es sich um eine Göttin der Gestirne handeln könnte.

```
            Aiolos – Enarete
                  |
        Sisyphos – Merope
            ┌─────┘
        Glaukos – Eurymede
                  |
            Bellerophon
```

Sisyphos, in der griech. Sage Sohn des thessal. Kg. ↗Aiolos u. der Enarete; Erbauer u. erster Kg. v. Korinth. Er heiratete ↗Merope 1) u. war Vater des ↗Glaukos 4) u. Großvater des Bellerophon. S. zeichnete sich als Meister v. List u. Tücke aus u. ging als einer der großen Frevler gg. die Götter in die Überlieferung ein. Neben vielen anderen Missetaten gelang es ihm, Thanatos in seine Gewalt zu bringen, so daß niemand auf der Erde mehr sterben konnte, bis Ares den Tod befreite. In Zshg. mit seinem eigenen Tod untersagte er seiner Gattin, ihn zu bestatten, u. bat Hades, auf die Erde zurückkehren zu dürfen, um seine Gemahlin wegen dieses schweren Versäumnisses zur Rede zu stellen. In Wirklichkeit wollte er sich eine Gelegenheit ver-

Sisyphos mit dem Felsen als Büßer in der Unterwelt; nach einem griech. Vasenbild des 6. Jh. n. Chr.

schaffen, nicht in der Unterwelt bleiben zu müssen. Als er schließl. in hohem Alter doch starb, wartete im Hades für seinen ruchlosen Lebenswandel eine schwere Strafe auf ihn: Er mußte in alle Ewigkeit einen gewaltigen Felsblock auf einen Berg wälzen, der wegen seines enormen Gewichtes kurz vor dem Ziel jeweils an den Ausgangspunkt zurückrollte. Von daher wurde der Begriff *Sisyphosarbeit* zum Sinnbild vergebl. Mühe (vgl. ↗Oknos). – Der Sisyphosstoff fand auch in der antiken Lit. Eingang, vor allem durch die Dramen der drei großen att. Tragiker Aischylos, Euripides u. Sophokles. – A. Camus nannte seinen philosoph. Essay über das Absurde u. das Unüberbrückbare zw. Hoffnung u. Wirklichkeit den „Mythos v. S." (Le mythe de Sisyphe, 1942).

Sitzende Haltung scheint für manche german. ↗Götterbilder typisch gewesen zu sein: u. a. der Freyr v. ↗Rallinge, der Thor v. ↗Akureyri u. die Figur v. ↗Rude Eskildstrup. Etwas Ähnl. scheint sich auch in der frühchristl. Kunst entwickelt zu haben, wo bei Gruppenbildern der „Ranghöchste" sitzend dargestellt wurde.

Sizilien, die größte Insel des Mittelmeeres, v. It. durch die Straße v. Messina getrennt. In der Sage spielt bes. der Ätna eine Rolle, v. dem man annahm, hier hätte der berühmte Kunstschmied ↗Hephaistos eine seiner Werkstätten.

Sjúrdar kvæði, faröischer Volksballadenzyklus, Lieder v. ↗Sigurd. – Die umfangreichste (zus. über 250 Strophen) Bearbeitung des Nibelungenstoffes in der Form der spätmittelalterl. Volksballade. Daneben gibt es eine Reihe v. kürzeren dän. Fassungen, die jeweils auf unterschiedl. Weise nord. u. mhd. Vorlagen bearbeitet haben, während die faröischen Fassungen vor allem auf den skandinav. Quellen von Thidreks saga, Völsunga saga u. Edda beruhen.

Skadi, Tocher des nord. Riesen ↗Thiassi, der v. Thor u. Loki getötet worden war; Gattin des ↗Niörd, Mutter Freyrs. Sie erschien wutentbrannt in Asgard, um ihren Vater zu rächen, ließ sich aber v. Loki besänftigen, der zus. mit einem Ziegenbock einen kom. Tanz aufführte, der sie erheiterte, ja zum Lachen brachte. Thor versprach ihr sogar einen Asen zum Mann, den sie selbst auswählen konnte, freilich nur anhand seiner Füße, die sie allein zu sehen bekam, weil man ihr die Augen entspr. verbunden hatte. Sie glaubte, ihre Wahl sei auf Balder gefallen, in Wirklichkeit handelte es sich aber um Niörd, der mit seiner Schwester Nerthus verheiratet gewesen war, sich aber v. dieser getrennt hatte, als er als Geisel nach Asgard ging, wo Geschwisterehen den Gesetzen nicht entsprachen. Niörd, der Gott des Meeres u. der Seefahrt, u. S. wurden nicht glückl. miteinander, weil S. nicht das Wasser, sondern die Berge liebte. So verließ S. ihren Mann u. heiratete später den Gott des Winters ↗Ullr.

Skalden, die altisländ. Dichter, deren Kunst, die ↗Skaldendichtung oder Skaldik, eine bes. Dichtungsgattung neben Edda und Saga (↗Snorra Edda) darstellt. In der dichter. Überl. erscheint die Skaldenkunst zuweilen als Rauschzustand, in den man sich mit Hilfe des bes. Skaldenmets versetzen konnte, u. dieser schien so wertvoll, daß auch die Götter danach trachteten (↗Gunnlöd). – Die ersten S. waren Norweger wie ↗Bragi, ↗Thorbjorn Hornklofi, Thjodolf, Eyvind u. a.; seit dem 10. Jh. ist fast nur noch v. isländ. S. die Rede; neben ↗Egil stehen Kormak, Hallfred, Gunnlaugr Ormstunga u. Sighvath. Im 13. Jh., als die Verfallszeit der Skaldenkunst längst eingesetzt hatte, schrieb ↗Snorri Sturluson seine ↗Snorra Edda als Lehrbuch für Dichter. S. sind Poeten, die als Gefolgsleute v. Fürsten sich gleichzeitig als Hofdichter betätigten u. meist kunstvolle Preisgedichte, daneben aber auch Gelegenheitsstrophen u. manche Liebesgedichte schufen. Ihre Werke sind vielfach namentl. überliefert u. sicherten ihren Schöpfern ein hohes Ansehen.

Skaldendichtung, verfeinerte, altnorweg.-altisländ. Dichtkunst in komplizierter Strophenform (↗Drottkvæd) u. metaphernreicher Sprache (Kenningar), zeitgleich etwa mit den eddischen Liedern anzusetzen, bewahrt als Einzelstrophen im Lehrbuch der ↗Snorra Edda und als Preisgedichte an Fürsten und Könige (↗Drapa). In ihren vielen Andeutungen oft schwer erschließbare Quelle mytholog. Vorstellungen (↗Kenningar). – Die S. wurde nicht gesungen, sondern gesprochen vorgetragen. Mit der Christianisierung drangen seit etwa 1000 themat. auch christl. Elemente in die S. ein. Heidn. u. christl. Bestandteile standen jetzt nebeneinander oder wurden v. den Skalden kunstvoll vermischt. Von einem Bruch kann jedenfalls nicht die Rede sein. – Die S. ist neben den Götter- u. Heldenliedern der Edda u. neben der Saga die dritte der die altnord. Lit. charakterisierenden großen Gattungen.

Skaldenmet, altnord. ↗Fiallar, ↗Gunnlöd u. ↗Suttung.

Skalli, einer der nord. Sonnenwölfe, ähnl. dem sonnenverschlingenden ↗Fenriswolf.

Skamandros, im Idagebirge entspringender Fluß in der Troas mit gleichnamigen Flußgott, der in der Göttersprache Xanthos hieß. Er war ein Sohn des Okeanos u. der Tethys u. besaß mehrere Kinder, darunter wahrscheinl. ↗Teukros, Kg. v. Troia. Der Name Xanthos spielte darauf an, daß der Gott seinen Haaren eine goldgelbe Farbe geben konnte. S. half den Troianern im Krieg gg. die Griechen, indem er das Wasser seines Flusses über die Ufer treten ließ u. das umliegende Land überschwemmte.

Skara Brae, Steinzeitwohnplatz auf den engl. Orkney-Inseln, datiert um 3000 v. Chr. Die Funde zeugen v. hoher handwerkl. Qualität, bes. „Steinbälle" unbekannter Funktion mit netz- u. wellen- bzw. buckelförmigen Verzierungen. Vergleichbar sind die Spiralmuster auf dem Schwellenstein v. ↗New Grange (Irland). Mit ihrer etwa tennisballartigen Größe könnten es Spielsteine sein oder Objekte eines (unbekannten) Kults (?).

Skaramund, einer der Ritter Kg. Gunthers, die v. ↗Walther v. Aquitanien in einer Schlucht besiegt wurden.

Skeaf, Zentralgestalt einer angelsächs. Legende: Ein schlafendes Kind, das in einem Boot an Schwedens Küste landete u. dort später zum Kg. erhoben wurde. S. starb nach einer langen Regierungszeit u. wurde auf seinen Wunsch hin als Toter wieder in ein Schiff gelegt, das ihn in seine Heimat zurückbrachte. Wahrscheinl. sollen S. u. ↗Freyr identisch sein.

Skedemosse ↗Opferfunde.

Skeiron, 1) der Nordwestwind in der griech. Überl.; Sohn des Astraios u. der Eos. – **2)** auch *Skiron,* Sohn des Pelops oder Poseidon, ein Räuber, der die vorbeikommenden Wanderer dazu zwang, ihm die Füße zu waschen, wobei er sie ins Meer warf. Er wurde v. Theseus, der ihn seinerseits ins Meer stürzte, getötet.

Skidbladnir, das v. dem nord. Zwerg ↗Ivaldi geschaffene Schiff, das Freyr gehörte; alle Asen hatten in ihm Platz, u. infolge günstiger Winde erreichte es stets den angestrebten Hafen. Wurde es nicht gebraucht, so konnte es so klein zusammengefaltet werden, daß es sich in die Tasche stecken ließ.

Skilfingr ↗Scylfinge.

Skimming, der windschnelle Hengst des german. Schmiedes ↗Wieland, mit dem dieser in einer einzigen Nacht den Siegstein des Nidung, den dieser zu Hause vergesen hatte, als er ins Feld zog, herbeiholte. Obwohl er das schier Unmögliche mögl. gemacht hatte, wurde Wieland um den versprochenen Lohn, näml. das halbe Königreich u. die Hand der Königstochter, betrogen.

Skinfaxi, nach der Vorstellung der Germanen ein weißes Roß, das den vergoldeten Wagen des Tages zog. Vgl. ↗Nacht.

Skirnir, Freund u. Gefährte des nord. Gottes ↗Freyr, der für diesen um die schöne ↗Gerd, zu der Freyr in Liebe entbrannt war, warb; edd. *Skirnirlied.*

Skjoldungen, das Geschlecht der dän. Könige, die v. dem sagenhaften Skjold abstammen, der ein Sohn Odins gen. wird. Hauptquellen sind Widsith, Beowulf, Eddalieder u. Saxo. Als vornehmster Vertreter gilt ↗Hrolf Kraki, als letzter Sproß ↗Harald Hilditönn. – In den hist. gesicherten Bereich treten die S. mit Gorm dem Alten († um 945) u. seinem Sohn Harald Blauzahn, der auch dem Geschlecht der ↗Knytlinge zugerechnet wird.

Sköll, nach german. Vorstellung ein grimmiger Wolf, der ↗Sol verfolgte.

Skorpion, 8. Zeichen des Zodiakos; es stellt jenen Skorpion dar, der den Orion im Auftrag der Artemis tötete.

Skrymir, ein nord. Riese, bei dem Thor, Loki u. Thialfi Einkehr hielten, als sie sich einstmals nach Utgard begaben. Sie übernachteten dort, u. als sie am nächsten Morgen erwachten, stellten sie fest, daß das, was sie für die Hütte des Riesen gehalten hatten, dessen Handschuh war. S. bot sich ihnen als Begleiter an, übergab ihnen bei hereinbrechender Dunkelheit einen Sack mit Speisen u. schlief dann sofort ein. Da es Thor nicht gelang, den Sack zu öffnen, geriet er in Zorn u. warf dreimal mit ↗Miölnir nach dem Kopf des Schlafenden, ohne ihn jedoch ernsthaft zu verletzen oder gar töten zu können. Später stellte es sich heraus, daß es sich um ↗Utgardloki gehandelt hatte, dem die drei Wanderer auch bei mehreren Wettkämpfen auf dessen Burg zu ihrem großen Erstaunen durch listenreiche Täuschung unterlegen waren.

Skuld, jene nord. ↗Norne, die „das, was sein wird", kannte.

Skylla, 1) in der griech. Mythologie ein schreckliches Meeresungeheuer, Tochter der Krataiis u. wahrscheinl. des Phorkys, obwohl die Überl. auch andere Eltern nennt. Sie wohnte der Sage nach in einer Höhle gegenüber der ↗Charybdis, mit der zus. sie eine Meerenge beherrschte, die v. der Antike in der Straße v. Messina lokalisiert wurde u. für die Seefahrer als äußerst gefährl. galt. So fraß sie mehrere Gefährten des Odys-

Skylla

seus, als dieser mit seinem Schiff S. u. Charybdis passierte. Das Geschrei, das sie dabei ausstieß, ähnelte dem Gebell eines Hundes. „Zwischen S. und Charybdis" wurde sprichwörtl. für eine Lage zw. zwei Bedrohungen u. damit für eine ausweglose Situation. – **2)** Tochter des Nisos v. Megara. Sie schnitt ihrem Vater aus Liebe zu Minos v. Kreta, der Megara belagerte, die ihm Unsterblichkeit verleihenden purpurnen Locken ab. Daraufhin gelang es Minos, Megara einzunehmen u. den Kg. zu töten. Anschließend band Minos S., deren Liebe er verschmähte, an das Heck seines Schiffes u. schleifte sie durch die Meere. Nach anderer Version wurde S. in den Meeresvogel Keiris (Ciris) verwandelt. – Die Geschichte v. Nisos u. S. ist ein Beispiel für den antiken Glauben, mit dem Haupthaar des Menschen seien besondere Kräfte verbunden (vgl. der bibl. Samson).

Skythen, Reiternomaden, die bereits um 500 v. Chr. das Pers. Reich des Darius bedrohten. Mit diesem Kontakt zu innerasiat. Völkerschaften wurden auch deren Kunstformen nach dem W vermittelt. Bevorzugt waren Tierdarstellungen (Pferde, Hirsche mit weit ausladendem Geweih), z. T. werden chines. (!) Stilelemente übernommen. Charakterist. ist die gespannte Verdrehung v. Tierkörpern u. das Zusammenfügen zu Misch- u. Fabelwesen (Greif). Im W gingen die S., die zuletzt an der Donau u. am Schwarzen Meer siedelten, in den slaw. Völkern auf. – Auch die Griechen vermochten nicht, ähnlich wie später die Römer mit ihrer ↗„Interpretatio Romana", in den skyth. Göttern etwas anderes als Entsprechungen zu ihrer eigenen Mythologie zu sehen. – Siehe Text S. 389.

Slawen, Bz. für versch. indogerman. Stämme mit erkennbarer Identität seit Anfang des 6. Jh. Schon vorher sprechen griech. Historiker v. „Venedi", d. h. Wenden, oder Serben. Etymolog. verwandt mit der Bz. S. ist „Sklave", und das charakterisiert z. T. ihre ersten Beziehungen zur antiken Welt. Die Christianisierung begann im 9. und 10. Jh.; in Rußland wurden Kiew u. Nowgorod wichtige Zentren (↗Rus). Über die Mythologie der S. gibt es nur wenige Quellen (z. B. die ↗Nestorchronik u. den poln. Verf. Długosz) u. oft unzuverlässige Beschreibungen (z. B. über die Götter ↗Bog, ↗Perun, ↗Prove u. ↗Svarog), z. T. wurden auch Götter falsch gedeutet (↗Lada, ↗Lel') bzw. erfunden (↗Pseudogötter).

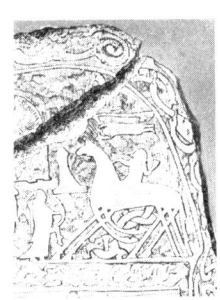

Sleipnir: Darstellung eines achtbeinigen Pferdes, das als Sleipnir gedeutet weden kann. Ausschnitt aus dem Bildstein v. Tjängvide/Gotland, wohl 9. Jh.

Sleipnir, das graue, achtfüßige (↗Acht) Pferd des nord. Gottes ↗Odin, dem kein Hindernis zu hoch war; es galt bei den Germanen als das schnellste aller Pferde.

Slovo o polku Igoreve ↗Igorlied.

Skythen

„Folgende Gebräuche sind bei ihnen eingeführt. Sie opfern keinen anderen Göttern als der Vesta, welche sie am meisten verehren, und nebst ihr dem Jupiter und der Erde, welche sie für die Ehefrau des Jupiter halten; nächst diesen auch dem Apollo, der Urania, dem Herkules und dem Mars. Diese haben alle Skythen angenommen. Die aber, welche die königlichen Skythen heißen, opfern auch dem Neptun. Auf skythisch heißt die Vesta: Tabiti; Jupiter nach meiner Meinung sehr richtig: Papäus, die Erde: Apia; Apollo: Ötosyrus; die Urania: Artimpasa; Neptunus: Thamimasades. Bildnisse, Altäre und Tempel pflegen sie nicht zu machen als bloß allein dem Mars."

(Herodot, „Historien", 5. Jh. v. Chr.)

Smertrios, Beiname des gall. Mars im Sinne v. „der Sorgende". Er ist auf dem kelt. Kessel v. ↗Gundestrup dargestellt, wo er Hunde tötet, die das Opfertier angreifen wollen, findet sich aber auch auf dem Nauten-Denkmal in Paris; dort erscheint er als bärtiger Mann, der eine Keule gg. eine Schlange erhebt.

Smintheus, Epitheton (Beiname) des Apollon als „Mäusegott", d. h. als Schutzherr der Feldfrüchte gg. Schädlinge.

Smiss: Bildstein mit Drachen-Triskele (Dreiecksknoten) oben u. angebl. „Schlangengott" unten, Gotland, 7. Jh. n. Chr.

Smiss, När auf Gotland; ein erst 1955 aufgefundener ↗gotländ. Bildstein zeigt eine „Schlangengottheit", die Haarsträhnen haben links u. rechts offenbar Knoten (vgl. ↗Maske). Eine befriedigende Deutung des Bildes gibt es bisher nicht; die christl. Luxuria (an deren nackten Brüsten Schlangen hängen) überzeugt nicht als Parallele. Interessant erscheint die Interpretation als einem zweigeschlechtl. Urwesen, dessen Attribut Schlangen wären (solches spielte in der Ursprungssage v. Gotland eine Rolle). – Erinnert sei daran, daß bereits der Kult v. Knossos auf Kreta um 1700 v. Chr. die weibl. Götterfigur oder Priesterfigur mit Schlangen in den ausgebreiteten Armen kannte.

Smyrna, anderer Name für ↗Myrrha. – Kultort der ↗Nemesis.

Snoldelev: Horn-Triskele

Snoldelev, dän. Fundort (bei Kopenhagen) eines Steins mit einer Runeninschrift der frühen Wikingerzeit (9. Jh.); gleichzeitige Verzierung mit Hakenkreuz (Swastika) u. drei ineinander verschlungenen Hörnern (Triskele), ein viertes Horn „stört" (?) die zweifellos angestrebte Symmetrie. Der Stein ist als Totengedächtnis gesetzt worden, hatte aber bereits vorher kult. Bedeutung; davon zeugt ein noch schwach erkennbares Sonnenrad mit Näpfchen (Vertiefung) in der Mitte.

Snorra Edda, altnord. Dichterlehrbuch, hauptsächl. aus der Feder von ↗Snorri Sturluson, aus dem die altisländ. Skalden den Umgang mit schwierigen mytholog. Stoffen und deren Umschreibung (↗Kenningar) lernen konnten. So enthält der erste Teil, gen. „König Gylfis Blendung" (↗Gylfaginning), eine kurze Übersicht über den gesamten altnord. Schöpfungsmythos. Im Ggs. zur Älteren Edda, der Lieder-Edda (aus der Strophen zitiert werden), auch „Jüngere Edda" oder „Prosa-Edda" genannt. In dem umfangreichen Hauptteil, den „Skáldskaparmál" (Sprache der Dichtkunst), enthält Snorris Edda zahlreiche erläuterte Strophen der ↗Skaldendichtung und eine Verslehre (Háttatál).

Snorri Sturluson, isländ. Staatsmann, Historiker u. Dichter, *1178 (1179?), †1241. Er war ein reicher u. bedeutender Mann, der auch polit. großen Einfluß besaß. Als Gesetzessprecher (1215–18 u. 1222–31) hatte er das höchste isländ. Amt inne. Zweimal besuchte er Norwegen u. war zunächst mit Kg. Haakon IV. befreundet, zu dem er jedoch wegen seiner engen Beziehung zu dessen Rivalen, Jarl Skuli, in Ggs. geriet. Er kehrte nach Island zurück u. wurde schließl. in Zshg. mit Familienauseinandersetzungen u. seiner Verwicklung in die Pläne Haakons, den Freistaat Island zu annektieren, ermordet. – S. S. war Christ. Er verfügte über eine große Bildung u. machte sich als Schriftsteller durch die Geschichte der norweg. Könige v. sagenhaften Anfängen bis 1177, später *Heimskringla* gen., einen Namen, mehr noch als Verfasser der nach ihm benannten ↗Snorra Edda.

Snotra, eine german. Göttin, die als klug u. wissend verehrt wurde.

Soest, Stadt in Westfalen; nach der norweg. ↗Thidreks saga die Burg „Susat" Attilas.

Sokrates wurde 399 v. Chr. wegen „Verführung der Jugend u. Leugnung der alten Gottheiten" zum Tode verurteilt. Die Mythologie siegte sozusagen im Interesse der Staatserhaltung über die ↗Philosophie. ↗Platon hat mit seiner „Verteidigungsrede des S." (um 395/390 v. Chr.) seinem Lehrer ein philosoph. Denkmal gesetzt (gedruckt in Venedig 1513). Die „heidn., autarke Humanität" (E. Schmalzriedt) strahlte bis in die Renaissance hinein.

Sökvabek, *Sökkvabekk*, eine geheimnisvolle nord. Himmelswohnung in Asgard in Gestalt einer gläsernen Grotte. Das Schloß wurde nach einem Teil der Überl. v. Iduna u. Bragi bewohnt u. diente den Asen als Versammlungsort, wo sie sich Bragis Lieder anhörten u. sich v. seiner Gemahlin die Äpfel der ewigen Jugend reichen ließen (↗Iduna). Nach anderer Version lebte hier die Göttin Saga (↗Saga 2).

Sol, 1) röm. Sonnengott, dem griech. ↗Helios entspr. Er besaß auf dem Quirinal in Rom seinen Haupttempel. Seine Bedeutung nahm in der röm. Kaiserzeit zu durch Übernahme v. oriental. Sonnengöttern durch die Römer. Diese übernommenen Gottheiten trugen dann Beinamen wie „invictus", „aeternus", „divinus" o. ä. Unter Ks. Antoninus Pius wurde S. zus. mit Zeus in Heliopolis (= Baalbek), wo man riesige Tempel errichtete, verehrt. Elagabal, eig. *Heliogabal*, trug den Namen des Sonnengottes u. machte ihn zum obersten röm. Staatsgott. Auch Ks. Aurelian verehrte S. in besonderem Maße. Er legte sich selbst den Titel Sol invictus bei u. war auf Münzen mit dem Strahlenkranz des Helios dargestellt. – **2)** Schwester des german. ↗Mani; wie dieser wurde sie wegen der Hybris des Vaters an den Himmel versetzt, wo sie den Sonnenwagen lenkte und von dem Wolf Sköll verfolgt wurde. Kam Sköll dem Gefährt zu nahe, so erfolgte eine Sonnenfinsternis.

Solarljod, altnord. ↗Sonnenlied.

Solberga:
Fischer und „Meerjungfrau"

Solberga, Zierplatte (Helm- oder Schwertscheidenbeschlag, viell. Amulett?), datiert um 650 n. Chr., gefunden bei S. in Östergötland/Schweden (Hist. Museum, Stockholm). Die bildl. Miniaturdarstellung erinnert an die Flachreliefs der ↗gotländ. Bildsteine (Haarzopf als Kennzeichen der Frauenfigur), andererseits ist die gesamte Fläche des Bildes v. einem an ir. Buchmalerei erinnernden Knotenmotiv überzogen (gg. die ästhet. „Angst vor leeren Stellen", lat. „horror vacui"). Mit ↗Thors Fischzug kann die Darstellung wegen der „Meerjungfrau" kaum in Zshg. gebracht werden. Viell. handelt es sich um eine amulettartige Szene, die dem Fischer Glück bringen soll. Dieser hat dann wahrscheinl. die Meerjungfrau nicht am Haken (so B. Arrhenius), sondern hofft, daß das Meereswesen ihm mit der Hand die Angel glückl. führen möge.

Sol invictus ↗Bet Alpha, ↗Mithras, ↗Sol 1).

Solon, athen. Staatsmann adliger Herkunft, * um 640, † um 560 v. Chr.; führte umfassende Reformen durch u. schuf die timokrat. Staatsordnung (Wahlrecht entspr. den Vermögensverhältnissen). S., der auch Elegien dichtete, die im Dienste seiner Politik standen, zählte zu den Sieben Weisen Griechenlands.

Solymoi, *Solymer,* ein mächtiger lyk. Stamm v. Kriegern, die Bellerophon erfolgr. bekämpfte.

Soma ↗Unsterblichkeitstrank.

Somnus, der dem griech. ↗Hypnos entspr. röm. Gott des Schlafes; Vater zahlr. Söhne, darunter Phantasos u. ↗Phobetor.

Somowoj (Mz.), russ., aus einem primitiven Toten- u. Ahnenkult abzuleitende mytholog. Wesen, die als häusl. Schutzgeister dienen u. Menschen u. Vieh beschirmen. Ihnen entgg. stehen die ↗*Russalky* als menschenfeindl. Seelengeister. Beide sind Wesen der „niederen Mythologie" u. offenbar Reste der (sonst kaum nachweisbaren) altslaw. Religion.

Sonne ↗Heilszeichen, ↗Helios, ↗Phoibos, ↗Re, ↗Sol, vgl. ↗Aberglauben.

Sonnenblume ↗Klytie.

Sonnenlied (altnord. *Solarljod*), ein kurzes Gedicht, das zwar erst spät im 17. Jh. überliefert, viell. aber schon um 1200 entstanden ist. Obwohl gedanklich vollständig vom Christentum durchdrungen, propagiert das Werk den neuen Glauben zuweilen mit traditionellen dichter. Umschreibungen; so wird z. B. Christus als „Sonnenhirsch" bezeichnet, dessen Geweih bis zum Himmel reicht, u. ähnl. wird das Grab Christi nach Art eines heidn. Hügelgrabs beschrieben.

Sonnenmythen der ↗Letten, bereits 1875 v. W. Mannhardt untersucht u. 1923 v. L. von Schröder als wichtiges gemeinsames Element aller „arischen" Religionen gedeutet. – Patrick (↗Patricius), der heilige Missionar in Irland im 5. Jh., berichtete v. einer kelt. Sonnenverehrung; Näheres dazu ist nicht bekannt.

Sonnenscheibe verbindet sich mit dem Knotenmotiv zum zentralen Bild auf dem gotländ. Bildstein v. ↗Havor. – Als Sonnenräder (Radkreuze) oder S. erscheinen auf den bronzezeitl. Felszeichnungen v. Bohuslän in Schweden

Sonnenscheibe: bronzezeitl. Felszeichnungen von Backa

mehrfach Motive einer stilisierten Sonne, die zu dem dort angenommenen Fruchtbarkeitskult passen (↗Backa). An der gleichen Stelle erscheint die S. auch mit einem pilzförmigen Ansatz (Tragegestell für einen kult. Umzug?), der in seiner äußeren Form auffallend an die ↗gotländ. Bildsteine erinnert, die damit viell. zu Unrecht als Abbild eines Phallos gedeutet worden sind.

Sonnenwagen: bronzezeitl. Felszeichung von Backa

Sonnenwagen, neben dem Sonnenschlitten erscheint auch der S., wohl mit einem kleinen ↗Adoranten bemannt, auf einer schwed. Felszeichnung v. ↗Backa, Bohuslän. Aus archäolog. Funden kennt man mehrere Kultwagen (Dejbjerg, Dänemark; ↗Oseberg-Wagen), bei einem S. muß man zudem sofort an den prächtigen Fund aus dem dän. Moor v. ↗Trundholm denken.

Sonntag, „Tag der Sonne", engl. Sunday, einer der ↗Wochentage. – In der älteren mytholog. Spekulation natürl. Objekt heftiger Überlegungen: „Haben nun unsere Einwohner [in Dithmarschen] sich Götzen auf Erden gemacht, so kan man leicht gedencken, daß sie ebenfalls mit den alten Teutschen sind überhaupt gewohnt gewesen, die Sonne am Himmel, den Mond und das Feuer anzubeten. Die Sonne war der Teutschen ihr vornehmster Götze mit. Sie beteten selbige insonderheit an am Sonntag, und zwar in Gestalt eines auf einem Pferde sitzenden halb nackenden Mannes, dessen Kopf mit feurigen Strahlen umgeben, in beyden Händen vor der Brust ein flammendes Rad haltende" (in altertüml. Schreibung bei: J. Hellmann, „Kirchen-Historie", 1735).

Sophokles, griech. Dichter, * um 496 v.Chr. im att. Kolonos, † 406 in Athen; 443 Schatzmeister des griech. Seebundes, 441 mit Perikles zus. Stratege; nahm auch sonst als Staatsbürger mancherlei Aufgaben wahr. Jünger als Aischylos, älter als Euripides, stand S. in der Art seiner Dramen zw. beiden. – Durch Einführung eines dritten Schauspielers u. Erhöhung der Zahl der Choreuten v. 12 auf 15 konnte er das dramat. Spiel freier u. spannungsreicher gestalten; der

Sophokles

Chor tritt neben dem Dialog immer stärker zurück. Die Handlung wird in den Charakteren begründet, wenn diese sich auch am Ende den Göttern u. dem v. ihnen verhängten Schicksal fügen müssen. Von seinen 123 Dramen sind 7 Tragödien erhalten. – ⁷Oidipus.

Sörli, ein Sohn Kg. ⁷Jornakers u. der Gudrun; Bruder des ⁷Hamdir u. Halbbruder des ⁷Erp 2). Er fiel im Kampf gg. Jörmunrek, als er ⁷Svanhild rächen wollte.

Sosia, Diener des ⁷Amphitruo (Amphitryon).

Soteira, Epitheton (Beiname) der Göttinnen Athena, Artemis u. Persephone. – ⁷Soter.

Soter, 1) ein Epitheton des Zeus in seiner Eigenschaft als Retter. – **2)** Name, den die Griechen jenen Göttern verliehen, die v. Gefahren erretteten. – **3)** ein röm. Gott der Errettung v. Gefahr.

Soteria, die für eine Errettung dargebrachten Dankopfer; auch Bz. für staatl. Dankfeste, die zur Erinnerung an besondere Ereignisse begangen wurden, vor allem an Siege militär. u. polit. Art.

Sparlösa, Runenstein von S. im schwed. Västergötland (an der Kirche v. Salem), um 800 n.Chr.

datiert, mit dem Bild eines „herabstürzenden Flugdrachens" (umstritten; Stein z.T. beschädigt) in der Art des späten Stils v. Oseberg.

Sparta, griech. Stadt auf dem Peloponnes; südl. davon befinden sich die Ruinen des antiken S., im Alt. auch Lakedaimon gen., das neben Athen der bedeutendste Stadtstaat Griechenl. war. Die Lakedaimonier galten als bes. disziplinierte Krieger. – ⁷Menelaos.

Spartoi (griech. = die Gesäten), *Sparten,* die Stammhelden der Thebaner, deren Herkunft mit der Sage um ⁷Kadmos in Verbindung steht. Kadmos vernichtete einen Drachen, der seine Gefährtin getötet hatte, brach ihm die Zähne aus u. säte sie in den Boden. Die daraus erwachsenden Krieger brachten sich gegenseitig um mit Ausnahme von fünf, die Kadmos beim Bau der Burg Theben halfen.

Spathascheide, Schwertscheide mit silbernen Beschlägen aus einem alamann. Fund bei Gutenstein, Konstanz, datiert in das 7. Jh. n.Chr. (ehemals Berlin, verschollen). Die eingepreßten Darstellungen zeigen u.a. einen Wolfskrieger (Werwolf bzw. als Wolf verkleideter Kulttänzer?), wie man ihn v. skandinav. Darstellungen kennt (⁷Torslunda).

Specht, der heilige Vogel des Mars. – ⁷Picus.

Speichel. In der german. Mythologie dient Odins S. zum Bierbrauen (⁷Geirhild, ⁷Kvasir). S. wird tatsächl. noch bei Naturvölkern zur Anregung des Gärvorgangs benutzt.

Speio, eine der griech. ⁷Nereïden.

Spencer, *Herbert,* ⁷Totenkult.

Spercheios, Fluß im südl. Thessalien mit gleichnamigem Flußgott, einem Sohn des Okeanos u. der Tethys; Vater des ⁷Menesthios.

Sperlonga, Grotte angebl. des Tiberius, an der Küste zw. Rom u. Neapel gelegen, mit versch. Marmorfiguren (z.T. Kopien griech. Bronzefiguren), die mit ihrer Aufstellung ein ganzes „mytholog. Programm" zur Verherrlichung des Odysseus darstellten: Blendung des Polyphem, Odysseus im Kampf mit der Skylla, Raub des Palladion in Troia u. Achilleus-Patroklos (?). Viell. aus der Zeit des röm. Ks. Tiberius im 1. Jh. n.Chr.

Spermo, eine Tochter des ⁷Anios, die Dionysos glühend verehrte. Sie konnte durch bloßes Berühren des Bodens Getreide hervorbringen.

Spes, Personifikation der ⁷Hoffnung, die an mehreren Orten des Röm. Reiches Kultstätten besaß u. als göttl. verehrt wurde. Am bedeutendsten war ihr Tempel in Rom, der ihr während des 1. Pun. Krieges in der Hoffnung

Spes:
Göttin der Hoffnung

auf einen militär. Sieg gelobt worden war. Daneben wurde S. aber auch v. all jenen angerufen, denen es um Erfolg in den verschiedensten Anliegen ging.

Sphinx, Fabelwesen mit Löwenleib u. Menschenkopf, im einzelnen versch. ausgebildet, aber zunächst gewöhnl. als Sinnbild der Herrschermacht verstanden. Zuerst bei den Ägyptern als Wächter vor Tempeln verwendet; die älteste bekannte Darstellung ist die in Gizeh mit Abbild des Pharao Chephren. Die männl. Darstellung der Ägypter wurde in Syrien zur weibl. umgestaltet; von hier erfolgte die Ausbreitung nach Kreta (mit aufgestellten Flügeln). In Griechenl. im 6. Jh. v. Chr. häufig als Bekrönung v. Grabstelen oder als Weihegeschenk (um 560 die berühmte S. der Naxier in Delphoi), im 5. u. 4. Jh. v. Chr. häufig dekorativ verwendet. In der röm. Kunst auf Nebenseiten v. Sarkophagen zu sehen. – Im griech. Mythos galt die S. als Tochter des Typhon (nach anderer Version des Orthos) u. der ⁊Echidna. Sie saß im Auftrag der Hera, die auf diese Weise das Verbrechen des ⁊Laïos an Chrysippos rächen wollte, vor einem der Tore Thebens oder auf dem Marktplatz der Stadt u. tötete alle Vorübergehenden, die ihr Rätsel: „Was geht zuerst auf vier, dann auf zwei u. schließl. auf drei Beinen?“ (der Mensch; zuletzt mit einem Stock) nicht zu lösen wußten.

1   2

Sphinx: 1 S. v. einer griech. Amphore. – 2 S. der Naxier (Delphi)

Als Oidipus die Lösung fand, stürzte sich das Untier in einen Abgrund, u. damit war Theben v. seiner schweren Heimsuchung befreit – (siehe Farbtafel S. 312).

Spielmannsepos, Gattung der vorhöf. und frühhöf. Lit., im Anschluß u. in Umwandlung des german. Heldenepos. Greift z. T. german. Sagenstoff wieder auf (⁊König Rother), benützt verstärkt frz. (und kelt.) Quellen (⁊Tristant und Isalde) u. orientiert sich an Stoffen aus der Antike („Orendel“ nach dem spätantiken Apolloniusroman, um 1150) u. der Geschichte („Herzog Ernst“, vermischt mit Märchenstoffen von Sindbad dem Seefahrer). Als lit. Gattung nicht mehr Gegenstand der german. ⁊Mythologie.

Spirale ⁊New Grange.

Spurius Tarpeius, Vater der ⁊Tarpeia.

Stabkirche, bes. in Norwegen aus dem 11.–13. Jh. erhaltener Typus der Holzkirche mit Wänden in Stabbauweise (aus senkrecht gestellten Pfosten gefügt) mit steilen, übereinandergeschichteten Dächern, Vorhallen u. gedecktem Umgang; reiche Schnitzereien (Drachenköpfe an Giebeln, Tierstilornamente u. zahlreiche andere Schmuckformen (vgl. ⁊Borgund) sind Ausdruck der hochentwickelten Wikingerkunst (⁊Sigurd) – siehe Abb. Seite 394 oben.

Stabreim, traditionelle altgerman. Reimform mit gleichklingenden Anlauten (Alliteration). „Hiltibrant enti Hadubrant unter heriun tuem“ = H. u. H. (trafen sich) zwischen zwei Heeren (⁊Hildebrandslied); auch in der Namengebung vorherrschend; „Hlegast, Holts Sohn“ (⁊Gallehushorn). – Abgelöst wurde der S. vom Endreim (bereits in den Muspilli, Mitte 9. Jh.), der dann mit ⁊Otfrid von Weißenburg („Liber evangeliorum“, zw. 863 und 871) auch in der altdt. Dichtung beherrschend wird.

Stallo, geisterhafte Figur im Aberglauben und Märchen der Lappen (⁊Samen); möglicherweise handelt es sich um ein Spiegelbild des seit dem Spätmittelalter eindringenden german. Fremdlings in die Welt der finn. Samen.

Standesunterschied. In der Argumentation der homer. Sagenwelt spielte eine aristokrat. Abstammung eine große Rolle; man hat in dieser Frage auch eine spezif. Unterschied zw. Ilias u. ⁊Odyssee gesehen. Auf jeden Fall spiegelt die Dichtung solche Auseinandersetzungen. Den nicht-aristokrat. ⁊Thersites verprügelt Odysseus schlicht, weil er anderer Meinung ist; Achilleus erschlägt denselben aus Wut über erlittenen Spott. Man darf sich dabei nicht v. dichter. Berufs-Bz. verwirren lassen, wenn z. B. be-

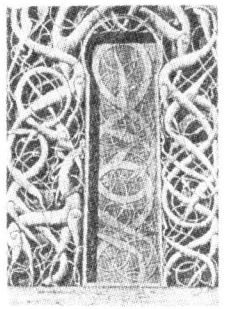

1

2

1 Stabkirche: Pforte der Stabkirche von Urnes am nor-
wegischen Sognefjord (etwa Ende 11. Jh.) mit stilistisch
völlig anderen Schnitzereien als denen von Hyllestad: über-
schlanke Tiergestalten, von denen einige an Rehe erinnern,
sind Teil eines Geflechtes aus ranken- und schlangenartigen
Elementen. – 2 Stabkirche: links Äußeres der S. in
Heddal (um 1250); rechts Inneres der S. in Lom (beide
Norwegen)

richtet wird, daß ↗Thrasymedes, ein Sohn des
Nestor u. damit königl. Abstammung, am Troian. Krieg teilnahm, aber „Schafhirte" gen.
wurde. Zusätzl. ‚sozialer Zündstoff' lag jedoch
wahrscheinl. auch in der Zumutung, Herakles
den Stall des ↗Augeias ausmisten zu lassen. – In
der Abstufung zw. Menschen, Heroen u. Göttern kann man ein Spiegelbild der Lehre v. traditionellen S. sehen; gleiches gilt für die german.
Überlieferung.

Staphylos, 1) ein Ziegenhirte des ↗Oineus, der
wilden Wein fand u. die Früchte seinem Herrn
gab. Der griech. Gott Dionysos, der nach einer
anderen Version dem König einen Weinstock
schenkte, lehrte den Oineus, aus den Früchten
Wein zu keltern. – **2)** Sohn des Dionysos oder
Theseus u. der Ariadne; ein Argonaut u. Kg.
einer der Ägäischen Inseln. Als seine Tochter
Rhoio v. Apollon schwanger war, ließ er sie in
einem Kasten ins Meer werfen. Rhoio gebar in
Delos den ↗Anios.

Starkad, eine Gestalt der altnord. Sage, als
Riese, Meerestroll, Wikinger u. Heldenfigur mit
acht Armen (nach Beowulf und Saxo) geschildert. S. raubte Alfhild, die Tochter des Kg. Alf,
u. bekam mit ihr ein Kind. Odin selbst griff in
sein Schicksal ein, als dieser ↗Vikar mit einer
Weiheformel an den Gott tötete. S. kämpfte für
den dän. Kg. gg. die Sachsen und u. a. auch gg.
↗Angantyr und dessen Brüder; er ließ sich

schließl., alt, blind u. schwach geworden, mit
dem jungen Hader in einen Zweikampf ein, um
nicht einen ehrlosen „Strohtod" im Bett zu
sterben.

Staufenberg ↗Peter von Staufenberg.

Stavr Godinovič, altruss. Byline, episches Lied
aus mündl. Überl. seit dem 12. Jh., wurde 1804
veröffentlicht. Der am Kiewer Fürstenhof gefan-
gengehaltene Bojar S. G. wurde v. seiner klugen,
in Männertracht verkleideten Frau befreit, die
zuvor versch. Aufgaben u. Prüfungen gg. die
anderen Recken der ↗Tafelrunde bestehen
mußte (Erzähltypus der klugen Rätsellöserin,
vgl. ↗Kluge Bauerntochter). Hist. Erinnerungen
an das Kiew des 12. Jh. mit der „Tafelrunde" des
Fürsten ↗Wladimir (Vladimir Monomach, reg.
1113–1125) mischen sich mit einer Reihe v.
myth.-märchenhaften Motiven.

Steinerne Gast, Der, europä. Sagenstoff v. der
übermütig zum Gastmahl eingeladenen Statue,
die tatsächl. kommt u. dem Opfer dann die steinerne Hand reicht u. ihn im Höllenfeuer verbrennen läßt. Literarisiert u. a. frz. v. Molière
im „Don Juan" (1665), in W. A. Mozarts Oper
„Don Giovanni" (1787) u. in der russischen Tragödie „Kamennyj gost'" v. Aleksandr Puschkin
(1840). – Vgl. ein ähnliches Motiv in der ↗Venus
von Ille.

Steingerd, die unglückl. Geliebte des isländ.
Skalden ↗Kormak.

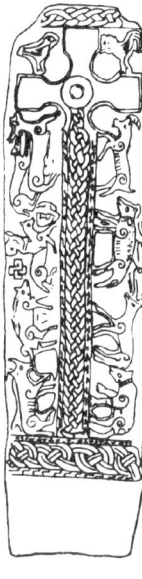

Steinkreuze: Normannische Steinkreuze v. der Insel Man (10. Jh.); sie zeigen das Fortleben des Lebensbaumes im Kreuz Christi; charakterist. sind die zahlr. Tiere, die die Kreuzesbalken umgeben.

Steinkreuze, vor allem auf den Brit. Inseln reichgeschmückte Kreuze, oft mit wikingerzeitl. Ornamentik, die heidn. Elemente ins Christliche umdeutet, z. B. den ⁊Lebensbaum als Kreuzbalken, um den sich die Tiere scharen; so auf einem Kreuz des 10. Jh. von der Insel Man – (siehe Farbtafel S. 313 links).

Steinsäule von Euffigneix, gefunden bei dem frz. Ort Euffigneix (Dep. Haute-Marne) u. datiert etwa 1. Jh. v. Chr. bis 1. Jh. n. Chr. – Zeigt einen Männerkopf mit „strahlenden Augen" u. einem Halsring (⁊Torques), darunter einen Eber. Diese Attribute werden jeweils den kelt. Göttern Taranis, Esus u. Teutates zugeordnet.

Steinsäule von Pfalzfeld, gefunden im Hunsrück, jetzt im Rheinischen Landesmuseum in Bonn, datiert um 450–350 v. Chr. – Die Säule zeigt einen stilisierten Männerkopf mit schmalem Bart u. Blättern auf der Stirn, umgeben v. ornamentalen Mustern; es könnte sich um die Darstellung des kelt. Gottes ⁊Esus handeln. Die Deutung u. die mögl. Funktion des Steines sind umstritten (siehe Farbtafel S. 313 rechts).

Stentor, in Homers „Ilias" ein Grieche vor Troia mit der Stimmstärke v. 50 Männern. Es wird berichtet, daß er nach einem Wettbewerb im Schreien, den er mit Hermes austrug u. verlor,

gestorben sei. Der Begriff *Stentorstimme* ist bis heute sprichwörtl. geblieben.

Sterben der Götter symbolisiert im Fruchtbarkeitskult den Wechsel der Jahreszeiten (vgl. griech. ⁊Persephone), die Hoffnung auf das ewige Leben (vgl. griech. ⁊Phoinix), das Warten auf die Endzeit (vgl. german. ⁊Balder) oder die Endzeit selbst (vgl. german. ⁊Götterdämmerung).

Sterbender Gallier, Marmorskulptur, röm. Kopie nach einem griech. Original viell. von Pergamon (um 220 v. Chr.). Erinnert an den Sieg über gallische Stämme, die bis Kleinasien vorgedrungen waren. Der S. G. trägt, nackt, wie die Gallier angebl. in den Kampf gingen, um den Hals einen gedrehten, verzierten Ring (⁊Torques).

Sterculus, Kg. v. Latium; ein Sohn des Faunus u. viell. der Vater des ⁊Picus. S. wurde oft mit Saturn gleichgesetzt. Die Sage berichtet v. ihm, daß er als erster Dünger verwendet habe u. der Erfinder v. landwirtschaftl. Geräten gewesen sei.

Sternbilder ⁊Planeten, vgl. ⁊Eratosthenes von Kyrene.

Sterope, 1) Gemahlin des ⁊Oinomaos. – **2)** eine Tochter des ⁊Akastos. – **3)** Tochter des ⁊Kepheus 2).

Steropes, einer der ⁊Kyklopen; Sohn des Uranos u. der Gaia, Bruder v. Brontes u. Arges.

Stettin, *Szczecin,* ⁊Triglav.

Stheneboia, Gattin des Kg. ⁊Proitos v. Tiryns, die im Sinne des Potiphar-Motivs den ⁊Bellerophon verleumdete u. später dessen Rache anheimfiel.

Sthenele, Tochter des ⁊Akastos, Schwester v. Laodameia u. Sterope. Sie heiratete ⁊Menoitios 1) u. wurde Mutter des ⁊Patroklos.

Steinsäule von Pfalzfeld:
Die im Hunsrück gefundene Säule im La-Tène-Stil war urspr. 2 m hoch u. wohl mit einem Steinkopf bekrönt (jetzige Höhe 1,48 m). Sie zeigt neben einem Männerkopf im Relief reiche Schwellblatt- und Fischblasenornamente.

Sthenelos, Name mehrerer griech. Helden, darunter: **1)** Sohn des Aktor; ein Gefährte des Herakles im Kampf mit den Amazonen. Er wurde getötet; sein Geist erschien den Argonauten. – **2)** Sohn des ↗Kapaneus u. der Euadne. Als Freier der Helena nahm er am Troian. Krieg teil u. war der Wagenlenker seines Freundes Diomedes. Er gehörte zu den Kriegern, die sich in das Hölzerne Pferd einschließen ließen. S. war auch einer der Epigonen. – **3)** Sohn des Perseus u. der Andromeda. Er heiratete Antibia (nach anderer Version Nikippe), die ihm mehrere Kinder gebar. S. wurde Kg. v. Mykenai.

Stheno, auch *Sthenno,* eine ↗Gorgone, Tochter v. Phorkys u. Keto.

Stier, ein in der Mythologie häufig erwähntes Tier; z.B. soll ein S. am Ufer des Meeres mit einer schlafenden Königin Merowech, den Stammvater des fränk. Königsgeschlechts der Merowinger, gezeugt haben. In Gestalt eines S. entführte Zeus die ↗Europe, Mutter des kret. Minos (↗Minotaurus). Vgl. die Entführung eines S. im ir. Heldenepos ↗Táin Bó Cuailnge. Aus der ägypt. Mythologie wurde v. den Römern der Kult mit ↗Apis übernommen. Im spätröm. Kult um ↗Mithras wurde ein S. getötet.

Stierkult ↗Apis, ↗Mithras, vgl. ↗Minotaurus. – *Taurobolium,* das Stieropfer im ↗Kybele-Attis-Kult.

Stiklestad, norweg. Schlachtort v. 1030, wo der norwg. Kg. Olaf der Hl. im Kampf gg. die Dänen fiel. Vor der Schlacht wurden zur Anfeuerung der Krieger die ↗Bjarkamál vorgetragen.

Stoa ↗Pharsalia.

Stoglav, altruss. „Buch der 100 Kapitel", Aufzeichnungen des Konzils v. Moskau 1551, in denen z.B. darüber geklagt wird, daß die breite Bevölkerung weiterhin am heidn. Aberglauben festhalte, Zauberer u. Hexen ihr Unwesen trieben. S. ist v. der Ideologie geprägt, von Moskau selbstbewußt als dem „dritten Rom" (nach Rom u. Byzanz) zu sprechen.

Stonehenge, bei Salisbury (Wiltshire, England) in situ, prachtvolles Beispiel einer vorhistor., steinzeitl. Steinsetzung in Kreisform in der Art einer Reihung v. ↗Menhiren. Ein Zshg. mit der Gestirnsymbolik, Sonnenwenden u. Mondläufen ist vermutet worden, aber umstritten.

Strabo, griech. *Strabon,* griech. Geograph u. Geschichtsschreiber, * um 63 v.Chr., † nach 26 n.Chr. (Todesjahr umstritten). Von seinem Geschichtswerk, das Polybios fortsetzte u. das bis zum Ende der röm. Bürgerkriege reicht, hat sich kaum etwas erhalten. S. unternahm weite Rei-

sen u. begründete die länderkundl. Erdbeschreibung in seinen „Geographika", die größtenteils überliefert sind. Darin findet sich auch eine ausführl. Darstellung Britanniens u. Germaniens, u. da S. Interesse an mytholog. Phänomenen hatte, erfahren wir v. ihm manches über die german. Religion.

Stribog, nach dem altruss. ↗Igorlied ein heidn. Gott der Winde u. des Kriegs.

Striges, *Strigen,* nach der volkstüml. Vorstellung der Römer vampirartige Vögel, viell. Abkömmlinge der ↗Harpyien, die kreischend über die Säuglinge in den Wiegen herfielen u. ihnen das Blut aussaugten. Um sich vor den Unholden zu schützen, griff man zu apotropä. Maßnahmen wie Ersatzopfer oder Segnung der Türschwellen. Mit Gewalt konnte man sie nicht vertreiben, da sich auf diese Weise die v. ihnen ausgehende Gefahr vergrößert hätte.

Strophios, 1) Kg. v. Phokis, Sohn des Krisos; er heiratete Anaxabia, eine Schwester des Agamemnon, die ihm den ↗Pylades gebar. S. zog seinen Neffen Orestes auf. Er distanzierte sich v. seinem Sohn, als dieser gemeinsam mit Orestes ↗Aigisthos u. seine Mutter ↗Klytaimestra ermordete. – **2)** Sohn des Pylades u. der ↗Elektra. Vater eines Sohnes, der ebenfalls Pylades hieß.

Strymo, eine Tochter des griech. Flußgottes ↗Skamandros. Nach einem Teil der Überl. Gattin des ↗Laomedon, auch als dessen Geliebte bezeichnet.

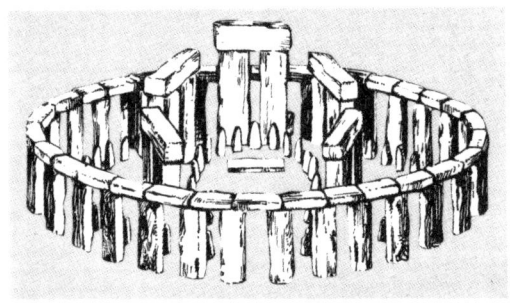

Stonehenge: Steinkreis v. Stonehenge, Ansicht der erhaltenen Anlage u. mögliche Rekonstruktionszeichnung

Strymon, thrak. Fluß mit gleichnamigem Flußgott. – Vater des ↗Rhesos.

Sturlunga saga ↗Saga.

Stymphalische Vögel, große, menschenfressende Raubvögel, die ihre gefährl. Federn wie Pfeile auf die Menschen abschossen. Sie lebten in den arkad. Sümpfen v. Stymphalos u. stellten eine ständige Bedrohung dar, bis ↗Herakles sie in einer seiner „Arbeiten" mit einer ihm v. Athena geschenkten Klapper aufscheuchte u. sie anschließend mit seinen Pfeilen tötete. – ↗Dia 2).

Styx, 1) in der griech. Mythologie einer der Flüsse der Unterwelt, über den Charon die Seelen der Verstorbenen übersetzte. Die Griechen pflegten beim S. zu schwören. – **2)** eine Okeanide; die älteste Tochter v. Okeanos u. Tethys. Sie war der Sage nach die erste, die Zeus zu Hilfe eilte, als die Titanen ihn angriffen. S. herrschte über den Fluß Styx in der Unterwelt.

Suada, röm. Göttin der Überredung; der griech. ↗Peitho entspr.

Sucellos: Der kelt. Gott Sucellos mit der Göttin Nantosuelta. Sucellos trägt als Symbol einen Hammer, Nantosuelta ein Häuschen auf einer Stange, das Emblem des Handwerks. Im unteren Feld ist ein großer Adler, das Symbol beider, abgebildet. – Darstellung von einem gallo-röm. Altar aus der Nähe v. Saarbourg, heute im Museum v. Metz

Sucellos, gall. Gott, mit einem Hammer dargestellt, der stets traf. Man stellte ihn sich gewöhnl. als älteren, bärtigen Mann mit kurzer Tunika vor u. brachte ihn mit dem röm. ↗Silvanus in Verbindung. Als seine Gefährtin taucht oft ↗Nantosuelta auf, mit der er eines jener Götterpaare bildete, die bei den Kelten verbreitet waren. Ob er mit dem bei Caesar gen. ↗Dis Pater ident. war, läßt sich ebensowenig mit Sicherheit entscheiden wie die Frage seiner Gleichsetzung mit ↗Dagda. S. galt als Herr über Leben u. Tod u. als Gott der Fülle. In seiner Eigenschaft als Entsprechung zu Silvanus war er der Beschützer der einfachen Leute, die ihn in bes. Maße um Segen anriefen. – Nach H. Birkhan (1970) ist der Hammer eig. ein Schlägel, und entspr. hat man in S. einen Gott der Eisenverarbeitung zu sehen.

Suculae, röm. Name für die ↗Hyaden.

Sudri, ein Zwerg, der nach german. Vorstellung zus. mit ↗Austri, Westri u. Nordri das Himmelsgewölbe trug.

Südwind, griech. ↗Notos, lat. ↗Auster gen.

Suebenknoten, männl. Haarknoten (Mann mit S., Moorleiche im Nydam-Museum, Schloß Gottorf, Schleswig), nicht nur als Schmuck, sondern wahrscheinl. mit magischer Bedeutung von ↗Gürtung und Bindung, ähnlich dem ↗Chattenring. – Sueben (Schwaben) vgl. ↗Alamannen.

Suibne, ir. Kg. von Dál nAraide; er wurde wahnsinnig, als in der Schlacht v. Moira die Gegner, die Kämpfer von Domnall u. von Congal Cloen, ihr Kriegsgeschrei anstimmten. In der Gestalt eines Vogels irrte er jahrelang durch das Land, bis er nach dem Tode seiner ganzen Familie seine urspr. Gestalt zurückgewann. Da er jedoch, zurückgekehrt, aufgefordert wurde, v. der Ursache seines Wahnsinns zu erzählen, fiel er wiederum in die Umnachtung u. besang als Vogel auf dem Baum sein langes Leiden. – Ir. Heldensage der Frühzeit, wenn auch erst im 17. Jh. belegt, doch mit Hinweisen darauf im 9. Jh. u. mit einem altnord. Beleg des 13. Jh., in dem von den vom Schlachtgesang wahnsinnig gewordenen Männern Irlands als Wunder berichtet wird.

Summanus, Epitheton (Beiname) des Jupiter; die Herkunft ist ungewiß. Möglicherweise wurde aus S. im Laufe der Zeit ein selbständiger röm. Gott, dem man die nächtl. Blitze zuschrieb, während die Blitze des Tages auf Jupiter zurückgeführt wurden. – Nach anderer Version handelt es sich möglicherweise um einen Beinamen des Hades, der sich auf dessen Macht über den nächtl. Himmel bezog.

Sündenbock, ein Bock, dem die „Sünden des Volkes" auferlegt wurden u. der dann „ausgetrieben", in die Wüste gejagt wurde (Altes Testament, 3. Mose 16). Die Vorstellung v. der stellvertretenden Entsühnung durch ein Tieropfer war im Alt. verbreitet; vgl. griech. ↗Thargelia. – Aus der litau. Mythologie hören wir v. einer angebl. *Bocksweihe,* bei der sich die Bewohner des Dorfes in einer Scheune versammelten u. die Frauen festl. Kuchen bereiteten. Dann hielt der Priester einen schwarzen Bock, auf den die Männer nacheinander ihre Verfehlungen beichten mußten u. dafür bestraft wurden. Der mit den Sünden beladene Bock wurde geschlachtet. Dann wurde getrunken, was es an berauschenden Dingen gab … „noch im 17. Jh.

ward das Fest gefeiert" (aus einem Bericht von 1851). – ↗Ziege.

Sunna, eine im zweiten der ↗Merseburger Zaubersprüche gen. german. Göttin, deren Name wohl Sonne bedeuten könnte.

Superman, wurde 1933 als amerikan. Comic-Held geschaffen u. verbindet den Mythos v. unbesiegbaren Helden (↗Held) mit einem Science-fiction-Stoff (S. wurde auf einem anderen Planeten geboren). S. kann fliegen, und er verkörpert amerikan. Patriotismus. Er personifiziert den Kampf gg. alles Übel in der Welt (auch während des Zweiten Weltkrieges; vgl. ↗Batman).

Superstitio, lat., „Aberglaube", Abweichen von der offiziell vorgeschriebenen Form der Gottesverehrung.

Surt, der oberste der nord. ↗Feuerriesen in ↗Muspelheim; wie alle Riesen ein Feind der Götter. Bei der ↗Götterdämmerung entfachte er den Weltbrand; auch brachte er ↗Bifröst zum Einstürzen. Er soll ↗Freyr, der waffenlos war, weil er sein Schwert an ↗Skirnir verliehen u. nicht zurückbekommen hatte, getötet haben.

Susat ↗Soest.

Sutton Hoo, Fundort eines Schiffsgrabes in Südostengland (Grafschaft Suffolk) aus dem frühen 7. Jh. mit überreicher Ausstattung: einem königlich. Zepter, einer Harfe, Trinkhörnern, Silberschmuck u. Goldarbeiten von beträchtlichem Wert u. hohem künstlerischem Niveau.

Suttung, bei den N-Germanen bekannter Riese, Vater der ↗Gunnlöd, die für ihn den Skaldenmet bewachte, zu dem Odin sich durch eine List Zugang verschaffte. Das kostbare Getränk war urspr. im Besitz der beiden bösartigen Zwerge Fiallar u. Giallar gewesen, die Suttungs Eltern, Gilling u. seine Frau, getötet hatten u. den Skaldenmet als Sühne an S. abtreten mußten.

Sutur, ein Riese der nord. Urzeit, der als Kg. der Feuerriesen ↗Muspelheim mit flammendem Schwert beschützte. Mit diesem Schwert würde er nach german. Vorstellung am Ende der Zeiten die Welt in Flammen setzen.

Svadilfari, das Roß des nord. Riesenbaumeisters (↗Riesenbaumeistersage), das Loki mit einer List v. der Arbeit fortlockte, indem er sich in eine Stute verwandelte. Die beiden zeugten ↗Sleipnir.

Svafnir, Vater der ↗Sigurlin.

Svanhild, nach der nord. Atlisage eine Tochter Gudruns u. Sigurds. Als sie herangewachsen war, verheiratete ihre Mutter sie mit dem Gotenkönig Jörmunrek (↗Ermanerich). Die Ehe nahm ein schreckliches Ende: Ein Ratgeber Jör-

munreks, Bikki, behauptete eines Tages, S. habe mit ihrem Stiefsohn Randver Ehebruch begangen. Der ergrimmte Kg. ließ seine Frau daraufhin v. Rossen zerstampfen u. Randver erhängen. Hamdir und Sörli rächten später ihre Schwester (↗Hamdirsage, ↗mißverstandene Antwort).

Svantovit ↗Svarog (↗Arkona).

Svarog, altruss. bzw. slaw. *Svarožič*, religionshist. kaum faßbarer Schöpfergott, der viell. mit einer urtüml. Form der Feuerverehrung verbunden war. Für die Westslawen wurde er auch als „Zuarasici" v. Thietmar v. Merseburg im 10. Jh. erwähnt, sonst als Jarovit od. *Svantovit.*

Svava, eine nord. Walküre, die ↗Helgi Hiörvardsson, der stumm war, eines Tages im Walde traf u. ihm seinen Namen u. die Sprache gab. Als der Knabe herangewachsen war, heiratete er S.; sie schwor ihm ewige Treue u. führte mit ihrem Mann nach dessen Tod ein glückl. Leben in Walhall.

Svear ↗Schweden.

Svipdagr, der Geliebte der nord. ↗Menglöd.

Swantewit ↗Arkona, ↗Svarog.

Swastika ↗Heilszeichen.

Swjatogor, Riese u. myth. Held eines nordruss. Zyklus v. ↗Bylinen, der mit seiner Stärke prahlte u. doch vergebl. versuchte, einen Sack mit der „Erdenschwere" aufzuheben. Zus. mit seinem Gefährten Il'ja fand S. einen ihm angepaßten Sarg. Er legte sich hinein u. konnte sich nicht mehr daraus befreien; durch seinen Atem übertrug er sterbend seine Kraft auf Il'ja. Die Gestalt des S. gilt als „nebelhafte myth. Vorstellung" des Samson; er wird auch mit dem estn. Kalevipoeg verglichen.

Sychaeus, auch *Acerbas* gen., Gatte der ↗Dido, der v. Didos Bruder ↗Pygmalion 1) getötet wurde. Er blieb zunächst ohne Begräbnis, doch dann errichtete ihm seine Witwe in Karthago ein Grabmal. Sie blieb dem Verstorbenen treu u. wies alle Freier ab, bis Aeneas in ihr Reich kam.

Syleus, ein lyd. Riese, der die vorüberziehenden Wanderer zwang, in seinem Weinberg schwere Arbeiten zu verrichten. Er wurde v. Herakles getötet.

Symplegaden, in der griech. Mythologie zwei Klippen an der Bosporosmündung in das Schwarze Meer. Sobald ein Schiff sie passierte, schlugen sie zusammen. Erst als die ↗Argo sie mit knapper Not heil durchfahren hatte, kamen die Felsen zum Stillstand.

Syn, bei den Germanen eine Göttin, die als Verteidigerin der Angeklagten galt; man nahm ferner an, daß sie die Tore schütze.

Synkretismus
(Vermischung versch. Glaubensformen, bes. des heidn. u. des christl. Glaubens)

Mischformen zw. griech. und röm. Glauben u. dann zw. griech.-röm. u. ägypt. Glauben bzw. anderen Kultformen aus dem Nahen O (vgl. ↗Mysterienkulte u. Ausgrabungen v. ↗Dura Europos) beherrschten die gesamte Antike u. ihre Mythologien. Überhaupt sind uns z. B. die Götter der ↗Etrusker in It., mit ihrem interessanten u. noch weitgehend ungeklärten Zshg. mit der frühgriech. Mythologie, zumeist nur indirekt in der späteren Gleichsetzung mit röm. Göttern bekannt. Der etrusk. Himmelsgott Tinia wurde röm. als Jupiter übernommen, Satres viell. als Saturn, Mari viell. als Mars usw. Nach der Eroberung v. Veji wurde das Kultbild der Stadtgöttin *Uni* nach Rom gebracht u. dort weiterhin verehrt.

Im Durchsetzungskampf des frühen Christentums spielten *Mischformen* auch eine Rolle, um fremde Anhänger leichter zu gewinnen. Der Platz eines Tempels wurde durch den Bau einer christl. Kirche nicht nur neu geheiligt u. umgeweiht, sondern man nutzte auch den lokalen Vorteil traditioneller Versammlungsorte u. bes. Gegebenheiten (Berg, Felsen, Quelle). Umgekehrt war es immer wichtig, sich streng gg. „Abweichler" abzugrenzen, und oft spielten polit. Momente mit hinein. So waren bedeutende german. Stämme wie die Langobarden u. die Westgoten Anhänger des christl. Glaubens in der Richtung des ↗Arius (↗Arianer), dessen Vorstellung v. der Wesensähnlichkeit Christi mit Gott (statt: Wesensgleichheit) nicht nur ein direkteres, persönl. Verhältnis zu dem „menschl. Helden" Christus mögl. machte, sondern auch synkretist. Vorstellungen (Mischformen mit dem Heidentum) förderte.

Der polit. Aspekt bestimmter Glaubensrichtungen ist etwas, was wir bis in die Gegenwart weiterverfolgen können. Der dän. Kirchenmann N. F. S. ↗Grundtvig erklärte in seiner „Mythologie des Nordens" (1808), daß er, von Edda u. Saga begeistert, zw. Odin u. Christus nur einen zeitl. Unterschied sehe. „Beide sind gleichberechtigte Offenbarungen des Göttlichen in der geschichtl. Welt."

Grundtvig entsprach damit der nationalen Begeisterungseiner Zeit; seine patriot. Volkshochschulbewegung entwickelte eine eigene „nationale Mythologie" im Kontrast zu allem, was vom südl. Nachbarn aus (Dtl.) in das Land zu drängen versuchte.

Die ↗Christianisierung (vgl. Stichwort u. Zeittafel dazu) ging langsam vor sich u. blieb nicht ohne Gegenbewegungen. Ja das späte Heidentum erlebte z. B. im Kult um ↗Mithras durchaus eine neue Blüte. Es gibt auch Argumente dafür, daß die späte Ausformung des nordgerman. heidn. Glaubens mit einem hierarch. Götterhimmel in Valhall erst unter dem Einfluß des Christentums so umgestaltet wurde, wie wir es aus der altnord. ↗Edda kennen. Von Jacob ↗Grimm lernen wir, daß der heidn. Glaube zwar verdrängt wurde, er aber im Untergrund des Volksaberglaubens im Christentum weiterlebte. Damit erklärte Grimm auch gewisse Formen der Heiligenverehrung, die ganz offensichtl. auch ältere heidn. Riten mit übernahm.

Auch in der *Kunst* kann man Spuren des S. vielfältig nachzeichnen: Die Zierscheibe v. ↗Bräunlingen zeigt die bei den Alamannen u. in der Merowingerzeit nach spätröm. Vorbildern übernommene, beliebte Darstellung eines ↗Reiterheiligen. In ↗Cividale in Oberitalien bewundern wir die kirchl. Kunst der ↗Langobarden. Die sog. Sigwald-Platte zeigt reiches Bandgeflecht, Pflanzen- u. Tierornamente aus nicht-christl. Tradition. Auf dem Pemmo-Altar, ebenfalls aus dem Anfang des 8. Jh. mit bibl. Szenen, haben die Figuren „birnenförmige" Köpfe u. „Glotzaugen", die für die heidn. Kunst charakterist. scheinen. Deutlicher noch wird die Vermischung im Personenbestand von heidn. u. christl. Überl. bei Gestalten, denen in beiden Sphären Vorbildcharakter zukam. So ging es mit den Helden, die einen durch ihre Kämpfe gg. Ungeheuer (↗Drachenkämpfe) vor allem Bösen in der Welt schützten: der christl. Held ↗Dietrich von Bern genauso wie der heidn. ↗Sigurd (Siegfried) der Nibelungensage. Sigurd bekam damit wie etwa Samson u. Daniel in der Löwengrube aus dem Fundus der Personen des Alten Testaments die gleiche Funktion einer Parallelfigur zum triumphierenden und über das Böse siegenden Christus.

Synkretismus, Mischform zw. altem u. neuem Glauben, zw. Heidentum u. Christentum in Skandinavien (↗Völuspá); in der Heldendichtung z.B. im Preislied auf ↗Erich Blutaxt. Ebenso vielfach in der ir. Visionsdichtung, u.a. von ↗Adamnán u. ↗Mael Duin, und etwa in den heidn., jüd.-christl. ↗Oracula Sibyllina. Oriental. u. griech. Elemente verschmolzen bes. in hellenist. Zeit u. unter den röm. Ks. zusätzl. mit lat. Überl. „In der spätantiken Religion hat sich die Überzeugung durchgesetzt, daß die versch. Religionen nicht mehr sind als versch. Wege zu demselben Ziel. Sie werden einander immer ähnlicher durch den Austausch v. Riten u. Bezeichnungen" („Die Religion in Geschichte und Gegenwart", 1957/65). – Bei einer Anrufung des „Irmingot" (ahd. = „der große Gott", im ↗Hildebrandslied wissen wir nicht mit Sicherheit, ob es sich (im Sinne der Ethik dieses german. Heldenliedes) um einen (sonst unbekannten) heidn. Gott handelt, ob damit bereits mit german. Wörtern der christl. Gott gemeint ist oder ob der heidn. Gott unter dem Einfluß des S. „christl." Züge eines allmächtigen Gottes angenommen hat. Der S. läßt also mehrere Bedeutungsebenen offen (s. Text auf S. 399).

Syrinx, eine arkad. Hamadryade, die v. ↗Pan geliebt wurde. Als der griech. Gott sie verfolgte, rief sie die Flußnymphen (↗Nymphen) um Hilfe an, die sie in ein Büschel Schilfrohr verwandelten. Pan machte daraus eine siebenröhrige Hirtenflöte, die Syrinx- oder Panflöte gen. wurde.

Syrna ↗Podaleirios.

Syros, Sohn des Apollon, viell. durch ↗Sinope. Eponymos v. Syrien.

T, ↑, „Siegrune", altnord. ↗„Tyr" gen.

Tabu, ir. ↗Geis.

Tacitus, *Publius (?) Cornelius Tacitus,* röm. Geschichtsschreiber (* um 55, † nach 116 n.Chr.), dessen ↗Germania („De origine et situ Germanorum", wahrscheinl. 98 erschienen) eine wichtige Quelle für unser Wissen über westgerman. Verhältnisse darstellt. Wieweit sich seine Aussagen auch auf den Norden (u. auf die Ostgermanen) übertragen lassen, ist fragl., desgleichen, ob nicht vieles durch eine spezif. „römische Brille" (↗Interpretatio Romana), d.h. voreingenommen, gesehen u. beschrieben wurde. Vielfach überliefert T. aber auch Beobachtungen, die sich nachträgl. oft überraschend bestätigen lassen (↗Chattenring, ↗Schwert).

Tafelrunde, die 12 Ritter, die ↗Artus um sich versammelt hatte; es handelte sich um Gestalten, die die Ethik des Rittertums vollendet verkörperten. Die T. ist erstmals v. dem anglo-normann. Dichter *Wace* (um 1100 bis um 1175) in die Geschichte des König Artus eingeführt. – Auch z.B. der russ. Fürst in Kiew, Wladimir, hatte eine solche T. (↗Stavr Godinovič).

Tages, eine bei den röm. Autoren auftauchende Gestalt, die in Zshg. mit den alten etrusk. My-

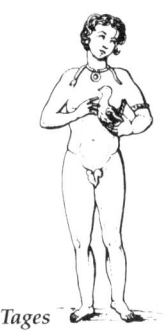

Tages

sterien stand. Es handelte sich wohl um ein Kind, das in einer Ackerfurche unweit v. Tarquinii zur Welt gekommen sein sollte. Wahrscheinl. war es göttl. Herkunft; es besaß die Gabe der Vorhersage u. lehrte sie die Etrusker.

Tainaron, die südlichste Landspitze der griech. Peloponnes, das heutige Kap Matapan. An der Ostseite des Kaps befand sich ein Heiligtum des Poseidon mit einer Höhle, die man im Alt. für einen der Eingänge in die Unterwelt hielt.

Táin Bó Cuailnge (ir. der „Rinderraub von Cuailnge"), bedeutendstes u. längstes altir. Epos, viell. schon des 7. Jh., mit dem Haupthelden ↗Cú Chulainn; handschriftl. überliefert um 1100. – Erzählt wird v. dem berühmten Stier von Cuailnge (Collney), den die Gegner des Kg. von Ulster, die Herren von Connacht, entführen wollten. Dabei nützten Kg. Ailill u. seine Frau Medb eine zeitweise Schwäche der Helden von Ulster aus – einige von ihnen waren abwesend, u. der erst 17jährige Cú Chulainn mußte die ganze Provinz allein verteidigen. Schließl. kam Fergus zu Hilfe, u. der Raubzug der Connachter brach schmähl. zus. – Es ist umstritten, wie der Raub speziell eines Stieres zu deuten ist (Reflex eines entspr. Kultes?), aber die locker gefügten Geschehnisse spiegeln sicherl. Kulturverhältnisse auf Irland, die der frühesten Periode, dem 2. Jh. v. Chr. bis zum 4. Jh. n. Chr., zuzurechnen sind, auch wenn weder die Ereignisse noch die Personen als hist. gelten können.

Talaos, ein Argonaut, Sohn des Bias u. der Pero; er besaß v. seiner Gemahlin, viell. Lysimache, mehrere Kinder, darunter ↗Adrastos 1).

Talarien, die Flügelschuhe des Hermes.

Taliesin, walis. Barde (Wales, England) des 6. Jh.; bei Nennius belegt, später aber mit zahlr. legendären Zügen umkleidet. Sein berühmtestes Werk ist das „Book of Taliesin" (um 1275 entstandene Handschrift). T. wurden eine Reihe v. Dichtungen versch. Inhalts zugeschrieben, doch sind wohl nur 12 Preisgedichte authentisch. Als Wahrsager im Zshg. mit Myrddin (↗Merlin) bekannt. – Als märchenhaftes Wunderkind galt T. als Sohn der Hexe ↗Ceridwen.

Talos, 1) ein v. ↗Hephaistos auf Wunsch des Minos geschmiedeter Riese, der der Insel Kreta als Wächter diente. Er warf nach den Fremden, die an Land gehen wollten, mit Steinblöcken; überlebten sie, so sprang er selbst in ein Feuer, brachte sich zur Weißglut u. tötete sie, indem er sie umarmte u. dabei sein sardon. Lachen ausstieß. Erst Medea gelang es, seinem grausigen Tun ein Ende zu bereiten. Sie wußte, daß er nur

eine einzige, den ganzen Körper durchziehende Ader besaß, u. als T. die Argonauten auf ihrer Heimfahrt bedrohte, schlitzte sie ihm diese Ader am Fußknöchel auf, so daß er verblutete. – Nach einer anderen Version kam der Riese zu Tode, indem ↗Poias ihn mit einem Bogenschuß an seiner verletzl. Stelle am Fuße traf. – **2)** auch ↗*Perdix* gen., ein Neffe des ↗Daidalos; er wurde v. seinem Onkel aus Eifersucht ermordet, weil er diesen als Erfinder übertraf.

Talthybios, der Hauptherold des Agamemnon im Troian. Krieg. Nach dem Tode seines Herrn wurde er Herold des Orestes. Er stammte aus einem Geschlecht, das das Heroldsamt in Sparta erbl. besaß. Dort u. an einigen anderen griech. Orten wurde er nach seinem Tode als Heros verehrt.

Tamfana, *Tanfana*, die uns nach röm. Quellen (Tacitus) bekannte german. Göttin der Fülle, die einen v. den Römern zerstörten ↗Tempel besessen haben soll. Sie wurde vielfach mit einem Sieb in der Hand dargestellt, u. da das Sieb mit der Weissagung zu tun hatte, könnte sie eine Orakelgöttin gewesen sein. Die Überl. über sie ist indessen so vage, daß sich keine gesicherten Aussagen machen lassen.

Tammuz ↗Gilgamesch, ↗Tierkämpfer.

Tanagra, wahrscheinl. eine Tochter des Aiolos u. der Enarete. Sie besaß 7 Brüder u. 6 (nach anderer Version 4) Schwestern.

Tanaquil, die etrusk. Gattin des Tarquinius Priscus, des 5. myth. Kg. v. Rom.

Tanaros ↗Taranis.

Tannast, einer jener Ritter Kg. Gunthers, der im Kampf mit ↗Walther von Aquitanien fiel.

Tanngniostr und **Tanngrisnir,** zwei Böcke, die Thors Wagen zogen. Nach german. Vorstellung lenkte der Gott sie mit der linken Hand, während er mit der rechten ↗Miölnir schwang.

Tannhäuser, nur dem Namen nach gleich dem Minnesänger T. aus mhd. Zeit; ein Ritter, der „Frau Venus" besuchte, dann um sein Seelenheil nach Rom pilgerte, von Papst Urban aber abgewiesen wurde u. wieder in den ↗Venusberg zurückkehrte. Sein überraschend aufblühender u. grünender Wanderstock zeigte an, daß er doch hätte erlöst werden können.

Tantaliden, Nachkommen des ↗Tantalos.

Tantalos, Gestalt der griech. Sage; Ahnherr eines fluchbeladenen Geschlechtes, zu dem auch Iphigeneia gehörte. Er war ein Sohn des Zeus (nach anderer Version des Tmolos) u. Vater v. Pelops u. Niobe. Vom kleinasiat. Berge Sipylos aus herrschte er über ein mächtiges Reich u. war

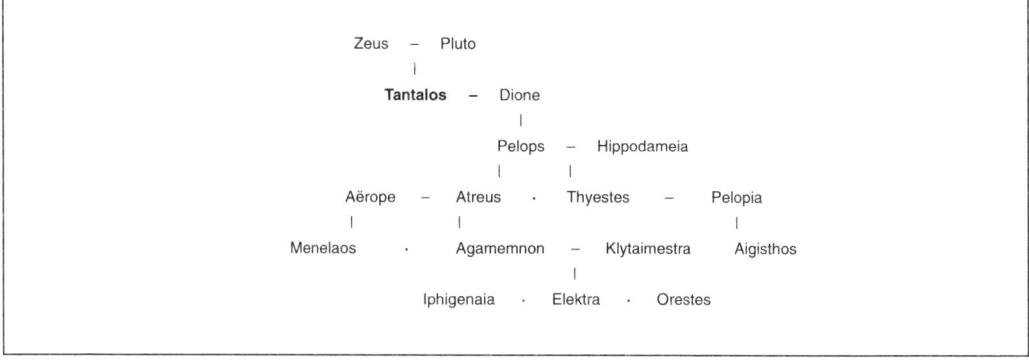

```
                    Zeus   –   Pluto
                      |
              Tantalos   –   Dione
                      |
                      Pelops   –   Hippodameia
                        |           |
         Aërope   –   Atreus  ·  Thyestes  –  Pelopia
           |            |                        |
     Menelaos    ·   Agamemnon  –  Klytaimestra  Aigisthos
                            |
              Iphigenaia  ·  Elektra  ·  Orestes
```

bekannt für seinen sprichwörtl. Reichtum. Als Sohn eines Gottes erwiesen ihm die Götter mancherlei Gunst u. Vertrauen u. luden ihn häufig an ihre Tafel ein. Statt sich dankbar zu erweisen, entwendete er ↗Ambrosia, eine den Göttern vorbehaltene Speise, u. gab sie den Sterblichen zu essen, denen er außerdem v. den Geheimnissen der Götter erzählte. Zum Inbegriff seines

Frevels wurde seine Einladung der Götter, mit ihm zu speisen, wobei er den Olympiern seinen Sohn ↗Pelops 1) zum Mahle vorsetzte. Als Strafe für diese Missetat wurde er in die Unterwelt verbannt, wo er ständig hungerte u. dürstete, insofern das Wasser, in dem er stand, verschwand, sobald er davon trinken wollte, u. die Zweige mit köstl. Früchten, die ihn umgaben, zurückwichen, wenn er danach zu greifen versuchte *(Tantalusqualen)*. Ein Teil der Überl. erzählt auch, ein großer Stein habe als ständige Bedrohung über seinem Haupte gehangen. T. wurde zum berühmtesten Büßer der Unterwelt. Sein Geschlecht, die *Tantaliden* (siehe dazu Text links), erlangte durch viele Greueltaten bereits bei den Griechen einen hohen Grad abschreckender Berühmtheit.

Tanum, Bohuslän in Schweden, bedeutender Hauptfundort v. ↗Felszeichnungen der Bronzezeit, in situ: bemannte Schiffe, „Schlangenanbeter", großer ↗Jäger („Speer", ca. 4 m lang), Näpfchenreihe (fortlaufend, ca. 7 m lang), kniende Adorantin, Adoranten auf Schiffen, Hochzeitspaar (↗Hochzeit), Wagen, „heiliger Hain", Näpfchengruppen, Stiere bzw. Rinder, Pflug, Bogenschütze, Krieger mit gehörntem Helm, Tänzer, ↗Zwillinge, Lurenbläser u. viele andere Motive.

Taphios, Kg. v. Taphos; Sohn des Poseidon u. der Hippothoë; Vater des ↗Pterelaos, der ihm auf dem Thron folgte.

Tapio, finn. Gott des Waldes u. Geber der Wildbeute aus dem Wald (↗„Herr der Tiere"); taucht bereits 1551 in einem Götterverzeichnis auf u. wurde angebl. teilweise zus. mit seiner Tochter ↗Annikki verehrt.

Tara, *Tara Hill,* ir. *Temair Breg,* Grafschaft Meath (ir. Mide), Burgberg auf Irland, Zentrum eines Wahlkönigtums (↗Lía Fail), z.T. myth., z.T. hist. Könige Nordirlands. Der Sage nach v. der Prie-

---

Tantalos

Tantalos versuchte die Götter zu betrügen; seinen eigenen Sohn Pelops, später Kg. in Griechenl. (vgl. „Peloponnes"), setzte er als Kind den Göttern zur Speise vor. Pelops wurde dann aber wiederbelebt. Menschl. Hybris wurde bestraft: Tantalos erlitt ewige „Tantalosqualen". Pelops gewann Hippodameia, indem er deren Vater Kg. Oinomaos, der alle Freier zu töten pflegte, selbst durch eine List tötete. Pelops tötete auch seinen Mitwisser Myrtilos, und dieser sprach sterbend den Fluch über die Tantaliden. – Das Brüderpaar Atreus u. Thyestes kämpfte gegeneinander um die Herrschaft in Mykenai. Atreus setzte aus Rache dem Thyestes dessen Söhne zum Mahl vor. Auch ↗Thyestes sprach den Fluch aus. – Menelaos, der Bruder des ↗Agamemnon (siehe auch Stammbaum dort), heiratete Helena, deren Raub den Troianischen Krieg auslöste. Bei den drei Geschwistern Iphigeneia, Elektra u. Orestes vollendete sich der Fluch. Iphigeneia wurde v. Artemis nach Tauris entführt, Elektra drängte ihren Bruder Orestes zur Rache für Agamemnon: Aigisthos, der Vetter des Agamemnon, wurde v. ihm getötet, ebenso die eigene Mutter Klytaimestra.

sterin Tea zum Heiligtum bestimmt; seit Cormac Mac Airt im 3. Jh. hist. Königssitz, dann Jahrhunderte in der Familie des ↗Niall; im Jahre 979 Platz einer großen Schlacht gg. die Wikinger. – Nach T. war ↗Dún na nGéd Sitz der Könige.

Tara-Fibel:
gegenständige Tiere

Tara-Fibel, gefunden bei Bettystown, Meath, auf Irland, datiert um 700 n. Chr. (Nationalmuseum Dublin); vollendete Form einer ir.-kelt. Goldschmiedearbeit mit Flechtbändern, Spiralen u. Tierornamenten, vielfach mit Tiergestalten in konfrontierender u. symmetr. Anordnung. Die Verzierungen der T. stimmen zur Buchmalerei von ↗Lindisfarne u. stützen die Datierung.

Taranis, *Tanaros,* dem Jupiter glcichgesetzter kelt. Himmelsgott, der als Herr über Blitz (↗Feuerrad) u. Donner galt. Die Überl. schildert ihn als grausam u. berichtet, ihm zu Ehren seien Menschen verbrannt worden. Zuweilen wurde er in Pferdegestalt mit einem Menschengesicht dargestellt.

Tarchon, Kg. v. Etrurien; ein Bundesgenosse des Aeneas in It.

Tarnkappe (v. tarnen = verbergen u. mittellat. cappa = Mantel), urspr. ein Mantel mit Kapuze, dann vielfach auch nur Bz. für eine Kopfbedeckung, die den Träger unsichtbar machte; spielte im Glauben der Germanen eine Rolle u. bezog sich zunächst auf Zwerge, Elfen u. ähnl. Wesen, ging dann aber auch in die Heldensage

ein. Berühmt ist z. B. die Geschichte, in der Sigfrid die T. des Zwergenkönigs ↗Alberich gewann u. mit ihrer Hilfe für Gunther Brünhild im Kampf bezwang. – In der griech. Überl. trug Hermes eine T. im Kampf gg. den Giganten ↗Hippolytos 2); ↗Perseus hatte eine T.

Tarpeia, eine junge Römerin, Tochter des Spurius Tarpeius, v. einem Teil der Überl. als Vestalin bezeichnet. Als die Sabiner Rom belagerten, um sich für den Raub der Sabinerinnen (↗Romulus u. Remus) zu rächen, verriet sie das Kapitol an die Gegner. Über ihre Motive berichtet die Sage Unterschiedliches: Sie soll angelockt worden sein v. dem Schmuck der Sabiner, den sie sich als Belohnung erhoffte, oder sie war in ↗Titus Tatius, den Anführer der Sabiner, verliebt. Statt der erwarteten Belohnung warfen die Gegner jedoch ihre Schilde auf sie, bis sie davon erdrückt wurde, oder sie stürzten sie einen Felsen hinab, der nach ihr Tarpeischer Felsen gen. wurde.

Tarquinius, 1) Tarquinius Priscus *(Lucumo),* der Sage nach der 5. Kg. Roms, der angebl. 616/578 v. Chr. regierte. Er war der Sohn des Korinthers Demarat u. soll etrusk. Kultformen in Rom heimisch gemacht sowie zahlr. alte latin. Städte annektiert haben. Möglicherweise war er auch der Erbauer des kapitolin. Jupitertempels u. der Cloaca maxima (zur Entwässerung des Forums), obwohl dafür auch sein Nachfolger Servius Tullius in Frage kommt. T. P. vermehrte die Patrizierfamilien u. den Senat, ferner die Reiterzenturien u. die Tribus. Über sein Ende heißt es, er sei v. zwei Söhnen seines Vorgängers, des Ancus Martius, ermordet worden. – **2) Tarquinius Sextus,** Sohn des ↗Tarquinius Superbus, des letzten myth. Kg. v. Rom; nach einem Teil der Überl. führte er durch die Vergewaltigung der ↗Lucretia das Ende der röm. Monarchie herbei u. soll v. den Bewohnern v. Gabii umgebracht worden sein. – **3) Tarquinius Superbus,** der Sage nach der 7. u. letzte der myth. Kg. Roms, angebl. 534/510 v. Chr.; er wird als typisch tyrannischer Mensch dargestellt u. soll seinen Schwiegervater Servius Tullius gestürzt haben. Es werden ihm ferner willkürl. Rechtsprechung u. Besteuerung nachgesagt sowie Verrat am Latinischen Bunde u. andere Missetaten. Die Überl. berichtet, die Vergewaltigung der Lucretia, Gemahlin des Königs Tarquinius Collatinis, durch ihn oder seinen Sohn Sextus, die deren Selbstmord zur Folge hatte, hätte zu seinem Sturz durch Brutus geführt u. damit das Ende des röm. Königtums bewirkt. – ↗Tullia.

Tartaros, im griech. Mythos ein Sohn der Gaia, aber auch Name des Ortes, der unter dem Hades lag u. die tiefste Schicht der ↗Unterwelt bildete. Hierhin wurden die Feinde der Götter, z. B. die Titanen, verbannt (↗Kronos), doch wurde der T. dann auch allg. zum Aufenthaltsort für Büßer (↗Ixion) u. Dämonen im Ggs. zum Elysion, in dem die Seligen nach ihrem Tode lebten.

Tartessos, Spanien, ↗Atlantis.

Tarvos trigaranus, ein Stier mit drei Kranichen, auf dem Pariser Nauten-Monument u. auf einem in Trier gefundenen Altar dargestellt. Die myth. Bedeutung ist unbekannt, doch scheint ein Zshg. mit dem kelt. Gott Esus bestanden zu haben.

Tassilokelch:
Tierornamentik

Tassilo-Kelch, von Tassilo III., bayer. Herzog, im Jahre 780 dem Kloster Kremsmünster gestiftet. Als Umrahmung der christl. Motive erscheinen ein Flechtwerk u. Tierdarstellungen, die hochstilisierter Ausfluß älterer Tierornamente sind. Vielleicht unter angelsächs.-ir. Stileinfluß in Salzburg entstanden (Klosterwerkstatt; siehe Farbtafel S. 314).

Taten des Herakles, *Arbeiten des Herakles,* ↗Herakles.

Tatia, Tochter des ↗Titus Tatius, der sich zeitweilig mit Romulus die Herrschaft über Rom teilte. Sie heiratete ↗Numa Pompilius.

Tau, ein übernatürl. Element; es tropfte vom nord. Weltenbaum ↗Yggdrasil (Völuspá), fiel vom Pferd ↗Hrimfaxi, das den Wechsel v. Tag u. Nacht bestimmte, und war die Nahrung des überlebenden Menschenpaares nach dem Weltuntergang ↗Ragnarök. Helgi sann auf Rache und triefte vor „Harmtau", und Odins Raben waren vor der Schlacht aasgierig u. feucht vom Tau (edd. Lied von Helgi dem Hundingstöter).

Taube, weil die Tauben ungeniert „schnäbeln", galten sie als Vögel der ↗Venus.

Taufe ↗Primsigning.

Taurobolium, Stieropfer im ↗Kybele-Attis-Kult.

Taurus, das große Sternbild Stier; zweites Zeichen des Zodiakos.

Taygete, eine der griech. ↗Pleiaden; Tochter des Atlas u. der Pleione. Sie wurde durch Zeus Mutter des ↗Lakedaimon.

Tea, myth. irische Priesterin, die in Zshg. mit ↗Tara genannt wird.

Tegea: Frauenkopf
(wohl Werk des Skopas)

Tegea, antike Stadt in Südost-Arkadien; seit Mitte des 6. Jh. v. Chr. bis Anfang des 4. Jh. v. Chr. unter spartan. Oberherrschaft; 248–222 v. Chr. beim Achaiischen Bund. – Reste des Tempels der Athena Alea (4. Jh. v. Chr.) mit Giebelskulpturen des berühmten griech. Bildhauers Skopas; Vorgänger war ein im 7. Jh. v. Chr. errichteter Tempel mit hölzernen Säulen (394 v. Chr. verbrannt).

Tegnér ↗Frithjofssaga.

Teiresias, *Tiresias,* der bedeutendste Seher des theban. Sagenkreises, Sohn des Eueres u. der Nymphe ↗Chariklo. Die Sage berichtet sehr Unterschiedliches über sein Schicksal. So heißt es, in einem Streit zw. Zeus u. Hera über den männl. u. weibl. Liebesgenuß habe T. erklärt, der weibl. sei neunmal so stark wie der männl.; daraufhin blendete ihn die empörte Göttin, während Zeus ihm die Gabe der Prophetie, die Kunst der Vogelschau u. ein langes Leben verlieh. Nach anderer Version wurde er von Pallas Athena mit Blindheit geschlagen, weil er sie nackt im Bade gesehen hatte. – Berühmt ist auch die Geschichte v. der zweimaligen Geschlechtsumwandlung des T. Einst erging er sich auf dem Berge Kyllene, als er plötzl. v. einem sich paarenden Schlangenpaar angegriffen wurde. Nachdem er das weibl. Tier getötet hatte, wurde er in eine Frau verwandelt. Nach etwa 7 Jahren wiederholte sich das Ereignis, nur tötete T. diesmal die männl. Schlange u. wurde in einen Mann zurückverwandelt. – Die Überl. berichtet v. mehreren exemplar. Beispielen, bei denen T.

seine Sehergabe bewies. So sagte er das Schicksal des Oidipus voraus u. das Geschick der ↗Sieben gegen Theben. Als die ↗Epigonen Theben ein Jahrzehnt später belagerten, riet er den Einwohnern, die Stadt zu verlassen. Er selbst trank auf der Flucht aus der eiskalten Quelle Tilphussa, erkrankte u. starb bald darauf.

Teisamenos ↗Tisamenos.

Teisiphone ↗Tisiphone.

Teiwas ↗Ziu.

Tekmessa, Tochter des ↗Teuthras 1); troianische Nebenfrau oder Konkubine ↗Aias' des Großen, Mutter des Sohnes Eurysakes.

Telamon, Gestalt der griech. Sage; in der mit Hesiod einsetzenden Tradition Sohn des Aiakos v. Aigina u. der Endeïs, Bruder des ↗Peleus, Halbbruder des ↗Phokos. Aus Furcht, der Stiefbruder könne sie um ihr Erbe bringen, töteten die Brüder diesen u. flohen danach aus Aigina, wobei T. sich nach Salamis begab. Da der Kg. v. Salamis keinen Sohn hatte, erbte T. dessen Thron. Er heiratete Periboia oder Eriboia (nach anderer Version Glauke) und wurde Vater v. ↗Aias 2). T. begleitete Herakles auf dessen Zug gg. Troia u. erhielt die Tochter Kg. Laomedons, Hesione, zur Belohnung. Mit ihr zeugte er den ↗Teukros, der mit Aias gemeinsam am Troian. Krieg teilnahm. T. selbst war am Argonautenzug u. an der Kalydon. Jagd beteiligt.

Telamos, ein griech. Kyklope, der prophezeite, daß Odysseus den ↗Polyphemos seines Auges berauben würde.

Telchinen, dämonen- oder auch zwergartige Wesen, die in der griech. Mythologie sehr unterschiedl. beschrieben werden. Sie sind vor allem mit der Insel Rhodos verbunden, galten als kunstfertige Schmiede u. Gehilfen des ↗Hephaistos. Auch sonst wurde ihnen manche nützliche Erfindung zugeschrieben. Nach anderer Version handelte es sich um Meermänner, die allerlei Zauberkünste beherrschten, aber auch mit manchen negativen Zügen wie Neid, Heimtücke u. dem bösen Blick versehen waren. Viell. handelte es sich um Götter der vorgriech. Bevölkerung, die bei den Griechen zu niederen dämon. Wesen herabsanken.

Teledamos, Zwillingssohn v. Agamemnon u. Kassandra. Er u. sein Bruder Pelops wurden im Kindesalter v. Aigisthos ermordet.

Telegonos, Sohn des ↗Odysseus u. der Kirke. Als er seinen Vater, den er nicht kannte, suchte, brachte er diesen mit einem Rochenstachel, einer Art Speer, jedoch nicht mit Metallspitze, sondern mit dem Stachel eines Rochens be-

wehrt, um, ohne seinen eigenen Vater zu erkennen. Schließl. heiratete er Penelope, die legitime Gattin des Odysseus, u. wurde Vater des Italus, Eponymos v. It. – Vater u. Sohn, die sich gegenüberstehen u. sich nicht erkennen, ist ein verbreitetes Motiv der Weltlit. (vgl. ↗Oidipus, ahd. Hildebrandslied). Im Falle des T. ist uns das Geschehen durch die „Telegonie" des Eugammon v. Kyrene u. eine nur fragmentar. überlieferte Tragödie des Sophokles erhalten. – Vgl. ↗Telemachos.

Teleia, Beiname der ↗Hera.

Telemachos, Sohn des ↗Odysseus u. der ↗Penelope; Haupthed der ersten 4 Gesänge der griech. Odyssee, die nach ihm *Telemachie* gen. werden. Als sein Vater in den Troian. Krieg zog, war er noch ein Knabe; später unterstützte er seine Mutter gg. die dreisten Freier u. machte sich auf die Reise, um den auch nach Beendigung des Krieges lange nicht zurückkehrenden Odysseus zu suchen oder doch Erkundigungen über ihn einzuholen. Als sein Vater schließl. doch heimgekehrt war, half er ihm, die Freier zu töten. Nach dem Tode des Odysseus trat er dessen Nachfolge auf dem Thron an. – Von seinen Heiraten berichtet die Überl. Unterschiedliches. Der späteren Sage nach nahm er ↗Kirke zur Frau, die ihm den Sohn Latinus gebar (der nach anderer Version ein Sohn des Odysseus war); es kommen aber auch Nausikaa oder Polykaste als seine Gemahlinnen in Frage. – „Die Abenteuer des Telemach" nannte der frz. Frühaufklärer u. Pädagoge Fénelon seinen Erziehungsroman (1699/1717), in dem er an den antiken Mythos anknüpfte. Die Suche des T. nach seinem Vater Odysseus benützte der Verf. dazu, einen großartigen Bildungsroman zu entfalten. Er verurteilte darin aber auch den absolutist. Staat unter dem frz. Kg. Ludwig XIV. u. propagierte im Sinne des ↗Humanismus eine hellenist. Bildung.

Teleon, möglicherweise der Vater des Argonauten ↗Butes, der aber auch ein Sohn des griech. Gottes Poseidon sein könnte.

Telephassa, Gattin des ↗Agenor, Kg. v. Sidon u. Tyros. Sie gebar ihrem Gemahl mehrere Kinder, darunter die Tochter ↗Europe, die v. Zeus entführt wurde. Die Überl. berichtet, T. habe ihre Söhne auf der Suche nach der verlorenen Schwester begleitet.

Telephos, Kg. v. Mysien; Sohn des Herakles u. der Priesterin ↗Auge 1), der als kleines Kind ausgesetzt wurde u. ein wechselvolles Schicksal erlitt. Er spielte der griech. Sage nach auch in Zshg. mit dem Troian. Krieg eine Rolle, insofern ein Orakel verkündete, ohne seine Hilfe könne Troia nicht fallen. T. führte die Griechen vor die Stadt, nahm aber an den Kämpfen selbst nicht teil.

Telesphoros, Gott der Genesung; ein Begleiter des griech. Gottes der Heilkunst ↗Asklepios.

Telesterion ↗Eleusis.

Telete, eine der ↗Pieriden 2).

Telethusa, Mutter der ↗Iphis 1).

Teleutas, anderer Name für ↗Teuthras.

Tell, *Wilhelm Tell,* schweizer. Nationalheld, der seine Schießkunst durch den Apfelschuß auf seinen Sohn beweisen mußte. Als Meisterschütze bereits um 1250 in der altnord. Thidreks saga belegt, als ↗Heming in der gleichnamigen Erz. von dem norweg. Meisterschützen u. ebenso in dem Wielandlied der Edda (↗Egill); auch bereits in der Figur des Palnatoke bei Saxo Grammaticus zu finden. Ein erstes dt. Tellen-Lied ist aus dem 14. Jh. bekannt; die Überl. wurde zum Ansatzpunkt nationaler Spekulationen der Renaissance über die Herkunft der Schweizer (↗Schwyz). Die Schweizer Chronik des Ägidius Tschudi (*1505, †1572) gab der Tell-Sage die lit. Form, in der sie v. Friedrich Schiller übernommen wurde.

Tellus, röm. Erdgöttin, der griech. Gaia ähnlich, aber auch mit Demeter u. Ceres verbunden. Ihr Hauptfest wurde am 15. April gefeiert.

Temair Breg ↗Tara.

Temenos, 1) Sohn des Aristomachos, Nachfahre des Hyllos, einer der griech. ↗Herakleiden. Nach erfolgreicher Eroberung der Peloponnes fiel ihm Argos als Königreich zu. Er wurde v. seinen Söhnen umgebracht, weil er nicht ihnen, sondern seinem Schwiegersohn ↗Deïphontes, dem Gemahl seiner Tochter Hyrnetho, seinen Thron vermachte. – **2)** Sohn eines Mannes namens Pelasgos; er errichtete in Stymphalos in Arkadien drei Heiligtümer für Hera, in denen die Göttin als Kind, als Frau und als Witwe verehrt wurde. – **3)** griech. „abgegrenzter", heiliger Bezirk u. Bz. für eine Tempelanlage.

Tempel, lat. = templum, Heiligtum, german. *wih* (Odins wih = Odense), „geweihter Bezirk", eingehegter Wald (↗Fesselhain der Semnonen), einzelstehende Eichen, andere Bäume, Säulen (↗Irminsul), feste Gebäude, wie der T., den die Römer im Jahre 14 n.Chr. zerstörten u. der ↗Tamfana geweiht war. In Uppsala stand ein großer T., in dem nach Adam von Bremen ↗Freyr verehrt wurde. Z.B. aus dem altengl. Wort „ealh" für T., eig. „Hain", schließt man, daß urspr. solche german. Kultplätze im Freien

lagen. Vgl. das Runenwort „alu" für „heilig" und ein mögl. bzw. erschlossenes Wort „alh" für den „heiligen Ort". – Der T. der Antike enthielt als Kern das griech. *Adyton* bzw. Adytum, das Allerheiligste, zu dem nur der Priester Zugang hatte. *Naos* war die „Götterwohnung", wo das Bild der Gottheit aufgestellt war.

Tempelherren (Ordensritter) ↗Baphomet.

Tempelsklaven

„Die Griechen scheuten sich nicht eine Göttin der anmutigen Lüsternheit zu verehren, und zuweilen durch einen sehr ausschweifenden Dienst; ihre Sittenlehrer sahen darin hauptsächl. nur die Anordnung der Natur, für die Fortpflanzung der Gattung zu sorgen. Die Gesetze, als der Ausdruck der öffentl. Moralität, begnügten sich damit, die Rechte der Ehen in dieser Hinsicht u. die unverfälschte Abstammung der Kinder zu sichern: außerhalb der bürgerl. Rücksichten schien fast alles erlaubt."

(August Wilhelm von Schlegel, *1767, †1845)

Tempelsklaven, griech. Hierodulen, „heilige Knechte", Männer u. Frauen, die als Eigentum der Götter im ↗Templum galten. Durch den Verkehr mit ihnen (Tempelprostitution) konnte man an der göttl. Macht teilhaftig werden. Verbreitet war die Sitte der T. bes. in Syrien u. Kleinasien.

Tempel: Hephaistos-Tempel, Athen

Tempestas, röm. Göttin der Winde u. Unwetter.

Templum, lat. „Haus der Gottheit", mit einem für die Allgemeinheit unzugängl. Raum für das Kultbild (vgl. ↗Naos); griech. vgl. ↗Temenos. In älterer Zeit eine Höhle, eine Quelle u. ä., später dann Sakralbau mit bestimmter Orientierung. Vgl. ↗Tempel.

Tenages, einer der ↗Heliaden. Von ihm wird berichtet, er habe als erster der Athena Opfer dargebracht. Der griech. Sage nach wurde er v. seinen Brüdern ermordet – ↗Triopas 2).

Tenedos, kleine ägäische Insel, die im Alt. dem Apollon heilig war; hinter ihr, an der v. Troia abgewandten Küste, verbargen sich die griech. Streitkräfte, nachdem sie das ↗Hölzerne Pferd außerhalb der Stadtmauern v. Troia zurückgelassen hatten. – ↗Tenes.

Tenes, Gestalt der griech. Sage, die sich auf die Insel ↗Tenedos bezieht, als deren Eponymos T. galt. Er war der Sohn König ↗Kyknos' 1) u. der Prokleia. Seine Stiefmutter Philonome suchte ihn zu verführen, u. da er sie abwies, verleumdete sie ihn bei ihrem Gatten, indem sie behauptete, T. habe sich ihr unsittl. genähert. Daraufhin ließ Kyknos seinen Sohn in einer Kiste ins Meer werfen, die bei Leukophrys an Land getrieben wurde. T. wurde Kg. der Insel, die seinen Namen erhielt. Versöhnungsversuche seines Vaters, der das Unrecht seiner Frau schließl. erkannte, wies er von sich. – Später wurde T. v. Achilleus erschlagen, als er versuchte, dessen Landung auf der Insel zu verhindern.

Tereus, Kg. v. Thrakien, Sohn des Ares u. Gemahl der ↗Prokne, einer Tochter des Pandion. Als T. in leidenschaftl. Liebe zu Proknes Schwester ↗Philomele entbrannte u. sie vergewaltigt hatte, schnitt er ihr die Zunge heraus, damit sie ihn nicht verraten könne. Es gelang Philomele jedoch, die ihr geschehene Unbill auf einem Stück Stoff darzustellen u. ihrer Schwester zuzusenden. Prokne rächte sich an ihrem Gemahl, indem sie den gemeinsamen Sohn Itys (auch Itylos) tötete u. seinem Vater zum Mahle vorsetzte. Da T. diese Rache durchschaute, verfolgte er die beiden Schwestern, die vor ihm die Flucht ergriffen. Die griech. Sage berichtet, alle drei seien schließl. in Vögel verwandelt worden.

Terminalia, das am 23. Febr., dem letzten Tag des alten röm. Jahres, zu Ehren des Gottes ↗Terminus gefeierte Fest.

Terminus, Gott der Grenzen (bzw. der Grenzsteine), der v. den Römern kult. verehrt wurde. Für ihn fand am 23. Febr. das Fest der ↗Terminalia statt, bei dem die Grenznachbarn die Grenzsteine mit Blumen schmückten u. mit Blut besprengten. Der Sage nach handelte es sich um einen uralten Kult. In Rom befand sich das Hauptheiligtum des Gottes innerhalb des Jupitertempels auf dem Kapitol, bei dessen Bau sich T. geweigert haben sollte, dem neuen Gott Platz zu machen. Er gehörte demnach der alten Göttergeneration der vorröm., ital. Götter an.

Terpsichore: eine der Musen

Terpsichore, die griech. ↗Muse des Tanzes; häufig in tanzender Haltung u. mit Lyra u. Plektron dargestellt.

Terra Mater, spätere Bz. der röm. Erdgottheit ↗Tellus.

Tethra, Kg. der Fomore, v. dem berichtet wird, er sei möglicherweise Herr v. ↗Mag Mell, dem ir. Reich der Toten, das dem griech. Elysion entsprach, gewesen.

Tethys, eine griech. Titanin; nach Hesiod Tochter des Uranos u. der Gaia. Sie heiratete ihren Bruder Okeanos u. wurde durch ihn Mutter ungezählter Kinder, vor allem der Okeaniden u. der Flüsse u. Quellen oberhalb u. unterhalb der Erde.

Teukros, 1) wahrscheinl. Sohn des ↗Skamandros, der nach Troia einwanderte u. dort zum ersten Kg. erhoben wurde. Er besaß eine Tochter ↗Bateia ?), die er mit ↗Dardanos vermählte. – **2)** Sohn des ↗Telamon u. der Hesione, Halbbruder v. Aias, mit dem zus. er in den Troian. Krieg zog; er gehörte wahrscheinl. zu jenen Helden, die sich in das ↗Hölzerne Pferd begaben. T. galt als bester Bogenschütze vor Troia u. tat sich als solcher bes. bei den Leichenspielen für Achilleus hervor. Das Drama „Aias" v. Sophokles berichtet v. seinen Bemühungen um eine würdige Bestattung seines Bruders, dennoch wurde er nach seiner Heimkehr v. seinem Vater wegen der schlechten Behandlung, die Aias durch die Griechen erfahren u. die T. nicht hatte verhindern können, des Landes verwiesen. Er begab sich nach Kypros u. begr. dort die nach seiner Heimat ben. Stadt Salamis.

Teut, in der Phantasie der Klopstock-Zeit (um 1750) ein altgerman. Gott; einem Götternamen Tuisto u. dem Stammesnamen der Teutonen nachempfunden.

Teutates:
Zeichnung nach einer
Darstellung des Gottes
auf dem Kessel
von Gundestrup

Teutates, nach röm. Quellen neben Esus u. Taranis einer der kelt. Hauptgötter in Gallien, dem Menschenopfer dargebracht wurden, u. zwar durch Ertränken in einem Wasserbehälter. Von den Römern wurde T. mit Mars oder Merkur gleichgesetzt. Dargestellt wurde er zuweilen mit einem Widderkopf, später viell. als Eber.

Teuthrania, *Pergamon,* vgl. ↗Pergamos.

Teuthras, 1) Kg. v. Phrygien, auch *Teleutas* gen.; er war der Vater der ↗Tekmessa, die zur Konkubine des Aias wurde. – **2)** Gatte der ↗Auge 1).

Teutonen ↗Kimbern und Teutonen. – In einer Inschrift auf einem Grenzstein bei Miltenberg am Main, „Toutones“, hat man eine Spur des Stammes der Teutonen sehen wollen.

Thaleia:
eine der Musen

Thaleia, *Thalia,* **1)** eine der drei Töchter des Zeus u. der ↗Eurynome; sie gehörte zu den ↗Chariten u. galt vielfach als Mutter der ↗Palikoi. – **2)** Tochter des Zeus u. der ↗Mnemosyne; griech. Muse der Komödie, häufig mit Maske, Efeukranz oder auch Krummstab dargestellt.

Thales, griech. Naturphilosoph aus Milet, * um 625, † um 547 v. Chr.; nach Aristoteles Begr. der ion. Naturphilosophie; er hielt das Wasser für den Urgrund aller Dinge, untersuchte den Magnetismus u. sagte die Sonnenfinsternis v. 585 v. Chr. voraus; auch brachte er die geometr. Kenntnisse der Ägypter nach Griechenl. T. galt

seit dem 5. Jh. v. Chr. als erster der ↗Sieben Weisen.

Thallo, eine Tochter v. Zeus u. Themis; sie verkörperte den Frühling u. war eine der ↗Horen.

Thamyris, ein in der griech. Ilias als Thraker bezeichneter Musiker, viell. der Geliebte des ↗Hyakinthos. Er behauptete, den Musen im Gesang überlegen zu sein, u. als er einen musikal. Wettbewerb mit ihnen verlor, blendeten sie ihn wegen seines Hochmuts, beraubten ihn seiner Stimme u. zerstörten seine Lyra.

Thanatos, in der griech. Mythologie Symbol des Todes; personifiziert ein Sohn v. ↗Nyx u. wie sein Bruder ↗Hypnos meist als geflügelter Jüngling dargestellt, im Ggs. zu diesem aber mit einer verlöschenden oder umgestürzten Fackel in der Hand. In Dichtung u. Kunst vielbeachtet, spielte T. im offiziellen Kult nur eine geringe Rolle, außer in Sparta. Sonst war er eine Erscheinung des Volksglaubens. Berühmt ist die Sage, wie der arglistige ↗Sisyphos T. in seine Gewalt brachte, so daß niemand auf der Erde mehr sterben konnte, bis Ares den Tod befreite.

Thargelia, ein ion., bes. in Athen vor der Ernte (April–Mai) gefeiertes Fest. Es war dem Apollon geweiht u. mit zahlr. Reinigungsriten, der Austreibung eines ↗Sündenbocks u. der Darbringung v. Opfern, aber auch mit Wettkämpfen im Chorsingen ausgestaltet.

Thasos, griech. Insel in der nördl. Ägäis, im Alt. ion. Kolonie; der Sage nach ben. nach dem gleichnamigen Sohn des Agenor u. der Telephassa.

Thaumakos, Vater des ↗Poias.

Thaumas, ein griech. Meeresgott, Sohn des Okeanos (nach anderer Version des Pontos) u. der Gaia; er heiratete Elektra, eine Tochter des Okeanos u. der Tethys, u. gewann Bedeutung als Vater der ↗Iris, der ↗Harpyien u. der Windböen.

Theano, 1) Priesterin u. Prophetin der Athena in Troia; Tochter des thrak. Kg. ↗Kisseus 3), Gemahlin des ↗Antenor, dem sie zahlr. Kinder gebar. Sie (nach anderer Version ihr Gatte) gab das Palladion an die Griechen. Nach dem Fall v. Troia begab sie sich nach It. u. gründete Padua; eine andere Überl. berichtet v. ihrer Auswanderung nach Illyrien. – **2)** Frau des ↗Metapontos.

Thebe, Tochter des griech. Flußgottes Asopos u. der Metope. Sie wurde einem Teil der Überl. nach v. Zeus entführt, jedoch kommt auch eine ihrer Schwestern für die Entführung in Frage.

Theben, 1) im Alt. Hauptstadt Boiotiens, als Hochburg aristokrat. Verfassung bis 395 v. Chr.

meist in Ggs. zu Athen; in den Perserkriegen auf seiten Persiens, im Peloponnes. Krieg mit Sparta verbündet; gelangte im Kampf gg. Sparta (Befreiung v. der spartan. Herrschaft durch Pelopidas 379 v.Chr.) mit dem Sieg bei Leuktra 371 v.Chr. in Griechenl. zur Hegemonie, die mit dem Tod des theban. Feldherrn Epaminondas (362 v.Chr.) zu Ende ging; verlor durch die Niederlage bei Chaironeia 338 v.Chr. seine Selbständigkeit; 335 v.Chr. v. Alexander d. Großen zerstört, 315 v.Chr. wieder aufgebaut; seit 146 v.Chr. römisch. – Der theban. Sagenkreis spielte eine zentrale Rolle innerhalb der griech. Sagenwelt. Der Überl. nach wurde die siebentorige Stadt v. ↗Kadmos, dem Gemahl der ↗Harmonia, gegr., wobei die ↗Spartoi die Burg der Stadt errichteten u. ↗Amphion und Zethos die Mauer erbauten. Dort herrschte die ↗Sphinx, die schließl. v. ↗Oidipus vernichtet wurde; die Bewohner machten ihn zum Kg. Im Kampf zw. ↗Eteokles u. ↗Polyneikes, den Söhnen des ↗Oidipus, um die Herrschaft kam der Zug der ↗Sieben gegen Theben zustande, der für diese mit einem schweren Fehlschlag endete. Erst ihren Söhnen, den ↗Epigonen, gelang die Einnahme der Stadt, die sie dem Erdboden gleichmachten. – ↗Menoikeus 2). – T. nahm auch für sich in Anspruch, die Geburtsstätte einer Reihe v. bedeutenden griech. Gestalten zu sein, so des Herakles u. des ↗Teiresias. – **2)** alte Stadt in Oberägypten; Ende des 3. Jt. v.Chr. gegr. Das griech. T. wurde in der antiken Sage als siebentorig bez., das ägypt. dagg. als hunderttorig.

Theia, eine griech. ↗Titanin. Sie heiratete ihren Bruder ↗Hyperion und wurde Mutter v. Eos, Helios u. Selene.

Theias, Kg. v. Assyrien; viell. der Vater der ↗Myrrha (Smyrna), die aber eher als Tochter des Kinyras galt.

Theiodamas, *Theiomenes*, Kg. der Dryoper, Vater des ↗Hylas.

Themis, eine griech. ↗Titanin und nach Hesiod zweite Gemahlin des Zeus; sie war die Mutter der ↗Horen u. ↗Moiren u. viell. auch des Prometheus. T. galt als Personifikation v. Recht u. Ordnung, v. Gerechtigkeit u. Gesetzlichkeit, u. so wurde bei der Eidesleistung ihr Name häufig angerufen. Sie galt auch als Orakelgöttin u. soll zeitweise Inhaberin des Delph. Orakels gewesen sein, bis Apollon dieses übernahm. Manchmal wurde sie mit Gaia, der Göttin der Erde, gleichgesetzt.

Themisto, Tochter des ↗Lapithen-Kg. Hypseus, Gemahlin des Athamas, Kg. v. Theben, der vor-

her mit ↗Ino vermählt gewesen war. Nach einer der Athamas-Ino-Sage widersprechenden Version kehrte Ino, nachdem sie einen Anfall v. Wahnsinn überwunden hatte, mit ihren Kindern Learchos u. Melikertes zu ihrem Gatten, der sie für tot gehalten u. sich deshalb erneut verheiratet hatte, zurück. Die v. Eifersucht geplagte T., die inzwischen selbst zwei Kinder hatte, suchte sich ihrer Stiefkinder zu entledigen u. befahl deshalb, ihre eigenen Kinder weiß, die der Ino dagegen schwarz zu kleiden. Da die Wärterin dies bewußt verwechselte, tötete T. aus Versehen ihre eigenen Kinder, während die Kinder der Ino am Leben blieben. Aus Verzweiflung über ihre Tat verübte T. Selbstmord.

Theoderich der Große: Bildnis auf einer Goldmünze

Theoderich der Große, Ostgotenkg., * um 455, †526; entriß dem german. Kg. Odoaker Ravenna u. gründete hier 493 das oberitalien. Reich der Ostgoten (↗Goten). Er ist in die Sagengestaltung als ↗Dietrich von Bern eingegangen u. stellt einen überragenden Kristallisationspunkt der german. Heldensagenbildung dar. T. verbrachte seine Kindheit als Geisel in Byzanz; darin spiegelt sich viell. die Vorstellung v. der 30jährigen Verbannung Dietrichs an den Hof des Kg. Etzel, aber die derartige Verbindung mit dem Hunnenkg. Attila, der bereits 453 starb, ist ahistorisch. Auch mit den angenommenen Lebensdaten ↗Ermanerichs (er starb 375) kann T. nicht in hist. Weise in Verbindung gebracht werden. Diese Sagenbildung ist ein Lehrbeispiel der ahist. Verknüpfung.

Theogonie, für unser Wissen um die rel. Vorstellungen des alten Griechenl. u. um die antike Mythologie wichtige Göttergeschichte des ↗Hesiodos (* um 700 v.Chr.).

Theoklymenos, ein Sohn des ↗Polypheides; er gehörte einer berühmten griech. Seherfamilie an u. sagte u.a. die Rückkehr des Odysseus aus dem Troian. Krieg u. den Tod v. Penelopes Freiern voraus.

Theophane, ein schönes Mädchen, das v. Poseidon entführt wurde u. ihm einen Widder mit einem ↗Goldenen Vlies gebar; der Widder konnte fliegen u. sprechen u. spielte in der griech. Argonautensage eine entscheidende Rolle.

Thera, die südlichste Insel der griech. Kykladen (↗Santorin); ein vulkan. Gebiet, hinter dem gelegentl. das myth. Atlantis vermutet wurde. – ↗Euphemos.

Therimachos, ein Sohn des Herakles u. seiner Gattin Megara; Bruder des ↗Kreontidas; er wurde v. seinem Vater getötet.

Thermodon, Fluß in Kappadokien (Türkei). Ein Teil der Überl. berichtet, an seinen Gestaden sei die Heimat der ↗Amazonen gewesen.

Thermopylen ↗Ephialtes 2).

Thersandros, Sohn des Polyneikes u. der Argeia. Er war einer der ↗Epigonen u. erreichte die Teilnahme des Alkmaion u. des Amphilochos an dem Feldzug, indem er ihrer Mutter Eriphyle den Mantel der ↗Harmonia zukommen ließ. Nach der Einnahme v. Theben in Griechenl. wurde T. Kg. der Stadt. – Er nahm auch mit 40 Schiffen am Troian. Krieg teil, fand aber schon bei der Landung in Mysien den Tod durch Telephos. Nach anderer Version (Vergil) überlebte er u. ließ sich in das ↗Hölzerne Pferd mit einschließen.

Thersites, bei Homer der häßlichste Mann, der vor Troia kämpfte. Er stammte aus niedrigem Geschlecht u. wurde v. der homer. Oberschicht verachtet. Spätere Berichte versahen ihn allerdings mit einem erlauchteren Stammbaum. Danach war er ein Sohn des Agrios, eines Bruders des kalydon. Königs ↗Oineus. In der griech. Heeresversammlung widersprach er der Meinung des Agamemnon u. wurde v. Odysseus verprügelt. Als er Achilleus wegen seiner Liebe zu Penthesileia, die den Tod im Kampfe fand, verspottete, wurde T. v. diesem in einem Wutanfall erschlagen.

Theseus im Kampf gegen Skeiron; griech. Vasenmalerei (um 480 v.Chr.)

Theseus, eine der bedeutendsten Gestalten der griech. Mythologie, Sohn des Aigeus, eines Kg. v. Athen (nach anderer Version war Poseidon sein Vater) u. der Aithra, einer Prinzessin v. Troizen, bei deren Vater ↗Pittheus T. aufwuchs,

weil das delph. Orakel Aigeus vor dem Genuß v. Wein u. Liebe gewarnt, er sich aber nicht daran gehalten hatte. Bevor Aigeus nach Athen zurückkehrte, versteckte er unter einem gewaltigen Stein ein Schwert u. ein Paar Sandalen u. beauftragte Aithra, den Sohn zu ihm zu schicken, sobald dieser in der Lage sei, den Felsblock wegzuwälzen. Als die Zeit gekommen war, machte T. sich unter Benutzung des Landwegs nach Athen auf. Unterwegs vollbrachte er mehrere Taten, die an die Taten des ↗Herakles erinnern. Er erschlug den Keulenträger ↗Periphetes 2), tötete ↗Sinis, den „Fichtenbeuger", erlegte die ↗Krommyonische Sau, stieß ↗Skeiron 2) ins Meer, besiegte ↗Kerkyon im Zweikampf u. machte dem grausamen Treiben des ↗Prokrustes ein Ende. In Athen angekommen, suchte die Zauberin ↗Medea, die Gefährtin seines Vaters, ihn zu beseitigen, indem sie den Kg. zunächst bewog, den Gast mit der Vernichtung des ↗Kretischen Stiers zu beauftragen, u. ihn dann zu vergiften trachtete. Jetzt endl. erkannte Aigeus seinen Sohn an dem Schwert, das dieser trug, u. machte ihn zu seinem rechtmäßigen Erben. T. scheute sich nicht, den Kampf mit dem ↗Minotauros, dem die Athener jährl. Menschenopfer darbringen mußten, aufzunehmen. Er reiste nach Kreta, u. mit Hilfe der ↗Ariadne, einer Tochter Kg. Minos', gelang es ihm, das Untier im Labyrinth zu besiegen. Auf der Heimfahrt vergaßen er u. seine Gefährten die mit Aigeus getroffene Abmachung, bei gelungener Expedition weiße, sonst schwarze Segel zu setzen. Das Schiff führte aus Versehen schwarze Segel, u. als der Kg., der auf der Akropolis die Heimkehrenden erwartete, dies sah, stürzte er sich verzweifelt ins Meer in der Annahme, sein Sohn sei bereits tot.

T. trat die Herrschaft in Athen an u. wurde zum Nationalheros v. Attika, dem man die Vereinigung mehrerer attischer Gemeinwesen zuschrieb. Er galt als weiser Herrscher, der auch im übrigen Griechenl. großes Ansehen genoß. Zu seinen weiteren Abenteuern gehörte der Sieg über die Amazonen, deren Königin Hippolyte (oder Antiope) er heiratete. ↗Peirithoos war sein Freund; mit ihm zus. nahm er an der ↗Kalydon. Jagd teil u. an der Entführung der Helena aus Sparta. Bei dem Versuch, Persephone aus dem Hades zu entfernen, wurden sie dort festgehalten, aber schließl. v. Herakles befreit. – Nach dem Tode der Hippolyte sandte T. seinen Sohn Hippolytos an den Hof des Pittheus, der diesen zu seinem Erben machte. T.

selbst heiratete ↗Phaidra, eine Schwester der Ariadne, die in Leidenschaft zu ihrem Stiefsohn ↗Hippolytos entbrannte. Als er sie zurückwies, verleumdete sie ihn bei ihrem Gemahl, der den Sohn zu Tode schleifen ließ. Phaidra beging Selbstmord. Später sah sich T. in Athen einem Aufstand gegenüber, den ein Nachfahre der ersten Könige während seiner Abwesenheit angezettelt hatte. Er begab sich daraufhin zu Kg. ↗Lykomedes v. Skyros, der ihn zunächst gastfreundl. aufnahm, dann aber heimtückisch v. einem Felsen ins Meer stürzte. – Nach den Perserkriegen, in denen T. der Legende nach den Griechen in der Schlacht bei Marathon erschien u. sie ermutigte, wurden seine Gebeine nach Athen überführt. Dort ließ man ihm einen Staatskult zuteil werden, weil man in ihm einen der Väter der athen. Demokratie sah.

In der Überl. wurden T. u. Herakles z.T. als Zeitgenossen aufgefaßt, aber nur deren Nachkommen hatten angebl. direkten Kontakt miteinander. Wie kann es geschehen, daß zwei so berühmte Helden sich (nach einem Teil der Überl.) nicht trafen? Von ihrer „mytholog. Funktion" her schließen sich die beiden Heldenbiographien weitgehend aus, auch weil sie ganz ähnl. Taten vollbrachten. Man ließ also etwa Herakles seine Taten vollbringen, während T. sich als Gefangener des Pluto in der Unterwelt befand. In der gleichen Zeit, in der umgekehrt T. aktiv wurde, ließ man Herakles im Dienst der Omphale in Lydien verweilen. So wurden Heldenbiographien angepaßt u. „geschönt" (P. Grimal).

Thespiai ↗Kleostratos, ↗Thespios.

Thespios, Kg. der boiot. Stadt Thespiai; v. einem Teil der griech. Überl. als Sohn des Erechtheus bezeichnet. Er nahm den Asyl suchenden ↗Herakles gastfreundl. bei sich auf, u. da er sich v. einem so bedeutenden Helden Nachkommen wünschte, schlief Herakles mit allen seinen 50 Töchtern, nach einer Version mit je einer in einer Nacht, nach einer zweiten mit allen in sieben Nächten u. nach einer dritten Fassung der Überl. mit allen in einer Nacht. Die aus diesen Verbindungen hervorgegangenen Söhne sollen später z.T. Sardinien besiedelt haben. – T. reinigte Herakles auch v. seinem in einem Anfall v. Wahnsinn begangenen Mord an seiner Frau Megara u. ihren Kindern.

Thessalien, nordgriech. Landschaft zw. Olymp, Pindos u. Ägäischem Meer; hist. Durchgangsland. Bis Ende des 7. Jh. v. Chr. v. den v. Nordwestgriechenl. einwandernden Thessalern in Besitz genommen, in der 1. Hälfte des 4. Jh. v. Chr. vorübergehend polit. geeinigt; kam 354 v. Chr. an Makedonien. T. war eine Landschaft mit einer Reihe v. Mythen, außerdem bedeutend durch den Olymp. Zauberinnen aus T. konnten den Mond auf die Erde herab verbannen (bzw. eine Mondfinsternis vorhersagen, vorausberechnen).

Thessalos, Kg. v. Thessalien; Sohn des Herakles u. der Chalkiope. Seine zwei Söhne, Antiphos u. Pheidippos, nahmen mit einer Flotte v. 30 Schiffen am Troian. Krieg teil.

Thestios, 1) Kg. v. Aitolien, Sohn des Ares oder des Agenor; Vater mehrerer Kinder, darunter ↗Leda. Die Söhne des T. wurden einer griech. Sagenversion nach v. ↗Meleagros getötet, als sie versuchten, Atalante das Fell des Kalydon. Ebers zu entwenden. – **2)** Vater des ↗Kalydon 1).

Thetis, Tochter des Nereus u. der Doris, Schwester der griech. ↗Nereïden. Sie wurde v. Zeus u. Poseidon geliebt, die beide um sie warben, sich aber v. ihr zurückzogen, als sie v. einer Weissagung erfuhren, nach der T. einen Sohn gebären werde, der stärker als sein Vater sein sollte. Daraufhin kam nur ein Sterblicher als Gemahl der Meeresgöttin in Frage. Die Wahl fiel auf ↗Peleus, der T. nach einem Ringkampf, bei dem sie sich in versch. Tiere verwandelte, errang. Zu der Hochzeit des Paares waren sämtl. olymp. Götter geladen mit Ausnahme der ↗Eris, die sich für diese Kränkung rächte u. indirekt Anlaß zum Troian. Krieg gab. T. gebar ihrem Gemahl 17 Kinder, nach anderer Version nur einen Sohn, den ↗Achilleus, den sie unsterbl. zu machen suchte, indem sie ihn ins Feuer oder in einen Topf mit kochendem Wasser hielt; als Peleus sie dabei entdeckte, entschwand sie u. zog sich in den unterirdischen Palast ihres Vaters Nereus zurück. Sie hielt aber weiterhin ihre schützende Hand über den Sohn, indem sie ihn vor mancherlei Gefahren zu warnen suchte. – Eine andere, ebenfalls sehr alte Version der T.-Sage besagt, die Nereïde habe Zeus als Geliebten zurückgewiesen aus Dankbarkeit gg. dessen Gemahlin Hera, die sie aufgezogen hatte. Auch v. einer Verbindung zu Hephaistos ist die Rede, den sie jahrelang im Meer verborgen habe u. der ihr dafür in vielen Situationen half und u.a. dem Herakles eine Rüstung schmiedete.

Thetleif der Däne, eine sich zum Helden entwickelnde Gestalt aus der Gefolgschaft des Thidrek in der norweg. ↗Thidreks saga.

Thialfi, Thors Diener u. Waffengefährte, über den folgendes in der nord. Überl. berichtet wird:

Einst gelangten Thor u. Loki auf einem ihrer Streifzüge durch die Welt zu einem Bauern, dessen Böcke Thor schlachtete, um gemeinsam mit der Bauernfamilie ein abendl. Mahl abzuhalten. Der Gott befahl seinen Gästen, die Knochen der Tiere auf deren Fell zu werfen, u. am nächsten Tag erweckte er die Böcke durch Berührung mit ↗Miölnir zu neuem Leben. Nur T., ein Sohn des Bauern, hielt sich nicht an diese Anweisung, als er einen Schenkelknochen zerbrach, weil ihn nach dem Mark gelüstete. Infolgedessen hinkte eines der Tiere, was Thor mit tiefem Grimm erfüllte. Der Bauer konnte ihn nur besänftigen, indem er ihm T. u. seine Tocher Röskva als Gehilfen überließ. T. half Thor in seinem Kampf mit ↗Hrungnir u. vernichtete den Lehmriesen ↗Mökkurkalfi.

Thiassi, *Thiazi,* in der nord. Mythologie ein Riese, Vater der ↗Skadi. Als Odin, Hönir u. Loki einst auf einer Wanderschaft über die Erde Hunger verspürten u. einen Ochsen kochten, wunderten sich die drei, daß das Wasser nicht recht siedete, bis sie entdeckten, daß ein gewaltiger Adler v. einem Baum aus mit seinem Flügelschlag die Flamme unterdrückte. Erst als sie ihm versprachen, ihn an der Mahlzeit teilnehmen zu lassen, verhielt er sich ruhig, fraß dann aber so gierig v. dem Fleisch, daß Loki Angst hatte, es werde nichts für ihn übrigbleiben. Er stieß eine Stange in die Federn des Vogels, worauf dieser aufflog u. seinen Peiniger mit sich schleifte. Erst gg. das Versprechen, ihm ↗Iduna mit ihren goldenen Äpfeln, deren Verzehr die Jugend der Götter garantierte, zu verschaffen, kam Loki frei, mußte aber sein Wort einlösen. Die Asen zwangen ihn jedoch, die Geraubte mit einer List zurückzuholen, u. als T., der sich wiederum in einen Adler verwandelt hatte, dies zu verhindern suchte, wurde er v. den Göttern getötet.

Thidreks saga, Buchroman des 13. Jh. zur Sage von ↗Dietrich von Bern, von niederdt. Kaufleuten in der norweg. Hansestadt Bergen erzählt u. angebl. darnach in das Altnord. übersetzt; direkte Vorlagen dazu sind unbekannt, doch allgemein zur ↗Nibelungensage gehörig. – Thidrek wurde v. Hildebrand erzogen; bereits in jungen Jahren sammelte er eine beträchtl. Heldenschar um sich, hielt mit seinen Mannen große Feste, zog mit ihnen ins Bertangenland u. kämpfte gg. Riesen. Während seiner Landflüchtigkeit fand er Schutz bei Attila u. zog dann nach 20 Jahren zum Kampf gg. Ermanarich. Doch erst nach vielen Kämpfen u. Ermanarichs Tod konnte Thidrek mit Hilfe seines alten Lehrers u. Waffenmeisters Hildebrand nach Rom zurückkehren. – Bis auf Einzelheiten (30 Jahre Landflüchtigkeit) und Namensformen (Etzel) stimmt damit die Thidreks saga mit der dt. Überl. überein. Manches wird mit den Sachsenkriegen gg. die Slawen in Zshg. gebracht, z.B. die Verlegung von Attilas Burg nach „Susat" (Soest in Westfalen). – Angeschlossen ist ein größeres Konglomerat v. Sproßgeschichten, so Teile der Nibelungensage u. die Episode mit Thetleif dem Dänen, der sich von einem jugendl. Aschenputtel zu einem berühmten Helden entwickelte.

Thietmar von Merseburg, *975, †1018, sächs. Bischof u. wichtiger Geschichtsschreiber, der sein mittellat. Werk „Chronicon" aus dem Jahre 1012 begann u. damit viele ältere Quellen u. Einzelheiten auch zur Mythologie der Germanen überlieferte.

Thing ↗Ding.

Thingsus ↗Mars Thingsus.

Thisbe, die Geliebte des Pyramos, die sich nach seinem Selbstmord ebenfalls tötete. – ↗Pyramos und Thisbe.

Thoas, 1) Kg. v. Lemnos, Sohn des Dionysos oder des Theseus u. der Ariadne, Vater der ↗Hypsipyle. Er war der einzige Überlebende, als die Lemnierinnen alle ihre Männer töteten (↗Polyxo 2). – **2)** Kg. der Taurier, Sohn des Iason u. der Hypsipyle. Er wollte Orestes u. Pylades der Artemis opfern, doch wurden die beiden v. Iphigeneia gerettet. – **3)** Kg. v. Aitolien; als Freier der Helena nahm er mit 40 Schiffen am Troian. Krieg teil u. gehörte zu jenen Helden, die sich in dem ↗Hölzernen Pferd versteckten.

Thökk, eine nord. Riesin mit hexenartigen Zügen. Sie war die einzige, die nicht um Balders Tod weinte u. damit war die Bedingung der Hel, den Gott aus dem Totenreich zu entlassen, nicht erfüllt. Es gab für Balder keine Möglichkeit, nach Asgard zurückzukehren.

Thoon (= der Schnelle), **1)** in der griech. Mythologie ein Gigant, Sohn der Gaia. Er wurde in der Gigantenschlacht bei Phlegra (↗Giganten) v. den Moiren getötet. – **2)** ägypt. König, Gatte der ↗Polydamna.

Thoosa, eine griech. Nymphe; Tochter des Phorkys u. wahrscheinl. Mutter des Kyklopen ↗Polyphemos durch Poseidon.

Thootes, der Herold des ↗Menestheus.

Thor, altnord. Bz. für den gemeingerman. Donar gen. Gott des Donners; neben Wodan (Odin) der bedeutendste und angesehenste Gott der

Asen. Er war ein Sohn Wodans u. der ↗Jörd, trug bäuerliche Züge u. galt als außerordentl. volkstüml., weshalb man sich ihn auch mit wallendem Rotbart vorstellte u. einem ungeheuren Appetit, der ihn mehrere Ochsen mühelos auf einmal verzehren ließ. Er bewahrte die Menschen vor den Übeltaten v. Dämonen u. Riesen u. fuhr mit seinem Wagen über das Land, dessen Räder ein Donnergeräusch verursachten. Als Vegetationsgottheit schützte er die Ernte u. lockerte mit seinem wichtigsten Attribut, dem riesenhaften Hammer ↗Miölnir, die Erde, um sie fruchtbar zu machen. Warf er diesen Hammer, um einen Feind zu vernichten, so kehrte Miölnir jeweils v. selbst wieder in seine Hand zurück. Der Hammer spielte deshalb bei den Germanen bei vielen Riten eine große Rolle, z. B. bei Eheschließungen, bei der Weihe der Hausschwelle oder beim Abstecken der Grenzen einer Siedlung. Er wurde auch in Amulettform als ↗Heilszeichen getragen. – Hauptfeindin T.s war die ↗Midgardschlange, die er mehrfach vergebl. zu vernichten versuchte, bis er sie in der Götterdämmerung erlegte, wobei er aber selbst durch ihren giftigen Atem zu Tode kam. Von den röm. Schriftstellern wurde T. mit Herkules bzw. mit Jupiter gleichgesetzt, u. nach ihm erhielt der Donnerstag (lat. Jovis dies; Jovis = lat. Genitiv v. Jupiter) seinen Namen. – Auch im außernord. Bereich scheint T. eine bedeutende Rolle gespielt zu haben, zumal in der Auseinandersetzung zw. dem heidn. Germanentum u. dem Christentum. So ist z. B. überliefert, der hl. Bonifatius habe bei seiner Missionstätigkeit im hess. Geismar bei Fritzlar 723/724 eine dem Donar geweihte Eiche gefällt. – T. wurde der Hauptgott in Norwegen, wichtigste Figur am Götterhimmel für die Isländer, u. noch die Normannen in der Bretagne hielten an ihm als Gott für bes. Feierlichkeiten fest (Ortsnamen wie „Turville").

Thora, in der altnord. Edda eine Freundin Gudruns, bei der diese nach Sigurds Tod in Dänemark lebte u. um ihren verstorbenen Gatten trauerte.

Thorbjörn, 1) Gegner des Hrafnkel in einem Rechtsstreit, bei dem T. versuchte, den mächtigen Hrafnkel wegen Totschlags ächten zu lassen (altnord. ↗Hrafnkels saga). – **2) Thorbjörn Hornklofi,** Ende des 9. Jh. Skalde am Hofe des norweg. Kg. Harald Schönhaar, möglicherweise Dichter eines der ältesten eddischen Lieder, der ↗Atlakvida.

Thorgerd, *Thorgerd Hölgabraut, Thorgerd Hölga-troll,* in Norwegen verehrte Frau bzw. Göttin, Tochter des Kg. Hölgi von Halogaland. Ihre Mutter scheint eine Finnin gewesen zu sein. T. war eine Zauberin u. konnte „Wetter machen". So schickte sie ihrem Schützling, dem Jarl ↗Hakon, ein Hagelwetter in der Schlacht gg. die Jomswikinger zu Hilfe.

Thorsberg, in Angeln (Schleswig-Holstein), um 200 n. Chr. mögl. Hauptheiligtum für den german. Gott Thor bzw. Donar u. wichtiger Fundort (Museum Schloß Gottorf, Schleswig). Neben vielen anderen Dingen wurden zwei *Zierscheiben* geborgen, von denen die eine in einer dreifachen Reihung Böcke zeigt (der Bock ist neben dem Hammer, vgl. ↗Thors Hammer, ein weiteres Attribut v. Thor), während die andere mit reichem figuralen Schmuck eindeutiger als provinzialröm. Arbeit zu erkennen ist. Beide Scheiben stammen aber aus der gleichen Werkstatt (gleicher Punzstempel in Form eines Delphins).

Thors Fischzug, Thor, gekennzeichnet mit dem erhobenen Hammer als Attribut, versuchte die ↗Midgardschlange [dort auch Abbildung], die die Welt umspannte, zu ködern, wozu er einen Stierkopf benützte. Um sich gg. die Wut der Weltenschlange abzustützen, stemmte er seine Beine gg. den Boden des Bootes u. brach mit einem Fuß durch. Dargestellt auch auf dem wikingerzeitl. Runenstein v. Altuna in Schweden – (siehe Farbtafel S. 318).

Thors Fischzug: links Runenstein von Altuna; rechts Zeichnung von L. Frølich, aus „Götter des Nordens" (dänisch, um 1864); Thor hat die Midgadschlange am Haken.

Thors Hammer, in Amulettform als um den Hals getragenes, heidn. Schutzzeichen vielfach belegt. In Kleeblattform Attribut der kleinen Bronzefigur v. ↗Akureyri (Island). Mehrfach auf

Runensteinen eingehauen; zwei schwed. Steine aus Södermanland werden direkt als „Gegendemonstration am Rande eines Missionszentrums" verstanden (K. Düwel). Thorshämmer (↗Miölnir) als Anhänger aus archäolog. Funden sind vor allem aus Eisen u. Silber. Auch Halsringe aus Eisen tragen kleine Th. („Thorshammerringe"); Funde dazu im schwed. Uppland u. in Södermanland aus der Zeit um 750 n.Chr. (ältere Wikingerzeit). – Eine Speckstein-Gußform zeigt neben zwei Kreuzen für das christl. Amulett auch die Form für einen Thorshammer für gleichzeitige nicht-christl. Kunden – (siehe Farbtafel S. 315).

Thorshymnus, Preisdichtung des isländ. Skalden Vetrlidi vom Ende des 10. Jh., angeblicher Beweis für die Geburt des Epischen, der ↗Heldensage, aus der rel. Dichtung.

Thorsten, Vater des altnord. Frithjof (↗Frithjofssaga). – ↗Ellide.

Thorwald-Kreuz ↗Andreas.

„Thor weihe diese Runen", Inschrift des 10. Jh. auf dem dän. Runenstein von Glavendrup (Fünen), dort zus. mit einer langen Gedenkinschrift u. einer Fluchformel überliefert. Zeugnis des praktizierten Heidentums im Zshg. mit dem Grabkult, hier einer Schiffssetzung. Die Runenformel ist mehrfach belegt, z.T. in verschlüsselten Geheimrunen.

Thrael, der Stammvater der nord. unfreien Knechte, den ↗Rigr, als er die Stände unter den Menschen schuf, bei einer seiner Erdenfahrten mit einer Frau zeugte, die in einer ärml. Hütte wohnte.

Thrakien, nach den Griechen im Alt. die östl. Balkanhalbinsel bis zur Donau, dazu die Thrak. Inseln (Thasos, Samothrake u.a.). Die röm. Provinz Tracia (46 n.Chr.) umfaßte nur den Teil zw. Ägäis u. Balkangebirge. – Von den indogerman. Thrakern bewohnt; die Küste war seit dem 8. Jh. v.Chr. v. Griechen kolonisiert, durch Philipp II. wurde T. makedon.; seit 281 v.Chr. war T. selbständig, 46 n.Chr. röm. – T. galt als Heimat einiger Sagengestalten, darunter am bedeutendsten der myth. Sänger ↗Orpheus.

Thrasymedes, Sohn des Nestor; ein Schafhirt, der seinen Vater in den Troian. Krieg begleitete.

Thrud (altnord. = Kraft), **1)** eine Tochter Thors und der ↗Sif, verlobt mit dem Nachtzwerg ↗Alvís, der jedoch aufgrund v. Thors Machenschaften versteinert wurde. – **2)** Name einer ↗Walküre.

Thrym, nord. Riese u. Titelfigur der eddischen Thrymskvida; er raubte Thor seinen Hammer u.

verbarg ihn ↗„Acht Rasten unter der Erde". Als Gegenleistung zur Rückgabe verlangte er Freyja zur Frau. Er wurde jedoch von Thor in der Verkleidung einer Braut überlistet. Bei Tisch entwickelte der verkleidete Thor ungeheuren Appetit, der als Sehnsucht der Braut erläutert wurde. Endlich wurde Thor dann zur angeblichen Eheschließung der Hammer wieder in den Schoß gelegt, worauf der Gott die Riesen erschlug. Die Erzählung von T. gilt als Beispiel der ständigen Auseinandersetzung der Götterwelt der ↗Asen mit ihren Gegenbildern, den Riesen.

Thrymskvida, eddisches Lied v. dem Riesen ↗Thrym, der Thor den Hammer raubte. Stofflich u. mit wörtl. Parallelen auch in einer späten Volksballade (dän. „Thor af Havsgaard") überliefert, die möglicherweise eine „Geschichtsfälschung" der Renaissance darstellt. Andererseits ist auch das Lied der Edda als „pseudo-eddisch" hingestellt worden, möglicherweise sogar als Dichtung ↗Snorri Sturlusons.

Thule, in röm. Vorstellung ein Land, das weit entfernt am N-Ende der Welt gelegen ist.

Thurse, altnord. ↗„Riese", als ↗Rune für th, Þ, Thorn = „der Dorn" mag. Abwehrzeichen.

Thusnelda, hist. Gemahlin des ↗Arminius.

Thyestes, in der griech. Überl. Sohn des ↗Pelops u. der ↗Hippodameia; Bruder des ↗Atreus u. Vater des ↗Aigisthos. Nachdem Pelops Atreus u. T., die ihren Stiefbruder Chrysippos ermordet hatten, feierl. verflucht u. des Landes verwiesen hatte, brach ein Haß zw. den beiden Brüdern aus, der sie zu immer neuen Rachetaten gegeneinander veranlaßte u. sich auch auf ihre Nachkommen tragisch auswirkte.

Thyestesmahl, griech. Wanderfabel (↗Atreus, ↗Pelops, ↗Harpalyke 2), ↗Itys) vom „graußigen Mahl" (so in dt. Volksballaden); im altnord. Eddalied ↗Atlakvida tötete Gudrun ihre u. Atlis gemeinsamen Kinder aus Rache, setzte dem Mann ihr Fleisch zum Essen, ihr Blut zum Trinken vor. – Eine mhd. stoffl. Variante dazu, vgl. ↗Herzmære.

Thyiaden, die Gefährten des Dionysos; griech. auch ↗Mainades oder Bakchanten bzw. Bakchantinnen gen.

Thyrsos, ein langer Stab, meist mit Weinlaub u. Bändern umwunden, in einen Pinienzapfen auslaufend; Zeichen des ↗Dionysos u. seines Gefolges. In der bildenden Kunst ist der Kult-Zshg. durchweg mit diesem Symbol dargestellt. – ↗Mainades (Abbildung).

Tiber, Hauptfluß Mittelitaliens; er entspringt im

Etrusk. Apennin, durchfließt Umbrien, die Campagna u. Rom u. mündet bei Ostia mit einer ins Tyrrhen. Meer wachsenden Deltamündung. Der T., urspr. *Albula* gen., spielt in den Sagen um Rom eine gewisse Rolle u. wurde v. den Römern als göttl. verehrt. – Vater des ↗Oknos.

Tiberinus, der Sakralname des v. den Römern als göttl. verehrten ↗Tiber. Die Sage berichtet, bei T. habe es sich um einen ital. Kg. gehandelt, der im Tiber (Albula) ertränkt worden sei, worauf man ihm zu Ehren den Fluß in T. umbenannt habe.

Tierkämpfer ↗Gilgamesch. Ein ikonograph. „Wanderbild", belegt bereits in einem Königsgrab v. Ur, ca. 3300 v. Chr. als Zeichen des Sieges über wilde Tiere. Dem Doppelcharakter des Bildes entspr. auf der anderen Seite die Figur des Tammuz als dem „guten Hirten". Sieg u. Bedrohung, Schutz u. Mahnung, „Held überwindet wilde Tiere" *und* schreckeinflößendes „mannverschlingendes Ungeheuer" entsprechen sich.

„Tierköpfiger Gott", viell. eine Weihefigur auf einer Schwertscheide (Röm.-German. Zentralmuseum, Mainz), wo dieser „Gott" ein Schwert mit Scheide „überreicht" (?); siehe Abb. unten, Szene links. Ähnl. ein speertragender Krieger auf dem ↗Runenkästchen v. Auzon u. an wenigen anderen Stellen.

Tilphussa, eine Prophetin; Tochter des griech. Flußgottes Ladon, die als Nymphe an der gleichnamigen Quelle in Arkadien oder Boiotien bei einem Orakel des Apollon lebte. Der Seher ↗Teiresias trank aus dieser eiskalten Quelle, erkrankte u. fand bald darauf den Tod.

Tinia, Himmelsgott der ↗Etrusker.

Tiphys, der durch bes. Geschicklichkeit ausgezeichnete Steuermann der ↗Argo; er starb auf der Reise nach Kolchis u. wurde durch die Steuermänner Ankaios oder Erginos ersetzt.

Tirant der Weiße, *Der Weiße Ritter*, ein Sagenheld im Kampf gg. die Türken, gebürtig aus dem Geschlecht des Kg. Artus u. – so in einem katalon. Ritterroman des 15. Jh. (v. J. Martorell, erschienen 1490) – mit Anklängen an den hist. Ritter Roger de Flor (*1262, †1306).

Tiresias ↗Teiresias.

Tír na nÓc, ir. Land der ewigen Jugend, vgl. ↗Irland.

Tír Tairngire, ir. ↗Land der Lebenden, in Jenseitsvisionen eine Art Paradies.

Tiryns, prähist. Burgstadt auf der Peloponnes, v. Helladikern im 3. Jt. v. Chr. gegr., um 2000 v. Chr. v. Frühgriechen erobert, seit dem 15. Jh. v. Chr. myken. Fürstensitz. Im 13. Jh. v. Chr. Anlage der gewaltigen Burgmauer (↗Kyklopen); durch die dor. Wanderung im 12. Jh. v. Chr. zerstört; neben ↗Mykenai Hauptzentrum der Myken. Kultur. Der Sage nach verbrachte Herakles hier seine frühen Jahre.

Tisamenos, *Teisamenos*, ein Sohn des ↗Orestes, der seinem Vater in der Herrschaft folgte u. wahrscheinl. im Kampf gg. die Herakleiden fiel; nach einer anderen griech. Version wurde er aus Argos u. Sparta vertrieben u. fand den Tod, als er die Ionier aus Achaia zu vertreiben suchte.

Tisiphone, *Teisiphone*, 1) Tochter des Epigonen Alkmaion u. seiner Gemahlin Manto, Schwester des Amphilochos. Alkmaion, der vom Wahnsinn befallen war, ließ seine Kinder bei Kreon v. Korinth zurück. Dessen Gemahlin verkaufte T., auf deren Schönheit sie neidisch war, in die Sklaverei, wobei keiner der Beteiligten zunächst erkannte, daß der Käufer T.s Vater war. Als Alkmaion später nach Korinth zurückkehrte, um seine Kinder wiederzuerlangen, erkannte er die Tochter u. erhielt auch den Sohn zurück. – 2) eine der ↗Erinyen; eine Tochter der Gaia; Schwester v. ↗Alekto u. ↗Megaira. Ihr Name wird griech. „als Rächerin des Mordes" gedeutet.

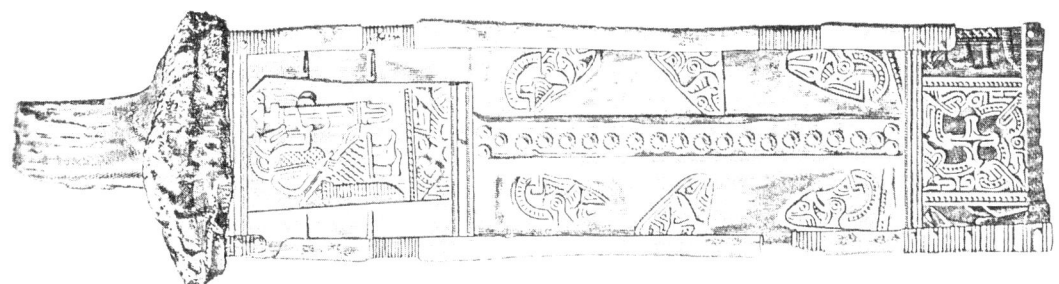

Tierköpfiger Gott: Motiv von einer Schwertscheide

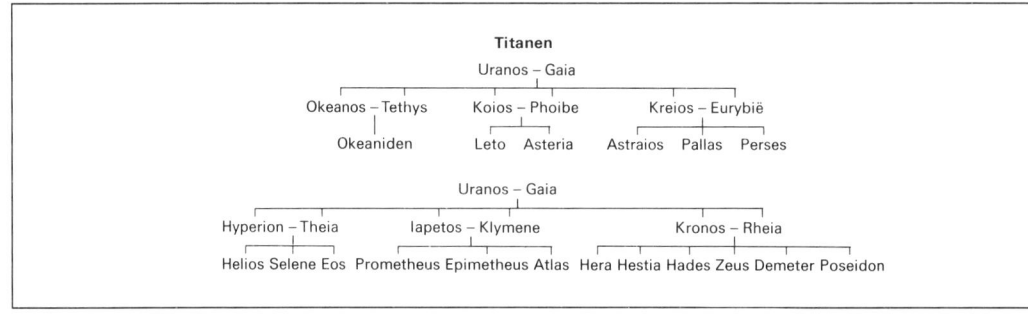

Titanen, die Kinder des Uranos u. der Gaia, d. h. Gestalten jener göttl. Generation, die vor den griech. Olympiern herrschte. Gewöhnl. werden 6 Söhne u. 6 Töchter gen., die in Hesiods „Theogonie" als Paare auftreten. Unter Führung des ↗Kronos, des jüngsten, stürzten die T. ihren Vater Uranos in den Tartaros, u. Kronos verschlang seine Kinder, mit Ausnahme des Zeus, der ihm aufgrund einer Täuschung entging. Als Zeus herangewachsen war, begann der Kampf um die Weltherrschaft, den Zeus schließl. gewann. Uranos u. alle, die auf seiner Seite standen, vor allem T., wurden in den Tartaros geworfen, nach einigen Quellen aber später begnadigt. – Welche Bedeutung die T. und ihr Kampf, die sog. *Titanomachie*, religionsgeschichtl. gehabt haben, bleibt umstritten (↗Giganten). Wahrscheinl. zeigt sich hier das auch bei anderen Völkern beobachtete Phänomen, daß eine Göttergeneration eine frühere ablöste (vgl. die german. ↗Asen u. Vanen), ohne daß man zwingend annehmen müßte, die T. seien die Götter der vorgriech. Bevölkerung gewesen u. nach der Einwanderung der Hellenen zurückgedrängt worden, jedoch nicht ganz aus dem Bewußtsein verschwunden (vgl. die Dämonisierung heidn. Götter in der Zeit des Christentums).

Titania, in der kelt. Überl. eine Feenkönigin, die mit ↗Oberon verheiratet war.

Titanomachie ↗Titanen.

Tithonos, Sohn des troian. Königs Laomedon, Bruder des Priamos, Gemahl der Morgenröte ↗Eos, die ihm ↗Memnon gebar, der im Troian. Krieg eine bedeutende Rolle spielte. Eos erreichte durch flehentl. Bitten v. Zeus, daß er ihrem Gatten ewiges Leben schenkte; da sie indessen versäumte, auch für ihn um ewige Jugend zu bitten, schrumpfte T. immer mehr zus. u. wirkte schließl. wie ein vertrocknetes Insekt; nach einem Teil der Überl. wurde er im Alter zu einem Grashüpfer.

Titus Tatius, Kg. der Sabiner, der nach dem Raub der Sabinerinnen Rom eine Zeitlang mit Romulus (↗Romulus und Remus) gemeinsam regierte. Die röm. Sage berichtet, er sei wegen eines Rechtsbruchs in Laurentum getötet worden. – ↗Tapeia.

Tityos, ein griech. Gigant, Sohn der Gaia oder des Zeus u. der Elare, einer Tochter des Orchomenos. Er wurde unter der Erde geboren, weil Zeus seine Mutter vor der Eifersucht der Hera schützen wollte, u. hieß daher „erdentsprossen". Weil er versuchte, sich an Leto zu vergehen, wurde er v. deren Kindern Apollon u. Artemis getötet u. in den Hades geworfen, wo er einer der großen Büßer war. Am Boden gefesselt, hackten zwei Geier an seiner Leber, die immer wieder nachwuchs.

Tius, *Tiwas,* andere Namensformen für ↗Ziu.

Tlepolemos, 1) Kg. v. Rhodos, ein Sohn des griech. Herakles u. der Astyoche (nach anderer Version der Astydameia); Vater eines Sohnes Deïpylos. T. lebte urspr. in Argos, wo er, wohl aus Versehen, seinen Verwandten ↗Likymnios tötete. Wegen dieser Tat floh er nach Rhodos, wo er mehrere bedeutende Städte gründete. Als Freier der Helena nahm er mit 9 Schiffen am Troian. Krieg teil, in dem er den Tod fand. – **2)** ein Sohn des Troianers Damastor; er wurde im Troian. Krieg v. Patroklos getötet.

Tmolos, Kg. v. Lydien, Gemahl der ↗Omphale, die ein Liebesverhältnis zu Herakles unterhielt. T. gilt der griech. Sage nach als Schiedsrichter in einem musikal. Wettbewerb zw. Apollon u. Pan. Er soll v. Artemis getötet worden sein, weil er einen ihrer Gefährten geraubt hatte. – Vater des ↗Tantalos.

Tmutorokan, Ort bei Taman am Asowschen Meer, gegenüber der Krim, an dem sich nach dem altruss. ↗Igorlied ein Götzenbild eines uns unbekannten Gottes befand. T. war im 11. Jh. im russ. Besitz.

Tochmarc Ailbe (ir. „Werbung um Ailbe"), Erz. aus dem ir. Sagenzyklus um Finn 3). – Finn diente dem Kg. Cormac als Heerführer. Die Königstochter Ailbe befragte den Druiden, wer ihr Mann werden sollte. Dieser antwortete, im Traum würde jener Mann ihr erscheinen, u. sie sah einen großen Helden mit seinem Gefolge auf den Wiesen um die Burg Tara. Dort wurde ein Fest vorbereitet, u. als Ailbe bei einer Stickerei saß, hörte sie die Helden um Finn auf den Wiesen v. Tara u. verstand ihren Traum. Der Kg. willigte in ihre Wahl ein, u. nach 30 klug durch Ailbe gelösten Rätselfragen hielt Finn um die Hand der Königstochter an.

Toko, sagenhafter Schiffahrer u. Bogenschütze der altnord. Literatur nach Saxos lat. „Gesta Danorum", vgl. ↗Tell.

Tomte, Grabhügelbewohner altnord. Sagenbildung, vergleichbar dem dän. ↗Nisse.

Torpo:
Verzierung einer Stuhl-
wange (13. Jh.), „Odin im
Rachen des Fenriswolfes"
(Hist. Museum, Oslo)

Torpo, Ausschmückung des Kirchengestühls v. T., Hallingdal in Norwegen, 13. Jh. (Hist. Museum, Oslo). Die Stuhlwange zeigt einen Mann im Wolfsrachen, wohl naheliegend als Odin im Rachen des Fenriswolfes aus der altnord.-heidn. Vorstellung v. Weltuntergang gedeutet. Das Untier ist „v. hoher Ausdruckskraft, während die Gestalt Odins das Unvermögen u. die ganze Traditionslosigkeit des N zeigt, wo immer es um die Darstellung des Menschen geht" (E. Burger).

Torques, metallener Halsring, seit der La-Tène-Zeit belegt, bei den Kelten Abzeichen des Heroen (↗Sterbender Gallier) u. allg. Auszeichnung des Helden ähnl. dem ↗Chattenring.

Torslunda, schwed. Fundort berühmter Bronzeplättchen aus dem 6. Jh., wahrscheinl. Preßmodel für Goldbleche als Helmschmuck u.ä., mit naturalistischen Darstellungen u.a. vom Typus ↗Herr der Tiere (menschl. Figur zw. zwei Bären), mit Kriegern (Helm mit Eber-Figuren), mit einem Berserker (?) neben dem einäugigen Odin (?) u. mit einem „Bärenführer" (?). Die Deutung der einzelnen Darstellungen ist umstritten. – ↗Spathascheide.

Totem, indian. Wort für ein Tier, eine Pflanze, einen Gegenstand, zu dem man sich in einer bes. myth. Verwandtschaft sieht. Das T. schützte u. wurde mit entspr. Respekt behandelt (↗Totemismus).

Totemismus, Zusammengehörigkeitsgefühl einer Gruppe, symbolisiert in einer myth. Bindung an ein ↗Totem. Aus völkerkundl. Parallelen kann man auf den T. als Grundlage vieler antiker Hochreligionen schließen, z.B. Verehrung v. Falke, Krokodil usw. in der ägypt. Religion. Der T. wird dabei einer urtüml. Gesellschaftsform zugerechnet, während Ackerbauern offenbar eher ↗kosmische Gottheiten entwickelt haben.

Totenklage, Lied, das die Taten des verstorbenen Helden besingt; in Zshg. mit dem ↗Totenkult viell. ein Kristallisationspunkt der Heldendichtung. Bei Attilas u. bei Beowulfs (Dichtung: „… und seine Riesentaten bezeugten sie preisend") Bestattung wurden solche T. vorgetragen.

Totenkult (↗Ahnenkult), wikingerzeitl. bekannt aus den Totenpreisliedern ↗Hákonarmál und ↗Eiríksmál des 10. Jh., als mögliche Grundlage eines sonst kaum nachweisbaren german. ↗Heroenkultes angenommen (K. Hauck). – Den T., genauer die Furcht vor dem Toten, hielt der engl. Philosoph Herbert Spencer (*1820, †1903) für die Quelle der Religiosität überhaupt. Aus der „Furcht" der Lebenden vor den Toten seien polit. u. gesellschaftl. Institutionen entstanden, aber der T. sei das Ergebnis selbstver-

Torslunda: Vier Formen zur Herstellung von getriebenen Motiven, Bronze, 7. Jh.

Totenkult

Die *Furcht vor dem Toten* wird als einer der generellen Ausgangspunkte für jegl. Religiosität angesehen. Der Totengott der Etrusker, ↗Charun, wurde mit abschreckender Maske, mit Hammer u. Pferdeohren dargestellt. Derart vermummt, schleppte auch der daraus später entwickelte röm. Totengott Dis Pater die Gefallenen nach einem Gladiatorenkampf v. Platz. In aller Öffentlichkeit wurde manifest, wie schrecklich der Tod ist. In der Gestalt der ↗Lemuren irrten in der röm. Überl. die Geister der Verstorbenen friedlos umher; abschreckend wurde ihr Bild auf dem Grabrelief als nur mit Haut überzogene Gerippe gezeichnet. Psycholog. traf das mit anderen kollektiven Ängsten zus. (↗Endzeitmythen).
Als Alben oder ↗Elben bezeichnete man im German. die toten Vorfahren, die manchmal zu Helfern, aber auch zu gefährl. Dämonen werden konnten. Als Grabhügelbewohner (vgl. ↗Huldre) führten sie ein seelenloses Leben zw. Wachen u. Traum. Das ↗Ahnengrab war bei den Nordgermanen oft Mittelpunkt rel. (Tempelplatz) u. alltägl. Lebens (Gerichtsstätte). In Uppsala in Schweden sieht man neben den drei mächtigen Grabhügeln aus dem 6. und 7. Jh. einen Gerichtshügel; unter dem Dom in Uppsala wurden Reste eines heidn. Tempels ausgegraben. Man hat auch an anderen Stellen auf eine gewisse Kontinuität seit dem Großsteingrab der Megalithkultur zu schließen versucht, aber hier sind oft phantasievolle Spekulationen der Vater des Gedankens.

ständl. Höherentwicklung solcher Ideen. Spencer vertrat damit ein Evolutionsprinzip (Darwinismus) für diese zwischenmenschl. Probleme u. Problemlösungen.

Totenschuh (?), kerbschnittverzierte Grabbeigabe aus Holz aus einem Alamannengrab v. ↗Oberflacht (Württemberg), viell. des 6. Jh. – Deutung unsicher; in der neueren Literatur (1989) wurde das Objekt wieder eher für einen „Vogel" als Möbelverzierung gehalten.

Toter als Gast, Motiv aus dem Don-Juan-Stoff, vgl. der ↗Steinerne Gast.

Toxeus, 1) Sohn des ↗Oineus, der von seinem Vater getötet wurde, weil er (wie der röm. ↗Re-

mus) über den Graben, der die Stadt Kalydon schützte, gesprungen war. – **2)** ein Onkel des Meleagros, der an der ↗Kalydonischen Jagd beteiligt war.

Tragödie, vgl. ↗Komik.

Trajanssäule, Triumphsäule des röm. Kaisers Trajan in Rom, 113 errichtet. Die Marmorsäule wurde nach den Dakerkriegen im Auftrag des Senats geschaffen. Ihre reiche Skulptur ist ein frühes Zeugnis der bildl. Darstellung von Germanen, die auch die Leibwache des Ks. bildeten.

Traum, eine in manchen Phasen des Schlafes auftretende Bilderfolge, die in einem veränderten Bewußtsein, dem Traumbewußtsein, erlebt wird. Der T. spielt in der Lit., u.a. der Germanen, eine bedeutende Rolle als Mittel der Vorausdeutung, man denke z.B. an Kriemhilds Falkentraum im ↗Nibelungenlied u. im zweiten eddischen Gudrunlied als Vorahnung v. Sigfrids Tod. Auch die altnord. ↗Sagalit. verwendet das Traummotiv häufig, u. Belege dafür in der ↗Edda sind als Parallelen und sogar Übernahmen aus antiken Vorstellungen analysiert worden. Balder träumte, u. auch Odins Visionen – ebenfalls in der Edda – waren traumhaft. – Für den „urbildl. Schauenden" erscheint der T. als myth. Geschehen. „Man zeigte im alten Griechenl. Stellen, an denen es in die Unterwelt hinabging. Auch unser waches Dasein ist ein Land, in dem es an verborgenen Stellen in die Unterwelt hinabgeht, voll unscheinbarer Örter, wo die Träume münden. Alle Tage gehen wir nichtsahnend an ihnen vorüber, kaum aber kommt der Schlaf, so …" (Th. W. Adorno).

Trelleborg, dän. Wikingerfestung auf Seeland aus der Zeit kurz vor 1000 (viell. um 980) n.Chr., bildete zus. mit Nonnebakken (Odense; verschwunden, noch auf Kartenwerken v. 1597 verzeichnet), Fyrkat u. Aggersborg (beide N-Jütland) ein einzigartiges Festungssystem mit kreisförmigen, konzentr. Anlagen v. höchster geometr. Genauigkeit (basierend auf dem röm. Fuß mit ca. 29 cm). Mit den schiffsförmigen Hallen scheinen es Kasernenanlagen für eine militär. Besatzung gewesen zu sein, deren innere

Totenschuh:
Kerbschnitt in Holz

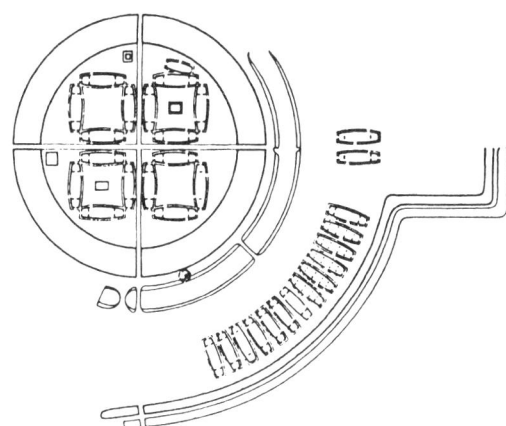

Trelleborg: dänische Wikingerfestung

strenge Zucht sich in dieser äußeren, exakten Bauweise gespiegelt haben mag. Hier drängen sich Vorstellungen v. einer hierarch. gegliederten Ordnung mit göttl. Führungsanspruch auf, ähnl. der antiken Überl. v. „Roma quadrata" oder v. christl. „himml. Jerusalem" – eine Art „Weltenberg", der die göttl. Ordnung sinnfällig spiegelt. – Wir wissen nicht, ob diese Festungen der inneren Unterdrückung oder der Vorbereitung militär. Unternehmen dienten.

Treue, eine Haltung der Beständigkeit u. des Festhaltens an eingegangenen Bindungen u. Verpflichtungen, die wohl zu Unrecht mit dem Idealbild der german. Heldensage verbunden worden ist. Gegenteilige Beispiele sind jedenfalls sehr zahlreich: Der Däne Ingeld läßt sich zur Rache reizen u. verletzt seine Gastgeberpflicht; Hengist bricht einen Vertrag mit Finn u. erschlägt ihn (↗Finnsburg-Lied), Atli lädt seine Schwäger heimtückisch an seinen Hof u. tötet sie. Auch hier verurteilt die Atlakvida in keiner Weise dieses Verhalten, und ebenso töten die Burgunder heimtückisch Sigfrid, ohne daß deswegen ihr Ansehen Schaden genommen hätte. Die „markanteste Verräterfigur der german. Heldensage" (K. von See) ist der Thüringer Iring (↗Iringsage).

Trevrizent, Einsiedler u. Onkel des ↗Parzival in der mhd. Überl., dem er das Geheimnis des Grals erläuterte. Parzival fand durch T. wieder zu Gott zurück bzw. zu einem neuen, christl. Glauben, und damit zum Gral.

Triglav, dreiköpfiger slaw. Gott; nach Quellen des 12. Jh. soll sein Hauptheiligtum in Stettin (Szczecin) gestanden haben. Dort soll es mehrere Tempel, einen heiligen Baum u. eine heilige Quelle gegeben haben.

Trinkgelage, Motivkomplex in der Erz. vieler Wikingergeschichten mit Einzelzügen (Prahlen ↗Heitstrenging, u. Prachtentfaltung), die jeweils als Handlungseröffnungen formelhaft auftauchen. Realist. Hintergrund in den Opferriten, z. B. ↗Disenopfer.

Trioditis, Epitheton (Beiname) der ↗Hekate.

Triopas, in der griech. Sage häufig vorkommender Name, am bekanntesten: **1)** Kg. v. Thessalien, Gemahl der ↗Hiskilla, Vater jenes ↗Erysichthon, der mit unstillbarem Heißhunger gestraft wurde, weil er einen Baum im heiligen Hain der Demeter gefällt hatte. – ↗Phorbas 1). – **2)** einer der ↗Heliaden; Kg. v. Rhodos, der jedoch ins Exil ging, weil er an der Ermordung seines Bruders ↗Tenages beteiligt war.

Triptolemos, ein eleusin. Prinz, Sohn des Keleos u. der Metaneira, viell. auch Sohn v. Okeanos u. Gaia oder eines anderen Elternpaares. Er wurde v. der griech. Göttin Demeter begünstigt, die ihm Weizen gab u. ihn hieß, den Ackerbau u. ihren Kult über die ganze Erde zu verbreiten.

Triptolemos
mit Ähren und Sichel
im Schlangenwagen

Die Kunst des Mähens u. Dreschens u. seit dem Hellenismus auch des Pflügens wurde mit ihm in Zshg. gebracht. Gelegentl. sah man in ihm auch einen der Richter der Unterwelt. Nach seinem Tode wurde T. vergöttlicht; er besaß eine Reihe v. Heiligtümern, u. a. in Athen u. Eleusis.

Triskele ↗Dreiecksknoten, vgl. ↗Schlangengott, ↗Snoldelev.

Trismegistos, griech. = der Dreimalgrößte, in Zshg. mit der Vorstellung v. einem übermächtigen Allgott myth. Beiname des ↗Hermes.

Tristan, Erzählfigur aus der kelt. Sagenwelt um ↗Artus, im frz. (Béroul, um 1190, u. ältere Vorlagen), im dt. (↗Tristant und Isalde, um 1170, Gottfried von Straßburg, 1210) u. im nord. Bereich (Tristrams saga ok Ísondar, 1226) in vornehmer höf. Dichtung dargestellt. Diese Dichtung umfaßt mehrere Motivbereiche; *Feenliebe*: T. erlag dem Liebeszauber einer Fee u. bekam damit eine „unheilbare Wunde" zugefügt; *Ehebruchsfabel:* Flucht der Liebenden T. u. Isolde in den Wald; Werbung für den Oheim Marke um das Mädchen mit den Goldhaaren; ein *Liebestrank* ließ die unschuldig Liebenden schuldig werden. – T. ist die Personifizierung des höf. Minnedienstes u. in diesem Zshg. nicht mehr Stoff der german. und kelt. Mythologie, sondern Neuschöpfung des Hochmittelalters. – Die früheste Fassung des Tristanstoffes ist mit der ir. Liebesgeschichte v. ↗Noísiu und Deirdre aus dem 9. Jh. belegt. – ↗Horn – (siehe Farbtafel S. 316/317).

Tristan-Morhold-Sage, Teil der ↗Artusepik; an die Figur eines hist. Kg. der Pikten, an Drust oder Drustan, geknüpft.

Tristant und Isalde, frühhöf. Epos des Eilhart von Oberge, um 1170, nach verlorenen frz. Quellen u. dem kelt. Sagenstoff, der ↗Tristan in Zshg. mit dem Kg. Marc von Cornwall (6. Jh.) sieht. Erste dt. Bearbeitung des Tristan-Stoffes in spielmänn. Art (↗Spielmannsepos); weist auf das spätere höfische Epos „Tristan und Isolt" von Gottfried von Straßburg (um 1210) hin. – ↗Artus.

Triton mit menschenartig gestaltetem Oberkörper und fischartigem Unterleib

Triton, ein griech. Meeresgott mit menschenartig gestaltetem Oberkörper u. fischartigem Unterleib, Sohn des Poseidon u. der Amphitrite; v. Herakles im Kampf überwunden. T. war möglicherweise ein alter Gott der Fischer u. Seeleute; in der boiot. Sage, in der er eine große Rolle spielt, wird er als Naturdämon mit wilden Zügen geschildert, der die Frauen v. Tanagra überfiel u. v. diesen selbst oder v. Dionysos, den sie zu Hilfe riefen, getötet wurde. Er spielt in Zshg. mit der Argonautensage eine Rolle, insofern er den Argonauten am Tritonischen See in Libyen erschien u. ↗Euphemos eine Erdscholle gab, die dessen künftige Herrschaft verbürgte. Bekannt ist auch die Geschichte v. seinem musikal. Wettstreit mit ↗Misenos 1), den er gewann, worauf er den Misenos ins Meer stürzte. – Später sprach man v. T. vielfach im Plural, wobei die *Tritonen* mit den Nereïden das Gegenstück zu den auf dem Festland lebenden Satyrn u. Nymphen bildeten.

Trivia, Epitheton (Beiname) der Diana u. der Hekate als Göttinnen der „Dreiwege", d. h. als Schützerinnen der Weggabelungen.

Troas, kleinasiat. Landschaft östl. der Dardanellen; Gebiet des alten Troia.

Troer, *Troianer,* Bewohner v. ↗Troia.

Troia, prähistorische Burgstadt unbekannten Namens an der nordwestl. kleinasiat. Küste, in histor. Zeit mit dem Ilios Homers gleichgesetzt, später *Ilion* gen.; als das Troia der griech. Sage gedeutet. Von Heinrich Schliemann, der bei seiner Suche die antiken Quellen, speziell den bei Homer angegebenen Ort zugrunde legte, in dem Ruinenhügel Hisarlik (Türkei) entdeckt u. 1870–1894 (seit 1882 zus. mit Wilhelm Dörpfeld) ausgegraben. Man entdeckte 9 Besiedlungsschichten, die später in 46 Phasen untergliedert

---

Tristant und Isalde, *Tristan und Isolde*

Die Erz. behandelt das Problem der Minne, das ist die ritterl. Liebe u. die Verehrung für die Frau. Tristan war der vorbildl. Ritter mit seinen typ. Taten (u. a. Drachenkampf), der das Ziel hatte, in Kg. Artus' Tafelrunde aufgenommen zu werden. Seine abenteuerl. Fahrt, um Isolde zu gewinnen, wurde durch ein Frauenhaar ausgelöst, das eine Schwalbe in den Rittersaal trug. Nach gelungener Werbung nahmen beide einen Zaubertrank zu sich, der sie in Liebe so aneinanderband, daß eine zeitweise Trennung sie krank machte. Neben dem „Parzival" des Wolfram von Eschenbach ist dieser Roman dann um 1210 der Höhepunkt mhd. und höf. Dichtung mit seinem Dichter Gottfried von Straßburg. Hier wurde Tristan bei einem Kampf gg. Morolt durch ein Zauberschwert so verwundet, daß nur Isolde ihn heilen konnte. Das war dann der Anlaß für die abenteuerl. Reise (mhd. „âventiure"). Bei einer zweiten Fahrt nach Irland warb Tristan für Kg. Marke um Isolde, und Tristan u. Isolde tranken aus Versehen den Minnetrank, der sie tragisch miteinander verband. Das unglückl. Liebespaar wurde schließl. zu beiden Seiten einer Kapelle bestattet, und aus ihren Gräbern wuchsen eine Rose u. eine Rebe, die sich über dem Dach der Kapelle verschlangen: ein Symbol dafür, daß sie erst im Tode endgültig vereint waren.

wurden. Die meisten Siedlungen, die an Größe und Bedeutung stark voneinander abwichen, wurden durch Brandkatastrophen vernichtet, doch kommen auch Erdbeben u. feindl. Eroberungen als Zerstörungsfaktoren in Frage. So fiel T. VIIa um 1240/1200 v.Chr. einer Zerstörung durch feindl. Völkerschaften zum Opfer, aber ob hier der Kern der troian. Sage zu suchen ist, bleibt ungewiß. Auch die Datierung schwankt. – Dem Mythos nach galt der Zeussohn ↗Dardanos als Ahnherr des troianischen Königsgeschlechtes. Sein Enkel Tros gab der Stadt den Namen (↗Ilos). Einer seiner Nachkommen war der kinderreiche ↗Priamos, während dessen Regierungszeit der ↗Troianische Krieg stattgefunden haben soll. – ↗Hesione.

Troianischer Krieg, der zehnjährige Krieg der Hellenen gg. ↗Troia, der einen der bedeutendsten Sagenkreise der Antike darstellt. Den hist. Kern bildet viell. die Eroberung v. Troia VIIa, doch handelt es sich hier nur um eine Vermutung, nicht um gesichertes Wissen. – Der Sage nach war das auslösende Moment für die krieger. Auseinandersetzungen die Entführung ↗Helenas durch den troianischen Prinzen ↗Paris. Bei der Belagerung der Stadt traten auf beiden Seiten die bedeutendsten Helden der Zeit in Erscheinung, u. auch die olymp. Götter ergriffen Partei. Im zehnten Jahr setzt die ↗Ilias (↗Homeros) ein, die aber nur ca. 50 Tage des Geschehens schildert; das Leitmotiv ist der Zorn des Achilleus über den Raub der ihm zugesprochenen Königstochter Briseïs durch Agamemnon u. die daraus entstehenden Verwicklungen im griech. Lager. Von der Einnahme der Stadt wird dagegen nicht berichtet. Diese erfolgte schließl. mit Hilfe einer List des Odysseus. ↗Epeios baute ein großes ↗Hölzernes Pferd, in dem sich 30 der mutigsten griech. Helden verbargen. Die übrigen Griechen verbrannten ihr Schiffslager u. segelten zum Schein ab. Trotz der Warnungen des Priesters ↗Laokoon zogen die Belagerten, die den Sieg bereits errungen zu haben glaubten, das Pferd in die Stadt; die in ihm befindl. Hellenen verließen ihr Versteck u. öffneten die Tore, so daß die v. ↗Tenedos zurückgekehrten Griechen freien Zugang hatten. Es kam zu einem grauenhaften Blutbad, bei dem auch Priamos u. seine noch lebenden Söhne fielen. Die Frauen scharten sich um Königin ↗Hekabe, wurden aber in Gefangenschaft u. Sklaverei abgeführt. ↗Aenaes konnte mit seinem Vater ↗Anchises, den er auf seinen Schultern trug, entkommen, wobei er die Bilder der Stadtgötter

auf seiner Flucht nach It. mitnahm (↗Ascanius). – Der Troian. Krieg hat schon in der Antike mehrere dramat. Bearbeitungen gefunden, am bekanntesten die „Troerinnen" u. „Hekabe" v. Euripides sowie ↗Senecas „Troerinnen".

Troilos, der jüngste Sohn v. Priamos u. Hekabe, als dessen Vater gelegentl. allerdings auch Apollon gen. wird. Ein Orakel besagt, Troia könnte nicht eingenommen werden, bevor T. 20 Jahre alt sei. Er wurde im Troian. Krieg v. Achilleus erschlagen, bevor er dieses Alter erreicht hatte. – Die Liebesabenteuer des T. mit Chryseïs, Briseïs oder ↗Kressida sind viel jüngeren Datums. Sie stammen aus dem im 12. Jh. n.Chr. verfaßten Ritterroman des Benoît de Sainte-More „Roman de Troie", der v. einer griech.-lat. Vorlage beeinflußt ist. Auf dieses mittelalterl. Werk gehen andere Bearbeitungen zurück, u.a. die v. Shakespeare u. Chaucer.

Troilus and Criseyde, mittelengl. Versroman v. Geoffrey Chaucer, um 1385, u. stoffl. Umsetzung des ↗Trojaromans nach dem Vorbild des ↗Boccaccio u.a. Wir sehen darin eine „säkularisierte Mythologie", die als Liebesroman literarisiert wurde.

Trois Frères, Les ↗Lascaux.

Troizen, eine alte Stadt in der südöstl. Argolis, mit bekanntem Asklepiosheiligtum u. -heilstätten. Heimat mehrerer bedeutender griech. Helden, so Theseus u. dessen Sohn Hippolytos.

Troja ↗Troia.

Trojaburgen, in humanist. Umdeutung einer falsch verstandenen Etymologie des Wortes „Trälleborg" (schwed.; vgl. N. H. Catonius, „Troijenborgh …", Calmar 1632) bzw. „Trøjborg" (dän.), spekulativ verbunden mit Hüpfspielen in labyrinthförmigen Steinsetzungen (↗Labyrinth), Schwerttänzen, rel. Spielen, Namensgebungen (Hagen von Tronjc!) u. verknüpft mit vielen späteren Sagenbildungen. Es handelt sich um ein spannendes Beispiel für die mögl. Fallstricke des ↗Kontinuitätsdenkens (E. Krause, Die nord. Herkunft der Trojasage, 1893). – Die Datierung der T. ist zieml. unsicher; eine frühe Erwähnung nennt „Trøyborgh" bei Schleswig für das Jahr 1347; auf Gotland wurde ein Labyrinth teilweise unter einer Kirche des 12. Jh. entdeckt. Auf den finnlandschwed. Ålandsinseln heißen sie Jungfrauentanzplätze, und eine Hypothese der Funktion zielt auf den kult. Tanz (röm. „ludus Troiae"). Andere meinen, daß es sich bei den ausgegrabenen oder erhaltenen Labyrinthen um reinen Zeitvertreib einer seefahrenden Bevölkerung gehandelt hat. In England u. Wales bauten Hirten angebl. aus Lange-weile „Caer Droia“ u. „Troy towns“ (?). Wie an dem „Jerusalemweg“ begab man sich in christl. Zeit in Schweden am Ostermorgen angebl. ebenfalls auf eine symbol. Prozession in das Labyrinth v. Norrby/N-Halland.

Trojan, als Name mehrfach im altruss. ↗Igorlied u. in diesem Zshg. umstritten entweder als Hin-weis auf den röm. Ks. Trajan oder auf einen (sonst unbekannten) heidn. Gott der Slawen. Verwiesen wird auch auf ein Gespenst in der Volksüberl. auf dem Balkan mit Eselsohren u. Wachsflügeln, das auf den Ks. Trajan zurück-gehen soll, welcher diese Region eroberte.

Trojanerkrieg, Der, mhd. Versroman des Kon-rad v. Würzburg; um 1280 u. a. auf der Grund-lage einer frz. Erz. des Benoît (um 1165) entstan-den u. mit über 40 000 Versen umfangreichster ↗Trojaroman des MA. Aus dem antiken u. my-tholog. Stoff ist ein höf. Roman geworden, Ho-mer blieb dabei „auf der Strecke“. – Der Fran-zose Jean Giraudoux (1882–1944) schrieb ein sehr erfolgreiches Schauspiel „Kein Krieg in Troja“ (1935; La Guerre de Troie n'aura pas lieu), das „eine ebenso geistreiche wie amüsante Per-siflage“ ist; er „entmythologisierte den antiken Stoff“:

Hektor: Wie ist Griechenland? Schön?
Helena: Paris hat es schön gefunden.
Hektor: Ich frage, ob Griechenland schön ist ohne Helena?
Helena: Danke für Helena.
Hektor: Wie sieht es eigentlich dort aus, seitdem so viel davon die Rede ist?
Helena: Es gibt sehr viele Könige, viele Zie-gen und viel Marmor.
Hektor: Wenn die Könige vergoldet sind und die Ziegen Angoraziegen, muß das bei Sonnenaufgang ein hübscher Anblick sein.
Helena: Ich stehe spät auf.
Hektor: Und Götter … gibt es die auch in Mengen? Paris erzählt, daß der Himmel von ihnen bevölkert ist … daß die Beine der Göttinnen herunterbaumeln.

(aus: J. Giraudoux, Kein Krieg in Troja, dt. Über-setzung v. Annette Kolb, 1936)

Trojaroman, einer der beliebtesten Erzählstoffe des MA u. ein Versuch, die eigene Identität durch eine genealog. Herleitung von ↗Troia

„interessant“ zu machen. Man griff nicht auf ↗Homeros zurück, sondern auf die populäre Fassung der Ilias Latina (↗Ilias) in versch. lat. Versionen. Es blieb erst der ↗Renaissance vorbe-halten, Homer wiederzuentdecken. Die Per-spektive der Erz. wurde dabei zugunsten der Troianer verschoben (vgl. ↗De excidio Troiae historia) – (siehe Farbtafel S. 319).

Troll, in der nord. Mythologie Sammelname für ↗Dämonen beiderlei Geschlechts in Riesen- oder Zwergengestalt.

Trophonios, Sohn des ↗Erginos, nach anderer Version des Apollon. Er war Architekt u. baute der griech. Sage nach den Tempel des Apollon v. Delphoi. Zus. mit seinem Bruder ↗Agamedes errichtete er auch das Schatzhaus des Hyrieus, wobei sie einen Stein so anbrachten, daß sie ihn unbemerkt herausnehmen u. einen Teil der Schätze des Königs rauben konnten. Als Aga-medes schließl. in eine v. Hyrieus errichtete Falle getreten war, schlug T. ihm das Haupt ab u. ließ es verschwinden, damit der Verdacht nicht auf ihn fiele. Er selbst floh, wurde aber auf das Gebet des Beraubten hin v. der Erde ver-schlungen. – Die Sage kennt eine Reihe v. Vari-anten, die sich auf die verwandtschaftl. Verhält-nisse beziehen u. darauf, daß es sich um das Schatzhaus des Augeias v. Elis gehandelt habe.

Tros, 1) Eponymos (myth. Namengeber) der Troer; ein Sohn des Erichthonios u. der Astyo-che, Gatte der Kallirrhoë. – **2)** Troian. Sohn des Alastor; er wurde im Troian. Krieg v. Achilleus getötet.

Trundholmer Sonnenwagen, nach seinem Fund-ort in einem Moor in Seeland (Dänemark) ben. Kultwagen (oder dessen Nachbildung in Me-tall) aus der Zeit zw. 1400 u. 1200 v. Chr. (Bron-zezeit). Die Sonnenscheibe v. einem Pferdchen gezogen, hat einen Durchmesser v. ca. 25 cm

Trundholmer Sonnenwagen: kultischer Sonnenwagen der *Bronzezeit, gefunden im Moor v. Trundholm*

u. ist einseitig mit Goldblech überzogen. – Ein Sonnenwagen wurde im german. u. nord. Kult möglicherweise über die Felder gezogen, um reiche Ernte v. den Göttern zu erflehen.

Tuatha Dé Danann ↗Dana (ir. Tuath = Stamm, Gau).

Tuisto, lat. Form für ↗Ziu, einen Gott, v. dem Tacitus überliefert, er wäre in „alten Liedern, der einzigen Art von Geschichtsschreibung u. Überl. bei den Germanen", gefeiert worden.

Tullia, zwei Töchter des myth. röm. Kg. ↗Servius Tullius, über die eng miteinander verflochtene Geschichten berichtet werden. Die eine, wahrscheinl. die jüngere, vermählte sich mit Aruns Tarquinius, die andere mit Tarquinius Superbus. Die Gattin des Aruns veranlaßte ihren Schwager Superbus, ihren Gemahl und ihre Schwester umzubringen u. sie dann zu heiraten. Nach diesem Doppelmord ließ sie ihren Vater Servius Tullius durch Superbus entthronen u. töten u. fuhr selbst mit einem Wagen über den Leichnam ihres Vaters hinweg. Die Stelle in Rom, an der dieses Verbrechen geschah, hieß seither „vicus sceleratus" (durch Frevel entweihte Straße).

Tullius, *Servius,* der mythische röm. Kg. ↗Servius Tullius.

Tullus Hostilius, der Sage nach der 3. röm. König, um 672/um 640 v. Chr.; Sohn des Numa Pompilius, Vater des Ancus Martius. Er war ein krieger. Herrscher, der Alba Longa zerstört u. erfolgreich gg. die Sabiner gekämpft haben soll. Die röm. Sage berichtet, er sei v. Jupiter durch einen Blitz erschlagen worden.

Turan, Göttin der ↗Etrusker, vgl. ↗Venus.

Turnus, Kg. der ↗Rutuler, ein Sohn des Daunus u. der Venilia. Er war ein furchtloser Krieger, der sich um die Hand der ↗Lavinia bewarb. Die rom. Sage berichtet vor allem v. seinen Kämpfen mit Aeneas, als dieser nach seiner Flucht aus Troia nach It. gekommen war. Ob es sich um einen Bundesgenossen des Latinus handelte oder ob er gg. Latinus u. Aeneas gemeinsam zu Felde zog, bleibt offen. Die Überl. berichtet, er sei in einem Zweikampf mit Aeneas gefallen u. in die Unterwelt geschickt worden.

Turpin von Reims ↗Historia Karoli Magni.

Tyche, bei den Griechen Bz. der Schicksalsfügung im Sinne v. Glück oder Unglück, auf die der Mensch keinen Einfluß nehmen konnte. Im Hellenismus herrschte die Vorstellung, jeder einzelne habe seine spezielle T., so wie jeder seinen Daimon hatte. Daneben gab es auch eine Reihe v. Städten mit einer eigenen T., die v. den Bewohnern verehrt wurde. – Personifiziert galt T. bei Hesiod als eine der Okeaniden; bei Pindar tritt sie als Tochter des Zeus auf. Dargestellt wurde sie vielfach mit Steuerruder, Füllhorn oder mit einem Plutosknaben auf dem Arm; auch stand sie häufig als Zeichen der Unsicherheit des Glückes auf einer Kugel bzw. auf einem Rad. – Der griech. T. entspr. die röm. ↗Fortuna.

Tydeus, Sohn des Kg. v. Kalydon ↗Oineus u. der Periboia. Nachdem er seinen Onkel (nach anderer griech. Version seinen Bruder) getötet hatte, mußte er vom väterlichen Hof fliehen. Er begab sich zu Kg. Adrastos nach Argos, wo auch Polyneikes v. Theben Asyl gesucht hatte. Der Kg. gab beiden eine seiner Töchter zur Frau, dem T. Deïpyle, die ihm den Diomedes gebar. T. nahm am Zug der ↗Sieben gegen Theben teil u. tötete auf Anweisung Athenas Ismene, die Geliebte des ↗Periklymenos 2). Als er selbst tödlich verletzt wurde, wollte die Göttin ihn unsterblich machen, unterließ es aber, weil T. noch sterbend aus Haß das Gehirn seines Gegners ↗Melanippos 1) verschlang – (siehe Farbtafel S. 320 unten).

Tylor, *Edward,* ↗Animismus.

Tyndareos, Kg. v. Sparta; Sohn des Oibalos u. der Bateia, nach anderer Version des Perieres u. der Gorgophone; er heiratete Leda. T. war der Vater der ↗Klytaimestra u. eines, nach manchen Überl. auch beider Dioskuren (↗Dioskuroi); Helena galt dagegen in der Regel als Tochter des Zeus. Von ↗Hippokoon 1) aus Sparta vertrieben, erhielt T. später seinen Thron v. Herakles zurück.

Tyndariden, Beiname der ↗Dioskuroi als Kinder des Tyndareos.

Typhon, auch *Typhoeus,* Sohn des Tartaros u. der Gaia, nach anderer griech. Version Sohn der Hera. Er gehörte zu den ↗Giganten u. war ein riesiges Ungeheuer mit Schlangenfüßen u. 100 Schlangenköpfen, die alle eine grauenerregende Stimme besaßen. Mit ↗Echidna zeugte er zahlr. Ungeheuer, wie Kerberos, die Chimaira u. die Krommyonische Sau. Sein Kampf mit Zeus um die Weltherrschaft endete mit seiner Verbannung in den Tartaros. Nach anderer Version schleuderte Zeus den ↗Ätna (oder auch einen anderen Berg) auf ihn, der ihm zum Grabe wurde, unter dem er sich aber noch gelegentl. bewegte, sichtbar an den vulkan. Ausbrüchen. Es gibt auch eine Überl., die erzählt, die Götter seien aus Angst vor T. nach Ägypten geflohen, wo sie sich in Tiergestalten, die die ägypt. Götter symbolisierten, verwandelten. Pan verwan-

Typhon: „Ziegenfisch" (Archäolog. Museum, Konya)

delte sich auf der Flucht in ein Wesen halb Ziege, halb Fisch. Aus diesem „Ziegenfisch" wurde das Sternbild des Steinbocks (↗Capricornus), und dieses Mischwesen finden wir auch auf antiken (röm.) Kultbauten z. B. in „Colonia" (Köln). Eine beschädigte Platte im Archäolog. Museum v. Konya in der Türkei zeigt wahrscheinl. auch diesen *Ziegenfisch*. – An der türk. Mittelmeerküste in der Nähe v. Silifke werden riesige Karsthöhlen gezeigt, „Himmel u. Hölle" gen., in denen sich T. aufgehalten haben soll – (siehe Farbtafel S. 320 oben).

Tyr, ein german. Kriegsgott, Sohn des ↗Hymir (nach anderer Version Odins), der zu den bedeutendsten der Asen gehörte. Er wurde bei manchen german. Stämmen auch Tiu, bei anderen ↗Ziu oder ↗Saxnot gen. Sein Name leitet sich vom etymolog. erschlossenen Teiwas ab u. könnte, wegen der sprachhist. Verbindung zu Zeus, indogerman. Herkunft sein. Sein Symbol war das Schwert, mit dem er sich selbst in das Schlachtengetümmel stürzte im Ggs. zu Odin, der die Schlachten nur v. der Höhe aus lenkte. Berühmt ist die Rolle, die T. bei der Fesselung des ↗Fenriswolfes spielte, bei welcher Gelegenheit er seine rechte Hand (oder den rechten Arm) verlor, so daß er fortan seine Waffe mit der Linken führen mußte. In der Endzeit brachte er ↗Garm um, kam dabei aber selbst zu Tode. Die Germanen ehrten ihn wegen seines ungewöhnl. Mutes bei ihren Kriegsfesten mit Schwerttän-

zen, v. denen Tacitus berichtet. – Auf T. geht der Name Dienstag (lat. ähnl. dies Martis = Mars) zurück.

Tyrfing, in der nordischen Überlieferung sagenhaftes Schwert ↗Angantyrs (↗Schwert). – Siehe Abb. unten.

Tyro, Tochter des ↗Salmoneus u. der Alkidike; v. Poseidon, der sich ihr in Gestalt des v. ihr geliebten griech. Flußgottes Enipeus näherte, Mutter der Zwillinge ↗Pelias u. ↗Neleus. Da sie sich vor der zweiten Gattin ihres Vaters, Sidero, die ihr viel Unbill antat, fürchtete, setzte sie ihre Kinder aus, die v. Tieren genährt u. dann v. einem Hirten aufgezogen wurden. Später fanden die Zwillinge ihre Mutter wieder u. rächten sich an Sidero, indem sie sie töteten. T. heiratete ihren Onkel Kretheus v. Iolkos, dem sie die Söhne Aison, Pheres u. Amythaon gebar. – Das Motiv der v. einem Gott u. einer Sterblichen stammenden Zwillinge, die ausgesetzt werden, später aber doch noch die ihnen gebührende Stellung einnehmen, findet sich verhältnismäßig häufig in der griech. Mythologie (↗Kindesaussetzung).

Tyrfing: Hervör erhält aus dem Grabhügel von Angantyr das Schwert Tyrfing (C. Hansen, 1849)

U

Übergangsriten, nach dem Hauptwerk „Les rites de passage" (1909) von *Arnold van Gennep* (*1873, †1957) ein Terminus der Ethnologie, mit dem man rituell festgelegte Brauchformen bei versch. „Grenzüberschreitungen" und sozialen Statusveränderungen des Menschen innerhalb der Gesellschaft charakterisiert. Für den Menschen der Vorzeit wie weitgehend für unsere überlieferten dt. Sagen u. Märchen waren „geplügtes Feld" u. „Schwelle des Hauses" Grenzen, die das gesicherte Dasein gg. die chaot. Welt der Dämonen sicherten. Die Hermessäulen (↗Hermes) u. Statuen des Gottes ↗Priapos sind Zeugnisse der „Regionalität" in der Antike; gerade in räuml. Hinsicht waren natürl. „Grenzen" wichtig. Aber auch Hochzeit u. Geburt mußten durch zahlr. Ü. abgesichert werden. Bes. Ü. zur Initiation („Initiationsriten") spielten in den ↗Mysterien eine große Rolle.

Udaios, einer der ↗Spartoi, der den Kampf der aus den Zähnen eines Drachen erwachsenen Krieger überlebte. – ↗Kadmos.

Uffington ↗Rasenbilder.

Uffo, *Uffe, Offa,* Sohn eines dän. Kg.; in seiner Jugend träge und stumpf (↗Aschenputtel-Motiv), kam seine Heldennatur zum Vorschein, als er auf einer Eiderinsel bei Rendsburg gg. zwei mächtige Sachsen (darunter der Sohn des sächs. Kg.) im Kampf überwand (↗Saxo). Ludwig Uhland schuf danach seine Ballade „Der blinde König".

Uilix, *Uilix Maic Léirtis* („Odysseus, der Sohn des Laertes"), Held einer ir. Erz. des frühen 13. Jh. – Die Geschichte hat wenig mit der homerischen Odyssee gemein, sondern setzt die versch. Abenteuer des U. in das heimische Milieu des ir. Abenteuerromans um: Auf der Insel mit dem goldenen Berg begegneten ihm die Riesen, auf seiner Irrfahrt gelangte er zu der Insel der gerechten Ritter, der Kg. erteilte ihm drei weise Ratschläge usw.

Ukko, Gewittergott nach der finn. Mythologie, Gemahl der Rauni.

Ulfila ↗Wulfila.

Ulixes, lat. Name für ↗Odysseus.

Ullr, *Ull,* bei den Nordgermanen als Gott des Winters verehrter Ase, Sohn der ↗Sif, Stiefsohn Thors. Er ging auf Skiern zur Jagd u. war ein berühmter Bogenschütze, dessen Wohnsitz Ydalir (Eibental) hieß, weil die Bogen gewöhnl. aus Eibenholz gefertigt waren. Seine Gemahlin war die in erster Ehe mit Niörd verheiratete Berggöttin ↗Skadi. U. wurde im Zweikampf um Schutz angerufen, auch schwor man bei seinem Ring. Ein Teil der Überlieferung spricht davon, der Gott habe während der zehnjährigen Verbannung Odins in Zshg. mit dem Raub der Rinda

Uffo: der Kampf gg. die Sachsen; Uffos Vater, „der blinde Kg.", hört vom Sieg (Zeichnung v. L. Frølich, 1852)

die Welt regiert, sei nach Odins Rückkehr aber vertrieben worden u. in der Fremde gestorben. – Gelegentlich wurde U. auch als Gott der Totenwelt verstanden, weil man ihn als Gott des Winters mit dem Sterben der Natur in Verbindung brachte.

Ulrichsberg ↗Magdalensberg.

Ulster (ir. *Ulter*), eine der fünf Provinzen Irlands, die der Held Cú Chulainn gg. alle Feinde verteidigte. Kg. der Ulster, ir. Ulaid, war zu dieser Zeit der sagenhafte ↗Conchobor, ein Onkel des ↗Cú Chulainn. – Traditionelle Königssitze waren ↗Emain Macha, ↗Tara u. ↗Dún.

Ulysses, lit. für ↗Odysseus. In dem portugies. Epos „Ulyssea" (Odyssee) des Gabriel Pereira de Castro, 1636, wurde patriot. die Auffassung vertreten, Odysseus habe Lissabon gegr. Im nationalen Selbstbewußtsein wurde in falscher etymolog. Deutung auf den vorröm. Namen der Stadt zurückgegriffen (Olisipo = schöne Bucht bzw. Ulisipo = Stadt des U.). – James Joyce transponierte in seinem Roman U. (1922) den antiken Stoff in die Gegenwart eines Kleinbürgers in Dublin. Antike Namen und Erzählungen wurden in seinem Roman vielfach parodistisch verwendet.

unfehlbare Lanze, eine Lanze, die im Besitz des ir. Helden Celtchar war; sie traf jeden mit Ausnahme des Gottes Lug u. ↗Cú Chulainn. – Die Vorstellung v. Waffen, die ihr Ziel niemals verfehlten, war der Antike, den Germanen u. den Kelten geläufig.

Ungarn ↗Gesta Hungarorum.

Uni, Göttin der ↗Etrusker, vgl. die röm. ↗Juno.

Unicornus, lat. ↗Einhorn.

Unsterblichkeitstrank, v. der myth. Vorstellung eines U. sind sprachl. Spuren offenbar bei vielen indogerman. Völkern festzustellen, wobei die jeweilige Wortbedeutung zw. Honig (Met), Soma (Rauschmittel) u. Wein schwankt. Der Raub des U. gehörte zum festen Inventar versch. Mythen bis hin zum röm. Ritual der ↗Anna Perenna (vgl. perennis, lat. „unsterblich").

untergeschobene Braut, internationales Erzählmotiv, z.B. in der Tristanhandlung, im Märchen und in der Erz. von Thors Wiedergewinnung seines Hammers bei den Riesen (altnordische ↗Thrymskvida).

Untersberg bei Salzburg, ein Berg, in dem Karl d. Gr. auf seine Wiederkehr wartet (↗Bergentrückung). „Warum er sich da aufhält u. was seines Tuns ist, weiß niemand u. steht bei den Geheimnissen Gottes" (im Brixener Volksbuch, 1782). Bei Salzburg ist auch das ↗Walserfeld. –

Nach einer hess. Sage wartet Karl d. Gr. im Oldenberg mit seinem Heer.

Unterwelt, in der griech. Mythologie das v. ↗Hades u. ↗Persephone beherrschte unterird. Reich der Toten, mit vier Eingängen (↗Tainaron), mehreren Flüssen, über die der Fährmann ↗Charon die Verstorbenen übersetzte, bis ↗Kerberos sie in den ebenfalls Hades gen. Bereich einließ, v. dem er keinem die Rückkehr erlaubte. Als Totenrichter fungierten Minos, Aiakos u. Rhadamanthys, die die Frommen in das ↗Elysion eingehen ließen, die Sünder aber zu ewiger Buße in den ↗Tartaros stießen. Die Unterweltsvorstellungen der Griechen kannten gewisse Varianten. – In der röm. Religion hieß das Totenreich der U. *Orkus* (Orcus). – U. in der german. Mythologie vgl. ↗Hel u. ↗Niflhel.

Uote, die mhd. Form für ↗Ute.

Upis ↗Opis.

Uppsala, *Upsala,* alter schwed. Königssitz u. Heiligtum, mit Hügelgräbern. ↗Adam von Bremen erwähnt als christl. Chronist um 1075 mit Abscheu den dort vorkommenden Götterkult (↗Freyr; Text S. 427). Von der damit in Zshg. stehenden Siedlung *Aros* („Flußmündung" des Flüßchens Fyris) wurde im 13. Jh. der Bischofssitz in das heutige Uppsala verlegt; der dort im Dom begrabene schwed. König Erich (ermordet 1160) war als Nationalheiliger neuer Kristallisationspunkt des schwed. Reiches.

Urania:
eine der Musen

Urania, 1) eine der griech. ↗Musen, Tochter v. Zeus u. Mnemosyne; sie galt als Muse der Astronomie u. wurde gewöhnl. mit Himmelsglobus u. Zeigestab dargestellt. – **2)** Beiname der ↗Aphrodite. – **3)** Tochter des Okeanos u. der Tethys.

Uranos, in der griech. Mythologie Personifikation des Himmels, der älteste der Götter. Meist als Sohn der ↗Gaia (Erde) gen. u. später auch als deren Gatte, dem sie die Titanen, Kyklopen, Hekatoncheires, Giganten u.a. gebar. Da U. auf seine Kinder eifersüchtig war u. viele v. ihnen im Schoß der Erde, dem Tartaros, verbarg, stiftete Gaia ihren Sohn ↗Kronos an, seinen Vater vom Thron zu stürzen. Kronos entmannte den Uranos mit einer Sichel, warf dessen Genitalien ins Meer u. riß die Weltherrschaft an sich. Später wurde er v. seinem Sohn Zeus ebenfalls entmachtet.

Urard Maic Coise, auch *Airard*, Sohn des Coise, sagenhafter ir. Dichter, dessen Todesjahr die Annalen von Ulster mit 990 angeben; er war der hervorragendste Dichter der ir. Frühzeit. U. erzählte sein eigenes Schicksal in der Form einer Elegie, um gg. die Zerstörung seiner Burg vor dem ir. Kg. Domnall zu klagen. Der Kg. war so beeindruckt, daß er befahl, die Filid, die gelehrten Dichter, sollten die Strafe u. die Höhe der Buße festsetzen.

Urdr, nach der nord. Mythologie eine der drei ↗Nornen, Lenkerin des Schicksals, altengl. Wyrd.

Urlung, nord. *Orlog* („Krieg"), alle geschlosenen Verträge werden im Falle des Krieges für nichtig erklärt, geknüpfte Rechtsbeziehungen gelöst.

Ursa Maior, das Sternbild ↗Großer Bär. – **Ursa Minor,** das Sternbild Kleiner Bär.

Urteil des Paris, das durch ↗Eris, die bei der Hochzeit des Peleus einen Apfel mit der Aufschrift „der Schönsten" unter die Gäste geworfen hatte, provozierte Urteil, das der griech. ↗Paris zu fällen hatte. Er mußte sich zw. Aphrodite, Hera u. Athena entscheiden und sprach Aphrodite den Preis zu, die ihm dafür ↗Helena versprochen hatte. Paris entführte Helena u. gab einem Teil der Sage nach damit Anlaß zum Troianischen Krieg. Bei Homer wird das Parisurteil noch nicht als Grund für den Kriegsausbruch erwähnt – (siehe Farbtafel S. 307 oben).

Usener, *Hermann,* *1834, †1905, wurde 1866 Prof. für klass. Philologie in Bonn, schrieb grundlegende Arbeiten zum Zshg. v. Mythen u. Religion („Götternamen", 1896; „Die Sintflutsagen", 1899).

Ute, mhd. *Uote,* in der german. Sage gebräuchl. Name für Mütter oder Frauen v. Helden; am bekanntesten die Gestalten dieses Namens im ↗Nibelungenlied, wo U. die Mutter der Burgunderkönige ist, u. im Kudrunepos.

Utgard, in der nord. Mythologie das unwirtl. Land außerhalb der v. Menschen bewohnten Erde. U. galt als das Reich der Dämonen und Riesen.

Utgardloki, in der nord. Mythologie der mächtigste der Feuerriesen v. ↗Utgard, ein Dämon, dem magisches Wissen zugesprochen wurde. – ↗Skrymir.

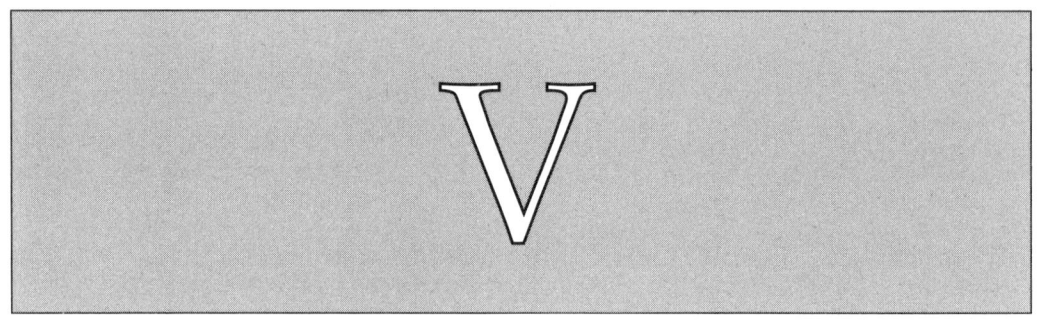

V

Vacuna, alte sabinische Gottheit, deren Etymologie u. Bedeutung schon in der Antike unklar waren. Sie wurde vielfach mit Bellona, Venus, Minerva, Victoria u.a. römische Gottheiten identifiziert.

Vafthrudnir, einer der nord. Urzeitriesen, v. dem es heißt, er sei sechsköpfig gewesen u. dadurch entstanden, daß ↗Ymir seine Füße aneinanderrieb. Er galt als Stammvater der Frost- u. Reiffriesen (Hrimthursen).

Vahagn, armen. Donnergott ↗Gogt'an.

Väinämöinen, ein zauberkundiger Sänger in der finn. ↗Kalevala.

Vala, *Wölwa,* nord., eine unterweltl. Seherin, die, v. Odin befragt, den Tod ↗Balders durch Hödur voraussagte. – ↗Völuspá.

Valaskialf, *Walaskjalf,* das Schloß des blinden Hödur, der, ohne es zu wissen, ↗Balder tötete. Möglicherweise dachten die Germanen ihn sich blind, weil er die Menschen nach ihrem inneren Wert beurteilte, nicht nach ihrem äußeren Erscheinungsbild. – Nach anderer nord. Version galt V. als einer der Wohnsitze Odins u. als Ort v. ↗Hlidskialf, dem Thron des höchsten Gottes, v. dem aus er die Welt überschaute.

Valerius Flaccus ↗Argonautica.

Vali, 1) ein legitimer Sohn des nord. ↗Loki u. seiner Gemahlin Sigyn. – ↗Narvi, ↗Angurboda. – **2)** ein Sohn Odins u. der Erdgöttin ↗Rinda. Er war ein berühmter Bogenschütze, der den Tod Balders rächte.

Valrabe ↗Lärbro Tängelgårda I.

Valthjófsstad, Kirchentür von V. auf Island (Nationalmuseum Reykjavik), um 1200. Eines der wenigen Zeugnisse bildl. Kunst des MA auf Island. Zwei in Holz geschnitzte Medaillons mit [oben:] zweigeteilt einer Szene mit einem Ritter zu Pferd mit Jagdfalken, gefolgt v. einem Löwen; rechts davon dieser Löwe, abgemagert, auf dem Grabstein mit der Runeninschrift „Es ist der mächtige König hier begraben, der die-

sen Drachen tötete", dahinter eine Holzkirche (Stabkirche). Den unteren Teil des Medaillons füllt der gg. einen geflügelten Drachen mit dem Schwert kämpfende Ritter aus, der offensichtl. dabei ist, einem v. Drachen links teilweise umschlungenen Löwen zu Hilfe zu eilen. Das zweite Medaillon [unten:] zeigt ein symmetr. u. kreisförmig angeordnetes Bandgeschlinge aus

Valthjófsstad: Kirchentüre mit der Heinrichsage, isländ., um 1200

halbstilisierten Drachenleibern. – Zu deuten ist die obere Hälfte in der Art einfacher erzählender Darstellungen, in denen ein zeitl. Ablauf in ein einziges Bild zus. gezogen wird: Der gleiche Löwe, der dem Ritter folgt, trauert um ihn, und der Grund dieser Anhänglichkeit ergibt sich aus dem unteren Bild. Damit ist eine Interpretation auf eine mytholog. Jagd Dietrichs v. Bern oder gar auf eine Kreuzzugssymbolik mit der „leidenden christl. Kirche" (Löwe auf dem Grab) u. dem Lindwurm als Zeichen der „Ungläubigen" (Eugen Kusch) hinfällig. Verschiedene andere Sagen erzählen v. dem heldenhaften ↗Drachenkampf, auch v. dem Löwen (vgl. Iweins Drachenkampf), aber die gesamte Bildkombination scheint am besten auf den Braunschweiger Herzog *Heinrich den Löwen* zu passen, von dem gerade dieses Abenteuer und dieses Verhältnis zum Löwen besonders berichtet werden. Allerdings gibt es keine altnordische literarische Quellen, die dafür direkt als Vorlage in Frage kommen.

Vampir, zoolog. blutsaugende Fledermaus; als südslaw. Bz. seit dem 18. Jh. bekannt für die nach der Volksüberl. auf dem Balkan nachts aus ihren Gräbern steigenden Toten, die das Blut Lebender aussaugen. Vielfach lit. bearbeitet, vgl. ↗Dracula, aber der V. hat auch antike Vorfahren (↗Lamia u. ↗Striges).

Vanen, *Wanen,* Vorstellungen von einem sehr alten nord. Göttergeschlecht, möglicherweise vorgerman. Ursprungs. Obwohl die Lokalisierung v. *Vanenheim* unsicher ist, nahm man überwiegend an, daß die V. das Innere der Erde u. die Tiefe des Meeres bewohnten. Sie schenkten der Natur Fruchtbarkeit u. den Menschen Wohlergehen u. waren als quasi-bäuerliche Gegenspieler wegen ihrer milden Art beliebter als die kriegerischen ↗Asen. Durch ↗Gullveig, eine Zauberin der V., erfuhren die Asen v. den Schätzen des van. Göttergeschlechtes, u. um diese an sich zu bringen, bekämpften sie sie, der Schilderung der Edda nach. Schließl. schlossen sie auf Vermittlung v. Allvater Odin hin mit ihren Rivalen einen ewigen Frieden, der die Gleichberechtigung beider Geschlechter festlegte. Als Symbol der Verständigung schuf man den Zwerg Kvasir u. tauschte Geiseln aus: Mimir u. Hönir lebten fortan bei den V., Njörd, Freyr u. Freyja wurden v. den Asen aufgenommen u. erlangten bei diesen hohes Ansehen.

Vater-Sohn-Kämpfe, vgl. griech. ↗Aigisthos u. Thyestes, angestiftet v. ↗Atreus, auch ↗Oidipus u. ↗Telegonos; ahd. ↗Hildebrandslied, mhd.

↗Biterolf und Dietleib; vgl. auch ↗Kampf gg. Freund u. Verwandten.

Vaticanus, in der röm. Religion jener Geist, der den Neugeborenen den Mund öffnete, damit sie ihren ersten Schrei von sich geben konnten.

Ve, einer der beiden Brüder des nord. Gottes ↗Odin.

Vederfölnir, Name jenes Habichts, der auf ↗Yggdrasil zw. den Augen eines Adlers saß u. als nord. Wettermacher galt.

Veles, *Velinas,* litau. Bz. für Totengeister. Ein Zshg. mit den auf dem Balkan überlieferten Wald- u. Bergdämoninnen *Vily* ist vermutet worden.

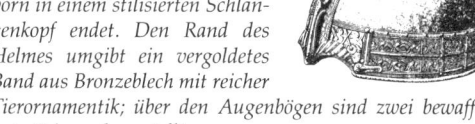

Vendel: Helm aus Vendel (Grab 12); Eisen mit Bronzekamm, der vorn in einem stilisierten Schlangenkopf endet. Den Rand des Helmes umgibt ein vergoldetes Band aus Bronzeblech mit reicher Tierornamentik; über den Augenbögen sind zwei bewaffnete Krieger dargestellt.

Vendel: Riemenzunge aus den Funden von Vendel in Uppland; ein Beispiel für den komplizierten Aufbau der german. Tierornamentik.

Vendel, berühmtes Gräberfeld im schwedischen Uppland, 1881 entdeckt, mit ungeheuren Schätzen als Grabbeigaben, Waffen, Schmuck, Geräte, z. T. fränkische Importware, datiert um 600 bis 1050.

Venilia, Mutter des ↗Picus.

Ventry, in der Grafschaft Kerry (Südwestirland), Schlachtort Finns gg. ↗Dáire Donn.

Venus, altital. Göttin des Frühlings u. der Gärten, eng mit der Vorstellung v. Anmut u. Liebreiz verbunden; später der griech. Liebesgöttin ↗Aphrodite gleichgesetzt, deren Eigenschaften sie größtenteils übernahm. Möglicherweise nahm diese Gleichsetzung in ihrem Heiligtum in Eryx auf Sizilien ihren Anfang. In Rom baute man der Göttin mehrere Heiligtümer, darunter den 295 v. Chr. gelobten Tempel beim Circus Maximus u. den 215 v. Chr. geweihten Tempel auf dem Kapitol. Die Bedeutung der V. als National- u. Schutzgöttin Roms beruhte nicht zuletzt auf der Überl., daß Aphrodite die Mutter des Aeneas gewesen sei u. damit die mit ihr identifizierte V. als Ahnin des v. Aeneas abstam-

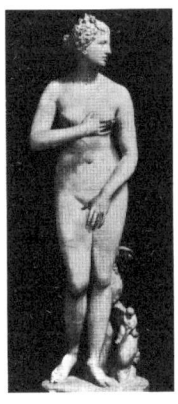

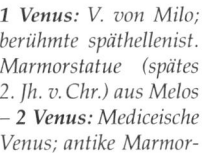

*1 **Venus:** V. von Milo; berühmte späthellenist. Marmorstatue (spätes 2. Jh. v. Chr.) aus Melos – 2 **Venus:** Mediceische Venus; antike Marmorstatue, urspr. im Besitz der Medici; röm. Umbildung der Aphrodite v. Knidos des Praxiteles – 3 **Venus** mit Cupido (Elfenbein), v. Georg Petel (um 1601/02–34) – 4 **Venus:** Geburt der V. aus einer Muschel; nach Botticelli*

menden römischen Volkes galt. Einen bes. Aufschwung nahm die Verehrung im 1. Jh. v. Chr. dank der Förderung bedeutender zeitgenöss. Politiker, wie Sulla, Pompeius, Caesar u. Augustus, die die Göttin unter jeweils unterschiedl. Aspekten sahen. Für Sulla war sie die Venus Felix; Pompeius betrachtete sie als Venus Victrix, d. h. als siegr. Göttin; Caesar nahm sie als Venus Genetrix als Begründerin der jul. Dynastie in Anspruch. Ihre Hauptfeste wurden am 1. April u. am 19. August gefeiert. – V. war in der Antike, aber auch in nachantiker Zeit ein beliebtes Objekt künstler. Darstellung. – Planet u. Morgenstern (↗Phosphoros). – In der german. Mythologie wurde V. mit ↗Freyja gleichgesetzt.
Venusberg, vgl. ↗Eckart u. ↗Tannhäuser. – Aus der slaw. Überl. wurde v. einem Jungfernberg an der Wolga bei Kiew berichtet, *Diwiza-gora* gen., der als „Tummelplatz v. Feen, Elfen u. Hexen" betrachtet wurde. Bes. in der Nacht mußte man ihn meiden, und es wurden „eine Menge Fabeln" v. Leuten erzählt, die durch die schönen Jungfrauen dort verführt wurden u. erst nach 30 Jahren zurückkehrten … „worauf sie ihr übriges Leben im Wahnsinn, aber in steter Erinnerung an die dort genossenen Freuden zubringen".
Venusgürtel, in der röm. Mythologie ein nach der Liebesgöttin ↗Venus ben. Gürtel, der sowohl den sterblichen wie den unsterblichen Frauen große sexuelle Anziehungskraft verlieh.
Venus und Adonis, nach Ovids lat. „Metamorphoses" verliebte sich ↗Venus in den schönen ↗Adonis. Dieser ging jedoch auf die Jagd, um der Verlockung zu entgehen, wurde aber v. einem Eber getötet. Aus seinem Blut entsprang die rot-weiß gesprenkelte Anemone. – W. Shakespeare griff diesen Stoff wieder auf (1592).

Venus von Ille, frz. Kriminalnovelle v. Prosper Mérimée (1837), in der eine aufgefundene antike Statue der Venus eine unheilvolle Rolle spielt. Vorwitzig streifte der Bräutigam ihr einen Ring über u. konnte ihn später nicht mehr lösen. Die steinerne Venus (vgl. Der ↗Steinerne Gast) kam in der Hochzeitsnacht u. drückte den Bräutigam zu Tode.
Venus von ↗Willendorf.
Vercingetorix ↗Kelten.
Verdandi, jene nord. ↗Norne, die „das Seiende" kannte.
Vergil, eig. *Publius Vergilius Maro,* röm. Dichter, *70 v. Chr. bei Mantua, †19 v. Chr. in Brindisi (auf der Heimreise v. Griechenl.). V. war wahrscheinl. ein Bauernsohn, dessen Familie in Zshg. mit der Veteranenversorgung enteignet, aber durch Vermittlung des Maecenas bei Neapel entschädigt wurde, wo er zurückgezogen lebte. Er gilt als bedeutendster Dichter der klass. Latinität, dessen Kunst in Antike, Mittelalter u. Humanismus kanon. Geltung hatte. Seine 14 Jugendgedichte, als *Catalepton* überliefert, zeigen ihn im Bann der Neoteriker. Die 10 Eklogen seiner *Bucolica* nehmen Theokrits Hirtendichtung auf, wobei die 4. Ekloge häufig als prophet. Hinweis auf die Geburt Christi gedeutet wurde. Die 4 Bücher *Georgica* sind ein Lehrgedicht v. der Feldbestellung, dem Wein- u. Obstbau, der Vieh- u. Bienenzucht. Die 12 Bücher der ↗Aeneis, um die Gestalt des Aenaes kreisend, geben eine Rechtfertigung des Augusteischen Reiches. – Vgl. ↗Virgile travesti.
Vergöttlichung. In der *Apotheose* erhält ein Mensch die Würde eines Gottes oder eines Halbgottes, eines Heros, des „Helden" (vgl. ↗Indigetes). Jeder Herrscher mußte seiner irdi-

schen Würde nach ein „Sohn des Himmels" sein u. sollte entspr. nach dem Tode zu „seinen" Überirdischen zurückkehren. Wie sollte man sonst anscheinend übermenschl. Leistungen verstehen können bzw. wie solche verehren? So wurde z.B. ↗Alexander d. Gr. in Ägypten als Sohn des Sonnengottes Ammon verehrt, und auch ↗Caesar wurde nach seinem Tod mit dem Titel „Herr u. Gott" geehrt. Zudem lag es im Interesse aller lebenden Herrscher, ihre Ansprüche auf weltl. Macht durch die V. eines Vorgängers zu festigen.

Zur V. gehörte auch die Vorstellung, daß ein solcher Held eig. nicht sterben konnte u. irgendwo verborgen weiterlebte, um seinem Volk in der Not beistehen zu können. Wir kennen diese ↗Bergentrückung v. Ks. Friedrich Barbarossa. Er wartet im ↗Kyffhäuser, einem Berg im südl. Harzvorland, auf seine Wiederkehr (wie auch Karl d. Gr. im ↗Untersberg bei Salzburg). An einen dürren Baum wird er seinen Schild hängen, und es wird „eine bessere Zeit werden". Gleiches gilt auch für uns relativ entlegene Sagenhelden wie dem armen ↗Mher (in ↗David von Sassun), der, auf seinem Zauberpferd sitzend, in einer Meeresgrotte auf eine bessere Welt wartet. – Bes. hist. Gegebenheiten konnten die V. fördern. So geschah es mit ↗Alexander d. Gr., den die Griechen als Heros verehrten. Sein plötzl. Tod förderte die Legendenbildung. Auch ↗Attila starb plötzl. in der Hochzeitsnacht mit Ildiko, und daran knüpfte die Nibelungensage an.

Vermenschlichung der Götterwelt, *Anthropomorphisierung* der Götter, bes. in der griech. Überl. (nicht so urspr. bei den ↗Römern) hatte versch. Ursachen, die u.a. mit dem Wesen des ↗Polytheismus u. mit der Literarisierung der homer. Göttergestalten zus. hingen. Das Christentum scheint im Anschluß an die stark vermenschlichten antiken Götter eine ähnl. Spezialisierung im volkstüml. Kult um die Heiligen geduldet u. gefördert zu haben, was im Grunde die unfaß. „Ferne" zum Göttlichen milderte u. aufhob. – Im german. Bereich vgl. man dazu das ↗Alltagsleben der Asen, das anscheinend sogar so etwas wie Eheschcidung bei den Göttern vorsah (vgl. das nord. Götterpaar Skadi u. ↗Niörd); für die ir. Götterwelt nimmt man dagegen an, daß z.B. die V. der Naturgöttin Dana erst einer Spätzeit angehört (↗Irland).

Verplaca, röm. Göttin der Familienharmonie.

Versipellis, lat. „der das Fell umwendet", ein ↗Werwolf. Im Lat. des MA wurde auch die ger-

manische Lehnübersetzung ger-ulfus verwendet, woraus französisch garoul/warou/loupgarou wurde.

Vertumnus:
röm. Vegetationsgott

Vertumnus, auch *Vertomnus*, röm. Vegetationsgott, wahrscheinl. etrusk. Herkunft. Als seine Gemahlin wurde häufig ↗Pomona gen. Sein Kult, urspr. in Volsinii nachweisbar, kam v. dort im 3. Jh. v. Chr. nach Rom. Das Hauptfest des Gottes, die *Vertumnalia*, wurde am 13. August gefeiert. V. besaß einen Tempel auf dem Aventin in Rom. Er galt auch als Gott v. Handel u. Verkehr u. als Gott mit unbegrenzter Verwandlungsfähigkeit, die er bei seinem Werben um Pomona einsetzte.

Vesontio, ein kelt. Schutzgeist bzw. ein lokaler Gott, der Namengeber für die frz. Stadt Besançon wurde. In der Interpretatio Romana war der *Mars Vesontius* offenbar ein Gott, der in Stierform oder mit einem Stieropfer verehrt wurde.

Vesper, Venus als Abendstern.

Vesta

Vesta, in der röm. Mythologie Göttin des Herdes, vor allem des Staatsherdes, der den Bestand des Staates symbolisierte; sie stand wahrscheinl. in Zhsg. mit der griech. ↗Hestia, die allerdings für den privaten Herd zuständig war. Urspr. in den Städten Latiums verehrt, gelangte ihr Kult schon früh nach Rom; man err. ihr dort einen Rundtempel, in dem die ↗Vestalinnen dafür zu sorgen hatten, daß das heilige Feuer niemals erlosch. An ihrem Hauptfest, den ↗Vestalia, begaben sich die Matronen der Stadt barfuß zum Heiligtum der Göttin. Das der V. geweihte Tier war der Esel, das an ihrem Fest mit Girlanden aus Blumen u. kleinen Broten bekränzt wurde. Die Vorratskammer des Vestatempels blieb im Juni für einige Tage geöffnet, damit die röm. Frauen Gelegenheit hatten, die Vorräte aufzufüllen. – ↗Caca.

Vestalia, das Hauptfest der röm. Göttin ↗Vesta; in Rom am 9. Juni gefeiert.

1 Vestalinnen: wohl eine Vestalis Maxima – 2 Vestalinnen: vestalische Jungfrau

Vestalinnen, Priesterinnen der röm. Göttin ↗Vesta, die das heilige Staatsfeuer hüteten; zunächst 4, dann 6 Jungfrauen aus vornehmen Familien. Sie wohnten in Gemeinschaft in der Nähe des Vesta-Tempels, unterstanden einer Vorsteherin, der *Vestalis Maxima,* unterhielten aber auch enge Beziehungen zum Pontifex Maximus. Die V. waren zu absoluter Keuschheit verpflichtet, deren Bruch strengste Strafen, u. U. den Tod, nach sich zog. Auf dem „Campus sceleratus", dem durch Frevel entweihten Feld, in Rom bei der Porta Collina, wurden angebl. die lebendig eingemauert, die das Keuschheitsgelübde brachen. – Bei ihrem Eintritt waren sie in der Regel noch Kinder u. dienten 10 Jahre als Novizen, danach übten sie 10 weitere Jahre den Kult aus u. dienten anschließend als Ausbilderinnen der Novizen. Dann durften sie auf Wunsch ins bürgerl. Leben zurückkehren u. heiraten. – Die V. genossen hohes Ansehen. Der Überl. nach ging ihr Amt auf die Anfänge Roms zurück, denn schon v. ↗Romulus und Remus, den Stadtgründern, hieß es, ihre Mutter sei eine Vestalin gewesen.

Vestri (= Westen), ein Zwerg, der nach der Vorstellung der Germanen zus. mit ↗Austri, Nordri u. Sudri das Himmelsgewölbe trug.

Victor, röm. Beiname „der Sieger" für versch. Götter, darunter Jupiter u. Mars.

Victoria, röm. Siegesgöttin. Sie war die röm. Entsprechung der griech. ↗Nike.

Vidar, Sohn Odins, der als bes. schweigsam galt. Er lebte in einem v. Stille gekennzeichneten Wald, wo er Waffen für den Tag der ↗Götterdämmerung schuf. Eine an die nord. Asen gerichtete Prophezeiung besagte, V. werde den Fenriswolf besiegen. – Möglicherweise handelte es sich auch um einen Vegetationsgott, den die Germanen mit dem immer wiederkehrenden Frühling in Verbindung brachten.

Vielweiberei. Sie ist in beschränkter Form belegt nach versch. dichter. Quellen der german. Völker. So handelt es sich z.B. im ↗Hunnenschlachtlied bei Hlöd um einen Sohn aus der Nebenehe des gotischen Herrschers mit einer Hunnin.

Vier Zweige des Mabinogi, Erz. aus der kymr. Sammlung ↗Mabinogion. Darin findet sich u.a. eine kelt. Parallele zum antiken Mythos v. Demeter u. ↗Persephone: Der übermenschl. Vater entführt sein Kind ins Jenseits u. belädt damit die Erde mit dem Fluch der Unfruchtbarkeit.

Vigridfeld, Ort der letzten großen Schlacht während der ↗Götterdämmerung (altnord. ↗Ragnarök).

Vikar, *Wikar,* ein Kg., der mit seinen Männern auf See in eine Flaute geriet. Durch Los wurde bestimmt, daß der Kg. selbst zu opfern sei. Die Mannschaft suchte einen Ausweg, u. V. sollte symbol. an Thor geopfert werden. Dazu wurde ihm eine Schlinge um den Hals gelegt (Galgen), und ↗Starkad wollte ihn ebenso symbol. mit einem Rohrstock stoßen; doch Odin selbst verwandelte das Rohr in einen Speer u. forderte damit sein Opfer. – V. war der Sohn des norweg. Kg. Alfrek von Hordaland, u. dessen beiden Frauen wetteiferten in der Herstellung des Bieres. Geirhild gewann mit Odins Hilfe (↗Kvasir), aber ihren im gleichen Jahr geborenen Sohn V. mußte sie Odin weihen. Alfrek sah das Schicksal des V. voraus u. sprach zu Geirhild: „Hängen sehe ich am hohen Galgen dein Kind, verkauft an Odin." – Man hat vermutet, daß die Szene mit dem gehenkten V. auf einem gotländischen Bildstein dargestellt ist (siehe Abb. S. 433, Szene links oben).

Vila, Fee in der südslaw. Mythologie, z.B. in den Heldenliedern um ↗Marko Kraljević.

Vili, ein Bruder ↗Odins.

Vilmund, Geliebter der nord. Borgny (↗Oddruns Klage).

Vily ↗Veles.

Viminalis, lat. *Collis Viminalis,* einer der 7 Hügel Roms.

Vimur, jener nord. Fluß, den ↗Gialp anschwellen ließ, als Thor, zu ihrem Vater ↗Geirröd unterwegs, den Strom überqueren wollte. Es heißt, die Riesentochter habe ihr Wasser gelassen.

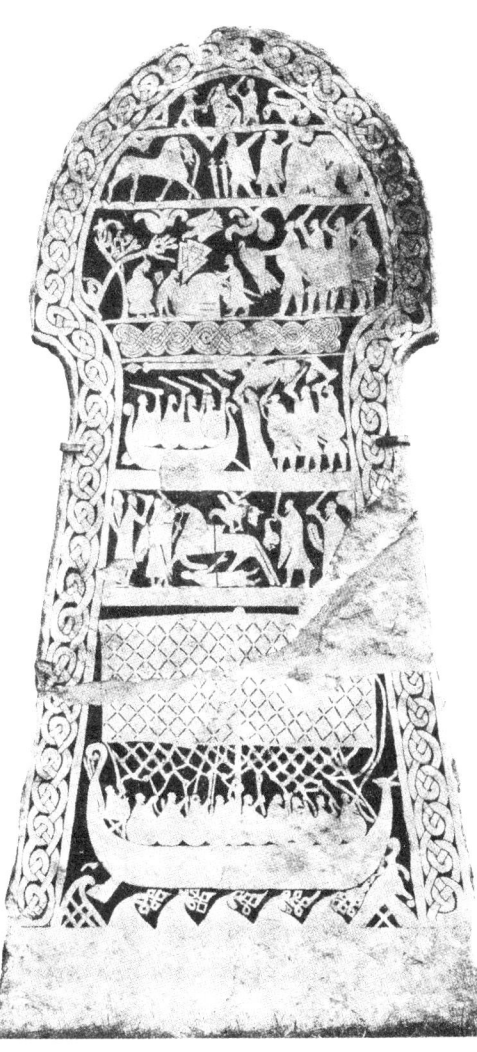

Vikar: gotländ. Bildstein v. Lärbro Stora Hammars I; dritte Bildreihe von oben mit der Opferung Vikars (?), vierte Bildreihe aus der ↗Hetel- und Hildesage (?), fünfte Bildreihe mit einem Reiter, der mit Gewalt vom Pferd gestürzt wird (senkrechter Strich und ↗Valrabe?), darunter das „große Schiff" (Totenschiff?)

Vinland („Weinland"), altnord. Name für die südl. Küstenstriche v. Labrador u. Neufundland, die die Wikinger um das Jahr 1000 unter Leif Erikson entdeckten. Die ungar. „Vinland-Karte" ist (leider) eine Fälschung, ebenso der berühmte Runenstein v. Kensington, aber archäolog. Ausgrabungen an der NO-Küste Amerikas (L'Anse aux Meadows auf Neufundland) haben inzw. die Angaben der altnord. Sagas über die Entdeckung der Neuen Welt v. Island u. Grönland (986 v. Erik dem Roten entdeckt) aus bestätigt.

Virbius, Gefährte der Diana im heiligen Hain v. Nemi. Seine Herkunft liegt im dunkeln. In der Antike sah man in ihm vielfach den Theseus-Sohn Hippolytos, der v. Pferden zu Tode geschleift, v. Asklepios zum Leben erweckt u. v. Diana nach It. gebracht worden sein sollte. In Neapel scheint V. einen eigenen Staatskult gehabt zu haben.

Virgile travesti, Le, frz. parodistisches Epos von Paul Scarron, 1667, auf der Grundlage von Vergils ↗Aeneis. Die Barockzeit gab die „Götter und Heroen der Lächerlichkeit preis" (K. Rudolph); Aeneas wurde als unentschlossen dargestellt, „die verlassene Dido schimpfte und zeterte wie ein Fischweib", die Göttin Hekuba machte sich an den Windeln des Enkelkindes schmutzig. Das populäre Werk des Scarron war Auftakt für eine Reihe von ähnlichen Parodien antiker Vorlagen.

Virginal, kurzes (bruchstückhaftes) mhd. Heldenepos über die ersten Drachenkämpfe Dietrichs (↗Dietrich von Bern). Nachdem die Helden eine klagende Jungfrau aus der Gewalt des Drachen befreit hatten, feierten sie bei der Königin des Landes, V. gen., ein Fest, auf dem sich Dietrich in V. verliebte. Das V. stellte einen Versuch dar, einen heroischen Stoff in die höfische Welt zu überführen, die für uns bereits deutl. Elemente einer entmythisierten Ritterromantik enthält.

Virginia, Sagenfigur aus der röm. Frühzeit; ihr Vater tötete sie der Überl. nach mit eigener Hand, bevor sie durch die unehrenhafte Forderung des Patriziers Appius Claudius entehrt worden war. Diese Szene hat die bildende Kunst des 19. Jh. u. auch die Dichtung angeregt (↗Macaulay).

Virgo, das Tierkreiszeichen ↗Jungfrau; 6. Zeichen des Zodiakos. – ↗Astraia.

Virtus (lateinisch = Tugend), nach der römischen Vorstellung Begriff und Personifikation der „Mannhaftigkeit" im Sinne der kriegeri-

Virtus: Darstellung der „Dea Virtus" auf einem Panzerbeschlag röm. Soldaten in Germanien, Fund von Heerlen (Niederlande); aus der Serienproduktion provinzialröm. Herkunft (Museum Heerlen)

schen Tüchtigkeit, aber auch im eigentlich ethischen Sinne verstanden.

Visbeker Braut und Bräutigam, neolith. Großsteingrab bei Wildeshausen, Oldenburg, in situ. Als „Braut", worauf eine Lokalsage Bezug nimmt, seit 1765 belegt. Vielfach sind vorgeschichtl. Grabstätten mit entspr. Sagen v. unglückl., versteinerten Bräuten als „Brautsteine" bezeichnet. Das steht aber viell. damit in Zshg., daß solche traditionellen heidn. Orte auch als Gerichtsstätten und Plätze für bes. Zusammenkünfte weiter in christl. Zeit im Gebrauch waren.

Visionsdichtung, visionäre Schilderungen in lit. Form; im nord. Bereich bekannt aus eddischen Quellen (↗Völuspá) u. aus der mittelalterl. Lit. (möglicherweise das ↗Draumkvede). In der kelt. Lit. ist die V. ein fester Bestandteil der ir. Abenteuersagen, der ↗Echtrae. – Vgl. die antiken ↗Orakel u. die nach der Sibylle gen. ↗Sibyllinischen Bücher.

„Viventius-Riemenzunge", Fund aus einem Militärgrab des 4. Jh. in dem nordgall. Tongern (Belgien), ein gegossener Riemenbeschlag (Gürtel) mit figürl. Zeichnung: Reiter mit Lanze u. Axt (?), davor ein (zweiköpfiger?) Vogel u. Inschrift „Viventius" (Name des Besitzers?); auf der anderen Seite Mann mit Becher u. Feldflasche, darüber zwei Vögel. Wir können die einfache Ritzzeichnung versuchsweise als Element einer *Volkskunst* in der laienhaften Imitation v. Hochkunstformen interpretieren. Die Diskrepanz zw. der gegossenen Form als Massenware der ↗provinzialröm. Kultur u. der Ritzzeichnung ist auffallend, u. der figürl. Schmuck erscheint „primitiv". Es gibt eine Reihe ähnl. Fundstücke (H.W. Böhme, German. Grabfunde des 4. bis 5. Jh., 1974), und z.B. auch bei langobard. Flechtornamenten hat man argumentiert, daß die „german." figürl. Darstellung unbeholfen u. „archaisch" wirke (R. Kutzli, 1981).

Volcanalia, das am 23. August zu Ehren des Gottes ↗Vulcanus gefeierte Fest, das in Rom in einem dem Vulcanus geweihten Tempel auf dem Marsfeld begangen wurde.

Volcanus ↗Vulcanus.

Volker von Alzey, im mhd. ↗Nibelungenlied ein Spielmann aus mächtigem ritterl. Geschlecht, der zu den mutigsten der burgund. Recken gehörte, die an Etzels Hof zogen; dort fand er nach vielen tapferen Kämpfen den Tod. Er wußte sein Schwert wie einen Fidelbogen zu führen; ungewöhnlich in der Gestalt eines Spielmanns war er doch ein vornehmer Vasall der burgund. Könige.

Völkerwanderungszeit: Germanen auf der Wanderung; provinzialröm. Arbeit wohl des 2. Jh. n. Chr. – Relief am Siegesdenkmal Ks. Trajans, 109 bei Adamklissi (südliche Dobrudscha) errichtet

Völkerwanderungszeit, die hist. Kulisse für die german. ↗Heldensage, das „Heldenzeitalter" (heroic age) der german. Dichtung. – Von sehr viel früheren Bevölkerungsexpansionen abgesehen, gilt als V. der gewöhnl. mit dem Einbruch der Hunnen in die russ. Steppe (375) als Beginn angesetzte Zeitraum der Bewegungen german. Stämme mit einem Höhepunkt im 5. u. 6. Jh. n. Chr. Als Abschluß wird der Eroberungszug der Langobarden nach Italien 568 angesehen, doch könnte man die Wikingerzüge der ↗Normannen vom 8.–10. Jh. auch zur V. zählen. – Die

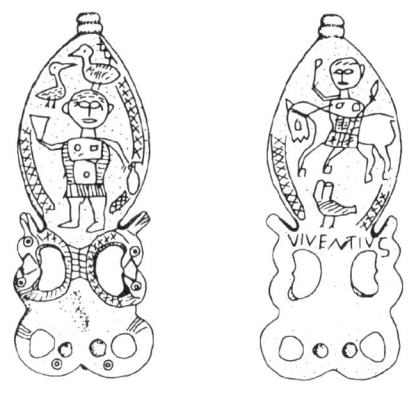

Viventius-Riemenzunge: Grabfund v. Tongern

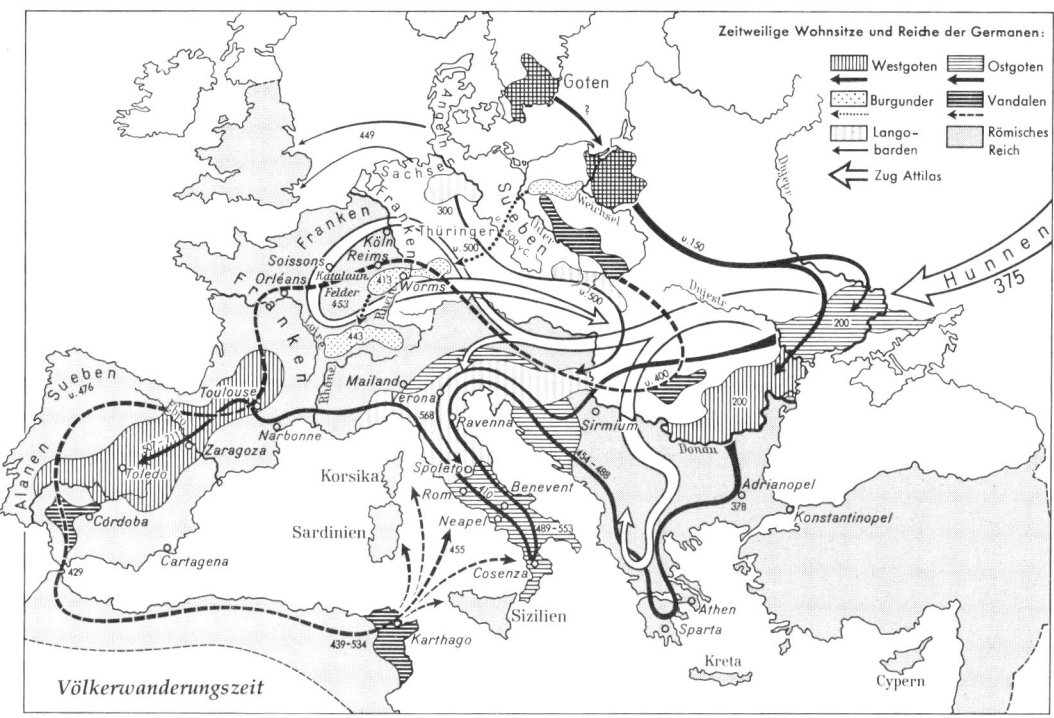

Wanderung der Germanen führte in den S u. W Europas, wobei es insgesamt zu gewaltigen Bevölkerungsverschiebungen kam, die schließl. den Untergang des Weström. Reiches u. der antiken Kultur bewirkten. Einiges lebte über die Ordenskultur, bes. irisch-schottische Mönche, weiter; das Frankenreich kann dem Betrachter z. T. als kaum gelungene „barbarische" Nachahmung der Antike vorkommen; diesem „dunklen MA" scheint erst die Renaissance ein Ende gesetzt zu haben. – Im Sinne der ↗Kontinuität ist die V. jedoch nicht etwa eine „Katastrophe" mit einem entspr. Traditionsbruch, sondern ein Sammelbecken für versch. u. gleichwertige german. u. fremde Kulturen, die umformend das antike Erbe antraten.

Volksetymologie ↗Etymologie.

Volkskunst ↗„Viventius-Riemenzunge".

Volos, ein slaw. Gott des Viehs u. der Erde; wird auch in Zshg. mit dem Totengott ↗Veles gesehen. Der russ. Fürst Wladimir ließ nach seiner Taufe im Jahre 987 eine Götzenfigur des V. in den Fluß Dnjepr werfen; so berichtet die Kiewer Chronik.

Volsci, *Volsker,* im Alt. ital. Stamm mit umbrosabellischer Sprache, im Gebiet der nach ihm ben. Volskerberge. 338 v. Chr. v. Rom unterworfen. – In der röm. Sage waren die V. Bundesgenossen des ↗Turnus in seinem Kampf gg. Aeneas. Sie wurden v. ihrer Königin ↗Camilla regiert.

Völsi ↗Phallos, ↗Wölsistrophen.

Völsunga saga, vermutl. bereits um 1260 entstanden, ein Großwerk der altnord. Heldensagendichtung (↗Saga), um 1400 überliefert zus. mit der Ragnars saga, der Geschichte des Stammvaters der norweg. Könige (↗Ragnar Lodbrok), die durch Ragnar und Aslaug göttlicher Herkunft waren. Die V.s schildert den ↗Nibelungenstoff u. enthält zahlr. Strophen der Eddalieder; sie war Quelle für Richard ↗Wagners „Ring des Nibelungen".

Völsungen, *Wälsungen* (R. Wagner), nach dem Ahnherrn Völsungr (Wölsung) ben. Heldenfamilie der ↗Völsunga saga u. der ↗Edda, zentralisiert auf die Sagenkreise um Sigurd den Drachentöter, ↗Sigurd Fafnisbani, dem Sigfrid des Nibelungenliedes, und seine Nachkommen, z. B. ↗Helgi 2) Hundingsbani.

Volturnus, altröm. Flußgott, gewöhnl. mit dem Tiber gleichgesetzt; ob er etrusk. Ursprungs war, bleibt umstritten. Sein Hauptfest, die *Volturnalien,* wurde am 27. August gefeiert.

Völundarkvida, eddisches Lied über ↗Wieland den Schmied.

Völundr, altnord. für ↗Wieland.

Völuspá, unter der dt. Bz. „Der Seherin Gesicht" eines der bedeutendsten Werke der altnord. Edda, die fiktive Rede einer Seherin (Vala oder Wölva), Hauptquelle der Ragnarök-Vorstellung. Die großartige Dichtung berichtet v. der Urzeit, dem Entstehen der Welt, dem Kampf der Riesen u. Götter u. Weltuntergang. Sodann wird eine neue Welt verheißen, der paradiesische Züge beigelegt sind. – V. ist außer in der Lieder-Edda auch in der Snorra Edda u. in einigen anderen Quellen überliefert; dabei weichen Strophenzahl u. Anordnung der Strophen voneinander ab. Auch bereitet das Lied inhaltl. Deutungsschwierigkeiten, da manche Aussagen dunkel bleiben. Das Werk entstand in der Übergangszeit zum Christentum und trägt neben heidn.-myth. auch christl.-eschatolog. Züge, ohne daß sich die einzelnen Elemente der Vision aber jeweils genau voneinander trennen ließen (↗Synkretismus).

Völuspá

34 Dort saß auf dem Hügel
und schlug die Harfe
der Riesin Hüter,
der heitre Eggdir;
es krähte bei ihm
im Kiefernbusch
der feuerrote Hahn,
der Fjalar heißt.

35 Doch Güldenkamm
bei den Göttern kräht:
er weckt die Helden
bei Heervater;
unter der Erde
ein anderer kräht,
in Hels Halle,
ein braunroter Hahn.

36 Gellend heult Garm
vor Gnipahellir:
es reißt die Fessel,
es rennt der Wolf.
Vieles weiß ich,
Fernes schau ich:
der Rater Schicksal,
der Schlachtgötter Sturz.

37 Brüder kämpfen
und bringen sich Tod,
Brudersöhne
brechen die Sippe;
arg ist die Welt,
Ehbruch furchtbar,
Schwertzeit, Beilzeit,
Schilde bersten,
Windzeit, Wolfzeit,
bis die Welt vergeht –
nicht einer will
des andern schonen.

38 Es gärt bei den Riesen;
des Gjallarhorns,
des alten, Klang
kündet das Ende.
Hell bläst Heimdall,
das Horn ragt auf;
Odin murmelt
mit Mimirs Haupt.

39 Yggdrasils Stamm
steht erzitternd,
es rauscht der Baumgreis;
der Riese kommt los.
Alles erbebt
in der Unterwelt,
bis der Bruder Surts
den Baum verschlingt.

40 Was gibt's bei den Asen?
Was gibt's bei den Alben?
Riesenheim rast;
beim Rat sind die Götter.
Vor Steintoren
stöhnen Zwerge,
die Weisen der Felswand –
wißt ihr noch mehr?

41 Gellend heult Garm
vor Gnipahellir:
es reißt die Fessel,
es rennt der Wolf.
Vieles weiß ich,
Fernes schau ich:
der Rater Schicksal,
der Schlachtgötter Sturz.

42 Hrym fährt von Osten,
er hebt den Schild;
im Riesenzorn
rast die Schlange.
Sie schlägt die Wellen;

es schreit der Aar,
Leichen reißt er;
los kommt Nagelfar.

43 Der Kiel fährt von Osten:
es kommen Muspells
Leute zum Land;
Loki steuert.
Mit dem Wolfe zieht
die wilde Schar;
Byleipts Bruder
bringen sie mit.

44 Surt zieht von Süden
mit sengender Glut;
von der Götter Schwert
gleißt die Sonne.
Riesinnen fallen,
Felsen brechen;
zur Hel ziehn Männer,
der Himmel birst.

45 Dann naht neue
Not der Göttin,
wenn wider den Wolf
Walvater zieht
und gegen Surt
der sonnige Freyr:
fallen muß da
Friggs Geliebter.

46 Der starke Sohn
Siegvaters kommt,
Widar, zum Kampf
mit dem Waltiere:
es stößt seine Hand
den Stahl ins Herz
dem Riesensohn;
so rächt er Odin.

47 Der hehre Sproß
der Hlodyn naht.
Der Lande Gürtel
gähnt zum Himmel:
Gluten sprüht er,
und Gift speit er;
entgegen geht
der Gott dem Wurm.

48 Der Erde Schirmer
schlägt ihn voll Zorn –
die Menschen müssen
Midgard räumen –;
weg geht wankend

vom Wurm neun Schritt,
der Gefecht nicht floh,
der Fjörgyn Sohn.

49 Die Sonne verlischt,
das Land sinkt ins Meer;
vom Himmel stürzen
die heitern Sterne.
Lohe umtost
den Lebensnährer;
hohe Hitze
steigt himmelan.

50 Gellend heult Garm
vor Gnipahellir:
es reißt die Fessel,
es rennt der Wolf.
Vieles weiß ich,
Fernes schau ich:
der Rater Schicksal,
der Schlachtgötter Sturz.

51 Seh aufsteigen
zum andern Male
Land aus Fluten,
frisch ergrünend:
Fälle schäumen;
es schwebt der Aar,
der auf dem Felsen
Fische weidet.

52 Auf dem Idafeld
die Asen sich finden
und reden dort
vom riesigen Wurm
und denken da
der großen Dinge
und alter Runen
des Raterfürsten.

53 Wieder werden
die wundersamen
goldnen Tafeln
im Gras sich finden,
die vor Urtagen
ihr eigen waren.

54 Unbesät werden
Äcker tragen;
Böses wird besser:
Balder kehrt heim;
Hödur und Balder
hausen im Sieghof,
froh, die Walgötter –
wißt ihr noch mehr?

55   Den Loszweig heben
       wird Hönir dann;
       es birgt beider
       Brüder Söhne
       das weite Windheim –
       wißt ihr noch mehr?

56   Einen Saal seh ich
       sonnenglänzend,
       mit Gold gedeckt,
       zu Gimle stehn:
       wohnen werden
       dort wackre Scharen,
       der Freuden walten
       in fernste Zeit.

57   Der düstre Drache
       tief drunten fliegt,
       die schillernde Schlange,
       aus Schluchtendunkel.
       Er fliegt übers Feld;
       im Fittich trägt
       Nidhögg die Toten:
       nun versinkt er.

(Völuspá, Der Seherin Gesicht, Str. 34–57; in der Übertragung nach F. Genzmer; Die Edda, hrsg. von K. Schier, 1981)

Wir halten uns an die auch dichterisch wertvolle Übersetzung aus dem Altnordischen von Felix Genzmer (1920) in der v. Kurt Schier (1981) vorgelegten Form, belassen auch die Namensformen, beschränken uns aber auf den zweiten Teil, der den Weltuntergang (↗Ragnarök, ↗Götterdämmerung) schildert. – Am Ende der Tage wird die Welt der Riesen (↗Vanen) vom Krähen des Hahns geweckt (34); auch die Götter (↗Asen) u. die Unterwelt (↗Hel) werden so alarmiert (35). Schreckliche Zeichen künden das bevorstehende Ende an. Der Höllenhund ↗Garm reißt sich los, Familienzwist bricht aus, die bewährten sozialen Bindungen zerbrechen (37), Wolfszeit herrscht (↗Maske in Wolfsklemme). ↗Heimdal bläst sein Horn (↗Giallarhorn), die Weltesche ↗Yggdrasil erzittert u. wird im Weltbrand der Feuerriesen zerstört (↗Surt; 38–39). In der Wiederholung u. in der mahnenden Strophe an die Seherin wird die Spannung gesteigert (40–41). – Das Totenschiff ↗Naglfari, von Loki gesteuert, setzt sich in Bewegung (42), ↗Muspelheim schickt seine Leute aus der Unterwelt (43), die sich mit den Feuerriesen vereinen. Odin, der Schlachtenlenker Walvater u. der Götter Oberster, ↗Allvater, greift in den Kampf ein; der Gott des wärmenden Himmelslichtes u. des Friedens, ↗Freyr, kommt um (45). Auch Odin selbst wird fallen, doch v. ↗Vidar gerächt werden (46). Thor, der Sohn der ↗Hlodyn, kämpft erfolgreich gg. den Wurm (Orm = altnord. Drachen), die ↗Midgardschlange (47), doch damit gerät die Welt auch aus den Fugen, und die Sonne erlischt (48–49). – Welches wird das Schicksal danach sein? In einem erneuerten Schöpfungsmythos, jetzt nach einer Sintflut, steigt wieder grünes Land auf, und der Adler (↗Fisch-Adler-Motiv) vermag wieder zu jagen (?), auf dem ↗Idafeld, dem paradies. Land, finden sich die Asen zus. (51–52). Das Schicksal wird neu geschrieben; Ackerbau wird wieder möglich, der lichte Gott ↗Balder kommt wieder (54); die schlimme Tat des ↗Hödur wird damit ungeschehen (er tötete aus Versehen Balder), u. ↗Hönir, als Geisel bei den Vanen, kehrt zurück (55). ↗Walhall wird wieder erstehen (allerdings ohne Odin), u. der Totendrache ↗Nidhöggr (der alleszerfressende ‚Neid‘) wird wieder versinken (57).

Vör, anderer Name für ↗Wara.

Vortumnus, der Hauptgott des etrusk. Städtebundes mit Volsinii als Hauptstadt.

Voyage de Saint Brendan ↗Brendan.

Vukodlak, serbokroat. ↗Werwolf.

Vulcanus (älter auch *Volcanus*), v. den Etruskern übernommener röm. Gott des Feuers; später mit dem griech. ↗Hephaistos gleichgesetzt, weil Schmieden u. Feuer in einem engen Zshg. standen. Sein Hauptfest waren die ↗Volcanalia, bei welcher Gelegenheit man lebende Fische aus dem Tiber ins Feuer warf. – Von den Römern in der ir. Mythologie gleichgesetzt mit ↗Bulcán Gobha.

W

Waage ↗Libra.

Waberlohe, nach german. Überl. ein aus flackernden Flammen bestehendes Feuer um einen Wohnsitz, das die dort Lebenden v. der Außenwelt abschirmte. Odins Roß ↗Sleipnir vermochte sie zu überwinden u. brachte Skirnir zu ↗Gerd. Noch berühmter ist die Edda-Geschichte v. ↗Brynhild, die in einer v. W. umgebenen Burg schlief, bis Sigurd zu ihr vordrang u. sie befreite.

Wace ↗Artus, ↗Roman de Brut.

Wagen, neben kult. Fahrzeugen (↗Sonnenwagen) finden sich auf den bronzezeitl. Felszeichnungen v. Bohuslän in Schweden auch zahlr. W., die durch ihre „techn. Details" überraschen: mit einem Zugtier (↗Backa), mit zwei Tieren u. geführt, in Seitenansicht mit einem Wagenlenker (männl. ↗Adorant) usw. Kultwagen, wie sie auf den Felszeichnungen abgebildet sind, kennen wir aus zahlr. archäolog. Funden, bes. auch kelt. Arbeiten, z.T. geschmückt mit Vögeln – eine Symbolik, die bis in die kret.-myken. Antike zurückreicht – oder mit dem Kultkessel (*Kesselwagen*), der keltischen und germanischen Vorstellungen gemeinsam war. Eine bes. Bedeutung kam dem W. (neben dem Schiff) auch im Totenbrauchtum zu.

Wagen:
bronzezeitliche
Felszeichnungen

1 Wagen: Kesselwagen als Kultgefäß (Bronzezeit) – 2 Wagen: nord. Felszeichnung

Wagner, *Richard*, dt. Komponist, *1813, †1883; sein berühmtes Bühnenfestspiel „Ring des Nibelungen" wurde als Komposition 1874 vollendet, die ersten vollständigen Aufführungen fanden 1876 statt. Was den alliterierenden Versbau u. den Rhythmus der Sprache anging, ließ sich W. vor allem v. der um Sigurd kreisenden Trilogie „Der Held des Nordens" (1810) des Friedrich Baron de la Motte Fouqué inspirieren. Inhaltl. stützte er sich außer auf die altnord. Überl. der ↗Völsunga saga auf J. Grimms „Deutsche Mythologie", auf Teile der Lieder-Edda u. auf das Nibelungenlied.

Walahfrid Strabo, dt. Benediktiner u. Dichter, *808/809, †849; Abt v. Reichenau; er schrieb um 830 aus der Sicht kirchl. Polemik ein Schmählied gg. ↗Dietrich von Bern, d. h. den Arianer Theoderich, der Gegenstand karoling. Heldenverehrung wurde. Die Kritik war damit eine doppelte u. richtete sich gg. die german. Heldenverehrung, die als „heidn." diffamiert werden konnte, u. gg. den Anhänger des angebl. Irrlehren verbreitenden ↗Arius, der gerade unter den Germanen Zustimmung gefunden hatte. Einige ostgerm. Stämme (Ostgoten und Langobarden) waren Arianer.

Waldere ↗Walther von Aquitanien.

Walhall, *Walhalla, Valhal* (Halle der Gefallenen oder Erwählten), in der german. Jenseitsvorstellung in ↗Asgard der Aufenthaltsort der ↗Einherier; auch Gladsheim gen. Hier empfing Odin die gefallenen Krieger, u. hier wurden sie v. den ↗Walküren betreut. Das Dach mit den Dachsparren aus Speerschäften war mit Schilden ge-

Walhall: Odins Palast in Asgard, gekennzeichnet mit einer Flagge, die die Aufschrift VH (Valhal) trägt. Nicht nur diese Kennzeichnung, sondern auch das Gebäude mit seinen vielen Türmchen weckt in dem heutigen Betrachter den Eindruck einer rührenden Naivität, mit der man sich zur Zeit der Entstehung des Bildes die gewaltige Halle, in der der höchste Ase die Einherier empfing, vorstellte. (Kopenhagener Handschrift, um 1680)

deckt. In der Halle standen goldene Hochsitze für die Asen u. für Odin ein Thron. W. war so groß, daß durch jede der 45 Pforten (nach anderer Version waren es 540) 800 Einherier nebeneinander in voller Rüstung ihren Einzug halten konnten. – Die Vorstellung von W. scheint vor allem der Wikingerzeit anzugehören u. wurde im Spätheidentum des 8. bis 10. Jh. entwickelt. In der Atlakvida wird W. zitiert, dort eigentlich „welsche Halle", aber verstanden als Unheil vorausdeutendes, dichterisches Symbol.

Walküren: Begrüßung eines toten Reiters in Walhall durch eine Walküre, die ihm einen Trunk reicht. Die Szene ist möglicherweise wegen des achtbeinigen Pferdes (Sleipnir) auch auf Odin deutbar. Gotländ. Bildstein

Walküren (Totenwählerinnen), in der german. Mythologie im Dienste Wodans (Odins) stehende Jungfrauen, die die in der Schlacht gefallenen ↗Einherier auf ihren windschnellen Rossen nach ↗Walhall trugen, wo sie ihnen Speise u. Trank reichten. Als bildl. Darstellung wahrscheinl. auf den Totengedenksteinen v. Gotland, den ↗Gotländ. Bildsteinen.

Walkürenlied, altnord. eddisches Heldenlied, *Darradarljod* (das „Lied des Dörrud"), auf die Schlacht bei ↗Clontarf am Karfreitag des Jahres 1014. Gg. den ir. Kg. Brian, „Brján", sind die Wikinger unterlegen. Dörrud sah in einer unheiml. Begegnung mit schott. Zauberinnen am Tage vor der Schlacht ein schlechtes Vorzeichen für den Ausgang des Kampfes: Die Frauen webten mit Menschendärmen, spannten durch das Gewicht v. Menschenköpfen u. verwendete Speere für den Webstuhl. Dabei besangen u. „webten" sie das Schicksal der Helden, die in der Schlacht nach Walhall abberufen werden sollten. Das W. ist viell. bereits im 11. Jh. entstanden, aber erst spät mit einer Saga überliefert.

Walnußbaum ↗Karya.

Walpurgisnacht, nach dt. Sagen des MA kamen jeweils in der Nacht zw. dem 30. April u. dem 1. Mai die Hexen z. B. auf dem Blocksberg (Brocken im Harz) zus. Man hat darin einen

Reflex eines heidn.-german. Frühlingskults sehen wollen: „Blockes-Berges Verrichtung ..." (Leipzig 1669). – Der Blocksberg ist Schauplatz der W. in Goethes „Faust I"; Goethes „klass. W." (im „Faust II") auf den Feldern v. Pharsalus in Thessalien als Gegenstück zum Blocksberg ist allerdings eine Erfindung des Dichters.

Walserfeld, bei Salzburg, mit dem verdorrten Birnbaum zum Andenken u. zur ewigen Mahnung an die bevorstehende große Schlacht am Ende aller Tage (Sage überliefert im Brixener Volksbuch, 1782).

Wälsungen ↗Völsungen.

Waltharilied, *Waltharius manu fortis* (lat. = Walther mit der starken Hand), *Waltharius,* bedeutendes ma. Epos, stark v. der klass. lat. Epik beeinflußt. Es handelt sich um die einzige lat. Bearbeitung eines german. Stoffes. Inhaltl. werden die Flucht ↗Walthers von Aquitanien mit seiner Verlobten Hildegund v. Etzels Hof geschildert u. Walthers Kämpfe mit den Franken, die es auf den Goldschatz, den die beiden Flüchtenden mit sich führten, abgesehen hatten, auch die Kämpfe mit Kg. Gunther u. schließl. mit Hagen, wobei das german. Motiv des Zwiespalts v. Mannen- u. Freundestreue eine zentrale Rolle spielt. Allerdings endet das Epos trotz der schweren Wunden, die die Kämpfenden sich beibringen, mit einer Versöhnung. Insgesamt haben die german. Helden die Züge christl. Ritter angenommen. – Die Entstehungszeit u. der Dichter des Werkes sind trotz vielerlei Untersuchungen umstritten. Man nimmt an, daß das Waltharilied im 9. oder 10. Jh. im oberrhein. Raum entstand. Als Verf. werden vielfach ↗Ekkehard I. v. St. Gallen (um 930) oder ein Geraldus gen., v. dem in mehreren Handschriften ein Dedikationsprolog existiert.

Walther von Aquitanien, german. (viell. westgot.) Held, der als Geisel mit Hagen u. Hildegund, seiner Verlobten, an Etzels Hof lebte. Die Sage v. seiner Flucht wird in den altengl. Waldere-Bruchstücken (wohl um 750), im lat. ↗Waltharilied u. in einem Abschnitt der altnord. Thidreks saga erzählt.

Walvater, andere german. Bz. für ↗Allvater (↗Odin).

Wandalen, *Vandalen,* ostgerman. Stamm, im Gebiet des heutigen Schlesien u. Polen seßhaft, um 400 n. Chr. am Rhein, zog dann durch Gallien auf die Iberische Halbinsel (Andalusien). 428 führte Kg. Geiserich die W. nach Nord-Afrika, wo sie 439 Karthago eroberten. Ihr letzter Kg. war Gelimer (um 530).

Wanderer, altengl. Elegie wie der „Seefahrer" (↗Seafarer).

Wanen ↗Vanen.

Wara, *Vör,* in der german. Mythologie Personifikation des Wahrhaftigen; sie galt als Göttin v. großer Weisheit, der kein geschworener Eid verborgen blieb u. die alle Verträge zw. Männern u. Frauen kannte. Wer diese Verträge brach, mußte gewärtig sein, v. ihr schwer bestraft zu werden.

Waräger ↗Rus.

Wasgenwald, *Wasgenstein,* alter dt. Name für die Vogesen; dort finden die Kämpfe zw. den Burgundern u. ↗Walther von Aquitanien statt. – Der (österreich.) Dichter des ↗Nibelungenliedes übernahm den W. als Gegend der trag. Jagd, die zu Sigfrids Tod führte, aber er verband damit keine gesicherte geograph. Kenntnis. Wo v. Sigfrids Ermordung berichtet wird, ist v. einem „Wald jenseits des Rheins" (traditionell der Odenwald) die Rede.

Wassermann, Gestalt der niederen Mythologie v. Fluß- u. Meereswesen, die in einer Gegenwelt zum menschl. Leben existierten. Der Kontakt mit ihnen war für den Menschen gefährlich (dt. und dän. Volksballaden v. „Schön Hannele", „Es freit ein wilder Wassermann ...", bzw. „Agnete", vgl. ↗Nixen).

Wate, 1) Vater des german. ↗Wieland, der seinen Sohn das Schmiedehandwerk erlernen ließ. Er kam am Berg ↗Ballofa um, als er seinen Sohn v. den dort tätigen Zwergen an einem vereinbarten Tag abholen wollte. Da er zu früh erschienen war, legte er sich zur Ruhe u. wurde v. Felsbrocken, die sich v. dem Berg lösten, erschlagen. – **2) Wate von Stürmen,** im mhd. Kudrun-Epos (↗Kudrun) ein Ritter, der Kg. Hetel von Hegelingen zunächst als Erzieher, dann als Waffenmeister diente. Er galt als der Typ des grimmigen german. Helden u. entführte zus. mit einigen Gefährten durch eine List die schöne Hilde, Tochter des ir. Königs Hagen, die Hetels Gemahlin u. Kudruns Mutter wurde. Zw. Hetel u. Hagen kam es zu einer blutigen Schlacht, die jedoch durch Vermittlung v. Hilde mit einer Versöhnung endete.

Wechselbalg, Gestalt der niederen ↗Dämonen, mit Belegen bei den kelt. u. german. Völkern. Notker Labeo oder Teutonicus (†1022) gibt in seiner Psalmenübersetzung den W. mit „wihselinc" an, mhd. „fremdiu chint" (fremdes Kind). Zugrunde liegt wohl vor allem die patholog. Erscheinung des Kretins, den man sich nicht anders als durch Vertauschung mit außermenschl. Wesen erklären konnte.

Wechtlin ↗Alcon v. Kreta, ↗Orpheus.

Weidenfessel, kult. Fessel des zum Opfertod Bestimmten aus dem ersten ↗Merseburger Zauberspruch. Man sieht einen Zshg. mit dem Bericht des Tacitus vom heiligen Hain der german. ↗Semnonen, dem ↗Fesselhain.

Weihnachten ↗Jul, ↗Mithras.

Weihwasser, bei Ägyptern, Griechen u. Römern in der Antike gleichermaßen im Gebrauch zur kult. Reinigung.

Weissagung, war an einen bes. Ort gebunden (z. B. ↗Brunnen), an ein bes. Medium (Wasser, Luft, Tiere) u. an bes. berühmte Wahrsager (z. B. ↗Merlin u. ↗Oracula Sibyllina bzw. ↗Sibyllin. Bücher); vgl. ↗Orakel.

Weiße König, Der ↗Weisskunig.

Weißen Götter, Die, indian. Mythos, der dem Spanier Cortes 1519 ermöglichte, mit einer kleinen u. schlecht ausgerüsteten Schar v. Abenteurern das riesige Aztekenreich des Montezuma in Mexiko zu erobern. Die Indianer hielten ihn für die Wiedergeburt des weißen Gottes Quetzalcoatl.

Weiße Ritter, Der ↗Tirant der Weiße.

Weisskunig, der junge, weiße Kg. mit der glänzenden Rüstung, so nannte sich Ks. Maximilian I. (*1459, †1519) selbst in seiner v. ihm mitgestalteten, die eigene Lebensgeschichte mythisierenden Autobiographie. Maximilian war nicht nur der „letzte Ritter" nach dem Idealbild etwa eines Wolfram v. Eschenbach (↗Parzival, um 1200/1210), sondern auch in seinem idealist. Wunsch nach einer Wiedererweckung der klass. Antike.

Weles, *Wolos,* nach dem russ. ↗Igorlied ein heidn. Gott der Slawen; er galt als Beschützer v. Hirten u. Sängern, ↗Bojan wurde als sein Enkel bezeichnet. Vgl. dagg. ↗Veles (Volos).

Weltschöpfung, nach den ↗„Chronographiai", den griech. „Zeittafeln" des Iulius Africanus (um 180–245 n. Chr.), wurde der Termin der W. mit dem Jahr 5500 v. Chr. berechnet (spätere Berechnungen nach Einführung der christl. Zeitrechnung).

Weltuntergang, altnord. ↗Ragnarök u. Vision des altengl. Dichters Cynewulf 2) im ↗Crist; breton. in dem Visionsgedicht des ↗Guinclaff.

Wergeld, Buße u. Ablösungsform für einen Erschlagenen („Manngeld"); in der german. Dichtung mehrfach belegt, z. B. mit der Bedeckung des Leichnams mit Gold im ↗Hunnenschlachtlied der Völkerwanderungszeit.

Werinhard, einer v. Kg. Gunthers Rittern, die ↗Walther von Aquitanien besiegte.

Werwolf („Mannwolf"), ein Mensch in Tiergestalt, skand. *Varulv,* frz. *loup-garou,* irisch *fáelad* (↗Laignech); auch in der Antike verbreiteter Glaube (↗Lykanthropos), in der altnord. Überl. an den ↗Berserker geknüpft u. an den zur Friedlosigkeit Geächteten. – Altnord. *Kveldulfr* ist der „Nachtwolf"; ein solcher war der Vater des Skalden Egil. Auch Kg. Siggeirs Mutter aus dem schwed. Götland konnte sich in einen Bären verwandeln. – „Zu Lüttich wurden im Jahre 1610 zwei Zauberer hingerichtet, weil sie sich in W. verwandelt u. viele Kinder getötet" (Grimm, Dt. Sagen). Es gab leider auch tatsächl. Prozesse gg. W. – Berühmt wurde der v. S. Freud analysierte, klinische Fall des „Wolfsmannes" (1913), der auf Traumerlebnissen eines jungen Patienten beruhte, doch ist die psychoanalyt. Gleichsetzung mit dem W. umstritten.

„Weserrunen", 1927 bei Baggerarbeiten an der Unterweser gefunden, zeigen auf Tierknochen Bilder, Ornamente u. Runeninschriften in angebl. altniederdt. Sprache. Mit dem Bild eines Segelschiffes auf einem der Knochen ist die Fälschung offensichtlich (früher Museum Oldenburg).

Wessobrunner Gebet, eig. *Wessobrunner Schöpfungsgedicht,* eines der ältesten dt. Sprachdenkmäler; zu Beginn des 9. Jh. in einem Codex des Klosters Wessobrunn niedergeschrieben. Es besteht aus dem Anfang eines in Stabreimen abgefaßten, v. angelsächs. Einflüssen geprägten Gedichtes über die Weltschöpfung, das nach der 9. Zeile unvermittelt abbricht, u. einem dem Gedicht folgenden ahd. Prosagebet um den rechten Glauben. Die 9 Zeilen stehen wohl in heidn. Tradition.

Westeremden, Runenstäbchen v. W. (?), ↗Amled.

Westgoten ↗Goten.

White Book of Rhydderch ↗Mabinogion.

Wicht, zwergenartiges Wesen, bereits in einen ahd. Segensspruch für das Haus gg. den Teufel, überliefert im 10. Jh.; als eine Art v. Rumpelstilzchen belegt. – ↗Elben.

Widderkopf, symbol. Zeichen für den kelt. Gott ↗Teutates.

Widsith („der Weitfahrer", d. h. der Erfahrene), altengl. Gedicht des 10. Jh.; es referiert katalogartig Heldennamen u. dazugehörige Ereignisse.

Wiedergänger, zu den Lebenden zurückkehrender Toter, diesen dann meistens als Gespenst (↗Gespenster) feindl. gesinnt. Die Angst vor dem W. scheint oft im weit höheren Maße als die Ahnenverehrung Anlaß dazu gewesen zu sein, den Toten, wie etwa Alarich, mit seinem Roß u. vielen Schätzen in einem Fluß zu begraben oder ihn bereits in der Megalithkultur mit tonnenschweren Steinen zu belasten. Moorleichen hat man viell. aus diesem Grund mit einem Pfahl durchbohrt, gepfählt (?).

Wiedergeburt, viell. liegt ein kelt. Beleg für diese Vorstellung in der Überl. vom ↗Genius cucullatus vor. Abgesehen v. dem röm. Ks. der klass. Antike als einem wiedergeborenen Gott (↗Kaiserkult) u. Formen der Heldenverehrung, die mit der Namengebung zusammenhängen (↗Name), glaubt man in der philosoph.-rel. Richtung der ↗Orphik an eine W.

Wieland, *Wieland der Schmied,* altnord. *Völundr,* Zentralgestalt einer german. Heldensage der ältesten Schicht, die in der Edda als „Wölundlied" (↗Völundarkvida) überliefert ist. Im einzelnen je nach Quelle mit vielen Details ausgeschmückt, hat die Geschichte folgenden Kern: W. war ein berühmter Schmied, der sein Handwerk bei ↗Mime gelernt hatte. Er kam an den Hof v. Kg. Nidung, wo er allerlei Taten vollbrachte, aber eines Tages, viell. wegen eines Versuchs, den Herrscher zu vergiften, weil dieser sein Wort nicht gehalten hatte (↗Skimming), verkrüppelt wurde, indem man ihm die Sehnen seiner Füße durchtrennte. Der Schmied nahm grausame Rache, indem er die beiden Söhne Nidungs tötete u. aus ihren Gehirnschalen kostbare Trinkgefäße schuf u. die Königstochter Bathild, die mit einem zerbrochenen Ring zu ihm kam, vergewaltigte u. schwängerte (↗Witeg). Dann floh er mit selbstgefertigten Flügeln in seine Heimat. – Die Geschichte hat einige gemeinsame Züge mit der griech. Sage um ↗Daidalos, der für sich u. seinen Sohn Ikaros aus Federn u. Wachs Flügel schuf, mit denen er sich aus der Gefangenschaft des Königs Minos befreite.

Wiglaf, jener Ritter, der ↗Beowulf zu Hilfe eilte, als dieser im Kampf mit dem Drachen lag, der Jütland mit seinem Feueratem niederbrannte. Beowulf konnte das Untier zwar töten, fand aber durch das Drachengift zugleich selbst den Tod.

Wih, etymolog. dt. = *Weih-,* german. Heiligtum, ↗Tempel.

Wikar ↗Vikar.

Wikinger, die ↗Normannen, möglicherweise in Zshg. mit altnord. vík. = Bucht (Oslofjord u. ä.). Runenschriftl. „i vikingu …" = auf Kriegsfahrt … (gestorben: auf Totengedenksteinen).

Wilde Jagd, *Wilder Jäger,* weithin verbreitete Vorstellung v. nächtlichen, drohenden Reiterscharen, so im norweg. Volksmärchen ↗Asgardreid (↗Wildes Heer). Die german. Überl. vom „wütenden Heer" erscheint auch als „Wuotunges Heer" u. damit angebl. „Odins Jagd". Adam von Bremen sagte über ↗Wodan „id est furor". Engl. u. frz. belegt als König ↗Artus' Jagd, the wild huntsman, Chasse d'Arthur; in der dt. Sagenüberlieferung mit einem weibl. Anführer in der Frau Holle, Holda oder Perchta. – Für die Vorstellung v. Dietrich als dem „Wilden Jäger" gibt es mehrere Belege; Kirchentüren von San Zeno in Verona u. vom schwed. Rogslösa zeigen den Jäger auf der Hatz nach dem Hirsch. Die Thidreks saga berichtet von Dietrichs Ende, er wäre im Bad v. einem prächtigen Hirsch gelockt worden, sich auf ein bereitstehendes schwarzes Pferd zu stürzen, das ihn entführt habe. So auch mittelrhein. im latein. ↗Dietrich-adventus angedeutet.

Wilde Jagd

Frau Holla zieht umher.

In der Weihnacht fängt Frau Holla an herumzuziehen, da legen die Mägde ihren Spinnrocken auf's neue an, winden viel Werk oder Flachs darum und lassen ihn über Nacht stehen. Sieht das nun Frau Holla, so freut sie sich und sagt:

> so manches Haar,
> so manches gutes Jahr.

Diesen Umgang hält sie bis zum großen Neujahr, d. h. den Heiligen drei Königstag, wo sie wieder umkehren muß nach ihrem Horselberg; trifft sie dann unterwegens Flachs auf dem Rocken, zürnt sie und spricht:

> so manches Haar,
> so manches böses Jahr.

Daher reißen Feierabends vorher alle Mägd sorgfältig von ihren Rocken ab, was sie nicht abgesponnen haben, damit nichts dran bleibe und ihnen übel ausschlage. Noch besser ist's aber, wenn es ihnen gelingt, alles angelegte Werk vorher im Abspinnen herunter zu bringen.

Der wilde Jäger Hackelberg.

Vorzeiten soll im Braunschweiger Land ein Jägermeister gewesen sein, *Hackelberg* genannt, welcher zum Waidwerk und Jagen solche große Lust getragen, daß, da er jetzt an seinem Todbett lag, und vom Jagen so ungern abgeschieden, er von Gott soll begehrt und gebeten haben (ohnzweiflich aus Ursach seines christlichen und gottseligen Lebens halber, so er bisher geführt), daß er für ein Theil Himmelreich bis zum jüngsten Tag am Sölling möcht jagen. Auch deswegen in ermeldete Wildniß und Wald sich zu begraben befohlen, wie geschehen. Und wird ihm sein gottloser, ja teuflischer Wunsch verhängt, denn viermal wird ein gräulich und erschrecklich Hornblasen und Hundegebell die Nacht gehört: jetzt hie, ein andermal anderswo in dieser Wildniß, wie mich diejenigen, die solch Gefährd auch selbst angehört, berichtet. Zudem soll es gewiß sein, daß, wenn man Nachts ein solch Jagen vermerkt und am folgenden Tag gejagt wird, einer ein Arm, Bein, wo nicht den Hals gar bricht, oder sonst ein Unglück sich zuträgt. […]

Der Nachtjäger und die Rüttelweiber.

Die Einwohner des Riesengebirges hören bei nächtlichen Zeiten oft Jägerruf, Hornblasen und Geräusch von wilden Thieren; dann sagen sie: „der Nachtjäger jagt." Kleine Kinder fürchten sich davor und werden geschweiget, wenn man ihnen zuruft: „sei still, hörst du nicht den Nachtjäger jagen?" Er jagt aber besonders die *Rüttelweiber*, welche kleine mit Moos bekleidete Weiblein sein sollen, verfolgt und ängstigt sie ohn' Unterlaß. Es sei dann, daß sie an einen Stamm eines abgehauenen Baumes gerathen, und zwar eines solchen, wozu der Hölzer (Holzbauer) *„Gott waels!"* (Gott walte es) gesprochen hat. Auf solchem Holz haben sie Ruhe. Sollte er aber, als er die Axt zum erstenmal an den Baum gelegt, gesagt haben: „waels Gott!" (so daß er das Wort Gott hintan gesetzt), so giebt ein solcher Stamm keinem Rüttelweibchen Ruh und Frieden, sondern es muß vor dem Nachtjäger auf stetiger Flucht sein.

(Deutsche Sagen der Brüder Grimm [1816], hrsg. von Herman Grimm [1891]; Nr. 5 = Frau Holla; Nr. 172 [171] = Der wilde Jäger [gekürzt]; Nr. 271 [270] = Nachtjäger)

Sagenelemente der mythischen „Wilden Jagd" tauchen an versch. Stellen in der deutschen Überl. auf u. werden mit versch. Namen verbunden. Zumeist sind es Quellen der Barockzeit u. natürlich literar. Bearbeitungen. – In den zwölf Weihnachtsnächten zog Frau Holla umher (↗Holle, Hulda, ↗Perchta); wer ‚fleißig bei der Hausarbeit' war, hatte von ihr nichts zu befürchten. – Der wilde Jäger Hackelberg war verdammt zur ‚ewigen Jagd', weil er dieses, wie es hier im Ton des Barockpredigers heißt, vermessen von Gott gefordert hatte. Wenn man ihn (im Rauschen des Sturms) hörte, war Vorsicht angesagt; es könnte ein Unglück eintreffen. Andere, z.B. auch der sonst als christl. Herrscher verehrte ↗Dietrich von Bern, sollten so für ihren Übermut bestraft worden sein, etwa die Sonntagsruhe durch eine Jagd gebrochen zu haben. Heidn. Mythen wurden in den Dienst christl. Morallehre gestellt. – In Zshg. mit der Rübezahl-Sage ist die Vorstellung von der nächtlichen Jagd überliefert, womit die Kinder geschreckt, der ‚rechte Umgang' mit der Anrufung Gottes gelehrt u. Wissen über die zu ‚niederen Dämonen' gewordenen Moosweibern vermittelt wurden.

Wilde Mythen, Ausformung des ↗Mythos in einer Weise, die wir nur schwer im Einklang mit der „edlen Antike" bringen, wie sie uns vor allem die dt. Klassik predigte. Wir kennen „wilde Züge" im archaischen Kult um ↗Dionysos (vgl. ↗Agaue, ↗Mainades). Man vgl. auch den röm. Bacchus u. die ausschweifenden ↗Bacchanalia. Die W. M. haben also auch ihren archaischen Stellenwert u. sind nicht nur eine Frage der späteren Entwicklung (etwa im Kult um ↗Mithras). **Wildes Heer,** im Rahmen der german. Vorstellung v. der ↗Wilden Jagd das Totenheer; ↗Dietrich von Bern wird die Rolle als Führer des Wilden Heeres zugeschrieben.

Wilkolak, poln. ↗Werwolf.

Willendorf, in der Wachau, Niederösterreich,

Fundort der Kalksteinstatuette einer Frauenfigur, ein Idol *Venus von Willendorf* gen., aus der Steinzeit (ca. 20 000 v. Chr.), stark plastisch modellierte Brüste, Leib u. Kopfhaar, mit Resten roter Bemalung. Eines der vielen Beispiele vorgeschichtl. u. figürl. Plastik, von der wir nicht wissen, ob sie einen bes. kult. u. myth. Hintergrund hatte (Naturhist. Museum, Wien).

Winckelmann, *Johann Joachim*, *1717, †1768, Kunsthistoriker, der in der Goethezeit mit seinem Aufsatz „Gedanken über die Nachahmung der griech. Werke in der Malerei u. Bildhauerkunst" berühmt wurde u. daraufhin als Bibliothekar an den Vatikan nach Rom berufen wurde. 1763 wurde er in Rom Präfekt der Altertümer u. schrieb mit seinem damit einmaligen Zugang zu allen Werken der klass. Antike das Standardwerk der Goethezeit über die „Geschichte der Kunst des Altertums". In seinen italien. „Monumenti" systematisierte er sämtl. ihm bekannten antiken Kunstwerke u. prägte pionierhaft die Vorstellung v. unterschiedl. Stilepochen griech. u. röm. Antike. Der ersteren bescheinigte er (oder unterstellte) das Ideal v. „edler Einfalt u. stiller Größe"; alles Folgende sei nur ein Abstieg gewesen. Auch als Archäologe gilt er mit seinen Ausgrabungen bei Neapel (Pompeii) als bahnbrechend. Seine ästhet. Anschauungen prägten die Ansichten der Goethezeit über die Antike (↗Laokoon).

Winde, nach antiker Vorstellung göttl. Wesen niederen Ranges, die gewöhnl. als Söhne des Titanen Astraios u. der ↗Eos galten. Als ihr oberster Herr wird u. a. in der Odyssee ↗Aiolos gen., der mit ihnen auf der sagenhaften Aiolosinsel lebte u. dem Odysseus einen Schlauch mit Winden schenkte, um ihm die Heimkehr zu erleichtern. Die W. stellte man sich auch personifiziert vor, etwa als geflügelte Gestalten nach Art der ↗Harpyien oder als geflügelte Rosse wie ↗Xanthos u. ↗Balios, die als windschnell galten. Die einzelnen W. hatten je nach Windrichtung unterschiedl. Namen. Sie wurden z. T. kult. verehrt, wobei der Gesichtspunkt, daß man ihren schädigenden Einfluß abwehren wollte, gewöhnl. im Vordergrund stand. Die Macht über das Wetter lag nicht bei den Winden, dafür waren Olympier wie Zeus u. Poseidon zuständig.

Wingolf, die Wohnung der nord. Walküren in Asgard.

Winniler ↗Langobarden.

Witege, *Wittich*. Witege u. Heime kämpften heimtückisch zus. gg. Alphart u. töteten ihn (↗Alpharts Tod). Witege war der Verräter, der

die Stadt Ravenna dem Feind, Ermenrich, überließ. Wittich stand in der Schlacht um Raben (Ravenna) auf der Seite von Dietrichs Feind Ermenrich u. erschlug die beiden Söhne Etzels, bevor er selbst von Dietrich verfolgt wurde (↗Rabenschlacht).

Witig, Name des Sohnes v. Bathild, die v. ↗Wieland schwanger war u. schließl. dessen Frau wurde. W. erbte v. seinem Vater das in der german. Überl. berühmte Schwert ↗Mimung.

Wittich ↗Witege.

Witwenselbstmord. Wie beim ↗Menschenopfer vermuten wir auch, daß die relativ häufige Erwähnung des W. in der griech. Mythologie ein Spiegelbild tatsächl. Erfahrung sein könnte: ↗Euadne 2) ließ sich verbrennen, ↗Marpessa beging Selbstmord, ↗Phyllis u. ↗Polymela töteten sich selbst, weil sie sich verlassen glaubten. – Auch die german. ↗Brynhild warf sich auf den brennenden Scheiterhaufen des toten Sigfrid, vgl. auch ↗Nanna am Scheiterhaufen des nord. Gottes Balder; die german. Signe beging bereits aus Liebeskummer, weil sie Hagbard tot glaubte, Selbstmord (↗Hagbard und Signe). – „Verbrennen der Witwen: eine sonderbare u. schreckl. Sitte der Indier [Inder], erst seit dem Jahre 1827 v. den Engländern gesetzl. verboten, doch noch immer nicht ganz unterdrückt …" (1851).

Wizara, in der german. Heldensage Bz. für den Fluß Weser.

Wladimir, altruss. Idealbild des Fürsten, der mit seiner ↗Tafelrunde in Kiew residierte. – Hist. vermischten sich Erz. über W. dem Heiligen (* um 980, †1015) mit dem Bild des W. II. Monomach (*1053, †1125).

Wochentage. Die german. Namen der Wochentage orientieren sich analog zum lat. Muster von Sol, Luna, Mars (frz. mardi), Mercur (frz. mercredi [Mercurii dies]), Jupiter (frz. jeudi [Jovis dies, lat. Genitiv v. Jupiter]), Venus (frz. vendredi [Veneris dies]) u. Saturn an den entspr. german. Großgöttern: Sonne, Mond, Tyr (Ziu), Odin (Wodan), Thor (Donar), Frigg. Nur Odin, der oberste Gott, wurde im süddeutschen Sprachgebrauch durch „Mittwoch" erfolgreich verdrängt. Samstag (Sonnabend) entstammt der vulgärgriech. Form für „Sabbat" (ähnl. frz. samedi), im Norden steht dafür der Lördag („Waschtag"), da sich für den lat. Saturn (engl. Saturday) keine german. Entsprechung fand.

Wodan, *Wuotan*, nach Tacitus der höchste Gott der Germanen, wahrscheinl. urspr. am Niederrhein verehrt; im Norden gelangte er dann unter dem Namen ↗*Odin* zu bes. Bedeutung. – Bei

Wodan: Darstellung aus einem Jugendbuch, um 1900

vater ihrer Könige. Auch in der Ursprungssage der ↗Langobarden spielt W. die entscheidende Rolle. – W. wird in älteren Quellen mit „Wut" in Zshg. gebracht u. entspr. mit „tyrannus" u. „furor" übersetzt. Er war also ein Kriegsgott. W. ist ein ausführl. Lieblingsstichwort in Jacob ↗Grimms „Deutscher Mythologie" (1835); die einigermaßen zuverlässigen Quellen beziehen sich aber zumeist auf den nord. ↗Odin. Der „Wotan" aus Richard Wagners „Ring des Nibelungen" z. B. ist ganz v. Geist des 19. Jh. geprägt. Auch im Kinder- u. Jugendbuch um 1900 bekommt der Göttervater W. Züge einer Herrscherfigur des Wilhelmin. Dtl.

Wolf, gr. ↗Lykaon, röm. ↗Romulus und Remus, german. ↗Fenriswolf, ↗Maske in Wolfsklemme, ↗Werwolf.

Wolfdietrichsage, ein Epos, das die Ereignisse bei den Merowingern im 6. Jh. schildert. – ↗Ortnit. – Das mhd. Wolfdietrichepos aus dem 13. Jh. geht bereits über in die Gattung des Abenteuerromans u. verläßt damit den Bereich der german. Mythologie im engeren Sinne.

„Wolfsmann" ↗Werwolf.

Wolfsmaske, kult. Verkleidung des Kriegers auf einem Bronzeplättchen v. ↗Torslunda u. auf der alamann. ↗Spathascheide.

einigen Germanenstämmen stand die Verehrung W. stärker im Hintergrund, aber für die Angelsachsen war er der oberste Gott u. Stamm-

---

Wölsistrophen

In einer isländ. Hs. des 14. Jh. sind einige Strophen überliefert, die teilweise heidn. Kultpraxis in der Form einer christl. überformten Anekdote (mit schwankhaften Elementen) dokumentiert; viell. gab es noch im 14. Jh. Reste solchen ‚Aberglaubens', wie er hier von „einem abgelegenen Hof im Nordland" (Norwegen) erzählt wird und über den sich der norweg. Kg. Olaf bei einem Besuch wundert. „Die Bäuerin trug in einem Leintuch den Wölsi herein; das was das Glied eines Lasthengstes, das sie nach dem Schlachten im Herbst aufgehoben und durch Kräuter [Lauch] vor dem Faulen geschützt hatte: allabendlich hatte ihm die Familie ihre Verehrung bezeugt. Die Bäuerin nahm den Wölsi aus dem Tuch, legte ihn dem Bauer in den Schoß [danach wird der W. weitergereicht] und sprach:

Gehegt bist du, Wölsi,
und gehütet wohl,

in Linnen gehüllt
und mit Lauch gestärkt.

Nimm an, Mönir (?),
die Opfergabe!
Sohn des Bauern,
sieh den Wölsi!

Bringt den Stößel
vor Brautjungern!
Die sollen abends
ihn anfeuchten.

Zuletzt wird dem verkleideten König der W. gereicht; er wirft ihn nach seinem Spruch dem Hund zum Fressen vor. „Da warf der König seine Verkleidung ab, und sie erkannten ihn. Er lehrte sie darauf den rechten Glauben, und mit Gottes Gnade nahmen sie ihn an, und der König ließ sie durch seinen Hofpfaffen taufen."

(Die Wölsistrophen [gekürzt], in der Übertragung nach F. Genzmer; Die Edda, hrsg. von K. Schier, 1981)

Wolfszeit, eine der Phasen der ↗Götterdämmerung (↗Maske in Wolfsklemme).

Wol'ga, *Vol'ga,* heidn. Zauberer (volchov) nach der altruss. Überl. der ↗Bylinen (nach Aufzeichnungen seit der Mitte des 18. Jh.). W. wurde bei Mondenschein u. Erdbeben geboren, vermochte sich in versch. Tiere zu verwandeln – darin hat man das Spiegelbild urtüml. totemist. Vorstellungen sehen wollen –, u. zog mit zwölf tapferen Altersgenossen (druschina) aus.

Wolke ↗Nephele.

Wölsi, *Völsi,* siehe Rahmentext links.

Wölsung, Ahnherr der ↗Völsungen.

Wölund ↗Wieland.

Wölwa ↗Vala.

Worms, Sitz der Nibelungenkönige, nach der mhd. Dichtung Zentrum des Burgunderreiches (↗Burgunderuntergang).

Wulfila, *Ulfila, Ulfilas,* Bischof der Westgoten, * um 311, † wahrscheinlich 383 in Konstantinopel. W. war früh Christ geworden u. schloß sich dem ↗Arianismus an; er lebte u. lehrte bei den Westgoten an der unteren Donau, begann zum Zwecke seiner Missionierung, viell. um 369, die Bibel in das Gotische zu übersetzen (↗Codex argenteus des 6. Jh.); dieses Werk stellte die bedeutendste Quelle für unsere Kenntnis der got. Sprache (↗Goten) dar.

Wütendes Heer, ↗Wildes Heer; das W. H. behandelte bereits 1668 eine phantasievolle Doktorarbeit in Leipzig. 1934 versuchte O. Höfler einen weiterhin sehr umstrittenen Zshg. des W. H. mit „kult. Geheimbünden der Germanen" nachzuweisen.

Wyrd, altengl. Bz. für das Schicksal; in altnord. Überl. ↗Urdr.

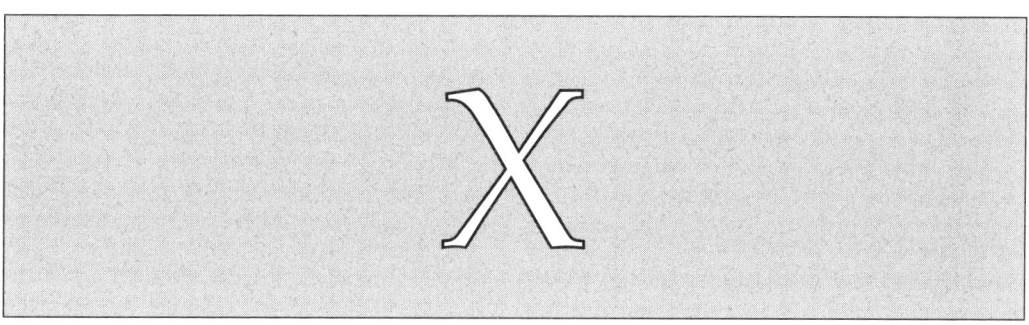

Xanten, im mhd. Nibelungenlied die Heimat Sigfrids am Niederrhein, „Niederland" gen.

Xanthos, 1) neben seinem Bruder ↗Balios eines der unsterbl. windschnellen Rosse des griech. Achilleus. Hera gab ihm die Fähigkeit zu sprechen, u. er warnte Achilleus vor seinem unmittelbar bevorstehenden Tod. X. beweinte den Tod des Patroklos durch Hektor im Troian. Krieg. – **2)** in der Göttersprache Name des Flußgottes ↗Skamandros.

Xenios, Beiname des ↗Zeus.

Xenodamos, Sohn der Nymphe ↗Knossia.

Xenodike, 1) Tochter von ↗Minos und ↗Pasiphaë. Sie besaß eine Reihe von Geschwistern, darunter ↗Ariadne und ↗Phaidra. – **2)** Tochter des ↗Syleus.

Xenophanes ↗Peri Physeos.

Xerxes ↗Ahasverus.

Xuthos, Sohn des ↗Hellen u. der ↗Orseis, Bruder v. Aiolos u. Doros. Er heiratete ↗Kreüsa 2), eine Tochter des Erechtheus v. Athen. Seine Gemahlin gebar ihm Achaios u. ↗Diomede; ihr Sohn ↗Ion hatte Apollon zum Vater. X. wurde v. den Brüdern seiner Frau vertrieben u. wanderte nach Aigialos aus. Nach anderer Version war X. ein Sohn des Aiolos u. der ↗Kreüsa 2), Vater des Achaios u. des Doros. Ion war auch in dieser Überl. ein Sohn des Apollon.

Y

Ydalir, Wohnsitz des nord. Gottes ↗Ullr.

Yggdrasil, *Ygdrasil,* die immergrüne Weltesche, der heiligste Baum der Germanen. Seine Zweige breiteten sich nach german. (nord.) Vorstellung über Himmel u. Erde aus; seine Wurzeln, aus denen drei Quellen entsprangen, verbanden Midgard, Utgard u. Niflheim miteinander. Auf der Spitze v. Y. saß ein Adler, der die Welt beobachtete, u. zw. seinen Augen thronte ein Habicht als Wettermacher. An den Wurzeln nagte ↗Nidhöggr. Zw. ihm u. dem Adler eilte ↗Ratatöskr hin u. her, um zu hintertragen, was der jeweils andere gesagt hatte. Das Eichhörnchen schürte damit den Zwist u. war zugleich Symbol der immer erneut auf der Welt ausbrechenden Feindseligkeiten. Die Nornen lebten bei Y. u. bewachten sie; auch wurde bei der Weltesche Gericht gesprochen. Das endgültige Welken des Baumes, der ansonsten immer wieder erneut ergrünte, sollte den Beginn der Götterdämmerung (↗Rangarök) ankündigen. – In Zshg. mit christl. Vorstellungen vermischt mit dem „himmelshohen ↗Lebensbaum", um den sich die Tiere scharen, viell. auf engl. ↗Steinkreuzen.

Ymir, in der nord. Mythologie ein Urzeitriese, dessen Name möglicherweise als „Zwitter" zu deuten ist. Er entstand aus dem Eis, auf das v. ↗Muspelheim Funken niedergingen. Y. ernährte sich v. der Milch der Kuh ↗Audhumla, fiel danach in einen tiefen Schlaf u. pflanzte sich dabei ungeschlechtl. fort: Unter seinen Achseln wuchsen ein männl. u. ein weibl. Riesenwesen; durch das Aneinanderreiben seiner Füße entstand ihm ein Sohn. So kamen die Frost- oder Reifriesen zustande. Später gewannen Odin u. seine Brüder, die Nachfahren der Audhumla, die Herrschaft über die Schöpfung u. töteten ihren Rivalen Y. In den Strömen seines Blutes ertranken alle Reifriesen bis auf ↗Bergelmir.

Ynglingatal, altnord. katalogartige Aufzählung der Ahnen des schwed. Königshauses seit dem myth. Fjölnir u. im Anschluß u.a. an ↗Yngvar.

Ynglinge, schwedisches u. norwegisches Königsgeschlecht; es berief sich auf den Gott ↗Freyr als Stammvater (↗Ynglingatal).

Yngvar, schwed. König, gefallen in einer Schlacht gg. die Esten auf Ösel u. dort der Sage nach begraben (↗Ynglingatal).

York ↗Danelag.

Ysopet, altfrz. Fabelsammlung im Anschluß angebl. an ↗Aisopos, aber tatsächl. vielfältige Quellen verarbeitend. Teilweise nach ↗Marie de France (um 1170/1190) in anglo-normann. Mundart bekannt.

Z

Zabava ↗Dobrynja.

Zagreus, wahrscheinl. urspr. ein Jagd-, Vegetations- u. Unterweltsgott, der in den griech. Mythen der Orphik eine Rolle spielte. Er war ein Sohn des Zeus u. der Persephone. Als die Titanen ihn zerrissen, verschlang Zeus (nach anderer Version Semele) sein noch warmes Herz. Z. wurde mit Dionysos gleichgesetzt. – Die Sage kennt eine Reihe v. Varianten.

Zahlen. Sie spielten in der german. Überl. eine große Rolle, u.a. als Mittel für Zauber u. Magie (↗Acht); dazu gehörten vor allem die Drei (3 Asen, dreiköpfiger Thurse, 3 Nächte, 3 Nornen, 3 Walküren usw.) u. die Neun (nach neun Nächten lernte der Gott in „Odins Runenlied" 9 Lieder, 9 Wölfe zeugte Sinfjötli, 9 Winter lebten Fenja u. Menja unter der Erde usw.).

„Zangenornament", eine ikonograph. Figur aus einem Dreieck mit einem Kreis an der Spitze, häufig als Randornament; viell. in Zshg. mit antik-spätklass. Formen nach dem Vorbild v. Knoten u. Fransen an Teppichen abgeleitet. – Nach anderer Lehrmeinung ist das Z. z.B. auf dem Grabmal Theoderichs d. Gr. in Ravenna „echt germanischen Ursprungs", und der Zangenfries ist häufig verwendetes Randornament auf südskandinavischen (jütländischen) Fibeln des frühen Tierstils (5./6. Jh.). An einem „harmlosen" Detail entzünden sich die Verfechter von Kontinuitäten aus der griechisch-römischen Antike bzw. aus dem germanischen Traditionsbereich.

Zauberpferd, typischer Besitz des Helden und „märchenhaftes" Inventar vieler Erzählungen (↗Areion). Vgl. auch das Pferd ↗Bukephalos von Alexander d. Gr.

Zcerneboch, slaw. Hauptgott; Helmold aus Holstein (12. Jh.) nannte ihn einen „bösen Gott"; er steht viell. in einem Ggs. zu einem (ungenannten) „guten" Gott.

Zeitrechnung ↗Ab urbe condita, ↗Anno Do-

mini, vgl. griech. ↗Olymp. Spiele. – ↗Beda Venerabilis.

Zelos, Sohn der Styx u. ihres Gemahls Pallas, Bruder von ↗Bia, ↗Kratos 2) und ↗Nike; ein Gefährte des Zeus in seinem Kampf mit den Titanen.

Zemelo, thrak. u. phryg. Name der ↗Semele, Mutter des Dionysos.

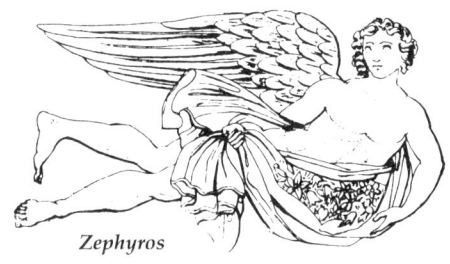

Zephyros

Zephyros, Sohn des Astraios u. der Eos, der Westwind. Durch ↗Podarge Vater v. ↗Xanthos u. ↗Balios. Ein Teil der griech. Überl. berichtet, er habe in Thrakien gelebt.

Zerberus, der Höllenhund ↗Kerberos.

Zetes, der geflügelte Sohn des Boreas, Zwillingsbruder des ↗Kalaïs. Er war ein griech. Argonaut, der auf der Insel Kios (wo Herakles nach seinem Lieblingsknaben ↗Hylas, den die Quellnymphen in ihren Bann geschlagen hatten, suchte) zu jenen gehörte, die für eine Weiterfahrt ohne Herakles eintraten. Später traf Herakles die beiden Boreas-Söhne auf Tenos und tötete sie.

Zethos, der Zwillingsbruder des Amphion, vgl. ↗Amphion und Zethos.

Zeus, der oberste Gott der Griechen u. zugleich der einzige, dessen indogerman. Herkunft als bewiesen gelten darf. Sein Name, vom indogerm. erschlossen „div" o. ä. = leuchtend abgeleitet, stimmt wahrscheinl. mit dem Namen des höchsten Gottes bei anderen indogerman. Völ-

Zeus:
*der höchste Himmelsgott
der Griechen*

kern überein (↗Deus). – Dem Mythos nach war Zeus ein Sohn des ↗Kronos u. der Rheia; er besaß zahlr. Geschwister, darunter ↗Poseidon, ↗Hades, ↗Hera u. ↗Demeter. Kronos, der einstmals seinen Vater ↗Uranos entthront hatte, um selbst die Herrschaft an sich zu reißen, fürchtete, es könne ihm ähnl. ergehen, u. verschlang deshalb alle seine Kinder bis auf Z., den ↗Rheia (Abb.) in einer Grotte versteckte, während sie Kronos einen in Windeln gewickelten Stein, den dieser für den kleinen Z. hielt, reichte. Später zwang Z. seinen Vater, die Geschwister wieder auszuspeien. Nachdem er die ↗Titanen mit Hilfe seiner Brüder besiegt hatte, teilte er sich mit Poseidon u. Hades die Weltherrschaft. Poseidon wurde das Meer zugeteilt, Hades die Unterwelt, während Z. sich Himmel und Erde vorbehielt. Nachdem auch noch die ↗Giganten u. ↗Typhon vernichtet waren, blieb Z.' Vorherrschaft unangefochten. Er galt v. nun an als Nikephoros, d. h. als Siegbringer, dem höchstens die ↗Moiren, die den Tod bestimmten, Konkurrenz machen konnten. – Die Griechen sahen in Z. zunächst einen Wettergott, den sie sich auf einem Berg, vor allem dem Olymp, oder im Himmel thronend u. Blitze u. Donnerkeile auf die Erde schmetternd vorstellten. Seine Funktionen gingen jedoch nach u. nach weit darüber hinaus: Er war der Vater der Götterfamilie,

Zeus	
Seine Gemahlinnen u. deren v. ihm stammenden Kinder:	
Metis (Athena)	Eurynome (die Chariten)
Themis (die Moiren, die Nymphen, die Horen)	Demeter (Persephone)
	Leto (Apollon, Artemis)
Dione (Aphrodite)	Hera (Ares, Hephaistos, Hebe,
Mnemosyne (die Musen)	
Die Überl. bezügl. der Kinder schwankt. Auch galt in einer späteren Phase Hera als einzige legitime Gattin des Zeus. Neben seinen Gemahlinnen hatte der Gott eine große Anzahl v. Geliebten u. eine zahlr. Nachkommenschaft aus diesen Verbindungen	

wurde aber auch v. den Menschen als der ihren Besitz schützende Hausvater gesehen. Er sorgte für Sitte u. Ordnung des Staates, hütete die Freiheit u. das Recht, war als Z. Xenios Schirmherr der Fremden u. der Gastfreundschaft, erhörte als Z. Meilichios Gebete, nahm Sühneopfer entgegen u. galt als der große ↗Soter (Retter). Es gab kaum einen Lebensbereich, in dem er keine Rolle gespielt hätte. Man nannte ihn vielfach „Vater Z.", doch wurde sein Name im Zuge einer Art v. Z.-Monotheismus zeitweise auch einfach im Sinne v. „Gott" verwendet.

Obgleich als oberste Gottheit allseitig anerkannt, nahm sich sein Kult in hist. Zeit relativ bescheiden aus. Am bedeutendsten war er wohl in ↗Dodona, der Orakelstätte mit der berühmten Z.-Eiche, u. in Olympia, wo es urspr. ebenfalls ein Z.-Orakel gab u. wo zu Ehren des Gottes die ↗Olympischen Spiele (Abb.) abgehalten wurden; hier befand sich auch der prächtigste Z.-Tempel ganz Griechenlands mit dem v. ↗Pheidias geschaffenen Goldelfenbein-Kultbild,

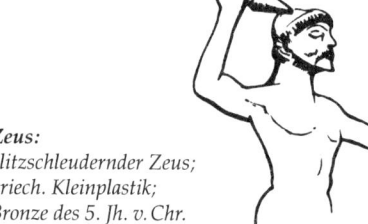

Zeus:
*blitzschleudernder Zeus;
griech. Kleinplastik;
Bronze des 5. Jh. v. Chr.*

das zu den ↗Sieben Weltwundern gezählt wurde. In Athen beging man zu Ehren des Gottes das Fest der ↗Diasia. – Einerseits ein Gott höchster Würde, der die Weltordnun garantierte, weist Z. andererseits ans Burleske grenzende Züge in seinem Verhältnis zu Frauen auf. Er besaß nacheinander mehrere Göttinnen als Gemahlin, obwohl die Überl. teilweise die ewig eifersüchtige Hera als seine einzige Frau erwähnt. Daneben verband er sich auch mit sterbl. Geliebten, u. entspr. groß war seine Nachkommenschaft. Beinahe jedes vornehme Geschlecht Griechenl. konnte sich auf einen Z.-Abkömmling zurückführen und damit sein Ansehen heben.

An der Gestalt des Z. kann man die dichte Spezialisierung ablesen, mit der dieser oberste griech. Gott in allen Ecken u. Winkeln des tägl. Lebens anwesend war. Er war Vater der Menschen u. Götter, teilte jeden das ihm zustehende Glück zu (Z. Ktesios) u. war der einzige wirk-

Zeus:
Der Gott fährt in seinem Himmelswagen

lich freie u. auch befreiende Gott (Z. Eleutherios). Er sammelte die Wolken, führte den Donner u. die Blitze, war Regenbringer u. schickte den Regenbogen Iris als Boten. Als Z. Panoptas war er „allsehend", vom Idagebirge (Z. Idaios) überblickte er beide streitende Parteien vor Troia; er verglich die Helden im Kampf miteinander u. schreckte nur vor dem Urteil der Moiren zurück. Aber er achtete auch darauf, daß sich das notwendige Schicksal erfüllen sollte. In polit. Fragen war er der Hüter v. Eid u. Vertrag (Z. Horkios), und – mit einem ähnl. etymolog. Wortstamm – sorgte er für Abgrenzung v. Haus u. Hof durch eine symbol. Hecke (Z. Herkeios). An seinem Altar konnte also auch der Flüchtling Schutz suchen, und als Z. Hiketesios bemühte er sich um Verfolgte; Sünder bestrafte er (Z. Timoros). In dieser Weise könnte man mit dem ungar. Mythologen Imre Trencsényi-Waldapfel („Die Töchter der Erinnerung", 1964) fortfahren bis hin zu den Priestern des Z. in Dodona, die, „auf der Erde schlafend", seinem Orakel im Rauschen der Blätter lauschten. Als Orakelgeber wurde er schließl. mit dem ägypt. ↗Ammon gleichgesetzt, der mit Widderhörnern dargestellt wurde u. dessen Heiligtum in der Wüstenoase Siwa zu einem antiken Wallfahrtsort wurde (Z. Ammon).

Zeuxippe, in der griech. Überl. vielfach als Gemahlin Kg. ↗Pandions v. Athen gen. u. als Mutter v. Butes, Prokne u. Philomele. Da Butes ein Sohn des Poseidon oder des ↗Teleon war, ist die Möglichkeit, daß zwei Personen mit dem Namen Z. anzunehmen sind, nicht auszuschließen.

Ziege, lat. *capra*, Haustier bereits in Jericho um 6000 v.Chr. Neben dem Steinbock (Wildziege, vgl. ↗Capricornus) uraltes bibl. Opfertier („Sündenbock", 3. Mose, 16,10) u. wichtiges Nutztier. Zeus wurde v. einer Z. gesäugt (↗Amaltheia). Der Donnergott ↗Thor ließ seinen Wagen v.

zwei Böcken ziehen; eine Z. Heidrun gab den Asen Milch. – ↗Sündenbock.

Ziegenfisch ↗Typhon.

Ziu, *Zio,* ahd. Name für Teiwas (Teiwaz) oder Tiwas. – ↗Saxnot. – Über die gleiche indogerman. Etymologie ist Z. die Entsprechung zu latein. „Deus" (Zeus; vgl. ↗Deus) u. daraus erschlossen auch der höchste german. Himmelsgott des Friedens u. der Fruchtbarkeit. Von den Römern wurde Z. mit Mars umschrieben. Er ist belegt als höchster Gott versch. german. Stämme, die ihm, wie dem entspr. kelt. Gott ↗Taranis, Pferdeopfer brachten, ihn also mit einer Pferdegestalt identifizierten. Ihm war der ↗Fesselhain der Semnonen geweiht. Als oberster Versammlungsgott nannten ihn die Römer „Mars Thingus" (↗Ding). Nach der Umgestaltung des german. Götterhimmels fiel ihm im Norden die Rolle des ↗Tyr zu. – Der Helm des Fundes v. ↗Negau (siehe dort entspr. Deutung) trägt in Runen die Inschrift „Harigastiteiva". Man ist sich über die Abtrennung einzelner Wörter zwar nicht einig, aber das Element „teiva" könnte eine etymolog. Entsprechung zu lat. deus und german. Ziu als allg. Götterbezeichnung sein.

Zlebog, auch *Berstuk,* angebl. Gottheit der Slawen und bes. der Wenden (Sorben); ein zorniger Gott, der Feld- u. Waldgeister beherrschte u. den man sich als bockfüßigen Halbmenschen u. „bösen oder schwarzen Gott" vorstellte (?).

Zuarasici ↗Svarožič; ein slaw. Gott, wurde angebl. in Riedegast, einem Heiligtum der slaw. Wilzen, verehrt.

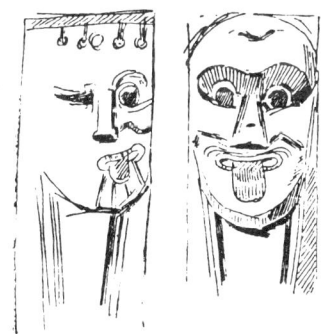

Zunge: *Masken auf den Holzsäulen d. Stabkirche von Hegge*

Zunge. Eine weit herausgestreckte Z. zeigt der Kopf auf einem Pfosten in der norweg. Stabkirche v. Hegge, offensichtl. eine den Schutz dieser Schreckmaske (↗Maske) verstärkende Abwehrgebärde.

Zwei-Brüder-Märchen, uralter Motivkomplex von der wunderbaren Geburt zweier Ahnherren; Ursprungssage vieler Völker (Kain und Abel, ↗Romulus und Remus); altnord. belegt u. a. in dem edd. Lied von Helgi Hiörvardsson, als Herkunftssage eines Volkes bei den ↗Hunnen.

Zwerge *Berühmte* *Zwergengestalten:*	Alberich Alvis Andvari Fiallar Ivaldi Laurin Montsognir Nibelung Sindri

Zwerge (ahd. *gitwerg* = Trugwesen), spukhafte Sagengestalten, den Menschen ähnl., aber v. geringer Körpergröße; landschaftl. sehr unterschiedl. ben. Sie spielten auch in der german. Mythologie eine Rolle, u. v. ihrer Entstehung ist in der Edda die Rede, wie die Götter zusammengekommen waren, um zu beraten, wer die Z. schaffen sollte. Über ihre Entstehung wird sonst sehr Unterschiedliches berichtet. Sie sollen aus Brimirs Blut u. Blains Gliedern gebildet worden sein, nach einer anderen Version gehen sie auf die Maden zurück, die sich auf ↗Ymirs Leiche bildeten. Man stellte sie sich teils sehr schön u. liebreich vor *(Lichtelben)*, teils häßl. u. bösartig *(Schwarzelben)*, bekam sie aber nur selten zu Gesicht, da sie über eine ↗Tarnkappe verfügten, mit der sie sich unsichtbar machen konnten. Neben mancherlei Fertigkeiten, die sie besaßen, u. der Gabe der Weisheit, die ihnen zugesprochen wurde, galten die Z. als hervorragende Schmiede, die ihr Handwerk in der Erde ausübten. Viele der Attribute, die für die einzelnen Götter charakteristisch waren, gaben Zeugnis v. ihrer Kunstfertigkeit. Auch galten sie als Schatzhüter, wofür ↗Alberich, den Sigfrid in seine Gewalt bekam, indem er ihm die Tarnkappe raubte, als Bewahrer des Nibelungenhortes ein bekanntes Beispiel ist.

Zwillinge. Tacitus berichtete in seiner „Germania" von Twisto, einem zweigeschlechtl. Wesen (↗Tuisto), trotzdem sprach man von Mannus, dem „Mann", als dem menschl. Urwesen. Doch auch der Geschwistermythos von ↗Freyja u. ↗Freyr scheint die Vorstellung v. einem Zwillingspaar mit identischen Namen vorauszusetzen. Das sagenhafte Königtum v. ↗Hengist und Horsa ist als Zwillingskult verständlich, u. hier würden sich kelt. und german. Überl. mit indogerman. Vorstellungen u. der antiken Überl. v. den ↗Dioskuren treffen. – In der geometr. strengen Form der Gegenständigkeit (Spiegelung, Konfrontation) finden wir Z. auf einer bronzezeitl. Felszeichnung v. ↗Tanum, Bohuslän, in Schweden; in der Kombination mit dem Punkt in der Mitte (↗Näpfchen) ist das viell. auch ein Zeichen der Zweigeschlechtigkeit. – Zwillingsgeburten konnte man in der antiken Mythologie viell. als Ergebnis v. Ehebruch bzw. v. unehel. Beziehungen verstehen (↗Aërope, vgl. ↗Rhea Silvia mit Romulus u. Remus, ↗Leto mit Apollon u. Artemis). – ↗Alkis, ↗Pikten.

Zwillinge: bronzezeitliche Felszeichnung

Zwitter (zweigeschlechtige Wesen), vgl. in der griech. Überl. ↗Androgyn, ↗Hermaphroditos, ↗Salmakis. – ↗Agdistis. – Menschl.-tier. Zwitterwesen waren darüber hinaus z. B. die griech. ↗Kentauren, aber auch die kelt.-ir. ↗Fianna. – Der german. Gott ↗Nerthus scheint urspr. ein Z. gewesen zu sein, gleiches gilt für Twisto (vgl. ↗Zwillinge).

Zypresse ↗Kyparissos.

Zeittafel

um 5800–86 v. Chr.	Kulturepochen in Griechenland	496–406	griech. Dichter *Sophokles*
um 5500 v. Chr.	Weltschöpfung nach den griech. *Chronographiai*	490	Schlacht bei *Marathon*
		um 450–330	klassische Zeit in Griechenland,
um 3000	*New Grange*, Grab in Irland		Zeit der großen Bildhauer
um 2000–1500	Blütezeit der Kultur der		*Pheidias* und *Polykleitos*
	Megalithgräber, Stonehenge	400–200	Ausdehnung der Herrschaft von
ab 1800	Bronzezeit in Mitteleuropa, in		Rom, Eroberung etrusk. Städte
	Nordeuropa ab etwa 1600;	399	*Sokrates* wegen Leugnung der
	schwed. *Felszeichnungen*		heidn. Götter verurteilt
um 1450	ein Vulkanausbruch der Insel	387	Rom v. den Kelten zerstört *(Römer)*
	Thera zerstört wahrscheinl. die	um 330–50	hellenist. Zeit in Griechenland
	minoische Kultur, *Knossos*.	356–323	*Alexander d. Gr.* mazedon. Kg.
	Die Griechen unter Führung von	um 300	Blütezeit der kelt. Kultur in Gallien
	Mykenai treten die Herrschaft an.	um 295/215	griech. Epos *Argonautika*
1400–1200	„goldenes Zeitalter" im griech.	293	Tempel des Kriegsgottes *Quirinus*
	Mykenai		in Rom
um 1365–538/332	Phönikier	204	Tempel der Magna Mater in Rom
um 1200	wahrscheinl. Zerstörung des		*(Kybele-Attis-Kult)*
	homerischen *Troia*; phönikisches	181	Tempel der *Pietas* in Rom geweiht
	Alphabet entwickelt	146	*Karthago* von den Römern zerstört
um 1200	Dorische Wanderung: *Argos,*	146	Griechenland wird römische
	Korinth, Sparta		Provinz *(Korinth* zerstört)
um 1100–200	*Etrusker* in der Toskana	um 105	*Kimbern* und *Teutonen*
um 814	Gründung *Karthagos*	86	der Römer Sulla erobert Athen
seit 776	Siegerlisten bei den *Olympischen*	72–58	Vandalen ziehen nach Gallien u.
	Spielen		werden v. Caesar besiegt
753	sagenhafte Gründung von *Rom,*	58–51 v. Chr.	*Caesar* erobert Gallien
	Romulus und *Remus*	64 v.–14 n. Chr.	*Augustus* röm. Kaiser und
8. Jh.	*Homeros* mit *Ilias* und		„goldenes Zeitalter" Roms, Dich-
	Odyssee		tungen von *Horaz, Ovid* und *Vergil*
um 750	Gründung der ersten griech.	12–9 v. Chr.	Tiberius u. Drusus schieben die
	Kolonien in Italien, *Cumae*;		Militärgrenze Roms bis an die
	Hallstattkultur		*Donau* vor
um 700	*Hesiodos* mit seiner genealog.	4 v.– 65 n. Chr.	röm. Dichter *Seneca*
	Götterlehre	9 n. Chr.	*Arminius* vernichtet ein röm. Heer
um 700–480	archaische Zeit in Griechenland		unter Varus im Teutoburger Wald
um 600–500	etruskische Vorherrschaft	38	ägypt. Göttin *Isis* im röm. Staats-
	in Italien, vgl. *Tarquinius*		kult
594	*Areopag* herrscht in *Athen, (Sieben*	54	Unruhen gg. das Christentum
	Weise, Solon)		(Paulus) in Ephesos *(Artemis)*
um 530	Kult des *Dionysos (Mysterien)*	um 62	lat. Epos *Pharsalia*
509	Tempel des *Jupiter* in Rom	64	Brand Roms, unter Ks. Nero
	(Kapitolin. Hügel)		Christenverfolgungen (Petrus und
um 500	*La-Tène-Kultur;* Besiedlung		Paulus in Rom)
	Irlands durch die *Kelten*	70	lat. Epos *Argonautica*

um 100	*Tacitus'* „Germania", Trajanssäule in Rom (113 err.)	454	*Rabenschlacht* (?) um Ravenna
		455	Wandalen plündern Rom
117–138	Ks. Hadrian, griech. Renaissance	476	Odoaker, Kg. in Ravenna; er setzt den letzten weström. Ks. Romulus Augustulus ab
um 120–185	*Lukianos* parodiert die heidn. Mythologie		
um 160	Tuathal, irischer König von Leinster und Meath auf *Tara*	481–511	Chlodwig, Kg. der Merowinger (*Merowech*)
um 170	*Wandalen* brechen in Dakien ein (Rumänien)	482	Childerich-Grab der *Franken*
		489	Theoderich der Große (*Dietrich von Bern*), Kg. der Goten u. Römer in Ravenna
um 200	im röm. Nordafrika sind *Karthago* u. Leptis Magna (Tripolis) mächtige Städte; die Christen werden verfolgt		
		491	Sizilien unterliegt der german. Eroberung
um 200	*Thorsberg* german. Heiligtum	um 500	*Artus* (Arthur), Kg. in Britannien
3. Jh.	*Mithras* als „Sol invictus" röm. Staatsgott (*Mysterien*)	um 520	Kg. Chochilaicus, viell. *Hygelac* im *Beowulf*
um 250	Doliche zerstört (*Jupiter* Dolichenus)	529	die v. *Platon* gegr. „heidn." Akademie (*Philosophie*) wird v. Ks. Justinian geschlossen
um 260	Alamannen in Italien; die *Goten* am Schwarzen Meer bedrohen durch Einfälle das Röm. Reich		
		6. Jh.	Alamannengrab v. *Oberflacht*
um 260–336	*Arius*, Urheber des *Arianismus*, Glaubensrichtung, die vor allen die ostgermanischen Stämme annahmen	6. Jh.	*Philae* ist noch heidn. Kultstätte in Ägypten
		um 550	Rom mehrfach v. den Ostgoten erobert
um 285	christl. Mönchsklöster in Ägypten	um 551	Gotengesch. des *Cassiodorus*
3.–4. Jh.	*provinzialröm. Kultur* in N-Gallien, an *Rhein* und *Donau*	552	Narses (Byzanz) schlägt die Ostgoten vernichtend
303	Christenverfolgung	ab 563	*iro-schottische Mission*
306–337	*Konstantin* d. Gr. röm. Kaiser	568	*Langobarden* in Oberitalien unter Kg. *Alboin*
311–529	fortschreitende *Christianisierung* in der Spätantike		
		596	Missionierung der Angelsachsen
325	Konzil v. Nicäa verurteilt Arius	um 600–1100	*althochdeutsche* Sprache
330	*Byzanz* unter Ks. Konstantin röm. Hauptstadt (Ostrom)	um 624	Schiffsgrab von *Sutton Hoo* (*Angelsachsen*)
um 350	Fest des Mithras wird zum Weihnachtstermin (25. Dez.)	723	Bonifatius fällt die Donar-Eiche (*Thor*) bei Fritzlar
um 358	der ir. Kg. Niall plündert in Wales u. Gallien	vor 750	*Merseburger Zaubersprüche*
361–363	*Julianus Apostata* röm. Ks., versucht das „Heidentum" wiedereinzuführen (*Neuplatonismus*)	768–814	*Karl der Große*, 800 röm. Kaiser
		772	Karl der Große zerstört die *Irminsul* in Westfalen
um 369	*Wulfila* beginnt mit der got. Bibelübersetzung	793	Wikinger (*Normannen*) überfallen das Kloster *Lindisfarne*
375–568	*Völkerwanderungszeit*, „Heldenzeitalter" der german. Dichtung	um 800	erste Besiedlung Islands, viell. durch Iren (*Island*)
375	Hunneneinfälle unter *Ermanerich*, Untergang des Ostgotenreiches	um 800	norweg. Schiffsgrab v. *Oseberg*
		802	Wikinger in Irland
381	Konzil zu Konstantinopel, Christentum wird Staatsreligion	808	*Haithabu* als Handelsplatz ausgebaut, Blütezeit um 900
395–410	Alarich, König der Westgoten; Plünderung Roms	um 820	Waräger in Rußland, *Rus*
		810/820	*Hildebrandslied* (Handschrift)
um 400	Goldhörner von *Gallehus*	um 830	Ansgar missioniert in *Birka*
um 417	*Orosius*, Gesch. gegen die Heiden	845	Regnar = *Ragnar Lodbrok* vor Paris
428	*Wandalen* in Nordafrika	860	Wikinger greifen Byzanz an
430	der hl. Augustinus stirbt in der von Wandalen belagerten Stadt Hippo Regius (N-Afrika)	ab 866	dän. Herrschaft in Ostengland
		872	Harald Schönhaar eint ganz Norwegen
		ab 874	norweg. Landnahme auf *Island*
431	*Patricius* missioniert in *Irland*	882–912	*Oleg* in Nowgorod und *Kiew*
436	*Burgunderuntergang* in Worms; Kg. Gundahar (*Gunther*)	vor 900	*Waltharilied*
		um 900	Zeit der *Fornaldar saga*; die Niederschrift erfolgt später
433/34–453	*Attila*, Kg. der *Hunnen*		
um 450	*Angelsachsen* u. *Jüten* erobern England	907	Wikiner in Byzanz (*Harald*)

911	*Rollo* wird Herzog der Normandie	um 1075	jüngstes Helgilied der *Edda, Helgi Hundingsbani*
um 930–1030	Sagazeit auf Island, *Saga, Íslendinga sögur*	um 1075	*Adam von Bremen* schreibt die „Geschichte der Hamburg. Kirche" (*Uppsala*)
937	Schlacht von *Brunnanburh*		
um 950	*Völuspá* der *Edda*		
um 965	Kg. Harald Blauzahn unterwirft Däne-mark und Norwegen und „macht die Dänen zu Christen"; er setzt einen der Steine v. *Jelling* in Jütland	1080–86	Knut der Heilige, Kg. in Dänemark
		um 1100	altfrz. Epos *Chanson de Roland*
		1103	*Lund* wird Erzbistum
		1113–1118	russ. *Nestorchronik*
979	Schlacht bei *Tara*	1168	Swantewit-Heiligtum auf *Arkona* zerstört
um 980/1000	Wikingerfestung *Trelleborg* in Dänemark		
986	Erik der Rote läßt sich auf Grönland nieder	um 1185	russ. *Igorlied* in Kiew
		um 1200	*Saxo* Grammaticus schreibt die „Gesta Danorum"
991	Schlacht bei *Maldon*		
um 1000	Leif Eriksson entdeckt *Vinland* (Neu-fundland)	um 1200	*Nibelungenlied* (Handschriften)
		um 1200	*Snorra Edda* des *Snorri Sturluson* auf Island
1000	das isländ. Allding beschließt den Übertritt zum Christentum		
		um 1200/10	mhd. Epos *Parzival*
1012	„Chronicon" des *Thietmar von Merseburg*	um 1230/40	*Kudrun*-Epos verfaßt
1014	Schlacht bei Clontarf in Irland, *Walkürenlied*	um 1250 um	*Thidreks saga* niedergeschrieben
1015–28(30)	Olaf der Heilige, Kg. in Norwegen (*Wölsistrophen*)	1250–1300	deutsche *Dietrich*-Epik
		um 1260	*Völsunga saga* entstanden
1030	Schlacht von Stiklestad bei Trondheim, die *Bjarkamál* wird zur Anfeuerung der Krieger vorgetragen	1265–1321	*Dante* in Italien
		um 1280	mhd. Epos *Trojanerkrieg*
		1304–1374	*Petrarca*, Beginn der oberitalien. Renaissance
1061	Normannen erobern Sizilien		
1066	Schlacht bei *Hastings*, Darstellung auf dem *Bayeux-Teppich*	1313–1375	*Boccaccio*, italien. Dichter
		1361	Weissagungen der *Sibylle*

Die Stichworte, die in der Zeittafel *kursiv* hervorgehoben sind, weisen auf entsprechende Artikel innerhalb des Lexikons hin.

Literaturhinweise

Vorbemerkung

Die folgende Literaturliste stellt eine Empfehlung zum weiteren Studium dar, und sie enthält auch Werke, die für die vorliegenden Stichwortbearbeitungen konsultiert worden sind. Darüber hinaus gibt es eine Flut von Spezialliteratur, auf deren Nachweise wir aus verständlichen Gründen verzichten mußten. Nur an wenigen Stellen konnte bei den Stichwörtern selbst auf Literatur verwiesen werden. Auch die manchmal heftigen Auseinandersetzungen innerhalb der Wissenschaft, ihr stetes Streben nach der ‚Wahrheit‘ und nach neuen Erkenntnissen, die manchmal umstritten bleiben, lassen sich hier nur zwischen den Zeilen vermitteln. Gleichzeitig mußte auf die Erwähnung vieler älterer und durchaus noch nützlicher Literatur verzichtet werden, wo eine neuere Veröffentlichung den aktuellen Stand des Wissens vermittelt. Auch insofern bietet diese Literaturliste eine mehr oder weniger subjektive Auswahl.

Altheim, F., Römische Religionsgeschichte, 2 Bde, ²1956.
Andreae, B., Römische Kunst, 1973.

Bæksted, A., Guder og Helte i Norden, ²1965.
Baetke, W., Die Götterlehre der Snorra Edda (Sächs. Akad. d. Wiss.), 1952.
Bartsch, K. und H. de Boor (Hrsg.), Das Nibelungenlied, 1866, ²¹1979.
Beck, H., Heldendichtung und Heldensage im Germanischen, 1988.
Benz, R., Wandel des Bildes der Antike in Deutschland, 1948.
Bezold, F. v., Das Fortleben der antiken Götter im mittelalterlichen Humanismus, 1922.
Biezais, H., Baltische Religion, 1975 (Die Religionen der Menschheit, 19/1).
Biezais, H., Die himmlische Götterfamilie der alten Letten, 1972.
Biezais, H., Lichtgott der alten Letten, 1976.
Birkhan, H., Germanen und Kelten bis zum Ausgang der Römerzeit, 1970.
Boardman, J., J. Döring, W. Fuchs und M. Hirmer, Die griechische Kunst, 1966.
Boberg, I. M., Baumeistersagen (FFC 151), 1955.
Boberg, I. M., Sagnet om den store Pans Død [Die Sage vom Tod des großen Pan], 1934.
de Boor, H., Die höfische Literatur, 1953.
Borchardt, F. L., German Antiquity in Renaissance Myth, 1971.
Botheroyd, S. und P. F., Lexikon der keltischen Mythologie, 1992.
Bowra, C. M., Heldendichtung, 1964.
Brackert, H. (Hrsg.), Das Nibelungenlied, 1970–71.
Brandt-Förster, B., Das irische Hochkreuz, 1980.
Braun, M., Das serbokroatische Heldenlied, 1961.
Brednich, R. W., Volkserzählungen und Volksglaube von den Schicksalsfrauen (FFC 193), 1964.
Brogsitter, O., Artusepik, ²1971.
Brøndsted, J., Die große Zeit der Wikinger, 1964.
Brøndsted, J., Nordische Vorzeit, 3 Bde, 1960–63.
Burckhardt, J., Die Cultur der Renaissance in Italien, 1860 (zahlr. Neuauflagen).

Capelle, T., Das Goldzeitalter. Archäologie der Völkerwanderungszeit, 1976.
Capelle, T., Die Wikinger, 1971.
Capelle, W. (Hrsg.), Das alte Germanien. Die Nachrichten der griechischen und römischen Schriftsteller, 1937.
Cassierer, E., Das mythische Denken, 1925.
Chadwick, N. K., Celtic Britain, 1963.

Chadwick, N. K., The Druids, 1966.
Christlein, R., Die Alamannen, 1978.
Clemen, C., Die phönikische Religion, 1939.

Dictionnaire des mythologies et des religions des sociétés traditionelles et du monde antique, 2 Bde, 1981.
Dumézil, G., Loki (Wiss. Buchgesell.), 1959.
Dumézil, G., La religion romaine archaïque, ²1974.
Dunger, H., Die Sage vom trojanischen Kriege in den Bearbeitungen des Mittelalters und ihren antiken Quellen, 1869.
Durliat, M., Die Kunst des frühen Mittelalters, 1987.
Duval, P.-M., Die Kelten, 1978 (Universum der Kunst, Bd. 25).
Düwel, K. (Hrsg.), Runenkunde, 1968, ²1983.

Enzyklopädie des Märchens, Bd. 1 ff., 1977 ff. [Bd. 6, 1990; wird fortgesetzt].
Erichsen, F. (Hrsg.), Die Geschichte Thidreks von Bern (Thule 22), ²1967.

Fontenrose, J., The Delphic Oracle, 1978.

Genzmer, F. (Hrsg.), Edda (Thule 1–2), ²1963. Neu hrsg. in einem Bd. von K. Schier, 1981, ²1982.
Göll, H., Illustrierte Mythologie, 1879, Faksimile 1979.
Golther, W., Handbuch der germanischen Mythologie, 1895, Nachdr. 1983.
Graevenitz, G. v., Mythos. Zur Geschichte einer Denkgewohnheit, 1987.
Green, M. J., Dictionary of Celtic Myth and Legend, 1992.
Greimas, A. J., Of Gods and Men. Studies in Lithuanian Mythology (Folklore Studies in Translation), 1992.
Grimm, J., Deutsche Mythologie, ³1854.
Grönbech, W., Kultur und Religion der Germanen, 2 Bde. 1939, ⁷1976.

Hackmann, O., Die Polyphemsage in der Volksüberlieferung, 1904.
Hallberg, P., Die isländische Saga, 1965.
Hamdorf, F. W., Griechische Kultpersonifikationen der vorhellenistischen Zeit, 1964.
Handwörterbuch des deutschen Aberglaubens, Bd. 1–10, 1927–1942. Nachdruck 1987.
Hartmann, H., Der Totenkult in Irland, 1952.
Heiler, F., Die Religionen der Menschheit, 1959/1982.
Herrmann, P. (Hrsg.), Isländische Heldenromane (Thule 21), ²1966.
Hertz, W., Der Werwolf, 1862.
Heusler, A., Nibelungensage und Nibelungenlied, 1921, ⁵1955.
Höfler, O., Siegfried, Arminius und die Symbolik, 1961.
Holder, A. (Hrsg.), Saxonis Grammatici Gesta Danorum, 1886.
Holzapfel, O., Spuren der Tradition. Folkloristische Studien, 1991.
Hübner, K., Die Wahrheit des Mythos, 1985.
Hunger, H., Lexikon der griechischen und römischen Mythologie, ⁷1975.

Ions, V., Welt der Mythen, 1976.

Jens, H., Mythologisches Lexikon, 1974, ⁶1981.
Jensen, A. E., Mythos und Kult bei Naturvölkern, 1951.

Kayser, F., Kreuz und Rune. Langobardisch-romanische Kunst in Italien, 2 Bde., 1964–1965.
Die Kelten. Entwicklung und Geschichte einer europäischen Kultur in Bildern von Erich Lessing, mit Texten von Venceslas Kruta, dt. Ausgabe 1979.
Die Kelten in Mitteleuropa (Ausstellungskatalog), 1980.
Kerényi, K., Die Mythologie der Griechen. Bd. I: Die Götter- und Menschheitsgeschichten. Bd. II: Die Heroen-Geschichten, 1966.
Kindlers Literatur-Lexikon, 1974.
Der Kleine Pauly. Lexikon der Antike. Auf der Grundlage von Pauly's Realencyclopädie der classischen Altertumswissenschaft, bearb. u. hrsg. von Konrat Ziegler und Walther Sontheimer (Bd. V Hans Gärtner), 5 Bde., 1964–1975. – Nachdruck 1979.
Klindt-Jensen, O., Welt der Wikinger, 1967.
Kravitz, D., The Dictionary of Greek and Roman Mythology, 1975.
Kühn, H., Die Entfaltung der Menschheit, 1958.

Kulturhistorik leksikon for nordisk middelalder, 20 Bde., 1956–76.
Kusch, E., Alte Kunst in Skandinavien, 1964.
Kutzli, R., Langobardische Kunst, 1981.
Kuusi, M., Bosley, K., Branch, M. (Hrsg.), Finnish Folk Poetry. Epic, 1977.

Laistner, L., Nebelsagen, 1879.
Laistner, L., Das Rätsel der Sphinx, 2 Bde., 1889.
László, G., Steppenvölker und Germanen. Kunst der Völkerwanderungszeit, 1974.
Lengyel, L., Das geheime Wissen der Kelten, ⁴1987.
Leroi-Gourhan, A., Prähistorische Kunst, 1971.
Lessing, E., Kruta, V., Die Kelten, 1979.
Lettenbauer, W., Der Baumkult bei den Slaven, 1981.
Lexicon Iconographicum Mythologiae Classicae, Bd. 1, 1981 [wird fortgesetzt].
Lexikon der Alten Welt, hrsg. von C. Andresen u. a., 1965.
Lexikon für Theologie und Kirche, 11 Bde, ²1957–67.
Lindow, J., Scandinavian Mythology. An annotated bibliography, 1988.
Löpelmann, M., Hrsg., Keltische Sagen aus Irland, 1944, ²1988.

Mansikka, V. J., Die Religion der Ostslawen, 1922.
Marcuse, L., Plato und Dionys, 1968.
Mattes, J., Der Wahnsinn im griechischen Mythos und in der Dichtung bis zum Drama des 5. Jahrhunderts, 1970.
Meisen, K., Die Sagen vom Wütenden Herr und Wilden Jäger, 1935.
Merkelbach, R., Mithras, 1984.
Merkelbach, R., Untersuchungen zur Odyssee, 1951.
Meuli, K., Odyssee und Argonautika. Untersuchungen zur griechischen Sagengeschichte und zum Epos, 1921.
Mogk, E., Das Menschenopfer bei den Germanen, 1909.
Much, R. (Hrsg.), Die Germania des Tacitus, ³1967.
Muth, R., Einführung in die griechische und römische Religion, 1988.

Nack, E., Götter, Helden und Dämonen. Mythologie der Ägypter, Griechen, Römer und Germanen, 1980.
Neckel, G. und F. Niedner (Hrsg.), Die jüngere Edda (Thule 20), 1925.
Neckel, G. und H. Kuhn (Hrsg.), Edda (altnordischer Text), ⁴1962.
Neuland, L., Jumis, die Fruchtbarkeitsgottheit der alten Letten, 1977.
Nilsson, M. P., Geschichte der griechischen Religion, 1950.
Nylén, E. und J. P. Lamm, Gotlands Bildsteine, 1981.

Otto, R., Das Heilige, 1919/1963.

Papaioannou, K., Griechische Kunst, 1972, ⁴1980.
Peterich, E. und P. Grimal, Die klassischen Mythen und Sagen der Griechen, Römer und Germanen, 1978.
Pfiffig, A. J., Religio etrusca, 1975.
Pfister, F., Götter- und Heldensagen der Griechen, ²1970.
Plötzeneder, G., Die Teufelssage von Dietrich von Bern, 1959.
Pörtner, R., Die Wikinger-Saga, 1971.

Radermacher, L., Mythos und Sage bei den Griechen, ²1943.
Radke, G., Die Götter Altitaliens (Fontes et commentationes 3), ²1979.
Ranke, K., Indogermanische Totenverehrung (FFC 140), 1951.
Ranke-Graves, R. v., Griechische Mythologie. Quellen und Deutung, 2 Bde., 1960.
Reallexikon der Germanischen Altertumskunde, begründet von J. Hoops. Zweite, völlig neu bearbeitete und stark erweiterte Auflage, hrsg. von Herbert Jankuhn u. a., 1973 ff.
Die Religion in Geschichte und Gegenwart [Lexikon], 7 Bde, ³1957–65.
Röhrich, L., Erzählungen des späten Mittelalters und ihr Weiterleben in Literatur und Volksdichtung bis zur Gegenwart, 2 Bde., 1962–1967.
Rose, H., Griechische Mythologie. Ein Handbuch, ⁵1978.
Roth, H., Die Kunst der Völkerwanderungszeit, 1979.

Salin, B., Die altgermanische Thierornamentik, ²1935.
Schier, K., Sagaliteratur (Sammlung Metzler 78), 1970.
Schier, K. (Hrsg.), Die Saga von Egil, 1978.

Schindler, W., Mythos und Wirklichkeit in der Antike, 1988.

Schmidt, K. D., Germanischer Glaube und Christentum, 1948.

Schmidt, L., Geschichte der Wandalen, 1901, ²1942 (1970).

Schneider, H., Die Götter der Germanen, 1938.

Scholz, U. W., Studien zum altitalischen und altrömischen Marskult und Marsmythos, 1970.

Schrade, H., Götter und Menschen Homers, 1952.

See, K. v., Germanische Heldensage. Stoffe, Probleme, Methoden, 1971.

See, K. v., Die Gestalt der Hávamál, 1972.

See, K. v., Mythos und Theologie im skandinavischen Hochmittelalter (Skandinavistische Arbeiten 8), 1988.

Seznec, J., Das Fortleben der antiken Götter, 1990.

Simek, R., Lexikon der germanischen Mythologie, 1984.

Simon, E., Die Götter der Römer, 1990.

Sjoestedt-Joural, M. L., Gods and heroes of the Celts, 1949.

Sjøvold, T., Der Oseberg-Fund und die anderen Wikingerschiffsfunde, 1964.

Spätantike und frühes Christentum (Ausstellungskatalog), 1984.

Stapleton, M. und E. Servan-Schreiber, Lexikon der griechischen und römischen Mythologie. Übersetzt und bearbeitet von R. Schubert, 1978.

Strich, F., Die Mythologie in der deutschen Literatur von Klopstock bis Wagner, 2 Bde., ²1970.

Ström, Å. V., Germanische Religion, 1975 (Die Religionen der Menschheit, 19/1).

Stumpfe, O., Die Heroen Griechenlands. Einübung des Denkens von Theseus bis Odysseus, 1978.

Tempel und Stätten der Götter Griechenlands. Ein Begleiter zu den antiken Kultzentren der Griechen, hrsg. v. E. Melas, 1970.

Thies, F., Die griechischen Kaiser. Die Geburt Europas, 1959.

Thurneysen, R., Die irische Helden- und Königssage bis zum 17. Jahrhundert, 1921.

Trautmann, R., Die Volksdichtung der Großrussen. Bd. 1, Das Heldenlied der Bylinen, 1935.

Trencsényi-Waldapfel, I., Die Töchter der Erinnerung, 1964.

Tripp, E., Reclams Lexikon der antiken Mythologie, ²1975.

Uecker, H., Germanische Heldensage (Sammlung Metzler 106), 1972.

Vanggaard, Th., Phallos. Symbol und Kult in Europa, 1971.

Vermaseren, M. J., Cybele and Attis. The Myth and the Cult, 1977.

Völker, K. (Hrsg.), Von Werwölfen und anderen Tiermenschen, 1970.

Vollmer, W. und H. Kern, Vollständiges Wörterbuch der Mythologie aller Völker, ²1851.

Vries, J. de, Altgermanische Religionsgeschichte, 2 Bde., ³1970.

Vries, J. de, Altnordische Literaturgeschichte. Grundriß der germanischen Philologie, 2 Bde., ²1964–67.

Vries, J. de, Forschungsgeschichte der Mythologie, 1961.

Vries, J. de, Keltische Religion, 1961 (Die Religionen der Menschheit, 18).

Waschnitius, V., Percht, Holda und verwandte Gestalten, 1914.

Weber, G., Heldendichtung II: Nibelungenlied, 1961.

Weber, G. W., „Wyrd" – Studien zum Schicksalsbegriff der englischen und altnordischen Literatur, 1968.

Wiesner, J., Olympos. Götter, Mythen und Stätten von Hellas, 1960.

v. Wilamowitz-Moellendorff, U., Der Glaube der Hellenen, ²1955.

Wilson, D. M. (Hrsg.), Kulturen im Norden. Die Welt der Germanen, Kelten und Slawen 400–1100 n. Chr., 1980.

Wlosok, A., Römischer Kaiserkult, 1978.

Wörterbuch der Mythologie, Bd. 1, 1965 ff. [wird fortgesetzt].

Young, E., Keltische Mythologie, ³1985.

Bildnachweis

Der Verlag Herder und der Herausgeber danken folgenden Personen und Institutionen für die freundlicherweise erteilte Abdrucksgenehmigung von Farb- und Schwarzweißbildern:

Umschlag: Nationalmuseum, Kopenhagen; Werner Forman S. 145 oben, S. 145 unten, S. 154, S. 311; Staatliche Graphische Sammlung, München S. 146, S. 306; Wolfgang Müller S. 147; Photo Jean Mazenod, „L'art grec", Éditions Citadelles, Paris S. 148, S. 153 links, S. 305 oben; Harald Busch S. 149 oben; Landesbildstelle Baden, Karlsruhe S. 149 unten; Econ Verlag, Düsseldorf S. 150, S. 151; Verlag Schillinger, Freiburg S. 152; Kgl. Dänisches Ministerium des Äußeren, Kopenhagen S. 153 rechts; Hirmer Verlag, München S. 155, S. 308, S. 320 oben, S. 320 unten; Erich Lessing S. 156, S. 157; SCALA S. 158; Jean Vertut S. 159; Helena Papadakis S. 160; Statens Museum for Kunst, Dep. Koldinghus, Kopenhagen S. 305 unten; The National Gallery, London S. 307 oben; Musée National du Louvre, Paris S. 307 unten; Biblioteca Apostolica Vaticana S. 309, S. 319; Okrajen arheologitcheski musei (Archäologisches Bezirksmuseum), Plowdiw S. 310; Nikos Kontos S. 312; Axel Poignant S. 313 links; Rheinisches Landesmuseum, Bonn S. 313 rechts; Elfriede Mejchar S. 314; Statens Historiska Museum, Stockholm S. 315; Photoatelier Rheinländer, Hamburg S. 316/317; Nordiska rådet, Stockholm S. 318.